中华经典普及文库

# 資治通鑑

〔宋〕司馬光 編著

三

中華書局

# 资治通鉴卷第一百五十三

## 梁纪九

### 高祖武皇帝九

中大通元年（己酉，529）

1　春，正月甲寅，魏于晖所部都督彭乐帅二千馀骑叛奔韩楼，晖引还。

2　辛酉，上祀南郊，大赦。

3　甲子，魏汝南王悦求还国，许之。

4　辛巳，上祀明堂。

5　二月甲午，魏主尊彭城武宣王为文穆皇帝，庙号肃祖；母李妃为文穆皇后。将迁神主于太庙，以高祖为伯考，大司马兼录尚书临淮王彧表谏，以为“汉高祖立太上皇庙于香街，光武祀南顿君于春陵。元帝之于光武，已疏绝服，犹身奉子道，入继大宗。高祖德洽寰中，道超无外，肃祖虽勋格宇宙，犹北面为臣。又，二后皆将配飨，乃是君臣并筵，嫂叔同室，窃谓不可”。吏部尚书李神儁亦谏，不听。彧又请去“帝”著“皇”，亦不听。

6　诏更定二百四十号将军为四十四班。

7　壬寅，魏诏济阴王晖业兼行台尚书，都督丘大千等镇梁国。晖业，小新成之曾孙也。

8　三月壬戌，魏诏上党王天穆讨邢杲，以费穆为前锋大都督。

9　夏，四月癸未，魏迁肃祖及文穆皇后神主于太庙，又追尊彭城王劭为孝宣皇帝。临淮王彧谏曰：“兹事古所未有，陛下作而不法，后世何观！”弗听。

10　魏元天穆将击邢杲，以北海王颢方入寇，集文武议之，众皆曰：“杲众强盛，宜以为先。”行台尚书薛琡曰：“邢杲兵众虽多，鼠窃狗偷，非有远志。颢帝室近亲，来称义举，其势难测，宜先去之。”天穆以诸将多欲击杲，又魏朝亦以颢为孤弱不足虑，命天穆等先定齐地，还师击颢，遂引兵东出。

颢与陈庆之乘虚自铚城进拔荥城,遂至梁国;魏丘大千有众七万,分筑九城以拒之。庆之攻之,自旦至申,拔其三垒,大千请降。颢登坛燔燎,即帝位于睢阳城南,改元孝基。济阴王晖业帅羽林兵二万军考城,庆之攻拔其城,擒晖业。

11　辛丑,魏上党王天穆及尔朱兆破邢杲于济南,杲降,送洛阳,斩之。兆,荣之从子也。

12　五月丁巳,魏以东南道大都督杨昱镇荥阳,尚书仆射尔朱世隆镇虎牢,侍中尔朱世承镇崿岅。乙丑,内外戒严。

戊辰,北海王颢克梁国。颢以陈庆之为卫将军、徐州刺史,引兵而西。杨昱拥众七万,据荥阳,庆之攻之,未拔,颢遣人说昱使降,昱不从。天穆与骠骑将军尔朱吐没儿将大军前后继至,梁士卒皆恐,庆之解鞍秣马,谕将士曰:"吾至此以来,屠城略地,实为不少;君等杀人父兄、掠人子女,亦无算矣;天穆之众,皆是仇雠。我辈众才七千,虏众三十馀万,今日之事,唯有必死乃可得生耳。虏骑多,不可与之野战,当及其未尽至,急攻取其城而据之。诸君勿或狐疑,自取屠脍。"乃鼓之,使登城,将士即相帅蚁附而入,癸酉,拔荥阳,执杨昱。诸将三百馀人伏颢帐前请曰:"陛下渡江三千里,无遗镞之费,昨荥阳城下一朝杀伤五百馀人,愿乞杨昱以快众意!"颢曰:"我在江东闻梁主言,初举兵下都,袁昂为吴郡不降,每称其忠节。杨昱忠臣,奈何杀之! 此外唯卿等所取。"于是斩昱所部统帅三十七人,皆剖其心而食之。俄而天穆等引兵围城,庆之帅骑三千背城力战,大破之,天穆、吐没儿皆走。庆之进击虎牢,尔朱世隆弃城走,获魏东中郎将辛纂。

魏主将出避颢,未知所之,或劝之长安,中书舍人高道穆曰:"关中荒残,何可复往! 颢士众不多,乘虚深入,由将帅不得其人,故能至此。陛下若亲帅宿卫,高募重赏,背城一战,臣等竭其死力,破颢孤军必矣。或恐胜负难期,则车驾不若渡河,征大将军天穆、大丞相荣各使引兵来会,犄角进讨,旬月之间,必见成功,此万全之策也。"魏主从之。甲戌,魏主北行,夜,至河内郡北,命高道穆于烛下作诏书数十纸,布告远近,于是四方始知魏主所在。乙亥,魏主入河内。

临淮王彧、安丰王延明,帅百僚,封府库,备法驾迎颢。丙子,颢入洛阳宫,改元建武,大赦。以陈庆之为侍中、车骑大将军,增邑万户。杨椿在洛阳,椿弟顺为冀州刺史,兄子侃为北中郎将,从魏主在河北。颢意忌椿,而以其家世显重,恐失人望,未敢诛也。或劝椿出亡,椿曰:"吾内外百口,何所逃匿! 正当坐待天命耳。"

颢后军都督侯暄守睢阳为后援,魏行台崔孝芬、大都督刁宣驰往围暄,昼夜急攻,戊寅,暄突走,擒斩之。

上党王天穆等帅众四万攻拔大梁,分遣费穆将兵二万攻虎牢,颢使陈庆之击之。天穆畏颢,将北渡河,谓行台郎中济阴温子昇曰:"卿欲向洛,为随我北渡?"子昇曰:"主上以虎牢失守,致此狼狈。元颢新入,人情未安,今往击之,无不克者。大王平定京邑,奉迎大驾,此桓、文之举也。舍此北渡,窃为大王惜之。"天穆善之而不能用,遂引兵渡河。费穆攻虎牢,将拔,闻天穆北渡,自以无后继,遂降于庆之。庆之进击大梁、梁国,皆下之。庆之以数千之众,自发铚县至洛阳,凡取三十二城;四十七战,所向皆克。

颢使黄门郎祖莹作书遗魏主曰:"朕泣请梁朝,誓在复耻,正欲问罪于尔朱,出卿于桎梏。卿托命豺狼,委身虎口,假获民地,本是荣物,固非卿有。今国家隆替,在卿与我。若天道助顺,则皇魏再兴;脱或不然,在荣为福,于卿为祸。卿宜三复,富贵可保。"

颢既入洛,自河以南州郡多附之。齐州刺史沛郡王欣集文武议所从,曰:"北海、长乐,俱帝室近亲,今宗祏不移,我欲受敕,诸君意何如?"在坐莫不失色。军司崔光韶独抗言曰:"元颢受制于梁,引寇仇之兵以覆宗国,此魏之乱臣贼子也;岂唯大王家事所宜切齿,下官等皆受朝眷,未敢仰从!"长史崔景茂等皆曰:"军司议是。"欣乃斩颢使。光韶,亮之从父弟也。于是襄州刺史贾思同、广州刺史郑先护、南兖州刺史元暹亦不受颢命。思同,思伯之弟也。颢以冀州刺史元孚为东道行台、彭城郡王,孚封送其书于魏主。平阳王敬先起兵于河桥以讨颢,不克而死。

魏以侍中、车骑将军、尚书右仆射尔朱世隆为使持节、行台仆射、大将军、相州刺史,镇邺城。

魏主之出也,单骑而去,侍卫后宫皆按堵如故。颢一旦得之,号令已出,四方人情想其风政。而颢自谓天授,遽有骄怠之志,宿昔宾客近习,咸见宠待,干扰政事,日夜纵酒,不恤军国,所从南兵,陵暴市里,朝野失望。高道穆兄子儒自洛阳出从魏主,魏主问洛中事,子儒曰:"颢败在旦夕,不足忧也。"

尔朱荣闻魏主北出,即时驰传见魏主于长子,行,且部分。魏主即日南还,荣为前驱。旬日之间,兵众大集,资粮器仗,相继而至。六月壬午,魏大赦。

荣既南下,并、肆不安,乃以尔朱天光为并、肆等九州行台,仍行并州事。天光至晋阳,部分约勒,所部皆安。

己丑,费穆至洛阳,颢引入,责以河阴之事而杀之。颢使都督宗正珍孙与河内太守元袭据河内;尔朱荣攻之,上党王天穆引兵会之,壬寅,拔其城,斩珍孙及袭。

13　辛亥,魏淮阴太守晋鸿以湖阳来降。

14　闰月己未,南康简王绩卒。

15　魏北海王颢既得志,密与临淮王彧、安丰王延明谋叛梁;以事难未平,藉陈庆之兵力,故外同内异,言多猜忌。庆之亦密为之备,说颢曰:"今远来至此,未服者尚多,彼若知吾虚实,连兵四合,将何以御之!宜启天子,更请精兵,并敕诸州,有南人没此者悉须部送。"颢欲从之,延明曰:"庆之兵不出数千,已自难制;今更增其众,宁肯复为人用乎!大权一去,动息由人,魏之宗庙,于斯坠矣。"颢乃不用庆之言。又虑庆之密启,乃表于上曰:"今河北、河南一时克定,唯尔朱荣尚敢跋扈,臣与庆之自能擒讨。州郡新服,正须绥抚,不宜更复加兵,摇动百姓。"上乃诏诸军继进者皆停于境上。

洛中南兵不满一万,而羌、胡之众十倍,军副马佛念为庆之曰:"将军威行河、洛,声震中原,功高势重,为魏所疑,一旦变生不测,可无虑乎!不若乘其无备,杀颢据洛,此千载一时也。"庆之不从。颢先以庆之为徐州刺史,因固求之镇,颢心惮之,不遣,曰:"主上以洛阳之地全相任委,忽闻舍此朝寄,欲往彭城,谓君遽取富贵,不为国计,非徒有损于君,恐仆并受其责。"庆之不敢复言。

尔朱荣与颢相持于河上。庆之守北中城,颢自据南岸;庆之三日十一战,杀伤甚众。有夏州义士为颢守河中渚,阴与荣通谋,求破桥立效,荣引兵赴之。及桥破,荣应接不逮,颢悉屠之,荣怅然失望。又以安丰王延明缘河固守,而北军无船可渡,议欲还北,更图后举。黄门郎杨侃曰:"大王发并州之日,已知夏州义士之谋指来应之乎,为欲广施经略匡复帝室乎?夫用兵者,何尝不散而更合,疮愈更战;况今未有所损,岂可以一事不谐而众谋顿废乎!今四方颙颙,视公此举;若未有所成,遽复引归,民情失望,各怀去就,胜负所在,未可知也。不若征发民材,多为桴筏,间以舟楫缘河布列,数百里中,皆为渡势,首尾既远,使颢不知所防,一旦得渡,必立大功。"高道穆曰:"今乘舆飘荡,主忧臣辱。大王拥百万之众,辅天子而令诸侯,若分兵造筏,所在散渡,指掌可克,奈何舍之北归,使颢复得完聚,征兵天下！此所谓养虺成蛇,悔无及矣。"荣曰:"杨黄门已陈此策,当相与议之。"刘灵助言于荣曰:"不出十日,河南必平。"伏波将军正平杨㮐与其族居马渚,自言有小船数艘,求为乡导。戊辰,荣命车骑将军尔朱兆与大都督贺拔胜缚材为筏,自马渚西硖石夜渡,袭击颢子领军将军冠受,擒之;安丰王延明之众闻之,大溃。颢失据,帅麾下数百骑南走,庆之收步骑数千,结陈东还,颢所得诸城,一时复降于魏。尔朱荣自追陈庆之,会嵩高水涨,庆之军士死散略尽,乃削须发为沙门,间行出汝阴,还建康,犹以功除右卫将军,封永兴县侯。

中军大都督兼领军大将军杨津入宿殿中,扫洒宫庭,封闭府库,出迎魏主于北邙,流涕谢罪,帝慰劳之。庚午,帝入居华林园,大赦。以尔朱兆为车骑大将军、仪同三司,北来军士及随驾文武诸立义者加五级,河北报事之官及河南立义者加二级。壬申,加大丞相荣天柱大将军,增封通前二十万户。

北海王颢自辕辕南出至临颍,从骑分散,临颍县卒江丰斩之,癸酉,传首洛阳。临淮王彧复自归于魏主,安丰王延明携妻子来奔。

陈庆之之入洛也,萧赞送启求还。时吴淑媛尚在,上使以赞幼时衣寄之,信未达而庆之败。庆之自魏还,特重北人,朱异怪而问之,庆之曰:"吾始以为大江以北皆戎狄之乡,比至洛阳,乃知衣冠人物尽在中原,非江东所及也,奈何轻之?"

16　甲戌,魏以上党王天穆为太宰,城阳王徽为大司马兼太尉。乙亥,魏主宴劳尔朱荣、上党王天穆及北来督将于都亭,出宫人三百,缯锦杂彩数万匹,班赐有差,凡受元颢爵赏阶复者,悉追夺之。

秋,七月辛巳,魏主始入宫。

以高道穆为御史中尉。帝姊寿阳公主行犯清路,赤棒卒呵之,不止,道穆令卒击破其车。公主泣诉于帝,帝曰:"高中尉清直之士,彼所行者公事,岂可以私责之也!"道穆见帝,帝曰:"家姊行路相犯,极以为愧。"道穆免冠谢,帝曰:"朕以愧卿,卿何谢也。"

于是魏多细钱,米斗几直一千,高道穆上表,以为"在市铜价,八十一钱得铜一斤,私造薄钱,斤赢二百。既示之以深利,又随之以重刑,抵罪虽多,奸铸弥众。今钱徒有五铢之名而无二铢之实,置之水上,殆欲不沉。此乃因循有渐,科防不切,朝廷失之,彼复何罪!宜改铸大钱,文载年号,以记其始,则一斤所成止七十钱,计私铸所费不能自润,直置无利,自应息心,况复严刑广设也!"金紫光禄大夫杨侃亦奏乞听民与官并铸五铢钱,使民乐为而弊自改。魏主从之，始铸永安五铢钱。

17　辛卯，魏以车骑将军杨津为司空。

18　初，魏以梁、益二州境土荒远，更立巴州以统诸獠，凡二十馀万户，以巴酋严始欣为刺史；又立隆城镇，以始欣族子恺为镇将。始欣贪暴，孝昌初，诸獠反，围州城，行台魏子建抚谕之，乃散。始欣恐获罪，阴来请降，帝遣使以诏书、铁券、衣冠等赐之，为恺所获，以送子建。子建奏以隆城镇为南梁州，用恺为刺史，囚始欣于南郑。魏以唐永为东益州刺史代子建，以梁州刺史傅竖眼为行台。子建去东益而氐、蜀寻反，唐永弃城走，东益州遂没。

傅竖眼之初至梁州也，州人相贺，既而久病，不能亲政事。其子敬绍，奢淫贪暴，州人患之。严始欣重赂敬绍，得还巴州，遂举兵击严恺，灭之，以巴州来降，帝遣将军萧玩等援之。傅敬绍见魏室方乱，阴有保据南郑之志，使其妻兄唐昆仑于外扇诱山民，相与围城，欲为内应。围合而谋泄，城中将士共执敬绍，以白竖眼而杀之，竖眼耻恚而卒。

19　八月己未，魏以太傅李延寔为司徒。甲戌，侍中、太保杨椿致仕。

20　九月癸巳，上幸同泰寺，设四部无遮大会。上释御服，持法衣，行清净大舍，以便省为房，素床瓦器，乘小车，私人执役。甲子，升讲堂法座，为四部大众开涅槃经题。癸卯，群臣以钱一亿万祈白三宝，奉赎皇帝菩萨，僧众默许。乙巳，百辟诣寺东门，奉表请还临宸极，三请，乃许。上三答书，前后并称"顿首"。

21　魏尔朱荣使大都督尖山侯渊讨韩楼于蓟，配卒甚少，骑止七百，或以为言，荣曰："侯渊临机设变，是其所长；若总大众，未必能用。今以此众击此贼，必能取之。"渊遂广张军声，多设供具，亲帅数百骑深入楼境。去蓟百馀里，值贼帅陈周马步万馀，渊潜伏以乘其背，大破之，虏其卒五千馀人。寻还其马仗，纵令入城，左右谏曰："既获贼众，何为复资遣之？"渊曰："我兵既少，不可力战，须为奇计以离间之，乃可克也。"渊度其已至，遂帅骑夜进，昧旦，叩其城门。韩楼果疑降卒为渊内应，遂走，追擒之，幽州平。以渊为平州刺史镇范阳。

先是，魏使征东将军刘灵助兼尚书左仆射，慰劳幽州流民于濮阳顿丘，因帅流民北还，与侯渊共灭韩楼，仍以灵助行幽州事，加车骑将军，又为幽、平、营、安四州行台。

22　万俟丑奴攻魏东秦州，拔之，杀刺史高子朗。

23　冬，十月己酉，上又设四部无遮大会，道、俗五万馀人。会毕，上御金辂还宫,御太极殿,大赦,改元。

24　魏以前司空萧赞为司徒。

25　十一月己卯,就德兴请降于魏,营州平。

26　丙午,魏以城阳王徽为太保,丹杨王萧赞为太尉,雍州刺史长孙稚为司徒。

27　十二月辛亥,兖州刺史张景邕、荆州刺史李灵起、雄信将军萧进明叛,降魏。

28　以陈庆之为北兖州刺史。有妖贼僧强,自称天子,土豪蔡伯龙起兵应之,众至三万,攻陷北徐州,庆之讨斩之。

29　魏以岐州刺史王罴行南秦州事,罴诱捕州境群盗,悉诛之。

# 资治通鉴卷第一百五十四

## 梁纪十

### 高祖武皇帝十

中大通二年（庚戌，530）

1 春，正月己丑，魏益州刺史长孙寿、梁州刺史元儁等遣将击严始欣，斩之，萧玩等亦败死，失亡万馀人。

2 辛亥，魏东徐州城民吕文欣等杀刺史元大宾，据城反，魏遣都官尚书平城樊子鹄讨之；二月甲寅，斩文欣。

3 万俟丑奴侵扰关中，魏尔朱荣遣武卫将军贺拔岳讨之。岳私谓其兄胜曰："丑奴，勍敌也，今攻之不胜，固有罪，胜之，谗嫉将生。"胜曰："然则奈何？"岳曰："愿得尔朱氏一人为帅而佐之。"胜为之言于荣，荣悦，以尔朱天光为使持节、都督二雍、二岐诸军事、骠骑大将军、雍州刺史，以岳为左大都督，又以征西将军代郡侯莫陈悦为右大都督，并为天光之副以讨之。

天光初行，唯配军士千人，发洛阳以西路次民马以给之。时赤水蜀贼断路，诏侍中杨侃先行慰谕，并税其马，贼持疑不下。军至潼关，天光不敢进，岳曰："蜀贼鼠窃，公尚迟疑，若遇大敌，将何以战！"天光曰："今日之事，一以相委。"岳遂进击蜀于渭北，破之，获马二千匹，简其壮健以充军士，又税民马合万馀匹。以军士尚少，淹留未进。荣怒，遣骑兵参军刘贵乘驿至军中责天光，杖之一百，以军士二千人益之。

三月，丑奴自将其众围岐州，遣其大行台尉迟菩萨、仆射万俟仵自武功南渡渭，攻围趣栅，天光使贺拔岳将千骑救之。菩萨等已拔栅而还，岳故杀掠其吏民以挑之，菩萨率步骑二万至渭北。岳以轻骑数十自渭南与菩萨隔水而语，称扬国威，菩萨令省事传语，岳怒曰："我与菩萨语，卿何人也！"射杀之。明日，复引百馀骑隔水与贼语，稍引而东，至水浅可涉之处，岳即驰马东出。贼以为走，乃弃步兵轻骑南渡渭追岳，岳依横冈设伏兵以待之，贼半渡冈东，岳还兵击之，贼兵败走。岳下令，贼下马者勿杀，贼悉投马,俄获三千人,马亦无遗,遂擒菩萨;仍渡渭北,降步卒万馀,并收其辎重。丑奴闻之,弃岐州,北走安定,置栅于平亭。天光方自雍至岐,与岳合。

夏,四月,天光至汧、渭之间,停军牧马,宣言:"天时将热,未可行师,俟秋凉更图进止。"获丑奴觇候者,纵遣之。丑奴信之,散众耕于细川,使其太尉侯伏侯元进将兵五千,据险立栅,其馀千人以下为栅者甚众。天光知其势分,晡时,密严诸军,相继俱发,黎明,围元进大栅,拔之,所得俘囚,一皆纵遣,诸栅闻之皆降。天光昼夜径进,抵安定城下,贼泾州刺史侯几长贵以城降。丑奴弃平亭走,欲趣高平,天光遣贺拔岳轻骑追之,丁卯,及于平凉。贼未成列,直阁代郡侯莫陈崇单骑入贼中,于马上生擒丑奴,因大呼,众皆披靡,无敢当者,后骑益集,贼众崩溃,遂大破之。天光进逼高平,城中执送萧宝寅以降。

4　壬申,以吐谷浑王佛辅为西秦、河二州刺史。

5　甲戌,魏以关中平,大赦。万俟丑奴、萧宝寅至洛阳,置阊阖门外都街之中,士女聚观凡三日。丹杨王萧赞表请宝寅之命,吏部尚书李神儁、黄门侍郎高道穆素与宝寅善,欲左右之,言于魏主曰:"宝寅叛逆,事在前朝。"会应诏王道习自外至,帝问道习:"在外何所闻?"对曰:"惟闻李尚书、高黄门与萧宝寅周款,并居得言之地,必能全之。且二人谓宝寅叛逆在前朝,宝寅为丑奴太傅,岂非陛下时邪?贼臣不翦,法欲安施!"帝乃赐宝寅死于驼牛署,斩丑奴于都市。

6　六月丁巳,帝复以魏汝南王悦为魏王。

7　戊寅,魏诏胡氏亲属受爵于朝者皆黜为民。

8　庚申,以魏降将范遵为安北将军、司州牧,从魏王悦北还。

9　万俟丑奴既败,自泾、豳以西至灵州,贼党皆降于魏,唯所署行台万俟道洛帅众六千逃入山中,不降。时高平大旱,尔朱天光以马乏草,退屯城东五十里,遣都督长孙邪利帅二百人行原州事以镇之。道洛潜与城民通谋,掩袭邪利,并其所部皆杀之。天光帅诸军赴之,道洛出战而败,帅其众西入牵屯山,据险自守。尔朱荣以天光失邪利,不获道洛,复遣使杖之一百,以诏书黜天光为抚军将军、雍州刺史,降爵为侯。

天光追击道洛于牵屯,道洛败走,入陇,归略阳贼帅王庆云。道洛骁果绝伦,庆云得之,甚喜,谓大事可济,遂称帝于水洛城,置百官,以道洛为大将军。

秋,七月,天光帅诸军入陇,至水洛城,庆云、道洛出战,天光射道洛中臂,失弓还走,拔其东城。贼併兵趣西城,城中无水,众渴乏,有降者言庆云、道洛欲突走。天光恐失之,乃遣人招谕庆云使早降,曰:"若未能自决,当听诸人今夜共议,明晨早报。"庆云等冀得少缓,因待夜突出,乃报曰:"请俟明日。"天光因使谓曰:"知须水,今相为小退,任取涧水饮之。"贼众悦,无复走心。天光密使军士多作木枪,各长七尺,昏后,绕城布列,要路加厚,又伏人枪中,备其冲突,兼令密缚长梯于城北。其夜,庆云、道洛果驰马突出,遇枪,马各伤倒,伏兵起,即时擒之。军士缘梯入城,馀众皆出城南,遇枪而止,穷窘乞降。丙子,天光悉收其仗而坑之,死者万七千人,分其家口。于是三秦、河、渭、瓜、凉、鄯州皆降。

天光顿军略阳。诏复天光官爵,寻加侍中、仪同三司。以贺拔岳为泾州刺史,侯莫陈悦为渭州刺史。秦州城民谋杀刺史骆超,南秦州城民谋杀刺史辛显,超、显皆觉之,走归天光,天光遣兵讨平之。

步兵校尉宇文泰从贺拔岳入关,以功迁征西将军,行原州事。时关、陇雕弊,泰抚以恩信,民皆感悦,曰:"早遇宇文使君,吾辈岂从乱乎!"

10　八月庚戌,上饯魏王悦于德阳堂,遣兵送至境上。

11　魏尔朱荣虽居外藩,遥制朝政,树置亲党,布列魏主左右,伺察动静,大小必知。魏主虽受制于荣,然性勤政事,朝夕不倦,数亲览辞讼,理冤狱,荣闻之,不悦。帝又与吏部尚书李神儁议清治选部,荣尝关补曲阳县令,神儁以阶悬,不奏,别更拟人。荣大怒,即遣所补者往夺其任;神儁惧而辞位,荣使尚书左仆射尔朱世隆摄选。荣启北人为河南诸州,帝未之许;太宰天穆入见面论,帝犹不许。天穆曰:"天柱既有大功,为国宰相,若请普代天下官,恐陛下亦不得违之,如何启数人为州,遽不用也!"帝正色曰:"天柱若不为人臣,朕亦须代;如其犹存臣节,无代天下百官之理。"荣闻之,大恚恨,曰:"天子由谁得立! 今乃不用我语!"

尔朱皇后性妒忌,屡致忿恚。帝遣尔朱世隆语以大理,后曰:"天子由我家置立,今便如此;我父本即自作,今亦复决。"世隆曰:"止自不为,若本自为之,臣今亦封王矣。"

帝既外逼于荣,内逼皇后,恒怏怏不以万乘为乐,唯幸寇盗未息,欲使与荣相持。及关、陇既定,告捷之日,乃不甚喜,谓尚书令临淮王彧曰:"即今天下便是无贼。"彧见帝色不悦,曰:"臣恐贼平之后,方劳圣虑。"帝畏馀人怪之,还以他语乱之曰:"然。抚宁荒馀,弥成不易。"荣见四方无事,奏称"参军许周劝臣取九锡,臣恶其言,已斥遣令去。"荣时望得殊礼,故以意讽朝廷,帝实不欲与之,因称叹其忠。

荣好猎，不舍寒暑，列围而进，令士卒必齐壹，虽遇险阻，不得违避，一鹿逸出，必数人坐死。有一卒见虎而走，荣谓曰：“汝畏死邪！”即斩之，自是每猎，士卒如登战场。尝见虎在穷谷中，荣令十馀人空手搏之，毋得损伤，死者数人，卒擒得之，以此为乐，其下甚苦之。太宰天穆从容谓荣曰：“大王勋业已盛，四方无事，唯宜修政养民，顺时搜狩，何必盛夏驱逐，感伤和气？”荣攘袂曰：“灵后女主，不能自正，推奉天子，乃人臣常节。葛荣之徒，本皆奴才，乘时作乱，譬如奴走，擒获即已。顷来受国大恩，未能混壹海内，何得遽言勋业！如闻朝士犹自宽纵，今秋欲与兄戒勒士马，校猎嵩高，令贪污朝贵，入围搏虎。仍出鲁阳，历三荆，悉拥生蛮，北填六镇，回军之际，扫平汾胡。明年，简练精骑，分出江、淮，萧衍若降，乞万户侯；如其不降，以数千骑径渡缚取。然后与兄奉天子，巡四方，乃可称勋耳。今不频猎，兵士懈怠，安可复用也！”

城阳王徽之妃，帝之舅女；侍中李彧，延寔之子，帝之姊婿也。徽、彧欲得权宠，恶荣为己害，日毁荣于帝，劝帝除之。帝惩河阴之难，恐荣终难保，由是密有图荣之意，侍中杨侃、尚书右仆射元罗亦预其谋。

会荣请入朝，欲视皇后娩乳，徽等劝帝因其入，刺杀之。唯胶东侯李侃晞、济阴王晖业言：“荣若来，必当有备，恐不可图。”又欲杀其党与，发兵拒之。帝疑未定，而洛阳人怀忧惧，中书侍郎邢子才之徒已避之东出，荣乃遍与朝士书，相任去留。中书舍人温子昇以书呈帝，帝恒望其不来，及见书，以荣必来，色甚不悦。子才名劭，以字行，峦之族弟也。时人多以字行者，旧史皆因之。

武卫将军奚毅，建义初往来通命，帝每期之甚重，然犹以荣所亲信，不敢与之言情。毅曰：“若必有变，臣宁死陛下，不能事契胡。”帝曰：“朕保天柱无异心，亦不忘卿忠款。”

尔朱世隆疑帝欲为变，乃为匿名书自榜其门云：“天子与杨侃、高道穆等为计，欲杀天柱。”取以呈荣。荣自恃其强，不以为意，手毁其书，唾地曰：“世隆无胆。谁敢生心！”荣妻北乡长公主亦劝荣不行，荣不从。

是月，荣将四五千骑发并州，时人皆言“荣反”，又云“天子必当图荣”。九月，荣至洛阳，帝即欲杀之，以太宰天穆在并州，恐为后患，故忍未发，并召天穆。有人告荣云：“帝欲图之。”荣即具奏，帝曰：“外人亦言王欲害我，岂可信之！”于是荣不自疑，每入谒帝，从人不过数十，又皆挺身不持兵仗。帝欲止，城阳王徽曰：“纵不反，亦何可耐，况不可保邪！”

先是，长星出中台，扫大角；恒州人高荣祖颇知天文，荣问之，对曰：

"除旧布新之象也。"荣甚悦。荣至洛阳,行台郎中李显和曰:"天柱至,那无九锡,安须王自索也!亦是天子不见机。"都督郭罗察曰:"今年真可作禅文,何但九锡!"参军褚光曰:"人言并州城上有紫气,何虑天柱不应之!"荣下人皆陵侮帝左右,无所忌惮,故其事皆上闻。

奚毅又见帝,求间,帝即下明光殿与语,知其至诚,乃召城阳王徽及杨侃、李彧告以毅语。荣小女适帝兄子陈留王宽,荣尝指之曰:"我终得此婿力。"徽以白帝,曰:"荣虑陛下终为己患,脱有东宫,必贪立孩幼,若皇后不生太子,则立陈留耳。"帝梦手持刀自割落十指,恶之,告徽及杨侃,徽曰:"蝮蛇螫手,壮士解腕,割指亦是其类,乃吉祥也。"

戊子,天穆至洛阳,帝出迎之。荣与天穆并从入西林园宴射,荣奏曰:"近来侍官皆不习武,陛下宜将五百骑出猎,因省辞讼。"先是,奚毅言荣欲因猎挟天子移都,由是帝益疑之。

辛卯,帝召中书舍人温子昇,告以杀荣状,并问以杀董卓事,子昇具道本末。帝曰:"王允若即赦凉州人,必不应至此。"良久,语子昇曰:"朕之情理,卿所具知。死犹须为,况不必死,吾宁为高贵乡公死,不为常道乡公生!"帝谓杀荣、天穆,即赦其党,皆应不动。应诏王道习曰:"尔朱世隆、司马子如、朱元龙特为荣所委任,具知天下虚实,谓不宜留。"徽及杨侃皆曰:"若世隆不全,仲远、天光岂有来理!"帝亦以为然。徽曰:"荣腰间常有刀,或能狼戾伤人,临事愿陛下起避之。"乃伏侃等十馀人于明光殿东。其日,荣与天穆并入,坐食未讫,起出,侃等从东阶上殿,见荣、天穆已至中庭,事不果。

壬辰,帝忌日;癸巳,荣忌日。甲午,荣暂入,即诣陈留王家饮酒极醉,遂言病动,频日不入。帝谋颇泄,世隆又以告荣,且劝其速发,荣轻帝,以为无能为,曰:"何匆匆!"

预帝谋者皆惧,帝患之。城阳王徽曰:"以生太子为辞,荣必入朝,因此毙之。"帝曰:"后怀孕始九月,可乎?"徽曰:"妇人不及期而产者多矣,彼必不疑。"帝从之。戊戌,帝伏兵于明光殿东序,声言皇子生,遣徽驰骑至荣第告之。荣方与上党王天穆博,徽脱荣帽,欢舞盘旋,兼殿内文武传声趣之,荣遂信之,与天穆俱入朝。帝闻荣来,不觉失色,中书舍人温子昇曰:"陛下色变。"帝连索酒饮之。帝令子昇作赦文,既成,执以出,遇荣自外入,问:"是何文书?"子昇颜色不变,曰"敕",荣不取视而入。帝在东序下西向坐,荣、天穆在御榻西北南向坐。徽入,始一拜,荣见光禄少卿鲁安、典御李侃晞等抽刀从东户入,即起趋御座,帝先横刀膝下,遂手刃之,安等乱斫,荣与天穆同时俱死。荣子菩提及车骑将军尔朱阳睹等三十人从荣入宫,亦为伏兵所杀。帝得荣手版,上有数牒启,皆左右去留人名,非其腹心者悉在出限,帝曰:"竖子若过今日,遂不可制。"于是内外喜噪,声满洛阳城。百僚入贺。帝登阊阖门,下诏大赦,遣武卫将军奚毅、前燕州刺史崔渊将兵镇北中。是夜,北乡长公主帅荣部曲,焚西阳门,出屯河阴。

卫将军贺拔胜与荣党田怡等闻荣死,奔赴荣第。时宫殿门犹未加严防,怡等议即攻门,胜止之曰:"天子既行大事,必当有备,吾辈众少,何可轻尔! 但得出城,更为他计。"怡乃止。及世隆等走,胜遂不从,帝甚嘉之。朱瑞虽为荣所委,而善处朝廷之间,帝亦善遇之,故瑞从世隆走而中道逃还。

荣素厚金紫光禄大夫司马子如,荣死,子如自宫中突出,至荣第,弃家,随荣妻子走出城。世隆即欲还北,子如曰:"兵不厌诈,今天下恟恟,唯强是视,当此之际,不可以弱示人,若亟北走,恐变生肘腋。不如分兵守河桥,还军向京师,出其不意,或可成功。假使不得所欲,亦足示有馀力,使天下畏我之强,不敢叛散。"世隆从之。己亥,攻河桥,擒奚毅等,杀之,据北中城。魏朝大惧,遣前华阳太守段育慰谕之,世隆斩首以徇。

魏以雍州刺史尔朱天光为侍中、仪同三司。以司空杨津为都督并肆等九州诸军事、骠骑大将军、并州刺史,兼尚书令、北道行台,经略河、汾。

荣之入洛也,以高敖曹自随,禁于驼牛署,荣死,帝引见,劳勉之。兄乾自东冀州驰赴洛阳,帝以乾为河北大使,敖曹为直阁将军,使归,招集乡曲为表里形援。帝亲送之于河桥,举酒指水曰:"卿兄弟冀部豪杰,能令士卒致死,京城傥有变,可为朕河上一扬尘。"乾垂涕受诏,敖曹援剑起舞,誓以必死。

冬,十月癸卯朔,世隆遣尔朱拂律归将胡骑一千,皆白服,来至郭下,索太原王尸。帝升大夏门望之,遣主书牛法尚谓之曰:"太原王立功不终,阴图衅逆,王法无亲,已正刑书。罪止荣身,馀皆不问。卿等若降,官爵如故。"拂律归曰:"臣等随太原王入朝,忽致冤酷,今不忍空归。愿得太原王尸,生死无恨。"因涕泣,哀不自胜,群胡皆恸哭,声振城邑。帝亦为之怆然,遣侍中朱瑞赍铁券赐世隆。世隆谓瑞曰:"太原王功格天地,赤心奉国,长乐不顾信誓,枉加屠害,今日两行铁字,何足可信! 吾为太原王报仇,终无降理!"瑞还,白帝,帝即出库物置城西门外,募敢死之士以讨世隆,一日即得万人,与拂律归等战于郭外。拂律归等生长戎旅,洛阳之人不习战斗,屡战不克。甲辰,以前车骑大将军李叔仁为大都督,帅众讨世隆。

　　戊申,皇子生,大赦。以中书令魏兰根兼尚书左仆射,为河北行台,定、相、殷三州皆禀兰根节度。

　　尔朱氏兵犹在城下,帝集朝臣博议,皆恇惧不知所出。通直散骑常侍李苗奋衣起曰:“今小贼唐突如此,朝廷有不测之忧,正是忠臣烈士效节之日。臣虽不武,请以一旅之众为陛下径断河桥。”城阳王徽、高道穆皆以为善,帝许之。乙卯,苗募人从马渚上流乘船夜下,去桥数里,纵火船焚河桥,倏忽而至。尔朱氏兵在南岸者,望之,争桥北渡,俄而桥绝,溺死者甚众。苗将百许人泊于小渚以待南援,官军不至,尔朱氏就击之,左右皆尽,苗赴水死。帝伤惜之,赠车骑大将军、仪同三司,封河阳侯,谥曰忠烈。世隆亦收兵北遁。丙辰,诏行台源子恭将步骑一万出西道,杨昱将募士八千出东道以讨之,子恭仍镇太行丹谷,筑垒以防之。世隆至建州,刺史陆希质闭城拒守,世隆攻拔之,杀城中人无遗类,以肆其忿,唯希质走免。

　　诏以前东荆州刺史元显恭为晋州刺史,兼尚书左仆射、西道行台。

　　12　魏东徐州刺史广牧斛斯椿素依附尔朱荣,荣死,椿惧,闻汝南王悦在境上,乃帅部众弃州归悦。悦授椿侍中、大将军、司空,封灵丘郡公,又为大行台前驱都督。

　　13　汾州刺史尔朱兆闻荣死,自汾州帅骑据晋阳;世隆至长子,兆来会之。壬申,共推太原太守、行并州事长广王晔即皇帝位,大赦,改元建明。晔,英之弟子也。以兆为大将军,进爵为王;世隆为尚书令,赐爵乐平王,加太傅、司州牧;又以荣从弟度律为太尉,赐爵常山王;世隆兄天柱长史彦伯为侍中;徐州刺史仲远为车骑大将军,兼尚书左仆射、三徐州大行台。仲远亦起兵向洛阳。

　　尔朱天光之克平凉也,宿勤明达请降,既而复叛,北走,天光遣贺拔岳讨之,明达奔东夏。岳闻尔朱荣死,不复穷追,还泾州以待天光。天光与侯莫陈悦亦下陇,与岳谋引兵向洛。魏敬宗使朱瑞慰谕天光,天光与岳谋,欲令帝外奔而更立宗室,乃频启云:“臣实无异心,唯欲仰奉天颜,以申宗门之罪。”又使其下僚属启云:“天光密有异图,愿思胜算以防之。”

　　范阳太守卢文伟诱平州刺史侯渊出猎,闭门拒之。渊屯于郡南,为荣举哀,勒兵南向,进,至中山,行台仆射魏兰根邀击之,为渊所败。

　　敬宗以城阳王徽兼大司马、录尚书事,总统内外。徽意谓荣既死,枝叶自应散落,及尔朱世隆等兵四起,党众日盛,徽忧怖,不知所出。性多嫉忌,不欲人居己前,每独与帝谋议,群臣有献策者,徽辄劝帝不纳,且曰:

"小贼何虑不平!"又靳惜财货,赏赐率皆薄少,或多而中减,或与而复追,故徒有糜费而恩不感物。

十一月癸酉朔,敬宗以车骑将军郑先护为大都督,与行台杨昱共讨尔朱仲远。

乙亥,以司徒长孙稚为太尉,临淮王彧为司徒。

丙子,进雍州刺史广宗公尔朱天光爵为王。长广王亦以天光为陇西王。

尔朱仲远攻西兖州,丁丑,拔之,擒刺史王衍。衍,肃之兄子也。癸未,敬宗以右卫将军贺拔胜为东征都督;壬辰,又以郑先护兼尚书左仆射为行台,与胜共讨仲远。戊戌,诏罢魏兰根行台,以定州刺史薛昙尚兼尚书,为北道行台。郑先护疑贺拔胜,置之营外。庚子,胜与仲远战于滑台东,兵败,降于仲远。

初,尔朱荣尝从容问左右曰:"一日无我,谁可主军?"皆称尔朱兆。荣曰:"兆虽勇于战斗,然所将不过三千骑,多则乱矣。堪代我者,唯贺六浑耳。"因戒兆曰:"尔非其匹,终当为其穿鼻。"乃以高欢为晋州刺史。及兆引兵向洛,遣使召欢,欢遣长史孙腾诣兆,辞以"山蜀未平,今方攻讨,不可委去,致有后忧。定蜀之日,当隔河为掎角之势。"兆不悦,曰:"还白高晋州,吾得吉梦,梦与吾先人登高丘,丘旁之地,耕之已熟,独馀马蔺,先人命吾拔之,随手而尽。以此观之,往无不克。"腾还报,欢曰:"兆狂愚如是,而敢为悖逆,吾势不得久事尔朱矣。"

十二月壬寅朔,尔朱兆攻丹谷,都督崔伯凤战死,都督仛仵龙开壁请降,源子恭退走。兆轻兵倍道兼行,从河桥西涉渡。先是,敬宗以大河深广,谓兆未能猝济,是日,水不没马腹。甲辰,暴风,黄尘涨天,兆骑叩宫门,宿卫乃觉,弯弓欲射,矢不得发,一时散走。华山王鸷,斤之玄孙也,素附尔朱氏。帝始闻兆南下,欲自帅诸军讨之,鸷说帝曰:"黄河万仞,兆安得渡!"帝遂自安。及兆入宫,鸷复约止卫兵不使斗。帝步出云龙门外,遇城阳王徽乘马走,帝屡呼之,不顾而去。兆骑执帝,锁于永宁寺楼上,帝寒甚,就兆求头巾,不与。兆营于尚书省,用天子金鼓,设刻漏于庭;扑杀皇子,污辱嫔御妃主,纵兵大掠,杀司空临淮王彧、尚书左仆射范阳王诲、青州刺史李延寔等。

城阳王徽走至山南,抵前洛阳令寇祖仁家。祖仁一门三刺史,皆徽所引拔,以有旧恩,故投之。徽赍金百斤,马五十匹,祖仁利其财,外虽容纳,而私谓子弟曰:"如闻尔朱兆购募城阳王,得之者封千户侯。今日富贵至矣!"乃怖徽云官捕将至,令其逃于他所,使人于路邀杀之,送首于兆;兆亦不加勋赏。兆梦徽谓己曰:"我有金二百斤、马百匹在祖仁家,卿可取之。"兆既觉,意所梦为实,即掩捕祖仁,征其金、马。祖仁谓人密告,望风款服,云"实得金百斤、马五十匹"。兆疑其隐匿,依梦征之,祖仁家旧有金三十斤、马三十匹,尽以输兆。兆犹不信,发怒,执祖仁,悬首高树,大石坠足,捶之至死。

尔朱世隆至洛阳,兆自以为己功,责世隆曰:"叔父在朝日久,耳目应广,如何令天柱受祸!"按剑瞋目,声色甚厉;世隆逊辞拜谢,然后得已,由是深恨之。尔朱仲远亦自滑台至洛。

戊申,魏长广王大赦。

尔朱荣之死也,敬宗诏河西贼帅纥豆陵步蕃使袭秀容。及兆入洛,步蕃南下,兵势甚盛,故兆不暇久留,亟还晋阳以御之,使尔朱世隆、度律、彦伯等留镇洛阳。甲寅,兆迁敬宗于晋阳,兆自于河梁监阅财资。高欢闻敬宗向晋阳,帅骑东巡,欲邀之,不及,因与兆书,为陈祸福,不宜害天子,受恶名;兆怒,不纳。尔朱天光轻骑入洛,见世隆等,即还雍州。

初,敬宗恐北军不利,欲为南走之计,托云征蛮,以高道穆为南道大行台,未及发而兆入洛。道穆托疾去,世隆杀之。主者请追李苗封赠,世隆曰:"当时众议,更一二日即欲纵兵大掠,焚烧郭邑,赖苗之故,京师获全;天下之善一也,不宜复追。"

尔朱荣之死也,世隆等征兵于大宁太守代人房谟,谟不应,前后斩其三使,遣弟毓诣洛阳。及兆得志,其党建州刺史是兰安定执谟系州狱,郡中蜀人闻之,皆叛。安定给谟弱马,令军前慰劳,诸贼见谟,莫不遥拜。谟先所乘马,安定别给将士,战败,蜀人得之,谓谟遇害,莫不悲泣,善养其马,不听人乘之,儿童妇女竞投草粟,皆言此房公马也。尔朱世隆闻之,舍其罪,以为其府长史。

北道大行台杨津,以众少,留邺召募,欲自滏口入并州,会尔朱兆入洛,津乃散众,轻骑还朝。

尔朱世隆与兄弟密谋,虑长广王母卫氏干预朝政,伺其出行,遣数十骑如劫盗者于京巷杀之,寻悬榜以千万钱募贼。

甲子,尔朱兆缢敬宗于晋阳三级佛寺,并杀陈留王宽。

是月,纥豆陵步蕃大破尔朱兆于秀容,南逼晋阳。兆惧,使人召高欢并力。僚属皆劝欢勿应召,欢曰:"兆方急,保无他虑。"遂行。欢所亲贺拔焉过儿请缓行以弊之,欢往往逗留,辞以河无桥,不得渡。步蕃兵日盛,兆屡败,告急于欢,欢乃往从之。兆时避步蕃南出,步蕃至平乐郡,欢与兆进兵合击,大破之,斩步蕃于石鼓山,其众退走。兆德欢,相与誓为兄弟,将数十骑诣欢,通夜宴饮。

初,葛荣部众流入并、肆者二十馀万,为契胡凌暴,皆不聊生,大小二十六反,诛夷者半,犹谋乱不止。兆患之,问计于欢,欢曰:"六镇反残,不可尽杀,宜选王腹心使统之,有犯者罪其帅,则所罪者寡矣。"兆曰:"善!谁可使者?"贺拔允时在坐,请使欢领之。欢拳殴其口,折一齿,曰:"平生天柱时,奴辈伏处分如鹰犬。今日天下事取舍在王,而阿鞠泥敢僭易妄言,请杀之!"兆以欢为诚,遂以其众委焉。欢以兆醉,恐醒而悔之,遂出,宣言:"受委统州镇兵,可集汾东受号令。"乃建牙阳曲川,陈部分。军士素恶兆而乐属欢,莫不皆至。

居无何,又使刘贵请兆,以"并、肆频岁霜旱,降户掘田鼠而食之,面无谷色,徒污人境内,请令就食山东,待温饱更受处分。"兆从其议。长史慕容绍宗谏曰:"不可。方今四方纷扰,人怀异望,高公雄才盖世,复使握大兵于外,譬如借蛟龙以云雨,将不可制矣。"兆曰:"有香火重誓,何虑邪!"绍宗曰:"亲兄弟尚不可信,何论香火!"时兆左右已受欢金,因称绍宗与欢有旧隙,兆怒,囚绍宗,趣欢发。欢自晋阳出滏口,道逢北乡长公主自洛阳来,有马三百匹,尽夺而易之。兆闻之,乃释绍宗而问之,绍宗曰:"此犹是掌握中物也。"兆乃自追欢,至襄垣,会漳水暴涨,桥坏,欢隔水拜曰:"所以借公主马,非有他故,备山东盗耳。王信公主之谮,自来赐追,今不辞渡水而死,恐此众便叛。"兆自陈无此意,因轻马渡水,与欢坐幕下,授欢刀,引颈使欢斫之,欢大哭曰:"自天柱之薨,贺六浑更何所仰!但愿大家千万岁,以申力用耳。今为旁人所构间,大家何忍复出此言!"兆投刀于地,复斩白马,与欢为誓,因留宿夜饮。尉景伏壮士欲执兆,欢啮臂止之,曰:"今杀之,其党必奔归聚结,兵饥马瘦,不可与敌,若英雄乘之而起,则为害滋甚,不如且置之。兆虽骁勇,凶悍无谋,不足图也。"旦日,兆归营,复召欢,欢将上马诣之,孙腾牵欢衣,欢乃止。兆隔水肆骂,驰还晋阳。兆腹心念贤领降户家属别为营,欢伪与之善,观其佩刀,因取杀之。士众感悦,益愿附从。

14　齐州城民赵洛周闻尔朱兆入洛,逐刺史丹杨王萧赞,以城归兆。赞变形为沙门,逃入长白山,流转,卒于阳平。梁人或盗其枢以归,上犹以子礼葬于陵次。

15　魏荆州刺史李琰之,韶之族弟也。南阳太守赵修延,以琰之敬宗外族,诬琰之欲奔梁,发兵袭州城,执琰之,自行州事。

16 魏王悦改元更兴,闻尔朱兆已入洛,自知不及事,遂南还。斛斯椿复弃悦奔魏。

17 是岁,诏以陈庆之为都督南北司等四州诸军事、南北司二州刺史。庆之引兵围魏悬瓠,破魏颍州刺史娄起等于溹水,又破行台孙腾等于楚城。罢义阳镇兵,停水陆漕运,江、湖诸州并得休息;开田六千顷,二年之后,仓廪充实。

# 资治通鉴卷第一百五十五

## 梁纪十一

**高祖武皇帝十一**

中大通三年（辛亥，531）

1　春，正月辛巳，上祀南郊，大赦。

2　魏尚书右仆射郑先护闻洛阳不守，士众逃散，遂来奔。丙申，以先护为征北大将军。

3　二月辛丑，上祀明堂。

4　魏自敬宗被囚，宫室空近百日。尔朱世隆镇洛阳，商旅流通，盗贼不作。世隆兄弟密议，以长广王疏远，又无人望，欲更立近亲。仪同三司广陵王恭，羽之子也，好学有志度，正光中领给事黄门侍郎，以元叉擅权，托喑病居龙华佛寺，无所交通。永安末，有白敬宗言王阳喑，将有异志，恭惧，逃于上洛山，洛州刺史执送之，系治久之，以无状获免。关西大行台郎中薛孝通说尔朱天光曰：“广陵王，高祖犹子，夙有令望，沉晦不言，多历年所，若奉以为主，必天人允叶。”天光与世隆等谋之，疑其实喑，使尔朱彦伯潜往敦谕，且胁之，恭乃曰：“天何言哉！”世隆等大喜。孝通，聪之子也。

己巳，长广王至邙山南，世隆等为之作禅文，使泰山太守辽西窦瑗执鞭独入，启长广王曰：“天人之望，皆在广陵，愿行尧、舜之事。”遂署禅文。广陵王奉表三让，然后即位，大赦，改元普泰。黄门侍郎邢子才为赦文，叙敬宗枉杀太原王荣之状，节闵帝曰：“永安手翦强臣，非为失德，直以天未厌乱，故逢成济之祸耳。”因顾左右取笔，自作赦文，直言：“门下：朕以寡德，运属乐推，思与亿兆，同兹大庆，肆眚之科，一依常式。”帝闭口八年，至是乃言，中外欣然以为明主，望至太平。

庚午，诏以“三皇称‘皇’，五帝称‘帝’，三代称‘王’，盖递为冲挹，自秦以来，竞称‘皇帝’，予今但称‘帝’，亦已褒矣”。加尔朱世隆仪同三司，赠尔朱荣相国、晋王，加九锡。世隆使百官议荣配飨，司直刘季明曰：“若配世宗,于时无功;若配孝明,亲害其母;若配庄帝,为臣不终。以此论之,无所可配。"世隆怒曰:"汝应死!"季明曰:"下官既为议首,依礼而言,不合圣心,翦戮唯命!"世隆亦不之罪。以荣配高祖庙廷。又为荣立庙于首阳山,因周公旧庙而为之,以为荣功可比周公。庙成,寻为火所焚。

尔朱兆以不预废立之谋,大怒,欲攻世隆,世隆使尔朱彦伯往谕之,乃止。

初,敬宗使安东将军史仵龙、平北将军阳文义各领兵三千守太行岭,侍中源子恭镇河内;及尔朱兆南向,仵龙、文义帅众先降,由是子恭之军望风亦溃,兆遂乘胜直入洛阳。至是,尔朱世隆论仵龙、文义之功,各封千户侯,魏主曰:"仵龙、文义,于王有功,于国无勋。"竟不许。尔朱仲远镇滑台,表用其下都督为西兖州刺史,先用后表,诏答曰:"已能近补,何劳远闻!"尔朱天光之灭万俟丑奴也,始获波斯所献师子,送洛阳,及节闵帝即位,诏曰:"禽兽囚之则违其性。"命送归本国。使者以波斯道远不可达,于路杀之而返,有司劾违旨,帝曰:"岂可以兽而罪人!"遂赦之。

5 魏镇远将军清河崔祖螭等聚青州七郡之众围东阳,旬日之间,众十馀万。刺史东莱王贵平帅城民固守,使太傅谘议参军崔光伯出城慰劳,其兄光韶曰:"城民陵纵日久,众怒甚盛,非慰谕所能解,家弟往,必不全。"贵平强之,既出外,人射杀之。

6 幽、安、营、并四州行台刘灵助,自谓方术可以动人,又推算知尔朱氏将衰,乃起兵自称燕王、开府仪同三司、大行台,声言为敬宗复仇,且妄述图谶,云"刘氏当王"。由是幽、瀛、沧、冀之民多从之,从之者夜举火为号,不举火者诸村共屠之。引兵南至博陵之安国城。

尔朱兆遣监军孙白鹞至冀州,托言调发民马,欲俟高乾兄弟送马而收之。乾等知之,与前河内太守封隆之等合谋,潜部勒壮士,袭据信都,杀白鹞,执刺史元嶷。乾等欲推其父翼行州事,翼曰:"和集乡里,我不如封皮。"乃奉隆之行州事,为敬宗举哀,将士皆缟素,升坛誓众,移檄州郡,共讨尔朱氏,仍受刘灵助节度。隆之,磨奴之族孙也。

殷州刺史尔朱羽生将五千人袭信都,高敖曹不暇擐甲,将十馀骑驰击之,乾在城中绳下五百人,追救未及,敖曹已交兵,羽生败走。敖曹马稍绝世,左右无一当百,时人比之项籍。

高欢屯壶关大王山,六旬,乃引兵东出,声言讨信都。信都人皆惧,高乾曰:"吾闻高晋州雄略盖世,其志不居人下。且尔朱无道,弑君虐民,正是英雄立功之会,今日之来,必有深谋,吾当轻马迎之,密参意旨,诸君勿惧也。"乃将十馀骑与封隆之子子绘潜谒欢于滏口,说欢曰:"尔朱酷逆,痛结人神,凡曰有知,孰不思奋! 明公威德素著,天下倾心,若兵以义立,则屈强之徒不足为明公敌矣。鄠州虽小,户口不下十万,谷秸之税,足济军资,愿公熟思其计。"乾辞气慷慨,欢大悦,与之同帐寝。

初,河南太守赵郡李显甫,喜豪侠,集诸李数千家于殷州西山方五六十里居之。显甫卒,子元忠继之。家素富,多出贷求利,元忠悉焚契免责,乡人甚敬之。时盗贼蜂起,清河有五百人西戍,还,经赵郡,以路梗,共投元忠;元忠遣奴为导,曰:"若逢贼,但道李元忠遣。"如言,贼皆舍避。及葛荣起,元忠帅宗党作垒以自保,坐大槲树下,前后斩违命者凡三百人,贼至,元忠辄击却之。葛荣曰:"我自中山至此,连为赵李所破,何以能成大事!"乃悉众攻围,执元忠以随军。贼平,就拜南赵郡太守,好酒无政绩。

及尔朱兆弑敬宗,元忠弃官归,谋举兵讨之。会高欢东出,元忠乘露车,载素筝浊酒以奉迎,欢闻其酒客,未即见之。元忠下车独坐,酌酒擘脯食之,谓门者曰:"本言公招延俊杰,今闻国士到门,不吐哺辍洗,其人可知,还吾刺,勿通也!"门者以告,欢遽见之,引入,觞再行,元忠车上取筝鼓之,长歌慷慨,歌阕,谓欢曰:"天下形势可见,明公犹事尔朱邪?"欢曰:"富贵皆因彼所致,安敢不尽节!"元忠曰:"非英雄也! 高乾邕兄弟来未?"时乾已见欢,欢绐之曰:"从叔辈粗,何肯来!"元忠曰:"虽粗,并解事。"欢曰:"赵郡醉矣。"使人扶出。元忠不肯起,孙腾进曰:"此君天遣来,不可违也。"欢乃复留与语,元忠慷慨流涕,欢亦悲不自胜。元忠因进策曰:"殷州小,无粮仗,不足以济大事。若向冀州,高乾邕兄弟必为明公主人,殷州便以赐委。冀、殷既合,沧、瀛、幽、定自然弭服,唯刘诞黠胡或当乖拒,然非明公之敌。"欢急握元忠手而谢焉。

欢至山东,约勒士卒,丝毫之物不听侵犯,每过麦地,欢辄步牵马,远近闻之,皆称高仪同将兵整肃,益归心焉。

欢求粮于相州刺史刘诞,诞不与;有车营租米,欢掠取之。进至信都,封隆之、高乾等开门纳之。高敖曹时在外略地,闻之,以乾为妇人,遗以布裙;欢使世子澄以子孙礼见之,敖曹乃与俱来。

7　癸酉,魏封长广王晔为东海王,以青州刺史鲁郡王肃为太师,淮阳王欣为太傅,尔朱世隆为太保,长孙稚为太尉,赵郡王谌为司空,徐州刺史尔朱仲远、雍州刺史尔朱天光并为大将军,并州刺史尔朱兆为天柱大将军;赐高欢爵勃海王,征使入朝。长孙稚固辞太尉,乃以为骠骑大将军、开府仪同三司。尔朱兆辞天柱,曰:"此叔父所终之官,我何敢受!"固辞,不拜,寻加都督十州诸军事,世袭并州刺史。高欢辞不就征。尔朱仲远徙镇大梁,复加兖州刺史。

尔朱世隆之初为仆射也,畏尔朱荣之威严,深自刻厉,留心几案,应接宾客,有开敏之名。及荣死,无所顾惮,为尚书令,家居视事,坐符台省,事无大小,不先白世隆,有司不敢行。使尚书郎宋游道、邢昕在其听事东西别坐,受纳辞讼,称命施行;公为贪淫,生杀自恣;又欲收军士之意,泛加阶级,皆为将军,无复员限,自是勋赏之官大致猥滥,人不复贵。是时,天光专制关右,兆奄有并、汾,仲远擅命徐、兖,世隆居中用事,竞为贪暴。而仲远尤甚,所部富室大族,多诬以谋反,籍没其妇女财物入私家,投其男子于河,如是者不可胜数。自荥阳已东,租税悉入其军,不送洛阳。东南州郡自牧守以下至士民,畏仲远如豺狼。由是四方之人皆恶尔朱氏,而惮其强,莫敢违也。

8　己丑,魏以泾州刺史贺拔岳为岐州刺史,渭州刺史侯莫陈悦为秦州刺史,并加仪同三司。

9　魏使大都督侯渊、骠骑大将军代人叱列延庆讨刘灵助,至固城,渊畏其众,欲引兵西入,据关拒险以待其变,延庆曰:"灵助庸人,假妖术以惑众,大兵一临,彼皆恃其符厌,岂肯戮力致死,与吾兵争胜负哉!不如出营城外,诈言西归,灵助闻之必自宽纵,然后潜军击之,往则成擒矣。"渊从之。出顿城西,声云欲还,丙申,简精骑一千夜发,直抵灵助垒;灵助战败,斩之,传首洛阳。初,灵助起兵,自占胜负,曰:"三月之末,我必入定州,尔朱氏不久当灭。"及灵助首函入定州,果以是月之末。

10　夏,四月乙巳,昭明太子统卒。太子自加元服,上即使省录朝政,百司进事,填委于前,太子辩析诈谬,秋毫必睹,但令改正,不加按劾,平断法狱,多所全宥,宽和容众,喜愠不形于色。好读书属文,引接才俊,赏爱无倦;出宫二十馀年,不畜声乐。每霖雨积雪,遣左右周行闾巷,视贫者赈之。天性孝谨,在东宫,虽燕居,坐起恒西向,或宿被召当入,危坐达旦。及寝疾,恐贻帝忧,敕参问,辄自力手书。及卒,朝野惋愕,建康男女,奔走宫门,号泣道路。

11　癸丑,魏以高欢为大都督、东道大行台、冀州刺史;又以安定王尔朱智虎为肆州刺史。

12　魏尔朱天光出夏州,遣将讨宿勤明达,癸亥,擒明达,送洛阳,斩之。

13　丙寅,魏以侍中、骠骑大将军尔朱彦伯为司徒。

14　魏诏有司不得复称伪梁。

15　五月丙子，魏荆州城民斩赵修延，复推李琰之行州事。

16　魏尔朱仲远使都督魏僧勖等讨崔祖螭于东阳，斩之。

17　初，昭明太子葬其母丁贵嫔，遣人求墓地之吉者。或略宦者俞三副求卖地，云若得钱三百万，以百万与之。三副密启上，言"太子所得地不如今地于上为吉"。上年老多忌，即命市之。葬毕，有道士云："此地不利长子，若厌之，或可申延。"乃为蜡鹅及诸物埋于墓侧长子位。宫监鲍邈之、魏雅初皆有宠于太子，邈之晚见疏于雅，乃密启上云："雅为太子厌祷。"上遣检掘，果得鹅物，大惊，将穷其事，徐勉固谏而止，但诛道士。由是太子终身惭愤，不能自明。及卒，上征其长子南徐州刺史华容公欢至建康，欲立以为嗣，衔其前事，犹豫久之，卒不立，庚寅，遣还镇。

　　臣光曰：君子之于正道，不可少顷离也，不可跬步失也。以昭明太子之仁孝，武帝之慈爱，一染嫌疑之迹，身以忧死，罪及后昆，求吉得凶，不可湔涤，可不戒哉！是以诡诞之士，奇邪之术，君子远之。

18　丙申，立太子母弟晋安王纲为皇太子。朝野多以为不顺，司议侍郎周弘正，尝为晋安王主簿，乃奏记曰："谦让道废，多历年所。伏惟明大王殿下，天挺将圣，四海归仁，是以皇上发德音，以大王为储副。意者愿闻殿下抗目夷上仁之义，执子臧大贤之节，逃王舆而弗乘，弃万乘如脱屣，庶改浇竞之俗，以大吴国之风。古有其人，今闻其语，能行之者，非殿下而谁！使无为之化复生于遂古，让王之道不坠于来叶，岂不盛欤！"王不能从。弘正，舍之兄子也。

太子以侍读东海徐摛为家令，兼管记，寻带领直。摛文体轻丽，春坊尽学之，时人谓之宫体。上闻之，怒，召摛，欲加谴责。及见，应对明敏，辞义可观，意更释然，因问经史及释教，摛商较从横，应对如响，上甚加叹异，宠遇日隆。领军朱异不悦，谓所亲曰："徐叟出入两宫，渐来见逼，我须早为之所。"遂乘间白上曰："摛年老，又爱泉石，意在一郡自养。"上谓摛真欲之，乃召摛，谓曰："新安大好山水"，遂出为新安太守。

六月癸丑，立华容公欢为豫章王，其弟枝江公誉为河东王，曲阿公誉为岳阳王。上以人言不息，故封欢兄弟以大郡，用慰其心。久之，鲍邈之坐诱掠人，罪不至死，太子纲追思昭明之冤，挥泪诛之。

19　魏高欢将起兵讨尔朱氏，镇南大将军斛律金、军主善无库狄干，与欢妻弟娄昭、妻之姊夫段荣皆劝成之。欢乃诈为书，称尔朱兆将以六镇人配契胡为部曲，众皆忧惧。又为并州符，征兵讨步落稽，发万人，将遣之。孙腾与都督尉景为请留五日,如此者再,欢亲送之郊,雪涕执别,众皆号恸,声震原野。欢乃谕之曰:"与尔俱为失乡客,义同一家,不意在上征发乃尔!今直西向,已当死,后军期,又当死,配国人,又当死,奈何?"众曰:"唯有反耳!"欢曰:"反乃急计,然当推一人为主,谁可者?"众共推欢,欢曰:"尔乡里难制。不见葛荣乎:虽有百万之众,曾无法度,终自败灭。今以吾为主,当与前异,毋得陵汉人,犯军令,生死任吾则可;不然,不能为天下笑。"众皆顿颡曰:"死生唯命!"欢乃椎牛飨士,庚申,起兵于信都,亦未敢显言叛尔朱氏也。

会李元忠举兵逼殷州,欢令高乾帅众救之。乾轻骑入见尔朱羽生,与指画军计,羽生与乾俱出,因擒斩之,持羽生首谒欢。欢抚膺曰:"今日反决矣!"乃以元忠为殷州刺史,镇广阿。欢于是抗表罪状尔朱氏,尔朱世隆匿之不通。

20　魏杨播及弟椿、津皆有名德。播刚毅,椿、津谦恭,家世孝友,缌服同爨,男女百口,人无间言。椿、津皆至三公,一门七郡太守,三十二州刺史。敬宗之诛尔朱荣也,播子侃预其谋;城阳王徽、李彧,皆其姻戚也。尔朱兆入洛,侃逃归华阴,尔朱天光使侃妇父韦义远招之,与盟,许贳其罪。侃曰:"彼虽食言,死者不过一人,犹冀全百口。"乃出应之,天光杀之。时椿致仕,与其子昱在华阴,椿弟冀州刺史顺、司空津、顺子东雍州刺史辨、正平太守仲宣皆在洛。秋,七月,尔朱世隆诬奏杨氏谋反,请收治之,魏主不许;世隆苦请,帝不得已,命有司检按以闻。壬申夜,世隆遣兵围津第,天光亦遣兵掩椿家于华阴,东西之族无少长皆杀之,籍没其家。世隆奏云:"杨氏实反,与收兵相拒,已皆格杀。"帝怏怏久之,不言而已,朝野闻之,无不痛愤。津子逸为光州刺史,尔朱仲远遣使就杀之。唯津子愔于被收时适出在外,逃匿,获免,往见高欢于信都,泣诉家祸,因为言讨尔朱氏之策,欢甚重之,即署行台郎中。

21　乙亥,上临轩策拜太子,大赦。

22　丙戌,魏司徒尔朱彦伯以旱逊位,戊子,以彦伯为侍中、开府仪同三司。彦伯于兄弟中差无过恶。尔朱世隆固让太保,魏主特置仪同三司之官,位次上公之下,庚寅,以世隆为之。斛斯椿谮朱瑞于世隆,世隆杀之。

23　庚寅,诏:"凡宗戚有服属者,并可赐汤沐,食乡亭侯,随远近为差。"

24　壬辰,以吏部尚书何敬容为尚书右仆射。敬容,昌寓之子也。

25　魏尔朱仲远、度律等闻高欢起兵,恃其强,不以为虑,独尔朱世隆忧之。尔朱兆将步骑二万出井陉,趣殷州,李元忠弃城奔信都。八月丙午,尔朱仲远、度律将兵讨高欢。九月己卯,魏以仲远为太宰,庚辰,以尔朱天光为大司马。

26　癸巳,魏主追尊父广陵惠王为先帝,母王氏为先太妃,封弟永业为高密王,子恕为勃海王。

27　冬,十月己酉,上幸同泰寺,升法坐,讲涅槃经,七日而罢。

28　乐山侯正则,先有罪徙郁林,招诱亡命,欲攻番禺,广州刺史元景仲讨斩之。正则,正德之弟也。

29　孙腾说高欢曰:"今朝廷隔绝,号令无所禀,不权有所立,则众将沮散。"欢疑之,腾再三固请,乃立勃海太守元朗为帝。朗,融之子也。壬寅,朗即位于信都城西,改元中兴。以欢为侍中、丞相、都督中外诸军事、大将军、录尚书事、大行台,高乾为侍中、司空,高敖曹为骠骑大将军、仪同三司,冀州刺史,孙腾为尚书左仆射,河北行台魏兰根为右仆射。

己酉,尔朱仲远、度律与骠骑大将军斛斯椿、车骑大将军、仪同三司贺拔胜、车骑大将军贾显智军于阳平。显智名智,以字行,显度之弟也。尔朱兆出井陉,军于广阿,众号十万。高欢纵反间,云"世隆兄弟谋杀兆",复云"兆与欢同谋杀仲远等",由是迭相猜贰,徘徊不进。仲远等屡使斛斯椿、贺拔胜往谕兆,兆帅轻骑三百来就仲远,同坐幕下,意色不平,手舞马鞭,长啸凝望,疑仲远等有变,遂趋出,驰还。仲远遣椿、胜等追,晓说之,兆执椿、胜还营,仲远、度律大惧,引兵南遁。兆数胜罪,将斩之,曰:"尔杀卫可孤,罪一也。天柱薨,尔不与世隆等俱来,而东征仲远,罪二也。我欲杀尔久矣,今复何言?"胜曰:"可孤为国巨患,胜父子诛之,其功不小,反以为罪乎? 天柱被戮,以君诛臣,胜宁负王,不负朝廷。今日之事,生死在王。但寇贼密迩,骨肉构隙,自古及今,未有如是而不亡者。胜不惮死,恐王失策。"兆乃舍之。

高欢将与兆战,而畏其众强,以问亲信都督段韶,韶曰:"所谓众者,得众人之死;所谓强者,得天下之心。尔朱氏上弑天子,中屠公卿,下暴百姓,王以顺讨逆,如汤沃雪,何众强之有!"欢曰:"虽然,吾以小敌大,恐无天命不能济也。"韶曰:"韶闻'小能敌大,小道大淫'。'皇天无亲,惟德是辅'。尔朱氏外乱天下,内失英雄心,智者不为谋,勇者不为斗,人心已去,天意安有不从者哉!"韶,荣之子也。辛亥,欢大破兆于广阿,俘其甲卒五千馀人。

30　十一月乙未,上幸同泰寺,讲般若经,七日而罢。

31　庚辰,魏高欢引兵攻邺,相州刺史刘诞婴城固守。

32　是岁,魏南兖州城民王乞得劫刺史刘世明,举州来降。世明,芳之族子也。上以侍中元树为镇北将军、都督北讨诸军事,镇谯城。以世明为征西大将军、郢州刺史,加仪同三司。世明不受,固请北归,上许之。世明至洛阳,奉送所持节,归乡里,不仕而卒。


四年(壬子,532)

1　春,正月丙寅,以南平王伟为大司马,元法僧为太尉,袁昂为司空。

2　立西丰侯正德为临贺王。正德自结于朱异,上既封昭明诸子,异言正德失职,故王之。

3　以太子右卫率薛法护为司州牧,卫送魏王悦入洛。

4　庚午,立太子纲之长子大器为宣城王。

5　魏高欢攻邺,为地道,施柱而焚之,城陷入地。壬午,拔邺,擒刘诞,以杨愔为行台右丞。时军国多事,文檄教令,皆出于愔及开府谘议参军崔㥄。㥄,逞之五世孙也。

6　二月,以太尉元法僧为东魏王,欲遣还北,兖州刺史羊侃为军司马,与法僧偕行。

7　扬州刺史邵陵王纶遣人就市赊买锦彩丝布数百匹,市人皆闭邸店不出;少府丞何智通依事启闻。纶被责还弟,乃遣防阁戴子高等以槊刺智通于都巷,刃出于背。智通识子高,取其血以指画车壁为“邵陵”字,乃绝,由是事觉。庚戌,纶坐免为庶人,锁之于弟,经二旬,乃脱锁,顷之复封爵。

8　辛亥,魏安定王追谥敬宗曰武怀皇帝,甲子,以高欢为丞相、柱国大将军、太师;三月丙寅,以高澄为骠骑大将军。丁丑,安定王帅百官入居于邺。

尔朱兆与尔朱世隆等互相猜阻,世隆卑辞厚礼谕兆,欲使之赴洛,唯其所欲,又请节闵帝纳兆女为后;兆乃悦,并与天光、度律更立誓约,复相亲睦。

斛斯椿阴谓贺拔胜曰:“天下皆怨毒尔朱,而吾等为之用,亡无日矣,不如图之。”胜曰:“天光与兆各据一方,欲尽去之甚难,去之不尽,必为后患,奈何?”椿曰:“此易致耳。”乃说世隆追天光等赴洛,共讨高欢。世隆屡征天光,天光不至,使椿自往邀之,曰:“高欢作乱,非王不能定,岂可坐视宗族夷灭邪!"天光不得已,将东出,问策于雍州刺史贺拔岳,岳曰:"王家跨据三方,士马殷盛,高欢乌合之众,岂能为敌!但能同心戮力,往无不捷。若骨肉相疑,则图存之不暇,安能制人!如下官所见,莫若且镇关中以固根本,分遣锐师与众军合势,进可以克敌,退可以自全。"天光不从。闰月壬寅,天光自长安,兆自晋阳,度律自洛阳,仲远自东郡皆会于邺,众号二十万,夹洹水而军,节闵帝以长孙稚为大行台,总督之。

　　高欢令吏部尚书封隆之守邺,癸丑,出顿紫陌,大都督高敖曹将乡里部曲王桃汤等三千人以从。欢曰:"高都督所将皆汉兵,恐不足集事,欲割鲜卑兵千馀人相杂用之,何如?"敖曹曰:"敖曹所将,练习已久,前后格斗,不减鲜卑。今若杂之,情不相洽,胜则争功,退则推罪,不烦更配也。"

　　庚申,尔朱兆帅轻骑三千夜袭邺城,叩西门,不克而退。壬戌,欢将战马不满二千,步兵不满三万,众寡不敌,乃于韩陵为圆陈,连系牛驴以塞归道,于是将士皆有死志。兆望见欢,遥责欢以叛己,欢曰:"本所以戮力者,共辅帝室。今天子何在?"兆曰:"永安枉害天柱,我报仇耳。"欢曰:"我昔闻天柱计,汝在户前立,岂得言不反邪!且以君杀臣,何报之有!今日义绝矣。"遂战。欢将中军,高敖曹将左军,欢从父弟岳将右军。欢战不利,兆等乘之,岳以五百骑冲其前,别将斛律敦收散卒蹑其后,敖曹以千骑自栗园出横击之,兆等大败,贺拔胜与徐州刺史杜德于陈降欢。兆对慕容绍宗抚膺曰:"不用公言,以至于此!"欲轻骑西走,绍宗反旗鸣角,收散卒成军而去。兆还晋阳,仲远奔东郡。尔朱彦伯闻度律等败,欲自将兵守河桥,世隆不从。

　　度律、天光将之洛阳,大都督斛斯椿谓都督贾显度、贾显智曰:"今不先执尔朱氏,吾属死无类矣。"乃夜于桑下盟,约倍道先还。世隆使其外兵参军阳叔渊驰赴北中,简阅败卒,以次内之。椿至,不得入城,乃诡说叔渊曰:"天光部下皆是西人,闻欲大掠洛邑,迁都长安,宜先内我以为之备。"叔渊信之。夏,四月甲子朔,椿等入据河桥,尽杀尔朱氏之党。度律、天光欲攻之,会大雨昼夜不止,士马疲顿,弓矢不可施,遂西走,至澧陂津,为人所擒,送于椿所。椿使行台长孙稚诣洛阳奏状,别遣贾显智、张欢帅骑掩袭世隆,执之。彦伯时在禁直,长孙稚于神虎门启陈:"高欢义功既振,请诛尔朱氏。"节闵帝使舍人郭崇报彦伯,彦伯狼狈走出,为人所执,与世隆俱斩于阊阖门外,送其首并度律、天光于高欢。

　　节闵帝使中书舍人卢辩劳欢于邺,欢使之见安定王,辩抗辞不从,欢不能夺,乃舍之。辩,同之兄子也。

辛未，骠骑大将军、行济州事侯景降于安定王，以景为尚书仆射、南道大行台、济州刺史。

尔朱仲远来奔。仲远帐下都督乔宁、张子期自滑台诣欢降。欢责之曰："汝事仲远，擅其荣利，盟契百重，许同生死。前仲远自徐州为逆，汝为戎首；今仲远南走，汝复叛之。事天子则不忠，事仲远则无信，犬马尚识饲之者，汝曾犬马之不如！"遂斩之。

尔朱天光之东下也，留其弟显寿镇长安，召秦州刺史侯莫陈悦欲与之俱东。贺拔岳知天光必败，欲留悦共图显寿以应高欢，计未有所出。宇文泰谓岳曰："今天光尚近，悦未必有贰心，若以此告之，恐其惊惧。然悦虽为主将，不能制物，若先说其众，必人有留心；悦进失尔朱之期，退恐人情变动，乘此说悦，事无不遂。"岳大喜，即令泰入悦军说之，悦遂与岳俱袭长安。泰帅轻骑为前驱，显寿弃城走，追至华阴，擒之。欢以岳为关西大行台，岳以泰为行台左丞，领府司马，事无巨细皆委之。

尔朱世隆之拒高欢也，使齐州行台尚书房谟募兵趣四渎，又使其弟青州刺史弼趣乱城，扬声北渡，为掎角之势。及韩陵既败，弼还东阳，闻世隆等死，欲来奔，数与左右割臂为盟。帐下都督冯绍隆，素为弼所信待，说弼曰："今方同契阔，宜更割心前之血以盟众。"弼从之，大集部下，披胸令绍隆割之，绍隆因推刃杀之，传首洛阳。

丙子，安东将军辛永以建州降于安定王。

辛巳，安定王至邙山。高欢以安定王疏远，使仆射魏兰根慰谕洛邑，且观节闵帝之为人，欲复奉之。兰根以帝神采高明，恐于后难制，与高乾兄弟及黄门侍郎崔㥄共劝欢废之。欢集百官问所宜立，莫有应者，太仆代人綦毋儁盛称节闵帝贤明，宜主社稷，欢欣然是之。㥄作色曰："若言贤明，自可待我高王，徐登大位。广陵既为逆胡所立，何得犹为天子！若从儁言，王师何名义举？"欢遂幽节闵帝于崇训佛寺。

欢入洛阳，斛斯椿谓贺拔胜曰："今天下事，在吾与君耳，若不先制人，将为人所制。高欢初至，图之不难。"胜曰："彼有功于时，害之不祥。比数夜与欢同宿，具序往昔之怀，兼荷兄恩意甚多，何苦惮之！"椿乃止。

欢以汝南王悦，高祖之子，召欲立之，闻其狂暴无常，乃止。

时诸王多逃匿，尚书左仆射平阳王修，怀之子也，匿于田舍。欢欲立之，使斛斯椿求之。椿见修所亲员外散骑侍郎太原王思政，问王所在，思政曰："须知问意。"椿曰："欲立为天子。"思政乃言之。椿从思政见修，修色变，谓思政曰："得无卖我邪？"曰："不也。"曰："敢保之乎？"曰："变态百端,何可保也!"椿驰报欢。欢遣四百骑迎修入毡帐,陈诚,泣下沾襟,修让以寡德,欢再拜,修亦拜。欢出备服御,进汤沐,达夜严警。昧爽,文武执鞭以朝,使斛斯椿奉劝进表。椿入帐门,磬折延首而不敢前,修令思政取表视之,曰:"便不得不称朕矣。"乃为安定王作诏策而禅位焉。

戊子,孝武帝即位于东郭之外,用代都旧制,以黑毡蒙七人,欢居其一,帝于毡上西向拜天毕,入御太极殿,群臣朝贺,升阊阖门大赦,改元太昌。以高欢为大丞相、天柱大将军、太师,世袭定州刺史。庚寅,加高澄侍中、开府仪同三司。

初,欢起兵信都,尔朱世隆知司马子如与欢有旧,自侍中、骠骑大将军出为南岐州刺史。欢入洛,召子如为大行台尚书,朝夕左右,参知军国。广州刺史广宁韩贤,素为欢所善,欢入洛,凡尔朱氏所除官爵例皆削夺,唯贤如故。

以前御史中尉樊子鹄兼尚书左仆射,为东南道大行台,与徐州刺史杜德追尔朱仲远;仲远已出境,遂攻元树于谯。

丞相欢征贺拔岳为冀州刺史,岳畏欢,欲单马入朝。行台右丞薛孝通说岳曰:"高王以数千鲜卑破尔朱百万之众,诚亦难敌。然诸将或素居其上,或与之等夷,屈首从之,势非获已。今或在京师,或据州镇,高王除之则失人望,留之则为腹心之疾。且吐万人虽复败走,犹在并州,高王方内抚群雄,外抗勍敌,安能去其巢穴,与公争关中之地乎!今关中豪俊皆属心于公,愿效其智力。公以华山为城,黄河为堑,进可以兼山东,退可以封函谷,奈何欲束手受制于人乎!"言未卒,岳执孝通手曰:"君言是也。"乃逊辞为启而不就征。

壬辰,丞相欢还邺,送尔朱度律、天光于洛阳,斩之。

五月丙申,魏主鸩节闵帝于门下外省,诏百司会丧,葬用殊礼。

以沛郡王欣为太师,赵郡王谌为太保,南阳王宝炬为太尉,长孙稚为太傅。宝炬,愉之子也。丞相欢固辞天柱大将军,戊戌,许之。己酉,清河王亶为司徒。

侍中河南高隆之,本徐氏养子,丞相欢命以为弟,恃欢势骄公卿,南阳王宝炬殴之,曰:"镇兵何敢尔!"魏主以欢故,六月丁卯,黜宝炬为骠骑大将军,归第。

9　魏主避广平武穆王之讳,改谥武怀皇帝曰孝庄皇帝,庙号敬宗。

10　秋,七月庚子,魏复以南阳王宝炬为太尉。

11　壬寅,魏丞相欢引兵入滏口,大都督库狄干入井陉,击尔朱兆。

庚戌,魏主使骠骑大将军、仪同三司高隆之帅步骑十万会丞相欢于太原,因以隆之为丞相军司。欢军于武乡,尔朱兆大掠晋阳,北走秀容。并州平。欢以晋阳四塞,乃建大丞相府而居之。

12　魏夏州迁民郭迁据青州反,刺史元巋弃城走;诏行台侯景等讨之,拔其城。迁来奔。

13　魏东南道大行台樊子鹄围元树于谯城,分兵攻取蒙县等五城,以绝援兵之路。树请帅众南归,以地还魏,子鹄等许之,与之誓约。树众半出,子鹄击之,擒树及谯州刺史朱文开以归。羊侃行至官竹,闻树败而还。九月,树至洛阳,久之,复欲南奔,魏人杀之。

14　乙巳,以司空袁昂领尚书令。

15　冬,十一月丁酉,日南至,魏主祀圜丘。

16　甲辰,魏杀安定王朗、东海王晔。

17　己酉,以汝南王悦为侍中、大司马。

18　魏葬灵太后胡氏。

19　上闻魏室已定,十二月庚辰,复以太尉元法僧为郢州刺史。

20　魏主以汝南王悦属近地尊,丁亥,杀之。

21　魏大赦,改元永兴,以与太宗同号,复改永熙。

22　魏主纳丞相欢女为后,命太常卿李元忠纳币于晋阳。欢与之宴,论及旧事,元忠曰:"昔日建义,轰轰大乐,比来寂寂无人问。"欢抚掌笑曰:"此人逼我起兵。"元忠戏曰:"若不与侍中,当更求建义处。"欢曰:"建义不虑无,止畏如此老翁不可遇耳。"元忠曰:"止为此翁难遇,所以不去。"因捋欢须大笑。欢悉其雅意,深重之。

23　尔朱兆既至秀容,分守险隘,出入寇抄。魏丞相欢扬声讨之,师出复止者数四,兆意怠。欢揣其岁首当宴会,遣都督窦泰以精骑驰之,一日一夜行三百里,欢以大军继之。

# 资治通鉴卷第一百五十六

## 梁纪十二

**高祖武皇帝十二**

中大通五年（癸丑，533）

1　春，正月辛卯，上祀南郊，大赦。

2　魏窦泰奄至尔朱兆庭，军人因宴休惰，忽见泰军，惊走，追破之于赤䃌岭，众并降散。兆逃于穷山，命左右西河张亮及苍头陈山提斩己首以降，皆不忍；兆乃杀所乘白马，自缢于树。欢亲临，厚葬之。慕容绍宗携尔朱荣妻子及兆馀众诣欢降，欢以义故，待之甚厚。兆之在秀容，左右皆密通款于欢，唯张亮无启疏，欢嘉之，以为丞相府参军。

3　魏罢诸行台。

4　辛亥，上祀明堂。

5　丁巳，魏主追尊其父为武穆帝，太妃冯氏为武穆后，母李氏为皇太妃。

6　劳州刺史曹凤、东荆州刺史雷能胜等举城降魏。

7　魏侍中斛斯椿闻乔宁、张子期之死，内不自安，与南阳王宝炬、武卫将军元毗、王思政密劝魏主图丞相欢。毗，遵之玄孙也。舍人元士弼又言欢受诏不敬，帝由是不悦。椿劝帝置阁内都督部曲，又增武直人数，自直阁已下，员别数百，皆选四方骁勇者充之。帝数出游幸，椿自部勒，别为行陈，由是朝政、军谋，帝专与椿决之。帝以关中大行台贺拔岳拥重兵，密与相结，又出侍中贺拔胜为都督三荆等七州诸军事，欲倚胜兄弟以敌欢，欢益不悦。

侍中、司空高乾之在信都也，遭父丧，不暇终服。及孝武帝即位，表请解职行丧，诏听解侍中，司空如故。乾虽求退，不谓遽见许，既去内侍，朝政多不关预，居常快快。帝既贰于欢，冀乾为己用，尝于华林园宴罢，独留乾，谓之曰："司空奕世忠良，今日复建殊效，相与虽则君臣，义同兄弟，宜共立盟约，以敦情契。"殷勤逼之。乾对曰："臣以身许国，何敢有贰。"时事出仓猝，且不谓帝有异图，遂不固辞，亦不以启欢。及帝置部曲，乾乃私谓所亲曰："主上不亲勋贤而招集群小，数遣元士弼、王思政往来关西与贺拔岳计议，又出贺拔胜为荆州，外示疏忌，内实树党，令其兄弟相近，冀据有西方。祸难将作，必及于我。"乃密启欢。欢召乾诣并州，面论时事，乾因劝欢受魏禅，欢以袖掩其口曰："勿妄言！今令司空复为侍中，门下之事一以相委。"欢屡启请，帝不许。乾知变难将起，密启欢求为徐州；二月辛酉，以乾为骠骑大将军、开府仪同三司、徐州刺史，以咸阳王坦为司空。

8　癸未，上幸同泰寺，讲般若经，七日而罢，会者数万人。

9　魏正光以前，阿至罗常附于魏。及中原多事，阿至罗亦叛，丞相欢招抚之，阿至罗复降，凡十万户。三月辛卯，诏复以欢为大行台，使随宜裁处。欢与之粟帛，议者以为徒费无益，欢不从；及经略河西，大收其用。

10　高乾将之徐州，魏主闻其漏泄机事，乃诏丞相欢曰："乾邕与朕私有盟约，今乃反覆两端。"欢闻其与帝盟，亦恶之，即取乾前后数启论时事者遣使封上，帝召乾，对欢使责之，乾曰："陛下自立异图，乃谓臣为反覆，人主加罪，其可辞乎！"遂赐死。帝又密敕东徐州刺史潘绍业杀其弟敖曹，敖曹先闻乾死，伏壮士于路，执绍业，得敕书于袍领，遂将十馀骑奔晋阳。欢抱其首哭曰："天子枉害司空。"敖曹兄仲密为光州刺史，帝敕青州断其归路，仲密亦间行奔晋阳。仲密名慎，以字行。

11　魏太师鲁郡王肃卒。

12　丙辰，南平元襄王伟卒。

13　丁巳，魏以赵郡王谌为太尉，南阳王宝炬为太保。

14　魏尔朱兆之入洛也，焚太常乐库，钟磬俱尽。节闵帝诏录尚书事长孙稚、太常卿祖莹等更造之，至是始成，命曰大成乐。

15　魏青州民耿翔聚众寇掠三齐，胶州刺史裴粲，专事高谈，不为防御；夏，四月，翔掩袭州城。左右白贼至，粲曰："岂有此理！"左右又言已入州门，粲乃徐曰："耿王来，可引之听事，自馀部众，且付城民。"翔斩之，送首来降。

16　五月，魏东徐州民王早等杀刺史崔庠，以下邳来降。

17　六月壬申，魏以骠骑大将军樊子鹄为青、胶大使，督济州刺史蔡儁等讨耿翔。秋，七月，魏师至青州，翔弃城来奔，诏以为兖州刺史。

18　壬辰，魏以广陵王欣为大司马，赵郡王谌为太师，庚戌，以前司徒贺拔允为太尉。

初,贺拔岳遣行台郎冯景诣晋阳,丞相欢闻岳使至,甚喜,曰:"贺拔公讵忆吾邪!"与景歃血,约与岳为兄弟。景还,言于岳曰:"欢奸诈有馀,不可信也。"府司马宇文泰自请使晋阳以观欢之为人,欢奇其状貌,曰:"此儿视瞻非常。"将留之,泰固求复命;欢既遣而悔之,发驿急追,至关不及而返。

泰至长安,谓岳曰:"高欢所以未篡者,正惮公兄弟耳;侯莫陈悦之徒,非所忌也。公但潜为之备,图欢不难。今费也头控弦之骑不下一万,夏州刺史斛拔弥俄突胜兵三千馀人,灵州刺史曹泥、河西流民纥豆陵伊利等各拥部众,未知所属。公若引军近陇,扼其要害,震之以威,怀之以惠,可收其士马以资吾军。西辑氐、羌,北抚沙塞,还军长安,匡辅魏室,此桓、文之举也。"岳大悦,复遣泰诣洛阳请事,密陈其状。魏主喜,加泰武卫将军,使还报。八月,帝以岳为都督雍华等二十州诸军事、雍州刺史,又割心前血,遣使者赍以赐之。岳遂引兵西屯平凉,以牧马为名。斛拔弥俄突、纥豆陵伊利及费也头万俟受洛干、铁勒斛律沙门等皆附于岳,唯曹泥附于欢。秦、南秦、河、渭四州刺史同会平凉,受岳节度。岳以夏州被边要重,欲求良刺史以镇之,众举宇文泰,岳曰:"宇文左丞,吾左右手,何可废也!"沉吟累日,卒表用之。

19　九月癸酉,魏丞相欢表让王爵,不许;请分封邑十万户颁授勋义,从之。

20　冬,十月庚申,以尚书右仆射何敬容为左仆射,吏部尚书谢举为右仆射。

21　十一月癸巳,魏以殷州刺史中山邸珍为徐州大都督、东道行台、仆射,以讨下邳。

22　十二月丁巳,魏主狩于嵩高;己巳,幸温汤;丁丑,还宫。

23　魏荆州刺史贺拔胜寇雍州,拔下迮戍,扇动诸蛮;雍州刺史庐陵王续遣军击之,屡为所败,汉南震骇。胜又遣军攻冯翊、安定、沔阳、鄼城,皆拔之。续遣电威将军柳仲礼屯谷城以拒之,胜攻之,不克,乃还;于是沔北荡为丘墟矣。仲礼,庆远之孙也。

24　魏丞相欢患贺拔岳、侯莫陈悦之强,右丞翟嵩曰:"嵩能间之,使其自相屠灭。"欢遣之。欢又使长史侯景招抚纥豆陵伊利,伊利不从。

六年(甲寅,534)

1　春,正月壬辰,魏丞相欢击伊利于河西,擒之,迁其部落于河东。

魏主让之曰:"伊利不侵不叛,为国纯臣,王忽伐之,讵有一介行人先请之乎!"

2　魏东梁州民夷作乱,二月,诏以行东雍州事丰阳泉企讨平之。企世为商、洛豪族,魏世祖以其曾祖景言为本县令,封丹水侯,使其子孙袭之。

3　壬戌,魏大赦。

4　癸亥,上耕藉田;大赦。

5　魏永宁浮图灾,观者皆哭,声振城阙。

6　魏贺拔岳将讨曹泥,使都督武川赵贵至夏州与宇文泰谋之,泰曰:"曹泥孤城阻远,未足为忧。侯莫陈悦贪而无信,宜先图之。"岳不听,召悦会于高平,与共讨泥。悦既得翟嵩之言,乃谋取岳。岳数与悦宴语,长史武川雷绍谏,不听。岳使悦前行,至河曲,悦诱岳入营坐,论军事,悦阳称腹痛而起,其婿元洪景拔刀斩岳。岳左右皆散走,悦遣人谕之云:"我别受旨,止取一人,诸君勿怖。"众以为然,皆不敢动。而悦心犹豫,不即抚纳,乃还入陇,屯水洛城。岳众散还平凉,赵贵诣悦请岳尸葬之,悦许之。岳既死,悦军中皆相贺,行台郎中薛憕私谓所亲曰:"悦才略素寡,辄害良将,吾属今为人虏矣,何贺之有!"憕,真度之从孙也。

岳众未有所属,诸将以都督武川寇洛年最长,推使总诸军;洛素无威略,不能齐众,乃自请避位。赵贵曰:"宇文夏州英略冠世,远近归心,赏罚严明,士卒用命,若迎而奉之,大事济矣。"诸将或欲南召贺拔胜,或欲东告魏朝,犹豫不决。都督盛乐杜朔周曰:"远水不救近火,今日之事,非宇文夏州无能济者,赵将军议是也。朔周请轻骑告哀,且迎之。"众乃使朔周驰至夏州召泰。

泰与将佐宾客共议去留,前太中大夫颍川韩褒曰:"此天授也,又何疑乎! 侯莫陈悦,井中蛙耳,使君往,必擒之。"众以为:"悦在水洛,去平凉不远,若已有贺拔公之众,则图之实难,愿且留以观变。"泰曰:"悦既害元帅,自应乘势直据平凉,而退据水洛,吾知其无能为也。夫难得易失者,时也。若不早赴,众心将离。"

夏州首望都督弥姐元进阴谋应悦,泰知之,与帐下都督高平蔡祐谋执之,祐曰:"元进会当反噬,不如杀之。"泰曰:"汝有大决。"乃召元进等入计事,泰曰:"陇贼逆乱,当与诸人戮力讨之,诸人似有不同者,何也?"祐即被甲持刀直入,瞋目谓诸将曰:"朝谋夕异,何以为人! 今日必断奸人首!"举坐皆叩头曰:"愿有所择。"祐乃叱元进,斩之,并诛其党,因与诸将同盟讨悦。泰谓祐曰:"吾今以尔为子,尔其以我为父乎?"

泰与帐下轻骑驰赴平凉,令杜朔周帅众先据弹筝峡。时民间惶惧,逃散者多,军士争欲掠之,朔周曰:"宇文公方伐罪讨民,奈何助贼为虐乎!"抚而遣之,远近悦附;泰闻而嘉之。朔周本姓赫连,曾祖库多汗避难改焉,泰命复其旧姓,名之曰达。

丞相欢使侯景招抚岳众,泰至安定遇之,谓曰:"贺拔公虽死,宇文泰尚存,卿何为者!"景失色曰:"我犹箭耳,唯人所射。"遂还。

泰至平凉,哭岳甚恸,将士皆悲喜。

欢复使侯景与散骑常侍代郡张华原、义宁太守太安王基劳泰,泰不受,欲劫留之,曰:"留则共享富贵,不然,命在今日。"华原曰:"明公欲胁使者以死亡,此非华原所惧也。"泰乃遣之。基还,言"泰雄杰,请及其未定击灭之"。欢曰:"卿不见贺拔、侯莫陈乎!吾当以计拱手取之。"

魏主闻岳死,遣武卫将军元毗慰劳岳军,召还洛阳,并召侯莫陈悦。毗至平凉,军中已奉宇文泰为主;悦既附丞相欢,不肯应召。泰因元毗上表称:"臣岳忽罹非命,都督寇洛等令臣权掌军事。奉诏召岳军入京,今高欢之众已至河东,侯莫陈悦犹在水洛,士卒多是西人,顾恋乡邑,若逼令赴阙,悦蹑其后,欢邀其前,恐败国殄民,所损更甚。乞少赐停缓,徐事诱导,渐就东引。"魏主乃以泰为大都督,即统岳军。

初,岳以东雍州刺史李虎为左厢大都督,岳死,虎奔荆州,说贺拔胜使收岳众,胜不从。虎闻宇文泰代岳统众,乃自荆州还赴之,至阌乡,为丞相欢别将所获,送洛阳。魏主方谋取关中,得虎甚喜,拜卫将军,厚赐之,使就泰。虎,歆之玄孙也。

泰与悦书,责以"贺拔公有大功于朝廷。君名微行薄,贺拔公荐君为陇右行台。又高氏专权,君与贺拔公同受密旨,屡结盟约,而君党附国贼,共危宗庙,口血未干,匕首已发。今吾与君皆受诏还阙,今日进退,唯君是视:君若下陇东迈,吾亦自北道同归;若首鼠两端,吾则指日相见!"

魏主问泰以安秦、陇之策,泰表言:"宜召悦授以内官,或处以瓜、凉一藩;不然,终为后患。"

原州刺史史归,素为贺拔岳所亲任,河曲之变,反为悦守。悦遣其党王伯和、成次安将兵二千助归镇原州,泰遣都督侯莫陈崇帅轻骑一千袭之。崇乘夜将十骑直抵城下,馀众皆伏于近路;归见骑少,不设备。崇即入,据城门,高平令陇西李贤及弟远穆在城中,为崇内应。于是,中外鼓噪,伏兵悉起,遂擒归及次安、伯和等归于平凉。泰表崇行原州事。三月,泰引兵击悦,至原州,众军毕集。

7 夏,四月癸丑朔,日有食之。

8 魏南秦州刺史陇西李弼说侯莫陈悦曰:"贺拔公无罪而公害之,又不抚纳其众,今奉宇文夏州以来,声言为主报仇,此其势不可敌也,宜解兵以谢之! 不然,必及祸。"悦不从。

宇文泰引兵上陇,留兄子导为都督,镇原州。泰军令严肃,秋毫无犯,百姓大悦。军出木狭关,雪深二尺,泰倍道兼行,出其不意。悦闻之,退保略阳,留万人守水洛,泰至,水洛即降。泰遣轻骑数百趣略阳,悦退保上邽,召李弼与之拒泰。弼知悦必败,阴遣使诣泰,请为内应。悦弃州城,南保山险,弼谓所部曰:"侯莫陈公欲还秦州,汝辈何不装束!"弼妻,悦之姨也,众咸信之,争趣上邽。弼先据城门以安集之,遂举城降泰,泰即以弼为秦州刺史。其夜,悦出军将战,军自惊溃。悦性猜忌,既败,不听左右近己,与其二弟并子及谋杀岳者七八人弃军逃走,数日之中,盘桓往来,不知所趣。左右劝向灵州依曹泥,悦从之,自乘骡,令左右皆步从,欲自山中趣灵州。宇文泰使原州都督贺拔颖追之,悦望见追骑,缢死于野。

泰入上邽,引薛憕为记室参军。收悦府库,财物山积,泰秋毫不取,皆以赏士卒;左右窃一银瓮以归,泰知而罪之,即剖赐将士。

悦党豳州刺史孙定儿据州不下,有众数万,泰遣都督中山刘亮袭之。定儿以大军远,不为备;亮先竖一纛于近城高岭,自将二十骑驰入城。定儿方置酒,猝见亮至,骇愕,不知所为,亮麾兵斩定儿,遥指城外纛,命二骑曰:"出召大军!"城中皆慑服,莫敢动。

先是,故氐王杨绍先乘魏乱逃归武兴,复称王。凉州刺史李叔仁为其民所执,氐、羌、吐谷浑所在蜂起,自南岐至瓜、鄯,跨州据郡者不可胜数。宇文泰令李弼镇原州,夏州刺史拔也恶蚝镇南秦州,渭州刺史可朱浑道元镇渭州,卫将军赵贵行秦州事,征豳、泾、东秦、岐四州之粟以给军。杨绍先惧,称藩送妻子为质。

夏州长史于谨言于泰曰:"明公据关中险固之地,将士骁勇,土地膏腴。今天子在洛,迫于群凶,若陈明公之恳诚,算时事之利害,请都关右,挟天子以令诸侯,奉王命以讨叛乱,此桓、文之业,千载一时也!"泰善之。

丞相欢闻泰定秦、陇,遣使甘言厚礼以结之,泰不受,封其书,使都督济北张轨献于魏主。斛斯椿问轨曰:"高欢逆谋,行路皆知之,人情所恃,唯在西方,未知宇文何如贺拔?"轨曰:"宇文公文足经国,武能定乱。"椿曰:"诚如君言,真可恃也。"

魏主命泰发二千骑镇东雍州，助为势援，仍命泰稍引军而东。泰以大都督武川梁御为雍州刺史，使将步骑五千前行。先是，丞相欢遣其都督太安韩轨将兵一万据蒲反以救侯莫陈悦，雍州刺史贾显度以舟迎之。梁御见显度，说使从泰，显度即出迎御，御入据长安。

魏主以泰为侍中、骠骑大将军、开府仪同三司、关西大都督、略阳县公，承制封拜。泰乃以寇洛为泾州刺史，李弼为秦州刺史，前略阳太守张献为南岐州刺史。南岐州刺史卢待伯不受代，泰遣轻骑袭而擒之。

侍中封隆之言于丞相欢曰："斛斯椿等今在京师，必构祸乱。"隆之与仆射孙腾争尚魏主妹平原公主，公主归隆之，腾泄其言于椿，椿以白帝。隆之惧，逃还乡里，欢召隆之诣晋阳。会腾带仗入省，擅杀御史，惧罪，亦逃就欢。领军娄昭辞疾归晋阳。帝以斛斯椿兼领军，改置都督及河南、关西诸刺史。华山王鸷在徐州，欢使大都督邸珍夺其管钥。建州刺史韩贤、济州刺史蔡俊，皆欢党也；帝省建州以去贤，使御史举俊罪，以汝阳王叔昭代之。欢上言："俊勋重，不可解夺；汝阳懿德，当受大藩，臣弟永宝，猥任定州，宜避贤路。"帝不听。五月丙子，魏主增置勋府庶子，厢别六百人；又增骑官，厢别二百人。

魏主欲伐晋阳，辛卯，下诏戒严，云"欲自将伐梁"。发河南诸州兵，大阅于洛阳，南临洛水，北际邙山，帝戎服与斛斯椿临观之。六月丁巳，魏主密诏丞相欢，称"宇文黑獭、贺拔胜颇有异志，故假称南伐，潜为之备；王亦宜共为形援。读讫燔之。"欢表以为"荆、雍将有逆谋，臣今潜勒兵马三万，自河东渡，又遣恒州刺史库狄干等将兵四万自来违津渡，领军将军娄昭等将兵五万以讨荆州，冀州刺史尉景等将山东兵七万、突骑五万以讨江左，皆勒所部，伏听处分。"帝知欢觉其变，乃出欢表，令群臣议之，欲止欢军。欢亦集并州僚佐共议，还以表闻，仍云："臣为嬖佞所间，陛下一旦赐疑。臣若敢负陛下，使身受天殃，子孙殄绝。陛下若垂信赤心，使干戈不动，佞臣一二人愿斟量废出。"

丁卯，帝使大都督源子恭守阳胡，汝阳王暹守石济，又以仪同三司贾显智为济州刺史，帅豫州刺史斛斯元寿东趣济州。元寿，椿之弟也。蔡俊不受代，帝愈怒。辛未，帝复录洛中文武议意以答欢，且使舍人温子昇为敕赐欢曰："朕不劳尺刃，坐为天子，所谓生我者父母，贵我者高王。今若无事背王，规相攻讨，则使身及子孙，还如王誓。近虑宇文为乱，贺拔应之，故戒严，欲与王俱为声援。今观其所为，更无异迹。东南不宾，为日已久，今天下户口减半，未宜穷兵极武。朕既暗昧，不知佞人为谁。顷高乾之死,岂独朕意! 王忽对昂言兄枉死,人之耳目何易可轻! 如闻库狄干语王云:'本欲取懦弱者为主,无事立此长君,使其不可驾御。今但作十五日行,自可废之,更立馀者。'如此议论,自是王间勋人,岂出佞臣之口! 去岁封隆之叛,今年孙腾逃去,不罪不送,谁不怪王! 王若事君尽诚,何不斩送二首! 王虽启云'西去',而四道俱进,或欲南度洛阳,或欲东临江左,言之者犹应自怪,闻之者宁能不疑! 王若晏然居北,在此虽有百万之众,终无图彼之心;王若举旗南指,纵无匹马只轮,犹欲奋空拳而争死。朕本寡德,王已立之,百姓无知,或谓实可。若为他人所图,则彰朕之恶;假令还为王杀,幽辱齑粉,了无遗恨! 本望君臣一体,若合符契,不图今日分疏至此!"

中军将军王思政言于魏主曰:"高欢之心,昭然可知。洛阳非用武之地,宇文泰乃心王室,今往就之,还复旧京,何虑不克?"帝深然之,遣散骑侍郎河东柳庆见泰于高平,共论时事。泰请奉迎舆驾,庆复命,帝复私谓庆曰:"朕欲向荆州何如?"庆曰:"关中形胜,宇文泰才略可依。荆州地非要害,南迫梁寇,臣愚未见其可。"帝又问阁内都督宇文显和,显和亦劝帝西幸。时帝广征州郡兵,东郡太守河东裴侠帅所部诣洛阳,王思政问曰:"今权臣擅命,王室日卑,奈何?"侠曰:"宇文泰为三军所推,居百二之地,所谓己操戈矛,宁肯授人以柄! 虽欲投之,恐无异避汤入火也。"思政曰:"然则如何而可?"侠曰:"图欢有立至之忧,西巡有将来之虑,且至关右徐思其宜耳。"思政然之,乃进侠于帝,授左中郎将。

初,丞相欢以洛阳久经丧乱,欲迁都于邺,帝曰:"高祖定鼎河、洛,为万世之基;王既功存社稷,宜遵太和旧事。"欢乃止。至是复谋迁都,遣三千骑镇建兴,益河东及济州兵,拥诸州和籴粟,悉运入邺城。帝又敕欢曰:"王若厌伏人情,杜绝物议,唯有归河东之兵,罢建兴之戍,送相州之粟,追济州之军,使蔡儁受代,邸珍出徐,止戈散马,各事家业,脱须粮廪,别遣转输,则谗人结舌,疑悔不生,王高枕太原,朕垂拱京洛矣。王若马首南向,问鼎轻重,朕虽不武,为社稷宗庙之计,欲止不能。决在于王,非朕能定,为山止篑,相为惜之。"欢上表极言宇文泰、斛斯椿罪恶。

帝以广宁太守广宁任祥兼尚书左仆射加开府仪同三司,祥弃官走,渡河,据郡待欢。帝乃敕文武官北来者任其去留,遂下制书数欢咎恶,召贺拔胜赴行在所。胜以问太保掾范阳卢柔,柔曰:"高欢悖逆,公席卷赴都,与决胜负,生死以之,上策也。北阻鲁阳,南并旧楚,东连兖、豫,西引关中,带甲百万,观衅而动,中策也。举三荆之地,庇身于梁,功名皆去,下策也。"胜笑而不应。

帝以宇文泰兼尚书仆射,为关西大行台,许妻以冯翊长公主,谓泰帐内都督秦郡杨荐曰:"卿归语行台,遣骑迎我!"以荐为直阁将军。泰以前秦州刺史骆超为大都督,将轻骑一千赴洛,又遣荐与长史宇文测出关候接。

丞相欢召其弟定州刺史琛使守晋阳,命长史崔暹佐之。暹,挺之子也。欢勒兵南出,告其众曰:"孤以尔朱擅命,建大义于海内,奉戴主上,诚贯幽明;横为斛斯椿谗构,以忠为逆,今者南迈,诛椿而已。"以高敖曹为前锋。宇文泰亦移檄州郡,数欢罪恶,自将大军发高平,前军屯弘农。贺拔胜军于汝水。

秋,七月己丑,魏主亲勒兵十馀万屯河桥,以斛斯椿为前驱,陈于邙山之北。椿请帅精骑二千夜渡河掩其劳弊,帝始然之;黄门侍郎杨宽说帝曰:"高欢以臣伐君,何所不至!今假兵于人,恐生他变。椿若渡河,万一有功,是灭一高欢,生一高欢矣。"帝遂敕椿停行,椿叹曰:"顷荧惑入南斗,今上信左右间构,不用吾计,岂天道乎!"宇文泰闻之,谓左右曰:"高欢数日行八九百里,此兵家所忌,当乘便击之。而主上以万乘之重,不能渡河决战,方缘津据守。且长河万里,捍御为难,若一处得渡,大事去矣。"即以大都督赵贵为别道行台,自蒲反济,趣并州,遣大都督李贤将精骑一千赴洛阳。

帝使斛斯椿与行台长孙稚、大都督颍川王斌之镇虎牢,行台长孙子彦镇陕,贾显智、斛斯元寿镇滑台。斌之,鉴之弟;子彦,稚之子也。欢使相州刺史窦泰趣滑台,建州刺史韩贤趣石济。窦泰与显智遇于长寿津,显智阴约降于欢,引军退。军司元玄觉之,驰还,请益师,帝遣大都督侯几绍赴之,战于滑台东,显智以军降,绍战死。北中郎将田怙为欢内应,欢潜军至野王,帝知之,斩怙。欢至河北十馀里,再遣使口申诚款;帝不报。丙午,欢引军渡河。

魏主问计于群臣,或欲奔梁,或云南依贺拔胜,或云西就关中,或云守洛口死战,计未决。元斌之与斛斯椿争权,弃椿还,绐帝云:"高欢兵已至!"丁未,帝遣使召椿还,遂帅南阳王宝炬、清河王亶、广阳王湛以五千骑宿于瀍西,南阳王别舍沙门惠臻负玺持千牛刀以从。众知帝将西出,其夜,亡者过半,亶、湛亦逃归。湛,深之子也。武卫将军云中独孤信单骑追帝,帝叹曰:"将军辞父母,捐妻子而来,'世乱识忠臣',岂虚言也!"戊申,帝西奔长安,李贤遇帝于崤中。己酉,欢入洛阳,舍于永宁寺,遣领军娄昭等追帝,请帝东还。长孙子彦不能守陕,弃城走。高敖曹帅劲骑追帝至陕西,不及。帝鞭马长骛,粮浆乏绝,三二日间,从官唯饮涧水。至湖城,有王思村民以麦饭壶浆献帝,帝悦,复一村十年。至稠桑,潼关大都督毛鸿宾迎献酒食,从官始解饥渴。八月甲寅,丞相欢集百官谓曰:"为臣奉主,匡救危乱,若处不谏争,出不陪从,缓则耽宠争荣,急则委之逃窜,臣节安在!"众莫能对,兼尚书左仆射辛雄曰:"主上与近习图事,雄等不得预闻。及乘舆西幸,若即追随,恐迹同佞党;留待大王,又以不从蒙责,雄等进退无所逃罪。"欢曰:"卿等备位大臣,当以身报国,群佞用事,卿等尝有一言谏争乎?使国家之事一朝至此,罪欲何归!"乃收雄及开府仪同三司叱列延庆、兼吏部尚书崔孝芬、都官尚书刘廞、兼度支尚书天水杨机、散骑常侍元士弼,皆杀之。孝芬子司徒从事中郎猷间行入关,魏主使以本官奏门下事。欢推司徒清河王亶为大司马,承制决事,居尚书省。

宇文泰使赵贵、梁御帅甲骑二千奉迎,帝循河西行,谓御曰:"此水东流,而朕西上,若得复见洛阳,亲谒陵庙,卿等功也。"帝及左右皆流涕。泰备仪卫迎帝,谒见于东阳驿,免冠流涕曰:"臣不能式遏寇虐,使乘舆播迁,臣之罪也。"帝曰:"公之忠节,著于遐迩。朕以不德,负乘致寇,今日相见,深用厚颜。方以社稷委公,公其勉之!"将士皆呼万岁。遂入长安,以雍州廨舍为宫,大赦,以泰为大将军、雍州刺史,兼尚书令,军国之政,咸取决焉。别置二尚书,分掌机事,以行台尚书毛遐、周惠达为之。时军国草创,二人积粮储,治器械,简士马,魏朝赖之。泰尚冯翊长公主,拜驸马都尉。

先是,荧惑入南斗,去而复还,留止六旬。上以谚云"荧惑入南斗,天子下殿走",乃跣而下殿以禳之,及闻魏主西奔,惭曰:"虏亦应天象邪!"

9　己未,武兴王杨绍先为秦、南秦二州刺史。

10　辛酉,魏丞相欢自追迎魏主。戊辰,清河王亶下制大赦。欢至弘农,九月癸巳,使行台仆射元子思帅侍官迎帝;己酉,攻潼关,克之,擒毛鸿宾,进屯华阴长城,龙门都督薛崇礼以城降欢。

贺拔胜使长史元颖行荆州事,守南阳,自帅所部西赴关中。至淅阳,闻欢已屯华阴,欲还,行台左丞崔谦曰:"今帝室颠覆,主上蒙尘,公宜倍道兼行,朝于行在,然后与宇文行台同心戮力,唱举大义,天下孰不望风响应!今舍此而退,恐人人解体,一失事机,后悔何及!"胜不能用,遂还。

欢退屯河东,使行台长史薛瑜守潼关,大都督库狄温守封陵,筑城于蒲津西岸,以薛绍宗为华州刺史,使守之,以高敖曹行豫州事。

欢自发晋阳,至是凡四十启,魏主皆不报。欢乃东还,遣行台侯景等引兵向荆州,荆州民邓诞等执元颖以应景。贺拔胜至,景逆击之,胜兵败,帅数百骑来奔。

11　魏主之在洛阳也,密遣阁内都督河南赵刚召东荆州刺史冯景昭帅兵入援,兵未及发,魏主西入关。景昭集府中文武议所从,司马冯道和请据州待北方处分。刚曰:"公宜勒兵赴行在所。"久之,更无言者。刚抽刀投地曰:"公若欲为忠臣,请斩道和;如欲从贼,可速见杀!"景昭感悟,即帅众赴关中。侯景引兵逼穰城,东荆州民杨祖欢等起兵,以其众邀景昭于路,景昭战败,刚没蛮中。

冬,十月,丞相欢至洛阳,又遣僧道荣奉表于孝武帝曰:"陛下若远赐一制,许还京洛,臣当帅勒文武,式清宫禁。若返正无日,则七庙不可无主,万国须有所归,臣宁负陛下,不负社稷。"帝亦不答。欢乃集百官耆老,议所立,时清河王亶出入已称警跸,欢丑之,乃托以"孝昌以来,昭穆失序,永安以孝文为伯考,永熙迁孝明于夹室,业丧祚短,职此之由"。遂立清河王世子善见为帝,谓亶曰:"欲立王,不如立王之子。"亶不自安,轻骑南走,欢追还之。丙寅,孝静帝即位于城东北,时年十一,大赦,改元天平。

魏宇文泰进军攻潼关,斩薛瑜,虏其卒七千人,还长安,进位大丞相。东魏行台薛修义等渡河据杨氏壁;魏司空参军河东薛端纠帅村民击却东魏,复取杨氏,丞相泰遣南汾州刺史苏景恕镇之。

12　丁卯,以信武将军元庆和为镇北将军,帅众伐东魏。

13　初,魏孝武既与丞相欢有隙,齐州刺史侯渊、兖州刺史樊子鹄、青州刺史东莱王贵平阴相连结,以观时变,渊亦遣使通于欢所。及孝武帝入关,清河王亶承制,以汝阳王暹为齐州刺史。暹至城西,渊不时纳。城民刘桃符等潜引暹入城,渊帅骑出走,妻子部曲悉为暹所虏。行及广里,会承制以渊行青州事。欢遗渊书曰:"卿勿以部曲单少,惮于东行,齐人浇薄,唯利是从,齐州尚能迎汝阳王,青州岂不能开门待卿也。"渊乃复东,暹归其妻子部曲。贵平亦不受代,渊袭高阳郡,克之,置累重于城中,自帅轻骑游掠于外。贵平使其世子帅众攻高阳,渊夜趣东阳,见州民馈粮者,给之曰:"台军已至,杀戮殆尽。我,世子之人也,脱走还城,汝何为复往!"闻者皆弃粮走。比晓,复谓行人曰:"台军昨夜已至高阳,我是前锋,今至此,不知侯公竟在何所!"城民恂惧,遂执贵平出降。戊辰,渊斩贵平,传首洛阳。

14　庚午,东魏以赵郡王谌为大司马,咸阳王坦为太尉,开府仪同三司高盛为司徒,高敖曹为司空。坦,树之弟也。

丞相欢以洛阳西逼西魏,南近梁境,乃议迁邺,书下三日即行。丙子,东魏主发洛阳,四十万户狼狈就道。收百官马,尚书丞郎已上非陪从者,尽令乘驴。欢留后部分,事毕,还晋阳。改司州为洛州,以尚书令元弼为洛州刺史,镇洛阳。以行台尚书司马子如为尚书左仆射,与右仆射高隆之、侍中高岳、孙腾留邺,共知朝政。诏以迁民资产未立,出粟一百三十万石以赈之。

15　十一月,兖州刺史樊子鹄据瑕丘以拒东魏,南青州刺史大野拔帅众就之。

16　庚寅,东魏主至邺,居北城相州之廨,改相州刺史为司州牧,魏郡太守为魏尹。是时,六坊之众从孝武帝西行者不及万人,馀皆北徙,并给常廪,春秋赐帛以供衣服,乃于常调之外,随丰稔之处,折绢籴粟以供国用。

17　十二月,魏丞相泰遣仪同李虎、李弼、赵贵击曹泥于灵州。

18　闰月,元庆和克濑乡而据之。

19　魏孝武帝闺门无礼,从妹不嫁者三人,皆封公主。平原公主明月,南阳王宝炬之同产也,从帝入关,丞相泰使元氏诸王取明月杀之;帝不悦,或时弯弓,或时椎案,由是复与泰有隙。癸巳,帝饮酒遇鸩而殂。泰与群臣议所立,多举广平王赞。赞,孝武之兄子也。侍中濮阳王顺,于别室垂涕谓泰曰:“高欢逼逐先帝,立幼主以专权,明公宜反其所为。广平冲幼,不如立长君而奉之。”泰乃奉太宰南阳王宝炬而立之。顺,素之曾孙也。殡孝武帝于草堂佛寺,谏议大夫宋球恸哭呕血,浆粒不入口者数日,泰以其名儒,不之罪也。

20　魏贺拔胜之在荆州也,表武卫将军独孤信为大都督。东魏既取荆州,魏以信为都督三荆州诸军事、尚书右仆射、东南道行台、大都督、荆州刺史以招怀之。

蛮酋樊五能攻破淅阳郡以应魏,东魏西荆州刺史辛纂欲讨之,行台郎中李广谏曰:“淅阳四面无民,唯一城之地,山路深险,表里群蛮。今少遣兵,则不能制贼;多遣,则根本虚弱;脱不如意,大挫威名,人情一去,州城难保。”纂曰:“岂可纵贼不讨!”广曰:“今所忧在心腹,何暇治疥癣!闻台军不久应至,公但约勒属城,使完垒抚民以待之,虽失淅阳,不足惜也。”纂不从,遣兵攻之,兵败,诸将因亡不返。

　　城民密召独孤信。信至武陶,东魏遣恒农太守田八能帅群蛮拒信于
淅阳,又遣都督张齐民以步骑三千出信之后。信谓其众曰:"今士卒不满
千人,首尾受敌,若还击齐民,则土民必谓我退走,必争来邀我;不如进击
八能,破之,齐民自溃矣。"遂击破八能,乘胜袭穰城;辛纂勒兵出战,大
败,还趣城。门未及阖,信令都督武川杨忠为前驱,忠叱门者曰:"大军已
至,城中有应,尔等求生,何不避走!"门者皆散。忠帅众入城,斩纂以徇,
城中慑服。信分兵定三荆。居半岁,东魏高敖曹、侯景将兵奄至城下,信
兵少不敌,与杨忠皆来奔。

# 资治通鉴卷第一百五十七

## 梁纪十三

**高祖武皇帝十三**

大同元年（乙卯，535）

1　春，正月戊申朔，大赦，改元。

2　是日，魏文帝即位于城西，大赦，改元大统，追尊父京兆王为文景皇帝，妃杨氏为皇后。

3　魏渭州刺史可朱浑道元先附侯莫陈悦，悦死，丞相泰攻之，不能克，与盟而罢。道元世居怀朔，与东魏丞相欢善，又母兄皆在邺，由是常与欢通。泰欲击之，道元帅所部三千户西北渡乌兰津抵灵州，灵州刺史曹泥资送至云州。欢闻之，遣资粮迎候，拜车骑大将军。

道元至晋阳，欢始闻孝武帝之丧，启请举哀制服。东魏主使群臣议之，太学博士潘崇和以为："君遇臣不以礼则无反服，是以汤之民不哭桀，周武之民不服纣。"国子博士卫既隆、李同轨议以为："高后于永熙离绝未彰，宜为之服。"东魏从之。

4　魏骁骑大将军、仪同三司李虎等招谕费也头之众，与之共攻灵州，凡四旬，曹泥请降。

5　己酉，魏进丞相略阳公泰为都督中外诸军、录尚书事、大行台，封安定王；泰固辞王爵及录尚书，乃封安定公。以尚书令斛斯椿为太保，广平王赞为司徒。

6　乙卯，魏主立妃乙弗氏为皇后，子钦为皇太子。后仁恕节俭，不妒忌，帝甚重之。

7　稽胡刘蠡昇，自孝昌以来，自称天子，改元神嘉，居云阳谷；魏之边境常被其患，谓之"胡荒"。壬戌，东魏丞相欢袭击，大破之。

8　勃海世子澄通于欢妾郑氏，欢归，一婢告之，二婢为证；欢杖澄一百而幽之，娄妃亦隔绝不得见。欢纳魏敬宗之后尔朱氏，有宠，生子浟，欢欲立之。澄求救于司马子如。子如入见欢，伪为不知者，请见娄妃；欢告其故。子如曰："消难亦通子如妾,此事正可掩覆。妃是王结发妇,常以父母家财奉王;王在怀朔被杖,背无完皮,妃昼夜供侍,后避葛贼,同走并州,贫困,妃然马矢自作靴;恩义何可忘也!夫妇相宜,女配至尊,男承大业。且娄领军之勋,何宜摇动!一女子如草芥,况婢言不必信邪!"欢因使子如更鞫之。子如见澄,尤之曰:"男儿何意畏威自诬!"因教二婢反其辞,胁告者自缢,乃启欢曰:"果虚言也。"欢大悦,召娄妃及澄。妃遥见欢,一步一叩头,澄且拜且进,父子、夫妇相泣,复如初。欢置酒曰:"全我父子者,司马子如也!"赐之黄金百三十斤。

9　甲子,魏以广陵王欣为太傅,仪同三司万俟寿洛干为司空。

10　己巳,东魏以丞相欢为相国,假黄钺,殊礼;固辞。

11　东魏大行台尚书司马子如帅大都督窦泰、太州刺史韩轨等攻潼关,魏丞相泰军于霸上。子如与轨回军,从蒲津宵济,攻华州。时修城未毕,梯倚城外,比晓,东魏人乘梯而入。刺史王罴卧尚未起,闻闾外恟恟有声,罴身露髻徒跣,持白梃大呼而出,东魏人见之惊却。罴逐至东门,左右稍集,合战,破之,子如等遂引去。

12　二月辛巳,上祀明堂。

13　壬午,东魏以咸阳王坦为太傅,西河王悰为太尉。

14　东魏使尚书右仆射高隆之发十万夫撤洛阳宫殿,运其材入邺。

15　丁亥,上耕藉田。

16　东魏仪同三司娄昭等攻兖州,樊子鹄使前胶州刺史严思达守东平,昭攻拔之。遂引兵诣瑕丘,久不下,昭以水灌城;己丑,大野拔见子鹄计事,因斩其首以降。始,子鹄以众少,悉驱老弱为兵,子鹄死,各散走。诸将劝娄昭尽捕诛之,昭曰:"此州不幸,横被残贼,跂望官军以救涂炭,今复诛之,民将谁诉!"皆舍之。

17　戊戌,司州刺史陈庆之伐东魏,与豫州刺史尧雄战,不利而还。

18　三月辛酉,东魏以高盛为太尉,高敖曹为司徒,济阴王晖业为司空。

19　东魏丞相欢伪与刘蠡昇约和,许以女妻其太子。蠡昇不设备,欢举兵袭之,辛酉,蠡昇北部王斩蠡昇首以降。馀众复立其子南海王,欢进击,擒之,俘其皇后、诸王、公卿以下四百馀人,华、夷五万馀户。

壬申,欢入朝于邺,以孝武帝后妻彭城王韶。

20　魏丞相泰以军旅未息,吏民劳弊,命所司斟酌古今可以便时适治者,为二十四条新制,奏行之。

泰用武功苏绰为行台郎中,居岁馀,泰未之知也,而台中皆称其能,有疑事皆就决之。泰与仆射周惠达论事,惠达不能对,请出议之。出,以告绰,绰为之区处,惠达入白之,泰称善,曰:"谁与卿为此议者?"惠达以绰对,且称绰有王佐之才,泰乃擢绰为著作郎。泰与公卿如昆明池观渔,行至汉故仓池,顾问左右,莫有知者。泰召绰问之,具以状对。泰悦,因问天地造化之始,历代兴亡之迹,绰应对如流。泰与绰并马徐行,至池,竟不设网罟而还。遂留绰至夜,问以政事,卧而听之;绰指陈为治之要,泰起,整衣危坐,不觉膝之前席,语遂达曙不厌。诘朝,谓周惠达曰:"苏绰真奇士,吾方任之以政。"即拜大行台左丞,参典机密,自是宠遇日隆。绰始制文案程式朱出、墨入及计帐、户籍之法,后人多遵用之。

　21　东魏以封延之为青州刺史,代侯渊。渊既失州任而惧,行及广川,遂反,夜,袭青州南郭,劫掠郡县。夏,四月,丞相欢使济州刺史蔡儁讨之。渊部下多叛,渊欲南奔,于道为卖浆者所斩,送首于邺。

　22　元庆和攻东魏城父,丞相欢遣高敖曹帅三万人趣项,窦泰帅三万人趣城父,侯景帅三万人趣彭城,以任祥为东南道行台仆射,节度诸军。

　23　五月,魏加丞相泰柱国。

　24　元庆和引兵逼东魏南兖州,东魏洛州刺史韩贤拒之。六月,庆和攻南顿,豫州刺史尧雄破之。

　25　秋,七月甲戌,魏以开府仪同三司念贤为太尉,万俟寿洛干为司徒,开府仪同三司越勒肱为司空。

　26　益州刺史鄱阳王范、南梁州刺史樊文炽合兵围晋寿,魏东益州刺史傅敬和来降。范,恢之子;敬和,竖眼之子也。

　27　魏下诏数高欢二十罪,且曰:"朕将亲总六军,与丞相扫除凶丑。"欢亦移檄于魏,谓宇文黑獭、斛斯椿为逆徒,且言"今分命诸将,领兵百万,刻期西讨。"

　28　东魏遣行台元晏击元庆和。

　29　或告东魏司空济阴王晖业与七兵尚书薛琡二于魏,八月辛卯,执送晋阳,皆免官。

　30　甲午,东魏发民七万六千人作新宫于邺,使仆射高隆之与司空胄曹参军辛术共营之,筑邺南城周二十五里。术,琛之子也。

　31　赵刚自蛮中往见东魏东荆州刺史赵郡李愍,劝令附魏,愍从之,刚由是得至长安。丞相泰以刚为左光禄大夫。刚说泰召贺拔胜、独孤信等于梁,泰使刚来请之。

32　九月丁巳，东魏以开府仪同三司襄城王旭为司空。

33　冬，十月，魏太师上党文宣王长孙稚卒。

34　魏秦州刺史王超世，丞相泰之内兄也，骄而黩货，泰奏请加法，诏赐死。

35　十一月丁未，侍中、中卫将军徐勉卒。勉虽骨鲠不及范云，亦不阿意苟合，故梁世言贤相者称范、徐云。

36　癸丑，东魏主祀圜丘。

37　甲午，东魏阊阖门灾。门之初成也，高隆之乘马远望，谓其匠曰："西南独高一寸。"量之果然。太府卿任忻集自矜其巧，不肯改。隆之恨之，至是谮于丞相欢曰："忻集潜通西魏，令人故烧之。"欢斩之。

38　北梁州刺史兰钦引兵攻南郑，魏梁州刺史元罗举州降。

39　东魏以丞相欢之子洋为骠骑大将军、开府仪同三司，封太原公。洋内明决而外如不慧，兄弟及众人皆嗤鄙之；独欢异之，谓长史薛琡曰："此儿识虑过吾。"幼时，欢尝欲观诸子意识，使各治乱丝，洋独抽刀斩之，曰："乱者必斩！"又各配兵四出，使都督彭乐帅甲骑伪攻之，兄澄等皆怖桡，洋独勒众与乐相格，乐免胄言情，犹擒之以献。

初，大行台右丞杨愔从兄岐州刺史幼卿，以直言为孝武帝所杀，愔同列郭秀害其能，恐之曰："高王欲送卿于帝所。"愔惧，变姓名逃于田横岛。久之，欢闻其尚在，召为太原公开府司马，顷之，复为大行台右丞。

40　十二月甲午，东魏文武官量事给禄。

41　魏以念贤为太傅，河州刺史梁景睿为太尉。

42　是岁，鄱阳妖贼鲜于琛改元上愿，有众万馀人。鄱阳内史吴郡陆襄讨擒之，按治党与，无滥死者。民歌之曰："鲜于平后善恶分，民无枉死赖陆君。"

43　柔然头兵可汗求婚于东魏，丞相欢以常山王妹为兰陵公主，妻之。柔然数侵魏，魏使中书舍人库狄峙奉使至柔然，与约和亲，由是柔然不复为寇。

二年（丙辰，536）

1　春，正月辛亥，魏祀南郊，改用神元皇帝配。

2　甲子，东魏丞相欢自将万骑袭魏夏州，身不火食，四日而至，缚稍为梯，夜入其城，擒刺史斛拔俄弥突，因而用之，留都督张琼将兵镇守，迁其部落五千户以归。

3　魏灵州刺史曹泥与其婿凉州刺史普乐刘丰复叛降东魏,魏人围之,水灌其城,不没者四尺。东魏丞相欢发阿至罗三万骑径度灵州,绕出魏师之后,魏师退。欢帅骑迎泥及丰,拔其遗户五千以归,以丰为南汾州刺史。

4　东魏加丞相欢九锡;固让而止。

5　上为文帝作皇基寺以追福,命有司求良材。曲阿弘氏自湘州买巨材东下,南津校尉孟少卿欲求媚于上,诬弘氏为劫而杀之,没其材以为寺。

6　二月乙亥,上耕藉田。

7　东魏勃海世子澄,年十五,为大行台、并州刺史,求入邺辅朝政,丞相欢不许;丞相主簿乐安孙搴为之请,乃许之。丁酉,以澄为尚书令,加领军、京畿大都督。魏朝虽闻其器识,犹以年少期之;既至,用法严峻,事无凝滞,中外震肃。引并州别驾崔暹为左丞、吏部郎,亲任之。

8　司马子如、高季式召孙搴剧饮,醉甚而卒。丞相欢亲临其丧。子如叩头请罪,欢曰:“卿折我右臂,为我求可代者!”子如举中书郎魏收,欢以收为主簿。收,子建之子也。他日,欢谓季式曰:“卿饮杀我孙主簿,魏收治文书不如我意,司徒尝称一人谨密者为谁?”季式以司徒记室广宗陈元康对,曰:“是能夜中暗书,快吏也。”召之,一见,即授大丞相功曹,掌机密,迁大行台都官郎。时军国多务,元康问无不知。欢或出,临行,留元康在后,马上有所号令九十余条,元康屈指数之,尽能记忆。与功曹平原赵彦深同知机密,时人谓之陈、赵。而元康势居赵前,性又柔谨,欢甚亲之,曰:“如此人,诚难得,天赐我也。”彦深名隐,以字行。

9　东魏丞相欢令阿至罗逼魏秦州刺史万俟普,欢以众应之。

10　三月戊申,丹杨陶弘景卒。弘景博学多艺能,好养生之术。仕齐为奉朝请,弃官,隐居茅山。上早与之游,及即位,恩礼甚笃,每得其书,焚香虔受。屡以手敕招之,弘景不出。国家每有吉凶征讨大事,无不先谘之,月中尝有数信,时人谓之“山中宰相”。将没,为诗曰:“夷甫任散诞,平叔坐论空。岂悟昭阳殿,遂作单于宫!”时士大夫竞谈玄理,不习武事,故弘景诗及之。

11　甲寅,东魏以华山王鸷为大司马。

12　魏以凉州刺史李叔仁为司徒,万俟洛为太宰。

13　夏,四月乙未,以骠骑大将军、开府同三司之仪元法僧为太尉。

14　尚书右丞考城江子四上封事,极言政治得失,五月癸卯,诏曰:“古人有言,‘屋漏在上,知之在下。’朕有过失,不能自觉,江子四等封事所言,尚书可时加检括,于民有蠹患者,宜速详启!"

15 戊辰,东魏高盛卒。

16 魏越勒肱卒。

17 魏秦州刺史万俟普与其子太宰洛、幽州刺史叱干宝乐、右卫将军破六韩常及督将三百人奔东魏,丞相泰轻骑追之,至河北千馀里,不及而还。

18 秋七月庚子,东魏大赦。

19 上待魏降将贺拔胜等甚厚,胜请讨高欢,上不许。胜等思归,前荆州大都督抚宁史宁谓胜曰:"朱异言于梁主无不从,请厚结之。"胜从之。上许胜、宁及卢柔皆北还,亲饯之于南苑。胜怀上恩,自是见禽兽南向者皆不射之。行至襄城,东魏丞相欢遣侯景以轻骑邀之,胜等弃舟自山路逃归,从者冻馁,道死者太半。既至长安,诣阙谢罪,魏主执胜手歔欷曰:"乘舆播越,天也,非卿之咎。"丞相泰引卢柔为从事中郎,与苏绰对掌机密。

20 九月壬寅,东魏以定州刺史侯景兼尚书右仆射、南道行台,督诸将入寇。

21 魏以扶风王孚为司徒,斛斯椿为太傅。

22 冬,十月乙亥,诏大举伐东魏。东魏侯景将兵七万寇楚州,虏刺史桓和;进军淮上,南、北司二州刺史陈庆之击破之,景弃辎重走。十一月己亥,罢北伐之师。

23 魏复改始祖神元皇帝为太祖,道武皇帝为烈祖。

24 十二月,东魏以并州刺史尉景为太保。

25 壬申,东魏遣使请和,上许之。

26 东魏清河文宣王亶卒。

27 丁丑,东魏丞相欢督诸军伐魏,遣司徒高敖曹趣上洛,大都督窦泰趣潼关。

28 癸未,东魏以咸阳王坦为太师。

29 是岁,魏关中大饥,人相食,死者什七八。

三年(丁巳,537)

1 春,正月,上祀南郊,大赦。

2 东魏丞相欢军蒲坂,造三浮桥,欲渡河。魏丞相泰军广阳,谓诸将曰:"贼掎吾三面,作浮桥以示必渡,此欲缀吾军,使窦泰得西入耳。欢自起兵以来,窦泰常为前锋,其下多锐卒,屡胜而骄,今袭之,必克,克泰,则欢不战自走矣。"诸将皆曰:"贼在近,舍而袭远,脱有蹉跌,悔何及也!不如分兵御之。"丞相泰曰:"欢再攻潼关,吾军不出灞上,今大举而来,谓吾亦当自守,有轻我之心,乘此袭之,何患不克!贼虽作浮桥,未能径渡,不过五日,吾取窦泰必矣!"行台左丞苏绰、中兵参军代人达奚武亦以为然。庚戌,丞相泰还长安,诸将意犹异同。丞相泰隐其计,以问族子直事郎中深,深曰:"窦泰,欢之骁将,今大军攻蒲坂,则欢拒守而泰救之,吾表里受敌,此危道也。不如选轻锐潜出小关,窦泰躁急,必来决战,欢持重未即救,我急击泰,必可擒也。擒泰则欢势自沮,回师击之,可以决胜。"丞相泰曰:"此吾心也。"乃声言欲保陇右,辛亥,谒魏主而潜军东出,癸丑旦,至小关。窦泰猝闻军至,自风陵渡,丞相泰出马牧泽,击窦泰,大破之,士众皆尽,窦泰自杀,传首长安。丞相欢以河冰薄,不得赴救,撤浮桥而退,仪同代人薛孤延为殿,一日斫十五刀折,乃得免。丞相泰亦引军还。

　　高敖曹自商山转斗而进,所向无前,遂攻上洛。郡人泉岳及弟猛略与顺阳人杜窋等谋翻城应之,洛州刺史泉企知之,杀岳及猛略。杜窋走归敖曹,敖曹以为乡导而攻之。敖曹被流矢,通中者三,殒绝良久,复上马,免胄巡城。企固守旬馀,二子元礼、仲遵力战拒之,仲遵伤目,不堪复战,城遂陷。企见敖曹曰:"吾力屈,非心服也。"敖曹以杜窋为洛州刺史。敖曹创甚,曰:"恨不见季式作刺史。"丞相欢闻之,即以季式为济州刺史。

　　敖曹欲入蓝田关,欢使人告曰:"窦泰军没,人心恐动,宜速还,路险贼盛,拔身可也。"敖曹不忍弃众,力战全军而还,以泉企、泉元礼自随,泉仲遵以伤重不行。企私戒二子曰:"吾馀生无几,汝曹才器足以立功,勿以吾在东,遂亏臣节。"元礼于路逃还。泉、杜虽皆为土豪,乡人轻杜而重泉。元礼、仲遵阴结豪右,袭窋,杀之,魏以元礼世袭洛州刺史。

　　3　二月丁亥,上耕藉田。

　　4　己丑,以尚书左仆射何敬容为中权将军,护军将军萧渊藻为左仆射,右仆射谢举为右光禄大夫。

　　5　魏槐里获神玺,大赦。

　　6　三月辛未,东魏迁七帝神主入新庙,大赦。

　　7　魏斛斯椿卒。

　　8　夏,五月,魏以广陵王欣为太宰,贺拔胜为太师。

　　9　六月,魏以扶风王孚为太保,梁景叡为太傅,广平王赞为太尉,开府仪同三司武川王盟为司空。

10　东魏丞相欢游汾阳之天池，得奇石，隐起成文曰"六王三川"。以问行台郎中阳休之，对曰："六者，大王之字；王者，当王天下。河、洛、伊为三川，泾、渭、洛亦为三川。大王若受天命，终应奄有关、洛。"欢曰："世人无事常言我反，况闻此乎！慎勿妄言！"休之，固之子也。行台郎中中山杜弼承间劝欢受禅，欢举杖击走之。

11　东魏遣兼散骑常侍李谐来聘，以吏部郎卢元明、通直侍郎李业兴副之。谐，平之孙；元明，旭之子也。秋，七月，谐等至建康，上引见，与语，应对如流。谐等出，上目送之，谓左右曰："朕今日遇勃敌。卿辈尝言北间全无人物，此等何自而来！"是时邺下言风流者，以谐及陇西李神儁、范阳卢元明、北海王元景、弘农杨遵彦、清河崔赡为首。神儁名挺，宝之孙；元景名昕，宪之曾孙也，皆以字行。赡，㥄之子也。

时南、北通好，务以俊乂相夸，衔命接客，必尽一时之选，无才地者不得与焉。每梁使至邺，邺下为之倾动，贵胜子弟盛饰聚观，礼赠优渥，馆门成市。宴日，高澄常使左右觇之，一言制胜，澄为之拊掌。魏使至建康亦然。

12　独孤信求还北，上许之。信父母皆在山东，上问信所适，信曰："事君者不敢顾私亲而怀二心。"上以为义，礼送甚厚。信与杨忠皆至长安，上书谢罪。魏以信有定三荆之功，迁骠骑大将军，加侍中、开府仪同三司，馀官爵如故。丞相泰爱杨忠之勇，留置帐下。

13　魏宇文深劝丞相泰取恒农，八月丁丑，泰帅李弼等十二将伐东魏，以北雍州刺史于谨为前锋，攻盘豆，拔之。戊子，至恒农，庚寅，拔之，擒东魏陕州刺史李徽伯，俘其战士八千。

时河北诸城多附东魏，左丞杨㯉自言父猛尝为邵郡白水令，知其豪杰，请往说之，以取邵郡，泰许之，㯉乃与土豪王覆怜等举兵，收邵郡守程保及县令四人，斩之，表覆怜为郡守，遣谍说谕东魏城堡，旬月之间，归附甚众。东魏以东雍州刺史司马恭镇正平，司空从事中郎闻喜裴邃欲攻之，恭弃城走，泰以杨㯉行正平郡事。

14　上修长干寺阿育王塔，出佛爪发舍利。辛卯，上幸寺，设无碍食，大赦。

15　九月，柔然为魏侵东魏三堆，丞相欢击之，柔然退走。

行台郎中杜弼以文武在位多贪污，言于丞相欢，请治之。欢曰："弼来，我语尔！天下贪污，习俗已久。今督将家属多在关西，宇文黑獭常相招诱，人情去留未定；江东复有吴翁萧衍，专事衣冠礼乐，中原士大夫望之以为正朔所在。我若急正纲纪,不相假借,恐督将尽归黑獭,士子悉奔萧衍,人物流散,何以为国! 尔宜少待,吾不忘之。”

欢将出兵拒魏,杜弼请先除内贼。欢问内贼为谁,弼曰:“诸勋贵掠夺百姓者是也。”欢不应,使军士皆张弓注矢,举刀,按矟,夹道罗列,命弼冒出其间,弼战栗流汗。欢乃徐谕之曰:“矢虽注不射,刀虽举不击,矟虽按不刺,尔犹亡魄失胆。诸勋人身犯锋镝,百死一生,虽或贪鄙,所取者大,岂可同之常人也!”弼乃顿首谢不及。欢每号令军士,常令丞相属代郡张华原宣旨,其语鲜卑则曰:“汉民是汝奴,夫为汝耕,妇为汝织,输汝粟帛,令汝温饱,汝何为陵之?”其语华人则曰:“鲜卑是汝作客,得汝一斛粟、一匹绢,为汝击贼,令汝安宁,汝何为疾之?”

时鲜卑共轻华人,唯惮高敖曹;欢号令将士,常鲜卑语,敖曹在列,则为之华言。敖曹返自上洛,欢复以为军司、大都督,统七十六都督。以司空侯景为西道大行台,与敖曹及行台任祥、御史中尉刘贵、豫州刺史尧雄、冀州刺史万俟洛同治兵于虎牢。敖曹与北豫州刺史郑严祖握槊,贵召严祖,敖曹不时遣,枷其使者。使者曰:“枷则易,脱则难。”敖曹以刀就枷刓之,曰:“又何难!”贵不敢校。明日,贵与敖曹坐,外白治河役夫多溺死,贵曰:“一钱汉,随之死!”敖曹怒,拔刀斫贵;贵走出还营,敖曹鸣鼓会兵,欲攻之,侯景、万俟洛共解谕,久之乃止。敖曹尝诣相府,门者不纳,敖曹引弓射之,欢知而不责。

16　闰月甲子,以武陵王纪为都督益梁等十三州诸军事、益州刺史。

17　东魏丞相欢将兵二十万自壶口趣蒲津,使高敖曹将兵三万出河南。时关中饥,魏丞相泰所将将士不满万人,馆谷于恒农五十馀日,闻欢将济河,乃引兵入关,高敖曹遂围恒农。欢右长史薛琡言于欢曰:“西贼连年饥馑,故冒死来入陕州,欲取仓粟。今敖曹已围陕城,粟不得出,但置兵诸道,勿与野战,比及麦秋,其民自应饿死,宝炬、黑獭何忧不降! 愿勿渡河。”侯景曰:“今兹举兵,形势极大,万一不捷,猝难收敛。不如分为二军,相继而进,前军若胜,后军全力;前军若败,后军承之。”欢不从,自蒲津济河。

丞相泰遣使戒华州刺史王罴,罴语使者曰:“老罴当道卧,貊子那得过!”欢至冯翊城下,谓罴曰:“何不早降!”罴大呼曰:“此城是王罴冢,死生在此。欲死者来!”欢知不可攻,乃涉洛,军于许原西。

泰至渭南,征诸州兵,皆未会。欲进击欢,诸将以众寡不敌,请待欢更西以观其势。泰曰:“欢若至长安,则人情大扰;今及其远来新至,可击也。"即造浮桥于渭,令军士赍三日粮,轻骑渡渭,辎重自渭南夹渭而西。冬,十月壬辰,泰至沙苑,距东魏军六十里。诸将皆惧,宇文深独贺。泰问其故,对曰:"欢镇抚河北,甚得众心,以此自守,未易可图。今悬师渡河,非众所欲,独欢耻失窦泰,愎谏而来,所谓忿兵,可一战擒也。事理昭然,何为不贺!愿假深一节,发王罴之兵邀其走路,使无遗类。"泰遣须昌县公达奚武觇欢军,武从三骑,皆效欢将士衣服,日暮,去营数百步下马,潜听得其军号,因上马历营,若警夜者,有不如法,往往挞之,具知敌之情状而还。

　　欢闻泰至,癸巳,引兵会之。候骑告欢军且至,泰召诸将谋之。开府仪同三司李弼曰:"彼众我寡,不可平地置陈,此东十里有渭曲,可先据以待之。"泰从之,背水东西为陈,李弼为右拒,赵贵为左拒,命将士皆偃戈于苇中,约闻鼓声而起。晡时,东魏兵至渭曲,都督太安斛律羌举曰:"黑獭举国而来,欲一死决,譬如猘狗,或能噬人;且渭曲苇深土泞,无所用力,不如缓与相持,密分精锐径掩长安,巢穴既倾,则黑獭不战成擒矣。"欢曰:"纵火焚之,何如?"侯景曰:"当生擒黑獭以示百姓,若众中烧死,谁复信之!"彭乐盛气请斗,曰:"我众贼寡,百人擒一,何忧不克!"欢从之。东魏兵望见魏兵少,争进击之,无复行列。兵将交,丞相泰鸣鼓,士皆奋起,于谨等六军与之合战,李弼帅铁骑横击之,东魏兵中绝为二,遂大破之,李弼弟檦,身小而勇,每跃马陷陈,隐身鞍甲之中,敌见皆曰:"避此小儿!"泰叹曰:"胆决如此,何必八尺之躯!"征虏将军武川耿令贵杀伤多,甲裳尽赤,泰曰:"观其甲裳,足知令贵之勇,何必数级!"彭乐乘醉深入魏陈,魏人刺之,肠出,内之复战。丞相欢欲收兵更战,使张华原以簿历营点兵,莫有应者,还,白欢曰:"众尽去,营皆空矣!"欢犹未肯去。阜城侯斛律金曰:"众心离散,不可复用,宜急向河东。"欢据鞍未动,金以鞭拂马,乃驰去,夜,渡河,船去岸远,欢跨橐驼就船,乃得渡,丧甲士八万人,弃铠仗十有八万。丞相泰追欢至河上,选留甲士二万馀人,馀悉纵归。都督李穆曰:"高欢破胆矣,速追之,可获。"泰不听,还军渭南,所征之兵甫至,乃于战所人植柳一株以旌武功。

　　侯景言于欢曰:"黑獭新胜而骄,必不为备,愿得精骑二万,径往取之。"欢以告娄妃,妃曰:"设如其言,景岂有还理!得黑獭而失景,何利之有!"欢乃止。

　　魏加丞相泰柱国大将军,李弼十二将皆进爵增邑有差。

　　高敖曹闻欢败,释恒农,退保洛阳。

己酉，魏行台宫景寿等向洛阳，东魏洛州大都督韩贤击走之。州民韩木兰作乱，贤击破之。一贼匿尸间，贤自按检收铠仗，贼欻起斫之，断胫而卒。

魏复遣行台冯翊王季海与独孤信将步骑二万趣洛阳，洛州刺史李显趣三荆，贺拔胜、李弼围蒲坂。

东魏丞相欢之西伐也，蒲坂民敬珍谓其从祖兄祥曰："高欢迫逐乘舆，天下忠义之士皆欲制刃于其腹；今又称兵西上，吾欲与兄起兵断其归路，此千载一时也。"祥从之，纠合乡里，数日，有众万馀。会欢自沙苑败归，祥、珍帅众邀之，斩获甚众。贺拔胜、李弼至河东，祥、珍帅猗氏等六县十馀万户归之，丞相泰以珍为平阳太守，祥为行台郎中。

东魏秦州刺史薛崇礼守蒲坂，别驾薛善，崇礼之族弟也，言于崇礼曰："高欢有逐君之罪，善与兄忝衣冠绪馀，世荷国恩，今大军已临，而犹为高氏固守，一旦城陷，函首送长安，署为逆贼，死有馀愧，及今归款，犹为愈也。"崇礼犹豫不决。善与族人斩关纳魏师，崇礼出走，追获之。丞相泰进军蒲坂，略定汾、绛，凡薛氏预开城之谋者，皆赐五等爵。善曰："背逆归顺，臣子常节，岂容阖门大小俱叨封邑！"与其弟慎固辞不受。

东魏行晋州事封祖业弃城走，仪同三司薛修义追至洪洞，说祖业还守。祖业不从，修义还据晋州，安集固守。魏仪同三司长孙子彦引兵至城下，修义开门伏甲以待；子彦不测虚实，遂退走。丞相欢以修义为晋州刺史。

独孤信至新安，高敖曹引兵北渡河。信逼洛阳，洛州刺史广阳王湛弃城归邺，信遂据金墉城。孝武之西迁也，散骑常侍河东裴宽谓诸弟曰："天子既西，吾不可以东附高氏。"帅家属逃于大石岭；独孤信入洛，乃出见之。时洛阳荒废，人士流散，惟河东柳虬在阳城，裴谳之在颍川，信俱征之，以虬为行台郎中，谳之为开府属。

东魏颍州长史贺若统执刺史田迄，举城降魏，魏都督梁迥入据其城。前通直散骑侍郎郑伟起兵陈留，攻东魏梁州，执其刺史鹿永吉。前大司马从事中郎崔彦穆攻荥阳，执其太守苏淑，与广州长史刘志皆降于魏。伟，先护之子也。丞相泰以伟为北徐州刺史，彦穆为荥阳太守。

十一月，东魏行台任祥帅督将尧雄、赵育、是云宝攻颍川，丞相泰使大都督宇文贵、乐陵公辽西怡峰将步骑二千救之。军至阳翟，雄等军已去颍川三十里，祥帅众四万继其后。诸将咸以为"彼众我寡，不可争锋"。贵曰："雄等谓吾兵少，必不敢进。彼与任祥合兵攻颍川，城必危矣。若贺若统陷没,吾辈坐此何为! 今进据颍川,有城可守,又出其不意,破之必矣。"遂疾趋,据颍川,背城为陈以待。雄等至,合战,大破之,雄走,赵育请降,俘其士卒万馀人,悉纵遣之。任祥闻雄败,不敢进,贵与怡峰乘胜逼之,祥退保宛陵;贵追及,击之,祥军大败。是云宝杀其阳州刺史那椿,以州降魏。魏以贵为开府仪同三司,是云宝、赵育为车骑大将军。

都督杜陵韦孝宽攻东魏豫州,拔之,执其行台冯邕。孝宽名叔裕,以字行。

18　丙子,东魏以骠骑大将军、仪同三司万俟普为太尉。

19　司农张乐皋等聘于东魏。

20　十二月,魏行台杨白驹与东魏阳州刺史段粲战于蓼坞,魏师败绩。

21　魏荆州刺史郭鸾攻东魏东荆州刺史清都慕容俨,俨昼夜拒战,二百馀日,乘间出击鸾,大破之。时河南诸州多失守,唯东荆获全。

河间邢磨纳、范阳卢仲礼、仲礼从弟仲裕等皆起兵海隅以应魏。

东魏济州刺史高季式有部曲千馀人,马八百匹,铠仗皆备。濮阳民杜灵椿等为盗,聚众近万人,攻城剽野,季式遣骑三百,一战擒之,又击阳平贼路文徒等,悉平之,于是远近肃清。或谓季式曰:"濮阳、阳平乃畿内之郡,不奉诏命,又不侵境,何急而使私军远战! 万一失利,岂不获罪乎!"季式曰:"君何言之不忠也! 我与国家同安共危,岂有见贼而不讨乎! 且贼知台军猝不能来,又不疑外州有兵击之,乘其无备,破之必矣。以此获罪,吾亦无恨。"

# 资治通鉴卷第一百五十八

## 梁纪十四

### 高祖武皇帝十四

大同四年（戊午，538）

1　春，正月辛酉朔，日有食之。

2　东魏砀郡获巨象，送邺。丁卯，大赦，改元元象。

3　二月己亥，上耕藉田。

4　东魏大都督善无贺拔仁攻魏南汾州，刺史韦子粲降之，丞相泰灭子粲之族。东魏大行台侯景等治兵于虎牢，将复河南诸州，魏梁迥、韦孝宽、赵继宗皆弃城西归。侯景攻广州，未拔，闻魏救兵将至，集诸将议之，行洛州事卢勇请进观形势。乃帅百骑至大隗山，遇魏师。日已暮，勇多置幡旗于树颠，夜，分骑为十队，鸣角直前，擒魏仪同三司程华，斩仪同三司王征蛮而还。广州守将骆超遂以城降东魏，丞相欢以勇行广州事。勇，辩之从弟也。于是南汾、颍、豫、广四州复入东魏。

5　初，柔然头兵可汗始得返国，事魏尽礼。及永安以后，雄据北方，礼渐骄倨，虽信使不绝，不复称臣。头兵尝至洛阳，心慕中国，乃置侍中、黄门等官；后得魏汝阳王典签淳于覃，亲宠任事，以为秘书监，使典文翰。及两魏分裂，头兵转不逊，数为边患。魏丞相泰以新都关中，方有事山东，欲结婚以抚之，以舍人元翌女为化政公主，妻头兵弟塔寒。又言于魏主，请废乙弗后，纳头兵之女。甲辰，以乙弗后为尼，使扶风王孚迎头兵女为后。头兵遂留东魏使者元整，不报其使。

6　三月辛酉，东魏丞相欢以沙苑之败，请解大丞相，诏许之；顷之，复故。

7　柔然送悼后于魏，车七百乘，马万匹，驼二千头。至黑盐池，遇魏所遣卤簿仪卫。柔然营幕，户席皆东向，扶风王孚请正南面，后曰："我未见魏主，固柔然女也。魏伏南面，我自东向。"丙子，立皇后郁久闾氏。丁丑，大赦。以王盟为司徒。丞相泰朝于长安，还屯华州。

8　夏,四月庚寅,东魏高欢朝于邺;壬辰,还晋阳。

9　五月甲戌,东魏遣兼散骑常侍郑伯猷来聘。

10　秋,七月,东魏荆州刺史王则寇淮南。

11　癸亥,诏以东冶徒李胤之得如来舍利,大赦。

12　东魏侯景、高敖曹等围魏独孤信于金墉,太师欢帅大军继之;景悉烧洛阳内外官寺民居,存者什二三。魏主将如洛阳拜园陵,会信等告急,遂与丞相泰俱东,命尚书左仆射周惠达辅太子钦守长安,开府仪同三司李弼、车骑大将军达奚武帅千骑为前驱。

八月庚寅,丞相泰至榖城,侯景等欲整陈以待其至,仪同三司太安莫多娄贷文请帅所部击其前锋,景等固止之。贷文勇而专,不受命,与可朱浑道元以千骑前进,夜,遇李弼、达奚武于孝水。弼命军士鼓噪,曳柴扬尘,贷文走,弼追斩之,道元单骑获免,悉俘其众送恒农。

泰进军瀍东,侯景等夜解围去。辛卯,泰帅轻骑追景至河上,景为陈,北据河桥,南属邙山,与泰合战。泰马中流矢惊逸,遂失所之。泰坠地,东魏兵追及之,左右皆散,都督李穆下马,以策抶泰背骂曰:“笼东军士!尔曹王何在,而独留此?”追者不疑其贵人,舍之而过。穆以马授泰,与之俱逸。

魏兵复振,击东魏兵,大破之。东魏兵北走。京兆忠武公高敖曹,意轻泰,建旗盖以陵陈,魏人尽锐攻之,一军皆没,敖曹单骑走投河阳南城。守将北豫州刺史高永乐,欢之从祖兄子也,与敖曹有怨,闭门不受。敖曹仰呼求绳,不得,拔刀穿阖未彻而追兵至。敖曹伏桥下,追者见其从奴持金带,问敖曹所在,奴指示之。敖曹知不免,奋头曰:“来!与汝开国公。”追者斩其首去。高欢闻之,如丧肝胆,杖高永乐二百,赠敖曹太师、大司马、太尉。泰赏杀敖曹者布绢万段,岁岁稍与之,比及周亡,犹未能足。魏又杀东魏西兖州刺史宋显等,虏甲士万五千人,赴河死者以万数。

初,欢以万俟普尊老,特礼之,尝亲扶上马。其子洛免冠稽首曰:“愿出死力以报深恩。”及邙山之战,诸军北渡桥,洛独勒兵不动,谓魏人曰:“万俟受洛干在此,能来可来也!”魏人畏之而去,欢名其所营地为回洛。

是日,东、西魏置陈既大,首尾悬远,从旦至未,战数十合,氛雾四塞,莫能相知。魏独孤信、李远居右,赵贵、怡峰居左,战并不利;又未知魏主及丞相泰所在,皆弃其卒先归。开府仪同三司李虎、念贤等为后军,见信等退,即与俱去。泰由是烧营而归,留仪同三司长孙子彦守金墉。

王思政下马,举长矟左右横击,一举辄踣数人。陷陈既深,从者尽死,思政被重创,闷绝,会日暮,敌亦收兵。思政每战常著破衣弊甲,敌不知其将帅,故得免。帐下督雷五安于战处哭求思政,会其已苏,割衣裹创,扶思政上马,夜久,始得还营。

平东将军蔡祐下马步斗,左右劝乘马以备仓猝,祐怒曰:"丞相爱我如子,今日岂惜生乎!"帅左右十馀人合声大呼,击东魏兵,杀伤甚众。东魏围之十馀重,祐弯弓持满,四面拒之。东魏人募厚甲长刀者直进取之,去祐可三十步,左右劝射之,祐曰:"吾曹之命,在此一矢,岂可虚发!"将至十步,祐乃射之,应弦而倒,东魏兵稍却,祐徐引还。

魏主至恒农,守将已弃城走,所虏降卒在恒农者相与闭门拒守,丞相泰攻拔之,诛其魁首数百人。

蔡祐追及泰于恒农,夜,见泰,泰曰:"承先,尔来,吾无忧矣。"泰惊不得寝,枕祐股,然后安。祐每从泰战,常为士卒先,战还,诸将皆争功,祐终无所言。泰每叹曰:"承先口不言勋,我当代其论叙。"泰留王思政镇恒农,除侍中、东道行台。

魏之东伐,关中留守兵少,前后所虏东魏士卒散在民间,闻魏兵败,谋作乱。李虎等至长安,计无所出,与太尉王盟、仆射周惠达等奉太子钦出屯渭北。百姓互相剽掠,关中大扰。于是沙苑所虏东魏都督赵青雀、雍州民于伏德等遂反,据长安子城,伏德保咸阳,与咸阳太守慕容思庆各收降卒以拒还兵。长安大城民相帅以拒青雀,日与之战,大都督侯莫陈顺击贼,屡破之,贼不敢出。顺,崇之兄也。

扶风公王罴镇河东,大开城门,悉召军士谓曰:"今闻大军失利,青雀作乱,诸人莫有固志。王罴受委于此,以死报恩。有能同心者可共固守;必恐城陷,任自出城。"众感其言,皆无异志。

魏主留阌乡。丞相泰以士马疲弊,不可速进,且谓青雀等乌合,不能为患,曰:"我至长安,以轻骑临之,必当面缚。"通直散骑常侍吴郡陆通谏曰:"贼逆谋久定,必无迁善之心,蜂虿有毒,安可轻也!且贼诈言东寇将至,今若以轻骑临之,百姓谓为信然,益当惊扰。今军虽疲弊,精锐尚多,以明公之威,总大军以临之,何忧不克!"泰从之,引兵西入。父老见泰至,莫不悲喜,士女相贺。华州刺史宇文导引兵入咸阳,斩思庆,禽伏德,南渡渭,与泰会,攻青雀,破之。太保梁景睿以疾留长安,与青雀通谋,泰杀之。

13　东魏太师欢自晋阳将七千骑至孟津,未济,闻魏师已遁,遂济河,遣别将追魏师至崤,不及而还。欢攻金墉,长孙子彦弃城走,焚城中室屋俱尽,欢毁金墉而还。

东魏之迁邺也,主客郎中裴让之留洛阳;独孤信之败也,让之弟诹之随丞相泰入关,为大行台仓曹郎中。欢囚让之兄弟五人,让之曰:"昔诸葛亮兄弟,事吴、蜀各尽其心,况让之老母在此,不忠不孝,必不为也。明公推诚待物,物亦归心;若用猜忌,去霸业远矣。"欢皆释之。

九月,魏主入长安,丞相泰还屯华州。

14　东魏大都督贺拔仁击邢磨纳、卢仲礼等,平之。

卢景裕本儒生,太师欢释之,召馆于家,使教诸子。景裕讲论精微,难者或相诋诃,大声厉色,言至不逊,而景裕神采俨然,风调如一,从容往复,无际可寻。性清静,历官屡有进退,无得失之色;弊衣粗食,恬然自安,终日端严,如对宾客。

15　冬,十月,魏归高敖曹、窦泰、莫多娄贷文之首于东魏。

16　散骑常侍刘孝仪等聘于东魏。

17　十二月,魏是云宝袭洛阳,东魏洛州刺史王元轨弃城走。都督赵刚袭广州,拔之。于是自襄、广以西城镇复为魏。

18　魏自正光以后,四方多事,民避赋役,多为僧尼,至二百万人,寺有三万馀区。至是,东魏始诏"牧守、令长,擅立寺者,计其功庸,以枉法论"。

19　初,魏伊川土豪李长寿为防蛮都督,积功至北华州刺史。孝武帝西迁,长寿帅其徒拒东魏,魏以长寿为广州刺史。侯景攻拔其壁,杀之。其子延孙复收集父兵以拒东魏,魏之贵臣广陵王欣、录尚书长孙稚等皆携家往依之,延孙资遣卫送,使达关中。东魏高欢患之,数遣兵攻延孙,不能克。魏以延孙为京南行台、节度河南诸军事、广州刺史。延孙以澄清伊、洛为己任,魏以延孙兵少,更以长寿之婿京兆韦法保为东洛州刺史,配兵数百以助之。法保名祐,以字行,既至,与延孙连兵置栅于伏流。独孤信之入洛阳也,欲缮修宫室,使外兵郎中天水权景宣帅徒兵三千出采运。会东魏兵至,河南皆叛,景宣间道西走,与李延孙相会,攻孔城,拔之,洛阳以南寻亦西附。丞相泰即留景宣守张白坞,节度东南诸军应关西者。是岁,延孙为其长史杨伯兰所杀,韦法保即引兵据延孙之栅。

东魏将段琛等据宜阳,遣阳州刺史牛道恒诱魏边民。魏南兖州刺史韦孝宽患之,乃诈为道恒与孝宽书,论归款之意,使谍人遗之于琛营,琛果疑道恒。孝宽乘其猜阻,出兵袭之,擒道恒及琛,崤、渑遂清。东道行台王思政以玉壁险要,请筑城自恒农徙镇之,诏加都督汾晋并州诸军事、并州刺史,行台如故。

20　东魏以高澄摄吏部尚书,始改崔亮年劳之制,铨擢贤能;又沙汰尚书郎,妙选人地以充之。凡才名之士,虽未荐擢,皆引致门下,与之游宴、讲论、赋诗,士大夫以是称之。

五年(己未,539)

1　春,正月乙卯,以尚书左仆射萧渊藻为中卫将军,丹杨尹何敬容为尚书令,吏部尚书张缵为仆射。缵,弘策之子也。自晋、宋以来,宰相皆以文义自逸,敬容独勤簿领,日旰不休,为时俗所嗤鄙。自徐勉、周舍既卒,当权要者,外朝则何敬容,内省则朱异。敬容质悫无文,以纲维为己任;异文华敏洽,曲营世誉:二人行异而俱得幸于上。异善伺候人主意为阿谀,用事三十年,广纳货赂,欺罔视听,远近莫不忿疾。园宅、玩好、饮膳、声色穷一时之盛。每休下,车马填门,唯王承、王稚及褚翔不往。承、稚,暕之子;翔,渊之曾孙也。

2　丁巳,御史中丞参礼仪事贺琛奏:"南、北二郊及藉田,往还并宜御辇,不复乘辂。"诏从之,祀宗庙仍乘玉辇。琛,玚之弟子也。

3　辛酉,东魏以尚书令孙腾为司徒。

4　辛未,上祀南郊。

5　魏丞相泰于行台置学,取丞郎、府佐德行明敏者充学生,悉令旦治公务,晚就讲习。

6　东魏丞相欢,以徐州刺史房谟、广平太守羊敦、广宗太守窦瑗、平原太守许惇有政绩清能,与诸刺史书,褒称谟等以劝之。

7　夏,五月甲戌,东魏立丞相欢女为皇后;乙亥,大赦。

8　魏以开府仪同三司李弼为司空。秋,七月,以扶风王孚为太尉。

9　九月甲子,东魏发畿内十万人城邺,四十日罢。冬,十月癸亥,以新宫成,大赦,改元兴和。

10　魏置纸笔于阳武门外以求得失。

11　十一月乙亥,东魏使散骑常侍王元景、魏收来聘。

12　东魏人以正光历浸差,命校书郎李业兴更加修正,以甲子为元,号曰兴光历,既成,行之。

13　散骑常侍朱异奏:"顷来置州稍广,而小大不伦,请分为五品,其位秩高卑,参僚多少,皆以是为差。"诏从之。于是上品二十州,次品十州,次品八州,次品二十三州,下品二十一州。时上方事征伐,恢拓境宇,北逾淮、汝，东距彭城，西开牂柯，南平俚洞，纷纭甚众，故异请分之。其下品皆异国之人，徒有州名而无土地，或因荒徼之民所居村落置州及郡县，刺史守令皆用彼人为之，尚书不能悉领，山川险远，职贡罕通。五品之外，又有二十馀州不知处所。凡一百七州。又以边境镇戍，虽领民不多，欲重其将帅，皆建为郡，或一人领二三郡太守，州郡虽多而户口日耗矣。

14　魏自西迁以来，礼乐散逸，丞相泰命左仆射周惠达、吏部郎中北海唐瑾损益旧章，至是稍备。

六年（庚申，540）

1　春，正月壬申，东魏以广平公库狄干为太保。

2　丁丑，东魏主入新宫，大赦。

3　魏扶风王孚卒。

4　二月己亥，上耕藉田。

5　魏铸五铢钱。

6　东魏大行台侯景出三鵶，将复荆州；魏丞相泰遣李弼、独孤信各将五千骑出武关，景乃还。

7　魏文后既为尼，居别宫，悼后犹忌之，乃以其子武都王戊为秦州刺史，使文后随之官。魏主虽限以大计，而恩好不忘，密令养发，有追还之意。会柔然举国渡河南侵，时颇有言柔然以悼后故兴师者，帝曰："岂有兴百万之众为一女子邪！虽然，致人此言，朕亦何颜以见将帅！"乃遣中常侍曹宠赍手敕赐文后自尽。文后泣谓宠曰："愿至尊千万岁，天下康宁，死无恨也！"遂自杀；凿麦积崖而葬之，号曰寂陵。

夏，丞相泰召诸军屯沙苑以备柔然。右仆射周惠达发士马守京城，堑诸街巷，召雍州刺史王罴议之，罴不应召，谓使者曰："若蠕蠕至渭北者，王罴自帅乡里破之，不烦国家兵马，何为天子城中作如此惊扰！由周家小儿恇怯致此。"柔然至夏州而退。未几，悼后遇疾殂。

8　五月乙酉，魏行台宫延和、陕州刺史宫延庆降于东魏，东魏以河北马场为义州以处之。

9　东魏阳州武公高永乐卒。

10　闰月丁丑朔，日有食之。

11　己丑，东魏封皇兄景植为宜阳王，皇弟威为清河王，谦为颍川王。

12　六月壬子，东魏华山王鸷卒。

13　秋，七月丁亥，东魏使兼散骑常侍李象等来聘。

14　八月戊午,大赦。

15　九月戊戌,司空袁昂卒,遗疏不受赠谥,敕诸子勿上行状及立铭志;上不许,赠本官,谥穆正公。

16　冬,十一月,魏太师念贤卒。

17　吐谷浑自莫折念生之乱,不通于魏。伏连筹卒,子夸吕立,始称可汗,居伏俟城。其地东西三千里,南北千馀里,官有王、公、仆射、尚书、郎中、将军之号。是岁,始遣使假道柔然,聘于东魏。

七年(辛酉,541)

1　春,正月辛巳,上祀南郊,大赦。辛丑,祀明堂。

2　宕昌王梁仚定为其下所杀,弟弥定立。二月乙巳,以弥定为河、梁二州刺史、宕昌王。

3　辛亥,上耕藉田。

4　魏幽州刺史顺阳王仲景坐事赐死。

5　三月,魏夏州刺史刘平伏据上郡反,大都督于谨讨禽之。

6　夏,五月,遣兼散骑常侍明少遐等聘于东魏。

7　秋,七月己卯,东魏宜阳王景植卒。

8　魏以侍中宇文测为大都督、行汾州事。测,深之兄也,为政简惠,得士民心。地接东魏,东魏人数来寇抄,测擒获之,命解缚,引与相见,为设酒肴,待以客礼,并给粮饩,卫送出境。东魏人大惭,不复为寇,汾、晋之间遂通庆吊,时论称之。或告测交通境外者,丞相泰怒曰:"测为我安边,我知其志,何得间我骨肉!"命斩之。

9　魏丞相泰欲革易时政,为强国富民之法,大行台度支尚书兼司农卿苏绰尽其智能,赞成其事,减官员,置二长,并置屯田以资军国。又为六条诏书,九月,始奏行之:一曰清心,二曰敦教化,三曰尽地利,四曰擢贤良,五曰恤狱讼,六曰均赋役。泰甚重之,尝置诸坐右,又令百司习诵之,其牧守令长非通六条及计帐,不得居官。

10　东魏诏群官于麟趾阁议定法制,谓之麟趾格,冬,十月甲寅,颁行之。

11　乙巳,东魏发夫五万筑漳滨堰,三十五日罢。

12　十一月丙戌,东魏以彭城王韶为太尉,度支尚书胡僧敬为司空。僧敬名虔,以字行,国珍之兄孙,东魏主之舅也。

13　十二月,东魏遣兼散骑常侍李骞来聘。

14　交趾李贲世为豪右,仕不得志。同郡有并韶者,富于词藻,诣选求官,吏部尚书蔡撙以并姓无前贤,除广阳门郎;韶耻之。贲与韶还乡里,会交州刺史武林侯谘以刻暴失众心,时贲监德州,因连结数州豪杰俱反;谘输贿于贲,奔还广州。上遣谘与高州刺史孙囧、新州刺史卢子雄将兵击之。谘,恢之子也。

15　是岁,魏又益新制十二条。

16　东魏丞相欢以诸州调绢不依旧式,民甚苦之,奏令悉以四十尺为匹。

魏自丧乱以来,农商失业,六镇之民相帅内徙,就食齐、晋,欢因之以成霸业。东西分裂,连年战争,河南州郡鞠为茂草,公私困竭,民多饿死。欢命诸州滨河及津、梁置仓积谷以相转漕,供军旅,备饥馑,又于幽、瀛、沧、青四州傍海煮盐,军国之费,粗得周赡。至是,东方连岁大稔,谷斛至九钱,山东之民稍复苏息矣。

17　东魏尚书令高澄尚静帝妹冯翊长公主,生子孝琬,朝贵贺之,澄曰:“此至尊之甥,先贺至尊。”三日,帝幸其第,赐锦彩布绢万匹。于是诸贵竞致礼遗,货满十室。

18　东魏临淮王孝友表曰:“令制百家为族,二十五家为闾,五家为比。百家之内有帅二十五,征发皆免,苦乐不均,羊少狼多,复有蚕食,此之为弊久矣。京邑诸坊,或七八百家唯一里正、二史,庶事无阙,而况外州乎! 请依旧置三正之名不改,而每闾止为二比,计族省十一丁,资绢、番兵,所益甚多。”事下尚书,寝不行。

19　安成望族刘敬躬以妖术惑众,人多信之。


八年(壬戌,542)

1　春,正月,敬躬据郡反,改元永汉,署官属,进攻庐陵,逼豫章。南方久不习兵,人情扰骇,豫章内史张绾募兵以拒之。绾,缵之弟也。二月戊戌,江州刺史湘东王绎遣司马王僧辩、中兵曹子郢讨敬躬,受绾节度。二月戊辰,擒敬躬,送建康,斩之。僧辩,神念之子也,该博辩捷,器宇肃然,虽射不穿札,而志气高远。

2　魏初置六军。

3　夏,四月丙寅,东魏使兼散骑常侍李绘来聘。绘,元忠之从子也。

4　东魏丞相欢朝于邺。司徒孙腾坐事免;乙酉,以彭城王韶录尚书事,侍中广阳王湛为太尉,尚书右仆射高隆之为司徒。初,太尉尉景与丞相欢同归尔朱荣,其妻,欢之姊也,自恃勋戚,贪纵不法,为有司所劾,系狱;欢三诣阙泣请,乃得免死,丁亥,降为骠骑大将军、开府仪同三司。欢往造之,景卧不起,大叫曰:"杀我时趣邪!"欢抚而拜谢之。辛卯,以库狄干为太傅,以领军将军娄昭为大司马,封祖裔为尚书右仆射。六月甲辰,欢还晋阳。

5　八月庚戌,东魏以开府仪同三司、吏部尚书侯景为兼尚书仆射、河南道大行台,随机防讨。

6　魏以王盟为太保。

7　东魏丞相欢击魏,入自汾、绛,连营四十里,丞相泰使王思政守玉壁以断其道。欢以书招思政曰:"若降,当授以并州。"思政复书曰:"可朱浑道元降,何以不得?"冬,十月己亥,欢围玉壁,凡九日,遇大雪,士卒饥冻,多死者,遂解围去。魏遣太子钦镇蒲坂。丞相泰出军蒲坂,至皂荚,闻欢退渡汾,追之,不及。十一月,东魏以可朱浑道元为并州刺史。

8　十二月,魏主狩于华阴,大享将士,丞相泰帅诸将朝之。起万寿殿于沙苑北。

9　辛亥,东魏遣兼散骑常侍杨斐来聘。

10　孙冏、卢子雄讨李贲,以春瘴方起,请待至秋;广州刺史新渝侯映不许,武林侯谘又趣之。冏等至合浦,死者什六七,众溃而归。映,憺之子也。武林侯谘奏冏及子雄与贼交通,逗留不进,敕于广州赐死。子雄弟子略、子烈、主帅广陵杜天合及弟僧明、新安周文育等帅子雄之众攻广州,欲杀映、谘,为子雄复冤。西江督护、高要太守吴兴陈霸先帅精甲三千救之,大破子略等,杀天合,擒僧明、文育。霸先以僧明、文育骁勇过人,释之,以为主帅。诏以霸先为直阁将军。

11　魏丞相泰妻冯翊公主生子觉。

12　东魏以光州刺史李元忠为侍中。元忠虽处要任,不以物务干怀,唯饮酒自娱。丞相欢欲用为仆射,世子澄言其放达常醉,不可委以台阁。其子搔闻之,请节酒,元忠曰:"我言作仆射不胜饮酒乐,尔爱仆射,宜勿饮酒。"

### 九年(癸亥,543)

1　春,正月壬戌,东魏大赦,改元武定。

2　东魏御史中尉高仲密取吏部郎崔暹之妹,既而弃之,由是与暹有隙。仲密选用御史,多其亲戚乡党,高澄奏令改选;暹方为澄所宠任,仲密疑其构己，愈恨之。仲密后妻李氏艳而慧，澄见而悦之，李氏不从，衣服皆裂，以告仲密，仲密益怨。寻出为北豫州刺史，阴谋外叛。丞相欢疑之，遣镇城奚寿兴典军事，仲密但知民务。仲密置酒延寿兴，伏壮士，执之，二月壬申，以虎牢叛，降魏。魏以仲密为侍中、司徒。

欢以仲密之叛由崔暹，将杀之，高澄匿暹，为之固请，欢曰："我丐其命，须与苦手。"澄乃出暹，而谓大行台都官郎陈元康曰："卿使崔暹得杖，勿复相见。"元康为之言于欢曰："大王方以天下付大将军，大将军有一崔暹不能免其杖，父子尚尔，况于他人！"欢乃释之。

高季式在永安戍，仲密遣信报之；季式走告欢，欢待之如旧。

魏丞相泰帅诸军以应仲密，以太子少傅李远为前驱，至洛阳，遣开府仪同三司于谨攻柏谷，拔之；三月壬申，围河桥南城。

东魏丞相欢将兵十万至河北，泰退军瀍上，纵火船于上流以烧河桥；斛律金使行台郎中张亮以小艇百馀载长锁，伺火船将至，以钉钉之，引锁向岸，桥遂获全。

欢渡河，据邙山为陈，不进者数日。泰留辎重于瀍曲，夜，登邙山以袭欢。候骑白欢曰："贼距此四十馀里，蓐食干饭而来。"欢曰："自当渴死！"乃正阵以待之。戊申，黎明，泰军与欢军遇。东魏彭乐以数千骑为右甄，冲魏军之北垂，所向奔溃，遂驰入魏营。人告彭乐叛，欢甚怒。俄而西北尘起，乐使来告捷，虏魏侍中、开府仪同三司、大都督临洮王柬、蜀郡王荣宗、江夏王昇、钜鹿王阐、谯郡王亮、詹事赵善及督将僚佐四十八人。诸将乘胜击魏，大破之，斩首三万馀级。

欢使彭乐追泰，泰窘，谓乐曰："汝非彭乐邪？痴男子，今日无我，明日岂有汝邪！何不急还营，收汝金宝！"乐从其言，获泰金带一囊以归，言于欢曰："黑獭漏刃，破胆矣！"欢虽喜其胜而怒其失泰，令伏诸地，亲捽其头，连顿之，并数以沙苑之败，举刃将下者三，噤龅良久。乐曰："乞五千骑，复为王取之。"欢曰："汝纵之何意，而言复取邪？"命取绢三千匹压乐背，因以赐之。

明日，复战，泰为中军，中山公赵贵为左军，领军若干惠等为右军。中军、右军合击东魏，大破之，悉俘其步卒。欢失马，赫连阳顺下马以授欢。欢上马走，从者步骑七人，追兵至，亲信都督尉兴庆曰："王速去，兴庆腰有百箭，足杀百人。"欢曰："事济，以尔为怀州刺史；若死，用尔子。"兴庆曰："儿少，愿用兄。"欢许之。兴庆拒战，矢尽而死。

东魏军士有逃奔魏者，告以欢所在，泰募勇敢三千人，皆执短兵，配大都督贺拔胜以攻之。胜识欢于行间，执矟与十三骑逐之，驰数里，矟刃垂及，因字之曰："贺六浑，贺拔破胡必杀汝！"欢气殆绝，河州刺史刘洪徽从傍射胜，中其二骑，武卫将军段韶射胜马，毙之，比副马至，欢已逸去。胜叹曰："今日不执弓矢，天也！"

魏南郢州刺史耿令贵，大呼，独入敌中，锋刃乱下，人皆谓已死，俄奋刀而还。如是数四，当令贵前者死伤相继，乃谓左右曰："吾岂乐杀人！壮士除贼，不得不尔。若不能杀贼，又不为贼所伤，何异逐坐人也！"

左军赵贵等五将战不利，东魏兵复振，泰与战，又不利。会日暮，魏兵遂遁，东魏兵追之，独孤信、于谨收散卒自后击之，追兵惊扰，魏诸军由是得全。若于惠夜引去，东魏兵追之；惠徐下马，顾命厨人营食，食毕，谓左右曰："长安死，此中死，有以异乎！"乃建旗鸣角，收散卒徐还，追骑疑有伏兵，不敢逼。泰遂入关，屯渭上。

欢进至陕，泰遣开府仪同三司达奚武等拒之。行台郎中封子绘言于欢曰："混壹东西，正在今日。昔魏太祖平汉中，不乘胜取巴、蜀，失在迟疑，后悔无及。愿大王不以为疑。"欢深然之，集诸将议进止，咸以为"野无青草，人马疲瘦，不可远追"。陈元康曰："两雄交争，岁月已久。今幸而大捷，天授我也，时不可失，当乘胜追之。"欢曰："若遇伏兵，孤何以济？"元康曰："王前沙苑失利，彼尚无伏；今奔败若此，何能远谋！若舍而不追，必成后患。"欢不从，使刘丰生将数千骑追泰，遂东归。

泰召王思政于玉壁，将使镇虎牢，未至而泰败，乃使守恒农。思政入城，令开门解衣而卧，慰勉将士，示不足畏。后数日，刘丰生至城下，惮之，不敢进，引军还。思政乃修城郭，起楼橹，营农田，积刍粟，由是恒农始有守御之备。

丞相泰求自贬，魏主不许。是役也，魏诸将皆无功，唯耿令贵与太子武卫率王胡仁、都督王文达力战功多。泰欲以雍、岐、北雍三州授之，以州有优劣，使探筹取之，仍赐胡仁名勇，令贵名豪，文达名杰，用彰其功。于是广募关、陇豪右以增军旅。

高仲密之将叛也，阴遣人扇动冀州豪杰，使为内应，东魏遣高隆之驰驿慰抚，由是得安。高澄密书与隆之曰："仲密枝党与之俱西者，宜悉收其家属，以惩将来。"隆之以为恩旨既行，理无追改，若复收治，示民不信，脱致惊扰，所亏不细，乃启丞相欢而罢之。

3　以太子詹事谢举为尚书仆射。

4　夏，四月，林邑王攻李贲，贲将范修破林邑于九德。

5　清水氐酋李鼠仁，乘魏之败，据险作乱；陇右大都督独孤信屡遣军击之，不克。丞相泰遣典签天水赵昶往谕之，诸酋长聚议，或从或否；其不从者欲加刃于昶，昶神色自若，辞气逾厉，鼠仁感悟，遂相帅降。氐酋梁道显叛，泰复遣昶谕降之，徙其豪帅四十馀人并部落于华州，泰即以昶为都督，使领之。

6　泰使谍潜入虎牢，令守将魏光固守，侯景获之，改其书云："宜速去。"纵谍入城，光宵遁。景获高仲密妻子送邺，北豫、洛二州复入于东魏。五月壬辰，东魏以克复虎牢，降死罪已下囚，唯不赦高仲密家。丞相欢以高乾有义勋，高昂死王事，季式先自告，皆为之请，免其从坐。仲密妻李氏当死，高澄盛服见之，曰："今日何如？"李氏默然，遂纳之。乙未，以侯景为司空。

7　秋，七月，魏大赦。以王盟为太傅，广平王赞为司空。

8　八月乙丑，东魏以汾州刺史斛律金为大司马。

9　东魏遣兼散骑常侍李浑等来聘。

10　冬，十一月甲午，东魏主狩于西山；乙巳，还宫。高澄启解侍中，东魏主以其弟并州刺史太原公洋代之。

11　丞相欢筑长城于肆州北山，西自马陵，东至土磴，四十日罢。

12　魏诸牧守共谒丞相泰，泰命河北太守裴侠别立，谓诸牧守曰："裴侠清慎奉公，为天下最，有如侠者，可与俱立！"众默然，无敢应者。泰乃厚赐侠，朝野叹服，号为"独立君"。

十年（甲子，544）

1　春，正月，李贲自称越帝，置百官，改元天德。

2　三月癸巳，东魏丞相欢巡行冀、定二州，校河北户口损益，因朝于邺。

3　甲午，上幸兰陵，谒建宁陵，使太子入守京城；辛丑，谒修陵。

4　丙午，东魏以开府仪同三司孙腾为太保。

5　己酉，上幸京口城北固楼，更名北顾；庚戌，幸回宾亭，宴乡里故老及所经近县迎候者，少长数千人，各赍钱二千。

6　壬子，东魏以高澄为大将军、领中书监，元弼为录尚书事，左仆射司马子如为尚书令，侍中高洋为左仆射。

丞相欢多在晋阳，孙腾、司马子如、高岳、高隆之，皆欢之亲党也，委以朝政，邺中谓之四贵，其权势熏灼中外，率多专恣骄贪。欢欲损夺其权，故以澄为大将军、领中书监,移门下机事总归中书,文武赏罚皆禀于澄。

孙腾见澄,不肯尽敬,澄叱左右牵下于床,筑以刀环,立之门外。太原公洋于澄前拜高隆之,呼为叔父;澄怒,骂之。欢谓群公曰:“儿子浸长,公宜避之。”于是公卿以下,见澄无不耸惧。库狄干,澄姑之婿也,自定州来谒,立于门外,三日乃得见。

澄欲置腹心于东魏主左右,擢中兵参军崔季舒为中书侍郎。澄每进书于帝,有所谏请,或文辞繁杂,季舒辄修饰通之。帝报澄父子之语,常与季舒论之,曰:“崔中书,我乳母也。”季舒,挺之从子也。

7 夏,四月乙卯,上还自兰陵。

8 五月甲申朔,魏丞相泰朝于长安。

9 甲午,东魏遣散骑常侍魏季景来聘。季景,收之族叔也。

10 尚书令何敬容妾弟盗官米,以书属领军河东王誉;丁酉,敬容坐免官。

11 东魏广阳王湛卒。

12 魏琅邪贞献公贺拔胜诸子在东者,丞相欢尽杀之,胜愤恨发疾而卒。丞相泰常谓人曰:“诸将对敌神色皆动,唯贺拔公临陈如平时,真大勇也!”

13 秋,七月,魏更权衡度量,命尚书苏绰损益三十六条之制,总为五卷,颁行之。搜简贤才为牧守令长,皆依新制而遣焉。数年之间,百姓便之。

14 魏自正光以后,政刑弛纵,在位多贪污。丞相欢启以司州中从事宋游道为御史中尉,澄固请以吏部郎崔暹为之,以游道为尚书左丞。澄谓暹、游道曰:“卿一人处南台,一人处北省,当使天下肃然。”暹选毕义云等为御史,时称得人。义云,众敬之曾孙也。

澄欲假暹威势,诸公在坐,令暹后至,通名,高视徐步,两人挈裾而入;澄分庭对揖,暹不让而坐,觞再行,即辞去。澄留之食,暹曰:“适受敕在台检校。”遂不待食而去,澄降阶送之。他日,澄与诸公出,之东山,遇暹于道,前驱为赤棒所击,澄回马避之。

尚书令司马子如以丞相欢故人,当重任,意气自高,与太师咸阳王坦黩货无厌;暹前后弹子如、坦及并州刺史可朱浑道元等罪状,无不极笔。宋游道亦劾子如、坦及太保孙腾、司徒高隆之、司空侯景、尚书元羡等。澄收子如系狱,一宿,发尽白,辞曰:“司马子如从夏州策杖投相王,王给露车一乘,犗牸牛犊,犊在道死,唯犗角存,此外皆取之于人。”丞相欢以书敕澄曰："司马令,吾之故旧,汝宜宽之。"澄驻马行街,出子如,脱其锁;子如惧曰："非作事邪?"八月癸酉,削子如官爵。九月甲申,以济阴王晖业为太尉;太师咸阳王坦以王还第,元羡等皆免官,其馀死黜者甚众。久之,欢见子如,哀其憔悴,以膝承其首,亲为择虱,赐酒百瓶,羊五百口,米五百石。

　　高澄对诸贵极言褒美崔暹,且戒属之。丞相欢书与邺下诸贵曰:"崔暹居宪台,咸阳王、司马令皆吾布衣之旧,尊贵亲昵,无过二人,同时获罪,吾不能救,诸君其慎之!"

　　宋游道奏驳尚书违失数百条,省中豪吏王儒之徒并鞭斥之,令、仆已下皆侧目。高隆之诬游道有不臣之言,罪当死。给事黄门侍郎杨愔曰:"畜狗求吠;今以数吠杀之,恐将来无复吠狗。"游道竟坐除名。澄谓游道曰:"卿早从我向并州,不尔,彼经略杀卿。"游道从澄至晋阳,以为大行台吏部。

　　15　己丑,大赦。

　　16　东魏以丧乱之后,户口失实,徭赋不均,冬,十月丁巳,以太保孙腾、大司徒高隆之为括户大使,分行诸州,得无籍之户六十馀万,侨居者皆勒还本属。十一月甲申,以高隆之录尚书事,以前大司马娄昭为司徒。

　　17　庚子,东魏主祀圜丘。

　　18　东魏丞相欢袭击山胡,破之,俘万馀户,分配诸州。

　　19　是岁,东魏以散骑常侍魏收兼中书侍郎,修国史。自梁、魏通好,魏书每云:"想彼境内宁静,此率土安和。"上复书,去"彼"字而已。收始定书云:"想境内清晏,今万里安和。"上亦效之。

# 资治通鉴卷第一百五十九

## 梁纪十五

**高祖武皇帝十五**

大同十一年（乙丑，545）

1　春，正月丙申，东魏遣兼散骑常侍李奖来聘。

2　东魏仪同尔朱文畅与丞相司马任胄、都督郑仲礼等，谋因正月望夜观打簇戏作乱，杀丞相欢，奉文畅为主；事泄，皆死。文畅，荣之子也；其姊，敬宗之后，及仲礼姊大车，皆为欢妾，有宠，故其兄弟皆不坐。

欢上书言："并州，军器所聚，动须女功，请置宫以处配没之口；又纳吐谷浑之女以招怀之。"丁未，置晋阳宫。二月庚申，东魏主纳吐谷浑可汗从妹为容华。

3　魏丞相泰遣酒泉胡安诺槃陀始通使于突厥。突厥本西方小国，姓阿史那氏，世居金山之阳，为柔然铁工。至其酋长土门，始强大，颇侵魏西边。安诺槃陀至，其国人皆喜曰："大国使者至，吾国其将兴矣。"

4　三月乙未，东魏丞相欢入朝于邺，百官迎于紫陌。欢握崔暹手而劳之曰："往日朝廷岂无法官，莫肯举劾。中尉尽心徇国，不避豪强，遂使远迩肃清。冲锋陷阵，大有其人；当官正色，今始见之。富贵乃中尉自取，高欢父子无以相报。"赐暹良马。暹拜，马惊走，欢亲拥之，授以辔。东魏主宴于华林园，使欢择朝廷公直者劝之酒；欢降阶跪曰："唯暹一人可劝，并请以臣所射赐物千段赐之。"高澄退，谓暹曰："我尚畏羡，何况馀人！"

然暹中怀颇挟巧诈。初，魏高阳王斌有庶妹玉仪，不为其家所齿，为孙腾妓，腾又弃之；高澄遇诸涂，悦而纳之，遂有殊宠，封琅邪公主。澄谓崔季舒曰："崔暹必造直谏，我亦有以待之。"及暹咨事，澄不复假以颜色。居三日，暹怀刺坠之于前。澄问："何用此为？"暹悚然曰："未得通公主。"澄大悦，把暹臂，入见之。季舒语人曰："崔暹常忿吾佞，在大将军前，每言叔父可杀；及其自作，乃过于吾。"

5　夏，五月甲辰，东魏大赦。

6 魏王盟卒。

7 晋氏以来，文章竞为浮华，魏丞相泰欲革其弊。六月丁巳，魏主飨太庙。泰命大行台度支尚书、领著作苏绰作大诰，宣示群臣，戒以政事；仍命"自今文章皆依此体"。

8 上遣交州刺史杨瞟讨李贲，以陈霸先为司马；命定州刺史萧勃会瞟于西江。勃知军士惮远役，因诡说留瞟。瞟集诸将问计，霸先曰："交趾叛换，罪由宗室，遂使溷乱数州，逋诛累岁。定州欲偷安目前，不顾大计；节下奉辞伐罪，当死生以之，岂可逗桡不进，长寇沮众也！"遂勒兵先发。瞟以霸先为前锋。至交州，贲帅众三万拒之，败于朱鸢，又败于苏历江口，贲奔嘉宁城，诸军围之。勃，昺之子也。

9 魏与柔然头兵可汗谋连兵伐东魏，丞相欢患之，遣行台郎中杜弼使于柔然，为世子澄求婚。头兵曰："高王自娶则可。"欢犹豫未决。娄妃曰："国家大计，愿勿疑也。"世子澄、尉景亦劝之。欢乃遣镇南将军慕容俨往聘之，号曰蠕蠕公主。秋，八月，欢亲迎于下馆。公主至，娄妃避正室以处之，欢跪而拜谢，妃曰："彼将觉之，愿绝勿顾。"头兵使其弟秃突佳来送女，且报聘；仍戒曰："待见外孙乃归。"公主性严毅，终身不肯华言。欢尝病，不得往，秃突佳怨恚，欢舆疾就之。

10 冬，十月乙未，诏有罪者复听入赎。

11 东魏遣中书舍人尉瑾来聘。

12 乙未，东魏丞相欢请释邙山俘囚桎梏，配以民间寡妇。

13 十二月，东魏以侯景为司徒，中书令韩轨为司空；戊子，以孙腾录尚书事。

14 魏筑圜丘于城南。

15 散骑常侍贺琛启陈四事：其一，以为"今北边稽服，正是生聚教训之时，而天下户口减落，关外弥甚。郡不堪州之控总，县不堪郡之裒削，更相呼扰，惟事征敛，民不堪命，各务流移，此岂非牧守之过欤！东境户口空虚，皆由使命繁数，穷幽极远，无不皆至，每有一使，所属搔扰，驽困守宰，则拱手听其渔猎，桀黠长吏，又因之重为贪残，纵有廉平，郡犹掣肘。如此，虽年降复业之诏，屡下蠲赋之恩，而民不得反其居也"。其二，以为"今天下所以贪残，良由风俗侈靡使之然也。今之燕喜，相竞夸豪，积果如丘陵，列肴同绮绣，露台之产，不周一燕之资，而宾主之间，裁取满腹，未及下堂，已同臭腐。又，畜妓之夫，无有等秩，为吏牧民者，致资巨亿，罢归之日，不支数年，率皆尽于燕饮之物、歌谣之具。所费事等丘山，为欢止在俄顷，乃更追恨向所取之少；如复傅翼，增其搏噬，一何悖哉！其馀淫侈，著之凡百，习以成俗，日见滋甚，欲使人守廉白，安可得邪！诚宜严为禁制，道以节俭，纠奏浮华，变其耳目。夫失节之嗟，亦民所自患，正耻不能及群，故勉强而为之；苟以纯素为先，足正凋流之弊矣"。其三，以为"陛下忧念四海，不惮勤劳，至于百司，莫不奏事。但斗筲之人，既得伏奏帷扆，便欲诡竞求进，不论国之大体，心存明恕；惟务吹毛求疵，擘肌分理，以深刻为能，以绳逐为务。迹虽似于奉公，事更成其威福，犯罪者多，巧避滋甚，长弊增奸，实由于此。诚愿责其公平之效，黜其谗愬之心，则下安上谧，无侥幸之患矣"。其四，以为"今天下无事，而犹日不暇给，宜省事、息费，事省则民养，费息则财聚。应内省职掌各检所部：凡京师治、署、邸、肆及国容、戎备，四方屯、传、邸治，有所宜除，除之，有所宜减，减之；兴造有非急者，征求有可缓者，皆宜停省，以息费休民。故畜其财者，所以大用之也；养其民者，所以大役之也。若言小事不足害财，则终年不息矣；以小役不足妨民，则终年不止矣。如此，则难可以语富强而图远大矣"。

　　启奏，上大怒，召主书于前，口授敕书以责琛。大指以为："朕有天下四十馀年，公车谠言，日关听览，所陈之事，与卿不异，每苦倥偬，更增悁惑。卿不宜自同阘茸，止取名字，宣之行路，言'我能上事，恨朝廷之不用'。何不分别显言：某刺史横暴，某太守贪残，尚书、兰台某人奸猾，使者渔猎，并何姓名？取与者谁？明言其事，得以诛黜，更择材良。又，士民饮食过差，若加严禁，密房曲屋，云何可知？傥家家搜检，恐益增苛扰。若指朝廷，我无此事。昔之牲牢，久不宰杀，朝中会同，菜蔬而已；若复减此，必有蟋蟀之讥。若以为功德事者，皆是园中之物，变一瓜为数十种，治一菜为数十味；以变故多，何损于事！我自非公宴，不食国家之食，多历年所；乃至宫人，亦不食国家之食。凡所营造，不关材官及以国匠，皆资雇借以成其事。勇怯不同，贪廉各用，亦非朝廷为之傅翼。卿以朝廷为悖，乃自甘之，当思致悖所以！卿云'宜导之以节俭'，朕绝房室三十馀年，至于居处不过一床之地，雕饰之物不入于宫；受生不饮酒，不好音声，所以朝中曲宴，未尝奏乐，此群贤之所见也。朕三更出治事，随事多少，事少午前得竟，事多日昃方食，日常一食，若昼若夜；昔要腹过于十围，今之瘦削才二尺馀，旧带犹存，非为妄说。为谁为之？救物故也。卿又曰'百司莫不奏事，诡竞求进'，今不使外人呈事，谁尸其任！专委之人，云何可得？古人云：'专听生奸，独任成乱'，二世之委赵高，元后之付王莽，呼鹿为马，又可法欤？卿云'吹毛求疵'，复是何人？'擘肌分理'，复是何事？治、署、邸、肆等,何者宜除?何者宜减?何处兴造非急?何处征求可缓?各出其事,具以奏闻!富国强兵之术,息民省役之宜,并宜具列!若不具列,则是欺罔朝廷。倚闻重奏,当复省览,付之尚书,班下海内,庶惟新之美,复见今日。"琛但谢过而已,不敢复言。

上为人孝慈恭俭,博学能文,阴阳、卜筮、骑射、声律、草隶、围棋,无不精妙。勤于政务,冬月四更竟,即起视事,执笔触寒,手为皴裂。自天监中用释氏法,长斋断鱼肉,日止一食,惟菜羹、粝饭而已,或遇事繁,日移中则漱口以过。身衣布衣,木绵皂帐,一冠三载,一衾二年,后宫贵妃以下,衣不曳地。性不饮酒,非宗庙祭祀、大飨宴及诸法事,未尝作乐。虽居暗室,恒理衣冠,小坐、盛暑,未尝褰祖,对内竖小臣,如遇大宾。然优假士人太过,牧守多浸渔百姓,使者干扰郡县。又好亲任小人,颇伤苛察;多造塔庙,公私费损。江南久安,风俗奢靡,故琛启及之。上恶其触实,故怒。

　　臣光曰:梁高祖之不终也,宜哉!夫人君听纳之失,在于丛脞;人臣献替之病,在于烦碎。是以明主守要道以御万机之本,忠臣陈大体以格君心之非,故身不劳而收功远,言至约而为益大也。观夫贺琛之谏未至于切直,而高祖已赫然震怒,护其所短,矜其所长,诘贪暴之主名,问劳费之条目,困以难对之状,责以必穷之辞。自以蔬食之俭为盛德,日昃之勤为至治,君道已备,无复可加,群臣箴规,举不足听。如此,则自馀切直之言过于琛者,谁敢进哉!由是奸佞居前而不见,大谋颠错而不知,名辱身危,覆邦绝祀,为千古所闵笑,岂不哀哉!

16　上敦尚文雅,疏简刑法,自公卿大臣,咸不以鞫狱为意。奸吏招权弄法,货赂成市,枉滥者多。大率二岁刑已上岁至五千人;徒居作者具五任,其无任者著升械;若疾病,权解之,是后囚徒或有优、剧。时王侯子弟,多骄淫不法。上年老,厌于万几。又专精佛戒,每断重罪,则终日不怿;或谋反逆,事觉,亦泣而宥之。由是王侯益横,或白昼杀人于都街,或暮夜公行剽劫,有罪亡命者,匿于王家,有司不敢搜捕。上深知其弊,溺于慈爱,不能禁也。

17　魏东阳王荣为瓜州刺史,与其婿邓彦偕行。荣卒,瓜州首望表荣子康为刺史,彦杀康而夺其位;魏不能讨,因以彦为刺史,屡征不至,又南通吐谷浑。丞相泰以道远难于动众,欲以计取之,以给事黄门侍郎申徽为河西大使,密令图彦。

徽以五十骑行,既至,止于宾馆;彦见徽单使,不以为疑。徽遣人微劝彦归朝,彦不从;徽又使赞成其留计;彦信之,遂来至馆。徽先与州主簿敦煌令狐整等密谋,执彦于坐,责而缚之;因宣诏慰谕吏民,且云"大军续至",城中无敢动者,遂送彦于长安。泰以徽为都官尚书。

中大同元年(丙寅,546)

1　春,正月癸丑,杨㬌等克嘉宁城,李贲奔新昌獠中,诸军顿于江口。

2　二月,魏以义州刺史史宁为凉州刺史;前刺史宇文仲和据州,不受代,瓜州民张保杀刺史成庆以应之,晋昌民吕兴杀太守郭肆,以郡应保。丞相泰遣太子太保独孤信、开府仪同三司怡峰与史宁讨之。

3　三月乙巳,大赦。

4　庚戌,上幸同泰寺,遂停寺省,讲三慧经。夏,四月丙戌,解讲,大赦,改元。是夜,同泰寺浮图灾,上曰:"此魔也,宜广为法事。"群臣皆称善。乃下诏曰:"道高魔盛,行善鄣生,当穷兹土木,倍增往日。"遂起十二层浮图;将成,值侯景乱而止。

5　魏史宁晓谕凉州吏民,率皆归附,独宇文仲和据城不下。五月,独孤信使诸将夜攻其东北,自帅壮士袭其西南,迟明,克之,遂擒仲和。

初,张保欲杀州主簿令狐整,以其人望,恐失众心,虽外相敬,内甚忌之。整阳为亲附,因使人说保曰:"今东军渐逼凉州,彼势孤危,恐不能敌,宜急分精锐以救之。然成败在于将领,令狐延保,兼资文武,使将兵以往,蔑不济矣!"保从之。

整行及玉门,召豪杰述保罪状,驰还袭之。先克晋昌,斩吕兴;进击瓜州,州人素信服整,皆弃保来降。保奔吐谷浑。

众议推整为刺史,整曰:"吾属以张保逆乱,恐阖州之人俱陷不义,故相与讨诛之;今复见推,是效尤也。"乃推魏所遣使波斯者张道义行州事,具以状闻。丞相泰以申徽为瓜州刺史。召整为寿昌太守,封襄武男。整帅宗族乡里三千馀人入朝,从泰征讨,累迁骠骑大将军、开府仪同三司,加侍中。

6　六月庚子,东魏以司徒侯景为河南大将军、大行台。

7　秋,七月壬寅,东魏遣散骑常侍元廓来聘。

8　甲子,诏:"犯罪非大逆,父母、祖父母不坐。"

9　先是,江东唯建康及三吴、荆、郢、江、湘、梁、益用钱,其馀州郡杂以谷帛,交、广专以金银为货。上自铸五铢及女钱,二品并行,禁诸古钱。普通中,更铸铁钱。由是民私铸者多,物价腾踊,交易者至以车载钱,不复计数。又自破岭以东，八十为百，名曰"东钱"；江、郢以上，七十为百，名曰"西钱"；建康以九十为百，名曰"长钱"。丙寅，诏曰："朝四暮三，众狙皆喜，名实未亏而喜怒为用。顷闻外间多用九陌钱，陌减则物贵，陌足则物贱，非物有贵贱，乃心有颠倒。至于远方，日更滋甚，徒乱王制，无益民财。自今可通用足陌钱！令书行后，百日为期，若犹有犯，男子谪运，女子质作，并同三年。"诏下而人不从，钱陌益少；至于季年，遂以三十五为百云。

10　上年高，诸子心不相下，邵陵王纶为丹杨尹，湘东王绎在江州，武陵王纪在益州，皆权侔人主；太子纲恶之，常选精兵以卫东宫。八月，以纶为南徐州刺史。

11　东魏丞相欢如邺。高澄迁洛阳石经五十二碑于邺。

12　魏徙并州刺史王思政为荆州刺史，使之举诸将可代镇玉壁者。思政举晋州刺史韦孝宽，丞相泰从之。东魏丞相欢悉举山东之众，将伐魏；癸巳，自邺会兵于晋阳；九月，至玉壁，围之。以挑西师，西师不出。

13　李贲复帅众二万自獠中出，屯典澈湖，大造船舰，充塞湖中。众军惮之，顿湖口，不敢进。陈霸先谓诸将曰："我师已老，将士疲劳，且孤军无援，人人心腹，若一战不捷，岂望生全！今藉其屡奔，人情未固，夷、獠乌合，易为摧殄。正当共出百死，决力取之；无故停留，时事去矣！"诸将皆默然莫应。是夜，江水暴起七丈，注湖中。霸先勒所部兵乘流先进，众军鼓噪俱前；贲众大溃，窜入屈獠洞中。

14　冬，十月乙亥，以前东扬州刺史岳阳王詧为雍州刺史。上舍詧兄弟而立太子纲，内尝愧之，宠亚诸子。以会稽人物殷阜，故用詧兄弟迭为东扬州以慰其心。詧兄弟亦内怀不平。詧以上衰老，朝多秕政，遂蓄聚货财，折节下士，招募勇敢，左右至数千人。以襄阳形胜之地，梁业所基，遇乱可以图大功。乃克己为政，抚循士民，数施恩惠，延纳规谏，所部称治。

15　东魏丞相欢攻玉壁，昼夜不息，魏韦孝宽随机拒之。城中无水，汲于汾，欢使移汾，一夕而毕。欢于城南起土山，欲乘之以入。城上先有二楼，孝宽缚木接之，令常高于土山以御之。欢使告之曰："虽尔缚楼至天，我当穿地取尔。"乃凿地为十道，又用术士李业兴孤虚法，聚攻其北，北，天险也。孝宽掘长堑，邀其地道，选战士屯堑上；每穿至堑，战士辄擒杀之。又于堑外积柴贮火，敌有在地道内者，塞柴投火，以皮排吹之，一鼓皆焦烂。敌以攻车撞城，车之所及，莫不摧毁，无能御者。孝宽缝布为幔，随其所向张之，布既悬空，车不能坏。敌又缚松、麻于竿，灌油加火以烧布，并欲焚楼。孝宽作长钩，利其刃，火竿将至，以钩遥割之，松、麻俱落。敌又于城四面穿地为二十道，其中施梁柱，纵火烧之，柱折，城崩。孝宽于崩处竖木栅以扞之，敌不得入。城外尽攻击之术，而城中守御有馀。孝宽又夺据其土山。欢无如之何，乃使仓曹参军祖珽说之曰："君独守孤城而西方无救，恐终不能全，何不降也？"孝宽报曰："我城池严固，兵食有馀。攻者自劳，守者常逸，岂有旬朔之间已须救援！适忧尔众有不返之危。孝宽关西男子，必不为降将军也！"珽复谓城中人曰："韦城主受彼荣禄，或复可尔；自外军民，何事相随入汤火中！"乃射募格于城中云："能斩城主降者，拜太尉，封开国郡公，赏帛万匹。"孝宽手题书背，返射城外云："能斩高欢者准此。"珽，莹之子也。东魏苦攻凡五十日，士卒战及病死者共七万人，共为一冢。欢智力皆困，因而发疾。有星坠欢营中，士卒惊惧。十一月庚子，解围去。

先是，欢别使侯景将兵趣齐子岭，魏建州刺史杨㯹镇车厢，恐其寇邵郡，帅骑御之。景闻㯹至，斫木断路六十馀里，犹惊而不安，遂还河阳。

庚戌，欢使段韶从太原公洋镇邺。辛亥，征世子澄会晋阳。

魏以韦孝宽为骠骑大将军、开府仪同三司，进爵建忠公。时人以王思政为知人。

十二月己卯，欢以无功，表解都督中外诸军，东魏主许之。

欢之自玉壁归也，军中讹言韦孝宽以定功弩射杀丞相，魏人闻之，因下令曰："劲弩一发，凶身自陨。"欢闻之，勉坐见诸贵，使斛律金作敕勒歌，欢自和之，哀感流涕。

16 魏大行台度支尚书、司农卿苏绰，性忠俭，常以丧乱未平为己任，纪纲庶政；丞相泰推心任之，人莫能间。或出游，常预署空纸以授绰；有须处分，随事施行，及还，启知而已。绰常谓"为国之道，当爱人如慈父，训人如严师"。每与公卿论议，自昼达夜，事无巨细，若指诸掌，积劳成疾而卒。泰深痛惜之，谓公卿曰："苏尚书平生廉让，吾欲全其素志，恐悠悠之徒有所未达；如厚加赠谥，又乖宿昔相知之心；何为而可？"尚书令史麻瑶越次进曰："俭约，所以彰其美也。"泰从之。归葬武功，载以布车一乘，泰与群公步送出同州郭外。泰于车后酹酒言曰："尚书平生为事，妻子、兄弟所不知者，吾皆知之。唯尔知吾心，吾知尔志，方与共定天下，遽舍吾去，奈何！"因举声恸哭，不觉卮落于手。

17 东魏司徒、河南大将军、大行台侯景，右足偏短，弓马非其长，而多谋算。诸将高敖曹、彭乐等皆勇冠一时，景常轻之，曰："此属皆如冢突,势何所至!"景尝言于丞相欢:"愿得兵三万,横行天下,要须济江缚取萧衍老公,以为太平寺主。"欢使将兵十万,专制河南,杖任若己之半体。

景素轻高澄,尝谓司马子如曰:"高王在,吾不敢有异;王没,吾不能与鲜卑小儿共事!"子如掩其口。及欢疾笃,澄诈为欢书以召景。先是,景与欢约曰:"今握兵在远,人易为诈,所赐书皆请加微点。"欢从之。景得书无点,辞不至;又闻欢疾笃,用其行台郎颍川王伟计,遂拥兵自固。

欢谓澄曰:"我虽病,汝面更有馀忧,何也?"澄未及对,欢曰:"岂非忧侯景叛邪?"对曰:"然。"欢曰:"景专制河南,十四年矣,常有飞扬跋扈之志,顾我能畜养,非汝所能驾御也。今四方未定,勿遽发哀。库狄干鲜卑老公,斛律金敕勒老公,并性遒直,终不负汝。可朱浑道元、刘丰生,远来投我,必无异心。潘相乐本作道人,心和厚,汝兄弟当得其力。韩轨少戆,宜宽借之。彭乐心腹难得,宜防护之。堪敌侯景者,唯有慕容绍宗,我故不贵之,留以遗汝。"又曰:"段孝先忠亮仁厚,智勇兼备,亲戚之中,唯有此子,军旅大事,宜共筹之。"又曰:"邙山之战,吾不用陈元康之言,留患遗汝,死不瞑目。"相乐,广宁人也。

# 资治通鉴卷第一百六十

## 梁纪十六

**高祖武皇帝十六**

太清元年（丁卯，547）

1 春，正月朔，日有食之，不尽如钩。

2 壬寅，荆州刺史庐陵威王续卒。以湘东王绎为都督荆雍等九州诸军事、荆州刺史。续素贪婪，临终，有启遣中录事参军谢宣融献金银器千馀件，上方知其富，因问宣融曰："王之金尽此乎？"宣融曰："此之谓多，安可加也！大王之过如日月之食，欲令陛下知之，故终而不隐。"上意乃解。

初，湘东王绎为荆州刺史，有微过，续代之，以状闻，自此二王不通书问。绎闻其死，入阁而跃，屦为之破。

3 丙午，东魏勃海献武王欢卒。欢性深密，终日俨然，人不能测，机权之际，变化若神。制驭军旅，法令严肃。听断明察，不可欺犯。擢人受任，在于得才，苟其所堪，无问厮养；有虚声无实者，皆不任用。雅尚俭素，刀剑鞍勒无金玉之饰。少能剧饮，自当大任，不过三爵。知人好士，全护勋旧；每获敌国尽节之臣，多不之罪。由是文武乐为之用。世子澄秘不发丧，唯行台左丞陈元康知之。

侯景自念已与高氏有隙，内不自安。辛亥，据河南叛，归于魏，颍州刺史司马世云以城应之。景诱执豫州刺史高元成、襄州刺史李密、广州刺史怀朔暴显等。遣军士二百人载仗暮入西兖州，欲袭取之，刺史邢子才觉之，掩捕，尽获之，因散檄东方诸州，各为之备，由是景不能取。

诸将皆以景之叛由崔暹，澄不得已，欲杀暹以谢景。陈元康谏曰："今虽四海未清，纲纪已定；若以数将在外，苟悦其心，枉杀无辜，亏废刑典，岂直上负天神，何以下安黎庶！晁错前事，愿公慎之。"澄乃止。遣司空韩轨督诸军讨景。

4 辛酉，上祀南郊，大赦；甲子，祀明堂。

5 三月，魏诏："自今应宫刑者，直没官，勿刑。"

6　魏以开府仪同三司若干惠为司空,侯景为太傅、河南道行台、上谷公。

庚辰,景又遣其行台郎中丁和来,上表言:"臣与高澄有隙,请举函谷以东,瑕丘以西,豫、广、颍、荆、襄、兖、南兖、济、东豫、洛、阳、北荆、北扬等十三州内附,惟青、徐数州,仅须折简。且黄河以南,皆臣所职,易同反掌。若齐、宋一平,徐事燕、赵。"上召群臣廷议。尚书仆射谢举等皆曰:"顷岁与魏通和,边境无事,今纳其叛臣,窃谓非宜。"上曰:"虽然,得景则塞北可清;机会难得,岂宜胶柱!"

是岁,正月乙卯,上梦中原牧守皆以其地来降,举朝称庆。旦,见中书舍人朱异,告之,且曰:"吾为人少梦,若有梦必实。"异曰:"此乃宇宙混壹之兆也。"及丁和至,称景定计以正月乙卯,上愈神之。然意犹未决,尝独言:"我国家如金瓯,无一伤缺,今忽受景地,讵是事宜?脱致纷纭,悔之何及?"朱异揣知上意,对曰:"圣明御宇,南北归仰,正以事无机会,未达其心。今侯景分魏土之半以来,自非天诱其衷,人赞其谋,何以至此!若拒而不内,恐绝后来之望。此诚易见,愿陛下无疑。"上乃定议纳景。

壬午,以景为大将军,封河南王,都督河南、北诸军事、大行台,承制如邓禹故事。平西谘议参军周弘正,善占候,前此谓人曰:"国家数年后当有兵起。"及闻纳景,曰:"乱阶在此矣!"

7　丁亥,上耕藉田。

8　三月庚子,上幸同泰寺,舍身如大通故事。

9　甲辰,遣司州刺史羊鸦仁督兖州刺史桓和、仁州刺史湛海珍等,将兵三万趣悬瓠,运粮食应接侯景。

10　魏大赦。

11　东魏高澄虑诸州有变,乃自出巡抚。留段韶守晋阳,委以军事;以丞相功曹赵彦深为大行台都官郎中。使陈元康豫作丞相欢条教数十纸付韶及彦深,在后以次行之。临发,握彦深手泣曰:"以母、弟相托,幸明此心!"夏,四月壬申,澄入朝于邺。东魏主与之宴,澄起舞,识者知其不终。

12　丙子,群臣奉赎。丁亥,上还宫,大赦,改元,如大通故事。

13　甲午,东魏遣兼散骑常侍李系来聘。系,绘之弟也。

14　五月丁酉朔,东魏大赦。

15　戊戌,东魏以襄城王旭为太尉。

高澄遣武卫将军元柱等将数万众昼夜兼行以袭侯景,遇景于颍川北,柱等大败。景以羊鸦仁等军犹未至,乃退保颍川。

16　甲辰,东魏以开府仪同三司库狄干为太师,录尚书事孙腾为太傅,汾州刺史贺拔仁为太保,司徒高隆之录尚书事,司空韩轨为司徒,青州刺史尉景为大司马,领军将军可朱浑道元为司空,仆射高洋为尚书令、领中书监,徐州刺史慕容绍宗为尚书左仆射,高阳王斌为右仆射。戊午,尉景卒。

17　韩轨等围侯景于颍川。景惧,割东荆、北兖州、鲁阳、长社四城赂魏以求救。尚书左仆射于谨曰:"景少习兵,奸诈难测,不如厚其爵位以观其变,未可遣兵也。"荆州刺史王思政以为:"若不因机进取,后悔无及。"即以荆州步骑万馀从鲁阳关向阳翟。丞相泰闻之,加景大将军兼尚书令,遣太尉李弼、仪同三司赵贵将兵一万赴颍川。

景恐上责之,遣中兵参军柳昕奉启于上,以为:"王旅未接,死亡交急,遂求援关中,自救目前。臣既不安于高氏,岂见容于宇文!但螫手解腕,事不得已,本图为国,愿不赐咎!臣获其力,不容即弃,今以四州之地为饵敌之资,已令宇文遣人入守。自豫州以东,齐海以西,悉臣控压;见有之地,尽归圣朝,悬瓠、项城、徐州、南兖,事须迎纳。愿陛下速敕境上,各置重兵,与臣影响,不使差互!"上报之曰:"大夫出境,尚有所专;况始创奇谋,将建大业,理须适事而行,随方以应。卿诚心有本,何假词费!"

18　魏以开府仪同三司独孤信为大司马。

19　六月戊辰,以鄱阳王范为征北将军,总督汉北征讨诸军事,击穰城。

20　东魏韩轨等围颍川,闻魏李弼、赵贵等将至,乙巳,引兵还邺。侯景欲因会执弼与贵,夺其军;贵疑之,不往。贵欲诱景入营而执之,弼止之。羊鸦仁遣长史邓鸿将兵至汝水,弼引兵还长安。王思政入据颍川。景阳称略地,引兵出屯悬瓠。

景复乞兵于魏,丞相泰使同轨防主韦法保及都督贺兰愿德等将兵助之。大行台左丞蓝田王悦言于泰曰:"侯景之于高欢,始敦乡党之情,终定君臣之契,任居上将,位重台司;今欢始死,景遽外叛,盖所图甚大,终不为人下故也。且彼能背德于高氏,岂肯尽节于朝廷! 今益之以势,援之以兵,窃恐贻笑将来也。"泰乃召景入朝。

景阴谋叛魏,事计未成,厚抚韦法保等,冀为己用,外示亲密无猜间。每往来诸军间,侍从至少,魏军中名将,皆身自造诣。同轨防长史裴宽谓法保曰:"侯景狡诈,必不肯入关,欲托款于公,恐未可信。若伏兵斩之,此亦一时之功也。如其不尔,即应深为之防,不得信其诳诱,自贻后悔。"法保深然之,不敢图景,但自为备而已;寻辞还所镇。王思政亦觉其诈,密召贺兰愿德等还,分布诸军,据景七州、十二镇。景果辞不入朝,遗丞相泰书曰:"吾耻与高澄雁行,安能比肩大弟!"泰乃遣行台郎中赵士宪悉召前后所遣诸军援景者。景遂决意来降。魏将任约以所部千馀人降于景。

泰以所授景使持节、太傅、大将军、兼尚书令、河南大行台、都督河南诸军事回授王思政,思政并让不受;频使敦谕,唯受都督河南诸军事。

21　高澄将如晋阳,以弟洋为京畿大都督,留守于邺,使黄门侍郎高德政佐之。德政,颢之子也。丁丑,澄还晋阳,始发丧。

22　秋,七月,魏长乐武烈公若干惠卒。

23　丁酉,东魏主为丞相欢举哀,服缌缞,凶礼依汉霍光故事,赠相国、齐王,备九锡殊礼。戊戌,以高澄为使持节、大丞相、都督中外诸军、录尚书事、大行台、勃海王;澄启辞爵位。壬寅,诏太原公洋摄理军国,遣中使敦谕澄。

24　庚申,羊鸦仁入悬瓠城。甲子,诏更以悬瓠为豫州,寿春为南豫州,改合肥为合州。以鸦仁为司、豫二州刺史,镇悬瓠;西阳太守羊思达为殷州刺史,镇项城。

25　八月乙丑,下诏大举伐东魏。遣南豫州刺史贞阳侯渊明、南兖州刺史南康王会理分督诸将。渊明,懿之子;会理,绩之子也。始,上欲以鄱阳王范为元帅;朱异取急在外,闻之,遽入曰:"鄱阳雄豪盖世,得人死力,然所至残暴,非吊民之材。且陛下昔登北顾亭以望,谓江右有反气,骨肉为戎首,今日之事,尤宜详择。"上默然,曰:"会理何如?"对曰:"陛下得之矣。"会理懦而无谋,所乘襻舆,施板屋,冠以牛皮。上闻,不悦。贞阳侯渊明时镇寿阳,屡请行,上许之。会理自以皇孙,复为都督,自渊明已下,殆不对接。渊明与诸将密告朱异,追会理还,遂以渊明为都督。

26　辛未,高澄入朝于邺,固辞大丞相;诏为大将军如故,馀如前命。

甲申,虚葬齐献武王于漳水之西;潜凿成安鼓山石窟佛寺之旁为穴,纳其柩而塞之,杀其群匠。及齐之亡也,一匠之子知之,发石取金而逃。

27　戊子,武州刺史萧弄璋攻东魏碛泉、吕梁二戍,拔之。

28　或告东魏大将军澄云:"侯景有北归之志。"会景将蔡道遵北归,言"景颇知悔过"。景母及妻子皆在邺,澄乃以书谕之,语以阖门无恙,若还,许以豫州刺史终其身,还其宠妻、爱子,所部文武,更不追摄。景使王伟复书曰:"今已引二邦,扬旌北讨,熊豹齐奋;克复中原,幸自取之,何劳恩赐! 昔王陵附汉,母在不归,太上囚楚,乞羹自若,矧伊妻子,而可介意! 脱谓诛之有益,欲止不能,杀之无损,徒复坑戮,家累在君,何关仆也!"

戊子,诏以景录行台尚书事。

29　东魏静帝,美容仪,旅力过人,能挟石师子逾宫墙,射无不中;好文学,从容沉雅。时人以为有孝文风烈,大将军澄深忌之。

始,献武王自病逐君之丑,事静帝礼甚恭,事无大小必以闻,可否听旨。每侍宴,俯伏上寿,帝设法会,乘辇行香,欢执香炉步从,鞠躬屏气,承望颜色,故其下奉帝莫敢不恭。

及澄当国,倨慢顿甚,使中书黄门郎崔季舒察帝动静,大小皆令季舒知之。澄与季舒书曰:"痴人比复何似? 痴势小差未? 宜用心检校。"帝尝猎于邺东,驰逐如飞,监卫都督乌那罗受工伐从后呼曰:"天子勿走马,大将军嗔!"澄尝侍饮酒,举大觞属帝曰:"臣澄劝陛下酒。"帝不胜忿,曰: "自古无不亡之国,朕亦何用此生为!"澄怒曰:"朕? 朕? 狗脚朕!"使崔季舒殴帝三拳,奋衣而出。明日,澄使季舒入劳帝,帝亦谢焉,赐季舒绢百匹。

帝不堪忧辱,咏谢灵运诗曰:"韩亡子房奋,秦帝仲连耻。本自江海人,忠义动君子。"常侍、侍讲颍川荀济知帝意,乃与祠部郎中元瑾、长秋卿刘思逸、华山王大器、淮南王宣洪、济北王徽等谋诛澄。大器,鸷之子也。帝谬为敕问济曰:"欲以何日开讲?"乃诈于宫中作土山,开地道向北城。至千秋门,门者觉地下响,以告澄。澄勒兵入宫,见帝,不拜而坐,曰: "陛下何意反? 臣父子功存社稷,何负陛下邪! 此必左右妃嫔辈所为。"欲杀胡夫人及李嫔。帝正色曰:"自古唯闻臣反君,不闻君反臣。王自欲反,何乃责我! 我杀王则社稷安,不杀则灭亡无日,我身且不暇惜,况于妃嫔! 必欲弑逆,缓速在王!"澄乃下床叩头,大啼谢罪。于是酗饮,夜久乃出。居三日,幽帝于含章堂。壬辰,烹济等于市。

初,济少居江东,博学能文。与上有布衣之旧,知上有大志,然负气不服,常谓人曰:"会于盾鼻上磨墨檄之。"上甚不平。及即位,或荐之于上,上曰:"人虽有才,乱俗好反,不可用也。"济上书谏上崇信佛法、为塔寺奢费,上大怒,欲集朝众斩之;朱异密告之,济逃奔东魏。澄为中书监,欲用济为侍读,献武王曰:"我爱济,欲全之,故不用济。济入宫,必败。"澄固请,乃许之。及败,侍中杨遵彦谓之曰:"衰暮何苦复尔?"济曰:"壮气在耳!"因下辨曰:"自伤年纪摧颓,功名不立,故欲挟天子,诛权臣。"澄欲宥其死,亲问之曰:"荀公何意反?"济曰:"奉诏诛高澄,何谓反!"有司以济老病,鹿车载诣东市,并焚之。

　　澄疑谮议温子昇知瑾等谋,方使之作献武王碑,既成,饿于晋阳狱,食弊襦而死。弃尸路隅,没其家口,太尉长史宋游道收葬之。澄谓游道曰:"吾近书与京师诸贵论及朝士,以卿僻于朋党,将为一病;今乃知卿真是重故旧、尚节义之人,天下人代卿怖者,是不知吾心也。"九月辛丑,澄还晋阳。

　　30　上命萧渊明堰泗水于寒山以灌彭城,俟得彭城,乃进军与侯景掎角。癸卯,渊明军于寒山,去彭城十八里,断流立堰。侍中羊侃监作堰,再旬而成。东魏徐州刺史太原王则婴城固守,侃劝渊明乘水攻彭城,不从。诸将与渊明议军事,渊明不能对,但云"临时制宜"。

　　31　冬,十一月,魏丞相泰从魏主狩于岐阳。

　　32　东魏大将军澄使大都督高岳救彭城,欲以金门郡公潘乐为副。陈元康曰:"乐缓于机变,不如慕容绍宗;且先王之命也。公但推赤心于斯人,景不足忧也。"时绍宗在外,澄欲召见之,恐其惊叛,元康曰:"绍宗知元康特蒙顾待,新使人来饷金;元康欲安其意,受之而厚答其书,保无异也。"乙酉,以绍宗为东南道行台,与岳、乐偕行。初,景闻韩轨来,曰:"啖猪肠儿何能为!"闻高岳来,曰:"兵精人凡。"诸将无不为所轻者。及闻绍宗来,叩鞍有惧色,曰:"谁教鲜卑儿解遣绍宗来!若然,高王定未死邪?"

　　澄以廷尉卿杜弼为军司,摄行台左丞,临发,问以政事之要、可为戒者,使录一二条。弼请口陈之,曰:"天下大务,莫过赏罚。赏一人使天下之人喜,罚一人使天下之人惧,苟二事不失,自然尽美。"澄大悦,曰:"言虽不多,于理甚要。"

　　绍宗帅众十万据橐驼岘。羊侃劝贞阳侯渊明乘其远来击之,不从,且日,又劝出战,亦不从;侃乃帅所领出屯堰上。

　　丙午,绍宗至城下,引步骑万人攻潼州刺史郭凤营,矢下如雨。渊明醉,不能起,命诸将救之,皆不敢出。北兖州刺史胡贵孙谓谯州刺史赵伯超曰:"吾属将兵而来,本欲何为,今遇敌而不战乎?"伯超不能对。贵孙独帅麾下与东魏战,斩首二百级。伯超拥众数千不敢救,谓其下曰:"虏盛如此,与战必败,不如全军早归。"皆曰"善!"遂遁还。

　　初,侯景常戒梁人曰:"逐北不过二里。"绍宗将战,以梁人轻悍,恐其众不能支,一一引将卒谓之曰:"我当阳退,诱吴儿使前,尔击其背。"东魏兵实败走,梁人不用景言,乘胜深入。魏将卒以绍宗之言为信,争共掩击之,梁兵大败,贞阳侯渊明及胡贵孙、赵伯超等皆为东魏所虏,失亡士卒数万人。羊侃结陈徐还。

上方昼寝，宦者张僧胤白朱异启事，上骇之，遽起升舆，至文德殿阁。异曰："韩山失律。"上闻之，恍然将坠床。僧胤扶而就坐，乃叹曰："吾得无复为晋家乎！"

郭凤退保潼州，慕容绍宗进围之。十二月甲子朔，凤弃城走。

东魏使军司杜弼作檄移梁朝曰："皇家垂统，光配彼天，唯彼吴、越，独阻声教。元首怀止戈之心，上宰薄兵车之命，遂解絷南冠，喻以好睦。虽嘉谋长算，爰自我始，罢战息民，彼获其利。侯景竖子，自生猜贰，远托关、陇，依凭奸伪，逆主定君臣之分，伪相结兄弟之亲，岂曰无恩，终成难养，俄而易虑，亲寻干戈。衅暴恶盈，侧首无托，以金陵逋逃之薮，江南流寓之地，甘辞卑礼，进执图身，诡言浮说，抑可知矣。而伪朝大小，幸灾忘义，主荒于上，臣蔽于下，连结奸恶，断绝邻好，征兵保境，纵盗侵国。盖物无定方，事无定势，或乘利而受害，或因得而更失。是以吴侵齐境，遂得句践之师，赵纳韩地，终有长平之役。矧乃鞭挞疲民，侵轶徐部，筑垒拥川，舍舟徹利。是以援枹秉麾之将，拔距投石之士，含怒作色，如赴私仇。彼连营拥众，依山傍水，举螳螂之斧，被蜡蜣之甲，当穷辙以待轮，坐积薪而候燎。及锋刃才交，埃尘且接，已亡戟弃戈，土崩瓦解，掬指舟中，衿甲鼓下，同宗异姓，缧绁相望。曲直既殊，强弱不等，获一人而失一国，见黄雀而忘深阱，智者所不为，仁者所不向。诚既往之难逮，犹将来之可追。侯景以鄙俚之夫，遭风云之会，位班三事，邑启万家，揣身量分，久当止足。而周章向背，离披不已，夫岂徒然，意亦可见。彼乃授之以利器，诲之以慢藏，使其势得容奸，时堪乘便。今见南风不竞，天亡有征，老贼奸谋，将复作矣。然推坚强者难为功，摧枯朽者易为力，计其虽非孙、吴猛将，燕、赵精兵，犹是久涉行陈，曾习军旅，岂同剽轻之师，不比危脆之众。拒此则作气不足，攻彼则为势有馀，终恐尾大于身，踦粗于股，倔强不掉，狼戾难驯，呼之则反速而衅小，不征则叛迟而祸大。会应遥望廷尉，不肯为臣，自据淮南，亦欲称帝。但恐楚国亡猿，祸延林木，城门失火，殃及池鱼，横使江、淮士子，荆、扬人物，死亡矢石之下，夭折雾露之中。彼梁主者，操行无闻，轻险有素，射雀论功，荡舟称力，年既老矣，耄又及之，政散民流，礼崩乐坏。加以用舍乖方，废立失所，矫情动俗，饰智惊愚，毒螫满怀，妄敦戒业，躁竞盈胸，谬治清净。灾异降于上，怨讟兴于下，人人厌苦，家家思乱，履霜有渐，坚冰且至。传险躁之风俗，任轻薄之子孙，朋党路开，兵权在外。必将祸生骨肉，衅起腹心，强弩冲城，长戈指阙，徒探雀鷇，无救府藏之虚，空请熊蹯,讵延晷刻之命。外崩中溃,今实其时,鹬蚌相持,我乘其弊。方使骏骑追风,精甲辉日,四七并列,百万为群,以转石之形,为破竹之势。当使锺山渡江,青盖入洛,荆棘生于建业之宫,麋鹿游于姑苏之馆。但恐革车之所辗轹,剑骑之所蹂践,杞梓于焉倾折,竹箭以此摧残。若吴之王孙,蜀之公子,归款军门,委命下吏,当即授客卿之秩,特加骠骑之号。凡百君子,勉求多福。"其后梁室祸败,皆如弼言。

侯景围谯城不下,退攻城父,拔之。壬申,遣其行台左丞王伟等诣建康说上曰:"邺中文武合谋,召臣共讨高澄,事泄,澄幽元善见于金墉,杀诸元六十馀人。河北物情,俱念其主,请立元氏一人以从人望,如此,则陛下有继绝之名,臣景有立功之效,河之南北,为圣朝之邶、莒,国之男女,为大梁之臣妾。"上以为然,乙亥,下诏以太子舍人元贞为咸阳王,资以兵力,使还北主魏,须渡江,许即位,仪卫以乘舆之副给之。贞,树之子也。

萧渊明至邺,东魏主升闾阖门受俘,让而释之,送于晋阳,大将军澄待之甚厚。

慕容绍宗引军击侯景,景辎重数千两,马数千匹,士卒四万人,退保涡阳。绍宗士卒十万,旗甲耀日,鸣鼓长驱而进。景使谓之曰:"公等为欲送客,为欲定雌雄邪?"绍宗曰:"欲与公决胜负。"遂顺风布陈。景闭垒,侯风止乃出。绍宗曰:"侯景多诡计,好乘人背。"使备之,果如其言。景命战士皆被短甲,执短刀,入东魏陈,但低视,斫人胫马足。东魏兵遂败,绍宗坠马,仪同三司刘丰生被伤,显州刺史张遵业为景所擒。

绍宗、丰生俱奔谯城,裨将斛律光、张恃显尤之,绍宗曰:"吾战多矣,未见如景之难克者也。君辈试犯之!"光等被甲将出,绍宗戒之曰:"勿渡涡水。"二人军于水北,光轻骑射之。景临涡水谓光曰:"尔求勋而来,我惧死而去。我,汝之父友,何为射我?汝岂自解不渡水南,慕容绍宗教汝也。"光无以应。景使其徒田迁射光马,洞胸;光易马隐树,又中之,退入于军。景擒恃显,既而舍之。光走入谯城,绍宗曰:"今定何如,而尤我也!"光,金之子也。

开府仪同三司段韶夹涡而军,潜于上风纵火,景帅骑入水,出而却走,草湿,火不复然。

33　魏岐州久经丧乱,刺史郑穆初到,有户三千,穆抚循安集,数年之间,至四万馀户,考绩为诸州之最;丞相泰擢穆为京兆尹。

34　侯景与东魏慕容绍宗相持数月,景食尽,司马世云降于绍宗。

# 资治通鉴卷第一百六十一

## 梁纪十七

### 高祖武皇帝十七

太清二年（戊辰，548）

1　春，正月己亥，慕容绍宗以铁骑五千夹击侯景，景诳其众曰："汝辈家属，已为高澄所杀。"众信之。绍宗遥呼曰："汝辈家属并完，若归，官勋如旧。"被发向北斗为誓。景士卒不乐南渡，其将暴显等各帅所部降于绍宗。景众大溃，争赴涡水，水为之不流。景与腹心数骑自硖石济淮，稍收散卒，得步骑八百人，南过小城，人登陴诟之曰："跛奴！欲何为邪！"景怒，破城，杀诟者而去。昼夜兼行，追军不敢逼。使谓绍宗曰："景若就擒，公复何用！"绍宗乃纵之。

2　辛丑，以尚书仆射谢举为尚书令，守吏部尚书王克为仆射。

3　甲辰，豫州刺史羊鸦仁以东魏军渐逼，称粮运不继，弃悬瓠，还义阳；殷州刺史羊思达亦弃项城走；东魏人皆据之。上怒，责让鸦仁；鸦仁惧，启申后期，顿军淮上。

4　侯景既败，不知所适，时鄱阳王范除南豫州刺史，未至。马头戍主刘神茂，素为监州事韦黯所不容，闻景至，故往候之，景问曰："寿阳去此不远，城池险固，欲往投之，韦黯其纳我乎？"神茂曰："黯虽据城，是监州耳。王若驰至近郊，彼必出迎，因而执之，可以集事。得城之后，徐以启闻，朝廷喜王南归，必不责也。"景执其手曰："天教也。"神茂请帅步骑百人先为乡导。壬子，景夜至寿阳城下；韦黯以为贼也，授甲登陴。景遣其徒告曰："河南王战败来投此镇，愿速开门！"黯曰："既不奉敕，不敢闻命。"景谓神茂曰："事不谐矣。"神茂曰："黯懦而寡智，可说下也。"乃遣寿阳徐思玉入见黯曰："河南王，朝廷所重，君所知也。今失利来投，何得不受？"黯曰："吾之受命，唯知守城；河南自败，何预吾事！"思玉曰："国家付君以阃外之略，今君不肯开城，若魏兵来至，河南为魏所杀，君岂能独存！何颜以见朝廷？"黯然之。思玉出报，景大悦曰："活我者，卿也。"癸丑，黯开门纳景,景遣其将分守四门,诘责黯,将斩之;既而抚手大笑,置酒极欢。黯,叡之子也。

朝廷闻景败,未得审问,或云:"景与将士尽没。"上下咸以为忧。侍中、太子詹事何敬容诣东宫,太子曰:"淮北始更有信,侯景定得身免,不如所传。"敬容曰:"得景遂死,深为朝廷之福。"太子失色,问其故,敬容曰:"景翻覆叛臣,终当乱国。"太子于玄圃自讲老、庄,敬容谓学士吴孜曰:"昔西晋祖尚玄虚,使中原沦于胡、羯。今东宫复尔,江南亦将为戎乎!"

甲寅,景遣仪同三司于子悦驰以败闻,并自求贬削;优诏不许。景复求资给,上以景兵新破,未忍移易。乙卯,即以景为南豫州牧,本官如故;更以鄱阳王范为合州刺史,镇合肥。光禄大夫萧介上表谏曰:"窃闻侯景以涡阳败绩,只马归命,陛下不悔前祸,复敕容纳。臣闻凶人之性不移,天下之恶一也。昔吕布杀丁原以事董卓,终诛董而为贼;刘牢反王恭以归晋,还背晋以构妖。何者? 狼子野心,终无驯狎之性,养虎之喻,必见饥噬之祸矣。侯景以凶狡之才,荷高欢卵翼之遇,位忝台司,任居方伯,然而高欢坆土未干,即还反噬。逆力不逮,乃复逃死关西;宇文不容,故复投身于我。陛下前者所以不逆细流,正欲比属国降胡以讨匈奴,冀获一战之效耳;今既亡师失地,直是境上之匹夫,陛下爱匹夫而弃与国。若国家犹待其更鸣之辰,岁暮之效,臣窃惟侯景必非岁暮之臣;弃乡国如脱屣,背君亲如遗芥,岂知远慕圣德,为江、淮之纯臣乎! 事迹显然,无可致惑。臣朽老疾侵,不应干预朝政;但楚囊将死,有城郢之忠,卫鱼临亡,亦有尸谏之节。臣忝为宗室遗老,敢忘刘向之心!"上叹息其忠,然不能用。介,思话之孙也。

5　己未,东魏大将军澄朝于邺。

6　魏以开府仪同三司赵贵为司空。

7　魏皇孙生,大赦。

8　二月,东魏杀其南兖州刺史石长宣,讨侯景之党也;其馀为景所胁从者,皆赦之。

9　东魏既得悬瓠、项城,悉复旧境。大将军澄数遣书移,复求通好;朝廷未之许。澄谓贞阳侯渊明曰:"先王与梁主和好,十有馀年。闻彼礼佛文云:'奉为魏主,并及先王',此乃梁主厚意;不谓一朝失信,致此纷扰,知非梁主本心,当是侯景扇动耳,宜遣使谘论。若梁主不忘旧好,吾亦不敢违先王之意,诸人并即遣还,侯景家属亦当同遣。"渊明乃遣省事

夏侯僧辩奉启于上,称"勃海王弘厚长者,若更通好,当听渊明还"。上得
启,流涕,与朝臣议之。右卫将军朱异、御史中丞张绾等皆曰:"静寇息民,
和实为便。"司农卿傅岐独曰:"高澄何事须和? 必是设间,故命贞阳遣使,
欲令侯景自疑;景意不安,必图祸乱。若许通好,正堕其计中。"异等固执
宜和,上亦厌用兵,乃从异言,赐渊明书曰:"知高大将军礼汝不薄,省启,
甚以慰怀。当别遣行人,重敦邻睦。"

　　僧辩还,过寿阳,侯景窃访知之,摄问,具服。乃写答渊明之书,陈启
于上曰:"高氏心怀鸩毒,怨盈北土,人愿天从,欢身殒越。子澄嗣恶,计
灭待时,所以昧此一胜者,盖天荡澄心以盈凶毒耳。澄苟行合天心,腹心
无疾,又何急急奉璧求和? 岂不以秦兵扼其喉,胡骑迫其背,故甘辞厚币,
取安大国。臣闻'一日纵敌,数世之患',何惜高澄一竖,以弃亿兆之心!
窃以北魏安强,莫过天监之始,钟离之役,匹马不归。当其强也,陛下尚伐
而取之;及其弱也,反虑而和之。舍已成之功,纵垂死之虏,使其假命强
梁,以遗后世,非直愚臣扼腕,实亦志士痛心。昔伍相奔吴,楚邦卒灭;陈
平去项,刘氏用兴;臣虽才劣古人,心同往事。诚知高澄忌贾在翟,恶会居
秦,求盟请和,冀除其患。若臣死有益,万殒无辞;唯恐千载,有秽良史。"
景又致书于朱异,饷金三百两;异纳金而不通其启。

　　己卯,上遣使吊澄。景又启曰:"臣与高氏,衅隙已深,仰凭威灵,期
雪仇耻;今陛下复与高氏连和,使臣何地自处! 乞申后战,宣畅皇威!"上
报之曰:"朕与公大义已定,岂有成而相纳,败而相弃乎! 今高氏有使求
和,朕亦更思偃武。进退之宜,国有常制,公但清静自居,无劳虑也!"景
又启曰:"臣今蓄粮聚众,秣马潜戈,指日计期,克清赵、魏,不容军出无
名,故愿以陛下为主耳。今陛下弃臣遐外,南北复通,将恐微臣之身,不免
高氏之手。"上又报曰:"朕为万乘之主,岂可失信于一物! 想公深得此
心,不劳复有启也。"

　　景乃诈为邺中书,求以贞阳侯易景,上将许之。舍人傅岐曰:"侯景
以穷归义,弃之不祥;且百战之馀,宁肯束手就絷!"谢举、朱异曰:"景奔
败之将,一使之力耳。"上从之,复书曰:"贞阳旦至,侯景夕返。"景谓左右
曰:"我固知吴老公薄心肠!"王伟说景曰:"今坐听亦死,举大事亦死,唯
王图之!"于是始为反计:属城居民,悉召募为军士,辄停责市估及田租,
百姓子女,悉以配将士。

　　10　三月癸巳,东魏以太尉襄城王旭为大司马,开府仪同三司高岳为
太尉。辛亥,大将军澄南临黎阳,自虎牢济河至洛阳。魏同轨防长史裴宽

与东魏将彭乐等战,为乐所擒,澄礼遇甚厚,宽得间逃归。澄由太行返晋阳。

11　屈獠洞斩李贲,传首建康。贲兄天宝遁入九真,收馀兵二万围爱州,交州司马陈霸先帅众讨平之。诏以霸先为西江督护、高要太守、督七郡诸军事。

12　夏,四月甲子,东魏吏部令史张永和等伪假人官,事觉,纠检、首者六万馀人。

13　甲戌,东魏遣太尉高岳、行台慕容绍宗、大都督刘丰生等将步骑十万攻魏王思政于颍川。思政命卧鼓偃旗,若无人者。岳恃其众,四面陵城。思政选骁勇开门出战,岳兵败走。岳更筑土山,昼夜攻之,思政随方拒守,夺其土山,置楼堞以助防守。

14　五月,魏以丞相泰为太师,广陵王欣为太傅,李弼为大宗伯,赵贵为大司寇,于谨为大司空。太师泰奉太子巡抚西境,登陇,至原州,历北长城,东趣五原,至蒲州,闻魏主不豫而还。及至,已愈,泰还华州。

15　上遣建康令谢挺、散骑常侍徐陵等聘于东魏,复修前好。陵,摛之子也。

16　六月,东魏大将军澄巡北边。

17　秋,七月庚寅朔,日有食之。

18　乙卯,东魏大将军澄朝于邺。以道士多伪滥,始罢南郊道坛。八月庚寅,澄还晋阳,遣尚书辛术帅诸将略江、淮之北,凡获二十三州。

19　侯景自至寿阳,征求无已,朝廷未尝拒绝。景请娶于王、谢,上曰:“王、谢门高非偶,可于朱、张以下访之。”景恚曰:“会将吴儿女配奴!”又启求锦万匹为军人作袍,中领军朱异议以青布给之。又以台所给仗多不能精,启请东冶锻工,欲更营造。景以安北将军夏侯夔之子谮为长史,徐思玉为司马,谮遂去“夏”称“侯”,托为族子。

上既不用景言,与东魏和亲,是后景表疏稍稍悖慢,又闻徐陵等使魏,反谋益甚。元贞知景有异志,累启还朝。景谓曰:“河北事虽不果,江南何虑失之,何不小忍!”贞惧,逃归建康,具以事闻;上以贞为始兴内史,亦不问景。

临贺王正德,所至贪暴不法,屡得罪于上,由是愤恨,阴养死士,储米积货,幸国家有变;景知之。正德在北与徐思玉相知,景遣思玉致笺于正德曰:“今天子年尊,奸臣乱国,以景观之,计日祸败。大王属当储贰,中被废黜,四海业业,归心大王。景虽不敏,实思自效,愿王允副苍生,鉴斯诚款！"正德大喜曰："侯公之意，暗与吾同，天授我也！"报之曰："朝廷之事，如公所言。仆之有心，为日久矣。今仆为其内，公为其外，何有不济！机事在速，今其时矣。"

鄱阳王范密启景谋反。时上以边事专委朱异，动静皆关之，异以为必无此理。上报范曰："景孤危寄命，譬如婴儿仰人乳哺，以此事势，安能反乎！"范重陈之曰："不早翦扑，祸及生民。"上曰："朝廷自有处分，不须汝深忧也。"范复请以合肥之众讨之，上不许。朱异谓范使曰："鄱阳王遂不许朝廷有一客！"自是范启，异不复为通。

景邀羊鸦仁同反，鸦仁执其使以闻。异曰："景数百叛虏，何能为！"敕以使者付建康狱，俄解遣之。景益无所惮，启上曰："若臣事是实，应羁国宪；如蒙照察，请戮鸦仁！"景又言："高澄狡猾，宁可全信！陛下纳其诡语，求与连和，臣亦窃所笑也。臣宁堪粉骨，投命仇门，乞江西一境，受臣控督。如其不许，即帅甲骑，临江上，向闽、越，非唯朝廷自耻，亦是三公旰食。"上使朱异宣语答景使曰："譬如贫家，畜十客、五客，尚能得意；朕唯有一客，致有忿言，亦朕之失也。"益加赏赐锦彩钱布，信使相望。

戊戌，景反于寿阳，以诛中领军朱异、少府卿徐驎、太子右卫率陆验、制局监周石珍为名。异等皆以奸佞骄贪，蔽主弄权，为时人所疾，故景托以兴兵。驎、验，吴郡人；石珍，丹杨人。驎、验迭为少府丞，以苛刻为务，百贾怨之，异尤与之昵，世人谓之"三蠹"。

司农卿傅岐，梗直士也，尝谓异曰："卿任参国钧，荣宠如此。比日所闻，鄙秽狼藉，若使圣主发悟，欲免得乎！"异曰："外间谤黩，知之久矣。心苟无愧，何恤人言！"岐谓人曰："朱彦和将死矣。恃诏以求容，肆辩以拒谏，闻难而不惧，知恶而不改，天夺之鉴，其能久乎！"

景西攻马头，遣其将宋子仙东攻木栅，执戍主曹璆等。上闻之，笑曰："是何能为！吾折棰笞之。"敕购斩景者，封三千户公，除州刺史。甲辰，诏以合州刺史鄱阳王范为南道都督，北徐州刺史封山侯正表为北道都督，司州刺史柳仲礼为西道都督，通直散骑常侍裴之高为东道都督，以侍中开府仪同三司邵陵王纶持节董督众军以讨景。正表，宏之子；仲礼，庆远之孙；之高，邃之兄子也。

20　九月，东魏濮阳武公娄昭卒。

21　侯景闻台军讨之，问策于王伟，伟曰："邵陵若至，彼众我寡，必为所困。不如弃淮南，决志东向，帅轻骑直掩建康；临贺反其内，大王攻其外，天下不足定也。兵贵拙速，宜即进路。"景乃留外弟中军大都督王显贵守寿阳；癸未，诈称游猎，出寿阳，人不之觉。冬，十月庚寅，景扬声趣合肥，而实袭谯州，助防董绍先开城降之。执刺史丰城侯泰。泰，范之弟也；先为中书舍人，倾财以事时要，超授谯州刺史。至州，遍发民丁，使担腰舆、扇、伞等物，不限士庶；耻为之者，重加杖责，多输财者，即纵免之，由是人皆思乱。及侯景至，人无战心，故败。

庚子，诏遣宁远将军王质帅众三千巡江防遏。景攻历阳太守庄铁，丁未，铁以城降。因说景曰："国家承平岁久，人不习战，闻大王举兵，内外震骇，宜乘此际速趋建康，可兵不血刃而成大功。若使朝廷徐得为备，内外小安，遣羸兵千人直据采石，大王虽有精甲百万，不得济矣。"景乃留仪同三司田英、郭骆守历阳，以铁为导，引兵临江。江上镇戍相次启闻。上问讨景之策于都官尚书羊侃，侃请"以二千人急据采石，令邵陵王袭取寿阳；使景进不得前，退失巢穴，乌合之众，自然瓦解"。朱异曰："景必无渡江之志。"遂寝其议。侃曰："今兹败矣！"

戊申，以临贺王正德为平北将军，都督京师诸军事，屯丹杨郡。正德遣大船数十艘，诈称载荻，密以济景。景将济，虑王质为梗，使谍视之。会临川太守陈昕启称："采石急须重镇，王质水军轻弱，恐不能济。"上以昕为云旗将军，代质戍采石，征质知丹杨尹事。昕，庆之之子也。质去采石，而昕犹未下渚。谍告景云："质已退。"景使折江东树枝为验，谍如言而返，景大喜曰："吾事办矣！"己酉，自横江济于采石，有马数百匹，兵八千人。是夕，朝廷始命戒严。

景分兵袭姑孰，执淮南太守文成侯宁。南津校尉江子一帅舟师千馀人，欲于下流邀景；其副董桃生，家在江北，与其徒先溃走。子一收馀众，步还建康。子一，子四之兄也。

太子见事急，戎服入见上，禀受方略，上曰："此自汝事，何更问为！内外军事，悉以付汝。"太子乃停中书省，指授军事，物情惶骇，莫有应募者。朝廷犹不知临贺王正德之情，命正德屯朱雀门，宁国公大临屯新亭，太府卿韦黯屯六门，缮修宫城，为受敌之备。大临，大器之弟也。

己酉，景至慈湖。建康大骇，御街人更相劫掠，不复通行。赦东、西冶、尚方钱署及建康系囚，以扬州刺史宣城王大器都督城内诸军事，以羊侃为军师将军副之，南浦侯推守东府，西丰公大春守石头，轻车长史谢禧、始兴太守元贞守白下，韦黯与右卫将军柳津等分守宫城诸门及朝堂。推，秀之子；大春，大临之弟；津，仲礼之父也。摄诸寺库公藏钱，聚之德阳堂，以充军实。

　　庚戌,侯景至板桥,遣徐思玉来求见上,实欲观城中虚实。上召问之。思玉诈称叛景请间陈事,上将屏左右,舍人高善宝曰:"思玉从贼中来,情伪难测,安可使独在殿上!"朱异侍坐,曰:"徐思玉岂刺客邪!"思玉出景启,言"异等弄权,乞带甲入朝,除君侧之恶"。异甚惭悚。景又请遣了事舍人出相领解,上遣中书舍人贺季、主书郭宝亮随思玉劳景于板桥。景北面受敕,季曰:"今者之举何名?"景曰:"欲为帝也!"王伟进曰:"朱异等乱政,除奸臣耳。"景既出恶言,遂留季,独遣宝亮还宫。

　　百姓闻景至,竞入城,公私混乱,无复次第,羊侃区分防拟,皆以宗室间之。军人争入武库,自取器甲,所司不能禁,侃命斩数人,方止。是时,梁兴四十七年,境内无事,公卿在位及闾里士大夫罕见兵甲,贼至猝迫,公私骇震。宿将已尽,后进少年并出在外,军旅指拟,一决于侃,侃胆力俱壮,太子深仗之。

　　辛亥,景至朱雀桁南,太子以临贺王正德守宣阳门,东宫学士新野庾信守朱雀门,帅宫中文武三千馀人营桁北。太子命信开大桁以挫其锋,正德曰:"百姓见开桁,必大惊骇,可且安物情。"太子从之。俄而景至,信帅众开桁,始除一舸,见景军皆著铁面,退隐于门。信方食甘蔗,有飞箭中门柱,信手甘蔗,应弦而落,遂弃军走。南塘游军沈子睦,临贺王正德之党也,复闭桁渡景。太子使王质将精兵三千援信,至领军府,遇贼,未陈而走。正德帅众于张侯桥迎景,马上交揖,既入宣阳门,望阙而拜,歔欷流涕,随景渡淮。景军皆著青袍,正德军并著绛袍,碧里,既与景合,悉反其袍。景乘胜至阙下,城中恟惧,羊侃诈称得射书云:"邵陵王、西昌侯援兵已至近路。"众乃小安。西丰公大春弃石头,奔京口;谢禧、元贞弃白下走;津主彭文粲等以石头城降景,景遣其仪同三司于子悦守之。

　　壬子,景列兵绕台城,幡旗皆黑,射启于城中曰:"朱异等蔑弄朝权,轻作威福,臣为所陷,欲加屠戮。陛下若诛朱异等,臣则敛辔北归。"上问太子:"有是乎?"对曰:"然。"上将诛之。太子曰:"贼以异等为名耳;今日杀之,无救于急,适足贻笑将来,俟贼平诛之未晚。"上乃止。

　　景绕城既匝,百道俱攻,鸣鼓吹唇,喧声震地。纵火烧大司马、东西华诸门。羊侃使凿门上为窍,下水沃火;太子自捧银鞍,往赏战士;直阁将军朱思帅战士数人逾城出外洒水,久之方灭。贼又以长柯斧斫东掖门,门将开,羊侃凿扇为孔,以槊刺杀二人,斫者乃退。景据公车府,正德据左卫府,景党宋子仙据东宫,范桃棒据同泰寺。景取东宫妓数百,分给军士。东宫近城,景众登其墙射城内。至夜,景于东宫置酒奏乐,太子遣人焚之,台殿及所聚图书皆尽。景又烧乘黄厩、士林馆、太府寺。癸丑，景作木驴数百攻城，城上投石碎之。景更作尖项木驴，石不能破。羊侃使作雉尾炬，灌以膏蜡，丛掷焚之，俄尽。景又作登城楼，高十馀丈，欲临射城中。侃曰："车高堑虚，彼来必倒，可卧而观之。"及车动，果倒。

景攻既不克，士卒死伤多，乃筑长围以绝内外，又启求诛朱异等。城中亦射赏格出外曰："有能送景首者，授以景位，并钱一亿万，布绢各万匹。"朱异、张绾议出兵击之，问羊侃，侃曰："不可。今出人若少，不足破贼，徒挫锐气；若多，则一旦失利，门隘桥小，必大致失亡。"异等不从，使千馀人出战；锋未及交，退走，争桥赴水死者大半。

侃子鷟，为景所获，执至城下，以示侃，侃曰："我倾宗报主，犹恨不足，岂计一子，幸早杀之！"数日，复持来，侃谓鷟曰："久以汝为死矣，犹在邪！"引弓射之。景以其忠义，亦不之杀。

庄铁虑景不克，托称迎母，与左右数十人趣历阳，先遣书给田英、郭骆曰："侯王已为台军所杀，国家使我归镇。"骆等大惧，弃城奔寿阳，铁入城，不敢守，奉其母奔寻阳。

十一月戊午朔，刑白马，祀蚩尤于太极殿前。

临贺王正德即帝位于仪贤堂，下诏称："普通以来，奸邪乱政，上久不豫，社稷将危。河南王景，释位来朝，猥用朕躬，绍兹宝位，可大赦，改元正平。"立其世子见理为皇太子，以景为丞相，妻以女，并出家之宝货悉助军费。

于是景营于阙前，分其兵二千人攻东府，南浦侯推拒之，三日，不克。景自往攻之，矢石雨下，宣城王防阁许伯众潜引景众登城。辛酉，克之；杀南浦侯推及城中战士三千人，载其尸聚于杜姥宅，遥语城中人曰："若不早降，正当如此！"

景声言上已晏驾，虽城中亦以为然。壬戌，太子请上巡城，上幸大司马门，城上闻跸声，皆鼓噪流涕，众心粗安。

江子一之败还也，上责之。子一拜谢曰："臣以身许国，常恐不得其死；今所部皆弃臣去，臣以一夫安能击贼！若贼遂能至此，臣誓当碎首以赎前罪，不死阙前，当死阙后。"乙亥，子一启太子，与弟尚书左丞子四、东宫主帅子五帅所领百馀人开承明门出战。子一直抵贼营，贼伏兵不动。子一呼曰："贼辈何不速出！"久之，贼骑出，夹攻之。子一径前，引槊刺贼；从者莫敢继，贼解其肩而死。子四、子五相谓曰："与兄俱出，何面独旋！"皆免胄赴贼。子四中稍，洞胸而死；子五伤脰，还至堑，一恸而绝。

景初至建康,谓朝夕可拔,号令严整,士卒不敢侵暴。及屡攻不克,人心离沮。景恐援兵四集,一旦溃去,又食石头常平诸仓既尽,军中乏食;乃纵士卒掠夺民米及金帛子女。是后米一升至七八万钱,人相食,饿死者什五六。

乙丑,景于城东、西起土山,驱迫士民,不限贵贱,乱加殴捶,疲羸者因杀以填山,号哭动地。民不敢窜匿,并出从之,旬日间,众至数万。城中亦筑土山以应之。太子、宣城王已下,皆亲负土,执畚锸,于山上起芙蓉层楼,高四丈,饰以锦罽,募敢死士二千人,厚衣袍铠,谓之"僧腾客",分配二山,昼夜交战不息。会大雨,城内土山崩;贼乘之,垂入,苦战不能禁。羊侃令多掷火,为火城以断其路,徐于内筑城,贼不能进。

景募人奴降者,悉免为良;得朱异奴,以为仪同三司,异家资产悉与之。奴乘良马,衣锦袍,于城下仰诟异曰:"汝五十年仕宦,方得中领军;我始事侯王,已为仪同矣!"于是三日之中,群奴出就景者以千数,景皆厚抚以配军,人人感恩,为之致死。

荆州刺史湘东王绎闻景围台城,丙寅,戒严,移檄所督湘州刺史河东王誉、雍州刺史岳阳王詧、江州刺史当阳公大心、郢州刺史南平王恪等,发兵入援。大心,大器之弟;恪,伟之子也。

朱异遗景书,为陈祸福。景报书,并告城中士民,以为:"梁自近岁以来,权幸用事,割剥齐民,以供嗜欲。如曰不然,公等试观:今日国家池苑,王公第宅,僧尼寺塔;及在位庶僚,姬姜百室,仆从数千,不耕不织,锦衣玉食;不夺百姓,从何得之!仆所以趋赴阙庭,指诛权佞,非倾社稷。今城中指望四方入援,吾观王侯、诸将,志在全身,谁能竭力致死,与吾争胜负哉!长江天险,二曹所叹,吾一苇航之,日明气净。自非天人允协,何能如是!幸各三思,自求元吉!"

景又奉启于东魏主,称:"臣进取寿春,暂欲停憩。而萧衍识此运终,自辞宝位;臣军未入其国,已投同泰舍身。去月二十九日,届此建康。江海未苏,干戈暂止,永言故乡,人马同恋。寻当整辔,以奉圣颜。臣之母、弟,久谓屠灭,近奉明敕,始承犹在。斯乃陛下宽仁,大将军恩念,臣之弱劣,知何仰报!今辄赍启迎臣母、弟、妻、儿,伏愿圣慈,特赐裁放!"

己巳,湘东王绎遣司马吴晔、天门太守樊文皎等将兵发江陵。

陈昕为景所擒,景与之极饮,使昕收集部曲,欲用之。昕不可,景使其仪同三司范桃棒囚之。昕因说桃棒,使帅所部袭杀王伟、宋子仙,诣城降。桃棒从之,潜遣昕夜缒入城。上大喜,敕镂银券赐桃棒曰:"事定之日,封

汝河南王,即有景众,并给金帛女乐。"太子恐其诈,犹豫不决,上怒曰:
"受降常理,何忽致疑!"太子召公卿会议,朱异、傅岐曰:"桃棒降必非谬。
桃棒既降,贼景必惊,乘此击之,可大破也。"太子曰:"吾坚城自守以俟外
援,援兵既至,贼岂足平!此万全策也。今开门纳桃棒,桃棒之情,何易可
知!万一为变,悔无所及;社稷事重,须更详之。"异曰:"殿下若以社稷之
急,宜纳桃棒;如其犹豫,非异所知。"太子终不能决。桃棒又使昕启曰:
"今止将所领五百人,若至城门,皆自脱甲,乞朝廷开门赐容。事济之后,
保擒侯景。"太子见其恳切,愈疑之。朱异抚膺曰:"失此,社稷事去矣!"
俄而桃棒为部下所告,景拉杀之。陈昕不知,如期而出,景邀得之,逼使射
书城中曰:"桃棒且轻将数十人先入。"景欲衷甲随之,昕不肯,期以必死,
乃杀之。

　　景使萧见理与仪同三司卢晖略戍东府。见理凶险,夜,与群盗剽劫于
大桁,中流矢而死。

　　邵陵王纶行至钟离,闻侯景已渡采石,纶昼夜兼道,旋军入援,济江,
中流风起,人马溺者什一二。遂帅宁远将军西丰公大春、新涂公大成、永
安侯确、安南侯骏、前谯州刺史赵伯超、武州刺史萧弄璋等,步骑三万自京
口西上。大成,大春之弟;确,纶之子;骏,懿之孙也。

　　景遣军至江乘拒纶军。赵伯超曰:"若从黄城大路,必与贼遇,不如
径指钟山,突据广莫门,出贼不意,城围必解矣。"纶从之,夜行失道,迂二
十余里,庚辰旦,营于蒋山。景见之大骇,悉送所掠妇女,珍货于石头,具
舟欲走。分兵三道攻纶,纶与战,破之。时山巅寒雪,乃引军下爱敬寺。
景陈兵于覆舟山北,乙酉,纶进军玄武湖侧,与景对陈,不战。至暮,景更
约明日会战,纶许之。安南侯骏见景军退,以为走,即与壮士逐之;景旋军
击之,骏败走,趣纶军。赵伯超望见,亦引兵走,景乘胜追击之,诸军皆溃。
纶收馀兵近千人,入天保寺;景追之,纵火烧寺。纶奔朱方,士卒践冰雪,
往往堕足。景悉收纶辎重,生擒西丰公大春、安前司马庄丘慧、主帅霍俊
等而还。丙戌,景陈所获纶军首虏铠仗及大春等于城下,使言曰:"邵陵
王已为乱兵所杀。"霍俊独曰:"王小失利,已全军还京口。城中但坚守,
援军寻至。"贼以刀殴其背,俊辞色弥厉;景义而释之,临贺王正德杀之。

　　是日晚,鄱阳王范遣其世子嗣与西豫州刺史裴之高、建安太守赵凤举
各将兵入援,军于蔡洲,以待上流诸军,范以之高督江右援军事。景悉驱
南岸居民于水北,焚其庐舍,大街已西,扫地俱尽。

　　北徐州刺史封山侯正表镇钟离,上召之入援,正表托以船粮未集,不

进。景以正表为南兖州刺史,封南郡王。正表乃于欧阳立栅以断援军,帅
众一万,声言入援,实欲袭广陵。密书诱广陵令刘询,使烧城为应,询以告
南兖州刺史南康王会理。十二月,会理使询帅步骑千人夜袭正表,大破
之;正表走还锺离。询收其兵粮,归就会理,与之入援。

　　癸巳,侍中、都官尚书羊侃卒,城中益惧。侯景大造攻具,陈于阙前,
大车高数丈,一车二十轮,丁酉,复进攻城,以虾蟆车运土填堑。

　　湘东王绎遣世子方等将步骑一万入援建康,庚子,发公安。绎又遣竟
陵太守王僧辩将舟师万人,出自汉川,载粮东下。方等有俊才,善骑射,每
战,亲犯矢石,以死节自任。

　　壬寅,侯景以火车焚台城东南楼。材官吴景,有巧思,于城内构地为
楼,火才灭,新楼即立,贼以为神。景因火起,潜遣人于其下穿城。城将
崩,乃觉之;吴景于城内更筑迂城,状如却月以拟之,兼掷火,焚其攻具,贼
乃退走。

　　太子遣洗马元孟恭将千人自大司马门出荡,孟恭与左右奔降于景。

　　己酉,景土山稍逼城楼,柳津命作地道以取其土,外山崩,压贼且尽。
又于城内作飞桥,悬罩二土山。景众见飞桥迥出,崩腾而走;城内掷雉尾
炬,焚其东山,楼栅荡尽,贼积死于城下。乃弃土山不复修,自焚其攻具。
材官将军宋嶷降于景,教之引玄武湖水以灌台城,阙前皆为洪流。

　　上征衡州刺史韦粲为散骑常侍,以都督长沙欧阳颁监州事。粲,放之
子也,还,至庐陵,闻侯景乱,粲简阅部下,得精兵五千,倍道赴援。至豫
章,闻景已出横江,粲就内史刘孝仪谋之,孝仪曰:“必如此,当有敕。岂
可轻信人言,妄相惊动! 或恐不然。”时孝仪置酒,粲怒,以杯抵地曰:“贼
已渡江,便逼宫阙,水陆俱断,何暇有报! 假令无敕,岂得自安! 韦粲今日
何情饮酒!”即驰马出部分。将发,会江州刺史当阳公大心遣使邀粲,粲
乃驰往见大心曰:“上游藩镇,江州去京最近,殿下情计诚宜在前。但中
流任重,当须应接,不可阙镇。今宜且张声势,移镇湓城,遣偏将赐随,于
事便足。”大心然之,遣中兵柳昕帅兵二千人随粲,粲至南洲,外弟司州刺
史柳仲礼亦帅步骑万馀人至横江,粲即送粮仗赡给之,并散私金帛以赏其
战士。

　　西豫州刺史裴之高自张公洲遣船渡仲礼,丙辰夜,粲、仲礼及宣猛将
军李孝钦、前司州刺史羊鸦仁、南陵太守陈文彻,合军屯新林王游苑。粲
议推仲礼为大都督,报下流众军,裴之高自以年位,耻居其下,议累日不
决。粲抗言于众曰:“今者同赴国难,义在除贼。所以推柳司州者,正以

久捍边疆,先为侯景所惮;且士马精锐,无出其前。若论位次,柳在粲下,语其年齿,亦少于粲,直以社稷之计,不得复论。今日形势,贵在将和,若人心不同,大事去矣。裴公朝之旧德,岂应复挟私情以沮大计! 粲请为诸军解之。”乃单舸至之高营,切让之曰:“今二宫危逼,猾寇滔天,臣子当戮力同心,岂可自相矛楯! 豫州必欲立异,锋镝便有所归。”之高垂泣致谢,遂推仲礼为大都督。

宣城内史杨白华遣其子雄将郡兵继至,援军大集,众十馀万,缘淮树栅,景亦于北岸树栅以应之。

裴之高与弟之横以舟师一万屯张公洲。景囚之高弟、侄、子、孙,临水陈兵,连镳列于陈前,以鼎镬、刀锯随其后,谓曰:“裴公不降,今即烹之。”之高召善射者使射其子,再发,皆不中。

景帅步骑万人于后渚挑战,仲礼欲出击之。韦粲曰:“日晚我劳,未可战也。”仲礼乃坚壁不出,景亦引退。

湘东王绎将锐卒三万发江陵,留其子绥宁侯方诸居守,谘议参军刘之遴等三上笺请留,答教不许。

鄱阳王范遣其将梅伯龙攻王显贵于寿阳,克其罗城;攻中城,不克而退,范益其众,使复攻之。

22　东魏大将军澄患民钱滥恶,议不禁民私铸;但悬称市门,钱不重五铢,毋得入市。朝议以为年谷不登,请俟他年,乃止。

23　魏太师泰杀安定国臣王茂而非其罪。尚书左丞柳庆谏,泰怒曰:“卿党罪人,亦当坐!”执庆于前。庆辞色不挠,曰:“庆闻君蔽于事为不明,臣知而不争为不忠,庆既竭忠,不敢爱死,但惧公为不明耳。”泰寤,亟使赦茂,不及,乃赐茂家钱帛,曰:“以旌吾过。”

24　丙辰晦,柳仲礼夜入韦粲营,部分众军。旦日,会战,诸将各有据守,令粲顿青塘。粲以青塘当石头中路,贼必争之,颇惮之。仲礼曰:“青塘要地,非兄不可;若疑兵少,当更遣军相助。”乃使直阁将军刘叔胤助之。

# 资治通鉴卷第一百六十二

## 梁纪十八

### 高祖武皇帝十八

太清三年（己巳，549）

1　春，正月丁巳朔，柳仲礼自新亭徙营大桁。会大雾，韦粲军迷失道，比及青塘，夜已过半，立栅未合，侯景望见之，亟帅锐卒攻粲。粲使军主郑逸逆击之，命刘叔胤以舟师截其后，叔胤畏懦不敢进，逸遂败。景乘胜入粲营，左右牵粲避贼，粲不动，叱子弟力战，遂与子尼及三弟助、警、构、从弟昂皆战死，亲戚死者数百人。仲礼方食，投箸被甲，与其麾下百骑驰往救之，与景战于青塘，大破之，斩首数百级，沉淮水死者千馀人。仲礼稍将及景，而贼将支伯仁自后斫仲礼中肩，马陷于淖，贼聚稍刺之，骑将郭山石救之，得免。仲礼被重疮，会稽人惠𪧦吮疮断血，故得不死。自是景不敢复济南岸，仲礼亦气索，不复言战矣。

邵陵王纶复收散卒，与东扬州刺史临城公大连、新淦公大成等自东道并至；庚申，列营于桁南，亦推柳仲礼为大都督。大连，大临之弟也。

朝野以侯景之祸共尤朱异，异惭愤发疾，庚申，卒。故事：尚书官不以为赠，上痛惜异，特赠尚书右仆射。

甲子，湘东世子方等及王僧辩军至。

2　戊辰，封山侯正表以北徐州降东魏，东魏徐州刺史高归彦遣兵赴之。归彦，欢之族弟也。

3　己巳，太子迁居永福省。高州刺史李迁仕、天门太守樊文皎将援兵万馀人至城下。台城与援军信命久绝，有羊车儿献策，作纸鸱，系以长绳，写敕于内，放以从风，冀达众军，题云："得鸱送援军，赏银百两。"太子自出太极殿前乘西北风纵之，贼怪之，以为厌胜，射而下之。援军募人能入城送启者，鄱阳世子嗣左右李朗请先受鞭，诈为得罪，叛投贼，因得入城，城中方知援兵四集，举成鼓噪。上以朗为直阁将军，赐金遣之。朗缘钟山之后，宵行昼伏，积日乃达。

癸未，鄱阳世子嗣、永安侯确、庄铁、羊鸦仁、柳敬礼、李迁仕、樊文皎将兵渡淮，攻东府前栅，焚之；侯景退。众军营于青溪之东，迁仕、文皎帅锐卒五千独进深入，所向摧靡。至菰首桥东，景将宋子仙伏兵击之，文皎战死，迁仕遁还。敬礼，仲礼之弟也。

仲礼神情傲狠，陵蔑诸将，邵陵王纶每日执鞭至门，亦移时弗见，由是与纶及临城公大连深相仇怨。大连又与永安侯确有隙，诸军互相猜阻，莫有战心。援军初至，建康士民扶老携幼以候之，才过淮，即纵兵剽掠。由是士民失望，贼中有谋应官军者，闻之，亦止。

4　王显贵以寿阳降东魏。

5　临贺王记室吴郡顾野王起兵讨侯景，二月己丑，引兵来至。初，台城之闭也，公卿以食为念，男女贵贱并出负米，得四十万斛，收诸府藏钱帛五十万亿，并聚德阳堂，而不备薪刍、鱼盐。至是，坏尚书省为薪。撤荐，剉以饲马，荐尽，又食以饭。军士无膔，或煮铠、熏鼠、捕雀而食之。御甘露厨有干苔，味酸咸，分给战士。军人屠马于殿省间，杂以人肉，食者必病。侯景众亦饥，抄掠无所获；东城有米，可支一年，援军断其路。又闻荆州兵将至，景甚患之。王伟曰："今台城不可猝拔，援兵日盛，吾军乏食，若伪求和以缓其势，东城之米，足支一年，因求和之际，运米入石头，援军必不得动，然后休士息马，缮修器械，伺其懈怠击之，一举可取也。"景从之，遣其将任约、于子悦至城下，拜表求和，乞复先镇。太子以城中穷困，白上，请许之。上怒曰："和不如死！"太子固请曰："侯景围逼已久，援军相仗不战，宜且许其和，更为后图。"上迟回久之，乃曰："汝自图之，勿令取笑千载。"遂报许之。景乞割江右四州之地，并求宣城王大器出送，然后济江。中领军傅岐固争曰："岂有贼举兵围宫阙而更与之和乎！此特欲却援军耳。戎狄兽心，必不可信。且宣城嫡嗣之重，国命所系，岂可为质！"上乃以大器之弟石城公大款为侍中，出质于景。又敕诸军不得复进，下诏曰："善兵不战，止戈为武。可以景为大丞相，都督江西四州诸军事，豫州牧、河南王如故。"己亥，设坛于西华门外，遣仆射王克、上甲侯韶、吏部郎萧瑳与于子悦、任约、王伟登坛共盟。太子詹事柳津出西华门，景出栅门，遥相对，更杀牲歃血为盟。既盟，而景长围不解，专修铠仗，托云"无船，不得即发"，又云"恐南军见蹑"，遣石城公还台，求宣城王出送；邀求稍广，了无去志。太子知其诈言，犹羁縻不绝。韶，懿之孙也。

庚子，前南兖州刺史南康王会理、前青冀二州刺史湘潭侯退、西昌侯世子彧众合三万，至于马印洲，景虑其自白下而上，启云："请北军聚还南岸,不尔,妨臣济江。"太子即勒会理自白下城移军江潭苑。退,恢之子也。

辛丑,以邵陵王纶为司空,鄱阳王范为征北将军,柳仲礼为侍中、尚书右仆射。景以于子悦、任约、傅士哲皆为仪同三司,夏侯谲为豫州刺史,董绍先为东徐州刺史,徐思玉为北徐州刺史,王伟为散骑常侍。上以伟为侍中。

乙卯,景又启曰:"适有西岸信至,高澄已得寿阳、锺离,臣今无所投足,求借广陵并谯州,俟得寿阳,即奉还朝廷。"又云:"援军既在南岸,须于京口渡江。"太子并答许之。

癸卯,大赦。

庚戌,景又启曰:"永安侯确、直阁赵威方频隔栅见诟云:'天子自与汝盟,我终当破汝。'乞召侯及威方入,即当引路。"上遣吏部尚书张绾召确,辛亥,以确为广州刺史,威方为盱眙太守。确累启固辞,不入,上不许。确先遣威方入城,因欲南奔。邵陵王纶泣谓确曰:"围城既久,圣上忧危,臣子之情,切于汤火,故欲且盟而遣之,更申后计。成命已决,何得拒违!"时台使周石珍、东宫主书左法生在纶所,确谓之曰:"侯景虽云欲去而不解长围,意可见也。今召仆入城,何益于事!"石珍曰:"敕旨如此,郎那得辞!"确意尚坚,纶大怒,谓赵伯超曰:"谯州为我斩之! 持其首去!"伯超挥刃眄确曰:"伯超识君侯,刀不识也。"确乃流涕入城。

上常蔬食,及围城日久,上厨蔬茹皆绝,乃食鸡子。纶因使者暂通,上鸡子数百枚,上手自料简,歔欷哽咽。

湘东王绎军于郢州之武城,湘州刺史河东王誉军于青草湖,信州刺史桂阳王慥军于西峡口,托云俟四方援兵,淹留不进。中记室参军萧贲,骨鲠士也,以绎不早下,心非之,尝与绎双六,食子未下,贲曰:"殿下都无下意。"绎深衔之。及得上敕,绎欲旋师,贲曰:"景以人臣举兵向阙,今若放兵,未及渡江,童子能斩之矣,必不为也。大王以十万之众,未见贼而退,奈何!"绎不悦,未几,因事杀之。慥,懿之孙也。

6　东魏河内民四千馀家,以魏北徐州刺史司马裔,其乡里也,相帅归之。丞相泰欲封裔,裔固辞曰:"士大夫远归皇化,裔岂能帅之! 卖义士以求荣,非所愿也。"

7　侯景运东府米入石头,既毕,王伟闻荆州军退,援军虽多,不相统壹,乃说景曰:"王以人臣举兵,围守宫阙,逼辱妃主,残秽宗庙,擢王之发,不足数罪。今日持此,欲安所容身乎! 背盟而捷,自古多矣,愿且观其变。"临贺王正德亦谓景曰："大功垂就,岂可弃去!"景遂上启,陈帝十失,且曰："臣方事睽违,所以冒陈谠直。陛下崇饰虚诞,恶闻实录,以祅怪为嘉祯,以天谴为无咎。敷演六艺,排摈前儒,王莽之法也。以铁为货,轻重无常,公孙之制也。烂羊镌印,朝章鄙杂,更始、赵伦之化也。豫章以所天为血仇,邵陵以父存而冠布,石虎之风也。修建浮图,百度糜费,使四民饥馁,笮融、姚兴之代也。"又言："建康宫室崇侈,陛下唯与主书参断万机,政以贿成,诸阉豪盛,众僧殷实。皇太子珠玉是好,酒色是耽,吐言止于轻薄,赋咏不出桑中;邵陵所在残破;湘东群下贪纵;南康、定襄之属,皆如沐猴而冠耳。亲为孙侄,位则藩屏,臣至百日,谁肯勤王!此而灵长,未之有也。昔鬻拳兵谏,王卒改善,今日之举,复奚罪乎!伏愿陛下小惩大戒,放谗纳忠,使臣无再举之忧,陛下无婴城之辱,则万姓幸甚!"

　　上览启,且惭且怒。三月丙辰朔,立坛于太极殿前,告天地,以景违盟,举烽鼓噪。初,闭城之日,男女十馀万,擐甲者二万馀人;被围既久,人多身肿气急,死者什八九,乘城者不满四千人,率皆羸喘。横尸满路,不可瘗埋,烂汁满沟。而众心犹望外援。柳仲礼唯聚妓妾、置酒作乐,诸将日往请战,仲礼不许。安南侯骏说邵陵王纶曰："城危如此,而都督不救,若万一不虞,殿下何颜自立于世!今宜分军为三道,出贼不意攻之,可以得志。"纶不从。柳津登城谓仲礼曰："汝君父在难,不能竭力,百世之后,谓汝为何!"仲礼亦不以为意。上问策于津,对曰："陛下有邵陵,臣有仲礼,不忠不孝,贼何由平!"

　　戊午,南康王会理与羊鸦仁、赵伯超等进营于东府城北,约夜渡军。既而鸦仁等晓犹未至,景众觉之,营未立,景使宋子仙击之,赵伯超望风退走。会理等兵大败,战及溺死者五千人。景积其首于阙下,以示城中。

　　景又使于子悦求和,上使御史中丞沈浚至景所。景实无去志,谓浚曰："今天时方热,军未可动,乞且留京师立效。"浚发愤责之,景不对,横刀叱之。浚曰："负图忘义,违弃诅盟,固天地所不容!沈浚五十之年,常恐不得死所,何为以死相惧邪!"因径去不顾。景以其忠直,舍之。

　　于是景决石阙前水,百道攻城,昼夜不息。邵陵世子坚屯太阳门,终日蒱饮,不恤吏士,其书佐董勋、熊昙朗恨之。丁卯,夜向晓,勋、昙朗于城西北楼引景众登城,永安侯确力战,不能却,乃排闼入启上云："城已陷。"上安卧不动,曰："犹可一战乎?"确曰："不可。"上叹曰："自我得之,自我失之,亦复何恨!"因谓确曰："汝速去,语汝父:勿以二宫为念。"因使慰劳在外诸军。

　　俄而景遣王伟入文德殿奉谒，上命褰帘开户引伟入，伟拜呈景启，称：
"为奸佞所蔽，领众入朝，惊动圣躬，今诣阙待罪。"上问："景何在？可召
来。"景入见于太极东堂，以甲士五百人自卫。景稽颡殿下，典仪引就三
公榻。上神色不变，问曰："卿在军中日久，无乃为劳！"景不敢仰视，汗流
被面。又曰："卿何州人，而敢至此，妻子犹在北邪？"景皆不能对。任约
从旁代对曰："臣景妻子皆为高氏所屠，唯以一身归陛下。"上又问："初渡
江有几人？"景曰："千人。""围台城几人？"曰："十万。""今有几人？"曰：
"率土之内，莫非己有。"上俯首不言。

　　景复至永福省见太子，太子亦无惧容。侍卫皆惊散，唯中庶子徐摛、
通事舍人陈郡殷不害侧侍。摛谓景曰："侯王当以礼见，何得如此！"景乃
拜。太子与言，又不能对。

　　景退，谓其厢公王僧贵曰："吾常跨鞍对陈，矢刃交下，而意气安缓，
了无怖心；今见萧公，使人自慑，岂非天威难犯！吾不可以再见之。"于是
悉撤两宫侍卫，纵兵掠乘舆、服御、宫人皆尽。收朝士、王侯送永福省，使
王伟守武德殿，于子悦屯太极东堂。矫诏大赦，自加大都督中外诸军、录
尚书事。

　　建康士民逃难四出。太子洗马萧允至京口，端居不行，曰："死生有
命，如何可逃！祸之所来，皆生于利；苟不求利，祸从何生！"

　　己巳，景遣石城公大款以诏命解外援军。柳仲礼召诸将议之，邵陵王
纶曰："今日之命，委之将军。"仲礼熟视不对。裴之高、王僧辩曰："将军
拥众百万，致宫阙沦没，正当悉力决战，何所多言！"仲礼竟无一言，诸军
乃随方各散。南兖州刺史临成公大连、湘东世子方等、鄱阳世子嗣、北兖
州刺史湘潭侯退、吴郡太守袁君正、晋陵太守陆经等各还本镇。君正，昂
之子也。邵陵王纶奔会稽。仲礼及弟敬礼、羊鸦仁、王僧辩、赵伯超并开
营降，军士莫不叹愤。仲礼等入城，先拜景而后见上；上不与言。仲礼见
父津，津恸哭曰："汝非我子，何劳相见！"

　　湘东王绎使全威将军会稽王琳送米二十万石以馈军，至姑孰，闻台城
陷，沉米于江而还。

　　景命烧台内积尸，病笃未绝者亦聚而焚之。

　　庚午，诏征镇牧守可复本任。景留柳敬礼、羊鸦仁，而遣柳仲礼归司
州，王僧辩归竟陵。初，临贺王正德与景约，平城之日，不得全二宫。及城
开，正德帅众挥刀欲入，景先使其徒守门，故正德不果入。景更以正德为
侍中、大司马，百官皆复旧职。正德入见上，拜且泣。上曰："'啜其泣矣，

何嗟及矣！'"

秦郡、阳平、盱眙三郡皆降景，景改阳平为北沧州，改秦郡为西兖州。

8 东徐州刺史湛海珍、北青州刺史王奉伯并以地降东魏。青州刺史明少遐、山阳太守萧邻弃城走，东魏据其地。

9 侯景以仪同三司萧邕为南徐州刺史，代西昌侯渊藻镇京口。又遣其将徐相攻晋陵，陆经以郡降之。

10 初，上以河东王誉为湘州刺史，徙湘州刺史张缵为雍州刺史，代岳阳王詧。缵恃其才望，轻誉少年，迎候有阙。誉至，检括州府付度事，留缵不遣；闻侯景作乱，颇陵蹙缵。缵恐为所害，轻舟夜遁，将之雍部，复虑詧拒之。缵与湘东王绎有旧，欲因之以杀誉兄弟，乃如江陵。及台城陷，诸王各还州镇，誉自湖口归湘州。桂阳王慥以荆州督府留军江陵，欲待绎至拜谒，乃还信州。缵遗绎书曰："河东戴樯上水，欲袭江陵，岳阳在雍，共谋不逞。"江陵游军主朱荣亦遣使告绎云："桂阳留此，欲应誉、詧。"绎惧，凿船，沉米，斩缆，自蛮中步道驰归江陵，囚慥，杀之。

侯景以前临江太守董绍先为江北行台，使赍上手敕，召南兖州刺史南康王会理。壬午，绍先至广陵，众不满二百，皆积日饥疲，会理士马甚盛，僚佐说会理曰："景已陷京邑，欲先除诸藩，然后篡位。若四方拒绝，立当溃败，奈何委全州之地以资寇手！不如杀绍先，发兵固守，与魏连和，以待其变。"会理素懦，即以城授之。绍先既入，众莫敢动。会理弟通理请先还建康，谓其姊曰："事既如此，岂可阖家受毙！前途亦思立效，但未知天命如何耳。"绍先悉收广陵文武部曲、铠仗、金帛，遣会理单马还建康。

11 湘潭侯退与北兖州刺史定襄侯祇出奔东魏。侯景以萧弄璋为北兖州刺史，州民发兵拒之；景遣直阁将军羊海将兵助之，海以其众降东魏，东魏遂据淮阴。祇，伟之子也。

12 癸未，侯景遣于子悦等将羸兵数百东略吴郡。新城戍主戴僧逷有精甲五千，说太守袁君正曰："贼今乏食，台中所得，不支一旬，若闭关拒守，立可饿死。"土豪陆映公恐不能胜而资产被掠，皆劝君正迎之。君正素怯，载米及牛酒郊迎。子悦执君正，掠夺财物、子女，东人皆立堡拒之。景又以任约为南道行台，镇姑孰。

13 夏，四月，湘东世子方等至江陵，湘东王绎始知台城不守，命于江陵四旁七里树木为栅，掘堑三重而守之。

14 东魏高岳等攻魏颍川，不克。大将军澄益兵助之，道路相继，逾年犹不下。山鹿忠武公刘丰生建策，堰洧水以灌之，城多崩颓，岳悉众分休迭进。王思政身当矢石,与士卒同劳苦,城中泉涌,悬釜而炊。太师泰遣大将军赵贵督东南诸州兵救之,自长社以北,皆为陂泽,兵至穰,不得前。东魏使善射者乘大舰临城射之,城垂陷;燕郡景惠公慕容绍宗与刘丰生临堰视之,见东北尘起,同入舰坐避之。俄而暴风至,远近晦冥,缆断,飘船径向城;城上人以长钩牵船,弓弩乱发,绍宗赴水溺死,丰生游上,向土山,城上人射杀之。

15　甲辰,东魏进大将军勃海王澄位相国,封齐王,加殊礼。丁未,澄入朝于邺,固辞;不许。澄召将佐密议之,皆劝澄宜膺朝命;独散骑常侍陈元康以为未可,澄由是嫌之,崔暹乃荐陆元规为大行台郎以分元康之权。

16　湘东王绎之入援也,令所督诸州皆发兵,雍州刺史岳阳王詧遣府司马刘方贵将兵出汉口,绎召詧使自行,詧不从。方贵潜与绎相知,谋袭襄阳,未发;会詧以他事召方贵,方贵以为谋泄,遂据樊城拒命,詧遣军攻之。绎厚资遣张缵使赴镇,缵至大堤,詧已拔樊城,斩方贵。缵至襄阳,詧推迁未去,但以城西白马寺处之;詧犹总军府之政,闻台城陷,遂不受代。助防杜岸绐缵曰:“观岳阳势不容使君,不如且往西山以避祸。”岸既襄阳豪族,兄弟九人,皆以骁勇著名。缵乃与岸结盟,著妇人衣,乘青布舆,逃入西山。詧使岸将兵追擒之,缵乞为沙门,更名法缵,詧许之。

17　荆州长史王冲等上笺于湘东王绎,请以太尉、都督中外诸军事承制主盟;绎不许。丙辰,又请以司空主盟;亦不许。

18　上虽外为侯景所制,而内甚不平。景欲以宋子仙为司空,上曰:“调和阴阳,安用此物!”景又请以其党二人为便殿主帅,上不许。景不能强,心甚惮之。太子入,泣谏,上曰:“谁令汝来! 若社稷有灵,犹当克复;如其不然,何事流涕!”景使其军士入直省中,或驱驴马,带弓刀,出入宫庭,上怪而问之,直阁将军周石珍对曰:“侯丞相甲士。”上大怒,叱石珍曰:“是侯景,何谓丞相!”左右皆惧。是后上所求多不遂志,饮膳亦为所裁节,忧愤成疾。太子以幼子大圜属湘东王绎,并剪爪发以寄之。五月丙辰,上卧净居殿,口苦,索蜜不得,再曰“荷! 荷!”遂殂。年八十六。景秘不发丧,迁殡于昭阳殿,迎太子于永福省,使如常入朝。王伟、陈庆皆侍太子,太子呜咽流涕,不敢泄声,殿外文武皆莫之知。

19　东魏高岳既失慕容绍宗等,志气沮丧,不敢复逼长社城。陈元康言于大将军澄曰:“王自辅政以来,未有殊功,虽破侯景,本非外贼。今颍川垂陷,愿王自以为功。”澄从之。戊寅,自将步骑十万攻长社,亲临作堰,堰三决,澄怒,推负土者及囊并塞之。

20　辛巳，发高祖丧，升梓宫于太极殿。是日，太子即皇帝位，大赦，侯景出屯朝堂，分兵守卫。

21　壬午，诏北人在南为奴婢者，皆免之，所免万计；景或更加超擢，冀收其力。

高祖之末，建康士民服食、器用，争尚豪华，粮无半年之储，常资四方委输。自景作乱，道路断绝，数月之间，人至相食，犹不免饿死，存者百无一二。贵戚、豪族皆自出采稆，填委沟壑，不可胜纪。

癸未，景遣仪同三司来亮入宛陵，宣城太守杨白华诱而斩之。甲申，景遣其将李贤明攻之，不克。景又遣中军侯子鉴入吴郡，以厢公苏单于为吴郡太守，遣仪同宋子仙等将兵东屯钱塘，新城戍主戴僧遏拒之。御史中丞沈浚避难东归，至吴兴，太守张嵊与之合谋，举兵讨景。嵊，稷之子也。东扬州刺史临城公大连，亦据州不受景命。景号令所行，唯吴郡以西、南陵以北而已。

22　魏诏："太和中代人改姓者皆复其旧。"

23　六月丙戌，以南康王会理为侍中、司空。

24　丁亥，立宣城王大器为皇太子。

25　初，侯景将使太常卿南阳刘之遴授临贺王正德玺绶，之遴剃发僧服而逃。之遴博学能文，尝为湘东王绎长史，将归江陵，绎素嫉其才，已丑，之遴至夏口，绎密送药杀之，而自为志铭，厚其赙赠。

26　壬辰，封皇子大心为寻阳王，大款为江陵王，大临为南海王，大连为南郡王，大春为安陆王，大成为山阳王，大封为宜都王。

27　长社城中无盐，人病挛肿，死者什八九。大风从西北起，吹水入城，城坏。东魏大将军澄令城中曰："有能生致王大将军者封侯；若大将军身有损伤，亲近左右皆斩。"王思政帅众据土山，告之曰："吾力屈计穷，唯当以死谢国。"因仰天大哭，西向再拜，欲自刭，都督骆训曰："公常语训等：'汝赍我头出降，非但得富贵，亦完一城人。'今高相既有此令，公独不哀士卒之死乎！"众共执之，不得引决。澄遣通直散骑赵彦深就土山遗以白羽扇，执手申意，牵之以下。澄不令拜，延而礼之。思政初入颍川，将士八千人，及城陷，才三千人，卒无叛者。澄悉散配其将卒于远方，改颍州为郑州，礼遇思政甚重。西阁祭酒卢潜曰："思政不能死节，何足可重！"澄谓左右曰："我有卢潜，乃是得一王思政。"潜，度世之曾孙也。

初，思政屯襄城，欲以长社为行台治所，遣使者魏仲启陈于太师泰，并致书于淅州刺史崔猷。猷复书曰："襄城控带京、洛，实当今之要地，如有动静,易相应接。颍川既邻寇境,又无山川之固,贼若潜来,径至城下。莫若顿兵襄城,为行台之所;颍川置州,遣良将镇守,则表里胶固,人心易安,纵有不虞,岂能为患!"仲见泰,具以启闻。泰令依猷策。思政固请,且约:"贼水攻期年、陆攻三年之内,朝廷不烦赴救。"泰乃许之。及长社不守,泰深悔之。猷,孝芬之子也。

　　侯景之南叛也,丞相泰恐东魏复取景所部地,使诸将分守诸城。及颍川陷,泰以诸城道路阻绝,皆令拔军还。

　　28　上甲侯韶自建康出奔江陵,称受高祖密诏征兵,以湘东王绎为侍中、假黄钺、大都督中外诸军事、司徒、承制,自馀藩镇并加位号。

　　29　宋子仙围戴僧逷,不克。丙午,吴盗陆缉等起兵袭吴郡,杀苏单于,推前淮南太守文成侯宁为主。

　　30　临贺王正德怨侯景卖己,密书召鄱阳王范,使以兵入;景遮得其书,癸丑,缢杀正德。景以仪同三司郭元建为尚书仆射、北道行台、总江北诸军事,镇新秦;封元罗等诸元十馀人皆为王。景爱永安侯确之勇,常置左右。邵陵王纶潜遣人呼之,确曰:"景轻佻,一夫力耳,我欲手刃之,正恨未得其便,卿还启家王,勿以确为念。"景与确游锺山,引弓射鸟,因欲射景,弦断,不发,景觉而杀之。

　　31　湘东王绎娶徐孝嗣孙女为妃,生世子方等。妃丑而妒,又多失行,绎二三年一至其室。妃闻绎当至,以绎目眇,为半面妆以待之,绎怒而出,故方等亦无宠。及自建康还江陵,绎见其御军和整,始叹其能,入告徐妃,妃不对,垂泣而退。绎怒,疏其秽行,榜于大阁,方等见之,益惧。湘州刺史河东王誉,骁勇得士心,绎将讨侯景,遣使督其粮众,誉曰:"各自军府,何忽隶人!"使者三返,誉不与。方等请讨之,绎乃以少子安南侯方矩为湘州刺史,使方等将精卒二万送之。方等将行,谓所亲曰:"是行也,吾必死之;死得其所,吾复奚恨!"

　　32　侯景以赵威方为豫章太守,江州刺史寻阳王大心遣军拒之,擒威方,系州狱,威方逃还建康。

　　33　湘东世子方等军至麻溪,河东王誉将七千人击之,方等军败,溺死。安南侯方矩收馀众还江陵,湘东王绎无戚容。绎宠姬王氏,生子方诸。王氏卒,绎疑徐妃为之,逼令自杀,妃赴井死,葬以庶人礼,不听诸子制服。

　　34　西江督护陈霸先欲起兵讨侯景,景使人诱广州刺史元景仲,许奉以为主,景仲由是附景,阴图霸先。霸先知之,与成州刺史王怀明等集兵南海,驰檄以讨景仲曰:"元景仲与贼合从,朝廷遣曲阳侯勃为刺史,军已顿朝亭。"景仲所部闻之,皆弃景仲而散。秋,七月甲寅,景仲缢于阁下。霸先迎定州刺史萧勃镇广州。

前高州刺史兰裕,钦之弟也,与其诸弟扇诱始兴等十郡,攻监衡州事欧阳颁。勃使霸先救之,悉擒裕等,勃因以霸先监始兴郡事。

35　湘东王绎遣竟陵太守王僧辩、信州刺史东海鲍泉击湘州,分给兵粮,刻日就道。僧辩以竟陵部下未尽至,欲俟众集然后行,与泉入白绎,求申期。绎疑僧辩观望,按剑厉声曰:"卿惮行拒命,欲同贼邪? 今日唯有死耳!"因斫僧辩,中其左髀,闷绝,久之方苏,即送狱。泉震怖,不敢言。僧辩母徒行流涕入谢,自陈无训,绎意解,赐以良药,故得不死。丁卯,鲍泉独将兵伐湘州。

36　陆缉等竞为暴掠,吴人不附,宋子仙自钱塘旋军击之。壬戌,缉弃城奔海盐,子仙复据吴郡。戊辰,侯景置吴州于吴郡,以安陆王大春为刺史。

37　庚午,以南康王会理兼尚书令。

38　鄱阳王范闻建康不守,戒严,欲入,僚佐或说之曰:"今魏人已据寿阳,大王移足,则虏骑必窥合肥。前贼未平,后城失守,将若之何! 不如待四方兵集,使良将将精卒赴之,进不失勤王,退可固本根。"范乃止。会东魏大将军澄遣西兖州刺史李伯穆逼合肥,又使魏收为书谕范。范方谋讨侯景,藉东魏为援,及帅战士二万出东关,以合州输伯穆,并遣谘议刘灵议送二子勤、广为质于东魏以乞师。范屯濡须以待上游之军,遣世子嗣将千馀人守安乐栅,上游诸军皆不下,范粮乏,采苽稗、菱藕以自给。勤、广至邺,东魏人竟不为出师。范进退无计,乃溯流西上,军于枞阳。景出屯姑孰,范将裴之悌以众降之。之悌,之高之弟也。

39　东魏大将军澄诣邺,辞爵位殊礼,且请立太子。澄谓济阴王晖业曰:"比读何书?"晖业曰:"数寻伊、霍之传,不读曹、马之书。"

40　八月甲申朔,侯景遣其中军都督侯子鉴等击吴兴。

41　己亥,鲍泉军于石椁寺,河东王誉逆战而败;辛丑,又败于橘洲,战及溺死者万馀人。誉退保长沙,泉引军围之。

42　辛卯,东魏立皇子长仁为太子。

勃海文襄王澄以其弟太原公洋次长,意常忌之。洋深自晦匿,言不出口,常自贬退,与澄言,无不顺从。澄轻之,常曰:"此人亦得富贵,相书亦何可解!"洋为其夫人赵郡李氏营服玩小佳,澄辄夺取之;夫人或恚未与,洋笑曰:"此物犹应可求,兄须何容吝惜!"澄或愧不取,洋即受之,亦无饰让。每退朝还第,辄闭阁静坐,虽对妻子,能竟日不言。或时祖跣奔跃,夫人问其故,洋曰:"为尔漫戏。"其实盖欲习劳也。

澄获徐州刺史兰钦子京,以为膳奴,钦请赎之,不许;京屡自诉,澄杖之,曰:"更诉,当杀汝!"京与其党六人谋作乱。澄在邺,居北城东柏堂,嬖琅邪公主,欲其往来无间,侍卫者常遣出外。辛卯,澄与散骑常侍陈元康、吏部尚书侍中杨愔、黄门侍郎崔季舒屏左右,谋受魏禅,署拟百官。兰京进食,澄却之,谓诸人曰:"昨夜梦此奴斫我,当急杀之。"京闻之,置刀盘下,冒言进食,澄怒曰:"我未索食,何为遽来!"京挥刀曰:"来杀汝!"澄自投伤足,入于床下,贼去床,弑之。愔狼狈走,遗一靴;季舒匿于厕中;元康以身蔽澄,与贼争刀被伤,肠出;库直王纮冒刃御贼;纥奚舍乐斗死。时变起仓猝,内外震骇。太原公洋在城东双堂,闻之,颜色不变,指挥部分,入讨群贼,斩而脔之,徐出,曰:"奴反,大将军被伤,无大苦也。"内外莫不惊异。洋秘不发丧。陈元康手书辞母,口占使功曹参军祖珽作书陈便宜,至夜而卒;洋殡之第中,诈云出使,虚除元康中书令。以王纮为领左右都督。纮,基之子也。

勋贵以重兵皆在并州,劝洋早如晋阳,洋从之。夜,召大将军督护太原唐邕,使部分将士,镇遏四方,邕支配须臾而毕,洋由是重之。

癸巳,洋讽东魏主以立太子大赦。澄死问渐露,东魏主窃谓左右曰:"大将军今死,似是天意,威权当复归帝室矣!"洋留太尉高岳、太保高隆之、开府仪同三司司马子如、侍中杨愔守邺,馀勋贵皆自随。甲午,入谒东魏主于昭阳殿,从甲士八千人,登阶者二百馀人,皆攘袂扣刃,若对严敌。令主者传奏曰:"臣有家事,须诣晋阳。"再拜而出。东魏主失色,目送之曰:"此人又似不相容,朕不知死在何日!"晋阳旧臣、宿将素轻洋;及至,大会文武,神彩英畅,言辞敏洽,众皆大惊。澄政令有不便者,洋皆改之。高隆之、司马子如等恶度支尚书崔暹,奏暹及崔季舒过恶,鞭二百徙边。

43　侯景以宋子仙为司徒、郭元建为尚书左仆射,与领军任约等四十人并开府仪同三司,仍诏:"自今开府仪同不须更加将军。"是后开府仪同至多,不可复记矣。

44　鄱阳王范自枞阳遣信告江州刺史寻阳王大心,大心遣信邀之。范引兵诣江州,大心以湓城处之。

45　吴兴兵力寡弱,张嵊书生,不闲军旅;或劝嵊效袁君正以郡迎侯子鉴。嵊叹曰:"袁氏世济忠贞,不意君正一旦隳之。吾岂不知吴郡既没,吴兴势难久全;但以身许国,有死无贰耳!"九月癸丑朔,子鉴军至吴兴,嵊战败,还府,整服安坐,子鉴执送建康。侯景嘉其守节,欲活之,嵊曰:"吾忝任专城,朝廷倾危,不能匡复,今日速死为幸。"景犹欲全其一子,嵊曰:"吾一门已在鬼录,不就尔虏求恩!"景怒,尽杀之,并杀沈浚。

46　河东王誉告急于岳阳王詧,詧留谘议参军济阳蔡大宝守襄阳,帅众二万、骑二千伐江陵以救湘州。湘东王绎大惧,遣左右就狱中问计于王僧辩,僧辩具陈方略,绎乃赦之,以为城中都督。乙卯,詧至江陵,作十三营以攻之;会大雨,平地水深四尺,詧军气沮。绎与新兴太守杜崱有旧,密邀之。乙丑,崱与兄岌、岸、弟幼安、兄子龛各帅所部降于绎。岸请以五百骑袭襄阳,昼夜兼行;去襄阳三十里,城中觉之,蔡大宝奉詧母龚保林登城拒战。詧闻之,夜遁,弃粮食、金帛、铠仗于浕水,不可胜纪。张缵病足,詧载以随军;及败走,守者恐为追兵所及,杀之,弃尸而去。詧至襄阳,岸奔广平,依其兄南阳太守岏。

47　湘东王绎以鲍泉围长沙久不克,怒之,以平南将军王僧辩代为都督,数泉十罪,命舍人罗重懂与僧辩偕行。泉闻僧辩来,愕然曰:"得王竟陵来助我,贼不足平。"拂席待之。僧辩入,背泉而坐,曰:"鲍郎,卿有罪,令旨使我锁卿,卿勿以故意见期。"使重懂宣令,锁之床侧。泉为启自申,且谢淹缓之罪,绎怒解,遂释之。

48　冬,十月癸未朔,东魏以开府仪同三司潘相乐为司空。

49　初,历阳太守庄铁帅众归寻阳王大心,大心以为豫章内史。铁至郡即叛,推观宁侯永为主。永,范之弟也。丁酉,铁引兵袭寻阳,大心遣其将徐嗣徽逆击,破之。铁走,至建昌,光远将军韦构邀击之,铁失其母弟妻子,单骑还南昌,大心遣构将兵追讨之。

50　宋子仙自吴郡趣钱塘。刘神茂自吴兴趣富阳,前武州刺史富阳孙国恩以城降之。

51　十一月乙卯,葬武皇帝于修陵,庙号高祖。

52　百济遣使入贡,见城阙荒圮,异于向来,哭于端门;侯景怒,录送庄严寺,不听出。

53　壬戌,宋子仙急攻钱塘,戴僧遏降之。

54　岳阳王詧使将军薛晖攻广平,拔之,获杜岸,送襄阳。詧拔其舌,鞭其面,支解而烹之。又发其祖父墓,焚其骸而扬之,以其头为漆碗。

詧既与湘东王绎为敌,恐不能自存,遣使求援于魏,请为附庸。丞相泰令东阁祭酒荣权使于襄阳,绎使司州刺史柳仲礼镇竟陵以图詧,詧惧,遣其妃王氏及世子嶚为质于魏。丞相泰欲经略江、汉，以开府仪同三司杨忠都督三荆等十五州诸军事，镇穰城。仲礼至安陆，安陆太守沈缃以城降之。仲礼留长史马岫与其弟子礼守之，帅众一万趣襄阳，泰遣杨忠及行台仆射长孙俭将兵击仲礼以救誉。

55　宋子仙乘胜渡浙江，至会稽。邵陵王纶闻钱塘已败，出奔鄱阳，鄱阳内史开建侯蕃以兵拒之，范进击蕃，破之。

56　魏杨忠将至义阳，太守马伯符以下溠城降之，忠以伯符为乡导。伯符，岫之子也。

57　南郡王大连为东扬州刺史。时会稽丰沃，胜兵数万，粮仗山积，东土人惩侯景残虐，咸乐为用，而大连朝夕酣饮，不恤军事；司马东阳留异，凶狡残暴，为众所患，大连悉以军事委之。十二月庚寅，宋子仙攻会稽，大连弃城走，异奔还乡里，寻以其众降于子仙。大连欲奔鄱阳，异为子仙乡导，追及大连于信安，执送建康，帝闻之，引帷自蔽，掩袂而泣。于是三吴尽没于景，公侯在会稽者，俱南度岭。景以留异为东阳太守，收其妻子为质。

58　乙酉，东魏以并州刺史彭乐为司徒。

59　邵陵王纶进至九江，寻阳王大心以江州让之，纶不受，引兵西上。

60　始兴太守陈霸先结郡中豪杰欲讨侯景，郡人侯安都、张偲等各帅众千馀人归之。霸先遣主帅杜僧明将二千人顿于岭上，广州刺史萧勃遣人止之曰："侯景骁雄，天下无敌，前者援军十万，士马精强，犹不能克，君以区区之众，将何所为！如闻岭北王侯又皆鼎沸，亲寻干戈，以君疏外，讵可暗投！未若且留始兴，遥张声势，保太山之安也。"霸先曰："仆荷国恩，往闻侯景渡江，即欲赴援，遭值元、兰，梗我中道。今京都覆没，君辱臣死，谁敢爱命！君侯体则皇枝，任重方岳，遣仆一军，犹贤乎已，乃更止之乎！"乃遣使间道诣江陵，受湘东王绎节度。时南康土豪蔡路养起兵据郡，勃乃以腹心谭世远为曲江令，与路养相结，同遏霸先。

61　魏杨忠拔随郡，执太守桓和。

62　东魏使金门公潘乐等将兵五万袭司州，刺史夏侯强降之。于是东魏尽有淮南之地。

# 资治通鉴卷第一百六十三

## 梁纪十九

### 太宗简文皇帝上

大宝元年（庚午，550）

1　春，正月辛亥朔，大赦，改元。

2　陈霸先发始兴，至大庾岭，蔡路养将二万人军于南野以拒之。路养妻侄兰陵萧摩诃，年十三，单骑出战，无敢当者。杜僧明马被伤，陈霸先救之，授以所乘马；僧明上马复战，众军因而乘之，路养大败，脱身走。霸先进军南康，湘东王绎承制授霸先明威将军、交州刺史。

3　戊辰，东魏进太原公高洋位丞相、都督中外诸军、录尚书事、大行台、齐郡王。

4　庚午，邵陵王纶至江夏，郢州刺史南康王恪郊迎，以州让之，纶不受；乃推纶为假黄钺，都督中外诸军事，承制置百官。

5　魏杨忠围安陆，柳仲礼驰归救之。诸将恐仲礼至则安陆难下，请急攻之，忠曰："攻守势殊，未可猝拔；若引日劳师，表里受敌，非计也。南人多习水军，不闲野战，仲礼师在近路，吾出其不意，以奇兵袭之，彼怠我奋，一举可克。克仲礼，则安陆不攻自拔，诸城可传檄定也。"乃选骑二千，衔枚夜进，败仲礼于漴头，获仲礼及其弟子礼，尽俘其众。马岫以安陆，别将王叔孙以竟陵，皆降于忠。于是汉东之地尽入于魏。

6　广陵人来嶷，说前广陵太守祖皓曰："董绍先轻而无谋，人情不附，袭而杀之，此壮士之任也。今欲纠帅义勇，奉戴府君。若其克捷，可立桓、文之勋，必天未悔祸，犹足为梁室忠臣。"皓曰："此仆所愿也。"乃相与纠合勇士，得百馀人。癸酉，袭广陵，斩南兖州刺史董绍先；据城，驰檄远近，推前太子舍人萧勔为刺史，仍结东魏为援。皓，暅之子；勔，勃之兄也。乙亥，景遣郭元建帅众奄至，皓婴城固守。

7　二月，魏杨忠乘胜至石城，欲进逼江陵，湘东王绎遣舍人庾恪说忠曰："督来伐叔而魏助之，何以使天下归心！"忠遂停溠北。绎遣舍人王孝祀等送子方略为质以求和,魏人许之。绎与忠盟曰:"魏以石城为封,梁以安陆为界,请同附庸,并送质子,贸迁有无,永敦邻睦。"忠乃还。

8　宕昌王梁弥定为其宗人獠甘所袭,弥定奔魏,獠甘自立。羌酋傍乞铁匆据渠株川,与渭州民郑五丑合诸羌以叛魏。丞相泰使大将军宇文贵、凉州刺史史宁讨之,擒斩铁匆、五丑。宁别击獠甘,破之,獠甘将百骑奔生羌巩廉玉。宁复纳弥定于宕昌,置岷州于渠株川,进击巩廉玉,斩獠甘,虏廉玉送长安。

9　侯景遣任约、于庆等帅众二万攻诸藩。

10　邵陵王纶欲救河东王誉而兵粮不足,乃致书于湘东王绎曰:"天时、地利,不及人和,况于手足肱支,岂可相害! 今社稷危耻,创巨痛深,唯应剖心尝胆,泣血枕戈,其馀小忿,或宜容贯。若外难未除,家祸仍构,料今访古,未或不亡。夫征战之理,唯求克胜;至于骨肉之战,愈胜愈酷,捷则非功,败则有丧,劳兵损义,亏失多矣。侯景之军所以未窥江外者,良为藩屏盘固,宗镇强密。弟若陷洞庭,不戢兵刃,雍州疑迫,何以自安,必引进魏军以求形援。弟若不安,家国去矣。必希解湘州之围,存社稷之计。"绎复书,陈誉过恶不赦,且曰:"誉引杨忠来相侵逼,颇遵谈笑,用却秦军,曲直有在,不复自陈。临湘旦平,暮便即路。"纶得书,投之于案,慷慨流涕曰:"天下之事,一至于斯,湘州若败,吾亡无日矣!"

11　侯景遣侯子鉴帅舟师八千,自帅徒兵一万,攻广陵,三日克之,执祖皓,缚而射之,箭遍体,然后车裂以徇;城中无少长皆埋之于地,驰马射而杀之。以子鉴为南兖州刺史,镇广陵。景还建康。

12　丙戌,以安陆王大春为东扬州刺史。省吴州。

13　乙巳,以尚书仆射王克为左仆射。

14　庚寅,东魏以尚书令高隆之为太保。

15　宣城内史杨白华进据安吴,侯景遣于子悦帅众攻之,不克。

16　东魏行台辛术将兵入寇,围阳平,不克。

17　侯景纳上女溧阳公主,甚爱之。三月甲申,景请上禊宴于乐游苑,帐饮三日。上还宫,景与公主共据御床,南面并坐,群臣文武列坐侍宴。

18　庚申,东魏进丞相洋爵为齐王。

19　临川内史始兴王毅等击庄铁,鄱阳王范遣其将巴西侯瑱救之,毅等败死。

20　鄱阳世子嗣与任约战于三章,约败走;嗣因徙镇三章,谓之安乐栅。

21　夏,四月庚辰朔,湘东王绎以上甲侯韶为长沙王。

22　丙午,侯景请上幸西州,上御素辇,侍卫四百馀人,景浴铁数千,翼卫左右。上闻丝竹,凄然泣下,命景起舞,景亦请上起舞。酒阑坐散,上抱景于床曰:"我念丞相。"景曰:"陛下如不念臣,臣何得至此!"逮夜乃罢。

时江南连年旱蝗,江、扬尤甚,百姓流亡,相与入山谷、江湖,采草根、木叶、菱芡而食之,所在皆尽,死者蔽野。富室无食,皆鸟面鹄形,衣罗绮,怀珠玉,俯伏床帷,待命听终。千里绝烟,人迹罕见,白骨成聚,如丘陇焉。

景性残酷,于石头立大碓,有犯法者捣杀之。常戒诸将曰:"破栅平城,当净杀之,使天下知吾威名。"故诸将每战胜,专以焚掠为事,斩刈人如草芥,以资戏笑。由是百姓虽死,终不附之。又禁人偶语,犯者刑及外族。为其将帅者,悉称行台,来降附者,悉称开府,其亲寄隆重者曰左右厢公,勇力兼人者曰库直都督。

23　魏封皇子儒为燕王,公为吴王。

24　侯景召宋子仙还京口。

25　邵陵王纶在郢州,以听事为正阳殿,内外斋阁,悉加题署。其部下陵暴军府,郢州将佐莫不怨。谘议参军江仲举,南平王恪之谋主也,说恪图纶,恪惊曰:"若我杀邵陵,宁静一镇,荆、益兄弟必皆内喜,海内若平,则以大义责我矣。且巨逆未枭,骨肉相残,自亡之道也。卿且息之。"仲举不从,部分诸将,刻日将发,谋泄,纶压杀之。恪狼狈往谢,纶曰:"群小所作,非由兄也。凶党已毙,兄勿深忧!"

26　王僧辩急攻长沙,辛巳,克之。执河东王誉,斩之,传首江陵,湘东王绎反其首而葬之。初,世子方等之死,临蒸周铁虎功最多,誉委遇甚重。僧辩得铁虎,命烹之,呼曰:"侯景未灭,奈何杀壮士!"僧辩奇其言而释之,还其麾下。绎以僧辩为左卫将军,加侍中、镇西长史。

绎自去岁闻高祖之丧,以长沙未下,故匿之。壬寅,始发丧,刻檀为高祖像,置于百福殿,事之甚谨,动静必咨焉。绎以为天子制于贼臣,不肯从大宝之号,犹称太清四年。丙午,绎下令大举讨侯景,移檄远近。

27　鄱阳王范至溢城,以晋熙为晋州,遣其世子嗣为刺史,江州郡县多辄改易。寻阳王大心,政令所行,不出一郡。大心遣兵击庄铁,嗣与铁素善,请发兵救之,范遣侯瑱帅精甲五千助铁。由是二镇互相猜忌,无复讨贼之志。大心使徐嗣徽帅众二千,筑垒稽亭以备范,市籴不通,范数万之众,无所得食,多饿死。范愤恚,疽发于背,五月乙卯,卒。范众秘不发丧,奉范弟安南侯恬为主,有众数千人。

28 丙辰,侯景以元思虔为东道大行台,镇钱唐。丁巳,以侯子鉴为南兖州刺史。

29 东魏齐王洋之为开府也,勃海高德政为管记,由是亲昵,言无不尽。金紫光禄大夫丹杨徐之才、北平太守广宗宋景业,皆善图谶,以为太岁在午,当有革命,因德政以白洋,劝之受禅。洋以告娄太妃,太妃曰:"汝父如龙,兄如虎,犹以天位不可妄据,终身北面,汝独何人,欲行舜、禹之事乎!"洋以告之才,之才曰:"正为不及父兄,故宜早升尊位耳。"洋铸像卜之而成,乃使开府仪同三司段韶问肆州刺史斛律金,金来见洋,固言不可,以宋景业首陈符命,请杀之。洋与诸贵议于太妃前,太妃曰:"吾儿懦直,必无此心,高德政乐祸,教之耳。"洋以人心不壹,遣高德政如邺察公卿之意,未还;洋拥兵而东,至平都城,召诸勋贵议之,莫敢对。长史杜弼曰:"关西,国之勍敌,若受魏禅,恐彼挟天子,自称义兵而东向,王何以待之!"徐之才曰:"今与王争天下者,彼亦欲为王所为,纵其屈强,不过随我称帝耳。"弼无以应。高德政至邺,讽公卿,莫有应者。司马子如逆洋于辽阳,固言未可。洋欲还,仓丞李集曰:"王来为何事,而今欲还?"洋伪使于东门杀之,而别令赐绢十匹,遂还晋阳。自是居常不悦。徐之才、宋景业等日陈阴阳杂占,云宜早受命。高德政亦敦劝不已。洋使术士李密卜之,遇大横,曰:"汉文之卦也。"又使宋景业筮之,遇乾之鼎,曰:"乾,君也。鼎,五月卦也。宜以仲夏受禅。"或曰:"五月不可入官,犯之,终于其位。"景业曰:"王为天子,无复下期,岂得不终于其位乎!"洋大悦,乃发晋阳。

高德政录在邺诸事,条进于洋,洋令左右陈山提驰驿赍事条,并密书与杨愔。是月,山提至邺,杨愔即召太常卿邢卲议造仪注,秘书监魏收草九锡、禅让、劝进诸文,引魏宗室诸王入北宫,留于东斋。甲寅,东魏进洋位相国,总百揆,备九锡。洋行至前亭,所乘马忽倒,意甚恶之,至平都城,不复肯进。高德政、徐之才苦请曰:"山提先去,恐其漏泄。"即命司马子如、杜弼驰驿续入,观察物情。子如等至邺,众人以事势已决,无敢异言。洋至邺,召夫赍筑具集城南。高隆之请曰:"用此何为?"洋作色曰:"我自有事,君何问为!欲族灭邪!"隆之谢而退。于是作圜丘,备法物。

丙辰,司空潘乐、侍中张亮、黄门郎赵彦深等求入启事,东魏孝静帝在昭阳殿见之。亮曰:"五行递运,有始有终,齐王圣德钦明,万方归仰,愿陛下远法尧、舜。"帝敛容曰:"此事推挹已久,谨当逊避。"又曰:"若尔,须作制书。"中书郎崔劼、裴让之曰:"制已作讫。"使侍中杨愔进之。东魏主既署,曰:"居朕何所?"愔对曰:"北城别有馆宇。"乃下御坐,步就东廊,咏范蔚宗后汉书赞曰:"献生不辰,身播国屯,终我四百,永作虞宾。"所司请发,帝曰:"古人念遗簪弊履,朕欲与六宫别,可乎?"高隆之曰:"今日天下犹陛下之天下,况在六宫。"帝步入,与妃嫔已下别,举宫皆哭。赵国李嫔诵陈思王诗云:"王其爱玉体,俱享黄发期。"直长赵道德以车一乘候于东阁,帝登车,道德超上抱之,帝叱之曰:"朕自畏天顺人,何物奴敢逼人如此!"道德犹不下。出云龙门,王公百僚拜辞,高隆之洒泣。遂入北城,居司马子如南宅,遣太尉彭城王韶等奉玺绶,禅位于齐。

　　戊午,齐王即皇帝位于南郊,大赦,改元天保。自魏敬宗以来,百官绝禄,至是始复给之。己未,封东魏主为中山王,待以不臣之礼。追尊齐献武王为献武皇帝,庙号太祖,后改为高祖;文襄王为文襄皇帝,庙号世宗。辛酉,尊王太后娄氏为皇太后。乙丑,降魏朝封爵有差,其宣力霸朝及西、南投化者,不在降限。

　　30　文成侯宁起兵于吴,有众万人,己巳,进攻吴郡;行吴郡事侯子荣逆击,杀之。宁,范之弟也。子荣因纵兵人掠郡境。

　　自晋氏渡江,三吴最为富庶,贡赋商旅,皆出其地。及侯景之乱,掠金帛既尽,乃掠人而食之,或卖于北境,遗民殆尽矣。

　　是时,唯荆、益所部尚完实,太尉、益州刺史武陵王纪移告征、镇,使世子圆照帅兵三万受湘东王节度。圆照军至巴水,绎授以信州刺史,令屯白帝,未许东下。

　　31　六月辛巳,以南郡王大连行扬州事。

　　32　江夏王大款、山阳王大成、宜都王大封自信安间道奔江陵。

　　33　齐主封宗室高岳等十人、功臣库狄干等七人皆为王。癸未,封弟浚为永安王,淹为平阳王,浟为彭城王,演为常山王,涣为上党王,淯为襄城王,湛为长广王,潜为任城王,湜为高阳王,济为博陵王,凝为新平王,润为冯翊王,洽为汉阳王。

　　34　鄱阳王范既卒,侯瑱往依庄铁,铁忌之;瑱不自安,丙戌,诈引铁谋事,因杀之,自据豫章。

　　35　寻阳王大心遣徐嗣徽夜袭溢城,安南侯恬、裴之横等击走之。

　　36　齐主娶赵郡李希宗之女,生子殷及绍德;又纳段韶之妹。及将建中宫,高隆之、高德政欲结勋贵之援,乃言"汉妇人不可为天下母,宜更择美配"。帝不从。丁亥,立李氏为皇后,以段氏为昭仪,子殷为皇太子。庚寅,以库狄干为太宰,彭乐为太尉,潘相乐为司徒,司马子如为司空。辛卯,以清河王岳为司州牧。

37　侯景以羊鸦仁为五兵尚书。庚子,鸦仁出奔江西,将赴江陵,至东莞,盗疑其怀金,邀杀之。

38　魏人欲令岳阳王詧发哀嗣位,詧辞,不受。丞相泰使荣权册命詧为梁王,始建台,置百官。

39　陈霸先修崎头古城,徙居之。

40　初,燕昭成帝奔高丽,使其族人冯业以三百人浮海奔宋,因留新会。自业至孙融,世为罗州刺史,融子宝为高凉太守。高凉洗氏,世为蛮酋,部落十馀万家,有女,多筹略,善用兵,诸洞皆服其信义;融聘以为宝妇。融虽累世为方伯,非其土人,号令不行;洗氏约束本宗,使从民礼,每与宝参决辞讼,首领有犯,虽亲戚无所纵舍,由是冯氏始得行其政。

高州刺史李迁仕据大皋口,遣使召宝,宝欲往,洗氏止之曰:"刺史无故不应召太守,必欲诈君共反耳。"宝曰:"何以知之?"洗氏曰:"刺史被召援台,乃称有疾,铸兵聚众而后召君;此必欲质君以发君之兵也,愿且无往以观其变。"数日,迁仕果反,遣主帅杜平虏将兵入灨石,城鱼梁以逼南康,霸先使周文育击之。洗氏谓宝曰:"平虏,骁将也,今入灨石与官军相拒,势未得还,迁仕在州,无能为也。君若自往,必有战斗,宜遣使卑辞厚礼告之曰:'身未敢出,欲遣妇参。'彼闻之,必喜而无备。我将千馀人,步担杂物,唱言输赕,得至栅下,破之必矣。"宝从之。迁仕果不设备,洗氏袭击,大破之,迁仕走保宁都。文育亦击走平虏,据其城。洗氏与霸先会于灨石,还,谓宝曰:"陈都督非常人也,甚得众心,必能平贼,君宜厚资之。"

湘东王绎以霸先为豫州刺史,领豫章内史。

41　辛丑,裴之横攻稽亭,徐嗣徽击走之。

42　秋,七月辛亥,齐立世宗妃元氏为文襄皇后,宫曰静德。又封世宗子孝琬为河间王,孝瑜为河南王。乙卯,以尚书令封隆之录尚书事,尚书左仆射平阳王淹为尚书令。

43　辛酉,梁王詧入朝于魏。

44　初,东魏遣仪同武威牒云洛等迎鄱阳世子嗣,使镇皖城。嗣未及行,任约军至,洛等引去;嗣遂失援,出战,败死。约遂略地至溢城,寻阳王大心遣司马韦质出战而败,帐下犹有战士千馀人,咸劝大心走保建州;大心不能用,戊辰,以江州降约。先是,大心使太子洗马韦臧镇建昌,有甲士五千,闻寻阳不守,欲帅众奔江陵,未发,为麾下所杀。臧,粲之子也。

45 于庆略地至豫章,侯瑱力屈,降之,庆送瑱于建康。景以瑱同姓,待之甚厚,留其妻子及弟为质,遣瑱随庆徇蠡南诸郡,以瑱为湘州刺史。

46 初,巴山人黄法氍,有勇力,侯景之乱,合徒众保乡里。太守贺诩下江州,命法氍监郡事。法氍屯新淦,于庆自豫章分兵袭新淦,法氍败之。陈霸先使周文育进军击庆,法氍引兵会之。

47 邵陵王纶闻任约将至,使司马蒋思安将精兵五千袭之,约众溃;思安不设备,约收兵袭之,思安败走。

48 湘东王绎改宜都为宜州,以王琳为刺史。

49 是月,以南郡王大连为江州刺史。

50 魏丞相泰以齐主称帝,帅诸军讨之。以齐王廓镇陇右,征秦州刺史宇文导为大将军、都督二十三州诸军事,屯咸阳,镇关中。

51 益州沙门孙天英帅徒数千人夜攻州城,武陵王纪与战,斩之。

52 邵陵王纶大修铠仗,将讨侯景。湘东王绎恶之,八月甲午,遣左卫将军王僧辩、信州刺史鲍泉等帅舟师一万东趣江、郢。声言拒任约,且云迎邵陵王还江陵,授以湘州。

53 齐主初立,励精为治。赵道德以事属黎阳太守清河房超,超不发书,榜杀其使;齐主善之,命守宰各设榜以诛属请之使。久之,都官中郎宋轨奏曰:"若受使请赇,犹致大戮,身为枉法,何以加罪!"乃罢之。

司都功曹张老上书请定齐律,诏右仆射薛琡等取魏麟趾格,更讨论损益之。

齐主简练六坊之人,每一人必当百人,任其临陈必死,然后取之,谓之"百保鲜卑"。又简华人之勇力绝伦者,谓之"勇士",以备边要。

始立九等之户,富者税其钱,贫者役其力。

54 九月丁巳,魏军发长安。

55 王僧辩军至鹦鹉洲,郢州司马刘龙虎等潜送质于僧辩,邵陵王纶闻之,遣其子威正侯礩将兵击之,龙虎败,奔于僧辩。纶以书责僧辩曰:"将军前年杀人之侄,今岁伐人之兄,以此求荣,恐天下不许!"僧辩送书于湘东王绎,绎命进军。辛酉,纶集其麾下于西园,涕泣言曰:"我本无他,志在灭贼,湘东常谓与之争帝,遂尔见伐。今日欲守则交绝粮储,欲战则取笑千载,不容无事受缚,当于下流避之。"麾下壮士争请出战,纶不从,与礩自仓门登舟北出。僧辩入据郢州。绎以南平王恪为尚书令、开府仪同三司,世子方诸为郢州刺史,王僧辩为领军将军。

纶遇镇东将军裴之高于道,之高之子畿掠其军器,纶与左右轻舟奔武昌,涧饮寺,僧法馨匿纶于岩穴之下。纶长史韦质、司马姜律等闻纶尚存,驰往迎之,说七栅流民以求粮仗。纶出营巴水,流民八九千人附之,稍收散卒,屯于齐昌。遣使请和于齐,齐以纶为梁王。

56　湘东王绎改封皇子大款为临川王,大成为桂阳王,大封为汝南王。

57　癸亥,魏军至潼关。

58　庚午,齐主如晋阳,命太子殷居凉风堂监国。

59　南郡王中兵参军张彪等起兵于若邪山,攻破浙东诸县,有众数万。吴郡人陆令公等说太守南海王大临往依之,大临曰:"彪若成功,不资我力;如其桡败,以我自解,不可往也。"

60　任约进寇西阳、武昌。初,宁州刺史彭城徐文盛募兵数万人讨侯景,湘东王绎以为秦州刺史,使将兵东下,与约遇于武昌。绎以庐陵王应为江州刺史,以文盛为长史行府州事,督诸将拒之。应,续之子也。邵陵王纶引齐兵未至,移营马栅,距西阳八十里,任约闻之,遣仪同叱罗子通等将铁骑二百袭之,纶不为备,策马亡走。时湘东王绎亦与齐连和,故齐人观望,不助纶。定州刺史田祖龙迎纶,纶以祖龙为绎所厚,惧为所执,复归齐昌。行至汝南,魏所署汝南城主李素,纶之故吏也,开城纳之,任约遂据西阳、武昌。

61　裴之高帅子弟部曲千馀人至夏首,湘东王绎召之,以为新兴、永宁二郡太守。又以南平王恪为武州刺史,镇武陵。

62　初,邵陵王纶以衡阳王献为齐州刺史,镇齐昌,任约击擒之,送建康,杀之。献,畅之孙也。

63　乙亥,进侯景位相国,封二十郡,为汉王,加殊礼。

64　岳阳王詧还襄阳。

65　黎州民攻刺史张贲,贲弃城走。州民引氐酋北益州刺史杨法琛据黎州,命王、贾二姓诣武陵王纪请法琛为刺史。纪深责之,囚法琛质子崇颙、崇虎。冬,十月丁丑朔,法琛遣使附魏。

66　己卯,齐主至晋阳宫。广武王长弼与并州刺史段韶不协,齐主将如晋阳,长弼言于帝曰:"韶拥强兵在彼,恐不如人意,岂可径往投之!"帝不听。既至,以长弼语告之,曰:"如君忠诚,人犹有谗,况其馀乎!"长弼,永乐之弟也。乙酉,以特进元韶为尚书左仆射,段韶为右仆射。

67　乙未，侯景自加宇宙大将军、都督六合诸军事，以诏文呈上。上惊曰："将军乃有宇宙之号乎！"

68　立皇子大钧为西阳王，大威为武宁王，大球为建安王，大昕为义安王，大挚为绥建王，大圜为乐梁王。

69　齐东徐州刺史行台辛术镇下邳。十一月，侯景征租人建康，术帅众渡淮断之，烧其谷百万石，遂围阳平，景行台郭元建引兵救之。壬戌，术略三千馀家，还下邳。

70　武陵王纪帅诸军发成都，湘东王绎遣使以书止之曰："蜀人勇悍，易动难安，弟可镇之，吾自当灭贼。"又别纸曰："地拟孙、刘，各安境界；情深鲁、卫，书信恒通。"

71　甲子，南平王恪帅文武拜笺推湘东王绎为相国，总百揆；绎不许。

72　魏丞相泰自弘农为桥，济河，至建州。丙寅，齐主自将出顿东城。泰闻其军容严盛，叹曰："高欢不死矣！"会久雨，自秋及冬，魏军畜产多死，乃自蒲阪还。于是河南自洛阳，河北自平阳已东，皆入于齐。

73　丁卯，徐文盛军贝矶，任约帅水军逆战，文盛大破之，斩叱罗子通、赵威方，仍进军大举口。侯景遣宋子仙等将兵二万助约，以约守西阳，久不能进，自出屯晋熙。

南康王会理以建康空虚，与太子左卫将军柳敬礼、西乡侯劝、东乡侯勔谋起兵诛王伟。安乐侯乂理出奔长芦，集众得千馀人。建安侯贲、中宿世子子邕知其谋，以告伟。伟收会理、敬礼、劝、勔及会理弟祁阳侯通理，俱杀之。乂理为左右所杀。钱塘褚冕，以会理故旧，捶掠千计，终无异言。会理隔壁谓之曰："褚郎，卿岂不为我致此？卿虽忍死明我，我心实欲杀贼！"冕竟不服，景乃宥之。劝，昺之子；贲，正德之弟子；子邕，憺之孙也。

帝自即位以来，景防卫甚严，外人莫得进见，唯武林侯谘及仆射王克、舍人殷不害，并以文弱得出入卧内，帝与之讲论而已。及会理死，克、不害惧祸，稍自疏。谘独不离帝，朝请无绝；景恶之，使其仇人刁戍刺杀谘于广莫门外。

帝之即位也，景与帝登重云殿，礼佛为誓云："自今君臣两无猜贰，臣固不负陛下，陛下亦不得负臣。"及会理谋泄，景疑帝知之，故杀谘。帝自知不久，指所居殿谓殷不害曰："庞涓当死此下。"

景自帅众讨杨白华于宣城，白华力屈而降，景以其北人，全之，以为左民尚书，诛其兄子彬以报来亮之怨。

十二月丙子朔，景封建安侯贲为竟陵王，中宿世子子邕为随王，仍赐姓<u>侯</u>氏。

74　辛丑,<u>齐</u>主还<u>邺</u>。

75　<u>邵陵王纶</u>在<u>汝南</u>,修城池,集士卒,将图<u>安陆</u>。<u>魏</u><u>安州</u>刺史<u>马祐</u>以告丞相<u>泰</u>,<u>泰</u>遣<u>杨忠</u>将万人救<u>安陆</u>。

76　<u>武陵王纪</u>遣<u>潼州</u>刺史<u>杨乾运</u>、<u>南梁州</u>刺史<u>谯淹</u>合兵二万讨<u>杨法</u><u>琛</u>,<u>法琛</u>发兵据<u>剑阁</u>以拒之。

77　<u>侯景</u>还<u>建康</u>。

78　初,<u>魏敬宗</u>以<u>尔朱荣</u>为柱国大将军,位在丞相上;<u>荣</u>败,此官遂废。<u>大统</u>三年,<u>文帝</u>复以丞相<u>泰</u>为之。其后功参佐命,望实俱重者,亦居此官,凡八人,曰<u>安定公宇文泰</u>、<u>广陵王欣</u>、<u>赵郡公李弼</u>、<u>陇西公李虎</u>、<u>河内</u><u>公独孤信</u>、<u>南阳公赵贵</u>、<u>常山公于谨</u>、<u>彭城公侯莫陈崇</u>,谓之八柱国。<u>泰</u>始籍民之才力者为府兵,身租庸调,一切蠲之,以农隙讲阅战陈,马畜粮备,六家供之;合为百府,每府一郎将主之,分属二十四军。<u>泰</u>任总百揆,督中外诸军;<u>欣</u>以宗室宿望,从容禁闼而已。馀六人各督二大将军,凡十二大将军,每大将军各统开府二人,开府各领一军。是后功臣位至柱国大将军、开府仪同三司、仪同三司者甚众,率为散官,无所统御,虽有继掌其事者,闻望皆出诸公之下云。

79　<u>齐</u>主命散骑侍郎<u>宋景业</u>造<u>天保历</u>,行之。

# 资治通鉴卷第一百六十四

## 梁纪二十

### 太宗简文皇帝下

大宝二年（辛未，551）

1　春，正月，新吴余孝顷举兵拒侯景，景遣于庆攻之，不克。

2　庚戌，湘东王绎遣护军将军尹悦、安东将军杜幼安、巴州刺史王珣将兵二万自江夏趣武昌，受徐文盛节度。

3　杨乾运攻拔剑阁，杨法琛退保石门，乾运据南阴平。

4　辛亥，齐主祀圜丘。

5　张彪遣其将赵稜围钱塘，孙凤围富春，侯景遣仪同三司田迁、赵伯超救之，稜、凤败走。稜，伯超之兄子也。

6　癸亥，齐主耕藉田。乙丑，享太庙。

7　魏杨忠围汝南，李素战死。二月乙亥，城陷，执邵陵携王纶，杀之，投尸江岸；岳阳王詧取而葬之。

8　或告齐太尉彭乐谋反；壬辰，乐坐诛。

9　齐遣散骑常侍曹文皎使于江陵，湘东王绎使兼散骑常侍王子敏报之。

10　侯景以王克为太师，宋子仙为太保，元罗为太傅，郭元建为太尉，张化仁为司徒，任约为司空，王伟为尚书左仆射，索超世为右仆射。景置三公官，动以十数，仪同尤多。以子仙、元建、化仁为佐命元功，伟、超世为谋主，于子悦、彭隽主击断，陈庆、吕季略、卢晖略、丁和等为爪牙。梁人为景用者，则故将军赵伯超，前制局监周石珍，内监严亘，邵陵王记室伏知命。自馀王克、元罗及侍中殷不害、太常周弘正等，景从人望，加以尊位，非腹心之任也。

11　北兖州刺史萧邕谋降魏，侯景杀之。

12　杨乾运进据平兴，平兴者，杨法琛所治也。法琛退保鱼石洞，乾运焚平兴而归。

13　李迁仕收众还击南康,陈霸先遣其将杜僧明等拒之,生擒迁仕,斩之。湘东王绎使霸先进兵取江州,以为江州刺史。

14　三月丙午,齐襄城王清卒。

15　庚戌,魏文帝殂,太子钦立。

16　乙卯,徐文盛等克武昌,进军芦洲。

17　己未,齐以湘东王绎为梁相国,建梁台,总百揆,承制。

18　齐司空司马子如自求封王,齐主怒,庚子,免子如官。

19　任约告急,侯景自帅众西上,携太子大器从军以为质,留王伟居守。闰月,景发建康,自石头至新林,舳舻相接。约分兵袭破定州刺史田龙祖于齐安。壬寅,景军至西阳,与徐文盛夹江筑垒。癸卯,文盛击破之,射其右丞库狄式和,坠水死,景遁走还营。

20　夏,四月甲辰,魏葬文帝于永陵。

21　郢州刺史萧方诸,年十五,以行事鲍泉和弱,常侮易之,或使伏床,骑背为马,恃徐文盛军在近,不复设备,日以蒲酒为乐。侯景闻江夏空虚,乙巳,使宋子仙、任约帅精骑四百,由淮内袭郢州。丙午,大风疾雨,天色晦冥,有登陴望见贼者,告泉曰:"虏骑至矣!"泉曰:"徐文盛大军在下,贼何由得至! 当是王珣军人还耳。"既而走告者稍众,始命闭门,子仙等已入城。方诸方踞泉腹,以五色彩辫其髻,见子仙至,方诸迎拜,泉匿于床下;子仙俯窥见泉素髻间彩,惊愕,遂擒之,及司马虞豫,送于景所。景因便风,中江举帆,遂越文盛等军,丁未,入江夏。文盛众惧而溃,与长沙王韶等逃归江陵。王珣、杜幼安以家在江夏,遂降于景。

湘东王绎以王僧辩为大都督,帅巴州刺史丹杨淳于量、定州刺史杜龛、宜州刺史王琳、郴州刺史裴之横东击景,徐文盛以下并受节度。戊申,僧辩等军至巴陵,闻郢州已陷,因留戍之。绎遗僧辩书曰:"贼既乘胜,必将西下,不劳远击;但守巴丘,以逸待劳,无虑不克。"又谓将佐曰:"贼若水步两道,直指江陵,此上策也。据夏首,积兵粮,中策也。悉力攻巴陵,下策也。巴陵城小而固,僧辩足可委任。景攻城不拔,野无所掠,暑疫时起,食尽兵疲,破之必矣。"乃命罗州刺史徐嗣徽自岳阳,武州刺史杜崱自武陵引兵会僧辩。

景使丁和将兵五千守夏首,宋子仙将兵一万为前驱,趣巴陵,分遣任约直指江陵,景帅大兵水步继进。于是缘江戍逻,望风请服,景拓逻至于隐矶。僧辩乘城固守,偃旗卧鼓,安若无人。壬戌,景众济江,遣轻骑至城下,问:"城内为谁?"答曰:"王领军。"骑曰:"何不早降?"僧辩曰:"大军但向荆州,此城自当非碍。"骑去。顷之,执王珣等至城下,使说其弟琳。琳曰:"兄受命讨贼,不能死难,曾不内惭,翻欲赐诱!"取弓射之,珣惭而退。景肉薄百道攻城,城中鼓噪,矢石雨下,景士卒死者甚众,乃退。僧辩遣轻兵出战,凡十馀返,皆捷。景被甲在城下督战,僧辩著绥、乘舆、奏鼓吹巡城,景望之,服其胆勇。

岳阳王詧闻侯景克郢州,遣蔡大宝将兵一万进据武宁,遣使至江陵,诈称赴援。众议欲答以侯景已破,令其退军。湘东王绎曰:"今语以退军,是趣之令进也。"乃使谓大宝曰:"岳阳累启连和,不相侵犯,卿那忽据武宁?今当遣天门太守胡僧祐精甲二万、铁马五千顿㳦水,待时进军。"詧闻之,召其军还。僧祐,南阳人也。

22 五月,魏陇西襄公李虎卒。

23 侯景昼夜攻巴陵,不克,军中食尽,疾疫死伤太半。湘东王绎遣晋州刺史萧惠正将兵援巴陵,惠正辞不堪,举胡僧祐自代。僧祐时坐谋议忤旨系狱,绎即出之,拜武猛将军,令赴援,戒之曰:"贼若水战,但以大舰临之,必克。若欲步战,自可鼓棹直就巴丘,不须交锋也。"僧祐至湘浦,景遣任约帅锐卒五千据白塂以待之。僧祐由他路西上,约谓其畏己,急追之,及于芊口,呼僧祐曰:"吴儿,何不早降,走何所之!"僧祐不应,潜引兵至赤沙亭;会信州刺史陆法和至,与之合军。法和有异术,隐于江陵百里洲,衣食居处,一如苦行沙门,或豫言吉凶,多中,人莫能测。侯景之围台城也,或问之曰:"事将何如?"法和曰:"凡人取果,宜待熟时,不撩自落。"固问之,法和曰:"亦克亦不克。"及任约向江陵,法和自请击之,绎许之。

壬寅,约至赤亭。六月甲辰,僧祐、法和纵兵击之,约兵大溃,杀溺死者甚众,擒约送江陵。景闻之,乙巳,焚营宵遁。以丁和为郢州刺史,留宋子仙等,众号二万,戍郢城;别将支化仁镇鲁山,范希荣行江州事,仪同三司任延和、晋州刺史夏侯威生守晋州。景与麾下兵数千,顺流而下。丁和以大石磕杀鲍泉及虞预,沉于黄鹤矶。任约至江陵,绎赦之。徐文盛坐怨望,下狱死。巴州刺史余孝顷遣兄子僧重将兵救鄱阳,于庆退走。

绎以王僧辩为征东将军、尚书令,胡僧祐等皆进位号,使引兵东下。陆法和请还,既至,谓绎曰:"侯景自然平矣,蜀贼将至,请守险以待之。"乃引兵屯峡口。庚申,王僧辩至汉口,先攻鲁山,擒支化仁送江陵。辛酉,攻郢州,克其罗城,斩首千级。宋子仙退据金城,僧辩四面起土山,攻之。

豫州刺史荀朗自巢湖出濡须邀景,破其后军,景奔归,船前后相失。太子船入枞阳浦,船中腹心皆劝太子因此入北,太子曰:"自国家丧败,志不图生，主上蒙尘，宁忍违离左右！吾今若去，是乃叛父，非避贼也。"因涕泗呜咽，即命前进。

　　甲子，宋子仙等困蹙，乞输郢城，身还就景；王僧辩伪许之，命给船百艘以安其意。子仙谓为信然，浮舟将发，僧辩命杜龛帅精勇千人攀堞而上，鼓噪奄进，水军主宋遥帅楼船，暗江云合。子仙且战且走，至白杨浦，大破之，周铁虎生擒子仙及丁和，送江陵，杀之。

　　24　庚午，齐主以司马子如，高祖之旧，复以为太尉。

　　25　江安侯圆正为西阳太守，宽和好施，归附者众，有兵一万。湘东王绎欲图之，署为平南将军。及至，弗见，使南平王恪与之饮，醉，因囚之内省，分其部曲，使人告其罪。荆、益之衅自此起矣。

　　26　陈霸先引兵发南康，灉石旧有二十四滩，会水暴涨数丈，三百里间，巨石皆没，霸先进顿西昌。

　　27　铁勒将伐柔然，突厥酋长土门邀击，破之，尽降其众五万馀落。土门恃其强盛，求婚于柔然，柔然头兵可汗大怒，使人罵辱之曰："尔，我之锻奴也，何敢发是言！"土门亦怒，杀其使者，遂与之绝，而求婚于魏；魏丞相泰以长乐公主妻之。

　　28　秋，七月乙亥，湘东王绎以长沙王韶监郢州事。丁亥，侯景还至建康。于庆自鄱阳还豫章，侯瑱闭门拒之，庆走江州，据郭默城。绎以瑱为兖州刺史。景悉杀瑱子弟。

　　辛丑，王僧辩乘胜下溢城，陈霸先帅所部三万人将会之，屯于巴丘。西军乏食，霸先有粮五十万石，分三十万石以资之。八月壬寅朔，王僧辩前军袭于庆，庆弃郭默城走，范希荣亦弃寻阳城走。晋熙王僧振等起兵围郡城，僧辩遣沙州刺史丁道贵助之，任延和等弃城走。湘东王绎命僧辩且顿寻阳以待诸军之集。

　　29　初，景既克建康，常言吴儿怯弱，易以掩取，当须拓定中原，然后为帝。景尚帝女溧阳公主，嬖之，妨于政事，王伟屡谏景，景以告主，主有恶言，伟恐为所谮，因说景除帝。及景自巴陵败归，猛将多死，自恐不能久存，欲早登大位。王伟曰："自古移鼎，必须废立，既示我威权，且绝彼民望。"景从之。使前寿光殿学士谢昊为诏书，以为"弟侄争立，星辰失次，皆由朕非正绪，召乱致灾，宜禅位于豫章王栋"。使吕季略赍入，逼帝书之。栋，欢之子也。

　　戊午，景遣卫尉卿彭隽等帅兵入殿，废帝为晋安王，幽于永福省，悉撤内外侍卫，使突骑左右守之，墙垣悉布积棘。庚申，下诏迎豫章王栋。栋时幽拘,廪饩甚薄,仰蔬茹为食。方与妃张氏锄葵,法驾奄至,栋惊,不知所为,泣而升辇。

景杀哀太子大器、寻阳王大心、西阳王大钧、建平王大球、义安王大昕及王侯在建康者二十馀人。太子神明端嶷,于景党未尝屈意,所亲窃问之,太子曰:"贼若于事义,未须见杀,吾虽陵慢呵叱,终不敢言。若见杀时至,虽一日百拜,亦无所益。"又曰:"殿下今居困厄,而神貌怡然,不贬平日,何也?"太子曰:"吾自度死日必在贼前,若诸叔能灭贼,贼必先见杀,然后就死。若其不然,贼亦杀我以取富贵,安能以必死之命为无益之愁乎!"及难,太子颜色不变。徐曰:"久知此事,嗟其晚耳!"刑者将以衣带绞之,太子曰:"此不能见杀。"命取帐绳绞之而绝。

壬戌,栋即帝位。大赦,改元天正。太尉郭元建闻之,自秦郡驰还,谓景曰:"主上先帝太子,既无愆失,何得废之!"景曰:"王伟劝吾,云'早除民望'。吾故从之以安天下。"元建曰:"吾挟天子,令诸侯,犹惧不济,无故废之,乃所以自危,何安之有!"景欲迎帝复位,以栋为太孙。王伟曰:"废立大事,岂可数改邪!"乃止。

乙丑,景又使杀南海王大临于吴郡,南郡王大连于姑孰,安陆王大春于会稽,高唐王大壮于京口。以太子妃赐郭元建,元建曰:"岂有皇太子妃乃为人妾乎!"竟不与相见,听使入道。

丙寅,追尊昭明太子为昭明皇帝,豫章安王为安皇帝,金华敬妃为敬太皇太后,豫章太妃王氏为皇太后,妃张氏为皇后。以刘神茂为司空。

30　九月癸巳,齐主如赵、定二州,遂如晋阳。

31　己亥,湘东王绎以尚书令王僧辩为江州刺史,江州刺史陈霸先为东扬州刺史。

32　王伟说侯景弑太宗以绝众心,景从之。冬,十月壬寅夜,伟与左卫将军彭隽、王修纂进酒于太宗曰:"丞相以陛下幽忧既久,使臣等来上寿。"太宗笑曰:"已禅帝位,何得言陛下! 此寿酒,将不尽此乎!"于是隽等赍曲项琵琶,与太宗极饮。太宗知将见杀,因尽醉,曰:"不图为乐之至于斯也!"既醉而寝。伟乃出,隽进土囊,修纂坐其上而殂。伟撤门扉为棺,迁殡于城北酒库中。太宗自幽絷之后,无复侍者及纸,乃书壁及板障,为诗及文数百篇,辞甚凄怆。景谥曰明皇帝,庙号高宗。

33　侯景之逼江陵也,湘东王绎求援于魏,命梁、秦二州刺史宜丰侯循以南郑与魏,召循还江陵。循以无故输城,非忠臣之节,报曰:"请待改命。"魏太师泰遣大将军达奚武将兵三万取汉中,又遣大将军王雄出子午谷,攻上津。循遣记室参军沛人刘璠求援于武陵王纪,纪遣潼州刺史杨乾运救之。循,恢之子也。

王僧辩等闻太宗殂,丙辰,启湘东王绎,请上尊号;绎弗许。

34 司空、东道行台刘神茂闻侯景自巴丘败还,阴谋叛景,吴中士大夫咸劝之;乃与仪同三司尹思合、刘归义、王晔、云麾将军元颙等据东阳以应江陵,遣颙及别将李占下据建德江口。张彪攻永嘉,克之。新安民程灵洗起兵据郡以应神茂。于是浙江以东皆附江陵。湘东王绎以灵洗为谯州刺史,领新安太守。

35 十一月乙亥,王僧辩等复上表劝进,湘东王绎不许。戊寅,绎以湘州刺史安南侯方矩为中卫将军以自副。方矩,方诸之弟也。以南平王恪为湘州刺史。侯景以赵伯超为东道行台,据钱塘;以田迁为军司,据富春;以李庆绪为中军都督,谢答仁为右厢都督,李遵为左厢都督,以讨刘神茂。

36 己卯,加侯景九锡,汉国置丞相以下官。己丑,豫章王栋禅位于景,景即皇帝位于南郊。还,登太极殿,其党数万,皆吹唇呼噪而上。大赦,改元太始。封栋为淮阴王,并其二弟桥、樛同锁于密室。

王伟请立七庙,景曰:"何谓七庙?"伟曰:"天子祭七世祖考。"并请七世讳,景曰:"前世吾不复记,唯记我父名标;且彼在朔州,那得来啖此!"众咸笑之。景党有知景祖名乙羽周者;自外皆王伟制其名位,追尊父标为元皇帝。

景之作相也,以西州为府,文武无尊卑皆引接;及居禁中,非故旧不得见,由是诸将多怨望。景好独乘小马,弹射飞鸟,王伟每禁止之,不许轻出。景郁郁不乐,更成失志,曰:"吾无事为帝,与受摈不殊。"

37 壬辰,湘东王以长沙王韶为郢州刺史。

38 益州长史刘孝胜等劝武陵王纪称帝,纪虽未许,而大造乘舆车服。

39 十二月丁未,谢答仁、李庆绪攻建德,擒元颙、李占送建康,景截其手足以徇,经日乃死。

40 齐主每出入,常以中山王自随,王妃太原公主恒为之饮食,护视之。是月,齐主饮公主酒,使人鸩中山王,杀之,并其三子,谥王曰魏孝静皇帝,葬于邺西漳北。其后齐主忽掘其陵,投梓宫于漳水。齐主初受禅,魏神主悉寄于七帝寺,至是,亦取焚之。

彭城公元韶以高氏婿,宠遇异于诸元。开府仪同三司美阳公元晖业以位望隆重，又志气不伦，尤为齐主所忌，从齐主在晋阳。晖业于宫门外骂韶曰："尔不及一老妪，负玺与人。何不击碎之！我出此言，知即死，尔亦讵得几时！"齐主闻而杀之，及临淮公元孝友，皆凿汾水冰，沉其尸。孝友，彧之弟也。齐主尝剃元韶鬘须，加之粉黛以自随，曰："吾以彭城为嫔御。"言其懦弱如妇人也。

## 世祖孝元皇帝上

承圣元年（壬申，552）

1 春，正月，湘东王以南平内史王褒为吏部尚书。褒，骞之孙也。

2 齐人屡侵侯景边地，甲戌，景遣郭元建帅步军趣小岘，侯子鉴帅舟师向濡须，己卯，至合肥；齐人闭门不出，乃引还。

3 丙申，齐主伐库莫奚，大破之，俘获四千人，杂畜十馀万。

齐主连年出塞，给事中兼中书舍人唐邕练习军书，自督将以降劳效本末及四方军士强弱多少，番代往还，器械精粗，粮储虚实，靡不谙悉。或于帝前简阅，虽数千人，不执文簿，唱其姓名，未尝谬误。帝常曰："唐邕强干，一人当千。"又曰："邕每有军事，手作文书，口且处分，耳又听受，实异人也！"宠待赏赐，群臣莫及。

4 魏将王雄取上津、魏兴，东梁州刺史安康李迁哲军败，降之。

5 突厥土门袭击柔然，大破之。柔然头兵可汗自杀，其太子庵罗辰及阿那瓌从弟登注俟利、登注子库提并帅众奔齐，馀众复立登注次子铁伐为主。土门自号伊利可汗，号其妻为可贺敦，子弟谓之特勒，别将兵者皆谓之设。

6 湘东王命王僧辩等东击侯景，二月庚子，诸军发寻阳，舳舻数百里。陈霸先帅甲士三万，舟舰二千，自南江出湓口，会僧辩于白茅湾，筑坛歃血，共读盟文，流涕慷慨。癸卯，僧辩使侯瑱袭南陵、鹊头二戍，克之。戊申，僧辩等军于大雷；丙辰，发鹊头。戊午，侯子鉴还至战鸟，西军奄至，子鉴惊惧，奔还淮南。

7 侯景仪同三司谢答仁攻刘神茂于东阳，程灵洗、张彪皆勒兵将救之，神茂欲专其功，不许，营于下淮。或谓神茂曰："贼长于野战，下淮地平，四面受敌，不如据七里濑。贼必不能进。"不从。神茂偏裨多北人，不与神茂同心，别将王晔、郦通并据外营，降于答仁，刘归义、尹思合等弃城走。神茂孤危，辛未，亦降于答仁，答仁送之建康。

8 癸酉，王僧辩等至芜湖，侯景守将张黑弃城走。景闻之，甚惧，下诏赦湘东王绎、王僧辩之罪，众咸笑之。侯子鉴据姑孰南洲以拒西师，景遣其党史安和等将兵二千助之。三月己巳朔，景下诏欲自至姑孰，又遣人戒子鉴曰："西人善水战，勿与争锋；往年任约之败，良为此也。若得步骑一交，必当可破，汝但结营岸上，引船入浦以待之。"子鉴乃舍舟登岸，闭营不出。僧辩等停军芜湖十馀日，景党大喜，告景曰："西师畏吾之强，势将遁矣，不击，且失之。"景乃复命子鉴为水战之备。

丁丑，僧辩至姑孰，子鉴帅步骑万馀人渡洲，于岸挑战，又以鹢舸千艘载战士。僧辩麾细船皆令退缩，留大舰夹泊两岸。子鉴之众谓水军欲退，争出趋之；大舰断其归路，鼓噪大呼，合战中江，子鉴大败，士卒赴水死者数千人。子鉴仅以身免，收散卒走还建康，据东府。僧辩留虎臣将军庄丘慧达镇姑孰，引军而前，历阳戍迎降。景闻子鉴败，大惧，涕下覆面，引衾而卧，良久方起，叹曰："误杀乃公！"

庚辰，僧辩督诸军至张公洲，辛巳，乘潮入淮，进至禅灵寺前。景召石头津主张宾，使引淮中舟舸及海艨，以石绲之，塞淮口；缘淮作城，自石头至于朱雀街，十馀里中，楼堞相接。僧辩问计于陈霸先，霸先曰："前柳仲礼数十万兵隔水而坐，韦粲在青溪，竟不渡岸，贼登高望之，表里俱尽，故能覆我师徒。今围石头，须渡北岸。诸将若不能当锋，霸先请先往立栅。"壬午，霸先于石头西落星山筑栅，众军次连八城，直出石头西北。景恐西州路绝，自帅侯子鉴等亦于石头东北筑五城以遏大路。景使王伟守台城。乙酉，景杀湘东王世子方诸、前平东将军杜幼安。

9　刘神茂至建康，丙戌，景命为大剚碓，先进其足，寸寸斩之，以至于头。留异外同神茂而潜通于景，故得免祸。

10　丁亥，王僧辩进军招提寺北，侯景帅众万馀人、铁骑八百馀匹陈于西州之西。陈霸先曰："我众贼寡，应分其兵势，以强制弱；何故聚其锋锐，令致死于我！"乃命诸将分处置兵。景冲将军王僧志陈，僧志小缩，霸先遣将军安陆徐度将弩手二千横截其后，景兵乃却。霸先与王琳、杜龛等以铁骑乘之，僧辩以大兵继进，景兵败退，据其栅。龛，岸之兄子也。景仪同三司卢晖略守石头城，开北门降，僧辩入据之。景与霸先殊死战，景帅百馀骑，弃矟执刀，左右冲陈；陈不动，众遂大溃，诸军逐北至西明门。

景至阙下，不敢入台，召王伟责之曰："尔令我为帝，今日误我！"伟不能对，绕阙而藏。景欲走，伟执辔谏曰："自古岂有叛天子邪！宫中卫士，犹足一战，弃此，将欲安之！"景曰："我昔败贺拔胜，破葛荣，扬名河、朔，渡江平台城，降柳仲礼如反掌；今日天亡我也！"因仰观石阙，叹息久之。

以皮囊盛其江东所生二子,挂之鞍后,与房世贵等百馀骑东走,欲就谢答仁于吴。侯子鉴、王伟、陈庆奔朱方。

僧辩命裴之横、杜龛屯杜姥宅,杜崱入据台城。僧辩不戢军士,剽掠居民。男女裸露,自石头至于东城,号泣满道。是夜,军士遗火,焚太极殿及东西堂,宝器、羽仪、辇辂无遗。

戊子,僧辩命侯瑱等帅精甲五千追景。王克、元罗等帅台内旧臣迎僧辩于道,僧辩劳克曰:"甚苦,事夷狄之君。"克不能对。又问:"玺绂何在?"克良久曰:"赵平原持去。"僧辩曰:"王氏百世卿族,一朝而坠。"僧辩迎太宗梓宫升朝堂,帅百官哭踊如礼。

己丑,僧辩等上表劝进,且迎都建业。湘东王答曰:"淮海长鲸,虽云授首;襄阳短狐,未全革面。太平玉烛,尔乃议之。"

庚寅,南兖州刺史郭元建,秦郡戍主郭正买,阳平戍主鲁伯和,行南徐州事郭子仲,并据城降。

僧辩之发江陵也,启湘东王曰:"平贼之后,嗣君万福,未审何以为礼?"王曰:"六门之内,自极兵威。"僧辩曰:"讨贼之谋,臣为己任,成济之事,请别举人。"王乃密谕宣猛将军朱买臣,使为之所。及景败,太宗已殂,豫章王栋及二弟桥、樛相扶出于密室,逢杜崱于道,为去其锁。二弟曰:"今日始免横死矣!"栋曰:"倚伏难知,吾犹有惧!"辛卯,遇朱买臣,呼之就船共饮,未竟,并沉于水。

僧辩遣陈霸先将兵向广陵受郭元建等降,又遣使者往安慰之。诸将多私使别索马仗,会侯子鉴渡江至广陵,谓元建等曰:"我曹,梁之深仇,何颜复见其主! 不若投北,可得还乡。"遂皆降齐。霸先至欧阳,齐行台辛术已据广陵。

王伟与侯子鉴相失,直渎戍主黄公喜获之,送建康。王僧辩问曰:"卿为贼相,不能死节,而求活草间邪?"伟曰:"废兴,命也。使汉帝早从伟言,明公岂有今日!"尚书左丞虞骘尝为伟所辱,乃唾其面。伟曰:"君不读书,不足与语。"骘惭而退。僧辩命罗州刺史徐嗣徽镇朱方。

壬辰,侯景至晋陵,得田迁馀兵,因驱掠居民,东趋吴郡。

11　夏,四月齐主使大都督潘乐与郭元建将兵五万攻阳平,拔之。

12　王僧辩启陈霸先镇京口。

13　益州刺史、太尉武陵王纪,颇有武略,在蜀十七年,南开宁州、越巂,西通资陵、吐谷浑,内修耕桑盐铁之政,外通商贾远方之利,故能殖其财用,器甲殷积,有马八千匹。闻侯景陷台城,湘东王将讨之,谓僚佐曰:

"七官文士,岂能匡济!"内寝柏殿柱绕节生花,纪以为己瑞。乙巳,即皇帝位,改元天正,立子圆照为皇太子,圆正为西阳王,圆满为竟陵王,圆普为谯王,圆肃为宜都王。以巴西、梓潼二郡太守永丰侯㧑为征西大将军、益州刺史,封秦郡王。司马王僧略、直兵参军徐怦固谏,不从。僧略,僧辩之弟;怦,勉之从子也。

初,台城之围,怦劝纪速入援,纪意不欲行,内衔之。会蜀人费合告怦反,怦有与将帅书云:"事事往人口具。"纪即以为反征,谓怦曰:"以卿旧情,当使诸子无恙。"对曰:"生儿悉如殿下,留之何益!"纪乃尽诛之,枭首于市,亦杀王僧略。永丰侯㧑叹曰:"王事不成矣! 善人,国之基也,今先杀之,不亡何待!"

纪征宜丰侯谘议参军刘璠为中书侍郎,使者八反,乃至。纪令刘孝胜深布腹心,璠苦求还。中记室韦登私谓璠曰:"殿下忍而蓄憾,足下不留,将致大祸,孰若共构大厦,使身名俱美哉!"璠正色曰:"卿欲缓颊于我邪?我与府侯分义已定,岂以夷险易其心乎! 殿下方布大义于天下,终不逞志于一夫。"纪知必不为己用,乃厚礼遣之。以宜丰侯循为益州刺史,封随郡王,以璠为循府长史、蜀郡太守。

14　谢答仁讨刘神茂还,至富阳,闻侯景败走,帅万人欲北出候之,赵伯超据钱塘拒之。侯景进至嘉兴,闻伯超叛之,乃退据吴。己酉,侯瑱追及景于松江,景犹有船二百艘,众数千人,瑱进击,败之,擒彭隽、田迁、房世贵、蔡寿乐、王伯丑。瑱生剖隽腹,抽其肠,隽犹不死,手自收之,乃斩之。

景与腹心数十人单舸走,推堕二子于水,将入海,瑱遣副将焦僧度追之。景纳羊侃之女为小妻,以其兄鹍为库直都督,待之甚厚,鹍随景东走,与景所亲王元礼、谢葳蕤密图之。葳蕤,答仁之弟也。景下海,欲向蒙山,己卯,景昼寝;鹍语海师:"此中何处有蒙山,汝但听我处分。"遂直向京口。至胡豆洲,景觉,大惊;问岸上人,云"郭元建犹在广陵",景大喜,将依之。鹍拔刀,叱海师向京口,因谓景曰:"吾等为王效力多矣,今至于此,终无所成,欲就乞头以取富贵。"景未及答,白刃交下。景欲投水,鹍以刀斫之。景走入船中,以佩刀抉船底,鹍以稍刺杀之。尚书右仆射索超世在别船,葳蕤以景命召而执之。南徐州刺史徐嗣徽斩超世,以盐内景腹中,送其尸于建康。僧辩传首江陵,截其手,使谢葳蕤送于齐;暴景尸于市,士民争取食之,并骨皆尽;溧阳公主亦预食焉。初,景之五子在北齐,世宗剥其长子面而烹之,幼者皆下蚕室。齐显祖即位,梦猕猴坐其御床,乃尽烹之。赵伯超、谢答仁皆降于侯瑱，瑱并田迁等送建康。王僧辩斩房世贵于市，送王伟、吕季略、周石珍、严亹、赵伯超、伏知命于江陵。

丁巳，湘东王下令解严。

15　乙丑，葬简文帝于庄陵，庙号太宗。

16　侯景之败也，以传国玺自随，使其侍中兼平原太守赵思贤掌之，曰："若我死，宜沉于江，勿令吴儿复得之。"思贤自京口济江，遇盗，从者弃之草间，至广陵，以告郭元建。元建取之，以与辛术，壬申，术送之至邺。

17　甲申，齐以吏部尚书杨愔为右仆射，以太原公主妻之。公主，即魏孝静帝之后也。

18　杨乾运至剑北，魏达奚武逆击之，大破乾运于白马，陈其俘馘于南郑城下，且遣人辱宜丰侯循。循怒，出兵与战，都督杨绍伏兵击之，杀伤殆尽。刘璠还至白马西，为武所获，送长安。太师泰素闻其名，待之如旧交。时南郑久不下，武请屠之，泰将许之。璠请之于朝，泰怒，不许；璠泣请不已，泰曰："事人当如是。"乃从其请。

19　五月庚午，司空南平王恪等复劝进，湘东王犹不受，遣侍中丰城侯泰谒山陵，修复庙社。

戊寅，侯景首至江陵，枭之于市三日，煮而漆之，以付武库。庚辰，以南平王恪为扬州刺史。甲申，以王僧辩为司徒、镇卫将军，封长宁公。陈霸先为征虏将军、开府仪同三司，封长城县侯。

乙酉，诛侯景所署尚书仆射王伟、左民尚书吕季略、少府周石珍、舍人严亹于市。赵伯超、伏知命饿死于狱。以谢答仁不失礼于太宗，特宥之。王伟于狱中上五百言诗，湘东王爱其才，欲宥之；有嫉之者，言于王曰："前日伟作檄文甚佳。"王求而视之，檄云："项羽重瞳，尚有乌江之败；湘东一目，宁为赤县所归！"王大怒，钉其舌于柱，剜腹、脔肉而杀之。

20　丙戌，齐合州刺史斛斯昭攻历阳，拔之。

21　丁亥，下令，以"王伟等既死，自馀衣冠旧贵，被逼偷生，猛士勋豪，和光苟免者，皆不问"。

22　扶风民鲁悉达，纠合乡人以保新蔡，力田蓄谷。时江东饥乱，饿死者什八九，遗民携老幼归之。悉达分给粮廪，全济其众，招集晋熙等五郡，尽有其地。使其弟广达将兵从王僧辩讨侯景，景平，以悉达为北江州刺史。

23　齐主使其散骑常侍曹文皎等来聘，湘东王使散骑常侍柳晖等报之，且告平侯景；亦遣舍人魏彦告于魏。

24　齐主使潘乐、郭元建将兵围秦郡,行台尚书辛术谏曰:"朝廷与湘东王信使不绝。阳平,侯景之土,取之可也;今王僧辩已遣严超达守秦郡,于义何得复争之! 且水潦方降,不如班师。"弗从。陈霸先命别将徐度引兵助秦郡固守。齐众七万,攻之甚急。王僧辩使左卫将军杜崱救之,霸先亦自欧阳来会;与元建大战于土林,大破之,斩首万馀级,生擒千馀人。元建收馀众北遁;犹以通好,不穷追也。

辛术迁吏部尚书。自魏迁邺以后,大选之职,知名者数人,互有得失:齐世宗少年高朗,所弊者疏;袁叔德沉密谨厚,所伤者细;杨愔风流辩给,取士失于浮华。唯术性尚贞明,取士必以才器,循名责实,新旧参举,管库必擢,门阀不遗,考之前后,最为折衷。

25　魏达奚武遣尚书左丞柳带韦入南郑,说宜丰侯循曰:"足下所固者险,所恃者援,所保者民。今王旅深入,所凭之险不足固也;白马破走,酋豪不进,所望之援不可恃也;长围四合,所部之民不可保。且足下本朝丧乱,社稷无主,欲谁为为忠乎? 岂若转祸为福,使庆流子孙邪!"循乃请降。带韦,庆之子也。开府仪同三司贺兰德愿闻城中食尽,请攻之,大都督赫连达曰:"不战而获城,策之上者,岂可利其子女,贪其货财,而不爱民命乎! 且观其士马犹强,城池尚固,攻之纵克,则彼此俱伤,如困兽犹斗,则成败未可知也。"武曰:"公言是也。"乃受循降,获男女二万口而还,于是剑北皆入于魏。

26　六月丁未,齐主还邺;乙卯,复如晋阳。

27　庚寅,立安南侯方矩为王太子。

28　齐遣散骑常侍谢季卿来贺平侯景。

29　衡州刺史王怀明作乱,广州刺史萧勃讨平之。

30　齐政烦赋重,江北之民不乐属齐,其豪杰数请兵于王僧辩,僧辩以与齐通好,皆不许。秋,七月,广陵侨人朱盛等潜聚党数千人,谋袭杀齐刺史温仲邕,遣使求援于陈霸先,云已克其外城。霸先使告僧辩,僧辩曰:"人之情伪,未易可测,若审克外城,亟须应援,如其不尔,无烦进军。"使未报,霸先已济江,僧辩乃命武州刺史杜崱等助之。会盛等谋泄,霸先因进军围广陵。

31　八月,魏安康人黄众宝反,攻魏兴,执太守柳桧,进围东梁州。令桧诱说城中,桧不从而死。桧,虬之弟也。太师泰遣王雄与骠骑大将军武川宇文虬讨之。

32　武陵王纪举兵由外水东下,以永丰侯㧑为益州刺史,守成都,使其子宜都王圆肃副之。

33　九月甲戌,司空南平王恪卒。甲申,以王僧辩为扬州刺史。

34　齐主使告王僧辩、陈霸先曰:“请释广陵之围,必归广陵、历阳两城。”霸先引兵还京口,江北之民从霸先济江者万馀口。湘东王以霸先为征北大将军、开府仪同三司、南徐州刺史,征霸先世子昌及兄子顼诣江陵,以昌为散骑常侍,顼为领直。

35　宜丰侯循之降魏也,丞相泰许其南还,久而未遣,从容问刘璠曰:“我于古谁比?”对曰:“璠常以公为汤、武,今日所见,曾桓、文之不如!”泰曰:“我安敢比汤、武,庶几望伊、周,何至不如桓、文!”对曰:“齐桓存三亡国,晋文公不失信于伐原。”语未竟,泰抚掌曰:“我解尔意,欲激我耳!”乃谓循曰:“王欲之荆,为之益?”循请还江陵,泰厚礼遣之。循以文武千家自随,湘东王疑之,遣使觇察,相望于道;始至之夕,命劫窃其财,及旦,循启输马仗,王乃安之,引入,对泣,以循为侍中、骠骑将军、开府仪同三司。

36　冬,十月,齐主自晋阳如离石,自黄栌岭起长城,北至社平戍,四百馀里,置三十六戍。

37　戊申,湘东王执湘州刺史王琳于殿中,杀其副将殷晏。

琳本会稽兵家,其姊妹皆入王宫,故琳少在王左右。琳好勇,王以为将帅。琳倾身下士,所得赏赐,不以入家。麾下万人,多江、淮群盗,从王僧辩平侯景,与杜龛功居第一。在建康,恃宠纵暴,僧辩不能禁。僧辩以宫殿之烧,恐得罪,欲以琳塞责,乃密启王,请诛琳。王以琳为湘州,琳自疑及祸,使长史陆纳帅部曲赴湘州,身诣江陵陈谢,谓纳等曰:“吾若不返,子将安之?”咸曰:“请死之。”相泣而别。至江陵,王下琳吏。

辛酉,以王子方略为湘州刺史,又以廷尉黄罗汉为长史,使与太舟卿张载至巴陵,先据琳军。载有宠于王,而御下峻刻,荆州人疾之如仇。罗汉等至琳军,陆纳及士卒并哭,不肯受命,执罗汉及载。王遣宦者陈旻往谕之,纳对旻刳载腹,抽肠以系马足,使绕而走,肠尽气绝。又脔割,出其心,向之抃舞,焚其馀骨。以黄罗汉清谨而免之。纳与诸将引兵袭湘州,时州中无主,纳遂据之。

38　公卿藩镇数劝进于湘东王,十一月丙子,世祖即皇帝位于江陵,改元,大赦。是日,帝不升正殿,公卿陪列而已。

39　丁丑,以宜丰侯循为湘州刺史。

40　己卯,立王太子方矩为皇太子,更名元良。皇子方智为晋安王,方略为始安王,方等之子庄为永嘉王。追尊母阮修容为文宣皇后。

侯景之乱,州郡太半入魏,自巴陵以下至建康,以长江为限,荆州界北尽武宁,西拒硖口,岭南复为萧勃所据,诏令所行,千里而近,民户著籍,不盈三万而已。

41　陆纳袭击衡州刺史丁道贵于渌口,破之。道贵奔零陵,其众悉降于纳。上闻之,遣使征司徒王僧辩、右卫将军杜崱、平北将军裴之横与宜丰侯循共讨纳,循军巴陵以待之。侯景之乱,零陵人李洪雅据其郡,上即以为营州刺史。洪雅请讨陆纳,上许之。丁道贵收馀众与之俱。纳遣其将吴藏袭击,破之,洪雅等退保空云城,藏引兵围之。顷之,纳请降,求送妻子。上遣陈昙至纳所,纳众皆泣,曰:“王郎被囚,故我曹逃罪于湘州,非有他志也。”乃出妻子付昙。昙至巴陵,循曰:“此诈也,必将袭我。”乃密为之备。纳果夜以轻兵继昙后,约至城下鼓噪。十二月壬午晨,去巴陵十里,众谓已至,即鼓噪,军中皆惊。循坐胡床,于垒门望之,纳乘水来攻,矢下如雨,循方食甘蔗,略无惧色,徐部分将士击之,获其一舰;纳退保长沙。

42　壬午,齐主还邺;戊午,复如晋阳。

# 资治通鉴卷第一百六十五

## 梁纪二十一

### 世祖孝元皇帝下

承圣二年（癸酉，553）

1　春，正月，王僧辩发建康，承制使陈霸先代镇扬州。

2　丙子，山胡围齐离石。戊寅，齐主讨之，未至，胡已走，因巡三堆，大猎而归。

3　以吏部尚书王褒为左仆射。

4　己丑，齐改铸钱，文曰"常平五铢"。

5　二月庚子，李洪雅力屈，以空云城降陆纳。纳囚洪雅，杀丁道贵。纳以沙门宝志诗谶有"十八子"，以为李氏当王，甲辰，推洪雅为主，号大将军，使乘平肩舆，列鼓吹，纳帅众数千，左右翼从。

6　魏太师泰去丞相、大行台，为都督中外诸军事。

7　王雄至东梁州，黄众宝帅众降。太师泰赦之，迁其豪帅于雍州。

8　齐主送柔然可汗铁伐之父登注及兄库提还其国。铁伐寻为契丹所杀，国人立登注为可汗。登注复为其大人阿富提所杀，国人立库提。

9　突厥伊利可汗卒，子科罗立，号乙息记可汗；三月，遣使献马五万于魏。柔然别部又立阿那瓌叔父邓叔子为可汗；乙息记击破邓叔子于沃野北木赖山。乙息记卒，舍其子摄图而立其弟俟斤，号木杆可汗。木杆状貌奇异，性刚勇，多智略，善用兵，邻国畏之。

10　上闻武陵王纪东下，使方士画版为纪像，亲钉支体以厌之，又执侯景之俘以报纪。初，纪之举兵，皆太子圆照之谋也。圆照时镇巴东，执留使者，启纪云："侯景未平，宜急进讨；已闻荆镇为景所破。"纪信之，趣兵东下。

上甚惧，与魏书曰："子纠，亲也，请君讨之。"太师泰曰："取蜀制梁，在兹一举。"诸将咸难之。大将军代人尉迟迥，泰之甥也，独以为可克。泰问以方略，迥曰："蜀与中国隔绝百有馀年，恃其险，不虞我至，若以铁骑兼行袭之，无不克矣。"泰乃遣迥督开府仪同三司原珍等六军，甲士万二千，骑万匹，自散关伐蜀。

11　陆纳遣其将吴藏、潘乌黑、李贤明等下据车轮。王僧辩至巴陵，宜丰侯循让都督于僧辩，僧辩弗受。上乃以僧辩、循为东、西都督。夏，四月丙申，僧辩军于车轮。

12　吐谷浑可汗夸吕，虽通使于魏而寇抄不息，宇文泰将骑三万逾陇，至姑臧，讨之。夸吕惧，请服；既而复通使于齐。凉州刺史史宁觇知其还，袭之于赤泉，获其仆射乞伏触状。

13　陆纳夹岸为城，以拒王僧辩。纳士卒皆百战之馀，僧辩惮之，不敢轻进，稍作连城以逼之。纳以僧辩为怯，不设备；五月甲子，僧辩命诸军水陆齐进，急攻之，僧辩亲执旗鼓，宜丰侯循亲受矢石，拔其二城；纳众大败，步走，保长沙。乙丑，僧辩进围之。僧辩坐垒上视筑围垒，吴藏、李贤明帅锐卒千人开门突出，蒙楯直进，趋僧辩。时杜崱、杜龛并侍左右，甲士卫者止百馀人，力战拒之。僧辩据胡床不动，裴之横从旁击藏等，藏等败退，贤明死，藏脱走入城。

14　武陵王纪至巴郡，闻有魏兵，遣前梁州刺史巴西谯淹还军救蜀。初，杨乾运求为梁州刺史，纪以为潼州刺史；杨法琛求为黎州刺史，以为沙州：二人皆不悦。乾运兄子略说乾运曰："今侯景初平，宜同心戮力，保国宁民，而兄弟寻戈，此自亡之道也。夫木朽不雕，世衰难佐，不如送款关中，可以功名两全。"乾运然之，令略将二千人镇剑阁，又遣其婿乐广镇安州，与法琛皆潜通于魏。魏太师泰密赐乾运铁券，授骠骑大将军、开府仪同三司、梁州刺史。尉迟迥以开府仪同三司侯吕陵始为前军，至剑阁，略退就乐广，翻城应始，始入据安州。甲戌，迥至涪水，乾运以州降。迥分军守之，进袭成都。时成都见兵不满万人，仓库空竭，永丰侯㧑婴城自守，迥围之。谯淹遣江州刺史景欣、幽州刺史赵拔扈援成都，迥使原珍等击走之。

武陵王纪至巴东，闻侯景已平，乃自悔，召太子圆照责之，对曰："侯景虽平，江陵未服。"纪亦以既称尊号，不可复为人下，欲遂东进。将卒日夜思归，其江州刺史王开业以为宜还救根本，更思后图；诸将皆以为然。圆照及刘孝胜固言不可，纪从之，宣言于众曰："敢谏者死！"己丑，纪至西陵，军势甚盛，舳舻翳川。护军陆法和筑二城于峡口两岸，运石填江，铁锁断之。

帝拔任约于狱，以为晋安王司马，使助法和拒纪，谓之曰："汝罪不容诛,我不杀,本为今日!"因撤禁兵以配之,仍许妻以庐陵王续之女,使宣猛将军刘菜与之俱。

15 庚辰,巴州刺史余孝顷将兵万人会王僧辩于长沙。

16 豫章太守观宁侯永,昏而少断,左右武蛮奴用事,军主文重疾之。永将兵讨陆纳,至宫亭湖,重杀蛮奴,永军溃,奔江陵。重将其众奔开建侯蕃,蕃杀之而有其众。

17 六月壬辰,武陵王纪筑连城,攻绝铁锁,陆法和告急相继。上复拔谢答仁于狱,以为步兵校尉,配兵使助法和;又遣使送王琳,令说谕陆纳。乙未,琳至长沙,僧辩使示之,纳众悉拜且泣,使谓僧辩曰:"朝廷若赦王郎,乞听入城。"僧辩不许,复送江陵。陆法和求救不已,上欲召长沙兵,恐失陆纳,乃复遣琳许其入城。琳既入,纳遂降,湘州平。上复琳官爵,使将兵西援峡口。

18 甲辰,齐章武景王库狄干卒。

19 武陵王纪遣将军侯叡将众七千筑垒与陆法和相拒。上遣使与纪书,许其还蜀,专制一方;纪不从,报书如家人礼。陆纳既平,湘州诸军相继西上,上复与纪书曰:"吾年为一日之长,属有平乱之功,膺此乐推,事归当璧。傥遣使乎,良所迟也。如曰不然,于此投笔。友于兄弟,分形共气,兄肥弟瘦,无复相见之期,让枣推梨,永罢欢愉之日。心乎爱矣,书不尽言。"纪顿兵日久,频战不利,又闻魏寇深入,成都孤危,忧懑不知所为。乃遣其度支尚书乐奉业诣江陵求和,请依前旨还蜀。奉业知纪必败,启上曰:"蜀军乏粮,士卒多死,危亡可待。"上遂不许其和。

纪以黄金一斤为饼,饼百为篋,至有百篋,银五倍于金,锦罽、缯彩称是,每战,悬示将士,不以为赏。宁州刺史陈智祖请散之以募勇士,弗听,智祖哭而死。有请事者,纪称疾不见,由是将卒解体。

秋,七月辛未,巴东民苻昇等斩峡口城主公孙晃,降于王琳。谢答仁、任约进攻侯叡,破之,拔其三垒。于是两岸十四城俱降。纪不获退,顺流东下,游击将军樊猛追击之,纪众大溃,赴水死者八千馀人,猛围而守之。上密敕猛曰:"生还,不成功也。"猛引兵至纪所,纪在舟中绕床而走,以金囊掷猛曰:"以此雇卿,送我一见七官。"猛曰:"天子何由可见!杀足下,金将安之!"遂斩纪及其幼子圆满。陆法和收太子圆照兄弟三人送江陵。上绝纪属籍,赐姓饕餮氏。下刘孝胜狱,已而释之。上使谓江安侯圆正曰:"西军已败,汝父不知存亡。"意欲使其自裁。圆正闻之号哭,称世子不绝声。上频使觇之,知不能死,移送廷尉狱,见圆照,曰:"兄何乃乱人骨肉,使痛酷如此!"圆照唯云"计误"。上并命绝食于狱,至啮臂啖之,十三日而死,远近闻而悲之。

乙未,王僧辩还江陵。诏诸军各还所镇。

20　魏尉迟迥围成都五旬,永丰侯㧑屡出战,皆败,乃请降。诸将欲不许,迥曰:"降之则将士全,远人悦;攻之则将士伤,远人惧。"遂受之。八月,戊戌,㧑与宜都王圆肃帅文武诣军门降,迥以礼接之,与盟于益州城北。吏民皆复其业,唯收奴婢及储积以赏将士,军无私焉。魏以㧑及圆肃并为开府仪同三司,以迥为大都督益潼等十二州诸军事、益州刺史。

21　庚子,下诏将还建康,领军将军胡僧祐、太府卿黄罗汉、吏部尚书宗懔、御史中丞刘毅谏曰:"建业王气已尽,与虏正隔一江,若有不虞,悔无及也!且古老相承云:'荆州洲数满百,当出天子。'今枝江生洲,百数已满,陛下龙飞,是其应也。"上令朝臣议之。黄门侍郎周弘正、尚书右仆射王褒曰:"今百姓未见舆驾入建康,谓是列国诸王;愿陛下从四海之望。"时群臣多荆州人,皆曰:"弘正等东人也,志愿东下,恐非良计。"弘正面折之曰:"东人劝东,谓非良计;西人欲西,岂成长策?"上笑。又议于后堂,会者五百人,上问之曰:"吾欲还建康,诸卿以为如何?"众莫敢先对。上曰:"劝吾去者左袒。"左袒者过半。武昌太守朱买臣言于上曰:"建康旧都,山陵所在;荆镇边疆,非王者之宅。愿陛下勿疑,以致后悔。臣家在荆州,岂不愿陛下居此,但恐是臣富贵,非陛下富贵耳!"上使术士杜景豪卜之,不吉,对上曰:"未去。"退而言曰:"此兆为鬼贼所留也。"上以建康凋残,江陵全盛,意亦安之,卒从僧祐等议。

22　以湘州刺史王琳为衡州刺史。

23　九月庚午,诏王僧辩还镇建康,陈霸先复还京口。丙子,以护军将军陆法和为郢州刺史。法和为政,不用刑狱,专以沙门法及西域幻术教化,部曲数千人,通谓之弟子。

24　契丹寇齐边。壬午,齐主北巡冀、定、幽、安,遂伐契丹。

25　齐主使郭元建治水军二万馀人于合肥,将袭建康,纳湘潭侯退,又遣将军邢景远、步大汗萨帅众继之。陈霸先在建康闻之,白上;上诏王僧辩镇姑孰以御之。

26　冬,十月丁酉,齐主至平州,从西道趣长堑,使司徒潘相乐帅精骑五千自东道趣青山。辛丑,至白狼城;壬寅,至昌黎城,使安德王韩轨帅精骑四千东断契丹走路;癸卯,至阳师水,倍道兼行,掩袭契丹。齐主露髻肉袒,昼夜不息,行千馀里,逾越山岭,为士卒先,唯食肉饮水,壮气弥厉。甲辰,与契丹遇,奋击,大破之,虏获十馀万口,杂畜数百万头。潘相乐又于青山破契丹别部。丁未,齐主还至营州。

27　己酉,王僧辩至姑孰,遣婺州刺史侯瑱、吴郡太守张彪、吴兴太守裴之横筑垒东关,以待齐师。

28　丁巳,齐主登碣石山,临沧海,遂如晋阳。以肆州刺史斛律金为太师,召还晋阳,拜其子丰乐为武卫大将军,命其孙武都尚义宁公主,宠待之厚,群臣莫及。

29　闰月丁丑,南豫州刺史侯瑱与郭元建战于东关,齐师大败,溺死者万计。湘潭侯退复归于邺,王僧辩还建康。

30　吴州刺史开建侯蕃,恃其兵强,贡献不入,上密令其将徐佛受图之。佛受使其徒诈为讼者,诣蕃,遂执之。上以佛受为建安太守,以侍中王质为吴州刺史。质至鄱阳,佛受置之金城,自据罗城,掌门管,缮治舟舰甲兵,质不敢与争。故开建侯部曲数千人攻佛受,佛受奔南豫州,侯瑱杀之,质始得行州事。

31　十一月戊戌,以尚书右仆射王褒为左仆射,湘东太守张绾为右仆射。

32　己未,突厥复攻柔然,柔然举国奔齐。

33　癸亥,齐主自晋阳北击突厥,迎纳柔然,废其可汗库提,立阿那瓌子庵罗辰为可汗,置之马邑川,给其廪饩缯帛;亲追突厥于朔州,突厥请降,许之而还。自是贡献相继。

34　魏尚书元烈谋杀宇文泰,事泄,泰杀之。

35　丙寅,上使侍中王琛使于魏。太师泰阴有图江陵之志,梁王詧闻之,益重其贡献。

36　十二月,齐宿预民东方白额以城降,江西州郡皆起兵应之。

三年(甲戌,554)

1　春,正月癸巳,齐主自离石道讨山胡,遣斛律金从显州道,常山王演从晋州道夹攻,大破之,男子十三以上皆斩,女子及幼弱以赏军,遂平石楼。石楼绝险,自魏世所不能至,于是远近山胡莫不慑服。有都督战伤,其什长路晖礼不能救,帝命剐其五藏,令九人食之,肉及秽恶皆尽。自是始为威虐。

2　陈霸先自丹徒济江,围齐广陵,秦州刺史严超达自秦郡进围泾州,南豫州刺史侯瑱、吴郡太守张彪皆出石梁,为之声援。辛丑,使晋陵太守杜僧明帅三千人助东方白额。

　3　魏太师泰始作九命之典,以叙内外官爵,改流外品为九秩。

　4　魏主自元烈之死,有怨言,密谋诛太师泰;临淮王育、广平王赞垂涕切谏,不听。泰诸子皆幼,兄子章武公导、中山公护皆出镇,唯以诸婿为心膂,大都督清河公李基、义城公李晖、常山公于翼俱为武卫将军,分掌禁兵。基,远之子;晖,弼之子;翼,谨之子也。由是魏主谋泄,泰废魏主,置之雍州,立其弟齐王廓,去年号,称元年,复姓拓跋氏,九十九姓改为单者,皆复其旧。魏初统国三十六,大姓九十九,后多灭绝。泰乃以诸将功高者为三十六姓,次者为九十九姓,所将士卒亦改从其姓。

　5　三月丁亥,长沙王韶取巴郡。

　6　甲辰,以王僧辩为太尉、车骑大将军。

　7　丁未,齐将王球攻宿预,杜僧明出击,大破之,球归彭城。

　8　郢州刺史陆法和上启自称司徒,上怪之。王褒曰:“法和既有道术,容或先知。”戊申,上就拜法和为司徒。

　9　己酉,魏侍中宇文仁恕来聘。会齐使者亦至江陵,帝接仁恕不及齐使,仁恕归,以告太师泰。帝又请据旧图定疆境,辞颇不逊,泰曰:“古人有言,‘天之所弃,谁能兴之’,其萧绎之谓乎!”荆州刺史长孙俭屡陈攻取之策,泰征俭入朝,问以经略,复命还镇,密为之备。马伯符密使告帝,帝弗之信。

　10　柔然可汗庵罗辰叛齐,齐主自将出击,大破之,庵罗辰父子北走。太保安定王贺拔仁献马不甚骏,齐主拔其发,免为庶人,输晋阳负炭。

　11　齐中书令魏收撰魏书,颇用爱憎为褒贬,每谓人曰:“何物小子,敢与魏收作色!举之则使升天,按之则使入地!”既成,中书舍人卢潜奏“收诬罔一代,罪当诛”。尚书左丞卢斐、顿丘李庶皆言魏史不直。收启齐主云:“臣既结怨强宗,将为刺客所杀。”帝怒,于是斐、庶及尚书郎中王松年皆坐谤史,鞭二百,配甲坊。斐、庶死于狱中,潜亦坐系狱。然时人终不服,谓之“秽史”。潜,度世之曾孙;斐,同之子;松年,遵业之子也。

　12　夏,四月,柔然寇齐肆州,齐主自晋阳讨之,至恒州,柔然散走。帝以二千馀骑为殿,宿黄瓜堆。柔然别部数万骑奄至,帝安卧,平明乃起,神色自若,指画形势,纵兵奋击,柔然披靡,因溃围而出。柔然走,追击之,伏尸二十馀里,获庵罗辰妻子,虏三万馀口,令都督善无高阿那肱帅骑数千塞其走路。时柔然军犹盛,阿那肱以兵少,请益,帝更减其半。阿那肱奋击,大破之。庵罗辰超越岩谷,仅以身免。

13 丙寅,上使散骑常侍庾信等聘于魏。

14 癸酉,以陈霸先为司空。

15 丁未,齐主复自击柔然,大破之。

16 庚戌,魏太师泰鸩杀废帝。

17 五月,魏直州人乐炽、洋州人黄国等作乱,开府仪同三司高平田弘、河南贺若敦讨之,不克。太师泰命车骑大将军李迁哲与敦共讨炽等,平之。仍与敦南出,徇地至巴州,巴州刺史牟安民降之,巴、濮之民皆附于魏。蛮酋向五子王陷白帝,迁哲击之,五子王遁去,迁哲追击,破之。泰以迁哲为信州刺史,镇白帝。信州先无储蓄,迁哲与军士共采葛根为粮,时有异味,辄分尝之,军士感悦。屡击叛蛮,破之,群蛮慴服,皆送粮饩,遣子弟入质。由是州境安息,军储亦赡。

18 柔然乙旃达官寇魏广武,杜国李弼追击,破之。

19 广州刺史曲江侯勃,自以非上所授,内不自安;上亦疑之。勃启求入朝;五月乙巳,上以王琳为广州刺史,勃为晋州刺史。上以琳部众强盛,又得众心,故欲远之。琳与主书广汉李膺厚善,私谓膺曰:“琳,小人也,蒙官拔擢至此。今天下未定,迁琳岭南,如有不虞,安得琳力! 窃揆官意不过疑琳,琳分望有限,岂与官争为帝乎! 何不以琳为雍州刺史、镇武宁,琳自放兵作田,为国御捍。”膺然其言而弗敢启。

20 散骑郎新野庾季才言于上曰:“去年八月丙申,月犯心中星,今月丙戌,赤气干北斗。心为天王,丙主楚分,臣恐建子之月有大兵入江陵,陛下宜留重臣镇江陵,整旆还都以避其患。假令魏虏侵蹙,止失荆、湘,在于社稷,犹得无虞。”上亦晓天文,知楚有灾,叹曰:“祸福在天,避之何益!”

21 六月壬午,齐步大汗萨将兵四万趣泾州,王僧辩使侯瑱、张彪自石梁引兵助严超达拒之,瑱、彪迟留不进。将军尹令思将万馀人谋袭盱眙。齐冀州刺史段韶将兵讨东方白额于宿预,广陵、泾州皆来告急,诸将患之。韶曰:“梁氏丧乱,国无定主,人怀去就,强者从之。霸先等外托同德,内有离心,诸君不足忧,吾揣之熟矣!”乃留仪同三司敬显携等围宿预,自引兵倍道趣泾州,途出盱眙。令思不意齐师猝至,望风退走。韶进击超达,破之,回趣广陵,陈霸先解围走。杜僧明还丹徒,侯瑱、张彪还秦郡。吴明彻围海西,镇将中山郎基固守,削木为箭,翦纸为羽,围之十旬,卒不能克而还。

22 柔然帅馀众东徙,且欲南寇,齐主帅轻骑邀之于金川。柔然闻之,远遁,营州刺史灵丘王峻设伏击之,获其名王数十人。

23　邓至羌檐桁失国,奔魏,太师泰使秦州刺史宇文导将兵纳之。

24　齐段韶还至宿预,使辩士说东方白额,白额开门请盟,因执而斩之。

25　秋,七月庚戌,齐主还邺。

26　魏太师泰西巡,至原州。

27　八月壬辰,齐以司州牧清河王岳为太保,司空尉粲为司徒,太子太师侯莫陈相为司空,尚书令平阳王淹录尚书事,常山王演为尚书令,中书令上党王涣为左仆射。

28　乙亥,齐仪同三司元旭坐事赐死。丁丑,齐主如晋阳。齐主之未为魏相也,太保、录尚书事平原王高隆之常侮之,及将受禅,隆之复以为不可,齐主由是衔之。崔季舒谮"隆之每见诉讼者辄加哀矜之意,以示非己能裁"。帝禁之尚书省。隆之尝与元旭饮,谓旭曰:"与王交,当生死不相负。"人有密言之者,帝由是发怒,令壮士筑百馀拳而舍之,辛巳,卒于路。久之,帝追忿隆之,执其子慧登等二十人于前,帝以鞭叩鞍,一时头绝,并投尸漳水;又发隆之冢,出其尸,斩截骸骨焚之,弃于漳水。

29　齐主使常山王演、上党王涣、清河王岳、平原王段韶帅众于洛阳西南筑伐恶城、新城、严城、河南城。九月,齐主巡四城,欲以致魏师,魏师不出,乃如晋阳。

30　魏宇文泰命侍中崔猷开回车路以通汉中。

31　帝好玄谈,辛卯,于龙光殿讲老子。

32　曲江侯勃迁居始兴,王琳使副将孙场先行据番禺。

33　乙巳,魏遣柱国常山公于谨、中山公宇文护、大将军杨忠将兵五万入寇,冬,十月壬戌,发长安。长孙俭问谨曰:"为萧绎之计,将如之何?"谨曰:"耀兵汉、沔,席卷渡江,直据丹杨,上策也;移郭内居民退保子城,峻其陴堞,以待援军,中策也;若难于移动,据守罗郭,下策也。"俭曰:"揣绎定出何策?"谨曰:"下策。"俭曰:"何故?"谨曰:"萧氏保据江南,绵历数纪,属中原多故,未遑外略,又以我有齐氏之患,必谓力不能分。且绎懦而无谋,多疑少断,愚民难与虑始,皆恋邑居,所以知其用下策也!"

癸亥,武宁太守宗均告魏兵且至,帝召公卿议之。领军胡僧祐、太府卿黄罗汉曰:"二国通好,未有嫌隙,必应不尔。"侍中王琛曰:"臣揣宇文容色,必无此理。"乃复使琛使魏。丙寅,于谨至樊、邓,梁王詧帅众会之。辛卯,帝停讲,内外戒严。王琛至石梵,未见魏军,驰书报黄罗汉曰:"吾至石梵,境上帖然,前言皆儿戏耳。"帝闻而疑之。庚午,复讲,百官戎服以听。

辛未,帝使主书李膺至建康,征王僧辩为大都督、荆州刺史,命陈霸先徙镇扬州。僧辩遣豫州刺史侯瑱帅程灵洗等为前军,兖州刺史杜僧明帅吴明彻等为后军。甲戌,帝夜登凤皇阁,徙倚叹息曰:"客星入翼、轸,今必败矣!"嫔御皆泣。

陆法和闻魏师至,自郢州入汉口,将赴江陵。帝使逆之曰:"此自能破贼,但镇郢州,不须动也!"法和还州,垩其城门,著衰绖,坐苇席,终日,乃脱之。

十一月,帝大阅于津阳门外,遇北风暴雨,轻辇还宫。癸未,魏军济汉,于谨令宇文护、杨忠帅精骑先据江津,断东路。甲申,护克武宁,执宗均。是日,帝乘马出城行栅,插木为之,周围六十馀里。以领军将军胡僧祐都督城东诸军事,尚书右仆射张缵为之副,左仆射王褒都督城西诸军事,四厢领直元景亮为之副;王公已下各有所守。丙戌,命太子巡行城楼,令居人助运木石。夜,魏军至黄华,去江陵四十里,丁亥,至栅下。戊子,巂州刺史裴畿、畿弟新兴太守机、武昌太守朱买臣、衡阳太守谢答仁开枇杷门出战,裴机杀魏仪同三司胡文伐。畿,之高之子也。

帝征广州刺史王琳为湘州刺史,使引兵入援。丁酉,栅内火,焚数千家及城楼二十五,帝临所焚楼,望魏军济江,四顾叹息。是夜,遂止宫外,宿民家,己亥,移居祇洹寺。于谨令筑长围,中外信命始绝。

庚子,信州刺史徐世谱、晋安王司马任约等筑垒于马头,遥为声援。是夜,帝巡城,犹口占为诗,群臣亦有和者。帝裂帛为书,趣王僧辩曰:"吾忍死待公,可以至矣!"壬寅,还宫;癸卯,出长沙寺。戊申,王褒、胡僧祐、朱买臣、谢答仁等开门出战,皆败还。己酉,帝移居天居寺;癸丑,移居长沙寺。朱买臣按剑进曰:"唯斩宗懔、黄罗汉,可以谢天下!"帝曰:"襄实吾意,宗、黄何罪!"二人退入众中。

王琳军至长沙,镇南府长史裴政请间道先报江陵,至百里洲,为魏人所获。梁王詧谓政曰:"我,武皇帝之孙也,不可为尔君乎?若从我计,贵及子孙;如或不然,腰领分矣。"政诡对曰:"唯命。"詧锁之至城下,使言曰:"王僧辩闻台城被围,已自为帝。王琳孤弱,不能复来。"政告城中曰:"援兵大至,各思自勉。吾以间使被擒,当碎身报国。"监者击其口,詧怒,使速杀之。西中郎参军蔡大业谏曰:"此民望也,杀之,则荆州不可下矣。"乃释之。政,之礼之子;大业,大宝之弟也。

　　时征兵四方,皆未至。甲寅,魏人百道攻城,城中负户蒙楯,胡僧祐亲当矢石,昼夜督战,奖励将士,明行赏罚,众咸致死,所向摧殄,魏不得前。俄而僧祐中流矢死,内外大骇。魏悉众攻栅,反者开西门纳魏师,帝与太子、王褒、谢答仁、朱买臣退保金城,令汝南王大封、晋熙王大圆质于于谨以请和。魏军之初至也,众以王僧辩子侍中颙可为都督,帝不用,更夺其兵,使与左右十人入守殿中;及胡僧祐死,乃用为都督城中诸军事。裴畿、裴机、历阳侯峻皆出降。于谨以机手杀胡文伐,并畿杀之。峻,渊猷之子也。时城南虽破,而城北诸将犹苦战,日暝,闻城陷,乃散。

　　帝入东阁竹殿,命舍人高善宝焚古今图书十四万卷,将自赴火,宫人左右共止之。又以宝剑斫柱令折,叹曰:“文武之道,今夜尽矣!”乃使御史中丞王孝祀作降文。谢答仁、朱买臣谏曰:“城中兵众犹强,乘暗突围而出,贼必惊,因而薄之,可渡江就任约。”帝素不便走马,曰:“事必无成,只增辱耳!”答仁求自扶,帝以问王褒,褒曰:“答仁,侯景之党,岂足可信!成彼之勋,不如降也。”答仁又请守子城,收兵可得五千人,帝然之,即授城中大都督,配以公主。既而召王褒谋之,以为不可。答仁请入不得,欧血而去。于谨征太子为质,帝使王褒送之。谨子以褒善书,给之纸笔,乃书曰:“柱国常山公家奴王褒。”有顷,黄门郎裴政犯门而出。帝遂去羽仪文物,白马素衣出东门,抽剑击阖曰:“萧世诚一至此乎!”魏军士度堑牵其辔,至白马寺北,夺其所乘骏马,以驽马代之,遣长壮胡人手扼其背以行,逢于谨,胡人牵帝使拜。梁王詧使铁骑拥帝入营,囚于乌幔之下,甚为詧所诘辱。乙卯,于谨令开府仪同三司长孙俭入据金城。帝绐俭云:“城中埋金千斤,欲以相赠。”俭乃将帝入城。帝因述詧见辱之状,谓俭曰:“向聊相绐,欲言此耳,岂有天子自埋金乎!”俭乃留帝于主衣库。

　　帝性残忍,且惩高祖宽纵之弊,故为政尚严。及魏师围城,狱中死囚且数千人,有司请释之以充战士;帝不许,悉令梏杀之,事未成而城陷。

　　中书郎殷不害先于别所督战,城陷,失其母,时冰雪交积,冻死者填满沟堑,不害行哭于道,求其母尸,无所不至,见沟中死人,辄投下捧视,举体冻湿,水浆不入口,号哭不辍声,如是七日,乃得之。

　　十二月丙辰,徐世谱、任约退戍巴陵。于谨逼帝使为书召王僧辩,帝不可。使者曰:“王今岂得自由?”帝曰:“我既不自由,僧辩亦不由我。”又从长孙俭求宫人王氏、苟氏及幼子犀首,俭并还之。或问:“何意焚书?”帝曰:“读书万卷,犹有今日,故焚之!”

　　34　庚申,齐主北巡,至达速岭。行视山川险要,将起长城。

35　辛未,帝为魏人所杀。梁王詧遣尚书傅准监刑,以土囊陨之。詧使以布帊缠尸,敛以蒲席,束以白茅,葬于津阳门外。并杀愍怀太子元良、始安王方略、桂阳王大成等。世祖性好书,常令左右读书,昼夜不绝,虽熟睡,卷犹不释,或差误及欺之,帝辄惊寤。作文章,援笔立就。常言:“我韬于文士,愧于武夫。”论者以为得言。

魏立梁王詧为梁主,资以荆州之地,延袤三百里,仍取其雍州之地。詧居江陵东城,魏置防主,将兵居西城,名曰助防,外示助詧备御,内实防之。以前仪同三司王悦留镇江陵。于谨收府库珍宝及宋浑天仪、梁铜晷表、大玉径四尺及诸法物,尽俘王公以下及选百姓男女数万口为奴婢,分赏三军,驱归长安,小弱者皆杀之。得免者三百馀家,而人马所践及冻死者什二三。

魏师之在江陵也,梁王詧将尹德毅说詧曰:“魏虏贪惏,肆其残忍,杀掠士民,不可胜纪。江东之人涂炭至此,咸谓殿下为之。殿下既杀人父兄,孤人子弟,人尽仇也,谁与为国! 今魏之精锐尽萃于此,若殿下为设享会,请于谨等为欢,预伏武士,因而毙之,分命诸将,掩其营垒,大歼群丑,俾无遗类。收江陵百姓,抚而安之,文武群寮,随材铨授。魏人慑息,未敢送死,王僧辩之徒,折简可致。然后朝服济江,入践皇极,晷刻之间,大功可立。古人云:‘天与不取,反受其咎。’愿殿下恢弘远略,勿怀匹夫之行。”詧曰:“卿此策非不善也,然魏人待我厚,未可背德。若遽为卿计,人将不食吾馀。”既而阖城长幼被虏,又失襄阳,詧乃叹曰:“恨不用尹德毅之言!”

王僧辩、陈霸先等共奉江州刺史晋安王方智为太宰,承制。

王褒、王克、刘毂、宗懔、殷不害及尚书右丞吴兴沈烱至长安,太师泰皆厚礼之。泰亲至于谨第,宴劳极欢,赏谨奴婢千口及梁之宝物并雅乐一部,别封新野公;谨固辞,不许。谨自以久居重任,功名既立,欲保优闲,乃上先所乘骏马及所著铠甲等。泰识其意,曰:“今巨猾未平,公岂得遽尔独善!”遂不受。

36　是岁,魏秦州刺史章武孝公宇文导卒。

37　魏加益州刺史尉迟迥督六州,通前十八州,自剑阁以南,得承制封拜及黜陟。迥明赏罚,布威恩,绥辑新民,经略未附,华、夷怀之。

# 资治通鉴卷第一百六十六

## 梁纪二十二

**敬皇帝**

绍泰元年（乙亥，555）

1 春，正月壬午朔，邵陵太守刘棻将兵援江陵，至三百里滩，部曲宋文徹杀之，帅其众还据邵陵。

2 梁王詧即皇帝位于江陵，改元大定；追尊昭明太子为昭明皇帝，庙号高宗，妃蔡氏为昭德皇后；尊其母龚氏为皇太后，立妻王氏为皇后，子岿为皇太子。赏刑制度并同王者，唯上疏于魏则称臣，奉其正朔。至于官爵其下，亦依梁氏之旧，其勋级则兼用柱国等名。以谘议参军蔡大宝为侍中、尚书令，参掌选事，外兵参军太原王操为五兵尚书。大宝严整有智谋，雅达政事，文辞赡速，后梁主推心任之，以为谋主，比之诸葛孔明；操亦亚之。追赠邵陵王纶太宰，谥曰壮武；河东王誉丞相，谥曰武桓。以莫勇为武州刺史，魏永寿为巴州刺史。

3 湘州刺史王琳将兵自小桂北下，至蒸城，闻江陵已陷，为世祖发哀，三军缟素，遣别将侯平帅舟师攻后梁。琳屯兵长沙，传檄州郡，为进取之计。长沙王韶及上游诸将皆推琳为盟主。

4 齐主使清河王岳将兵攻魏安州，以救江陵。岳至义阳，江陵陷，因进军临江，郢州刺史陆法和及仪同三司宋蒥举州降之；长史江夏太守王珉不从，杀之。甲午，齐召岳还，使仪同三司清都慕容俨戍郢州。王僧辩遣江州刺史侯瑱攻郢州，任约、徐世谱、宜丰侯循皆引兵会之。

5 辛丑，齐立贞阳侯渊明为梁主，使其上党王涣将兵送之，徐陵、湛海珍等皆听从渊明归。

6 二月癸丑，晋安王至自寻阳，入居朝堂，即梁王位，时年十三。以太尉王僧辩为中书监、录尚书、骠骑大将军、都督中外诸军事，加陈霸先征西大将军，以南豫州刺史侯瑱为江州刺史，湘州刺史萧循为太尉，广州刺史萧勃为司徒，镇东将军张彪为郢州刺史。

7　齐主先使殿中尚书邢子才驰传诣建康，与王僧辩书，以为："嗣主冲藐，未堪负荷。彼贞阳侯，梁武犹子，长沙之胤，以年以望，堪保金陵，故置为梁主，纳于彼国。卿宜部分舟舰，迎接今主，并心一力，善建良图。"乙卯，贞阳侯渊明亦与僧辩书求迎。僧辩复书曰："嗣主体自宸极，受于文祖。明公傥能入朝，同奖王室，伊、吕之任，金曰仰归；意在主盟，不敢闻命。"甲子，齐以陆法和为都督荆雍等十州诸军事、太尉、大都督、西南道大行台，又以宋茞为郢州刺史，茞弟簉为湘州刺史。甲戌，上党王涣克谯郡。已卯，渊明又与僧辩书，僧辩不从。

8　魏以右仆射申徽为襄州刺史。

9　侯平攻后梁巴、武二州，故刘苯主帅赵朗杀宋文徹，以邵陵归于王琳。

10　三月，贞阳侯渊明至东关，散骑常侍裴之横御之。齐军司尉瑾、仪同三司萧轨南侵皖城，晋州刺史萧惠以州降之。齐改晋熙为江州，以尉瑾为刺史。丙戌，齐克东关，斩裴之横，俘数千人；王僧辩大惧，出屯姑孰，谋纳渊明。

11　丙申，齐主还邺，封世宗二子孝珩为广宁王，延宗为安德王。

12　孙玚闻江陵陷，弃广州还，曲江侯勃复据有之。

13　魏太师泰遣王克、沈炯等还江南。泰得庾季才，厚遇之，令参掌太史。季才散私财，购亲旧之为奴婢者，泰问："何能如是？"对曰："仆闻克国礼贤，古之道也。今郢都覆没，其君信有罪矣，缙绅何咎，皆为皂隶！鄙人羁旅，不敢献言，诚窃哀之，故私购之耳。"泰乃悟曰："吾之过也！微君，遂失天下之望！"因出令，免梁俘为奴婢者数千口。

14　夏，四月庚申，齐主如晋阳。

15　五月庚辰，侯平等擒莫勇、魏永寿。江陵之陷也，永嘉王庄生七年矣，尼法慕匿之，王琳迎庄，送之建康。

16　庚寅，齐主还邺。

17　王僧辩遣使奉启于贞阳侯渊明，定君臣之礼，又遣别使奉表于齐，以子显及显母刘氏、弟子世珍为质于渊明，遣左民尚书周弘正至历阳奉迎，因求以晋安王为皇太子；渊明许之。渊明求度卫士三千，僧辩虑其为变，止受散卒千人。庚子，遣龙舟法驾迎之。渊明与齐上党王涣盟于江北，辛丑，自采石济江。于是梁舆南渡，齐师北返。僧辩疑齐，拥楫中流，不敢就西岸。齐侍中裴英起卫送渊明，与僧辩会于江宁。癸卯，渊明入建康，望朱雀门而哭，逆者以哭对。丙午，即皇帝位，改元天成，以晋安王为皇太子,<u>王僧辩</u>为大司马,<u>陈霸先</u>为侍中。

18　六月庚戌朔,<u>齐</u>发民一百八十万筑长城,自<u>幽州</u><u>夏口</u>西至<u>恒州</u>九百馀里,命定州刺史赵郡<u>王叡</u>将兵监之。<u>叡</u>,<u>琛</u>之子也。

19　<u>齐慕容俨</u>始入<u>郢州</u>而<u>侯瑱</u>等奄至城下,<u>俨</u>随方备御,<u>瑱</u>等不能克;乘间出击<u>瑱</u>等军,大破之。城中食尽,煮草木根叶及靴皮带角食之,与士卒分甘共苦,坚守半岁,人无异志。<u>贞阳侯渊明</u>立,乃命<u>瑱</u>等解围,<u>瑱</u>还镇<u>豫章</u>。<u>齐</u>人以城在<u>江</u>外难守,因割以还<u>梁</u>。<u>俨</u>归,望<u>齐</u>主,悲不自胜。<u>齐</u>主呼前,执其手,脱帽看发,叹息久之。

20　<u>吴兴</u>太守<u>杜龛</u>,<u>王僧辩</u>之婿也。<u>僧辩</u>以<u>吴兴</u>为<u>震州</u>,用<u>龛</u>为刺史,又以其弟侍中<u>僧愔</u>为<u>豫章</u>太守。

21　壬子,<u>齐</u>主以<u>梁国</u>称藩,诏凡<u>梁</u>民悉遣南还。

22　丁卯,<u>齐</u>主如<u>晋阳</u>;壬申,自将击<u>柔然</u>。秋,七月己卯,至<u>白道</u>,留辎重,帅轻骑五千追<u>柔然</u>,壬午,及之于<u>怀朔镇</u>。<u>齐</u>主亲犯矢石,频战,大破之,至于<u>沃野</u>,获其酋长及生口二万馀,牛羊数十万。壬申,还<u>晋阳</u>。

23　八月辛巳,<u>王琳</u>自<u>蒸城</u>还<u>长沙</u>。

24　<u>齐</u>主还<u>邺</u>,以佛、道二教不同,欲去其一,集二家论难于前,遂敕道士皆剃发为沙门;有不从者,杀四人,乃奉命。于是<u>齐</u>境皆无道士。

25　初,<u>王僧辩</u>与<u>陈霸先</u>共灭<u>侯景</u>,情好甚笃,<u>僧辩</u>为子<u>颁</u>娶<u>霸先</u>女,会<u>僧辩</u>有母丧,未成婚。<u>僧辩</u>居<u>石头城</u>,<u>霸先</u>在<u>京口</u>,<u>僧辩</u>推心待之,<u>颁</u>兄<u>颛</u>屡谏,不听。及<u>僧辩</u>纳<u>贞阳侯渊明</u>,<u>霸先</u>遣使苦争之,往返数四,<u>僧辩</u>不从。<u>霸先</u>窃叹,谓所亲曰:"<u>武帝</u>子孙甚多,唯<u>孝元</u>能复仇雪耻,其子何罪,而忽废之!吾与<u>王公</u>并处托孤之地,而<u>王公</u>一旦改图,外依戎狄,援立非次,其志欲何所为乎!"乃密具袍数千领及锦彩金银为赏赐之具。

会有告<u>齐</u>师大举至<u>寿春</u>将入寇者,<u>僧辩</u>遣记室<u>江旰</u>告<u>霸先</u>,使为之备。<u>霸先</u>因是留<u>旰</u>于<u>京口</u>,举兵袭<u>僧辩</u>。九月壬寅,召部将<u>侯安都</u>、<u>周文育</u>及<u>安陆</u><u>徐度</u>、<u>钱塘</u><u>杜棱</u>谋之。<u>棱</u>以为难,<u>霸先</u>惧其谋泄,以手巾绞<u>棱</u>,闷绝于地,因闭于别室。部分将士,分赐金帛,以弟子著作郎<u>昙朗</u>镇<u>京口</u>,知留府事,使<u>徐度</u>、<u>侯安都</u>帅水军趋<u>石头</u>,<u>霸先</u>帅马步自<u>江乘</u><u>罗落</u>会之,是夜,皆发,召<u>杜棱</u>与同行。知其谋者,唯<u>安都</u>等四将,外人皆以为<u>江旰</u>征兵御<u>齐</u>,不之怪也。

甲辰,<u>安都</u>引舟舰将趣<u>石头</u>,<u>霸先</u>控马未进,<u>安都</u>大惧,追<u>霸先</u>骂曰:"今日作贼,事势已成,生死须决,在后欲何所望!若败,俱死,后期得免斫头邪?"<u>霸先</u>曰:"<u>安都</u>嗔我!"乃进。<u>安都</u>至<u>石头</u>城北,弃舟登岸。<u>石头</u>

城北接冈阜,不甚危峻,安都被甲带长刀,军人捧之,投于女垣内,众随而入,进及僧辩卧室;霸先兵亦自南门入。僧辩方视事,外白有兵,俄而兵自内出。僧辩遽走,遇子颙,与俱出阁,帅左右数十人苦战于听事前,力不敌,走登南门楼,拜请求哀。霸先欲纵火焚之,僧辩与颙俱下就执。霸先曰:"我有何辜,公欲与齐师赐讨?"且曰:"何意全无备?"僧辩曰:"委公北门,何谓无备?"是夜,霸先缢杀僧辩父子。既而竟无齐兵,亦非霸先之谲也。前青州刺史新安程灵洗帅所领救僧辩,力战于石头西门,军败;霸先遣使招谕,久之乃降。霸先深义之,以为兰陵太守,使助防京口。乙巳,霸先为檄布告中外,列僧辩罪状,且曰:"资斧所指,唯王僧辩父子兄弟,其馀亲党,一无所问。"

丙午,贞阳侯渊明逊位,出就邸,百僚上晋安王表,劝进。冬,十月己酉,晋安王即皇帝位,大赦,改元,中外文武赐位一等。以贞阳侯渊明为司徒,封建安公。告齐云:"僧辩阴图篡逆,故诛之。"仍请称臣于齐,永为藩国。齐遣行台司马恭与梁人盟于历阳。

26　辛亥,齐主如晋阳。

27　壬子,加陈霸先尚书令、都督中外诸军事、车骑将军、扬南徐二州刺史。癸丑,以宜丰侯循为太保,建安公渊明为太傅,曲江侯勃为太尉,王琳为车骑将军、开府仪同三司。

28　戊午,尊帝所生夏贵妃为皇太后,立妃王氏为皇后。

29　杜龛恃王僧辩之势,素不礼于陈霸先,在吴兴,每以法绳其宗族,霸先深怨之。及将图僧辩,密使兄子蒨还长城,立栅以备龛。僧辩死,龛据吴兴拒霸先,义兴太守韦载以郡应之。吴郡太守王僧智,僧辩之弟也,亦据城拒守。陈蒨至长城,收兵才数百人,杜龛遣其将杜泰将精兵五千奄至,将士相视失色。蒨言笑自若,部分益明,众心乃定。泰昼夜苦攻,数旬,不克而退。霸先使周文育攻义兴,义兴属县卒皆霸先旧兵,善用弩,韦载收得数十人,系以长锁,命所亲监之,使射文育军,约曰:"十射不两中者死。"故每发辄毙一人,文育军稍却。载因于城外据水立栅,相持数旬。杜龛遣其从弟北叟将兵拒战,北叟败,归于义兴。霸先闻文育军不利,辛未,自表东讨,留高州刺史侯安都、石州刺史杜稜宿卫台省。甲戌,军至义兴,丙子,拔其水栅。

谯、秦二州刺史徐嗣徽从弟嗣先,僧辩之甥也。僧辩死,嗣先亡就嗣徽,嗣徽以州入于齐。及陈霸先东讨义兴,嗣徽密结南豫州刺史任约,将精兵五千乘虚袭建康,是日,袭据石头,游骑至阙下。侯安都闭门藏旗帜,示之以弱,令城中曰:"登陴窥贼者斩!"及夕,嗣徽等收兵还石头。安都夜为战备,将旦,嗣徽等又至,安都帅甲士三百开东、西掖门出战,大破之,嗣徽等奔还石头,不敢复逼台城。

陈霸先遣韦载族弟翙赍书谕载,丁丑,载及杜北叟皆降,霸先厚抚之,以翙监义兴郡,引载置左右,与之谋议。霸先卷甲还建康,使周文育讨杜龛,救长城。

将军黄他攻王僧智于吴郡,不克,霸先使宁远将军裴忌助之。忌选所部精兵轻行倍道,自钱塘直趣吴郡,夜,至城下,鼓噪薄之。僧智以为大军至,轻舟奔吴兴。忌入据吴郡,因以忌为太守。

十一月己卯,齐遣兵五千渡江据姑孰,以应徐嗣徽、任约。陈霸先使合州刺史徐度立栅于冶城。庚寅,齐又遣安州刺史翟子崇、楚州刺史刘士荣、淮州刺史柳达摩将兵万人于胡墅度米三万石、马千匹入石头。霸先问计于韦载,载曰:"齐师若分兵先据三吴之路,略地东境,则时事去矣。今可急于淮南因侯景故垒筑城,以通东道转输,分兵绝彼之粮运,则齐将之首旬日可致。"霸先从之。癸未,使侯安都夜袭胡墅,烧齐船千馀艘;仁威将军周铁虎断齐运输,擒其北徐州刺史张领州;仍遣韦载于大航筑侯景故垒,使杜棱守之。齐人于仓门、水南立二栅,与梁兵相拒。壬辰,齐大都督萧轨将兵屯江北。

30　初,齐平秦王归彦幼孤,高祖令清河昭武王岳养之,岳情礼甚薄,归彦心衔之。及显祖即位,归彦为领军大将军,大被宠遇;岳谓其德己,更倚赖之。岳屡将兵立功,有威名,而性豪侈,好酒色,起第于城南,听事后开巷。归彦谮之于帝曰:"清河僭拟宫禁,制为永巷,但无阙耳。"帝由是恶之。帝纳倡妇薛氏于后宫,岳先尝因其姊迎之至第。帝夜游于薛氏家,其姊为其父乞司徒。帝大怒,悬其姊,锯杀之。让岳以奸,岳不服,帝益怒,乙亥,使归彦鸩岳。岳自诉无罪,归彦曰:"饮之则家全。"饮之而卒,葬赠如礼。

薛嫔有宠于帝,久之,帝忽思其与岳通,无故斩首,藏之于怀,出东山宴饮。劝酬始合,忽探出其首,投于杆上,支解其尸,弄其髀为琵琶,一座大惊。帝方收取,对之流涕曰:"佳人难再得!"载尸以出,被发步哭而随之。

31　甲辰,徐嗣徽等攻冶城栅,陈霸先将精甲自西明门出击之,嗣徽等大败,留柳达摩等守城,自往采石迎齐援。

32　以郢州刺史宜丰侯循为太保,广州刺史曲江侯勃为司空,并征入侍。循受太保而辞不入。勃方谋举兵，遂不受命。

33　镇南将军王琳侵魏，魏大将军豆卢宁御之。

34　十二月癸丑，侯安都袭秦郡，破徐嗣徽栅，俘数百人。收其家，得其琵琶及鹰，遣使送之曰："昨至弟处得此，今以相还。"嗣徽大惧。丙辰，陈霸先对冶城立航，悉渡众军，攻其水南二栅。柳达摩等渡淮置陈，霸先督兵疾战，纵火烧栅，齐兵大败，争舟相挤，溺水者以千数，呼声震天地，尽收其船舰。是日，嗣徽与任约引齐兵水步万馀人还据石头，霸先遣兵诣江宁，据要险。嗣徽等水步不敢进，顿江宁浦口，霸先遣侯安都将水军袭破之，嗣徽等单舸脱走，尽收其军资器械。

己未，霸先四面攻石头，城中无水，升水直绢一匹。庚申，达摩遣使请和于霸先，且求质子。时建康虚弱，粮运不继，朝臣皆欲与齐和，请以霸先从子昙朗为质。霸先曰："今在位诸贤欲息肩于齐，若违众议，谓孤爱昙朗，不恤国家，今决遣昙朗，弃之寇庭。齐人无信，谓我微弱，必当背盟。齐寇若来，诸君须为孤力斗也！"乃以昙朗及永嘉王庄、丹杨尹王冲之子珉为质，与齐人盟于城外，将士恣其南北。辛酉，霸先陈兵石头南门，送齐人归北，徐嗣徽、任约皆奔齐。收齐马仗船米，不可胜计。齐主诛柳达摩。壬戌，齐和州长史乌丸远自南州奔还历阳。

江宁令陈嗣、黄门侍郎曹朗据姑孰反，霸先命侯安都等讨平之。霸先恐陈昙朗亡窜，自帅步骑至京口迎之。

35　交州刺史刘元偃帅其属数千人归王琳。

36　魏以侍中李远为尚书左仆射。

37　魏益州刺史宇文贵使谯淹从子子嗣诱说淹，以为大将军，淹不从，斩子嗣。贵怒，攻之，淹自东遂宁徙屯垫江。

38　初，晋安民陈羽，世为闽中豪姓，其子宝应多权诈，郡中畏服。侯景之乱，晋安太守宾化侯云以郡让羽，羽老，但治郡事，令宝应典兵。时东境荒馑，而晋安独丰衍，宝应数自海道出，寇抄临安、永嘉、会稽，或载米粟与之贸易，由是能致富强。侯景平，世祖因以羽为晋安太守。及陈霸先辅政，羽求传位于宝应，霸先许之。

39　是岁，魏宇文泰讽淮安王育上表请如古制降爵为公，于是宗室诸王皆降为公。

40　突厥木杆可汗击柔然邓叔子，灭之，叔子收其馀烬奔魏。木杆西破哒，东走契丹，北并契骨，威服塞外诸国。其地东自辽海，西至西海，长万里，南自沙漠以北五六千里皆属焉。木杆恃其强，请尽诛邓叔子等于魏,使者相继于道;太师泰收叔子以下三千馀人付其使者,尽杀之于青门外。

41　初,魏太师泰以汉、魏官繁,命苏绰及尚书令卢辩依周礼更定六官。

太平元年(丙子,556)

1　春,正月丁丑,魏初建六官,以宇文泰为太师、大冢宰,柱国李弼为太傅、大司徒,赵贵为太保、大宗伯,独孤信为大司马,于谨为大司寇,侯莫陈崇为大司空。自馀百官,皆仿周礼。

2　戊寅,大赦,其与任约、徐嗣徽同谋者,一无所问。癸未,陈霸先使从事中郎江旰说徐嗣徽使南归,嗣徽执旰送齐。

3　陈蒨、周文育合军攻杜龛于吴兴。龛勇而无谋,嗜酒常醉,其将杜泰阴与蒨等通。龛与蒨等战败,泰因说龛使降,龛然之。其妻王氏曰:"霸先仇隙如此,何可求和!"因出私财赏募,复击蒨等,大破之。既而杜泰降于蒨,龛尚醉未觉,蒨遣人负出,于项王寺前斩之。王僧智与其弟豫章太守僧愔俱奔齐。

东扬州刺史张彪素为王僧辩所厚,不附霸先。二月庚戌,陈蒨、周文育轻兵袭会稽,彪兵败,走入若邪山中,蒨遣其将吴兴章昭达追斩之。东阳太守留异馈蒨粮食,霸先以异为缙州刺史。

江州刺史侯瑱本事王僧辩,亦拥兵据豫章及江州,不附霸先。霸先以周文育为南豫州刺史,使将兵击溢城,庚申,又遣侯安都、周铁虎将舟师立栅于梁山,以备江州。

4　癸亥,徐嗣徽、任约袭采石,执戍主明州刺史张怀钧送于齐。

5　后梁主击侯平于公安,平与长沙王韶引兵还长沙。王琳遣平镇巴州。

6　三月壬午,诏杂用古今钱。

7　戊戌,齐遣仪同三司萧轨、库狄伏连、尧难宗、东方老等与任约、徐嗣徽合兵十万入寇,出栅口,向梁山。陈霸先帐内荡主黄丛逆击,破之,齐师退保芜湖。霸先遣定州刺史沈泰等就侯安都,共据梁山以御之。周文育攻溢城,未克,召之还。夏,四月丁巳,霸先如梁山巡抚诸军。

8　乙丑,齐仪同三司娄叡讨鲁阳蛮,破之。

9　侯安都轻兵袭齐行台司马恭于历阳,大破之,俘获万计。

10　魏太师泰尚孝武妹冯翊公主,生略阳公觉;姚夫人生宁都公毓。

毓于诸子最长,娶大司马独孤信女。泰将立嗣,谓公卿曰:"孤欲立子以嫡,恐大司马有疑,如何?"众默然,未有言者。尚书左仆射李远曰:"夫立子以嫡不以长,略阳公为世子,公何所疑!若以信为嫌,请先斩之。"遂拔刀而起。泰亦起,曰:"何至于是!"信又自陈解,远乃止。于是群公并从远议。远出外,拜谢信曰:"临大事不得不尔!"信亦谢远曰:"今日赖公决此大议。"遂立觉为世子。

11　太师泰北巡。

12　五月,齐人召建安公渊明,诈许退师,陈霸先具舟送之。癸未,渊明疽发背卒。甲申,齐兵发芜湖,庚寅,入丹杨县,丙申,至秣陵故治。陈霸先遣周文育屯方山,徐度顿马牧,杜稜顿大航南以御之。

13　齐汉阳敬怀王洽卒。

14　辛丑,齐人跨淮立桥栅渡兵,夜至方山,徐嗣徽等列舰于青墩,至于七矶,以断周文育归路。文育鼓噪而发,嗣徽等不能制;至旦,反攻嗣徽。嗣徽骁将鲍砰独以小舰殿军,文育乘单舴艋与战,跳入舰中,斩砰,仍牵其舰而还。嗣徽众大骇,因留船芜湖,自丹杨步上。陈霸先追侯安都、徐度皆还。

癸卯,齐兵自方山进及倪塘,游骑至台,建康震骇,帝总禁兵出顿长乐寺,内外纂严。霸先拒嗣徽等于白城,适与周文育会。将战,风急,霸先曰:"兵不逆风。"文育曰:"事急矣,何用古法!"抽槊上马先进,风亦寻转,杀伤数百人。侯安都与嗣徽等战于耕坛南,安都帅十二骑突其陈,破之,生擒齐仪同三司乞伏无劳。霸先潜撤精卒三千配沈泰渡江,袭齐行台赵彦深于瓜步,获舰百馀艘,粟万斛。

六月甲辰,齐兵潜至锺山,侯安都与齐将王敬宝战于龙尾,军主张纂战死。丁未,齐师至幕府山,霸先遣别将钱明将水军出江乘,邀击齐人粮运,尽获其船米。齐军乏食,杀马驴食之。庚戌,齐军逾锺山,霸先与众军分顿乐游苑东及覆舟山北,断其冲要。壬子,齐军至玄武湖西北,将据北郊坛,众军自覆舟东移顿坛北,与齐人相对。

会连日大雨,平地水丈馀,齐军昼夜坐立泥中,足指皆烂,悬鬲以爨,而台中及潮沟北路燥,梁军每得番易。时四方壅隔,粮运不至,建康户口流散,征求无所。甲寅,少霁,霸先将战,调市人得麦饭,分给军士,士皆饥疲。会陈蒨馈米三千斛、鸭千头,霸先命炊米煮鸭,人人以荷叶裹饭,媵以鸭肉数脔,乙卯,未明,蓐食,比晓,霸先帅麾下出莫府山。侯安都谓其部将萧摩诃曰:"卿骁勇有名,千闻不如一见。"摩诃对曰:"今日令公见之。"

及战，安都坠马，齐人围之，摩诃单骑大呼，直冲齐军，齐军披靡，安都乃免。霸先与吴明彻、沈泰等众军首尾齐举，纵兵大战，安都自白下引兵横出其后，齐师大溃，斩获数千人，相蹂践而死者不可胜计，生擒徐嗣徽及弟嗣宗，斩之以徇，追奔至于临沂。其江乘、摄山、锺山等诸军相次克捷，虏萧轨、东方老、王敬宝等将帅凡四十六人。其军士得窜至江者，缚获筏以济，中江而溺，流尸至京口，翳水弥岸；唯任约、王僧愔得免。丁巳，众军出南州，烧齐舟舰。

戊午，大赦。己未，解严。军士以赏俘贸酒，一人裁得一醉。庚申，斩齐将萧轨等，齐人闻之，亦杀陈昙朗。霸先启解南徐州以授侯安都。

15　侯平频破后梁军，以王琳兵威不接，更不受指麾；琳遣将讨之。平杀巴州助防吕勾，收其众，奔江州，侯瑱与之结为兄弟。琳军势益衰，乙丑，遣使奉表诣齐，并献驯象。江陵之陷也，琳妻蔡氏、世子毅皆没于魏，琳又献款于魏以求妻子，亦称臣于梁。

16　齐发丁匠三十馀万修广三台宫殿。

17　齐显祖之初立也，留心政术，务存简靖，坦于任使，人得尽力。又能以法驭下，或有违犯，不容勋戚，内外莫不肃然。至于军国机策，独决怀抱；每临行陈，亲当矢石，所向有功。数年之后，渐以功业自矜，遂嗜酒淫泆，肆行狂暴；或身自歌舞，尽日通宵；或散发胡服，杂衣锦彩；或袒露形体，涂傅粉黛；或乘驴、牛、橐驼、白象，不施鞍勒；或令崔季舒、刘桃枝负之而行，担胡鼓拍之；勋戚之第，朝夕临幸，游行市里，街坐巷宿；或盛夏日中暴身，或隆冬去衣驰走；从者不堪，帝居之自若。三台构木高二十七丈，两栋相距二百馀尺，工匠危怯，皆系绳自防，帝登脊疾走，殊无怖畏；时复雅儛，折旋中节，傍人见者莫不寒心。尝于道上问妇人曰：“天子何如？”曰：“颠颠痴痴，何成天子！”帝杀之。

娄太后以帝酒狂，举杖击之曰：“如此父生如此儿！”帝曰：“即当嫁此老母与胡。”太后大怒，遂不言笑。帝欲太后笑，自匍匐以身举床，坠太后于地，颇有所伤。既醒，大惭恨，使积柴炽火，欲入其中。太后惊惧，亲自持挽，强为之笑，曰：“向汝醉耳！”帝乃设地席，命平秦王归彦执杖，口自责数，脱背就罚，谓归彦曰：“杖不出血，当斩汝。”太后前自抱之，帝流涕苦请，乃笞脚五十，然后衣冠拜谢，悲不自胜。因是戒酒，一旬，又复如初。

帝幸李后家，以鸣镝射后母崔氏，骂曰：“吾醉时尚不识太后，老婢何事！”马鞭乱击一百有馀。虽以杨愔为相，使进厕筹，以马鞭鞭其背，流血浃袍。尝欲以小刀刳其腹，崔季舒托俳言曰：“老小公子恶戏。”因掣刀去之。又置愔于棺中，载以輀车。又尝持槊走马，以拟左丞相斛律金之胸者三，金立不动，乃赐帛千段。

高氏妇女，不问亲疏，多与之乱，或以赐左右，又多方苦辱之。彭城王浟太妃尔朱氏，魏敬宗之后也，帝欲烝之，不从；手刃杀之。故魏乐安王元昂，李后之姊婿也，其妻有色，帝数幸之，欲纳为昭仪。召昂，令伏，以鸣镝射之百馀下，凝血垂将一石，竟至于死。后啼不食，乞让位于姊，太后又以为言，帝乃止。

又尝于众中召都督韩哲，无罪，斩之。作大镬、长锯、剉、碓之属，陈之于庭，每醉，辄手杀人，以为戏乐。所杀者多令支解，或焚之于火，或投之于水。杨愔乃简邺下死囚，置之仗内，谓之供御囚，帝欲杀人，辄执以应命，三月不杀，则宥之。

开府参军裴谓之上书极谏，帝谓杨愔曰："此愚人，何敢如是！"对曰："彼欲陛下杀之，以成名于后世耳。"帝曰："小人，我且不杀，尔焉得名！"帝与左右饮酒，曰："乐哉！"都督王纮曰："有大乐，亦有大苦。"帝曰："何谓也？"对曰："长夜之饮，不寤国亡身陨，所谓大苦！"帝缚纮，欲斩之，思其有救世宗之功，乃舍之。

帝游宴东山，以关、陇未平，投杯震怒，召魏收于前，立为诏书，宣示远近，将事西行。魏人震恐，常为度陇之计。然实未行。一日，泣谓群臣曰："黑獭不受我命，奈何？"都督刘桃枝曰："臣得三千骑，请就长安擒之以来。"帝壮之，赐帛千匹。赵道德进曰："东西两国，强弱力均，彼可擒之以来，此亦可擒之以往。桃枝妄言应诛，陛下奈何滥赏！"帝曰："道德言是。"回绢赐之。帝乘马欲下峻岸入于漳，道德揽辔回之；帝怒，将斩之。道德曰："臣死不恨，当于地下启先帝，论此儿酣酗颠狂，不可教训。"帝默然而止。他日，帝谓道德曰："我饮酒过，须痛杖我。"道德抶之，帝走。道德逐之曰："何物人，为此举止！"

典御丞李集面谏，比帝于桀、纣。帝令缚置流中，沉没久之，复令引出，谓曰："吾何如桀、纣？"集曰："向来弥不及矣！"帝又令沉之，引出，更问，如此数四，集对如初。帝大笑曰："天下有如此痴人，方知龙逢、比干未是俊物！"遂释之。顷之，又被引入见，似有所谏，帝令将出要斩。其或斩或赦，莫能测焉。

内外憯憯，各怀怨毒；而素能默识强记，加以严断，群下战栗，不敢为非。又能委政杨愔，愔总摄机衡，百度修敕，故时人皆言主昏于上，政清于下。愔风表鉴裁，为朝野所重，少历屯厄，及得志，有一餐之惠者必重报之,虽先尝欲杀己者亦不问;典选二十馀年,以奖拔贤才为己任。性复强记,一见皆不忘其姓名,选人鲁漫汉自言猥贱独不见识,愔曰:"卿前在元子思坊,乘短尾牝驴,见我不下,以方曲障面,我何为不识卿!"漫汉惊服。

18　秋,七月甲戌,前天门太守樊毅袭武陵,杀武州刺史衡阳王护,王琳使司马潘忠击之,执毅以归。护,畅之孙也。

19　丙子,以陈霸先为中书监、司徒、扬州刺史,进爵长城公,馀如故。

20　初,余孝顷为豫章太守,侯瑱镇豫章,孝顷于新吴县别立城栅,与瑱相拒。瑱使其从弟奫守豫章,悉众攻孝顷,久不克,筑长围守之。癸酉,侯平发兵攻奫,大掠豫章,焚之,奔于建康。瑱众溃,奔溢城,依其将焦僧度。僧度劝之奔齐,会霸先使记室济阳蔡景历南上,说瑱令降,瑱乃诣阙归罪,霸先为之诛侯平。丁亥,以瑱为司空。

南昌民熊昙朗,世为郡著姓。昙朗有勇力,侯景之乱,聚众据丰城为栅,世祖以为巴山太守。江陵陷,昙朗兵力浸强,侵掠邻县。侯瑱在豫章,昙朗外示服从而阴图之,及瑱败走,昙朗获其马仗。

21　己亥,齐大赦。

22　魏太师泰遣安州长史钳耳康买使于王琳,琳遣长史席豁报之,且请归世祖及愍怀太子之枢;泰许之。

23　八月己酉,鄱阳王循卒于江夏,弟丰城侯泰监郢州事。王琳使兖州刺史吴藏攻江夏,不克而死。

24　魏太师泰北渡河。

25　魏以王琳为大将军、长沙郡公。

26　魏江州刺史陆腾讨陵州叛獠,獠因山为城,攻之难拔。腾乃陈伎乐于城下一面,獠弃兵,携妻子临城观之,腾潜师三面俱上,斩首万五千级,遂平之。腾,俟之玄孙也。

27　庚申,齐主将西巡,百官辞于紫陌,帝使稍骑围之,曰:"我举鞭,即杀之。"日晏,帝醉不能起。黄门郎是连子畅曰:"陛下如此,群臣不胜恐怖。"帝曰:"大怖邪!若然,勿杀。"遂如晋阳。

28　九月壬寅,改元,大赦。以陈霸先为丞相、录尚书事、镇卫大将军、扬州牧、义兴公。以吏部尚书王通为右仆射。

29　突厥木杆可汗假道于凉州以袭吐谷浑,魏太师泰使凉州刺史史宁帅骑随之,至番禾,吐谷浑觉之,奔南山。木杆将分兵追之,宁曰:"树敦、贺真二城,吐谷浑之巢穴也,拔其本根,馀众自散。"木杆从之。木杆从北道趣贺真,宁从南道趣树敦。吐谷浑可汗在贺真,使其征南王将数千人守树敦。木杆破贺真,获夸吕妻子;宁破树敦,虏征南王;还,与木杆会于青海,木杆叹宁勇决,赠遗甚厚。

30　甲子,王琳以舟师袭江夏;冬,十月壬申,丰城侯泰以州降之。

31　齐发山东寡妇二千六百人以配军,有夫而滥夺者什二三。

32　魏安定文公宇文泰还至牵屯山而病,驿召中山公护。护至泾州,见泰,泰谓护曰:"吾诸子皆幼,外寇方强,天下之事,属之于汝,宜努力以成吾志。"乙亥,卒于云阳。护还长安,发丧。泰能驾御英豪,得其力用,性好质素,不尚虚饰,明达政事,崇儒好古,凡所施设,皆依仿三代而为之。丙子,世子觉嗣位,为太师、柱国、大冢宰,出镇同州,时年十五。

中山公护,名位素卑,虽为泰所属,而群公各图执政,莫肯服从。护问计于大司寇于谨,谨曰:"谨早蒙先公非常之知,恩深骨肉,今日之事,必以死争之。若对众定策,公必不得让。"明日,群公会议,谨曰:"昔帝室倾危,非安定公无复今日。今公一旦违世,嗣子虽幼,中山公亲其兄子,兼受顾托,军国之事,理须归之。"辞色抗厉,众皆悚动。护曰:"此乃家事,护虽庸昧,何敢有辞。"谨素与泰等夷,护常拜之,至是,谨起而言曰:"公若统理军国,谨等皆有所依。"遂再拜。群公迫于谨,亦再拜,于是众议始定。护纲纪内外,抚循文武,人心遂安。

33　十一月辛丑,丰城侯泰奔齐,齐以为永州刺史。诏征王琳为司空,琳辞不至,留其将潘纯陀监郢州,身还长沙。魏人归其妻子。

34　壬子,齐主诏以"魏末豪杰纠合乡部,因缘请托,各立州郡,离大合小,公私烦费,丁口减于畴日,守令倍于昔时。且要荒向化,旧多浮伪,百室之邑,遽立州名,三户之民,空张郡目,循名责实,事归焉有。"于是并省三州,一百五十三郡。

35　诏分江州四郡置高州。以明威将军黄法氍为刺史,镇巴山。

36　十二月壬申,以曲江侯勃为太保。

37　甲申,魏葬安定文公。丁亥,以岐阳之地封世子觉为周公。

38　初,侯景之乱,临川民周续起兵郡中,始兴王毅以郡让之而去。续部将皆郡中豪族,多骄横,续裁制之,诸将皆怨,相与杀之。续宗人迪,勇冠军中,众推为主。迪素寒微,恐郡人不服,以同郡周敷族望高显,折节交之,敷亦事迪甚谨。迪据上塘,敷据故郡,朝廷以迪为衡州刺史,领临川内史。时民遭侯景之乱,皆弃农业,群聚为盗,唯迪所部独务农桑,各有赢储,政教严明,征敛必至,馀郡乏绝者皆仰以取给。迪性质朴,不事威仪,居常徒跣,虽外列兵卫,内有女伎,接绳破篾,傍若无人,讷于言语而襟怀信实,临川人皆附之。

　　39　齐自西河总秦戍筑长城,东至于海,前后所筑东西凡三千馀里,率十里一戍,其要害置州镇,凡二十五所。

　　40　魏宇文护以周公幼弱,欲早使正位以定人心,庚子,以魏恭帝诏禅位于周,使大宗伯赵贵持节奉册,济北公迪致皇帝玺绶;恭帝出居大司马府。

# 资治通鉴卷第一百六十七

## 陈纪一

**高祖武皇帝**

永定元年（丁丑,557）

1　春,正月辛丑,周公即天王位,柴燎告天,朝百官于露门;追尊王考文公为文王,妣为文后;大赦。封魏恭帝为宋公。以木德承魏水,行夏之时,服色尚黑。以李弼为太师,赵贵为太傅、大冢宰,独孤信为太保、大宗伯,中山公护为大司马。

2　诏以王琳为司空、骠骑大将军,以尚书右仆射王通为左仆射。

3　周王祀圜丘,自谓先世出于神农,以神农配二丘,始祖献侯配南北郊,文王配明堂,庙号太祖。癸卯,祀方丘。甲辰,祭大社。除市门税。乙巳,享太庙,仍用郑玄义,立太祖与二昭、二穆为五庙,其有德者别为祧庙,不毁。辛亥,祀南郊。壬子,立王后元氏。后,魏文帝之女晋安公主也。

4　齐南安城主冯显请降于周,周柱国宇文贵使丰州刺史太原郭彦将兵迎之,遂据南安。

5　吐谷浑为寇于周,攻凉、鄯、河三州。秦州都督遣渭州刺史于翼赴援,翼不从。僚属咸以为言,翼曰:"攻取之术,非夷俗所长。此寇之来,不过抄掠边牧,掠而无获,势将自走。劳师而往,必无所及。翼揣之已了,幸勿复言。"数日,问至,果如翼所策。

6　初,梁世祖以始兴郡为东衡州,以欧阳頠为刺史。久之,徙頠为郢州刺史,萧勃留頠不遣。世祖以王琳代勃为广州刺史,勃遣其将孙荡监广州,尽帅所部屯始兴以避之。頠别据一城,不往谒,闭门自守。勃怒,遣兵袭之,尽收其货财马仗;寻赦之,使复其所;与之结盟。江陵陷,頠遂事勃。二月庚午,勃起兵于广州,遣頠及其将傅泰、萧孜为前军。孜,勃之从子也。南江州刺史余孝顷以兵会之。诏平西将军周文育帅诸军讨之。

7　癸酉,周王朝日于东郊;戊寅,祭太社。

8　周楚公赵贵、卫公独孤信故皆与太祖等夷,及晋公护专政,皆怏怏不服。贵谋杀护，信止之；开府仪同三司宇文盛告之。丁亥，贵入朝，护执而杀之，免信官。

　　9　领军将军徐度出东关侵齐，戊子，至合肥，烧齐船三千艘。

　　10　欧阳頠等出南康。頠屯豫章之苦竹滩，傅泰据蹠口城，余孝顷遣其弟孝劢守郡城，自出豫章据石头。巴山太守熊昙朗诱頠共袭高州刺史黄法氍，又语法氍，约共破頠，且曰："事捷，与我马仗。"遂出军，与頠俱进。至法氍城下，昙朗阳败走，法氍乘之，頠失援而走，昙朗取其马仗，归于巴山。

　　周文育军少船，余孝顷有船在上牢，文育遣军主焦僧度袭之，尽取以归，仍于豫章立栅。军中食尽，诸将欲退，文育不许，使间行遗周迪书，约为兄弟。迪得书甚喜，许馈以粮。于是文育分遣老弱乘故船沿流俱下，烧豫章栅，伪若遁去者。孝顷望之，大喜，不复设备。文育由间道兼行，据芊韶，芊韶上流则欧阳頠、萧孜，下流则傅泰、余孝顷营，文育据其中间，筑城飨士，頠等大骇。頠退入泥溪，文育遣严威将军周铁虎等袭頠，癸巳，擒之。文育盛陈兵甲，与頠乘舟而宴，巡蹠口城下，使其将丁法洪攻泰，擒之。孜、孝顷退走。

　　11　甲午，周以于谨为太傅，大宗伯侯莫陈崇为太保，晋公护为大冢宰，柱国武川贺兰祥为大司马，高阳公达奚武为大司寇。

　　12　周人杀魏恭帝。

　　13　三月庚子，周文育送欧阳頠、傅泰于建康。丞相霸先与頠有旧，释而厚待之。

　　14　周晋公护以赵景公独孤信名重，不欲显诛之，己酉，逼令自杀。

　　15　甲辰，以司空王琳为湘、郢二州刺史。

　　16　曲江侯勃在南康，闻欧阳頠等败，军中恟惧。甲寅，德州刺史陈法武、前衡州刺史谭世远攻勃，杀之。

　　17　夏，四月己卯，铸四柱钱，一当二十。

　　18　齐遣使请和。

　　19　壬午，周王谒成陵；乙酉，还宫。

　　20　齐以太师斛律金为右丞相，前大将军可朱浑道元为太傅，开府仪同三司贺拔仁为太保，尚书令常山王演为司空，录尚书事长广王湛为尚书令，右仆射杨愔为左仆射，仍加开府仪同三司。并省尚书右仆射崔暹为左仆射，上党王涣录尚书事。

　　21　丁亥，周王享太庙。

22　壬辰,改四柱钱一当十;丙申,复闭细钱。

23　故曲江侯勃主帅兰裕袭杀谭世远,军主夏侯明徹杀裕,持勃首降。勃故记室李宝藏奉怀安侯任据广州。萧孜、余孝顷犹据石头,为两城,各据其一,多设船舰,夹水而陈。丞相霸先遣平南将军侯安都助周文育击之。戊戌,安都潜师夜烧其船舰,文育帅水军、安都帅步军进攻之;萧孜出降,孝顷逃归新吴,文育等引兵还。丞相霸先以欧阳颜声著南土,复以颜为衡州刺史,使讨岭南,未至,其子纥已克始兴,颜至岭南,诸郡皆降,遂克广州,岭南悉平。

24　周仪同三司齐轨谓御正中大夫薛善曰:"军国之政,当归天子,何得犹在权门!"善以告晋公护,护杀之,以善为中外府司马。

25　五月戊辰,余孝顷遣使诣丞相府乞降。

26　王琳既不就征,大治舟舰,将攻陈霸先;六月戊寅,霸先以开府仪同三司侯安都为西道都督,周文育为南道都督,将舟师二万会武昌以击之。

27　秋,七月辛亥,周王享太庙。

28　河南、北大蝗。齐主问魏郡丞崔叔瓒曰:"何故致蝗?"对曰:"五行志:土功不时,蝗虫为灾。今外筑长城,内兴三台,殆以此乎!"齐主怒,使左右殴之,擢其发,以溷沃其头,曳足以出。叔瓒,季舒之兄也。

29　八月丁卯,周人归梁世祖之柩及诸将家属千馀人于王琳。

30　戊辰,周王祭太社。

31　甲午,进丞相霸先位太傅,加黄钺、殊礼,赞拜不名。九月辛丑,进丞相为相国,总百揆,封陈公,备九锡,陈国置百司。

32　周孝愍帝性刚果,恶晋公护之专权。司会李植自太祖时为相府司录,参掌朝政,军司马孙恒亦久居权要,及护执政,植、恒恐不见容,乃与宫伯乙弗凤、贺拔提等共潜之于周王。植、恒曰:"护自诛赵贵以来,威权日盛,谋臣宿将,争往附之,大小之政,皆决于护。以臣观之,将不守臣节,愿陛下早图之!"王以为然。凤、提曰:"以先王之明,犹委植、恒以朝政,今以事付二人,何患不成!且护常自比周公,臣闻周公摄政七年,陛下安能七年邑邑如此乎!"王愈信之,数引武士于后园讲习,为执缚之势。植等又引宫伯张光洛同谋,光洛以告护。护乃出植为梁州刺史,恒为潼州刺史,欲散其谋。后王思植等,每欲召之,护泣谏曰:"天下至亲,无过兄弟,若兄弟尚相疑,他人谁可信者!太祖以陛下富于春秋,属臣后事,臣情兼家国,实愿竭其股肱。若陛下亲览万机,威加四海,臣死之日,犹生之年。

但恐除臣之后，奸回得志，非唯不利陛下，亦将倾覆社稷，使臣无面目见太祖于九泉。且臣既为天子之兄，位至宰相，尚复何求！愿陛下勿信谗臣之言，疏弃骨肉。”王乃止不召，而心犹疑之。

凤等益惧，密谋滋甚，刻日召群公入宴，因执护诛之；张光洛又以告护。护乃召柱国贺兰祥、领军尉迟纲等谋之，祥等劝护废立。时纲总领禁兵，护遣纲入宫召凤等议事，及至，以次执送护第，因罢散宿卫兵。王方悟，独在内殿，令宫人执兵自守。护遣贺兰祥逼王逊位，幽于旧第。悉召公卿会议，废王为略阳公，迎立岐州刺史宁都公毓。公卿皆曰：“此公之家事，敢不唯命是听！”乃斩凤等于门外，孙恒亦伏诛。

时李植父柱国大将军远镇弘农，护召远及植还朝，远疑有变，沉吟久之，乃曰：“大丈夫宁为忠鬼，安可作叛臣邪！”遂就征。既至长安，护以远功名素重，犹欲全之，引与相见，谓之曰：“公儿遂有异谋，非止屠戮护身，乃是倾危宗社。叛臣贼子，理宜同疾，公可早为之所。”乃以植付远。远素爱植，植又口辩，自陈初无此谋。远谓植信然，诘朝，将植谒护。护谓植已死，左右白植亦在门。护大怒曰：“阳平公不信我！”乃召入，仍命远同坐，令略阳公与植相质于远前。植辞穷，谓略阳公曰：“本为此谋，欲安社稷，利至尊耳！今日至此，何事云云！”远闻之，自投于床曰：“若尔，诚合万死！”于是护乃害植，并逼远令自杀。植弟叔诣、叔谦、叔让亦死，馀子以幼得免。初，远弟开府仪同三司穆知植非保家之主，每劝远除之，远不能用。及远临刑，泣谓穆曰：“吾不用汝言以至此！”穆当从坐，以前言获免，除名为民，及其子弟亦免官。植弟淅州刺史基，尚义归公主，当从坐，穆请以二子代基命，护两释之。

后月馀，护弑略阳公，黜王后元氏为尼。

癸亥，宁都公自岐州至长安，甲子，即天王位，大赦。

33　冬，十月戊辰，进陈公爵为王。辛未，梁敬帝禅位于陈。

34　癸酉，周魏武公李弼卒。

35　陈王使中书舍人刘师知引宣猛将军沈恪勒兵入宫，卫送梁主如别宫，恪排闼见王，叩头谢曰：“恪身经事萧氏，今日不忍见此。分受死耳，决不奉命！”王嘉其意，不复逼，更以荡主王僧志代之。乙亥，王即皇帝位于南郊，还宫，大赦，改元。奉梁敬帝为江阴王，梁太后为太妃，皇后为妃。

以给事黄门侍郎蔡景历为秘书监、兼中书通事舍人。是时政事皆由中书省，置二十一局，各当尚书诸曹，总国机要，尚书唯听受而已。

36　丙子，上幸锺山，祠蒋帝庙。庚辰，上出佛牙于杜姥宅，设无遮大会，帝亲出阙前膜拜。

37　辛巳，追尊皇考文赞为景皇帝，庙号太祖，皇妣董氏曰安皇后，追立前夫人钱氏为昭皇后，世子克为孝怀太子，立夫人章氏为皇后。章后，乌程人也。

38　置删定郎，治律令。

39　乙酉，周王祀圜丘；丙戌，祀方丘；甲午，祭太社。

40　戊子，太祖神主祔太庙，七庙始共用一太牢，始祖荐首，馀皆骨体。

41　侯安都至武昌，王琳将樊猛弃城走，周文育自豫章会之。安都闻上受禅，叹曰："吾今兹必败，战无名矣！"时两将俱行，不相统摄，部下交争，稍不相平。军至郢州，琳将潘纯陀于城中遥射官军，安都怒，进军围之；未克，而王琳至弇口，安都乃释郢州，悉众诣沌口，留沈泰一军守汉曲。安都遇风不得进，琳据东岸，安都据西岸，相持数日，乃合战，安都等大败。安都、文育及裨将徐敬成、周铁虎、程灵洗皆为琳所擒，沈泰引军奔归。琳引见诸将与语，周铁虎辞气不屈，琳杀铁虎而囚安都等，总以一长镇系之，置琳所坐舻下，令所亲宦者王子晋掌视之。琳乃移湘州军府就郢城，又遣其将樊猛袭据江州。

42　十一月丙申，上立兄子蒨为临川王，顼为始兴王；弟子昙朗已死而上未知，遥立为南康王。

43　庚子，周王享太庙；丁未，祀圜丘；十二月庚午，谒成陵；癸酉，还宫。

44　谯淹帅水军七千、老弱三万自蜀江东下，欲就王琳，周使开府仪同三司贺若敦、叱罗晖等击之，斩淹，悉俘其众。

45　是岁，诏给事黄门侍郎萧乾招谕闽中。时熊昙朗在豫章，周迪在临川，留异在东阳，陈宝应在晋安，共相连结，闽中豪帅往往立寨以自保。上患之，使乾谕以祸福，豪帅皆帅众请降，即以乾为建安太守。乾，子范之子也。

46　初，梁兴州刺史席固以州降魏，周太祖以固为丰州刺史。久之，固犹习梁法，不遵北方制度，周人密欲代之，而难其人，乃以司宪中大夫令狐整权镇丰州，委以代固之略。整广布威恩，倾身抚接，数月之间，化洽州府。于是除整丰州刺史，以固为湖州刺史。整迁丰州于武当，旬日之间，城府周备，迁者如归。固之去也，其部曲多愿留为整左右，整谕以朝制，弗许,莫不流涕而去。

47　齐人于长城内筑重城,自库洛枝东至坞纥戍,凡四百馀里。

48　初,齐有术士言"亡高者黑衣",故高祖每出,不欲见沙门。显祖在晋阳,问左右:"何物最黑?"对曰:"无过于漆。"帝以上党王涣于兄弟第七,使库直都督破六韩伯昇之邺征涣。涣至紫陌桥,杀伯昇而逃,浮河南渡;至济州,为人所执,送邺。

帝之为太原公也,与永安王浚皆见世宗,帝有时演出,浚责帝左右曰:"何不为二兄拭鼻!"帝深衔之。及即位,浚为青州刺史,聪明矜恕,吏民悦之。浚以帝嗜酒,私谓亲近曰:"二兄因酒败德,朝臣无敢谏者,大敌未灭,吾甚以为忧。欲乘驿至邺面谏,不知用吾不。"或密以白帝,帝益衔之。浚入朝,从幸东山,帝裸裎为乐。浚进谏曰:"此非人主所宜!"帝不悦。浚又于屏处召杨愔,讥其不谏。帝时不欲大臣与诸王交通,愔惧,奏之。帝大怒曰:"小人由来难忍!"遂罢酒,还宫。浚寻还州,又上书切谏,诏征浚。浚惧祸,谢疾不至,帝遣驰驿收浚,老幼泣送者数千人。至邺,与上党王涣皆盛以铁笼,置于北城地牢,饮食溲秽,共在一所。

## 二年(戊寅,558)

1　春,正月,王琳引兵下,至湓城,屯于白水浦,带甲十万。琳以北江州刺史鲁悉达为镇北将军,上亦以悉达为征西将军,各送鼓吹女乐。悉达两受之,迁延顾望,皆不就;上遣安西将军沈泰袭之,不克。琳欲引军东下,而悉达制其中流,琳遣使说诱,终不从。己亥,琳遣记室宗虩求援于齐,且请纳梁永嘉王庄以主梁祀。衡州刺史周迪欲自据南川,乃总召所部八郡守宰结盟,齐言入赴;上恐其为变,厚慰抚之。

新吴洞主余孝顷遣沙门道林说琳曰:"周迪、黄法氍皆依附金陵,阴窥间隙,大军若下,必为后患;不如先定南川,然后东下,孝顷请席卷所部以从下吏。"琳乃遣轻车将军樊猛、平南将军李孝钦、平东将军刘广德将兵八千赴之,使孝顷总督三将,屯于临川故郡,征兵粮于迪,以观其所为。

2　以开府仪同三司侯瑱为司空,衡州刺史欧阳頠为都督交广等十九州诸军事、广州刺史。

3　周以晋公护为太师。

4　辛丑,上祀南郊,大赦;乙巳,祀北郊。

5　辛亥,周王耕藉田。

6　癸丑,周立王后独孤氏。

7　戊午,上祀明堂。

8　二月壬申,南豫州刺史沈泰奔齐。

9　齐北豫州刺史司马消难,以齐主昏虐滋甚,阴为自全之计,曲意抚循所部。消难尚高祖女,情好不睦,公主诉之。上党王涣之亡也,邺中大扰,疑其赴成皋。消难从弟子瑞为尚书左丞,与御史中丞毕义云有隙,义云遣御史张子阶诣北豫州采风闻,先禁消难典签家客等。消难惧,密令所亲中兵参军裴藻托以私假,间行入关,请降于周。

三月甲午,周遣柱国达奚武、大将军杨忠帅骑士五千迎消难,从间道驰入齐境五百里,前后三遣使报消难,皆不报。去虎牢三十里,武疑有变,欲还,忠曰:"有进死,无退生!"独以千骑夜趣城下。城四面峭绝,但闻击柝声。武亲来,麾数百骑西去,忠勒馀骑不动,俟门开而入,驰遣召武。齐镇城伏敬远勒甲士二千人据东城,举烽严警。武惮之,不欲保城,乃多取财物,以消难及其属先归,忠以三千骑为殿。至洛南,皆解鞍而卧。齐众来追,至洛北,忠谓将士曰:"但饱食,今在死地,贼必不敢渡水!"已而果然,乃徐引还。武叹曰:"达奚武自谓天下健儿,今日服矣!"周以消难为小司徒。

10　丁酉,齐主自晋阳还邺。

11　齐发兵援送梁永嘉王庄于江南,册拜王琳为梁丞相、都督中外诸军、录尚书事。琳遣兄子叔宝帅所部十州刺史子弟赴邺。琳奉庄即皇帝位,改元天启。追谥建安公渊明曰闵皇帝。庄以琳为侍中、大将军、中书监,馀依齐朝之命。

12　夏,四月甲子,上享太庙。

13　乙丑,上使人害梁敬帝,立梁武林侯谘之子季卿为江阴王。

14　己巳,周以太师护为雍州牧。

15　甲戌,周王后独孤氏殂。

16　辛巳,齐大赦。

17　齐主以旱祈雨于西门豹祠,不应,毁之,并掘其冢。

18　五月癸巳,余孝顷等屯二万军于工塘,连八城以逼周迪。迪惧,请和,并送兵粮。樊猛等欲受盟而还;孝顷贪其利,不许,树栅围之。由是猛等与孝顷不协。

19　周以大司空侯莫陈崇为大宗伯。

20　癸丑,齐广陵南城主张显和、长史张僧那各帅所部来降。

21　辛丑,齐以尚书令长广王湛录尚书事,骠骑大将军平秦王归彦为尚书左仆射。甲辰,以前左仆射杨愔为尚书令。

　　22　辛酉,上幸大庄严寺舍身;壬戌,群臣表请还宫。

　　23　六月乙丑,齐主北巡,以太子殷监国,因立大都督府与尚书省分理众务,仍开府置佐。齐主特崇其选,以赵郡王叡为侍中、摄大都督府长史。

　　24　己巳,诏司空侯瑱与领军将军徐度帅舟师为前军以讨王琳。

　　25　齐主至祁连池,戊寅,还晋阳。

　　26　秋,戊戌,上幸石头,送侯瑱等。

　　27　高州刺史黄法氍、吴兴太守沈恪、宁州刺史周敷合兵救周迪。敷自临川故郡断江口,分兵攻余孝顷别城。樊猛等不救而没;刘广德乘流先下,故获全。孝顷等皆弃舟引兵步走,迪追击,尽擒之,送孝顷及李孝钦于建康,归樊猛于王琳。

　　28　甲辰,上遣吏部尚书谢哲往谕王琳。哲,胐之孙也。

　　29　八月甲子,周大赦。

　　30　乙丑,齐主还邺。

　　31　辛未,诏临川王蒨西讨,以舟师五万发建康,上幸冶城寺送之。

　　32　甲戌,齐主如晋阳。

　　33　王琳在白水浦,周文育、侯安都、徐敬成许王子晋以厚赂,子晋乃伪以小船依舰而钓,夜,载之上岸,入深草中,步投陈军,还建康自劾;上引见,并宥之,戊寅,复其本官。

　　34　谢哲返命,王琳请还湘州,诏追众军还。癸未,众军至自大雷。

　　35　九月甲申,周封少师元罗为韩国公以绍魏后。

　　36　丁未,周王如同州;冬,十月辛酉,还长安。

　　37　余孝顷之弟孝劢及子公飐犹据旧栅不下;庚午,诏开府仪同三司周文育都督众军出豫章讨之。

　　38　齐三台成,更名铜爵曰金凤,金虎曰圣应,冰井曰崇光。十一月甲午,齐主至邺,大赦。齐主游三台,戏以槊刺都督尉子辉,应手而毙。

　　常山王演以帝沉湎,忧愤形于颜色。帝觉之,曰:“但令汝在,我何为不纵乐!”演唯涕泣拜伏,竟无所言。帝亦大悲,抵杯于地曰:“汝似嫌我如是,自今敢进酒者斩之!”因取所御杯尽坏弃。未几,沉湎益甚,或于诸贵戚家角力批拉,不限贵贱,唯演至,则内外肃然。演又密撰事条,将谏,其友王晞以为不可;演不从,因间极言,遂逢大怒。演性颇严,尚书郎中剖断有失,辄加捶楚,令史朱愻即考竟。帝乃立演于前,以刀镮拟胁,召被演罚者,临以白刃,求演之短;咸无所陈,乃释之。晞,昕之弟也。帝疑演假辞于晞以谏,欲杀之。王私谓晞曰:"王博士,明日当作一条事,为欲相活,亦图自全,宜深体勿怪。"乃于众中杖晞二十。帝寻发怒,闻晞得杖,以故不杀,髡鞭配甲坊。居三年,演又因谏争,大被殴挞,闭口不食。太后日夜涕泣,帝不知所为,曰:"傥小儿死,奈我老母何!"于是数往问演疾,谓曰:"努力强食,当以王晞还汝。"乃释晞,令诣演。演抱晞曰:"吾气息惙然,恐不复相见!"晞流涕曰:"天道神明,岂令殿下遂毙此舍!至尊亲为人兄,尊为人主,安可与计!殿下不食,太后亦不食,殿下纵不自惜,独不念太后乎!"言未卒,演强坐而饭。晞由是免徒,还为王友。及演录尚书事,除官者皆诣演谢,去必辞。晞言于演曰:"受爵天朝,拜恩私第,自古以为不可,宜一切约绝。"演从之。久之,演从容谓晞曰:"主上起居不恒,卿宜耳目所具,吾岂可以前逢一怒,遂尔结舌。卿宜为撰谏草,吾当伺便极谏。"晞遂条十馀事以呈,因谓演:"今朝廷所恃者惟殿下,乃欲学匹夫耿介,轻一朝之命!狂药令人不自觉,刀箭岂复识亲疏,一旦祸出理外,将奈殿下家业何,奈皇太后何!"演歔欷不自胜,曰:"乃至是乎!"明日,见晞曰:"吾长夜久思,今遂息意。"即命火,对晞焚之。后复承间苦谏,帝使力士反接,拔白刃注颈,骂曰:"小子何知,是谁教汝?"演曰:"天下噤口,非臣谁敢有言!"帝趣杖,乱捶之数十;会醉卧,得解。帝褒黩之游,遍于宗戚,所往留连;唯至常山第,多无适而去。尚书左仆射崔暹屡谏,演谓暹曰:"今太后不敢言,吾兄弟杜口,仆射独能犯颜,内外深相感愧。"

　　太子殷,自幼温裕开朗,礼士好学,关览时政,甚有美名。帝尝嫌太子"得汉家性质,不似我",欲废之。帝登金凤台召太子,使手刃囚,太子恻然有难色,再三,不断其首。帝大怒,亲以马鞭撞之,太子由是气悸语吃,精神昏扰。帝因酣宴,屡云:"太子性懦,社稷事重,终当传位常山。"太子少傅魏收谓杨愔曰:"太子,国之根本,不可动摇。至尊三爵之后,每言传位常山,令臣下疑贰。若其实也,当决行之。此言非所以为戏,恐徒使国家不安。"愔以收言白帝,帝乃止。

　　帝既残忍,有司讯囚,莫不严酷,或烧犁耳,使立其上,或烧车釭,使以臂贯之,既不胜苦,皆至诬伏。唯三公郎中武强苏琼,历职中外,所至皆以宽平为治。时赵州及清河屡有人告谋反者,前后皆付琼推检,事多申雪。尚书崔昂谓琼曰:"若欲立功名,当更思馀理;数雪反逆,身命何轻!"琼正色曰:"所雪者冤枉耳,不纵反逆也。"昂大惭。

帝怒临漳令稽晔、舍人李文思,以赐臣下为奴。中书侍郎彭城郑颐私诱祠部尚书王昕曰:"自古无朝士为奴者。"昕曰:"箕子为之奴。"颐以白帝曰:"王元景比陛下于纣。"帝衔之。顷之,帝与朝臣酣饮,昕称疾不至,帝遣骑执之,见方摇膝吟咏,遂斩于殿前,投尸漳水。

齐主北筑长城,南助萧庄,士马死者以数十万计。重以修筑台殿,赐与无节,府藏之积,不足以供,乃减百官之禄,撤军人常廪,并省州郡县镇戍之职,以节费用焉。

39　十二月庚寅,齐以可朱浑道元为太师,尉粲为太尉,冀州刺史段韶为司空,常山王演为大司马,长广王湛为司徒。

40　壬午,周大赦。

41　齐主如北城,因视永安简平王浚、上党刚肃王涣于地牢。帝临穴讴歌,令浚等和之,浚等惶怖且悲,不觉声颤;帝怆然,为之下泣,将赦之。长广王湛素与浚不睦,进曰:"猛虎安可出穴!"帝默然。浚等闻之,呼湛小字曰:"步落稽,皇天见汝!"帝亦以浚与涣皆有雄略,恐为后害,乃自刺涣,又使壮士刘桃枝就笼乱刺,槊每下,浚、涣辄以手拉折之,号哭呼天,于是薪火乱投,烧杀之,填以土石。后出之,皮发皆尽,尸色如炭,远近为之痛愤。帝以仪同三司刘郁捷杀浚,以浚妃陆氏赐之;冯文洛杀涣,以涣妃李氏赐之,二人皆帝家旧奴也。陆氏寻以无宠于浚,得免。

42　高凉太守冯宝卒,海隅扰乱。宝妻洗氏怀集部落,数州晏然。其子仆,生九年,是岁,遣仆帅诸酋长入朝,诏以仆为阳春太守。

43　后梁主遣其大将军王操将兵略取王琳之长沙、武陵、南平等郡。


三年(己卯,559)

1　春,正月己酉,周太师护上表归政,周王始亲万机;军旅之事,护犹总之。初改都督州军事为总管。

2　王琳召桂州刺史淳于量。量虽与琳合而潜通于陈;二月辛酉,以量为开府仪同三司。

3　壬午,侯瑱引兵焚齐舟舰于合肥。

4　丙戌,齐主于甘露寺禅居深观,唯军国大事乃以闻。尚书左仆射崔暹卒,齐主幸其第哭之,谓其妻李氏曰:"颇思暹乎?"对曰:"思之。"帝曰:"然则自往省之。"因手斩其妻,掷首墙外。

5　齐斛律光将骑一万击周开府仪同三司曹回公,斩之,柏谷城主薛禹生弃城走,遂取文侯镇,立戍置栅而还。

6　三月戊戌,齐以高德政为尚书右仆射。

7　吐谷浑寇周边;庚戌,周遣大司马贺兰祥击之。

8　丙辰,齐主至邺。

9　梁永嘉王庄至郢州,遣使入贡于齐。王琳遣其将雷文策袭后梁监利太守蔡大有,杀之。

10　齐主之为魏相也,胶州刺史定阳文肃侯杜弼为长史,帝将受禅,弼谏止之。帝问:“治国当用何人?”对曰:“鲜卑车马客,会须用中国人。”帝以为讥己,衔之。高德政用事,弼不为之下,尝于众前面折德政;德政数言其短于帝,弼恃旧,不自疑。夏,帝因饮酒,积其愆失,遣使就州斩之;既而悔之,驿追不及。

11　闰四月戊子,周命有司更定新历。

12　丁酉,遣镇北将军徐度将兵城南皖口。

13　齐高德政与杨愔同为相,愔常忌之。齐主酣饮,德政数强谏,齐主不悦,谓左右曰:“高德政恒以精神凌逼人。”德政惧,称疾,欲自退。帝谓杨愔曰:“我大忧德政病。”对曰:“陛下若用为冀州刺史,病当自差。”帝从之。德政见除书,即起。帝大怒,召德政谓曰:“闻尔病,我为尔针。”亲以小刀刺之,血流沾地。又使曳下斩去其足,刘桃枝执刀不敢下,帝责桃枝曰:“尔头即堕地!”桃枝乃斩其足之三指。帝怒不解,囚德政于门下,其夜,以毡舆送还家。明旦,德政妻出珍宝满四床,欲以寄人,帝奄至其宅,见之,怒曰:“我御府犹无是物!”诘其所从得,皆诸元赂之,遂曳出,斩之。妻出拜,又斩之。并其子伯坚。以司州牧彭城王浟为司徒,侍中高阳王湜为尚书右仆射;乙巳,以浟兼太尉。

14　齐主封子绍廉为长乐王。

15　辛亥,周以侯莫陈崇为大司徒,达奚武为大宗伯,武阳公豆卢宁为大司寇,柱国辅城公邕为大司空。

16　乙卯,周诏:“有司无得纠赦前事;唯厩库仓廪与海内所共,若有侵盗,虽经赦宥免其罪,征备如法。”

17　周贺兰祥与吐谷浑战,破之,拔其洮阳、洪和二城,以其地为洮州。

18　五月丙辰朔,日有食之。

19　齐太史奏,今年当除旧布新。齐主问于特进彭城公元韶曰:“汉光武何故中兴?”对曰:“为诛诸刘不尽。”于是齐主悉杀诸元以厌之。癸未,诛始平公元世哲等二十五家,囚韶等十九家。韶幽于地牢,绝食,啖衣袖而死。

20　周文育、周迪、黄法氍共讨余公飏,豫章太守熊昙朗引兵会之,众且万人。文育军于金口,公飏诈降,谋执文育,文育觉之,囚送建康。文育进屯三陂。王琳遣其将曹庆帅二千人救余孝劢,庆分遣主帅常众爱与文育相拒,自帅其众攻周迪及安南将军吴明彻,迪等败,文育退据金口。熊昙朗因其失利,谋杀文育以应众爱,监军孙白象闻其谋,劝文育先之,文育不从。时周迪弃船走,不知所在,乙酉,文育得迪书,自赍以示昙朗,昙朗杀之于坐而并其众,因据新淦城。昙朗将兵万人袭周敷,敷击破之,昙朗单骑奔巴山。

21　鲁悉达部将梅天养等引齐军入城。悉达帅麾下数千人济江自归,拜平南将军、北江州刺史。

22　六月戊子,周以霖雨,诏群臣上封事极谏。左光禄大夫猗氏乐逊上言四事:其一,以为“比来守令代期既促,责其成效,专务威猛;今关东之民沦陷涂炭,若不布政优优,闻诸境外,何以使彼劳民,归就乐土!”其二,以为“顷者魏都洛阳,一时殷盛,贵势之家,竞为侈靡,终使祸乱交兴,天下丧败;比来朝贵器服稍华,百工造作务尽奇巧,臣诚恐物逐好移,有损政俗”。其三,以为“选曹补拟,宜与众共之;今州郡选置,犹集乡间,况天下铨衡,不取物望,既非机事,何足可密! 其选置之日,宜令众心明白,然后呈奏”。其四,以为“高洋据有山东,未易猝制,譬犹棋劫相持,争行先后,若一行不当,或成彼利,诚应舍小营大,先保封域,不宜贪利边陲,轻为举动”。

23　周处士韦敻,孝宽之兄也,志尚夷简,魏、周之际,十征不屈。周太祖甚重之,不夺其志,世宗礼敬尤厚,号曰“逍遥公”。晋公护延之至第,访以政事,护盛修第舍,敻仰视堂,叹曰:“酣酒嗜音,峻宇凋墙,有一于此,未或不亡。”护不悦。

骠骑大将军、开府仪同三司寇儁,赞之孙也,少有学行。家人常卖物,多得绢五匹,儁于后知之,曰:“得财失行,吾所不取。”访主还之。敦睦宗族,与同丰约,教训子孙,必先礼义。自大统中,称老疾,不朝谒;世宗虚心欲见之,儁不得已入见。王引之同席而坐,问以魏朝旧事;载以御舆,令于王前乘之以出,顾谓左右曰:“如此之事,唯积善者可以致之。”

24　周文育之讨余孝劢也,帝令南豫州刺史侯安都继之。文育死,安都还,遇王琳将周炅、周协南归,与战,擒之。孝劢弟孝猷帅所部四千家诣安都降。安都进军至左里,击曹庆、常众爱,破之。众爱奔庐山,庚寅,庐山民斩之,传首。

25　诏临川王蒨于南皖口置城,使东徐州刺史吴兴钱道戢守之。

26　丁酉,上不豫,丙午,殂。上临戎制胜,英谋独运,而为政务崇宽简,非军旅急务,不轻调发。性俭素,常膳不过数品,私宴用瓦器、蚌盘,殽核充事而已;后宫无金翠之饰,不设女乐。

时皇子昌在长安,内无嫡嗣,外有强敌,宿将皆将兵在外,朝无重臣,唯中领军杜稜典宿卫兵在建康。章皇后召稜及中书侍郎蔡景历入禁中定议,秘不发丧,急召临川王蒨于南皖。景历亲与宦者、宫人密营敛具。时天暑,须治梓宫,恐斤斧之声闻于外,乃以蜡为秘器,文书诏敕,依旧宣行。

侯安都军还,适至南皖,与临川王俱还朝。甲寅,王至建康,入居中书省,安都与群臣定议,奉王嗣位,王谦让不敢当。皇后以昌故,未肯下令,群臣犹豫不能决。安都曰:“今四方未定,何暇及远!临川王有大功于天下,须共立之。今日之事,后应者斩!”即按剑上殿,白皇后出玺,又手解蒨发,推就丧次,迁殡大行于太极西阶。皇后乃下令,以蒨纂承大统。是日,即皇帝位,大赦。秋,七月丙辰,尊皇后为皇太后。辛酉,以侯瑱为太尉,侯安都为司空。

27　齐显祖将如晋阳,乃尽诛诸元,或祖父为王,或身尝贵显,皆斩于东市,其婴儿投于空中,承之以矟。前后死者凡七百二十一人,悉弃尸漳水,剖鱼者往往得人爪甲,邺下为之久不食鱼。使元黄头与诸囚自金凤台各乘纸鸱以飞,黄头独能至紫陌乃堕,仍付御史中丞毕义云饿杀之。唯开府仪同三司元蛮、祠部郎中元文遥等数家获免。蛮,继之子,常山王演之妃父;文遥,遵之五世孙也。定襄令元景安,虔之玄孙也,欲请改姓高氏,其从兄景皓曰:“安有弃其本宗而从人之姓者乎!丈夫宁可玉碎,何能瓦全!”景安以其言白帝,帝收景皓,诛之;赐景安姓高氏。

28　八月甲申,葬武皇帝于万安陵,庙号高祖。

29　戊戌,齐封皇子绍义为广阳王;以尚书右仆射河间王孝琬为左仆射,都官尚书崔昂为右仆射。

30　周御正中大夫崔猷建议,以为:“圣人沿革,因时制宜。今天子称王,不足以威天下,请遵秦、汉旧制称皇帝,建年号。”乙亥,周王始称皇帝,追尊文王曰文皇帝,改元武成。

31　癸卯,齐诏:“民间或有父祖冒姓元氏,或假托携养者,不问世数远近,悉听改复本姓。”

32　初,高祖追谥兄道谭为始兴昭烈王,以其次子顼袭封。及世祖即位,项在长安未还,上以本宗乏飨,戊戌,诏徙封项为安成王,皇子伯茂为始兴王。

33　初,周太祖平蜀,以其形胜之地,不欲使宿将居之,问诸子:"谁可往者?"皆不对。少子安成公宪请行,太祖以其幼,不许。壬子,周人以宪为益州总管,时年十六,善于抚绥,留心政术,蜀人悦之。九月乙卯,以大将军天水公广为梁州总管。广,导之子也。

34　辛酉,立皇子伯宗为太子。

35　己巳,齐主如晋阳。

36　辛未,周主封其弟辅城公邕为鲁公,安成公宪为齐公,纯为陈公,盛为越公,达为代公,通为冀公,逌为滕公。

37　乙亥,立太子母吴兴沈妃为皇后。

38　周少保怀宁庄公蔡祐卒。

39　齐显祖嗜酒成疾,不复能食,自知不能久,谓李后曰:"人生必有死,何足致惜!但怜正道尚幼,人将夺之耳!"又谓常山王演曰:"夺则任汝,慎勿杀也!"尚书令开封王杨愔、领军大将军平秦王归彦、侍中广汉燕子献、黄门侍郎郑颐皆受遗诏辅政。冬,十月甲午,殂。癸卯,发丧,群臣号哭,无下泣者,唯杨愔涕泗呜咽。太子殷即位,大赦。庚戌,尊皇太后为太皇太后,皇后为皇太后;诏诸土木金铁杂作一切停罢。

40　王琳闻高祖殂,乃以少府卿吴郡孙玚为郢州刺史,总留任,奉梁永嘉王庄出屯濡须口,齐扬州道行台慕容俨帅众临江,为之声援。十一月乙卯,琳寇大雷,诏侯瑱、侯安都及仪同徐度将兵御之。安州刺史吴明彻夜袭湓城,琳遣巴陵太守任忠击明彻,大破之,明彻仅以身免。琳因引兵东下。

41　齐以右丞相斛律金为左丞相,常山王演为太傅,长广王湛为太尉,段韶为司徒,平原王淹为司空,高阳王湜为尚书左仆射,河间王孝琬为司州牧,侍中燕子献为右仆射。

42　辛未,齐显祖之丧至邺。

43　十二月戊戌,齐徙上党王绍仁为渔阳王,广阳王绍义为范阳王,长乐王绍广为陇西王。

# 资治通鉴卷第一百六十八

## 陈纪二

**世祖文皇帝上**

天嘉元年（庚辰，560）

1　春，正月癸丑朔，大赦，改元。

2　齐大赦，改元乾明。

3　辛酉，上祀南郊。

4　齐高阳王湜，以滑稽便辟有宠于显祖，常在左右，执杖以挞诸王，太皇太后深衔之。及显祖殂，湜有罪，太皇太后杖之百馀；癸亥，卒。

5　辛未，上祀北郊。

6　齐主自晋阳还至邺。

7　二月乙未，高州刺史纪机自军所逃还宣城，据郡应王琳，泾令贺当迁讨平之。

王琳至栅口，侯瑱督诸军出屯芜湖，相持百馀日。东关春水稍长，舟舰得通，琳引合肥濡湖之众，舳舻相次而下，军势甚盛。瑱进军虎槛洲，琳亦出船列于江西，隔洲而泊。明日，合战，琳军少却，退保西岸。及夕，东北风大起，吹其舟舰并坏，没于沙中，浪大，不得还浦。及旦，风静，琳入浦治船，瑱等亦引军退入芜湖。

周人闻琳东下，遣都督荆襄等五十二州诸军事、荆州刺史史宁将兵数万乘虚袭郢州，孙玚婴城自守。琳闻之，恐其众溃，乃帅舟师东下，去芜湖十里而泊，击柝闻于陈军。齐仪同三司刘伯球将兵万馀人助琳水战，行台慕容恃德之子子会将铁骑二千屯芜湖西岸，为之声势。

丙申，瑱令军中晨炊蓐食以待之。时西南风急，琳自谓得天助，引兵直趣建康。瑱等徐出芜湖蹑其后，西南风翻为瑱用。琳掷火炬以烧陈船，皆反烧其船。瑱发拍以击琳舰，又以牛皮冒蒙冲小船以触其舰，并熔铁洒之。琳军大败，军士溺死者什二三，馀皆弃船登岸，为陈军所杀殆尽。齐步军在西岸者，自相蹂践，并陷于芦荻泥淖中；骑皆弃马脱走，得免者什二三。擒刘伯球、慕容子会,斩获万计,尽收梁、齐军资器械。琳乘舸艋冒陈走,至溢城,欲收合离散,众无附者,乃与妻妾左右十馀人奔齐。

先是,琳使侍中袁泌、御史中丞刘仲威侍卫永嘉王庄;及败,左右皆散。泌以轻舟送庄达于齐境,拜辞而还,遂来降;仲威奉庄奔齐。泌,昂之子也。樊猛及其兄毅帅部曲来降。

8　齐葬文宣皇帝于武宁陵,庙号高祖,后改曰显祖。

9　戊戌,诏:"衣冠士族、将帅战兵陷在王琳党中者,皆赦之,随材铨叙。"

10　己亥,齐以常山王演为太师、录尚书事,以长广王湛为大司马、并省录尚书事,以尚书左仆射平秦王归彦为司空,赵郡王叡为尚书左仆射。

诏:"诸元良口配没入官及赐人者并纵遣。"

11　乙巳,以太尉侯瑱都督湘、巴等五州诸军事,镇溢城。

12　齐显祖之丧,常山王演居禁中护丧事,娄太后欲立之而不果;太子即位,乃就朝列。以天子谅阴,诏演居东馆,欲奏之事,皆先咨决。杨愔等以演与长广王湛位地亲逼,恐不利于嗣主,心忌之。居顷之,演出归第,自是诏敕多不关预。

或谓演曰:"鸷鸟离巢,必有探卵之患。今日王何宜屡出?"中山太守阳休之诣演,演不见。休之谓王友王晞曰:"昔周公朝读百篇书,夕见七十士,犹恐不足。录王何所嫌疑,乃尔拒绝宾客!"

先是,显祖之世,群臣人不自保。及济南王立,演谓王晞曰:"一人垂拱,吾曹亦保优闲。"因言:"朝廷宽仁,真守文良主。"晞曰:"先帝时,东宫委一胡人傅之。今春秋尚富,骤览万机,殿下宜朝夕先后,亲承音旨。而使他姓出纳诏命,大权必有所归,殿下虽欲守藩,其可得邪!借令得遂冲退,自审家祚得保灵长乎?"演默然久之,曰:"何以处我?"晞曰:"周公抱成王摄政七年,然后复子明辟,惟殿下虑之!"演曰:"我何敢自比周公!"晞曰:"殿下今日地望,欲不为周公,得邪?"演不应。显祖常遣胡人康虎儿保护太子,故晞言及之。

齐主将发晋阳,时议谓常山王必当留守根本之地;执政欲使常山王从帝之邺,留长广王镇晋阳;既而又疑之,乃敕二王俱从至邺。外朝闻之,莫不骇愕。又敕以王晞为并州长史。演既行,晞出郊送之。演恐有觇察,命晞还城,执晞手曰:"努力自慎!"跃马而去。

平秦王归彦总知禁卫,杨愔宣敕留从驾五千兵于西中,阴备非常;至邺数日,归彦乃知之,由是怨愔。

领军大将军可朱浑天和,道元之子也,尚帝姑东平公主,每曰:"若不诛二王,少主无自安之理。"燕子献谋处太皇太后于北宫,使归政皇太后。

又自天保八年已来,爵赏多滥,杨愔欲加澄汰,乃先自表解开府及开封王,诸叨窃恩荣者皆从黜免。由是嬖宠失职之徒,尽归心二叔。平秦王归彦初与杨、燕同心,既而中变,尽以疏忌之迹告二王。

侍中宋钦道,弁之孙也,显祖使在东宫,教太子以吏事。钦道面奏帝,称"二叔威权既重,宜速去之"。帝不许,曰:"可与令公共详其事。"

愔等议出二王为刺史,以帝慈仁,恐不可所奏,乃通启皇太后,具述安危。宫人李昌仪,高仲密之妻也,李太后以其同姓,甚相昵爱,以启示之;昌仪密启太皇太后。

愔等又议不可令二王俱出,乃奏以长广王湛镇晋阳,以常山王演录尚书事。二王既拜职,乙巳,于尚书省大会百僚。愔等将赴之,散骑常侍兼中书侍郎郑颐止之,曰:"事未可量,不宜轻脱。"愔曰:"吾等至诚体国,岂常山拜职有不赴之理!"

长广王湛,且伏家僮数十人于录尚书后室,仍与席上勋贵贺拔仁、斛律金等数人相知约曰:"行酒至愔等,我各劝双杯,彼必致辞。我一曰'执酒',二曰'执酒',三曰'何不执',尔辈即执之!"及宴,如之。愔大言曰:"诸王反逆,欲杀忠良邪!尊天子,削诸侯,赤心奉国,何罪之有!"常山王演欲缓之。湛曰:"不可。"于是拳杖乱殴,愔及天和、钦道皆头面血流,各十人持之。燕子献多力,头又少发,狼狈排众走出门,斛律光逐而擒之。子献叹曰:"丈夫为计迟,遂至于此!"使太子太保薛孤延等执颐于尚药局。颐曰:"不用智者言至此,岂非命也!"

二王与平秦王归彦、贺拔仁、斛律金拥愔等唐突入云龙门,见都督叱利骚,招之,不进,使骑杀之。开府仪同三司成休宁抽刃呵演,演使归彦谕之,休宁厉声不从。归彦久为领军,素为军士所服,皆弛仗,休宁方叹息而罢。

演入,至昭阳殿,湛及归彦在朱华门外。帝与太皇太后并出,太皇太后坐殿上,皇太后及帝侧立。演以砖叩头,进言曰:"臣与陛下骨肉至亲,杨遵彦等欲独擅朝权,威福自己,自王公已下皆重足屏气;共相唇齿,以成乱阶,若不早图,必为宗社之害。臣与湛为国事重,贺拔仁、斛律金惜献武皇帝之业,共执遵彦等入宫,未敢刑戮。专辄之罪,诚当万死。"

时庭中及两庑卫士二千馀人,皆被甲待诏。武卫娥永乐,武力绝伦,素为显祖所厚,叩刀仰视,帝不睨之。帝素吃讷,仓猝不知所言。太皇太后令却仗，不退；又厉声曰："奴辈即今头落！"乃退。永乐内刀而泣。

太皇太后因问："杨郎何在？"贺拔仁曰："一眼已出。"太皇太后怆然曰："杨郎何所能为，留使岂不佳邪！"乃让帝曰："此等怀逆，欲杀我二子，次将及我，尔何为纵之？"帝犹不能言。太皇太后怒且悲，曰："岂可使我母子受汉老妪斟酌！"太后拜谢。太皇太后又为太后誓言："演无异志，但欲去逼而已。"演叩头不止。太后谓帝："何不安慰尔叔！"帝乃曰："天子亦不敢为叔惜，况此汉辈！但乞儿命，儿自下殿去，此属任叔父处分。"遂皆斩之。

长广王湛以郑颐昔尝谮己，先拔其舌，截其手而杀之。演令平秦王归彦引侍卫之士向华林园，以京畿军士入守门阁，斩娥永乐于园。

太皇太后临憺丧，哭曰："杨郎忠而获罪。"以御金为之一眼，亲内之，曰："以表我意。"演亦悔杀之。于是下诏罪状憺等，且曰："罪止一身，家属不问。"顷之，复簿录五家；王晞固谏，乃各没一房，孩幼尽死，兄弟皆除名。

以中书令赵彦深代杨愔总机务。鸿胪少卿阳休之私谓人曰："将涉千里，杀骐骥而策蹇驴，可悲之甚也！"

戊申，演为大丞相、都督中外诸军、录尚书事，湛为太傅、京畿大都督，段韶为大将军，平阳王淹为太尉，平秦王归彦为司徒，彭城王浟为尚书令。

13　江陵之陷也，长城世子昌及中书侍郎顷皆没于长安。高祖即位，屡请之于周，周人许而不遣。高祖殂，周人乃遣昌还，以王琳之难，居于安陆。琳败，昌发安陆；将济江，致书于上，辞甚不逊。上不怿，召侯安都从容谓曰："太子将至，须别求一藩为归老之地。"安都曰："自古岂有被代天子！臣愚，不敢奉诏。"因请自迎昌。于是群臣上表，请加昌爵命。庚戌，以昌为骠骑将军、湘州牧，封衡阳王。

14　齐大丞相演如晋阳，既至，谓王晞曰："不用卿言，几至倾覆。今君侧虽清，终当何以处我？"晞曰："殿下往时位地，犹可以名教出处；今日事势，遂关天时，非复人理所及。"演奏赵郡王叡为长史，王晞为司马。三月甲寅，诏："军国之政，皆申晋阳，禀大丞相规算。"

15　周军初至，郢州助防张世贵举外城以应之，所失军民三千馀口。周人起土山、长梯，昼夜攻之，因风纵火，烧其内城南面五十馀楼。孙玚兵不满千人，身自抚循，行酒赋食，士卒皆为之死战。周人不能克，乃授玚柱国、郢州刺史，封万户郡公；玚伪许以缓之，而潜修战守之备，一朝而具，乃复拒守。既而周人闻王琳败，陈兵将至，乃解围去。玚集将佐谓之曰：

"吾与王公同奖梁室,勤亦至矣;今时事如此,岂非天乎!"遂遣使奉表,举中流之地来降。

王琳之东下也,帝征南川兵,江州刺史周迪、高州刺史黄法𣰷帅舟师将赴之。熊昙朗据城列舰,塞其中路,迪等与周敷共围之。琳败,昙朗部众离心,迪攻拔其城,虏男女万馀口。昙朗走入村中,村民斩之;丁巳,传首建康,尽灭其族。

齐军先守鲁山,戊午,弃城走,诏南豫州刺史程灵洗守之。

16　甲子,置沅州、武州,以右卫将军吴明彻为武州刺史,以孙场为沅州刺史。场怀不自安,固请入朝,征为中领军;未拜,除吴郡太守。

17　壬申,齐封世宗之子孝珩为广宁王,长恭为兰陵王。

18　甲戌,衡阳献王昌入境,诏主书、舍人缘道迎候;丙子,济江,中流,殒之,使以溺告。侯安都以功进爵清远公。

初,高祖遣荥阳毛喜从安成王顼诣江陵,梁世祖以喜为侍郎,没于长安,与昌俱还,因进和亲之策。上乃使侍中周弘正通好于周。

19　夏,四月丁亥,立皇子伯信为衡阳王,奉献王祀。

20　周世宗明敏有识量,晋公护惮之,使膳部中大夫李安置毒于糖𫗴而进之。帝颇觉之。庚子,大渐,口授遗诏五百馀言,且曰:"朕子年幼,未堪当国。鲁公,朕之介弟,宽仁大度,海内共闻,能弘我周家,必此子也。"辛丑,殂。

鲁公幼有器质,特为世宗所亲爱,朝廷大事,多与之参议;性深沉,有远识,非因顾问,终不辄言。世宗每叹曰:"夫人不言,言必有中。"壬寅,鲁公即皇帝位。大赦。

21　五月壬子,齐以开府仪同三司刘洪徽为尚书右仆射。

22　侯安都父文捍为始兴内史,卒官。上迎其母还建康,母固求停乡里。乙卯,为置东衡州,以安都从弟晓为刺史;安都子秘,才九岁,上以为始兴内史,并令在乡侍养。

23　六月壬辰,诏葬梁元帝于江宁,车旗礼章,悉用梁典。

24　齐人收永安、上党二王遗骨,葬之。敕上党王妃李氏还第。冯文洛尚以故意,修饰诣之。妃盛列左右,立文洛于阶下,数之曰:"遭难流离,以至大辱,志操寡薄,不能自尽。幸蒙恩诏,得反藩闱,汝何物奴,犹欲见侮!"杖之一百,血流洒地。

25　秋,七月丙辰,封皇子伯山为鄱阳王。

26　齐丞相演以王晞儒缓,恐不允武将之意,每夜载入,昼则不与语。

尝进晞密室,谓曰:"比王侯诸贵,每见敦迫,言我违天不祥,恐当或有变起;吾欲以法绳之,何如?"晞曰:"朝廷比者疏远亲戚,殿下仓猝所行,非复人臣之事。芒刺在背,上下相疑,何由可久!殿下谦退,秕糠神器,实恐违上玄之意,坠先帝之基。"演曰:"卿何敢发此言,须致卿于法!"晞曰:"天时人事,皆无异谋,是以敢冒犯斧钺,抑亦神明所赞耳。"演曰:"拯难匡时,方俟圣哲,吾何敢私议!幸勿多言!"丞相从事中郎陆杳将出使,握晞手,使之劝进。晞以杳言告演,演曰:"若内外咸有此意,赵彦深朝夕左右,何故初无一言?"晞乃以事隙密问彦深,彦深曰:"我比亦惊此声论,每欲陈闻,则口噤心悸。弟既发端,吾亦当昧死一披肝胆。"因共劝演。

演遂言于太皇太后。赵道德曰:"相王不效周公辅成王,而欲骨肉相夺,不畏后世谓之篡邪!"太皇太后曰:"道德之言是也。"未几,演又启云:"天下人心未定,恐奄忽变生,须早定名位。"太皇太后乃从之。

八月壬午,太皇太后下令,废齐主为济南王,出居别宫。以常山王演入纂大统,且戒之曰:"勿令济南有他也!"

肃宗即皇帝位于晋阳,大赦,改元皇建。太皇太后还称皇太后;皇太后称文宣皇后,宫曰昭信。

乙酉,诏绍封功臣,礼赐耆老,延访直言,褒赏死事,追赠名德。

帝谓王晞曰:"卿何为自同外客,略不可见?自今假非局司,但有所怀,随宜作一牒,候少隙,即径进也。"因敕与尚书阳休之、鸿胪卿崔劼等三人,每日职务罢,并入东廊,共举录历代礼乐、职官及田市、征税,或不便于时而相承施用,或自古为利而于今废坠,或道德高俊,久在沉沦,或巧言眩俗,妖邪害政者,悉令详思,以渐条奏。朝晡给御食,毕景听还。

帝识度沉敏,少居台阁,明习吏事,即位尤自勤励,大革显祖之弊,时人服其明而讥其细。尝问舍人裴泽,在外议论得失。泽率尔对曰:"陛下聪明至公,自可远侔古昔;而有识之士,咸言伤细,帝王之度,颇为未弘。"帝笑曰:"诚如卿言。朕初临万机,虑不周悉,故致尔耳。此事安可久行,恐后又嫌疏漏。"泽由是被宠遇。

库狄显安侍坐,帝曰:"显安,我姑之子;今序家人之礼,除君臣之敬,可言我之不逮。"显安曰:"陛下多妄言。"帝曰:"何故?"对曰:"陛下昔见文宣以马鞭挝人,常以为非;今自行之,非妄言邪?"帝握其手谢之。又使直言,对曰:"陛下太细,天子乃更似吏。"帝曰:"朕甚知之。然无法日久,将整之以至无为耳。"又问王晞,晞曰:"显安言是也。"显安,干之子也。群臣进言,帝皆从容受纳。

性至孝,太后不豫,帝行不能正履,容色贬悴,衣不解带,殆将四旬。太后疾小增,即寝伏阁外,食饮药物,皆手亲之。太后尝心痛不自堪,帝立侍帷前,以爪掐掌代痛,血流出袖。友爱诸弟,无君臣之隔。

戊子,以长广王湛为右丞相,平阳王淹为太傅,彭城王浟为大司马。

27　周军司马贺若敦,帅众一万,奄至武陵;武州刺史吴明彻不能拒,引军还巴陵。

28　江陵之陷也,巴、湘之地皆入于周,周使梁人守之。太尉侯瑱等将兵逼湘州。贺若敦将步骑救之,乘胜深入,军于湘川。

九月乙卯,周将独孤盛将水军与敦俱进。辛酉,遣仪同三司徐度将兵会侯瑱于巴丘。会秋水泛溢,盛、敦粮援断绝,分军抄掠,以供资费。敦恐瑱知其粮少,乃于营内多为土聚,覆之以米,召旁村人,阳有访问,随即遣之。瑱闻之,良以为实。敦又增修营垒,造庐舍为久留之计,湘、罗之间遂废农业。瑱等无如之何。

先是土人亟乘轻船,载米粟鸡鸭以饷瑱军。敦患之,乃伪为土人装船,伏甲士于中。瑱军人望见,谓饷船之至,逆来争取,敦甲士出而擒之。又敦军数有叛人乘马投瑱者。敦乃别取一马,率以趣船,令船中逆以鞭鞭之。如是者再三,马畏船不上。然后伏兵于江岸,使人乘畏船马以招瑱军,诈云投附。瑱遣兵迎接,竞来牵马,马既畏船不上,伏兵发,尽杀之。此后实有馈饷及亡降者,瑱犹谓之诈,并拒击之。

冬,十月癸巳,瑱袭破独孤盛于杨叶洲,盛收兵登岸,筑城自保。丁酉,诏司空侯安都帅众会瑱南讨。

29　十一月辛亥,齐主立妃元氏为皇后,世子百年为太子。百年时才五岁。

齐主征前开府长史卢叔虎为中庶子。叔虎,柔之从叔也。帝问时务于叔虎。叔虎请伐周,曰:"我强彼弱,我富彼贫,其势相悬。然干戈不息,未能并吞者,此失于不用强富也。轻兵野战,胜负难必,是胡骑之法,非万全之术也。宜立重镇于平阳,与彼蒲州相对,深沟高垒,运粮积甲。彼闭关不出,则稍蚕食其河东之地,日使穷蹙。若彼出兵,非十万以上,不足为我敌。所损粮食咸出关中。我军士年别一代,谷食丰饶。彼来求战,我则不应;彼若退去,我乘其弊。自长安以西,民疏城远,敌兵来往,实自艰难,与我相持,农业且废,不过三年,彼自破矣。"帝深善之。

30　齐主自将击库莫奚,至天池,库莫奚出长城北遁。齐主分兵追击,获牛羊七万而还。

31　十二月乙未,诏:"自今孟春讫于夏首,大辟事已款者,宜且申停。"

32　己亥,周巴陵城主尉迟宪降,遣巴州刺史侯安鼎守之。庚子,独孤盛将馀众自杨叶洲潜遁。

33　丙午,齐主还晋阳。

齐主斩人于前,问王晞曰:"是人应死不?"晞曰:"应死,但恨死不得其地耳。臣闻'刑人于市,与众弃之。'殿庭非行戮之所。"帝改容谢曰:"自今当为王公改之。"

帝欲以晞为侍郎,苦辞不受。或劝晞勿自疏。晞曰:"我少年以来,阅要人多矣,得志少时,鲜不颠覆。且吾性实疏缓,不堪时务,人主恩私,何由可保!万一披猖,求退无地。非不好作要官,但思之烂熟耳。"

34　初,齐显祖之末,谷籴踊贵。济南王即位,尚书左丞苏珍芝建议,修石鳖等屯,自是淮南军防足食。肃宗即位,平州刺史嵇晔建议,开督亢陂,置屯田,岁收稻粟数十万石,北境周赡。又于河内置怀义等屯,以给河南之费。由是稍止转输之劳。

二年(辛巳,561)

1　春,正月戊申,周改元保定。以大冢宰护为都督中外诸军事;令五府总于天官,事无巨细,皆先断后闻。

2　庚戌,大赦。

3　周主祀圜丘。

4　辛亥,齐主祀圜丘;壬子,禘于太庙。

5　周主祀方丘;甲寅,祀感生帝于南郊;乙卯,祭太社。

6　齐主使王琳出合肥,召募伧楚,更图进取。合州刺史裴景徽,琳兄珉之婿也,请以私属为乡导。齐主使琳与行台左丞卢潜将兵赴之,琳沉吟不决。景徽恐事泄,挺身奔齐。齐主以琳为骠骑大将军、开府仪同三司、扬州刺史,镇寿阳。

7　己巳,周主享太庙,班太祖所述六官之法。

8　辛未,周湘州城主殷亮降,湘州平。

侯瑱与贺若敦相持日久,瑱不能制,乃借船送敦等渡江;敦虑其诈,不许,报云:"湘州我地,为尔侵逼;必须我归,可去我百里之外。"瑱留船江岸,引兵去之。敦乃自拔北归,军士病死者什五六。武陵、天门、南平、义阳、河东、宜都郡悉平。晋公护以敦失地无功,除名为民。

9　二月甲午，周主朝日于东郊。

10　周人以小司徒韦孝宽尝立勋于玉壁，乃置勋州于玉壁，以孝宽为刺史。

孝宽有恩信，善用间谍，或齐人受孝宽金货，遥通书疏，故齐之动静，周人皆先知之。有主帅许盆，以所戍城降齐，孝宽遣谍取之，俄斩首而还。

离石以南，生胡数为抄掠，而居于齐境，不可诛讨。孝宽欲筑城于险要以制之，乃发河西役徒十万，甲士百人，遣开府仪同三司姚岳监筑之。岳以兵少，惧不敢前。孝宽曰："计此城十日可毕。城距晋州四百馀里，吾一日创手，二日敌境始知。设使晋州征兵，三日方集，谋议之间，自稽二日，计其军行，二日不到，我之城隍，足得办矣。"乃令筑之。齐人果至境上，疑有大军，停留不进。其夜，孝宽使汾水以南傍介山、稷山诸村纵火，齐人以为军营，收兵自固。岳卒城而还。

11　三月乙卯，太尉零陵壮肃公侯瑱卒。

12　丙寅，周改八丁兵为十二丁兵，率岁一月而役。

13　夏，四月丙子朔，日有食之。

14　周以少傅尉迟纲为大司空。

15　丙午，周封愍帝子康为纪国公，皇子赟为鲁国公。赟，李后之子也。

16　六月乙酉，周使御正殷不害来聘。

17　秋，七月，周更铸钱，文曰"布泉"，一当五，与五铢并行。

18　己酉，周追封皇伯父颢为邵国公，以晋公护之子会为嗣；颢弟连为杞国公，以章武公导之子亮为嗣；连弟洛生为莒国公，以护之子至为嗣；追封太祖之子武邑公震为宋公，以世宗之子实为嗣。

19　齐主之诛杨、燕也，许以长广王湛为太弟；既而立太子百年，湛心不平。帝在晋阳，湛居守于邺。散骑常侍高元海，高祖之从孙也，留典机密。帝以领军代人库狄伏连为幽州刺史，斛律光之弟羡为领军，以分湛权。湛留伏连，不听羡视事。

先是，济南闵悼王常在邺，望气者言：邺中有天子气。平秦王归彦恐济南复立，为己不利，劝帝除之。帝乃使归彦至邺，征济南王如晋阳。

湛内不自安，问计于高元海。元海曰："皇太后万福，至尊孝友异常，殿下不须异虑。"湛曰："此岂我推诚之意邪！"元海乞还省，一夜思之，湛即留元海于后堂。元海达旦不眠，唯绕床徐步。夜漏未尽，湛遽出，曰："神算如何？"元海曰："有三策，恐不堪用耳。请殿下如梁孝王故事，从数骑入晋阳，先见太后求哀，后见主上，请去兵权，以死为限，不干朝政，必保太山之安。此上策也。不然，当具表云，威权太盛，恐取谤众口，请青、齐二州刺史，沉靖自居，必不招物议。此中策也。"更问下策。曰："发言即恐族诛。"固逼之。元海曰："济南世嫡，主上假太后令而夺之。今集文武，示以征济南之敕，执斛律丰乐，斩高归彦，尊立济南，号令天下，以顺讨逆，此万世一时也。"湛大悦。然性怯，狐疑未能用，使术士郑道谦等卜之，皆曰："不利举事，静则吉。"有林虑令潘子密，晓占候，潜谓湛曰："宫车当晏驾，殿下为天下主。"湛拘之于内以候之。又令巫觋卜之，多云"不须举兵，自有大庆"。

湛乃奉诏，令数百骑送济南王至晋阳。九月，帝使人鸩之，济南王不从，乃扼杀之。帝寻亦悔之。

20　冬，十月甲戌朔，日有食之。

21　丙子，齐以彭城王浟为太保，长乐王尉粲为太尉。

22　齐肃宗出畋，有兔惊马，坠地绝肋。娄太后视疾，问济南所在者三，齐主不对。太后怒曰："杀之邪？不用吾言，死其宜矣！"遂去，不顾。

十一月甲辰，诏以嗣子冲眇，可遣尚书右仆射赵郡王叡谕旨，征长广王湛统兹大宝。又与湛书曰："百年无罪，汝可以乐处置之，勿效前人也。"是日，殂于晋阳宫。临终，言恨不见太后山陵。

　　　颜之推论曰：孝昭天性至孝，而不知忌讳，乃至于此，良由不学之所为也。

23　赵郡王叡先使黄门侍郎王松年驰至邺，宣肃宗遗命。湛犹疑其诈，使所亲先诣殡所，发而视之。使者复命，湛喜，驰赴晋阳，使河南王孝瑜先入宫，改易禁卫。癸丑，世祖即皇帝位于南宫，大赦，改元太宁。

24　周人许归安成王顼，使司会上士杜杲来聘。上悦，即遣使报之，并赂以黔中地及鲁山郡。

25　齐以彭城王浟为太师、录尚书事，平秦王归彦为太傅，尉粲为太保，平阳王淹为太宰，博陵王济为太尉，段韶为大司马，丰州刺史娄叡为司空，赵郡王叡为尚书令，任城王湝为尚书左仆射，并州刺史斛律光为右仆射。娄叡，昭之兄子也。立太子百年为乐陵王。

26　丁巳，周主畋于岐阳；十二月壬午，还长安。

27　太子中庶子徐姚虞荔、御史中丞孔奂，以国用不足，奏立煮海盐赋及榷酤之科，诏从之。

28　初，高祖以帝女丰安公主妻留异之子贞臣，征异为南徐州刺史，

异迁延不就。帝即位,复以异为缙州刺史,领东阳太守。异屡遣其长史王
澌入朝,澌每言朝廷虚弱。异信之,虽外示臣节,恒怀两端,与王琳自鄱阳
信安岭潜通使往来。琳败,上遣左卫将军沈恪代异,实以兵袭之。异出军
下淮以拒恪。恪与战而败,退还钱塘。异复上表逊谢。时众军方事湘、
郢,乃降诏书慰谕,且羁縻之。异知朝廷终将讨己,乃以兵戍下淮及建德
以备江路。丙午,诏司空、南徐州刺史侯安都讨之。

三年(壬午,562)

1　春,正月乙亥,齐主至邺;辛巳,祀南郊;壬午,享太庙;丙戌,立妃
胡氏为皇后,子纬为皇太子。后,魏兖州刺史安定胡延之女也。戊子,
齐大赦。己亥,以冯翊王润为尚书左仆射。

2　周凉景公贺兰祥卒。

3　壬寅,周人凿河渠于蒲州,龙首渠于同州。

4　丁未,周以安成王顼为柱国大将军,遣杜杲送之南归。

5　辛亥,上祀南郊,以胡公配天;二月辛酉,祀北郊。

6　闰月丁未,齐以太宰、平阳王淹为青州刺史,太傅、平秦王归彦为
太宰、冀州刺史。

归彦为肃宗所厚,恃势骄盈,陵侮贵戚。世祖即位,侍中、开府仪同三
司高元海、御史中丞毕义云、黄门郎高乾和数言其短,且云:"归彦威权震
主,必为祸乱。"帝亦寻其反覆之迹,渐忌之,伺归彦还家,召魏收于帝前
作诏草,除归彦冀州,使乾和缮写;昼日,仍敕门司不听归彦辄入宫。时归
彦纵酒为乐,经宿不知。至明,欲参,至门知之,大惊而退。及通名谢,敕
令早发,别赐钱帛等物甚厚,又敕督将悉送至清阳宫。拜辞而退,莫敢与
语,唯赵郡王叡与之久语,时无闻者。

帝之为长广王也,清都和士开以善握槊、弹琵琶有宠,辟为开府行参
军,及即位,累迁给事黄门侍郎。高元海、毕义云、高乾和皆疾之,将言其
事。士开乃奏元海等交结朋党,欲擅威福,乾和由是被疏。义云纳赂于士
开,得为兖州刺史。

7　帝征江州刺史周迪出镇湓城,又征其子入朝。迪趑趄顾望,并不
至。其馀南江酋帅,私署令长,多不受召,朝廷未暇致讨,但羁縻之。豫章
太守周敷独先入朝,进号安西将军,给鼓吹一部,赐以女妓、金帛,令还豫
章。迪以敷素出己下,深不平之,乃阴与留异相结,遣其弟方兴袭敷,敷与
战,破之。又遣其兄子伏甲船中,诈为贾人,欲袭湓城。未发,事觉,寻阳

太守监江州事晋陵华皎遣兵逆击之,尽获其船仗。

上以闽州刺史陈宝应之父为光禄大夫,子女皆受封爵,命宗正编入属籍。而宝应以留异女为妻,阴与异合。

虞荔弟寄,流寓闽中,荔思之成疾,上为荔征之,宝应留不遣。寄尝从容讽以逆顺,宝应辄引他语以乱之。宝应尝使人读汉书,卧而听之,至蒯通说韩信曰:"相君之背,贵不可言。"蹶然起坐,曰:"可谓智士!"寄曰:"通一说杀三士,何足称智!岂若班彪王命,识所归乎!"

寄知宝应不可谏,恐祸及己,乃著居士服,居东山寺,阳称足疾。宝应使人烧其屋,寄安卧不动。亲近将扶之出,寄曰:"吾命有所悬,避将安往!"纵火者自救之。

8　乙卯,齐以任城王湝为司徒。

9　齐扬州刺史行台王琳数欲南侵,尚书卢潜以为时事未可。上遣移书寿阳,欲与齐和亲。潜以其书奏齐朝,仍上启请且息兵。齐主许之,遣散骑常侍崔瞻来聘,且归南康愍王昙朗之丧。琳于是与潜有隙,更相表列。齐主征琳赴邺,以潜为扬州刺史,领行台尚书。瞻,㥄之子也。

10　梁末丧乱,铁钱不行,民间私用鹅眼钱。甲子,改铸五铢钱,一当鹅眼之十。

11　后梁主安于俭素,不好酒色,虽多猜忌,而抚将士有恩。以封疆褊隘,邑居残毁,干戈日用,郁郁不得志,疽发背而殂;葬平陵,谥曰宣皇帝,庙号中宗。太子岿即皇帝位,改元天保;尊龚太后为太皇太后,王后曰皇太后,母曹贵嫔为皇太妃。

12　二月丙子,安成王顼至建康,诏以为中书监、中卫将军。

上谓杜杲曰:"家弟今蒙礼遣,实周朝之惠;然鲁山不返,亦恐未能及此。"杲对曰:"安成,长安一布衣耳,而陈之介弟也,其价岂止一城而已哉!本朝敦睦九族,恕己及物,上遵太祖遗旨,下思继好之义,是以遣之南归。今乃云以寻常之土易骨肉之亲,非使臣之所敢闻也。"上甚惭,曰:"前言戏之耳。"待杲之礼有加焉。

顼妃柳氏及子叔宝犹在穰城,上复遣毛喜如周请之,周人皆归之。

13　丁丑,以安右将军吴明彻为江州刺史,督高州刺史黄法氍、豫章太守周敷共讨周迪。

14　甲申,大赦。

15　留异始谓台军必自钱塘上,既而侯安都步由诸暨出永康,异大惊,奔桃枝岭,于岩口竖栅以拒之。安都为流矢所中,血流至踝,乘舆指麾,容止不变。因其山势,迤而为堰,会潦水涨满,安都引船入堰,起楼舰与异城等,发拍碎其楼堞。异与其子忠臣脱身奔晋安,依陈宝应。安都虏其妻及馀子,尽收铠仗而还。

异党向文政据新安,上以贞毅将军程文季为新安太守,帅精甲三百轻往攻之。文政战败,遂降。文季,灵洗之子也。

16　夏,四月辛丑,齐武明娄太后殂。齐主不改服,绯袍如故。未几,登三台,置酒作乐,宫女进白袍,帝投诸台下。散骑常侍和士开请止乐,帝怒,挝之。

17　乙巳,齐遣使来聘。

18　齐青州上言河水清,齐主遣使祭之,改元河清。

19　先是,周之群臣受封爵者皆未给租赋。癸亥,始诏柱国等贵臣邑户,听寄食他县。

20　五月庚午,周大赦。

21　己丑,齐以右仆射斛律光为尚书令。

22　壬辰,周以柱国杨忠为大司空。六月己亥,以柱国蜀国公尉迟迥为大司马。

23　秋,七月己丑,纳太子妃王氏,金紫光禄大夫周之女也。

24　齐平秦王归彦至冀州,内不自安,欲待齐主如晋阳,乘虚入邺。其郎中令吕思礼告之。诏大司马段韶、司空娄叡讨之。归彦于南境置私驿,闻大军将至,即闭城拒守。长史宇文仲鸾等不从,皆杀之。归彦自称大丞相,有众四万。齐主以都官尚书封子绘,冀州人,祖父世为本州刺史,得人心,使乘传至信都,巡城,谕以祸福。吏民降者相继,城中动静,小大皆知之。

归彦登城大呼云:"孝昭皇帝初崩,六军百万,悉在臣手,投身向邺,奉迎陛下。当时不反,今日岂反邪! 正恨高元海、毕义云、高乾和诳惑圣上,疾忌忠良,但为杀此三人,即临城自刭。"既而城破,单骑北走,至交津,获之,锁送邺。乙未,载以露车,衔木面缚。刘桃枝临之以刃,击鼓随之,并其子孙十五人皆弃市。命封子绘行冀州事。

齐主知归彦前谮清河王岳,以归彦家良贱百口赐岳家,赠岳太师。

丁酉,以段韶为太傅,娄叡为司徒,平阳王淹为太宰,斛律光为司空,赵郡王叡为尚书令,河间王孝琬为左仆射。

25　癸亥,齐主如晋阳。

26　上遣使聘齐。

27 九月戊辰朔,日有食之。

28 以侍中、都官尚书到仲举为尚书右仆射、丹杨尹。仲举,溉之弟子也。

29 吴明彻至临川攻周迪,不能克。丁亥,诏安成王顼代之。

30 冬,十月戊戌,诏以军旅费广,百姓空虚,凡供乘舆饮食衣服及宫中调度,悉从减削;至于百司,宜亦思省约。

31 十一月丁卯,周以赵国公招为益州总管。

32 丁丑,齐遣兼散骑常侍封孝琰来聘。

33 十二月丙辰,齐主还邺。

齐主逼通昭信李后,曰:"若不从我,我杀尔儿。"后惧,从之。既而有娠。太原王绍德至阁,不得见,愠曰:"儿岂不知邪!姊腹大,故不见儿。"后大惭,由是生女不举。帝横刀诟曰:"杀我女,我何得不杀尔儿!"对后以刀环筑杀绍德。后大哭。帝愈怒,裸后,乱挝之。后号天不已,帝命盛以绢囊,流血淋漓,投诸渠水,良久乃苏,犊车载送妙胜寺为尼。

# 资治通鉴卷第一百六十九

## 陈纪三

**世祖文皇帝下**

天嘉四年（癸未，563）

1　春，正月，齐以太子少傅魏收兼尚书右仆射。时齐主终日酣饮，朝事专委侍中高元海。元海庸俗，帝亦轻之；以收才名素盛，故用之。而收畏懦避事，寻坐阿纵，除名。

兖州刺史毕义云作书与高元海，论叙时事，元海入宫，不觉遗之。给事中李孝贞得而奏之，帝由是疏元海，以孝贞兼中书舍人，征义云还朝。和士开复谮元海，帝以马鞭箠元海六十，责曰："汝昔教我反，以弟反兄，几许不义！以邺城兵抗并州，几许无智！"出为兖州刺史。

2　甲申，周迪众溃，脱身逾岭，奔晋安，依陈宝应。官军克临川，获迪妻子。宝应以兵资迪，留异又遣子忠臣随之。

虞寄与宝应书，以十事谏之曰："自天厌梁德，英雄互起，人人自以为得之，然夷凶翦乱，四海乐推者，陈氏也；岂非历数有在，惟天所授乎！一也。以王琳之强，侯瑱之力，进足以摇荡中原，争衡天下，退足以屈强江外，雄张偏隅，然或命一旅之师，或资一士之说，琳则瓦解冰泮，投身异域，瑱则厥角稽颡，委命阙庭，斯又天假其威而除其患。二也。今将军以藩戚之重，东南之众，尽忠奉上，戮力勤王，岂不勋高窦融，宠过吴芮，析珪判野，南面称孤乎！三也。圣朝弃瑕忘过，宽厚得人，至于余孝顷、潘纯陀、李孝钦、欧阳頠等，悉委以心腹，任以爪牙，胸中豁然，曾无纤芥。况将军崒非张绣，罪异毕谌，当何虑于危亡，何失于富贵！四也。方今周、齐邻睦，境外无虞，并兵一向，匪朝伊夕，非刘、项竞逐之机，楚、赵连从之势；何得雍容高拱，坐论西伯哉！五也。且留将军狼顾一隅，亟经摧衄，声实亏丧，胆气衰沮。其将帅首鼠两端，唯利是视，孰能被坚执锐，长驱深入，系马埋轮，奋不顾命，以先士卒者乎！六也。将军之强，孰如侯景？将军之众，孰如王琳？武皇灭侯景于前，今上摧王琳于后，此乃天时，非复人力。

且兵革已后，民皆厌乱，其孰能弃坟墓，捐妻子，出万死不顾之计，从将军于白刃之间乎！七也。历观前古，子阳、季孟，颠覆相寻；馀善、右渠，危亡继及。天命可畏，山川难恃。况将军欲以数郡之地当天下之兵，以诸侯之资拒天子之命，强弱逆顺，可得侔乎！八也。且非我族类，其心必异；不爱其亲，岂能及物！留将军身縻国爵，子尚王姬，犹且弃天属而不顾，背明君而孤立，危急之日，岂能同忧共患，不背将军者乎！至于师老力屈，惧诛利赏，必有韩、智晋阳之谋，张、陈井陉之势。九也。北军万里远斗，锋不可当。将军自战其地，人多顾后；众寡不敌，将帅不侔。师以无名而出，事以无机而动，以此称兵，未知其利。十也。为将军计，莫若绝亲留氏，释甲偃兵，一遵诏旨。方今藩维尚少，皇子幼冲，凡豫宗族，皆蒙宠树。况以将军之地，将军之才，将军之名，将军之势，而克修藩服，北面称臣，宁与刘泽同年而语其功业哉！寄感恩怀德，不觉狂言，斧钺之诛，其甘如荠。"宝应览书大怒。或谓宝应曰："虞公病势稍笃，言多错谬。"宝应意乃小释，亦以寄民望，故优容之。

3　周梁躁公侯莫陈崇从周主如原州。帝夜还长安，人窃怪其故，崇谓所亲曰："吾比闻术者言，晋公今年不利，车驾今忽夜还，不过晋公死耳。"或发其事。乙酉，帝召诸公于大德殿，面责崇，崇惶恐谢罪。其夜，冢宰护遣使将兵就崇第，逼令自杀，葬如常仪。

4　壬辰，以高州刺史黄法氍为南徐州刺史，临川太守周敷为南豫州刺史。

5　周主命司宪大夫拓跋迪造大律十五篇。其制罪：一曰杖刑，自十至五十；二曰鞭刑，自六十至百；三曰徒刑，自一年至五年；四曰流刑，自二千五百里至四千五百里；五曰死刑，磬、绞、斩、枭、裂，凡二十五等。

6　庚戌，以司空南徐州刺史侯安都为江州刺史。

7　辛酉，周诏："大冢宰晋国公，亲则懿昆，任当元辅，自今诏诰及百司文书，并不得称公名。"护抗表固让。

8　三月乙丑朔，日有食之。

9　齐诏司空斛律光督步骑二万，筑勋掌城于轵关；仍筑长城二百里，置十二戍。

10　丙戌，齐以兼尚书右仆射赵彦深为左仆射。

11　夏，四月乙未，周以柱国达奚武为太保。

12　周主将视学，以太傅燕国公于谨为三老。谨上表固辞，不许，仍赐以延年杖。戊午，帝幸太学。谨入门，帝迎拜于门屏之间，谨答拜。有司设三老席于中楹,南向。太师护升阶,设几,谨升席,南面凭几而坐。大司马豆卢宁升阶,正舄。帝升阶,立于斧扆之前,西面。有司进馔,帝跪设酱豆,亲为之祖割。谨食毕,帝亲跪授爵以酳。有司撤讫,帝北面立而访道。谨起,立于席后,对曰:"木受绳则正,后从谏则圣。明王虚心纳谏以知得失,天下乃安。"又曰:"去食去兵,信不可去;愿陛下守信勿失。"又曰:"有功必赏,有罪必罚,则为善者日进,为恶者日止。"又曰:"言行者,立身之基,愿陛下三思而言,九虑而行,勿使有过。天子之过,如日月之食,人莫不知,愿陛下慎之。"帝再拜受言,谨答拜。礼成而出。

13　司空侯安都恃功骄横,数聚文武之士骑射赋诗,斋中宾客,动至千人。部下将帅,多不遵法度,检问收摄,辄奔归安都。上性严整,内衔之,安都弗之觉。每有表启,封讫,有事未尽,开封自书之云:"又启某事。"及侍宴,酒酣,或箕踞倾倚。常陪乐游园禊饮,谓上曰:"何如作临川王时?"上不应。安都再三言之。上曰:"此虽天命,抑亦明公之力。"宴讫,启借供帐水饰,欲载妻妾于御堂宴饮。上虽许之,意甚不怿。明日,安都坐于御座,宾客居群臣位,称觞上寿。会重云殿灾,安都帅将士带甲入殿,上甚恶之,阴为之备。

及周迪反,朝议谓当使安都讨之,而上更使吴明彻。又数遣台使按问安都部下,检括亡叛。安都遣其别驾周弘实自托于舍人蔡景历,并问省中事。景历录其状,具奏之,因希旨称安都谋反。上虑其不受召,故用为江州。

五月,安都自京口还建康,部伍入于石头。六月,帝引安都宴于嘉德殿,又集其部下将帅会于尚书朝堂,于坐收安都,因于嘉德西省,又收其将帅,尽夺马仗而释之。因出蔡景历表,以示于朝,乃下诏暴其罪恶,明日,赐死,宥其妻子,资给其丧。

初,高祖在京口,尝与诸将宴,杜僧明、周文育、侯安都为寿,各称功伐。高祖曰:"卿等悉良将也,而并有所短。杜公志大而识暗,狎于下而骄于上;周侯交不择人,而推心过差;侯郎憍诞而无厌,轻佻而肆志;并非全身之道。"卒皆如其言。

14　乙卯,齐主使兼散骑常侍崔子武来聘。

15　齐侍中、开府仪同三司和士开有宠于齐主,齐主外朝视事,或在内宴赏,须臾之间,不得不与士开相见,或累日不归,一日数入;或放还之后,俄顷即追,未至之间,连骑督趣。奸诌百端,宠爱日隆,前后赏赐,不可胜纪。每侍左右,言辞容止,极诸鄙亵;以夜继昼,无复君臣之礼。常谓帝曰:"自古帝王,尽为灰土,尧舜、桀纣,竟复何异! 陛下宜及少壮,极意为乐,纵横行之。一日取快,可敌千年。国事尽付大臣,何虑不办,无为自勤约也!"帝大悦。于是委赵彦深掌官爵,元文遥掌财用,唐邕掌外、骑兵,信都冯子琮、胡长粲掌东宫。帝三四日一视朝,书数字而已,略无所言,须臾罢人。长粲,僧敬之子也。

帝使士开与胡后握槊。河南康献王孝瑜谏曰:"皇后天下之母,岂可与臣下接手!"孝瑜又言:"赵郡王叡,其父死于非命,不可亲近。"由是叡及士开共谮之。士开言孝瑜奢僭,叡言"山东唯闻河南王,不闻有陛下"。帝由是忌之。孝瑜窃与尔朱御女言,帝闻之,大怒。庚申,顿饮孝瑜酒三十七杯。孝瑜体肥大,腰带十围,帝使左右娄子彦载以出,鸩之于车,至西华门,烦躁投水而绝。赠太尉、录尚书事。诸侯在宫中者,莫敢举声,唯河间王孝琬大哭而出。

16　秋,七月戊辰,周主幸原州。

17　八月辛丑,齐以三台宫为大兴圣寺。

18　九月壬戌,广州刺史阳山穆公欧阳颁卒,诏子纥袭父爵位。

19　甲子,周主自原州登陇。

20　周迪复越东兴岭为寇,辛未,诏护军章昭达将兵讨之。

21　丙戌,周主如同州。

22　初,周人欲与突厥木杆可汗连兵伐齐,许纳其女为后,遣御伯大夫杨荐及左武伯太原王庆往结之。齐人闻之惧,亦遣使求婚于突厥,赂遗甚厚。木杆贪齐币重,欲执荐等送齐。荐知之,责木杆曰:"太祖昔与可汗共敦邻好,蠕蠕部落数千来降,太祖悉以付可汗使者,以快可汗之意,如何今日遽欲背恩忘义,独不愧鬼神乎?"木杆惨然良久曰:"君言是也。吾意决矣,当相与共平东贼,然后遣女。"荐等复命。

公卿请发十万人击齐,柱国杨忠独以为得万骑足矣。戊子,遣忠将步骑一万,与突厥自北道伐齐,又遣大将军达奚武帅步骑三万,自南道出平阳,期会于晋阳。

23　冬,十一月辛酉,章昭达大破周迪。迪脱身潜窜山谷,民相与匿之,虽加诛戮,无肯言者。

24　十二月辛卯,周主还长安。

25　丙申,大赦。

26　章昭达进军,度岭,趣建安,讨陈宝应,诏益州刺史余孝顷督会稽、东阳、临海、永嘉诸军自东道会之。

27　是岁,初祭始兴昭烈王于建康,用天子礼。

28　周杨忠拔齐二十馀城。齐人守陉岭之隘,忠击破之。突厥木杆、地头、步离三可汗以十万骑会之。己酉,自恒州三道俱入。时大雪数旬,南北千馀里,平地数尺。齐主自邺倍道赴之,戊午,至晋阳。斛律光将步兵三万屯平阳。己未,周师及突厥逼晋阳。齐主畏其强,戎服帅宫人欲东走避之。赵郡王叡、河间王孝琬叩马谏。孝琬请委叡部分,必得严整。帝从之,命六军进止皆取叡节度,而使并州刺史段韶总之。

五年（甲申,564）

1　春,正月庚申朔,齐主登北城,军容甚整。突厥咎周人曰:“尔言齐乱,故来伐之。今齐人眼中亦有铁,何可当邪!”

周人以步卒为前锋,从西山下去城二里许。诸将咸欲逆击之,段韶曰:“步卒力势,自当有限。今积雪既厚,逆战非便,不如陈以待之。彼劳我逸,破之必矣。”既至,齐悉其锐师鼓噪而出。突厥震骇,引上西山,不肯战,周师大败而还。突厥引兵出塞,纵兵大掠,自晋阳以往七百馀里,人畜无遗。段韶追之,不敢逼。突厥还至陉岭,冻滑,乃铺毡以度,胡马寒瘦,膝已下皆无毛;比至长城,马死且尽,截稍杖之以归。

达奚武至平阳,未知忠退。斛律光与书曰:“鸿鹄已翔于寥廓,罗者犹视于沮泽。”武得书,亦还。光逐之,入周境,获二千馀口而还。

光见帝于晋阳,帝以新遭大寇,抱光头而哭。任城王湝进曰:“何至于此!”乃止。

初,齐显祖之世,周人常惧齐兵西渡,每至冬月,守河椎冰。及世祖即位,嬖幸用事,朝政渐紊,齐人椎冰以备周兵之逼。斛律光忧之,曰:“国家常有吞关、陇之志,今日至此,而唯玩声色乎!”

2　辛巳,上祀南郊。

3　二月庚寅朔,日有食之。

4　初,齐显祖命群官刊定魏麟趾格为齐律,久而不成。时军国多事,决狱罕依律文,相承谓之“变法从事”。世祖即位,思革其弊,乃督修律令者,至是而成,律十二篇,令四十卷。其刑名有五:一曰死,重者轘之,次枭首,次斩,次绞;二曰流,投边裔为兵;三曰刑,自五岁至一岁;四曰鞭,自百至四十;五曰杖,自三十至十,凡十五等。其流内官及老、小、阉、痴并过失应赎者,皆以绢代金。三月,辛酉,班行之,因大赦。是后为吏者始守法令。又敕仕门子弟常讲习之,故齐人多晓法。

又令民十八受田输租调,二十充兵,六十免力役,六十六还田,免租调。一夫受露田八十亩,妇人四十亩,奴婢依良人,牛受六十亩。大率一夫一妇调绢一匹,绵八两,垦租二石,义租五斗;奴婢准良人之半;牛调二尺,垦租一斗,义租五升。垦租送台,义租纳郡以备水旱。

5　己巳,齐群盗田子礼等数十人,共劫太师彭城景思王浟为主,诈称使者,径向浟第,至内室,称敕,牵浟上马,临以白刃,欲引向南殿。浟大呼不从,盗杀之。

6　庚辰,周初令百官执笏。

7　齐以斛律光为司徒,武兴王普为尚书左仆射。普,归彦之兄子也。甲申,以冯翊王润为司空。

8　夏,四月辛卯,齐主使兼散骑常侍皇甫亮来聘。

9　庚子,周主遣使来聘。

10　癸卯,周以邓公河南窦炽为大宗伯。五月壬戌,封世宗之子贤为毕公。

11　甲子,齐主还邺。

12　壬午,齐以赵郡王叡为录尚书事,前司徒娄叡为太尉。甲申,以段韶为太师。丁亥,以任城王湝为大将军。

13　壬辰,齐主如晋阳。

14　周以太保达奚武为同州刺史。

15　六月,齐主杀乐陵王百年。时白虹晕日两重,又横贯而不达,赤星见,齐主欲以百年厌之。会博陵人贾德胄教百年书,百年尝作数敕字,德胄封以奏之。帝发怒,使召百年。百年自知不免,割带玦留与其妃斛律氏,见帝于凉风堂。使百年书敕字,验与德胄所奏相似,遣左右乱捶之,又令曳之绕堂行且捶,所过血皆遍地,气息将尽,乃斩之,弃诸池,池水尽赤。妃把玦哀号不食,月馀亦卒,玦犹在手,拳不可开;其父光自擘之,乃开。

16　庚寅,周改御伯为纳言。

17　初,周太祖之从贺拔岳在关中也,遣人迎晋公护于晋阳。护母阎氏及周主之姑皆留晋阳,齐人以配中山宫。及护用事,遣间使入齐求之,莫知音息。齐遣使者至玉壁,求通互市。护欲访求母、姑,使司马下大夫尹公正至玉壁,与之言,使者甚悦。勋州刺史韦孝宽获关东人,复纵之,因致书为言西朝欲通好之意。是时,周人以前攻晋阳不得志,谋与突厥再伐齐。齐主闻之,大惧,许遣护母西归,且求通好,先遣其姑归。

18　秋,八月丁亥朔,日有食之。

19　周遣柱国杨忠会突厥伐齐，至北河而还。

20　戊子，周以齐公宪为雍州牧，宇文贵为大司徒。九月丁巳，以卫公直为大司空。追录佐命元功，封开府仪同三司陇西公李昞为唐公，太驭中大夫长乐公若干凤为徐公。昞，虎之子；凤，惠之子也。

21　乙丑，齐主封其子绰为南阳王，俨为东平王。俨，太子之母弟也。

22　突厥寇齐幽州，众十馀万，入长城，大掠而还。

23　周皇姑之归也，齐主遣人为晋公护母作书，言护幼时数事，又寄其所著锦袍，以为信验。且曰：“吾属千载之运，蒙大齐之德，矜老开恩，许得相见。禽兽草木，母子相依。吾有何罪，与汝分离！今复何福，还望见汝！言此悲喜，死而更苏。世间所有，求皆可得，母子异国，何处可求！假汝贵极王公，富过山海，有一老母，八十之年，飘然千里，死亡旦夕，不得一朝暂见，不得一日同处，寒不得汝衣，饥不得汝食，汝虽穷荣极盛，光耀世间，于吾何益！吾今日之前，汝既不得申其供养，事往何论；今日以后，吾之残命，唯系于汝尔。戴天履地，中有鬼神，勿云冥昧，而可欺负！”

护得书，悲不自胜。复书曰：“区宇分崩，遭遇灾祸，违离膝下，三十五年。受生禀气，皆知母子，谁同萨保，如此不孝！子为公侯，母为俘隶，暑不见母暑，寒不见母寒，衣不知有无，食不知饥饱，泯如天地之外，无由暂闻。分怀冤酷，终此一生，死若有知，冀奉见于泉下耳！不谓齐朝解网，惠以德音，磨敦、四姑，并许矜放。初闻此旨，魂爽飞越，号天叩地，不能自胜。齐朝霈然之恩，既已沾洽，有家有国，信义为本，伏度来期，已应有日。一得奉见慈颜，永毕生愿。生死肉骨，岂过今恩；负山戴岳，未足胜荷。”

齐人留护母，使更与护书，邀护重报，往返再三。时段韶拒突厥军于塞下，齐主使黄门徐世荣乘传赍周书问韶。韶以“周人反覆，本无信义，比晋阳之役，其事可知。护外托为相，其实主也。既为母请和，不遣一介之使。若据移书，即送其母，恐示之以弱。不如且外许之，待和亲坚定，然后遣之未晚。”齐主不听，即遣之。

阎氏至周，举朝称庆，周主为之大赦。凡所资奉，穷极华盛。每四时伏腊，周主帅诸亲戚行家人之礼，称觞上寿。

24　突厥自幽州还，留屯塞北，更集诸部兵，遣使告周，欲与共击齐如前约。闰月乙巳，突厥寇齐幽州。

晋公护新得其母，未欲伐齐；恐负突厥约，更生边患，不得已，征二十四军及左右厢散隶秦、陇、巴、蜀之兵并羌、胡内附者，凡二十万人。冬，十月甲子，周主授护斧钺于庙庭；丁卯，亲劳军于沙苑；癸酉，还宫。

护军至潼关,遣柱国尉迟迥帅精兵十万为前锋,趣洛阳,大将军权景宣帅山南之兵趣悬瓠,少师杨㦃出轵关。

25　周迪复出东兴,宣城太守钱肃镇东兴,以城降迪。吴州刺史陈详将兵击之,详兵大败,迪众复振。

南豫州刺史西丰脱侯周敷帅所部击之,至定川,与迪对垒。迪绐敷曰:"吾昔与弟戮力同心,岂规相害!今愿伏罪还朝,因弟披露心腑,先乞挺身共盟。"敷许之,方登坛,为迪所杀。

26　陈宝应据晋安、建安二郡,水陆为栅,以拒章昭达。昭达与战,不利,因据上流,命军士伐木为筏,施拍其上。会大雨江涨,昭达放筏冲宝应水栅,尽坏之,又出兵攻其步军。方合战,上遣将军余孝顷自海道适至,并力乘之。十一月己丑,宝应大败,逃至莆口,谓其子曰:"早从虞公计,不至今日。"昭达追擒之,并擒留异及其族党,送建康,斩之。异子贞臣以尚主得免,宝应宾客皆死。

上闻虞寄尝谏宝应,命昭达礼遣诣建康。既见,劳之曰:"管宁无恙。"以为衡阳王掌书记。

27　周晋公护进屯弘农。尉迟迥围洛阳,雍州牧齐公宪、同州刺史达奚武、泾州总管王雄军于邙山。

28　戊戌,齐主遣兼散骑常侍刘逖来聘。

29　初,周杨㦃为邵州刺史,镇捍东境二十馀年,数与齐战,未尝不捷,由是轻之。既出轵关,独引兵深入,又不设备。甲辰,齐太尉娄叡将兵奄至,大破㦃军,㦃遂降齐。

权景宣围悬瓠,十二月,齐豫州道行台、豫州刺史太原王士良、永州刺史萧世怡并以城降之。景宣使开府郭彦守豫州,谢徹守永州,送士良、世怡及降卒千人于长安。

周人为土山、地道以攻洛阳,三旬不克。晋公护命诸将堑断河阳路,遏齐救兵,然后同攻洛阳;诸将以为齐兵必不敢出,唯张斥候而已。

齐遣兰陵王长恭、大将军斛律光救洛阳,畏周兵之强,未敢进。齐主召并州刺史段韶,谓曰:"洛阳危急,今欲遣王救之。突厥在北,复须镇御,如何?"对曰:"北虏侵边,事等疥癣。今西邻窥逼,乃腹心之病,请奉诏南行。"齐主曰:"朕意亦尔。"乃令韶督精骑一千发晋阳。丁巳,齐主亦自晋阳赴洛阳。

30　己未,齐太宰平原靖翼王淹卒。

31　段韶自晋阳行,五日济河,会连日阴雾,壬戌,韶至洛阳,帅帐下三百骑,与诸将登邙坂,观周军形势。至太和谷,与周军遇,韶即驰告诸营,追集骑士,结陈以待。韶为左军,兰陵王长恭为中军,斛律光为右军。周人不意其至,皆恼惧。韶遥谓周人曰:"汝宇文护才得其母,遽来为寇,何也?"周人曰:"天遣我来,有何可问!"韶曰:"天道赏善罚恶,当遣汝送死来耳!"

周人以步兵在前,上山逆战。韶且战且却以诱之;待其力弊,然后下马击之。周师大败,一时瓦解,投坠溪谷死者甚众。

兰陵王长恭以五百骑突入周军,遂至金墉城下。城上人弗识,长恭免胄示之面,乃下弩手救之。周师在城下者亦解围遁去,委弃营幕,自邙山至谷水,三十里中,军资器械,弥满川泽。唯齐公宪、达奚武及庸忠公王雄在后,勒兵拒战。

王雄驰马冲斛律光陈,光退走,雄追之。光左右皆散,唯馀一奴一矢。雄按稍不及光者丈馀,谓光曰:"吾惜尔不杀,当生将尔见天子。"光射雄中额,雄抱马走,至营而卒。军中益惧。

齐公宪拊循督励,众心小安。至夜,收军,宪欲待明更战。达奚武曰:"洛阳军散,人情震骇,若不因夜速还,明日欲归不得。武在军久,备见形势;公少年未经事,岂可以数营士卒委之虎口乎!"乃还。权景宣亦弃豫州走。

丁卯,齐主至洛阳。己巳,以段韶为太宰,斛律光为太尉,兰陵王长恭为尚书令。壬申,齐主如虎牢,遂自滑台如黎阳,丙子,至邺。

杨忠引兵出沃野,应接突厥,军粮不给,诸军忧之,计无所出。忠乃招诱稽胡酋长咸在坐,诈使河州刺史王杰勒兵鸣鼓而至,曰:"大冢宰已平洛阳,欲与突厥共讨稽胡之不服者。"坐者皆惧,忠慰谕而遣之。于是诸胡相帅馈输,军粮填积。属周师罢归,忠亦还。

晋公护本无将略,是行也,又非本心,故无功,与诸将稽首谢罪。周主慰劳罢之。

32　是岁,齐山东大水,饥死者不可胜计。

33　宕昌王梁弥定屡寇周边,周大将军田弘讨灭之,以其地置宕州。


六年(乙酉,565)

1　春,正月癸卯,齐以任城王湝为大司马。

2　齐主如晋阳。

3　二月辛丑,周遣陈公纯、许公贵、神武公窦毅、南阳公杨荐等备皇后仪卫行殿,并六宫百二十人,诣突厥可汗牙帐逆女。毅,炽之兄子也。

4　丙寅,周以柱国安武公李穆为大司空,绥德公陆通为大司寇。

5　壬申,周主如岐州。

6　夏,四月甲寅,以安成王顼为司空。

顼以帝弟之重,势倾朝野。直兵鲍僧叡,恃顼势为不法,御史中丞徐陵为奏弹之,从南台官属引奏案而入。上见陵章服严肃,为敛容正坐。陵进读奏版,时顼在殿上侍立,仰视上,流汗失色。陵遣殿中御史引顼下殿。上为之免顼侍中、中书监。朝廷肃然。

7　丙午,齐大将军东安王娄叡坐事免。

8　齐著作郎祖珽,有文学,多技艺,而疏率无行。尝为高祖中外府功曹,因宴失金叵罗,于珽髻上得之;又坐诈盗官粟三千石,鞭二百,配甲坊。显祖时,珽为秘书丞,盗华林遍略,及有他赃,当绞,除名为民。显祖虽憎其数犯法,而爱其才伎,令直中书省。

世祖为长广王,珽为胡桃油献之,因言"殿下有非常骨法。孝徵梦殿下乘龙上天"。王曰:"若然,当使兄大富贵。"及即位,擢拜中书侍郎,迁散骑常侍。与和士开共为奸谄。

珽私说士开曰:"君之宠幸,振古无比。宫车一日晚驾,欲何以克终?"士开因从问计。珽曰:"宜说主上云:'文襄、文宣、孝昭之子,俱不得立,今宜令皇太子早践大位,以定君臣之分。'若事成,中宫、少主必皆德君,此万全计也。请君微说主上令粗解,珽当自外上表论之。"士开许诺。

会有彗星见。太史奏云:"彗,除旧布新之象,当有易主。"珽于是上书言:"陛下虽为天子,未为极贵,宜传位东宫,且上应天道。"并上魏显祖禅子故事。齐主从之。

丙子,使太宰段韶持节奉皇帝玺绶,传位于太子纬。太子即皇帝位于晋阳宫,大赦,改元天统。又诏以太子妃斛律氏为皇后。于是群公上世祖尊号为太上皇帝,军国大事咸以闻。使黄门侍郎冯子琮、尚书左丞胡长粲辅导少主,出入禁中,专典敷奏。子琮,胡后之妹夫也。

祖珽拜秘书监,加仪同三司,大被亲宠,见重二宫。

9　丁丑,齐以贺拔仁为太师,侯莫陈相为太保,冯翊王润为司徒,赵郡王叡为司空,河间王孝琬为尚书令。戊寅,以瀛州刺史尉粲为太尉,斛律光为大将军,东安王娄叡为太尉,尚书仆射赵彦深为左仆射。

10　五月,突厥遣使至齐,始与齐通。

11　六月己巳,齐主使兼散骑常侍王季高来聘。

12　秋,七月辛巳朔,日有食之。

13　上遣都督程灵洗自鄱阳别道击周迪,破之。迪与麾下十馀人窜于山穴中,日月浸久,从者亦稍苦之。后遣人潜出临川市鱼鲑,临川太守骆牙执之,令取迪自效,因使腹心勇士随之入山。其人诱迪出猎,勇士伏于道傍,出斩之。丙戌,传首至建康。

14　庚寅,周主如秦州;八月丙子,还长安。

15　己卯,立皇子伯固为新安王,伯恭为晋安王,伯仁为庐陵王,伯义为江夏王。

16　冬,十月辛亥,周以函谷关城为通洛防,以金州刺史贺若敦为中州刺史,镇函谷。

敦恃才负气,顾其流辈皆为大将军,敦独未得,兼以湘州之役,全军而返,谓宜受赏,翻得除名,对台使出怨言。晋公护怒,征还,逼令自杀。临死,谓其子弼曰:"吾志平江南,今而不果,汝必成吾志。吾以舌死,汝不可不思。"因引锥刺弼舌出血以诫之。

17　十一月癸未,齐太上皇至邺。

18　齐世祖之为长广王也,数为显祖所捶,心常衔之。显祖每见祖珽,常呼为贼,故珽亦怨之,且欲求媚于世祖,乃说世祖曰:"文宣狂暴,何得称'文'?既非创业,何得称'祖'?若文宣为祖,陛下万岁后当何所称?"帝从之。己丑,改谥太祖献武皇帝庙号高祖,献明皇后为武明皇后。令有司更议文宣谥号。

19　十二月乙卯,封皇子伯礼为武陵王。

20　壬戌,齐上皇如晋阳。

21　庚午,齐改谥文宣皇帝为景烈皇帝,庙号威宗。


天康元年(丙戌,566)

1　春,正月己卯,日有食之。

2　癸未,周大赦,改元天和。

3　辛卯,齐主祀圜丘;癸巳,祫太庙。

4　丙申,齐以吏部尚书尉瑾为右仆射。

5　己亥,周主耕藉田。

6　庚子,齐主如晋阳。

7　周遣小载师杜杲来聘。

8　二月庚戌,齐上皇还邺。

9　丙子,大赦,改元。

10　三月己卯,以安成王顼为尚书令。

11　丙午,周主祀南郊。夏,四月辛亥,大雩。

12　上不豫,台阁众事,并令尚书仆射到仲举、五兵尚书孔奂共决之。奂,琇之之曾孙也。疾笃,奂、仲举与司空、尚书令、扬州刺史安成王顼、吏部尚书袁枢、中书舍人刘师知入侍医药。枢,君正之子也。太子伯宗柔弱,上忧其不能守位,谓顼曰:"吾欲遵太伯之事。"顼拜伏泣涕,固辞。上又谓仲举、奂等曰:"今三方鼎峙,四海事重,宜须长君。朕欲近则晋成,远隆殷法,卿等宜遵此意。"孔奂流涕对曰:"陛下御膳违和,痊复非久。皇太子春秋鼎盛,圣德日跻。安成介弟之尊,足为周旦。若有废立之心,臣等愚诚,不敢闻诏。"上曰:"古之遗直,复见于卿。"乃以奂为太子詹事。

　　　臣光曰:夫人臣之事君,宜将顺其美,正救其恶。孔奂在陈,处腹心之重任,决社稷之大计,苟以世祖之言为不诚,则当如窦婴面辩,袁盎延争,防微杜渐以绝觊觎之心。以为诚邪,则当请明下诏书,宣告中外,使世祖有宋宣之美,高宗无楚灵之恶。不然,谓太子嫡嗣,不可动摇,欲保辅而安全之,则当尽忠竭节,如晋之荀息,赵之肥义。奈何于君之存,则逆探其情而求合焉;及其既没,则权臣移国而不能救,嗣主失位而不能死!斯乃奸谀之尤者,而世祖谓之遗直,以托六尺之孤,岂不悖哉!

13　癸酉,上殂。

上起自艰难,知民疾苦。性明察俭约,每夜刺闺取外事分判者,前后相续。敕传更签于殿中者,必投签于阶石之上,令锵然有声,曰:"吾虽眠,亦令惊觉。"

太子即位,大赦。五月己卯,尊皇太后曰太皇太后,皇后曰皇太后。

14　乙酉,齐以兼尚书左仆射武兴王普为尚书令。

15　吐谷浑龙涸王莫昌帅部落附于周,以其地为扶州。

16　庚寅,以安成王顼为骠骑大将军、司徒、录尚书、都督中外诸军事。丁酉,以中军大将军、开府仪同三司徐度为司空,以吏部尚书袁枢为左仆射,吴兴太守沈钦为右仆射,御史中丞徐陵为吏部尚书。

陵以梁末以来,选授多滥,乃为书示众曰:"梁元帝承侯景之凶荒,王太尉接荆州之祸败,故使官方,穷此纷杂。永安之时,圣朝草创,白银难得,黄札易营,权以官阶,代于钱绢。致令员外、常侍,路上比肩,谘议、参军,市中无数,岂是朝章固应如此!今衣冠礼乐,日富年华,何可犹作旧意非理望也！"众咸服之。

17　己亥，齐立上皇子弘为齐安王，仁固为北平王，仁英为高平王，仁光为淮南王。

18　六月，齐遣兼散骑常侍韦道儒来聘。

19　丙寅，葬文皇帝于永宁陵，庙号世祖。

20　秋，七月戊寅，周筑武功等诸城以置军士。

21　丁酉，立妃王氏为皇后。

22　八月，齐上皇如晋阳。

23　周信州蛮冉令贤、向五子王等据巴峡反，攻陷白帝，党与连结二千馀里。周遣开府仪同三司元契、赵刚等前后讨之，终不克。九月，诏开府仪同三司陆腾督开府仪同三司王亮、司马裔讨之。

腾军于汤口，令贤于江南据险要，置十城，远结涔阳蛮为声援，自帅精卒固守水逻城。腾召诸将问计，皆欲先取水逻，后攻江南。腾曰："令贤内恃水逻金汤之固，外托涔阳辅车之援，资粮充实，器械精新。以我悬军，攻其严垒，脱一战不克，更成其气。不如顿军汤口，先取江南，翦其羽毛，然后进军水逻，此制胜之术也。"乃遣王亮帅众渡江，旬日，拔其八城，捕虏及纳降各千计。遂间募骁勇，数道进攻水逻。蛮帅冉伯犁、冉安西素与令贤有仇，腾说诱，赂以金帛，使为乡导。水逻之旁有石胜城，令贤使其兄子龙真据之。腾密诱龙真，龙真遂以城降。水逻众溃，斩首万馀级，捕虏万馀口。令贤走，追获，斩之。腾积骸于水逻城侧为京观。是后群蛮望之，辄大哭，不敢复叛。

向五子王据石墨城，使其子宝胜据双城。水逻既平，腾频遣谕之，犹不下。进击，皆擒之，尽斩诸向酋长，捕虏万馀口。

信州旧治白帝，腾徙之于八陈滩北，以司马裔为信州刺史。

小吏部陇西辛昂，奉使梁、益，且为腾督军粮。时临、信、楚、合等州，民多从乱，昂谕以祸福，赴者如归。乃令老弱负粮，壮夫拒战，咸乐为用。使还，会巴州万荣郡民反，攻围郡城，遏绝山路。昂谓其徒曰："凶狡猖狂，若待上闻，孤城必陷。苟利百姓，专之可也。"遂募通、开二州，得三千人。倍道兼行，出其不意，直趣贼垒。贼以为大军至，望风瓦解，一郡获全。周朝嘉之，以为渠州刺史。

24　冬，十月，齐以侯莫陈相为太傅，任城王湝为太保，娄叡为大司马，冯翊王润为太尉，开府仪同三司韩祖念为司徒。

25　庚申，帝享太庙。

26　十一月乙亥,周遣使来吊。

27　丙戌,周主行视武功等新城;十二月庚申,还长安。

28　齐河间王孝琬怨执政,为草人而射之。和士开、祖珽谮之于上皇曰:"草人以拟圣躬也。又,前突厥至并州,孝琬脱兜鍪抵地,云:'我岂老妪,须著此物!'此言属大家也。又,魏世谣言:'河南种谷河北生,白杨树上金鸡鸣。'河南、北者,河间也。孝琬将建金鸡大赦耳。"上皇颇惑之。

会孝琬得佛牙,置第内,夜有光。上皇闻之,使搜之,得填库稍幡数百,上皇以为反具,收讯。诸姬有陈氏者,无宠,诬孝琬云:"孝琬常画陛下像而哭之",其实世宗像也。上皇怒,使武卫赫连辅玄倒鞭挝之。孝琬呼叔。上皇曰:"何敢呼我为叔!"孝琬曰:"臣神武皇帝嫡孙,文襄皇帝嫡子,魏孝静皇帝之甥,何为不得呼叔!"上皇愈怒,折其两胫而死。

安德王延宗哭之,泪赤。又为草人,鞭而讯之曰:"何故杀我兄?"奴告之,上皇覆延宗于地,马鞭鞭之二百,几死。

29　是岁,齐赐侍中、中书监元文遥姓高氏,顷之,迁尚书左仆射。

魏末以来,县令多用厮役,由是士流耻为之。文遥以为县令治民之本,遂请革选,密择贵游子弟,发敕用之;犹恐其披诉,悉召之集神武门,令赵郡王叡宣旨唱名,厚加尉谕而遣之。齐之士人为县自此始。

# 资治通鉴卷第一百七十

## 陈纪四

### 临海王

光大元年（丁亥，567）

1 春，正月癸酉朔，日有食之。

2 尚书左仆射袁枢卒。

3 乙亥，大赦，改元。

4 辛卯，帝祀南郊。

5 壬辰，齐上皇还邺。

6 己亥，周主耕藉田。

7 二月壬寅朔，齐主加元服，大赦。

8 初，高祖为梁相，用刘师知为中书舍人。师知涉学工文，练习仪体，历世祖朝，虽位宦不迁，而委任甚重，与扬州刺史安成王顼、尚书仆射到仲举同受遗诏辅政。师知、仲举恒居禁中，参决众事，顼与左右三百人入居尚书省。师知见顼地望权势为朝野所属，心忌之，与尚书左丞王暹等谋出顼于外。众犹豫，未敢先发。东宫通事舍人殷不佞，素以名节自任，又受委东宫，乃驰诣相府，矫敕谓顼曰："今四方无事，王可还东府经理州务。"

顼将出，中记室毛喜驰入见顼曰："陈有天下日浅，国祸继臻，中外危惧。太后深惟至计，令王入省共康庶绩，今日之言，必非太后之意。宗社之重，愿王三思，须更闻奏，无使奸人得肆其谋。今出外即受制于人，譬如曹爽，愿作富家翁，其可得邪！"顼遣喜与领军将军吴明彻筹之，明彻曰："嗣君谅暗，万机多阙。殿下亲实周、邵，当辅安社稷，愿留中勿疑。"

顼乃称疾，召刘师知，留之与语，使毛喜先入言于太后，太后曰："今伯宗幼弱，政事并委二郎。此非我意。"喜又言于帝。帝曰："此自师知等所为，朕不知也。"喜出，以报顼。顼因囚师知，自入见太后及帝，极陈师知之罪，仍自草敕请画，以师知付廷尉，其夜，于狱中赐死。以到仲举为金紫光禄大夫。王逼、殷不佞并付治。不佞,不害之弟也,少有孝行,顼雅重之,故独得不死,免官而已。王逼伏诛。自是国政尽归于顼。

　　右卫将军会稽韩子高,镇领军府,在建康诸将中士马最盛,与仲举通谋。事未发。毛喜请简士马配子高,并赐铁炭,使修器甲。顼惊曰:"子高谋反,方欲收执,何为更如是邪?"喜曰:"山陵始毕,边寇尚多,而子高受委前朝,名为杖顺。若收之,恐不即授首,或能为人患。宜推心安诱,使不自疑,伺间图之,一壮士之力耳。"顼深然之。

　　仲举既废归私第,心不自安。子郁,尚世祖妹信义长公主,除南康内史,未之官。子高亦自危,求出为衡、广诸镇;郁每乘小舆,蒙妇人衣,与子高谋。会前上虞令陆昉及子高军主告其谋反。顼在尚书省,因召文武在位议立皇太子。平旦,仲举、子高入省,皆执之,并郁送廷尉,下诏,于狱赐死,馀党一无所问。

　　9　辛亥,南豫州刺史余孝顷坐谋反诛。

　　10　癸丑,以东扬州刺史始兴王伯茂为中卫大将军、开府仪同三司。伯茂,帝之母弟也,刘师知、韩子高之谋,伯茂皆预之;司徒顼恐扇动内外,故以为中卫,专使之居禁中,与帝游处。

　　11　三月甲午,以尚书右仆射沈钦为侍中、左仆射。

　　12　夏,四月癸丑,齐遣散骑常侍司马幼之来聘。

　　13　湘州刺史华皎闻韩子高死,内不自安,缮甲聚徒,抚循所部,启求广州,以卜朝廷之意。司徒顼伪许之,而诏书未出。皎遣使潜引周兵,又自归于梁,以其子玄响为质。

　　五月癸巳,顼以丹杨尹吴明彻为湘州刺史。

　　14　甲午,齐以东平王俨为尚书令。

　　15　司徒顼遣吴明彻帅舟师三万趣郢州,丙申,遣征南大将军淳于量帅舟师五万继之,又遣冠武将军杨文通从安成步道出茶陵,巴山太守黄法慧从宜阳出澧陵,共袭华皎,并与江州刺史章昭达、郢州刺史程灵洗合谋进讨。六月壬寅,以司空徐度为车骑将军,总督建康诸军,步道趣湘州。

　　16　辛亥,周主尊其母叱奴氏为皇太后。

　　17　己未,齐封皇弟仁机为西河王,仁约为乐浪王,仁俭为颍川王,仁雅为安乐王,仁直为丹杨王,仁谦为东海王。

　　18　华皎使者至长安;梁王亦上书言状,且乞师;周人议出师应之。司会崔猷曰:"前岁东征,死伤过半。比虽循抚,疮痍未复。今陈氏保境息民,共敦邻好,岂可利其土地,纳其叛臣,违盟约之信,兴无名之师乎!"

晋公护不从。闰六月戊寅，遣襄州总管卫公<u>直</u>督柱国<u>陆通</u>、大将军<u>田弘</u>、<u>权景宣</u>、<u>元定</u>等将兵助之。

19　辛巳，<u>齐</u>左丞相咸阳武王<u>斛律金</u>卒，年八十。长子<u>光</u>为大将军，次子<u>羡</u>及孙<u>武都</u>并开府仪同三司，出镇方岳，其馀子孙封侯显贵者甚众。门中一皇后，二太子妃，三公主，事<u>齐</u>贵宠，三世无比。自<u>肃宗</u>以来，礼敬尤重，每朝见，常听乘步挽车至阶，或以羊车迎之。然<u>金</u>不以为喜，尝谓<u>光</u>曰："我虽不读书，闻古来外戚鲜有能保其族者。女若有宠，为诸贵所嫉；无宠，为天子所憎。我家直以勋劳致富贵，何必藉女宠也！"

20　壬午，<u>齐</u>以<u>东平王俨</u>录尚书事，以左仆射<u>赵彦深</u>为尚书令，并省尚书左仆射<u>娄定远</u>为左仆射，中书监<u>徐之才</u>为右仆射。<u>定远</u>，<u>昭</u>之子也。

21　秋，七月戊申，立皇子<u>至泽</u>为太子。

22　八月，<u>齐</u>以<u>任城王湝</u>为太师，<u>冯翊王润</u>为大司马，<u>段韶</u>为左丞相，<u>贺拔仁</u>为右丞相，<u>侯莫陈相</u>为太宰，<u>娄叡</u>为太傅，<u>斛律光</u>为太保，<u>韩祖念</u>为大将军，<u>赵郡王叡</u>为太尉，<u>东平王俨</u>为司徒。

<u>俨</u>有宠于<u>上皇</u>及<u>胡后</u>，时兼京畿大都督、领军大将军、领御史中丞。<u>魏朝</u>故事：中丞出，与皇太子分路，王公皆遥驻车，去牛，顿辕于地，以待其过；其或迟违，则前驱以赤棒棒之。自迁<u>邺</u>以后，此仪废绝，<u>上皇</u>欲尊宠<u>俨</u>，命一遵旧制。<u>俨</u>初从北宫出，将上中丞，凡京畿步骑、领军官属、中丞威仪、司徒卤簿，莫不毕从。<u>上皇</u>与<u>胡后</u>张幕于<u>华林园</u>东门外而观之，遣中使骤马趣仗。不得入，自言奉敕，赤棒卒应声碎其鞍，马惊，人坠。<u>上皇</u>大笑，以为善，更敕驻车，劳问良久。观者倾<u>邺</u>城。

<u>俨</u>恒在宫中，坐含光殿视事，诸父皆拜之。<u>上皇</u>或时如<u>并州</u>，<u>俨</u>恒居守。每送行，或半路，或至<u>晋阳</u>乃还。器玩服饰，皆与<u>齐</u>主同，所须悉官给。尝于南宫见新冰早李，还，怒曰："尊兄已有，我何意无！"自是<u>齐</u>主或先得新奇，属官及工人必获罪。<u>俨</u>性刚决，尝言于<u>上皇</u>曰："尊兄懦，何能帅左右！"<u>上皇</u>每称其才，有废立意，<u>胡后</u>亦劝之，既而中止。

23　<u>华皎</u>遣使诱<u>章昭达</u>，<u>昭达</u>执送<u>建康</u>。又诱<u>程灵洗</u>，<u>灵洗</u>斩之。<u>皎</u>以<u>武州</u>居其心腹，遣使诱都督<u>陆子隆</u>，<u>子隆</u>不从；遣兵攻之，不克。<u>巴州</u>刺史<u>戴僧朔</u>等并隶于<u>皎</u>，<u>长沙</u>太守<u>曹庆</u>等，本隶<u>皎</u>下，遂为之用。司徒<u>顼</u>恐上流守宰皆附之，乃曲赦<u>湘</u>、<u>巴</u>二州。九月乙巳，悉诛<u>皎</u>家属。

<u>梁</u>以<u>皎</u>为司空，遣其柱国<u>王操</u>将兵二万助之。<u>周权景宣</u>将水军，<u>元定</u>将陆军，<u>卫公直</u>总之，与<u>皎</u>俱下。<u>淳于量</u>军<u>夏口</u>，<u>直</u>军<u>鲁山</u>，使<u>元定</u>以步骑数千围<u>郢州</u>。<u>皎</u>军于<u>白螺</u>，与<u>吴明彻</u>等相持。<u>徐度</u>、<u>杨文通</u>由岭路袭<u>湘</u>

州,尽获其所留军士家属。

　　皎自巴陵与周、梁水军顺流乘风而下,军势甚盛,战于沌口。量、明徹募军中小舰,多赏金银,令先出当西军大舰受其拍;西军诸舰发拍皆尽,然后量等以大舰拍之,西军舰皆碎,没于中流。西军又以舰载薪,因风纵火,俄而风转,自焚,西军大败。皎与戴僧朔单舸走,过巴陵,不敢发岸,径奔江陵;卫公直亦奔江陵。

　　元定孤军,进退无路,斫竹开径,且战且引,欲趣巴陵。巴陵已为徐度等所据,度等遣使伪与结盟,许纵之还国;定信之,解仗就度,度执之,尽俘其众,并擒梁大将军李广。定愤恚而卒。

　　皎党曹庆等四十馀人并伏诛。唯以岳阳太守章昭裕,昭达之弟,桂阳太守曹宣,高祖旧臣,衡阳内史汝阴任忠,尝有密启,皆宥之。

　　吴明徹乘胜攻梁河东,拔之。

　　周卫公直归罪于梁柱国殷亮;梁主知非其罪,然不敢违,遂诛之。

　　周与陈既交恶,周沔州刺史裴宽白襄州总管,请益戍兵,并迁城于羊蹄山以避水。总管兵未至,程灵洗舟师奄至城下。会大雨,水暴涨,灵洗引大舰临城发拍,击楼堞皆碎,矢石昼夜攻之三十馀日;陈人登城,宽犹帅众执短兵拒战;又二日,乃擒之。

24　丁巳,齐上皇如晋阳。山东水,饥,僵尸满道。

25　冬,十月甲申,帝享太庙。

26　十一月戊戌朔,日有食之。

27　丙午,齐大赦。

28　癸丑,周许穆公宇文贵自突厥还,卒于张掖。

29　齐上皇还邺。

30　十二月,周晋公护母卒,诏起,令视事。

31　齐秘书监祖珽,与黄门侍郎刘逖友善。珽欲求宰相,乃疏赵彦深、元文遥、和士开罪状,令逖奏之,逖不敢通;彦深等闻之,先诣上皇自陈。上皇大怒,执珽,诘之,珽因陈士开、文遥、彦深等朋党、弄权、卖官、鬻狱事。上皇曰:"尔乃诽谤我!"珽曰:"臣不敢诽谤,陛下取人女。"上皇曰:"我以其饥馑,收养之耳。"珽曰:"何不开仓振给,乃买入后宫乎?"上皇益怒,以刀环筑其口,鞭杖乱下,将扑杀之。珽呼曰:"陛下勿杀臣,臣为陛下合金丹。"遂得少宽。珽曰:"陛下有一范增不能用。"上皇又怒曰:"尔自比范增,以我为项羽邪?"珽曰:"项羽布衣,帅乌合之众,五年而成霸业。陛下藉父兄之资,才得至此,臣以为项羽未易可轻。"上皇愈怒,令以土塞其口。斑且吐且言，乃鞭二百，配甲坊，寻徙光州，敕令牢掌。别驾张奉福曰："牢者，地牢也。"乃置地牢中，桎梏不离身；夜，以芜菁子为烛，眼为所熏，由是失明。

32　齐七兵尚书毕义云，为治酷忍，非人理所及，于家尤甚。夜，为盗所杀，遗其刀，验之，其子善昭所佩刀也。有司执善昭，诛之。

二年（戊子，568）

1　春，正月己亥，安成王顼进位太傅，领司徒，加殊礼。

2　辛丑，周主祀南郊。

3　癸亥，齐主使兼散骑常侍郑大护来聘。

4　湘东忠肃公徐度卒。

5　二月丁卯，周主如武功。

6　突厥木杆可汗贰于周，更许齐人以婚，留陈公纯等数年不返。会大雷风，坏其穹庐，旬日不止。木杆惧，以为天谴，即备礼送其女于周，纯等奉之以归。三月癸卯，至长安，周主行亲迎之礼。甲辰，周大赦。

7　乙巳，齐以东平王俨为大将军，南阳王绰为司徒，开府仪同三司徐显秀为司空，广宁王孝珩为尚书令。

8　戊午，周燕文公于谨卒。谨勋高位重，而事上益恭，每朝参，所从不过二三骑。朝廷有大事，多与谨谋之。谨尽忠补益，于功臣中特被亲信，礼遇隆重，始终无间；教训诸子，务存静退，而子孙蕃衍，率皆显达。

9　吴明彻乘胜进攻江陵，引水灌之。梁主出顿纪南以避之。周总管田弘从梁主，副总管高琳与梁仆射王操守江陵三城，昼夜拒战十旬。梁将马武、吉彻击明彻，败之。明彻退保公安，梁主乃得还。

10　夏，四月辛巳，周以达奚武为太傅，尉迟迥为太保，齐公宪为大司马。

11　齐上皇如晋阳。

12　齐尚书左仆射徐之才善医，上皇有疾，之才疗之，既愈；中书监和士开欲得次迁，乃出之才为兖州刺史。五月，癸卯，以尚书右仆射胡长仁为左仆射，士开为右仆射。长仁，太上皇后之兄也。

13　庚戌，周主享太庙；庚申，如醴泉宫。

14　壬戌，齐上皇还邺。

15　秋，七月壬寅，周随桓公杨忠卒，子坚袭爵。坚为开府仪同三司、小宫伯，晋公护欲引以为腹心。坚以白忠，忠曰："两姑之间难为妇，汝其勿往!"坚乃辞之。

16　丙午,帝享太庙。

17　戊午,周主还长安。

18　壬戌,封皇弟伯智为永阳王,伯谋为桂阳王。

19　八月,齐请和于周,周遣军司马陆程聘于齐;九月丙申,齐使侍中斛斯文略报之。

20　冬,十月癸亥,周主享太庙。

21　庚午,帝享太庙。

22　辛巳,齐以广宁王孝珩录尚书事,左仆射胡长仁为尚书令,右仆射和士开为左仆射,中书监唐邕为右仆射。

23　十一月壬辰朔,日有食之。

24　齐遣兼散骑常侍李谐来聘。

25　甲辰,周主如岐阳。

26　周遣开府仪同三司崔彦等聘于齐。

27　始兴王伯茂以安成王顼专政,意甚不平,屡肆恶言。甲寅,以太皇太后令诬帝,云与刘师知、华皎等通谋。且曰:"文皇知子之鉴,事等帝尧;传弟之怀,又符太伯。今可还申曩志,崇立贤君。"遂废帝为临海王,以安成王入纂。又下令,黜伯茂为温麻侯,置诸别馆,安成王使盗邀之于道,杀之车中。

28　齐上皇疾作,驿追徐之才,未至。辛未,疾亟,以后事属和士开,握其手曰:"勿负我也!"遂殂于士开之手。明日,之才至,复遣还州。

士开秘丧三日不发。黄门侍郎冯子琮问其故,士开曰:"神武、文襄之丧,皆秘不发。今至尊年少,恐王公有贰心者,意欲尽追集于凉风堂,然后与公议之。"士开素忌太尉录尚书事赵郡王叡及领军娄定远,子琮恐其矫遗诏出叡于外,夺定远禁兵,乃说之曰:"大行先已传位于今上,群臣富贵者,皆至尊父子之恩,但令在内贵臣一无改易,王公必无异志。世异事殊,岂得与霸朝相比!且公不出宫门已数日,升遐之事,行路皆传,久而不举,恐有他变。"士开乃发丧。

丙子,大赦。戊寅,尊太上皇后为皇太后。

侍中尚书左仆射元文遥,以冯子琮,胡太后之妹夫,恐其赞太后干预朝政,与赵郡王叡、和士开谋,出子琮为郑州刺史。

世祖骄奢淫泆,役繁赋重,吏民苦之。甲申,诏:"所在百工细作,悉罢之。邺下、晋阳、中山宫人,官口之老病者,悉简放。诸家缘坐在流所者,听还。"

29 周梁州恒棱獠叛,总管长史南郑赵文表讨之。诸将欲四面进攻,文表曰:"四面攻之,獠无生路,必尽死以拒我,未易可克。今吾示以威恩,为恶者诛之,从善者抚之。善恶既分,破之易矣。"遂以此意遍令军中。时有从军熟獠,多与恒棱亲识,即以实报之。恒棱犹豫未决,文表军已至其境。獠中先有二路,一平一险,有獠帅数人来见,请为乡导。文表曰:"此路宽平,不须为导。卿但先行慰谕子弟,使来降也。"乃遣之。文表谓诸将曰:"獠帅谓吾从宽路而进,必设伏以邀我,当更出其不意。"乃引兵自险路入。乘高而望,果有伏兵。獠既失计,争帅众来降。文表皆慰抚之,仍征其租税,无敢违者。周人以文表为蓬州长史。

## 高宗宣皇帝上之上

太建元年(己丑,569)

1 春,正月辛卯朔,周主以齐世祖之丧罢朝会,遣司会李纶吊赗,且会葬。

2 甲午,安成王即皇帝位,改元,大赦。复太皇太后为皇太后,皇太后为文皇后;立妃柳氏为皇后,世子叔宝为太子;封皇子叔陵为始兴王,奉昭烈王祀。乙未,上谒太庙。丁酉,以尚书仆射沈钦为左仆射,度支尚书王劢为右仆射。劢,份之孙也。

3 辛丑,上祀南郊。

4 壬寅,封皇子叔英为豫章王,叔坚为长沙王。

5 戊午,上享太庙。

6 齐博陵文简王济,世祖之母弟也,为定州刺史,语人曰:"次叙当至我矣。"齐主闻之,阴使人就州杀之,葬赠如礼。

7 二月乙亥,上耕藉田。

8 甲申,齐葬武成帝于永平陵,庙号世祖。

9 乙丑,齐徙东平王俨为琅邪王。

10 齐遣侍中叱列长叉聘于周。

11 齐以司空徐显秀为太尉,并省尚书令娄定远为司空。

初,侍中、尚书右仆射和士开,为世祖所亲狎,出入卧内,无复期度,遂得幸于胡后。及世祖殂,齐主以士开受顾托,深委任之,威权益盛;与娄定远及录尚书事赵彦深、侍中、尚书左仆射元文遥、开府仪同三司唐邕、领军綦连猛、高阿那肱、度支尚书胡长粲俱用事,时号"八贵"。太尉赵郡王叡、大司马冯翊王润、安德王延宗与娄定远、元文遥皆言于齐主,请出士开为外任。会胡太后觞朝贵于前殿,叡面陈士开罪失云:"士开先帝弄臣,城狐社鼠,受纳货赂,秽乱宫掖。臣等义无杜口,冒死陈之。"太后曰:"先帝在时,王等何不言? 今日欲欺孤寡邪? 且饮酒,勿多言!"叡等辞色愈厉。仪同三司安吐根曰:"臣本商胡,得在诸贵行末,既受厚恩,岂敢惜死! 不出士开,朝野不定。"太后曰:"异日论之,王等且散!"叡等或投冠于地,或拂衣而起。明日,叡等复诣云龙门,令文遥入奏之,三返,太后不听。左丞相段韶使胡长粲传太后言曰:"梓宫在殡,事太匆匆,欲王等更思之!"叡等遂皆拜谢。长粲复命,太后曰:"成妹母子家者,兄之力也。"厚赐叡等,罢之。

太后及齐主召问士开,对曰:"先帝于群臣之中,待臣最厚。陛下谅暗始尔,大臣皆有觊觎。今若出臣,正是翦陛下羽翼。宜谓叡云:'文遥与臣,俱受先帝任用,岂可一去一留! 并可用为州,且出纳如旧。待过山陵,然后遣之。'叡等谓臣真出,心必喜之。"帝及太后然之,告叡等如其言。乃以士开为兖州刺史,文遥为西兖州刺史。葬毕,叡等促士开就路。太后欲留士开过百日,叡不许;数日之内,太后数以为言。有中人知太后密旨者,谓叡曰:"太后意既如此,殿下何宜苦违!"叡曰:"吾受委不轻。今嗣主幼冲,岂可使邪臣在侧! 不守之以死,何面戴天!"遂更见太后,苦言之。太后令酌酒赐叡,叡正色曰:"今论国家大事,非为卮酒!"言讫,遽出。

士开载美女珠帘诣娄定远,谢曰:"诸贵欲杀士开,蒙王力,特全其命,用为方伯。今当奉别,谨上二女子,一珠帘。"定远喜,谓士开曰:"欲还入不?"士开曰:"在内久不自安,今得出,实遂本志,不愿更人。但乞王保护,长为大州刺史足矣。"定远信之。送至门,士开曰:"今当远出,愿得一辞觐二宫。"定远许之。士开由是得见太后及帝,进说曰:"先帝一旦登遐,臣愧不能自死。观朝贵意势,欲以陛下为乾明。臣出之后,必有大变,臣何面目见先帝于地下!"因恸哭。帝、太后皆泣,问:"计安出?"士开曰:"臣已得入,复何所虑,正须数行诏书耳。"于是诏出定远为青州刺史,责赵郡王叡以不臣之罪。

旦日,叡将复入谏,妻子咸止之,叡曰:"社稷事重,吾宁死事先皇,不忍见朝廷颠沛。"至殿门,又有人谓曰:"殿下勿入,恐有变。"叡曰:"吾上不负天,死亦无恨。"入,见太后,太后复以为言,叡执之弥固。出,至永巷,遇兵,执送华林园雀离佛院,令刘桃枝拉杀之。叡久典朝政,清正自守,朝野冤惜之。复以士开为侍中、尚书左仆射。定远归士开所遗,加以馀珍略之。

12　三月,齐主如晋阳。夏,四月甲子,以并州尚书省为大基圣寺,晋祠为大崇皇寺。乙丑,齐主还邺。

13　齐主年少,多嬖宠。武卫将军高阿那肱,素以谄佞为世祖及和士开所厚,世祖多令在东宫侍齐主,由是有宠;累迁并省尚书令,封淮阴王。

世祖简都督二十人,使侍卫东宫,昌黎韩长鸾预焉,齐主独亲爱长鸾。长鸾,名凤,以字行,累迁侍中、领军,总知内省机密。

宫婢陆令萱者,其夫汉阳骆超,坐谋叛诛,令萱配掖庭,子提婆,亦没为奴。齐主之在襁褓,令萱保养之。令萱巧黠,善取媚,有宠于胡太后,宫掖之中,独擅威福,封为郡君,和士开、高阿那肱皆为之养子。齐主以令萱为女侍中。令萱引提婆入侍齐主,朝夕戏狎,累迁至开府仪同三司、武卫大将军。宫人穆舍利者,斛律后之从婢也,有宠于齐主;令萱欲附之,乃为之养母,荐为弘德夫人,因令提婆冒姓穆氏。然和士开用事最久,诸幸臣皆依附之以固其宠。

齐主思祖珽,就流囚中除海州刺史。珽乃遗陆媪弟仪同三司悉达书曰:"赵彦深心腹深沉,欲行伊、霍事,仪同姊弟岂得平安,何不早用智士邪!"和士开亦以珽有胆略,欲引为谋主,乃弃旧怨,虚心待之,与陆媪言于帝曰:"襄、宣、昭三帝之子,皆不得立。今至尊独在帝位者,祖孝徵之力也。人有功,不可不报。孝徵心行虽薄,奇略出人,缓急可使。且其人已盲,必无反心,请呼取,问以筹策。"齐主从之,召入,为秘书监,加开府仪同三司。

士开潜尚书令陇东王胡长仁骄恣,出为齐州刺史。长仁怨愤,谋遣刺客杀士开。事觉,士开与珽谋之,珽引汉文帝诛薄昭故事,遂遣使就州赐死。

14　五月庚戌,周主如醴泉宫。

15　丁巳,以吏部尚书徐陵为左仆射。

16　秋,七月辛卯,皇太子纳妃沈氏,吏部尚书君理之女也。

17　辛亥,周主还长安。

18　八月庚辰,盗杀周孔城防主,以其地入齐。

九月辛卯,周遣齐公宪与柱国李穆将兵趣宜阳,筑崇德等五城。

19　欧阳纥在广州十馀年,威惠著于百越。自华皎之叛,帝心疑之,征为左卫将军。纥恐惧,其下多劝之反,遂举兵攻衡州刺史钱道戢。

　　帝遣中书侍郎徐俭持节谕旨。纥初见俭,盛仗卫,言辞不恭。俭曰:
"吕嘉之事,诚当已远,将军独不见周迪、陈宝应乎!转祸为福,未为晚
也。"纥默然不应,置俭于孤园寺,累旬不得还。纥尝出见俭,俭谓之曰:
"将军业已举事,俭须还报天子。俭之性命,虽在将军,将军成败,不在于
俭,幸不见留。"纥乃遣俭还。俭,陵之子也。

　　冬,十月辛未,诏车骑将军章昭达讨纥。

20　壬午,上享太庙。

21　十一月辛亥,周郧文公长孙俭卒。

22　辛丑,齐以斛律光为太傅,冯翊王润为太保,琅邪王俨为大司马。
十二月庚午,以兰陵王长恭为尚书令。庚辰,以中书监魏收为左仆射。

23　周齐公宪等围齐宜阳,绝其粮道。

24　自华皎之乱,与周人绝,至是周遣御正大夫杜杲来聘,请复修旧
好。上许之,遣使如周。


二年(庚寅,570)

1　春,正月乙酉朔,齐改元武平。

2　齐东安王娄睿卒。

3　丙午,上享太庙。

4　戊申,齐使兼散骑常侍裴谳之来聘。

5　齐太傅斛律光,将步骑三万救宜阳,屡破周军,筑统关、丰化二城
而还。周军追之,光纵击,又破之,获其开府仪同三司宇文英、梁景兴。二
月己巳,齐以斛律光为右丞相、并州刺史,又以任城王湝为太师,贺拔仁录
尚书事。

6　欧阳纥召阳春太守冯仆至南海,诱与同反。仆遣使告其母洗夫
人。夫人曰:"我为忠贞,经今两世,不能惜汝负国。"遂发兵拒境,帅诸酋
长迎章昭达。

　　昭达倍道兼行,至始兴。纥闻昭达奄至,惶扰不知所为,出顿洭口,多
聚沙石,盛以竹笼,置于水栅之外,用遏舟舰。昭达居上流,装舰造拍,令
军人衔刀潜行水中,以斫笼,笼皆解,因纵大舰随流突之。纥众大败,生擒
纥,送之;癸未,斩于建康市。

　　纥之反也,士人流寓在岭南者皆惶骇。前著作佐郎萧引独恬然,曰:
"管幼安、袁曜卿,亦但安坐耳。君子直己以行义,何忧惧乎!"纥平,上征
为金部侍郎。引,允之弟也。

冯仆以其母功,封信都侯,迁石龙太守,遣使持节册命洗氏为石龙太夫人,赐绣幰油络驷马安车一乘,给鼓吹一部,并麾幢旌节,其卤簿一如刺史之仪。

7 三月丙申,皇太后章氏殂。

8 戊戌,齐安定武王贺拔仁卒。

9 丁未,大赦。

10 夏,四月甲寅,周以柱国宇文盛为大宗伯。

11 周主如醴泉宫。

12 辛酉,齐以开府仪同三司徐之才为尚书左仆射。

13 戊寅,葬武宣皇后于万安陵。

14 闰月戊申,上谒太庙。

15 五月壬午,齐遣使来吊。

16 六月乙酉,齐以广宁王孝珩为司空。

17 甲辰,齐穆夫人生子恒。齐主时未有男,为之大赦。陆令萱欲以恒为太子,恐斛律后恨怒,乃白齐主,使斛律后母养之。

18 己丑,齐以开府仪同三司唐邕为尚书右仆射。

19 秋,七月,齐立肃宗子彦基为城阳王,彦忠为梁郡王。甲寅,以尚书令兰陵王长恭为录尚书事,中领军和士开为尚书令,赐爵淮阳王。

士开威权日盛,朝士不知廉耻者,或为之假子,与富商大贾同在伯仲之列。尝有一人士参士开疾,值医云:"王伤寒极重,应服黄龙汤。"士开有难色。人士曰:"此物甚易服,王不须疑,请为王先尝之。"一举而尽。士开感其意,为之强服,遂得愈。

20 乙卯,周主还长安。

21 癸酉,齐以华山王凝为太傅。

22 司空章昭达攻梁,梁主与周总管陆腾拒之。周人于峡口南岸筑安蜀城,横引大索于江上,编苇为桥,以度军粮。昭达命军士为长戟,施于楼船上,仰割其索。索断,粮绝,因纵兵攻安蜀城,下之。

梁主告急于周襄州总管卫公直,直遣大将军李迁哲将兵救之。迁哲以其所部守江陵外城,自帅骑兵出南门,使步出北门,首尾邀击陈兵,陈兵多死。夜,陈兵窃于城西以梯登城,登者已数百人,迁哲与陆腾力战拒之,乃退。

昭达又决龙川宁朔堤,引水灌江陵。腾出战于西堤,昭达兵不利,乃引还。

23　八月辛卯，齐主如晋阳。

24　九月乙巳，齐立皇子恒为太子。

25　冬，十月辛巳朔，日有食之。

26　齐以广宁王孝珩为司徒，上洛王思宗为司空。复以梁永嘉王庄为开府仪同三司、梁王，许以兴复，竟不果。及齐亡，庄愤邑，卒于邺。

27　乙酉，上享太庙。

28　己丑，齐复威宗谥曰文宣皇帝，庙号显祖。

29　丁酉，周郑桓公达奚武卒。

30　十二月丁亥，齐主还邺。

31　周大将军郑恪将兵平越巂，置西宁州。

32　周、齐争宜阳，久而不决。勋州刺史韦孝宽谓其下曰："宜阳一城之地，不足损益，两国争之，劳师弥年。彼岂无智谋之士，若弃崤东，来图汾北，我必失地。今宜速于华谷及长秋筑城以杜其意。脱其先我，图之实难。"乃画地形，具陈其状。晋公护谓使者曰："韦公子孙虽多，数不满百，汾北筑城，遣谁守之！"事遂不行。

　　齐斛律光果出晋州道，于汾北筑华谷、龙门二城。光至汾东，与孝宽相见，光曰："宜阳一城，久劳争战。今已舍彼，欲于汾北取偿，幸勿怪也。"孝宽曰："宜阳，彼之要冲，汾北，我之所弃。我弃彼取，其偿安在！君辅翼幼主，位望隆重，不抚循百姓而极武穷兵，苟贪寻常之地，涂炭疲弊之民，窃为君不取也！"

　　光进围定阳，筑南汾城以逼之。周人释宜阳之围以救汾北。晋公护问计于齐公宪，宪曰："兄宜暂出同州以为声势，宪请以精兵居前，随机攻取。"护从之。


三年（辛卯，571）

1　春，正月乙丑，以尚书右仆射徐陵为左仆射。

2　丁巳，齐使兼散骑常侍刘环俊来聘。

3　辛酉，上祀南郊；辛未，祀北郊。

4　齐斛律光筑十三城于西境，马上以鞭指画而成，拓地五百里，而未尝伐功。又与周韦孝宽战于汾北，破之。齐公宪督诸将东拒齐师。

5　二月辛巳，上祀明堂。丁酉，耕藉田。

6　壬寅，齐以兰陵王长恭为太尉，赵彦深为司空，和士开录尚书事，徐之才为尚书令，唐邕为左仆射，吏部尚书冯子琮为右仆射，仍摄选。

子琮素谄附士开,至是,自以太后亲属,且典选,颇擅引用人,不复启禀,由是与士开有隙。

7　三月丁丑,大赦。

8　周齐公宪自龙门渡河,斛律光退保华谷,宪攻拔其新筑五城。齐太宰段韶、兰陵王长恭将兵御周师,攻柏谷城,拔之而还。

9　夏,四月戊寅朔,日有食之。

10　壬午,齐以琅邪王俨为太保。

11　壬辰,齐遣使来聘。

12　周陈公纯取齐宜阳等九城,齐斛律光将步骑五万赴之。

13　五月癸亥,周使纳言郑诩来聘。

14　周晋公护使中外府参军郭荣城于姚襄城南、定阳城西,齐段韶引兵袭周师,破之。六月,韶围定阳城,周汾州刺史杨敷固守不下。韶急攻之,屠其外城。时韶卧病,谓兰陵王长恭曰:“此城三面重涧,皆无走路;唯虑东南一道耳,贼必从此出。宜简精兵专守之,此必成擒。”长恭乃令壮士千馀人伏于东南涧口。城中粮尽,齐公宪总兵救之,惮韶,不敢进。敷帅见兵突围夜走,伏兵击擒之,尽俘其众。乙巳,齐取周汾州及姚襄城,唯郭荣所筑城独存。敷,愔之族子也。

敷子素,少多才艺,有大志,不拘小节,以其父守节陷齐,未蒙赠谥,上表申理。周主不许,至于再三,帝大怒,命左右斩之。素大言曰:“臣事无道天子,死其分也!”帝壮其言,赠敷大将军,谥曰忠壮,以素为仪同三司,渐见礼遇。帝命素为诏书,下笔立成,词义兼美,帝曰:“勉之,勿忧不富贵。”素曰:“但恐富贵来逼臣,臣无心图富贵也。”

15　齐斛律光与周师战于宜阳城下,取周建安等四戍,捕虏千馀人而还。军未至邺,齐主敕使散兵,光以军士多有功者,未得慰劳,乃密通表,请遣使宣旨,军仍且进,齐朝发使迟留。军还,将至紫陌,光乃驻营待使。帝闻光军已逼,心甚恶之,亟令舍人召光入见,然后宣劳散兵。

16　齐琅邪王俨以和士开、穆提婆等专横奢纵,意甚不平。二人相谓曰:“琅邪王眼光奕奕,数步射人,向者暂对,不觉汗出;吾辈见天子奏事尚不然。”由是忌之,乃出俨居北宫,五日一朝,不得无时见太后。

俨之除太保也,馀官悉解,犹带中丞及京畿。士开等以北城有武库,欲移俨于外,然后夺其兵权。治书侍御史王子宜,与俨所亲开府仪同三司高舍洛、中常侍刘辟强说俨曰:“殿下被疏,正由士开间构,何可出北宫入民间也!”俨谓侍中冯子琮曰:“士开罪重,儿欲杀之,何如?”子琮心欲废帝而立<u>俨</u>,因劝成之。

<u>俨</u>令<u>子宜</u>表弹<u>士开</u>罪,请禁推。<u>子琮</u>杂他文书奏之,齐主不审省而可之。<u>俨</u>诳领军<u>库狄伏连</u>曰:"奉敕,令领军收<u>士开</u>。"<u>伏连</u>以告<u>子琮</u>,且请覆奏,<u>子琮</u>曰:"<u>琅邪</u>受敕,何必更奏。"<u>伏连</u>信之,发京畿军士,伏于神虎门外,并戒门者不听<u>士开</u>入。秋,七月庚午旦,<u>士开</u>依常早参,<u>伏连</u>前执<u>士开</u>手曰:"今有一大好事。"<u>王子宜</u>授以一函,云:"有敕,令王向台。"因遣军士护送。<u>俨</u>遣都督<u>冯永洛</u>就台斩之。

<u>俨</u>本意唯杀<u>士开</u>,其党因逼<u>俨</u>曰:"事既然,不可中止。"<u>俨</u>遂帅京畿军士三千馀人屯<u>千秋门</u>。帝使<u>刘桃枝</u>将禁兵八十人召<u>俨</u>,<u>桃枝</u>遥拜,<u>俨</u>命反缚,将斩之,禁兵散走。帝又使<u>冯子琮</u>召<u>俨</u>,<u>俨</u>辞曰:"<u>士开</u>昔来实合万死,谋废至尊,剃家家发为尼,臣为是矫诏诛之。尊兄若欲杀臣,不敢逃罪。若赦臣,愿遣姊姊来迎,臣即入见。"姊姊,谓<u>陆令萱</u>也,<u>俨</u>欲诱出杀之。<u>令萱</u>执刀在帝后,闻之,战栗。

帝又使<u>韩长鸾</u>召<u>俨</u>,<u>俨</u>将入,<u>刘辟强</u>牵衣谏曰:"若不斩<u>穆提婆</u>母子,殿下无由得入。"<u>广宁王孝珩</u>、<u>安德王延宗</u>自西来,曰:"何不入?"<u>辟强</u>曰:"兵少。"<u>延宗</u>顾众而言曰:"<u>孝昭帝</u>杀<u>杨遵彦</u>,止八十人。今有数千,何谓少?"

帝泣启太后曰:"有缘,复见家家;无缘,永别!"乃急召<u>斛律光</u>,<u>俨</u>亦召之。

<u>光</u>闻<u>俨</u>杀<u>士开</u>,抚掌大笑曰:"龙子所为,固自不似凡人!"入,见帝于永巷。帝帅宿卫者步骑四百,授甲,将出战,<u>光</u>曰:"小儿辈弄兵,与交手即乱。鄙谚云:'奴见大家心死。'至尊宜自至<u>千秋门</u>,<u>琅邪</u>必不敢动。"帝从之。

<u>光</u>步道,使人走出,曰:"大家来。"<u>俨</u>徒骇散。帝驻马桥上遥呼之,<u>俨</u>犹立不进,<u>光</u>就谓曰:"天子弟杀一夫,何所苦!"执其手,强引以前,请于帝曰:"<u>琅邪王</u>年少,肠肥脑满,轻为举措,稍长自不复然,愿宽其罪。"帝拔<u>俨</u>所带刀环,乱筑辫头,良久,乃释之。

收<u>库狄伏连</u>、<u>高舍洛</u>、<u>王子宜</u>、<u>刘辟强</u>、都督<u>翟显贵</u>,于后园支解,暴之都街。帝欲尽杀<u>俨</u>府文武职吏,<u>光</u>曰:"此皆勋贵子弟,诛之,恐人心不安。"<u>赵彦深</u>亦曰:"春秋责帅。"于是罪之各有差。

太后责问<u>俨</u>,<u>俨</u>曰:"<u>冯子琮</u>教儿。"太后怒,遣使就内省以弓弦绞杀<u>子琮</u>,使内参以库车载尸归其家。自是太后常置<u>俨</u>于宫中,每食必自尝之。

17　八月己亥,齐主如晋阳。

18　九月辛亥,齐以任城王湝为太宰,冯翊王润为太师。

19　己未,齐平原忠武王段韶卒。韶有谋略,得将士死力,出总军旅,入参帷幄,功高望重,而雅性温慎,得宰相体。事后母孝,闺门雍肃,齐勋贵之家,无能及者。

20　齐祖珽说陆令萱,出赵彦深为兖州刺史。齐主以珽为侍中。

陆令萱说帝曰:“人称琅邪王聪明雄勇,当今无敌;观其相表,殆非人臣。自专杀以来,常怀恐惧,宜早为之计。”幸臣何洪珍等亦请杀之。帝未决,以食舉密迎珽,问之。珽称“周公诛管叔,季友鸩庆父”。帝乃携俨之晋阳,使右卫大将军赵元侃诱俨执之,元侃曰:“臣昔事先帝,见先帝爱王。今宁就死,不忍行此。”帝出元侃为豫州刺史。

庚午,帝启太后曰:“明旦欲与仁威早出猎。”夜四鼓,帝召俨,俨疑之。陆令萱曰:“兄呼,儿何为不去!”俨出,至永巷,刘桃枝反接其手。俨呼曰:“乞见家家、尊兄。”桃枝以袖塞其口,反袍蒙头负出,至大明宫,鼻血满面,拉杀之,时年十四,裹之以席,埋于室内。帝使启太后,太后临哭,十馀声,即拥入殿。遗腹四男,皆幽死。

冬,十月,罢京畿府,入领军。

21　壬午,周冀公通卒。

22　甲申,上享太庙。

23　乙未,周遣右武伯谷会琨等聘于齐。

24　齐胡太后出入不节,与沙门统昙献通,诸僧至有戏呼昙献为太上皇者。齐主闻太后不谨而未之信,后朝太后,见二尼,悦而召之,乃男子也。于是昙献事亦发,皆伏诛。

己亥,帝自晋阳奉太后还邺,至紫陌,遇大风。舍人魏僧伽习风角,奏言:“即时当有暴逆事。”帝诈云:“邺中有变。”弯弓缠弰,驰入南城,遣宦者邓长颙幽太后于北宫,仍敕内外诸亲皆不得与胡太后相见。太后或为帝设食,帝亦不敢尝。

25　庚戌,齐遣侍中赫连子悦聘于周。

26　十一月丁巳,周主如散关。

27　丙寅,齐以徐州行台广宁王孝珩录尚书事;庚午,又以为司徒。癸酉,以斛律光为左丞相。

28　十二月己丑,周主还长安。

29　壬辰,邵陵公章昭达卒。

30　是岁,梁华皎将如周,过襄阳,说卫公直曰:"梁主既失江南诸郡,民少国贫;朝廷兴亡继绝,理宜资赡,望借数州以资梁国。"直然之,遣使言状,周主诏以基、平、都三州与之。

# 资治通鉴卷第一百七十一

## 陈纪五

**高宗宣皇帝上之下**

太建四年（壬辰，572）

1 春，正月丙午，以尚书仆射徐陵为左仆射，中书监王劢为右仆射。

2 己巳，齐主祀南郊。

3 庚午，上享太庙。

4 辛未，齐主赠琅邪王俨为楚恭哀帝以慰太后心，又以俨妃李氏为楚帝后。

5 二月癸酉，周遣大将军昌城公深聘于突厥，司宾李除、小宾部贺遂礼聘于齐。深，护之子也。

6 己卯，齐以卫菩萨为太尉。辛巳，以并省吏部尚书高元海为尚书左仆射。

7 乙酉，封皇子叔卿为建安王。

8 庚寅，齐以尚书左仆射唐邕为尚书令，侍中祖珽为左仆射。初，胡太后既幽于北宫，珽欲以陆令萱为太后，为令萱言魏保太后故事。且谓人曰："陆虽妇人，然实雄杰，自女娲以来，未之有也。"令萱亦谓珽为"国师""国宝"，由是得仆射。

9 三月癸卯朔，日有食之。

10 初，周太祖为魏相，立左右十二军，总属相府；太祖殂，皆受晋公护处分，凡所征发，非护书不行。护第屯兵侍卫，盛于宫阙。诸子、僚属皆贪残恣横，士民患之。周主深自晦匿，无所关预，人不测其浅深。

护问稍伯大夫庾季才曰："比日天道何如？"季才对曰："荷恩深厚，敢不尽言。顷上台有变，公宜归政天子，请老私门。此则享期颐之寿，受旦、奭之美，子孙常为藩屏。不然，非复所知。"护沉吟久之，曰："吾本志如此，但辞未获免耳。公既为王官，可依朝例，无烦别参寡人也。"自是疏之。

卫公直,帝之母弟也,深昵于护;及沌口之败,坐免官,由是怨护,劝帝诛之,冀得其位。帝乃密与直及右宫伯中大夫宇文神举、内史下大夫太原王轨、右侍上士宇文孝伯谋之。神举,显和之子;孝伯,安化公深之子也。

帝每于禁中见护,常行家人礼,太后赐护坐,帝立侍于旁。丙辰,护自同州还长安,帝御文安殿见之。因引护入含仁殿谒太后,且谓之曰:"太后春秋高,颇好饮酒,虽屡谏,未蒙垂纳。兄今入朝,愿更启请。"因出怀中酒诰授之,曰:"以此谏太后。"护既入,如帝所戒读酒诰;未毕,帝以玉珽自后击之,护踬于地。帝令宦者何泉以御刀斫之,泉惶惧,斫不能伤。卫公直匿于户内,跃出,斩之。时神举等皆在外,更无知者。

帝召宫伯长孙览等,告以护已诛,令收护子柱国谭公会、大将军莒公至、崇业公静、正平公乾嘉及其弟乾基、乾光、乾蔚、乾祖、乾威并柱国北地侯龙恩、龙恩弟大将军万寿、大将军刘勇、中外府司录尹公正、袁杰、膳部下大夫李安等,于殿中杀之。览,稚之孙也。

初,护既杀赵贵等,侯龙恩为护所亲,其从弟开府仪同三司植谓龙恩曰:"主上春秋既富,安危系于数公。若多所诛戮以自立威权,岂唯社稷有累卵之危,恐吾宗亦缘此而败,兄安得知而不言!"龙恩不能从。植又承间言于护曰:"公以骨肉之亲,当社稷之寄,愿推诚王室,拟迹伊、周,则率土幸甚!"护曰:"我誓以身报国,卿岂谓吾有他志邪!"又闻其先与龙恩言,阴忌之,植以忧卒。及护败,龙恩兄弟皆死,高祖以植为忠,特免其子孙。

大司马兼小冢宰、雍州牧齐公宪,素为护所亲任,赏罚之际,皆得参预,权势颇盛。护欲有所陈,多令宪闻奏,其间或有可不,宪虑主相嫌隙,每曲而畅之,帝亦察其心。及护死,召宪入,宪免冠拜谢;帝慰勉之,使诣护第收兵符及诸文籍。卫公直素忌宪,固请诛之,帝不许。

护世子训为蒲州刺史,是夜,帝遣柱国越公盛乘传征训,至同州,赐死。昌城公深使突厥未还,遣开府仪同三司宇文德赍玺书就杀之。护长史代郡叱罗协、司录弘农冯迁及所亲任者,皆除名。

丁巳,大赦,改元。

以宇文孝伯为车骑大将军,与王轨并加开府仪同三司。初,孝伯与帝同日生,太祖爱之,养于第中,幼与帝同学。及即位,欲引致左右,托言欲与孝伯讲习旧经,故护弗之疑也,以为右侍上士,出入卧内,预闻机务。孝伯为人,沉正忠谅,朝政得失,外间细事,无不使帝闻之。

帝阅护书记,有假托符命妄造异谋者;皆坐诛;唯得庾季才书两纸,盛言纬候灾祥,宜返政归权,帝赐季才粟三百石,帛二百段,迁太中大夫。

癸亥,以尉迟迥为太师,柱国窦炽为太傅,李穆为太保,齐公宪为大冢宰,卫公直为大司徒,陆通为大司马,柱国辛威为大司寇,赵公招为大司空。

时帝始亲览朝政,颇事威刑,虽骨肉无所宽借。齐公宪虽迁冢宰,实夺之权。又谓宪侍读裴文举曰:"昔魏末不纲,太祖辅政;及周室受命,晋公复执大权;积习生常,愚者谓法应如是。岂有年三十天子而可为人所制乎!诗云:'夙夜匪懈,以事一人。'一人,谓天子耳。卿虽陪侍齐公,不得遽同为臣,欲死于所事。宜辅以正道,劝以义方,辑睦我君臣,协和我兄弟,勿令自致嫌疑。"文举咸以白宪,宪指心抚几曰:"吾之夙心,公宁不知!但当尽忠竭节耳,知复何言。"

卫公直,性浮诡贪狠,意望大冢宰;既不得,殊怏怏;更请为大司马,欲据兵权。帝揣知其意,曰:"汝兄弟长幼有序,岂可返居下列!"由是用为大司徒。

11 夏,四月,周遣工部成公建、小礼部辛彦之聘于齐。

12 庚寅,周追尊略阳公为孝闵皇帝。

13 癸巳,周立皇子鲁公赟为太子,大赦。

14 五月癸卯,王劢卒。

15 齐尚书右仆射祖珽,势倾朝野,左丞相咸阳王斛律光恶之,遥见,辄骂曰:"多事乞索小人,欲行何计!"又尝谓诸将曰:"兵马处分,赵令恒与吾辈参论。盲人掌机密以来,全不与吾辈语,正恐误国家事耳。"光尝在朝堂垂帘坐,珽不知,乘马过其前,光怒曰:"小人乃敢尔!"后珽在内省,言声高慢,光适过,闻之,又怒。珽觉之,私略光从奴问之,奴曰:"自公用事,相王每夜抱膝叹曰:'盲人入,国必破矣。'"

穆提婆求娶光庶女,不许。齐王赐提婆晋阳田,光言于朝曰:"此田,神武帝以来常种禾,饲马数千匹,以拟寇敌。今赐提婆,无乃阙军务也!"由是祖、穆皆怨之。

斛律后无宠,珽因而间之。光弟羡,为都督、幽州刺史、行台尚书令,亦善治兵,士马精强,鄣候严整,突厥畏之,谓之"南可汗"。光长子武都,为开府仪同三司、梁兖二州刺史。

光虽贵极人臣,性节俭,不好声色,罕接宾客,杜绝馈饷,不贪权势。每朝廷会议,常独后言,言辄合理。或有表疏,令人执笔,口占之,务从省实。行兵仿其父金之法,营舍未定,终不入幕;或竟日不坐,身不脱介胄,常为士卒先。士卒有罪,唯大杖挝背,未尝妄杀,众皆争为之死。自结发从军,未尝败北,深为邻敌所惮。周勋州刺史韦孝宽密为谣言曰:"百升飞上天,明月照长安。"又曰:"高山不推自崩,槲木不扶自举。"令谍人传之于邺,邺中小儿歌之于路。珽因续之曰:"盲老公背受大斧,饶舌老母不得语。"使其妻兄郑道盖奏之。帝以问珽,珽与陆令萱皆曰:"实闻有之。"珽因解之曰:"百升者,斛也。盲老公,谓臣也,与国同忧。饶舌老母,似谓女侍中陆氏也。且斛律累世大将,明月声震关西,丰乐威行突厥,女为皇后,男尚公主,谣言甚可畏也。"帝以问韩长鸾,长鸾以为不可,事遂寝。

珽又见帝,请间,唯何洪珍在侧,帝曰:"前得公启,即欲施行,长鸾以为无此理。"珽未对,洪珍进曰:"若本无意则可;既有此意而不决行,万一泄露,如何?"帝曰:"洪珍言是也。"然犹未决。会丞相府佐封士让密启云:"光前西讨还,敕令散兵,光引兵逼帝城,将行不轨,事不果而止。家藏弩甲,僮奴千数,每遣使往丰乐、武都所,阴谋往来。若不早图,恐事不可测。"帝遂信之,谓何洪珍曰:"人心亦大灵,我前疑其欲反,果然。"帝性怯,恐即有变,令洪珍驰召祖珽告之:"欲召光,恐其不从命。"珽请:"遣使赐以骏马,语云:'明日将游东山,王可乘此同行。'光必入谢,因而执之。"帝如其言。

六月戊辰,光入,至凉风堂,刘桃枝自后扑之,不仆。顾曰:"桃枝常为如此事。我不负国家。"桃枝与三力士以弓弦冒其颈,拉而杀之,血流于地,划之,迹终不灭。于是下诏称其欲反,并杀其子开府仪同三司世雄、仪同三司恒伽。

祖珽使二千石郎邢祖信簿录光家。珽于都省问所得物,祖信曰:"得弓十五,宴射箭百,刀七,赐稍二。"珽厉声曰:"更得何物?"曰:"得枣杖二十束,拟奴仆与人斗者,不问曲直,即杖之一百。"珽大惭,乃下声曰:"朝廷已加重刑,郎中何宜为雪!"及出,人尤其抗直,祖信慨然曰:"贤宰相尚死,我何惜馀生!"

齐主遣使就州斩斛律武都,又遣中领军贺拔伏恩乘驿捕斛律羡,仍以洛州行台仆射中山独孤永业代羡,与大将军鲜于桃枝发定州骑卒续进。伏恩等至幽州,门者白:"使人衷甲,马有汗,宜闭城门。"羡曰:"敕使岂可疑拒!"出见之。伏恩执而杀之。初,羡常以盛满为惧,表解所职,不许。临刑,叹曰:"富贵如此,女为皇后,公主满家,常使三百兵,何得不败!"及其五子伏护、世达、世迁、世辨、世酉皆死。

周主闻光死,为之大赦。

祖珽与侍中高元海共执齐政。元海妻,陆令萱之甥也,元海数以令萱密语告珽。珽求为领军,齐主许之,元海密言于帝曰:"孝徵汉人,两目又盲,岂可为领军!"因言珽与广宁王孝珩交结,由是中止。珽求见,自辨,且言:"臣与元海素嫌,必元海谮臣。"帝弱颜,不能讳,以实告之,珽因言元海与司农卿尹子华等结为朋党。又以元海所泄密语告令萱,令萱怒,出元海为郑州刺史。子华等皆被黜。

珽自是专主机衡,总知骑兵、外兵事,内外亲戚,皆得显位。帝常令中要人扶侍出入,直至永巷,每同御榻论决政事,委任之重,群臣莫比。

16　秋,七月,遣使如周。

17　八月庚午,齐废皇后斛律氏为庶人。以任城王湝为右丞相,冯翊王润为太尉,兰陵王长恭为大司马,广宁王孝珩为大将军,安德王延宗为大司徒。

18　齐使领军封辅相聘于周。

19　辛未,周使司城中大夫杜杲来聘。上谓之曰:"若欲合从图齐,宜以樊、邓见与。"对曰:"合从图齐,岂弊邑之利!必须城镇,宜待得之于齐,先索汉南,使臣不敢闻命。"

20　初,齐胡太后自愧失德,欲求悦于齐主,乃饰其兄长仁之女置宫中,令帝见之,帝果悦,纳为昭仪。及斛律后废,陆令萱欲立穆夫人;太后欲立胡昭仪,力不能遂,乃卑辞厚礼以求令萱,结为姊妹。令萱亦以胡昭仪宠幸方隆,不得已,与祖珽白帝立之。戊子,立皇后胡氏。

21　己丑,齐以北平王仁坚为尚书令,特进许季良为左仆射,彭城王宝德为右仆射。

22　癸巳,齐主如晋阳。

23　九月庚子朔,日有食之。

24　辛亥,大赦。

25　冬,十月庚午,周诏:"江陵所虏充官口者,悉免为民。"

26　辛未,周遣小匠师杨甄等来聘。

27　周绥德公陆通卒。

28　乙酉,上享太庙。

29　齐陆令萱欲立穆昭仪为皇后,私谓齐主曰:"岂有男为皇太子而身为婢妾者!"胡后有宠于帝,不可离间,令萱乃使人行厌蛊之术,旬朔之间,胡后精神恍惚,言笑无恒,帝渐畏而恶之。令萱一旦忽以皇后服御衣被昭仪,又别造宝帐,爰及枕席器玩,莫非珍奇。坐昭仪于帐中,谓帝曰:"有一圣女出,将大家看之。"及见昭仪,令萱乃曰:"如此人不作皇后,遣何物人作!"帝纳其言。

甲午,立穆氏为右皇后,以胡氏为左皇后。

30　十一月庚戌,周主行如羌桥,集长安以东诸军都督以上,颁赐有差。乙卯,还宫。以赵公招为大司马。壬申,周主如斜谷,集长安已西都督已上,颁赐有差。丙戌,还宫。

31　庚寅,周主游道会苑,以上善殿壮丽,焚之。

32　十二月辛巳,周主祀南郊。

33　齐胡后之立,非陆令萱意,令萱一旦于太后前作色而言曰:"何物亲侄,作如此语!"太后问其故,令萱曰:"不可道。"固问之,乃曰:"语大家云:'太后行多非法,不可以训。'"太后大怒,呼后出,立剃其发,送还家。辛丑,废胡后为庶人。然齐主犹思之,每致物以通意。

自是令萱与其子侍中穆提婆势倾内外,卖官鬻狱,聚敛无厌。每一赐与,动倾府藏。令萱则自太后以下,皆受其指麾;提婆则唐邕之徒,皆重足屏气,杀生予夺,唯意所欲。

34　乙巳,周以柱国田弘为大司空。

35　乙卯,周主享太庙。

36　是岁,突厥木杆可汗卒,复舍其子大逻便而立其弟,是为佗钵可汗。佗钵以摄图为尔伏可汗,统其东面;又以其弟褥但可汗之子为步离可汗,居西面。周人与之和亲,岁给缯絮锦彩十万段。突厥在长安者,衣锦食肉,常以千数。齐人亦畏其为寇,争厚赂之。佗钵益骄,谓其下曰:"但使我在南两儿常孝,何忧于贫!"

阿史那后无宠于周主,神武公窦毅尚襄阳公主,生女尚幼,密言于帝曰:"今齐、陈鼎峙,突厥方强,愿舅抑情慰抚,以生民为念!"帝深纳之。


五年(癸巳,573)

1　春,正月癸酉,以吏部尚书沈君理为右仆射。

2　戊寅,齐以并省尚书令高阿那肱录尚书事,总知外兵及内省机密,与侍中城阳王穆提婆、领军大将军昌黎王韩长鸾共处衡轴,号曰"三贵",蠹国害民,日月滋甚。

长鸾弟万岁,子宝行、宝信,并开府仪同三司,万岁仍兼侍中,宝行、宝信皆尚公主。每群臣旦参,帝常先引长鸾顾访,出后,方引奏事官。若不视事,内省有急奏事,皆附长鸾奏闻,军国要密,无不经手。尤疾士人,朝夕宴私,唯事谮诉。常带刀走马,未尝安行,瞋目张拳,有啖人之势。朝士咨事,莫敢仰视,动致呵叱。每骂云:"汉狗大不可耐,唯须杀之!"

　3　庚辰,齐遣崔象来聘。

　4　辛巳,上祀南郊;甲午,享太庙;二月辛丑,祀明堂。

　5　乙巳,齐立右皇后穆氏为皇后。穆后母名轻霄,本穆氏之婢也,面有黥字。后既以陆令萱为母,穆提婆为外家,号令萱曰"太姬"。太姬者,齐皇后母号也,视一品,班在长公主上。由是不复问轻霄。轻霄自疗面,欲求见后,太姬使禁掌之,竟不得见。

　　齐主颇好文学。丙午,祖珽奏置文林馆,多引文学之士以充之,谓之待诏;以中书侍郎博陵李德林、黄门侍郎琅邪颜之推同判馆事,又命共撰修文殿御览。

　6　甲寅,周太子赟巡省西土。

　7　乙卯,齐以北平王坚录尚书事。丁巳,齐主如晋阳。

　8　壬戌,周遣司会侯莫陈凯等聘于齐。

　9　庚辰,齐主还邺。

　10　三月己卯,周太子于岐州获二白鹿以献,周主诏曰:"在德不在瑞。"

　11　帝谋伐齐,公卿各有异同,唯镇前将军吴明彻决策请行。帝谓公卿曰:"朕意已决,卿可共举元帅。"众议以中权将军淳于量位重,共署推之。尚书左仆射徐陵独曰:"吴明彻家在淮左,悉彼风俗;将略人才,当今亦无过者。"都官尚书河东裴忌曰:"臣同徐仆射。"陵应声曰:"非但明彻良将,裴忌即良副也。"壬午,分命众军,以明彻都督征讨诸军事,忌监军事,统众十万伐齐。明彻出秦郡,都督黄法氍出历阳。

　12　夏,四月己亥,周主享太庙。

　13　癸卯,前巴州刺史鲁广达与齐师战于大岘,破之。

　14　戊申,齐以兰陵王长恭为太保,南阳王绰为大司马,安德王延宗为太尉,武兴王普为司徒,开府仪同三司宜阳王赵彦深为司空。

　15　齐人于秦郡置秦州,州前江浦通涂水,齐人以大木为栅于水中。辛亥,吴明彻遣豫章内史程文季将骁勇拔其栅,克之。文季,灵洗之子也。

　　齐人议御陈师,开府仪同三司王纮曰:"官军比屡失利,人情骚动。若复出顿江、淮,恐北狄、西寇,乘弊而来。莫若薄赋省徭,息民养士,使朝廷辑睦,遐迩归心。天下皆当肃清,岂直陈氏而已。"不从。遣军救历阳,庚申,黄法氍击破之。又遣开府仪同三司尉破胡、长孙洪略救秦州。

赵彦深私问计于秘书监源文宗曰:"吴贼侏张,遂至于此。弟往为秦、泾刺史,悉江、淮间情事,今何术以御之?"文宗曰:"朝廷精兵,必不肯多付诸将;数千已下,适足为吴人之饵。尉破胡人品,王之所知,败绩之事,匪朝伊夕。国家待遇淮南,失之同于蒿箭。如文宗计者,不过专委王琳,招募淮南三四万人,风俗相通,能得死力;兼令旧将将兵屯于淮北。且琳之于项,必不肯北面事之,明矣。窃谓此计之上者。若不推赤心于琳,更遣馀人掣肘,复成速祸,弥不可为。"彦深叹曰:"弟此策诚足制胜千里,但口舌争之十日,已不见从。时事至此,安可尽言!"因相顾流涕。文宗名彪,以字行,子恭之子也。

文宗子师为左外兵郎中,摄祠部,尝白高阿那肱:"龙见当雩。"阿那肱惊曰:"何处龙见?其色如何?"师曰:"龙星初见,礼当雩祭,非真龙也。"阿那肱怒曰:"汉儿多事,强知星宿!"遂不祭。师出,窃叹曰:"礼既废矣,齐能久乎!"

齐师选长大有膂力者为前队,又有苍头、犀角、大力,其锋甚锐,又有西域胡,善射,弦无虚发,众军尤惮之。辛酉,战于吕梁。将战,吴明彻谓巴山太守萧摩诃曰:"若殪此胡,则彼军夺气,君才不减关羽矣。"摩诃曰:"愿示其状,当为公取之。"明彻乃召降人有识胡者,使指示之,自酌酒以饮摩诃。摩诃饮毕,驰马冲齐军。胡挺身出陈前十馀步,彀弓未发,摩诃遥掷铣鋋,正中其额,应手而仆。齐军大力十馀人出战,摩诃又斩之。于是齐军大败,尉破胡走,长孙洪略战死。

破胡之出师也,齐人使侍中王琳与之俱。琳谓破胡曰:"吴兵甚锐,宜以长策制之,慎勿轻斗!"破胡不从而败。琳单骑仅免,还,至彭城,齐人即使之赴寿阳召募以拒陈师,复以卢潜为扬州道行台尚书。

甲子,南谯太守徐槾克石梁城。五月己巳,瓦梁城降。癸酉,阳平郡降。甲戌,徐槾克庐江城。历阳窘蹙乞降,黄法氍缓之,则又拒守。法氍怒,帅卒急攻,丙子,克之,尽杀戍卒。进军合肥,合肥望旗请降,法氍禁侵掠,抚劳戍卒,与之盟而纵之。

16　丁丑,周以柱国侯莫陈琼为大宗伯,荥阳公司马消难为大司寇,江陵总管陆腾为大司空。琼,崇之弟也。

17　己卯,齐北高唐郡降。辛巳,诏南豫州刺史黄法氍徙镇历阳。乙酉,南齐昌太守黄咏克齐昌外城。丙戌,庐陵内史任忠军于东关,克其东、西二城,进克蕲城;戊子,又克谯郡城。秦州城降。癸巳,瓜步、胡墅二城降。帝以秦郡，吴明徹之乡里，诏具太牢，令拜祠上冢，文武羽仪甚盛，乡人荣之。

18　齐自和士开用事以来，政体隳紊。及祖珽执政，颇收举才望，内外称美。珽复欲增损政务，沙汰人物，官号服章，并依故事。又欲黜诸阉竖及群小辈，为致治之方，陆令萱、穆提婆议颇同异。珽乃讽御史中丞丽伯律，令劾主书王子冲纳赂。知其事连提婆，欲使赃罪相及，望因此并坐及令萱。犹恐齐主溺于近习，欲引后党为援，乃请以胡后兄君瑜为侍中、中领军；又征君瑜兄梁州刺史君璧，欲以为御史中丞。令萱闻而怀怒，百方排毁，出君瑜为金紫光禄大夫，解中领军；君璧还镇梁州。胡后之废，颇亦由此。释王子冲不问。

珽日以益疏，诸宦者更共谮之。帝以问陆令萱，令萱悯默不对，三问，乃下床拜曰："老婢应死。老婢始闻和士开言孝徵多才博学，意谓善人，故举之。比来观之，大是奸臣。人寔难知，老婢应死。"帝令韩长鸾检按。长鸾素恶珽，得其诈出敕受赐等十馀事。帝以尝与之重誓，故不杀，解珽侍中、仆射，出为北徐州刺史。珽求见帝，长鸾不许，遣人推出柏阁，珽坐，不肯行，长鸾令牵曳而出。

癸巳，齐以领军穆提婆为尚书左仆射，侍中、中书监段孝言为右仆射。孝言，韶之弟也。初，祖珽执政，引孝言为助，除吏部尚书。孝言凡所进擢，非贿则旧，求仕者或于广会膝行跪伏，公自陈请，孝言颜色扬扬，以为己任，随事酬许。将作丞崔成忽于众中抗言曰："尚书，天下尚书，岂独段家尚书也！"孝言无辞以应，唯厉色遣下而已。既而与韩长鸾共构祖珽，逐而代之。

19　齐兰陵武王长恭，貌美而勇，以邙山之捷，威名大盛，武士歌之，为兰陵王入陈曲，齐主忌之。及代段韶督诸军攻定阳，颇务聚敛，其所亲尉相愿问之曰："王受朝寄，何得如此？"长恭未应。相愿曰："岂非以邙山之捷，欲自秽乎？"长恭曰："然。"相愿曰："朝廷若忌王，即当用此为罪，无乃避祸而更速之乎！"长恭涕泣前膝问计，相愿曰："王前既有功，今复告捷，威声太重。宜属疾在家，勿预时事。"长恭然其言，未能退。及江、淮用兵，恐复为将，叹曰："我去年面肿，今何不发！"自是有疾不疗。齐主遣使鸩杀之。

20　六月，郢州刺史李综克滠口城。乙巳，任忠克合州外城。庚戌，淮阳、沭阳郡皆弃城走。

21　壬子，周皇孙衍生。

22　齐主游南苑，从官赐死者六十人。以高阿那肱为司徒。

23　癸丑，程文季攻齐泾州，拔之。乙卯，宣毅司马湛陀克新蔡城。

24　丙辰，齐使开府仪同三司王纮聘于周。

25　癸亥，黄法氍克合州。吴明彻进攻仁州，甲子，克之。

26　治明堂。

27　秋，七月戊辰，齐遣尚书左丞陆骞将兵二万救齐昌，出自巴、蕲，遇西阳太守汝南周炅。炅留羸弱，设疑兵以当之，身帅精锐，由间道邀其后，大破之。己巳，征北大将军吴明彻军至峡口，克其北岸城；南岸守者弃城走。周炅克巴州。淮北、绛城及谷阳士民，并杀其戍主，以城降。

齐巴陵王王琳与扬州刺史王贵显保寿阳外郭，吴明彻以琳初入，众心未固，丙戌，乘夜攻之，城溃。齐兵退据相国城及金城。

八月乙未，山阳城降。壬寅，盱眙城降。壬子，戎昭将军徐敬辩克海安城。青州东海城降。戊午，平固侯敬泰等克晋州。九月甲子，阳平城降。壬申，高阳太守沈善庆克马头城。甲戌，齐安城降。丙子，左卫将军樊毅克广陵楚子城。

28　壬午，周太子赟纳妃杨氏。妃，大将军随公坚之女也。

太子好昵近小人，左宫正宇文孝伯言于周主曰："皇太子四海所属，而德声未闻，臣忝宫官，实当其责。且春秋尚少，志业未成，请妙选正人，为其师友，调护圣质，犹望日就月将。如或不然，悔无及矣。"帝敛容曰："卿世载鲠直，竭诚所事。观卿此言，有家风矣。"孝伯拜谢曰："非言之难，受之难也。"帝曰："正人岂复过卿！"于是以尉迟运为右宫正。运，迥之弟子也。

帝尝问万年县丞南阳乐运曰："卿言太子何如人？"对曰："中人。"帝顾谓齐公宪曰："百官佞我，皆称太子聪明睿智。唯运所言忠直耳。"因问运中人之状。对曰："如齐桓公是也：管仲相之则霸，竖貂辅之则乱，可与为善，可与为恶。"帝曰："我知之矣。"乃妙选宫官以辅之，仍擢运为京兆丞。太子闻之，意甚不悦。

29　癸未，沈君理卒。

30　壬辰晦，前鄱阳内史鲁天念克黄城。甲午，郭默城降。

31　己亥，以特进领国子祭酒周弘正为尚书右仆射。

32　齐国子祭酒张雕，以经授齐主为侍读，帝甚重之。雕与宠胡何洪珍相结，穆提婆、韩长鸾等恶之。洪珍荐雕为侍中，加开府仪同三司，奏度支事，大为帝所委信，常呼"博士"。雕自以出于微贱，致位大臣，欲立效以报恩,论议抑扬,无所回避,省宫掖不急之费,禁约左右骄纵之臣,数讥切宠要,献替帷幄,帝亦深倚仗之。雕遂以澄清为己任,意气甚高,贵幸皆侧目。

尚书左丞封孝琰,隆之之弟子,与侍中崔季舒,皆为祖珽所厚。孝琰尝谓珽曰:"公是衣冠宰相,异于馀人。"近习闻之,大以为恨。

会齐主将如晋阳,季舒与张雕议,以为:"寿阳被围,大军出拒之,信使往还,须禀节度。且道路小人,或相惊恐,以为大驾向并州,畏避南寇。若不启谏,恐人情骇动。"遂与从驾文官连名进谏。时贵臣赵彦深、唐邕、段孝言等,意有异同,季舒与争,未决。长鸾遽言于帝曰:"诸汉官连名总署,声云谏幸并州,其实未必不反,宜加诛戮。"辛丑,齐主悉召已署名者集含章殿,斩季舒、雕、孝琰及散骑常侍刘逖、黄门侍郎裴泽、郭遵于殿庭,家属皆徙北边,妇女配奚官,幼男下蚕室,没入资产。癸卯,遂如晋阳。

33　吴明彻攻寿阳,堰肥水以灌城,城中多病肿泄,死者什六七。齐行台右仆射琅邪皮景和等救寿阳,以尉破胡新败,怯懦不敢前,屯于淮口,敕使屡促之。然始渡淮,众数十万,去寿阳三十里,顿军不进。诸将皆惧,曰:"坚城未拔,大援在近,将若之何?"明彻曰:"兵贵神速,而彼结营不进,自挫其锋,吾知其不敢战,明矣。"乙巳,躬擐甲胄,四面疾攻,一鼓拔之,生擒王琳、王贵显、卢潜及扶风王可朱浑道裕、尚书左丞李骝骏送建康。景和北遁,尽收其驼马辎重。

琳体貌闲雅,喜怒不形于色;强记内敏,军府佐吏千数,皆能识其姓名;刑罚不滥,轻财爱士,得将卒心;虽失地流寓在邺,齐人皆重其忠义。及被擒,故麾下将卒多在明彻军中,见者皆歔欷,不能仰视,争为之请命及致资给。明彻恐其为变,遣使追斩之于寿阳东二十里,哭者声如雷。有一叟以酒脯来祭,哭尽哀,收其血而去。田夫野老,知与不知,闻者莫不流涕。

齐穆提婆、韩长鸾闻寿阳陷,握槊不辍,曰:"本是彼物,从其取去。"齐主闻之,颇以为忧,提婆等曰:"假使国家尽失黄河以南,犹可作一龟兹国。更可怜人生如寄,唯当行乐,何用愁为!"左右嬖臣因共赞和之,帝即大喜,酣饮鼓舞,仍使于黎阳临河筑城戍。

丁未,齐遣兵万人至颍口,樊毅击走之。辛亥,遣兵援苍陵,又破之。齐主以皮景和全军而还,赏之,除尚书令。

丙辰,诏以寿阳复为豫州,以黄城为司州。以明彻为都督豫合等六州诸军事、车骑大将军、豫州刺史,遣谒者萧淳风就寿阳册命,于城南设坛,士卒二十万,陈旗鼓戈甲。明徹登坛拜受,成礼而退,将卒荣之。上置酒,举杯属徐陵曰:"赏卿知人。"陵避席曰:"定策圣衷,非臣力也。"以黄法𣰰为征西大将军、合州刺史。

戊午,湛陀克齐昌城。十一月甲戌,淮阴城降。庚辰,威虏将军刘桃枝克朐山城。辛巳,樊毅克济阴城。己丑,鲁广达攻济南徐州,克之;以广达为北徐州刺史,镇其地。

齐北徐州民多起兵以应陈,逼其州城,祖珽命不闭城门,禁人不得出衢路,城中寂然。反者不测其故,疑人走城空,不设备。珽忽令鼓噪震天,反者皆惊走。既而复结陈向城,珽令录事参军王君植将兵拒之,自乘马临陈左右射。反者先闻其盲,谓其必不能出,忽见之,大惊。穆提婆欲令城陷,不遣援兵,珽且战且守,十馀日,反者竟散走。

诏悬王琳首于建康市。故吏梁骠骑仓曹参军朱玚致书徐陵求其首,曰:"窃以典午将灭,徐广为晋家遗老,当涂已谢,马孚称魏室忠臣。梁故建宁公琳,当离乱之辰,总方伯之任,天厌梁德,尚思匡继,徒蕴包胥之志,终遭苌弘之眚,至使身没九泉,头行千里。伏惟圣恩博厚,明诏爰发,赦王经之哭,许田横之葬。不使寿春城下,唯传报葛之人;沧洲岛上,独有悲田之客。"陵为之启上。十二月壬辰朔,并熊昙朗等首皆还其亲属。玚瘗琳于八公山侧,义故会葬者数千人。玚间道奔齐,别议迎葬,寻有寿阳人茅智胜等五人,密送其枢于邺。齐赠琳开府仪同三司、录尚书事,谥曰忠武王,给辒辌车以葬之。

34　癸巳,周主集群臣及沙门、道士,帝自升高坐,辨三教先后,以儒为先,道为次,释为后。

35　乙未,谯城降。

36　乙巳,立皇子叔明为宜都王,叔献为河东王。

37　壬午,任忠克霍州。

诏征安州刺史周炅入朝。初,梁定州刺史田龙昇以城降,诏仍旧任。及炅入朝,龙昇以江北六州、七镇叛入于齐,齐遣历阳王景安将兵应之。诏以炅为江北道大都督,总众军以讨龙昇,斩之。景安退走,尽复江北之地。

38　是岁,突厥求婚于齐。


六年(甲午,574)

1　春,正月壬戌朔,周齐公宪等七人进爵为王。

2 己巳,周主享太庙;乙亥,耕藉田。

3 壬子,上享太庙。

4 甲申,广陵金城降。

5 二月壬午朔,日有食之。

6 乙未,齐主还邺。

7 丁酉,周纪国公贤等六人进爵为王。

8 辛亥,上耕藉田。

9 齐朔州行台南安王思好,本高氏养子,骁勇,得边镇人心。齐主使嬖臣斫骨光弁至州,光弁不礼于思好,思好怒,遂反,云"欲入除君侧之恶"。进军至阳曲,自号"大丞相"。武卫将军赵海在晋阳,苍猝不暇奏,矫诏发兵拒之。帝闻变,使尚书令唐邕等驰之晋阳,辛丑,帝勒兵继进。未至,思好军败,投水死。其麾下二千人,刘桃枝围之,且杀且招,终不降,以至于尽。

先是有人告思好谋反,韩长鸾女适思好子,奏言:"是人诬告贵臣,不杀无以息后。"乃斩之。思好既诛,告者弟伏阙下求赠官,长鸾不为通。

丁未,齐主还邺。甲寅,以唐邕为录尚书事。

10 乙卯,周主如云阳宫。

11 丙辰,周大赦。

12 庚申,周叱奴太后有疾。三月辛酉,周主还长安。癸酉,太后殂。帝居倚庐,朝夕进一溢米。群臣表请,累旬乃止。命太子总厘庶政。

卫王直谮齐王宪于帝曰:"宪饮酒食肉,无异平日。"帝曰:"吾与齐王异生,俱非正嫡,特以吾故,同祖括发。汝当愧之,何论得失! 汝,亲太后之子,特承慈爱;但当自勉,无论他人。"

13 夏,四月乙卯,齐遣侍中薛孤康买吊于周,且会葬。

初,齐世祖为胡后造珠裙袴,所费不可胜计;为火所焚。至是,齐主复为穆后营之。使商胡赍锦彩三万,与吊使偕往市珠。周人不与,齐主竟自造之。及穆后爱衰,其侍婢冯小怜大幸,拜为淑妃;与齐主坐则同席,出则并马,誓同生死。

14 五月庚申,周葬文宣皇后于永固陵;周主跣行至陵所。辛酉,诏曰:"三年之丧,达于天子。但军国务重,须自听朝。衰麻之节,苦庐之礼,率遵前典,以申罔极。百僚宜依遗令,既葬而除。"公卿固请依权制,帝不许,卒申三年之制。五服之内,亦令依礼。

15 庚午,齐大赦。

16　齐人恐陈师渡淮,使皮景和屯西兖州以备之。

17　丙子,周禁佛、道二教,经、像悉毁,罢沙门、道士,并令还俗。并禁诸淫祀,非祀典所载者尽除之。

18　六月壬辰,周弘正卒。

19　壬子,周更铸五行大布钱,一当十,与布泉并行。

20　戊午,周立通道观以壹圣贤之教。

21　秋,七月庚申,周主如云阳,以右宫正尉迟运兼司武,与薛公长孙览辅太子守长安。

初,帝取卫王直第为东宫,使直自择所居。直历观府署,无如意者;末取废陟岊寺,欲居之。齐王宪谓直曰:"弟子孙多,此无乃褊小?"直曰:"一身尚不自容,何论子孙!"直尝从帝校猎而乱行,帝对众挞之,直积怨愤,因帝在外,遂作乱。乙酉,帅其党袭肃章门。长孙览惧,奔诣帝所。尉迟运偶在门中,直兵奄至,手自阖门。直党与运争门,斫伤运指,仅而得闭。直不得入,纵火焚门。运恐火尽,直党得进,取宫中材木及床榻以益火,膏油灌之,火转炽。久之,直不得进,乃退。运帅留守兵,因其退而击之,直大败,帅百馀骑奔荆州。戊子,帝还长安。八月辛卯,擒直,废为庶人,囚于别宫,寻杀之。以尉迟运为大将军,赐赉甚厚。

丙申,周主复如云阳。

22　癸丑,齐主如晋阳。甲辰,齐以高劢为尚书右仆射。

23　九月庚申,周主如同州。

24　冬,十月丙申,周遣御正弘农杨尚希、礼部卢恺来聘。恺,柔之子也。

25　甲寅,周主如蒲州;丙辰,如同州;十一月甲戌,还长安。

26　十二月戊戌,以吏部尚书王玚为右仆射,度支尚书孔奂为吏部尚书。玚,冲之子也。

时新复淮、泗,攻战、降附,功赏纷纭。奂识鉴精敏,不受请托,事无凝滞,人皆悦服。湘州刺史始兴王叔陵,屡讽有司,求为三公。奂曰:"衮章之职,本以德举,未必皇枝。"因以白帝。帝曰:"始兴那忽望公!且朕儿为公,须在鄱阳王后。"奂曰:"臣之所见,亦如圣旨。"

27　齐定州刺史南阳王绰,喜为残虐,尝出行,见妇人抱儿,夺以饲狗。妇人号哭,绰怒,以儿血涂妇人,纵狗使食之。常云:"我学文宣伯之为人。"齐主闻之,锁诣行在,至而宥之。问:"在州何事最乐?"对曰:"多聚蝎于器,置蛆其中,观之极乐。"帝即命夜索蝎一斗,比晓,得三二升,置浴斛,使人裸卧斛中,号叫宛转。帝与绰临观,喜噱不已。因让绰曰:"如此乐事,何不驰驿奏闻!"由是有宠,拜大将军,朝夕同戏。韩长鸾疾之,是岁,出为齐州刺史。将发,使人诬告其反,奏云:"此犯国法,不可赦!"帝不忍明诛,使宠胡何猥萨与之手搏,扼而杀之。

# 资治通鉴卷第一百七十二

## 陈纪六

### 高宗宣皇帝中之上

太建七年（乙未，575）

1 春，正月辛未，上祀南郊。

2 癸酉，周主如同州。

3 乙亥，左卫将军樊毅克潼州。

4 齐主还邺。

5 辛巳，上祀北郊。

6 二月丙戌朔，日有食之。

7 戊申，樊毅克下邳、高栅等六城。

8 齐主言语涩呐，不喜见朝士，自非宠私昵狎，未尝交语。性懦，不堪人视，虽三公、令、录奏事，莫得仰视，皆略陈大指，惊走而出。承世祖奢泰之馀，以为帝王当然，后宫皆宝衣玉食，一裙之费，至直万匹，竞为新巧，朝衣夕弊。盛修宫苑，穷极壮丽；所好不常，数毁又复。百工土木，无时休息，夜则然火照作，寒则以汤为泥。凿晋阳西山为大像，一夜然油万盆，光照宫中。每有灾异寇盗，不自贬损，唯多设斋，以为修德。好自弹琵琶，为无愁之曲，近侍和之者以百数，民间谓之"无愁天子"。于华林园立贫儿村，帝自衣蓝缕之服，行乞其间以为乐。又写筑西鄙诸城，使人衣黑衣攻之，帝自帅内参拒斗。

宠任陆令萱、穆提婆、高阿那肱、韩长鸾等宰制朝政，宦官邓长颙、陈德信、胡儿何洪珍等并参预机权，各引亲党，超居显位。官由财进，狱以贿成，竞为奸谄，蠹政害民。旧苍头刘桃枝等皆开府封王，其馀宦官、胡儿、歌舞人、见鬼人、官奴婢等滥得富贵者，殆将万数，庶姓封王者以百数，开府千馀人，仪同无数，领军一时至二十人，侍中、中常侍数十人，乃至狗、马及鹰亦有仪同、郡君之号，有斗鸡，号开府，皆食其干禄。诸嬖幸朝夕娱侍左右，一戏之费，动逾巨万。既而府藏空竭，乃赐二三郡或六七县，使之卖官取直。由是为守令者，率皆富商大贾，竞为贪纵，民不聊生。

周高祖谋伐齐，命边镇益储偫，加戍卒；齐人闻之，亦增修守御。柱国于翼谏曰："疆埸相侵，互有胜负，徒损兵储，无益大计。不如解严继好，使彼懈而无备，然后乘间，出其不意，一举可取也。"周主从之。

韦孝宽上疏陈三策：

其一曰："臣在边积年，颇见间隙，不因际会，难以成功。是以往岁出军，徒有劳费，功绩不立，由失机会。何者？长淮之南，旧为沃土，陈氏以破亡馀烬，犹能一举平之；齐人历年赴救，丧败而返。内离外叛，计尽力穷，仇敌有衅，不可失也。今大军若出轵关，方轨而进，兼与陈氏共为掎角，并令广州义旅出自三鸦，又募山南骁锐，沿河而下，复遣北山稽胡，绝其并、晋之路。凡此诸军，仍令各募关、河之外劲勇之士，厚其爵赏，使为前驱。岳动川移，雷骇电激，百道俱进，并趋虏庭。必当望旗奔溃，所向摧殄，一戎大定，寔在此机。"

其二曰："若国家更为后图，未即大举，宜与陈人分其兵势。三鸦以北，万春以南，广事屯田，预为贮积，募其骁悍，立为部伍。彼既东南有敌，戎马相持，我出奇兵，破其疆场。彼若兴师赴援，我则坚壁清野，待其去远，还复出师。常以边外之军，引其腹心之众。我无宿春之费，彼有奔命之劳，一二年中，必自离叛。且齐氏昏暴，政出多门，鬻狱卖官，唯利是视，荒淫酒色，忌害忠良，阖境嗷然，不胜其弊。以此而观，覆亡可待。然后乘间电扫，事等摧枯。"

其三曰："昔句践亡吴，尚期十载；武王取纣，犹烦再举。今若更存遵养，且复相时，臣谓宜还崇邻好，申其盟约，安民和众，通商惠工，蓄锐养威，观衅而动。斯乃长策远驭，坐自兼并也。"

书奏，周主引开府仪同三司伊娄谦入内殿，从容谓曰："朕欲用兵，何者为先？"对曰："齐氏沉溺倡优，耽昏曲蘖。其折冲之将斛律明月，已毙于谗口。上下离心，道路以目。此易取也。"帝大笑。三月丙辰，使谦与小司寇元卫聘于齐以观衅。

9　丙寅，周主还长安。

10　夏，四月甲午，上享太庙。

11　监豫州陈桃根得青牛，献之，诏遣还民。又表上织成罗文锦被各二百首，诏于云龙门外焚之。

12　庚子，齐以中书监阳休之为尚书右仆射。

13　六月壬辰，以尚书右仆射王玚为左仆射。

14　甲戌,齐主如晋阳。

15　秋,七月丙戌,周主如云阳宫。

大将军杨坚姿相奇伟。畿伯下大夫长安来和尝谓坚曰:"公眼如曙星,无所不照,当王有天下,愿忍诛杀。"

周主待坚素厚,齐王宪言于帝曰:"普六茹坚,相貌非常,臣每见之,不觉自失;恐非人下,请早除之!"帝亦疑之,以问来和。和诡对曰:"随公止是守节人,可镇一方;若为将领,陈无不破。"

丁卯,周主还长安。

先是周主独与齐王宪及内史王谊谋伐齐,又遣纳言卢韫乘驲三诣安州总管于翼问策,馀人皆莫之知。丙子,始召大将军以上于大德殿告之。

丁丑,下诏伐齐,以柱国陈王纯、荥阳公司马消难、郑公达奚震为前三军总管,越王盛、周昌公侯莫陈琼、赵王招为后三军总管。齐王宪帅众二万趋黎阳,随公杨坚、广宁公薛迥将舟师三万自渭入河,梁公侯莫陈芮帅众二万守太行道,申公李穆帅众三万守河阳道,常山公于翼帅众二万出陈、汝。谊,盟之兄孙;震,武之子也。

周主将出河阳,内史上士宇文弼曰:"齐氏建国,于今累世;虽曰无道,藩镇之任,尚有其人。今之出师,要须择地。河阳冲要,精兵所聚,尽力攻围,恐难得志。如臣所见,出于汾曲,戍小山平,攻之易拔。用武之地,莫过于此。"民部中大夫天水赵煚曰:"河南、洛阳,四面受敌,纵得之,不可以守。请从河北直指太原,倾其巢穴,可一举而定。"遂伯下大夫鲍宏曰:"我强齐弱,我治齐乱,何忧不克! 但先帝往日屡出洛阳,彼既有备,每有不捷。如臣计者,进兵汾、潞,直掩晋阳,出其不虞,似为上策。"周主皆不从。宏,泉之弟也。

壬午,周主帅众六万,直指河阴。杨素请帅其父麾下先驱,周主许之。

16　八月癸卯,周遣使来聘。

17　周师入齐境,禁伐树践稼,犯者皆斩。丁未,周主攻河阴大城,拔之。齐王宪拔武济;进围洛口,拔东、西二城,纵火焚浮桥,桥绝。齐永桥大都督太安傅伏,自永桥夜入中潬城。周人既克南城,围中潬,二旬不下。洛州刺史独孤永业守金墉,周主自攻之,不克。永业通夜办马槽二千,周人闻之,以为大军且至而惮之。

九月,齐右丞高阿那肱自晋阳将兵拒周师。至河阳,会周主有疾,辛酉夜,引兵还。水军焚其舟舰。傅伏谓行台乞伏贵和曰:"周师疲弊,愿得精骑二千追击之,可破也。"贵和不许。

齐王宪、于翼、李穆,所向克捷,降拔三十馀城,皆弃而不守。唯以王药城要害,令仪同三司韩正守之,正寻以城降齐。

戊寅,周主还长安。

18　庚辰,齐以赵彦深为司徒,斛阿列罗为司空。

19　闰月,车骑大将军吴明徹将兵击齐彭城;壬辰,败齐兵数万于吕梁。

20　甲午,周主如同州。

21　冬,十月己巳,立皇子叔齐为新蔡王,叔文为晋熙王。

22　十二月辛亥朔,日有食之。

23　壬戌,以王场为尚书左仆射,太子詹事吴郡陆缮为右仆射。

24　庚午,周主还长安。


八年(丙申,576)

1　春,正月癸未,周主如同州;辛卯,如河东涑川;甲午,复还同州。

2　甲寅,齐大赦。

3　乙卯,齐主还邺。

4　二月辛酉,周主命太子巡抚西土,因伐吐谷浑,上开府仪同大将军王轨、宫正宇文孝伯从行。军中节度,皆委二人,太子仰成而已。

5　齐括杂户未嫁者悉集,有隐匿者,家长坐死。

6　壬申,以开府仪同三司吴明徹为司空。

7　三月壬寅,周主还长安;夏,四月乙卯,复如同州。

8　己未,上享太庙。

9　尚书左仆射王场卒。

10　五月壬辰,周主还长安。

11　六月戊申朔,日有食之。

12　辛亥,周主享太庙。

13　初,太子叔宝欲以左户部尚书江总为詹事,令管记陆瑜言于吏部尚书孔奂。奂谓瑜曰:"江有潘、陆之华而无园、绮之实,辅弼储宫,窃有所难。"太子深以为恨,自言于帝。帝将许之,奂奏曰:"江总,文华之士。今皇太子文华不少,岂藉于总! 如臣所见,愿选敦重之才,以居辅导之职。"帝曰:"即如卿言,谁当居此?"奂曰:"都官尚书王廓,世有懿德,识性敦敏,可以居之。"太子时在侧,乃曰:"廓,王泰之子,不宜为太子詹事。"奂曰:"宋朝范晔,即范泰之子,亦为太子詹事,前代不疑。"太子固争之,帝卒以<u>总</u>为詹事。总，<u>敳</u>之曾孙也。

甲寅，以尚书右仆射陆缮为左仆射。帝欲以<u>孔奂</u>代缮，诏已出，太子沮之而止；更以<u>晋陵</u>太守<u>王克</u>为右仆射。

顷之，<u>总</u>与太子为长夜之饮，养良娣陈氏为女；太子亟微行，游<u>总</u>家。上怒，免总官。

14　<u>周利州</u>刺史<u>纪王康</u>，骄矜无度，缮修戎器，阴有异谋。司录<u>裴融</u>谏止之，<u>康</u>杀<u>融</u>。丙辰，赐<u>康</u>死。

15　丁巳，<u>周</u>主如<u>云阳</u>。

16　庚申，<u>齐宜阳王赵彦深</u>卒。<u>彦深</u>历事累朝，常参机近，以温谨著称。既卒，朝贵典机密者，唯侍中、开府仪同三司<u>斛律孝卿</u>一人而已，其馀皆嬖幸也。<u>孝卿</u>，<u>羌举</u>之子，比于馀人，差不贪秽。

17　秋，八月乙卯，<u>周</u>主还<u>长安</u>。

18　<u>周</u>太子伐<u>吐谷浑</u>，<u>至伏俟城</u>而还。

宫尹<u>郑译</u>、<u>王端</u>等皆有宠于太子。太子在军中多失德，<u>译</u>等皆预焉。军还，<u>王轨</u>等言之于<u>周</u>主。<u>周</u>主怒，杖太子及<u>译</u>等，仍除<u>译</u>等名，宫臣亲幸者咸被谴。太子复召<u>译</u>，戏狎如初。<u>译</u>因曰："殿下何时可得据天下？"太子悦，益昵之。<u>译</u>，<u>俨</u>之兄孙也。

<u>周</u>主遇太子甚严，每朝见，进止与群臣无异，虽隆寒盛暑，不得休息；以其耆酒，禁酒不得<u>至东宫</u>；有过，辄加捶挞。尝谓之曰："古来太子被废者几人？馀儿岂不堪立邪！"乃敕<u>东宫</u>官属录太子言语动作，每月奏闻。太子畏帝威严，矫情修饰，由是过恶不上闻。

<u>王轨</u>尝与小内史<u>贺若弼</u>言："太子必不克负荷。"<u>弼</u>深以为然，劝<u>轨</u>陈之。<u>轨</u>后因侍坐，言于帝曰："皇太子仁孝无闻，恐不了陛下家事。愚臣短暗，不足可信。陛下恒以<u>贺若弼</u>有文武奇才，亦常以此为忧。"帝以问<u>弼</u>，对曰："皇太子养德春宫，未闻有过。"既退，<u>轨</u>让<u>弼</u>曰："平生言论，无所不道，今者对扬，何得乃尔反覆？"<u>弼</u>曰："此公之过也。太子，国之储副，岂易发言！事有蹉跌，便至灭族。本谓公密陈臧否，何得遂至昌言！"<u>轨</u>默然久之，乃曰："吾专心国家，遂不存私计。向者对众，良实非宜。"

后<u>轨</u>因内宴上寿，捋帝须曰："可爱好老公，但恨后嗣弱耳。"先是，帝问右宫伯<u>宇文孝伯</u>曰："吾儿比来何如？"对曰："太子比惧天威，更无过失。"罢酒，帝责<u>孝伯</u>曰："公常语我云：'太子无过。'今<u>轨</u>有此言，公为诳矣。"<u>孝伯</u>再拜曰："父子之际，人所难言。臣知陛下不能割慈忍爱，遂尔结舌。"帝知其意，默然久之，乃曰："朕已委公矣，公其勉之！"

王轨骤言于帝曰:"皇太子非社稷主。普六茹坚貌有反相。"帝不悦,曰:"必天命有在,将若之何!"杨坚闻之,甚惧,深自晦匿。

帝深以轨等言为然,但汉王赞次长,又不才,馀子皆幼,故得不废。

19　丁卯,以司空吴明彻为南兖州刺史。

20　齐主如晋阳。营邯郸宫。

21　九月戊戌,以皇子叔彪为淮南王。

22　周主谓群臣曰:"朕去岁属有疾疢,遂不得克平逋寇。前入齐境,备见其情,彼之行师,殆同儿戏。况其朝廷昏乱,政由群小,百姓嗷然,朝不谋夕。天与不取,恐贻后悔。前出河外,直为拊背,未扼其喉。晋州本高欢所起之地,镇摄要重,今往攻之,彼必来援;吾严军以待,击之必克。然后乘破竹之势,鼓行而东,足以穷其巢穴,混同文轨。"诸将多不愿行。帝曰:"机不可失。有沮吾军者,当以军法裁之!"

冬,十月己酉,周主自将伐齐,以越王盛、杞公亮、随公杨坚为右三军,谯王俭、大将军窦泰、广化公丘崇为左三军,齐王宪、陈王纯为前军。亮,导之子也。

丙辰,齐主猎于祁连池;癸亥,还晋阳。先是,晋州行台左丞张延隽公直勤敏,储偫有备,百姓安业,疆场无虞。诸嬖幸恶而代之,由是公私烦扰。

周主至晋州,军于汾曲,遣齐王宪将兵二万守雀鼠谷,陈王纯步骑二万守千里径,郑公达奚震步骑一万守统军川,大将军韩明步骑五千守齐子岭,焉氏公尹昇步骑五千守鼓钟镇,凉城公辛韶步骑五千守蒲津关,赵王招步骑一万自华谷攻齐汾州诸城,柱国宇文盛步骑一万守汾水关。

遣内史王谊监诸军攻平阳城。齐行台仆射海昌王尉相贵婴城拒守。甲子,齐集兵晋祠。庚午,齐主自晋阳帅诸军趣晋州。周主日自汾曲至城下督战,城中窘急。庚午,行台左丞侯子钦出降于周。壬申,晋州刺史崔景嵩守北城,夜,遣使请降于周,王轨帅众应之。未明,周将北海段文振,杖矟与数十人先登,与景嵩同至尉相贵所,拔佩刀劫之。城上鼓噪,齐兵大溃,遂克晋州,虏相贵及甲士八千人。

齐主方与冯淑妃猎于天池,晋州告急者,自旦至午,驿马三至。右丞相高阿那肱曰:"大家正为乐,边鄙小小交兵,乃是常事,何急奏闻!"至暮,使更至,云"平阳已陷",乃奏之。齐主将还,淑妃请更杀一围,齐主从之。

周齐王宪攻拔洪洞、永安二城,更图进取。齐人焚桥守险,军不得进,乃屯永安。使永昌公椿屯鸡栖原，伐柏为庵以立营。椿，广之弟也。

癸酉，齐主分军万人向千里径，又分军出汾水关，自帅大军上鸡栖原。宇文盛遣人告急，齐王宪自救之。齐师退，盛追击，破之。俄而椿告齐师稍逼，宪复还救之。与齐对陈，至夜不战。会周主召宪还，宪引兵夜去。齐人见柏庵在，不之觉，明日，始知之。齐主使高阿那肱将前军先进，仍节度诸军。

甲戌，周以上开府仪同大将军安定梁士彦为晋州刺史，留精兵一万镇之。

十一月己卯，齐主至平阳。周主以齐兵新集，声势甚盛，且欲西还以避其锋。开府仪同大将军宇文忻谏曰：“以陛下之圣武，乘敌人之荒纵，何患不克！若使齐得令主，君臣协力，虽汤、武之势，未易平也。今主暗臣愚，士无斗志，虽有百万之众，实为陛下奉耳。”军正京兆王韶曰：“齐失纪纲，于兹累世。天奖周室，一战而扼其喉。取乱侮亡，正在今日。释之而去，臣所未谕。”周主虽善其言，竟引军还。忻，贵之子也。

周主留齐王宪为后拒，齐师追之，宪与宇文忻各将百骑与战，斩其骁将贺兰豹子等，齐师乃退。宪引军渡汾，追及周主于玉壁。

齐师遂围平阳，昼夜攻之。城中危急，楼堞皆尽，所存之城，寻仞而已。或短兵相接，或交马出入，外援不至，众皆震惧。梁士彦慷慨自若，谓将士曰：“死在今日，吾为尔先。”于是勇烈齐奋，呼声动地，无一当百。齐师少却，乃令妻妾、军民、妇女，昼夜修城，三日而就。周主使齐王宪将兵六万屯涑川，遥为平阳声援。齐人作地道攻平阳，城陷十馀步，将士乘势欲入。齐主敕且止，召冯淑妃观之。淑妃妆点，不时至，周人以木拒塞之，城遂不下。旧俗相传，晋州城西石上有圣人迹，淑妃欲往观之。齐主恐弩矢及桥，乃抽攻城木造远桥。齐主与淑妃度桥，桥坏，至夜乃还。

癸巳，周主还长安。甲午，复下诏，以齐人围晋州，更帅诸军击之。丙申，纵齐降人使还。丁酉，周主发长安；壬寅，济河，与诸军合。十二月丁未，周主至高显，遣齐王帅所部先向平阳。戊申，周主至平阳。庚戌，诸军总集，凡八万人，稍进，逼城置陈，东西二十馀里。

先是，齐人恐周师猝至，于城南穿堑，自乔山属于汾水；齐主大出兵，陈于堑北，周主命齐王宪驰往观之。宪复命曰：“易与耳，请破之而后食。”周主悦，曰：“如汝言，吾无忧矣！”周主乘常御马，从数人巡陈，所至辄呼主帅姓名慰勉之。将士喜于见知，咸思自奋。将战，有司请换马。周主曰：“朕独乘良马，欲何之！”周主欲薄齐师，碍堑而止，自旦至申，相持不决。

齐主谓高阿那肱曰："战是邪？不战是邪？"阿那肱曰："吾兵虽多，堪战不过十万，病伤及绕城樵爨者复三分居一。昔攻玉壁，援军来即退。今日将士，岂胜神武时邪！不如勿战，却守高梁桥。"安吐根曰："一撮许贼，马上刺取，掷著汾水中耳！"齐主意未决。诸内参曰："彼亦天子，我亦天子。彼尚能远来，我何为守堑示弱！"齐主曰："此言是也。"于是填堑南引。周主大喜，勒诸军击之。

兵才合，齐主与冯淑妃并骑观战。东偏少却，淑妃怖曰："军败矣！"录尚书事城阳王穆提婆曰："大家去！大家去！"齐主即以淑妃奔高梁桥。开府仪同三司奚长谏曰："半进半退，战之常体。今兵众全整，未有亏伤，陛下舍此安之！马足一动，人情骇乱，不可复振。愿速还安慰之！"武卫张常山自后至，亦曰："军寻收讫，甚完整。围城兵亦不动。至尊宜回。不信臣言，乞将内参往视。"齐主将从之。穆提婆引齐主肘曰："此言难信。"齐主遂以淑妃北走。齐师大溃，死者万馀人，军资器械，数百里间，委弃山积。安德王延宗独全军而还。

齐主至洪洞，淑妃方以粉镜自玩，后声乱，唱贼至，于是复走。先是，齐主以淑妃为有功勋，将立为左皇后，遣内参诣晋阳取皇后服御袆翟等。至是，遇于中涂，齐主为按辔，命淑妃著之，然后去。

辛亥，周主入平阳。梁士彦见周主，持周主须而泣曰："臣几不见陛下！"周主亦为之流涕。

周主以将士疲弊，欲引还。士彦叩马谏曰："今齐师遁散，众心皆动，因其惧而攻之，其势必举。"周主从之，执其手曰："余得晋州，为平齐之基，若不固守，则大事不成。朕无前忧，唯虑后变，汝善为我守之！"遂帅诸将追齐师。诸将固请西还，周主曰："纵敌患生。卿等若疑，朕将独往。"诸将乃不敢言。癸丑，至汾水关。

齐主入晋阳，忧惧不知所之。甲寅，齐大赦。齐主问计于朝臣，皆曰："宜省赋息役，以慰民心；收遗兵，背城死战，以安社稷。"齐主欲留安德王延宗、广宁王孝珩守晋阳，自向北朔州。若晋阳不守，则奔突厥，群臣皆以为不可，帝不从。

开府仪同三司贺拔伏恩等宿卫近臣三十馀人西奔周军，周主封赏各有差。

高阿那肱所部兵尚一万，守高壁，馀众保洛女砦。周主引军向高壁，阿那肱望风退走。齐王宪攻洛女寨，拔之。有军士告阿那肱招引西军，齐主令侍中斛律孝卿检校,孝卿以为妄。还,至晋阳,阿那肱腹心复告阿那肱谋反,又以为妄,斩之。

乙卯,齐主诏安德王延宗、广宁王孝珩募兵。延宗入见,齐主告以欲向北朔州,延宗泣谏,不从,密遣左右先送皇太后、太子于北朔州。

丙辰,周主与齐王宪会于介休。齐开府仪同三司韩建业举城降,以为上柱国,封郇公。

是夜,齐主欲遁去,诸将不从。丁巳,周师至晋阳。齐主复大赦,改元隆化。以安德王延宗为相国、并州刺史,总山西兵,谓曰:"并州兄自取之,儿今去矣!"延宗曰:"陛下为社稷勿动。臣为陛下出死力战,必能破之。"穆提婆曰:"至尊计已成,王不得辄沮!"齐主乃夜斩五龙门而出,欲奔突厥,从官多散。领军梅胜郎叩马谏,乃回向邺。时唯高阿那肱等十馀骑从,广宁王孝珩、襄城王彦道继至,得数十人与俱。

穆提婆西奔周军,陆令萱自杀,家属皆诛没。周主以提婆为柱国、宜州刺史。下诏谕齐群臣曰:"若妙尽人谋,深达天命,官荣爵赏,各有加隆。或我之将卒,逃逸彼朝,无问贵贱,皆从荡涤。"自是齐臣降者相继。

初,齐高祖为魏丞相,以唐邕典外兵曹,太原白建典骑兵曹,皆以善书计、工簿帐受委任。及齐受禅,诸司咸归尚书;唯二曹不废,更名二省。邕官至录尚书事,建官至中书令,常典二省,世称"唐、白"。邕兼领度支,与高阿那肱有隙,阿那肱谮之,齐主敕侍中斛律孝卿总知骑兵、度支。孝卿事多专决,不复询禀。邕自以宿习旧事,为孝卿所轻,意甚郁郁。及齐主还邺,邕遂留晋阳。并州将帅请于安德王延宗曰:"王不为天子,诸人实不能为王出死力。"延宗不得已,戊午,即皇帝位。下诏曰:"武平孱弱,政由宦竖,斩关夜遁,莫知所之。王公卿士,猥见推逼,今祗承宝位。"大赦,改元德昌。以晋昌王唐邕为宰相,齐昌王莫多娄敬显、沭阳王右卫大将军段畅、开府仪同三司韩骨胡等为将帅。敬显,贷文之子也。众闻之,不召而至者,前后相属。延宗发府藏及后宫美女以赐将士,籍没内参十馀家。齐主闻之,谓近臣曰:"我宁使周得并州,不欲安德得之。"左右曰:"理然。"延宗见士卒,皆亲执手称名,流涕呜咽,众争为死,童儿女子,亦乘屋攘袂,投砖石以御敌。

己未,周主至晋阳。庚申,齐主入邺。周师围晋阳,四合如黑云。安德王延宗命莫多娄敬显、韩骨胡拒城南,和阿干子、段畅拒城东,自帅众拒齐王宪于城北。延宗素肥,前如偃,后如伏,人常笑之。至是,奋大稍往来督战,劲捷若飞,所向无前。和阿干子、段畅以千骑奔周军。周主攻东门,际昏,遂入之,进焚佛寺。延宗、敬显自门入,夹击之,周师大乱,争门,相填压,塞路不得进。齐人从后斫刺,死者二千馀人。周主左右略尽,自拔无路。承御上士张寿奉马首,贺拔伏恩以鞭拂其后,崎岖得出。齐人奋击,几中之。城东道厄曲,伏恩及降者皮子信导之,仅得免,时已四更。延宗谓周主为乱兵所杀,使于积尸中求长鬣者,不得。时齐人既捷,入坊饮酒,尽醉卧,延宗不复能整。

周主出城,饥甚,欲遁去,诸将亦多劝之还。宇文忻勃然进曰:"陛下自克晋州,乘胜至此。今伪主奔波,关东响震,自古行兵,未有若斯之盛。昨日破城,将士轻敌,微有不利,何足为怀!丈夫当死中求生,败中取胜。今破竹之势已成,奈何弃之而去!"齐王宪、柱国王谊亦以为去必不免,段畅等又盛言城内空虚。周主乃驻马,鸣角收兵,俄顷复振。辛酉,旦,还攻东门,克之。延宗战力屈,走至城北,周人擒之。周主下马执其手,延宗辞曰:"死人手,何敢迫至尊!"周主曰:"两国天子,非有怨恶,直为百姓来耳。终不相害,勿怖也。"使复衣帽而礼之。唐邕等皆降于周。独莫多娄敬显奔邺,齐主以为司徒。

延宗初称尊号,遣使修启于瀛州刺史任城王湝,曰:"至尊出奔,宗庙事重,群公劝迫,权主号令。事宁,终归叔父。"湝曰:"我人臣,何容受此启!"执使者送邺。

壬戌,周主大赦,削除齐制。收礼文武之士。

邺伊娄谦聘于齐,其参军高遵以情输于齐,齐人拘之于晋阳。周主既克晋阳,召谦,劳之。执遵付谦,任其报复。谦顿首,请赦之,周主曰:"卿可聚众唾面,使其知愧。"谦曰:"以遵之罪,又非唾面可责。"帝善其言而止。谦待遵如初。

臣光曰:赏有功,诛有罪,此人君之任也。高遵奉使异国,漏泄大谋,斯叛臣也;周高祖不自行戮,乃以赐谦,使之复怨,失政刑矣!孔子谓以德报怨者何以报德。为谦者,宜辞而不受,归诸有司,以正典刑。乃请而赦之以成其私名,美则美矣,亦非公义也。

23　齐主命立重赏以募战士,而竟不出物。广宁王孝珩请"使任城王湝将幽州道兵入土门,扬声趣并州,独孤永业将洛州道兵入潼关,扬声趣长安,臣请将京畿兵出滏口,鼓行逆战。敌闻南北有兵,自然逃溃。"又请出宫人珍宝赏将士。齐主不悦。斛律孝卿请齐主亲劳将士,为之撰辞,且曰:"宜慷慨流涕,以感激人心。"齐主既出,临众,将令之,不复记所受言,遂大笑,左右亦笑。将士怒曰:"身尚如此,吾辈何急!"皆无战心。于是自大丞相已下,太宰、三师、大司马、大将军、三公等官,并增员而授,或三或四,不可胜数。

朔州行台仆射高劢将兵侍卫太后、太子,自土门道还邺。时宦官仪同三司苟子溢犹恃宠纵暴,民间鸡彘,纵鹰犬搏噬取之;劢执以徇,将斩之;太后救之,得免。或谓劢曰:"子溢之徒,言成祸福,独不虑后患邪?"劢攘袂曰:"今西寇已据并州,达官率皆委叛,正坐此辈浊乱朝廷。若得今日斩之,明日受诛,亦无所恨!"劢,岳之子也。甲子,齐太后至邺。

丙寅,周主出齐宫中珍宝服玩及宫女二千人,班赐将士,加立功者官爵各有差。周主问高延宗以取邺之策,辞曰:"此非亡国之臣所及。"强问之。乃曰:"若任城王据邺,臣不能知。若今主自守,陛下兵不血刃。"癸酉,周师趣邺,命齐王宪先驱,以上柱国陈王纯为并州总管。

齐主引诸贵臣入朱雀门,赐酒食,问以御周之策,人人异议,齐主不知所从。是时人情恟惧,莫有斗心,朝士出降,昼夜相属。高劢曰:"今之叛者,多是贵人,至于卒伍,犹未离心。请追五品已上家属,置之三台,因胁之以战,若不捷,则焚台。此曹顾惜妻子,必当死战。且王师频北,贼徒轻我,今背城一决,理必破之。"齐主不能用。望气者言,当有革易。齐主引尚书令高元海等议,依天统故事,禅位皇太子。

# 资治通鉴卷第一百七十三

## 陈纪七

### 高宗宣皇帝中之下

太建九年（丁酉，577）

1　春，正月乙亥朔，齐太子恒即皇帝位，生八年矣；改元承光，大赦。尊齐主为太上皇帝，皇太后为太皇太后，皇后为太上皇后。以广宁王孝珩为太宰。

司徒莫多娄敬显、领军大将军尉相愿谋伏兵千秋门，斩高阿那肱，立广宁王孝珩，会阿那肱自他路入朝，不果。孝珩求拒周师，谓阿那肱等曰："朝廷不赐遣击贼，岂不畏孝珩反邪？孝珩若破宇文邕，遂至长安，反亦何预国家事！以今日之急，犹如此猜忌邪？"高、韩恐其为变，出孝珩为沧州刺史。相愿拔佩刀斫柱，叹曰："大事去矣，知复何言！"

齐主使长乐王尉世辩帅千馀骑觇周师，出滏口，登高阜西望，遥见群乌飞起，谓是西军旗帜，即驰还；比至紫陌桥，不敢回顾。世辩，粲之子也。于是黄门侍郎颜之推、中书侍郎薛道衡、侍中陈德信等劝上皇往河外募兵，更为经略，若不济，南投陈国。从之。道衡，孝通之子也。丁丑，太皇太后、太上皇后自邺先趣济州；癸未，幼主亦自邺东行。己丑，周师至紫陌桥。

2　辛卯，上祭北郊。

3　壬辰，周师至邺城下；癸巳，围之，烧城西门。齐人出战，周师奋击，大破之。

齐上皇从百骑东走，使武卫大将军慕容三藏守邺宫。周师入邺，齐王、公以下皆降。三藏犹拒战，周主引见，礼之，拜仪同大将军。三藏，绍宗之子也。领军大将军渔阳鲜于世荣，齐高祖旧将也。周主先以马脑酒钟遗之，世荣得即碎之。周师入邺，世荣在三台前鸣鼓不辍，周人执之；世荣不屈，乃杀之。周主执莫多娄敬显，数之曰："汝有死罪三：前自晋阳走邺，携妾弃母，不孝也；外为伪朝戮力，内实通启于朕，不忠也；送款之后，犹持两端,不信也。用心如此,不死何待!”遂斩之。

使将军尉迟勤追齐主。

甲午,周主入邺。齐国子博士长乐熊安生,博通五经,闻周主入邺,遽令扫门。家人怪而问之,安生曰:“周帝重道尊儒,必将见我。”俄而周主幸其家,不听拜,亲执其手,引与同坐,赏赐甚厚,给安车驷马以自随。又遣小司马唐道和就中书侍郎李德林宅宣旨慰谕,曰:“平齐之利,唯在于尔。”引入宫,使内史宇文昂访问齐朝风俗政教,人物善恶。即留内省,三宿乃归。

乙未,齐上皇渡河入济州。是日,幼主禅位于大丞相任城王湝。又为湝诏:尊上皇为无上皇,幼主为守国天王。令侍中斛律孝卿送禅文及玺绂于瀛州,孝卿即诣邺。

周主诏:“去年大赦所未及之处,皆从赦例。”

齐洛州刺史独孤永业,有甲士三万,闻晋州陷,请出兵击周,奏寝不报;永业愤慨。又闻并州陷,乃遣子须达请降于周,周以永业为上柱国,封应公。

丙申,周以越王盛为相州总管。

齐上皇留胡太后于济州,使高阿那肱守济州关,觇候周师,自与穆后、冯淑妃、幼主、韩长鸾、邓长颙等数十人奔青州。使内参田鹏鸾西出,参伺动静;周师获之,问齐主何在,绐云:“已去,计当出境。”周人疑其不信,捶之。每折一支,辞色愈厉,竟折四支而死。

上皇至青州,即欲入陈。而高阿那肱密召周师,约生致齐主,屡启云:“周师尚远,已令烧断桥路。”上皇由是淹留自宽。周师至关,阿那肱即降之。周师奄至青州,上皇囊金,系于鞍,与后、妃、幼主等十馀骑南走,己亥,至南邓村,尉迟勤追及,尽擒之,并胡太后送邺。

庚子,周主诏:“故斛律光、崔季舒等,宜追加赠谥,并为改葬,子孙各随荫叙录,家口田宅没官者,并还。”周主指斛律光名曰:“此人在,朕安得至邺!”辛丑,诏:“齐之东山、南园、三台,并可毁撤。瓦木诸物,可用者悉以赐民。山园之田,各还其主。”

4 二月壬午,上耕藉田。

5 丙午,周主宴从官将士于齐太极殿,颁赏有差。

丁未,高纬至邺,周主降阶,以宾礼见之。

齐广宁王孝珩至沧州,以五千人会任城王湝于信都,共谋匡复,召募得四万馀人。周主使齐王宪、柱国杨坚击之。令高纬为手书招湝,湝不从。宪军至赵州，湝遣二谍觇之，候骑执以白宪。宪集齐旧将，遍示之，谓曰："吾所争者大，不在汝曹。今纵汝还，仍充吾使。"乃与湝书曰："足下谍者为候骑所拘，军中情实，具诸执事。战非上计，无待卜疑；守乃下策，或未相许。已勒诸军分道并进，相望非远，凭轼有期。'不俟终日'，所望知机也！"

宪至信都，湝陈于城南以拒之。湝所署领军尉相愿诈出略陈，遂以众降。相愿，湝心腹也，众皆骇惧。湝杀相愿妻子。明日，复战，宪击破之，俘斩三万人，执湝及广宁王孝珩。宪谓湝曰："任城王何苦至此！"湝曰："下官神武皇帝之子，兄弟十五人，幸而独存。逢宗社颠覆，无愧坟陵。"宪壮之，命归其妻子。又亲为孝珩洗疮傅药，礼遇甚厚。孝珩叹曰："自神武皇帝以外，吾诸父兄弟，无一人至四十者，命也。嗣君无独见之明，宰相非柱石之寄，恨不得握兵符，受斧钺，展我心力耳！"

齐王宪善用兵，多谋略，得将士心。齐人惮其威声，多望风沮溃。刍牧不扰，军无私焉。

周主以齐降将封辅相为北朔州总管。北朔州，齐之重镇，士卒骁勇。前长史赵穆等谋执辅相迎任城王湝于瀛州，不果，乃迎定州刺史范阳王绍义。绍义至马邑，自肆州以北二百八十馀城皆应之。绍义与灵州刺史袁洪猛引兵南出，欲取并州。至新兴，而肆州已为周守，前队二仪同以所部降周。周兵击显州，执刺史陆琼，复攻拔诸城。绍义还保北朔州。周东平公神举将兵逼马邑，绍义战败，北奔突厥，犹有众三千人。绍义令曰："欲还者从其意。"于是辞去者太半。突厥佗钵可汗常谓齐显祖为英雄天子，以绍义重踝，似之，甚见爱重；凡齐人在北者，悉以隶之。

于是齐之行台、州、镇，唯东雍州行台傅伏、营州刺史高宝宁不下，其馀皆入于周。凡得州五十，郡一百六十二，县三百八十，户三百三万二千五百。高宝宁者，齐之疏属，有勇略，久镇和龙，甚得夷、夏之心。周主于河阳、幽、青、南兖、豫、徐、北朔、定置总管府，相、并二州各置宫及六府官。

周师之克晋阳也，齐使开府仪同三司纥奚永安求救于突厥，比至，齐已亡。佗钵可汗处永安于吐谷浑使者之下，永安言于佗钵曰："今齐国已亡，永安何用馀生！欲闭气自绝，恐天下谓大齐无死节之臣；乞赐一刀，以显示远近。"佗钵嘉之，赠马七十匹而归之。

梁主入朝于邺。自秦兼天下，无朝觐之礼，至是始命有司草具其事：致积，致饩，设九侯、九介，受享于庙，三公、三孤、六卿致食，劳宾，还贽，致享，皆如古礼。周主与梁主宴，酒酣，周主自弹琵琶。梁主起舞，曰："陛下既亲抚五弦,臣何敢不同百兽!"周主大悦,赐赉甚厚。

乙卯,周主自邺西还。

三月壬午,周诏:"山东诸军,各举明经干治者二人;若奇才异术,卓尔不群者,不拘此数。"

周主之擒尉相贵也,招齐东雍州刺史傅伏,伏不从。齐人以伏为行台右仆射。周主既克并州,复遣韦孝宽招之,令其子上大将军、武乡公告身及金、马脑二酒钟赐伏为信。伏不受,谓孝宽曰:"事君有死无贰。此儿为臣不能竭忠,为子不能尽孝,人所雠疾,愿速斩之以令天下!"周主自邺还,至晋州,遣高阿那肱等百馀人临汾水召伏。伏出军,隔水见之,问:"至尊今何在?"阿那肱曰:"已被擒矣。"伏仰天大哭,帅众入城,于厅事前北面哀号,良久,然后降。周主见之曰:"何不早下?"伏流涕对曰:"臣三世为齐臣,食齐禄,不能自死,羞见天地!"周主执其手曰:"为臣当如此。"乃以所食羊肋骨赐伏曰:"骨亲肉疏,所以相付。"遂引使宿卫,授上仪同大将军。敕之曰:"若亟与公高官,恐归附者心动。努力事朕,勿忧富贵。"他日,又问:"前救河阴得何赏?"对曰:"蒙一转,授特进、永昌郡公。"周主谓高纬曰:"朕三年教战,决取河阴。正为傅伏善守,城不可动,遂敛军而退。公当时赏功,何其薄也!"

夏,四月乙巳,周主至长安,置高纬于前,列其王公于后,车舆、旗帜、器物,以次陈之。备大驾,布六军,奏凯乐,献俘于太庙。观者皆称万岁。戊申,封高纬为温公,齐之诸王三十馀人,皆受封爵。周主与齐君臣饮酒,令温公起舞。高延宗悲不自持,屡欲仰药,其傅婢禁止之。

周主以李德林为内史上士,自是诏诰格式及用山东人物,并以委之。帝从容谓群臣曰:"我常日唯闻李德林名,复见其为齐朝作诏书移檄,正谓是天上人;岂言今日得其驱使。"神武公纥豆陵毅对曰:"臣闻麒麟凤皇,为王者瑞,可以德感,不可力致。麒麟凤皇,得之无用,岂如德林,为瑞且有用哉!"帝大笑曰:"诚如公言。"

6　己巳,周主享太庙。

7　五月丁丑,周以谯王俭为大冢宰。庚辰,以杞公亮为大司徒,郑公达奚震为大宗伯,梁公侯莫陈芮为大司马,应公独孤永业为大司寇,郑公韦孝宽为大司空。

己丑,周主祭方丘。诏以:"路寝会义、崇信、含仁、云和、思齐诸殿,皆晋公护专政时所为,事穷壮丽,有逾清庙,悉可毁撤。雕斫之物,并赐贫民。缮造之宜,务从卑朴。"又诏:"并、邺诸堂殿壮丽者准此。"

臣光曰：周高祖可谓善处胜矣！他人胜则益奢，高祖胜而愈俭。

8　六月丁卯，周主东巡。秋，七月丙戌，幸洛州。八月壬寅，议定权衡度量，颁之于四方。

初，魏虏西凉之人，没为隶户，齐氏因之，仍供厮役。周主灭齐，欲施宽惠，诏曰："罪不及嗣，古有定科。杂役之徒，独异常宪，一从罪配，百代不免，罚既无穷，刑何以措！凡诸杂户，悉放为民。"自是无复杂户。

甲子，郑州获九尾狐，已死，献其骨。周主曰："瑞应之来，必彰有德。若五品时叙，四海和平，乃能致此。今无其时，恐非实录。"命焚之。

九月戊寅，周制："庶人已上，唯听衣绸、绵绸、丝布、圆绫、纱、绢、绡、葛、布等九种，馀悉禁之。朝祭之服，不拘此制。"

冬，十月戊申，周主如邺。

9　上闻周人灭齐，欲争徐、兖，诏南兖州刺史、司空吴明徹督诸军伐之，以其世子戎昭、将军惠觉摄行州事。明徹军至吕梁，周徐州总管梁士彦帅众拒战，戊午，明徹击破之。士彦婴城自守，明徹围之。

帝锐意以为河南指麾可定。中书通事舍人蔡景历谏曰："师老将骄，不宜过穷远略。"帝怒，以为沮众，出为豫章内史。未行，有飞章劾景历在省赃污狼籍，坐免官，削爵土。

10　周改葬德皇帝于冀州，周主服缞，哭于太极殿，百官素服。

11　周人诬温公高纬与宜州刺史穆提婆谋反，并其宗族皆赐死。众人多自陈无之，高延宗独攘袂泣而不言，以椒塞口而死。唯纬弟仁英以清狂，仁雅以喑疾得免，徙于蜀。其馀亲属，不杀者散配西土，皆死于边裔。

周主以高湝妻卢氏赐其将斛斯徵。卢氏蓬首垢面，长斋，不言笑。徵放之，乃为尼。齐后、妃贫者，至以卖烛为业。

12　十一月壬申，周立皇子衍为道王，兑为蔡王。

13　癸酉，周遣上大将军王轨将兵救徐州。

14　初，周人败齐师于晋州，乘胜逐北，齐人所弃甲仗，未暇收敛；稽胡乘间窃出，并盗而有之。仍立刘蠡昇之孙没铎为主，号圣武皇帝，改元石平。

周人既克关东，将讨稽胡，议欲穷其巢穴。齐王宪曰："步落稽种类既多，又山谷险绝，王师一举，未可尽除。且当翦其魁首，馀加慰抚。"周主从之，以宪为行军元帅，督诸军讨之。至马邑，分道俱进。没铎分遣其党天柱守河东，穆支守河西，据险以拒之。宪命谯王俭击天柱，滕王逌击穆支,并破之,斩首万馀级。赵王招击没铎,禽之,馀众皆降。

15　周诏:"自永熙三年以来,东土之民掠为奴婢,及克江陵之日,良人没为奴婢者,并放为良。"又诏:"后宫唯置妃二人,世妇三人,御妻三人,此外皆减之。"

周主性节俭,常服布袍,寝布被,后宫不过十馀人;每行兵,亲在行陈,步涉山谷,人所不堪;抚将士有恩,而明察果断,用法严峻。由是将士畏威而乐为之死。

16　己亥晦,日有食之。

17　周初行刑书要制:群盗赃一匹,及正、长隐五丁、若地顷以上,皆死。

18　十二月戊申,新作东宫成,太子徙居之。

19　庚申,周主如并州,徙并州军民四万户于关中。戊辰,废并州宫及六府。

20　高宝宁自黄龙上表劝进于高绍义,绍义遂称皇帝,改元武平,以宝宁为丞相。突厥佗钵可汗举兵助之。


十年(戊戌,578)

1　春,正月壬午,周主幸邺;辛卯,幸怀州;癸巳,幸洛州。置怀州宫。

2　二月甲辰,周谯孝王俭卒。

3　丁巳,周主还长安。

4　吴明徹围周彭城,环列舟舰于城下,攻之甚急。王轨引兵轻行,据淮口,结长围,以铁锁贯车轮数百,沉之清水,以遏陈船归路,军中恟惧。谯州刺史萧摩诃言于明徹曰:"闻王轨始锁下流,其两端筑城,今尚未立,公若见遣击之,彼必不敢相拒。水路未断,贼势不坚;彼城若立,则吾属必为虏矣。"明徹奋髯曰:"搴旗陷陈,将军事也;长算远略,老夫事也。"摩诃失色而退。一旬之间,水路遂断。

周兵益至,诸将议破堰拔军,以舫载马而去,马主裴子烈曰:"若破堰下船,船必倾倒,不如先遣马出。"时明徹苦背疾甚笃,萧摩诃复请曰:"今求战不得,进退无路。若潜军突围,未足为耻。愿公帅步卒,乘马舆徐行,摩诃领铁骑数千驱驰前后,必当使公安达京邑。"明徹曰:"弟之此策,乃良图也。然步军既多,吾为总督,必须身居其后,相帅兼行。弟马军宜速,在前,不可迟缓。"摩诃因帅马军夜发。甲子,明徹决堰,乘水势退军,冀以入淮。至清口,水势渐微,舟舰并碍车轮,不复得过。王轨引兵围而蹙之,众溃。明彻为周人所执,将士三万并器械辎重皆没于周。萧摩诃以精骑八十居前突围,众骑继之,比旦,达淮南,与将军任忠、周罗睺独全军得还。

初,帝谋取彭、汴,以问五兵尚书毛喜,对曰:"淮左新平,边民未辑。周氏始吞齐国,难与争锋。且弃舟舣之工,践车骑之地,去长就短,非吴人所便。臣愚以为不若安民保境,寝兵结好,斯久长之术也。"及明彻败,帝谓喜曰:"卿言验于今矣。"即日,召蔡景历,复以为征南谘议参军。

周主封吴明彻为怀德公,位大将军。明彻忧愤而卒。

5　乙丑,周以越王盛为大冢宰。

6　三月戊辰,周于蒲州置宫。废同州及长春二宫。

7　甲戌,周主初服常冠,以皂纱全幅向后襆发,仍裁为四脚。

8　丙子,命中军大将军、开府仪同三司淳于量为大都督,总水陆诸军事,镇西将军孙玚都督荆、郢诸军,平北将军樊毅都督清口上至荆山缘淮诸军,宁远将军任忠都督寿阳、新蔡、霍州诸军,以备周。

9　乙酉,大赦。

10　壬辰,周改元宣政。

11　夏,四月庚申,突厥寇周幽州,杀掠吏民。

12　戊午,樊毅遣军渡淮北,对清口筑城。壬戌,清口城不守。

13　五月己丑,周高祖帅诸军伐突厥,遣柱国原公姬愿、东平公神举等将兵五道俱入。

癸巳,帝不豫,留止云阳宫;丙申,诏停诸军。驿召宗师宇文孝伯赴行在所,帝执其手曰:"吾自量必无济理,以后事付君。"是夜,授孝伯司卫上大夫,总宿卫兵。又令驰驿入京镇守,以备非常。六月丁酉朔,帝疾甚,还长安;是夕殂,年三十六。

戊戌,太子即位。尊皇后阿史那氏为皇太后。宣帝初立,即逞奢欲。大行在殡,曾无戚容,扪其杖痕,大骂曰:"死晚矣!"阅视高祖宫人,逼为淫欲。超拜吏部下大夫郑译为开府仪同大将军、内史中大夫,委以朝政。

己未,葬武皇帝于孝陵,庙号高祖。既葬,诏内外公除,帝及六宫皆议即吉。京兆郡丞乐运上疏,以为"葬期既促,事讫即除,太为汲汲。"帝不从。

帝以齐炀王宪属尊望重,忌之。谓宇文孝伯曰:"公能为朕图齐王,当以其官相授。"孝伯叩头曰:"先帝遗诏,不许滥诛骨肉。齐王,陛下之叔父,功高德茂,社稷重臣。陛下若无故害之,则臣为不忠之臣,陛下为不孝之子矣。"帝不怿,由是疏之。乃与开府仪同大将军于智、郑译等密谋之,使智就宅候宪,因告宪有异谋。

甲子,帝遣宇文孝伯语宪,欲以宪为太师,宪辞让。又使孝伯召宪,曰:"晚与诸王俱入。"既至殿门,宪独被引进。帝先伏壮士于别室,至,即执之。宪自辩理,帝使于智证宪,宪目光如炬,与智相质。或谓宪曰:"以王今日事势,何用多言!"宪曰:"死生有命,宁复图存!但老母在堂,恐留兹恨耳!"因掷笏于地。遂缢之。

帝召宪僚属,使证成宪罪。参军勃海李纲,誓之以死,终无桡辞。有司以露车载宪尸而出,故吏皆散,唯李纲抚棺号恸,躬自瘗之,哭拜而去。

又杀上大将军王兴,上开府仪同大将军独孤熊,开府仪同大将军豆卢绍,皆素与宪亲善者也。帝既诛宪而无名,乃云与兴等谋反,时人谓之"伴死"。

以于智为柱国,封齐公,以赏之。

14　闰月乙亥,周主立妃杨氏为皇后。

15　辛巳,周以赵王招为太师,陈王纯为太傅。

16　齐范阳王绍义闻周高祖殂,以为得天助。幽州人卢昌期,起兵据范阳,迎绍义,绍义引突厥兵赴之。周遣柱国东平公神举将兵讨昌期。绍义闻幽州总管出兵在外,欲乘虚袭蓟,神举遣大将军宇文恩将四千人救之,半为绍义所杀。会神举克范阳,擒昌期,绍义闻之,素衣举哀,还入突厥。高宝宁帅夷、夏数万骑救范阳,至潞水,闻昌期死,还,据和龙。

17　秋,七月,周主享太庙;丙午,祀圜丘。

18　庚戌,周以小宗伯斛斯徵为大宗伯。壬戌,以亳州总管杨坚为上柱国、大司马。

19　癸亥,周主尊所生母李氏为帝太后。

20　八月丙寅,周主祀西郊;壬申,如同州。以大司徒杞公亮为安州总管,上柱国长孙览为大司徒,杨公王谊为大司空。丙戌,以永昌公椿为大司寇。

21　九月乙巳,立方明坛于娄湖。戊申,以扬州刺史始兴王叔陵为王官伯,临盟百官。

22　庚戌,周主封其弟元为荆王。

23　周主诏:"诸应拜者,皆以三拜成礼。"

24　甲寅,上幸娄湖誓众。乙卯,分遣大使以盟誓班下四方,上下相警戒。

25　冬,周主还长安。以大司空王谊为襄州总管。

26　戊子,以尚书左仆射陆缮为尚书仆射。

27　十一月,突厥寇周边,围酒泉,杀掠吏民。

28　十二月甲子,周以毕王贤为大司空。

29　己丑,周以河阳总管滕王逌为行军元帅,帅众入寇。

十一年(乙亥,579)

1　春,正月癸巳,周主受朝于露门,始与群臣服汉、魏衣冠;大赦,改元大成。置四辅官:以大冢宰越王盛为大前疑,相州总管蜀公尉迟迥为大右弼,申公李穆为大左辅,大司马随公杨坚为大后承。

周主之初立也,以高祖刑书要制为太重而除之,又数行赦宥。京兆郡丞乐运上疏,以为:"虞书所称'眚灾肆赦',谓过误为害,当缓赦之;吕刑云'五刑之疑有赦',谓刑疑从罚,罚疑从免也。谨寻经典,未有罪无轻重,溥天大赦之文。大尊岂可数施非常之惠,以肆奸宄之恶乎!"帝不纳。既而民轻犯法,又自以奢淫多过失,恶人规谏,欲为威虐,慑服群下。乃更为刑经圣制,用法益深,大醮于正武殿,告天而行之。密令左右伺察群臣,小有过失,辄行诛谴。

又,居丧才逾年,辄恣声乐,鱼龙百戏,常陈殿前,累日继夜,不知休息;多聚美女以实后宫,增置位号,不可详录;游宴沉湎,或旬日不出,群臣请事者,皆因宦者奏之。于是乐运舆榇诣朝堂,陈帝八失:其一,以为"大尊比来事多独断,不参诸宰辅,与众共之。"其二,"搜美女以实后宫,仪同以上女不许辄嫁,贵贱同怨。"其三,"大尊一人后宫,数日不出,所须闻奏,多附宦官。"其四,"下诏宽刑,未及半年,更严前制。"其五,"高祖斫雕为朴,崩未逾年,而遽穷奢丽。"其六,"徭赋下民,以奉俳优角抵。"其七,"上书字误者,即治其罪,杜献书之路。"其八,"玄象垂诫,不能谘诹善道,修布德政。""若不革兹八事,臣见周庙不血食矣。"帝大怒,将杀之。朝臣恐惧,莫有救者。内史中大夫洛阳元岩叹曰:"臧洪同死,人犹愿之,况比干乎! 若乐运不免,吾将与之俱毙。"乃诣阁请见,曰:"乐运不顾其死,欲以求名。陛下不如劳而遣之,以广圣度。"帝颇感悟。明日,召运,谓曰:"朕昨夜思卿所奏,实为忠臣。"赐御食而罢之。

2　癸卯,周立皇子阐为鲁王。

甲辰,周主东巡;以许公宇文善为大宗伯。戊午,周主至洛阳;立鲁王阐为皇太子。

3　二月癸亥,上耕藉田。

4　周下诏,以洛阳为东京,发山东诸州兵治洛阳宫,常役四万人。徙相州六府于洛阳。

5　周徐州总管王轨,闻郑译用事,自知及祸,谓所亲曰:"吾昔在先朝,实申社稷至计。今日之事,断可知矣。此州控带淮南,邻近强寇,欲为身计,易如反掌。但忠义之节,不可亏违,况荷先帝厚恩,岂可以获罪嗣主,遽忘之邪!正可于此待死,冀千载之后,知吾此心耳!"

周主从容问译曰:"我脚杖痕,谁所为也?"对曰:"事由乌丸轨、宇文孝伯。"因言轨将须事。帝使内史杜庆信就州杀轨,元岩不肯署诏。御正中大夫颜之仪切谏,帝不听,岩进继之,脱巾顿颡,三拜三进。帝曰:"汝欲党乌丸轨邪?"岩曰:"臣非党轨,正恐滥诛失天下之望。"帝怒,使阉竖搏其面。轨遂死,岩亦废于家。远近知与不知,皆为轨流涕。之仪,之推之弟也。

周主之为太子也,上柱国尉迟运为宫正,数进谏,不用,又与王轨、宇文孝伯、宇文神举皆为高祖所亲待,太子疑其同毁己。及轨死,运惧,私谓孝伯曰:"吾徒必不免祸,为之奈何?"孝伯曰:"今堂上有老母,地下有武帝,为臣为子,知欲何之!且委质事人,本徇名义;谏而不入,死焉可逃!足下若为身计,宜且远之。"于是运求出为秦州总管。

他日,帝托以齐王宪事让孝伯曰:"公知齐王谋反,何以不言?"对曰:"臣知齐王忠于社稷,为群小所谮,言必不用,所以不言。且先帝付嘱微臣,唯令辅导陛下。今谏而不从,实负顾托。以此为罪,是所甘心。"帝大惭,俛首不语,命将出,赐死于家。

时宇文神举为并州刺史,帝遣使就州鸩杀之。尉迟运至秦州,亦以忧死。

6　周罢南伐诸军。

7　突厥佗钵可汗请和于周,周主以赵王招女为千金公主,妻之,且命执送高绍义;佗钵不从。

8　辛巳,周宣帝传位于太子阐,大赦,改元大象,自称天元皇帝,所居称"天台",冕二十四旒,车服旗鼓皆倍于前王之数。皇帝称正阳宫,置纳言、御正、诸卫等官,皆准天台。尊皇太后为天元皇太后。

天元既传位,骄侈弥甚,务自尊大,无所顾惮,国之仪典,率情变更。每对臣下自称为天,用樽、彝、珪、瓒以饮食。令群臣朝天台者,致斋三日,清身一日。既自比上帝,不欲群臣同己,常自带绶,冠通天冠,加金附蝉,顾见侍臣弁上有金蝉及王公有绶者,并令去之。不听人有"天"、"高"、"上"、"大"之称,官名有犯,皆改之。改姓高者为"姜",九族称高祖者为"长祖"。又令天下车皆以浑木为轮。禁天下妇人不得施粉黛,自非宫人,皆黄眉墨妆。

每召侍臣论议,唯欲兴造变革,未尝言及政事。游戏无常,出入不节,羽仪仗卫,晨出夜还,陪侍之官,皆不堪命。自公卿以下,常被楚挞。每捶人,皆以百二十为度,谓之"天杖",其后又加至二百四十。宫人内职亦如之,后、妃、嫔、御,虽被宠幸,亦多杖背。于是内外恐怖,人不自安,皆求苟免,莫有固志,重足累息,以逮于终。

9　戊子,周以越王盛为太保,尉迟迥为大前疑,代王达为大右弼。

辛卯,徙邺城石经于洛阳。诏:"河阳、幽、相、豫、亳、青、徐七总管,并受东京六府处分。"

三月庚申,天元还长安,大陈军伍,亲擐甲胄,入自青门,静帝备法驾以从。

夏,四月壬戌朔,立妃朱氏为天元帝后。后,吴人,本出寒微,生静帝,长于天元十馀岁,疏贱无宠,以静帝故,特尊之。

乙巳,周主祠太庙。壬午,大醮于正武殿。

五月,以襄国郡为赵国,济南郡为陈国,武当、安富二郡为越国,上党郡为代国,新野郡为滕国,邑各万户;令赵王招、陈王纯、越王盛、代王达、滕王逌并之国。

随公杨坚私谓大将军汝南公庆曰:"天元实无积德;视其相貌,寿亦不长。又,诸藩微弱,各令就国,曾无深根固本之计。羽翮既翦,何能及远哉!"庆,神举之弟也。

10　突厥寇周并州。六月,周发山东诸民修长城。

11　秋,七月庚寅,周以杨坚为大前疑,柱国司马消难为大后承。

12　辛卯,初用大货六铢钱。

13　丙申,周纳司马消难女为正阳宫皇后。

己酉,周尊天元帝太后李氏为天皇太后。壬子,改天元皇后朱氏为天皇后,立妃元氏为天右皇后,陈氏为天左皇后,凡四后云。元氏,开府仪同大将军晟之女;陈氏,大将军山提之女也。

八月庚申,天元如同州。

14　丁卯,上阅武于大壮观。命都督任忠帅步骑十万陈于玄武湖,都督陈景帅楼舰五百出瓜步江,振旅而还。

15　壬申,周天元还长安。甲戌,以陈山提、元晟并为上柱国。

16　戊寅,上还宫。

豫章内史南康王方泰,在郡秩满,纵火延烧邑居,因行暴掠,驱录富人,征求财贿。上阅武,方泰当从,启称母疾不行,而微服往民间淫人妻,为州所录。又帅人仗抗拒,伤禁司,为有司所奏。上大怒,下方泰狱,免官,削爵土,寻而复旧。

17　壬午,周以上柱国毕王贤为太师,郇公韩业为大左辅。九月乙卯,以酆王贞为大冢宰。以郧公孝宽为行军元帅,帅行军总管杞公亮、郕公梁士彦寇淮南。仍遣御正杜杲、礼部薛舒来聘。

18　冬,十月壬戌,周天元幸道会苑,大醮,以高祖配醮。初复佛像及天尊像,天元与二像俱南面坐,大陈杂戏,令长安士民纵观。

19　甲戌,以尚书仆射陆缮为尚书左仆射。

20　十一月辛卯,大赦。

21　周韦孝宽分遣杞公亮自安陆攻黄城,梁士彦攻广陵。甲午,士彦至肥口。

22　乙未,周天元如温汤。

23　戊戌,周军进围寿阳。

24　周天元如同州。

25　诏开府仪同三司、南兖州刺史淳于量为上流水军都督,中领军樊毅都督北讨诸军事,左卫将军任忠都督北讨前军事,前丰州刺史皋文奏帅步骑三千趣阳平郡。

26　壬寅,周天元还长安。

27　癸卯,任忠帅步骑七千趣秦郡;丙午,仁威将军鲁广达帅众入淮;是日,樊毅将水军二万自东关入焦湖,武毅将军萧摩诃帅步骑趣历阳。戊申,韦孝宽拔寿阳,杞公亮拔黄城,梁士彦拔广陵;辛亥,又取霍州。癸丑,以扬州刺史始兴王叔陵为大都督,总水步众军。

28　丁巳,周铸永通万国钱,一当千,与五行大布并行。

29　十二月戊午,周天元以灾异屡见,舍仗卫,如天兴宫。百官上表,劝复寝膳。甲子,还宫,御正武殿,集百官及宫人、外命妇,大列伎乐,初作乞寒胡戏。

30　乙丑,南北兖、晋三州及盱眙、山阳、阳平、马头、秦、历阳、沛、北谯、南梁等九郡民并自拔还江南。周又取谯、北徐州。自是江北之地尽没于周。

31　周天元如洛阳，亲御驿马，日行三百里，四皇后及文武侍卫数百人并乘驲以从。仍令四后方驾齐驱，或有先后，辄加谴责，人马顿仆，相及于道。

32　癸酉，遣平北将军沈恪、电威将军裴子烈镇南徐州，开远将军徐道奴镇栅口，前信州刺史杨宝安镇白下。戊寅，以中领军樊毅都督荆、郢、巴、武四州水陆诸军事。

33　己卯，周天元还长安。

34　贞毅将军汝南周法尚，与长沙王叔坚不相能，叔坚潜之于上，云其欲反。上执其兄定州刺史法僧，发兵将击法尚。法尚奔周，周天元以为仪同大将军、顺州刺史，上遣将军樊猛济江击之。法尚遣部曲督韩朗诈降于猛，曰："法尚部兵不愿降北，人皆窃议，欲叛还。若得军来，自当倒戈。"猛以为然，引兵急趋之。法尚阳为畏惧，自保江曲，战而伪走，伏兵邀之，猛仅以身免，没者几八千人。

# 资治通鉴卷第一百七十四

## 陈纪八

**高宗宣皇帝下之上**

太建十二年（庚子，580）

1　春，正月癸巳，周天元祠太庙。

2　戊戌，以左卫将军任忠为南豫州刺史，督缘江军防事。

3　乙卯，周税入市者人一钱。

4　二月丁巳，周天元幸露门学，释奠。

5　戊午，突厥入贡于周，且迎千金公主。

6　乙丑，周天元改制为天制，敕为天敕。壬午，尊天元皇太后为天元上皇太后，天皇太后为天元圣皇太后。癸未，诏杨后与三后皆称太皇后，司马后直称皇后。

行军总管杞公亮，天元之从祖兄也。其子西阳公温妻尉迟氏，蜀公迥之孙，有美色，以宗妇入朝，天元饮之酒，逼而淫之。亮闻之，惧；三月，军还，至豫州，密谋袭韦孝宽，并其众，推诸父为主，鼓行而西。亮国官茹宽知其谋，先告孝宽，孝宽潜设备。亮夜将数百骑袭孝宽营，不克而走。戊子，孝宽追斩之，温亦坐诛。天元即召其妻入宫，拜长贵妃。辛卯，立亮弟永昌公椿为杞公。

7　周天元如同州，增候正、前驱、式道候为三百六十重，自应门至于赤岸泽，数十里间，幡旗相蔽，音乐俱作，又令虎贲持钑马上，称警跸。乙未，改同州宫为成天宫。庚子，还长安。诏天台侍卫之官，皆著五色及红、紫、绿衣，以杂色为缘，名曰“品色衣”，有大事，与公服间服之。壬寅，诏内外命妇皆执笏，其拜宗庙及天台，皆俛伏如男子。

天元将立五皇后，以问小宗伯狄道辛彦之。对曰：“皇后与天子敌体，不宜有五。”太学博士西城何妥曰：“昔帝喾四妃，虞舜二妃。先代之数，何常之有！”帝大悦，免彦之官。甲辰，诏曰：“坤仪比德，土数惟五，四太皇后外，可增置天中太皇后一人。”于是以陈氏为天中太皇后，尉迟妃为天左太皇后。又造下帐五,使五皇后各居其一,实宗庙祭器于前,自读祝版而祭之。又以五辂载妇人,自帅左右步从。又好倒悬鸡及碎瓦于车上,观其号呼以为乐。

8　夏,四月癸亥,尚书左仆射陆缮卒。

9　己巳,周天元祠太庙;己卯,大雩;壬午,幸仲山祈雨;甲申,还宫,令京城士女于衢巷作乐迎候。

10　五月癸巳,以尚书右仆射晋安王伯恭为仆射。

11　周杨后性柔婉,不妒忌,四皇后及嫔、御等,咸爱而仰之。天元昏暴滋甚,喜怒乖度,尝谴后,欲加之罪。后进止详闲,辞色不挠,天元大怒,遂赐后死,逼令引诀,后母独孤氏诣阁陈谢,叩头流血,然后得免。

后父大前疑坚,位望隆重,天元忌之,尝因忿谓后曰:“必族灭尔家!”因召坚,谓左右曰:“色动,即杀之。”坚至,神色自若,乃止。内史上大夫郑译,与坚少同学,奇坚相表,倾心相结。坚既为帝所忌,情不自安,尝在永巷,私于译曰:“久愿出藩,公所悉也,愿少留意!”译曰:“以公德望,天下归心。欲求多福,岂敢忘也!谨即言之。”

天元将遣译入寇,译请元帅。天元曰:“卿意如何?”对曰:“若定江东,自非懿戚重臣,无以镇抚,可令随公行,且为寿阳总管以督军事。”天元从之。己丑,以坚为扬州总管,使译发兵会寿阳。将行,会坚暴有足疾,不果行。

甲午夜,天元备法驾,幸天兴宫;乙未,不豫而还。小御正博陵刘昉,素以狡谄得幸于天元,与御正中大夫颜之仪并见亲信。天元召昉、之仪入卧内,欲属以后事,天元喑,不复能言。昉见静帝幼冲,以杨坚后父,有重名,遂与领内史郑译、御饰大夫柳裘、内史大夫杜陵韦谟、御正下士朝那皇甫绩谋引坚辅政,坚固辞,不敢当;昉曰:“公若为,速为之;不为,昉自为也。”坚乃从之,称受诏居中侍疾。裘,惔之孙也。

是日,帝殂。秘不发丧。昉、译矫诏以坚总知中外兵马事。颜之仪知非帝旨,拒而不从。昉等草诏署讫,逼之仪连署,之仪厉声曰:“主上升遐,嗣子冲幼,阿衡之任,宜在宗英。方今赵王最长,以亲以德,合膺重寄。公等备受朝恩,当思尽忠报国,奈何一旦欲以神器假人!之仪有死而已,不能诬罔先帝。”昉等知不可屈,乃代之仪署而行之。诸卫既受敕,并受坚节度。

坚恐诸王在外生变,以千金公主将适突厥为辞,征赵、陈、越、代、滕五王入朝。坚索符玺,颜之仪正色曰:“此天子之物,自有主者,宰相何故索之！"坚大怒，命引出，将杀之；以其民望，出为西边郡守。

丁未，发丧。静帝入居天台，罢正阳宫作。大赦，停洛阳宫作。庚戌，尊阿史那太后为太皇太后，李太后为太帝太后，杨后为皇太后，朱后为帝太后，其陈后、元后、尉迟后并为尼。以汉王赞为上柱国、右大丞相，尊以虚名，实无所综理。以杨坚为假黄钺、左大丞相，秦王贽为上柱国。百官总己以听于左丞相。

坚初受顾命，使邗国公杨惠谓御正下大夫李德林曰："朝廷赐令总文武事，经国任重。今欲与公共事，必不得辞。"德林曰："愿以死奉公。"坚大喜。始，刘昉、郑译议以坚为大冢宰，译自摄大司马，昉又求小冢宰。坚私问德林曰："欲何以见处？"德林曰："宜作大丞相、假黄钺、都督中外诸军事，不尔，无以压众心。"及发丧，即依此行之。以正阳宫为丞相府。

时众情未壹，坚引司武上士卢贲置左右。将之东宫，百官皆不知所从。坚潜令贲部伍仗卫，因召公卿，谓曰："欲求富贵者宜相随。"往往偶语，欲有去就，贲严兵而至，众莫敢动。出崇阳门，至东宫，门者拒不纳，贲谕之，不去；瞋目叱之，门者遂却，坚入。贲遂典丞相府宿卫。贲，辩之弟子也。以郑译为丞相府长史，刘昉为司马，李德林为府属，二人由是怨德林。

内史下大夫勃海高颎明敏有器局，习兵事，多计略，坚欲引之入府，遣杨惠谕意。颎承旨，欣然曰："愿受驱驰。纵令公事不成，颎亦不辞灭族。"乃以为相府司录。

时汉王赞居禁中，每与静帝同帐而坐。刘昉饰美妓进赞，赞甚悦之。昉因说赞曰："大王，先帝之弟，时望所归。孺子幼冲，岂堪大事！今先帝初崩，人情尚扰。王且归第，待事宁后，入为天子，此万全计也。"赞年少，性识庸下，以为信然，遂从之。

坚革宣帝苛酷之政，更为宽大，删略旧律，作刑书要制，奏而行之；躬履节俭，中外悦之。

坚夜召太史中大夫庾季才，问曰："吾以庸虚，受兹顾命。天时人事，卿以为何如？"季才曰："天道精微，难可意察。窃以人事卜之，符兆已定。季才纵言不可，公岂复得为箕、颍之事乎！"坚默然久之，曰："诚如君言。"独孤夫人亦谓坚曰："大事已然，骑虎之势，必不得下，勉之！"

坚以相州总管尉迟迥位望素重，恐有异图，使迥子魏安公惇奉诏书召之会葬。壬子，以上柱国韦孝宽为相州总管；又以小司徒叱列长叉为相州刺史，先令赴邺；孝宽续进。

　　陈王纯时镇齐州,坚使门正上士崔彭征之。彭以两骑往止传舍,遣人召纯。纯至,彭请屏左右,密有所道,遂执而锁之,因大言曰:"陈王有罪,诏征入朝,左右不得辄动!"其从者愕然而去。彭,楷之孙也。

　　六月,五王皆至长安。

　　12　庚申,周复行佛、道二教,旧沙门、道士精志者,简令入道。

　　13　周尉迟迥知丞相坚将不利于帝室,谋举兵讨之。韦孝宽至朝歌,迥遣其大都督贺兰贵赍书候韦孝宽。孝宽留贵与语以审之,疑其有变,遂称疾徐行;又使人至相州求医药,密以伺之。孝宽兄子艺,为魏郡守,迥遣艺迎孝宽,孝宽问迥所为,艺党于迥,不以实对。孝宽怒,将斩之,艺惧,悉以迥谋语孝宽。孝宽携艺西走,每至亭驿,尽驱其传马而去,谓驿司曰:"蜀公将至,宜速具酒食。"迥寻遣仪同大将军梁子康将数百骑追孝宽,追者至驿,辄逢盛馔,又无马,遂迟留不进。孝宽与艺由是得免。

　　坚又令候正破六韩裒诣迥谕旨,密与总管府长史晋昶等书,令为之备。迥闻之,杀昶及裒,集文武士民,登城北楼,令之曰:"杨坚藉后父之势,挟幼主以作威福,不臣之迹,暴于行路。吾与国舅甥,任兼将相;先帝处吾于此,本欲寄以安危。今欲与卿等纠合义勇,以匡国庇民,何如?"众咸从命。迥乃自称大总管,承制置官司。时赵王招入朝,留少子在国,迥奉以号令。

　　甲子,坚发关中兵,以韦孝宽为行军元帅,郕公梁士彦、乐安公元谐、化政公宇文忻、濮阳公武川宇文述、武乡公崔弘度、清河公杨素、陇西公李询等皆为行军总管,以讨迥。弘度,楷之孙;询,穆之兄子也。

　　初,宣帝使计部中大夫杨尚希抚慰山东,至相州,闻宣帝殂,与尉迟迥发丧。尚希出,谓左右曰:"蜀公哭不哀而视不安,将有他计。吾不去,惧及于难。"遂夜从捷径而遁。迟明,迥觉,追之不及,遂归长安。坚遣尚希督宗兵三千人镇潼关。

　　雍州牧毕剌王贤,与五王谋杀坚,事泄,坚杀贤,并其三子,掩五王之谋不问。以秦王赟为大冢宰,杞公椿为大司徒。庚子,以柱国梁睿为益州总管。睿,御之子也。

　　14　周遣汝南公神庆、司卫上士长孙晟送千金公主于突厥。晟,幼之曾孙也。

　　又遣建威侯贺若谊略佗钵可汗,且说之以求高绍义。佗钵伪与绍义猎于南境,使谊执之。谊,敦之弟也。秋,七月甲申,绍义至长安,徙之蜀;久之,病死于蜀。

15　周青州总管尉迟勤,迥之弟子也。初得迥书,表送之,寻亦从迥。迥所统相、卫、黎、洺、贝、赵、冀、瀛、沧,勤所统青、齐、胶、光、莒等州皆从之,众数十万。荥州刺史邵公冑,申州刺史李惠,东楚州刺史费也利进,潼州刺史曹孝远,各据本州,徐州总管司录席毗罗据兖州,前东平郡守毕义绪据兰陵,皆应迥;怀县永桥镇将纥豆陵惠以城降迥。迥使其所署大将军石逊攻建州,建州刺史宇文弁以州降之。又遣西道行台韩长业攻拔潞州,执刺史赵威,署城人郭子胜为刺史。纥豆陵惠袭陷钜鹿,遂围恒州。上大将军宇文威攻汴州,莒州刺史乌丸尼等帅青、齐之众围沂州,大将军檀让攻拔曹、亳二州,屯兵梁郡。席毗罗众号八万,军于蕃城,攻陷昌虑、下邑。李惠自申州攻永州,拔之。

迥遣使招大左辅、并州刺史李穆,穆锁其使,封上其书。穆子士荣,以穆所居天下精兵处,阴劝穆从迥,穆深拒之。坚使内史大夫柳裘诣穆,为陈利害,又使穆子左侍上士浑往布腹心。穆使浑奉熨斗于坚,曰:“愿执威柄以熨安天下。”又以十三镮金带遗坚。十三镮金带者,天子之服也。坚大悦,遣浑诣韦孝宽述穆意。穆兄子崇,为怀州刺史,初欲应迥;后知穆附坚,慨然太息曰:“阖家富贵者数十人,值国有难,竟不能扶倾继绝,复何面目处天地间乎!”不得已亦附于坚。迥子谊,为朔州刺史,穆执送长安;又遣兵讨郭子胜,擒之。

迥招徐州总管源雄,东郡守于仲文,皆不从。雄,贺之曾孙;仲文,谨之孙也。迥遣宇文胄自石济,宇文威自白马济河,二道攻仲文,仲文弃郡走还长安,迥杀其妻子。迥遣檀让徇地河南,丞相坚以仲文为河南道行军总管,使诣洛阳发兵讨让,命杨素讨宇文胄。

丁未,周以丞相坚都督中外诸军事。

郧州总管司马消难亦举兵应迥,己酉,周以柱国王谊为行军元帅,以讨消难。

广州刺史于顗,仲文之兄也,与总管赵文表不协;诈得心疾,诱文表,手杀之,因唱言文表与尉迟迥通谋。坚以迥未平,因劳勉之,即拜吴州总管。

赵僭王招谋杀坚,邀坚过其第,坚赍酒殽就之。招引入寝室,招子员、贯及妃弟鲁封等皆在左右,佩刀而立,又藏刃于帷席之间,伏壮士于室后。坚左右皆不得从,唯从祖弟开府大将军弘、大将军元胄坐于户侧。胄,顺之孙也。弘、胄皆有勇力,为坚腹心。酒酣,招以佩刀刺瓜连啖坚,欲因而刺之。元胄进曰:“相府有事,不可久留。”招诃之曰:“我与丞相言,汝何

为者!"叱之使却。胄瞋目愤气,扣刀入卫。招赐之酒,曰:"吾岂有不善
之意邪! 卿何猜警如是?"招伪吐,将入后阁,胄恐其为变,扶令上坐,如
此再三。招伪称喉干,命胄就厨取饮,胄不动。会滕王迪后至,坚降阶迎
之。胄耳语曰:"事势大异,可速去!"坚曰:"彼无兵马,何能为!"胄曰:
"兵马皆彼物,彼若先发,大事去矣。胄不辞死,恐死无益。"坚复入坐。
胄闻室后有被甲声,遽请曰:"相府事殷,公何得如此!"因扶坚下床趋去。
招将追之,胄以身蔽户,招不得出;坚及门,胄自后至。招恨不时发,弹指
出血。壬子,坚诬招与越野王盛谋反,皆杀之,及其诸子。赏赐元胄,不可
胜计。

　　周室诸王数欲伺隙杀坚,坚都督临泾李圆通常保护之,由是得免。

16　癸丑,周主封其弟衍为叶王,术为郢王。

17　周豫、荆、襄三州蛮反,攻破郡县。

18　周韦孝宽军至永桥城,诸将请先攻之,孝宽曰:"城小而固,若攻
而不拔,损我兵威。今破其大军,此何能为!"于是引军壁于武陟。尉迟
迥遣其子魏安公惇帅众十万入武德,军于沁东。会沁水涨,孝宽与迥隔水
相持不进。

　　孝宽长史李询密启丞相坚云:"梁士彦、宇文忻、崔弘度并受尉迟迥
饷金,军中愊愊,人情大异。"坚深以为忧,与内史上大夫郑译谋代此三
人者,李德林曰:"公与诸将,皆国家贵臣,未相服从,今正以挟令之威控御
之耳。前所遣者,疑其乖异,后所遣者,又安知其能尽腹心邪! 又,取金之
事,虚实难明,今一旦代之,或惧罪逃逸;若加縻絷,则自郧公以下,莫不惊
疑。且临敌易将,此燕、赵之所以败也。如愚所见,但遣公一腹心,明于智
略,素为诸将所信服者,速至军所,使观其情伪。纵有异意,必不敢动,动
亦能制之矣。"坚大悟,曰:"公不发此言,几败大事。"乃命少内史崔仲方
往监诸军,为之节度。仲方,猷之子也,辞以父在山东。又命刘昉、郑译,
昉辞以未尝为将,译辞以母老。坚不悦。府司录高颎请行,坚喜,遣之。
颎受命亟发,遣人辞母而已。自是坚措置军事,皆与李德林谋之,时军书
日以百数,德林口授数人,文意百端,不加治点。

19　司马消难以郧、随、温、应、土、顺、沔、儇、岳九州及鲁山等八镇来
降,遣其子为质以求援。八月己未,诏以消难为大都督、总督九州八镇诸
军事、司空,赐爵随公。庚申,诏镇西将军樊毅进督沔、汉诸军事,南豫州
刺史任忠帅众趣历阳,超武将军陈慧纪为前军都督,趣南兖州。

20　周益州总管王谦亦不附丞相坚,起巴、蜀之兵以攻始州。梁睿至

汉川,不得进,坚即以睿为行军元帅以讨谦。

21　戊辰,诏以司马消难为大都督水陆诸军事。庚午,通直散骑常侍淳于陵克临江郡。

22　梁世宗使中书舍人柳庄奉书入周。丞相坚执庄手曰:"孤昔开府,从役江陵,深蒙梁主殊眷。今主幼时艰,猥蒙顾托。梁主奕叶委诚朝廷,当相与共保岁寒。"时诸将竞劝梁主举兵,与尉迟迥连谋,以为进可以尽节周氏,退可以席卷山南。梁主疑未决。会庄至,具道坚语,且曰:"昔袁绍、刘表、王凌、诸葛诞,皆一时雄杰,据要地,拥强兵,然功业莫就,祸不旋踵者,良由魏、晋挟天子,保京都,仗大顺以为名故也。今尉迟迥虽曰旧将,昏耄已甚。司马消难、王谦,常人之下者,非有匡合之才。周朝将相,多为身计,竞效节于杨氏。以臣料之,迥等终当覆灭,随公必移周祚。未若保境息民以观其变。"梁主深然之,众议遂止。

高颎至军,为桥于沁水。尉迟惇于上流纵火栈,颎豫为土狗以御之。惇布陈二十馀里,麾兵少却,欲待孝宽军半渡而击之;孝宽因其却,鸣鼓齐进。军既渡,颎命焚桥,以绝士卒反顾之心。惇兵大败,单骑走。孝宽乘胜进,追至邺。

庚午,迥与惇及惇弟西都公祐,悉将其卒十三万陈于城南,迥别统万人,皆绿巾、锦袄,号"黄龙兵"。迥弟勤帅众五万,自青州赴迥,以三千骑先至。迥素习军旅,老犹被甲临陈。其麾下皆关中人,为之力战,孝宽等军不利而却。邺中士民观战者数万人,行军总管宇文忻曰:"事急矣! 吾当以诡道破之。"乃先射观者,观者皆走,转相腾藉,声如雷霆。忻乃传呼曰:"贼败矣!"众复振,因其扰而乘之。迥军大败,走保邺城。孝宽纵兵围之,李询及思安伯代人贺娄子干先登。

崔弘度妹,先适迥子为妻,及邺城破,迥窘迫升楼,弘度直上龙尾追之。迥弯弓,将射弘度,弘度脱兜鍪,谓迥曰:"颇相识不? 今日各图国事,不得顾私。以亲戚之情,谨遏乱兵,不许侵辱。事势如此,早为身计,何所待也?"迥掷弓于地,骂左丞相极口而自杀。弘度顾其弟弘升曰:"汝可取迥头。"弘升斩之。军士在小城中者,孝宽尽坑之。勤、惇、祐东走青州,未至,开府仪同大将军郭衍追获之。丞相坚以勤初有诚款,特不之罪。李惠先自缚归罪,坚复其官爵。

迥末年衰耄,及起兵,以小御正崔达拏为长史。达拏,暹之子也,文士,无筹略,举措多失,凡六十八日而败。

于仲文军至蓼堤,去梁郡七里。檀让拥众数万,仲文以羸师挑战而伪北,让不设备;仲文还击,大破之,生获五千馀人,斩首七百级。进攻梁郡,迥守将刘子宽弃城走。仲文进击曹州,获迥所署刺史李仲康。檀让以馀众屯成武,仲文袭击,破之,遂拔成武。迥将席毗罗,众十万,屯沛县,将攻徐州。其妻子在金乡,仲文遣人诈为毗罗使者,谓金乡城主徐善净曰:"檀让明日午时至金乡,宣蜀公令,赏赐将士。"金乡人皆喜。仲文简精兵,伪建迥旗帜,倍道而进。善净望见,以为檀让,出迎谒。仲文执之,遂取金乡。诸将多劝屠其城,仲文曰:"此城乃毗罗起兵之所,当宽其妻子,其兵自归。如即屠之,彼望绝矣。"众皆称善。于是毗罗恃众来薄官军,仲文设伏击之,毗罗众大溃,争投洙水死,水为之不流。获檀让,槛送京师;斩毗罗,传首。

韦孝宽分兵讨关东叛者,悉平之。坚徙相州于安阳,毁邺城及邑居。分相州,置毛州、魏州。

梁主闻迥败,谓柳庄曰:"若从众人之言,社稷已不守矣!"

丞相坚之初得政也,待黄公刘昉、沛公郑译甚厚,赏赐不可胜计,委以心膂,朝野倾属,称为"黄、沛"。二人皆恃功骄恣,溺于财利,不亲职务。及辞监军,坚始疏之,恩礼渐薄。高颎自军所还,宠遇日隆。时王谦、司马消难未平,坚忧之,忘寝与食。而昉逸游纵酒,相府事多遗落。坚乃以高颎代昉为司马;不忍废译,阴敕官属不得白事于译。译犹坐听事,无所关预,惶惧顿首,求解职;坚犹以恩礼慰勉之。

23　癸酉,智武将军鲁广达克周之郭默城。丙子,淳于陵克祐州城。

24　周以汉王赞为太师,申公李穆为太傅,宋王实为大前疑,秦王贽为大右弼,燕公于寔为大左辅。寔,仲文之父也。

25　乙卯,周大赦。

26　周王谊帅四总管至郧州,司马消难拥其众以鲁山、甑山二镇来降。

初,消难遣上开府仪同大将军段珣将兵围顺州,顺州刺史周法尚不能拒,弃城走,消难虏其母弟而南。樊毅救消难,不及,周亳州总管元景山击之,毅掠居民而去。景山与南徐州刺史宇文弼追之,与毅战于漳口,一日三战三捷。毅退保甑山镇,城邑为消难所据者,景山皆复取之。

郧州巴蛮多叛,共推渠帅兰雒州为主,以附消难。王谊遣诸将分讨之,旬月皆平。陈纪、萧摩诃攻广陵,周吴州总管于颢击破之。沙州氏帅杨永安聚众应王谦,大将军乐宁公达奚儒讨之。杨素破宇文胄于石济,斩之。

27　周以神武公窦毅为大司马,齐公于智为大司空;九月,以小宗伯竟陵公杨惠为大宗伯。

28　丁亥,周将王延贵帅众援历阳;任忠击破之,生擒延贵。

29　壬辰,周废皇后司马氏为庶人。庚戌,以随世子勇为洛州总管、东京小冢宰,总统旧齐之地。壬子,以左丞相坚为大丞相,罢左、右丞相之官。

30　冬,十月甲寅,日有食之。

31　周丞相坚杀陈惑王纯及其子。

32　周梁睿将步骑二十万讨王谦,谦分命诸将据险拒守,睿奋击,屡破之,蜀人大骇。谦遣其将达奚惎、高阿那肱、乙弗虔等帅众十万攻利州,堰江水以灌之。城中战士不过二千,总管昌黎豆卢勣,昼夜拒守,凡四旬,时出奇兵击惎等,破之;会梁睿至,惎等遁去。睿自剑阁入,进逼成都。谦令达奚惎、乙弗虔城守,亲帅精兵五万,背城结陈。睿击之,谦战败,将入城,惎、虔以城降。谦将麾下三十骑走新都,新都令王宝执之。戊寅,睿斩谦及高阿那肱,剑南平。

33　十一月甲辰,周达奚儒破杨永安,沙州平。

34　丁未,周郧襄公韦孝宽卒。孝宽久在边境,屡抗强敌;所经略布置,人初莫之解,见其成事,方乃惊服。虽在军中,笃意文史;敦睦宗族,所得俸禄,不入私室。人以此称之。

35　十二月庚辰,河东康简王叔献卒。

36　癸亥,周诏诸改姓者,宜悉复旧。

37　甲子,周以大丞相坚为相国,总百揆,去都督中外、大冢宰之号,进爵为王,以安陆等二十郡为随国,赞拜不名,备九锡之礼;坚受王爵、十郡而已。

辛未,杀代奰王达、滕闻王逌及其子。

壬申,以小冢宰元孝规为大司徒。

38　是岁,周境内有州二百一十一,郡五百八。

# 资治通鉴卷第一百七十五

## 陈纪九

### 高宗宣皇帝下之下

太建十三年（辛丑，581）

1 春，正月壬午，以晋安王伯恭为尚书左仆射，吏部尚书袁宪为右仆射。宪，枢之弟也。

2 周改元大定。

3 二月甲寅，隋王始受相国、百揆、九锡，建台置官。丙辰，诏进王妃独孤氏为王后，世子勇为太子。

开府仪同大将军庾季才，劝隋王宜以今月甲子应天受命。太傅李穆、开府仪同大将军卢贲亦劝之。于是周主下诏，逊居别宫。甲子，命兼太傅杞公椿奉册，大宗伯赵煚奉皇帝玺绂，禅位于隋。隋主冠远游冠；受册、玺，改服纱帽、黄袍；入御临光殿，服衮冕，如元会之仪。大赦，改元开皇。命有司奉册祀于南郊。遣少冢宰元孝矩代太子勇镇洛阳。孝矩名矩，以字行，天赐之孙也；女为太子妃。

少内史崔仲方劝隋主除周六官，依汉、魏之旧，从之。置三师、三公及尚书、门下、内史、秘书、内侍五省。御史、都水二台，太常等十一寺，左右卫等十二府，以分司统职。又置上柱国至都督十一等勋官，以酬勤劳；特进至朝散大夫七等散官，以加文武官之有德声者。改侍中为纳言。以相国司马高颎为尚书左仆射，兼纳言，相国司录京兆虞庆则为内史监，兼吏部尚书，相国内郎李德林为内史令。

乙丑，追尊皇考为武元皇帝，庙号太祖；皇妣吕氏为元明皇后。丙寅，修庙社。立王后独孤氏为皇后，王太子勇为皇太子。丁卯，以太尉赵煚为尚书右仆射。己巳，封周静帝为介公。周氏诸王皆降爵为公。

初，刘、郑矫诏以隋主辅政，杨后虽不预谋，然以嗣子幼冲，恐权在他族，闻之，甚喜。后知其父有异图，意颇不平，形于言色，及禅位，愤惋逾甚。隋主内甚愧之，改封乐平公主，久之，欲夺其志；公主誓不许，乃止。

隋主与周载下大夫北平荣建绪有旧,隋主将受禅,建绪为息州刺史;将之官,隋主谓曰:"且踌躇,当共取富贵。"建绪正色曰:"明公此旨,非仆所闻。"及即位,来朝,帝谓之曰:"卿亦悔不?"建绪稽首曰:"臣位非徐广,情类杨彪。"帝怒曰:"朕虽不晓书语,亦知卿此言不逊!"

上柱国窦毅之女,闻隋受禅,自投堂下,抚膺太息曰:"恨我不为男子,救舅氏之患!"毅及襄阳公主掩其口曰:"汝勿妄言,灭吾族!"毅由是奇之。及长,以适唐公李渊。渊,昞之子也。

虞庆则劝隋主尽灭宇文氏,高颎、杨惠亦依违从之,李德林固争,以为不可,隋主作色曰:"君书生,不足与议此!"于是周太祖孙谯公乾恽、冀公绚,闵帝子纪公湜,明帝子酆公贞、宋公实,高祖子汉公赞、秦公贽、曹公允、道公充、蔡公兑、荆公元,宣帝子莱公衍、郢公术皆死。德林由此品位不进。

4　乙亥,上耕藉田。

5　隋主封其弟邵公慧为滕王,安公爽为卫王,子雁门公广为晋王,俊为秦王,秀为越王,谅为汉王。

6　隋主赐李穆诏曰:"公既旧德,且又父党。敬惠来旨,义无有违。即以今月十三日恭膺天命。"俄而穆入朝,帝以穆为太师,赞拜不名;子孙虽在襁褓,悉拜仪同,一门执象笏者百馀人,贵盛无比。又以上柱国窦炽为太傅,幽州总管于翼为太尉。李穆上表乞骸骨,诏曰:"吕尚以期颐佐周,张苍以华皓相汉,高才命世,不拘常礼。"仍以穆年者,敕蠲朝集,有大事,就第询访。

美阳公苏威,绰之子也,少有令名,周晋公护强以女妻之。威见护专权,恐祸及己,屏居山寺,以讽读为娱。周高祖闻其贤,除车骑大将军、仪同三司,又除稍伯下大夫,皆辞疾不拜;宣帝就除开府仪同大将军。隋主为丞相,高颎荐之,隋主召见,与语,大悦;居月馀,闻将受禅,遁归田里。颎请追之,隋主曰:"此不欲预吾事耳,置之。"及受禅,征拜太子少保,追封其父为邳公,以威袭爵。

7　丁丑,隋以晋王广为并州总管。三月戊子,以上开府仪同三司贺若弼为吴州总管,镇广陵,和州刺史河南韩擒虎为庐州总管,镇庐江。隋主有并吞江南之志,问将帅于高颎,颎荐弼与擒虎,故置于南边,使潜为经略。

戊戌,以太子少保苏威兼纳言、度支尚书。

初,苏绰在西魏,以国用不足,制征税法颇重,既而叹曰:"今所为者,譬如张弓,非平世法也。后之君子,谁能弛之!"威闻其言,每以为己任。至是,奏减赋役,务从轻简,隋主悉从之,渐见亲重,与高颎参掌朝政。帝尝怒一人,将杀之,威入阁进谏,帝不纳,将自出斩之,威当帝前不去;帝避之而出,威又遮止。帝拂衣而入,良久,乃召威谢曰:"公能若是,吾无忧矣。"赐马二匹,钱十馀万,寻复兼大理卿、京兆尹、御史大夫,本官悉如故。

　　治书侍御史安定梁毗,以威兼领五职,安繁恋剧,无举贤自代之心,抗表劾威,帝曰:"苏威朝夕孜孜,志存远大,何遽迫之!"因谓朝臣曰:"苏威不值我,无以措其言;我不得苏威,何以行其道。杨素才辩无双,至于斟酌古今,助我宣化,非威之匹也。威若逢乱世,南山四皓,岂易屈哉!"威尝言于帝曰:"臣先人每戒臣云:'唯读孝经一卷,足以立身治国,何用多为!'"帝深然之。

　　高颎深避权势,上表逊位,让于苏威,帝欲成其美,听解仆射。数日,帝曰:"苏威高蹈前朝,颎能推举。吾闻进贤受上赏,宁可使之去官!"命颎复位。颎、威同心协赞,政刑大小,帝无不与之谋议,然后行之。故革命数年,天下称平。

　　太子左庶子卢贲,以颎、威执政,心甚不平,时柱国刘昉亦被疏忌。贲因讽昉及上柱国元谐、李询、华州刺史张宾等谋黜颎、威,五人相与辅政。又以晋王广有宠于帝,私谓太子曰:"贲欲数谒殿下,恐为上所遣,愿察区区之心。"谋泄,帝穷治其事,昉等委罪于宾、贲。公卿奏二人当死,帝以故旧,不忍诛,并除名为民。

8　庚子,隋诏前代品爵,皆依旧不降。

9　丁未,梁主遣其弟太宰岩入贺于隋。

10　夏,四月辛巳,隋大赦。戊戌,悉放太常散乐为民,仍禁杂戏。

11　散骑常侍韦鼎、兼通直散骑常侍王瑳聘于周。辛丑,至长安,隋已受禅,隋主致之介国。

12　隋主召汾州刺史韦冲为兼散骑常侍。时发稽胡筑长城,汾州胡千馀人,在涂亡叛。帝召冲问计,对曰:"夷狄之性,易为反覆,皆由牧宰不称之所致。臣请以理绥静,可不劳兵而定。"帝然之,命冲绥怀叛者,月馀皆至,并赴长城之役。冲,夐之子也。

13　五月戊午,隋封邗公雄为广平王,永康公弘为河间王。雄,高祖之族子也。

14　隋主潜害周静帝而为之举哀,葬于恭陵;以其族人洛为嗣。

15 六月癸未,隋诏郊庙冕服必依礼经。其朝会之服、旗帜、牺牲皆尚赤,戎服以黄,常服通用杂色。秋,七月乙卯,隋主始服黄,百僚毕贺。于是百官常服,同于庶人,皆著黄袍;隋主朝服亦如之,唯以十三环带为异。

16 八月壬午,隋废东京官。

17 吐谷浑寇凉州,隋主遣行军元帅乐安公元谐等步骑数万击之。谐击破吐谷浑于丰利山,又败其太子可博汗于青海,俘斩万计。吐谷浑震骇,其王侯三十人各帅所部来降。吐谷浑可汗夸吕帅亲兵远遁。隋主以其高宁王移兹裒为河南王,使统降众。以元谐为宁州刺史,留行军总管贺娄子幹镇凉州。

18 九月庚午,将军周罗睺攻隋故墅,拔之。萧摩诃攻江北。

19 隋奉车都尉于宣敏奉使巴、蜀还,奏称:"蜀土沃饶,人物殷阜,周德之衰,遂成戎首。宜树建藩屏,封殖子孙。"隋主善之。辛未,以越王秀为益州总管,改封蜀王。宣敏,谨之孙也。

20 隋以上柱国长孙览、元景山并为行军元帅,发兵入寇;命尚书左仆射高颎节度诸军。

21 初,周、齐所铸钱凡四等,及民间私钱,名品甚众,轻重不等。隋主患之,更铸五铢钱,背、面、肉、好皆有周郭,每一千重四斤二两。悉禁古钱及私钱。置样于关;不如样者,没官销毁之。自是钱币始壹,民间便之。

22 隋郑译以上柱国归第,赏赐丰厚。译自以被疏,呼道士醮章祈福,为婢所告,以为巫蛊,译又与母别居,为宪司所劾,由是除名。隋主下诏曰:"译若留之于世,在人为不道之臣;戮之于朝,入地为不孝之鬼。有累幽显,无所置之。宜赐以孝经,令其熟读。"仍遣与母共居。

23 初,周法比于齐律,烦而不要,隋主命高颎、郑译及上柱国杨素、率更令裴政等更加修定。政练习典故,达于从政,乃采魏、晋旧律,下至齐、梁,沿革重轻,取其折衷。时同修者十馀人,凡有疑滞,皆取决于政。于是去前世枭、轘及鞭法,自非谋叛以上,无收族之罪。始制死刑二,绞、斩;流刑三,自二千里至三千里;徒刑五,自一年至三年;杖刑五,自六十至百;笞刑五,自十至五十。又制议、请、减、赎、官当之科以优士大夫。除前世讯囚酷法,考掠不得过二百;枷杖大小,咸有程式。民有枉屈,县不为理者,听以次经郡及州;若仍不为理,听诣阙伸诉。

冬,十月戊子,始行新律。诏曰:"夫绞以致毙,斩则殊形,除恶之体,于斯已极。枭首、轘身,义无所取,不益惩肃之理,徒表安忍之怀。鞭之为

用,残剥肤体,彻骨侵肌,酷均脔切。虽云往古之式,事乖仁者之刑。枭、
辕及鞭,并令去之。贵带砺之书,不当徒罚;广轩冕之荫,旁及诸亲。流役
六年,改为五载;刑徒五岁,变从三祀。其馀以轻代重,化死为生,条目甚
多,备于简策。杂格、严科,并宜除削。"自是法制遂定,后世多遵用之。

　　隋主尝怒一郎,于殿前笞之。谏议大夫刘行本进曰:"此人素清,其
过又小,愿少宽之。"帝不顾。行本于是正当帝前曰:"陛下不以臣不肖,
置臣左右,臣言若是,陛下安得不听;若非,当致之于理。"因置笏于地而
退。帝敛容谢之,遂原所笞者。行本,璠之兄子也。

　　独孤皇后,家世贵盛而能谦恭,雅好读书,言事多与隋主意合,帝甚宠
惮之,宫中称为"二圣"。帝每临朝,后辄与帝方辇而进,至阁乃止。使宦
官伺帝,政有所失,随即匡谏。候帝退朝,同反燕寝。有司奏称:"周礼百
官之妻,命于王后,请依古制。"后曰:"妇人与政,或从此为渐,不可开其
源也。"大都督崔长仁,后之中外兄弟也,犯法当斩,帝以后故,欲免其罪。
后曰:"国家之事,焉可顾私!"长仁竟坐死。后性俭约,帝尝合止利药,须
胡粉一两。宫内不用,求之,竟不得。又欲赐柱国刘嵩妻织成衣领,宫内
亦无之。

　　然帝惩周氏之失,不以权任假借外戚,后兄弟不过将军、刺史。帝外
家吕氏,济南人,素微贱,齐亡以来,帝求访,不知所在。及即位,始求得舅
子吕永吉,追赠外祖双周为太尉,封齐郡公,以永吉袭爵。永吉从父道贵,
性尤顽骏,言词鄙陋,帝厚加供给,而不许接对朝士。拜上仪同三司,出为
济南太守;后郡废,终于家。

　　24　壬辰,隋主如岐州。

　　岐州刺史安定梁彦光,有惠政,隋主下诏褒美,赐束帛及御伞,以厉天
下之吏;久之,徙相州刺史。岐俗质厚,彦光以静镇之,奏课连为天下最。
及居相,部如岐州法。邺自齐亡,衣冠士人多迁入关,唯工商乐户移实州
郭,风俗险波,好兴谣讼,目彦光为"著帽饧"。帝闻之,免彦光官。岁馀,
拜赵州刺史。彦光自请复为相州,帝许之。豪猾闻彦光再来,皆嗤之。彦
光至,发摘奸伏,有若神明,豪猾潜窜,阖境大治。于是招致名儒,每乡立
学,亲临策试,褒勤黜怠。及举秀才,祖道于郊,以财物资之。于是风化大
变,吏民感悦,无复讼者。

　　时又有相州刺史陈留樊叔略,有异政,帝以玺书褒美,班示天下,征拜
司农。

　　新丰令房恭懿,政为三辅之最,帝赐以粟帛。雍州诸县令朝谒,帝见

恭懿,必呼至榻前,咨以治民之术。累迁德州司马。帝谓诸州朝集使曰:
"房恭懿志存体国,爱养我民,此乃上天宗庙之所祐。朕若置而不赏,上
天宗庙必当责我。卿等宜师范之。"因擢为海州刺史。由是州县吏多称
职,百姓富庶。

25 十一月丁卯,隋遣兼散骑侍郎郑挜来聘。

26 十二月庚子,隋主还长安,复郑译官爵。

27 广州刺史马靖,得岭表人心,兵甲精练,数有战功。朝廷疑之,遣
吏部侍郎萧引观靖举措,讽令送质,外托收督赕物,引至番禺。靖即遣子
弟入质。

28 是岁,隋主诏境内之民任听出家,仍令计口出钱,营造经像。于
是时俗随风而靡,民间佛书,多于六经数十百倍。

29 突厥佗钵可汗病且卒,谓其子庵逻曰:"吾兄不立其子,委位于
我。我死,汝曹当避大逻便。"及卒,国人将立大逻便。以其母贱,众不
服;庵逻实贵,突厥素重之。摄图最后至,谓国人曰:"若立庵逻者,我当
帅兄弟事之。若立大逻便,我必守境,利刃长矛以相待。"摄图长,且雄
勇,国人莫敢拒,竟立庵逻为嗣。大逻便不得立,心不服庵逻,每遣人詈辱
之。庵逻不能制,因以国让摄图。国中相与议曰:"四可汗子,摄图最
贤。"共迎立之,号沙钵略可汗,居都斤山。庵逻降居独洛水,称第二可
汗。大逻便乃谓沙钵略曰:"我与尔俱可汗子,各承父后。尔今极尊,我
独无位,何也?"沙钵略患之,以为阿波可汗,还领所部。又沙钵略从父玷
厥,居西面,号达头可汗。诸可汗各统部众,分居四面。沙钵略勇而得众,
北方皆畏附之。

隋主既立,待突厥礼薄,突厥大怨。千金公主伤其宗祀覆灭,日夜言
于沙钵略,请为周室复仇。沙钵略谓其臣曰:"我,周之亲也。今隋主自
立而不能制,复何面目见可贺敦乎!"乃与故齐营州刺史高宝宁合兵为
寇。隋主患之,敕缘边修保障,峻长城,命上柱国武威阴寿镇幽州,京兆尹
虞庆则镇并州,屯兵数万以备之。

初,奉车都尉长孙晟送千金公主入突厥,突厥可汗爱其善射,留之竟
岁,命诸子弟贵人与之亲友,冀得其射法。沙钵略弟处罗侯,号突利设,尤
得众心,为沙钵略所忌,密托心腹阴与晟盟。晟与之游猎,因察山川形势,
部众强弱,靡不知之。

及突厥入寇,晟上书曰:"今诸夏虽安,戎虏尚梗,兴师致讨,未是其
时,弃于度外,又相侵扰,故宜密运筹策,有以攘之。玷厥之于摄图,兵强

而位下,外名相属,内隙已彰;鼓动其情,必将自战。又,处罗侯者,摄图之弟,奸多势弱,曲取众心,国人爱之,因为摄图所忌,其心殊不自安,迹示弥缝,实怀疑惧。又,阿波首鼠,介在其间,颇畏摄图,受其牵率,唯强是与,未有定心。今宜远交而近攻,离强而合弱。通使玷厥,说合阿波,则摄图回兵,自防右地。又引处罗,遣连奚、霫,则摄图分众,还备左方。首尾猜嫌,腹心离阻,十数年后,乘衅讨之,必可一举而空其国矣。"帝省表,大悦,因召与语。晟复口陈形势,手画山川,写其虚实,皆如指掌,帝深嗟异,皆纳用之。遣太仆元晖出伊吾道,诣达头,赐以狼头纛。达头使来,引居沙钵略使上。以晟为车骑将军,出黄龙道,赍币赐奚、霫、契丹,遣为乡导,得至处罗侯所,深布心腹,诱之内附。反间既行,果相猜贰。

30　始兴王叔陵,太子之次弟也,与太子异母,母曰彭贵人。叔陵为江州刺史,性苛刻狡险。新安王伯固,以善谐谑,有宠于上及太子;叔陵疾之,阴求其过失,欲中之以法。叔陵入为扬州刺史,事务多关涉省闼,执事承意顺旨,即讽上进用之;微致违忤,必抵以大罪,重者至殊死。伯固惮之,乃诡求其意。叔陵好发古冢,伯固好射雉,常相从郊野,大相款狎,因密图不轨。伯固为侍中,每得密语,必告叔陵。

十四年(壬寅,582)

1　春,正月己酉,上不豫,太子与始兴王叔陵、长沙王叔坚并入侍疾。叔陵阴有异志,命典药吏曰:"切药刀甚钝,可砺之!"甲寅,上殂。仓猝之际,叔陵命左右于外取剑。左右弗悟,取朝服木剑以进,叔陵怒。叔坚在侧,闻之,疑有变,伺其所为。乙卯,小敛。太子哀哭俯伏。叔陵抽剉药刀斫太子,中项,太子闷绝于地;母柳皇后走来救之,又斫后数下。乳媪吴氏自后掣其肘,太子乃得起;叔陵持太子衣,太子自奋得免。叔坚手扼叔陵,夺去其刀,仍牵就柱,以其褶袖缚之。时吴媪已扶太子避贼,叔坚求太子所在,欲受生杀之命。叔陵多力,奋袖得脱,突走出云龙门,驰车还东府,召左右断青溪道,赦东城囚以充战士,散金帛赏赐,又遣人往新林追所部兵;仍自被甲,著白布帽,登城西门招募百姓;又召诸王将帅,莫有至者,唯新安王伯固单马赴之,助叔陵指挥。叔陵兵可千人,欲据城自守。

时众军并缘江防守,台内空虚。叔坚白柳后,使太子舍人河内司马申,以太子命召右卫将军萧摩诃入见受敕,帅马步数百趣东府,屯城西门。叔陵惶恐,遣记室韦谅送其鼓吹与摩诃,谓曰:"事捷,必以公为台辅。"摩诃绐报之曰:"须王心膂节将自来,方敢从命。"叔陵遣其所亲戴温、谭骐骈诣摩诃,摩诃执以送台,斩其首,徇东城。

叔陵自知不济,入内,沉其妃张氏及宠妾七人于井,帅步骑数百自小航渡,欲趣新林,乘舟奔隋。行至白杨路,为台军所邀。伯固见兵至,旋避入巷,叔陵驰骑拔刀追之,伯固复还,叔陵部下多弃甲溃去。摩诃马容陈智深迎刺叔陵僵仆,陈仲华就斩其首,伯固为乱兵所杀,自寅至巳乃定。叔陵诸子并赐死,伯固诸子宥为庶人。韦谅及前衡阳内史彭暠、谘议参军兼记室郑信、典签俞公喜并伏诛。暠,叔陵舅也。信、谅有宠于叔陵,常参谋议。谅,綮之子也。

丁巳,太子即皇帝位,大赦。

2　辛酉,隋置河北道行台于并州,以晋王广为尚书令;置西南道行台于益州,以蜀王秀为尚书令。隋主惩周氏孤弱而亡,故使二子分莅方面。以二王年少,盛选贞良有才望者为之僚佐;以灵州刺史王韶为并省右仆射,鸿胪卿赵郡李雄为兵部尚书,左武卫将军朔方李徹总晋王府军事,兵部尚书元岩为益州总管府长史。王韶、李雄、元岩俱有骨鲠名,李徹前朝旧将,故用之。

初,李雄家世以学业自通,雄独习骑射。其兄子旦让之曰:"非士大夫之素业也。"雄曰:"自古圣贤,文武不备而能成其功业者鲜矣。雄虽不敏,颇观前志,但不守章句耳。既文且武,兄何病焉!"及将如并省,帝谓雄曰:"吾儿更事未多,以卿兼文武才,吾无北顾之忧矣。"

二王欲为奢侈非法,韶、岩辄不奉教,或自锁,或排阁切谏。二王甚惮之,每事谘而后行,不敢违法度。帝闻而赏之。

又以秦王俊为河南道行台尚书令、洛州刺史,领关东兵。

3　癸亥,以长沙王叔坚为骠骑将军、开府仪同三司、扬州刺史;萧摩诃为车骑将军、南徐州刺史,封绥远公,始兴王家金帛累巨万,悉以赐之。以司马申为中书通事舍人。

乙丑,尊皇后为皇太后。时帝病创,卧承香殿,不能听政。太后居柏梁殿,百司众务,皆决于太后,帝创愈,乃归政焉。

丁卯,封皇弟叔重为始兴王,奉昭烈王祀。

4　隋元景山出汉口,遣上开府仪同三司邓孝儒将卒四千攻甑山。镇将军陆纶以舟师救之,为孝儒所败;涢口、甑山、沌阳守将皆弃城走。戊辰,遣使请和于隋,归其胡墅。

5　己巳,立妃沈氏为皇后。辛未,立皇弟叔俨为寻阳王,叔慎为岳阳王,叔达为义阳王,叔熊为巴山王,叔虞为武昌王。

6　隋高颎奏，礼不伐丧；二月己丑，隋主诏颎等班师。

7　三月己巳，以尚书左仆射晋安王伯恭为湘州刺史，永阳王伯智为尚书仆射。

8　夏，四月庚寅，隋大将军韩僧寿破突厥于鸡头山，上柱国李充破突厥于河北山。

9　丙申，立皇子永康公胤为太子。胤，孙姬之子，沈后养以为子。

10　五月己未，高宝宁引突厥寇隋平州，突厥悉发五可汗控弦之士四十万入长城。

11　壬戌，隋任穆公于翼卒。

12　甲子，隋更命传国玺曰“受命玺”。

13　六月甲申，隋遣使来吊。

14　乙酉，隋上柱国李光败突厥于马邑。突厥又寇兰州，凉州总管贺娄子幹败之于可洛峐。

15　隋主嫌长安城制度狭小，又宫内多妖异。纳言苏威劝帝迁都，帝以初受命，难之；夜，与威及高颎共议。明旦，通直散骑庚季才奏曰：“臣仰观乾象，俯察图记，必有迁都之事。且汉营此城，将八百岁，水皆咸卤，不甚宜人。愿陛下协天人之心，为迁徙之计。”帝愕然，谓颎、威曰：“是何神也！”太师李穆亦上表请迁都。帝省表曰：“天道聪明，已有征应；太师人望，复抗此请；无不可矣。”丙申，诏高颎等创造新都于龙首山。以太子左庶子宇文恺有巧思，领营新都副监。恺，忻之弟也。

16　秋，七月辛未，大赦。

17　九月丙午，设无遮大会于太极殿，舍身及乘舆御服。大赦。

18　丙午，以长沙王叔坚为司空，将军、刺史如故。

19　冬，十月癸酉，隋太子勇屯兵咸阳以备突厥。

20　十二月丙子，隋命新都曰大兴城。

21　乙酉，隋遣沁源公虞庆则屯弘化以备突厥。

行军总管达奚长儒将兵二千，与突厥沙钵略可汗遇于周槃，沙钵略有众十馀万，军中大惧。长儒神色慷慨，且战且行，为虏所冲，散而复聚，四面抗拒。转斗三日，昼夜凡十四战，五兵咸尽，士卒以拳殴之，手皆骨见，杀伤万计。虏气稍夺，于是解去。长儒身被五疮，通中者二；其战士死者什八九。诏以长儒为上柱国，馀勋回授一子。

时柱国冯昱屯乙弗泊，兰州总管叱列长叉守临洮，上柱国李崇屯幽州，皆为突厥所败。于是突厥纵兵自木硖、石门两道入寇，武威、天水、金城、上郡、弘化、延安,六畜咸尽。

　　沙钵略更欲南入,达头不从,引兵而去。长孙晟又说沙钵略之子染干诈告沙钵略曰:"铁勒等反,欲袭其牙。"沙钵略惧,回兵出塞。

　　22　隋主既立,待遇梁主,恩礼弥厚。是岁,纳梁主女为晋王妃,又欲以其子琮尚兰陵公主。由是罢江陵总管,梁主始得专制其国。

## 长城公上

至德元年(癸卯,583)

　　1　春,正月庚子,隋将入新都,大赦。

　　2　壬寅,大赦,改元。

　　3　初,上病创,不能视事,政无大小,皆决于长沙王叔坚,权倾朝廷。叔坚颇骄纵,上由是忌之。都官尚书山阴孔范,中书舍人施文庆,皆恶叔坚而有宠于上,日夕求其短,构之于上。上乃即叔坚骠骑将军本号,用三司之仪,出为江州刺史。以祠部尚书江总为吏部尚书。

　　4　癸卯,立皇子深为始安王。

　　5　二月己巳朔,日有食之。

　　6　癸酉,遣兼散骑常侍贺徹等聘于隋。

　　7　突厥寇隋北边。

　　8　癸巳,葬孝宣皇帝于显宁陵,庙号高宗。

　　9　右卫将军兼中书通事舍人司马申既掌机密,颇作威福,多所谮毁。能候人主颜色,有忤己者,必以微言谮之;附己者,因机进之。是以朝廷内外,皆从风而靡。

　　上欲用侍中、吏部尚书毛喜为仆射,申恶喜强直,言于上曰:"喜,臣之妻兄,高宗时称陛下有酒德,请逐去宫臣,陛下宁忘之邪?"上乃止。

　　上创愈,置酒于后殿以自庆,引吏部尚书江总以下展乐赋诗。既醉而命毛喜。于时山陵初毕,喜见之,不怿;欲谏,则上已醉。喜升阶,阳为心疾,仆于阶下,移出省中。上醒,谓江总曰:"我悔召毛喜,彼实无疾,但欲阻我欢宴,非我所为耳。"乃与司马申谋曰:"此人负气,吾欲乞鄱阳兄弟,听其报仇,可乎?"对曰:"彼终不为官用,愿如圣旨。"中书通事舍人北地傅𦈡争之曰:"不然。若许报仇,欲置先皇何地?"上曰:"当乞一小郡,勿令见人事耳。"乃以喜为永嘉内史。

　　10　三月丙辰,隋迁于新都。

　　初令民二十一成丁,减役者每岁十二番为二十日役,减调绢一匹为二丈。周末榷酒坊、盐池、盐井，至是皆罢之。

秘书监牛弘上表，以“典籍屡经丧乱，率多散逸。周氏聚书，仅盈万卷。平齐所得，除其重杂，裁益五千。兴集之期，属膺圣世。为国之本，莫此为先。岂可使之流落私家，不归王府！必须勒之以天威，引之以微利，则异典必臻，观阁斯积。”隋主从之。丁巳，诏购求遗书于天下，每献书一卷，赉缣一匹。

11　夏，四月庚午，吐谷浑寇隋临洮。洮州刺史皮子信出战，败死；汶州总管梁远击走之。又寇廓州，州兵击走之。

12　壬申，隋以尚书右仆射赵煚兼内史令。

13　突厥数为隋寇。隋主下诏曰：“往者周、齐抗衡，分割诸夏，突厥之虏，俱通二国。周人东虑，恐齐好之深，齐氏西虞，惧周交之厚；谓虏意轻重，国遂安危，盖并有大敌之忧，思减一边之防也。朕以为厚敛兆庶，多惠豺狼，未尝感恩，资而为贼。节之以礼，不为虚费，省徭薄赋，国用有馀。因入贼之物，加赐将士；息道路之民，务为耕织；清边制胜，成策在心。凶丑愚暗，未知深旨，将大定之日，比战国之时；乘昔世之骄，结今时之恨。近者尽其巢窟，俱犯北边，盖上天所忿，驱就齐斧。诸将今行，义兼含育，有降者纳，有违者死，使其不敢南望，永服威刑。何用侍子之朝，宁劳渭桥之拜！”

于是命卫王爽等为行军元帅，分八道出塞击之。爽督总管李充等四将出朔州道，己卯，与沙钵略可汗遇于白道。李充言于爽曰：“突厥狃于骤胜，必轻我而无备，以精兵袭之，可破也。”诸将多以为疑，唯长史李徹赞成之，遂与充帅精骑五千掩击突厥，大破之。沙钵略弃所服金甲，潜草中而遁。其军中无食，粉骨为粮，加以疾疫，死者甚众。

幽州总管阴寿帅步骑十万出卢龙塞，击高宝宁。宝宁求救于突厥，突厥方御隋师，不能救。庚辰，宝宁弃城奔碛北，和龙诸县悉平。寿设重赏以购宝宁，又遣人离其腹心；宝宁奔契丹，为其麾下所杀。

14　己丑，郢州城主张子讥遣使请降于隋，隋主以和好，不纳。

15　辛卯，隋主遣兼散骑常侍薛舒、兼散骑常侍王劭来聘。劭，松年之子也。

16　癸巳，隋主大雩。

17　甲子，突厥遣使入见于隋。

18　隋改度支尚书为民部，都官尚书为刑部。命左仆射判吏、礼、兵三部事，右仆射判民、刑、工三部事。废光禄、卫尉、鸿胪寺及都水台。

19　五月癸卯,隋行军总管李晃破突厥于摩那度口。

20　乙巳,梁太子琮入朝于隋,贺迁都。

21　辛酉,隋主祀方泽。

22　隋秦州总管窦荣定帅九总管步骑三万出凉州,与突厥阿波可汗相拒于高越原,阿波屡败。荣定,炽之兄子也。

前上大将军京兆史万岁,坐事配敦煌为戍卒,诣荣定军门,请自效,荣定素闻其名,见而大悦。壬戌,将战,荣定遣人谓突厥曰:"士卒何罪而杀之!但当各遣一壮士决胜负耳。"突厥许诺,因遣一骑挑战。荣定遣万岁出应之,万岁驰斩其首而还。突厥大惊,不敢复战,遂请盟,引军而去。

长孙晟时在荣定军中为偏将,使谓阿波曰:"摄图每来,战皆大胜。阿波才入,辄即奔败,此乃突厥之耻也。且摄图之与阿波,兵势本敌。今摄图日胜,为众所崇;阿波不利,为国生辱。摄图必当以罪归阿波,成其宿计,灭北牙矣。愿自量度,能御之乎?"阿波使至,晟又谓之曰:"今达头与隋连和,而摄图不能制,可汗何不依附天子,连结达头,相合为强,此万全计也,岂若丧兵负罪,归就摄图,受其戮辱邪!"阿波然之,遣使随晟入朝。

沙钵略素忌阿波骁悍,自白道败归,又闻阿波贰于隋,因先归,袭击北牙,大破之,杀阿波之母。阿波还,无所归,西奔达头。达头大怒,遣阿波帅兵而东,其部落归之者将十万骑,遂与沙钵略相攻,屡破之,复得故地,兵势益强。贪汗可汗素睦于阿波,沙钵略夺其众而废之,贪汗亡奔达头。沙钵略从弟地勤察,别统部落,与沙钵略有隙,复以众叛归阿波。连兵不已,各遣使诣长安请和求援。隋主皆不许。

23　六月庚辰,隋行军总管梁远破吐谷浑于尔汗山。

24　突厥寇幽州,隋幽州总管广宗壮公李崇帅步骑三千拒之。转战十馀日,师人多死,遂保砂城。突厥围之,城荒颓,不可守御,晓夕力战,又无所食,每夜出掠虏营,得六畜以继军粮,突厥畏之,厚为其备,每夜中结陈以待之。崇军苦饥,出辄遇敌,死亡略尽,及明,奔还城者尚百许人,然多重伤,不堪更战。突厥意欲降之,遣使谓崇曰:"若来降者,封为特勒。"崇知不免,令其士卒曰:"崇丧师徒,罪当万死。今日效命,以谢国家。汝俟吾死,且可降贼,便散走,努力还乡。若见至尊,道崇此意。"乃挺刃突陈,复杀二人,突厥乱射,杀之。秋,七月,以豫州刺史代人周摇为幽州总管。命李崇子敏袭爵。

敏娶乐平公主之女娥英,诏假一品羽仪,礼如尚帝女。既而将侍宴,公主谓敏曰:"我以四海与至尊,唯一婿,当为尔求柱国;若馀官,汝慎勿谢。"及进见,帝授以仪同及开府,皆不谢。帝曰:"公主有大功于我,我何得于其婿而惜官乎! 今授汝柱国。"敏乃拜而蹈舞。

25　八月丁卯朔,日有食之。

26　长沙王叔坚未之江州,复留为司空,实夺之权。

27　壬午,隋遣尚书左仆射高颎出宁州道,内史监虞庆则出原州道,以击突厥。

28　九月癸丑,隋大赦。

29　冬,十月甲戌,隋废河南道行台省,以秦王俊为秦州总管,陇右诸州尽隶焉。

30　丁酉,立皇弟叔平为湘东王,叔敖为临贺王,叔宣为阳山王,叔穆为西阳王。

31　戊戌,侍中建昌侯徐陵卒。

32　癸丑,立皇弟叔俭为安南王,叔澄为南郡王,叔兴为沅陵王,叔韶为岳山王,叔纯为新兴王。

33　十一月,遣散骑常侍周坟、通直散骑常侍袁彦聘于隋。帝闻隋主状貌异人,使彦画像而归。帝见,大骇曰:"吾不欲见此人。"亟命屏之。

34　隋既班律令,苏威屡欲更易事条,内史令李德林曰:"修律令时,公何不言? 今始颁行,且宜专守,自非大为民害,不可数更。"

河南道行台兵部尚书杨尚希曰:"窃见当今郡县,倍多于古。或地无百里,数县并置;或户不满千,二郡分领。具僚既众,资费日多;吏卒增倍,租调岁减;民少官多,十羊九牧。今存要去闲,并小为大,国家则不亏粟帛,选举则易得贤良。"苏威亦请废郡。帝从之。甲午,悉罢诸郡为州。

35　十二月乙卯,隋遣兼散骑常侍曹令则、通直散骑常侍魏澹来聘。澹,收之族也。

36　丙辰,司空长沙王叔坚免。叔坚既失恩,心不自安,乃为厌媚,醮日月以求福。或上书告其事,帝召叔坚,囚于西省,将杀之,令近侍宣敕数之。叔坚对曰:"臣之本心,非有他故,但欲求亲媚耳。臣既犯天宪,罪当万死。臣死之日,必见叔陵,愿宣明诏,责之于九泉之下。"帝乃赦之,免官而已。

37　隋以上柱国窦荣定为右武卫大将军。荣定妻,隋主姊安成公主也。隋主欲以荣定为三公,辞曰:"卫、霍、梁、邓,若少自贬损,不至覆宗。"帝乃止。

帝以李穆功大,诏曰:"法备小人,不防君子。太师申公,自今虽有罪,但非谋逆,纵有百死,终不推问。"

礼部尚书牛弘请立明堂,帝以时事草创,不许。

帝览刑部奏,断狱数犹至万,以为律尚严密,故人多陷罪。又敕苏威、牛弘等更定新律,除死罪八十一条,流罪一百五十四条,徒杖等千馀条,唯定留五百条,凡十二卷。自是刑网简要,疏而不失。仍置律博士弟子员。

38　隋主以长安仓廪尚虚,是岁,诏西自蒲、陕,东至卫、汴,水次十三州,募丁运米。又于卫州置黎阳仓,陕州置常平仓,华州置广通仓,转相灌输。漕关东及汾、晋之粟以给长安。

时刺史多任武将,类不称职。治书侍御史柳彧上表曰:"昔汉光武与二十八将,披荆棘,定天下,及功成之后,无所任职。伏见诏书,以上柱国和干子为杞州刺史。干子前任赵州,百姓歌之曰:'老禾不早杀,馀种秽良田。'干子,弓马武用,是其所长;治民莅众,非其所解。如谓优老尚年,自可厚赐金帛;若令刺举,所损殊大。"帝善之。干子竟免。

彧见上勤于听受,百僚奏请,多有烦碎,上疏谏曰:"臣闻上古圣帝,莫过唐、虞,不为丛脞,是谓钦明。舜任五臣,尧咨四岳,垂拱无为,天下以治。所谓劳于求贤,逸于任使。比见陛下留心治道,无惮疲劳,亦由群官惧罪,不能自决,取判天旨,闻奏过多。乃至营造细小之事,出给轻微之物,一日之内,酬答百司。至乃日旰忘食,夜分未寝,动以文簿忧劳圣躬。伏愿察臣至言,少减烦务,若经国大事,非臣下裁断者,伏愿详决,自馀细务,责成所司;则圣体尽无疆之寿,臣下蒙覆育之赐。"上览而嘉之,因曰:"柳彧直士,国之宝也。"

彧以近世风俗,每正月十五夜,然灯游戏,奏请禁之,曰:"窃见京邑,爰及外州,每以正月望夜,充街塞陌,聚戏朋游,鸣鼓聒天,燎炬照地,竭赀破产,竞此一时。尽室并孥,无问贵贱,男女混杂,缁素不分。秽行因此而成,盗贼由斯而起,因循弊风,曾无先觉。无益于化,实损于民,请颁天下,并即禁断。"诏从之。

# 资治通鉴卷第一百七十六

## 陈纪十

**长城公下**

至德二年（甲辰，584）

1　春，正月甲子，日有食之。

2　己巳，隋主享太庙；辛未，祀南郊。

3　壬申，梁主入朝于隋，服通天冠、绛纱袍，北面受郊劳。及入见于大兴殿，隋主服通天冠、绛纱袍，梁主服远游冠、朝服，君臣并拜。赐缣万匹，珍玩称是。

4　隋前华州刺史张宾、仪同三司刘晖等造甲子元历成，奏之。壬辰，诏颁新历。

5　癸巳，大赦。

6　二月乙巳，隋主饯梁主于灞上。

7　突厥苏尼部男女万馀口降隋。

8　庚戌，隋主如陇州。

9　突厥达头可汗请降于隋。

10　夏，四月庚子，隋以吏部尚书虞庆则为右仆射。

11　隋上大将军贺娄子幹发五州兵击吐谷浑，杀男女万馀口，二旬而还。

帝以陇西频被寇掠，而俗不设村坞，命子幹勒民为堡，仍营田积谷。子幹上书曰："陇右、河西，土旷民稀，边境未宁，不可广佃。比见屯田之所，获少费多，虚役人功，卒逢践暴；屯田疏远者请皆废省。但陇右之人以畜牧为事，若更屯聚，弥不自安。但使镇戍连接，烽堠相望，民虽散居，必谓无虑。"帝从之。

以子幹晓习边事，丁巳，以为榆关总管。

12　五月，以吏部尚书江总为仆射。

13　隋主以渭水多沙，深浅不常，漕者苦之，六月壬子，诏太子左庶子宇文恺帅水工凿渠,引渭水,自大兴城东至潼关三百馀里,名曰广通渠。漕运通利,关内赖之。

14　秋,七月丙寅,遣兼散骑常侍谢泉等聘于隋。

15　八月壬寅,隋邓恭公窦炽卒。

16　乙卯,将军夏侯苗请降于隋,隋主以通和,不纳。

17　九月甲戌,隋主以关中饥,行如洛阳。

18　隋主不喜词华,诏天下公私文翰并宜实录。泗州刺史司马幼之文表华艳,付所司治罪。治书侍御史赵郡李谔亦以当时属文,体尚轻薄,上书曰:"魏之三祖,崇尚文词,忽君人之大道,好雕虫之小艺。下之从上,遂成风俗。江左、齐、梁,其弊弥甚:竞一韵之奇,争一字之巧;连篇累牍,不出月露之形,积案盈箱,唯是风云之状。世俗以此相高,朝廷据兹擢士。禄利之路既开,爱尚之情愈笃。于是闾里童昏,贵游总卯,未窥六甲,先制五言,至如羲皇、舜、禹之典,伊、傅、周、孔之说,不复关心,何尝入耳。以傲诞为清虚,以缘情为勋绩,指儒素为古拙,用词赋为君子。故文笔日繁,其政日乱,良由弃大圣之轨模,构无用以为用也。今朝廷虽有是诏,如闻外州远县,仍踵弊风:躬仁孝之行者,摈落私门,不加收齿;工轻薄之艺者,选充吏职,举送天朝。盖由刺史、县令未遵风教。请普加采察,送台推劾。"又上言:"士大夫矜伐干进,无复廉耻,乞明加罪黜,以惩风轨。"诏以谔前后所奏颁示四方。

19　突厥沙钵略可汗数为隋所败,乃请和亲。千金公主自请改姓杨氏,为隋主女。隋主遣开府仪同三司徐平和使于沙钵略,更封千金公主为大义公主。晋王广请因衅乘之,隋主不许。

沙钵略遣使致书曰:"从天生大突厥天下贤圣天子伊利居卢设莫何沙钵略可汗致书大隋皇帝:皇帝,妇父,乃是翁比。此为女夫,乃是儿例。两境虽殊,情义如一。自今子子孙孙,乃至万世,亲好不绝。上天为证,终不违负!此国羊马,皆皇帝之畜。彼之缯彩,皆此国之物。"

帝复书曰:"大隋天子贻书大突厥沙钵略可汗:得书,知大有善意。既为沙钵略妇翁,今日视沙钵略与儿子不异。时遣大臣往彼省女,复省沙钵略也。"于是遣尚书右仆射虞庆则使于沙钵略,车骑将军长孙晟副之。

沙钵略陈兵列其珍宝,坐见庆则,称病不能起,且曰:"我诸父以来,不向人拜。"庆则责而谕之。千金公主私谓庆则曰:"可汗豺狼性;过与争,将啮人。"长孙晟谓沙钵略曰:"突厥与隋俱大国天子,可汗不起,安敢违意。但可贺敦为帝女,则可汗是大隋女婿,奈何不敬妇翁!"沙钵略笑谓其达官曰："须拜妇翁！"乃起拜顿颡，跪受玺书，以戴于首。既而大惭，与群下相聚恸哭。庆则又遣称臣，沙钵略谓左右曰："何谓臣？"左右曰："隋言臣，犹此云奴耳。"沙钵略曰："得为大隋天子奴，虞仆射之力也。"赠庆则马千匹，并以从妹妻之。

20　冬，十一月壬戌，隋主遣兼散骑常侍薛道衡等来聘，戒道衡"当识朕意，勿以言辞相折"。

21　是岁，上于光昭殿前起临春、结绮、望仙三阁，各高数十丈，连延数十间，其窗、牖、壁带、县楣、栏、槛皆以沉、檀为之，饰以金玉，间以珠翠，外施珠帘，内有宝床、宝帐，其服玩瑰丽，近古所未有。每微风暂至，香闻数里。其下积石为山，引水为池，杂植奇花异卉。

上自居临春阁，张贵妃居结绮阁，龚、孔二贵嫔居望仙阁，并复道交相往来。又有王、李二美人，张、薛二淑媛，袁昭仪、何婕妤、江修容，并有宠，迭游其上。以宫人有文学者袁大舍等为女学士。仆射江总虽为宰辅，不亲政务，日与都官尚书孔范、散骑常侍王瑳等文士十余人，侍上游宴后庭，无复尊卑之序，谓之"狎客"。上每饮酒，使诸妃、嫔及女学士与狎客共赋诗，互相赠答，采其尤艳丽者，被以新声，选宫女千余人习而歌之，分部迭进。其曲有玉树后庭花、临春乐等，大略皆美诸妃嫔之容色。君臣酣歌，自夕达旦，以此为常。

张贵妃名丽华，本兵家女，为龚贵嫔侍儿，上见而悦之，得幸，生太子深。贵妃发长七尺，其光可鉴，性敏慧，有神彩，进止闲华，每瞻视眄睐，光采溢目，照映左右。善候人主颜色，引荐诸宫女；后宫咸德之，竞言其善。又有厌魅之术，常置淫祀于宫中，聚女巫鼓舞。上怠于政事，百司启奏，并因宦者蔡脱儿、李善度进请；上倚隐囊，置张贵妃于膝上，共决之。李、蔡所不能记者，贵妃并为条疏，无所遗脱。因参访外事，人间有一言一事，贵妃必先知白之；由是益加宠异，冠绝后庭。宦官近习，内外连结，援引宗戚，纵横不法，卖官鬻狱，货赂公行；赏罚之命，不出于外。大臣有不从者，因而谮之。于是孔、张之权熏灼四方，大臣执政皆从风谄附。

孔范与孔贵嫔结为兄妹；上恶闻过失，每有恶事，孔范必曲为文饰，称扬赞美，由是宠遇优渥，言听计从。群臣有谏者，辄以罪斥之。中书舍人施文庆，颇涉书史，尝事上于东宫，聪敏强记，明闲吏职，心算口占，应时条理，由是大被亲幸。又荐所善吴兴沈客卿、阳惠朗、徐哲、暨慧景等，云有吏能，上皆擢用之；以客卿为中书舍人。客卿有口辩，颇知朝廷典故，兼掌金帛局。旧制：军人、士人并无关市之税。上盛修宫室，穷极耳目，府库空虚,有所兴造,恒苦不给。客卿奏请不问士庶并责关市之征,而又增重其旧。于是以阳惠朗为太市令,暨慧景为尚书金、仓都令史,二人家本小吏,考校簿领,纤毫不差;然皆不达大体,督责苛碎,聚敛无厌,士民嗟怨。客卿总督之,每岁所入,过于常格数十倍。上大悦,益以施文庆为知人,尤见亲重,小大众事,无不委任;转相汲引,珥貂蝉者五十人。

孔范自谓文武才能,举朝莫及,从容白上曰:"外间诸将,起自行伍,匹夫敌耳。深见远虑,岂其所知!"上以问施文庆,文庆畏范,亦以为然;司马申复赞之。自是将帅微有过失,即夺其兵,分配文吏;夺任忠部曲以配范及蔡徵。由是文武解体,以至覆灭。

三年(乙巳,585)

1　春,正月戊午朔,日有食之。

2　隋主命礼部尚书牛弘修五礼,勒成百卷;戊辰,诏行新礼。

3　三月戊午,隋以尚书左仆射高颎为左领军大将军。

4　丰州刺史章大宝,昭达之子也,在州贪纵,朝廷以太仆卿李晕代之。晕将至,辛酉,大宝袭杀晕,举兵反。

5　隋大司徒郕公王谊与隋主有旧,其子尚帝女兰陵公主。帝待之恩礼稍薄,谊颇怨望。或告谊自言名应图谶,相表当王;公卿奏谊大逆不道。壬寅,赐谊死。

6　戊申,隋主还长安。

7　章大宝遣其将杨通攻建安,不克。台军将至,大宝众溃,逃入山,为追兵所擒,夷三族。

8　隋度支尚书长孙平奏"令民间每秋家出粟麦一石以下,贫富为差,储之当社,委社司检校,以备凶年,名曰'义仓'",隋主从之。五月甲申,初诏郡、县置义仓。时民间多妄称老、小以免赋役,山东承北齐之弊政,户口租调,奸伪尤多。隋主命州县大索貌阅,户口不实者,里正、党长远配;大功以下,皆令析籍,以防容隐。于是计帐得新附一百六十四万馀口。高颎请为输籍法,遍下诸州,帝从之,自是奸无所容矣。

诸州调物,每岁河南自潼关,河北自蒲坂,输长安者相属于路,昼夜不绝者数月。

9　梁主殂,谥曰孝明皇帝,庙号世宗。世宗孝慈俭约,境内安之。太子琮嗣位。

10　初,突厥阿波可汗既与沙钵略有隙,阿波浸强,东距都斤,西越金山,龟兹、铁勒、伊吾及西域诸胡悉附之,号西突厥。隋主亦遣上大将军元契使于阿波以抚之。

11　秋,七月庚申,遣散骑常侍王话等聘于隋。

12　突厥沙钵略既为达头所困,又畏契丹,遣使告急于隋,请将部落度漠南,寄居白道川。隋主许之,命晋王广以兵援之,给以衣食,赐之车服鼓吹。沙钵略因西击阿波,破之。而阿拔国乘虚掠其妻子;官军为击阿拔,败之,所获悉与沙钵略。

沙钵略大喜,乃立约,以碛为界,因上表曰:"天无二日,土无二王,大隋皇帝真皇帝也,岂敢阻兵恃险,偷窃名号! 今感慕淳风,归心有道,屈膝稽颡,永为藩附。"遣其子库合真入朝。

八月丙戌,库合真至长安。隋主下诏曰:"沙钵略往虽与和,犹是二国;今作君臣,便成一体。"因命肃告郊庙,普颁远近,凡赐沙钵略诏,不称其名。宴库合真于内殿,引见皇后,赏劳甚厚。沙钵略大悦,自是岁时贡献不绝。

13　九月,将军湛文彻侵隋和州,隋仪同三司费宝首击擒之。

14　丙子,隋使李若等来聘。

15　冬,十月壬辰,隋以上柱国杨素为信州总管。

16　初,北地傅縡以庶子事上于东宫,及即位,迁秘书监、右卫将军兼中书通事舍人,负才使气,人多怨之。施文庆、沈客卿共谮縡受高丽使金,上收縡下狱。

縡于狱中上书曰:"夫君人者,恭事上帝,子爱下民,省嗜欲,远谄佞,未明求衣,日旰忘食,是以泽被区宇,庆流子孙。陛下顷来酒色过度,不虔郊庙大神,专媚淫昏之鬼,小人在侧,宦竖弄权,恶忠直若仇雠,视生民如草芥,后宫曳绮绣,厩马馀菽粟,百姓流离,僵尸蔽野,货贿公行,帑藏损耗,神怒民怨,众叛亲离,臣恐东南王气自斯而尽。"

书奏,上大怒。顷之,意稍解,遣使谓縡曰:"我欲赦卿,卿能改过不?"对曰:"臣心如面,臣面可改,则臣心可改。"上益怒,令宦者李善庆穷治其事,遂赐死狱中。

上每当郊祀,常称疾不行,故縡言及之。

17　是岁,梁大将军戚昕以舟师袭公安,不克而还。

隋主征梁主叔父太尉吴王岑入朝,拜大将军,封怀义公,因留不遣;复置江陵总管以监之。

梁大将军许世武密以城召荆州刺史宜黄侯慧纪;谋泄,梁主杀之。慧纪,高祖之从孙也。

18 隋主使司农少卿崔仲方发丁三万,于朔方、灵武筑长城,东距河,西至绥州,绵历七百里,以遏胡寇。

四年(丙午,586)

1 梁改元广运。

2 甲子,党项羌请降于隋。

3 庚午,隋颁历于突厥。

4 二月,隋始令刺史上佐每岁暮更入朝,上考课。

5 丁亥,隋复令崔仲方发丁十五万,于朔方以东,缘边险要,筑数十城。

6 丙申,立皇弟叔谟为巴东王,叔显为临江王,叔坦为新会王,叔隆为新宁王。

7 庚子,隋大赦。

8 三月己未,洛阳男子高德上书,请隋主为太上皇,传位皇太子。帝曰:"朕承天命,抚育苍生,日旰孜孜,犹恐不逮。岂效近代帝王,传位于子,自求逸乐者哉!"

9 夏,四月己亥,遣周磻等聘于隋。

10 五月丁巳,立皇子庄为会稽王。

11 秋,八月,隋遣散骑常侍裴豪等来聘。

12 戊申,隋申明公李穆卒,葬以殊礼。

13 闰月丁卯,隋太子勇镇洛阳。

14 隋上柱国郕公梁士彦讨尉迟迥,所当必破,代迥为相州刺史;隋主忌之,召还长安。上柱国杞公宇文忻与隋主少相厚,善用兵,有威名;隋主亦忌之,以谴去官,与柱国舒公刘昉皆被疏远,闲居无事,颇怀怨望,数相往来,阴谋不轨。

忻欲使士彦于蒲州起兵,己为内应,士彦之甥裴通预其谋而告之。帝隐其事,以士彦为晋州刺史,欲观其意;士彦忻然,谓昉等曰:"天也!"又请仪同三司薛摩儿为长史,帝亦许之。后与公卿朝谒,帝令左右执士彦、忻、昉于行间,诘之,初犹不伏;捕薛摩儿适至,命之庭对,摩儿具论始末,士彦失色,顾谓摩儿曰:"汝杀我!"丙子,士彦、忻、昉皆伏诛,叔侄、兄弟免死除名。

九月辛巳,隋主素服临射殿,命百官射三家资物以为诚。

15　冬，十月己酉，隋以兵部尚书杨尚希为礼部尚书。隋主每旦临朝，日昃不倦，尚希谏曰："周文王以忧勤损寿，武王以安乐延年。愿陛下举大纲，责成宰辅。繁碎之务，非人主所宜亲也。"帝善之而不能从。

16　癸丑，隋置山南道行台于襄州；以秦王俊为尚书令。俊妃崔氏生男，隋主喜，颁赐群官。

直秘书内省博陵李文博，家素贫，人往贺之，文博曰："赏罚之设，功过所存。今王妃生男，于群官何事，乃妄受赏也！"闻者愧之。

17　癸亥，以尚书仆射江总为尚书令，吏部尚书谢伷为仆射。

18　十一月己卯，大赦。

19　吐谷浑可汗夸吕在位百年，屡因喜怒废杀太子。后太子惧，谋执夸吕而降；请兵于隋边吏，秦州总管河间王弘请以兵应之，隋主不许。

太子谋泄，为夸吕所杀，复立其少子嵬王诃为太子。叠州刺史杜粲请因其衅而讨之，隋主又不许。

是岁，嵬王诃复惧诛，谋帅部落万五千户降隋，遣使诣阙，请兵迎之。隋主曰："浑贼风俗，特异人伦，父既不慈，子复不孝。朕以德训人，何有成其恶逆乎！"乃谓使者曰："父有过失，子当谏争，岂可潜谋非法，受不孝之名！溥天之下皆朕臣妾，各为善事，即称朕心。嵬王既欲归朕，唯教嵬王为臣子之法，不可远遣兵马，助为恶事！"嵬王诃乃止。

祯明元年（丁未，587）

1　春，正月戊寅，大赦，改元。

2　癸巳，隋主享太庙。

3　乙未，隋制诸州岁贡士三人。

4　二月丁巳，隋主朝日于东郊。

5　遣兼散骑常侍王亨等聘于隋。

6　隋发丁男十万馀人修长城，二旬而罢。夏，四月，于扬州开山阳渎以通运。

7　突厥沙钵略可汗遣其子入贡于隋，因请猎于恒、代之间，隋主许之，仍遣人赐以酒食。沙钵略帅部落再拜受赐。

沙钵略寻卒，隋为之废朝三日，遣太常吊祭。

初，沙钵略以其子雍虞闾懦弱，遗令立其弟叶护处罗侯。雍虞闾遣使迎处罗侯，将立之，处罗侯曰："我突厥自木杆可汗以来，多以弟代兄，以庶夺嫡，失先祖之法，不相敬畏。汝当嗣位，我不惮拜汝。"雍虞闾曰："叔与我父,共根连体。我,枝叶也,岂可使根本反从枝叶,叔父屈于卑幼乎!且亡父之命,何可废也!愿叔勿疑!"遣使相让者五六,处罗侯竟立,是为莫何可汗。以雍虞闾为叶护。遣使上表言状。

隋使车骑将军长孙晟持节拜之,赐以鼓吹、幡旗。莫何勇而有谋,以隋所赐旗鼓西击阿波;阿波之众以为得隋兵助之,多望风降附。遂生擒阿波,上书请其死生之命。

隋主下其议,乐安公元谐请就彼枭首;武阳公李充请生取入朝,显戮以示百姓。隋主谓长孙晟:"于卿何如?"晟对曰:"若突厥背诞,须齐之以刑。今其昆弟自相夷灭,阿波之恶非负国家。因其困穷,取而为戮,恐非招远之道。不如两存之。"左仆射高颎曰:"骨肉相残,教之蠹也,宜存养以示宽大。"隋主从之。

8　甲戌,隋遣兼散骑常侍杨同等来聘。

9　五月乙亥朔,日有食之。

10　秋,七月己丑,隋卫昭王爽卒。

11　八月,隋主征梁主入朝。梁主帅其群臣二百馀人发江陵;庚申,至长安。

隋主以梁主在外,遣武乡公崔弘度将兵戍江陵。军至都州,梁主叔父太傅安平王岩、弟荆州刺史义兴王瓛等恐弘度袭之,乙丑,遣都官尚书沈君公诣荆州刺史宜黄侯慧纪请降。九月庚寅,慧纪引兵至江陵城下。辛卯,岩等驱文、武、男、女十万口来奔。

隋主闻之,废梁国;遣尚书左仆射高颎安集遗民;梁中宗、世宗各给守冢十户,拜梁主琮上柱国,赐爵莒公。

12　甲午,大赦。

13　冬,十月,隋主如同州;癸亥,如蒲州。

14　十一月丙子,以萧岩为开府仪同三司、东扬州刺史,萧瓛为吴州刺史。

15　丁亥,以豫章王叔英兼司徒。

16　甲午,隋主如冯翊,亲祠故社;戊戌,还长安。

是行也,内史令李德林以疾不从,隋主自同州敕书追之,与议伐陈之计。及还,帝马上举鞭南指曰:"待平陈之日,以七宝装严公,使自山以东无及公者。"

17　初,隋主受禅以来,与陈邻好甚笃,每获陈谍,皆给衣马礼遣之,而高宗犹不禁侵掠。故太建之末,隋师入寇;会高宗殂,隋主即命班师,遣使赴吊，书称姓名顿首。帝答之益骄，书末云："想彼统内如宜，此宇宙清泰。"隋主不悦，以示朝臣，上柱国杨素以为主辱臣死，再拜请罪。

隋主问取陈之策于高颎，对曰："江北地寒，田收差晚；江南水田早熟。量彼收获之际，微征士马，声言掩袭，彼必屯兵守御，足得废其农时。彼既聚兵，我便解甲。再三若此，彼以为常，后更集兵，彼必不信。犹豫之顷，我乃济师；登陆而战，兵气益倍。又，江南土薄，舍多茅竹，所有储积皆非地窖。若密遣行人因风纵火，待彼修立，复更烧之，不出数年，自可财力俱尽。"隋主用其策，陈人始困。

于是杨素、贺若弼及光州刺史高劢、赣州刺史崔仲方等争献平江南之策。仲方上书曰："今唯须武昌以下，蕲、和、滁、方、吴、海等州，更帖精兵，密营度计；益、信、襄、荆、基、郢等州，速造舟楫，多张形势，为水战之具。蜀、汉二江是其上流，水路冲要，必争之所。贼虽流头、荆门、延洲、公安、巴陵、隐矶、夏首、蕲口、溢城置船，然终聚汉口、峡口，以水战大决。若贼必以上流有军，令精兵赴援者，下流诸将即须择便横渡；如拥众自卫，上江诸军鼓行以前。彼虽恃九江、五湖之险，非德无以为固；徒有三吴、百越之兵，非恩不能自立矣。"隋主以仲方为基州刺史。

及受萧岩等降，隋主益忿，谓高颎曰："我为民父母，岂可限一衣带水不拯之乎！"命大作战船。人请密之，隋主曰："吾将显行天诛，何密之有！"使投其柿于江，曰："若彼惧而能改，吾复何求！"

杨素在永安，造大舰，名曰"五牙"。上起楼五层，高百馀尺；左右前后置六拍竿，并高五十尺，容战士八百人；次曰"黄龙"，置兵百人。自馀平乘、舴艋各有等差。

晋州刺史皇甫绩将之官，稽首言陈有三可灭。帝问其状，曰："大吞小，一也。以有道伐无道，二也。纳叛臣萧岩，于我有词，三也。陛下若命将出师，臣愿展丝发之效！"隋主劳而遣之。

时江南妖异特众，临平湖草久塞，忽然自开。帝恶之，乃自卖于佛寺为奴以厌之。又于建康造大皇寺，起七级浮图，未毕，火从中起而焚之。

吴兴章华，好学，善属文，朝臣以华素无伐阅，竞排诋之，除太市令。华郁郁不得志，上书极谏，略曰："昔高祖南平百越，北诛逆虏，世祖东定吴会，西破王琳，高宗克复淮南，辟地千里，三祖之功勤亦至矣。陛下即位，于今五年，不思先帝之艰难，不知天命之可畏；溺于嬖宠，惑于酒色；祠七庙而不出，拜三妃而临轩；老臣宿将弃之草莽，谄佞谀邪升之朝廷。今疆场日蹙，隋军压境，陛下如不改弦易张，臣见麋鹿复游于姑苏矣！"帝大怒，即日斩之。

二年（戊申，588）

1　春，正月辛巳，立皇子恮为东阳王，恬为钱塘王。

2　遣散骑常侍袁雅等聘于隋；又遣散骑常侍九江周罗睺将兵屯峡口，侵隋峡州。

三月甲戌，隋遣兼散骑常侍程尚贤等来聘。

戊寅，隋主下诏曰：“陈叔宝据手掌之地，恣溪壑之欲，劫夺闾阎，资产俱竭，驱逼内外，劳役弗已；穷奢极侈，俾昼作夜；斩直言之客，灭无罪之家；欺天造恶，祭鬼求恩；盛粉黛而执干戈，曳罗绮而呼警跸；自古昏乱，罕或能比。君子潜逃，小人得志。天灾地孽，物怪人妖。衣冠钳口，道路以目。重以背德违言，摇荡疆场，昼伏夜游，鼠窃狗盗。天之所覆，无非朕臣，每关听览，有怀伤恻。可出师授律，应机诛殄；在斯一举，永清吴越。”又送玺书暴帝二十恶；仍散写诏书三十万纸，遍谕江外。

3　太子胤，性聪敏，好文学，然颇有过失；詹事袁宪切谏，不听。时沈后无宠，而近侍左右数于东宫往来，太子亦数使人至后所，帝疑其怨望，甚恶之。张、孔二贵妃日夜构成后及太子之短，孔范之徒又于外助之。帝欲立张贵妃子始安王深为嗣，尝从容言之。吏部尚书蔡徵顺旨称赞，袁宪厉色折之曰：“皇太子国家储副，亿兆宅心，卿是何人，轻言废立！”帝卒从徵议。夏，五月庚子，废太子胤为吴兴王，立扬州刺史始安王深为太子。徵，景历之子也。深亦聪惠，有志操，容止俨然，虽左右近侍未尝见其喜愠。帝闻袁宪尝谏胤，即用宪为尚书仆射。

帝遇沈后素薄，张贵妃专后宫之政，后澹然，未尝有所忌怨，身居俭约，衣服无锦绣之饰，唯寻阅经史及释典为事，数上书谏争。帝欲废之而立张贵妃，会国亡，不果。

4　冬，十月己亥，立皇子蕃为吴郡王。

5　己未，隋置淮南行省于寿春，以晋王广为尚书令。

帝遣兼散骑常侍王瑳、兼通直散骑常侍许善心聘于隋，隋人留于客馆。瑳等屡请还，不听。

甲子，隋以出师，有事于太庙，命晋王广、秦王俊、清河公杨素皆为行军元帅。广出六合，俊出襄阳，素出永安，荆州刺史刘仁恩出江陵，蕲州刺史王世积出蕲春，庐州总管韩擒虎出庐江，吴州总管贺若弼出广陵，青州总管弘农燕荣出东海，凡总管九十，兵五十一万八千，皆受晋王节度。东接沧海,西拒巴、蜀,旌旗舟楫,横亘数千里。以左仆射高颎为晋王元帅长史,右仆射王韶为司马,军中事皆取决焉;区处支度,无所凝滞。

　　十一月丁卯,隋主亲饯将士;乙亥,至定城,陈师誓众。

6　丙子,立皇弟叔荣为新昌王,叔匡为太原王。

7　隋主如河东;十二月庚子,还长安。

8　突厥莫何可汗西击邻国,中流矢而卒。国人立雍虞闾,号颉伽施多那都蓝可汗。

9　隋军临江,高颎谓行台吏部郎中薛道衡曰:"今兹大举,江东必可克乎?"道衡曰:"克之。尝闻郭璞有言:'江东分王三百年,复与中国合。'今此数将周,一也。主上恭俭勤劳,叔宝荒淫骄侈,二也。国之安危在所委任,彼以江总为相,唯事诗酒,拔小人施文庆,委以政事,萧摩诃、任蛮奴为大将,皆一夫之用耳,三也。我有道而大,彼无德而小,量其甲士不过十万,西自巫峡,东至沧海,分之则势悬而力弱,聚之则守此而失彼,四也。席卷之势,事在不疑。"颎忻然曰:"得君言成败之理,令人豁然。本以才学相期,不意筹略乃尔。"

　　秦王俊督诸军屯汉口,为上流节度。诏以散骑常侍周罗睺都督巴峡缘江诸军事以拒之。

　　杨素引舟师下三峡,军至流头滩。将军戚昕以青龙百馀艘守狼尾滩,地势险峭,隋人患之。素曰:"胜负大计,在此一举。若昼日下船,彼见我虚实,滩流迅激,制不由人,则吾失其便;不如以夜掩之。"素亲帅黄龙数千艘,衔枚而下,遣开府仪同三司王长袭引步卒自南岸击昕别栅,大将军刘仁恩帅甲骑自北岸趣白沙,迟明而至,击之;昕败走,悉俘其众,劳而遣之,秋毫不犯。

　　素帅水军东下,舟舻被江,旌甲曜日。素坐平乘大船,容貌雄伟,陈人望之,皆惧,曰:"清河公即江神也!"

　　江滨镇戍闻隋军将至,相继奏闻;施文庆、沈客卿并抑而不言。

　　初,上以萧岩、萧瓛,梁之宗室,拥众来奔,心忌之,故远散其众,以岩为东扬州刺史,瓛为吴州刺史;使领军任忠出守吴兴郡,以襟带二州。使南平王嶷镇江州,永嘉王彦镇南徐州。寻召二王赴明年元会,命缘江诸防船舰悉从二王还都,为威势以示梁人之来者。由是江中无一斗船,上流诸州兵皆阻杨素军,不得至。

　　湘州刺史晋熙王叔文,在职既久,大得人和,上以其据有上流,阴忌之;自度素与群臣少恩,恐不为用,无可任者,乃擢施文庆为都督、湘州刺史,配以精兵二千,欲令西上;仍征叔文还朝。文庆深喜其事,然惧出外之后,执事者持己短长,因进其党沈客卿以自代。

未发间,二人共掌机密。护军将军樊毅言于仆射袁宪曰:"京口、采石俱是要地,各须锐兵五千,并出金翅二百,缘江上下,以为防备。"宪及骠骑将军萧摩诃皆以为然,乃与文武群臣共议,请如毅策。施文庆恐无兵从己,废其述职,而客卿又利文庆之任,己得专权,俱言于朝:"必有论议,不假面陈;但作文启,即为通奏。"宪等以为然,二人赍启入。白帝曰:"此是常事,边城将帅足以当之。若出人船,必恐惊扰。"

及隋军临江,间谍骤至,宪等殷勤奏请,至于再三。文庆曰:"元会将逼,南郊之日,太子多从;今若出兵,事便废阙。"帝曰:"今且出兵,若北边无事,因以水军从郊,何为不可!"又曰:"如此则声闻邻境,便谓国弱。"后又以货动江总,总内为之游说,帝重违其意,而迫群官之请,乃令付外详议。总又抑宪等,由是议久不决。

帝从容谓侍臣曰:"王气在此。齐兵三来,周师再来,无不摧败。彼何为者邪!"都官尚书孔范曰:"长江天堑,古以为限隔南北,今日虏军岂能飞渡邪!边将欲作功劳,妄言事急。臣每患官卑,虏若渡江,臣定作太尉公矣!"或妄言北军马死,范曰:"此是我马,何为而死!"帝笑以为然,故不为深备,奏伎、纵酒、赋诗不辍。

10　是岁,吐谷浑裨王拓跋木弥请以千馀家降隋。隋主曰:"普天之下,皆是朕臣,朕之抚育,俱存仁孝。浑贼悖狂,妻子怀怖,并思归化,自救危亡。然叛夫背父,不可收纳。又其本意正自避死,今若违拒,又复不仁。若更有音信,但宜慰抚,任其自拔,不须出兵应接。其妹夫及甥欲来,亦任其意,不劳劝诱也。"

11　河南王移兹裒卒,隋主令其弟树归袭统其众。

# 资治通鉴卷第一百七十七

## 隋纪一

### 高祖文皇帝上之上

开皇九年（己酉，589）

1　春，正月乙丑朔，陈主朝会群臣，大雾四塞，入人鼻，皆辛酸，陈主昏睡，至晡时乃寤。

是日，贺若弼自广陵引兵济江。先是弼以老马多买陈船而匿之，买弊船五六十艘，置于渎内。陈人觇之，以为内国无船。弼又请缘江防人每交代之际，必集广陵，于是大列旗帜，营幕被野，陈人以为隋兵大至，急发兵为备，既知防人交代，其众复散；后以为常，不复设备。又使兵缘江时猎，人马喧噪。故弼之济江，陈人不觉。韩擒虎将五百人自横江宵济采石，守者皆醉，遂克之。晋王广帅大军屯六合镇桃叶山。

丙寅，采石戍主徐子建驰启告变；丁卯，召公卿入议军旅。戊辰，陈主下诏曰："犬羊陵纵，侵窃郊畿，蜂虿有毒，宜时扫定。朕当亲御六师，廓清八表，内外并可戒严。"以骠骑将军萧摩诃、护军将军樊毅、中领军鲁广达并为都督，司空司马消难、湘州刺史施文庆并为大监军，遣南豫州刺史樊猛帅舟师出白下，散骑常侍皋文奏将兵镇南豫州。重立赏格，僧、尼、道士，尽令执役。

庚午，贺若弼攻拔京口，执南徐州刺史黄恪。弼军令严肃，秋毫不犯，有军士于民间酤酒者，弼立斩之。所俘获六千馀人，弼皆释之，给粮劳遣，付以敕书，令分道宣谕。于是所至风靡。

樊猛在建康，其子巡摄行南豫州事。辛未，韩擒虎进攻姑孰，半日，拔之，执巡及其家口。皋文奏败还。江南父老素闻擒虎威信，来谒军门者昼夜不绝。

鲁广达之子世真在新蔡，与其弟世雄及所部降于擒虎，遣使致书招广达。广达时屯建康，自劾，诣廷尉请罪；陈主慰劳之，加赐黄金，遣还营。樊猛与左卫将军蒋元逊将青龙八十艘于白下游弈，以御六合兵；陈主以猛妻子在隋军,惧有异志,欲使镇东大将军任忠代之,令萧摩诃徐谕猛,猛不悦,陈主重伤其意而止。

于是贺若弼自北道,韩擒虎自南道并进,缘江诸戍,望风尽走;弼分兵断曲阿之冲而入。陈主命司徒豫章王叔英屯朝堂,萧摩诃屯乐游苑,樊毅屯耆阇寺,鲁广达屯白土冈,忠武将军孔范屯宝田寺,己卯,任忠自吴兴入赴,仍屯朱雀门。

辛未,贺若弼进据钟山,顿白土冈之东。晋王广遣总管杜彦与韩擒虎合军,步骑二万屯于新林。蕲州总管王世积以舟师出九江,破陈将纪瑱于蕲口,陈人大骇,降者相继。晋王广上状,帝大悦,宴赐群臣。

时建康甲士尚十馀万人,陈主素怯懦,不达军事,唯日夜啼泣,台内处分,一以委施文庆。文庆既知诸将疾己,恐其有功,乃奏曰:“此辈怏怏,素不伏官,迫此事机,那可信!”由是诸将凡有启请,率皆不行。

贺若弼之攻京口也,萧摩诃请将兵逆战,陈主不许。及弼至锺山,摩诃又曰:“弼悬军深入,垒堑未坚,出兵掩袭,可以必克。”又不许。陈主召摩诃、任忠于内殿议军事,忠曰:“兵法:客贵速战,主贵持重。今国家足兵足食,宜固守台城,缘淮立栅,北军虽来,勿与交战;分兵断江路,无令彼信得通。给臣精兵一万,金翅三百艘,下江径掩六合;彼大军必谓其渡江将士已被俘获,自然挫气。淮南土人与臣旧相知悉,今闻臣往,必皆景从。臣复扬声欲往徐州,断彼归路,则诸军不击自去。待春水既涨,上江周罗睺等众军必沿流赴援。此良策也。”陈主不能从。明日,欸然曰:“兵久不决,令人腹烦,可呼萧郎一出击之。”任忠叩头苦请勿战。孔范又奏:“请作一决,当为官勒石燕然。”陈主从之,谓摩诃曰:“公可为我一决!”摩诃曰:“从来行陈,为国为身;今日之事,兼为妻子。”陈主多出金帛赋诸军以充赏。甲申,使鲁广达陈于白土冈,居诸军之南,任忠次之,樊毅、孔范又次之,萧摩诃最在北。诸军南北亘二十里,首尾进退不相知。

贺若弼将轻骑登山,望见众军,因驰下,与所部七总管杨牙、员明等甲士凡八千,勒陈以待。陈主通于萧摩诃之妻,故摩诃初无战意;唯鲁广达以其徒力战,与弼相当。隋师退走者数四,弼麾下死者二百七十三人,弼纵烟以自隐,窘而复振。陈兵得人头,皆走献陈主求赏,弼知其骄惰,更引兵趣孔范;范兵暂交即走,陈诸军顾之,骑卒乱溃,不可复止,死者五千人。员明擒萧摩诃,送于弼,弼命牵斩之,摩诃颜色自若,弼乃释而礼之。

任忠驰入台,见陈主言败状,曰:“官好住,臣无所用力矣!”陈主与之金两滕,使募人出战,忠曰:“陛下唯当具舟楫,就上流众军,臣以死奉

卫。"陈主信之,敕忠出部分,令宫人装束以待之,怪其久不至。时韩擒虎
自新林进军,忠已帅数骑迎降于石子冈。领军蔡徵守朱雀航,闻擒虎将
至,众惧而溃。忠引擒虎直入朱雀门,陈人欲战,忠挥之曰:"老夫尚降,
诸军何事!"众皆散走。于是城内文武百司皆遁,唯尚书仆射袁宪在殿
中,尚书令江总等数人居省中。陈主谓袁宪曰:"我从来接遇卿不胜馀
人,今日但以追愧。非唯朕无德,亦是江东衣冠道尽。"

　　陈主遑遽,将避匿,宪正色曰:"北兵之入,必无所犯。大事如此,陛
下去欲安之! 臣愿陛下正衣冠,御正殿,依梁武帝见侯景故事。"陈主不
从,下榻驰去,曰:"锋刃之下,未可交当,吾自有计!"从宫人十馀出后堂
景阳殿,将自投于井,宪苦谏不从;后阁舍人夏侯公韵以身蔽井,陈主与
争,久之,乃得入。既而军人窥井,呼之,不应,欲下石,乃闻叫声;以绳引
之,惊其太重,及出,乃与张贵妃、孔贵嫔同束而上。沈后居处如常。太子
深年十五,闭阁而坐,舍人孔伯鱼侍侧,军士叩阁而入,深安坐,劳之曰:
"戎旅在涂,不至劳也!"军士咸致敬焉。时陈人宗室王侯在建康者百馀
人,陈主恐其为变,皆召入,令屯朝堂,使豫章王叔英总督之,又阴为之备,
及台城失守,相帅出降。

　　贺若弼乘胜至乐游苑,鲁广达犹督馀兵苦战不息,所杀获数百人,会
日暮,乃解甲,面台再拜恸哭,谓众曰:"我身不能救国,负罪深矣!"士卒
皆流涕歔欷,遂就擒。诸门卫皆走,弼夜烧北掖门入,闻韩擒虎已得陈叔
宝,呼视之,叔宝惶惧,流汗股栗,向弼再拜。弼谓之曰:"小国之君当大
国之卿,拜乃礼也。入朝不失作归命侯,无劳恐惧。"既而耻功在韩擒虎
后,与擒虎相诟,挺刃而出;欲令蔡徵为叔宝作降笺,命乘骡车归己,事不
果。弼置叔宝于德教殿,以兵卫守。

　　高颎先入建康,颎子德弘为晋王广记室,广使德弘驰诣颎所,令留张
丽华,颎曰:"昔太公蒙面以斩妲己,今岂可留丽华!"乃斩之于青溪。德
弘还报,广变色曰:"昔人云,'无德不报',我必有以报高公矣!"由是
恨颎。

　　丙戌,晋王广入建康,以施文庆受委不忠,曲为谄佞以蔽耳目,沈客卿
重赋厚敛以悦其上,与太市令阳慧朗、刑法监徐析、尚书都令史暨慧皆为
民害,斩于石阙下,以谢三吴。使高颎与元帅府记室裴矩收图籍,封府库,
资财一无所取,天下皆称广,以为贤。矩,让之之弟子也。

　　广以贺若弼先期决战,违军令,收以属吏。上驿召之,诏广曰:"平定
江表,弼与韩擒虎之力也。"赐物万段;又赐弼与擒虎诏,美其功。

　　开府仪同三司王颁,僧辩之子,夜,发陈高祖陵,焚骨取灰,投水而饮之。既而自缚,归罪于晋王广;广以闻,上命赦之。诏陈高祖、世祖、高宗陵,总给五户分守之。

　　上遣使以陈亡告许善心,善心衰服号哭于西阶之下,藉草东向坐三日;敕书唁焉。明日,有诏就馆,拜通直散骑常侍,赐衣一袭。善心哭尽哀,入房改服,复出,北面立,垂泣,再拜受诏,明日乃朝,伏泣于殿下,悲不能兴。上顾左右曰:“我平陈国,唯获此人。既能怀其旧君,即我之诚臣也。”敕以本官直门下省。

　　陈水军都督周罗睺与郢州刺史荀法尚守江夏,秦王俊督三十总管水陆十馀万屯汉口,不得进,相持逾月。陈荆州刺史陈慧纪遣南康内史吕忠肃屯岐亭,据巫峡,于北岸凿岩,缀铁锁三条,横截上流以遏隋船,忠肃竭其私财以充军用。杨素、刘仁恩奋兵击之,四十馀战,忠肃守险力争,隋兵死者五千馀人,陈人尽取其鼻以求功赏。既而隋师屡捷,获陈之士卒,三纵之。忠肃弃栅而遁,素徐去其锁;忠肃复据荆门之延洲,素遣巴蜑千人,乘五牙四艘,以拍竿碎其十馀舰,遂大破之,俘甲士二千馀人,忠肃仅以身免。陈信州刺史顾觉屯安蜀城,弃城走。陈慧纪屯公安,悉烧其储蓄,引兵东下,于是巴陵以东无复城守者。陈慧纪帅将士三万人,楼船千馀艘,沿江而下,欲入援建康,为秦王俊所拒,不得前。是时,陈晋熙王叔文罢湘州,还,至巴州,慧纪推叔文为盟主。而叔文已帅巴州刺史毕宝等致书请降于俊,俊遣使迎劳之。会建康平,晋王广命陈叔宝手书招上江诸将,使樊毅诣周罗睺,陈慧纪子正业诣慧纪谕指。时诸城皆解甲,罗睺乃与诸将大临三日,放兵散,然后诣俊降,陈慧纪亦降,上江皆平。杨素下至汉口,与俊会。王世积在蕲口,闻陈已亡,告谕江南诸郡,于是江州司马黄偓弃城走,豫章诸郡太守皆诣世积降。

　　癸巳,诏遣使者巡抚陈州郡。二月乙未,废淮南行台省。

　　2　苏威奏请五百家置乡正,使治民,简辞讼。李德林以为:“本废乡官判事,为其里闾亲识,剖断不平,今令乡正专治五百家,恐为害更甚。且要荒小县,有不至五百家者,岂可使两县共管一乡!”帝不听。丙申,制:“五百家为乡,置乡正一人;百家为里,置里长一人。”

　　3　陈吴州刺史萧瓛能得物情,陈亡,吴人推瓛为主,右卫大将军武川宇文述帅行军总管元契、张默言等讨之。落丛公燕荣以舟师自东海至,陈永新侯陈君范自晋陵奔瓛,并军拒述。述军且至,瓛立栅于晋陵城东,留兵拒述,遣其将王褒守吴州,自义兴入太湖,欲掩述后。述进破其栅,回兵击瓛,大破之;又遣兵别道袭吴州,王褒衣道士服弃城走。瓛以馀众保包山,燕荣击破之。瓛将左右数人匿民家,为人所执。述进至奉公埭,陈东扬州刺史萧岩以会稽降,与瓛皆送长安,斩之。

　　杨素之下荆门也,遣别将庞晖将兵略地,南至湘州,城中将士,莫有固志。刺史岳阳王叔慎,年十八,置酒会文武僚吏。酒酣,叔慎叹曰:“君臣之义,尽于此乎!”长史谢基伏而流涕。湘州助防遂兴侯正理在坐,乃起曰:“主辱臣死。诸君独非陈国之臣乎! 今天下有难,实致命之秋也;纵其无成,犹见臣节,青门之外,有死不能! 今日之机,不可犹豫,后应者斩!”众咸许诺。乃刑牲结盟,仍遣人诈奉降书于庞晖。晖信之,克期入城,叔慎伏甲待之,晖至,执之以徇,并其众皆斩之。叔慎坐于射堂,招合士众,数日之中,得五千人。衡阳太守樊通、武州刺史邬居业皆请举兵助之。隋所除湘州刺史薛胄将兵适至,与行军总管刘仁恩共击之;叔慎遣其将陈正理与樊通拒战,兵败。胄乘胜入城,禽叔慎,仁恩破邬居业于横桥,亦擒之,俱送秦王俊,斩于汉口。

　　岭南未有所附,数郡共奉高凉郡太夫人洗氏为主,号圣母,保境拒守。诏遣柱国韦洸等安抚岭外,陈豫章太守徐璒据南康拒之,洸等不得进。晋王广遣陈叔宝遗夫人书,谕以国亡,使之归隋。夫人集首领数千人,尽日恸哭,遣其孙冯魂帅众迎洸。洸击斩徐璒,入,至广州,说谕岭南诸州皆定;表冯魂为仪同三司,册洗氏为宋康郡夫人。洸,复之子也。

　　衡州司马任瓌劝都督王勇据岭南,求陈氏子孙,立以为帝;勇不能用,以所部来降,瓌弃官去。瓌,忠之弟子也。

　　于是陈国皆平,得州三十,郡一百,县四百。诏建康城邑宫室,并平荡耕垦,更于石头置蒋州。

　　晋王广班师,留王韶镇石头城,委以后事。三月己巳,陈叔宝与其王公百司发建康,诣长安,大小在路,五百里累累不绝。帝命权分长安士民宅以俟之,内外修整,遣使迎劳;陈人至者如归。夏,四月辛亥,帝幸骊山,亲劳旋师。乙巳,诸军凯入,献俘于太庙,陈叔宝及诸王侯将相并乘舆服御、天文图籍等以次行列,仍以铁骑围之,从晋王广、秦王俊入,列于殿庭。拜广为太尉,赐辂车、乘马、衮冕之服、玄圭、白璧。丙辰,帝坐广阳门观,引陈叔宝于前,及太子、诸王二十八人,司空司马消难以下至尚书郎凡二百馀人,帝使纳言宣诏劳之;次使内史令宣诏,责以君臣不能相辅,乃至灭亡。叔宝及其群臣并愧惧伏地,屏息不能对。既而宥之。

　　初,武元帝迎司马消难,与消难结为兄弟,情好甚笃,帝每以叔父礼事之。及平陈，消难至，特免死，配为乐户，二旬而免，犹以旧恩引见，寻卒于家。

庚戌，帝御广阳门宴将士，自门外夹道列布帛之积，达于南郭，班赐各有差，凡用三百馀万段。故陈之境内，给复十年，馀州免其年租赋。

乐安公元谐进曰：“陛下威德远被，臣前请以突厥可汗为候正，陈叔宝为令史，今可用臣言矣。”帝曰：“朕平陈国，本以除逆，非欲夸诞。公之所奏，殊非朕心。突厥不知山川，何能警候；叔宝昏醉，宁堪驱使！”谐默然而退。

辛酉，进杨素爵为越公，以其子玄感为仪同三司，玄奖为清河郡公；赐物万段，粟万石。命贺若弼登御坐，赐物八千段，加位上柱国，进爵宋公。仍各加赐金宝及陈叔宝妹为妾。

贺若弼、韩擒虎争功于帝前。弼曰：“臣在蒋山死战，破其锐卒，擒其骁将，震扬威武，遂平陈国；韩擒虎略不交陈，岂臣之比！”擒虎曰：“本奉明旨，令臣与弼同时合势以取伪都，弼乃敢先期，逢贼遂战，致令将士伤死甚多。臣以轻骑五百，兵不血刃，直取金陵，降任蛮奴，执陈叔宝，据其府库，倾其巢穴。弼至夕方扣北掖门，臣启关而纳之，斯乃救罪不暇，安得与臣相比！”帝曰：“二将俱为上勋。”于是进擒虎位上柱国，赐物八千段。有司劾擒虎放纵士卒，淫污陈宫；坐此不加爵邑。

加高颎上柱国，进爵齐公，赐物九千段。帝劳之曰：“公伐陈后，人言公反，朕已斩之。君臣道合，非青蝇所能间也。”帝从容命颎与贺若弼论平陈事，颎曰：“贺若弼先献十策，后于蒋山苦战破贼。臣文吏耳，焉敢与大将论功！”帝大笑，嘉其有让。

帝之伐陈也，使高颎问方略于上仪同三司李德林，以授晋王广；至是，帝赏其功，授柱国，封郡公，赏物三千段。已宣敕讫，或说高颎曰：“今归功于李德林，诸将必当愤惋，且后世观公有若虚行。”颎入言之，乃止。

以秦王俊为扬州总管四十四州诸军事，镇广陵。晋王广还并州。

晋王广之戮陈五佞也，未知都官尚书孔范、散骑常侍王瑳、王仪、御史中丞沈瓘之罪，故得免；及至长安，事并露，乙未，帝暴其过恶，投之边裔，以谢吴、越之人。瑳刻薄贪鄙，忌害才能；仪倾巧侧媚，献二女以求亲昵；瓘险惨苛酷，发言邪诡，故同罪焉。

帝给赐陈叔宝甚厚，数得引见，班同三品；每预宴，恐致伤心，为不奏吴音。后监守者奏言：“叔宝云，‘既无秩位，每预朝集，愿得一官号。’”帝曰：“叔宝全无心肝！”监者又言：“叔宝常醉，罕有醒时。”帝问：“饮酒几何?"对曰:"与其子弟日饮一石。"帝大惊,使节其酒,既而曰:"任其性;不尔,何以过日!"帝以陈氏子弟既多,恐其在京城为非,乃分置边州,给田业使为生,岁时赐衣服以安全之。

诏以陈尚书令江总为上开府仪同三司,仆射袁宪、骠骑萧摩诃、领军任忠皆为开府仪同三司,吏部尚书吴兴姚察为秘书丞。上嘉袁宪雅操,下诏,以为江表称首,授昌州刺史。闻陈散骑常侍袁元友数直言于陈叔宝,擢拜主爵侍郎。谓群臣曰:"平陈之初,我悔不杀任蛮奴。受人荣禄,兼当重寄,不能横尸徇国,乃云无所用力,与弘演纳肝何其远也!"

帝见周罗睺,慰谕之,许以富贵。罗睺垂泣对曰:"臣荷陈氏厚遇,本朝沦亡,无节可纪。得免于死,陛下之赐也,何富贵之敢望!"贺若弼谓罗睺曰:"闻公郢、汉捉兵,即知扬州可得。王师利涉,果如所量。"罗睺曰:"若得与公周旋,胜负未可知。"顷之,拜上仪同三司。先是,陈将羊翔来降,伐陈之役,使为乡导,位至上开府仪同三司,班在罗睺上。韩擒虎于朝堂戏之曰:"不知机变,乃立在羊翔之下,能无愧乎!"罗睺曰:"昔在江南,久承令问,谓公天下节士;今日所言,殊非所望。"擒虎有愧色。

帝之责陈君臣也,陈叔文独欣然有得色。既而复上表自陈:"昔在巴州,已先送款,乞知此情,望异常例!"帝虽嫌其不忠,而欲怀柔江表,乃授叔文开府仪同三司,拜宜州刺史。

初,陈散骑常侍韦鼎聘于周,遇帝而异之,谓帝曰:"公当大贵,贵则天下一家,岁一周天,老夫当委质于公。"及至德之初,鼎为太府卿,尽卖田宅,大匠卿毛彪问其故,鼎曰:"江东王气,尽于此矣!吾与尔当葬长安。"及陈平,上召鼎为上仪同三司。鼎,叡之孙也。

壬戌,诏曰:"今率土大同,含生遂性;太平之法,方可流行。凡我臣民,澡身浴德,家家自修,人人克念。兵可立威,不可不戢;刑可助化,不可专行。禁卫九重之馀,镇守四方之外,戎旅军器,皆宜停罢。世路既夷,群方无事,武力之子,俱可学经;民间甲仗,悉皆除毁。颁告天下,咸悉此意。"

贺若弼撰其所画策上之,谓为御授平陈七策。帝弗省,曰:"公欲发扬我名,我不求名;公宜自载家传。"弼位望隆重,兄弟并封郡公,为刺史、列将,家之珍玩,不可胜计,婢妾曳罗绮者数百,时人荣之。其后突厥来朝,上谓之曰:"汝闻江南有陈国天子乎?"对曰:"闻之。"上命左右引突厥诣韩擒虎前曰:"此是执得陈国天子者。"擒虎厉色顾之,突厥惶恐,不敢仰视。

　　左卫将军庞晃等短高颎于上，上怒，皆黜之，亲礼逾密。因谓颎曰：“独孤公，犹镜也，每被磨莹，皎然益明。”初，颎父宾为独孤信僚佐，赐姓独孤氏，故上常呼为独孤而不名。

　　4　乐安公元谐，性豪侠，有气调，少与上同学，甚相爱，及即位，累历显仕。谐好排诋，不能取媚左右。与上柱国王谊善，谊诛，上稍疏忌之。或告谐与从父弟上开府仪同三司滂、临泽侯田鸾、上仪同三司祁绪等谋反，下有司按验，奏“谐谋令祁绪勒党项兵断巴、蜀。又，谐尝与滂同谒上，谐私谓滂曰：‘我是主人，殿上者贼也。’因令滂望气，滂曰：‘彼云似蹲狗走鹿，不如我辈有福德云。’”上大怒，谐、滂、鸾、绪并伏诛。

　　5　闰月己卯，以吏部尚书苏威为右仆射。六月乙丑，以荆州总管杨素为纳言。

　　6　朝野皆称封禅，秋，七月丙午，诏曰：“岂可命一将军除一小国，遐迩注意，便谓太平。以薄德而封名山，用虚言而干上帝，非朕攸闻。而今而后，言及封禅，宜即禁绝！”

　　7　左卫大将军广平王雄，贵宠特盛，与高颎、虞庆则、苏威称为四贵。雄宽容下士，朝野倾属，上恶其得众，阴忌之，不欲其典兵马；八月壬戌，以雄为司空，实夺之权。雄既无职务，乃杜门不通宾客。

　　8　帝践阼之初，柱国沛公郑译请修正雅乐，诏太常卿牛弘、国子祭酒辛彦之、博士何妥等议之，积年不决。译言：“古乐十二律，旋相为宫，各用七声，世莫能通。”译因龟兹人苏祗婆善琵琶，始得其法，推演为十二均、八十四调，以校太乐所奏，例皆乖越。译又于七音之外更立一声，谓之应声，作书宣示朝廷。与邳公世子苏夔议累黍定律。

　　时人以音律久无通者，非译、夔一朝可定。帝素不悦学，而牛弘不精音律，何妥自耻宿儒反不逮译等，常欲沮坏其事，乃立议，非十二律旋相为宫及七调，竞为异议，各立朋党；或欲令各造乐，待成，择其善者而从之。妥恐乐成善恶易见，乃请帝张乐试之，先白帝云：“黄钟象人君之德。”及奏黄钟之调，帝曰：“滔滔和雅，甚与我心会。”妥因奏止用黄钟一宫，不假馀律。帝悦，从之。

　　时又有乐工万宝常，妙达钟律。译等为黄钟调成，奏之，帝召问宝常，宝常曰：“此亡国之音也。”帝不悦。宝常请以水尺为律，以调乐器，上从之。宝常造诸乐器，其声率下郑译调二律，损益乐器，不可胜纪。其声雅淡，不为时人所好，太常善声者多排毁之。苏夔尤忌宝常，夔父威方用事，凡言乐者皆附之而短宝常，宝常乐竟为威所抑，寝不行。

及平陈,获宋、齐旧乐器,并江左乐工,帝令廷奏之,叹曰:"此华夏正声也。"乃调五音为五夏、二舞、登歌、房内十四调,宾祭用之。仍诏太常置清商署以掌之。

时天下既壹,异代器物,皆集乐府。牛弘奏:"中国旧音多在江左,前克荆州得梁乐,今平蒋州又得陈乐,史传相承以为合古,请加修缉以备雅乐。其后魏之乐及后周所用,杂有边裔之声,皆不可用,请悉停之。"冬,十二月,诏弘与许善心、姚察及通直郎虞世基参定雅乐。世基,荔之子也。

9　己巳,以黄州总管周法尚为永州总管,安集岭南,给黄州兵三千五百人为帐内,陈桂州刺史钱季卿等皆诣法尚降。定州刺史吕子廓,据山洞,不受命,法尚击斩之。

10　以驾部侍郎狄道辛公义为岷州刺史。岷州俗畏疫,一人病疫,阖家避之,病者多死。公义命皆舆置己之听事,暑月,病人或至数百,厅廊皆满,公义设榻,昼夜处其间,以秩禄具医药,身自省问。病者既愈,乃召其亲戚谕之曰:"死生有命,岂能相染!若相染者,吾死久矣。"皆惭谢而去。其后人有病者,争就使君,其家亲戚固留养之,始相慈爱,风俗遂变。后迁牟州刺史,下车,先至狱中露坐,亲自验问。十馀日间,决遣咸尽,方还厅事受领新讼。事皆立决;若有未尽,必须禁者,公义即宿听事,终不还阁。或谏曰:"公事有程,使君何自苦!"公义曰:"刺史无德,不能使民无讼,岂可禁人在狱而安寝于家乎!"罪人闻之,咸自款服。后有讼者,乡闾父老遽晓之曰:"此小事,何忍勤劳使君!"讼者多两让而止。

十年(庚戌,590)

1　春,正月乙未,以皇孙昭为河南王,楷为华阳王。昭,广之子也。

2　二月,上幸晋阳,命高颎居守。夏,四月辛酉,至自晋阳。

3　成安文子李德林,恃其才望,论议好胜,同列多疾之;由是以佐命元功,十年不徙级。德林数与苏威异议,高颎常助威,奏德林狠戾,上多从威议。上赐德林庄店,使自择之,德林请逆人高阿那肱卫国县市店,上许之。及幸晋阳,店人诉称高氏强夺民田,于内造店赁之。苏威因奏德林诬罔,安奏自入,司农卿李圆通等复助之曰:"此店收利如食千户,请计日追赃。"上自是益恶之。虞庆则等奉使关东巡省,还,皆奏称"乡正专理辞讼,党与爱憎,公行货贿,不便于民"。上令废之。德林曰:"兹事臣本以为不可,然置来始尔,复即停废,政令不一,朝成暮毁,深非帝王设法之义。臣望陛下自今群臣于律令辄欲改张,即以军法从事;不然者,纷纭未已。"

上遂发怒,大诟云:"尔欲以我为王莽邪!"先是,德林称父为太尉谘议以取赠官,给事黄门侍郎猗氏陈茂等密奏:"德林父终于校书,妄称谘议。"上甚衔之。至是,上因数之曰:"公为内史,典朕机密,比不可豫计议者,以公不弘耳,宁自知乎! 又冈冒取店,妄加父官,朕实忿之,而未能发,今当以一州相遣耳。"因出为湖州刺史。德林拜谢曰:"臣不敢复望内史令,请但预散参。"上不许,迁怀州刺史而卒。

李圆通,本上微时家奴,有器干;及为隋公,以圆通及陈茂为参佐,由是信任之。梁国之废也,上以梁太府卿柳庄为给事黄门侍郎。庄有识度,博学,善辞令,明习典故,雅达政事,上及高颎皆重之。与陈茂同僚,不能降意,茂谮之于上,上稍疏之,出为饶州刺史。

上性猜忌,不悦学,既任智以获大位,因以文法自矜,明察临下,恒令左右觇视内外,有过失则加以重罪。又患令史赃污,私使人以钱帛遗之,得犯立斩。每于殿庭捶人,一日之中,或至数四;尝怒问事挥楚不甚,即命斩之。尚书左仆射高颎、治书侍御史柳彧等谏,以为"朝堂非杀人之所,殿廷非决罚之地"。上不纳。颎等乃尽诣朝堂请罪,上顾谓领左右都督田元曰:"吾杖重乎?"元曰:"重。"帝问其状,元举手曰:"陛下杖大如指,捶人三十者,比常杖数百,故多死。"上不怿,乃令殿内去杖,欲有决罚,各付所由。后楚州行参军李君才上言:"上宠高颎过甚。"上大怒,命杖之,而殿内无杖,遂以马鞭捶杀之,自是殿内复置杖。未几,怒甚,又于殿廷杀人;兵部侍郎冯基固谏,上不从,竟于殿廷杀之。上亦寻悔,宣慰冯基,而怒群臣之不谏者。

4　五月乙未,诏曰:"魏末丧乱,军人权置坊府,南征北伐,居处无定,家无完堵,地罕包桑,朕甚愍之。凡是军人,可悉属州县,垦田、籍帐,一与民同。军府统领,宜依旧式。罢山东、河南及北方缘边之地新置军府。"

5　六月辛酉,制民年五十免役收庸。

6　秋,七月癸卯,以纳言杨素为内史令。

7　冬,十一月辛丑,上祀南郊。

8　江表自东晋已来,刑法疏缓,世族陵驾寒门;平陈之后,牧民者尽更变之。苏威复作五教,使民无长幼悉诵之,士民嗟怨。民间复讹言隋欲徙之入关,远近惊骇。于是婺州汪文进、越州高智慧、苏州沈玄㤭皆举兵反,自称天子,署置百官。乐安蔡道人、蒋山李棱、饶州吴世华、温州沈孝彻、泉州王国庆、杭州杨宝英、交州李春等皆自称大都督,攻陷州县。陈之故境,大抵皆反,大者有众数万,小者数千,共相影响,执县令,或抽其肠,或脔其肉食之,曰:“更能使侬诵五教邪!”诏以杨素为行军总管以讨之。

素将济江,使始兴麦铁杖戴束藁,夜,浮渡江觇贼,还而复往,为贼所擒,遣兵仗三十人防之。铁杖取贼刀,乱斩防者,杀之皆尽,割其鼻,怀之以归;素大奇之,奏授仪同三司。

素帅舟师自杨子津入,击贼帅朱莫问于京口,破之。进击晋陵贼帅顾世兴、无锡贼帅叶略,皆平之。沈玄恓败走,素追擒之。高智慧据浙江东岸为营,周亘百馀里,船舰被江;素击之。子总管南阳来护儿言于素曰:“吴人轻锐,利在舟楫,必死之贼,难与争锋,公宜严陈以待之,勿与接刃。请假奇兵数千潜渡江,掩破其壁,使退无所归,进不得战,此韩信破赵之策也。”素从之。护儿以轻舸数百直登江岸,袭破其营,因纵火,烟焰涨天。贼顾火而惧,素因纵兵奋击,大破之,贼遂溃。智慧逃入海,素蹑之至海曲,召行军记室封德彝计事,德彝坠水,人救,获免,易衣见素,竟不自言。素后知之,问其故,曰:“私事也,所以不白。”素嗟异之。德彝名伦,以字行,隆之之孙也。汪文进以蔡道人为司空,守乐安,素进讨,悉平之。

素遣总管史万岁帅众二千,自婺州别道逾岭越海,攻破溪洞,不可胜数。前后七百馀战,转斗千馀里,寂无声问者十旬,远近皆以万岁为没。万岁置书竹筒中,浮之于水,汲者得之,言于素。素上其事,上嗟叹,赐万岁家钱十万。

素又破沈孝彻于温州,步道向天台,指临海,逐捕遗逸,前后百馀战,高智慧走保闽、越。上以素久劳于外,令驰传入朝。素以馀贼未殄,恐为后患,复请行,遂乘传至会稽。王国庆自以海路艰阻,非北人所习,不设备;素泛海奄至,国庆惶遽弃州走。馀党散入海岛,或守溪洞,素分遣诸将,水陆追捕。密令人说国庆,使斩送智慧以自赎;国庆乃执送智慧,斩于泉州,馀党悉降。江南大定。

素班师,上遣左领军将军独孤陀至浚仪迎劳;比到京师,问者日至。拜素子玄奖为仪同三司,赏赐甚厚。陀,信之子也。

杨素用兵多权略,驭众严整,每将临敌,辄求人过失而斩之,多者百馀人,少不下十数,流血盈前,言笑自若。及其对陈,先令一二百人赴敌,陷陈则已,如不能陷而还者,无问多少,悉斩之;又令二三百人复进,还如向法。将士股栗,有必死之心,由是战无不胜,称为名将。素时贵幸,言无不从,其从素行者,微功必录,至他将虽有大功,多为文吏所谴却,故素虽残忍,士亦以此愿从焉。

9　以并州总管晋王广为扬州总管,镇江都,复以秦王俊为并州总管。

10　番禺夷王仲宣反,岭南首领多应之,引兵围广州。韦洸中流矢卒,诏以其副慕容三藏检校广州道行军事。又诏给事郎裴矩巡抚岭南,矩至南康,得兵数千人。仲宣遣别将周师举围东衡州,矩与大将军鹿愿击斩之,进至南海。

高凉洗夫人遣其孙冯暄将兵救广州,暄与贼将陈佛智素善,逗留不进;夫人知之,大怒,遣使执暄,系州狱,更遣孙盎出讨佛智,斩之。进会鹿愿于南海,与慕容三藏合击仲宣,仲宣众溃,广州获全。洗氏亲被甲,乘介马,张锦伞,引彀骑卫,从裴矩巡抚二十馀州。苍梧首领陈坦等皆来谒见,矩承制署为刺史、县令,使还统其部落,岭表遂定。

矩复命,上谓高颎、杨素曰:“韦洸将二万兵不能早度岭,朕每患其兵少。裴矩以三千弊卒径至南海,有臣若此,朕亦何忧!”以矩为民部侍郎。拜冯盎高州刺史,追赠冯宝广州总管、谯国公。册洗氏为谯国夫人,开谯国夫人幕府,置长史以下官属,官给印章,听发部落六州兵马,若有机急,便宜行事。仍敕以夫人诚效之故,特赦暄逗留之罪,拜罗州刺史。皇后赐夫人首饰及宴服一袭,夫人并盛于金箧,并梁、陈赐物,各藏一库,每岁时大会,陈之于庭,以示子孙,曰:“我事三代主,惟用一忠顺之心,今赐物具存,此其报也;汝曹皆念之,尽赤心于天子!”

番州总管赵讷贪虐,诸俚、獠多亡叛。夫人遣长史张融上封事,论安抚之宜,并言讷罪,不可以招怀远人。上遣推讷,得其赃贿,竟致于法;委夫人招慰亡叛。夫人亲载诏书,自称使者,历十馀州,宣述上意,谕诸俚、獠,所至皆降。上嘉之,赐夫人临振县为汤沐邑,赠冯仆崖州总管、平原公。

十一年(辛亥,591)

1　春,正月,皇太子妃元氏薨。

2　二月戊午,吐谷浑遣使入贡。吐谷浑可汗夸吕闻陈亡,大惧,遁逃保险,不敢为寇。夸吕卒,子世伏立,使其兄子无素奉表称藩,并献方物,请以女备后庭。上谓无素曰:“若依来请,他国闻之,必当相效,何以拒之! 朕情存安养,各令遂性,岂可聚敛子女以实后宫乎!”竟不许。

3　平乡令刘旷有异政,以义理晓谕,讼者皆引咎而去,狱中草满,庭可张罗;迁临颍令。高颎荐旷清名善政为天下第一,上召见,劳勉之,谓侍臣曰:“若不殊奖,何以为劝!”丙子,优诏擢为莒州刺史。

4　辛巳晦，日有食之。

5　初，帝微时，与滕穆王瓒不协。帝为周相，以瓒为大宗伯，瓒恐为家祸，阴欲图帝，帝隐之。瓒妃，周高祖妹顺阳公主也，与独孤后素不平，阴为咒诅；帝命出之，瓒不可。秋，八月，瓒从帝幸栗园，暴薨，时人疑其遇鸩。乙亥，帝至自栗园。

6　沛达公郑译卒。

# 资治通鉴卷第一百七十八

## 隋纪二

**高祖文皇帝上之下**

开皇十二年（壬子，592）

1　春，二月己巳，以蜀王秀为内史令兼右领军大将军。

2　国子博士何妥与尚书右仆射邳公苏威争议事，积不相能。威子夔为太子通事舍人，少敏辩，有盛名，士大夫多附之。及议乐，夔与妥各有所持；诏百僚署其所同，百僚以威故，同夔者什八九。妥恚曰："吾席间函丈四十馀年，反为昨暮儿之所屈邪！"遂奏："威与礼部尚书卢恺、吏部侍郎薛道衡、尚书右丞王弘、考功侍郎李同和等共为朋党。省中呼弘为世子，同和为叔，言二人如威之子弟也。"复言威以曲道任其从父弟彻、肃冒为官等数事。上命蜀王秀、上柱国虞庆则等杂按之，事颇有状。上大怒。秋，七月乙巳，威坐免官爵，以开府仪同三司就第；卢恺除名，知名之士坐威得罪者百馀人。

初，周室以来，选无清浊；及恺摄吏部，与薛道衡甄别士流，故涉朋党之谤，以至得罪。未几，上曰："苏威德行者，但为人所误耳！"命之通籍。威好立条章，每岁责民间五品不逊，或答云，"管内无五品之家。"其不相应领，类多如此。又为馀粮簿，欲使有无相赡；民部侍郎郎茂以为烦迂不急，皆奏罢之。茂，基之子也，尝为卫国令，有民张元预兄弟不睦，丞、尉请加严刑，茂曰："元预兄弟本相憎疾，又坐得罪，弥益其忿，非化民之意也。"乃徐谕之以义。元预等各感悔，顿首请罪，遂相亲睦，称为友悌。

3　己巳，上享太庙。

4　壬申晦，日有食之。

5　帝以天下用律者多踳驳，罪同论异，八月甲戌，制："诸州死罪，不得辄决，悉移大理按覆，事尽，然后上省奏裁。"

6　冬，十月壬午，上享太庙。十一月辛亥，祀南郊。

7　己未，新义公韩擒虎卒。

8　十二月乙酉,以内史令杨素为尚书右仆射,与高颎专掌朝政。素性疏辩,高下在心,朝臣之内,颇推高颎,敬牛弘,厚接薛道衡,视苏威蔑如也,自馀朝贵,多被陵轹。其才艺风调优于颎;至于推诚体国,处物平当,有宰相识度,不如颎远矣。

右领军大将军贺若弼,自谓功名出朝臣之右,每以宰相自许。既而杨素为仆射,弼仍为将军,甚不平,形于言色,由是坐免官,怨望愈甚。久之,上收弼狱,谓之曰:“我以高颎、杨素为宰相,汝每昌言曰:‘此二人惟堪啖饭耳。’是何意也?”弼曰:“颎,臣之故人,素,臣舅子。臣并知其为人,诚有此语。”公卿奏弼怨望,罪当死。上曰:“臣下守法不移,公可自求活理。”弼曰:“臣恃至尊威灵,将八千兵渡江,擒陈叔宝,窃以此望活。”上曰:“此已格外重赏,何用追论!”弼曰:“臣已蒙格外重赏,今还格外望活。”既而上低回数日,惜其功,特令除名。岁馀,复其爵位,上亦忌之,不复任使,然每宴赐,遇之甚厚。

9　有司上言:“府藏皆满,无所容,积于廊庑。”帝曰:“朕既薄赋于民,又大经赐用,何得尔也?”对曰:“入者常多于出,略计每年赐用,至数百万段,曾无减损。”于是更辟左藏院以受之。诏曰:“宁积于人,无藏府库。河北、河东今年田租三分减一,兵减半功,调全免。”时天下户口岁增,京辅及三河地少而人众,衣食不给,帝乃发使四出,均天下之田,其狭乡每丁才至二十亩,老少又少焉。

十三年(癸丑,593)

1　春,正月壬子,上祀感生帝。

2　壬戌,行幸岐州。

3　二月丙午,诏营仁寿宫于岐州之北,使杨素监之。素奏前莱州刺史宇文恺检校将作大匠,记室封德彝为土木监。于是夷山堙谷以立宫殿,崇台累榭,宛转相属。役使严急,丁夫多死,疲顿颠仆,推填坑坎,覆以土石,因而筑为平地。死者以万数。

4　丁亥,上至自岐州。

5　己卯,立皇孙暕为豫章王。暕,广之子也。

6　丁酉,制:“私家不得藏纬候、图谶。”

7　秋,七月戊辰晦,日有食之。

8　是岁,上命礼部尚书牛弘等议明堂制度。宇文恺献明堂木样,上命有司规度安业里地,将立之;而诸儒异议,久之不决,乃罢之。

9　上之灭陈也，以陈叔宝屏风赐突厥大义公主。公主以其宗国之覆，心常不平，书屏风，为诗叙陈亡以自寄；上闻而恶之，礼赐渐薄。彭公刘昶先尚周公主，流人杨钦亡入突厥，诈言昶欲与其妻作乱攻隋，遣钦密告大义公主，发兵扰边。都蓝可汗信之，乃不修职贡，颇为边患。上遣车骑将军长孙晟使于突厥，微观察之。公主见晟，言辞不逊，又遣所私胡人安遂迦与杨钦计议，扇惑都蓝。晟至京师，具以状闻。上遣晟往索钦；都蓝不与，曰："检校客内无此色人。"晟乃赂其达官，知钦所在，夜，掩获之，以示都蓝，因发公主私事，国人大以为耻。都蓝执安遂迦等，并以付晟。上大喜，加授开府仪同三司，仍遣入突厥废公主。内史侍郎裴矩请说都蓝使杀公主。时处罗侯之子染干，号突利可汗，居北方，遣使求婚，上使裴矩谓之曰："当杀大义公主，乃许婚。"突利复谮之于都蓝，都蓝因发怒，杀公主，更表请婚，朝议将许之。长孙晟曰："臣观雍虞闾反覆无信，直以与玷厥有隙，所以欲依倚国家，虽与为婚，终当叛去。今若得尚公主，承藉威灵，玷厥、染干必受其征发。强而更反，后恐难图。且染干者，处罗侯之子，素有诚款，于今两代，前乞通婚，不如许之，招令南徙，兵少力弱，易可抚驯，使敌雍虞闾以为边捍。"上曰："善。"复遣晟慰谕染干，许尚公主。

10　牛弘使协律郎范阳祖孝孙等参定雅乐，从陈阳山太守毛爽受京房律法，布管飞灰，顺月皆验。又每律生五音，十二律为六十音，因而六之，为三百六十音，分直一岁之日以配七音，而旋相为宫之法，由是著名。弘等乃奏请复用旋宫法，上犹记何妥之言，注弘奏下，不听作旋宫，但用黄钟一宫。于是弘等复为奏，附顺上意，其前代金石并销毁之，以息异议。弘等又作武舞，以象隋之功德；郊庙飨用一调，迎气用五调。旧工稍尽，其馀声律，皆不复通。

十四年（甲寅，594）

1　春，三月乐成。夏，四月乙丑，诏行新乐，且曰："民间音乐，流僻日久，弃其旧体，竞造繁声，宜加禁约，务存其本。"万宝常听太常所奏乐，泫然泣曰："乐声淫厉而哀，天下不久将尽！"时四海全盛，闻者皆谓不然；大业之末，其言卒验。宝常贫而无子，久之，竟饿死。且死，悉取其书烧之，曰："用此何为！"

2　先是，台、省、府、寺及诸州皆置公廨钱，收息取给。工部尚书苏孝慈以为"官司出举兴生，烦扰百姓，败损风俗，请皆禁止，给地以营农。"上从之。六月丁卯，始诏"公卿以下皆给职田，毋得治生，与民争利。"

3　秋,七月乙未,以邳公苏威为纳言。

4　初,张宾历既行,广平刘孝孙、冀州秀才刘焯并言其失。宾方有宠于上,刘晖附会之,共短孝孙,斥罢之。后宾卒,孝孙为掖县丞,委官入京,上其事,诏留直太史,累年不调,乃抱其书,使弟子舆榇来诣阙下,伏而恸哭;执法拘而奏。帝异焉,以问国子祭酒何妥,妥言其善。乃遣与宾历比校短长。直太史勃海张胄玄与孝孙共短宾历,异论锋起,久之不定。上令参问日食事,杨素等奏:“太史凡奏日食二十有五,率皆无验,胄玄所刻,前后妙中,孝孙所刻,验亦过半。”于是上引孝孙、胄玄等亲自劳徕。孝孙请先斩刘晖,乃可定历,帝不怿,又罢之。孝孙寻卒。

5　关中大旱,民饥,上遣左右视民食,得豆屑杂糠以献。上流涕以示群臣,深自咎责,为之不御酒肉,殆将一期。八月辛未,上帅民就食于洛阳,敕斥候不得辄有驱逼。男女参厕于仗卫之间,遇扶老携幼者,辄引马避之,慰勉而去;至艰险之处,见负担者,令左右扶助之。

6　冬,闰十月甲寅,诏以齐、梁、陈宗祀废绝,命高仁英、萧琮、陈叔宝以时修祭,所须器物,有司给之。陈叔宝从帝登邙山,侍饮,赋诗曰:“日月光天德,山河壮帝居;太平无以报,愿上东封书。”并表请封禅。帝优诏答之。他日,复侍宴,及出,帝目之曰:“此败岂不由酒!以作诗之功,何如思安时事!当贺若弼渡京口,彼人密启告急,叔宝饮酒,遂不之省。高颎至日,犹见启在床下,未开封。此诚可笑,盖天亡之也。昔苻氏征伐所得国,皆荣贵其主,苟欲求名,不知违天命;与之官,乃违天也。”

7　齐州刺史卢贲坐民饥闭民粜,除名。帝后复欲授以一州,贲对诏失旨,又有怨言,帝大怒,遂不用。皇太子为言:“此辈并有佐命功,虽性行轻险,诚不可弃。”帝曰:“我抑屈之,全其命也。微刘昉、郑译、卢贲、柳裘、皇甫绩等,则我不至此。然此等皆反覆子也,当周宣帝时,以无赖得幸。及帝大渐,颜之仪等请以赵王辅政,此辈行诈,顾命于我。我将为政,又欲乱之,故昉谋大逆,译为巫蛊。如贲之例,皆不满志,任之则不逊,置之则怨望,自为难信,非我弃之。众人见此,谓我薄于功臣,斯不然矣。”贲遂废,卒于家。

8　晋王广帅百官抗表,固请封禅。帝令牛弘创定仪注,既成,帝视之,曰:“兹事体大,朕何德以堪之!但当东巡,因致祭泰山耳。”十二月乙未,车驾东巡。

9　上好机祥小数,上仪同三司萧吉上书曰:“甲寅、乙卯,天地之合也。今兹甲寅之年,以辛酉朔旦冬至,来年乙卯,以甲子夏至。冬至阳始,

郊天之日,即至尊本命;夏至阴始,祀地之辰,即皇后本命。至尊德并乾之
覆育,皇后仁同地之载养,所以二仪元气并会本辰。"上大悦,赐物五百
段。吉,懿之孙也。员外散骑侍郎王劭言上有龙颜戴干之表,指示群臣。
上悦,拜著作郎。劭前后上表,言上受命符瑞甚众,又采民间歌谣,引图书
谶纬,捃摭佛经,回易文字,曲加诬饰,撰皇隋灵感志三十卷奏之,上令宣
示天下。劭集诸州朝集,使盥手焚香而读之,曲折其声,有如歌咏,经涉旬
朔,遍而后罢。上益喜,前后赏赐优洽。

十五年(乙卯,595)

　　1　春,正月壬戌,车驾顿齐州。庚午,为坛于泰山,柴燎祀天,以岁旱
谢愆咎,礼如南郊,又亲祀青帝坛。赦天下。

　　2　二月丙辰,收天下兵器,敢私造者坐之;关中、缘边不在其例。

　　3　三月己未,至自东巡。

　　4　仁寿宫成。丁亥,上幸仁寿宫。时天暑,役夫死者相次于道,杨素
悉焚除之,上闻之,不悦。及至,见制度壮丽,大怒曰:"杨素殚民力为离
宫,为吾结怨天下。"素闻之,惶恐,虑获谴,以告封德彝,曰:"公勿忧,俟
皇后至,必有恩诏。"明日,上果召素入对,独孤后劳之曰:"公知我夫妇
老,无以自娱,盛饰此宫,岂非忠孝!"赐钱百万,锦绢三千段。素负贵恃
才,多所陵侮,唯赏重德彝,每引之与论宰相职务,终日忘倦,因抚其床曰:
"封郎必须据吾此坐。"屡荐于帝,帝擢为内史舍人。

　　5　夏,四月己丑朔,赦天下。

　　6　六月戊子,诏凿底柱。

　　7　庚寅,相州刺史豆卢通贡绫文布,命焚之于朝堂。

　　8　秋,七月,纳言苏威坐从祠泰山不敬,免,俄而复位。上谓群臣曰:
"世人言苏威诈清,家累金玉,此妄言也。然其性狠戾,不切世要,求名太
甚,从己则悦,违之必怒,此其大病耳。"

　　9　戊寅,上至自仁寿宫。

　　10　冬,十月戊子,以吏部尚书韦世康为荆州总管。世康,洸之弟也,
和静谦恕,在吏部十馀年,时称廉平。常有止足之志,谓子弟曰:"禄岂须
多,防满则退;年不待暮,有疾便辞。"因恳乞骸骨。帝不许,使镇荆州。
时天下惟有四总管,并、扬、益、荆,以晋、秦、蜀三王及世康为之,当时以
为荣。

　　11　十一月辛酉,上幸温汤。

12　十二月戊子,敕:"盗边粮一升已上,皆斩,仍籍没其家。"

13　己丑,诏文武官以四考受代。

14　汴州刺史令狐熙来朝,考绩为天下之最,赐帛三百匹,颁告天下。熙,整之子也。

十六年(丙辰,596)

1　春,正月丁亥,以皇孙裕为平原王,筠为安成王,嶷为安平王,恪为襄城王,该为高阳王,韶为建安王,煚为颍川王,皆勇之子也。

2　夏,六月甲午,初制工商不得仕进。

3　秋,八月丙戌,诏:"决死罪者,三奏然后行刑。"

4　冬,十月己丑,上幸长春宫;十一月壬子,还长安。

5　党项寇会州,诏发陇西兵讨降之。

6　帝以光化公主妻吐谷浑可汗世伏;世伏上表请称公主为天后,上不许。

十七年(丁巳,597)

1　春,二月癸未,太平公史万岁击南宁羌,平之。初,梁睿之克王谦也,西南夷、獠莫不归附,唯南宁州酋帅爨震恃远不服。睿上疏,以为:"南宁州,汉世牂柯之地,户口殷众,金宝富饶。梁南宁州刺史徐文盛为湘东王征赴荆州,属东夏尚阻,未遑远略,土民爨瓒遂窃据一方,国家遥授刺史,其子震相承至今。而震臣礼多亏,贡赋不入,乞因平蜀之众,略定南宁。"其后南宁夷爨玩来降,拜昆州刺史,既而复叛。乃以左领军将军史万岁为行军总管,帅众击之,入自蜻蛉川,至于南中。夷人前后屯据要害,万岁皆击破之;过诸葛亮纪功碑,渡西洱河,入渠滥川,行千馀里,破其三十馀部,虏获男女二万馀口。诸夷大惧,遣使请降,献明珠径寸,于是勒石颂美隋德。万岁请将爨玩入朝,诏许之。爨玩阴有贰心,不欲诣阙,赂万岁以金宝,万岁于是舍玩而还。

2　庚寅,上幸仁寿宫。

3　桂州俚帅李光仕作乱,帝遣上柱国王世积与前桂州总管周法尚讨之,法尚发岭南兵,世积发岭北兵,俱会尹州。世积所部遇瘴,不能进,顿于衡州,法尚独讨之。光仕战败,帅劲兵走保白石洞。法尚大获家口,其党有来降者,辄以妻子还之,居旬日,降者数千人;光仕众溃而走,追斩之。

帝又遣员外散骑侍郎何稠募兵讨光仕,稠谕降其党莫崇等,承制署首领为州县官。稠,妥之兄子也。

上以岭南夷、越数反,以汴州刺史令狐熙为桂州总管十七州诸军事,许以便宜从事,刺史以下官得承制补授。熙至部,大弘恩信,其溪洞渠帅更相谓曰:“前时总管皆以兵威相胁,今者乃以手教相谕,我辈其可违乎!”于是相帅归附。先是,州县生梗,长吏多不得之官,寄政于总管府,熙悉遣之,为建城邑,开设学校,华、夷感化焉。俚帅甯猛力,在陈世已据南海,隋因而抚之,拜安州刺史。猛力恃险骄倨,未尝参谒,熙谕以恩信,猛力感之,诣府请谒,不敢为非。熙奏改安州为钦州。

4　帝以所在属官不敬惮其上,事难克举,三月丙辰,诏:“诸司论属官罪,有律轻情重者,听于律外斟酌决杖。”于是上下相驱,迭行捶楚,以残暴为干能,以守法为懦弱。

帝以盗贼繁多,命盗一钱以上皆弃市,或三人共盗一瓜,事发即死。于是行旅皆晏起早宿,天下懔懔。有数人劫执事而谓之曰:“吾岂求财者邪!但为枉人来耳。而为我奏至尊:自古以来,体国立法,未有盗一钱而死者也。而不为我以闻,吾更来,而属无类矣!”帝闻之,为停此法。

帝尝乘怒,欲以六月杖杀人,大理少卿河东赵绰固争曰:“季夏之月,天地成长庶类,不可以此时诛杀。”帝报曰:“六月虽曰生长,此时必有雷霆;我则天而行,有何不可!”遂杀之。

大理掌固来旷上言大理官司太宽,帝以旷为忠直,遣每旦于五品行中参见。旷又告少卿赵绰滥免徒囚,帝使信臣推验,初无阿曲,帝怒,命斩之。绰固争,以为旷不合死,帝拂衣入閤。绰矫言,“臣更不理旷,自有他事,未及奏闻。”帝命引入閤,绰再拜请曰:“臣有死罪三,臣为大理少卿,不能制御掌固,使旷触挂天刑,一也。囚不合死,而臣不能死争,二也。臣本无他事,而妄言求入,三也。”帝解颜。会独孤后在坐,命赐绰二金杯酒,并杯赐之。旷因免死,徙广州。

萧摩诃子世略在江南作乱,摩诃当从坐,上曰:“世略年未二十,亦何能为,以其名将之子,为人所逼耳。”因赦摩诃。绰固谏不可,上不能夺,欲绰去而赦之,因命绰退食。绰曰:“臣奏狱未决,不敢退。”上曰:“大理其为朕特赦摩诃也!”因命左右释之。

刑部侍郎辛亶尝衣绯裈,俗云利官;上以为厌蛊,将斩之。绰曰:“法不当死,臣不敢奉诏。”上怒甚,曰:“卿惜辛亶而不自惜也!”命引绰斩之。绰曰:“陛下宁杀臣,不可杀辛亶。”至朝堂,解衣当斩,上使人谓绰曰:“竟何如?”对曰:“执法一心,不敢惜死。”上拂衣而入,良久,乃释之。明日谢绰,劳勉之,赐物三百段。

时上禁行恶钱,有二人在市,以恶钱易好者,武候执以闻,上令悉斩之,绰进谏曰:"此人所坐当杖,杀之非法。"上曰:"不关卿事。"绰曰:"陛下不以臣愚暗,置在法司,欲妄杀人,岂得不关臣事!"上曰:"撼大木,不动者当退。"对曰:"臣望感天心,何论动木。"上复曰:"啜羹者热则置之,天子之威,欲相挫邪!"绰拜而益前,呵之,不肯退,上遂入。治书侍御史柳彧复上奏切谏,上乃止。

上以绰有诚直之心,每引入阁中,或遇上与皇后同榻,即呼绰坐,评论得失,前后赏赐万计。与大理卿薛胄同时,俱名平恕;然胄断狱以情而绰守法,俱为称职。胄,端之子也。

帝晚节用法益峻,御史于元日不劾武官衣剑之不齐者,帝曰:"尔为御史,纵舍自由。"命杀之;谏议大夫毛思祖谏,又杀之。将作寺丞以课麦鶪迟晚,武库令以署庭荒芜,左右出使,或授牧宰马鞭、鹦鹉,帝察知,并亲临斩之。

帝既喜怒不恒,不复依准科律。信任杨素,素复任情不平,与鸿胪少卿陈延有隙,尝经蕃客馆,庭中有马屎,又众仆于毡上樗蒲,以白帝。帝大怒,主客令及樗蒲者皆杖杀之,棰陈延几死。

帝遣亲卫大都督长安屈突通往陇西检覆群牧,得隐匿马二万馀匹,帝大怒,将斩太仆卿慕容悉达及诸监官千五百人。通谏曰:"人命至重,陛下奈何以畜产之故杀千有馀人! 臣敢以死请!"帝瞋目叱之,通又顿首曰:"臣一身分死,就陛下丐千馀人命。"帝感寤,曰:"朕之不明,以至于此! 赖有卿忠言耳。"于是悉达等皆减死论,擢通为左武候将军。

5　上柱国刘昶与帝有旧,帝甚亲之;其子居士,任侠不遵法度,数有罪,上以昶故,每原之。居士转骄恣,取公卿子弟雄健者,辄将至家,以车轮括其颈而棒之,殆死能不屈者,称为壮士,释而与交。党与三百人,殴击路人,多所侵夺,至于公卿妃主,莫敢与校。或告居士谋为不轨,帝怒,斩之,公卿子弟坐居士除名者甚众。

6　杨素、牛弘等复荐张胄玄历术。上令杨素与术数人立议六十一事,皆旧法久难通者,令刘晖等与胄玄等辩析。晖杜口一无所答,胄玄通者五十四,上乃拜胄玄员外散骑侍郎兼太史令,赐物千段,令参定新术。至是,胄玄历成。夏,四月戊寅,诏颁新历;前造历者刘晖四人并除名。

7　秋七月,桂州人李世贤反,上议讨之。诸将数人请行,上不许,顾右武候大将军虞庆则曰:"位居宰相,爵乃上公,国家有贼,遂无行意,何也?"庆则拜谢,恐惧,乃以庆则为桂州道行军总管,讨平之。

8　秦王俊,幼仁恕,喜佛教,尝请为沙门,不许。及为并州总管,渐好奢侈,违越制度,盛治宫室。俊好内,其妃崔氏,弘度之妹也,性妒,于瓜中进毒,由是得疾,征还京师。上以其奢纵,丁亥,免俊官,以王就第。崔妃以毒王,废绝,赐死于家。左武卫将军刘昇谏曰:"秦王非有他过,但费官物,营廨舍而已,臣谓可容。"上曰:"法不可违。"杨素谏曰:"秦王之过,不应至此,愿陛下详之!"上曰:"我是五儿之父,非兆民之父?若如公意,何不别制天子儿律!以周公之为人,尚诛管、蔡,我诚不及周公远矣,安能亏法乎!"卒不许。

9　戊戌,突厥突利可汗来逆女,上舍之太常,教习六礼,妻以宗女安义公主。上欲离间都蓝,故特厚其礼,遣太常卿牛弘、纳言苏威、民部尚书斛律孝卿相继为使。

突利本居北方,既尚主,长孙晟说其帅众南徙,居度斤旧镇,锡赉优厚。都蓝怒曰:"我,大可汗也,反不如染干!"于是朝贡遂绝,亟来抄掠边鄙。突利伺知动静,辄遣奏闻,由是边鄙每先有备。

10　九月甲申,上至自仁寿宫。

11　何稠之自岭南还也,甯猛力请随稠入朝,稠见其疾笃,遣还钦州,与之约曰:"八九月间,可诣京师相见。"使还,奏状,上意不怿。冬,十月,猛力病卒。上谓稠曰:"汝前不将猛力来,今竟死矣!"稠曰:"猛力与臣约,假令身死,当遣子入侍。越人性直,其子必来。"猛力临终,果戒其子长真曰:"我与大使约,不可失信,汝葬我毕,宜即登路。"长真嗣为刺史,如言入朝。上大悦曰:"何稠著信蛮夷,乃至于此!"

12　鲁公虞庆则之讨李世贤也,以妇弟赵什住为随府长史。什住通于庆则爱妾,恐事泄,乃宣言庆则不欲此行,上闻之,礼赐甚薄。庆则还,至潭州临桂岭,观眺山川形势,曰:"此诚险固,加以足粮,若守得其人,攻不可拔。"使什住驰诣京师奏事,观上颜色,什住因告庆则谋反,下有司按验。十二月壬子,庆则坐死,拜什住为柱国。

13　高丽王汤闻陈亡,大惧,治兵积谷,为拒守之策。是岁,上赐汤玺书,责以"虽称藩附,诚节未尽"。且曰:"彼之一方,虽地狭人少,今若黜王,不可虚置,终须更选官属,就彼安抚。王若洒心易行,率由宪章,即是朕之良臣,何劳别遣才彦!王谓辽水之广,何如长江?高丽之人,多少陈国?朕若不存含育,责王前愆,命一将军,何待多力!殷勤晓示,许王自新耳。"汤得书,惶恐,将奉表陈谢。会病卒,子元嗣立,上使使拜元为上开府仪同三司,袭爵辽东公。元奉表谢恩,因请封王,上许之。

14　吐谷浑大乱,国人杀世伏,立其弟伏允为主,遣使陈废立之事,并谢专命之罪,且请依俗尚主;上从之。自是朝贡岁至。

十八年(戊午,598)

1　春,二月甲辰,上幸仁寿宫。

2　高丽王元帅靺鞨之众万馀寇辽西,营州总管韦冲击走之。上闻而大怒,乙巳,以汉王谅、王世积并为行军元帅,将水陆三十万伐高丽,以尚书左仆射高颎为汉王长史,周罗睺为水军总管。

3　延州刺史独孤陀有婢曰徐阿尼,事猫鬼,能使之杀人,云每杀人,则死家财物潜移于畜猫鬼家。会独孤后及杨素妻郑氏俱有疾,医皆曰:"猫鬼疾也。"上以陀,后之异母弟,陀妻,杨素异母妹,由是意陀所为,令高颎等杂治之,具得其实。上怒,令以轋车载陀夫妻,将赐死,独孤后三日不食,为之请命曰:"陀若蛊政害民者,妾不敢言;今坐为妾身,敢请其命。"陀弟司勋侍郎整诣阙求哀,于是免陀死,除名为民,以其妻杨氏为尼。先是,有人讼其母为猫鬼所杀者,上以为妖妄,怒而遣之。至是,诏诛被讼行猫鬼家。夏,四月辛亥,诏:"畜猫鬼、蛊毒、厌媚野道之家,并投于四裔。"

4　六月丙寅,下诏黜高丽王元官爵。汉王谅军出临渝关,值水潦,馈运不继,军中乏食,复遇疾疫。周罗睺自东莱泛海趣平壤城,亦遭风,船多飘没。秋,九月己丑,师还,死者什八九。高丽王元亦惶惧遣使谢罪,上表称"辽东粪土臣元",上于是罢兵,待之如初。

百济王昌遣使奉表,请为军导,帝下诏谕以"高丽服罪,朕已赦之,不可致伐。"厚其使而遣之。高丽颇知其事,以兵侵掠其境。

5　辛卯,上至自仁寿宫。

6　冬,十一月癸未,上祀南郊。

7　十二月,自京师至仁寿宫,置行宫十有二所。

8　南宁夷爨玩复反。蜀王秀奏"史万岁受赂纵贼,致生边患。"上责万岁,万岁诋谰;上怒,命斩之。高颎及左卫大将军元旻等固请曰:"万岁雄略过人,将士乐为致力,虽古名将,未能过也。"上意少解,于是除名为民。

十九年(己未,599)

1　春,正月癸酉,赦天下。

2　二月甲寅,上幸仁寿宫。

3　突厥突利可汗因长孙晟奏言都蓝可汗作攻具,欲攻大同城。诏以汉王谅为元帅,尚书左仆射高颎出朔州道,右仆射杨素出灵州道,上柱国燕荣出幽州道以击都蓝,皆取汉王节度;然汉王竟不临戎。

都蓝闻之,与达头可汗结盟,合兵掩袭突利,大战长城下,突利大败。都蓝尽杀其兄弟子侄,遂渡河入蔚州。突利部落散亡,夜,与长孙晟以五骑南走,比旦,行百馀里,收得数百骑。突利与其下谋曰:“今兵败入朝,一降人耳,大隋天子岂礼我乎! 玷厥虽来,本无冤隙,若往投之,必相存济。”晟知之,密遣使者入伏远镇,令速举烽。突利见四烽俱发,以问晟,晟绐之曰:“城高地迥,必遥见贼来。我国家法,若贼少,举二烽;来多,举三烽;大逼,举四烽。彼见贼多而又近耳。”突利大惧,谓其众曰:“追兵已逼,且可投城。”既入镇,晟留其达官执室领其众,自将突利驰驿入朝。夏,四月丁酉,突利至长安。帝大喜,以晟为左勋卫骠骑将军,持节护突厥。

上令突利与都蓝使者因头特勒相辩诘,突利辞直,上乃厚待之。都蓝弟都速六弃其妻子,与突利归朝,上嘉之,使突利多遗之珍宝以慰其心。

高颎使上柱国赵仲卿将兵三千为前锋,至族蠡山,与突厥遇,交战七日,大破之;追奔至乞伏泊,复破之,虏千馀口,杂畜万计。突厥复大举而至,仲卿为方陈,四面拒战,凡五日。会高颎大兵至,合击之,突厥败走,追度白道,逾秦山七百馀里而还。杨素军与达头遇。先是,诸将与突厥战,虑其骑兵奔突,皆以戎车步骑相参,设鹿角为方陈,骑在其内。素曰:“此乃自固之道,未足以取胜也。”于是悉除旧法,令诸军为骑陈。达头闻之,大喜曰:“天赐我也!”下马仰天而拜,帅骑兵十馀万直前。上仪同三司周罗睺曰:“贼陈未整,请击之。”帅精骑逆战,素以大兵继之,突厥大败,达头被重创而遁,杀伤不可胜计,其众号哭而去。

4　六月丁酉,以豫章王暕为内史令。

5　宜阳公王世积为凉州总管,其亲信安定皇甫孝谐有罪,吏捕之,亡抵世积,世积不纳。孝谐配防桂州,因上变,称“世积尝令道人相其贵不,道人答曰:‘公当为国主,又将之凉州。’其所亲谓世积曰:‘河西天下精兵处,可图大事。’世积曰:‘凉州土旷人希,非用武之国。’”世积坐诛,拜孝谐上大将军。

6　独孤后性妒忌,后宫莫敢进御。尉迟迥女孙,有美色,先没宫中,上于仁寿宫见而悦之,因得幸。后伺上听朝,阴杀之,上由是大怒,单骑从苑中出,不由径路,入山谷间二十馀里。高颎、杨素等追及上,扣马苦谏。上太息曰:"吾贵为天子,不得自由!"高颎曰:"陛下岂以一妇人而轻天下!"上意少解,驻马良久,中夜方还宫。后俟上于阁内,及至,后流涕拜谢,颎、素等和解之,因置酒极欢。先是,后以高颎父之家客,甚见亲礼,至是,闻颎谓己为一妇人,遂衔之。

时太子勇失爱于上,潜有废立之志,从容谓颎曰:"有神告晋王妃,言王必有天下,若之何?"颎长跪曰:"长幼有序,其可废乎!"独孤后知颎不可夺,阴欲去之。

会上令选东宫卫士以入上台,颎奏称:"若尽取强者,恐东宫宿卫太劣。"上作色曰:"我有时出入,宿卫须得勇毅。太子毓德春宫,左右何须壮士! 此极弊法。如我意者,恒于交番之日,分向东宫,上下团伍不别,岂非佳事! 我熟见前代,公不须仍蹈旧风。"颎子表仁,娶太子女,故上以此言防之。

颎夫人卒,独孤后言于上曰:"高仆射老矣,而丧夫人,陛下何能不为之娶!"上以后言告颎。颎流涕谢曰:"臣今已老,退朝,唯斋居读佛经而已,虽陛下垂哀之深! 至于纳室,非臣所愿。"上乃止。既而颎爱妾生男,上闻之,极喜,后甚不悦。上问其故,后曰:"陛下尚复信高颎邪? 始,陛下欲为颎娶,颎心存爱妾,面欺陛下。今其诈已见,安得信之!"上由是疏颎。

伐辽之役,颎固谏,不从,及师无功,后言于上曰:"颎初不欲行,陛下强遣之,妾固知其无功矣!"又,上以汉王年少,专委军事于颎,颎以任寄隆重,每怀至公,无自疑之意,谅所言多不用。谅甚衔之,及还,泣言于后曰:"儿幸免高颎所杀。"上闻之,弥不平。

及击突厥,出白道,进图入碛,遣使请兵,近臣缘此言颎欲反。上未有所答,颎已破突厥而还。及王世积诛,推核之际,有宫禁中事,云于颎处得之,上大惊。有司又奏"颎及左右卫大将军元旻、元胄,并与世积交通,受其名马之赠。"旻、胄坐免官。上柱国贺若弼、吴州总管宇文㢸、刑部尚书薛胄、民部尚书斛律孝卿、兵部尚书柳述等明颎无罪,上愈怒,皆以属吏,自是朝臣无敢言者。秋,八月,癸卯,颎坐免上柱国、左仆射,以齐公就第。

未几,上幸秦王俊第,召颎侍宴。颎歔欷悲不自胜,独孤后亦对之泣。上谓颎曰:"朕不负公,公自负也。"因谓侍臣曰:"我于高颎,胜于儿子,虽或不见,常似目前;自其解落,瞑然忘之,如本无高颎。人臣不可以身要君，自云第一也。"

顷之，颎国令上颎阴事，称其子表仁谓颎曰："司马仲达初托疾不朝，遂有天下，公今遇此，焉知非福！"于是上大怒，囚颎于内史省而鞫之。宪司复奏沙门真觉尝谓颎云："明年国有大丧。"尼令晖复云："十七、十八年，皇帝有大厄，十九年不可过。"上闻而益怒，顾谓群臣曰："帝王岂可力求！孔子以大圣之才，犹不得天下。颎与子言，自比晋帝，此何心乎！"有司请斩之。上曰："去年杀虞庆则，今兹斩王世积，如更诛颎，天下其谓我何！"于是除名为民。

颎初为仆射，其母戒之曰："汝富贵已极，但有一斫头耳，尔其慎之！"颎由是常恐祸变。至是，颎欢然无恨色。先是国子祭酒元善言于上曰："杨素粗疏，苏威怯懦，元胄、元旻正似鸭耳。可以付社稷者，唯独高颎。"上初然之。及颎得罪，上深责之，善忧惧而卒。

7　九月，以太常卿牛弘为吏部尚书。弘选举先德行而后文才，务在审慎，虽致停缓，其所进用，并多称职。吏部侍郎高孝基鉴赏机晤，清慎绝伦，然爽俊有馀，迹似轻薄，时宰多以此疑之；唯弘深识其真，推心任委。隋之选举得人，于斯为最，时论弥服弘识度之远。

8　冬，十月甲午，以突厥突利可汗为意利珍豆启民可汗，华言"意智健"也。突厥归启民者男女万馀口，上命长孙晟将五万人于朔州，筑大利城以处之。时安义公主已卒，复使晟持节送宗女义成公主以妻之。

晟奏："染干部落，归者益众，虽在长城之内，犹被雍虞闾抄掠，不得宁居。请徙五原，以河为固，于夏、胜两州之间，东西至河，南北四百里，掘为横堑，令处其内，使得任情畜牧。"上从之。

又令上柱国赵仲卿屯兵二万为启民防达头，代州总管韩洪等将步骑一万镇恒安。达头骑十万来寇，韩洪军大败，仲卿自乐宁镇邀击，斩首千馀级。

9　帝遣越公杨素出灵州，行军总管韩僧寿出庆州。太平公史万岁出燕州，大将军武威姚辩出河州，以击都蓝。师未出塞，十二月乙未，都蓝为部下所杀，达头自立为步迦可汗，其国大乱。长孙晟言于上曰："今官军临境，战数有功，虏内自携离，其主被杀，乘此招抚，可以尽降。请遣染干部下分道招慰。"上从之。降者甚众。

# 资治通鉴卷第一百七十九

## 隋纪三

**高祖文皇帝中**

开皇二十年（庚申，600）

1　春，二月，熙州人李英林反。三月辛卯，以扬州总管司马河内张衡为行军总管，帅步骑五万讨平之。

2　贺若弼复坐事下狱，上数之曰："公有三太猛：嫉妒心太猛，自是、非人心太猛，无上心太猛。"既而释之。他日，上谓侍臣曰："弼将伐陈，谓高颎曰：'陈叔宝可平也。不作高鸟尽、良弓藏邪？'颎云：'必不然。'及平陈，遽索内史，又索仆射。我语颎曰：'功臣正宜授勋官，不可预朝政。'弼后语颎：'皇太子于己，出口入耳，无所不尽。公终久何必不得弼力，何脉脉邪！'意图广陵，又图荆州，皆作乱之地，意终不改也。"

3　夏，四月壬戌，突厥达头可汗犯塞，诏命晋王广、杨素出灵武道，汉王谅、史万岁出马邑道以击之。

长孙晟帅降人为秦州行军总管，受晋王节度。晟以突厥饮泉，易可行毒，因取诸药毒水上流，突厥人畜饮之多死，于是大惊曰："天雨恶水，其亡我乎！"因夜遁。晟追之，斩首千馀级。

史万岁出塞，至大斤山，与虏相遇。达头遣使问："隋将为谁？"候骑报："史万岁也。"突厥复问："得非敦煌戍卒乎？"候骑曰："是也。"达头惧而引去。万岁驰追百馀里，纵击，大破之，斩数千级；逐北，入碛数百里，虏远遁而还。诏遣长孙晟复还大利城，安抚新附。

达头复遣其弟子俟利伐从碛东攻启民，上又发兵助启民守要路；俟利伐退走入碛。启民上表陈谢曰："大隋圣人可汗怜养百姓，如天无不覆，地无不载。染干如枯木更叶，枯骨更肉，千世万世，常为大隋典羊马也。"帝又遣赵仲卿为启民筑金河、定襄二城。

4　秦孝王俊久疾未能起，遣使奉表陈谢。上谓其使者曰："我戮力创兹大业，作训垂范，庶臣下守之；汝为吾子而欲败之，不知何以责汝！"

俊惭怖,疾遂笃,乃复拜俊上柱国;六月丁丑,俊薨。上哭之,数声而止;俊所为侈丽之物,悉命焚之。王府僚佐请立碑,上曰:"欲求名,一卷史书足矣,何用碑为! 若子孙不能保家,徒与人作镇石耳。"俊子浩,崔妃所生也;庶子曰湛。群臣希旨,奏:"汉之栗姬子荣、郭后子强皆随母废,今秦王二子,母皆有罪,不合承嗣。"上从之,以秦国官为丧主。

5 初,上使太子勇参决军国政事,时有损益;上皆纳之。勇性宽厚,率意任情,无矫饰之行。上性节俭,勇尝文饰蜀铠,上见而不悦,戒之曰:"自古帝王未有好奢侈而能久长者。汝为储后,当以俭约为先,乃能奉承宗庙。吾昔日衣服,各留一物,时复观之以自警戒。恐汝以今日皇太子之心忘昔时之事,故赐汝以我旧所带刀一枚,并菹酱一合,汝昔作上士时常所食也。若存记前事,应知我心。"

后遇冬至,百官皆诣勇,勇张乐受贺。上知之,问朝臣曰:"近闻至日内外百官相帅朝东宫,此何礼也?"太常少卿辛亶对曰:"于东宫,乃贺也,不得言朝。"上曰:"贺者正可三数十人,随情各去,何乃有司征召,一时普集! 太子法服设乐以待之,可乎?"因下诏曰:"礼有等差,君臣不杂。皇太子虽居上嗣,义兼臣子,而诸方岳牧正冬朝贺,任土作贡,别上东宫;事非典则,宜悉停断。"自是恩宠始衰,渐生猜阻。

勇多内宠,昭训云氏尤幸。其妃元氏无宠,遇心疾,二日而薨,独孤后意有他故,甚责望勇。自是云昭训专内政,生长宁王俨、平原王裕,安成王筠;高良娣生安平王嶷,襄城王恪;王良媛生高阳王该,建安王韶;成姬生颍川王煚;后宫生孝实、孝范。后弥不平,颇遣人伺察,求勇过恶。

晋王广弥自矫饰,唯与萧妃居处,后庭有子皆不育,后由是数称广贤。大臣用事者,广皆倾心与交。上及后每遣左右至广所,无贵贱,广必与萧妃迎门接引,为设美馔,申以厚礼;婢仆往来者,无不称其仁孝。上与后尝幸其第,广悉屏匿美姬于别室,唯留老丑者,衣以缦彩,给事左右,屏帐改用缣素;故绝乐器之弦,不令拂去尘埃。上见之,以为不好声色,还宫,以语侍臣,意甚喜,侍臣皆称庆,由是爱之特异诸子。

上密令善相者来和遍视诸子,对曰:"晋王眉上双骨隆起,贵不可言。"上又问上仪同三司韦鼎:"我诸儿谁得嗣位?"对曰:"至尊、皇后所最爱者当与之,非臣敢预知也。"上笑曰:"卿不肯显言邪!"

晋王广美姿仪,性敏慧,沉深严重;好学,善属文;敬接朝士,礼极卑屈;由是声名籍甚,冠于诸王。

广为扬州总管,入朝,将还镇,入宫辞后,伏地流涕,后亦泫然泣下。

广曰:"臣性识愚下,常守平生昆弟之意,不知何罪失爱东宫,恒蓄盛怒,欲加屠陷。每恐谗谮生于投杼,鸩毒遇于杯勺,是以勤忧积念,惧履危亡。"后忿然曰:"睍地伐渐不可耐,我为之娶元氏女,竟不以夫妇礼待之,专宠阿云,使有如许豚犬。前新妇遇毒而夭,我亦不能穷治,何故复于汝发如此意!我在尚尔,我死后,当鱼肉汝乎!每思东宫竟无正嫡,至尊千秋万岁之后,遣汝等兄弟向阿云儿前再拜问讯,此是几许苦痛邪!"广又拜,呜咽不能止,后亦悲不自胜。自是后决意欲废勇立广矣。

广与安州总管宇文述素善,欲述近己,奏为寿州刺史。广尤亲任总管司马张衡,衡为广画夺宗之策。广问计于述,述曰:"皇太子失爱已久,令德不闻于天下。大王仁孝著称,才能盖世,数经将领,频有大功;主上之与内宫,咸所钟爱,四海之望,实归大王。然废立者国家大事,处人父子骨肉之间,诚未易谋也。然能移主上意者,唯杨素耳,素所与谋者唯其弟约。述雅知约,请朝京师,与约相见,共图之。"广大悦,多赍金宝,资述入关。

约时为大理少卿,素凡有所为,皆先筹于约而后行之。述请约,盛陈器玩,与之酣畅,因而共博,每阳不胜,所赍金宝尽输之约。约所得既多,稍以谢述,述因曰:"此晋王之赐,令述与公为欢乐耳。"约大惊曰:"何为尔?"述因通广意,说之曰:"夫守正履道,固人臣之常致;反经合义,亦达者之令图。自古贤人君子,莫不与时消息以避祸患。公之兄弟,功名盖世,当涂用事有年矣,朝臣为足下家所屈辱者,可胜数哉!又,储后以所欲不行,每切齿于执政;公虽自结于人主,而欲危公者固亦多矣!主上一旦弃群臣,公亦何以取庇!今皇太子失爱于皇后,主上素有废黜之心,此公所知也。今若请立晋王,在贤兄之口耳。诚能因此时建大功,王必永铭骨髓,斯则去累卵之危,成太山之安也。"约然之,因以白素。素闻之,大喜,抚掌曰:"吾之智思殊不及此,赖汝启予。"约知其计行,复谓素曰:"今皇后之言,上无不用,宜因机会早自结托,则长保荣禄,传祚子孙。兄若迟疑,一旦有变,令太子用事,恐祸至无日矣!"素从之。

后数日,素入侍宴,微称"晋王孝悌恭俭,有类至尊。"用此揣后意。后泣曰:"公言是也!吾儿大孝爱,每闻至尊及我遣内使到,必迎于境首;言及违离,未尝不泣。又其新妇亦大可怜,我使婢去,常与之同寝共食。岂若睍地伐与阿云对坐,终日酣宴,昵近小人,疑阻骨肉!我所以益怜阿麽者,常恐其潜杀之。"素既知后意,因盛言太子不才。后遂遗素金,使赞上废立。

勇颇知其谋,忧惧,计无所出,使新丰人王辅贤造诸厌胜;又于后园作庶人村,室屋卑陋,勇时于中寝息,布衣草褥,冀以当之。上知勇不自安,在仁寿宫,使杨素观勇所为。素至东宫,偃息未入,勇束带待之,素故久不进以激怒勇;勇衔之,形于言色。素还言:"勇怨望,恐有他变,愿深防察!"上闻素谮毁,甚疑之。后又遣人伺觇东宫,纤介事皆闻奏,因加诬饰以成其罪。

上遂疏忌勇,乃于玄武门达至德门量置候人,以伺动静,皆随事奏闻。又,东宫宿卫之人,侍官以上,名籍悉令属诸卫府,有勇健者咸屏去之。出左卫率苏孝慈为淅州刺史,勇愈不悦。太史令袁充言于上曰:"臣观天文,皇太子当废。"上曰:"玄象久见,群臣不敢言耳。"充,君正之子也。

晋王广又令督王府军事姑臧段达私赂东宫幸臣姬威,令伺太子动静,密告杨素;于是内外喧谤,过失日闻。段达因胁姬威曰:"东宫过失,主上皆知之矣。已奉密诏,定当废立;君能告之,则大富贵!"威许诺,即上书告之。

秋,九月壬子,上至自仁寿宫。翌日,御大兴殿,谓侍臣曰:"我新还京师,应开怀欢乐;不知何意翻邑然愁苦!"吏部尚书牛弘对曰:"臣等不称职,故至尊忧劳。"上既数闻谮毁,疑朝臣悉知之,故于众中发问,冀闻太子之过。弘对既失旨,上因作色,谓东宫官属曰:"仁寿宫此去不远,而令我每还京师,严备仗卫,如入敌国。我为下利,不解衣卧。昨夜欲近厕,故在后房恐有警急,还移就前殿,岂非尔辈欲坏我家国邪!"于是执太子左庶子唐令则等数人付所司讯鞫;命杨素陈东宫事状以告近臣。

素乃显言之曰:"臣奉敕向京,令皇太子检校刘居士馀党。太子奉诏,作色奋厉,骨肉飞腾,语臣云:'居士党尽伏法,遣我何处穷讨!尔作右仆射,委寄不轻,自检校之,何关我事!'又云:'昔大事不遂,我先被诛,今作天子,竟乃令我不如诸弟,一事以上,不得自遂!'因长叹回视云:'我大觉身妨。'"上曰:"此儿不堪承嗣久矣,皇后恒劝我废之。我以布衣时所生,地复居长,望其渐改,隐忍至今。勇尝指皇后侍儿谓人曰:'是皆我物。'此言几许异事!其妇初亡,我深疑其遇毒,尝责之,勇即怼曰:'会杀元孝矩。'此欲害我而迁怒耳。长宁初生,朕与皇后共抱养之,自怀彼此,连遣来索。且云定兴女,在外私合而生,想此由来,何必是其体胤!昔晋太子取屠家女,其儿即好屠割。今俔非类,便乱宗祐。我虽德惭尧、舜,终不以万姓付不肖子!我恒畏其加害,如防大敌;今欲废之以安天下!"

左卫大将军五原公元旻谏曰:"废立大事,诏旨若行,后悔无及。谗言罔极,惟陛下察之。"

上不应，命姬威悉陈太子罪恶。威对曰：“太子由来与臣语，唯意在骄奢，且云：‘若有谏者，正当斩之，不杀百许人，自然永息。’营起台殿，四时不辍。前苏孝慈解左卫率，太子奋髯扬肘曰：‘大丈夫会当有一日，终不忘之，决当快意。’又宫内所须，尚书多执法不与，辄怒曰：‘仆射以下，吾会戮一二人，使知慢我之祸。’每云：‘至尊恶我多侧庶，高纬、陈叔宝岂孽子乎！’尝令师姥卜吉凶，语臣云：‘至尊忌在十八年，此期促矣。’”上泫然曰：“谁非父母生，乃至于此！朕近览齐书，见高欢纵其儿子，不胜忿愤，安可效尤邪！”于是禁勇及诸子，部分收其党与。杨素舞文巧诋，锻炼以成其狱。

居数日，有司承素意，奏元旻常曲事于勇，情存附托，在仁寿宫，勇使所亲裴弘以书与旻，题云“勿令人见”。上曰：“朕在仁寿宫，有纤介事，东宫必知，疾于驿马，怪之甚久，岂非此徒邪！”遣武士执旻于仗。右卫大将军元胄时当下直，不去，因奏曰：“臣向不下直者，为防元旻耳。”上以旻及裴弘付狱。

先是，勇见老枯槐，问：“此堪何用？”或对曰：“古槐尤宜取火。”时卫士皆佩火燧，勇命工造数千枚，欲以分赐左右；至是，获于库。又药藏局贮艾数斛，索得之，大以为怪，以问姬威，威曰：“太子此意别有所在，至尊在仁寿宫，太子常饲马千匹，云：‘径往守城门，自然饿死。’”素以威言诘勇，勇不服，曰：“窃闻公家马数万匹，勇忝备太子，马千匹，乃是反乎！”素又发东宫服玩，似加雕饰者，悉陈之于庭，以示文武群臣，为太子之罪。上及皇后迭遣使责问勇，勇不服。

冬，十月乙丑，上使人召勇，勇见使者惊曰：“得无杀我邪？”上戎服陈兵，御武德殿，集百官立于东面，诸亲立于西面，引勇及诸子列于殿庭，命内史侍郎薛道衡宣诏，废勇及其男、女为王、公主者。勇再拜言曰：“臣当伏尸都市，为将来鉴戒；幸蒙哀怜，得全性命！”言毕，泣下流襟，既而舞蹈而去，左右莫不闵默。长宁王俨上表乞宿卫，辞情哀切；上览之闵然。杨素进曰：“伏望圣心同于螫手，不宜复留意。”

己巳，诏：“元旻、唐令则及太子家令邹文腾、左卫率司马夏侯福、典膳监元淹、前吏部侍郎萧子宝、前主玺下士何竦并处斩，妻妾子孙皆没官。车骑将军榆林阎毗、东郡公崔君绰、游骑尉沈福宝、瀛州术士章仇太翼，特免死，各杖一百，身及妻子、资财、田宅皆没官。副将作大匠高龙叉、率更令晋文建、通直散骑侍郎元衡皆处尽。”于是集群官于广阳门外，宣诏戮之。乃移勇于内史省，给五品料食。赐杨素物三千段，元胄、杨约并千段，赏鞠勇之功也。

文林郎杨孝政上书谏曰："皇太子为小人所误,宜加训诲,不宜废黜。"上怒,挞其胸。

初,云昭训父定兴,出入东宫无节,数进奇服异器以求悦媚;左庶子裴政屡谏,勇不听。政谓定兴曰："公所为不合法度。又,元妃暴薨,道路籍籍,此于太子,非令名也。公宜自引退,不然,将及祸。"定兴以告勇,勇益疏政,由是出为襄州总管。唐令则为勇所昵狎,每令以弦歌教内人,右庶子刘行本责之曰："庶子当辅太子以正道,何有取媚于房帷之间哉!"令则甚惭而不能改。时沛国刘臻、平原明克让、魏郡陆爽,并以文学为勇所亲;行本怒其不能调护,每谓三人曰："卿等正解读书耳!"夏侯福尝于阁内与勇戏,福大笑,声闻于外。行本闻之,待其出,数之曰："殿下宽容,赐汝颜色。汝何物小人,敢为亵慢!"因付执法者治之。数日,勇为福致请,乃释之。勇尝得良马,欲令行本乘而观之,行本正色曰："至尊置臣于庶子,欲令辅导殿下,非为殿下作弄臣也。"勇惭而止。及勇败,二人已卒,上叹曰："向使裴政、刘行本在,勇不至此。"

勇尝宴宫臣,唐令则自弹琵琶,歌斌媚娘。洗马李纲起白勇曰："令则身为宫卿,职当调护;乃于广坐自比倡优,进淫声,秽视听。事若上闻,令则罪在不测,岂不为殿下之累邪!臣请速治其罪!"勇曰："我欲为乐耳,君勿多事。"纲遂趋出。及勇废,上召东宫官属切责之,皆惶惧无敢对者。纲独曰："废立大事,今文武大臣皆知其不可而莫肯发言,臣何敢畏死,不一为陛下别白言之乎!太子性本中人,可与为善,可与为恶。向使陛下择正人辅之,足以嗣守鸿基。今乃以唐令则为左庶子,邹文腾为家令,二人唯知以弦歌鹰犬娱悦太子,安得不至于是邪!此乃陛下之过,非太子之罪也。"因伏地流涕呜咽。上惨然良久曰："李纲责我,非为无理,然徒知其一,未知其二;我择汝为宫臣,而勇不亲任,虽更得正人,何益哉!"对曰："臣所以不被亲任者,良由奸人在侧故也。陛下但斩令则、文腾,更选贤才以辅太子,安知臣之终见疏弃也。自古废立冢嫡,鲜不倾危,愿陛下深留圣思,无贻后悔。"上不悦,罢朝,左右皆为之股栗。会尚书右丞缺,有司请人,上指纲曰："此佳右丞也!"即用之。

太平公史万岁还自大斤山,杨素害其功,言于上曰："突厥本降,初不为寇,来塞上畜牧耳。"遂寝之。万岁数抗表陈状,上未之悟。上废太子,方穷东宫党与。上问万岁所在,万岁实在朝堂,杨素曰："万岁谒东宫矣!"以激怒上。上谓为信然,令召万岁。时所将将士在朝堂称冤者数百人,<u>万岁</u>谓之曰:"吾今日为汝极言于上,事当决矣。"既见上,言"将士有功,为朝廷所抑!"词气愤厉。上大怒,令左右揦杀之。既而追之,不及,因下诏陈其罪状,天下共冤惜之。

十一月戊子,立<u>晋王广</u>为皇太子。天下地震,太子请降章服,宫官不称臣。十二月戊午,诏从之。以<u>宇文述</u>为左卫率。始,太子之谋夺宗也,<u>洪州总管郭衍</u>预焉,由是征<u>衍</u>为左监门率。

帝囚故太子<u>勇</u>于东宫,付太子<u>广</u>掌之。<u>勇</u>自以废非其罪,频请见上申冤,而<u>广</u>遏之不得闻。<u>勇</u>于是升树大叫,声闻帝所,冀得引见。<u>杨素</u>因言<u>勇</u>情志昏乱,为癫鬼所著,不可复收。帝以为然,卒不得见。

初,帝之克<u>陈</u>也,天下皆以为将太平,监察御史<u>房彦谦</u>私谓所亲曰:"主上忌刻而苛酷,太子卑弱,诸王擅权,天下虽安,方忧危乱。"其子<u>玄龄</u>亦密言于<u>彦谦</u>曰:"主上本无功德,以诈取天下,诸子皆骄奢不仁,必自相诛夷,今虽承平,其亡可翘足待。"<u>彦谦</u>,<u>法寿</u>之玄孙也。

<u>玄龄</u>与<u>杜杲</u>之兄孙<u>如晦</u>皆预选,吏部侍郎<u>高孝基</u>名知人,见<u>玄龄</u>,叹曰:"仆阅人多矣,未见如此郎者,异日必为伟器,恨不见其大成耳。"见<u>如晦</u>,谓曰:"君有应变之才,必任栋梁之重。"俱以子孙托之。

6　帝晚年深信佛道鬼神,辛巳,始诏:"有毁佛及天尊、岳、镇、海、渎神像者,以不道论;沙门毁佛像,道士毁天尊像者,以恶逆论。"

7　是岁,征<u>同州</u>刺史<u>蔡王智积</u>入朝。<u>智积</u>,帝之弟子也,性修谨,门无私谒,自奉简素,帝甚怜之。<u>智积</u>有五男,<u>止教读论语</u>,不令交通宾客。或问其故,<u>智积</u>曰:"卿非知我者!"其意盖恐诸子有才能以致祸也。

8　<u>齐州</u>行参军<u>章武王伽</u>送流囚<u>李参</u>等七十馀人诣京师,行至<u>荥阳</u>,哀其辛苦,悉呼谓曰:"卿辈自犯国刑,身婴缧绁,固其职也,重劳援卒,岂不愧心哉!"<u>参</u>等辞谢。<u>伽</u>乃悉脱其枷锁,停援卒,与约曰:"某日当至京师,如致前却,吾当为汝受死。"遂舍之而去。流人感悦,如期而至,一无离叛。上闻而惊异,召见与语,称善久之。于是悉召流人,令携负妻子俱入,赐宴于殿庭而赦之。因下诏曰:"凡在有生,含灵禀性,咸知善恶,并识是非。若临以至诚,明加劝导,则俗必从化,人皆迁善。往以海内乱离,德教废绝,吏无慈爱之心,民怀奸诈之意。朕思遵圣法,以德化民,而<u>伽</u>深识朕意,诚心宣导,<u>参</u>等感寤,自赴宪司:明是率土之人,非为难教。若使官尽<u>王伽</u>之俦,民皆<u>李参</u>之辈,刑厝不用,其何远哉!"乃擢<u>伽</u>为<u>雍</u>令。

9　太史令<u>袁充</u>表称:"<u>隋</u>兴已后,昼日渐长,<u>开皇</u>元年,冬至之景长一丈二尺七寸二分;自尔渐短,至十七年,短于旧三寸七分。日去极近则景短而日长,去极远则景长而日短;行内道则去极近,行外道则去极远。谨按元命包曰:'日月出内道,璇玑得其常。'京房别对曰:'太平,日行上道;升平,行次道;霸代,行下道。'伏惟大隋启运,上感乾元,景短日长,振古希有。"上临朝,谓百官曰:"景长之庆,天之祐也。今太子新立,当须改元,宜取日长之意以为年号。"是后百工作役,并加程课,以日长故也。丁匠苦之。

仁寿元年(辛酉,601)

1　春,正月乙酉朔,赦天下,改元。

2　以尚书右仆射杨素为左仆射,纳言苏威为右仆射。

3　丁酉,徙河南王昭为晋王。

4　突厥步迦可汗犯塞,败代州总管韩弘于恒安。

5　以晋王昭为内史令。

6　二月乙卯朔,日有食之。

7　夏,五月己丑,突厥男女九万口来降。

8　六月乙卯,遣十六使巡省风俗。

9　乙丑,诏以天下学校生徒多而不精,唯简留国子学生七十人,太学、四门及州县学并废。殿内将军河间刘炫上表切谏;不听。秋,七月,改国子学为太学。

10　初,帝受周禅,恐民心未服,故多称符瑞以耀之,其伪造而献者,不可胜计。冬,十一月己丑,有事于南郊,如封禅礼,版文备述前后符瑞以报谢云。

11　山獠作乱,以卫尉少卿洛阳卫文昇为资州刺史镇抚之。文昇名玄,以字行。初到官,獠方攻大牢镇,文昇单骑造其营,谓曰:"我是刺史,衔天子诏,安养汝等,勿惊惧也!"群獠莫敢动。于是说以利害,渠帅感悦,解兵而去,前后归附者十馀万口。帝大悦,赐缣二千匹。壬辰,以文昇为遂州总管。

12　潮、成等五州獠反,高州酋长冯盎驰诣京师,请讨之。帝敕杨素与盎论贼形势,素叹曰:"不意蛮夷中有如是人!"即遣盎发江、岭兵击之。事平,除盎汉阳太守。

13　诏以杨素为云州道行军元帅,长孙晟为受降使者,挟启民可汗北击步迦。

二年（壬戌，602）

1　春，三月己亥，上幸仁寿宫。

2　突厥思力俟斤等南渡河，掠启民男女六千口、杂畜二十馀万而去。杨素帅诸军追击，转战六十馀里，大破之，突厥北走。素复进追，夜，及之，恐其越逸，令其骑稍后，亲引两骑并降突厥二人与虏并行，虏不之觉；候其顿舍未定，趣后骑掩击，大破之，悉得人畜以归启民。自是突厥远遁，碛南无复寇抄。素以功进子玄感爵柱国，赐玄纵爵淮南公。

3　兵部尚书柳述，庆之孙也，尚兰陵公主，怙宠使气，自杨素之属皆下之。帝问符玺直长万年韦云起：“外间有不便事，可言之。”述时侍侧，云起奏曰：“柳述骄豪，未尝经事，兵机要重，非其所堪，徒以主婿，遂居要职。臣恐物议以为陛下‘官不择贤，专私所爱’，斯亦不便之大者。”帝甚然其言，顾谓述曰：“云起之言，汝药石也，可师友之。”秋，七月丙戌，诏内外官各举所知。柳述举云起，除通事舍人。

4　益州总管蜀王秀，容貌瓌伟，有胆气，好武艺。帝每谓独孤后曰：“秀必以恶终，我在当无虑，至兄弟，必反矣。”大将军刘噲之讨西爨也，帝令上开府仪同三司杨武通将兵继进。秀以嬖人万智光为武通行军司马。帝以秀任非其人，谴责之，因谓群臣曰：“坏我法者，子孙也。譬如猛虎，物不能害，反为毛间虫所损食耳。”遂分秀所统。

自长史元岩卒后，秀渐奢僭，造浑天仪，多捕山獠充宦者，车马被服，拟于乘舆。

及太子勇以谗废，晋王广为太子，秀意甚不平。太子恐秀终为后患，阴令杨素求其罪而谮之。上遂征秀，秀犹豫，欲谢病不行。总管司马源师谏，秀作色曰：“此自我家事，何预卿也！”师垂涕对曰：“师忝参府幕，敢不尽忠！圣上有敕追王，以淹时月，今乃迁延未去。百姓不识王心，傥生异议，内外疑骇，发雷霆之诏，降一介之使，王何以自明？愿王熟计之！”朝廷恐秀生变，戊子，以原州总管独孤楷为益州总管，驰传代之。楷至，秀犹未肯行；楷讽谕久之，乃就路。楷察秀有悔色，因勒兵为备；秀行四十馀里，将还袭楷，觇知有备，乃止。

5　八月甲子，皇后独孤氏崩。太子对上及宫人哀恸绝气，若不胜丧者；其处私室，饮食言笑如平常。又，每朝令进二溢米，而私令取肥肉脯鲊，置竹筒中，以蜡闭口，衣襆裹而纳之。

著作郎王劭上言：“佛说：‘人应生天上及生无量寿国之时，天佛放大光明，以香花妓乐来迎。’伏惟大行皇后福善祯符，备诸秘记，皆云是妙善菩萨。臣谨按八月二十二日,仁寿宫内再雨金银花;二十三日,大宝殿后夜有神光;二十四日卯时,永安宫北有自然种种音乐,震满虚空;至夜五更,奄然如寐,遂即升遐,与经文所说,事皆符验。"上览之悲喜。

　　6　九月丙戌,上至自仁寿宫。

　　7　冬,十月癸丑,以工部尚书杨达为纳言。达,雄之弟也。

　　8　闰月甲申,诏杨素、苏威与吏部尚书牛弘等修定五礼。

　　9　上令上仪同三司萧吉为皇后择葬地,得吉处,云:"卜年二千,卜世二百。"上曰:"吉凶由人,不在于地。高纬葬父,岂不卜乎! 俄而国亡。正如我家墓田,若云不吉,朕不当为天子;若云不凶,我弟不当战没。"然竟从吉言。吉退,告族人萧平仲曰:"皇太子遣宇文左率深谢余云:'公前称我当为太子,竟有其验,终不忘也。今卜山陵,务令我早立。我立之后,当以富贵相报。'吾语之云:'后四载,太子御天下。'若太子得政,隋其亡乎! 吾前给云'卜年二千'者,三十字也;'卜世二百'者,取世二传也。汝其识之!"

　　壬寅,葬文献皇后于太陵。诏以"杨素经营葬事,勤求吉地,论素此心,事极诚孝,岂与夫平戎定寇比其功业! 可别封一子义康公,邑万户。"并赐田三十顷,绢万段,米万石,金珠绫锦称是。

　　10　蜀王秀至长安,上见之,不与语;明日,使使切让之。秀谢罪,太子诸王流涕庭谢。上曰:"顷者秦王糜费财物,我以父道训之。今秀蠹害生民,当以君道绳之。"于是付执法者。开府仪同三司庆整谏曰:"庶人勇既废,秦王已薨,陛下见子无多,何至如是! 蜀王性甚耿介,今被重责,恐不自全。"上大怒,欲断其舌,因谓群臣曰:"当斩秀于市以谢百姓。"乃令杨素等推治之。

　　太子阴作偶人,缚手钉心,枷锁杻械,书上及汉王姓名,仍云:"请西岳慈父圣母收杨坚、杨谅神魂,如此形状,勿令散荡。"密埋之华山下,杨素发之;又云秀妄述图谶,称京师妖异,造蜀地征祥;并作檄文,云"指期问罪",置秀集中,俱以闻奏。上曰:"天下宁有是邪!"十二月癸巳,废秀为庶人,幽之内侍省,不听与妻子相见,唯獠婢二人驱使,连坐者百馀人。秀上表摧谢曰:"伏愿慈恩,赐垂矜愍,残息未尽之间,希与瓜子相见;请赐一穴,令骸骨有所。"瓜子,其爱子也。上因下诏数其十罪,且曰:"我不知杨坚、杨谅是汝何亲?"后乃听与其子同处。

　　初,杨素尝以少谴敕送南台,命治书侍御史柳彧治之。素恃贵,坐彧床。彧从外来,于阶下端笏整容谓素曰:"奉敕治公之罪!"素遽下。彧据案而坐,立素于庭,辨诘事状。素由是衔之。蜀王秀尝从彧求李文博所撰治道集,彧与之;秀遗彧奴婢十口。及秀得罪,素奏彧以内臣交通诸侯,除名为民,配戍怀远镇。

帝使司农卿赵仲卿往益州穷按秀事,秀之宾客经过之处,仲卿必深文致法,州县长吏坐者太半。上以为能,赏赐甚厚。

久之,贝州长史裴肃遣使上书,称:“高颎以天挺良才,元勋佐命,为众所疾,以至废弃。愿陛下录其大功,忘其小过。又二庶人得罪已久,宁无革心! 愿陛下弘君父之慈,顾天性之义,各封小国,观其所为:若能迁善,渐更增益;如或不悛,贬削非晚。今者自新之路永绝,愧悔之心莫见,岂不哀哉!”书奏,上谓杨素曰:“裴肃忧我家事,此亦至诚也。”于是征肃入朝。太子闻之,谓左庶子张衡曰:“使勇自新,欲何为也?”衡曰:“观肃之意,欲令如吴太伯、汉东海王耳。”肃至,上面谕以勇不可复收之意而罢遣之。肃,侠之子也。

杨素弟约及从父文思、文纪、族父忌并为尚书、列卿,诸子无汗马之劳,位至柱国、刺史;广营资产,自京师及诸方都会处,邸店、碾硙、便利田宅,不可胜数;家僮千数,后庭妓妾曳绮罗者以千数;第宅华侈,制拟宫禁;亲故吏布列清显。既废一太子及一王,威权愈盛。朝臣有违忤者,或至诛夷;有附会及亲戚,虽无才用,必加进擢;朝廷靡然,莫不畏附。敢与素抗而不桡者,独柳彧及尚书右丞李纲、大理卿梁毗而已。

始,毗为西宁州刺史,凡十一年,蛮夷酋长皆以金多者为豪隽,递相攻夺,略无宁岁,毗患之。后因诸酋长相帅以金遗毗,毗置金坐侧,对之恸哭,而谓之曰:“此物饥不可食,寒不可衣,汝等以此相灭,不可胜数,今将此来,欲杀我邪!”一无所纳。于是蛮夷感悟,遂不相攻击。上闻而善之,征为大理卿,处法平允。

毗见杨素专权,恐为国患,乃上封事曰:“臣闻臣无有作威作福,其害于而家,凶于而国。窃见左仆射越国公素,幸遇愈重,权势日隆,搢绅之徒,属其视听。忤旨者严霜夏零,阿旨者甘雨冬澍;荣枯由其唇吻,废兴候其指麾;所私皆非忠谠,所进咸是亲戚,子弟布列,兼州连县。天下无事,容息异图;四海有虞,必为祸始。夫奸臣擅命,有渐而来,王莽资之于积年,桓玄基之于易世,而卒殄汉祀,终倾晋祚。陛下若以素为阿衡,臣恐其心未必伊尹也。伏愿揆鉴古今,量为处置,俾洪基永固,率土幸甚!”书奏,上大怒,收毗系狱,亲诘之。毗极言“素擅宠弄权,将领之处,杀戮无道。又太子、蜀王罪废之日,百僚无不震竦,唯素扬眉奋肘,喜见容色,利国家有事以为身幸。"上无以屈,乃释之。

其后上亦浸疏忌素,乃下敕曰:"仆射国之宰辅,不可躬亲细务,但三五日一向省,评论大事。"外示优崇,实夺之权也。素由是终仁寿之末,不复通判省事。出杨约为伊州刺史。

素既被疏,吏部尚书柳述益用事,摄兵部尚书,参掌机密;素由是恶之。

太子问于贺若弼曰:"杨素、韩擒虎、史万岁皆称良将,其优劣何如?"弼曰:"杨素猛将,非谋将;韩擒虎斗将,非领将;史万岁骑将,非大将。"太子曰:"然则大将谁也?"弼拜曰:"唯殿下所择!"弼意自许也。

11　交州俚帅李佛子作乱,据越王故城,遣其兄子大权据龙编城,其别帅李普鼎据乌延城。杨素荐瓜州刺史长安刘方有将帅之略,诏以方为交州道行军总管,统二十七营而进。方军令严肃,有犯必斩;然仁爱士卒,有疾病者亲临抚养,士卒亦以此怀之。至都隆岭,遇贼,击破之。进军临佛子营,先谕以祸福。佛子惧,请降,送之长安。

三年（癸亥,603）

1　秋,八月壬申,赐幽州总管燕荣死。荣性严酷,鞭挞左右,动至千数。尝见道次丛荆,以为堪作杖,命取之,辄以试人。人或自陈无罪,荣曰:"后有罪,当免汝。"既而有犯,将杖之,人曰:"前日被杖,使君许以有罪宥之。"荣曰:"无罪尚尔,况有罪邪!"杖之自若。

观州长史元弘嗣迁幽州长史,惧为荣所辱,固辞。上敕荣曰:"弘嗣杖十已上罪,皆须奏闻。"荣忿曰:"竖子何敢玩我!"于是遣弘嗣监纳仓粟,飏得一糠一秕,皆罚之。每笞虽不满十,然一日之中,或至三数。如是历年,怨隙日构。荣遂收弘嗣付狱,禁绝其粮,弘嗣抽絮杂水咽之。其妻诣阙称冤,上遣使按验,奏荣暴虐,赃秽狼籍;征还,赐死。元弘嗣代荣为政,酷又甚之。

2　九月壬戌,置常平官。

3　是岁,龙门王通诣阙献太平十二策,上不能用,罢归。通遂教授于河、汾之间,弟子自远至者甚众,累征不起。杨素甚重之,劝之仕,通曰:"通有先人之弊庐足以蔽风雨,薄田足以具饘粥,读书谈道足以自乐。愿明公正身以治天下,时和岁丰,通也受赐多矣,不愿仕也。"或谮通于素曰:"彼实慢公,公何敬焉?"素以问通,通曰:"使公可慢,则仆得矣;不可慢,则仆失矣:得失在仆,公何预焉!"素待之如初。

　　弟子贾琼问息谤,通曰:"无辩。"问止怨,曰:"不争。"通尝称:"无赦之国,其刑必平;重敛之国,其财必削。"又曰:"闻谤而怒者,谗之囮也;见誉而喜者,佞之媒也:绝囮去媒,谗佞远矣。"大业末,卒于家,门人谥曰文中子。

　　4　突厥步迦可汗所部大乱,铁勒仆骨等十馀部,皆叛步迦降于启民。步迦众溃,西奔吐谷浑;长孙晟送启民置碛口,启民于是尽有步迦之众。

# 资治通鉴卷第一百八十

## 隋纪四

**高祖文皇帝下**

仁寿四年（甲子，604）

1　春，正月丙午，赦天下。

2　帝将避暑于<u>仁寿宫</u>，术士章仇太翼固谏；不听。<u>太翼</u>曰："是行恐銮舆不返！"帝大怒，系之<u>长安</u>狱，期还而斩之。甲子，幸<u>仁寿宫</u>。乙丑，诏赏赐支度，事无巨细，并付皇太子。夏，四月乙卯，帝不豫。六月庚申，赦天下。秋，七月甲辰，上疾甚，卧与百僚辞诀，并握手歔欷，命太子赦章仇太翼。丁未，崩于<u>大宝殿</u>。

<u>高祖</u>性严重，令行禁止。每旦听朝，日昃忘倦。虽啬于财，至于赏赐有功，即无所爱；将士战没，必加优赏，仍遣使者劳问其家。爱养百姓，劝课农桑，轻徭薄赋。其自奉养，务为俭素，乘舆御物，故弊者随宜补用；自非享宴，所食不过一肉；后宫皆服浣濯之衣。天下化之，<u>开皇</u>、<u>仁寿</u>之间，大夫率衣绢布，不服绫绮，装带不过铜铁骨角，无金玉之饰。故衣食滋殖，仓库盈溢。受禅之初，民户不满四百万，末年，逾八百九十万，独<u>冀州</u>已一百万户。然猜忌苛察，信受谗言，功臣故旧，无始终保全者；乃至子弟，皆如仇敌，此其所短也。

初，<u>文献皇后</u>既崩，<u>宣华夫人</u>陈氏、<u>容华夫人</u>蔡氏皆有宠。<u>陈氏</u>，<u>陈高宗</u>之女；<u>蔡氏</u>，<u>丹杨</u>人也。上寝疾于<u>仁寿宫</u>，尚书左仆射杨素、兵部尚书<u>柳述</u>、黄门侍郎<u>元岩</u>皆入阁侍疾，召皇太子入居<u>大宝殿</u>。太子虑上有不讳，须预防拟，手自为书，封出问<u>素</u>；<u>素</u>条录事状以报太子。宫人误送上所，上览而大恚。<u>陈夫人</u>平旦出更衣，为太子所逼，拒之，得免，归于上所；上怪其神色有异，问其故。夫人泫然曰："太子无礼！"上恚，抵床曰："畜生何足付大事！<u>独孤</u>误我！"乃呼<u>柳述</u>、<u>元岩</u>曰："召我儿！"<u>述</u>等将呼太子，上曰："<u>勇</u>也。"<u>述</u>、<u>岩</u>出阁为敕书。<u>杨素</u>闻之，以白太子，矫诏执<u>述</u>、<u>岩</u>，系大理狱；追东宫兵士帖上台宿卫，门禁出入，并取<u>宇文述</u>、<u>郭衍</u>节度；令右庶

子张衡入寝殿侍疾，尽遣后宫出就别室；俄而上崩。故中外颇有异论。陈夫人与后宫闻变，相顾战栗失色。晡后，太子遣使者赍小金合，帖纸于际，亲署封字，以赐夫人。夫人见之，惶惧，以为鸩毒，不敢发。使者促之，乃发，合中有同心结数枚，宫人咸悦，相谓曰："得免死矣！"陈氏恚而却坐，不肯致谢；诸宫人共逼之，乃拜使者。其夜，太子蒸焉。

乙卯，发丧，太子即皇帝位。会伊州刺史杨约来朝，太子遣约入长安，易留守者，矫称高祖之诏，赐故太子勇死，缢杀之；然后陈兵集众，发高祖凶问。炀帝闻之，曰："令兄之弟，果堪大任。"追封勇为房陵王，不为置嗣。八月丁卯，梓宫至自仁寿宫；丙子，殡于大兴前殿。柳述、元岩并除名，述徙龙川，岩徙南海。帝令兰陵公主与述离绝，欲改嫁之；公主以死自誓，不复朝谒，上表请与述同徙，帝大怒。公主忧愤而卒，临终，上表请葬于柳氏，帝愈怒，竟不哭，葬送甚薄。

3　太史令袁充奏言："皇帝即位，与尧受命年合。"讽百官表贺。礼部侍郎许善心议，以为"国哀甫尔，不宜称贺"。左卫大将军宇文述素恶善心，讽御史劾之；左迁给事郎，降品二等。

4　汉王谅有宠于高祖，为并州总管，自山以东，至于沧海，南距黄河，五十二州皆隶焉；特许以便宜从事，不拘律令。谅自以所居天下精兵处，见太子勇以谗废，居常怏怏；及蜀王秀得罪，尤不自安，阴蓄异图。言于高祖，以"突厥方强，宜修武备。"于是大发工役，缮治器械，招集亡命，左右私人殆将数万。突厥尝寇边，高祖使谅御之，为突厥所败；其所领将帅坐除解者八十馀人，皆配防岭表。谅以其宿旧，奏请留之，高祖怒曰："尔为藩王，惟当敬依朝命，何得私论宿旧，废国家宪法邪！嗟乎小子，尔一旦无我，或欲妄动，彼取尔如笼内鸡雏耳，何用腹心为！"

王頍者，僧辩之子，倜傥好奇略，为谅谘议参军，萧摩诃，陈氏旧将，二人俱不得志，每郁郁思乱，皆为谅所亲善，赞成其阴谋。

会荧惑守东井，仪曹邺人傅奕晓星历，谅问之曰："是何祥也？"对曰："天上东井，黄道所经，荧惑过之，乃其常理，若入地上井，则可怪耳。"谅不悦。

及高祖崩，炀帝遣车骑将军屈突通以高祖玺书征之。先是，高祖与谅密约："若玺书召汝，敕字傍别加一点，又与玉麟符合者，当就征。"及发书无验，谅知有变。诘通，通占对不屈，乃遣归长安。谅遂发兵反。

总管司马安定皇甫诞切谏，谅不纳。诞流涕曰："窃料大王兵资非京师之敌；加以君臣位定，逆顺势殊，士马虽精，难以取胜。一旦陷身叛逆，绁于刑书,虽欲为布衣,不可得也。"谅怒,囚之。

岚州刺史乔钟葵将赴谅,其司马京兆陶模拒之曰:"汉王所图不轨,公荷国厚恩,当竭诚效命,岂得身为厉阶乎!"钟葵失色曰:"司马反邪!"临之以兵,辞气不挠,钟葵义而释之。军吏曰:"若不斩模,无以压众心。"乃囚之。于是从谅反者凡十九州。

王颎说谅曰:"王所部将吏,家属尽在关西,若用此等,则宜长驱深入,直据京都,所谓疾雷不及掩耳;若但欲割据旧齐之地,宜任东人。"谅不能决,乃兼用二策,唱言杨素反,将诛之。

总管府兵曹闻喜裴文安说谅曰:"井陉以西,在王掌握之内,山东士马,亦为我有,宜悉发之;分遣赢兵屯守要害,仍命随方略地,帅其精锐,直入蒲津。文安请为前锋,王以大军继后,风行雷击,顿于霸上。咸阳以东,可指麾而定。京师震扰,兵不暇集,上下相疑,群情离骇;我陈兵号令,谁敢不从!旬日之间,事可定矣。"谅大悦,于是遣所署大将军余公理出太谷,趣河阳,大将军綦良出滏口,趣黎阳,大将军刘建出井陉,略燕、赵,柱国乔钟葵出雁门,署文安为柱国,与柱国纥单贵、王聃等直指京师。

帝以右武卫将军洛阳丘和为蒲州刺史,镇蒲津。谅选精锐数百骑戴幂䍦,诈称谅宫人还长安,门司弗觉,径入蒲州,城中豪杰亦有应之者;丘和觉其变,逾城,逃归长安。蒲州长史勃海高义明、司马北平荣毗皆为反者所执。裴文安等未至蒲津百馀里,谅忽改图,令纥单贵断河桥,守蒲州,而召文安还。文安至,谓谅曰:"兵机诡速,本欲出其不意。王既不行,文安又返,使彼计成,大事去矣。"谅不对。以王聃为蒲州刺史,裴文安为晋州刺史,薛粹为绛州刺史,梁菩萨为潞州刺史,韦道正为韩州刺史,张伯英为泽州刺史。代州总管天水李景发兵拒谅,谅遣其将刘嵩袭景;景击斩之。谅复遣乔钟葵帅劲勇三万攻之,景战士不过数千,加以城池不固,为钟葵所攻,崩毁相继,景且战且筑,士卒皆殊死斗;钟葵屡败。司马冯孝慈、司法吕玉并骁勇善战,仪同三司侯莫陈乂多谋画,工拒守之术,景知三人可用,推诚任之,己无所关预,唯在阃持重,时抚循而已。

杨素将轻骑五千袭王聃、纥单贵于蒲州,夜,至河际,收商贾船,得数百艘,船内多置草,践之无声,遂衔枚而济;迟明,击之;纥单贵败走,聃惧,以城降。有诏征素还。初,素将行,计日破贼,皆如所量,于是以素为并州道行军总管、河北道安抚大使,帅众数万以讨谅。

谅之初起兵也,妃兄豆卢毓为府主簿,苦谏,不从,私谓其弟懿曰:"吾匹马归朝,自得免祸,此乃身计,非为国也,不若且伪从之,徐伺其便。"毓,勋之子也。毓兄显州刺史贤言于帝曰:"臣弟毓素怀志节,必不从乱,但逼凶威,不能自遂,臣请从军,与毓为表里,谅不足图也。"帝许之。贤密遣家人赍敕书至毓所,与之计议。

谅出城,将往介州,令毓与总管属朱涛留守。毓谓涛曰:"汉王构逆,败不旋踵,吾属岂可坐受夷灭,孤负国家邪! 当与卿出兵拒之。"涛惊曰:"王以大事相付,何得有是语!"因拂衣而去,毓追斩之。出皇甫诞于狱,与之协计,及开府仪同三司宿勤武等闭城拒谅。部分未定,有人告谅,谅袭击之。毓见谅至,绐其众曰:"此贼军也!"谅攻城南门,稽胡守南城,不识谅,射之;矢下如雨,谅移攻西门,守兵识谅,即开门纳之,毓、诞皆死。

綦良攻慈州刺史上官政,不克,引兵攻行相州事薛胄,又不克,遂自滏口攻黎州,塞白马津。余公理自太行下河内,帝以右卫将军史祥为行军总管,军于河阴。祥谓军吏曰:"余公理轻而无谋,恃众而骄,不足破也。"公理屯河阳,祥具舟南岸,公理聚兵当之。祥简精锐于下流潜济,公理闻之,引兵拒之,战于须水。公理未成列,祥击之,公理大败。祥东趣黎阳,綦良军不战而溃。祥,宁之子也。

帝将发幽州兵,疑幽州总管窦抗有贰心,问可使取抗者于杨素,素荐前江州刺史勃海李子雄,授上大将军,拜广州刺史。又以左领军将军长孙晟为相州刺史,发山东兵,与李子雄共经略之。晟辞以男行布在谅所部,帝曰:"公体国之深,终不以儿害义,朕今相委,公其勿辞。"李子雄驰至幽州,止传舍,召募得千馀人。抗来诣子雄,子雄伏甲擒之。抗,荣定之子也。

子雄遂发幽州兵步骑三万,自井陉西击谅。时刘建围戍将京兆张祥于井陉,子雄破建于抱犊山下,建遁去。李景被围月馀,诏朔州刺史代人杨义臣救之。义臣帅马步二万,夜出西陉,乔钟葵悉众拒之。义臣自以兵少,悉取军中牛驴,得数千头,复令兵数百人,人持一鼓潜驱之,匿于涧谷间。晡后,义臣复与钟葵战,兵初合,命驱牛驴者疾进,一时鸣鼓,尘埃涨天,钟葵军不知,以为伏兵发,因而奔溃,义臣纵击,大破之。晋、绛、吕三州皆为谅城守,杨素各以二千人縻之而去。谅遣其将赵子开拥众十馀万,栅绝径路,屯据高壁,布陈五十里。素令诸将以兵临之,自引奇兵潜入霍山,缘崖谷而进。素营于谷口,自坐营外,使军司入营简留三百人守营,军士惮北兵之强,不欲出战,多愿守营,因尔致迟。素责所由,军司具对,素即召所留三百人出营,悉斩之;更令简留,人皆无愿留者。素乃引军驰进,出北军之北,直指其营,鸣鼓纵火;北军不知所为,自相蹂践,杀伤数万。

谅所署介州刺史梁修罗屯介休,闻素至,弃城走。

谅闻赵子开败,大惧,自将众且十万,拒素于蒿泽。会大雨,谅欲引军还,王颉谏曰:"杨素悬军深入,士马疲弊,王以锐卒自将击之,其势必克。今望敌而退,示人以怯,沮战士之心,益西军之气,愿王勿还。"谅不从,退守清源。

王颉谓其子曰:"气候殊不佳,兵必败,汝可随我。"杨素进击谅,大破之,擒萧摩诃。谅退保晋阳,素进兵围之,谅穷蹙,请降,馀党悉平。帝遣杨约赍手诏劳素。王颉将奔突厥,至山中,径路断绝,知必不免,谓其子曰:"吾之计数不减杨素,但坐言不见从,遂至于此,不能坐受擒获,以成竖子名,吾死之后,汝慎勿过亲故。"于是自杀,瘗之石窟中。其子数日不得食,遂过其故人,竟为所擒;并获颉尸,枭于晋阳。

群臣奏汉王谅当死,帝不许,除名为民,绝其属籍,竟以幽死。谅所部吏民坐谅死徙者二十馀万家。初,高祖与独孤后甚相爱重,誓无异生之子,尝谓群臣曰:"前世天子,溺于嬖幸,嫡庶分争,遂有废立,或至亡国;朕旁无姬侍,五子同母,可谓真兄弟也,岂有此忧邪!"帝又惩周室诸王微弱,故使诸子分据大镇,专制方面,权侔帝室。及其晚节,父子兄弟迭相猜忌,五子皆不以寿终。

　　臣光曰:昔辛伯谂周桓公曰:"内宠并后,外宠贰政,嬖子配嫡,大都偶国,乱之本也。"人主诚能慎此四者,乱何自生哉! 隋高祖徒知嫡庶之多争,孤弱之易摇,曾不知势钧位逼,虽同产至亲,不能无相倾夺。考诸辛伯之言,得其一而失其三乎!

5　冬,十月己卯,葬文皇帝于太陵,庙号高祖,与文献皇后同坟异穴。

6　诏除妇人及奴婢、部曲之课,男子二十二成丁。

7　章仇太翼言于帝曰:"陛下本命,雍州为破木之冲,不可久居。又谶云:'修治洛阳还晋家。'"帝深以为然。十一月乙未,幸洛阳,留晋王昭守长安。杨素以功拜其子万石、仁行、侄玄挺为仪同三司,赍物五万段,绮罗千匹,谅妓妾二十人。

8　丙申,发丁男数十万掘堑,自龙门东接长平、汲郡,抵临清关,渡河至浚仪、襄城,达于上洛,以置关防。

9　壬子,陈叔宝卒,赠大将军、长城县公,谥曰炀。

10　癸丑,下诏于伊洛建东京,仍曰:"宫室之制,本以便生,今所营构,务从俭约。"

11　蜀王秀之得罪也,右卫大将军元胄坐与交通除名,久不得调。时慈州刺史上官政坐事徙岭南,将军丘和以蒲州失守除名,胄与和有旧,酒酣,谓和曰:"上官政,壮士也,今徙岭表,得无大事乎!"因自拊腹曰:"若是公者,不徒然矣。"和奏之,胄竟坐死。于是征政为骁卫将军,以和为代州刺史。

### 炀皇帝上之上

大业元年(乙丑,605)

1　春,正月壬辰朔,赦天下,改元。

2　立妃萧氏为皇后。

3　废诸州总管府。

4　丙辰,立晋王昭为皇太子。

5　高祖之末,群臣有言林邑多奇宝者。时天下无事,刘方新平交州,乃授方骥州道行军总管,经略林邑。方遣钦州刺史宁长真等以步骑万馀出越裳,方亲帅大将军张愻等以舟师出比景,是月,军至海口。

6　二月戊辰,敕有司大陈金宝、器物、锦彩、车马,引杨素及诸将讨汉王谅有功者立于前,使奇章公牛弘宣诏,称扬功伐,赐赉各有差。素等再拜舞蹈而出。己卯,以素为尚书令。

7　诏天下公除,惟帝服浅色黄衫、铁装带。

8　三月丁未,诏杨素与纳言杨达,将作大匠宇文恺营建东京,每月役丁二百万人,徙洛州郭内居民及诸州富商大贾数万户以实之。废二崤道,开菱册道。

9　戊申,诏曰:"听采舆颂,谋及庶民,故能审刑政之得失;今将巡历淮、海,观省风俗。"

10　敕宇文恺与内史舍人封德彝等营显仁宫,南接皂涧,北跨洛滨。发大江之南、五岭以北奇材异石,输之洛阳;又求海内嘉木异草,珍禽奇兽,以实园苑。辛亥,命尚书右丞皇甫议发河南、淮北诸郡民,前后百馀万,开通济渠。自西苑引谷、洛水达于河;复自板渚引河历荥泽入汴;又自大梁之东引汴水入泗,达于淮;又发淮南民十馀万开邗沟,自山阳至杨子入江。渠广四十步,渠旁皆筑御道,树以柳;自长安至江都,置离宫四十馀所。庚申,遣黄门侍郎王弘等往江南造龙舟及杂船数万艘。东京官吏督役严急,役丁死者什四五,所司以车载死丁,东至城皋,北至河阳,相望于道。又作天经宫于东京,四时祭高祖。

11　林邑王梵志遣兵守险,刘方击走之。师渡阇黎江,林邑兵乘巨象，四面而至。<u>方</u>战不利，乃多掘小坑，草覆其上，以兵挑之，既战，伪北；<u>林邑</u>逐之，象多陷地颠踬，转相惊骇，军遂乱。<u>方</u>以弩射象，象却走，蹂其陈，因以锐师继之，<u>林邑</u>大败，俘馘万计。<u>方</u>引兵追之，屡战皆捷，过<u>马援</u>铜柱南，八日至其国都。夏，四月，<u>梵志</u>弃城走入海。<u>方</u>入城，获其庙主十八，皆铸金为之；刻石纪功而还。士卒肿足，死者什四五，<u>方</u>亦得疾，卒于道。

初，尚书右<u>丞李纲</u>数以异议忤<u>杨素</u>及<u>苏威</u>，<u>素</u>荐<u>纲</u>于<u>高祖</u>，以为方行军司马。<u>方</u>承<u>素</u>意，屈辱之，几死。军还，久不得调，<u>威</u>复遣<u>纲</u>诣<u>南海</u>应接<u>林邑</u>，久而不召。<u>纲</u>自归奏事，<u>威</u>劾奏<u>纲</u>擅离所职，下吏按问；会赦，免官，屏居于<u>鄂</u>。

12　五月，筑<u>西苑</u>，周二百里；其内为海，周十馀里；为<u>蓬莱</u>、<u>方丈</u>、<u>瀛洲</u>诸山，高出水百馀尺，台观殿阁，罗络山上，向背如神。北有<u>龙鳞渠</u>，萦纡注海内。缘渠作十六院，门皆临渠，每院以四品夫人主之，堂殿楼观，穷极华丽。宫树秋冬凋落，则翦彩为华叶，缀于枝条，色渝则易以新者，常如阳春。沼内亦翦彩为荷芰菱芡，乘舆游幸，则去冰而布之。十六院竞以殽羞精丽相高，求市恩宠。上好以月夜从宫女数千骑游<u>西苑</u>，作<u>清夜游曲</u>，于马上奏之。

13　帝待诸王恩薄，多所猜忌；<u>滕王纶</u>、<u>卫王集</u>内自忧惧，呼术者问吉凶及章醮求福。或告其怨望咒诅，有司奏请诛之；秋，七月丙午，诏除名为民，徙边郡。<u>纶</u>，<u>瓚</u>之子；<u>集</u>，<u>爽</u>之子也。

14　八月壬寅，上行幸<u>江都</u>，发<u>显仁宫</u>，<u>王弘</u>遣龙舟奉迎。乙巳，上御小朱航，自<u>漕渠</u>出<u>洛口</u>，御龙舟。龙舟四重，高四十五尺，长二百尺。上重有正殿、内殿、东、西朝堂，中二重有百二十房，皆饰以金玉，下重内侍处之。皇后乘翔螭舟，制度差小，而装饰无异。别有浮景九艘，三重，皆水殿也。又有漾彩、朱鸟、苍螭、白虎、玄武、飞羽、青凫、陵波、五楼、道场、玄坛、板舺、黄篾等数千艘，后宫、诸王、公主、百官、僧、尼、道士、蕃客乘之，及载内外百司供奉之物，共用挽船士八万馀人，其挽漾彩以上者九千馀人，谓之殿脚，皆以锦彩为袍。又有平乘、青龙、艨艟、艚䑠、八棹、艇舸等数千艘，并十二卫兵乘之，并载兵器帐幕，兵士自引，不给夫。舳舻相接二百馀里，照耀川陆，骑兵翊两岸而行，旌旗蔽野。所过州县，五百里内皆令献食，多者一州至百轝，极水陆珍奇；后宫厌饫，将发之际，多弃埋之。

15　<u>契丹</u>寇<u>营州</u>，诏通事谒者<u>韦云起</u>护<u>突厥</u>兵讨之，<u>启民可汗</u>发骑二万，受其处分。<u>云起</u>分为二十营，四道俱引，营相去一里，不得交杂，闻鼓声而行,闻角声而止,自非公使,勿得走马,三令五申,击鼓而发。有纥干犯约,斩之,持首以徇。于是突厥将帅入谒,皆膝行股栗,莫敢仰视。契丹本事突厥,情无猜忌。云起既入其境,使突厥诈云向柳城与高丽交易,敢漏泄事实者斩。契丹不为备,去其营五十里,驰进袭之,尽获其男女四万口,杀其男子,以女子及畜产之半赐突厥,馀皆收之以归。帝大喜,集百官曰:"云起用突厥平契丹,才兼文武,朕今自举之。"擢为治书侍御史。

16　初,西突厥阿波可汗为叶护可汗所虏,国人立鞅素特勒之子,是为泥利可汗。泥利卒,子达漫立,号处罗可汗。其母向氏,本中国人,更嫁泥利之弟婆实特勒。开皇末,婆实与向氏入朝,遇达头之乱,遂留长安,舍于鸿胪寺。处罗多居乌孙故地,抚御失道,国人多叛,复为铁勒所困。铁勒者,匈奴之遗种,族类最多,有仆骨、同罗、契苾、薛延陀等部,其酋长皆号俟斤。族姓虽殊,通谓之铁勒,大抵与突厥同俗,以寇抄为生,无大君长,分属东、西两突厥。是岁,处罗引兵击铁勒诸部,厚税其物,又猜忌薛延陀,恐其为变,集其酋长数百人,尽杀之。于是铁勒皆叛,立俟利发俟斤契苾歌楞为莫何可汗,又立薛延陀俟斤字也咥为小可汗,与处罗战,屡破之。莫何勇毅绝伦,甚得众心,为邻国所惮,伊吾、高昌、焉耆皆附之。

二年(丙寅,606)

1　春,正月辛酉,东京成,进将作大匠宇文恺位开府仪同三司。

2　丁卯,遣十使并省州县。

3　二月丙戌,诏吏部尚书牛弘等议定舆服、仪卫制度。以开府仪同三司何稠为太府少卿,使之营造,送江都。稠智思精巧,博览图籍,参会古今,多所损益;衮冕画日、月、星、辰,皮弁用漆纱为之。又作黄麾三万六千人仗,及辇辂车舆,皇后卤簿,百官仪服,务为华盛,以称上意。课州县送羽毛,民求捕之,网罗被水陆,禽兽有堪氅毦之用者,殆无遗类。乌程有高树,逾百尺,旁无附枝,上有鹤巢,民欲取之,不可上,乃伐其根;鹤恐杀其子,自拔氅毛投于地,时人或称以为瑞,曰:"天子造羽仪,鸟兽自献羽毛。"所役工十万馀人,用金银钱帛钜亿计。帝每出游幸,羽仪填街溢路,亘二十馀里。三月庚午,上发江都,夏,四月庚戌,自伊阙陈法驾,备千乘万骑入东京。辛亥,御端门,大赦,免天下今年租赋。制五品已上文官乘车,在朝弁服,佩玉,武官马加珂,戴帻,服袴褶。文物之盛,近世莫及也。

4　六月壬子,以杨素为司徒;进封豫章王暕为齐王。

5　秋,七月庚申,制百官不得计考增级,必有德行、功能灼然显著者进擢之。帝颇惜名位，群臣当进职者，多令兼假而已；虽有阙员，留而不补。时牛弘为吏部尚书，不得专行其职，别敕纳言苏威、左翊卫大将军宇文述、左骁卫大将军张瑾、内史侍郎虞世基、御史大夫裴蕴、黄门侍郎裴矩参掌选事，时人谓之"选曹七贵"。虽七人同在坐，然与夺之笔，虞世基独专之，受纳贿赂，多者超越等伦，无者注色而已。蕴，邃之从曾孙也。

　　6　元德太子昭自长安来朝，数月，将还，欲乞少留；帝不许。拜请无数，体素肥，因致劳疾，甲戌，薨。帝哭之，数声而止，寻奏声伎，无异平日。

　　7　楚景武公杨素，虽有大功，特为帝所猜忌，外示殊礼，内情甚薄。太史言隋分野有大丧，乃徙素为楚公，意言楚与隋同分，欲以厌之。素寝疾，帝每令名医诊候，赐以上药，然密问医者，恒恐不死。素亦自知名位已极，不肯饵药，亦不将慎，谓其弟约曰："我岂须更活邪！"乙亥，素薨，赠太尉公、弘农等十郡太守，葬送甚盛。

　　8　八月辛卯，封皇孙倓为燕王，侗为越王，侑为代王，皆昭之子也。

　　9　九月乙丑，立秦孝王子浩为秦王。

　　10　帝以高祖末年，法令峻刻，冬，十月，诏改修律令。

　　11　置洛口仓于巩东南原上，筑仓城，周回二十馀里，穿三千窖，窖容八千石以还，置监官并镇兵千人。十二月，置回洛仓于洛阳北七里，仓城周回十里，穿三百窖。

　　12　初，齐温公之世，有鱼龙、山车等戏，谓之散乐，周宣帝时，郑译奏征之。高祖受禅，命牛弘定乐，非正声清商及九部四舞之色，悉放遣之。帝以启民可汗将入朝，欲以富乐夸之。太常少卿裴蕴希旨，奏括天下周、齐、梁、陈乐家子弟皆为乐户；其六品以下至庶人，有善音乐者，皆直太常。帝从之。于是四方散乐，大集东京，阅之于芳华苑积翠池侧。有舍利兽先来跳跃，激水满衢，鼋鼍、龟鳖、水人、虫鱼，遍覆于地。又有鲸鱼喷雾翳日，倏忽化成黄龙，长七八丈，又二人戴竿，上有舞者，欻然腾过，左右易处。又有神鳌负山，幻人吐火，千变万化。伎人皆衣锦绣缯彩，舞者鸣环佩，缀花毦，课京兆、河南制其衣，两京锦彩为之空竭。帝多制艳篇，令乐正白明达造新声播之，音极哀怨。帝甚悦，谓明达曰："齐氏偏隅，乐工曹妙达犹封王；我今天下大同，方且贵汝，宜自修谨！"

三年（丁卯，607）

　　1　春，正月朔旦，大陈文物。时突厥启民可汗入朝，见而慕之，请袭冠带，帝不许。明日，又率其属上表固请，帝大悦，谓牛弘等曰："今衣冠大备,致单于解辫,卿等功也!”各赐帛甚厚。

2　三月辛亥,帝还长安。

3　癸丑,帝使羽骑尉朱宽入海求访异俗,至流求国而还。

4　初,云定兴、阎毗坐媚事太子勇,与妻子皆没官为奴婢。上即位,多所营造,闻其有巧思,召之,使典其事,以毗为朝请郎。时宇文述用事,定兴以明珠络帐赂述,并以奇服新声求媚于述;述大喜,兄事之。上将有事四夷,大作兵器,述荐定兴可使监造,上从之。述谓定兴曰:“兄所作器仗,并合上心,而不得官者,为长宁兄弟犹未死耳。”定兴曰:“此无用物,何不劝上杀之。”述因奏:“房陵诸子年并成立,今欲兴兵诛讨,若使之从驾,则守掌为难;若留于一处,又恐不可。进退无用,请早处分。”帝然之,乃鸩杀长宁王俨,分徙其七弟于岭表,仍遣间使于路尽杀之。襄城王恪之妃柳氏自杀以从恪。

5　夏,四月庚辰,下诏欲安辑河北,巡省赵、魏。

6　牛弘等造新律成,凡十八篇,谓之大业律;甲申,始颁行之。民久厌严刻,喜于宽政。其后征役繁兴,民不堪命,有司临时迫胁以求济事,不复用律令矣。旅骑尉刘炫预修律令,弘尝从容问炫曰:“周礼士多而府史少,今令史百倍于前,减则不济,其故何也?”炫曰:“古人委任责成,岁终考其殿最,案不重校,文不繁悉,府史之任,掌要目而已。今之文簿,恒虑覆治,若锻炼不密,则万里追证百年旧案。故谚云:‘老吏抱案死。’事繁政弊,职此之由也。”弘曰:“魏、齐之时,令史从容而已,今则不遑宁处,何故?”炫曰:“往者州唯置纲纪,郡置守、丞,县置令而已。其馀具僚则长官自辟,受诏赴任,每州不过数十。今则不然,大小之官,悉由吏部,纤介之迹,皆属考功。省官不如省事,官事不省而望从容,其可得乎!”弘善其言而不能用。

7　壬辰,改州为郡;改度量权衡,并依古式。改上柱国以下官为大夫;置殿内省,与尚书、门下、内史、秘书为五省;增谒者、司隶台,与御史为三台;分太府寺置少府监,与长秋、国子、将作、都水为五监;又增改左、右翊卫等为十六府;废伯、子、男爵,唯留王、公、侯三等。

8　丙寅,车驾北巡;己亥,顿赤岸泽。五月丁巳,突厥启民可汗遣其子拓特勒来朝。戊午,发河北十馀郡丁男凿太行山,达于并州,以通驰道。丙寅,启民遣其兄子毗黎伽特勒来朝。辛未,启民遣使请自入塞奉迎舆驾,上不许。

9　初,高祖受禅,唯立四亲庙,同殿异室而已,帝即位,命有司议七庙之制。礼部侍郎摄太常少卿许善心等奏请为太祖、高祖各立一殿,准周文、武二祧,与始祖而三,馀并分室而祭,从迭毁之法。至是,有司请如前议,于东京建宗庙。帝谓秘书监柳䛒曰:"今始祖及二祧已具,后世子孙处朕何所?"六月丁亥,诏为高祖建别庙,仍修月祭礼。既而方事巡幸,竟不果立。

10 帝过雁门,雁门太守丘和献食甚精;至马邑,马邑太守杨廓独无所献,帝不悦。以和为博陵太守,仍使廓至博陵观和为式。由是所至献食,竞为丰侈。

戊子,车驾顿榆林郡。帝欲出塞耀兵,径突厥中,指于涿郡,恐启民惊惧,先遣武卫将军长孙晟谕旨。启民奉诏,因召所部诸国奚、霫、室韦等酋长数十人咸集。晟见牙帐中草秽,欲令启民亲除之,示诸部落,以明威重,乃指帐前草曰:"此根大香。"启民遽嗅之,曰:"殊不香也。"晟曰:"天子行幸所在,诸侯躬自洒扫,耕除御路,以表至敬之心;今牙内芜秽,谓是留香草耳!"启民乃悟曰:"奴之罪也!奴之骨肉皆天子所赐,得效筋力,岂敢有辞。特以边人不知法耳,赖将军教之;将军之惠,奴之幸也。"遂拔所佩刀,自芟庭草。其贵人及诸部争效之。于是发榆林北境,至其牙,东达于蓟,长三千里,广百步,举国就役,开为御道。帝闻晟策,益嘉之。

丁酉,启民及义成公主来朝行宫。己亥,吐谷浑、高昌并遣使入贡。

甲辰,上御北楼观渔于河,以宴百僚。定襄太守周法尚朝于行宫,太府卿元寿言于帝曰:"汉武出关,旌旗千里。今御营之外,请分为二十四军,日别遣一军发,相去三十里,旗帜相望,钲鼓相闻,首尾相属,千里不绝,此亦出师之盛者也。"法尚曰:"不然,兵亘千里,动间山川,猝有不虞,四分五裂;腹心有事,首尾未知,道路阻长,难以相救,虽有故事,乃取败之道也。"帝不怿,曰:"卿意如何?"法尚曰:"结为方陈,四面外拒,六宫及百官家属并在其内;若有变起,所当之面,即令抗拒,内引奇兵,出外奋击,车为壁垒,重设钩陈,此与据城,理亦何异!若战而捷,抽骑追奔,万一不捷,屯营自守,臣谓此万全之策也。"帝曰:"善!"因拜法尚左武卫将军。

启民可汗复上表,以为:"先帝可汗怜臣,赐臣安义公主,种种无乏。臣兄弟嫉妒,共欲杀臣。臣当是时,走无所适,仰视唯天,俯视唯地,奉身委命,依归先帝。先帝怜臣且死,养而生之,以臣为大可汗,还抚突厥之民。至尊今御天下,还如先帝养生臣及突厥之民,种种无乏。臣荷戴圣恩,言不能尽。臣今非昔日突厥可汗,乃是至尊臣民,愿率部落变改衣服,一如华夏。"帝以为不可。秋,七月辛亥,赐启民玺书,谕以"碛北未静,犹须征战,但存心恭顺,何必变服?"

帝欲夸示突厥,令宇文恺为大帐,其下可坐数千人;甲寅,帝于城东御大帐,备仪卫,宴启民及其部落,作散乐。诸胡骇悦,争献牛羊驼马数千万头。帝赐启民帛二十万段,其下各有差。又赐启民路车乘马,鼓吹幡旗,赞拜不名,位在诸侯王上。

又诏发丁男百馀万筑长城,西拒榆林,东至紫河。尚书左仆射苏威谏,上不听,筑之二旬而毕。帝之征散乐也,太常卿高颎谏,不听。颎退,谓太常丞李懿曰:"周天元以好乐而亡,殷鉴不远,安可复尔!"颎又以帝遇启民过厚,谓太府卿何稠曰:"此房颇知中国虚实,山川险易,恐为后患。"又谓观王雄曰:"近来朝廷殊无纲纪。"礼部尚书宇文㢸私谓颎曰:"天元之侈,以今方之,不亦甚乎?"又言:"长城之役,幸非急务。"光禄大夫贺若弼亦私议宴可汗太侈。并为人所奏。帝以为诽谤朝政,丙子,高颎、宇文㢸、贺若弼皆坐诛,颎诸子徙边,弼妻子没官为奴婢。事连苏威,亦坐免官。颎有文武大略,明达世务,自蒙寄任,竭诚尽节,进引贞良,以天下为己任;苏威、杨素、贺若弼、韩擒虎皆颎所推荐,自馀立功立事者不可胜数;当朝执政将二十年,朝野推服,物无异议,海内富庶,颎之力也。及死,天下莫不伤之。先是,萧琮以皇后故,甚见亲重,为内史令,改封梁公,宗族缌麻以上,皆随才擢用,诸萧昆弟,布列朝廷。琮性澹雅,不以职务为意,身虽羁旅,见北间豪贵,无所降下。与贺若弼善,弼既诛,又有童谣曰:"萧萧亦复起。"帝由是忌之,遂废于家,未几而卒。

11　八月壬午,车驾发榆林,历云中,溯金河。时天下承平,百物丰实,甲士五十馀万,马十万匹,旌旗辎重,千里不绝。令宇文恺等造观风行殿,上容侍卫者数百人,离合为之,下施轮轴,倏忽推移。又作行城,周二千步,以板为干,衣之以布,饰以丹青,楼橹悉备。胡人惊以为神,每望御营,十里之外,屈膝稽颡,无敢乘马。启民奉庐帐以俟车驾;乙酉,帝幸其帐,启民奉觞上寿,跪伏恭甚,王侯以下袒割于帐前,莫敢仰视。帝大悦,赋诗曰:"呼韩顿颡至,屠耆接踵来;何如汉天子,空上单于台!"皇后亦幸义成公主帐。帝赐启民及公主金瓮各一,并衣服被褥锦彩,特勒以下,受赐各有差。帝还,启民从入塞,己丑,遣归国。

癸巳,入楼烦关;壬寅,至太原,诏营晋阳宫。帝谓御史大夫张衡曰:"朕欲过公宅,可为朕作主人。"衡乃先驰至河内,具牛酒。帝上太行,开直道九十里,九月己未,至济源,幸衡宅。帝悦其山泉,留宴三日,赐赉甚厚。衡复献食,帝令颁赐公卿,下至卫士,无不沾洽。己巳,至东都。

12　壬申,以齐王暕为河南尹;癸酉,以民部尚书杨文思为纳言。

13　冬,十月,敕河南诸郡送一艺户陪东都三千馀家,置十二坊于洛水南以处之。

14　西域诸胡多至张掖交市,帝使吏部侍郎裴矩掌之。矩知帝好远略,商胡至者,矩诱访诸国山川风俗,王及庶人仪形服饰,撰西域图记三卷,合四十四国,入朝奏之。仍别造地图,穷其要害,从西倾以去,纵横所亘,将二万里,发自敦煌,至于西海,凡为三道,北道从伊吾,中道从高昌,南道从鄯善,总凑敦煌。且云:"以国家威德,将士骁雄,泛濛汜而越昆仑,易如反掌。但突厥、吐浑分领羌、胡之国,为其壅遏,故朝贡不通。今并因商人密送诚款,引领翘首,愿为臣妾。若服而抚之,务存安辑,皇华遣使,弗动兵车,诸蕃既从,浑、厥可灭,混壹戎、夏,其在兹乎!"帝大悦,赐帛五百段,日引矩至御坐,亲问西域事。矩盛言"胡中多诸珍宝,吐谷浑易可并吞"。帝于是慨然慕秦皇、汉武之功,甘心将通西域;四夷经略,咸以委之。以矩为黄门侍郎,复使至张掖,引致诸胡,啖之以利,劝令入朝。自是西域胡往来相继,所经郡县,疲于送迎,糜费以万万计,卒令中国疲弊以至于亡,皆矩之唱导也。

15　铁勒寇边,帝遣将军冯孝慈出敦煌击之,不利。铁勒寻遣使谢罪,请降;帝使裴矩慰抚之。

# 资治通鉴卷第一百八十一

## 隋纪五

### 炀皇帝上之下

大业四年（戊辰，608）

1　春，正月乙巳，诏发河北诸军百馀万穿永济渠，引沁水南达于河，北通涿郡。丁男不供，始役妇人。

2　壬申，以太府卿元寿为内史令。

3　裴矩闻西突厥处罗可汗思其母，请遣使招怀之。二月己卯，帝遣司朝谒者崔君肃赍诏书慰谕之。处罗见君肃甚倨，受诏不肯起，君肃谓之曰：“突厥本一国，中分为二，每岁交兵，积数十岁而莫能相灭者，明知其势敌耳。然启民举其部落百万之众，卑躬折节，入臣天子者，其故何也？正以切恨可汗，不能独制，欲借兵于大国，共灭可汗耳。群臣咸欲从启民之请，天子既许之，师出有日矣。顾可汗母向夫人惧西国之灭，旦夕守阙，哭泣哀祈，匍匐谢罪，请发使召可汗，令入内属。天子怜之，故复遣使至此。今可汗乃倨慢如此，则向夫人为诳天子，必伏尸都市，传首虏庭。发大隋之兵，资东国之众，左提右挈以击可汗，亡无日矣！奈何爱两拜之礼，绝慈母之命，惜一语称臣，使社稷为墟乎！”处罗矍然而起，流涕再拜，跪受诏书，因遣使者随君肃贡汗血马。

4　三月壬戌，倭王多利思比孤入贡，遗帝书曰：“日出处天子致书，日没处天子无恙。”帝览之，不悦，谓鸿胪卿曰：“蛮夷书无礼者，勿复以闻。”

5　乙丑，车驾幸五原，因出塞巡长城。行宫设六合板城，载以枪车。每顿舍，则外其辕以为外围，内布铁菱；次施弩床，皆插钢锥，外向；上施旋机弩，以绳连机，人来触绳，则弩机旋转，向所触而发。其外又以缯周围，施铃柱、楹磐以知所警。

6　帝募能通绝域者，屯田主事常骏等请使赤土，帝大悦，丙寅，命骏赍物五千段，以赐其王。赤土者，南海中远国也。

7　帝无日不治宫室，两京及江都，苑囿亭殿虽多，久而益厌，每游幸，左右顾瞩,无可意者,不知所适。乃备责天下山川之图,躬自历览,以求胜地可置宫苑者。夏,四月,诏于汾州之北汾水之源,营汾阳宫。

8　初,元德太子薨,河南尹齐王暕次当为嗣,元德吏兵二万馀人,悉隶于暕,帝为之妙选僚属,以光禄少卿柳謇之为齐王长史,且戒之曰:"齐王德业修备,富贵自钟卿门;若有不善,罪亦相及。"謇之,庆之从子也。暕宠遇日隆,百官趋谒,阗咽道路。暕以是骄恣,昵近小人,所为多不法。遣左右乔令则、库狄仲锜、陈智伟求声色。令则等因此放纵,访人家有美女,辄矫暕命呼之,载入暕第,淫而遣之。仲锜、智伟诣陇西,扐炙诸胡,责其名马,得数匹以进暕;暕令还主,仲锜等诈言王赐,取归其家,暕不知也。乐平公主尝奏帝,言柳氏女美,帝未有所答。久之,主复以柳氏进暕,暕纳之。其后,帝问主:"柳氏女安在?"主曰:"在齐王所。"帝不悦。暕从帝幸汾阳宫,大猎,诏暕以千骑入围,暕大获麋鹿以献;而帝未有得也,乃怒从官,皆言为暕左右所遏,兽不得前。帝于是发怒,求暕罪失。时制:县令无故不得出境;有伊阙令皇甫诩,得幸于暕,违禁,携之至汾阳宫。御史韦德裕希旨劾奏暕,帝令甲士千馀人大索暕第,因穷治其事。暕妃韦氏早卒,暕与妃姊元氏妇通,产一女。暕召相工令遍视后庭,相工指妃姊曰:"此产子者当为皇后。"暕以元德太子有三子,恐不得立,阴挟左道为厌胜,至是皆发。帝大怒,斩令则等数人,赐妃姊死,暕府僚皆斥之边远。柳謇之坐不能匡正,除名。时赵王杲尚幼,帝谓侍臣曰:"朕唯有暕一子,不然者,当肆诸市朝以明国宪。"暕自是恩宠日衰,虽为京尹,不复关预时政。帝恒令虎贲郎将一人监其府事,暕有微失,虎贲辄奏之。帝亦常虑暕生变,所给左右,皆以老弱,备员而已。太史令庾质,季才之子也,其子为齐王属,帝谓质曰:"汝不能一心事我,乃使儿事齐王,何向背如此!"对曰:"臣事陛下,子事齐王,实是一心,不敢有二。"帝犹怒,出为合水令。

9　乙卯,诏以突厥启民可汗遵奉朝化,思改戎俗,宜于万寿戍置城造屋,其帷帐床褥以上,务从优厚。

10　秋,七月辛巳,发丁男二十馀万筑长城,自榆谷而东。

11　裴矩说铁勒,使击吐谷浑,大破之。吐谷浑可汗伏允东走,入西平境内,遣使请降求救;帝遣安德王雄出浇河,许公宇文述出西平迎之。述至临羌城,吐谷浑畏述兵盛,不敢降,帅众西遁,述引兵追之,拔曼头、赤水二城,斩三千馀级,获其王公以下二百人,虏男女四千口而还。伏允南奔雪山,其故地皆空,东西四千里,南北二千里,皆为隋有,置郡、县、镇、戍,天下轻罪徙居之。

12　八月辛酉,上亲祠恒岳,赦天下。河北道郡守毕集,裴矩所致西域十馀国皆来助祭。

13　九月辛未,征天下鹰师悉集东京。至者万馀人。

14　冬,十月乙卯,颁新式。

15　常骏等至赤土境,赤土王利富多塞遣使以三十舶迎之,进金镞以缆骏船,凡泛海百馀日,入境月馀,乃至其都。其王居处器用,穷极珍丽,待使者礼亦厚,遣其子那邪迦随骏入贡。

16　帝以右翊卫将军河东薛世雄为玉门道行军大将,与突厥启民可汗连兵击伊吾,师出玉门,启民不至。世雄孤军度碛,伊吾初谓隋军不能至,皆不设备;闻世雄军已度碛,大惧,请降。世雄乃于汉故伊吾城东筑城,留银青光禄大夫王威以甲卒千馀人戍之而还。


五年(己巳,609)

1　春,正月丙子,改东京为东都。

2　突厥启民可汗来朝,礼赐益厚。

3　癸未,诏天下均田。

4　戊子,上自东都西还。

5　己丑,制民间铁叉、搭钩、攒刃之类皆禁之。

6　二月戊申,车驾至西京。

7　三月己巳,西巡河右;乙亥,幸扶风旧宅。夏,四月癸亥,出临津关,渡黄河,至西平,陈兵讲武,将击吐谷浑。五月乙亥,上大猎于拔延山,长围亘二十里。庚辰,入长宁谷,度星岭;丙戌,至浩亹川。以桥未成,斩都水使者黄亘及督役者九人,数日,桥成,乃行。

吐谷浑可汗伏允帅众保覆袁川,帝分命内史元寿南屯金山,兵部尚书段文振北屯雪山,太仆卿杨义臣东屯琵琶峡,将军张寿西屯泥岭,四面围之。伏允以数十骑遁出,遣其名王诈称伏允,保车我真山。壬辰,诏右屯卫大将军张定和往捕之。定和轻其众少,不被甲,挺身登山,吐谷浑伏兵射杀之;其亚将柳武建击吐谷浑,破之。甲午,吐谷浑仙头王穷蹙,帅男女十馀万口来降。六月丁酉,遣左光禄大夫梁默等追讨伏允,兵败,为伏允所杀。卫尉卿刘权出伊吾道,击吐谷浑,至青海,虏获千馀口,乘胜追奔,至伏俟城。

辛丑,帝谓给事郎蔡徵曰:“自古天子有巡狩之礼;而江东诸帝多傅脂粉,坐深宫,不与百姓相见,此何理也?”对曰:“此其所以不能长世。”丙午,至张掖。帝之将西巡也,命裴矩说高昌王麹伯雅及伊吾吐屯设等,啖以厚利,召使入朝。壬子,帝至燕支山,伯雅、吐屯设等及西域二十七国谒于道左,皆令佩金玉,被锦罽,焚香奏乐,歌舞喧噪。帝复令武威、张掖士女盛饰纵观,衣服车马不鲜者,郡县督课之。骑乘嗔咽,周亘数十里,以示中国之盛。吐屯设献西域数千里之地,上大悦。癸丑,置西海、河源、鄯善、且末等郡,谪天下罪人为戍卒以守之。命刘权镇河源郡积石镇,大开屯田,扞御吐谷浑,以通西域之路。

是时天下凡有郡一百九十,县一千二百五十五,户八百九十万有奇。东西九千三百里,南北万四千八百一十五里。隋氏之盛,极于此矣。

帝谓裴矩有绥怀之略,进位银青光禄大夫。自西京诸县及西北诸郡,皆转输塞外,每岁钜亿万计;经途险远及遇寇钞,人畜死亡不达者,郡县皆征破其家。由是百姓失业,西方先困矣。

初,吐谷浑伏允使其子顺来朝,帝留顺不遣。伏允败走,无以自资,帅数千骑客于党项。帝立顺为可汗,送至玉门,令统其馀众;以其大宝王尼洛周为辅。至西平,其部下杀洛周,顺不果入而还。

丙辰,上御观风殿,大备文物,引高昌王麹伯雅及伊吾吐屯设升殿宴饮,其馀蛮夷使者陪阶庭者二十馀国,奏九部乐及鱼龙戏以娱之,赐赉有差。戊午,赦天下。

吐谷浑有青海,俗传置牝马于其上,得龙种。秋,七月,置马牧于青海,纵牝马二千匹于川谷以求龙种,无效而止。

车驾东还,经大斗拔谷,山路隘险,鱼贯而出,风雪晦冥,文武饥馁沾湿,夜久不逮前营,士卒冻死者太半,马驴什八九,后宫妃、主或狼狈相失,与军士杂宿山间。九月乙未,车驾入西京。冬,十一月丙子,复幸东都。

8　民部侍郎裴蕴以民间版籍,脱漏户口及诈注老小尚多,奏令貌阅,若一人不实,则官司解职。又许民纠得一丁者,令被纠之家代输赋役。是岁,诸郡计帐进丁二十万三千,新附口六十四万一千五百。帝临朝览状,谓百官曰:“前代无贤才,致此罔冒;今户口皆实,全由裴蕴。”由是渐见亲委,未几,擢授御史大夫,与裴矩、虞世基参掌机密。蕴善候伺人主微意,所欲罪者,则曲法锻成其罪;所欲宥者,则附从轻典,因而释之。是后大小之狱,皆以付蕴,刑部、大理莫敢与争,必禀承进止,然后决断。蕴有机辩,言若悬河,或重或轻,皆由其口,剖析明敏,时人不能致诘。

9　突厥启民可汗卒,上为之废朝三日,立其子咄吉,是为始毕可汗;表请尚公主,诏从其俗。

10　初,内史侍郎薛道衡以才学有盛名,久当枢要,高祖末,出为襄州总管;帝即位,自番州刺史召之,欲用为秘书监。道衡既至,上高祖文皇帝颂,帝览之,不悦,顾谓苏威曰:"道衡致美先朝,此鱼藻之义也。"拜司隶大夫,将置之罪。司隶刺史房彦谦劝道衡杜绝宾客,卑辞下气,道衡不能用。会议新令,久不决,道衡谓朝士曰:"向使高颎不死,令决当久行。"有人奏之,帝怒曰:"汝忆高颎邪!"付执法者推之。裴蕴奏:"道衡负才恃旧,有无君之心,推恶于国,妄造祸端。论其罪名,似如隐昧;原其情意,深为悖逆。"帝曰:"然。我少时与之行役,轻我童稚,与高颎、贺若弼等外擅威权;及我即位,怀不自安,赖天下无事,未得反耳。公论其逆,妙体本心。"道衡自以所坐非大过,促宪司早断,冀奏日帝必赦之,敕家人具馔,以备宾客来候者。及奏,帝令自尽,道衡殊不意,未能引决。宪司重奏,缢而杀之,妻子徙且末。天下冤之。

11　帝大阅军实,称器甲之美,宇文述因进言:"此皆云定兴之功。"帝即擢定兴为太府丞。

六年(庚午,610)

1　春,正月癸亥朔,未明三刻,有盗数十人,素冠练衣,焚香持华,自称弥勒佛,入自建国门,监门者皆稽首。既而夺卫士仗,将为乱;齐王暕遇而斩之。于是都下大索,连坐者千馀家。

2　帝以诸蕃酋长毕集洛阳,丁丑,于端门街盛陈百戏,戏场周围五千步,执丝竹者万八千人,声闻数十里,自昏至旦,灯火光烛天地;终月而罢,所费巨万。自是岁以为常。

诸蕃请入丰都市交易,帝许之。先命整饰店肆,檐宇如一,盛设帷帐,珍货充积,人物华盛,卖菜者亦藉以龙须席。胡客或过酒食店,悉令邀延就坐,醉饱而散,不取其直,给之曰:"中国丰饶,酒食例不取直。"胡客皆惊叹。其黠者颇觉之,见以缯帛缠树,曰:"中国亦有贫者,衣不盖形,何如以此物与之,缠树何为?"市人惭不能答。

帝称裴矩之能,谓群臣曰:"裴矩大识朕意,凡所陈奏,皆朕之成算,未发之顷,矩辄以闻;自非奉国尽心,孰能若是!"是时矩与右翊卫大将军宇文述、内史侍郎虞世基、御史大夫裴蕴、光禄大夫郭衍皆以谄谀有宠。述善于供奉,容止便辟,侍卫者咸取则焉。郭衍尝劝帝五日一视朝,曰:"无效高祖,空自勤苦。"帝益以为忠,曰:"唯有郭衍心与朕同。"

帝临朝凝重,发言降诏,辞义可观;而内存声色,其在两都及巡游,常以僧、尼、道士、女官自随,谓之四道场。梁公萧钜,琮之弟子;千牛左右宇文皛,庆之孙也;皆有宠于帝。帝每日于苑中林亭间盛陈酒馔,敕燕王倓与钜、皛及高祖嫔御为一席,僧、尼、道士、女官为一席,帝与诸宠姬为一席,略相连接,罢朝即从之宴饮,更相劝侑,酒酣殽乱,靡所不至,以是为常。杨氏妇女之美者,往往进御。皛出入宫掖,不限门禁,至于妃嫔、公主皆有丑声,帝亦不之罪也。

3　帝复遣朱宽招抚流求,流求不从,帝遣虎贲郎将庐江陈稜、朝请大夫同安张镇周发东阳兵万馀人,自义安泛海击之。行月馀,至其国,以镇周为先锋。流求王渴剌兜遣兵逆战;屡破之,遂至其都。渴剌兜自将出战,又败,退入栅;稜等乘胜攻拔之,斩渴剌兜,虏其民万馀口而还。二月乙巳,稜等献流求俘,颁赐百官,进稜位右光禄大夫,镇周金紫光禄大夫。

4　乙卯,诏曰“近世茅土妄假,名实相乖,自今唯有功勋乃得赐封,仍令子孙承袭。”于是旧赐五等爵,非有功者皆除之。

5　庚申,以所征周、齐、梁、陈散乐悉配太常,皆置博士弟子以相传授,乐工至三万馀人。

6　三月癸亥,帝幸江都宫。

7　初,帝欲大营汾阳宫,令御史大夫张衡具图奏之。衡乘间进谏曰:“比年劳役繁多,百姓疲弊,伏愿留神,稍加抑损。”帝意甚不平,后目衡谓侍臣曰:“张衡自谓由其计画,令我有天下也。”乃录齐王暕携皇甫诩从驾及前幸涿郡祠恒岳时父老谒见者衣冠多不整,遣衡以宪司不能举正,出为榆林太守。久之,衡督役筑楼烦城,因帝巡幸,得谒帝。帝恶衡不损瘦,以为不念咎,谓衡曰:“公甚肥泽,宜且还郡。”复遣之榆林。未几,敕衡督役江都宫。礼部尚书杨玄感使至江都,衡谓玄感曰:“薛道衡真为枉死。”玄感奏之;江都郡丞王世充又奏衡频减顿具。帝于是发怒,锁诣江都市,将斩之,久乃得释,除名为民,放还田里。以王世充领江都宫监。

世充本西域胡人,姓支氏,父收,幼从其母嫁王氏,因冒其姓。世充性谲诈,有口辩,颇涉书传,好兵法,习律令。帝数幸江都,世充能伺候颜色为阿谀,雕饰池台,奏献珍物,由是有宠。

8　夏,六月甲寅,制江都太守秩同京尹。

9　冬,十二月己未,文安宪侯牛弘卒。弘宽厚恭俭,学术精博,隋室旧臣,始终信任,悔吝不及者,唯弘一人而已。弟弼,好酒而酗,尝因醉射杀弘驾车牛。弘来还宅,其妻迎谓之曰:“叔射杀牛。”弘无所怪问,直答云:“作脯。”坐定,其妻又曰:“叔忽射杀牛,大是异事!”弘曰:“已知之矣。"颜色自若,读书不辍。

10　敕穿江南河,自京口至馀杭,八百馀里,广十馀丈,使可通龙舟,并置驿宫、草顿,欲东巡会稽。

11　上以百官从驾皆服裤褶,于军旅间不便,是岁,始诏"从驾涉远者,文武官皆戎衣,五品以上,通著紫袍,六品以下,兼用绯绿,胥史以青,庶人以白,屠商以皂,士卒以黄。"

12　帝之幸启民帐也,高丽使者在启民所,启民不敢隐,与之见帝。黄门侍郎裴矩说帝曰:"高丽本箕子所封之地,汉、晋皆为郡县;今乃不臣,别为异域。先帝欲征之久矣,但杨谅不肖,师出无功。当陛下之时,安可不取,使冠带之境,遂为蛮貊之乡乎! 今其使者亲见启民举国从化,可因其恐惧,胁使入朝。"帝从之。敕牛弘宣旨曰:"朕以启民诚心奉国,故亲至其帐。明年当往涿郡,尔还日语高丽王:勿自疑惧,存育之礼,当如启民。苟或不朝,将帅启民往巡彼土。"高丽王元惧,藩礼颇阙,帝将讨之;课天下富人买武马,匹至十万钱;简阅器仗,务令精新,或有滥恶,则使者立斩。


七年(辛未,611)

1　春,正月壬寅,真定襄侯郭衍卒。

2　二月己未,上升钓台,临杨子津,大宴百僚。乙亥,帝自江都行幸涿郡,御龙舟,渡河入永济渠,仍敕选部、门下、内史、御史四司之官于船前选补,其受选者三千馀人,或徒步随船三千馀里,不得处分,冻馁疲顿,因而致死者什一二。

3　壬午,下诏讨高丽。敕幽州总管元弘嗣往东莱海口造船三百艘,官吏督役,昼夜立水中,略不敢息,自腰以下皆生蛆,死者什三四。夏,四月庚午,车驾至涿郡之临朔宫,文武从官九品以上,并令给宅安置。先是,诏总征天下兵,无问远近,俱会于涿。又发江淮以南水手一万人,弩手三万人,岭南排镩手三万人,于是四远奔赴如流。五月,敕河南、淮南、江南造戎车五万乘送高阳,供载衣甲幔幕,令兵士自挽之,发河南、北民夫以供军须。秋,七月,发江、淮以南民夫及船运黎阳及洛口诸仓米至涿郡,舳舻相次千馀里,载兵甲及攻取之具,往还在道常数十万人,填咽于道,昼夜不绝,死者相枕,臭秽盈路,天下骚动。

4　山东、河南大水,漂没三十馀郡。冬,十月乙卯,底柱崩,偃河逆流数十里。

5　初,帝西巡,遣侍御史韦节召西突厥处罗可汗,令与车驾会大斗拔谷,国人不从,处罗谢使者,辞以他故。帝大怒,无如之何。会其酋长射匮遣使来求婚,裴矩因奏曰:"处罗不朝,恃强大耳。臣请以计弱之,分裂其国,即易制也。射匮者,都六之子,达头之孙,世为可汗,君临西面,今闻其失职,附属处罗,故遣使来以结援耳,愿厚礼其使,拜为大可汗,则突厥势分,两从我矣。"帝曰:"公言是也。"因遣矩朝夕至馆,微讽谕之。帝于仁风殿召其使者,言处罗不顺之状,称射匮向善,吾将立为大可汗,令发兵诛处罗,然后为婚。帝取桃竹白羽箭一枚以赐射匮,因谓之曰:"此事宜速,使疾如箭也。"使者返,路径处罗,处罗爱箭,将留之,使者谲而得免。射匮闻而大喜,兴兵袭处罗,处罗大败,弃妻子,将数千骑东走,缘道被劫,寓于高昌,东保时罗漫山。高昌王麴伯雅上状。帝遣裴矩与向氏亲要左右驰至玉门关晋昌城,晓谕处罗使入朝。十二月己未,处罗来朝于临朔宫,帝大悦,接以殊礼。帝与处罗宴,处罗稽首,谢入见之晚。帝以温言慰劳之,备设天下珍膳,盛陈女乐,罗绮丝竹,眩曜耳目,然处罗终有怏怏之色。

6　帝自去岁谋讨高丽,诏山东置府,令养马以供军役。又发民夫运米,积于泸河、怀远二镇,车牛往者皆不返,士卒死亡过半,耕稼失时,田畴多荒。加之饥馑,谷价踊贵,东北边尤甚,斗米直数百钱。所运米或粗恶,令民籴而偿之。又发鹿车夫六十馀万,二人共推米三石,道途险远,不足充糇粮,至镇,无可输,皆惧罪亡命。重以官吏贪残,因缘侵渔,百姓困穷,财力俱竭,安居则不胜冻馁,死期交急,剽掠则犹得延生,于是始相聚为群盗。

邹平民王薄拥众据长白山,剽掠齐、济之郊,自称知世郎,言事可知矣;又作无向辽东浪死歌以相感劝,避征役者多往归之。

平原东有豆子航,负海带河,地形深阻,自高齐以来,群盗多匿其中。有刘霸道者,家于其旁,累世仕宦,赀产富厚。霸道喜游侠,食客常数百人,及群盗起,远近多往依之,有众十馀万,号"阿舅贼"。

漳南人窦建德,少尚气侠,胆力过人,为乡党所归附。会募人征高丽,建德以勇敢选为二百人长。同县孙安祖亦以骁勇选为征士,安祖辞以家为水所漂,妻子馁死,县令怒笞之。安祖刺杀令,亡抵建德,建德匿之。官司逐捕,踪迹至建德家,建德谓安祖曰:"文皇帝时,天下殷盛,发百万之众以伐高丽,尚为所败。今水潦为灾,百姓困穷,加之往岁西征,行者不归,疮痍未复;主上不恤,乃更发兵亲击高丽,天下必大乱。丈夫不死,当立大功,岂可但为亡虏邪!"乃集无赖少年,得数百人,使安祖将之,入高鸡泊中为群盗,安祖自号将军。时鄃人张金称聚众河曲,蓨人高士达聚众于清河境内为盗。郡县疑建德与贼通,悉收其家属,杀之。建德帅麾下二百人亡归士达,士达自称东海公,以建德为司兵。顷之,孙安祖为张金称所杀,其众尽归建德,兵至万馀人。建德能倾身接物,与士卒均劳逸,由是人争附之,为之致死。

自是所在群盗蜂起,不可胜数,徒众多者至万馀人,攻陷城邑。甲子,敕都尉、鹰扬与郡县相知追捕,随获斩决;然莫能禁止。

八年(壬申,612)

1　春,正月,帝分西突厥处罗可汗之众为三,使其弟阙度设将羸弱万馀口,居于会宁,又使特勒大奈别将馀众居于楼烦,命处罗将五百骑常从车驾巡幸,赐号曷娑那可汗,赏赐甚厚。

2　初,嵩高道士潘诞自言三百岁,为帝合炼金丹。帝为之作嵩阳观,华屋数百间,以童男童女各一百二十人充给使,位视三品;常役数千人,所费巨万。云金丹应用石胆、石髓,发石工凿嵩高大石深百尺者数十处。凡六年,丹不成。帝诘之,诞对以"无石胆、石髓,若得童男女胆髓各三斛六斗,可以代之。"帝怒,锁诣涿郡,斩之。且死,语人曰:"此乃天子无福,值我兵解时至,我应生梵摩天"云。

3　四方兵皆集涿郡,帝征合水令庾质,问曰:"高丽之众不能当我一郡,今朕以此众伐之,卿以为克不?"对曰:"伐之可克。然臣窃有愚见,不愿陛下亲行。"帝作色曰:"朕今总兵至此,岂可未见贼而先自退邪?"对曰:"战而未克,惧损威灵。若车驾留此,命猛将劲卒,指授方略,倍道兼行,出其不意,克之必矣。事机在速,缓则无功。"帝不悦,曰:"汝既惮行,自可留此。"右尚方署监事耿询上书切谏,帝大怒,命左右斩之,何稠苦救,得免。

壬午,诏左十二军出镂方、长岑、溟海、盖马、建安、南苏、辽东、玄菟、扶馀、朝鲜、沃沮、乐浪等道,右十二军出黏蝉、含资、浑弥、临屯、候城、提奚、蹋顿、肃慎、碣石、东暆、带方、襄平等道,骆驿引途,总集平壤,凡一百一十三万三千八百人,号二百万,其馈运者倍之。宜社于南桑乾水上,类上帝于临朔宫南,祭马祖于蓟城北。帝亲授节度:每军大将、亚将各一人;骑兵四十队,队百人,十队为团,步卒八十队,分为四团,团各有偏将一人;其铠胄、缨拂、旗幡,每团异色;受降使者一人,承诏慰抚,不受大将节制;其辎重散兵等亦为四团,使步卒挟之而行;进止立营,皆有次叙仪法。癸未,第一军发;日遣一军,相去四十里,连营渐进;终四十日,发乃尽,首尾相继,鼓角相闻,旌旗亘九百六十里。御营内合十二卫、三台、五省、九寺,分隶内、外、前、后、左、右六军,次后发,又亘八十里。近古出师之盛,未之有也。

4　甲辰,内史令元寿薨。

5　二月壬戌,观德王雄薨。

6　北平襄侯段文振为兵部尚书,上表,以为帝"宠待突厥太厚,处之塞内,资以兵食,戎狄之性,无亲而贪,异日必为国患,宜以时谕遣,令出塞外,然后明设烽候,缘边镇防,务令严重,此万岁之长策也。"兵曹郎斛斯政,椿之孙也,以器干明悟,为帝所宠任,使专掌兵事。文振知政险薄,不可委以机要,屡言于帝,帝不从。及征高丽,以文振为左候卫大将军,出南苏道。文振于道中疾笃,上表曰:"窃见辽东小丑,未服严刑,远降六师,亲劳万乘。但夷狄多诈,深须防拟,口陈降款,毋宜遽受。水潦方降,不可淹迟。唯愿严勒诸军,星驰速发,水陆俱前,出其不意,则平壤孤城,势可拔也。若倾其本根,馀城自克;如不时定,脱遇秋霖,深为艰阻,兵粮既竭,强敌在前,靺鞨出后,迟疑不决,非上策也。"三月辛卯,文振卒,帝甚惜之。

7　癸巳,上始御师,进至辽水。众军总会,临水为大陈,高丽兵阻水拒守,隋兵不得济。左屯卫大将军麦铁杖谓人曰:"丈夫性命自有所在,岂能然艾灸颏,瓜蒂歕鼻,治黄不差,而卧死儿女手中乎!"乃自请为前锋,谓其三子曰:"吾荷国恩,今为死日!我得良杀,汝当富贵。"帝命工部尚书宇文恺造浮桥三道于辽水西岸,既成,引桥趣东岸,桥短不及岸丈馀。高丽兵大至,隋兵骁勇者争赴水接战,高丽兵乘高击之,隋兵不得登岸,死者甚众。麦铁杖跃登岸,与虎贲郎将钱士雄、孟叉等皆战死。乃敛兵,引桥复就西岸。诏赠铁杖宿公,使其子孟才袭爵,次子仲才、季才并拜正议大夫。更命少府监何稠接桥,二日而成,诸军相次继进,大战于东岸,高丽兵大败,死者万计。诸军乘胜进围辽东城,即汉之襄平城也。车驾渡辽,引曷萨那可汗及高昌王伯雅观战处以慑惮之,因下诏赦天下。命刑部尚书卫文昇、尚书右丞刘士龙抚辽左之民,给复十年,建置郡县,以相统摄。

8　夏,五月壬午,纳言杨达薨。

9　诸将之东下也,帝亲戒之曰:"今者吊民伐罪,非为功名。诸将或不识朕意,欲轻兵掩袭,孤军独斗,立一身之名以邀勋赏,非大军行法。公等进军,当分为三道,有所攻击,必三道相知,毋得轻军独进,以致失亡。

又,凡军事进止,皆须奏闻待报,毋得专擅。"辽东数出战不利,乃婴城固守,帝命诸军攻之。又敕诸将,高丽若降,即宜抚纳,不得纵兵。辽东城将陷,城中人辄言请降;诸将奉旨不敢赴机,先令驰奏,比报至,城中守御亦备,随出拒战。如此再三,帝终不寤。既而城久不下,六月己未,帝幸辽东城南,观其城池形势,因召诸将诘责之曰:"公等自以官高,又恃家世,欲以暗懦待我邪!在都之日,公等皆不愿我来,恐见病败耳。我今来此,正欲观公等所为,斩公辈耳!公今畏死,莫肯尽力,谓我不能杀公邪!"诸将咸战惧失色。帝因留城西数里,御六合城。高丽诸城各坚守不下。右翊卫大将军来护儿帅江、淮水军,舳舻数百里,浮海先进,入自浿水,去平壤六十里,与高丽相遇,进击,大破之。护儿欲乘胜趣其城,副总管周法尚止之,请俟诸军至俱进。护儿不听,简精甲四万,直造城下。高丽伏兵于罗郭内空寺中,出兵与护儿战而伪败,护儿逐之入城,纵兵俘掠,无复部伍。伏兵发,护儿大败,仅而获免,士卒还者不过数千人。高丽追至船所,周法尚整陈待之,高丽乃退。护儿引兵还屯海浦,不敢复应接诸军。

左翊卫大将军宇文述出扶馀道,右翊卫大将军于仲文出乐浪道,左骁卫大将军荆元恒出辽东道,右翊卫将军薛世雄出沃沮道,左屯卫将军辛世雄出玄菟道,右御卫将军张瑾出襄平道,右武候将军赵孝才出碣石道,涿郡太守检校左武卫将军崔弘昇出遂城道,检校右御卫虎贲郎将卫文昇出增地道,皆会于鸭绿水西。述等兵自泸河、怀远二镇,人马皆给百日粮,又给排甲、枪稍并衣资、戎具、火幕,人别三石已上,重莫胜致。下令军中:"士卒有遗弃米粟者斩!"军士皆于幕下掘坑埋之,才行及中路,粮已将尽。

高丽遣大臣乙支文德诣其营诈降,实欲观虚实。于仲文先奉密旨:"若遇高元及文德来者,必擒之。"仲文将执之,尚书右丞刘士龙为慰抚使,固止之。仲文遂听文德还,既而悔之,遣人绐文德曰:"更欲有言,可复来。"文德不顾,济鸭绿水而去。仲文与述等既失文德,内不自安,述以粮尽,欲还。仲文议以精锐追文德,可以有功,述固止,仲文怒曰:"将军仗十万之众,不能破小贼,何颜以见帝!且仲文此行,固知无功,何则?古之良将能成功者,军中之事,决在一人,今人各有心,何以胜敌!"时帝以仲文有计画,令诸军谘禀节度,故有此言。由是述等不得已而从之,与诸将渡水追文德。文德见述军士有饥色,故欲疲之,每战辄走。述一日之中,七战皆捷,既恃骤胜,又逼群议,于是遂进,东济萨水,去平壤城三十里,因山为营。文德复遣使诈降,请于述曰:"若旋师者,当奉高元朝行在所。"述见士卒疲弊,不可复战,又平壤城险固,度难猝拔,遂因其诈而还。述等为方陈而行,高丽四面钞击,述等且战且行。秋,七月壬寅,至萨水,军半济,高丽自后击其后军,右屯卫将军辛世雄战死。于是诸军俱溃,不可禁止,将士奔还,一日一夜至鸭绿水,行四百五十里。将军天水王仁恭为殿,击高丽,却之。来护儿闻述等败,亦引还。唯卫文昇一军独全。

初,九军度辽,凡三十万五千,及还至辽东城,唯二千七百人,资储器械巨万计,失亡荡尽。帝大怒,锁系述等。癸卯,引还。

初,百济王璋遣使请讨高丽,帝使之觇高丽动静,璋内与高丽潜通。隋军将出,璋使其臣国智牟来请师期,帝大悦,厚加赏赐,遣尚书起部郎席律诣百济,告以期会。及隋军渡辽,百济亦严兵境上,声言助隋,实持两端。

是行也,唯于辽水西拔高丽武厉逻,置辽东郡及通定镇而已。八月,敕运黎阳、洛阳、洛口、太原等仓谷向望海顿,使民部尚书樊子盖留守涿郡。九月庚寅,车驾至东都。

10　冬,十月甲寅,工部尚书宇文恺卒。

11　十一月己卯,以宗女为华容公主,嫁高昌。

12　宇文述素有宠于帝,且其子士及尚帝女南阳公主,故帝不忍诛。甲申,与于仲文等皆除名为民,斩刘士龙以谢天下。萨水之败,高丽追围薛世雄于白石山,世雄奋击,破之,由是独得免官。以卫文昇为金紫光禄大夫。诸将皆委罪于于仲文,帝既释诸将,独系仲文。仲文忧恚,发病困笃,乃出之,卒于家。

13　是岁,大旱,疫,山东尤甚。

14　张衡既放废,帝每令亲人觇衡所为。帝还自辽东,衡妾告衡怨望,谤讪朝政,诏赐尽于家。衡临死大言:"我为人作何等事,而望久活!"监刑者塞耳,促令杀之。

# 资治通鉴卷第一百八十二

## 隋纪六

**炀皇帝中**

大业九年（癸酉，613）

1　春，正月丁丑，诏征天下兵集涿郡。始募民为骁果，修辽东古城以贮军粮。

2　灵武贼帅白瑜娑劫掠牧马，北连突厥，陇右多被其患，谓之"奴贼"。

3　戊戌，赦天下。

4　己亥，命刑部尚书卫文昇等辅代王侑留守西京。

5　二月壬午，诏："宇文述以兵粮不继，遂陷王师；乃军吏失于支料，非述之罪，宜复其官爵。"寻又加开府仪同三司。

6　帝谓侍臣曰："高丽小虏，侮慢上国；今拔海移山，犹望克果，况此虏乎！"乃复议伐高丽。左光禄大夫郭荣谏曰："戎狄失礼，臣下之事；千钧之弩，不为鼷鼠发机，奈何亲辱万乘以敌小寇乎！"帝不听。

7　三月丙子，济阴孟海公起为盗，保据周桥，众至数万，见人称引书史，辄杀之。

8　丁丑，发丁男十万城大兴。

9　戊寅，帝幸辽东，命民部尚书樊子盖等辅越王侗留守东都。

10　时所在盗起：齐郡王薄、孟让、北海郭方预、清河张金称、平原郝孝德、河间格谦、勃海孙宣雅各聚众攻剽，多者十馀万，少者数万人，山东苦之。天下承平日久，人不习战，郡县吏每与贼战，望风沮败。唯齐郡丞阌乡张须陀得士众心，勇决善战。将郡兵击王薄于泰山下，薄恃其骤胜，不设备；须陀掩击，大破之。薄收馀兵北渡河，须陀追击于临邑，又破之。薄北连孙宣雅、郝孝德等十馀万攻章丘，须陀帅步骑二万击之，贼众大败。贼帅裴长才等众二万掩至城下，大掠，须陀未暇集兵，帅五骑与战，贼竞赴之，围百馀重，身中数创，勇气弥厉。会城中兵至，贼稍退却，须陀督众击之,长才等败走。庚子,郭方预等合军攻陷北海,大掠而去。须陀谓官属曰:"贼恃其强,谓我不能救,吾今速行,破之必矣。"乃简精兵倍道进击,大破之,斩数万级,前后获贼辎重不可胜计。

　　历城罗士信,年十四,从须陀击贼于潍水上。贼始布陈,士信驰至陈前,刺杀数人,斩一人首,掷空中,以稍盛之,揭以略陈,贼徒愕眙,莫敢近。须陀因引兵奋击,贼众大溃。士信逐北,每杀一人,辄其鼻怀之,还,以验杀贼之数;须陀叹赏,引置左右。每战,须陀先登,士信为副。帝遣使慰谕,并画须陀、士信战陈之状而观之。

　　11　夏,四月庚午,车驾渡辽。壬申,遣宇文述与上大将军杨义臣趣平壤。

　　12　左光禄大夫王仁恭出扶馀道。仁恭进军至新城,高丽兵数万拒战,仁恭帅劲骑一千击破之,高丽婴城固守。帝命诸将攻辽东,听以便宜从事。飞楼、橦、云梯、地道四面俱进,昼夜不息,而高丽应变拒之,二十馀日不拔,主客死者甚众。冲梯竿长十五丈,骁果吴兴沈光升其端,临城与高丽战,短兵接,杀十数人,高丽竞击之而坠;未及地,适遇竿有垂绁,光接而复上。帝望见,壮之,即拜朝散大夫,恒置左右。

　　13　礼部尚书杨玄感,骁勇,便骑射,好读书,喜宾客,海内知名之士多与之游。与蒲山公李密善,密,弼之曾孙也,少有才略,志气雄远,轻财好士,为左亲侍。帝见之,谓宇文述曰:"向者左仗下黑色小儿,瞻视异常,勿令宿卫!"述乃讽密使称病自免,密遂屏人事,专务读书。尝乘黄牛读汉书,杨素遇而异之,因召至家,与语,大悦,谓其子玄感等曰:"李密识度如此,汝等不及也!"由是玄感与为深交。时或侮之,密曰:"人言当指实,宁可面谀!若决机两陈之间,喑呜咄嗟,使敌人震慑,密不如公;驱策天下贤俊,各申其用,公不如密:岂可以阶级稍崇而轻天下士大夫邪!"玄感笑而服之。

　　素恃功骄倨,朝宴之际,或失臣礼,帝心衔而不言,素亦觉之。及素薨,帝谓近臣曰:"使素不死,终当夷族。"玄感颇知之,且自以累世贵显,在朝文武多父之故吏,见朝政日紊,而帝多猜忌,内不自安,乃与诸弟潜谋作乱。帝方事征伐,玄感自言:"世荷国恩,愿为将领。"帝喜曰:"将门必有将,相门必有相,固不虚也。"由是宠遇日隆,颇预朝政。

　　帝伐高丽,命玄感于黎阳督运,遂与虎贲郎将王仲伯、汲郡赞治赵怀义等谋,故逗遛漕运,不时进发,欲令渡辽诸军乏食;帝遣使者促之,玄感扬言水路多盗,不可前后而发。玄感弟虎贲郎将玄纵、鹰扬郎将万石,并从幸辽东，玄感潜遣人召之，二人皆亡还。万石至高阳，为监事许华所执，斩于涿郡。

时右骁卫大将军来护儿以舟师自东莱将入海趣平壤，玄感遣家奴伪为使者从东方来，诈称护儿反。六月乙巳，玄感入黎阳，闭城，大索男夫，取帆布为牟、甲，署官属，皆准开皇之旧。移书傍郡，以讨护儿为名，各令发兵会于仓所。郡县官有干用者，玄感皆以运粮追集之，以赵怀义为卫州刺史，东光尉元务本为黎州刺史，河内郡主簿唐祎为怀州刺史。

治书侍御史游元，督运在黎阳，玄感谓曰："独夫肆虐，陷身绝域，此天亡之时也。我今亲帅义兵以诛无道，卿意如何？"元正色曰："尊公荷国宠灵，近古无比，公之弟兄，青紫交映，当谓竭诚尽节，上答鸿恩。岂意坟土未干，亲图反噬！仆有死而已，不敢闻命！"玄感怒而囚之，屡胁以兵，不能屈，乃杀之。元，明根之孙也。

玄感选运夫少壮者得五千馀人，丹阳、宣城篙梢三千馀人，刑三牲誓众，且谕之曰："主上无道，不以百姓为念，天下骚扰，死辽东者以万计。今与君等起兵以救兆民之弊，何如？"众皆踊跃称万岁。乃勒兵部分。唐祎自玄感所逃归河内。

先是玄感阴遣家僮至长安，召李密及弟玄挺赴黎阳。及举兵，密适至，玄感大喜，以为谋主，谓密曰："子常以济物为己任，今其时矣！计将安出？"密曰："天子出征，远在辽外，去幽州犹隔千里。南有巨海，北有强胡，中间一道，理极艰危。公拥兵出其不意，长驱入蓟，据临渝之险，扼其咽喉。归路既绝，高丽闻之，必蹑其后，不过旬月，资粮皆尽，其众不降则溃，可不战而擒，此上计也。"玄感曰："更言其次。"密曰："关中四塞，天府之国，虽有卫文昇，不足为意。今帅众鼓行而西，经城勿攻，直取长安，收其豪杰，抚其士民，据险而守之。天子虽还，失其根本，可徐图也。"玄感曰："更言其次。"密曰："简精锐，昼夜倍道，袭取东都，以号令四方。但恐唐祎告之，先已固守。若引兵攻之，百日不克，天下之兵四面而至，非仆所知也。"玄感曰："不然，今百官家口并在东都，若先取之，足以动其心。且经城不拔，何以示威！公之下计，乃上策也。"遂引兵向洛阳，遣杨玄挺将骁勇千人为前锋，先取河内。唐祎据城拒守，玄挺无所获。

祎又使人告东都越王侗与樊子盖等勒兵为备，修武民相帅守临清关。玄感不得度，乃于汲郡南渡河，从者如市。使弟积善将兵三千自偃师南缘洛水西入，玄挺自白司马坂逾邙山南入，玄感将三千馀人随其后，相去十里许，自称大军。其兵皆执单刀柳楯，无弓矢甲胄。东都遣河南令达奚善意将精兵五千人拒积善,将作监、河南赞治裴弘策将八千人拒玄挺。善意渡洛南,营于汉王寺;明日,积善兵至,不战自溃,铠仗皆为积善所取。弘策出至白司马坂,一战,败走,弃铠仗者太半,玄挺亦不追。弘策退三四里,收散兵,复结陈以待之;玄挺徐至,坐息良久,忽起击之,弘策又败,如是五战。丙辰,玄挺直抵太阳门,弘策将十馀骑驰入宫城,自馀无一人返者,皆归于玄感。

玄感屯上春门,每誓众曰:“我身为上柱国,家累钜万金,至于富贵,无所求也。今不顾灭族者,但为天下解倒悬之急耳!”众皆悦。父老争献牛酒,子弟诣军门请自效者,日以千数。

内史舍人韦福嗣,洸之兄子也,从军出拒玄感,为玄感所获;玄感厚礼之,使与其党胡师耽共掌文翰。玄感令福嗣为书遗樊子盖,数帝罪恶,云:“今欲废昏立明,愿勿拘小礼,自贻伊戚。”樊子盖新自外藩入为京官,东都旧官多慢之,至于部分军事,未甚承禀。裴弘策与子盖同班,前出讨贼失利,子盖更使出战,不肯行,子盖命引出斩之以徇。国子祭酒河东杨汪,小有不恭,子盖又将斩之;汪顿首流血,乃得免。于是将吏震肃,无敢仰视,令行禁止。玄感尽锐攻城,子盖随方拒守,玄感不能克。然达官子弟应募从军者,闻弘策死,皆不敢入城。韩擒虎子世谔、观王雄子恭道、虞世基子柔、来护儿子渊、裴蕴子爽、大理卿郑善果子俨、周罗睺子仲等四十馀人皆降于玄感,玄感悉以亲重要任委之。善果,译之兄子也。

玄感收兵得五万馀人,发五千守慈涧道,五千守伊阙道,遣韩世谔将三千人围荥阳,顾觉将五千人取虎牢。虎牢降,以觉为郑州刺史,镇虎牢。

代王侑使刑部尚书卫文昇帅兵四万救东都,文昇至华阴,掘杨素冢,焚其骸骨,示士卒以必死,遂鼓行出崤、渑,直趋东都城北。玄感逆拒之;文昇且战且行,屯于金谷。

辽东城久不拔,帝遣造布囊百馀万口,满贮土,欲积为鱼梁大道,阔三十步,高与城齐,使战士登而攻之,又作八轮楼车,高出于城,夹鱼梁道,欲俯射城内,指期将攻,城内危蹙。会杨玄感反书至,帝大惧,引纳言苏威入帐中,谓曰:“此儿聪明,得无为患?”威曰:“夫识是非,审成败,乃谓之聪明,玄感粗疏,必无所虑。但恐因此浸成乱阶耳。”帝又闻达官子弟皆在玄感所,益忧之。兵部侍郎斛斯政素与玄感善,玄感之反,政与之通谋,玄纵兄弟亡归,政潜遣之。帝将穷治玄纵等党与,政内不自安,戊辰,亡奔高丽。庚午,夜二更,帝密召诸将,使引军还,军资、器械、攻具,积如丘山,营垒、帐幕,按堵不动,皆弃之而去。众心恟惧,无复部分,诸道分散。高丽即时觉之,然不敢出,但于城内鼓噪。至来日午时,方渐出外,四远觇侦,犹疑隋军诈之。经二日,乃出数千兵追蹑,畏隋兵之众,不敢逼,常相去八九十里;将至辽水,知御营毕渡,乃敢逼后军。时后军犹数万人,高丽随而抄击,最后羸弱数千人为所杀略。

初,帝再征高丽,复问太史令庾质曰:"今段何如?"对曰:"臣实愚迷,犹执前见,陛下若亲动万乘,劳费实多。"帝怒曰:"我自行犹不克,直遣人去,安得有功!"及还,谓质曰:"卿前不欲我行,当为此耳。玄感其有成乎?"质曰:"玄感地势虽隆,素非人望,因百姓之劳,冀幸成功。今天下一家,未易可动。"

帝遣虎贲郎将陈稜攻元务本于黎阳,又遣左翊卫大将军宇文述、右候卫将军屈突通乘传发兵以讨玄感。来护儿至东莱,闻玄感围东都,召诸将议旋军救之。诸将咸以无敕,不宜擅还,固执不从,护儿厉声曰:"洛阳被围,心腹之疾,高丽逆命,犹疥癣耳。公家之事,知无不为,专擅在吾,不关诸人,有沮议者,军法从事!"即日回军。令子弘、整驰驿奏闻。帝时还至涿郡,已敕护儿救东都,见弘、整,甚悦,赐护儿玺书曰:"公旋师之时,是朕敕公之日,君臣意合,远同符契。"

先是,右武候大将军李子雄坐事除名,令从军自效,从来护儿在东莱,帝疑之,诏锁子雄送行在所。子雄杀使者,逃奔玄感。卫文昇以步骑二万渡瀍水,与玄感战,玄感屡破之。玄感每战,身先士卒,所向摧陷,又善抚悦其下,皆乐为致死,由是每战多捷,众益盛,至十万人。文昇众寡不敌,死伤太半且尽,乃更进屯邙山之阳,与玄感决战,一日十馀合。会杨玄挺中流矢死,玄感军乃稍却。

秋,七月癸未,馀杭民刘元进起兵以应玄感。元进手长尺馀,臂垂过膝,自以相表非常,阴有异志。会帝再发三吴兵征高丽,三吴兵皆相谓曰:"往岁天下全盛,吾辈父兄征高丽者犹太半不返;今已罢弊,复为此行,吾属无遗类矣!"由是多亡命。郡县捕之急,闻元进举兵,亡命者云集,旬月间,众至数万。

始,杨玄感至东都,自谓天下响应。得韦福嗣,委以心膂,不复专任李密。福嗣每画策,皆持两端,密揣知其意,谓玄感曰:"福嗣元非同盟,实怀观望;明公初起大事而奸人在侧,听其是非,必为所误,请斩之!"玄感曰:"何至于此!"密退,谓所亲曰:"楚公好反而不欲胜,吾属今为虏矣!"

李子雄劝玄感速称尊号,玄感以问密,密曰:"昔陈胜自欲称王,张耳谏而被外;魏武将求九锡,荀彧止而见诛。今者密欲正言,还恐追踪二子;

阿谀顺意,又非密之本图。何者? 兵起以来,虽复频捷,至于郡县,未有从者;东都守御尚强,天下救兵益至,公当挺身力战,早定关中,乃亟欲自尊,何示人不广也!"玄感笑而止。

屈突通引兵屯河阳,宇文述继之,玄感问计于李子雄,子雄曰:"通晓习兵事,若一得渡河,则胜负难决,不如分兵拒之。通不能济,则樊、卫失援。"玄感然之,将拒通;樊子盖知其谋,数击其营,玄感不得往。通济河,军于破陵。玄感分为两军,西抗文昇,东拒通。子盖复出兵大战,玄感军屡败,与其党谋之,李子雄曰:"东都援军益至,我军数败,不可久留,不如直入关中,开永丰仓以振贫乏,三辅可指麾而定,据有府库,东面而争天下,亦霸王之业也。"李密曰:"弘化留守元弘嗣握强兵在陇右,可声言其反,遣使迎公,因此入关,可以给众。"

会华阴诸杨请为乡导,壬辰,玄感解东都围,引兵西趣潼关,宣言:"我已破东都、取关西矣!"宇文述等诸军蹑之。至弘农宫,父老遮说玄感曰:"宫城空虚,又多积粟,攻之易下。"玄感以为然。弘农太守蔡王智积谓官属曰:"玄感闻大军将至,欲西图关中,若成其计,则难克也,当以计縻之,使不得进,不出一旬,可以成擒。"及玄感军至城下,智积登陴詈之;玄感怒,留攻之。李密谏曰:"公今诈众西入,军事贵速,况乃追兵将至,安可稽留! 若前不得据关,退无所守,大众一散,何以自全!"玄感不从,遂攻之,烧其城门,智积于内益火,玄感兵不得入。三日不拔,乃引而西。至闅乡,宇文述、卫文昇、来护儿、屈突通等军追及于皇天原。玄感上槃豆,布陈亘五十里,且战且行,玄感一日三败。八月壬寅,玄感陈于董杜原,诸军击之,玄感大败,独与十馀骑奔上洛。追骑至,玄感叱之,皆反走。至葭芦戍,独与弟积善徒步走,自度不免,谓积善曰:"我不能受人戮辱,汝可杀我!"积善抽刀斫杀之,因自刺,不死,为追兵所执,与玄感首俱送行在所。磔玄感尸于东都市,三日,复脔而焚之。玄感弟玄奖为义阳太守,将赴玄感,为郡丞周旋玉所杀;仁行为朝请大夫,伏诛于长安。

玄感之围东都也,梁郡民韩相国举兵应之,玄感以为河南道元帅,旬月间众十馀万,攻剽郡县;至襄城,闻玄感败,众稍散,为吏所获,传首东都。

帝以元弘嗣,斛斯政之亲也,留守弘化郡,遣卫尉少卿李渊驰往执之,因代为留守,关右十三郡兵皆受征发。渊御众宽简,人多附之。帝以渊相表奇异,又名应图谶,忌之。未几,征诣行在所,渊遇疾未谒,其甥王氏在后宫,帝问曰:"汝舅来何迟?"王氏以疾对,帝曰:"可得死否?"渊闻之,惧,因纵酒纳赂以自晦。

14　癸卯,吴郡朱燮、晋陵管崇聚众寇掠江左。燮本还俗道人,涉猎经史,颇知兵法,形容眇小,为昆山县博士,与数十学生起兵,民苦役者赴之如归。崇长大,美姿容,志气倜傥,隐居常熟,自言有王者相,故群盗相与奉之。时帝在涿郡,命虎牙郎将赵六儿将兵万人屯扬子,分为五营以备南贼。崇遣其将陆颉渡江,夜,袭六儿,破其两营,收其器械军资而去,众益盛,至十万。

15　辛酉,司农卿云阳赵元淑坐杨玄感党伏诛。帝使大理卿郑善果、御史大夫裴蕴、刑部侍郎骨仪、与留守樊子盖推玄感党与。仪,本天竺胡人也。帝谓蕴曰:"玄感一呼而从者十万,益知天下人不欲多,多即相聚为盗耳。不尽加诛,无以惩后。"子盖性既残酷,蕴复受此旨,由是峻法治之,所杀三万馀人,皆籍没其家,枉死者太半,流徙者六千馀人。玄感之围东都也,开仓赈给百姓。凡受米者,皆坑之于都城之南。玄感所善文士会稽虞绰、琅邪王胄俱坐徙边,绰、胄亡命,捕得,诛之。

帝善属文,不欲人出其右。薛道衡死,帝曰:"更能作'空梁落燕泥'否!"王胄死,帝诵其佳句曰:"'庭草无人随意绿',复能作此语邪!"帝自负才学,每骄天下之士,尝谓侍臣曰:"天下皆谓朕承藉绪馀而有四海,设令朕与士大夫高选,亦当为天子矣。"

帝从容谓秘书郎虞世南曰:"我性不喜人谏,若位望通显而谏以求名,弥所不耐。至于卑贱之士,虽少宽假,然卒不置之地上。汝其知之!"世南,世基之弟也。

16　帝使裴矩安集陇右,因之会宁,存问曷萨那可汗部落,遣阙度设寇掠吐谷浑以自富,还而奏状,帝大赏之。

17　九月己卯,东海民彭孝才起为盗,有众数万。

18　甲午,车驾至上谷,以供费不给,免太守虞荷等官。闰月己巳,幸博陵。

19　冬,十月丁丑,贼帅吕明星围东郡,虎贲郎将费青奴击破之。

20　刘元进帅其众将渡江,会杨玄感败,朱燮、管崇共迎元进,推以为主,据吴郡,称天子,燮、崇俱为尚书仆射,署置百官,毗陵、东阳、会稽、建安豪杰多执长吏以应之。帝遣左屯卫大将军代人吐万绪、光禄大夫下邽鱼俱罗将兵讨之。

21　十一月己酉,右候卫将军冯孝慈讨张金称于清河,孝慈败死。

22　杨玄感之西也,韦福嗣亡诣东都归首,是时如其比者皆不问。樊子盖收玄感文簿，得其书草，封以呈帝；帝命执送行在。李密亡命，为人所获，亦送东都。樊子盖锁送福嗣、密及杨积善、王仲伯等十馀人诣高阳，密与王仲伯等窃谋亡去，悉使出其所赍金以示使者曰："吾等死日，此金并留付公，幸用相瘗，其馀即皆报德。"使者利其金，许诺，防禁渐弛。密请通市酒食，每宴饮，喧哗竟夕，使者不以为意，行至魏郡石梁驿，饮防守者皆醉，穿墙而逸。密呼韦福嗣同去，福嗣曰："我无罪，天子不过一面责我耳。"至高阳，帝以书草示福嗣，收付大理。宇文述奏："凶逆之徒，臣下所当同疾，若不为重法，无以肃将来。"帝曰："听公所为。"十二月甲申，述就野外，缚诸应刑者于格上，以车轮括其颈，使文武九品以上皆持兵斫射，乱发矢如猬毛，支体糜碎，犹在车轮中。积善、福嗣仍加车裂，皆焚而扬之。积善自言手杀玄感，冀得免死。帝曰："然则枭类耳！"因更其姓曰枭氏。

23　唐县人宋子贤，善幻术，能变佛形，自称弥勒出世，远近信惑，遂谋因无遮大会举兵袭乘舆；事泄，伏诛，并诛党与千馀家。

扶风桑门向海明亦自称弥勒出世，人有归心者，辄获吉梦，由是三辅人翕然奉之，因举兵反，众至数万。丁亥，海明自称皇帝，改元白乌。诏太仆卿杨义臣击破之。

24　帝召卫文昇、樊子盖诣行在；慰劳之，赏赐极厚，遣还所任。

25　刘元进攻丹阳，吐万绪济江击破之，元进解围去，绪进屯曲阿。元进结栅拒绪，相持百馀日；绪击之，贼众大溃，死者以万数。元进挺身夜遁，保其垒。朱燮、管崇等屯毗陵，连营百馀里，绪乘胜进击，复破之。贼退保黄山，绪围之，元进、燮仅以身免，于陈斩崇及其将卒五千馀人，收其子女三万馀口，进解会稽围。鱼俱罗与绪偕行，战无不捷，然百姓从乱者如归市，贼败而复聚，其势益盛。

元进退据建安，帝令绪进讨，绪以士卒疲弊，请息甲待来春；帝不悦。俱罗亦以贼非岁月可平，诸子在洛京，潜遣家仆迎之；帝怒。有司希旨，奏绪怯懦，俱罗败衄，俱罗坐斩，征绪诣行在，绪忧愤，道卒。

帝更遣江都丞王世充发淮南兵数万人讨元进。世充渡江，频战皆捷，元进、燮败死于吴，其馀众或降或散。世充召先降者于通玄寺瑞像前焚香为誓，约降者不杀。散者始欲入海为盗，闻之，旬月之间，归首略尽，世充悉坑之于黄亭涧，死者三万馀人。由是馀党复相聚为盗，官军不能讨，以至隋亡。帝以世充有将帅才，益加宠任。

26　是岁，诏为盗者籍没其家。时群盗所在皆满，郡县官因之各专威福，生杀任情矣。

27 章丘杜伏威与临济辅公祏为刎颈交,俱亡命为群盗。伏威年十六,每出则居前,入则殿后,由是其徒推以为帅。下邳苗海潮亦聚众为盗,伏威使公祏谓之曰:"今我与君同苦隋政,各举大义,力分势弱,常恐被擒,若合为一,则足以敌隋矣。君能为主,吾当敬从,自揆不堪,宜来听命;不则一战以决雌雄。"海潮惧,即帅其众降之。伏威转掠淮南,自称将军,江都留守遣校尉宋颢讨之,伏威与战,阳为不胜,引颢众入葭苇中,因从上风纵火,颢众皆烧死。海陵贼帅赵破陈以伏威兵少,轻之,召与并力;伏威使公祏严兵居外,自与左右十人赍牛酒入谒,于座杀破陈,并其众。

十年(甲戌,614)

1 春,二月辛未,诏百僚议伐高丽,数日,无敢言者。戊子,诏复征天下兵,百道俱进。

2 丁酉,扶风贼帅唐弼立李弘芝为天子,有众十万,自称唐王。

3 三月壬子,帝行幸涿郡,士卒在道,亡者相继。癸亥,至临渝宫,祃祭黄帝,斩叛军者以衅鼓,亡者亦不止。

4 夏,四月,榆林太守成纪董纯与彭城贼帅张大虎战于昌虑,大破之,斩首万馀级。

5 甲午,车驾至北平。

6 五月庚申,延安贼帅刘迦论自称皇王,建元大世,有众十万,与稽胡相表里为寇。诏以左骁卫大将军屈突通为关内讨捕大使,发兵击之,战于上郡,斩迦论并将卒万馀级,虏男女数万口而还。

7 秋,七月癸丑,车驾次怀远镇。时天下已乱,所征兵多失期不至,高丽亦困弊。来护儿至毕奢城,高丽举兵逆战,护儿击破之,将趣平壤,高丽王元惧,甲子,遣使乞降,囚送斛斯政。帝大悦,遣使持节召护儿还。护儿集众曰:"大军三出,未能平贼,此还不可复来,劳而无功,吾窃耻之。今高丽实困,以此众击之,不日可克,吾欲进兵径围平壤,取高元,献捷而归,不亦善乎!"答表请行,不肯奉诏。长史崔君肃固争,护儿不可,曰:"贼势破矣,独以相任,自足办之。吾在阃外,事当专决,宁得高元还而获谴,舍此成功,所不能矣!"君肃告众曰:"若从元帅违拒诏书,必当闻奏,皆应获罪。"诸将惧,俱请还,乃始奉诏。

八月己巳,帝自怀远镇班师。邯郸贼帅杨公卿帅其党八千人抄驾后第八队,得飞黄上厩马四十二匹而去。冬,十月丁卯,上至东都;己丑,还西京。以高丽使者及斛斯政告太庙;仍征高丽王元入朝,元竟不至。敕将帅严装,更图后举,竟不果行。

初,开皇之末,国家殷盛,朝野皆以高丽为意,刘炫独以为不可,作抚夷论以刺之,至是,其言始验。

十一月丙申,杀斛斯政于金光门外,如杨积善之法,仍烹其肉,使百官啖之,佞者或啖之至饱,收其馀骨,焚而扬之。

8　乙巳,有事于南郊,上不斋于次。诘朝,备法驾,至即行礼。是日,大风。上独献上帝,三公分献五帝。礼毕,御马疾驱而归。

9　乙卯,离石胡刘苗王反,自称天子,众至数万;将军潘长文讨之,不克。

10　汲郡贼帅王德仁拥众数万,保林虑山为盗。

11　帝将如东都,太史令庾质谏曰:“比岁伐辽,民实劳弊,陛下宜镇抚关内,使百姓尽力农桑,三五年间,四海稍丰实,然后巡省,于事为宜。”帝不悦。质辞疾不从,帝怒,下质狱,竟死狱中。十二月壬申,帝如东都,赦天下;戊子,入东都。

12　东海贼帅彭孝才转掠沂水,彭城留守董纯讨擒之。纯战虽屡捷,而盗贼日滋,或谮纯怯懦;帝怒,锁纯诣东都,诛之。

13　孟让自长白山寇掠诸郡,至盱眙,众十馀万,据都梁宫,阻淮为固。江都丞王世充将兵拒之,为五栅以塞险要,羸形示弱。让笑曰:“世充文法小吏,安能将兵! 吾今生缚取,鼓行入江都耳!”时民皆结堡自固,野无所掠,贼众渐馁,乃少留兵,围五栅,分人于南方抄掠;世充伺其懈,纵兵出击,大破之,让以数十骑遁去,斩首万馀级。

14　齐郡贼帅左孝友众十万屯蹲狗山,郡丞张须陀列营逼之,孝友窘迫出降。须陀威振东夏,以功迁齐郡通守,领河南道十二郡黜陟讨捕大使。涿郡贼帅卢明月众十馀万军祝阿,须陀将万人邀之。相持十馀日,粮尽,将退,谓将士曰:“贼见吾退,必悉众来追,若以千人袭据其营,可有大利。此诚危事,谁能往者?”众莫对,唯罗士信及历城秦叔宝请行。于是须陀委栅而遁,使二人分将千兵伏葭苇中,明月悉众追之。士信、叔宝驰至其栅,栅门闭,二人超升其楼,各杀数人,营中大乱;二人斩关以纳外兵,因纵火焚其三十馀栅,烟焰涨天。明月奔还,须陀回军奋击,大破之,明月以数百骑遁去,所俘斩无算。叔宝名琼,以字行。

十一年(乙亥,615)

1　春,正月,增秘书省官百二十员,并以学士补之。帝好读书著述,自为扬州总管,置王府学士至百人,常令修撰,以至为帝,前后近二十载,修撰未尝暂停;自经术、文章、兵、农、地理、医、卜、释、道乃至蒲博、鹰狗,皆为新书,无不精洽,共成三十一部,万七千馀卷。初,西京嘉则殿有书三十七万卷,帝命秘书监柳顾言等诠次,除其复重猥杂,得正御本三万七千馀卷,纳于东都修文殿。又写五十副本,简为三品,分置西京、东都宫、省、官府,其正书皆装翦华净,宝轴锦褾。于观文殿前为书室十四间,窗户床褥厨幔,咸极珍丽,每三间开方户,垂锦幔,上有二飞仙,户外地中施机发。帝幸书室,有宫人执香炉,前行践机,则飞仙下,收幔而上,户扉及厨扉皆自启,帝出,则垂闭复故。

2 帝以户口逃亡,盗贼繁多,二月庚午,诏民悉城居,田随近给。郡县驿亭村坞皆筑城。

3 上谷贼帅王须拔自称漫天王,国号燕;贼帅魏刀儿自称历山飞:众各十馀万,北连突厥,南寇燕、赵。

4 初,高祖梦洪水没都城,意恶之,故迁都大兴。申明公李穆薨,孙筠袭爵。叔父浑忿其吝啬,使兄子善衡贼杀之,而证其从父弟瞿昙,使之偿死。浑谓其妻兄左卫率宇文述曰:"若得绍封,当岁奉国赋之半。"述为之言于太子,奏高祖,以浑为穆嗣。二岁之后,不复以国赋与述,述大恨之。帝即位,浑累官至右骁卫大将军,改封郕公,帝以其门族强盛,忌之。会有方士安伽陀言"李氏当为天子",劝帝尽诛海内凡李姓者。浑从子将作监敏,小名洪儿,帝疑其名应谶,常面告之,冀其引决。敏大惧,数与浑及善衡屏人私语;述谮之于帝,仍遣虎贲郎将河东裴仁基表告浑反。帝收浑等家,遣尚书左丞元文都、御史大夫裴蕴杂治之,按问数日,不得反状,以实奏闻。帝更遣述穷治之,述诱教敏妻宇文氏为表,诬告浑谋因度辽,与其家子弟为将领者共袭取御营,立敏为天子。述持入,奏之,帝泣曰:"吾宗社几倾,赖公获全耳。"三月丁酉,杀浑、敏、善衡及宗族三十二人,自三从以上皆徙边徼。后数月,敏妻亦鸩死。

5 有二孔雀自西苑飞集宝城朝堂前,亲卫校尉高德儒等十馀人见之,奏以为鸾,时孔雀已飞去,无可得验,于是百僚称贺。诏以德儒诚心冥会,肇见嘉祥,擢拜朝散大夫,赐物百段,馀人皆赐束帛;仍于其地造仪鸾殿。

6 己酉,帝行幸太原;夏,四月,幸汾阳宫避暑。宫城迫隘,百官士卒布散山谷间,结草为营而居之。

7 以卫尉少卿李渊为山西、河东抚慰大使,承制黜陟选补郡县文武官,仍发河东兵讨捕群盗。渊行至龙门,击贼帅毋端儿,破之。

　　8　秋,八月乙丑,帝巡北塞。

　　初,裴矩以突厥始毕可汗部众渐盛,献策分其势,欲以宗女嫁其弟叱吉设,拜为南面可汗;叱吉不敢受,始毕闻而渐怨。突厥之臣史蜀胡悉多谋略,为始毕所宠任,矩诈与为互市,诱至马邑下,杀之。遣使诏始毕曰:"史蜀胡悉叛可汗来降,我已相为斩之。"始毕知其状,由是不朝。

　　戊辰,始毕帅骑数十万谋袭乘舆,义成公主先遣使者告变。壬申,车驾驰入雁门,齐王暕以后军保崞县。癸酉,突厥围雁门,上下惶怖,撤民屋为守御之具,城中兵民十五万口,食仅可支二旬,雁门四十一城,突厥克其三十九,唯雁门、崞不下。突厥急攻雁门,矢及御前;上大惧,抱赵王杲而泣,目尽肿。

　　左卫大将军宇文述劝帝简精锐数千骑溃围而出,纳言苏威曰:"城守则我有馀力,轻骑乃彼之所长,陛下万乘之主,岂宜轻动!"民部尚书樊子盖曰:"陛下乘危徼幸,一朝狼狈,悔之何及! 不若据坚城以挫其锐,坐征四方兵使入援。陛下亲抚循士卒,谕以不复征辽,厚为勋格,必人人自奋,何忧不济!"内史侍郎萧瑀以为:"突厥之俗,可贺敦预知军谋;且义成公主以帝女嫁外夷,必恃大国之援。若使一介告之,借使无益,庸有何损。又,将士之意,恐陛下既免突厥之患,还事高丽,若发明诏,谕以赦高丽、专讨突厥,则众心皆安,人自为战矣。"瑀,皇后之弟也。虞世基亦劝帝重为赏格,下诏停辽东之役。帝从之。

　　帝亲巡将士,谓之曰:"努力击贼,苟能保全,凡在行陈,勿忧富贵,必不使有司弄刀笔破汝勋劳。"乃下令:"守城有功者,无官直除六品,赐物百段;有官以次增益。"使者慰劳,相望于道,于是众皆踊跃,昼夜拒战,死伤甚众。

　　甲申,诏天下募兵。守令竞来赴难,李渊之子世民,年十六,应募隶屯卫将军云定兴,说定兴多赍旗鼓为疑兵,曰:"始毕敢举兵围天子,必谓我仓猝不能赴援故也。宜昼则引旌旗数十里不绝,夜则钲鼓相应,虏必谓救兵大至,望风遁去。不然,彼众我寡,若悉军来战,必不能支。"定兴从之。

　　帝遣间使求救于义成公主,公主遣使告始毕云:"北边有急。"东都及诸郡援兵亦至忻口;九月甲辰,始毕解围去。帝使人出侦,山谷皆空,无胡马,乃遣二千骑追蹑,至马邑,得突厥老弱二千馀人而还。

　　丁未,车驾还至太原。苏威言于帝曰:"今盗贼不息,士马疲弊,愿陛下亟还西京,深根固本,为社稷计。"帝初然之。宇文述曰:"从官妻子多在东都,宜便道向洛阳,自潼关而入。"帝从之。

冬,十月壬戌,帝至东都,顾盻街衢,谓侍臣曰:"犹大有人在。"意谓向日平杨玄感,杀人尚少故也。苏威追论勋格太重,宜加斟酌,樊子盖固请,以为不宜失信,帝曰:"公欲收物情邪!"子盖惧,不敢对。帝性吝官赏,初平杨玄感,应授勋者多,乃更置戎秩:建节尉为正六品,次奋武、宣惠、绥德、怀仁、秉义、奉诚、立信等尉,递降一阶。将士守雁门者万七千人,得勋者才千五百人,皆准平玄感勋,一战得第一勋者进一阶,其先无戎秩者止得立信尉,三战得第一勋者至秉义尉,其在行陈而无勋者四战进一阶,亦无赐。会仍议伐高丽,由是将士无不愤怨。

初,萧瑀以外戚有才行,尝事帝于东宫,累迁至内史侍郎,委以机务。瑀性刚鲠,数言事忤旨,帝渐疏之。及雁门围解,帝谓群臣曰:"突厥狂悖,势何能为! 少时未散,萧瑀遽相恐动,情不可恕!"出为河池郡守,即日遣之。候卫将军杨子崇从帝在汾阳宫,知突厥必为寇,屡请早还京师,帝怒曰:"子崇怯懦,惊动众心,不可居爪牙之官。"出为离石郡守。子崇,高祖之族弟也。

9 杨玄感之乱,龙舟水殿皆为所焚,诏江都更造,凡数千艘,制度仍大于旧者。

10 壬申,卢明月帅众十万寇陈、汝。

11 东海李子通,有勇力,先依长白山贼帅左才相,群盗皆残忍,而子通独宽仁,由是人多归之,未半岁,有众万人。才相忌之,子通引去,渡淮,与杜伏威合。伏威选军中壮士养为假子,凡三十馀人,济阴王雄诞、临济阚稜为之冠。既而李子通谋杀伏威,遣兵袭之。伏威被重创坠马,雄诞负之逃葭苇中,收散兵复振。将军来整击伏威,破之;其将西门君仪之妻王氏,勇而多力,负伏威以逃,雄诞帅壮士十馀人卫之,与隋兵力战,由是得免。来整又击李子通,破之,子通帅其馀众奔海陵,复收兵得二万人,自称将军。

12 城父朱粲始为县佐史,从军,遂亡命聚众为盗,谓之"可达寒贼",自称迦楼罗王,众至十馀万,引兵转掠荆、沔及山南郡县,所过噍类无遗。

13 十二月庚寅,诏民部尚书樊子盖发关中兵数万击绛贼敬盘陀等。子盖不分臧否,自汾水之北,村坞尽焚之,贼有降者皆坑之;百姓怨愤,益相聚为盗。诏以李渊代之。有降者,渊引置左右,由是贼众多降,前后数万人,馀党散入他郡。

# 资治通鉴卷第一百八十三

## 隋纪七

**炀皇帝下**

大业十二年（丙子，616）

1　春，正月，朝集使不至者二十馀郡，始议分遣使者十二道发兵讨捕盗贼。

2　诏毗陵通守路道德集十郡兵数万人，于郡东南起宫苑，周围十二里，内为十六离宫，大抵仿东都西苑之制，而奇丽过之。又欲筑宫于会稽，会乱，不果成。

3　三月上巳，帝与群臣饮于西苑水上，命学士杜宝撰水饰图经，采古水事七十二，使朝散大夫黄衮以木为之，间以妓航、酒船，人物自动如生，钟磬筝瑟，能成音曲。

4　己丑，张金称陷平恩，一朝杀男女万馀口；又陷武安、钜鹿、清河诸县。金称比诸贼尤残暴，所过民无孑遗。

5　夏，四月丁巳，大业殿西院火，帝以为盗起，惊走，入西苑，匿草间，火定乃还。帝自八年以后，每夜眠恒惊悸，云有贼，令数妇人摇抚，乃得眠。

6　癸亥，历山飞别将甄翟儿众十万寇太原，将军潘长文败死。

7　五月丙戌朔，日有食之，既。

8　壬午，帝于景华宫征求萤火，得数斛，夜出游山，放之，光遍岩谷。

9　帝问侍臣盗贼，左翊卫大将军宇文述曰："渐少。"帝曰："比从来少几何？"对曰："不能什一。"纳言苏威引身隐柱，帝呼前问之，对曰："臣非所司，不委多少，但患渐近。"帝曰："何谓也？"威曰："他日贼据长白山，今近在汜水。且往日租赋丁役，今皆何在！岂非其人皆化为盗乎！比见奏贼皆不以实，遂使失于支计，不时翦除。又昔在雁门，许罢征辽，今复征发，贼何由息！"帝不悦而罢。寻属五月五日，百僚多馈珍玩，威独献尚书。或谮之曰："尚书有五子之歌，威意甚不逊。"帝益怒。顷之，帝问威以伐高丽事,威欲帝知天下多盗,对曰:"今兹之役,愿不发兵,但赦群盗,自可得数十万,遣之东征。彼喜于免罪,争务立功,高丽可灭。"帝不怿。威出,御史大夫裴蕴奏曰:"此大不逊! 天下何处有许多贼!"帝曰:"老革多奸,以贼胁我! 欲批其口,且复隐忍。"蕴知帝意,遣河南白衣张行本奏:"威昔在高阳典选,滥授人官;畏怯突厥,请还京师。"帝令按验,狱成,下诏数威罪状,除名为民。后月馀,复有奏威与突厥阴图不轨者,事下裴蕴推之,蕴处威死。威无以自明,但摧谢而已。帝悯而释之,曰:"未忍即杀。"并其子孙三世皆除名。

10　秋,七月壬戌,济景公樊子盖卒。

11　江都新作龙舟成,送东都;宇文述劝幸江都,右候卫大将军酒泉赵才谏曰:"今百姓疲劳,府藏空竭,盗贼蜂起,禁令不行,愿陛下还京师,安兆庶。"帝大怒,以才属吏,旬日,意解,乃出之。朝臣皆不欲行,帝意甚坚,无敢谏者。建节尉任宗上书极谏,即日于朝堂杖杀之。甲子,帝幸江都,命越王侗与光禄大夫段达、太府卿元文都、检校民部尚书韦津、右武卫将军皇甫无逸、右司郎卢楚等总留后事。津,孝宽之子也。帝以诗留别宫人曰:"我梦江都好,征辽亦偶然。"奉信郎崔民象以盗贼充斥,于建国门上表谏;帝大怒,先解其颐,然后斩之。

12　戊辰,冯翊孙华举兵为盗。虞世基以盗贼充斥,请发兵屯洛口仓,帝曰:"卿是书生,定犹恇怯。"戊辰,车驾至巩。敕有司移箕山、公路二府于仓内,仍令筑城以备不虞。至汜水,奉信郎王爱仁复上表请还西京,帝斩之而行。至梁郡,郡人邀车驾上书曰:"陛下若遂幸江都,天下非陛下之有!"又斩之。是时李子通据海陵,左才相掠淮北,杜伏威屯六合,众各数万;帝遣光禄大夫陈稜将宿卫精兵八千讨之,往往克捷。

13　八月乙巳,贼帅赵万海众数十万,自恒山寇高阳。

14　冬,十月己丑,许恭公宇文述卒。初,述子化及、智及皆无赖。化及事帝于东宫,帝宠昵之,及即位,以为太仆少卿。帝幸榆林,化及、智及冒禁与突厥交市,帝怒,将斩之,已解衣辫发,既而释之,赐述为奴。智及弟士及,以尚主之故,常轻智及,惟化及与之亲昵。述卒,帝复以化及为右屯卫将军,智及为将作少监。

15　李密之亡也,往依郝孝德,孝德不礼之;又入王薄,薄亦不之奇也。密困乏,至削树皮而食之,匿于淮阳村舍,变姓名,聚徒教授。郡县疑而捕之,密亡去,抵其妹夫雍丘令丘君明。君明不敢舍,转寄密于游侠王秀才家,秀才以女妻之。君明从侄怀义告其事,帝令怀义自赍敕书与梁郡通守杨汪相知收捕。汪遣兵围秀才宅,适值密出外,由是获免,君明、秀才皆死。

韦城翟让为东都法曹,坐事当斩。狱吏黄君汉奇其骁勇,夜中潜谓让曰:"翟法司,天时人事,抑亦可知,岂能守死狱中乎!"让惊喜曰:"让,圈牢之豕,死生唯黄曹主所命。"君汉即破械出之。让再拜曰:"让蒙再生之恩则幸矣,奈黄曹主何!"因泣下。君汉怒曰:"本以公为大丈夫,可救生民之命,故不顾其死以奉脱,奈何反效儿女子涕泣相谢乎!君但努力自免,勿忧吾也!"让遂亡命于瓦岗为群盗,同郡单雄信,骁健,善用马槊,聚少年往从之。离狐徐世勣家于卫南,年十七,有勇略,说让曰:"东郡于公与勣皆为乡里,人多相识,不宜侵掠。荥阳、梁郡,汴水所经,剽行舟,掠商旅,足以自资。"让然之,引众入二郡界,掠公私船,资用丰给,附者益众,聚徒至万馀人。

时又有外黄王当仁、济阳王伯当、韦城周文举、雍丘李公逸等皆拥众为盗。李密自雍丘亡命,往来诸帅间,说以取天下之策,始皆不信。久之,稍以为然,相谓曰:"斯人公卿子弟,志气若是。今人人皆云杨氏将灭,李氏将兴。吾闻王者不死,斯人再三获济,岂非其人乎!"由是渐敬密。

密察诸帅唯翟让最强,乃因王伯当以见让,为让画策,往说诸小盗,皆下之。让悦,稍亲近密,与之计事,密因说让曰:"刘、项皆起布衣为帝王。今主昏于上,民怨于下,锐兵尽于辽东,和亲绝于突厥,方乃巡游扬、越,委弃东都,此亦刘、项奋起之会也。以足下雄才大略,士马精锐,席卷二京,诛灭暴虐,隋氏不足亡也!"让谢曰:"吾侪群盗,且夕偷生草间,君之言者,非吾所及也。"

会有李玄英者,自东都逃来,经历诸贼,求访李密,云"斯人当代隋家"。人问其故,玄英言:"比来民间谣歌有桃李章曰:'桃李子,皇后绕扬州,宛转花园里。勿浪语,谁道许!''桃李子',谓逃亡者李氏之子也;皇与后,皆君也;'宛转花园里',谓天子在扬州无还日,将转于沟壑也;'莫浪语,谁道许'者,密也。"既与密遇,遂委身事之。前宋城尉齐郡房玄藻,自负其才,恨不为时用,预于杨玄感之谋,变姓名亡命,遇密于梁、宋之间,遂与之俱游汉、沔,遍入诸贼,说其豪杰;还日,从者数百人,仍为游客,处于让营。让见密为豪杰所归,欲从其计,犹豫未决。

有贾雄者,晓阴阳占候,为让军师,言无不用。密深结于雄,使之托术数以说让;雄许诺,怀之未发。会让召雄,告以密所言,问其可否,对曰:"吉不可言。"又曰:"公自立恐未必成,若立斯人,事无不济。"让曰:"如卿言,蒲山公当自立,何来从我?"对曰:"事有相因。所以来者,将军姓翟,翟者,泽也,蒲非泽不生,故须将军也。"让然之,与密情好日笃。

密因说让曰:"今四海糜沸,不得耕耘,公士众虽多,食无仓廪,唯资野掠,常苦不给。若旷日持久,加以大敌临之,必涣然离散。未若先取荥阳,休兵馆谷,待士马肥充,然后与人争利。"让从之,于是破金堤关,攻荥阳诸县,多下之。

荥阳太守郇王庆,弘之子也,不能讨,帝徙张须陀为荥阳通守以讨之。庚戌,须陀引兵击让,让向数为须陀所败,闻其来,大惧,将避之。密曰:"须陀勇而无谋,兵又骤胜,既骄且狠,可一战擒也。公但列陈以待,密保为公破之。"让不得已,勒兵将战,密分兵千馀人伏于大海寺北林间。须陀素轻让,方陈而前,让与战,不利,须陀乘之,逐北十馀里;密发伏掩之,须陀兵败。密与让及徐世勣、王伯当合军围之,须陀溃围出;左右不能尽出,须陀跃马复入救之,来往数四,遂战死。所部兵昼夜号哭,数日不止,河南郡县为之丧气。鹰扬郎将河东贾务本为须陀之副,亦被伤,帅馀众五千馀人奔梁郡,务本寻卒。诏以光禄大夫裴仁基为河南讨捕大使,代领其众,徙镇虎牢。

让乃令密建牙,别统所部,号蒲山公营。密部分严整,凡号令士卒,虽盛夏,皆如背负霜雪。躬服俭素,所得金宝,悉颁赐麾下,由是人为之用。麾下士卒多为让士卒所陵辱,以威约有素,不敢报也。让谓密曰:"今资粮粗足,意欲还向瓦岗,公若不往,唯公所适,让从此别矣。"让帅辎重东引,密亦西至于康城,说下数城,大获资储。让寻悔,复引兵从密。

16　鄱阳贼帅操师乞自称元兴王,建元始兴,攻陷豫章郡,以其乡人林士弘为大将军。诏治书侍御史刘子翊将兵讨之。师乞中流矢死,士弘代统其众,与子翊战于彭蠡湖,子翊败死。士弘兵大振,至十馀万人。十二月壬辰,士弘自称皇帝,国号楚,建元太平;遂取九江、临川、南康、宜春等郡,豪杰争杀隋守令,以郡县应之。其地北自九江,南及番禺,皆为所有。

17　诏以右骁卫将军唐公李渊为太原留守,以虎贲郎将王威、虎牙郎将高君雅为之副,将兵讨甄翟儿,与翟儿遇于雀鼠谷。渊众才数千,贼围渊数匝;李世民将精兵救之,拔渊于万众之中,会步兵至,合击,大破之。

18　帝疏薄骨肉,蔡王智积每不自安,及病,不呼医,临终,谓所亲曰:"吾今日始知得保首领没于地矣!"

19　张金称、郝孝德、孙宣雅、高士达、杨公卿等寇掠河北,屠陷郡县;

隋将帅败亡者相继,唯虎贲中郎将蒲城王辩、清河郡丞华阴杨善会数有功,善会前后与贼七百馀战,未尝负败。帝遣太仆卿杨义臣讨张金称。金称营于平恩东北,义臣引兵直抵临清之西,据永济渠为营,去金称营四十里,深沟高垒,不与战。金称日引兵至义臣营西,义臣勒兵擐甲,约与之战,既而不出。日暮,金称还营,明旦,复来;如是月馀,义臣竟不出。金称以为怯,屡逼其营詈辱之。义臣乃谓金称曰:"汝明旦来,我当必战。"金称易之,不复设备。义臣简精骑二千,夜自馆陶济河,伺金称离营,即入击其累重。金称闻之,引兵还,义臣从后击之,金称大败,与左右逃于清河之东。月馀,杨善会讨擒之。吏立木于市,悬其头,张其手足,令仇家割食之;未死间,歌讴不辍。诏以善会为清河通守。

20　涿郡通守郭绚将兵万馀人讨高士达。士达自以才略不及窦建德,乃进建德为军司马,悉以兵授之。建德请士达守辎重,自简精兵七千人拒绚,诈为与士达有隙而叛,遣人请降于绚,愿为前驱,击士达以自效。绚信之,引兵随建德至长河,不复设备。建德袭之,杀虏数千人,斩绚首,献士达,张金称馀众皆归建德。杨义臣乘胜至平原,欲入高鸡泊讨之。建德谓士达曰:"历观隋将,善用兵者无如义臣,今灭张金称而来,其锋不可当。请引兵避之,使其欲战不得,坐费岁月,将士疲倦,然后乘间击之,乃可破也。不然,恐非公之敌。"士达不从,留建德守营,自帅精兵逆击义臣,战小胜,因纵酒高宴。建德闻之曰:"东海公未能破敌,遽自矜大,祸至不久矣。"后五日,义臣大破士达,于陈斩之,乘胜逐北,趣其营,营中守兵皆溃。建德与百馀骑亡去,至饶阳,乘其无备,攻陷之,收兵,得三千馀人。义臣既杀士达,以为建德不足忧,引去。建德还平原,收士达散兵,收葬死者,为士达发丧,军复大振,自称将军。先是,群盗得隋官及士族子弟,皆杀之,独建德善遇之;由是隋官稍以城降之,声势日盛,胜兵至十馀万人。

21　内史侍郎虞世基以帝恶闻贼盗,诸将及郡县有告败求救者,世基皆抑损表状,不以实闻,但云:"鼠窃狗盗,郡县捕逐,行当殄尽,愿陛下勿以介怀!"帝良以为然,或杖其使者,以为妄言,由是盗贼遍海内,陷没郡县,帝皆弗之知也。杨义臣破降河北贼数十万,列状上闻,帝叹曰:"我初不闻贼顿如此,义臣降贼何多也!"世基对曰:"小窃虽多,未足为虑,义臣克之,拥兵不少,久在阃外,此最非宜。"帝曰:"卿言是也。"遽追义臣,放散其兵,贼由是复盛。

治书侍御史韦云起劾奏:"世基及御史大夫裴蕴职典枢要,维持内外,四方告变,不为奏闻。贼数实多,裁减言少,陛下既闻贼少,发兵不多,众寡悬殊,往皆不克,故使官军失利,贼党日滋。请付有司结正其罪。"大理卿郑善果奏:"云起诋訾名臣,所言不实,非毁朝政,妄作威权。"由是左迁云起为大理司直。

22　帝至江都,江、淮郡官谒见者,专问礼饷丰薄,丰则超迁丞、守,薄则率从停解。江都郡丞王世充献铜镜屏风,迁通守;历阳郡丞赵元楷献异味,迁江都郡丞。由是郡县竞务刻剥,以充贡献。民外为盗贼所掠,内为郡县所赋,生计无遗;加之饥馑无食,民始采树皮叶,或捣藁为末,或煮土而食之,诸物皆尽,乃自相食;而官食犹充牣,吏皆畏法,莫敢振救。王世充密为帝简阅江淮民间美女献之,由是益有宠。

23　河间贼帅格谦拥众十余万,据豆子䴚,自称燕王,帝命王世充将兵讨斩之。谦将勃海高开道收其余众,寇掠燕地,军势复振。

24　初,帝谋伐高丽,器械资储,皆积于涿郡;涿郡人物殷阜,屯兵数万。又,临朔宫多珍宝,诸贼竞来侵掠,留守官虎贲郎将赵什住等不能拒,唯虎贲郎将云阳罗艺独出战,前后破贼甚众,威名日重,什住等阴忌之。艺将作乱,先宣言以激其众曰:"吾辈讨贼数有功,城中仓库山积,制在留守之官,而莫肯散施以济贫乏,将何以劝将士!"众皆愤怨。军还,郡丞出城候艺,艺因执之,陈兵而入。什住等惧,皆来听命,乃发库物以赐战士,开仓廪以赈贫乏,境内咸服;杀不同己者勃海太守唐祎等数人,威振燕地,柳城、怀远并归之。艺黜柳城太守杨林甫,改郡为营州,以襄平太守邓暠为总管,艺自称幽州总管。

25　突厥数寇北边。诏晋阳留守李渊帅太原道兵与马邑太守王仁恭击之。时突厥方强,两军众不满五千,仁恭患之。渊选善骑射者二千人,使之饮食舍止一如突厥,或与突厥遇,则伺便击之,前后屡捷,突厥颇惮之。

## 恭皇帝上

义宁元年(丁丑,617)

1　春,正月,右御卫将军陈稜讨杜伏威,伏威帅众拒之。稜闭壁不战,伏威遗以妇人之服,谓之"陈姥"。稜怒,出战,伏威奋击,大破之,稜仅以身免。伏威乘胜破高邮,引兵据历阳,自称总管,以辅公祏为长史,分遣诸将徇属县,所至辄下,江淮间小盗争附之。伏威常选敢死之士五千人,谓之"上募",宠遇甚厚,有攻战,辄令上募先击之,战罢阅视,有伤在背者即杀之,以其退而被击故也。所获资财,皆以赏军。士有战死者,以妻、妾徇葬。故人自为战,所向无敌。

2 丙辰,窦建德为坛于乐寿,自称长乐王,置百官,改元丁丑。

3 辛巳,鲁郡贼徐圆朗攻陷东平,分兵略地,自琅邪以西,北至东平,尽有之,胜兵二万馀人。

4 卢明月转掠河南,至于淮北,众号四十万,自称无上王;帝命江都通守王世充讨之。世充与战于南阳,大破之,斩明月,馀众皆散。

5 二月壬午,朔方鹰扬郎将梁师都杀郡丞唐世宗,据郡,自称大丞相,北连突厥。

6 马邑太守王仁恭,多受货赂,不能振施。郡人刘武周,骁勇喜任侠,为鹰扬府校尉,仁恭以其土豪,甚亲厚之,令帅亲兵屯阁下。武周与仁恭侍儿私通,恐事泄,谋作乱,先宣言曰:"今百姓饥馑,僵尸满道,王府君闭仓不赈恤,岂为民父母之意乎!"众皆愤怒。武周称疾卧家,豪杰来候问,武周椎牛纵酒,因大言曰:"壮士岂能坐待沟壑! 今仓粟烂积,谁能与我共取之?"豪杰皆许诺。己丑,仁恭坐听事,武周上谒,其党张万岁等随入,升阶,斩仁恭,持其首出徇,郡中无敢动者。于是开仓以赈饥民,驰檄境内属城,皆下之,收兵得万馀人。武周自称太守,遣使附于突厥。

7 李密说翟让曰:"今东都空虚,兵不素练;越王冲幼,留守诸官政令不壹,士民离心。段达、元文都,暗无谋,以仆料之,彼非将军之敌。若将军能用仆计,天下可指麾而定。"乃遣其党裴叔方觇东都虚实,留守官司觉之,始为守御之备,且驰表告江都。密谓让曰:"事势如此,不可不发。兵法曰:'先则制于己,后则制于人。'今百姓饥馑,洛口仓多积粟,去都百里有馀,将军若亲帅大众,轻行掩袭,彼远未能救,又先无豫备,取之如拾遗耳。比其闻知,吾已获之,发粟以赈穷乏,远近孰不归附! 百万之众,一朝可集,枕威养锐,以逸待劳,纵彼能来,吾有备矣。然后檄召四方,引贤豪而资计策,选骁悍而授兵柄,除亡隋之社稷,布将军之政令,岂不盛哉!"让曰:"此英雄之略,非仆所堪;惟君之命,尽力从事,请君先发,仆为后殿。"庚寅,密、让将精兵七千人出阳城北,逾方山,自罗口袭兴洛仓,破之;开仓恣民所取,老弱襁负,道路相属。

朝散大夫时德叡以尉氏应密,前宿城令祖君彦自昌平往归之。君彦,珽之子也,博学强记,文辞赡敏,著名海内,吏部侍郎薛道衡尝荐之于高祖,高祖曰:"是歌杀斛律明月人儿邪? 朕不须此辈!"炀帝即位,尤疾其名,依常调选东平书佐,检校宿城令。君彦自负其才,常郁郁思乱,密素闻其名,得之大喜,引为上客,军中书檄,一以委之。

越王侗遣虎贲郎将刘长恭、光禄少卿房崱帅步骑二万五千讨密。时东都人皆以密为饥贼盗米,乌合易破,争来应募,国子三馆学士及贵胜亲戚皆来从军,器械修整,衣服鲜华,旌旗钲鼓甚盛。长恭等当其前,使河南讨捕大使裴仁基等将所部兵自汜水而入以掩其后,约十一日会于仓城南,密、让具知其计。东都兵先至,士卒未朝食,长恭等驱之渡洛水,陈于石子河西,南北十馀里。密、让选骁雄,分为十队,令四队伏横岭下以待仁基,以六队陈于石子河东。长恭等见密兵少,轻之。让先接战,不利,密帅麾下横冲之。隋兵饥疲,遂大败,长恭等解衣潜窜得免,奔还东都,士卒死者什五六。越王侗释长恭等罪,慰抚之。密、让尽收其辎重器甲,威声大振。

让于是推密为主,上密号为魏公;庚子,设坛场,即位,称元年,大赦。其文书行下,称行军元帅府;其魏公府置三司、六卫,元帅府置长史以下官属。拜翟让为上柱国、司徒、东郡公,亦置长史以下官,减元帅府之半;以单雄信为左武候大将军,徐世勣为右武候大将军,各领所部;房彦藻为元帅左长史,东郡邴元真为右长史,杨德方为左司马,郑德韬为右司马,祖君彦为记室,其馀封拜各有差。于是赵、魏以南,江、淮以北,群盗莫不响应,孟让、郝孝德、王德仁及济阴房献伯、上谷王君廓、长平李士才、淮阳魏六儿、李德谦、谯郡张迁、魏郡李文相、谯郡黑社、白社、济北张青特、上洛周比洮、胡驴贼等皆归密。密悉拜官爵,使各领其众,置百营簿以领之。道路降者不绝如流,众至数十万。乃命其护军田茂广筑洛口城,方四十里而居之,密遣房彦藻将兵东略地,取安陆、汝南、淮安、济阳,河南郡县多陷于密。

8　雁门郡丞河东陈孝意与虎贲郎将王智辩共讨刘武周,围其桑乾镇。壬寅,武周与突厥合兵击智辩,杀之;孝意奔还雁门。三月丁卯,武周袭破楼烦郡,进取汾阳宫,获隋宫人,以赂突厥始毕可汗;始毕以马报之,兵势益振,又攻陷定襄。突厥立武周为定杨可汗,遗以狼头纛。武周即皇帝位,立妻沮氏为皇后,改元天兴。以卫士杨伏念为尚书左仆射,妹婿同县苑君璋为内史令。武周引兵围雁门,陈孝意悉力拒守,乘间出击武周,屡破之;既而外无救援,遣间使诣江都,皆不报。孝意誓以必死,旦夕向诏敕库俯伏流涕,悲动左右。围城百馀日,食尽,校尉张伦杀孝意以降。

9　梁师都略定雕阴、弘化、延安等郡,遂即皇帝位,国号梁,改元永隆。始毕遗以狼头纛,号为大度毗伽可汗。师都乃引突厥居河南之地,攻破盐川郡。

10　左翊卫蒲城郭子和坐事徙榆林。会郡中大饥，子和潜结敢死士十八人攻郡门，执郡丞王才，数以不恤百姓，斩之，开仓赈施。自称永乐王，改元丑平。尊其父为太公，以其弟子政为尚书令，子端、子升为左右仆射。有二千馀骑，南连梁师都，北附突厥，各遣子为质以自固。始毕以刘武周为定杨天子，梁师都为解事天子，子和为平杨天子；子和固辞不敢当，乃更以为屋利设。

11　汾阴薛举，侨居金城，骁勇绝伦，家赀钜万，交结豪杰，雄于西边，为金城府校尉。时陇右盗起，金城令郝瑗募兵得数千人，使举将而讨之。夏，四月癸未，方授甲，置酒飨士，举与其子仁杲及同党十三人，于座劫瑗发兵，囚郡县官，开仓赈施。自称西秦霸王，改元秦兴。以仁杲为齐公，少子仁越为晋公，招集群盗，掠官牧马。贼帅宗罗睺帅众归之，以为义兴公。将军皇甫绾将兵一万屯枹罕，举选精锐二千人袭之。岷山羌酋钟利俗拥众二万归之，举兵大振。更以仁杲为齐王，领东道行军元帅，仁越为晋王，兼河州刺史，罗睺为兴王，以副仁杲；分兵略地，取西平、浇河二郡。未几，尽有陇西之地，众至十三万。

12　李密以孟让为总管、齐郡公，己丑夜，让帅步骑二千入东都外郭，烧掠丰都市，比晓而去。于是东京居民悉迁入宫城，台省府寺皆满。巩县长柴孝和、监察御史郑颋以城降密，密以孝和为护军，颋为右长史。

裴仁基每破贼得军资，悉以赏士卒，监军御史萧怀静不许，士卒怨之；怀静又屡求仁基长短劾奏之。仓城之战，仁基失期不至，闻刘长恭等败，惧不敢进，屯百花谷，固垒自守，又恐获罪于朝。李密知其狼狈，使人说之，啖以厚利。贾务本之子闰甫在军中，劝仁基降密，仁基曰："如萧御史何？"闰甫曰："萧君如栖上鸡，若不知机变，在明公一刀耳。"仁基从之，遣闰甫诣密请降。密大喜，以闰甫为元帅府司兵参军，兼直记室事，使之复命，遗仁基书，慰纳之，仁基还屯虎牢。萧怀静密表其事，仁基知之，遂杀怀静，帅其众以虎牢降密。密以仁基为上柱国、河东公；仁基子行俨，骁勇善战，密亦以为上柱国、绛郡公。

密得秦叔宝及东阿程咬金，皆用为骠骑。选军中尤骁勇者八千人，分隶四骠骑以自卫，号曰内军，常曰："此八千人足当百万。"咬金后更名知节。罗士信、赵仁基皆帅众归密，密署为总管，使各统所部。

癸巳，密遣裴仁基、孟让帅二万馀人袭回洛东仓，破之；遂烧天津桥，纵兵大掠。东都出兵击之，仁基等败走，密自帅众屯回洛仓。东都兵尚二十馀万人，乘城击柝，昼夜不解甲。密攻偃师、金墉，皆不克；乙未，还洛口。

　　东都城内乏粮，而布帛山积，至以绢为汲绠，然布以爨。越王侗使人运回洛仓米入城，遣兵五千屯丰都市，五千屯上春门，五千屯北邙山，为九营，首尾相应，以备密。

　　丁酉，房献伯陷汝阴，淮阳太守赵陁举郡降密。

　　己亥，密帅众三万复据回洛仓，大修营堑以逼东都；段达等出兵七万拒之。辛丑，战于仓北，隋兵败走。丁未，密使其幕府移檄郡县，数炀帝十罪，且曰："罄南山之竹，书罪无穷；决东海之波，流恶难尽。"祖君彦之辞也。

　　越王侗遣太常丞元善达间行贼中，诣江都奏称："李密有众百万，围逼东都，据洛口仓，城内无食。若陛下速还，乌合必散；不然者，东都决没。"因歔欷鸣咽，帝为之改容。虞世基进曰："越王年少，此辈诳之。若如所言，善达何缘来至！"帝乃勃然怒曰："善达小人，敢廷辱我！"因使经贼中向东阳催运，善达遂为群盗所杀。是后人人杜口，莫敢以贼闻。

　　世基容貌沉审，言多合意，特为帝所亲爱，朝臣无与为比；亲党凭之，鬻官卖狱，贿赂公行，其门如市。由是朝野共疾怨之。内史舍人封德彝托附世基，以世基不闲吏务，密为指画，宣行诏命，诡顺帝意，群臣表疏忤旨者，皆屏而不奏。鞫狱用法，多峻文深诋，论功行赏，则抑削就薄。故世基之宠日隆而隋政益坏，皆德彝所为也。

　　13　初，唐公李渊娶于神武肃公窦毅，生四男，建成、世民、玄霸、元吉；一女，适太子千牛备身临汾柴绍。

　　世民聪明勇决，识量过人，见隋室方乱，阴有安天下之志，倾身下士，散财结客，咸得其欢心。世民娶右骁卫将军长孙晟之女；右勋卫长孙顺德，晟之族弟也，与右勋侍池阳刘弘基皆避辽东之役，亡命在晋阳依渊，与世民善。左亲卫窦琮，炽之孙也，亦亡命在太原，素与世民有隙，每以自疑；世民加意待之，出入卧内，琮意乃安。

　　晋阳宫监猗氏裴寂，晋阳令武功刘文静，相与同宿，见城上烽火，寂叹曰："贫贱如此，复逢乱离，将何以自存！"文静笑曰："时事可知，吾二人相得，何忧贫贱！"文静见李世民而异之，深自结纳，谓寂曰："此非常人，豁达类汉高，神武同魏祖，年虽少，命世才也。"寂初未然之。

　　文静坐与李密连昏，系太原狱，世民就省之。文静曰："天下大乱，非高、光之才，不能定也。"世民曰："安知其无，但人不识耳。我来相省，非儿女子之情，欲与君议大事也。计将安出？"文静曰："今主上南巡江、淮，李密围逼东都,群盗殆以万数。当此之际,有真主驱驾而用之,取天下如反掌耳。太原百姓皆避盗入城,文静为令数年,知其豪杰,一旦收拾,可得十万人,尊公所将之兵复且数万,一言出口,谁敢不从! 以此乘虚入关,号令天下,不过半年,帝业成矣。"世民笑曰:"君言正合吾意。"乃阴部署宾客,渊不之知也。世民恐渊不从,犹豫久之,不敢言。

渊与裴寂有旧,每相与宴语,或连日夜。文静欲因寂关说,乃引寂与世民交。世民出私钱数百万,使龙山令高斌廉与寂博,稍以输之,寂大喜,由是日从世民游,情款益狎。世民乃以其谋告之,寂许诺。

会突厥寇马邑,渊遣高君雅将兵与马邑太守王仁恭并力拒之;仁恭、君雅战不利,渊恐并获罪,甚忧之。世民乘间屏人说渊曰:"今主上无道,百姓困穷,晋阳城外皆为战场;大人若守小节,下有寇盗,上有严刑,危亡无日。不若顺民心,兴义兵,转祸为福,此天授之时也。"渊大惊曰:"汝安得为此言,吾今执汝以告县官!"因取纸笔,欲为表。世民徐曰:"世民观天时人事如此,故敢发言;必欲执告,不敢辞死!"渊曰:"吾岂忍告汝,汝慎勿出口!"明日,世民复说渊曰:"今盗贼日繁,遍于天下,大人受诏讨贼,贼可尽乎! 要之,终不免罪。且世人皆传李氏当应图谶,故李金才无罪,一朝族灭。大人设能尽贼,则功高不赏,身益危矣! 唯昨日之言,可以救祸,此万全之策也,愿大人勿疑。"渊乃叹曰:"吾一夕思汝言,亦大有理。今日破家亡躯亦由汝,化家为国亦由汝矣!"

先是,裴寂私以晋阳宫人侍渊,渊从寂饮,酒酣,寂从容言曰:"二郎阴养士马,欲举大事,正为寂以宫人侍公,恐事觉并诛,为此急计耳。众情已协,公意如何?"渊曰:"吾儿诚有此谋,事已如此,当复奈何,正须从之耳。"

帝以渊与王仁恭不能御寇,遣使者执诣江都。渊大惧,世民与寂等复说渊曰:"今主昏国乱,尽忠无益。偏裨失律,而罪及明公。事已迫矣,宜早定计。且晋阳士马精强,宫监蓄积巨万,以兹举事,何患无成! 代王幼冲,关中豪杰并起,未知所附,公若鼓行而西,抚而有之,如探囊中之物耳。奈何受单使之囚,坐取夷灭乎!"渊然之,密部勒,将发;会帝继遣使者驰驿赦渊及仁恭,使复旧任,渊谋亦缓。

渊之为河东讨捕使也,请大理司直夏侯端为副。端,详之孙也,善占候及相人,谓渊曰:"今玉床摇动,帝座不安,参墟得岁,必有真人起于其分,非公而谁乎! 主上猜忍,尤忌诸李,金才既死,公不思变通,必为之次矣。"渊心然之。及留守晋阳,鹰扬府司马太原许世绪说渊曰:"公姓在图箓,名应歌谣;握五郡之兵,当四战之地,举事则帝业可成,端居则亡不旋踵;唯公图之。"行军司铠文水武士彟、前太子左勋卫唐宪、宪弟俭皆劝渊举兵。俭说渊曰:"明公北招戎狄,南收豪杰,以取天下,此汤、武之举也。"渊曰:"汤、武非所敢拟,在私则图存,在公则拯乱,卿姑自重,吾将思之。"宪,邕之孙也。时建成、元吉尚在河东,故渊迁延未发。

刘文静谓裴寂曰:"先发制人,后发制于人。何不早劝唐公举兵,而推迁不已!且公为宫监,而以宫人侍客,公死可尔,何误唐公也!"寂甚惧,屡趣渊起兵。渊乃使文静诈为敕书,发太原、西河、雁门、马邑民年二十已上五十已下悉为兵,期岁暮集涿郡,击高丽,由是人情恟恟,思乱者益众。

及刘武周据汾阳宫,世民言于渊曰:"大人为留守,而盗贼窃据离宫,不早建大计,祸今至矣!"渊乃集将佐谓之曰:"武周据汾阳宫,吾辈不能制,罪当族灭,若之何?"王威等皆惧,再拜请计。渊曰:"朝廷用兵,动止皆禀节度。今贼在数百里内,江都在三千里外,加以道路险要,复有他贼据之;以婴城胶柱之兵,当巨猾豕突之势,必不全矣。进退维谷,何为而可?"威等皆曰:"公地兼亲贤,同国休戚,若俟奏报,岂及事机;要在平贼,专之可也。"渊阳若不得已而从之者,曰:"然则先当集兵。"乃命世民与刘文静、长孙顺德、刘弘基等各募兵,远近赴集,旬日间近万人,仍密遣使召建成、元吉于河东,柴绍于长安。

王威、高君雅见兵大集,疑渊有异志,谓武士彟曰:"顺德、弘基皆背征三侍,所犯当死,安得将兵!"欲收按之。士彟曰:"二人皆唐公客,若尔,必大致纷纭。"威等乃止。留守司兵田德平欲劝威等按募人之状,士彟曰:"讨捕之兵,悉隶唐公,威、君雅但寄坐耳,彼何能为!"德平亦止。

晋阳乡长刘世龙密告渊云:"威、君雅欲因晋祠祈雨,为不利。"五月,癸亥夜,渊使世民伏兵于晋阳宫城之外。甲子旦,渊与威、君雅共坐视事,使刘文静引开阳府司马胏城刘政会入立庭中,称有密状。渊目威等取状视之,政会不与,曰:"所告乃副留守事,唯唐公得视之。"渊阳惊曰:"岂有是邪!"视其状,乃云:"威、君雅潜引突厥入寇。"君雅攘袂大诟曰:"此乃反者欲杀我耳。"时世民已布兵塞衢路,文静因与刘弘基、长孙顺德等共执威、君雅系狱。丙寅,突厥数万众寇晋阳,轻骑入外郭北门,出其东门。渊命裴寂等勒兵为备,而悉开诸城门,突厥不能测,莫敢进。众以为威、君雅实召之也,渊于是斩威、君雅以徇。渊部将王康达将千馀人出战,皆死,城中恟惧。渊夜遣军潜出城,旦则张旗鸣鼓自他道来,如援军者;突厥终疑之，留城外二日，大掠而去。

14　炀帝命监门将军泾阳庞玉、虎贲郎将霍世举将关内兵援东都。柴孝和说李密曰："秦地山川之固，秦、汉所凭以成王业者也。今不若使翟司徒守洛口，裴柱国守回洛，明公自简精锐西袭长安。既克京邑，业固兵强，然后东向以平河、洛，传檄而天下定矣。方今隋失其鹿，豪杰竞逐，不早为之，必有先我者，悔无及矣！"密曰："此诚上策，吾亦思之久矣。但昏主尚存，从兵犹众，我所部皆山东人，见洛阳未下，谁肯从我西入！诸将出于群盗，留之各竞雌雄，如此，则大业隳矣。"孝和曰："然则大军既未可西上，仆请间行观衅。"密许之。孝和与数十骑至陕县，山贼归之者万馀人。时密兵锋甚锐，每入苑，与隋兵连战。会密为流矢所中，尚卧营中，丁丑，越王侗使段达与庞玉等夜出兵，陈于回洛仓西北。密与裴仁基出战，达等大破之，杀伤太半，密乃弃回洛，奔洛口。庞玉、霍世举军于偃师，柴孝和之众闻密退，各散去。孝和轻骑归密，杨德方、郑德韬皆死。密以郑颋为左司马，荥阳郑乾象为右司马。

15　李建成、李元吉弃其弟智云于河东而去，吏执智云送长安，杀之。建成、元吉遇柴绍于道，与之偕行。

# 资治通鉴卷第一百八十四

## 隋纪八

**恭皇帝下**

义宁元年（丁丑，617）

1　六月己卯，李建成等至晋阳。

2　刘文静劝李渊与突厥相结，资其士马以益兵势。渊从之，自为手启，卑辞厚礼，遗始毕可汗云："欲大举义兵，远迎主上，复与突厥和亲，如开皇之时。若能与我俱南，愿勿侵暴百姓；若但和亲，坐受宝货，亦唯可汗所择。"始毕得启，谓其大臣曰："隋主为人，我所知也，若迎以来，必害唐公而击我无疑矣。苟唐公自为天子，我当不避盛暑，以兵马助之。"即命以此意为复书。使者七日而返，将佐皆喜，请从突厥之言，渊不可。裴寂、刘文静皆曰："今义兵虽集而戎马殊乏，胡兵非所须，而马不可失；若复稽回，恐其有悔。"渊曰："诸君宜更思其次。"寂等乃请尊天子为太上皇，立代王为帝，以安隋室；移檄郡县；改易旗帜，杂用绛白，以示突厥。渊曰："此可谓'掩耳盗钟'，然逼于时事，不得不尔。"乃许之，遣使以此议告突厥。

西河郡不从渊命，甲申，渊使建成、世民将兵击西河；命太原令太原温大有与之偕行，曰："吾儿年少，以卿参谋军事；事之成败，当以此行卜之。"时军士新集，咸未阅习，建成、世民与之同甘苦，遇敌则以身先之。近道菜果，非买不食，军士有窃之者，辄求其主偿之，亦不诘窃者，军士及民皆感悦。至西河城下，民有欲入城者，皆听其入。郡丞高德儒闭城拒守，己丑，攻拔之。执德儒至军门，世民数之曰："汝指野鸟为鸾，以欺人主，取高官，吾兴义兵，正为诛佞人耳！"遂斩之。自馀不戮一人，秋毫无犯，各尉抚使复业，远近闻之大悦。建成等引兵还晋阳，往返凡九日。渊喜曰："以此行兵，虽横行天下可也。"遂定入关之计。

渊开仓以赈贫民，应募者日益多。渊命为三军，分左右，通谓之义士。裴寂等上渊号为大将军，癸巳，建大将军府；以寂为长史，刘文静为司马，唐俭及前长安尉温大雅为记室,大雅仍与弟大有共掌机密,武士彟为铠曹,刘政会及武城崔善为、太原张道源为户曹,晋阳长上邽姜谟为司功参军,太谷长殷开山为府掾,长孙顺德、刘弘基、窦琮及鹰扬郎将高平王长谐、天水姜宝谊、阳屯为左右统军;自馀文武,随才授任。又以世子建成为陇西公,左领军大都督,左三统军隶焉;世民为敦煌公,右领军大都督,右三统军隶焉;各置官属。以柴绍为右领军府长史;谘议谯人刘赡领西河通守。道源名河,开山名峤,皆以字行。开山,不害之孙也。

3　李密复帅众向东都,丙申,大战于平乐园。密左骑、右步,中列强弩,鸣千鼓以冲之,东都兵大败,密复取回洛仓。

4　突厥遣其柱国康鞘利等送马千匹诣李渊为互市,许发兵送渊入关,多少随所欲。丁酉,渊引见康鞘利等,受可汗书,礼容尽恭,赠遗康鞘利等甚厚。择其马之善者,止市其半;义士请以私钱市其馀,渊曰:“虏饶马而贪利,其来将不已,恐汝不能市也。吾所以少取者,示贫,且不以为急故也,当为汝贳之,不足为汝费。”

乙巳,灵寿贼帅郗士陵帅众数千降于渊,渊以为镇东将军、燕郡公,仍置镇东府,补僚属,以招抚山东郡县。

己巳,康鞘利北还。渊命刘文静使于突厥以请兵,私谓文静曰:“胡骑入中国,生民之大蠹也。吾所以欲得之者,恐刘武周引之共为边患;又,胡马行牧,不费刍粟,聊欲藉之以为声势耳。数百人之外,无所用之。”

5　秋,七月,炀帝遣江都通守王世充将江、淮劲卒,将军王隆帅邛黄蛮,河北大使太常少卿韦霁、河南大使虎牙郎将王辩等各帅所领同赴东都,相知讨李密。霁,世康之子也。

6　壬子,李渊以子元吉为太原太守,留守晋阳宫,后事悉以委之。癸丑,渊帅甲士三万发晋阳,立军门誓众,并移檄郡县,谕以尊立代王之意;西突厥阿史那大奈亦帅其众以从。甲寅,遣通议大夫张纶将兵徇稽胡。丙辰,渊至西河,慰劳吏民,赈赡穷乏;民年七十以上,皆除散官,其馀豪俊,随才授任,口询功能,手注官秩,一日除千馀人;受官皆不取告身,各分渊所书官名而去。渊入雀鼠谷;壬戌,军贾胡堡,去霍邑五十馀里。代王侑遣虎牙郎将宋老生帅精兵二万屯霍邑,左武侯大将军屈突通屯河东以拒渊。会积雨,渊不得进,遣府佐沈叔安等将羸兵还太原,更运一月粮。乙丑,张纶克离石,杀太守杨子崇。

刘文静至突厥,见始毕可汗,请兵,且与之约曰:“若入长安,民众土地入唐公,金玉缯帛归突厥。”始毕大喜,丙寅,遣其大臣级失特勒先至渊军,告以兵已上道。

　　渊以书招李密。密自恃兵强,欲为盟主,使祖君彦复书曰:"与兄派流虽异,根系本同。自唯虚薄,为四海英雄共推盟主。所望左提右挈,戮力同心,执子婴于咸阳,殪商辛于牧野,岂不盛哉!"且欲使渊以步骑数千自至河内,面结盟约。渊得书,笑曰:"密妄自矜大,非折简可致。吾方有事关中,若遽绝之,乃是更生一敌;不如卑辞推奖以骄其志,使为我塞成皋之道,缀东都之兵,我得专意西征。俟关中平定,据险养威,徐观鹬蚌之势以收渔人之功,未为晚也。"乃使温大雅复书曰:"吾虽庸劣,幸承馀绪,出为八使,入典六屯,颠而不扶,通贤所责。所以大会义兵,和亲北狄,共匡天下,志在尊隋。天生烝民,必有司牧,当今为牧,非子而谁!老夫年逾知命,愿不及此。欣戴大弟,攀鳞附翼,唯弟早膺图箓,以宁兆民!宗盟之长,属籍见容,复封于唐,斯荣足矣。殪商辛于牧野,所不忍言;执子婴于咸阳,未敢闻命。汾晋左右,尚须安辑;盟津之会,未暇卜期。"密得书甚喜,以示将佐曰:"唐公见推,天下不足定矣!"自是信使往来不绝。

　　雨久不止,渊军中粮乏,刘文静未返,或传突厥与刘武周乘虚袭晋阳;渊召将佐谋北还。裴寂等皆曰:"宋老生、屈突通连兵据险,未易猝下。李密虽云连和,奸谋难测。突厥贪而无信,唯利是视。武周,事胡者也。太原一方都会,且义兵家属在焉,不如还救根本,更图后举。"李世民曰:"今禾菽被野,何忧乏粮!老生轻躁,一战可擒。李密顾恋仓粟,未遑远略。武周与突厥外虽相附,内实相猜。武周虽远利太原,岂可近忘马邑!本兴大义,奋不顾身以救苍生,当先入咸阳,号令天下。今遇小敌,遽已班师,恐从义之徒一朝解体,还守太原一城之地为贼耳,何以自全!"李建成亦以为然。渊不听,促令引发。世民将复入谏,会日暮,渊已寝;世民不得入,号哭于外,声闻帐中。渊召问之,世民曰:"今兵以义动,进战则克,退还则散;众散于前,敌乘于后,死亡无日,何得不悲!"渊乃悟曰:"军已发,奈何?"世民曰:"右军严而未发;左军虽去,计亦未远,请自追之。"渊笑曰:"吾之成败皆在尔,知复何言,唯尔所为。"世民乃与建成夜追左军复还。丙子,太原运粮亦至。

　　7　武威鹰扬府司马李轨,家富,好任侠,薛举作乱于金城,轨与同郡曹珍、关谨、梁硕、李赟、安修仁等谋曰:"薛举必来侵暴,郡官庸怯,势不能御,吾辈岂可束手并妻孥为人所虏邪!不若相与并力拒之,保据河右以待天下之变。"众皆以为然,欲推一人为主,各相让,莫肯当。曹珍曰:"久闻图谶李氏当王;今轨在谋中,乃天命也。"遂相与拜轨,奉以为主。丙辰,轨令修仁集诸胡,轨结民间豪杰,共起兵,执虎贲郎将谢统师、郡丞韦士政。轨自称河西大凉王,置官属并拟开皇故事。关谨等欲尽杀隋官,分其家赀,轨曰:"诸人既逼以为主,当禀其号令。今兴义兵以救生民,乃杀人取货,此群盗耳,将何以济!"于是以统师为太仆卿,士政为太府卿。西突厥阙度设据会宁川,自称阙可汗,请降于轨。

8 薛举自称秦帝,立其妻鞠氏为皇后,子仁杲为皇太子。遣仁杲将兵围天水,克之,举自金城徙都之。仁杲多力,善骑射,军中号万人敌;然性贪而好杀。尝获庾信子立,怒其不降,磔于火上,稍割以啖军士。及克天水,悉召富人,倒悬之,以醋灌鼻,责其金宝。举每戒之曰:"汝之才略足以办事,然苟虐无恩,终当覆我国家。"

举遣晋王仁越将兵趋剑口,至河池郡;太守萧瑀拒却之。又遣其将常仲兴济河击李轨,与轨将李赟战于昌松,仲兴举军败没。轨欲纵遣之,赟曰:"力战获俘,复纵以资敌,将焉用之! 不如尽坑之。"轨曰:"天若祚我,当擒其主,此属终为我有;若其无成,留之何益!"乃纵之。未几,攻张掖、敦煌、西平、枹罕,皆克之,尽有河西五郡之地。

9 炀帝诏左御卫大将军涿郡留守薛世雄将燕地精兵三万讨李密,命王世充等诸将皆受世雄节度,所过盗贼,随便诛翦。世雄行至河间,军于七里井,窦建德士众惶惧,悉拔诸城南遁,声言还入豆子䴚。世雄以为畏己,不复设备,建德谋还袭之。其处去世雄营百四十里,建德帅敢死士二百八十人先行,令馀众续发,建德与其士众约曰:"夜至,则击其营;已明,则降之。"未至一里所,天欲明,建德惶惑议降;会天大雾,人咫尺不相辨,建德喜曰:"天赞我也!"遂突入其营击之,世雄士卒大乱,皆腾栅走。世雄不能禁,与左右数十骑遁归涿郡,惭恚发病卒。建德遂围河间。

10 八月己卯,雨霁。庚辰,李渊命军中曝铠仗行装。辛巳旦,东南由山足细道趣霍邑。渊恐宋老生不出,李建成、李世民曰:"老生勇而无谋,以轻骑挑之,理无不出;脱其固守,则诬以贰于我。彼恐为左右所奏,安敢不出!"渊曰:"汝测之善,老生不能逆战贾胡,吾知其无能为也!"渊与数百骑先至霍邑城东数里以待步兵,使建成、世民将数十骑至城下,举鞭指麾,若将围城之状,且诟之。老生怒,引兵三万自东门、南门分道而出,渊使殷开山趣召后军。后军至,渊欲使军士先食而战,世民曰:"时不可失。"渊乃与建成陈于城东,世民陈于城南。渊、建成战小却,世民与军头临淄段志玄自南原引兵驰下,冲老生陈,出其背,世民手杀数十人,两刀皆缺,流血满袖,洒之复战。渊兵复振,因传呼曰:"已获老生矣!"老生兵大败,渊兵先趣其门,门闭,老生下马投堑,刘弘基就斩之,僵尸数里。日已暮,渊即命登城,时无攻具,将士肉薄而登,遂克之。

渊赏霍邑之功,军吏疑奴应募者不得与良人同,渊曰:"矢石之间,不辨贵贱,论勋之际,何有等差,宜并从本勋授。"壬午,渊引见霍邑吏民,劳赏如西河,选其丁壮使从军;关中军士欲归者,并授五品散官,遣归。或谏以官太滥,渊曰:"隋氏吝惜勋赏,此所以失人心也,奈何效之! 且收众以官,不胜于用兵乎!"

丙戌,渊入临汾郡,慰抚如霍邑。庚寅,宿鼓山。绛郡通守陈叔达拒守;辛卯,进攻,克之。叔达,陈高宗之子,有才学,渊礼而用之。

癸巳,渊至龙门,刘文静、康鞘利以突厥兵五百人、马二千匹来至。渊喜其来援,谓文静曰:"吾西行及河,突厥始至,兵少马多,皆君将命之功也。"

汾阳薛大鼎说渊:"请勿攻河东,自龙门直济河,据永丰仓,传檄远近,关中可坐取也。"渊将从之。诸将请先攻河东,乃以大鼎为大将军府察非掾。

河东县户曹任瓌说渊曰:"关中豪杰皆企踵以待义兵。瓌在冯翊积年,知其豪杰,请往谕之,必从风而靡。义师自梁山济河,指韩城,逼郃阳。萧造文吏,必当望尘请服。孙华之徒,皆当远迎,然后鼓行而进,直据永丰,虽未得长安,关中固已定矣。"渊悦,以瓌为银青光禄大夫。

时关中群盗,孙华最强;丙申,渊至汾阴,以书招之。己亥,渊进军壶口,河滨之民献舟者日以百数,仍置水军。壬寅,孙华自郃阳轻骑渡河见渊。渊握手与坐,慰奖之,以华为左光禄大夫、武乡县公,领冯翊太守,其徒有功者,委华以次授官,赏赐甚厚。使之先济;继遣左右统军王长谐、刘弘基及左领军长史陈演寿、金紫光禄大夫史大奈将步骑六千自梁山济,营于河西以待大军。以任瓌为招慰大使,瓌说韩城,下之。渊谓长谐曰:"屈突通精兵不少,相去五十馀里,不敢来战,足明其众不为之用。然通畏罪,不敢出。若自济河击卿等,则我进攻河东,必不能守;若全军守城,则卿等绝其河梁:前扼其喉,后拊其背,彼不走必为擒矣。"

11　骁果从炀帝在江都者多逃去,帝患之,以问裴矩,对曰:"人情非有匹偶,难以久处,请听军士于此纳室。"帝从之。九月,悉召江都境内寡妇、处女集宫下,恣将士所取;或先与奸者听自首,即以配之。

12　武阳郡丞元宝藏以郡降李密,甲寅,密以宝藏为上柱国、武阳公。宝藏使其客钜鹿魏徵为启谢密,且请改武阳为魏州;又请帅所部西取魏郡,南会诸将取黎阳仓。密喜,即以宝藏为魏州总管,召魏徵为元帅府文学参军,掌记室。徵少孤贫,好读书,有大志,落拓不事生业。始为道士,宝藏召典书记。密爱其文辞,故召之。

初,贵乡长弘农魏德深,为政清静,不严而治。辽东之役,征税百端,使者旁午,责成郡县,民不堪命,唯贵乡闾里不扰,有无相通,不竭其力,所求皆给。元宝藏受诏捕贼,数调器械,动以军法从事。其余城营造,皆聚于听事,官吏递相督责,昼夜喧嚣,犹不能济。德深听随便修营,官府寂然,恒若无事,唯戒吏以不须过胜馀县,使百姓劳苦;然民各自竭心,常为诸县之最,民爱之如父母。宝藏深害其能,遣将千兵赴东都。所领兵闻宝藏降密,思其亲戚,辄出都门,东向恸哭而返;或劝之降密,皆泣曰:"我与魏明府同来,何忍弃去!"

河南、山东大水,饿殍满野,炀帝诏开黎阳仓赈之,吏不时给,死者日数万人。徐世勣言于李密曰:"天下大乱,本为饥馑。今更得黎阳仓,大事济矣。"密遣世勣帅麾下五千人自原武济河,会元宝藏、郝孝德、李文相及洹水贼帅张升、清河贼帅赵君德共袭破黎阳仓,据之,开仓恣民就食,浃旬间,得胜兵二十馀万。武安、永安、义阳、弋阳、齐郡相继降密。窦建德、朱粲之徒亦遣使附密,密以粲为扬州总管、邓公。泰山道士徐洪客献书于密,以为:"大众久聚,恐米尽人散,师老厌战,难可成功。"劝密"乘进取之机,因士马之锐,沿流东指,直向江都,执取独夫,号令天下。"密壮其言,以书招之,洪客竟不出,莫知所之。

13　乙卯,张纶徇龙泉、文成等郡,皆下之,获文成太守郑元璹。元璹,译之子也。

14　屈突通遣虎牙郎将桑显和将骁果数千人夜袭王长谐等营,长谐等战不利,孙华、史大奈以游骑自后击显和,大破之。显和脱走入城,仍自绝河梁。丙辰,冯翊太守萧造降于李渊。造,修之子也。

戊午,渊帅诸军围河东,屈突通婴城自守。

将佐复推渊领太尉,增置官属,渊从之。时河东未下,三辅豪杰至者日以千数。渊欲引兵西趣长安,犹豫未决。裴寂曰:"屈突通拥大众,凭坚城,吾舍之而去,若进攻长安不克,退为河东所蹑,腹背受敌,此危道也。不若先克河东,然后西上。长安恃通为援,通败,长安必破矣。"李世民曰:"不然。兵贵神速,吾席累胜之威,抚归顺之众,鼓行而西,长安之人望风震骇,智不及谋,勇不及断,取之若振槁叶耳。若淹留自弊于坚城之下,彼得成谋修备以待我,坐费日月,众心离沮,则大事去矣。且关中蜂起之将,未有所属,不可不早招怀也。屈突通自守虏耳,不足为虑。"渊两从之,留诸将围河东,自引军而西。

朝邑法曹武功靳孝谟,以蒲津、中潬二城降,华阴令李孝常以永丰仓降,仍应接河西诸军。孝常,圆通之子也。京兆诸县亦多遣使请降。

15　王世充、韦霁、王辩及河内通守孟善谊、河阳郡尉独孤武都各帅所领会东都,唯王隆后期不至。己未,越王侗使虎贲郎将刘长恭等帅留守兵,庞玉等帅偃师兵,与世充等合十馀万众,击李密于洛口,与密夹洛水相守。炀帝诏诸军皆受世充节度。

帝遣摄江都郡丞冯慈明向东都,为密所获,密素闻其名,延坐劳问,礼意甚厚,因谓曰:"隋祚已尽,公能与孤立大功乎?"慈明曰:"公家历事先朝,荣禄兼备。不能善守门阀,乃与玄感举兵,偶脱罔罗,得有今日,唯图反噬,未谕高旨。莽、卓、敦、玄非不强盛,一朝夷灭,罪及祖宗。仆死而后已,不敢闻命!"密怒,囚之。慈明说防人席务本,使亡走。奉表江都,及致书东都论贼形势,至雍丘,为密将李公逸所获,密又义而释之;出至营门,翟让杀之。慈明,子琮之子也。

密之克洛口也,箕山府郎将张季珣固守不下,密以其寡弱,遣人呼之。季珣骂密极口,密怒,遣兵攻之,不能克。时密众数十万在其城下,季珣四面阻绝,所领不过数百人,而执志弥固,誓以必死。久之,粮尽水竭,士卒羸病,季珣抚循之,一无离叛,自三月至于是月,城遂陷。季珣见密不肯拜,曰:"天子爪牙,何容拜贼!"密犹欲降之,诱谕终不屈,乃杀之。季珣,祥之子也。

16　庚申,李渊帅诸军济河;甲子,至朝邑,舍于长春宫,关中士民归之者如市。丙寅,渊遣世子建成、司马刘文静帅王长谐等诸军数万人屯永丰仓,守潼关以备东方兵,慰抚使窦轨等受其节度;敦煌公世民帅刘弘基等诸军数万人徇渭北,慰抚使殷开山等受其节度。轨,琮之兄也。

冠氏长于志宁、安养尉颜师古及世民妇兄长孙无忌谒见渊于长春宫。师古名籀,以字行;志宁,宣敏之兄子;师古,之推之孙也,皆以文学知名,无忌仍有才略。渊皆礼而用之,以志宁为记室,师古为朝散大夫,无忌为渭北行军典签。

屈突通闻渊西入,署鹰扬郎将汤阴尧君素领河东通守,使守蒲坂,自引兵数万趣长安,为刘文静所遏。将军刘纲戍潼关,屯都尉南城,通欲往依之,王长谐先引兵袭斩纲,据城以拒通,通退保北城。渊遣其将吕绍宗等攻河东,不能克。

柴绍之自长安赴太原也,谓其妻李氏曰:"尊公举兵,今偕行则不可,留此则及祸,奈何?"李氏曰:"君弟速行,我一妇人,易以潜匿,当自为计。"绍遂行。李氏归鄠县别墅,散家赀,聚徒众。渊从弟神通在长安,亡入鄠县山中,与长安大侠史万宝等起兵以应渊。西域商胡何潘仁入司竹园为盗,有众数万,劫前尚书右丞李纲为长史,李氏使其奴马三宝说潘仁与之就神通,合势攻鄠县,下之。神通众逾一万,自称关中道行军总管,以前乐城长令狐德棻为记室。德棻,熙之子也。李氏又使马三宝说群盗李仲文、向善志、丘师利等,皆帅众从之。仲文,密之从父;师利,和之子也。西京留守屡遣兵讨潘仁等,皆为所败。李氏徇盩厔、武功、始平,皆下之,众至七万。左亲卫段纶,文振之子也,娶渊女,亦聚徒于蓝田,得万馀人。及渊济河,神通、李氏、纶各遣使迎渊。渊以神通为光禄大夫,子道彦为朝请大夫,纶为金紫光禄大夫;使柴绍将数百骑并南山迎李氏。何潘仁、李仲文、向善志及关中群盗,皆请降于渊,渊一一以书慰劳授官,使各居其所,受敦煌公世民节度。

刑部尚书领京兆内史卫文昇年老,闻渊兵向长安,忧惧成疾,不复预事,独左翊卫将军阴世师、京兆郡丞骨仪奉代王侑乘城拒守。己巳,渊如蒲津;庚午,自临晋济渭,至永丰劳军,开仓赈饥民。辛未,还长春宫;壬申,进屯冯翊。世民所至,吏民及群盗归之如流,世民收其豪俊以备僚属,营于泾阳,胜兵九万。李氏将精兵万馀会世民于渭北,与柴绍各置幕府,号"娘子军"。

先是,平凉奴贼数万围扶风太守窦琎,数月不下,贼中食尽。丘师利遣其弟行恭帅五百人负米麦持牛酒诣奴贼营,奴帅长揖,行恭手斩之,谓其众曰:"汝辈皆良人,何故事奴为主,使天下谓之奴贼!"众皆俯伏曰:"愿改事公。"行恭即帅其众与师利共谒世民于渭北,世民以为光禄大夫。琎,琮之从子也。隰城尉房玄龄谒世民于军门,世民一见如旧识,署记室参军,引为谋主。玄龄亦自以为遇知己,罄竭心力,知无不为。

渊命刘弘基、殷开山分兵西略扶风,有众六万,南渡渭水,屯长安故城。城中出战,弘基逆击,破之。世民引兵趣司竹,李仲文、何潘仁、向善志皆帅众从之,顿于阿城,胜兵十三万,军令严整,秋毫不犯。乙亥,世民自盩厔遣使白渊,请期日赴长安。渊曰:"屈突东行不能复西,不足虞矣!"乃命建成选仓上精兵自新丰趣长乐宫,世民帅新附诸军北屯长安故城,至并听教。延安、上郡、雕阴皆请降于渊。丙子,渊引军西行,所过离宫园苑皆罢之,出宫女还其亲属。冬,十月辛巳,渊至长安,营于春明门之西北,诸军皆集,合二十馀万。渊命各依壁垒,毋得入村落侵暴。屡遣使至城下谕卫文昇等以欲尊隋之意,不报。辛卯,命诸军进围城。甲午,渊迁馆于安兴坊。

17　巴陵校尉鄱阳董景珍、雷世猛、旅帅郑文秀、许玄彻、万瓒、徐德基、郭华、沔阳张绣等谋据郡叛隋,推景珍为主。景珍曰:“吾素寒贱,不为众所服。罗川令萧铣,梁室之后,宽仁大度,请奉之以从众望。”乃遣使报铣。铣喜从之,声言讨贼,召募得数千人。铣,岩之孙也。

会颍川贼帅沈柳生寇罗川,铣与战不利,因谓其众曰:“今天下皆叛,隋政不行,巴陵豪杰起兵,欲奉吾为主。若从其请以号令江南,可以中兴梁祚,以此召柳生,亦当从我矣。”众皆悦,听命,乃自称梁公,改隋服色旗帜皆如梁旧。柳生即帅众归之,以柳生为车骑大将军。起兵五日,远近归附者至数万人,遂帅众向巴陵。景珍遣徐德基帅郡中豪杰数百人出迎,未及见铣,柳生与其党谋曰:“我先奉梁公,勋居第一。今巴陵诸将,皆位高兵多,我若入城,返出其下。不如杀德基,质其首领,独挟梁公进取郡城,则无出我右者矣。”遂杀德基。入白铣,铣大惊曰:“今欲拨乱反正,忽自相杀! 吾不能为若主矣。”因步出军门。柳生大惧,伏地请罪,铣责而赦之,陈兵入城。景珍言于铣曰:“徐德基建义功臣,而柳生无故擅杀之,此而不诛,何以为政! 且柳生为盗日久,今虽从义,凶悖不移,共处一城,势必为变。失今不取,后悔无及!”铣又从之。景珍收柳生,斩之,其徒皆溃去。丙申,铣筑坛燔燎,自称梁王,改元鸣凤。

18　壬寅,王世充夜渡洛水,营于黑石,明日,分兵守营,自将精兵陈于洛北。李密闻之,引兵渡洛逆战,密兵大败,柴孝和溺死。密帅麾下精骑渡洛南,馀众东走月城,世充追围之。密自洛南策马直趣黑石,营中惧,连举六烽,世充释月城之围,狼狈自救;密还与战,大破之,斩首二千馀级。

19　甲辰,李渊命诸军攻城,约“毋得犯七庙及代王、宗室,违者夷三族!”孙华中流矢卒。十一月丙辰,军头雷永吉先登,遂克长安。代王在东宫,左右奔散,唯侍读姚思廉侍侧。军士将登殿,思廉厉声诃之曰:“唐公举义兵、匡帝室,卿等毋得无礼!”众皆愕然,布立庭下。渊迎王于东宫,迁居大兴殿后,听思廉扶王至顺阳阁下,泣拜而去。思廉,察之子也。渊还,舍于长乐宫,与民约法十二条,悉除隋苛禁。

渊之起兵也,留守官发其坟墓,毁其五庙。至是,卫文昇已卒,戊午,执阴世师、骨仪等,数以贪婪苛酷,且拒义师,俱斩之,死者十馀人,馀无所问。

马邑郡丞三原李靖，素与渊有隙，渊入城，将斩之。靖大呼曰："公兴义兵，欲平暴乱，乃以私怨杀壮士乎！"世民为之固请，乃舍之。世民因召置幕府。靖少负志气，有文武才略，其舅韩擒虎每抚之曰："可与言将帅之略者，独此子耳！"

20　王世充自洛北之败，坚壁不出；越王侗遣使劳之，世充惭惧，请战于密。丙辰，世充与密夹石子河而陈，密布陈南北十馀里。翟让先与世充战，不利而退；世充逐之，王伯当、裴仁基从旁横断其后，密勒中军击之，世充大败，西走。

翟让司马王儒信劝让自为大冢宰，总领众务，以夺密权，让不从。让兄柱国荥阳公弘，粗愚人也，谓让曰："天子汝当自为，奈何与人！汝不为者，我当为之！"让但大笑，不以为意，密闻而恶之。总管崔世枢自鄢陵初附于密，让囚之私府，责其货，世枢营求未办，遽欲加刑。让召元帅府记室邢义期博，逡巡未就，杖之八十。让谓左长史房彦藻曰："君前破汝南，大得宝货，独与魏公，全不与我！魏公我之所立，事未可知！"彦藻惧，以状告密，因与左司马郑颋共说密曰："让贪愎不仁，有无君之心，宜早图之。"密曰："今安危未定，遽相诛杀，何以示远！"颋曰："毒蛇螫手，壮士解腕，所全者大故也。彼先得志，悔无所及。"密乃从之，置酒召让。戊午，让与兄弘及兄子司徒府长史摩侯同诣密，密与让、弘、裴仁基、郝孝德共坐，单雄信等皆立侍，房彦藻、郑颋往来检校。密曰："今日与达官饮，不须多人，左右止留给使而已。"密左右皆引去，让左右犹在。彦藻白密曰："今方为乐，天时甚寒，司徒左右，请给酒食。"密曰："听司徒进止。"让曰："甚佳。"乃引让左右尽出，独密下壮士蔡建德持刀立侍。食未进，密出良弓，与让习射，让方引满，建德自后斫之，踣于床前，声若牛吼，并弘、摩侯、儒信皆杀之。徐世勣走出，门者斫之伤颈，王伯当遥呵止之。单雄信叩头请命，密释之。左右惊扰，莫知所为，密大言曰："与君等同起义兵，本除暴乱。司徒专行暴虐，陵辱群僚，无复上下；今所诛止其一家，诸君无预也。"命扶徐世勣置幕下，亲为傅疮。让麾下欲散，密使单雄信前往宣慰，密寻独骑入其营，历加抚谕，令世勣、雄信、伯当分领其众，中外遂定。让残忍，摩侯猜忌，儒信贪纵，故死之日，所部无哀之者；然密之将佐始有自疑之心矣。始，王世充知让与密必不久睦，冀其相图，得从而乘之。及闻让死，大失望，叹曰："李密天资明决，为龙为蛇，固不可测也！"

21　壬戌，李渊备法驾迎代王即皇帝位于天兴殿，时年十三，大赦改元，遥尊炀帝为太上皇。甲子，渊自长乐宫入长安。以渊为假黄钺、使持节、大都督内外诸军事、尚书令、大丞相，进封唐王。以武德殿为丞相府，改教称令，日于虔化门视事。乙丑，榆林、灵武、平凉、安定诸郡皆遣使请命。丙寅，诏军国机务，事无大小，文武设官，位无贵贱，宪章赏罚，咸归相府；唯郊祀天地，四时禘祫奏闻。置丞相府官属，以裴寂为长史，刘文静为司马。何潘仁使李纲入见，渊留之，以为丞相府司录，专掌选事。又以前考功郎中窦威为司录参军，使定礼仪。威，炽之子也。渊倾府库以赐勋人，国用不足，右光禄大夫刘世龙献策，以为"今义师数万，并在京师，樵苏贵而布帛贱；请伐六街及苑中树为樵，以易布帛，可得数十万匹。"渊从之。己巳，以李建成为唐世子，李世民为京兆尹、秦公，李元吉为齐公。

22　河南诸郡尽附李密，唯荥阳太守郇王庆、梁郡太守杨汪尚为隋守。密以书招庆，为陈利害，且曰："王之家世，本住山东，本姓郭氏，乃非杨族。芝焚蕙叹，事不同此。"初，庆祖父元孙早孤，随母郭氏养于舅族。及武元帝从周文帝起兵关中，元孙在邺，恐为高氏所诛，冒姓郭氏，故密云然。庆得书惶恐，即以郡降密，复姓郭氏。

23　十二月癸未，追谥唐王渊大父襄公为景王；考仁公为元王，夫人窦氏为穆妃。

24　薛举遣其子仁杲寇扶风，唐弼据汧源拒之。举遣使招弼，弼乃杀李弘芝，请降于举，仁杲乘其无备，袭破之，悉并其众。弼以数百骑走诣扶风请降，扶风太守窦璡杀之。举势益张，众号三十万，谋取长安；闻丞相渊已定长安，遂围扶风。渊使李世民将兵击之。又使姜谟、窦轨俱出散关，安抚陇右；左光禄大夫李孝恭招慰山南；府户曹张道源招慰山东。孝恭，渊之从父兄子也。

癸巳，世民击薛仁杲于扶风，大破之，追奔至垅坻而还。薛举大惧，问其群臣曰："自古天子有降事乎？"黄门侍郎钱唐褚亮曰："赵佗归汉，刘禅仕晋，近世萧琮，至今犹贵。转祸为福，自古有之。"卫尉卿郝瑗趋进曰："陛下失问！褚亮之言又何悖也！昔汉高祖屡经奔败，蜀先主亟亡妻子，卒成大业；陛下奈何以一战不利，遽为亡国之计乎！"举亦悔之曰："聊以此试君等耳。"乃厚赏瑗，引为谋主。

25　乙未，平凉留守张隆，丁酉，河池太守萧瑀及扶风汉阳郡相继来降。以窦璡为工部尚书、燕国公，萧瑀为礼部尚书、宋国公。

26　姜谟、窦轨进至长道，为薛举所败，引还。渊使通议大夫醴泉刘世让安集唐弼馀党，与举相遇，战败，为举所虏。

27　李孝恭击破朱粲，诸将请尽杀其俘，孝恭曰："不可，自是以往，谁复肯降矣！”于是自<u>金川</u>出<u>巴</u>、<u>蜀</u>，檄书所至，降附者三十馀州。

28　<u>屈突通</u>与<u>刘文静</u>相持月馀，<u>通</u>复使<u>桑显和</u>夜袭其营，<u>文静</u>与<u>左光</u>禄大夫<u>段志玄</u>悉力苦战，<u>显和</u>败走，尽俘其众，<u>通</u>势益蹙。或说<u>通</u>降，<u>通</u>泣曰：“吾历事两主，恩顾甚厚。食人之禄而违其难，吾不为也！”每自摩其颈曰：“要当为国家受一刀！”劳勉将士，未尝不流涕，人亦以此怀之。丞相<u>渊</u>遣其家僮召之，<u>通</u>立斩之。及闻<u>长安</u>不守，家属悉为<u>渊</u>所虏，乃留<u>显</u><u>和</u>镇<u>潼关</u>，引兵东出，将趣<u>洛阳</u>。<u>通</u>适去，<u>显和</u>即以城降<u>文静</u>。<u>文静</u>遣<u>窦</u><u>琮</u>等将轻骑与<u>显和</u>追之，及于<u>稠桑</u>。<u>通</u>结陈自固，<u>窦琮</u>遣<u>通</u>子<u>寿</u>往谕之，<u>通</u>骂曰：“此贼何来！昔与汝为父子，今与汝为仇雠！”命左右射之。<u>显和</u>谓其众曰：“今京城已陷，汝辈皆<u>关中</u>人，去欲何之！”众皆释仗而降。<u>通</u>知不免，下马东南向再拜号哭曰：“臣力屈至此，非敢负国，天地神祇实知之！”军人执<u>通</u>送<u>长安</u>，<u>渊</u>以为兵部尚书，赐爵<u>蒋公</u>，兼<u>秦公</u>元帅府长史。

<u>渊</u>遣<u>通</u>至<u>河东</u>城下招谕<u>尧君素</u>，<u>君素</u>见<u>通</u>，歔欷不自胜，<u>通</u>亦泣下沾衿，因谓<u>君素</u>曰：“吾军已败，义旗所指，莫不响应，事势如此，卿宜早降。”<u>君素</u>曰：“公为国大臣，主上委公以<u>关中</u>，<u>代王</u>付公以社稷，奈何负国生降，乃更为人作说客邪！公所乘马，即<u>代王</u>所赐也，公何面目乘之哉！”<u>通</u>曰：“吁，<u>君素</u>，我力屈而来！”<u>君素</u>曰：“方今力犹未屈，何用多言！”<u>通</u>惭而退。

29　<u>东都</u>米斗三千，人饿死者什二三。

30　庚子，<u>王世充</u>军士有亡降<u>李密</u>者，<u>密</u>问：“<u>世充</u>军中何所为？”军士曰：“比见益募兵，再缮将士，不知其故。”<u>密</u>谓<u>裴仁基</u>曰：“吾几落奴度中，光禄知之乎？吾久不出兵，<u>世充</u>刍粮将竭，求战不得，故募兵缮士，欲乘月晦以袭<u>仓城</u>耳，宜速备之。”乃命<u>平原公郝孝德</u>、<u>琅邪公王伯当</u>、<u>齐郡</u>公<u>孟让</u>勒兵分屯<u>仓城</u>之侧以待之。其夕三鼓，<u>世充</u>兵果至，<u>伯当</u>先遇之，与战，不利。<u>世充</u>兵即<u>陵城</u>，总管<u>鲁儒</u>拒却之；<u>伯当</u>更收兵击之，<u>世充</u>大败，斩其骁将<u>费青奴</u>，士卒战溺死者千馀人。<u>世充</u>屡与<u>密</u>战，不胜，<u>越王侗</u>遣使劳之，<u>世充</u>诉以兵少，数战疲弊；<u>侗</u>以兵七万益之。

31　<u>刘文静</u>等引兵东略地，取<u>弘农郡</u>，遂定<u>新安</u>以西。

32　甲辰，<u>李渊</u>遣<u>云阳</u>令<u>詹俊</u>、<u>武功</u>县正<u>李仲衮</u>徇<u>巴</u>、<u>蜀</u>，下之。

33　乙巳，<u>方与</u>贼帅<u>张善安</u>袭陷<u>庐江郡</u>，因渡江，归<u>林士弘</u>于<u>豫章</u>；<u>士弘</u>疑之，营于<u>南塘</u>上。<u>善安</u>恨之，袭破<u>士弘</u>，焚其郛郭而去，<u>士弘</u>徙居<u>南</u><u>康</u>。<u>萧铣</u>遣其将<u>苏胡儿</u>袭<u>豫章</u>，克之，<u>士弘</u>退保<u>馀干</u>。

# 资治通鉴卷第一百八十五

## 唐纪一

### 高祖神尧大圣光孝皇帝上之上

武德元年（戊寅，618）

1　春，正月丁未朔，隋恭帝诏唐王剑履上殿，赞拜不名。

唐王既克长安，以书谕诸郡县，于是东自商洛，南尽巴、蜀，郡县长吏及盗贼渠帅、氐、羌酋长，争遣子弟入见请降，有司复书，日以百数。

2　王世充既得东都兵，进击李密于洛北，败之，遂屯巩北。辛酉，世充命诸军各造浮桥渡洛击密，桥先成者先进，前后不一。虎贲郎将王辩破密外栅，密营中惊扰，将溃，世充不知，鸣角收众，密因帅敢死士乘之，世充大败，争桥溺死者万馀人。王辩死，世充仅自免，洛北诸军皆溃。世充不敢入东都，北趣河阳，是夜，疾风寒雨，军士涉水沾湿，道路冻死者又以万数。世充独与数千人至河阳，自系狱请罪，越王侗遣使赦之，召还东都，赐金帛、美女以安其意。世充收合亡散，得万馀人，屯含嘉城，不敢复出。

密乘胜进据金墉城，修其门堞、庐舍而居之，钲鼓之声，闻于东都；未几，拥兵三十万，陈于北邙，南逼上春门。乙丑，金紫光禄大夫段达、民部尚书韦津出兵拒之，达望见密兵盛，惧而先还，密纵兵乘之，军遂溃，韦津死。于是偃师、柏谷及河阳都尉独孤武都、检校河内郡丞柳燮、职方郎柳续等各举所部降于密。窦建德、朱粲、孟海公、徐圆朗等并遣使奉表劝进，密官属裴仁基等亦上表请正位号，密曰："东都未平，不可议此。"

3　戊辰，唐王以世子建成为左元帅，秦公世民为右元帅，督诸军十馀万人救东都。

4　东都乏食，太府卿元文都等募守城不食公粮者进散官二品；于是商贾执象而朝者，不可胜数。

5　二月己卯，唐王遣太常卿郑元璹将兵出商洛，徇南阳，左领军府司马安陆马元规徇安陆及荆、襄。

6　李密遣房彦藻、郑颋等东出黎阳，分道招慰州县。以梁郡太守杨汪为上柱国、宋州总管，又以手书与之曰：“昔在雍丘，曾相追捕，射钩斩袂，不敢庶几。”汪遣使往来通意，密亦羁縻待之。彦藻以书招窦建德，使来见密。建德复书，卑辞厚礼，托以罗艺南侵，请捍御北垂。彦藻还，至卫州，贼帅王德仁邀杀之。德仁有众数万，据林虑山，四出抄掠，为数州之患。

7　三月己酉，以齐公元吉为镇北将军、太原道行军元帅、都督十五郡诸军事，听以便宜从事。

8　隋炀帝至江都，荒淫益甚，宫中为百馀房，各盛供张，实以美人，日令一房为主人。江都郡丞赵元楷掌供酒馔，帝与萧后及幸姬历就宴饮，酒卮不离口，从姬千馀人亦常醉。然帝见天下危乱，意亦扰扰不自安，退朝则幅巾短衣，策杖步游，遍历台馆，非夜不止，汲汲顾景，唯恐不足。

帝自晓占候卜相，好为吴语；常夜置酒，仰视天文，谓萧后曰：“外间大有人图侬，然侬不失为长城公，卿不失为沈后，且共乐饮耳！”因引满沉醉。又尝引镜自照，顾谓萧后曰：“好头颈，谁当斫之！”后惊问故，帝笑曰：“贵贱苦乐，更迭为之，亦复何伤！”

帝见中原已乱，无心北归，欲都丹阳，保据江东，命群臣廷议之。内史侍郎虞世基等皆以为善；右候卫大将军李才极陈不可，请车驾还长安，与世基忿争而出。门下录事衡水李桐客曰：“江东卑湿，土地险狭，内奉万乘，外给三军，民不堪命，亦恐终散乱耳。”御史劾桐客谤毁朝政。于是公卿皆阿意言：“江东之民望幸已久，陛下过江，抚而临之，此大禹之事也。”乃命治丹阳宫，将徙都之。

时江都粮尽，从驾骁果多关中人，久客思乡里，见帝无西意，多谋叛归，郎将窦贤遂帅所部西走，帝遣骑追斩之，而亡者犹不止，帝患之。虎贲郎将扶风司马德戡素有宠于帝，帝使领骁果屯于东城，德戡与所善虎贲郎将元礼、直阁裴虔通谋曰：“今骁果人人欲亡，我欲言之，恐先事受诛；不言，于后事发，亦不免族灭，奈何？又闻关内沦没，李孝常以华阴叛，上囚其二弟，欲杀之。我辈家属皆在西，能无此虑乎！”二人皆惧，曰：“然则计将安出？”德戡曰：“骁果若亡，不若与之俱去。”二人皆曰：“善！”因转相招引，内史舍人元敏、虎牙郎将赵行枢、鹰扬郎将孟秉、符玺郎牛方裕、直长许弘仁、薛世良、城门郎唐奉义、医正张恺、勋侍杨士览等皆与之同谋，日夜相结约，于广座明论叛计，无所畏避。有宫人白萧后曰：“外间人人欲反。”后曰：“任汝奏之。”宫人言于帝，帝大怒，以为非所宜言，斩之。其后宫人复白后，后曰：“天下事一朝至此，无可救者，何用言之，徒令帝忧耳!"自是无复言者。

赵行枢与将作少监宇文智及素厚,杨士览,智及之甥也,二人以谋告智及;智及大喜。德戡等期以三月望日结党西遁,智及曰:"主上虽无道,威令尚行,卿等亡去,正如窦贤取死耳。今天实丧隋,英雄并起,同心叛者已数万人,因行大事,此帝王之业也。"德戡等然之。行枢、薛世良请以智及兄右屯卫将军许公化及为主,结约既定,乃告化及。化及性驽怯,闻之,变色流汗,既而从之。

德戡使许弘仁、张恺入备身府,告所识者云:"陛下闻骁果欲叛,多酝毒酒,欲因享会,尽鸩杀之,独与南人留此。"骁果皆惧,转相告语,反谋益急。乙卯,德戡悉召骁果军吏,谕以所为,皆曰:"唯将军命!"是日,风霾昼昏。晡后,德戡盗御厩马,潜厉兵刃。是夕,元礼、裴虔通直阁下,专主殿内;唐奉义主闭城门,与虔通相知,诸门皆不下键。至三更,德戡于东城集兵得数万人,举火与城外相应。帝望见火,且闻外喧嚣,问何事。虔通对曰:"草坊失火,外人共救之耳。"时内外隔绝,帝以为然。智及与孟秉于城外集千馀人,劫候卫虎贲冯普乐布兵分守衢巷。燕王倓觉有变,夜,穿芳林门侧水窦而入,至玄武门,诡奏曰:"臣猝中风,命悬俄顷,请得面辞。"裴虔通等不以闻,执囚之。丙辰,天未明,德戡授虔通兵,以代诸门卫士。虔通自门将数百骑至成象殿,宿卫者传呼有贼,虔通乃还,闭诸门,独开东门,驱殿内宿卫者令出,皆投仗而走。右屯卫将军独孤盛谓虔通曰:"何物兵势太异!"虔通曰:"事势已然,不预将军事;将军慎毋动!"盛大骂曰:"老贼,是何物语!"不及被甲,与左右十馀人拒战,为乱兵所杀。盛,楷之弟也。千牛独孤开远帅殿内兵数百人诣玄览门,叩阁请曰:"兵仗尚全,犹堪破贼。陛下若出临战,人情自定;不然,祸今至矣。"竟无应者,军士稍散。贼执开远,义而释之。先是,帝选骁健官奴数百人置玄武门,谓之给使,以备非常,待遇优厚,至以宫人赐之。司宫魏氏为帝所信,化及等结之使为内应。是日,魏氏矫诏悉听给使出外,仓猝际制无一人在者。

德戡等引兵自玄武门入,帝闻乱,易服逃于西阁。虔通与元礼进兵排左阁,魏氏启之,遂入永巷,问:"陛下安在?"有美人出,指之。校尉令狐行达拔刀直进,帝映窗扉谓行达曰:"汝欲杀我邪?"对曰:"臣不敢,但欲奉陛下西还耳。"因扶帝下阁。虔通,本帝为晋王时亲信左右也,帝见之,谓曰:"卿非我故人乎!何恨而反?"对曰:"臣不敢反,但将士思归,欲奉陛下还京师耳。"帝曰:"朕方欲归,正为上江米船未至,今与汝归耳!"虔通因勒兵守之。

至旦，孟秉以甲骑迎化及，化及战栗不能言，人有来谒之者，但俯首据鞍称罪过。化及至城门，德戡迎谒，引入朝堂，号为丞相。裴虔通谓帝曰："百官悉在朝堂，陛下须亲出慰劳。"进其从骑，逼帝乘之；帝嫌其鞍勒弊，更易新者，乃乘之。虔通执辔挟刀出宫门，贼徒喜噪动地。化及扬言曰："何用持此物出，亟还与手。"帝问："世基何在？"贼党马文举曰："已枭首矣！"于是引帝还至寝殿，虔通、德戡等拔白刃侍立。帝叹曰："我何罪至此？"文举曰："陛下违弃宗庙，巡游不息，外勤征讨，内极奢淫，使丁壮尽于矢刃，女弱填于沟壑，四民丧业，盗贼蜂起；专任佞谀，饰非拒谏：何谓无罪！"帝曰："我实负百姓；至于尔辈，荣禄兼极，何乃如是！今日之事，孰为首邪？"德戡曰："溥天同怨，何止一人！"化及又使封德彝数帝罪，帝曰："卿乃士人，何为亦尔？"德彝赧然而退。帝爱子赵王杲，年十二，在帝侧，号恸不已，虔通斩之，血溅御服。贼欲弑帝，帝曰："天子死自有法，何得加以锋刃！取鸩酒来！"文举等不许，使令狐行达顿帝令坐。帝自解练巾授行达，缢杀之。初，帝自知必及于难，常以罂贮毒药自随，谓所幸诸姬曰："若贼至，汝曹当先饮之，然后我饮。"及乱，顾索药，左右皆逃散，竟不能得。萧后与宫人撤漆床板为小棺，与赵王杲同殡于西院流珠堂。

帝每巡幸，常以蜀王秀自随，囚于骁果营。化及弑帝，欲奉秀立之，众议不可，乃杀秀及其七男。又杀齐王暕及其二子并燕王倓，隋氏宗室、外戚，无少长皆死。唯秦王浩素与智及往来，且以计全之。齐王暕素失爱于帝，恒相猜忌，帝闻乱，顾萧后曰："得非阿孩邪？"化及使人就第诛暕，暕谓帝使收之，曰："诏使且缓儿，儿不负国家！"贼曳至街中，斩之，暕竟不知杀者为谁，父子至死不相明。又杀内史侍郎虞世基、御史大夫裴蕴、左翊卫大将军来护儿、秘书监袁充、右翊卫将军宇文协、千牛宇文晶、梁公萧钜等及其子。钜，琮之弟子也。

难将作，江阳长张惠绍驰告裴蕴，与惠绍谋矫诏发郭下兵收化及等，扣门援帝。议定，遣报虞世基；世基疑告反者不实，抑而不许。须臾，难作，蕴叹曰："谋及播郎，竟误人事！"虞世基宗人伋谓世基子符玺郎熙曰："事势已然，吾将济卿南渡，同死何益！"熙曰："弃父背君，求生何地！感尊之怀，自此决矣！"世基弟世南抱世基号泣请代，化及不许。黄门侍郎裴矩知必将有乱，虽厮役皆厚遇之，又建策为骁果娶妇；及乱作，贼皆曰："非裴黄门之罪。"既而化及至，矩迎拜马首，故得免。化及以苏威不预朝政，亦免之。威名位素重，往参化及；化及集众而见之，曲加殊礼。百官悉诣朝堂贺,给事郎许善心独不至。许弘仁驰告之曰:"天子已崩,宇文将军摄政,阖朝文武咸集,天道人事自有代终,何预于叔而低回若此!"善心怒,不肯行。弘仁反走上马,泣而去。化及遣人就家擒至朝堂,既而释之。善心不舞蹈而出,化及怒曰:"此人大负气!"复命擒还,杀之。其母范氏,年九十二,抚柩不哭,曰:"能死国难,吾有子矣!"因卧不食,十馀日而卒。唐王之入关也,张季珣之弟仲琰为上洛令,帅吏民拒守,部下杀之以降。宇文化及之乱,仲琰弟琮为千牛左右,化及杀之,兄弟三人皆死国难,时人愧之。

化及自称大丞相,总百揆。以皇后令立秦王浩为帝,居别宫,令发诏画敕书而已,仍以兵监守之。化及以弟智及为左仆射,士及为内史令,裴矩为右仆射。

9 乙卯,徙秦公世民为赵公。

10 戊辰,隋恭帝诏以十郡益唐国,仍以唐王为相国,总百揆,唐国置丞相以下官,又加九锡。王谓僚属曰:"此谄谀者所为耳。孤秉大政而自加宠锡,可乎! 必若循魏、晋之迹,彼皆繁文伪饰,欺天罔人;考其实不及五霸,而求名欲过三王。此孤常所非笑,窃亦耻之。"或曰:"历代所行,亦何可废!"王曰:"尧、舜、汤、武,各因其时,取与异道,皆推其至诚以应天顺人,未闻夏、商之末必效唐、虞之禅也。若使少帝有知,必不肯为;若其无知,孤自尊而饰让,平生素心所不为也。"但改丞相为相国府,其九锡殊礼,皆归之有司。

11 宇文化及以左武卫将军陈稜为江都太守,综领留事。壬申,令内外戒严,云欲还长安。皇后六宫皆依旧式为御营,营前别立帐,化及视事其中,仗卫部伍,皆拟乘舆。夺江都人舟楫,取彭城水路西归。以折冲郎将沈光骁勇,使将给使营于禁内。行至显福宫,虎贲郎将麦孟才、虎牙郎钱杰与光谋曰:"吾侪受先帝厚恩,今俯首事仇,受其驱帅,何面目视息世间哉! 吾必欲杀之,死无所恨!"光泣曰:"是所望于将军也。"孟才乃纠合恩旧,帅所将数千人,期以晨起将发时袭化及。语泄,化及夜与腹心走出营外,留人告司马德戡等,使讨之。光闻营内喧,知事觉,即袭化及营,空无所获,值内史侍郎元敏,数而斩之。德戡引兵入围之,杀光,其麾下数百人皆斗死,一无降者,孟才亦死。孟才,铁杖之子也。

12 武康沈法兴,世为郡著姓,宗族数千家。法兴为吴兴太守,闻宇文化及弑逆,举兵以讨化及为名,比至乌程,得精卒六万,遂攻馀杭、毗陵、丹阳,皆下之;据江表十馀郡,自称江南道大总管,承制置百官。

13　陈国公窦抗,唐王之妃兄也,炀帝使行长城于灵武;闻唐王定关中,癸酉,帅灵武、盐川等数郡来降。

14　夏,四月,稽胡寇富平,将军王师仁击破之。又五万馀人寇宜春,相国府谘议参军窦轨将兵讨之,战于黄钦山。稽胡乘高纵火,官军小却;轨斩其部将十四人,拔队中小校代之,勒兵复战。轨自将数百骑居军后,令之曰:"闻鼓声有不进者,自后斩之!"既而鼓之,将士争先赴敌,稽胡射之不能止,遂大破之,虏男女二万口。

15　世子建成等至东都,军于芳华苑;东都闭门不出,遣人招谕,不应。李密出军争之,小战,各引去。城中多欲为内应者,赵公世民曰:"吾新定关中,根本未固,悬军远来,虽得东都,不能守也。"遂不受。戊寅,引军还。世民曰:"城中见吾退,必来追蹑。"乃设三伏于三王陵以待之;段达果将万馀人追之,遇伏而败。世民逐北,抵其城下,斩四千馀级。遂置新安、宜阳二郡,使行军总管史万宝、盛彦师镇宜阳,吕绍宗、任瓌将兵镇新安而还。

16　初,五原通守栎阳张长逊以中原大乱,举郡附突厥,突厥以为割利特勒。郝瑗说薛举,与梁师都及突厥连兵以取长安,举从之。时启民可汗之子咄苾号莫贺咄设,建牙直五原之北,举遣使与莫贺咄设谋入寇;莫贺咄设许之。唐王使都水监宇文歆略莫贺咄设,且为陈利害,止其出兵,又说莫贺咄设遣张长逊入朝,以五原之地归之中国,莫贺咄设并从之。己卯,武都、宕渠、五原等郡皆降,王即以长逊为五原太守。长逊又诈为诏书与莫贺咄设,示知其谋。莫贺咄设乃拒举、师都等,不纳其使。

17　戊戌,世子建成等还长安。

18　东都号令不出四门,人无固志,朝议郎段世弘等谋应西师。会西师已还,乃遣人招李密,期以己亥夜纳之。事觉,越王命王世充讨诛之。密闻城中已定,乃还。

19　宇文化及拥众十馀万,据有六宫,自奉养一如炀帝。每于帐中南面坐,人有白事者,嘿然不对;下牙,方取启状与唐奉义、牛方裕、薛世良、张恺等参决之。以少主浩付尚书省,令卫士十馀人守之,遣令史取其画敕,百官不复朝参。至彭城,水路不通,复夺民车牛得二千两,并载宫人珍宝;其戈甲戎器,悉令军士负之,道远疲剧,军士始怨。司马德戡窃谓赵行枢曰:"君大谬误我!当今拨乱,必借英贤,化及庸暗,群小在侧,事将必败,若之何?"行枢曰:"在我等耳,废之何难!"初,化及既得政,赐司马德戡爵温国公,加光禄大夫;以其专统骁果,心忌之。后数日,化及署诸将分部士卒,以德戡为礼部尚书,外示美迁,实夺其兵柄。德戡由是愤怨,所获赏赐,皆以赂智及;智及为之言,乃使之将后军万馀人以从。于是德戡、行枢与诸将李本、尹正卿、宇文导师等谋,以后军袭杀化及,更立德戡为主;遣人诣孟海公,结为外助,迁延未发,待海公报。许弘仁、张恺知之,以告化及,化及遣宇文士及阳为游猎,至后军,德戡不知事露,出营迎谒,因执之。化及让之曰:"与公戮力共定海内,出于万死。今始事成,方愿共守富贵,公又何反也?"德戡曰:"本杀昏主,苦其淫虐,推立足下,而又甚之;逼于物情,不得已也。"化及缢杀之,并杀其支党十馀人。孟海公畏化及之强,帅众具牛酒迎之。李密据巩洛以拒化及,化及不得西,引兵向东郡,东郡通守王轨以城降之。

20　辛丑,李密将井陉王君廓帅众来降。君廓本群盗,有众数千人,与贼帅韦宝、邓豹合军虞乡,唐王与李密俱遣使招之。宝、豹欲从唐王,君廓伪与之同,乘其无备,袭击,破之,夺其辎重,奔李密;密不礼之,复来降,拜上柱国,假河内太守。

21　萧铣即皇帝位,置百官,准梁室故事。谥其从父琮为孝靖皇帝,祖岩为河间忠烈王,父璇为文宪王,封董景珍等功臣七人皆为王。遣宋王杨道生击南郡,下之,徙都江陵,修复园庙。引岑文本为中书侍郎,使典文翰,委以机密。又使鲁王张绣徇岭南,隋将张镇周、王仁寿等拒之,既而闻炀帝遇弑,皆降于铣。钦州刺史宁长真亦以郁林、始安之地附于铣。汉阳太守冯盎以苍梧、高凉、珠崖、番禺之地附于林士弘。铣、士弘各遣人招交趾太守丘和,和不从。铣遣宁长真帅岭南之兵自海道攻和,和欲出迎之,司法书佐高士廉说和曰:"长真兵数虽多,悬军远至,不能持久,城中胜兵足以当之,奈何望风受制于人!"和从之,以士廉为军司马,将水陆诸军逆击,破之,长真仅以身免,尽俘其众。既而有骁果自江都至,得炀帝凶问,亦以郡附于铣。士廉,劢之子也。

　始安郡丞李袭志,迁哲之孙也,隋末,散家财,募士得三千人,以保郡城;萧铣、林士弘、曹武彻迭来攻之,皆不克。闻炀帝遇弑,帅吏民临三日。或说袭志曰:"公中州贵族,久临郡郡,华、夷悦服。今隋室无主,海内鼎沸,以公威惠,号令岭表,尉佗之业可坐致也。"袭志怒曰:"吾世继忠贞,今江都虽覆,宗社尚存,尉佗狂僭,何足慕也!"欲斩说者,众乃不敢言。坚守二年,外无声援,城陷,为铣所虏,铣以为工部尚书,检校桂州总管。于是东自九江,西抵三峡,南尽交趾,北距汉川,铣皆有之,胜兵四十馀万。

22 炀帝凶问至长安,唐王哭之恸,曰:"吾北面事人,失道不能救,敢忘哀乎!"

23 五月,山南抚慰使马元规击朱粲于冠军,破之。

24 王德仁既杀房彦藻,李密遣徐世勣讨之。德仁兵败,甲寅,与武安通守袁子幹皆来降,诏以德仁为邺郡太守。

25 戊午,隋恭帝禅位于唐,逊居代邸。甲子,唐王即皇帝位于太极殿,遣刑部尚书萧造告天于南郊,大赦,改元。罢郡,置州,以太守为刺史。推五运为土德,色尚黄。

26 隋炀帝凶问至东都,戊辰,留守官奉越王即皇帝位,大赦,改元皇泰。是时于朝堂宣旨,以时钟金革,公私皆即日大祥。追谥大行曰明皇帝,庙号世祖;追尊元德太子曰成皇帝,庙号世宗。尊母刘良娣为皇太后。以段达为纳言、陈国公、王世充为纳言,郑国公,元文都为内史令、鲁国公,皇甫无逸为兵部尚书、杞国公;又以卢楚为内史令,郭文懿为内史侍郎,赵长文为黄门侍郎,共掌朝政。时人号"七贵"。皇泰主眉目如画,温厚仁爱,风格俨然。

27 辛未,突厥始毕可汗遣骨咄禄特勒来,宴之于太极殿,奏九部乐。时中国人避乱者多入突厥,突厥强盛,东自契丹、室韦,西尽吐谷浑、高昌,诸国皆臣之,控弦百馀万。帝以初起资其兵马,前后饷遗,不可胜纪。突厥恃功骄倨,每遣使者至长安,多暴横,帝优容之。

28 壬申,命裴寂、刘文静等修定律令。置国子、太学、四门生,合三百馀员,郡县学亦各置生员。

29 六月甲戌朔,以赵公世民为尚书令,黄台公瑗为刑部侍郎,相国府长史裴寂为右仆射、知政事,司马刘文静为纳言,司录窦威为内史令,李纲为礼部尚书、参掌选事,掾殷开山为吏部侍郎,属赵慈景为兵部侍郎,韦义节为礼部侍郎,主簿陈叔达、博陵崔民幹并为黄门侍郎,唐俭为内史侍郎,录事参军裴晞为尚书左丞;以隋民部尚书萧瑀为内史令,礼部尚书窦琎为户部尚书,蒋公屈突通为兵部尚书,长安令独孤怀恩为工部尚书。瑗,上之从子;怀恩,舅子也。

上待裴寂特厚,群臣无与为比,赏赐服玩,不可胜纪;命尚书奉御日以御膳赐寂,视朝必引与同坐,入阁则延之卧内;言无不从,称为裴监而不名。委萧瑀以庶政,事无大小,无不关掌。瑀亦孜孜尽力,绳违举过,人皆惮之,毁之者众,终不自理。上尝有敕而内史不时宣行,上责其迟,瑀对曰:"大业之世,内史宣敕,或前后相违,有司不知所从,其易在前,其难在后；臣在省日久，备见其事。今王业经始，事系安危，远方有疑，恐失机会，故臣每受一敕必勘审，使与前敕不违，始敢宣行；稽缓之愆，实由于此。"上曰："卿用心如是，吾复何忧！"

30　初，帝遣马元规慰抚山南，南阳郡丞河东吕子臧独据郡不从；元规遣使数辈谕之，皆为子臧所杀。及炀帝遇弑，子臧发丧成礼，然后请降；拜邓州刺史，封南郡公。

31　废大业律令，颁新格。

32　上每视事，自称名，引贵臣同榻而坐。刘文静谏曰："昔王导有言：'若太阳俯同万物，使群生何以仰照！'今贵贱失位，非常久之道。"上曰："昔汉光武与严子陵共寝，子陵加足于帝腹。今诸公皆名德旧齿，平生亲友，宿昔之欢，何可忘也。公勿以为嫌！"

33　戊寅，隋安阳令吕珉以相州来降，以为相州刺史。

34　己卯，祔四亲庙主。追尊皇高祖瀛州府君曰宣简公；皇曾祖司空曰懿王；皇祖景王曰景皇帝，庙号太祖，祖妣曰景烈皇后；皇考元王曰元皇帝，庙号世祖，妣独孤氏曰元贞皇后；追谥妃窦氏曰穆皇后。每岁祀昊天上帝、皇地祇、神州地祇，以景帝配，感生帝、明堂，以元帝配。庚辰，立世子建成为皇太子，赵公世民为秦王，齐公元吉为齐王，宗室黄瓜公白驹为平原王，蜀公孝基为永安王，柱国道玄为淮阳王，长平公叔良为长平王，郑公神通为永康王，安吉公神符为襄邑王，柱国德良为新兴王，上柱国博义为陇西王，上柱国奉慈为勃海王。孝基、叔良、神符、德良，帝之从父弟；博义、奉慈，弟子；道玄，从父兄子也。

35　癸未，薛举寇泾州，以秦王世民为元帅，将八总管兵以拒之。

36　遣太仆卿宇文明达招慰山东，以永安王孝基为陕州总管。时天下未定，凡边要之州，皆置总管府，以统数州之兵。

37　乙酉，奉隋帝为酅国公。诏曰："近世以来，时运迁革，前代亲族，莫不诛夷。兴亡之效，岂伊人力！其隋蔡王智积等子孙，并付所司，量才选用。"

38　东都闻宇文化及西来，上下震惧。有盖琮者，上疏请说李密与之合势拒化及。元文都谓卢楚等曰："今仇耻未雪而兵力不足，若赦密罪使击化及，两贼自斗，吾徐承其弊。化及既破，密兵亦疲；又其将士利吾官赏，易可离间，并密亦可擒也。"楚等皆以为然，即以琮为通直散骑常侍，赍敕书赐密。

39　丙申，隋信都郡丞东莱麹稜来降，拜冀州刺史。

**40**　万年县法曹武城孙伏伽上表，以为："隋以恶闻其过亡天下。陛下龙飞晋阳，远近响应，未期年而登帝位；徒知得之之易，不知隋失之之不难也。臣谓宜易其覆辙，务尽下情。凡人君言动，不可不慎。窃见陛下今日即位而明日有献鹞雏者，此乃少年之事，岂圣主所须哉！又，百戏散乐，亡国淫声。近太常于民间借妇女裙襦五百馀袭以充妓衣，拟五月五日玄武门游戏，此亦非所以为子孙法也。凡如此类，悉宜废罢。善恶之习，朝夕渐染，易以移人。皇太子、诸王参僚左右，宜谨择其人；其有门风不能雍睦，为人素无行义，专好奢靡，以声色游猎为事者，皆不可使之亲近也。自古及今，骨肉乖离，以至败国亡家，未有不因左右离间而然也。愿陛下慎之。"上省表大悦，下诏褒称，擢为治书侍御史，赐帛三百匹，仍颁示远近。

**41**　辛丑，内史令延安靖公窦威薨。以将作大匠窦抗兼纳言，黄门侍郎陈叔达判纳言。

**42**　宇文化及留辎重于滑台，以王轨为刑部尚书，使守之，引兵北趣黎阳。李密将徐世勣据黎阳，畏其军锋，以兵西保仓城。化及渡河，保黎阳，分兵围世勣。密帅步骑二万，壁于清淇，与世勣以烽火相应，深沟高垒，不与化及战。化及每攻仓城，密辄引兵以捣其后。密与化及隔水而语，密数之曰："卿本匈奴皂隶破野头耳；父兄子弟，并受隋恩，富贵累世，举朝莫二。主上失德，不能死谏，反行弑逆，欲规篡夺。不追诸葛瞻之忠诚，乃为霍禹之恶逆，天地所不容，将欲何之！若速来归我，尚可得全后嗣。"化及默然，俯视良久，瞋目大言曰："与尔论相杀事，何须作书语邪！"密谓从者曰："化及庸愚如此，忽欲图为帝王，吾当折杖驱之耳！"化及盛修攻具以逼仓城，世勣于城外掘深沟以固守，化及阻堑，不得至城下。世勣于堑中为地道，出兵击之，化及大败，焚其攻具。

时密与东都相持日久，又东拒化及，常畏东都议其后，见盖琮至，大喜，遂上表乞降，请讨灭化及以赎罪，送所获雄武郎将于洪建，遣元帅府记室参军李俭、上开府徐师誉等入见。皇泰主命戮洪建于左掖门外，如斛斯政之法。元文都等以密降为诚实，盛饰宾馆于宣仁门东。皇泰主引见俭等，以俭为司农卿，师誉为尚书右丞，使具导从，列铙吹，还馆，玉帛酒馔，中使相望。册拜密太尉、尚书令、东南道大行台行军元帅、魏国公，令先平化及，然后入朝辅政。以徐世勣为右武候大将军。仍下诏称密忠款，且曰："其用兵机略，一禀魏公节度。"

元文都喜于和解，谓天下可定，于上东门置酒作乐，自段达已下皆起舞。王世充作色谓起居侍郎崔长文曰:"朝廷官爵,乃以与贼,其志欲何为邪!"文都等亦疑世充欲以城应化及,由是有隙,然犹外相弥缝,阳为亲善。

秋,七月,皇泰主遣大理卿张权、鸿胪卿崔善福赐李密书曰:"今日以前,咸共刷荡,使至以后,彼此通怀。七政之重,仁公匡弼,九伐之利,委公指挥。"权等既至,密北面拜受诏书。既无西虑,悉以精兵东击化及。密知化及军粮且尽,因伪与和;化及大喜,恣其兵食,冀密馈之。会密下有人获罪,亡抵化及,具言其情,化及大怒,其食又尽,乃渡永济渠,与密战于童山之下,自辰达酉;密为流矢所中,堕马闷绝,左右奔散,追兵且至,唯秦叔宝独捍卫之,密由是获免。叔宝复收兵与之力战,化及乃退。化及入汲郡求军粮,又遣使拷掠东郡吏民以责米粟。王轨等不堪其弊,遣通事舍人许敬宗诣密请降;以轨为滑州总管,以敬宗为元帅府记室,与魏徵共掌文翰。敬宗,善心之子也。房公苏威在东郡,随众降密,密以其隋氏大臣,虚心礼之。威见密,初不言帝室艰危,唯再三舞蹈,称"不图今日复睹圣明",时人鄙之。化及闻王轨叛,大惧,自汲郡引兵欲取以北诸郡,其将陈智略帅岭南骁果万馀人,樊文超帅江淮排矟,张童儿帅江东骁果数千人,皆降于密。文超,子盖之子也。化及犹有众二万,北趣魏县;密知其无能为,西还巩洛,留徐世勣以备之。

43 乙巳,宣州刺史周超击朱粲,败之。

44 丁未,梁师都寇灵州,骠骑将军蔺兴粲击破之。

45 突厥阙可汗遣使内附。初,阙可汗附于李轨;隋西戎使者曹琼据甘州诱之,乃更附琼,与之拒轨,为轨所败,窜于达斗拔谷,与吐谷浑相表里,至是内附。寻为李轨所灭。

46 薛举进逼高墌,游兵至于豳、岐,秦王世民深沟高垒不与战。会世民得疟疾,委军事于长史。纳言刘文静、司马殷开山,且戒之曰:"薛举悬军深入,食少兵疲,若来挑战,慎勿应也。俟吾疾愈,为君等破之。"开山退,谓文静曰:"王虑公不能办,故有此言耳。且贼闻王有疾,必轻我,宜曜武以威之。"乃陈于高墌西南,恃众而不设备。举潜师掩其后,壬子,战于浅水原,八总管皆败,士卒死者什五六,大将军慕容罗睺、李安远、刘弘基皆没。世民引兵还长安,举遂拔高墌,收唐兵死者为京观;文静等皆坐除名。

47 乙卯,榆林贼帅郭子和遣使来降,以为灵州总管。

48 李密每战胜,必遣使告捷于皇泰主,隋人皆喜,王世充独谓其麾下曰:"元文都辈,刀笔吏耳,吾观其势,必为李密所擒。且吾军士屡与密战,没其父兄子弟,前后已多,一旦为之下,吾属无类矣!"欲以激怒其众。文都闻之,大惧,与卢楚等谋因世充入朝,伏甲诛之。段达性庸懦,恐其事不就,遣其婿张志以楚等谋告世充。戊午夜三鼓,世充勒兵袭含嘉门。元文都闻变,入奉皇泰主御乾阳殿,陈兵自卫,命诸将闭门拒守。将军跋野纲将兵出,遇世充,下马降之。将军费曜、田阇战于门外,不利。文都自将宿卫兵欲出玄武门以袭其后,长秋监段瑜称求门钥不获,稽留遂久。天且曙,文都复欲引兵出太阳门逆战,还至乾阳殿,世充已攻太阳门得入。皇甫无逸弃母及妻子,斫右掖门,西奔长安。卢楚匿于太官署,世充之党擒之,至兴教门,见世充,世充令乱斩杀之;进攻紫微宫门。皇泰主使人登紫微观,问:"称兵欲何为?"世充下马谢曰:"元文都、卢楚等横见规图;请杀文都,甘从刑典。"段达乃令将军黄桃树执送文都。文都顾谓皇泰主曰:"臣今朝死,陛下夕及矣!"皇泰主恸哭遣之,出兴教门,乱斩如卢楚,并杀卢、元诸子。段达又以皇泰主命开门纳世充,世充悉遣人代宿卫者,然后入见皇泰主于乾阳殿。皇泰主谓世充曰:"擅相诛杀,曾不闻奏,岂为臣之道乎? 公欲肆其强力,敢及我邪!"世充拜伏流涕谢曰:"臣蒙先皇采拔,粉骨非报。文都等苞藏祸心,欲召李密以危社稷,疾臣违异,深积猜嫌;臣迫于救死,不暇闻奏。若内怀不臧,违负陛下,天地日月,实所照临,使臣阖门殄灭,无复遗类。"词泪俱发。皇泰主以为诚,引令升殿,与语久之,因与俱入见皇太后;世充被发为誓,称不敢有贰心。乃以世充为左仆射、总督内外诸军事。比及日中,捕获赵长文、郭文懿,杀之。然后巡城,告谕以诛元、卢之意。世充自含嘉城移居尚书省,渐结党援,恣行威福。用兄世恽为内史令,入居禁中,子弟咸典兵马,分政事为十头,悉以其党主之,势震内外,莫不趋附,皇泰主拱手而已。

49　李密将入朝,至温,闻元文都等死,乃还金墉。东都大饥,私钱滥恶,太半杂以锡镮,其细如线,米斛直钱八九万。

50　初,李密尝受业于儒生徐文远。文远为皇泰主国子祭酒,自出樵采,为密军所执;密令文远南面坐,备弟子礼,北面拜之。文远曰:"老夫既荷厚礼,敢不尽言! 未审将军之志欲为伊、霍以继绝扶倾乎? 则老夫虽迟暮,犹愿尽力;若为莽、卓,乘危邀利,则无所用老夫矣!"密顿首曰:"昨奉朝命,备位上公,冀竭庸虚,匡济国难,此密之本志也。"文远曰:"将军名臣之子,失涂至此,若能不远而复,犹不失为忠义之臣!"及王世充杀元文都等,密复问计于文远。文远曰:"世充亦门人也,其为人残忍褊隘,既

乘此势,必有异图,将军前计为不谐矣。非破世充,不可入朝也。"密曰:
"始谓先生儒者,不达时事,今乃坐决大计,何其明也!"文远,孝嗣之玄
孙也。

51　庚申,诏隋氏离宫游幸之所并废之。

52　戊辰,遣黄台公瑗安抚山南。

53　己巳,以隋右武卫将军皇甫无逸为刑部尚书。

54　隋河间郡丞王琮守郡城以拒群盗,窦建德攻之,岁馀不下;闻炀
帝凶问,帅吏士发丧,乘城者皆哭。建德遣使吊之,琮因使者请降,建德退
舍具馔以待之。琮言及隋亡,俯伏流涕,建德亦为之泣。诸将曰:"琮久
拒我军,杀伤甚众,力尽乃降,请烹之。"建德曰:"琮,忠臣也,吾方赏之以
劝事君,奈何杀之! 往在高鸡泊为盗,容可妄杀人;今欲安百姓,定天下,
岂得害忠良乎!"乃徇军中曰:"先与王琮有怨敢妄动者,夷三族!"以琮为
瀛州刺史。于是河北郡县闻之,争附于建德。

先是,建德陷景城,执户曹河东张玄素,将杀之,县民千馀人号泣,请
代其死,曰:"户曹清慎无比,大王杀之,何以劝善!"建德乃释之,以为治
书侍御史,固辞;及江都败,复以为黄门侍郎,玄素乃起。饶阳令宋正本,
博学有才气,说建德以定河北之策,建德引为谋主。建德定都乐寿,命所
居曰金城宫,备置百官。

# 资治通鉴卷第一百八十六

## 唐纪二

### 高祖神尧大圣光孝皇帝上之中

武德元年（戊寅，618）

1　八月，薛举遣其子仁杲进围宁州，刺史胡演击却之。郝瑗言于举曰："今唐兵新破，关中骚动，宜乘胜直取长安。"举然之，会有疾而止。辛巳，举卒。太子仁杲立，居于折墌城，谥举曰武帝。

2　上欲与李轨共图秦、陇，遣使潜诣凉州，招抚之，与之书，谓之从弟。轨大喜，遣其弟懋入贡。上以懋为大将军，命鸿胪少卿张俟德册拜轨为凉州总管，封凉王。

3　初，朝廷以安阳令吕珉为相州刺史，更以相州刺史王德仁为岩州刺史。德仁由是怨愤，甲申，诱山东大使宇文明达入林虑山而杀之，叛归王世充。

4　己丑，以秦王世民为元帅，击薛仁杲。

5　丁酉，临洮等四郡来降。

6　隋江都太守陈稜求得炀帝之枢，取宇文化及所留辇辂鼓吹，粗备天子仪卫，改葬于江都宫西吴公台下，其王公以下，皆列瘗于帝茔之侧。

7　宇文化及之发江都也，以杜伏威为历阳太守；伏威不受，仍上表于隋，皇泰主拜伏威为东道大总管，封楚王。

沈法兴亦上表于皇泰主，自称大司马、录尚书事、天门公，承制置百官，以陈杲仁为司徒，孙士汉为司空，蒋元超为左仆射，殷芊为左丞，徐令言为右丞，刘子翼为选部侍郎，李百药为府掾。百药，德林之子也。

8　九月，隋襄国通守陈君宾来降，拜邢州刺史。君宾，伯山之子也。

9　虞州刺史韦义节攻隋河东通守尧君素，久不下，军数不利；壬子，以工部尚书独孤怀恩代之。

10　初，李密既杀翟让，颇自骄矜，不恤士众；仓粟虽多，无府库钱帛，战士有功，无以为赏；又厚抚初附之人，众心颇怨。徐世勣尝因宴会刺讥其短。密不怿,使世勣出镇黎阳,虽名委任,实亦疏之。

密开洛口仓散米,无防守典当者,又无文券,取之者随意多少。或离仓之后,力不能致,委弃衢路,自仓城至郭门,米厚数寸,为车马所辗践。群盗来就食者并家属近百万口,无瓮盎,织荆筐淘米,洛水两岸十里之间,望之皆如白沙。密喜,谓贾闰甫曰:"此可谓足食矣!"闰甫对曰:"国以民为本,民以食为天。今民所以襁负如流而至者,以所天在此故也。而有司曾无爱吝,屑越如此,窃恐一旦米尽民散,明公孰与成大业哉!"密谢之,即以闰甫判司仓参军事。

密以东都兵数败微弱,而将相自相屠灭,谓旦夕可平。王世充既专大权,厚赏将士,缮治器械,亦阴图取密。时隋军乏食,而密军少衣,世充请交易,密难之;长史邴元真等各求私利,劝密许之。先是,东都人归密者,日以百数;既得食,降者益少,密悔而止。

密破宇文化及还,其劲卒良马多死,士卒疲病。世充欲乘其弊击之,恐人心不壹,乃诈称左军卫士张永通三梦周公,令宣意于世充,当勒兵相助击贼;乃为周公立庙,每出兵,辄先祈祷。世充令巫宣言周公欲令仆射急讨李密,当有大功,不即兵皆疫死。世充兵多楚人,信妖言,皆请战。世充简练精锐得二万馀人,马二千馀匹。壬子,出师击密,旗幡之上皆书永通字,军容甚盛。癸丑,至偃师,营于通济渠南,作三桥于渠上。密留王伯当守金墉,自引精兵出偃师,阻邙山以待之。

密召诸将会议,裴仁基曰:"世充悉众而至,洛下必虚,可分兵守其要路,令不得东,简精兵三万,傍河西出以逼东都。世充还,我且按甲;世充再出,我又逼之。如此,则我有馀力,彼劳奔命,破之必矣。"密曰:"公言大善。今东都兵有三不可当:兵仗精锐,一也;决计深入,二也;食尽求战,三也。我但乘城固守,蓄力以待之,彼欲斗不得,求走无路,不过十日,世充之头可致麾下。"陈智略、樊文超、单雄信皆曰:"计世充战卒甚少,屡经摧破,悉已丧胆。兵法曰,'倍则战',况不啻倍哉!且江、淮新附之士,望因此机展其勋效,及其锋而用之,可以得志。"于是诸将喧然,欲战者什七八,密惑于众议而从之。仁基苦争不能得,击地叹曰:"公后必悔之。"魏徵言于长史郑颋曰:"魏公虽骤胜,而骁将锐卒多死,战士心怠,此二者难以应敌。且世充乏食,志在死战,难与争锋,未若深沟高垒以拒之,不过旬月,世充粮尽,必自退,追而击之,蔑不胜矣。"颋曰:"此老生之常谈耳。"徵曰:"此乃奇策,何谓常谈!"拂衣而起。

程知节将内马军与密同营在北邙山上,单雄信将外马军营于偃师城北。世充遣数百骑渡通济渠攻雄信营,密遣裴行俨与知节助之。行俨先驰赴敌,中流矢,坠于地;知节救之,杀数人,世充军披靡,乃抱行俨重骑而还。为世充骑所逐,刺槊洞过,知节回身捩折其槊,兼斩追者,与行俨俱免。会日暮,各敛兵还营。密骁将孙长乐等十馀人皆被重创。

密新破宇文化及,有轻世充之心,不设壁垒。世充夜遣二百馀骑潜入北山,伏溪谷中,命军士皆秣马蓐食。甲寅旦,将战,世充誓众曰:"今日之战,非直争胜负,死生之分,在此一举。若其捷也,富贵固所不论;若其不捷,必无一人获免。所争者死,非独为国,各宜勉之!"迟明,引兵薄密。密出兵应之,未及成列,世充纵兵击之。世充士卒皆江、淮剽勇,出入如飞。世充先索得一人貌类密者,缚而匿之,战方酣,使牵以过陈前,噪曰:"已获李密矣!"士卒皆呼万岁。其伏兵发,乘高而下,驰压密营,纵火焚其庐舍。密众大溃,其将张童仁、陈智略皆降,密与万馀人驰向洛口。

世充夜围偃师,郑颋守偃师,其部下翻城纳世充。初,世充家属在江都,随宇文化及至滑台,又随王轨入李密,密留于偃师,欲以招世充。及偃师破,世充得其兄世伟、子玄应、虔恕、琼等,又获密将佐裴仁基、郑颋、祖君彦等数十人。世充于是整兵向洛口,得邴元真妻子、郑虔象母及密诸将子弟,皆抚慰之,令潜呼其父兄。

初,邴元真为县吏,坐赃亡命,从翟让于瓦冈;让以其尝为吏,使掌书记。及密开幕府,妙选时英,让荐元真为长史。密不得已用之,行军谋画,未尝参预。密西拒世充,留元真守洛口仓。元真性贪鄙,宇文温谓密曰:"不杀元真,必为公患。"密不应。元真知之,阴谋叛密。杨庆闻之,以告密,密固疑焉。至是,密将入洛口城,元真已遣人潜引世充矣。密知而不发,因与众谋,待世充兵半济洛水,然后击之。世充军至,密候骑不时觉,比将出战,世充军悉已济矣。单雄信等又勒兵自据,密自度不能支,帅麾下轻骑奔虎牢,元真遂以城降。

初,雄信骁捷,善用马槊,名冠诸军,军中号曰"飞将"。彦藻以雄信轻于去就,劝密除之,密爱其才,不忍也。及密失利,雄信遂以所部降世充。

密将如黎阳,或曰:"杀翟让之际,徐世勣几死,今失利而就之,安可保乎!"时王伯当弃金墉保河阳,密自虎牢归之,引诸将共议。密欲南阻河,北守太行,东连黎阳,以图进取。诸将皆曰:"今兵新失利,众心危惧,若更停留,恐叛亡不日而尽。又人情不愿,难以成功。"密曰:"孤所恃者众也,众既不愿,孤道穷矣。"欲自刎以谢众。伯当抱密号绝,众皆悲泣,密复曰："诸君幸不相弃,当共归关中。密身虽无功,诸君必保富贵。"府掾柳燮曰："明公与唐公同族,兼有畴昔之好,虽不陪起兵,然阻东都,断隋归路,使唐公不战而据长安,此亦公之功也。"众咸曰："然。"密又谓王伯当曰："将军室家重大,岂复与孤俱行哉!"伯当曰："昔萧何尽帅子弟以从汉王,伯当恨不兄弟俱从,岂以公今日失利遂轻去就乎!纵身分原野,亦所甘心!"左右莫不感激,从密入关者凡二万人。于是密之将帅、州县多降于隋。朱粲亦遣使降隋,皇泰主以粲为楚王。

11　甲寅,秦州总管窦轨击薛仁杲,不利。骠骑将军刘感镇泾州,仁杲围之。城中粮尽,感杀所乘马以分将士,感一无所啖,唯煮马骨取汁和木屑食之。城垂陷者数矣。会长平王叔良将士至泾州,仁杲乃扬言食尽,引兵南去;乙卯,又遣高壈人伪以城降。叔良遣感帅众赴之,己未,至城下,扣城中人曰："贼已去,可逾城入。"感命烧其门,城上下水灌之。感知其诈,遣步兵先还,自帅精兵为殿。俄而城上举三烽,仁杲兵自南原大下,战于百里细川,唐军大败,感为仁杲所擒。仁杲复围泾州,令感语城中云："援军已败,不如早降。"感许之,至城下,大呼曰："逆贼饥馁,亡在旦夕,秦王帅数十万众,四面俱集,城中勿忧,勉之!"仁杲怒,执感,于城旁埋之至膝,驰骑射之;至死,声色逾厉。叔良婴城固守,仅能自全。感,丰生之孙也。

12　庚申,陇州刺史陕人常达击薛仁杲于宜禄川,斩首千馀级。

13　上遣从子襄武公琛、太常卿郑元璹以女妓遗始毕可汗。壬戌,始毕复遣骨咄禄特勒来。

14　癸亥,白马道士傅仁均造戊寅历成,奏上,行之。

15　薛仁杲屡攻常达,不能克,乃遣其将仵士政以数百人诈降,达厚抚之。乙丑,士政伺隙以其徒劫达,拥城中二千人降于仁杲。达见仁杲,词色不屈,仁杲壮而释之。奴贼帅张贵谓达曰："汝识我乎?"达曰："汝逃死奴贼耳!"贵怒,欲杀之。人救之,得免。

16　辛未,追谥隋太上皇为炀帝。

17　宇文化及至魏县,张恺等谋去之。事觉,化及杀之。腹心稍尽,兵势日蹙,兄弟更无他计,但相聚酣宴,奏女乐。化及醉,尤智及曰："我初不知,由汝为计,强来立我。今所向无成,士马日散,负弑君之名,天下所不容。今者灭族,岂不由汝乎!"持其两子而泣。智及怒曰："事捷之日,初不赐尤,及其将败,乃欲归罪,何不杀我以降窦建德!"数相斗阋,言无长幼;醒而复饮,以此为恒。其众多亡,化及自知必败,叹曰："人生固当死,岂不一日为帝乎!"于是鸩杀秦王浩,即皇帝位于魏县,国号许,改元天寿,署置百官。

18　冬,十月壬申朔,日有食之。

19　戊寅,宴突厥骨咄禄,引骨咄禄升御坐以宠之。

20　李密将至,上遣使迎劳,相望于道。密大喜,谓其徒曰:"我拥众百万,一朝解甲归唐,山东连城数百,知我在此,遣使招之,亦当尽至。比于窦融,功亦不细,岂不以一台司见处乎!"己卯,至长安,有司供待稍薄,所部兵累日不得食,众心颇怨。既而以密为光禄卿、上柱国,赐爵邢国公。密既不满望,朝臣又多轻之,执政者或来求贿,意甚不平。独上亲礼之,常呼为弟,以舅子独孤氏妻之。

21　庚辰,诏右翊卫大将军淮安王神通为山东道安抚大使,山东诸军并受节度;以黄门侍郎崔民幹为副。

22　邓州刺史吕子臧与抚慰使马元规击朱粲,破之。子臧言于元规曰:"粲新败,上下危惧,请并力击之,一举可灭。若复迁延,其徒稍集,力强食尽,致死于我,为患方深。"元规不从。子臧请独以所部兵击之,元规不许。既而粲收集馀众,兵复大振,自称楚帝于冠军,改元昌达,进攻邓州。子臧抚膺谓元规曰:"老夫今坐公死矣!"粲围南阳,会霖雨城坏,所亲劝子臧降。子臧曰:"安有天子方伯降贼者乎!"帅麾下赴敌而死。俄而城陷,元规亦死。

23　癸未,王世充收李密美人珍宝及将卒十馀万人还东都,陈于阙下。乙酉,皇泰主大赦。丙戌,以世充为太尉、尚书令、内外诸军事,仍使之开太尉府,备置官属,妙选人物。世充以裴仁基父子骁勇,深礼之。徐文远复入东都,见世充,必先拜。或问曰:"君倨见李密而敬王公,何也?"文远曰:"魏公,君子也,能容贤士;王公,小人也,能杀故人。吾何敢不拜!"

24　李密总管李育德以武陟来降,拜陟州刺史。育德,浑之孙也。其馀将佐刘德威、贾闰甫、高季辅等,或以城邑,或帅众,相继来降。

初,北海贼帅綦公顺帅其徒三万攻郡城,已克其外郭,进攻子城。城中食尽,公顺自谓克在旦夕,不为备。明经刘兰成纠合城中骁健百馀人袭击之,城中见兵继之,公顺大败,弃营走,郡城获全。于是郡官及望族分城中民为六军,各将之,兰成亦将一军。有宋书佐者,离间诸军曰:"兰成得众心,必为诸人不利,不如杀之。"众不忍杀,但夺其兵以授宋书佐。兰成恐终及祸,亡奔公顺。公顺军中喜噪,欲奉以为主,固辞,乃以为长史,军事咸听焉。居五十馀日，兰成简军中骁健者百五十人，往抄北海。距城四十里，留十人，使多苅草，分为百馀积；二十里，又留二十人，各执大旗；五六里，又留三十人，伏险要；兰成自将十人，夜，距城一里许潜伏；馀八十人分置便处，约闻鼓声即抄取人畜亟去，仍一时焚积草。明晨，城中远望无烟尘，皆出樵牧。日向中，兰成以十人直抵城门，城上钲鼓乱发。伏兵四出，抄掠杂畜千馀头及樵牧者而去。兰成度抄者已远，徐步而还。城中虽出兵，恐有伏兵，不敢急追；又见前有旌旗、烟火，遂不敢进而还。既而城中知兰成前者众少，悔不穷追。居月馀，兰成谋取郡城，更以二十人直抵城门。城中人竞出逐之，行未十里，公顺将大兵总至。郡兵奔驰还城，公顺进兵围之；兰成一言招谕，城中人争出降。兰成抚存老幼，礼遇郡官，见宋书佐，亦礼之如旧，仍资送出境，内外安堵。

　　时海陵贼帅臧君相闻公顺据北海，帅其众五万来争之。公顺众少，闻之大惧。兰成为公顺画策曰："君相今去此尚远，必不为备，请将军倍道袭击其营。"公顺从之，自将骁勇五千人，赍熟食，倍道袭之。将至，兰成与敢死士二十人前行，距君相营五十里，见其抄者负担向营，兰成亦与其徒负担蔬米、烧器，诈为抄者，择空而行听察，得其号及主将姓名。至暮，与贼比肩而入，负担巡营，知其虚实，得其更号。乃于空地燃火营食，至三鼓，忽于主将幕前交刀乱下，杀百馀人，贼众惊扰。公顺兵亦至，急攻之，君相仅以身免，俘斩数千，收其资粮甲仗以还。由是公顺党众大盛。及李密据洛口，公顺以众附之，密败，亦来降。

　25　隋末群盗起，冠军司兵李袭誉说西京留守阴世师遣兵据永丰仓，发粟以赈贫乏，出库物赏战士，移檄郡县，同心讨贼。世师不能用。乃求募兵山南，世师许之。上克长安，自汉中召还，为太府少卿；乙未，附袭誉籍于宗正。袭誉，袭志之弟也。

　26　丙申，朱粲寇淅州，遣太常卿郑元璹帅步骑一万击之。

　27　是月，纳言窦抗罢为左武候大将军。

　28　十一月乙巳，凉王李轨即皇帝位，改元安乐。

　29　戊申，王轨以滑州来降。

　30　薛仁杲之为太子也，与诸将多有隙；及即位，众心猜惧。郝瑗哭举得疾，遂不起，由是国势浸弱。秦王世民至高墌，仁杲使宗罗睺将兵拒之。罗睺数挑战，世民坚壁不出。诸将咸请战，世民曰："我军新败，士气沮丧，贼恃胜而骄，有轻我心，宜闭垒以待之。彼骄我奋，可一战而克也。"乃令军中曰："敢言战者斩！"相持六十馀日，仁杲粮尽，其将梁胡郎等帅所部来降。世民知仁杲将士离心，命行军总管梁实营于浅水原以诱之。罗睺大喜，尽锐攻之，梁实守险不出。营中无水，人马不饮者数日。罗睺攻之甚急。世民度贼已疲，谓诸将曰：“可以战矣！”迟明，使右武候大将军庞玉陈于浅水原。罗睺并兵击之，玉战，几不能支，世民引大军自原北出其不意，罗睺引兵还战。世民帅骁骑数十先陷陈，唐兵表里奋击，呼声动地，罗睺士卒大溃，斩首数千级。世民帅二千馀骑追之，窦轨叩马苦谏曰：“仁杲犹据坚城，虽破罗睺，未可轻进，请且按兵以观之。”世民曰：“吾虑之久矣，破竹之势，不可失也，舅勿复言！”遂进。仁杲陈于城下，世民据泾水临之，仁杲骁将浑幹等数人临陈来降。仁杲惧，引兵入城拒守。日向暮，大军继至，遂围之。夜半，守城者争自投下。仁杲计穷，己酉，出降。得其精兵万馀人，男女五万口。

　　诸将皆贺，因问曰：“大王一战而胜，遽舍步兵，又无攻具，轻骑直造城下，众皆以为不克，而卒取之，何也？”世民曰：“罗睺所将皆陇外之人，将骁卒悍。吾特出其不意而破之，斩获不多。若缓之，则皆入城，仁杲抚而用之，未易克也；急之，则散归陇外，析墥虚弱，仁杲破胆，不暇为谋，此吾所以克也。”众皆悦服。世民所得降卒，悉使仁杲兄弟及宗罗睺、翟长孙等将之，与之射猎，无所疑间。贼畏威衔恩，皆愿效死。世民闻褚亮名，求访，获之，礼遇甚厚，引为王府文学。

　　上遣使谓世民曰：“薛举父子多杀我士卒，必尽诛其党以谢冤魂。”李密谏曰：“薛举虐杀无辜，此其所以亡也，陛下何怨焉！怀服之民，不可不抚！”乃命戮其谋首，馀皆赦之。

　　上使李密迎秦王世民于豳州，密自恃智略功名，见上犹有傲色；及见世民，不觉惊服，私谓殷开山曰：“真英主也，不如是，何以定祸乱乎！”

　　诏以员外散骑常侍姜謩为秦州刺史，謩抚以恩信，盗贼悉归首，士民安之。

　　31　徐世勣据李密旧境，未有所属。魏徵随密至长安，乃自请安集山东，上以为秘书丞，乘传至黎阳，遗徐世勣书，劝之早降。世勣遂决计西向，谓长史阳翟郭孝恪曰：“此民众土地，皆魏公有也。吾若上表献之，是利主之败，自为功以邀富贵也，吾实耻之。今宜籍郡县户口士马之数以启魏公，使自献之。”乃遣孝恪诣长安，又运粮以饷淮安王神通。上闻世勣使者至，无表，止有启与密，甚怪之。孝恪具言世勣意，上乃叹曰：“徐世勣不背德，不邀功，真纯臣也！”赐姓李。以孝恪为宋州刺史，使与世勣经略虎牢以东，所得州县，委之选补。

32　癸丑，独孤怀恩攻尧君素于蒲反。行军总管赵慈景尚帝女桂阳公主，为君素所擒，枭首城外，以示无降意。

33　癸亥，秦王世民至长安，斩薛仁杲于市，赐常达帛三百段。赠刘感平原郡公，谥忠壮。扑杀仵士政于殿庭。以张贵尤淫暴，腰斩之。上享劳将士，因谓群臣曰："诸公共相翊戴以成帝业，若天下承平，可共保富贵。使王世充得志，公等岂有种乎！如薛仁杲君臣，岂可不以为前鉴也！"己巳，以刘文静为户部尚书，领陕东道行台左仆射。复殷开山爵位。

34　李密骄贵日久，又自负归国之功，朝廷待之不副本望，郁郁不乐。尝遇大朝会，密为光禄卿，当进食，深以为耻；退，以告左武卫大将军王伯当。伯当心亦怏怏，因谓密曰："天下事在公度内耳。今东海公在黎阳，襄阳公在罗口，河南兵马，屈指可计，岂得久如此也！"密大喜，乃献策于上曰："臣虚蒙荣宠，安坐京师，曾无报效。山东之众皆臣故时麾下，请往收而抚之。凭藉国威，取王世充如拾地芥耳！"上闻密故将士多不附世充，亦欲遣密往收之，群臣多谏曰："李密狡猾好反，今遣之，如投鱼于泉，放虎于山，必不反矣！"上曰："帝王自有天命，非小子所能取。借使叛去，如以蒿箭射蒿中耳！今使二贼交斗，吾可以坐收其弊。"辛未，遣密诣山东，收其馀众之未下者。密请与贾闰甫偕行，上许之，命密及闰甫同升御榻，赐食，传饮卮酒曰："吾三人同饮是酒以明同心，善建功名，以副朕意。丈夫一言许人，千金不易。有人确执不欲弟行，朕推赤心于弟，非他人所能间也。"密、闰甫再拜受命。上又以王伯当为密副而遣之。

35　有大鸟五集于乐寿，群鸟数万从之，经日乃去。窦建德以为己瑞，改元五凤。宗城人有得玄圭献于建德者，宋正本及景城丞会稽孔德绍皆曰："此天所以赐大禹也，请改国号曰夏。"建德从之。以正本为纳言，德绍为内史侍郎。

初，王须拔掠幽州，中流矢死，其将魏刀儿代领其众，据深泽，掠冀、定之间，众至十万，自称魏帝。建德伪与连和，刀儿弛备，建德袭击破之，遂围深泽；其徒执刀儿降，建德斩之，尽并其众。

易、定等州皆降，唯冀州刺史麹棱不下。棱婿崔履行，暹之孙也，自言有奇术，可使攻者自败，棱信之。履行命守城者皆坐，毋得妄斗，曰："贼虽登城，汝曹勿怖，吾将使贼自缚。"于是为坛，夜，设章醮，然后自衣衰绖，杖竹登北楼恸哭；又令妇女升屋四面振裙。建德攻之急，棱将战，履行固止之。俄而城陷，履行哭犹未已。建德见棱曰："卿忠臣也！"厚礼之，以为内史令。

36 十二月壬申,诏以秦王世民为太尉、使持节、陕东道大行台,其蒲州、河北诸府兵马并受节度。

37 癸酉,西突厥曷娑那可汗自宇文化及所来降。

38 隋将尧君素守河东,上遣吕绍宗、韦义节、独孤怀恩相继攻之,俱不下。时外围严急,君素为木鹅,置表于颈,具论事势,浮之于河。河阳守者得之,达于东都。皇泰主见而叹息,拜君素金紫光禄大夫。庞玉、皇甫无逸自东都来降,上悉遣诣城下,为陈利害,君素不从。又赐金券,许以不死。其妻又至城下,谓之曰:"隋室已亡,君何自苦!"君素曰:"天下名义,非妇人所知!"引弓射之,应弦而倒。君素亦自知不济,然志在守死,每言及国家,未尝不歔欷。谓将士曰:"吾昔事主上于藩邸,大义不得不死。必若隋祚永终,天命有属,自当断头以付诸君,听君等持取富贵。今城池甚固,仓储丰备,大事犹未可知,不可横生心也!"君素性严明,善御众,下莫敢叛。久之,仓粟尽,人相食;又获外人,微知江都倾覆。丙子,君素左右薛宗、李楚客杀君素以降,传首长安。君素遣朝散大夫解人王行本将精兵七百在他所,闻之,赴救不及,因捕杀君素者党与数百人,悉诛之,复乘城拒守,独孤怀恩引兵围之。

39 丁酉,隋襄平太守邓暠以柳城、北平二郡来降,以暠为营州总管。

40 辛巳,太常卿郑元璹击朱粲于商州,破之。

41 初,宇文化及遣使招罗艺,艺曰:"我隋臣也。"斩其使者,为炀帝发丧,临三日。窦建德、高开道各遣使招之,艺曰:"建德、开道,皆剧贼耳! 吾闻唐公已定关中,人望归之。此真吾主也,吾将从之。敢沮议者斩!"会张道源慰抚山东,艺遂奉表,与渔阳、上谷等诸郡皆来降。癸未,诏以艺为幽州总管。薛万均,世雄之子也,与弟万彻俱以勇略为艺所亲待,诏以万均为上柱国、永安郡公,万彻为车骑将军、武安县公。

窦建德既克冀州,兵威益盛,帅众十万寇幽州。艺将逆战,万均曰:"彼众我寡,出战必败,不若使羸兵背城阻水为陈,彼必渡水击我。万均请以精骑百人伏于城旁,俟其半渡击之,蔑不胜矣。"艺从之。建德果引兵渡水,万均邀击,大破之。建德竟不能至其城下,乃分兵掠霍堡及雍奴等县,艺复邀击,败之。凡相拒百馀日,建德不能克,乃还乐寿。

艺得隋通直谒者温彦博,以为司马。艺以幽州归国,彦博赞成之;诏以彦博为幽州总管府长史,未几,征为中书侍郎。兄大雅,时为黄门侍郎,与彦博对居近密,时人荣之。

42 以西突厥曷娑那可汗为归义王,曷娑那献大珠,上曰:"珠诚至宝,然朕宝王赤心,珠无所用。"竟还之。

43　乙酉,车驾幸周氏陂,过故墅。

44　初,羌豪旁企地以所部附薛举,及薛仁杲败,企地来降,留长安。企地不乐,帅其众数千叛,入南山,出汉川,所过杀掠。武候大将军庞玉击之,为企地所败。企地行至始州,掠女子王氏,与俱醉卧野外,王氏拔其佩刀,斩首送梁州,其众遂溃。诏赐王氏号为崇义夫人。

45　壬辰,王世充帅众三万围谷州,刺史任瓌拒却之。

46　上使李密分其麾下之半留华州,将其半出关。长史张宝德预在行中,恐密亡去,罪相及;上封事,言其必叛。上意乃中变,又恐密惊骇,乃降敕书劳来,令密留所部徐行,单骑入朝,更受节度。

密至稠桑,得敕,谓贾闰甫曰:"敕遣我去,无故复召我还,天子向云,'有人确执不许',此谮行矣。吾今若还,无复生理,不若破桃林县,收其兵粮,北走渡河。比信达熊州,吾已远矣。苟得至黎阳,大事必成。公意如何?"闰甫曰:"主上待明公甚厚,况国家姓名,著在图谶,天下终当一统。明公既已委质,复生异图,任瓌、史万宝据熊、谷二州,此事朝举,彼兵夕至,虽克桃林,兵岂暇集,一称叛逆,谁复容人!为明公计,不若且应朝命,以明元无异心,自然浸润不行;更欲出就山东,徐思其便可也。"密怒曰:"唐使吾与绛、灌同列,何以堪之!且谶文之应,彼我所共。今不杀我,听使东行,足明王者不死,纵使唐遂定关中,山东终为我有。天与不取,乃欲束手投人!公,吾之心腹,何意如是!若不同心,当斩而后行!"闰甫泣曰:"明公虽云应谶,近察天人,稍已相违。今海内分崩,人思自擅,强者为雄;明公奔亡甫尔,谁相听受!且自翟让受戮之后,人皆谓明公弃恩忘本,今日谁肯复以所有之兵束手委公乎?彼必虑公见夺,逆相拒抗,一朝失势,岂有容足之地哉!自非荷恩殊厚者,讵肯深言不讳乎?愿明公熟思之,但恐大福不再。苟明公有所措身,闰甫亦何辞就戮!"密大怒,挥刃欲击之,王伯当等固请,乃释之。闰甫奔熊州。伯当亦止密,以为未可,密不从。伯当乃曰:"义士之志,不以存亡易心。公必不听,伯当与公同死耳,然恐终无益也。"

密因执使者,斩之。庚子旦,密绐桃林县官曰:"奉诏暂还京师,家人请寄县舍。"乃简骁勇数十人,著妇人衣,戴幂䍦,藏刀裙下,诈为妻妾,自帅之入县舍,须臾,变服突出,因据县城。驱掠徒众,直趣南山,乘险而东,遣人驰告故将伊州刺史襄城张善相,令以兵应接。

右翊卫将军史万宝镇熊州,谓行军总管盛彦师曰:"李密,骁贼也,又辅以王伯当，今决策而叛，殆不可当也。"彦师笑曰："请以数千之众邀之，必枭其首。"万宝曰："公以何策能尔？"彦师曰："兵法尚诈，不可为公言之。"即帅众逾熊耳山南，据要道，令弓弩夹路乘高，刀楯伏于溪谷，令之曰："俟贼半渡，一时俱发。"或问曰："闻李密欲向洛州，而公入山，何也？"彦师曰："密声言向洛，实欲出人不意，走襄城，就张善相耳。若贼入谷口，我自后追之，山路险隘，无所施力，一夫殿后，必不能制。今吾先得入谷，擒之必矣。"

李密既渡陕，以为彦师不足虑，遂拥众徐行，果逾山南出。彦师击之，密众首尾断绝，不得相救，遂斩密及伯当，俱传首长安。彦师以功赐爵葛国公，仍领熊州。

李世勣在黎阳，上遣使以密首示之，告以反状。世勣北面拜伏号恸，表请收葬，诏归其尸。世勣为之行服，备君臣之礼。大具仪卫，举军缟素，葬密于黎阳山南。密素得士心，哭者多欧血。

47 隋右武卫大将军李景守北平，高开道围之，岁余不能克。辽西太守邓暠将兵救之，景帅其众迁于柳城；后将还幽州，于道为盗所杀。开道遂取北平，进陷渔阳郡，有马数千匹，众且万，自称燕王，改元始兴，都渔阳。

怀戎沙门高昙晟因县令设斋，士民大集，昙晟与僧五千人拥斋众而反，杀县令及镇将，自称大乘皇帝，立尼静宣为邪输皇后，改元法轮。遣使招开道，立为齐王。开道帅众五千人归之，居数月，袭杀昙晟，悉并其众。

48 有犯法不至死者，上特命杀之。监察御史李素立谏曰："三尺法，王者所与天下共也；法一动摇，人无所措手足。陛下甫创业，奈何弃法！臣忝法司，不敢奉诏。"上从之。自是特承恩遇，命所司授以七品清要官。所司拟雍州司户，上曰："此官要而不清。"又拟秘书郎，上曰："此官清而不要。"遂擢授侍御史。素立，义深之曾孙也。

上以舞胡安叱奴为散骑侍郎。礼部尚书李纲谏曰："古者乐工不与士齿，虽贤如子野、师襄，皆世不易其业。唯齐末封曹妙达为王，安马驹为开府，有国家者以为殷鉴。今天下新定，建义功臣，行赏未遍，高才硕学，犹滞草莱，而先擢舞胡为五品，使鸣玉曳组，趋翔廊庙，非所以规模后世也。"上不从，曰："吾业已授之，不可追也。"

陈岳论曰：受命之主，发号出令，为子孙法；一不中理，则为厉阶。今高祖曰"业已授之，不可追"，苟授之而是，则已；授之而非，胡不可追欤！君人之道，不得不以"业已授之"为诫哉！

**49** 李轨吏部尚书梁硕,有智略,轨常倚之以为谋主。硕见诸胡浸盛,阴劝轨宜加防察,由是与户部尚书安修仁有隙。轨子仲琰尝诣硕,硕不为礼,乃与修仁共谮硕于轨,诬以谋反,轨鸩硕,杀之。有胡巫谓轨曰:"上帝当遣玉女自天而降。"轨信之,发民筑台以候玉女,劳费甚广。河右饥,人相食。轨倾家财以赈之;不足,欲发仓粟,召群臣议之。曹珍等皆曰:"国以民为本,岂可爱仓粟而坐视其死乎!"谢统师等皆故隋官,心终不服,密与群胡为党,排轨故人,乃诟珍曰:"百姓饿者自是羸弱,勇壮之士终不至此。国家仓粟以备不虞,岂可散之以饲羸弱!仆射苟悦人情,不为国计,非忠臣也。"轨以为然,由是士民离怨。

# 资治通鉴卷第一百八十七

## 唐纪三

### 高祖神尧大圣光孝皇帝上之下

武德二年（己卯，619）

1　春，正月壬寅，王世充悉取隋朝显官、名士为太尉府官属，杜淹、戴胄皆预焉。胄，安阳人也。隋将军王隆帅屯卫将军张镇周、都水少监苏世长等以山南兵始至东都。王世充专总朝政，事无大小，悉关太尉府。台省监署，莫不阒然。世充立三牌于府门外：一求文学才识，堪济时务者；一求武勇智略，能摧锋陷敌者；一求身有冤滞，拥抑不申者。于是上书陈事者日有数百，世充悉引见，躬自省览，殷勤慰谕，人人自喜，以为言听计从，然终无所施行。下至士卒厮养，世充皆以甘言悦之，而实无恩施。

隋马军总管独孤武都为世充所亲任，其从弟司隶大夫机与虞部郎杨恭慎、前勃海郡主簿孙师孝、步兵总管刘孝元、李俭、崔孝仁谋召唐兵，使孝仁说武都曰：“王公徒为儿女之态以悦下愚，而鄙隘贪忍，不顾亲旧，岂能成大业哉！图谶之文，应归李氏，人皆知之。唐起晋阳，奄有关内，兵不留行，英雄景附。且坦怀待物，举善责功，不念旧恶，据胜势以争天下，谁能敌之！吾属托身非所，坐待夷灭。今任管公兵近在新安，又吾之故人也，若遣间使召之，使夜造城下，吾曹共为内应，开门纳之，事无不集矣。”武都从之。事泄，世充皆杀之。恭慎，达之子也。

2　癸卯，命秦王世民出镇长春宫。

3　宇文化及攻魏州总管元宝藏，四旬不克。魏徵往说之，丁未，宝藏举州来降。

4　戊午，淮安王神通击宇文化及于魏县，化及不能抗，东走聊城。神通拔魏县，斩获二千馀人，引兵追化及至聊城，围之。

5　甲子，以陈叔达为纳言。

6　丙寅，李密所置伊州刺史张善相来降。

7　朱粲有众二十万，剽掠汉、淮之间，迁徙无常，攻破州县，食其积粟未尽,复他适,将去,悉焚其馀资。又不务稼穑,民馁死者如积。粲无可复掠,军中乏食,乃教士卒烹妇人、婴儿啖之,曰:"肉之美者无过于人,但使他国有人,何忧于馁!"隋著作佐郎陆从典、通事舍人颜愍楚谪官在南阳,粲初引为宾客,其后无食,阖家皆为所啖。愍楚,之推之子也。又税诸城堡细弱以供军食,诸城堡相帅叛之。

淮安土豪杨士林、田瓒起兵攻粲,诸州皆应之。粲与战于淮源,大败,帅馀众数千奔菊潭。士林家世蛮酋,隋末,士林为鹰扬府校尉,杀郡官而据其郡。既逐朱粲,己巳,帅汉东四郡遣使诣信州总管庐江王瑗请降,诏以为显州道行台。士林以瓒为长史。

8　初,王世充既杀元、卢,虑人情未服,犹媚事皇泰主,礼甚谦敬。又请为刘太后假子,尊号曰圣感皇太后。既而渐骄横,尝赐食于禁中,还家大吐,疑遇毒,自是不复朝谒。皇泰主知其终不为臣,而力不能制,唯取内库彩物大造幡花;又出诸服玩,令僧散施贫乏以求福。世充使其党张绩、董濬守章善、显福二门,宫内杂物,毫厘不得出。是月,世充使人献印及剑。又言河水清,欲以耀众,为己符瑞云。

9　上遣金紫光禄大夫武功靳孝谟安集边郡,为梁师都所获。孝谟骂之极口,师都杀之。二月,诏追赐爵武昌县公,谥曰忠。

10　初定租、庸、调法,每丁租二石,绢二匹,绵三两。自兹以外,不得横有调敛。

11　丙戌,诏:"诸宗姓居官者在同列之上,未仕者免其徭役。每州置宗师一人以摄总,别为团伍。"

12　张俟德至凉,李轨召其群臣廷议曰:"唐天子,吾之从兄,今已正位京邑。一姓不可自争天下,吾欲去帝号,受其封爵,可乎?"曹珍曰:"隋失其鹿,天下共逐之,称王称帝者,奚啻一人!唐帝关中,凉帝河右,固不相妨。且已为天子,奈何复自贬黜!必欲以小事大,请依萧詧事魏故事。"轨从之。戊戌,轨遣其尚书左丞邓晓入见,奉书称"皇从弟大凉皇帝臣轨"而不受官爵。帝怒,拘晓不遣,始议兴师讨之。

初,隋炀帝自征吐谷浑,吐谷浑可汗伏允以数千骑奔党项,炀帝立其质子顺为主,使统馀众,不果入而还。会中国丧乱,伏允复还收其故地。上受禅,顺自江都还长安,上遣使与伏允连和,使击李轨,许以顺还之。伏允喜,起兵击轨,数遣使入贡请顺,上遣之。

13　闰月,朱粲遣使请降,诏以粲为楚王,听自置官属,以便宜从事。

14　宇文化及以珍货诱海曲诸贼,贼帅王薄帅众从之,与共守聊城。

　　窦建德谓其群下曰:"吾为隋民,隋为吾君;今宇文化及弑逆,乃吾仇也,吾不可以不讨!"乃引兵趣聊城。

　　淮安王神通攻聊城,化及粮尽,请降,神通不许。安抚副使崔世幹劝神通许之,神通曰:"军士暴露日久,贼食尽计穷,克在旦暮,吾当攻取以示国威,且散其玉帛以劳将士,若受其降,将何以为军赏乎!"世幹曰:"今建德方至,若化及未平,内外受敌,吾军必败。夫不攻而下之,为功甚易,奈何贪其玉帛而不受乎!"神通怒,囚世幹于军中。既而宇文士及自济北馈之,化及军稍振,遂复拒战。神通督兵攻之,贝州刺史赵君德攀堞先登,神通心害其功,收兵不战,君德大诟而下,遂不克。建德军且至,神通引兵退。

　　建德与化及连战,大破之,化及复保聊城。建德纵兵四面急攻,王薄开门纳之。建德入城,生擒化及,先谒隋萧皇后,语皆称臣,素服哭炀帝尽哀;收传国玺及卤簿仪仗,抚存隋之百官,然后执逆党宇文智及、杨士览、元武达、许弘仁、孟景,集隋官而斩之,枭首军门之外。以槛车载化及并二子承基、承趾至襄国,斩之。化及且死,更无馀言,但云:"不负夏王!"

　　建德每战胜克城,所得资财,悉以分将士,身无所取。又不啖肉,常食蔬,茹粟饭。妻曹氏,不衣纨绮,所役婢妾,才十许人。及破化及,得隋宫人千数,即时散遣之。以隋黄门侍郎裴矩为左仆射,掌选事,兵部侍郎崔君肃为侍中,少府令何稠为工部尚书,右司郎中柳调为左丞,虞世南为黄门侍郎,欧阳询为太常卿。询,纥之子也。自馀随才授职,委以政事。其不愿留,欲诣关中及东都者亦听之,仍给资粮,以兵援之出境。隋骁果尚近万人,亦各纵遣,任其所之。又与王世充结好,遣使奉表于隋皇泰主,皇泰主封为夏王。建德起于群盗,虽建国,未有文物法度,裴矩为之定朝仪,制律令,建德甚悦,每从之谘访典礼。

　　15　甲辰,上考第群臣,以李纲、孙伏伽为第一,因置酒高会,谓裴寂等曰:"隋氏以主骄臣谄亡天下,朕即位以来,每虚心求谏,然惟李纲差尽忠款,孙伏伽可谓诚直,馀人犹踵敝风,俯眉而已,岂朕所望哉!朕视卿如爱子,卿当视朕如慈父,有怀必尽,勿自隐也!"因命舍君臣之敬,极欢而罢。

　　16　遣前御史大夫段确使于朱粲。

　　17　初,上为隋殿内少监,宇文士及为尚辇奉御,上与之善。士及从化及至黎阳,上手诏召之,士及潜遣家僮间道诣长安,又因使者献金环。化及至魏县,兵势日蹙,士及劝之归唐,化及不从,内史令封德彝说士及于济北征督军粮以观其变。化及称帝,立士及为蜀王。化及死,士及与德彝自济北来降。时士及妹为昭仪,由是授上仪同。上以封德彝隋室旧臣,而谄巧不忠,深谯责之,罢遣就舍。德彝以秘策干上,上悦,寻拜内史舍人,俄迁侍郎。

18　甲寅,隋夷陵郡丞安陆许绍帅黔安、武陵、澧阳等诸郡来降。绍幼与帝同学;诏以绍为峡州刺史,赐爵安陆公。

19　丙辰,以徐世勣为黎州总管。

20　丁巳,骠骑将军张孝珉以劲卒百人袭王世充氾水城,入其郛,沉米船百五十艘。

21　己未,世充寇谷州。世充以秦叔宝为龙骧大将军,程知节为将军,待之皆厚。然二人疾世充多诈,知节谓叔宝曰:"王公器度浅狭而多妄语,好为咒誓,此乃老巫妪耳,岂拨乱之主乎!"世充与唐兵战于九曲,叔宝、知节皆将兵在陈,与其徒数十骑,西驰百许步,下马拜世充曰:"仆荷公殊礼,深思报效。公性猜忌,喜信谗言,非仆托身之所,今不能仰事,请从此辞。"遂跃马来降。世充不敢逼。上使事秦王世民,世民素闻其名,厚礼之,以叔宝为马军总管,知节为左三统军。时世充骁将又有骠骑武安李君羡、征南将军临邑田留安,亦恶世充之为人,帅众来降。世民引君羡置左右,以留安为右四统军。

22　王世充囚李育德之兄厚德于获嘉,厚德与其守将赵君颖逐殷州刺史段大师,以城来降。以厚德为殷州刺史。

23　窦建德陷邢州,执总管陈君宾。

24　上遣殿内监窦诞、右卫将军宇文歆助并州总管齐王元吉守晋阳。诞,抗之子也,尚帝女襄阳公主。元吉性骄侈,奴客婢妾数百人,好使之被甲,戏为攻战,前后死伤甚众,元吉亦尝被伤。其乳母陈善意苦谏,元吉醉,怒,命壮士殴杀之。性好田猎,载罔罟三十车,尝言:"我宁三日不食,不能一日不猎。"常与诞游猎,蹂践人禾稼。又纵左右夺民物,当衢射人,观其避箭。夜,开府门,宣淫他室。百姓愤怨,歆屡谏不纳,乃表言其状。壬戌,元吉坐免官。

25　癸亥,陟州刺史李育德攻下王世充河内堡聚三十一所。乙丑,世充遣其兄子君廓侵陟州,李育德击走之,斩首千馀级。李厚德归省亲疾,使李育德守获嘉,世充并兵攻之;丁卯,城陷,育德及弟三人皆战死。

26　己巳,李公逸以雍丘来降,拜杞州总管,以其族弟善行为杞州刺史。

27　隋吏部侍郎杨恭仁,从宇文化及至河北;化及败,魏州总管元宝藏获之,己巳,送长安。上与之有旧,拜黄门侍郎,寻以为凉州总管。恭仁素习边事,晓羌、胡情伪,民夷悦服,自葱岭已东,并入朝贡。

28　突厥始毕可汗将其众渡河至夏州,梁师都发兵会之,以五百骑授刘武周,欲自句注入寇太原。会始毕卒,子什钵苾幼,未可立,立其弟俟利弗设为处罗可汗。处罗以什钵苾为尼步设,使居东偏,直幽州之北。先是,上遣右武候将军高静奉币使于突厥,至丰州,闻始毕卒,敕纳于所在之库。突厥闻之,怒,欲入寇。丰州总管张长逊遣高静以币出塞为朝廷致赗,突厥乃还。

29　三月庚午,梁师都寇灵州,长史杨则击走之。

30　壬申,王世充寇谷州,刺史史万宝战不利。

31　庚辰,隋北海通守郑虔符、文登令方惠整及东海、齐郡、东平、任城、平陆、寿张、须昌贼帅王薄等并以其地来降。

32　王世充之寇新安也,外示攻取,实召文武之附己者议受禅。李世英深以为不可,曰:“四方所以奔驰归附东都者,以公能中兴隋室故也。今九州之地,未清其一,遽正位号,恐远人皆思叛去矣!”世充曰:“公言是也!”长史韦节、杨续等曰:“隋氏数穷,在理昭然。夫非常之事,固不可与常人议之。”太史令乐德融曰:“昔岁长星出,乃除旧布新之征。今岁星在角、亢。亢,郑之分野。若不亟顺天道,恐王气衰息。”世充从之。外兵曹参军戴胄言于世充曰:“君臣犹父子也,休戚同之。明公莫若竭忠徇国,则家国俱安矣。”世充诡辞称善而遣之。世充议受九锡,胄复固谏,世充怒,出为郑州长史,使与兄子行本镇虎牢。乃使段达等言于皇泰主,请加世充九锡。皇泰主曰:“郑公近平李密,已拜太尉,自是以来,未有殊绩,俟天下稍平,议之未晚。”段达曰:“太尉欲之。”皇泰主熟视达曰:“任公!”辛巳,达等以皇泰主之诏命世充为相国,假黄钺,总百揆,进爵郑王,加九锡,郑国置丞相以下官。

33　初,宇文化及以隋大理卿郑善果为民部尚书,从至聊城,为化及督战,中流矢。窦建德克聊城,王琮获善果,责之曰:“公名臣之家,隋室大臣,奈何为弑君之贼效命,苦战伤痍至此乎!”善果大惭,欲自杀,宋正本驰往救止之;建德复不为礼,乃奔相州,淮安王神通送之长安。庚午,善果至,上优礼之,拜左庶子、检校内史侍郎。

34　齐王元吉讽并州父老诣阙留己。甲申,复以元吉为并州总管。

35　戊子,淮南五州皆遣使来降。

36　辛卯,刘武周寇并州。

37　壬辰,营州总管邓暠击高开道,败之。

38　甲午,王世充遣其将高毗寇义州。

39　东都道士桓法嗣献孔子闭房记于王世充,言相国当代隋为天子。世充大悦,以法嗣为谏议大夫。世充又罗取杂鸟,书帛系颈,自言符命而纵之。有得鸟来献者,亦拜官爵。于是段达以皇泰主命,加世充殊礼,世充奉表三让。百官劝进,设位于都堂。纳言苏威年老,不任朝谒,世充以威隋氏重臣,欲以眩耀士民,每劝进,必冠威名。及受殊礼之日,扶威置百官之上,然后南面正坐受之。

40　夏,四月,刘武周引突厥之众,军于黄蛇岭,兵锋甚盛。齐王元吉使车骑将军张达以步卒尝寇;达辞以兵少不可往,元吉强遣之,至则俱没。达忿恨,庚子,引武周袭榆次,陷之。

41　散骑常侍段确,性嗜酒,奉诏慰劳朱粲于菊潭。辛丑,乘醉侮粲曰:“闻卿好啖人,人作何味?”粲曰:“啖醉人正如糟藏猪肉。”确怒,骂曰:“狂贼入朝,为一头奴耳,复得啖人乎!”粲于座收确及从者数十人,悉烹之以啖左右。遂屠菊潭,奔王世充,世充以为龙骧大将军。

42　王世充令长史韦节、杨续等及太常博士衡水孔颖达,造禅代仪,遣段达、云定兴等十余人入奏皇泰主曰:“天命不常,郑王功德甚盛,愿陛下遵唐、虞之迹!”皇泰主敛膝据案,怒曰:“天下,高祖之天下,若隋祚未亡,此言不应辄发;必天命已改,何烦禅让!公等或祖祢旧臣,或台鼎高位,既有斯言,朕复何望!”颜色凛冽,在廷者皆流汗。退朝,泣对太后。世充更使人谓之曰:“今海内未宁,须立长君,俟四方安集,当复子明辟,必如前誓。”癸卯,世充称皇泰主命,禅位于郑,遣其兄恽幽皇泰主于含凉殿,虽有三表陈让及敕书敦劝,皇泰主皆不知也。遣诸将引兵入清宫城,又遣术人以桃汤苇火袯除禁省。

43　隋将帅、郡县及贼帅前后继有降者,诏以王薄为齐州总管,伏德为济州总管,郑虔符为青州总管,綦公顺为潍州总管,王孝师为沧州总管。

44　甲辰,遣大理卿新乐郎楚之安抚山东,秘书监夏侯侯端安抚淮左。

45　乙巳,王世充备法驾入宫,即皇帝位。丙午,大赦,改元开明。

46　丁未,隋御卫将军陈棱以江都来降。以棱为扬州总管。

47　戊申,王世充立子玄应为太子,玄恕为汉王,馀兄弟宗族十九人皆为王。奉皇泰主为潞国公。以苏威为太师,段达为司徒,云定兴为太尉,张仅为司空,杨续为纳言,韦节为内史,王隆为左仆射,韦霁为右仆射,齐王世恽为尚书令,杨汪为吏部尚书,杜淹为少吏部,郑颋为御史大夫。世恽,世充之兄也。又以国子助教吴人陆德明为汉王师,令玄恕就其家行束脩礼。德明耻之,服巴豆散,卧称病,玄恕入跪床下,对之遗利,竟不与语。德明名朗,以字行。

世充于阙下及玄武门等数处皆设榻,坐无常所,亲受章表。或轻骑历衢市,亦不清道,民但避路而已。世充按辔徐行,语之曰:"昔时天子深居九重,在下事情无由闻彻。今世充非贪天位,但欲救恤时危,正如一州刺史,亲览庶务,当与士庶共评朝政,尚恐门有禁限,今于门外设坐听朝,宜各尽情。"又令西朝堂纳冤抑,东朝堂纳直谏。于是献策上书者日有数百,条流既烦,省览难遍,数日后,不复更出。

48　窦建德闻王世充自立,乃绝之,始建天子旌旗,出警入跸,下书称诏,追谥隋炀帝为闵帝。齐王暕之死也,有遗腹子政道,建德立以为郧公,然犹依倚突厥以壮其兵势。隋义成公主遣使迎萧皇后及南阳公主,建德遣千馀骑送之,又传宇文化及首以献义成公主。

49　丙辰,刘武周围并州,齐王元吉拒却之。戊午,诏太常卿李仲文将兵救并州。

50　王世充将军丘怀义居门下内省,召越王君度、汉王玄恕、将军郭士衡杂妓妾饮博,侍御史张蕴古弹之。世充大怒,令散手执君度、玄恕,批其耳数十;又命引入东上阁,杖之各数十。怀义、士衡不问。赏蕴古帛百段,迁太子舍人。君度,世充之兄子也。

世充每听朝,殷勤诲谕,言词重复,千端万绪,侍卫之人不胜倦弊。百司奏事,疲于听受。御史大夫苏良谏曰:"陛下语太多而无领要,计云尔即可,何烦许辞也!"世充默然良久,亦不罪良,然性如是,终不能改也。

51　王世充数攻伊州,总管张善相拒之;粮尽,援兵不至,癸亥,城陷,善相骂世充极口而死。帝闻,叹曰:"吾负善相,善相不负吾也!"赐其子襄城郡公。

52　五月,王世充陷义州,复寇西济州。遣右骁卫大将军刘弘基将兵救之。

53　李轨将安脩仁兄兴贵,仕长安,表请说轨,谕以祸福。上曰:"轨阻兵恃险,连结吐谷浑、突厥,吾兴兵击之,尚恐不克,岂口舌所能下乎!"兴贵曰:"臣家在凉州,奕世豪望,为民夷所附。弟脩仁为轨所信任,子弟在机近者以十数。臣往说之,轨听臣固善,若其不听,图之肘腋,易矣!"上乃遣之。

兴贵至武威,轨以为左右卫大将军。兴贵乘间说轨曰:"凉地不过千里,土薄民贫。今唐起太原,取函秦,宰制中原,战必胜,攻必取,此殆天启,非人力也。不若举河西归之,则窦融之功复见于今日矣!"轨曰:"吾据山河之固,彼虽强大,若我何!汝自唐来,为唐游说耳。"兴贵谢曰:"臣闻富贵不归故乡,如衣绣夜行,臣阖门受陛下荣禄,安肯附唐!但欲效其愚虑,可否在陛下耳。"于是退与脩仁阴结诸胡起兵击轨,轨出战而败,婴城自守。兴贵徇曰:"大唐遣我来诛李轨,敢助之者夷三族!"城中人争出就兴贵。轨计穷,与妻子登玉女台,置酒为别。庚辰,兴贵执之以闻,河西悉平。

邓晓在长安,舞蹈称庆,上曰:"汝为人使臣,闻国亡,不戚而喜,以求媚于朕,不忠于李轨,肯为朕用乎!"遂废之终身。

轨至长安,并其子弟皆伏诛。以安兴贵为右武候大将军、上柱国、凉国公,赐帛万段,安脩仁为左武候大将军、中国公。

54　隋末,离石胡刘龙儿拥兵数万,自号刘王,以其子季真为太子;虎贲郎将梁德击斩龙儿。至是,季真与弟六儿复举兵为乱,引刘武周之众攻陷石州,杀刺史王俭。季真自称突利可汗,以六儿为拓定王。六儿遣使请降,诏以为岚州总管。

55　壬午,以秦王世民为左武候大将军、使持节、凉甘等九州诸军事、凉州总管,其太尉、尚书令、雍州牧、陕东道行台并如故。遣黄门侍郎杨恭仁安抚河西。

56　丙戌,刘武周陷平遥。

57　癸巳,梁州总管、山东道安抚副使陈政为麾下所杀,携其首奔王世充。政,茂之子也。

58　王世充以礼部尚书裴仁基、左辅大将军裴行俨有威名,忌之。仁基父子知之,亦不自安,乃与尚书左丞宇文儒童、儒童弟尚食直长温、散骑常侍崔德本谋杀世充及其党,复尊立皇泰主;事泄,皆夷三族。齐王世恽言于世充曰:"儒童等谋反,正为皇泰主尚在故也,不如早除之。"世充从之,遣兄唐王仁则及家奴梁百年鸩皇泰主。皇泰主曰:"更为请太尉,以往者之言,未应至此。"百年欲为启陈,世恽不许。又请与皇太后辞诀,亦不许。乃布席焚香礼佛:"愿自今已往,不复生帝王家!"饮药,不能绝,以帛缢杀之,谥曰恭皇帝。世充以其兄楚王世伟为太保,齐王世恽为太傅,领尚书令。

59　六月庚子,窦建德陷沧州。

60　初,易州贼帅宋金刚,有众万馀,与魏刀儿连结。刀儿为窦建德所灭,金刚救之,战败,帅众四千西奔刘武周。武周闻其善用兵,得之,甚喜,号曰宋王,委以军事,中分家赀以遗之。金刚亦深自结,出其故妻,纳武周之妹。因说武周图晋阳,南向争天下。武周以金刚为西南道大行台,使将兵三万寇并州。丁未,武周进逼介州,沙门道澄以佛幡缒之入城,遂陷介州。诏左武卫大将军姜宝谊、行军总管李仲文击之。武周将黄子英往来雀鼠谷,数以轻兵挑战,兵才接,子英阳不胜而走,如是再三,宝谊、仲文悉众逐之,伏兵发,唐兵大败,宝谊、仲文皆为所虏。既而俱逃归,上复使二人将兵击武周。

61　己酉,突厥使来告始毕可汗之丧,上举哀于长乐门,废朝三日,诏百官就馆吊其使者。又遣内史舍人郑德挺吊处罗可汗,赙帛三万段。

62　上以刘武周入寇为忧,右仆射裴寂请自行。癸亥,以寂为晋州道行军总管,讨武周,听以便宜从事。

63　秋,七月,初置十二军,分关内诸府以隶焉,皆取天星为名,以车骑府统之。每军将、副各一人,取威名素重者为之,督以耕战之务。由是士马精强,所向无敌。

64　海岱贼帅徐圆朗以数州之地请降,拜兖州总管,封鲁国公。

65　王世充遣其将罗士信寇谷州,士信帅其众千馀人来降。先是,士信从李密击世充,兵败,为世充所得,世充厚礼之,与同寝食。既而得邴元真等,待之如士信,士信耻之。士信有骏马,世充兄子赵王道询欲之,不与,世充夺之以赐道询;士信怒,故来降。上闻其来,甚喜,遣使迎劳,廪食其所部,以士信为陕州道行军总管。世充左龙骧将军临泾席辩与同列杨虔安、李君义皆帅所部来降。

66　丙子,王世充遣其将郭士衡寇谷州,刺史任瓌大破之,俘斩且尽。

甲申,行军总管刘弘基遣其将种如愿袭王世充河阳城,毁其河桥而还。

67　乙酉,西突厥统叶护可汗、高昌王麹伯雅各遣使入贡。

初,西突厥曷娑那可汗入朝于隋,隋人留之,国人立其叔父,号射匮可汗。射匮者,达头可汗之孙也,既立,拓地东至金山,西至海,遂与北突厥为敌,建庭于龟兹北三弥山。射匮卒,子统叶护立。统叶护勇而有谋,北并铁勒,控弦数十万,据乌孙故地,又移庭于石国北千泉。西域诸国皆臣之,叶护各遣吐屯监之,督其征赋。

68　辛卯,宋金刚寇浩州,浃旬而退。

69　八月丁酉,酅公薨,谥曰隋恭帝;无后,以族子行基嗣。

70　窦建德将兵十馀万趣洺州,淮安王神通帅诸军退保相州。己亥,建德兵至洺州城下。

71　丙午,将军秦武通军至洛阳,败王世充将葛彦璋。

72　丁未,窦建德陷洺州,总管袁子幹降之。乙卯,引兵趣相州,淮安王神通闻之,帅诸军就李世勣于黎阳。

73　梁师都与突厥合数千骑寇延州,行军总管段德操兵少不敌,闭壁不战,伺师都稍息,九月丙寅,遣副总管梁礼将兵击之。师都与礼战方酣,德操以轻骑多张旗帜,掩击其后,师都军溃,逐北二百里,破其魏州,虏男女二千馀口。德操,孝先之子也。

74　萧铣遣其将杨道生寇峡州,刺史许绍击破之。铣又遣其将陈普环帅舟师上峡,规取巴、蜀。绍遣其子智仁及录事参军李弘节等追至西陵,大破之,擒普环。铣遣兵戍安蜀城及荆门城。

先是,上遣开府李靖诣夔州经略萧铣。靖至峡州,阻铣兵,久不得进。上怒其迟留,阴敕许绍斩之。绍惜其才,为之奏请,获免。

75　己巳,窦建德陷相州,杀刺史吕珉。

76　民部尚书鲁公刘文静,自以才略功勋在裴寂之右而位居其下,意甚不平。每廷议,寂有所是,文静必非之,数侵侮寂,由是有隙。文静与弟通直散骑常侍文起饮,酒酣怨望,拔刀击柱曰:“会当斩裴寂首!”家数有妖,文起召巫于星下被发衔刀为厌胜。文静有妾无宠,使其兄上变告之。上以文静属吏,遣裴寂、萧瑀问状,文静曰:“建义之初,忝为司马,计与长史位望略同。今寂为仆射,据甲第;臣官赏不异众人,东西征讨,老母留京师,风雨无所庇,实有觖望之心,因醉怨言,不能自保。”上谓群臣曰:“观文静此言,反明白矣。”李纲、萧瑀皆明其不反,秦王世民为之固请曰:“昔在晋阳,文静先定非常之策,始告寂知,及克京城,任遇悬隔,令文静觖望则有之,非敢谋反。”裴寂言于上曰:“文静才略实冠时人,性复粗险,今天下未定,留之必贻后患。”上素亲寂,低回久之,卒用寂言。辛未,文静及文起坐死,籍没其家。

77　沈法兴既克毗陵,谓江、淮之南指挥可定,自称梁王,都毗陵,改元延康,置百官。性残忍,专尚威刑,将士小有过,即斩之,由是其下离怨。

时杜伏威据历阳,陈稜据江都,李子通据海陵,俱有窥江表之心。法兴军数败;会子通围稜于江都,稜送质求救于法兴及伏威,法兴使其子纶将兵数万与伏威共救之。伏威军清流,纶军扬子,相去数十里。子通纳言毛文深献策,募江南人诈为纶兵,夜袭伏威营,伏威怒,复遣兵袭纶。由是二人相疑,莫敢先进。子通得尽锐攻江都,克之,稜奔伏威。子通入江都,因纵击纶,大破之,伏威亦引去。子通即皇帝位,国号吴,改元明政。丹阳贼帅乐伯通帅众万馀降之,子通以为左仆射。

78　杜伏威请降。丁丑,以伏威为淮南安抚大使、和州总管。

79　裴寂至介休,宋金刚据城拒之。寂军于度索原,营中饮涧水,金刚绝之,士卒渴乏。寂欲移营就水,金刚纵兵击之,寂军遂溃,失亡略尽;寂一日一夜驰至晋州。先是,刘武周屡遣兵攻西河,浩州刺史刘赡拒之,李仲文引兵就之,与共守西河。及裴寂败,自晋州以北城镇俱没,唯西河独存。姜宝谊复为金刚所虏,谋逃归,金刚杀之。裴寂上表谢罪,上慰谕之,复使镇抚河东。

刘武周进逼并州,齐王元吉给其司马刘德威曰:"卿以老弱守城,吾以强兵出战。"辛巳,元吉夜出兵,携其妻妾弃州奔还长安。元吉始去,武周兵已至城下,晋阳土豪薛深以城纳武周。上闻之,大怒,谓礼部尚书李纲曰:"元吉幼弱,未习时事,故遣窦诞、宇文歆辅之。晋阳强兵数万,食支十年,兴王之基,一旦弃之。闻宇文歆首画此策,我当斩之!"纲曰:"王年少骄逸,窦诞曾无规谏,又掩覆之,使士民愤怨,今日之败,诞之罪也。歆谏,王不悛,寻皆闻奏,乃忠臣也,岂可杀哉!"明日,上召纲入,升御座曰:"我得公,遂无滥刑。元吉自为不善,非二人所能禁也。"并诞赦之。卫尉少卿刘政会在太原,为武周所虏,政会密表论武周形势。

武周据太原,遣宋金刚攻晋州,拔之,虏右骁卫大将军刘弘基,弘基逃归。金刚进逼绛州,陷龙门。

80　西突厥曷娑那可汗与北突厥有怨,曷娑那在长安,北突厥遣使请杀之,上不许。群臣皆曰:"保一人而失一国,后必为患!"秦王世民曰:"人穷来归,我杀之不义。"上迟回久之,不得已,丙戌,引曷娑那于内殿宴饮,既而送中书省,纵北突厥使者使杀之。

81　礼部尚书李纲领太子詹事,太子建成始甚礼之。久之,太子渐昵近小人,疾秦王世民功高,颇相猜忌,纲屡谏不听,乃乞骸骨。上骂之曰:"卿为何潘仁长史,乃耻为朕尚书邪!且方使卿辅导建成,而固求去,何也?"纲顿首曰:"潘仁,贼也,每欲妄杀人,臣谏之即止,为其长史,可以无愧。陛下创业明主,臣不才,所言如水投石,言于太子亦然,臣何敢久污天台、辱东朝乎!"上曰:"知公直士,勉留辅吾儿。"戊子,以纲为太子少保,尚书、詹事如故。纲复上书谏太子饮酒无节,及信谗慝,疏骨肉;太子不怿，而所为如故。纲郁郁不得志，是岁，固称老病辞职，诏解尚书，仍为少保。

82　淮安王神通使慰抚使张道源镇赵州。庚寅，窦建德陷赵州，执总管张志昂及道源。建德以二人及邢州刺史陈君宾不肯下，欲杀之，国子祭酒凌敬谏曰："人臣各为其主用，彼坚守不下，乃忠臣也。今大王杀之，何以励群下乎！"建德怒曰："吾至城下，彼犹不降，力屈就擒，何可舍也！"敬曰："今大王使大将高士兴拒罗艺于易水，艺才至，兴即降，大王之意以为何如？"建德乃悟，即命释之。

83　乙未，梁师都复寇延州，段德操击破之，斩首二千馀级，师都以百馀骑遁去。德操以功拜柱国，赐爵平原郡公。鄜州刺史鄜城壮公梁礼战没。

84　冬，十月己亥，就加凉州总管杨恭仁纳言；赐幽州总管燕公罗艺姓李氏，封燕郡王。

辛丑，李艺破窦建德于衡水。

85　癸卯，以左武候大将军庞玉为梁州总管。时集州獠反，玉讨之，獠据险自守，军不得进，粮且尽。熟獠与反者皆邻里亲党，争言贼不可击，请玉还。玉扬言："秋谷将熟，百姓毋得收刈，一切供军，非平贼吾不返。"闻者大惧曰："大军不去，吾曹皆将馁死。"其中壮士乃入贼营，与所亲潜谋，斩其渠帅而降，馀党皆散，玉追讨，悉平之。

86　刘武周将宋金刚进攻浍州，陷之，军势甚锐。裴寂性怯，无将帅之略，唯发使骆驿，趣虞、泰二州居民入城堡，焚其积聚。民惊扰愁怨，皆思为盗，夏县民吕崇茂聚众自称魏王，以应武周，寂讨之，为所败。诏永安王孝基、独孤怀恩、陕州总管于筠、内史侍郎唐俭等将兵讨之。

时王行本犹据蒲反，未下，亦与武周相应，关中震骇。上出手敕曰："贼势如此，难与争锋，宜弃大河以东，谨守关西而已。"秦王世民上表曰："太原，王业所基，国之根本；河东富实，京邑所资，若举而弃之，臣窃愤恨。愿假臣精兵三万，必冀平殄武周，克复汾、晋。"上于是悉发关中兵以益世民所统，使击武周。乙卯，幸华阴，至长春宫以送之。

87　窦建德引兵趣卫州。建德每行军，常为三道，辎重、细弱居中央，步骑夹左右，相去三里许。建德以千骑前行，过黎阳三十里，李世勣遣骑将丘孝刚将三百骑侦之。孝刚骁勇，善马槊，与建德遇，遂击之，建德败走；右方兵救之，击斩孝刚。建德怒，还攻黎阳，克之，虏淮安王神通、李世勣父盖、魏徵及帝妹同安公主。唯李世勣以数百骑走渡河，数日，以其父故，还诣建德降；卫州闻黎阳陷，亦降。建德以李世勣为左骁卫将军，使守黎阳，常以其父盖自随为质。以魏徵为起居舍人。滑州刺史王轨奴杀轨，携其首诣建德降。建德曰："奴杀主大逆，吾何为受之！"立命斩奴，返其首于滑州。吏民感悦，即日请降。于是其旁州县及徐圆朗等皆望风归附。己未，建德还洺州，筑万春宫，徙都之。置淮安王神通于下博，待以客礼。

88　行军总管罗士信帅勇士夜入洛阳外郭，纵火焚清化里而还。壬戌，士信拔青城堡。

89　王世充自将兵徇地至滑台，临黎阳。尉氏城主时德睿、汴州刺史王要汉、亳州刺史丁叔则遣使降之。以德睿为尉州刺史。要汉，伯当之兄也。

夏侯端至黎阳，李世勣发兵送之，自澶渊济河，传檄州县，东至于海，南至于淮，二十馀州，皆遣使来降。行至谯州，会汴、亳降于王世充，还路遂绝。端素得众心，所从二千人，虽粮尽不忍委去，端坐泽中，杀马以飨士，因歔欷谓曰："卿等乡里皆已从贼，特以共事之情，未能见委。我奉王命，不可从卿；卿有妻子，无宜效我。可斩吾首归贼，必获富贵。"众皆流涕曰："公于唐室非有亲属，直以忠义，志不图存。某等虽贱，心亦人也，宁肯害公以求利乎！"端曰："卿不忍见杀，吾当自刭。"众抱持之，乃复同进，潜行五日，馁死及为贼所击奔溃相失者太半，唯馀五十二人同走，采橐豆生食之。端持节未尝离身，屡遣从者散，自求生，众又不可。时河南之地皆入世充，唯杞州刺史李公逸为唐坚守，遣兵迎端，馆给之。世充遣使召端，解衣遗之，仍送除书，以端为淮南郡公、尚书少吏部。端对使者焚书毁衣，曰："夏侯端天子大使，岂受王世充官乎！汝欲吾往，唯可取吾首耳。"因解节旄怀之，置刃于竿，自山中西走，无复蹊径，冒践荆棘，昼夜兼行，得达宜阳，从者坠崖溺水，为虎狼所食，又丧其半；其存者鬓发秃落，无复人状。端诣阙见上，但谢无功，初不自言艰苦，上复以为秘书监。

郎楚之至山东，亦为窦建德所获，楚之不屈，竟得还。

王世充遣其从弟世辩以徐、亳之兵攻雍丘，李公逸遣使求救，上以隔贼境，不能救。公逸乃留其属李善行守雍丘，身帅轻骑入朝，至襄城，为世充伊州刺史张殷所获，世充谓曰："卿越郑臣唐，其说安在？"公逸曰："我于天下，唯知有唐，不知有郑。"世充怒，斩之。善行亦没。上以公逸子为襄邑公。

90　甲子，上祠华山。

# 资治通鉴卷第一百八十八

## 唐纪四

### 高祖神尧大圣光孝皇帝中之上

武德二年（己卯，619）

1　十一月己卯，刘武周寇浩州。

2　秦王世民引兵自龙门乘冰坚渡河，屯柏壁，与宋金刚相持。时河东州县，俘掠之馀，未有仓廪，人情恇扰，聚入城堡，征敛无所得，军中乏食。世民发教谕民，民闻世民为帅而来，莫不归附，自近及远，至者日多，然后渐收其粮食，军食以充。乃休兵秣马，唯令偏裨乘间抄掠，大军坚壁不战，由是贼势日衰。

世民尝自帅轻骑觇敌，骑皆四散，世民独与一甲士登丘而寝。俄而贼兵四合，初不之觉，会有蛇逐鼠，触甲士之面，甲士惊寤，遂白世民俱上马，驰百馀步，为贼所及，世民以大羽箭射殪其骁将，贼骑乃退。

3　李世勣欲归唐，恐祸及其父，谋于郭孝恪。孝恪曰：“吾新事窦氏，动则见疑，宜先立效以取信，然后可图也。”世勣从之。袭王世充获嘉，破之，多所俘获，以献建德，建德由是亲之。

初，漳南人刘黑闼，少骁勇狡狯，与窦建德善，后为群盗，转事郝孝德、李密、王世充。世充以为骑将，每见世充所为，窃笑之。世充使黑闼守新乡，李世勣击虏之，献于建德。建德署为将军，赐爵汉东公，常使将奇兵东西掩袭，或潜入敌境觇视虚实，黑闼往往乘间奋击，克获而还。

4　十二月庚申，上猎于华山。

5　于筠说永安王孝基急攻吕崇茂，独孤怀恩请先成攻具，然后进，孝基从之。崇茂求救于宋金刚，金刚遣其将善阳尉迟敬德、寻相将兵奄至夏县。孝基表里受敌，军遂大败，孝基、怀恩、筠、唐俭及行军总管刘世让皆为所虏。敬德名恭，以字行。

上征裴寂入朝，责其败军，下吏，既而释之，宠待弥厚。

尉迟敬德、寻相将还浍州，秦王世民遣兵部尚书殷开山、总管秦叔宝等邀之于美良川,大破之,斩首二千馀级。顷之,敬德、寻相潜引精骑援王行本于蒲反,世民自将步骑三千从间道夜趋安邑,邀击,大破之。敬德、相仅以身免,悉俘其众,复归柏壁。

诸将咸请与宋金刚战,世民曰:"金刚悬军深入,精兵猛将,咸聚于是,武周据太原,倚金刚为扞蔽。军无蓄积,以虏掠为资,利在速战。我闭营养锐以挫其锋,分兵汾、隰,冲其心腹,彼粮尽计穷,自当遁走。当待此机,未宜速战。"

永安壮王孝基谋逃归,刘武周杀之。

6　李世勣复遣人说窦建德曰:"曹、戴二州,户口完实,孟海公窃有其地,与郑人外合内离;若以大军临之,指期可取。既得海公,以临徐、兖,河南可不战而定也。"建德以为然,欲自将徇河南,先遣其行台曹旦等将兵五万济河,世勣引兵三千会之。


三年(庚辰,620)

1　春,正月,将军秦武通攻王行本于蒲反。行本出战而败,粮尽援绝,欲突围走,无随之者,戊寅,开门出降。辛巳,上幸蒲州,斩行本。秦王世民轻骑谒上于蒲州。宋金刚围绛州。癸巳,上还长安。

2　李世勣谋俟窦建德至河南,掩袭其营,杀之,冀得其父并建德土地以归唐。会建德妻产,久之不至。

曹旦,建德之妻兄也,在河南,多所侵扰,诸贼羁属者皆怨之。贼帅魏郡李文相,号李商胡,聚五千馀人,据孟津中潬。母霍氏,亦善骑射,自称霍总管。世勣结商胡为昆弟,入拜商胡之母。母泣谓世勣曰:"窦氏无道,如何事之!"世勣曰:"母无忧,不过一月,当杀之,相与归唐耳!"世勣辞去,母谓商胡曰:"东海公许我共图此贼,事久变生,何必待其来,不如速决。"是夜,商胡召曹旦偏裨二十三人,饮之酒,尽杀之。旦别将高雅贤、阮君明尚在河北未济,商胡以巨舟四艘济河北之兵三百人,至中流,悉杀之。有兽医游水得免,至南岸,告曹旦,旦严警为备。商胡既举事,始遣人告李世勣。世勣与曹旦连营,郭孝恪劝世勣袭旦,世勣未决,闻旦已有备,遂与孝恪帅数十骑来奔。商胡复引精兵二千北袭阮君明,破之。高雅贤收众去,商胡追之,不及而还。

建德群臣请诛李盖,建德曰:"世勣,唐臣,为我所虏,不忘本朝,乃忠臣也,其父何罪!"遂赦之。

甲午,世勣、孝恪至长安。曹旦遂取济州,复还洺州。

3　二月庚子，上幸华阴。

4　刘武周遣兵寇潞州，陷长子、壶关。潞州刺史郭子武不能御，上以将军河东王行敏助之。行敏与子武不叶，或言子武将叛，行敏斩子武以徇。乙巳，武周复遣兵寇潞州，行敏击破之。

5　壬子，开州蛮冉肇则陷通州。

6　甲寅，遣将军桑显和等攻吕崇茂于夏县。

7　初，工部尚书独孤怀恩攻蒲反，久不下，失亡多，上数以敕书诮让之，怀恩由是怨望。上尝戏谓怀恩曰：“姑之子皆已为天子，次应至舅之子乎？”怀恩亦颇以此自负，或时扼腕曰：“我家岂女独贵乎？”遂与麾下元君宝谋反。会怀恩、君宝与唐俭皆没于尉迟敬德，君宝谓俭曰：“独孤尚书近谋大事，若能早决，岂有此辱哉！”及秦王世民败敬德于美良川，怀恩逃归，上复使之将兵攻蒲反。君宝又谓俭曰：“独孤尚书遂拔难得还，复在蒲反，可谓王者不死！”俭恐怀恩遂成其谋，乃说尉迟敬德，请使刘世让还与唐连和，敬德从之，遂以怀恩反状闻。时王行本已降，怀恩入据其城，上方济河幸怀恩营，已登舟矣，世让适至。上大惊曰：“吾得免，岂非天也！”乃使召怀恩，怀恩未知事露，轻舟来至，即执以属吏，分捕党与。甲寅，诛怀恩及其党。

8　窦建德攻李商胡，杀之。建德洺州劝课农桑，境内无盗，商旅野宿。

9　突厥处罗可汗迎杨政道，立为隋王。中国士民在北者，处罗悉以配之，有众万人。置百官，皆依隋制，居于定襄。

10　三月乙丑，刘武周遣其将张万岁寇浩州，李仲文击走之，俘斩数千人。

11　改纳言为侍中，内史令为中书令，给事郎为给事中。

12　甲戌，以内史侍郎封德彝为中书令。

13　王世充将帅、州县来降者，时月相继。世充乃峻其法，一人亡叛，举家无少长就戮，父子、兄弟、夫妇许相告而免之。又使五家为保，有举家亡者，四邻不觉，皆坐诛。杀人益多而亡者益甚，至于樵采之人，出入皆有限数。公私愁窘，人不聊生。又以宫城为大狱，意所忌者，并其家属收系宫中。诸将出讨，亦质其家属于宫中，禁止者常不减万口，馁死者日有数十。世充又以台省官为司、郑、管、原、伊、殷、梁、凑、嵩、谷、怀、德等十二州营田使，丞、郎得为此行者，喜若登仙。

14　甲申，行军副总管张纶败刘武周于浩州，俘斩千馀人。

15 西河公张纶、真乡公李仲文引兵临石州,刘季真惧而诈降。乙酉,以季真为石州总管,赐姓李氏,封彭山郡王。

16 蛮酋冉肇则寇信州,赵郡公孝恭与战,不利。李靖将兵八百,袭击,斩之,俘五千馀人。己丑,复开、通二州。孝恭又击萧铣东平王阇提,斩之。

17 夏,四月丙申,上祠华山。壬寅,还长安。

18 置益州道行台,以益、利、会、鄜、泾、遂六总管隶焉。

19 刘武周数攻浩州,为李仲文所败。宋金刚军中食尽;丁未,金刚北走,秦王世民追之。

20 罗士信围慈涧,王世充使太子玄应拒之,士信刺玄应坠马,人救之,得免。

21 壬子,以显州道行台杨士林为行台尚书令。

22 甲寅,加秦王世民益州道行台尚书令。

23 秦王世民追及寻相于吕州,大破之,乘胜逐北,一昼夜行二百馀里,战数十合。至高壁岭,总管刘弘基执辔谏曰:"大王破贼,逐北至此,功亦足矣,深入不已,不爱身乎!且士卒饥疲,宜留壁于此,俟兵粮毕集,然后复进,未晚也。"世民曰:"金刚计穷而走,众心离沮。功难成而易败,机难得而易失,必乘此势取之。若更淹留,使之计立备成,不可复攻矣。吾竭忠徇国,岂顾身乎!"遂策马而进,将士不敢复言饥。追及金刚于雀鼠谷,一日八战,皆破之,俘斩数万人。夜,宿于雀鼠谷西原,世民不食二日,不解甲三日矣,军中止有一羊,世民与将士分而食之。丙辰,陕州总管于筠自金刚所逃来。世民引兵趣介休,金刚尚有众二万,出西门,背城布陈,南北七里。世民遣总管李世勣与战,小却,为贼所乘,世民帅精骑击之,出其陈后,金刚大败,斩首三千级。金刚轻骑走,世民追之数十里,至张难堡,浩州行军总管樊伯通、张德政据堡自守,世民免胄示之,堡中喜噪且泣,左右告以王不食,献浊酒、脱粟饭。

尉迟敬德收馀众守介休,世民遣任城王道宗、宇文士及往谕之,敬德与寻相举介休及永安降。世民得敬德,甚喜,以为右一府统军,使将其旧众八千,与诸营相参。屈突通虑其变,骤以为言,世民不听。

刘武周闻金刚败,大惧,弃并州走突厥。金刚收其馀众,欲复战,众莫肯从,亦与百馀骑走突厥。

世民至晋阳,武周所署仆射杨伏念以城降。唐俭封府库以待世民,武周所得州县皆入于唐。

未几,金刚谋走上谷,突厥追获,腰斩之。岚州总管刘六儿从宋金刚在介休,秦王世民擒斩之。其兄季真,弃石州,奔刘武周将马邑高满政,满政杀之。

武周之南寇也,其内史令苑君璋谏曰:"唐主举一州之众,直取长安,所向无敌,此乃天授,非人力也。晋阳以南,道路险隘,悬军深入,无继于后,若进战不利,何以自还! 不如北连突厥,南结唐朝,南面称孤,足为长策。"武周不听,留君璋守朔州。及败,泣谓君璋曰:"不用君言,以至于此。"久之,武周谋亡归马邑,事泄,突厥杀之。突厥又以君璋为大行台,统其馀众,仍令郁射设督兵助镇。

24　庚申,怀州总管黄君汉击王世充太子玄应于西济州,大破之。熊州行军总管史万宝邀之于九曲,又破之。

25　辛酉,王世充陷邓州。

26　上闻并州平,大悦。壬戌,宴群臣,赐缯帛,使自入御府,尽力取之。复唐俭官爵,仍以为并州道安抚大使。所籍独孤怀恩田宅资财,悉以赐之。

世民留李仲文镇并州,刘武周数遣兵入寇,仲文辄击破之,下城堡百馀所。诏仲文检校并州总管。

27　五月,窦建德遣高士兴击李艺于幽州,不克,退军笼火城。艺袭击,大破之,斩首五千级。建德大将军王伏宝,勇略冠军中,诸将疾之,言其谋反,建德杀之,伏宝曰:"大王奈何听谗言,自斩左右手乎!"

28　初,尉迟敬德将兵助吕崇茂守夏县,上潜遣使赦崇茂罪,拜夏州刺史,使图敬德,事泄,敬德杀之。敬德去,崇茂馀党复据夏县拒守。秦王世民引军自晋州还攻夏县,壬午,屠之。

29　辛卯,秦王世民至长安。

30　是月,突厥遣阿史那揭多献马千匹于王世充,且求婚,世充以宗女妻之,并与之互市。

31　六月壬辰,诏以和州总管、东南道行台尚书令楚王杜伏威为使持节、总管江淮以南诸军事、扬州刺史、东南道行台尚书令、淮南道安抚使,进封吴王,赐姓李氏。以辅公祏为行台左仆射,封舒国公。

32　丙午,立皇子元景为赵王,元昌为鲁王,元亨为酆王。

33　显州行台尚书令楚公杨士林,虽受唐官爵,而北结王世充,南通萧铣,诏庐江王瑗与安抚使李弘敏讨之。兵未行,长史田瓒为士林所忌,甲寅,瓒杀士林,降于世充,世充以瓒为显州总管。

34　秦王世民之讨刘武周也,突厥处罗可汗遣其弟步利设帅二千骑助唐。武周既败,是月,处罗至晋阳,总管李仲文不能制;又留伦特勒,使将数百人,云助仲文镇守,自石岭以北,皆留兵戍之而去。

35　上议击王世充,世充闻之,选诸州镇骁勇皆集洛阳,置四镇将军,募人分守四城。秋,七月壬戌,诏秦王世民督诸军击世充。陕东道行台屈突通二子在洛阳,上谓通曰:"今欲使卿东征,如卿二子何?"通曰:"臣昔为俘囚,分当就死,陛下释缚,加以恩礼。当是之时,臣心口相誓,期以更生馀年为陛下尽节,但恐不获死所耳。今得备先驱,二儿何足顾乎!"上叹曰:"徇义之士,一至此乎!"

36　癸亥,突厥遣使潜诣王世充,潞州总管李袭誉邀击,败之,虏牛羊万计。

37　骠骑大将军可朱浑定远告"并州总管李仲文与突厥通谋,欲俟洛阳兵交,引胡骑直入长安"。甲戌,命皇太子镇蒲反以备之,又遣礼部尚书唐俭安抚并州,暂废并州总管府,征仲文入朝。

38　壬午,秦王世民至新安。王世充遣魏王弘烈镇襄阳,荆王行本镇虎牢,宋王泰镇怀州,齐王世恽检校南城,楚王世伟守宝城,太子玄应守东城,汉王玄恕守含嘉城,鲁王道徇守曜仪城,世充自将战兵,左辅大将军杨公卿帅左龙骧二十八府骑兵,右游击大将军郭善才帅内军二十八府步兵,左游击大将军跋野纲帅外军二十八府步兵,总三万人,以备唐。弘烈、行本,世伟之子。泰,世充之兄子也。

39　梁师都引突厥、稽胡兵入寇,行军总管段德操击破之,斩首千馀级。

40　罗士信将前军围慈涧,世充自将兵三万救之。己丑,秦王将轻骑前觇世充,猝与之遇,众寡不敌,道路险厄,为世充所围。世民左右驰射,获其左建威将军燕琪,世充乃退。世民还营,尘埃覆面,军不复识,欲拒之,世民免胄自言,乃得入。旦日,帅步骑五万进军慈涧。世充拔慈涧之戍,归于洛阳。世民遣行军总管史万宝自宜阳南据龙门,将军刘德威自太行东围河内,上谷公王君廓自洛口断其饷道,怀州总管黄君汉自河阴攻回洛城;大军屯于北邙,连营以逼之。世充浉州长史繁水张公谨与刺史崔枢以州城来降。

41　八月丁酉,南宁西爨蛮遣使入贡。初,隋末蛮酋爨翫反,诛,诸子没为官奴,弃其地。帝即位,以翫子弘达为昆州刺史,令持其父尸归葬。益州刺史段纶因遣使招谕其部落,皆来降。

42　己亥,窦建德共州县令唐纲杀刺史,以州来降。

43　邓州土豪执王世充所署刺史来降。

44　癸卯,梁师都石堡留守张举帅千馀人来降。

45　甲辰,黄君汉遣校尉张夜叉以舟师袭回洛城,克之,获其将达奚善定,断河阳南桥而还,降其堡聚二十馀。世充使太子玄应帅杨公卿等攻回洛,不克,乃筑月城于其西,留兵戍之。

世充陈于青城宫,秦王世民亦置陈当之。世充隔水谓世民曰:"隋室倾覆,唐帝关中,郑帝河南,世充未尝西侵,王忽举兵东来,何也?"世民使宇文士及应之曰:"四海皆仰皇风,唯公独阻声教,为此而来!"世充曰:"相与息兵讲好,不亦善乎!"又应之曰:"奉诏取东都,不令讲好也。"至暮,各引兵还。

46　上遣使与窦建德连和,建德遣同安长公主随使者俱还。

47　乙卯,刘德威袭怀州,入其外郭,下其堡聚。

48　九月庚午,梁师都将刘旻以华池来降。以为林州总管。

49　癸酉,王世充显州总管田瓒以所部二十五州来降;自是襄阳声问与世充绝。

50　史万宝进军甘泉宫。丁丑,秦王世民遣右武卫将军王君廓攻辕辕,拔之。王世充遣其将魏隐等击君廓,君廓伪遁,设伏,大破之,遂东徇地,至管城而还。先是,王世充将郭士衡、许罗汉掠唐境,君廓以策击却之,诏劳之曰:"卿以十三人破贼一万,自古以少制众,未之有也。"

世充尉州刺史时德睿帅所部杞、夏、陈、随、许、颍、尉七州来降。秦王世民以便宜命州县官并依世充所署,无所变易,改尉州为南汴州,于是河南郡县相继来降。

刘武周降将寻相等多叛去。诸将疑尉迟敬德,因之军中,行台左仆射屈突通、尚书殷开山言于世民曰:"敬德骁勇绝伦,今既囚之,心必怨望,留之恐为后患,不如遂杀之。"世民曰:"不然,敬德若叛,岂在寻相之后邪!"遽命释之,引入卧内,赐之金,曰:"丈夫意气相期,勿以小嫌介意,吾终不信谗言以害忠良,公宜体之。必欲去者,以此金相资,表一时共事之情也。"辛巳,世民以五百骑行战地,登魏宣武陵。王世充帅步骑万馀猝至,围之,单雄信引槊直趋世民,敬德跃马大呼,横刺雄信坠马,世充兵稍却,敬德翼世民出围。世民、敬德更帅骑兵还战,出入世充陈,往反无所碍。屈突通引大兵继至,世充兵大败,仅以身免。擒其冠军大将军陈智略,斩首千馀级,获排稍兵六千。世民谓敬德曰:"公何相报之速也!"赐敬德金银一箧,自是宠遇日隆。

敬德善避矟,每单骑入敌陈中,敌丛矟刺之,终莫能伤,又能夺敌矟返刺之。齐王元吉以善马矟自负,闻敬德之能,请各去刃相与校胜负,敬德曰:"敬德谨当去之,王勿去也。"既而元吉刺之,终不能中。秦王世民问敬德曰:"夺矟与避矟,孰难?"敬德曰:"夺矟难。"乃命敬德夺元吉矟。元吉操矟跃马,志在刺之,敬德须臾三夺其矟。元吉虽面相叹异,内甚耻之。

51 叛胡陷岚州。

52 初,王世充以邴元真为滑州行台仆射。濮州刺史杜才幹,李密故将也,恨元真叛密,诈以其众降之。元真恃其官势,自往招慰,才幹出迎,延入就坐,执而数之曰:"汝本庸才,魏公置汝元僚,不建毫发之功,乃构滔天之祸,今来送死,是汝之分!"遂斩之,遣人赍其首到黎阳祭密墓。壬午,以濮州来降。

53 突厥莫贺咄设寇凉州,总管杨恭仁击之,为所败,掠男女数千人而去。

54 丙戌,以田瓒为显州总管,赐爵蔡国公。

55 冬,十月甲午,王世充大将军张镇周来降。

56 甲辰,行军总管罗士信袭王世充硖石堡,拔之。士信又围千金堡,堡中人骂之。士信夜遣百馀人抱婴儿数十至堡下,使儿啼呼,诈云"从东都来归罗总管"。既而相谓曰:"此千金堡也,吾属误矣。"即去。堡中以为士信已去,来者洛阳亡人,出兵追之。士信伏兵于道,伺其门开,突入,屠之。

57 窦建德之围幽州也,李艺告急于高开道,开道帅二千骑救之,建德兵引去,开道因艺遣使来降。戊申,以开道为蔚州总管,赐姓李氏,封北平郡王。开道有矢镞在颊,召医出之,医曰:"镞深,不可出。"开道怒,斩之。别召一医,曰:"出之恐痛。"又斩之。更召一医,医曰:"可出。"乃凿骨,置楔其间,骨裂寸馀,竟出其镞。开道奏妓进膳不辍。

58 窦建德帅众二十万复攻幽州。建德兵已攀堞,薛万均、万彻帅敢死士百人从地道出其背,掩击之,建德兵溃走,斩首千馀级。李艺兵乘胜薄其营,建德陈于营中,填堑而出,奋击,大破之,建德逐北,至其城下,攻之不克而还。

59 李密之败也,杨庆归洛阳,复姓杨氏。及王世充称帝,庆复姓郭氏,世充以为管州总管,妻以兄女。秦王世民逼洛阳,庆潜遣人请降,世民遣总管李世勣将兵往据其城。庆欲与其妻偕来,妻曰:"主上使妾侍巾栉者,欲结君之心也。今君既辜付托,徇利求全,妾将如君何! 若至长安,则君家一婢耳,君何用为! 愿送至洛阳,君之惠也。"庆不许。庆出,妻谓侍者曰:"若唐遂胜郑,则吾家必灭;郑若胜唐,则吾夫必死。人生至此,何用生为!"遂自杀。庚戌,庆来降,复姓杨氏,拜上柱国、郇国公。

时世充太子玄应镇虎牢,军于荥、汴之间,闻之,引兵趣管城,李世勣击却之。使郭孝恪为书说荥州刺史魏陆,陆密请降。玄应遣大将军张志就陆征兵,丙辰,陆擒志等四将,举州来降。阳城令王雄帅诸堡来降,秦王世民使李世勣引兵应之,以雄为嵩州刺史,嵩南之路始通。魏陆使张志诈为玄应书,停其东道之兵,令其将张慈宝且还汴州,又密告汴州刺史王要汉使图慈宝,要汉斩慈宝以降。玄应闻诸州皆叛,大惧,奔还洛阳。诏以要汉为汴州总管,赐爵郇国公。

60　王弘烈据襄阳,上令金州总管府司马泾阳李大亮安抚樊、邓以图之。十一月庚申,大亮攻樊城镇,拔之,斩其将国大安,下其城栅十四。

61　萧铣性褊狭,多猜忌。诸将恃功恣横,好专诛杀,铣患之,乃宣言罢兵营农,实欲夺诸将之权。大司马董景珍弟为将军,怨望,谋作乱;事泄,伏诛。景珍时镇长沙,铣下诏赦之,召还江陵。景珍惧,甲子,以长沙来降,诏峡州刺史许绍出兵应之。

62　云州总管郭子和,先与突厥、梁师都相连结,既而袭师都宁朔城,克之。又诇得突厥衅隙,遣使以闻,为突厥候骑所获。处罗可汗大怒,囚其弟子升。子和自以孤危,请帅其民南徙,诏以延州故城处之。

63　张举、刘旻之降也,梁师都大惧,遣其尚书陆季览说突厥处罗可汗曰:"比者中原丧乱,分为数国,势均力弱,故皆北面归附突厥。今定杨可汗既亡,天下将悉为唐有。师都不辞灰灭,亦恐次及可汗,不若及其未定,南取中原,如魏道武所为,师都请为乡导。"处罗从之,谋使莫贺咄设入自原州,泥步设与师都入自延州,突利可汗与奚、霫、契丹、靺鞨入自幽州,会窦建德之师自滏口西入,会于晋、绛。莫贺咄者,处罗之弟咄苾也。突利者,始毕之子什钵苾也。

处罗又欲取并州以居杨政道,其群臣多谏,处罗曰:"我父失国,赖隋得立,此恩不可忘。"将出师而卒。义成公主以其子奥射设丑弱,废之,更立莫贺咄设,号颉利可汗。乙酉,颉利遣使告处罗之丧,上礼之如始毕之丧。

64　戊子,安抚大使李大亮取王世充洧、华二州。

65　是月,窦建德济河击孟海公。

　　初,王世充侵建德黎阳,建德袭破殷州以报之。自是二国交恶,信使不通。及唐兵逼洛阳,世充遣使求救于建德。建德中书侍郎刘彬说建德曰:"天下大乱,唐得关西,郑得河南,夏得河北,共成鼎足之势。今唐举兵临郑,自秋涉冬,唐兵日增,郑地日蹙,唐强郑弱,势必不支,郑亡,则夏不能独立矣。不如解仇除忿,发兵救之,夏击其外,郑攻其内,破唐必矣。唐师既退,徐观其变,若郑可取则取之,并二国之兵,乘唐师之老,天下可取也!"建德从之,遣使诣世充,许以赴援。又遣其礼部侍郎李大师等诣唐,请罢洛阳之兵,秦王世民留之,不答。

　　66　十二月辛卯,王世充许、亳等十一州皆请降。

　　67　壬辰,燕郡王李艺又击窦建德军于笼火城,破之。

　　68　辛丑,王世充随州总管徐毅举州降。

　　69　癸卯,峡州刺史许绍攻萧铣荆门镇,拔之。绍所部与梁、郑邻接,二境得绍士卒,皆杀之,绍得二境士卒,皆资给遣之。敌人愧感,不复侵掠,境内以安。

　　70　萧铣遣其齐王张绣攻长沙,董景珍谓绣曰:"'前年醢彭越,往年杀韩信',卿不见之乎,何为相攻!"绣不应,进兵围之,景珍欲溃围走,为麾下所杀;铣以绣为尚书令。绣恃功骄横,铣又杀之。由是功臣诸将皆有离心,兵势益弱。

　　71　王世充遣其兄子代王琬、长孙安世诣窦建德报聘,且乞师。

　　72　突厥伦特勒在并州,大为民患,并州总管刘世让设策擒之。上闻之,甚喜。张道源从窦建德在河南,密遣人诣长安,请出兵攻洺州以震山东。丙午,诏世让为行军总管,使将兵出土门,趣洺州。

　　73　己酉,瓜州刺史贺拔行威执骠骑将军达奚暠,举兵反。

　　74　是岁,李子通渡江攻沈法兴,取京口。法兴遣其仆射蒋元超拒之,战于庱亭,元超败死,法兴弃毗陵,奔吴郡。于是丹阳、毗陵等郡皆降于子通。子通以法兴府掾李百药为内史侍郎、国子祭酒。

　　杜伏威遣行台左仆射辅公祏将卒数千攻子通,以将军阚稜、王雄诞为之副。公祏渡江攻丹阳,克之,进屯溧水,子通帅众数万拒之。公祏简精甲千人,执长刀为前锋,又使千人蹑其后,曰:"有退者即斩之。"自帅馀众,复居其后。子通为方陈而前,公祏前锋千人殊死战,公祏复张左右翼以击之,子通败走,公祏逐之,反为所败,还,闭壁不出。王雄诞曰:"子通无壁垒,又狃于初胜,乘其无备,击之可破也。"公祏不从。雄诞以其私属数百人夜出击之,因风纵火,子通大败,降其卒数千人。子通食尽,弃江都,保京口,江西之地尽入于伏威,伏威徙居丹阳。

子通复东走太湖,收合亡散,得二万人,袭沈法兴于吴郡,大破之。法兴帅左右数百人弃城走,吴郡贼帅闻人遂安遣其将叶孝辩迎之,法兴中途而悔,欲杀孝辩,更向会稽。孝辩觉之,法兴窘迫,赴江溺死。子通军势复振,徙都馀杭,尽收法兴之地,北自太湖,南至岭,东包会稽,西距宣城,皆有之。

75 广、新二州贼帅高法澄、沈宝彻杀隋官,据州,附于林士弘,汉阳太守冯盎击破之。既而宝彻兄子智臣复聚兵于新州,盎引兵击之。贼始合,盎免胄大呼曰:"尔识我乎?"贼多弃仗肉袒而拜,遂溃,擒宝彻、智臣等,岭外遂定。

76 窦建德行台尚书令恒山胡大恩请降。

四年(辛巳,621)

1 春,正月癸酉,以大恩为代州总管,封定襄郡王,赐姓李氏。代州石岭之北,自刘武周之乱,寇盗充斥,大恩徙镇雁门,讨击,悉平之。

2 稽胡酋帅刘仚成部落数万,为边寇。辛巳,诏太子建成统诸军讨之。

3 王世充梁州总管程嘉会以所部来降。

4 杜伏威遣其将陈正通、徐绍宗帅精兵二千,来会秦王世民击王世充,甲申,攻梁,克之。

5 丙戌,黔州刺史田世康攻萧铣五州、四镇,皆克之。

6 秦王世民选精锐千馀骑,皆皂衣玄甲,分为左右队,使秦叔宝、程知节、尉迟敬德、翟长孙分将之。每战,世民亲被玄甲帅之为前锋,乘机进击,所向无不摧破,敌人畏之。行台仆射屈突通、赞皇公窦轨引兵按行营屯,猝与王世充遇,战不利。秦王世民帅玄甲救之,世充大败,获其骑将葛彦璋,俘斩六千馀人。世充遁归。

7 李靖说赵郡王孝恭以取萧铣十策,孝恭上之。二月辛卯,改信州为夔州,以孝恭为总管,使大造舟舰,习水战。以孝恭未更军旅,以靖为行军总管,兼孝恭长史,委以军事。靖说孝恭悉召巴、蜀酋长子弟,量才授任,置之左右,外示引擢,实以为质。

8 王世充太子玄应将兵数千人,自虎牢运粮入洛阳,秦王世民遣将军李君羡邀击,大破之,玄应仅以身免。

世民使宇文士及奏请进围东都,上谓士及曰:"归语尔王:今取洛阳,止于息兵,克城之日,乘舆法物,图籍器械,非私家所须者,委汝收之。其馀子女玉帛,并以分赐将士。"

辛丑,世民移军青城宫,壁垒未立,王世充帅众二万自方诸门出,凭故马坊垣堑,临谷水以拒唐兵,诸将皆惧。世民以精骑陈于北邙,登魏宣武陵以望之,谓左右曰:"贼势窘矣,悉众而出,徼幸一战,今日破之,后不敢复出矣!"命屈突通帅步卒五千渡水击之,戒通曰:"兵交则纵烟。"烟作,世民引骑南下,身先士卒,与通合势力战。世民欲知世充陈厚薄,与精骑数十冲之,直出其背,众皆披靡,杀伤甚众。既而限以长堤,与诸骑相失,将军丘行恭独从世民,世充数骑追之,世民马中流矢而毙。行恭回骑射追者,发无不中,追者不敢前。乃下马以授世民,行恭于马前步执长刀,距跃大呼,斩数人,突陈而出,得入大军。世充亦帅众殊死战,散而复合者数四,自辰至午,世充兵始退。世民纵兵乘之,直抵城下,俘斩七千人,遂围之。骠骑将军段志玄与世充兵力战,深入,马倒,为世充兵所擒,两骑夹持其髻,将渡洛水,志玄踊身而奋,二人俱坠马,志玄驰归,追者数百骑,不敢逼。

初,骠骑将军王怀文为唐军斥候,为世充所获,世充欲慰悦之,引置左右。壬寅,世充出右掖门,临洛水为陈,怀文忽引槊刺世充,世充衷甲,槊折不能入,左右猝出不意,皆愕眙不知所为。怀文走趣唐军,至写口,追获,杀之。世充归,解去衷甲,袒示群臣曰:"怀文以槊刺我,卒不能伤,岂非天所命乎!"

先是御史大夫郑颋不乐仕世充,多称疾不预事,至是谓世充曰:"臣闻佛有金刚不坏身,陛下真是也。臣实多幸,得生佛世,愿弃官削发为沙门,服勤精进,以资陛下之神武。"世充曰:"国之大臣,声望素重,一旦入道,将骇物听。俟兵革休息,当从公志。"颋固请,不许。退谓其妻曰:"吾束发从官,志慕名节,不幸遭遇乱世,流离至此,侧身猜忌之朝,累足危亡之地,智力浅薄,无以自全,人生会有死,早晚何殊,姑从吾所好,死亦无憾。"遂削发被僧服。世充闻之,大怒曰:"尔以我为必败,欲苟免邪? 不诛之,何以制众!"遂斩颋于市。颋言笑自若,观者壮之。

诏赠王怀文上柱国、朔州刺史。

9　并州安抚使唐俭密奏:"真乡公李仲文与妖僧志觉有谋反语,又娶陶氏之女以应桃李之谣。诣事可汗,甚得其意,可汗许立为南面可汗;及在并州,赃贿狼籍。"上命裴寂、陈叔达、萧瑀杂鞫之。乙巳,仲文伏诛。

10　庚戌,王泰弃河阳走,其将赵复等以城来降。别将单雄信、裴孝达与总管王君廓相持于洛口,秦王世民帅步骑五千援之,至辗辕,雄信等遁去,君廓追败之。

11　壬子,延州总管段德操击刘仚成,破之,斩首千馀级。

12　乙卯,王世充怀州刺史陆善宗以城降。

13　秦王世民围洛阳宫城,城中守御甚严,大炮飞石重五十斤,掷二百步,八弓弩箭如车辐,镞如巨斧,射五百步。世民四面攻之,昼夜不息,旬馀不克。城中欲翻城者凡十三辈,皆不果发而死。唐将士皆疲弊思归,总管刘弘基等请班师,世民曰:“今大举而来,当一劳永逸。东方诸州已望风款服,唯洛阳孤城,势不能久,功在垂成,奈何弃之而去!”乃下令军中曰:“洛阳未破,师必不还,敢言班师者斩!”众乃不敢复言。上闻之,亦密敕世民使还,世民表称洛阳必可克,又遣参谋军事封德彝入朝面论形势。德彝言于上曰:“世充得地虽多,率皆羁属,号令所行,唯洛阳一城而已,智尽力穷,克在朝夕。今若旋师,贼势复振,更相连结,后必难图!”上乃从之。世民遗世充书,谕以祸福;世充不报。

14　戊午,王世充郑州司兵沈悦遣使诣左武候大将军李世勣请降。左卫将军王君廓夜引兵袭虎牢,悦为内应,遂拔之,获其荆王行本及长史戴胄。悦,君理之孙也。

15　窦建德克周桥,虏孟海公。

# 资治通鉴卷第一百八十九

## 唐纪五

**高祖神尧大圣光孝皇帝中之中**

武德四年（辛巳，621）

1　三月庚申，以靺鞨渠帅突地稽为燕州总管。

2　太子建成获稽胡千馀人，释其酋帅数十人，授以官爵，使还，招其馀党，刘仚成亦降。建成诈称增置州县，筑城邑，命降胡年二十以上皆集，以兵围而杀之，死者六千馀人，仚成觉变，亡奔梁师都。

3　行军总管刘世让攻窦建德黄州，拔之。洺州严备，世让不得进。会突厥将入寇，上召世让还。

窦建德所署普乐令平恩程名振来降，上遥除名振永宁令，使将兵徇河北。名振夜袭邺，俘其男女千馀人。去邺八十里，阅妇人乳有湩者，九十馀人，悉纵遣之，邺人感其仁，为之饭僧。

4　突厥颉利可汗承父兄之资，士马雄盛，有凭陵中国之志。妻隋义成公主，公主从弟善经，避乱在突厥，与王世充使者王文素共说颉利曰："昔启民为兄弟所逼，脱身奔隋，赖文皇帝之力，有此土宇，子孙享之。今唐天子非文皇帝子孙，可汗宜奉杨政道以伐之，以报文皇帝之德。"颉利然之。上以中国未宁，待突厥甚厚，而颉利求请无厌，言辞骄慢。甲戌，突厥寇汾阴。

5　唐兵围洛阳，掘堑筑垒而守之。城中乏食，绢一匹直粟三升，布十匹直盐一升，服饰珍玩，贱如土芥。民食草根木叶皆尽，相与澄取浮泥，投米屑作饼食之，皆病，身肿脚弱，死者相枕倚于道。皇泰主之迁民入宫城也，凡三万家，至是无三千家。虽贵为公卿，糠覈不充，尚书郎以下，亲自负戴，往往馁死。

窦建德使其将范愿守曹州，悉发孟海公、徐圆朗之众，西救洛阳。至滑州，王世充行台仆射韩洪开门纳之。己卯，军于酸枣。

6　壬午，突厥寇石州，刺史王集击却之。

7　窦建德陷管州,杀刺史郭士安;又陷荥阳、阳翟等县,水陆并进,泛舟运粮,溯河西上。王世充之弟徐州行台世辩遣其将郭士衡将兵数千会之,合十馀万,号三十万,军于成皋之东原,筑宫板渚,遣使与王世充相闻。

先是,建德遗秦王世民书,请退军潼关,返郑侵地,复修前好。世民集将佐议之,皆请避其锋,郭孝恪曰:“世充穷蹙,垂将面缚,建德远来助之,此天意欲两亡之也。宜据武牢之险以拒之,伺间而动,破之必矣!”记室薛收曰:“世充保据东都,府库充实,所将之兵,皆江、淮精锐,即日之患,但乏粮食耳。以是之故,为我所持,求战不得,守则难久。建德亲帅大众,远来赴援,亦当极其精锐。若纵之至此,两寇合从,转河北之粟以馈洛阳,则战争方始,偃兵无日,混一之期,殊未有涯也。今宜分兵守洛阳,深沟高垒,世充出兵,慎勿与战,大王亲帅骁锐,先据成皋,厉兵训士,以待其至,以逸待劳,决可克也。建德既破,世充自下,不过二旬,两主就缚矣!”世民善之。收,道衡之子也。萧瑀、屈突通、封德彝皆曰:“吾兵疲老,世充凭守坚城,未易猝拔,建德席胜而来,锋锐气盛,吾腹背受敌,非完策也,不若退保新安,以承其弊。”世民曰:“世充兵摧食尽,上下离心,不烦力攻,可以坐克。建德新破海公,将骄卒惰,吾据武牢,扼其咽喉。彼若冒险争锋,吾取之甚易。若狐疑不战,旬月之间,世充自溃。城破兵强,气势自倍,一举两克,在此行矣。若不速进,贼入武牢,诸城新附,必不能守。两贼并力,其势必强,何弊之承! 吾计决矣!”通等又请解围据险以观其变,世民不许。中分麾下,使通等副齐王元吉围守东都,世民将骁勇三千五百人东趣武牢。时正昼出兵,历北邙,抵河阳,趋巩而去。王世充登城望见,莫之测也,竟不敢出。

癸未,世民入武牢。甲申,将骁骑五百,出武牢东二十馀里,觇建德之营。缘道分留从骑,使李世勣、程知节、秦叔宝分将之,伏于道旁,才馀四骑,与之偕进。世民谓尉迟敬德曰:“吾执弓矢,公执槊相随,虽百万众若我何!”又曰:“贼见我而还,上策也。”去建德营三里所,建德游兵遇之,以为斥候也。世民大呼曰:“我秦王也。”引弓射之,毙其一将。建德军中大惊,出五六千骑逐之,从者咸失色。世民曰:“汝弟前行,吾自与敬德为殿。”于是按辔徐行,追骑将至,则引弓射之,辄毙一人。追者惧而止,止而复来,如是再三,每来必有毙者,世民前后射杀数人,敬德杀十许人,追者不敢复逼。世民逡巡稍却以诱之,入于伏内,世勣等奋击,大破之,斩首三百馀级,获其骁将殷秋、石瓒以归。乃为书报建德,谕以“赵、魏之地,久为我有,为足下所侵夺。但以淮安见礼,公主得归,故相与坦怀释怨。

世充顷与足下修好,已尝反覆,今亡在朝夕,更饰辞相诱,足下乃以三军之众,仰哺他人,千金之资,坐供外费,良非上策。今前茅相遇,彼遽崩摧,郊劳未通,能无怀愧。故抑止锋锐,冀闻择善,若不获命,恐虽悔难追。”

8　立秦王世民之子泰为卫王。

9　夏,四月己丑,丰州总管张长逊入朝。时言事者多云,长逊久居丰州,为突厥所厚,非国家之利。长逊闻之,请入朝,上许之。会太子建成北伐稽胡,长逊帅所部会之,因入朝,拜右武候将军。益州行台左仆射窦轨帅巴、蜀兵来会秦王击王世充,以长逊检校益州行台右仆射。

10　己亥,突厥颉利可汗寇雁门,李大恩击走之。

11　壬寅,王世充骑将杨公卿、单雄信引兵出战,齐王元吉击之,不利,行军总管卢君谔战死。

12　太子还长安。

13　王世充平州刺史周仲隐以城来降。

14　戊申,突厥寇并州。初,处罗可汗与刘武周相表里,寇并州;上遣太常卿郑元璹往谕以祸福,处罗不从。未几,处罗遇疾卒,国人疑元璹毒之,留不遣。上又遣汉阳公瓌赂颉利可汗以金帛,颉利欲令瓌拜,瓌不从,亦留之。又留左骁卫大将军长孙顺德。上怒,亦留其使者。瓌,孝恭之弟也。

15　甲寅,封皇子元方为周王,元礼为郑王,元嘉为宋王,元则为荆王,元茂为越王。

16　窦建德迫于武牢不得进,留屯累月,战数不利,将士思归。丁巳,秦王世民遣王君廓将轻骑千馀抄其粮运,又破之,获其大将军张青特。

凌敬言于建德曰:“大王悉兵济河,攻取怀州、河阳,使重将守之,更鸣鼓建旗,逾太行,入上党,徇汾、晋,趣蒲津,如此有三利:一则蹈无人之境,取胜可以万全;二则拓地收众,形势益强;三则关中震骇,郑围自解。为今之策,无以易此。”建德将从之,而王世充遣使告急相继于道,王琬、长孙安世朝夕涕泣,请救洛阳,又阴以金玉啖建德诸将,以挠其谋。诸将皆曰:“凌敬书生,安知战事,其言岂可用也!”建德乃谢敬曰:“今众心甚锐,天赞我也,因之决战,必将大捷,不得从公言。”敬固争之,建德怒,令扶出。其妻曹氏谓建德曰:“祭酒之言不可违也。今大王自滏口乘唐国之虚,连营渐进以取山北,又因突厥西抄关中,唐必还师自救,郑围何忧不解!若顿兵于此,老师费财,欲求成功,在于何日?”建德曰:“此非女子所知!吾来救郑,郑今倒悬,亡在朝夕,吾乃舍之而去,是畏敌而弃信也,不可。"

谍者告曰："建德伺唐军刍尽,牧马于河北,将袭武牢。"五月戊午,秦王世民北济河,南临广武,察敌形势,因留马千馀匹,牧于河渚以诱之,夕还武牢。己未,建德果悉众而至,自板渚出牛口置陈,北距大河,西薄汜水,南属鹊山,亘二十里,鼓行而进。诸将皆惧,世民将数骑升高丘而望之,谓诸将曰："贼起山东,未尝见大敌,今度险而嚣,是无纪律,逼城而陈,有轻我心。我按甲不出,彼勇气自衰,陈久卒饥,势将自退,追而击之,无不克者。与公等约,甫过日中,必破之矣!"建德意轻唐军,遣三百骑涉汜水,距唐营一里所止。遣使与世民相闻曰："请选锐士数百与之剧。"世民遣王君廓将长槊二百以应之,相与交战,乍进乍退,两无胜负,各引还。王琬乘隋炀帝骢马,铠仗甚鲜,迥出陈前以夸众。世民曰:"彼所乘真良马也!"尉迟敬德请往取之,世民止之曰:"岂可以一马丧猛士。"敬德不从,与高甑生、梁建方三骑直入其陈,擒琬,引其马驰归,众无敢当者。世民使召河北马,待其至乃出战。

建德列陈,自辰至午,士卒饥倦,皆坐列,又争饮水,逡巡欲退。世民命宇文士及将三百骑经建德陈西,驰而南上,戒之曰:"贼若不动,尔宜引归,动则引兵东出。"士及至陈前,陈果动,世民曰:"可击矣!"时河渚马亦至,乃命出战。世民帅轻骑先进,大军继之,东涉汜水,直薄其陈。建德群臣方朝谒,唐骑猝来,朝臣趋就建德,建德召骑兵使拒唐兵,骑兵阻朝臣不得过,建德挥朝臣令却,进退之间,唐兵已至,建德窘迫,退依东陂。窦抗引兵击之,战小不利。世民帅骑赴之,所向皆靡。淮阳王道玄挺身陷陈,直出其后,复突陈而归,再入再出,飞矢集其身如猬毛,勇气不衰,射人,皆应弦而仆。世民给以副马,使从己。于是诸军大战,尘埃涨天。世民帅史大柰、程知节、秦叔宝、宇文歆等卷旆而入,出其陈后,张唐旗帜,建德将士顾见之,大溃,追奔三十里,斩首三千馀级。建德中槊,窜匿于牛口渚。车骑将军白士让、杨武威逐之,建德坠马,士让援槊欲刺之,建德曰:"勿杀我,我夏王也,能富贵汝。"武威下擒之,载以从马,来见世民。世民让之曰:"我自讨王世充,何预汝事,而来越境,犯我兵锋!"建德曰:"今不自来,恐烦远取。"建德将士皆溃去,所俘获五万人,世民即日散遣之,使还乡里。

封德彝入贺,世民笑曰:"不用公言,得有今日。智者千虑,不免一失乎!"德彝甚惭。

建德妻曹氏与左仆射齐善行将数百骑遁归洺州。

甲子,世充偃师、巩县皆降。

乙丑,以太子左庶子郑善果为山东道抚慰大使。

世充将王德仁弃故洛阳城而遁,亚将赵季卿以城降。秦王世民囚窦建德、王琬、长孙安世、郭士衡等至洛阳城下,以示世充。世充与建德语而泣,仍遣安世等入城言败状。世充召诸将议突围,南走襄阳,诸将皆曰:"吾所恃者夏王,夏王今已为擒,虽得出,终必无成。"丙寅,世充素服帅其太子、群臣、二千馀人诣军门降。世民礼接之,世充俯伏流汗。世民曰:"卿常以童子见处,今见童子,何恭之甚邪?"世充顿首谢罪。于是部分诸军,先入洛阳,分守市肆,禁止侵掠,无敢犯者。

丁卯,世民入宫城,命记室房玄龄先入中书、门下省,收隋图籍制诏,已为世充所毁,无所获。命萧瑀、窦轨等封府库,收其金帛,颁赐将士。收世充之党罪尤大者段达、王隆、崔洪丹、薛德音、杨汪、孟孝义、单雄信、杨公卿、郭什柱、郭士衡、董睿、张童儿、王德仁、朱粲、郭善才等十馀人斩于洛水之上。初,李世勣与单雄信友善,誓同生死。及洛阳平,世勣言雄信骁健绝伦,请尽输己之官爵以赎之,世民不许。世勣固请不能得,涕泣而退。雄信曰:"我固知汝不办事。"世勣曰:"吾不惜馀生,与兄俱死;但既以此身许国,事无两遂。且吾死之后,谁复视兄之妻子乎?"乃割股肉以啖雄信,曰:"使此肉随兄为土,庶几不负昔誓也!"士民疾朱粲残忍,竞投瓦砾击其尸,须臾如冢。囚韦节、杨续、长孙安世等十馀人送长安。士民无罪为世充所囚者皆释之,所杀者祭而诔之。

初,秦王府属杜如晦叔父淹事王世充。淹素与如晦兄弟不协,潜谮如晦兄杀之,又囚其弟楚客,饿几死,楚客终无怨色。及洛阳平,淹当死,楚客涕泣请如晦救之,如晦不从。楚客曰:"曩者叔已杀兄,今兄又杀叔,一门之内,自相残而尽,岂不痛哉!"欲自刭,如晦乃为之请于世民,淹得免死。

秦王世民坐阊阖门,苏威请见,称老病不能拜。世民遣人数之曰:"公隋室宰相,危不能扶,使君弑国亡。见李密、王世充皆拜伏舞蹈。今既老病,无劳相见。"及至长安,又请见,不许。既老且贫,无复官爵,卒于家,年八十二。

秦王世民观隋宫殿,叹曰:"逞侈心,穷人欲,无亡得乎!"命撤端门楼,焚乾阳殿,毁则天门及阙。废诸道场,城中僧尼,留有名德者各三十人,馀皆返初。

17　前真定令周法明,法尚之弟也,隋末结客,袭据黄梅,遣族子孝节攻蕲春,兄子绍则攻安陆,子绍德攻沔阳,皆拔之。庚午,以四郡来降。

18　壬申，齐善行以洺、相、魏等州来降。时建德馀众走至洺州，欲立建德养子为主，征兵以拒唐；又欲剽掠居民，还向海隅为盗。善行独以为不可，曰："隋末丧乱，故吾属相聚草野，苟求生耳。以夏王之英武，平定河朔，士马精强，一朝为擒，易如反掌，岂非天命有所属，非人力所能争邪！今丧败如此，守亦无成，逃亦不免，等为亡国，岂可复遗毒于民！不若委心请命于唐，必欲得缯帛者，当尽散府库之物，勿复残民也！"于是运府库之帛数十万段，置万春宫东街，以散将卒，凡三昼夜乃毕。仍布兵守坊巷，得物者即出，无得更入人家。士卒散尽，然后与仆射裴矩、行台曹旦，帅其百官奉建德妻曹氏及传国八玺并破宇文化及所得珍宝请降于唐。上以善行为秦王左二护军，仍厚赐之。

初，窦建德之诛宇文化及也，隋南阳公主有子曰禅师，建德虎贲郎将于士澄问之曰："化及大逆，兄弟之子皆当从坐，若不能舍禅师，当相为留之。"公主泣曰："虎贲既隋室贵臣，兹事何须见问。"建德竟杀之。公主寻请为尼。及建德败，公主将归长安，与宇文士及遇于洛阳，士及请与相见，公主不可。士及立于户外，请复为夫妇。公主曰："我与君仇家，今所以不手刃君者，但谋逆之日，察君不预知耳。"诃令速去。士及固请，公主怒曰："必欲就死，可相见也。"士及知不可屈，乃拜辞而去。

19　乙亥，以周法明为黄州总管。

20　戊寅，王世充徐州行台杞王世辩以徐、宋等三十八州诣河南道安抚大使任瓌请降；世充故地悉平。

21　窦建德博州刺史冯士羡复推淮安王神通为慰抚山东使，徇下三十馀州；建德之地悉平。

22　己卯，代州总管李大恩击苑君璋，破之。

23　突厥寇边，长平靖王叔良督五将击之，叔良中流矢；师旋，六月戊子，卒于道。

24　戊戌，孟海公馀党蒋善合以郓州，孟啖鬼以曹州来降。啖鬼，海公之从兄也。

25　庚子，营州人石世则执总管晋文衍，举州叛，奉靺鞨突地稽为主。

26　黄州总管周法明攻萧铣安州，拔之，获其总管马贵迁。

27　乙巳，以右骁卫将军盛彦师为宋州总管，安抚河南。

28　乙卯，海州贼帅臧君相以五州来降，拜海州总管。

29　秋，七月庚申，王世充行台王弘烈、王泰、左仆射豆卢行褒、右仆射苏世长以襄州来降。上与行褒、世长皆有旧，先是，屡以书招之，行褒辄杀使者。既至长安,上诮行褒而责世长。世长曰:"隋失其鹿,天下共逐之。陛下既得之矣,岂可复忿同猎之徒,问争肉之罪乎!"上笑而释之,以为谏议大夫。尝从校猎高陵,大获禽兽,上顾群臣曰:"今日畋,乐乎?"世长对曰:"陛下游猎,薄废万机,不满十旬,未足为乐!"上变色,既而笑曰:"狂态复发邪?"对曰:"于臣则狂,于陛下甚忠。"尝侍宴披香殿,酒酣,谓上曰:"此殿炀帝之所为邪?"上曰:"卿谏似直而实多诈,岂不知此殿朕所为,而谓之炀帝乎?"对曰:"臣实不知,但见其华侈如倾宫、鹿台,非兴王之所为故也。若陛下为之,诚非所宜。臣昔侍陛下于武功,见所居宅仅庇风雨,当时亦以为足。今因隋之宫室,已极侈矣,而又增之,将何以矫其失乎?"上深然之。

30　甲子,秦王世民至长安。世民被黄金甲,齐王元吉、李世勣等二十五将从其后,铁骑万匹,前后部鼓吹,俘王世充、窦建德及隋乘舆、御物献于太庙,行饮至之礼以飨之。

31　乙丑,高句丽王建武遣使入贡。建武,元之弟也。

32　上见王世充而数之,世充曰:"臣罪固当诛,然秦王许臣不死。"丙寅,诏赦世充为庶人,与兄弟子侄处蜀;斩窦建德于市。

33　丁卯,以天下略定,大赦百姓,给复一年。陕、鼎、函、虢、虞、芮六州,转输劳费,幽州管内,久隔寇戎,并给复二年。律、令、格、式,且用开皇旧制。赦令既下,而王、窦馀党尚有远徙者,治书侍御史孙伏伽上言:"兵、食可去,信不可去,陛下已赦而复徙之,是自违本心,使臣民何所凭依。且世充尚蒙宽宥,况于馀党,所宜纵释。"上从之。

王世充以防夫未备,置雍州廨舍。独孤机之子定州刺史修德帅兄弟至其所,矫称敕呼郑王;世充与兄世恽趋出,修德等杀之。诏免修德官。其馀兄弟子侄等,于道亦以谋反诛。

34　隋末钱弊滥薄,至裁皮糊纸为之,民间不胜其弊。至是,初行开元通宝钱,重二铢四参,积十钱重一两,轻重大小最为折衷,远近便之。命给事中欧阳询撰其文并书,回环可读。

35　以屈突通为陕东道大行台右仆射,镇洛阳;以淮阳王道玄为洛州总管。李世勣父盖竟无恙而还,诏复其官爵。窦轨还益州。轨将兵征讨,或经旬月不解甲。性严酷,将佐有犯,无贵贱立斩之,鞭挞吏民,常流血满庭,所部重足屏息。

36　癸酉,置钱监于洛、并、幽、益等诸州,秦王世民、齐王元吉赐三炉,裴寂赐一炉,听铸钱。自馀敢盗铸者,身死,家口配没。

37　河北既平,上以陈君宾为洺州刺史。将军秦武通等将兵屯洺州,欲使分镇东方诸州。又以郑善果等为慰抚大使,就洺州选补山东州县官。

窦建德之败也,其诸将多盗匿库物,及居闾里,暴横为民患,唐官吏以法绳之,或加捶挞,建德故将皆惊惧不安。高雅贤、王小胡家在洺州,欲窃其家以逃,官吏捕之,雅贤等亡命至贝州。会上征建德故将范愿、董康买、曹湛及雅贤等,于是愿等相谓曰:"王世充以洛阳降唐,其将相大臣段达、单雄信等皆夷灭;吾属至长安,必不免矣。吾属自十年以来,身经百战,当死久矣,今何惜馀生,不以之立事。且夏王得淮安王,遇以客礼,唐得夏王即杀之。吾属皆为夏王所厚,今不为之报仇,将无以见天下之士!"乃谋作乱,卜之,以刘氏为主吉,因相与之漳南,见建德故将刘雅,以其谋告之。雅曰:"天下适安定,吾将老于耕桑,不愿复起兵!"众怒,且恐泄其谋,遂杀之。故汉东公刘黑闼,时屏居漳南,诸将往诣之,告以其谋,黑闼欣然从之。黑闼方种蔬,即杀耕牛与之共饮食定计,聚众得百人。甲戌,袭漳南县据之。是时,诸道有事则置行台尚书省,无事则罢。朝廷闻黑闼作乱,乃置山东道行台于洺州,魏、冀、定、沧并置总管府。丁丑,以淮安王神通为山东道行台右仆射。

38　辛巳,襄州道安抚使郭行方攻萧铣都州,拔之。

39　孟海公与窦建德同伏诛,戴州刺史孟啖鬼不自安,挟海公之子义以曹、戴二州反,以禹城令蒋善合为腹心。善合与其左右同谋斩之。

40　八月丙戌朔,日有食之。

41　丁亥,命太子安抚北边。

42　丁酉,刘黑闼陷鄃县,魏州刺史权威、贝州刺史戴元祥与战,皆败死,黑闼悉取其馀众及器械。窦建德旧党稍稍出归之,众至二千人,为坛于漳南,祭建德,告以举兵之意,自称大将军。诏发关中步骑三千,使将军秦武通、定州总管蓝田李玄通击之;又诏幽州总管李艺引兵会击黑闼。

43　癸卯,突厥寇代州,总管李大恩遣行军总管王孝基拒之,举军皆没。甲辰,进围崞县。乙巳,王孝基自突厥逃归,李大恩众少,据城自守,突厥不敢逼,月馀引去。

44　上以南方寇盗尚多,丙午,以左武候将军张镇周为淮南道行军总管,大将军陈智略为岭南道行军总管,镇抚之。

45　丁未,刘黑闼陷历亭,执屯卫将军王行敏,使之拜,不可,遂杀之。

46　初,洛阳既平,徐圆朗请降,拜兖州总管,封鲁郡公。刘黑闼作乱,阴与圆朗通谋。上使葛公盛彦师安集河南,行至任城;辛亥,圆朗执彦师,举兵反。黑闼以圆朗为大行台元帅,充、郓、陈、杞、伊、洛、曹、戴等八州豪右皆应之。圆朗厚礼彦师,使作书与其弟,令举虞城降。彦师为书曰:"吾奉使无状,为贼所擒,为臣不忠,誓之以死。汝善侍老母,勿以吾为念。"圆朗初色动,而彦师自若。圆朗乃笑曰:"盛将军有壮节,不可杀也。"待之如旧。

　　河南道安抚大使任瓌行至宋州,属圆朗反,副使柳濬劝瓌退保汴州,瓌笑曰:"柳公何怯也!"圆朗又攻陷楚丘,引兵将围虞城,瓌遣部将崔枢、张公谨自鄢陵帅诸豪右质子百馀人守虞城。濬曰:"枢与公谨皆王世充将,诸州质子父兄皆反,恐必为变。"瓌不应。枢至虞城,分质子使与土人合队共守城。贼稍近,质子有叛者,枢斩其队帅。于是诸队帅皆惧,各杀其质子,枢不禁,枭其首于门外,遣使白瓌。瓌阳怒曰:"吾所以使与质子俱者,欲招其父兄耳,何罪而杀之!"退谓濬曰:"吾固知崔枢能办此也。县人既杀质子,与贼深仇,吾何患乎!"贼攻虞城,果不克而去。

　　47　初,窦建德以鄱阳崔元逊为深州刺史,及刘黑闼反,元逊与其党数十人谋于野,伏甲士于车中,以禾覆其上,直入听事,自禾中呼噪而出,执刺史裴晞杀之,传首黑闼。

　　48　九月乙卯,文登贼帅淳于难请降,置登州,以难为刺史。

　　49　突厥寇并州,遣左屯卫大将军窦琮等击之。戊午,突厥寇原州,遣行军总管尉迟敬德等击之。

　　50　辛酉,徐圆朗自称鲁王。

　　51　隋末,歙州贼汪华据黟、歙等五州,有众一万,自称吴王。甲子,遣使来降,拜歙州总管。

　　52　隋末,弋阳卢祖尚纠合壮士以卫乡里,部分严整,群盗畏之。及炀帝遇弑,乡人奉之为光州刺史;时年十九,奉表于皇泰主。及王世充自立,祖尚来降,丙子,以祖尚为光州总管。

　　53　己卯,诏括天下户口。

　　54　徐圆朗寇济州,治中吴俶论击走之。

　　55　癸未,诏以太常乐工皆前代因罪配没,子孙相承,多历年所,良可哀愍;宜并蠲除为民,且令执事,若仕宦入流,勿更追集。

　　56　甲申,灵州总管杨师道击突厥,破之。师道,恭仁之弟也。

　　57　诏发巴、蜀兵,以赵郡王孝恭为荆湘道行军总管,李靖摄行军长史,统十二总管,自夔州顺流东下。以庐江王瑗为荆郢道行军元帅出襄州道,黔州刺史田世康出辰州道,黄州总管周法明出夏口道,以击萧铣。是月,孝恭发夔州。时峡江方涨,诸将请俟水落进军,李靖曰:"兵贵神速。今吾兵始集,铣尚未知,若乘江涨,倏忽抵其城下,掩其不备,此必成擒,不可失也!"孝恭从之。

58　淮安王神通将关内兵至冀州,与李艺兵合。又发邢、洺、相、魏、恒、赵等兵合五万馀人,与刘黑闼战于饶阳城南,布陈十馀里。黑闼众少,依堤单行而陈以当之。会风雪,神通乘风击之,既而风返,神通大败,士马军资失亡三分之二。李艺居西偏,击高雅贤,破之,逐奔数里,闻大军不利,退保藁城。黑闼就击之,艺亦败,薛万均、万彻皆为所虏,截发驱之。万均兄弟亡归,艺引兵归幽州。黑闼兵势大振。

59　上以秦王功大,前代官皆不足以称之,特置天策上将,位在王公上。冬,十月,以世民为天策上将,领司徒、陕东道大行台尚书令,增邑二万户,仍开天策府,置官属。以齐王元吉为司空。世民以海内浸平,乃开馆于宫西,延四方文学之士,出教以王府属杜如晦、记室房玄龄、虞世南、文学褚亮、姚思廉、主簿李玄道、参军蔡允恭、薛元敬、颜相时、谘议典签苏勖、天策府从事中郎于志宁、军谘祭酒苏世长、记室薛收、仓曹李守素、国子助教陆德明、孔颖达、信都盖文达、宋州总管府户曹许敬宗,并以本官兼文学馆学士,分为三番,更日直宿,供给珍膳,恩礼优厚。世民朝谒公事之暇,辄至馆中,引诸学士讨论文籍,或夜分乃寝。又使库直阎立本图像,褚亮为赞,号十八学士。士大夫得预其选者,时人谓之"登瀛州"。允恭,大宝之弟子;元敬,收之从子;相时,师古之弟;立本,毗之子也。

初,杜如晦为秦王府兵曹参军,俄迁陕州长史。时府僚多补外官,世民患之。房玄龄曰:"馀人不足惜,至于杜如晦,王佐之才,大王欲经营四方,非如晦不可。"世民惊曰:"微公言,几失之。"即奏为府属。与玄龄常从世民征伐,参谋帷幄,军中多事,如晦剖决如流。世民每破军克城,诸将佐争取宝货,玄龄独收采人物,致之幕府。又将佐有勇略者,玄龄必与之深相结,使为世民尽死力。世民每令玄龄入奏事,上叹曰:"玄龄为吾儿陈事,虽隔千里,皆如面谈。"

李玄道尝事李密为记室,密败,官属为王世充所虏,惧死,皆达曙不寐。独玄道起居自若,曰:"死生有命,非忧可免!"众服其识量。

60　庚寅,刘黑闼陷瀛州,杀刺史卢士睿。观州人执刺史雷德备,以城降之。

61　辛卯,萧铣鄂州刺史雷长颖以鲁山来降。

62　赵郡王孝恭帅战舰二千馀艘东下,萧铣以江水方涨,殊不为备;

孝恭等拔其荆门、宜都二镇,进至夷陵。铣将文士弘将精兵数万屯清江,癸巳,孝恭击走之,获战舰三百馀艘,杀溺死者万计,追奔至百里洲。士弘收兵复战,又败之,进入北江。铣江州总管盖彦举以五州来降。

63　毛州刺史赵元恺性严急,下不堪命。丁卯,州民董灯明等作乱,杀元恺以应刘黑闼。

64　盛彦师自徐圆朗所逃归。王薄因说青、莱、密诸州,皆下之。

65　萧铣之罢兵营农也,才留宿卫数千人,闻唐兵至,文士弘败,大惧,仓猝征兵,皆在江、岭之外,道涂阻远,不能遽集,乃悉见兵出拒战。孝恭将击之,李靖止之曰:"彼救败之师,策非素立,势不能久,不若且泊南岸,缓之一日,彼必分其兵,或留拒我,或归自守,兵分势弱,我乘其懈而击之,蔑不胜矣。今若急之,彼则并力死战,楚兵剽锐,未易当也。"孝恭不从,留靖守营,自帅锐师出战,果败走,趣南岸。铣众委舟收掠军资,人皆负重,靖见其众乱,纵兵奋击,大破之,乘胜直抵江陵,入其外郭。又攻水城,拔之,大获舟舰,李靖使孝恭尽散之江中。诸将皆曰:"破敌所获,当藉其用,奈何弃以资敌?"靖曰:"萧铣之地,南出岭表,东距洞庭。吾悬军深入,若攻城未拔,援军四集,吾表里受敌,进退不获,虽有舟楫,将安用之?今弃舟舰,使塞江而下,援兵见之,必谓江陵已破,未敢轻进,往来觇伺,动淹旬月,吾取之必矣。"铣援兵见舟舰,果疑不进。其交州刺史丘和、长史高士廉、司马杜之松将朝江陵,闻铣败,悉诣孝恭降。

孝恭勒兵围江陵,铣内外阻绝,问策于中书侍郎岑文本,文本劝铣降。铣乃谓群下曰:"天不祚梁,不可复支矣。若必待力屈,则百姓蒙患,奈何以我一人之故陷百姓于涂炭乎!"乙巳,铣以太牢告于太庙,下令开门出降,守城者皆哭。铣帅群臣缌缞布帻诣军门,曰:"当死者唯铣耳,百姓无罪,愿不杀掠。"孝恭入据其城,诸将欲大掠,岑文本说孝恭曰:"江南之民,自隋末以来,困于虐政,重以群雄虎争,今之存者,皆锋镝之馀,跂踵延颈以望真主,是以萧氏君臣、江陵父老决计归命,庶几有所息肩。今若纵兵俘掠,恐自此以南,无复向化之心矣!"孝恭称善,遽禁止之。诸将又言:"梁之将帅与官军拒斗死者,其罪既深,请籍没其家,以赏将士。"李靖曰:"王者之师,宜使义声先路。彼为其主斗死,乃忠臣也,岂可同叛逆之科籍其家乎!"于是城中安堵,秋毫无犯。南方州县闻之,皆望风款附。铣降数日,援兵至者十馀万,闻江陵不守,皆释甲而降。

孝恭送铣于长安,上数之,铣曰:"隋失其鹿,天下共逐之。铣无天命,故至此。若以为罪,无所逃死!"竟斩于都市。诏以孝恭为荆州总管;

李靖为上柱国,赐爵永康县公,仍使之安抚岭南,得承制拜授。

先是,铣遣黄门侍郎江陵刘洎略地岭表,得五十馀城,未还而铣败,洎以所得城来降,除南康州都督府长史。

66　戊申,徐圆朗昌州治中刘善行以须昌来降。

67　庚戌,诏陕东道大行台尚书省自令、仆至郎中、主事,品秩皆与京师同,而员数差少,山东行台及总管府、诸州并隶焉。其益州、襄州、山东、淮南、河北等道令、仆以下,各降京师一等,员数又减焉。行台尚书令得承制补署。其秦王、齐王府官之外,各置左右六护军府,及左右亲事帐内府。

68　闰月乙卯,上幸稷州;己未,幸武功旧墅。壬戌,猎于好畤,乙丑,猎于九嵏;丁卯,猎于仲山;戊辰,猎于清水谷,遂幸三原。辛未,幸周氏陂;壬申,还长安。

69　十一月甲申,上祀圜丘。

70　杜伏威使其将王雄诞击李子通,子通以精兵守独松岭。雄诞遣其将陈当将千馀人,乘高据险以逼之,多张旗帜,夜则缚炬火于树,布满山泽。子通惧,烧营走保杭州;雄诞追击之,又败之于城下。庚寅,子通穷蹙请降。伏威执子通及其左仆射乐伯通送长安,上释之。

先是,汪华据黟、歙,称王十馀年,雄诞还军击之,华拒之于新安洞口,甲兵甚锐。雄诞伏精兵于山谷,帅羸弱数千犯其陈,战才合,阳不胜,走还营,华进攻之,不能克,会日暮,引还,伏兵已据其洞口,华不得入,窘迫请降。

闻人遂安据昆山,无所属,伏威使雄诞击之,雄诞以昆山险隘,难以力胜,乃单骑造其城下,陈国威灵,示以祸福,遂安感悦,帅诸将出降。

于是伏威尽有淮南、江东之地,南至岭,东距海。雄诞以功除歙州总管,赐爵宜春郡公。

71　壬辰,林州总管刘旻击刘仚成,大破之。仚成仅以身免,部落皆降。

72　李靖度岭,遣使分道招抚诸州,所至皆下。萧铣桂州总管李袭志帅所部来降,赵郡王孝恭即以袭志为桂州总管,明年入朝。以李靖为岭南抚慰大使,检校桂州总管,引兵下九十六州,得户六十馀万。

73　壬寅,刘黑闼陷定州,执总管李玄通,黑闼爱其才,欲以为大将,玄通不可。故吏有以酒肉馈之者,玄通曰:“诸君哀吾幽辱,幸以酒肉来相开慰,当为诸君一醉。”酒酣,谓守者曰:“吾能剑舞,愿假吾刀。”守者与之,玄通舞竟太息曰:“大丈夫受国厚恩,镇抚方面,不能保全所守,亦何面目视息世间哉！"即引刀自刺，溃腹而死。上闻，为之流涕，拜其子<u>伏护</u>为大将。

74　庚戌，<u>杞州</u>人<u>周文举</u>杀刺史<u>王文矩</u>，以城应<u>徐圆朗</u>。

75　<u>幽州</u>大饥，<u>高开道</u>许以粟赈之。<u>李艺</u>遣老弱诣<u>开道</u>就食，<u>开道</u>皆厚遇之。<u>艺</u>喜，于是发民三千人，车数百乘，驴马千馀匹往受粟，<u>开道</u>悉留之，告绝于<u>艺</u>，复称燕王，北连突厥，南与<u>刘黑闼</u>相结，引兵攻<u>易州</u>不克，大掠而去。又遣其将<u>谢稜</u>诈降于<u>艺</u>，请兵援接，<u>艺</u>出兵应之。将至<u>怀戎</u>，<u>稜</u>袭击破之。<u>开道</u>与突厥连兵数入为寇，<u>恒</u>、<u>定</u>、<u>幽</u>、<u>易</u>咸被其患。

76　十二月乙卯，<u>刘黑闼</u>陷<u>冀州</u>，杀刺史<u>魏稜</u>。<u>黑闼</u>既破淮安王<u>神通</u>，移书<u>赵</u>、<u>魏</u>，故<u>窦建德</u>将卒争杀<u>唐</u>官吏以应<u>黑闼</u>。庚申，遣右屯卫大将军义安王<u>孝常</u>将兵讨<u>黑闼</u>。<u>黑闼</u>将兵数万进逼<u>宗城</u>，黎州总管<u>李世勣</u>先屯<u>宗城</u>，弃城走保<u>洺州</u>。甲子，<u>黑闼</u>追击<u>世勣</u>等，破之，杀步卒五千人，<u>世勣</u>仅以身免。丙寅，<u>洺州</u>土豪翻城应<u>黑闼</u>。<u>黑闼</u>于城东南告天及祭<u>窦建德</u>而后入。后旬日，引兵攻拔<u>相州</u>，执刺史<u>房晃</u>，右武卫将军<u>张士贵</u>溃围走。<u>黑闼</u>南取<u>黎</u>、<u>卫</u>二州，半岁之间，尽复<u>建德</u>旧境。又遣使北连突厥，颉利可汗遣俟斤<u>末邪那</u>帅胡骑从之。右武卫将军<u>秦武通</u>、<u>洺州</u>刺史<u>陈君宾</u>、<u>永宁</u>令<u>程名振</u>皆自河北遁归<u>长安</u>。

77　丁卯，命秦王<u>世民</u>、齐王<u>元吉</u>讨<u>黑闼</u>。

78　<u>昆弥</u>遣使内附。<u>昆弥</u>，即汉之<u>昆明</u>也。<u>巂州</u>治中<u>吉弘纬</u>通<u>南宁</u>，至其国说之，遂来降。

79　己巳，<u>刘黑闼</u>陷<u>邢州</u>、<u>赵州</u>。庚午，陷<u>魏州</u>，杀总管<u>潘道毅</u>。辛未，陷<u>莘州</u>。

80　壬申，徙<u>宋王</u><u>元嘉</u>为<u>徐王</u>。

# 资治通鉴卷第一百九十

## 唐纪六

### 高祖神尧大圣光孝皇帝中之下

武德五年（壬午，622）

1　春，正月，刘黑闼自称汉东王，改元天造，定都洺州。以范愿为左仆射，董康买为兵部尚书，高雅贤为右领军；征王琮为中书令，刘斌为中书侍郎，窦建德时文武悉复本位。其设法行政，悉师建德，而攻战勇决过之。

2　丙戌，同安贼帅殷恭邃以舒州来降。

3　丁亥，济州别驾刘伯通执刺史窦务本，以州附徐圆朗。

4　庚寅，东盐州治中王才艺杀刺史田华，以城应刘黑闼。

5　秦王世民军至获嘉，刘黑闼弃相州，退保洺州。丙申，世民复取相州，进军肥乡，列营洺水之上以逼之。

6　萧铣既败，散兵多归林士弘，军势复振。

7　己酉，岭南俚帅杨世略以循、潮二州来降。

8　唐使者王义童下泉、睦、建三州。

9　幽州总管李艺将所部兵数万会秦王世民讨刘黑闼，黑闼闻之，留兵万人，使范愿守洺州，自将兵拒艺。夜，宿沙河，程名振载鼓六十具，于城西二里堤上急击之，城中地皆震动。范愿惊惧，驰告黑闼；黑闼遽还，遣其弟十善与行台张君立将兵一万击艺于鼓城。壬子，战于徐河，十善、君立大败，所失亡八千人。

10　洺水人李去惑据城来降，秦王世民遣彭公王君廓将千五百骑赴之，入城共守。二月，刘黑闼引兵还攻洺水，癸亥，行至列人，秦王世民使秦叔宝邀击，破之。

11　豫章贼帅张善安以虔、吉等五州来降，拜洪州总管。

12　戊辰，金乡人阳孝诚叛徐圆朗，以城来降。

13　己巳，秦王世民复取邢州。辛未，井州人冯伯让以城来降。

14　丙子，李艺取刘黑闼定、栾、廉、赵四州，获黑闼尚书刘希道，引兵与秦王世民会洺州。

15　刘黑闼攻洺水甚急。城四旁皆有水,广五十馀步,黑闼于城东北筑二甬道以攻之;世民三引兵救之,黑闼拒之,不得进。世民恐王君廓不能守,召诸将谋之,李世勣曰:"若甬道达城下,城必不守。"行军总管郯勇公罗士信请代君廓守之。世民乃登城南高冢,以旗招君廓,君廓帅其徒力战,溃围而出;士信帅左右二百人乘之入城,代君廓固守。黑闼昼夜急攻,会大雪,救兵不得往,凡八日,丁丑,城陷。黑闼素闻其勇,欲生之,士信词色不屈,乃杀之,时年二十。

16　戊寅,汴州总管王要汉攻徐圆朗杞州,拔之,获其将周文举。

17　庚辰,延州道行军总管段德操击梁师都石堡城,师都自将救之;德操与战,大破之,师都以十六骑遁去。上益其兵,使乘胜进攻夏州,克其东城,师都以数百人保西城。会突厥救至,诏德操引还。

18　辛巳,秦王世民拔洺水。三月,世民与李艺营于洺水之南,分兵屯水北。黑闼数挑战,世民坚壁不应,别遣奇兵绝其粮道。壬辰,黑闼以高雅贤为左仆射,军中高会。李世勣引兵逼其营,雅贤乘醉,单骑逐之,世勣部将潘毛刺之坠马,左右继至,扶归,未至营而卒。甲午,诸将复往逼其营,潘毛为王小胡所擒。黑闼运粮于冀、贝、沧、瀛诸州,水陆俱进,程名振以千馀人邀之,沉其舟,焚其车。

19　宋州总管盛彦师帅齐州总管王薄攻须昌,征军粮于潭州。刺史李义满与薄有隙,闭仓不与。及须昌降,彦师收义满,系齐州狱,诏释之。使者未至,义满忧愤死狱中。薄还,过潭州,戊戌夜,义满兄子武意执薄,杀之;彦师亦坐死。

20　上遣使赂突厥颉利可汗,且许结婚。颉利乃遣汉阳公瓌、郑元璹、长孙顺德等还,庚子,复遣使来修好,上亦遣其使者特勒热寒、阿史那德等还。并州总管刘世让屯雁门,颉利与高开道、苑君璋合众攻之,月馀,乃退。

21　甲辰,以隋交趾太守丘和为交州总管,和遣司马高士廉奉表请入朝,诏许之,遣其子师利迎之。

22　秦王世民与刘黑闼相持六十馀日。黑闼潜师袭李世勣营,世民引兵掩其后以救之,为黑闼所围,尉迟敬德帅壮士犯围而入,世民与略阳公道宗乘之得出。道宗,帝之从子也。世民度黑闼粮尽,必来决战,乃使人堰洺水上流,谓守吏曰:"待我与贼战,乃决之。"丁未,黑闼帅步骑二万南渡洺水,压唐营而陈,世民自将精骑击其骑兵,破之,乘胜蹂其步兵。黑闿帅众殊死战,自午至昏,战数合,黑闿势不能支。王小胡谓黑闿曰:"智力尽矣,宜早亡去。"遂与黑闿先遁,馀众不知,犹格战。守吏决堰,洺水大至,深丈馀,黑闿众大溃,斩首万馀级,溺死数千人,黑闿与范愿等二百骑奔突厥,山东悉平。

23　高开道寇易州,杀刺史慕容孝幹。

24　夏,四月己未,隋鸿胪卿甯长真以宁越、郁林之地请降于李靖,交、爱之道始通,以长真为钦州总管。

25　以夔州总管赵郡王孝恭为荆州总管。

26　徐圆朗闻刘黑闿败,大惧,不知所出。河间人刘复礼说圆朗曰:"有刘世彻者,其才不世出,名高东夏,且有非常之相,真帝王之器。将军若自立,恐终无成;若迎世彻而奉之,天下指挥可定。"圆朗然之,使复礼迎世彻于浚仪。或说圆朗曰:"将军为人所惑,欲迎刘世彻而奉之,世彻若得志,将军岂有全地乎! 仆不敢远引前古,将军独不见翟让之于李密乎?"圆朗复以为然。世彻至,已有众数千人,顿于城外,以待圆朗出迎,圆朗不出,使人召之。世彻知事变,欲亡走,恐不免,乃入谒。圆朗悉夺其兵,以为司马,使徇谯、杞二州,东人素闻其名,所向皆下,圆朗遂杀之。

秦王世民自河北引兵将击圆朗,会上召之,使驰传入朝,乃以兵属齐王元吉。庚申,世民至长安,上迎之于长乐。世民具陈取圆朗形势,上复遣之诣黎阳,会大军趋济阴。

27　丁卯,废山东行台。

28　壬申,代州总管定襄王李大恩为突厥所杀。先是,大恩奏称突厥饥馑,马邑可取,诏殿内少监独孤晟将兵与大恩共击苑君璋,期以二月会马邑;失期不至,大恩不能独进,顿兵新城。颉利可汗遣数万骑与刘黑闿共围大恩,上遣右骁卫大将军李高迁救之。未至,大恩粮尽,夜遁,突厥邀之,众溃而死,上惜之。独孤晟坐减死徙边。

29　丙子,行台民部尚书史万宝攻徐圆朗陈州,拔之。

30　戊寅,广州贼帅邓文进、隋合浦太守甯宣、日南太守李畯并来降。

31　五月庚寅,瓜州土豪王幹斩贺拔行威以降,瓜州平。

32　突厥寇忻州,李高迁击破之。

33　六月辛亥,刘黑闿引突厥寇山东,诏燕郡王李艺击之。

34　癸丑,吐谷浑寇洮、旭、叠三州,岷州总管李长卿击破之。

35　乙卯,遣淮安王神通击徐圆朗。

36　丁卯,刘黑闿引突厥寇定州。

37　秋,七月甲申,为秦王世民营弘义宫,使居之。世民击徐圆朗,下十馀城,声震淮、泗,杜伏威惧,请入朝。世民以淮、济之间略定,使淮安王神通、行军总管任瓌、李世勣攻圆朗。乙酉,班师。

38　丁亥,杜伏威入朝,延升御榻,拜太子太保,仍兼行台尚书令,留长安,位在齐王元吉上,以宠异之。以阚稜为左领军将军。

李子通谓乐伯通曰:“伏威既来,江东未定,我往收旧兵,可以立大功。”遂相与亡至蓝田关,为吏所获,俱伏诛。

39　刘黑闼至定州,其故将曹湛、董康买亡命在鲜虞,复聚兵应之。甲午,以淮阳王道玄为河北道行军总管以讨之。

40　丙申,迁州人邓士政执刺史李敬昂以反。

41　丁酉,隋汉阳太守冯盎承李靖檄,帅所部来降,以其地为高、罗、春、白、崖、儋、林、振八州,以盎为高州总管,封耿国公。先是,或说盎曰:“唐始定中原,未能及远,公所领二十州地已广于赵佗,宜自称南越王。”盎曰:“吾家居此五世矣,为牧伯者不出吾门,富贵极矣,常惧不克负荷,为先人羞,敢效赵佗自王一方乎!”遂来降。于是岭南悉平。

42　八月辛亥,以洺、荆、交、并、幽五州为大总管府。

43　改葬隋炀帝于扬州雷塘。

44　甲戌,吐谷浑寇岷州,败总管李长卿。诏益州行台右仆射窦轨、渭州刺史且洛生救之。

45　乙卯,突厥颉利可汗寇边,遣左武卫将军段德操、云州总管李子和将兵拒之。子和本姓郭,以讨刘黑闼有功,赐姓。丙辰,颉利十五万骑入雁门,己未,寇并州,别遣兵寇原州,庚子,命太子出豳州道,秦王世民出秦州道以御之。李子和趋云中,掩击可汗,段德操趋夏州,邀其归路。

辛酉,上谓群臣曰:“突厥入寇而复求和,和与战孰利?”太常卿郑元璹曰:“战则怨深,不如和利。”中书令封德彝曰:“突厥恃犬羊之众,有轻中国之意,若不战而和,示之以弱,明年将复来。臣愚以为不如击之,既胜而后与和,则恩威兼著矣!”上从之。

己巳,并州大总管襄邑王神符破突厥于汾东;汾州刺史萧颛破突厥,斩首五千馀级。

46　吐谷浑寇洮州,遣武州刺史贺拔亮御之。

47　丙子,突厥寇廉州;戊寅,陷大震关。上遣郑元璹诣颉利。是时,突厥精骑数十万,自介休至晋州,数百里间,填溢山谷。元璹见颉利,责以负约,与相辨诘,颉利颇惭。元璹因说颉利曰:“唐与突厥,风俗不同,突厥虽得唐地,不能居也。今虏掠所得,皆入国人,于可汗何有？不如旋师,复修和亲,可无跋涉之劳,坐受金币,又皆入可汗府库,孰与弃昆弟积年之欢,而结子孙无穷之怨乎！"颉利悦,引兵还。元琦自义宁以来,五使突厥,几死者数焉。

48　九月癸巳,交州刺史权士通、弘州总管宇文歆、灵州总管杨师道击突厥于三观山,破之。乙未,太子班师。丙申,宇文歆邀突厥于崇岗镇,大破之,斩首千馀级。壬寅,定州总管双士洛击突厥于恒山之南,丙午,领军将军安兴贵击突厥于甘州,皆破之。

49　刘黑闼陷瀛州,杀刺史马匡武。盐州人马君德以城叛附黑闼。高开道寇蠡州。

50　冬,十月己酉,诏齐王元吉讨刘黑闼于山东。壬子,以元吉为领军大将军、并州大总管。癸丑,贝州刺史许善护与黑闼弟十善战于鄃县,善护全军皆没。甲寅,右武候将军桑显和击黑闼于晏城,破之。观州刺史刘会以城叛附黑闼。

51　契丹寇北平。

52　甲子,以秦王世民领左、右十二卫大将军。

53　乙丑,行军总管淮阳壮王道玄与刘黑闼战于下博,军败,为黑闼所杀。时道玄将兵三万,与副将史万宝不协。道玄帅轻骑先出犯陈,使万宝将大军继之。万宝拥兵不进,谓所亲曰："我奉手敕云,淮阳小儿,军事皆委老夫。今王轻脱妄进,若与之俱,必同败没,不如以王饵贼,王败,贼必争进,我坚陈以待之,破之必矣。"由是道玄独进败没。万宝勒兵将战,士卒皆无斗志,军遂大溃,万宝逃归。道玄数从秦王世民征伐,死时年十九,世民深惜之,谓人曰："道玄常从吾征伐,见吾深入贼陈,心慕效之,以至于此。"为之流涕。世民自起兵以来,前后数十战,常身先士卒,轻骑深入,虽屡危殆而未尝为矢刃所伤。

54　林士弘遣其弟鄱阳王药师攻循州,刺史杨略与战,斩之,其将王戎以南昌州降。士弘惧,已巳,请降。寻复走保安成山洞,袁州人相聚应之。洪州总管若干则遣兵击破之。会士弘死,其众遂散。

55　淮阳王道玄之败也,山东震骇,洺州总管庐江王瑷弃城西走,州县皆叛附于黑闼,旬日间,黑闼尽复故地,乙亥,进据洺州。十一月庚辰,沧州刺史程大买为黑闼所迫,弃城走。齐王元吉畏黑闼兵强,不敢进。

上之起兵晋阳也,皆秦王世民之谋,上谓世民曰："若事成,则天下皆汝所致,当以汝为太子。"世民拜且辞。及为唐王,将佐亦请以世民为世子,上将立之,世民固辞而止。太子建成,性宽简,喜酒色游畋;齐王元吉,多过失;皆无宠于上。世民功名日盛,上常有意以代建成,建成内不自安,乃与元吉协谋,共倾世民,各引树党友。

上晚年多内宠,小王且二十人,其母竞交结诸长子以自固。建成与元吉曲意事诸妃嫔,谄谀赂遗,无所不至,以求媚于上。或言蒸于张婕妤、尹德妃,宫禁深秘,莫能明也。是时,东宫、诸王公、妃主之家及后宫亲戚横长安中,恣为非法,有司不敢诘。世民居承乾殿,元吉居武德殿后院,与上台、东宫昼夜通行,无复禁限。太子、二王出入上台,皆乘马、携弓刀杂物,相遇如家人礼。太子令、秦齐王教与诏敕并行,有司莫知所从,唯据得之先后为定。世民独不奉事诸妃嫔,诸妃嫔争誉建成、元吉而短世民。

世民平洛阳,上使贵妃等数人诣洛阳选阅隋宫人及收府库珍物。贵妃等私从世民求宝货及为亲属求官,世民曰:"宝货皆已籍奏,官当授贤才有功者。"皆不许,由是益怨。世民以淮安王神通有功,给田数十顷。张婕妤之父因婕妤求之于上,上手敕赐之,神通以教给在先,不与。婕妤诉于上曰:"敕赐妾父田,秦王夺之以与神通。"上遂发怒,责世民曰:"我手敕不如汝教邪!"他日,谓左仆射裴寂曰:"此儿久典兵在外,为书生所教,非复昔日子也。"尹德妃父阿鼠骄横,秦王府属杜如晦过其门,阿鼠家童数人曳如晦坠马,殴之,折一指,曰:"汝何人,敢过我门而不下马!"阿鼠恐世民诉于上,先使德妃奏云:"秦王左右陵暴妾家。"上复怒责世民曰:"我妃嫔家犹为汝左右所陵,况小民乎!"世民深自辩析,上终不信。

世民每侍宴宫中,对诸妃嫔,思太穆皇后早终,不得见上有天下,或歔欷流涕,上顾之不乐。诸妃嫔因密共谮世民曰:"海内幸无事,陛下春秋高,唯宜相娱乐,而秦王每独涕泣,正是憎疾妾等,陛下万岁后,妾母子必不为秦王所容,无孑遗矣!"因相与泣,且曰:"皇太子仁孝,陛下以妾母子属之,必能保全。"上为之怆然。由是无易太子意,待世民浸疏,而建成、元吉日亲矣。

太子中允王珪、洗马魏徵说太子曰:"秦王功盖天下,中外归心;殿下但以年长位居东宫,无大功以镇服海内。今刘黑闼散亡之馀,众不满万,资粮匮乏,以大军临之,势如拉朽,殿下宜自击之以取功名,因结纳山东豪杰,庶可自安。"太子乃请行于上,上许之。珪,颎之兄子也。甲申,诏太子建成将兵讨黑闼,其陕东道大行台及山东道行军元帅、河南河北诸州并受建成处分,得以便宜从事。

56　乙酉,封宗室略阳公道宗等十八人为郡王。道宗,道玄从父弟也,为灵州总管,梁师都遣弟洛儿引突厥数万围之,道宗乘间出击,大破之。突厥与师都相结,遣其郁射设入居故五原,道宗逐出之,斥地千馀里。上以道宗武干如魏任城王彰,乃立为任城郡王。

57　丙申,上幸宜州。

58　己亥,齐王元吉遣兵击刘十善于魏州,破之。

59　癸卯,上校猎于富平。

60　刘黑闼拥兵而南,自相州以北州县皆附之,唯魏州总管田留安勒兵拒守。黑闼攻之,不下,引兵南拔元城,复还攻之。

61　十二月庚戌,立宗室孝友等八人为郡王。孝友,神通之子也。

62　丙辰,上校猎于华池。

63　戊午,刘黑闼陷恒州,杀刺史王公政。

64　庚申,车驾至长安。

65　癸亥,幽州大总管李艺复廉、定二州。

66　甲子,田留安击刘黑闼,破之,获其莘州刺史孟柱,降将卒六千人。是时,山东豪杰多杀长吏以应黑闼,上下相猜,人益离怨;留安待吏民独坦然无疑,白事者无问亲疏,皆听直入卧内,每谓吏民曰:“吾与尔曹俱为国御贼,固宜同心协力,必欲弃顺从逆者,但自斩吾首去。”吏民皆相戒曰:“田公推至诚以待人,当共竭死力报之,必不可负。”有苑竹林者,本黑闼之党,潜有异志。留安知之,不发其事,引置左右,委以管钥;竹林感激,遂更归心,卒收其用。以功进封道国公。

乙丑,并州刺史成仁重击范愿,破之。

67　刘黑闼攻魏州未下,太子建成、齐王元吉大军至昌乐,黑闼引兵拒之,再陈,皆不战而罢。魏徵言于太子曰:“前破黑闼,其将帅皆悬名处死,妻子系虏;故齐王之来,虽有诏书赦其党与之罪,皆莫之信。今宜悉解其囚俘,慰谕遣之,则可坐视离散矣!”太子从之。黑闼食尽,众多亡,或缚其渠帅以降。黑闼恐城中兵出,与大军表里击之,遂夜遁。至馆陶,永济桥未成,不得度。壬申,太子、齐王以大军至,黑闼使王小胡背水而陈,自视作桥成,即过桥西,众遂大溃,舍仗来降。大军度桥追黑闼,度者才千馀骑,桥坏,由是黑闼得与数百骑亡去。

68　上以隋末战士多没于高丽,是岁,赐高丽王建武书,使悉遣还;亦使州县索高丽人在中土者,遣归其国。建武奉诏,遣还中国民前后以万数。

六年（癸未，623）

1　春，正月己卯，刘黑闼所署饶州刺史诸葛德威执黑闼，举城降。时太子遣骑将刘弘基追黑闼，黑闼为官军所迫，奔走不得休息，至饶阳，从者才百馀人，馁甚。德威出迎，延黑闼入城，黑闼不可，德威涕泣固请，黑闼乃从之。至城旁市中憩止，德威馈之食；食未毕，德威勒兵执之，送诣太子，并其弟十善斩于洺州。黑闼临刑叹曰："我幸在家锄菜，为高雅贤辈所误至此！"

2　壬午，巂州人王摩沙举兵，自称元帅，改元进通，遣骠骑将军卫彦讨之。

3　庚子，以吴王杜伏威为太保。

4　二月庚戌，上幸骊山温汤；甲寅，还宫。

5　平阳昭公主薨。戊午，葬公主，诏加前后部鼓吹、班剑四十人，武贲甲卒。太常奏："礼，妇人无鼓吹。"上曰："鼓吹，军乐也。公主亲执金鼓，兴义兵以辅成大业，岂与常妇人比乎！"

6　丙寅，徐圆朗穷蹙，与数骑弃城走，为野人所杀，其地悉平。

7　林邑王梵志遣使入贡。初，隋人破林邑，分其地为三郡。及中原丧乱，林邑复国，至是始入贡。

8　幽州总管李艺请入朝。庚午，以艺为左翊卫大将军。

9　废参旗等十二军。

10　三月癸未，高开道掠文安、鲁城，骠骑将军平善政邀击，破之。

11　庚子，梁师都将贺遂、索同以所部十二州来降。

12　乙巳，前洪州总管张善安反，遣舒州总管张镇周等击之。

13　夏，四月，吐谷浑寇芳州，刺史房当树奔松州。

14　张善安陷孙州，执总管王戎而去。

15　乙丑，鄜州道行军总管段德操击梁师都，至夏州，俘其民畜而还。

16　丙寅，吐谷浑寇洮、岷二州。

17　丁卯，南州刺史庞孝恭、南越州民宁道明、高州首领冯暄俱反，陷南越州，进攻姜州；合州刺史甯纯引兵救之。

18　壬申，立皇子元轨为蜀王、凤为豳王、元庆为汉王。

19　癸酉，以裴寂为左仆射，萧瑀为右仆射，杨恭仁为吏部尚书兼中书令，封德彝为中书令。

20　五月庚辰，遣岐州刺史柴绍救岷州。

21　庚寅，吐谷浑及党项寇河州，刺史卢士良击破之。

22　丙申，梁师都将辛獠儿引突厥寇林州。

23　戊戌，苑君彰将高满政寇代州，骠骑将军李宝言击走之。

24　癸卯，高开道引奚骑寇幽州，长史王诜击破之。刘黑闼之叛也，突地稽引兵助唐，徙其部落于幽州之昌平城。高开道引突厥寇幽州，突地稽将兵邀击，破之。

25　六月戊午，高满政以马邑来降。先是，前并州总管刘世让除广州总管，将之官，上问以备边之策，世让对曰："突厥比数为寇，良以马邑为之中顿故也。请以勇将戍崞城，多贮金帛，募有降者厚赏之，数出骑兵掠其城下，蹂其禾稼，败其生业，不出岁馀，彼无所食，必降矣。"上然其计，曰："非公，谁为勇将！"即命世让戍崞城，马邑病之。是时，马邑人多不愿属突厥，上复遣人招谕苑君璋。高满政说苑君璋尽杀突厥戍兵降唐，君璋不从。满政因众心所欲，夜袭君璋，君璋觉之，亡奔突厥，满政杀君璋之子及突厥戍兵二百人而降。

26　壬戌，梁师都以突厥寇匡州。

27　丁卯，苑君璋与突厥吐屯设寇马邑，高满政与战，破之。以满政为朔州总管，封荣国公。

28　瓜州总管贺若怀广按部至沙州，值州人张护、李通反，怀广以数百人保子城。凉州总管杨恭仁遣兵救之，为护等所败。

29　癸酉，柴绍与吐谷浑战，为其所围，虏乘高射之，矢下如雨。绍遣人弹胡琵琶，二女子对舞。虏怪之，驻弓矢相与聚观，绍察其无备，潜遣精骑出虏陈后，击之，虏众大溃。

30　秋，七月丙子，苑君璋以突厥寇马邑，右武候大将军李高迁及高满政御之，战于腊河谷，破之。

31　张护、李通杀贺拔怀广，立汝州别驾窦伏明为主，进逼瓜州，长史赵孝伦击却之。

32　高开道掠赤岸镇及灵寿、九门、行唐三县而去。

33　丁丑，冈州刺史冯士翙据新会反，广州刺史刘感讨降之，使复其位。

34　辛巳，高开道所部弘阳、统汉二镇来降。

35　癸未，突厥寇原州；乙酉，寇朔州。李高迁为虏所败，行军总管尉迟敬德将兵救之。己亥，遣太子将兵屯北边，秦王世民屯并州，以备突厥。八月丙辰，突厥寇真州，又寇马邑。

36　壬子，淮南道行台仆射辅公祏反。初，杜伏威与公祏相友善，公

祐年长,伏威兄事之,军中谓之伯父,畏敬与伏威等。伏威浸忌之,乃署其
养子阚稜为左将军,王雄诞为右将军,潜夺其兵权。公祐知之,怏怏不平,
与其故人左游仙阳为学道、辟谷以自晦。及伏威入朝,留公祐守丹杨,令
雄诞典兵为之副,阴谓雄诞曰:“吾至长安,苟不失职,勿令公祐为变。”伏
威既行,左游仙说公祐谋反;而雄诞握兵,公祐不得发。乃诈称得伏威书,
疑雄诞有贰心,雄诞闻之不悦,称疾不视事;公祐因夺其兵,使其党西门君
仪谕以反计。雄诞始寤而悔之,曰:“今天下方平,吴王又在京师,大唐兵
威,所向无敌,奈何无故自求族灭乎! 雄诞有死而已,不敢闻命。今从公
为逆,不过延百日之命耳,大丈夫安能爱斯须之死而自陷于不义乎!”公
祐知不可屈,缢杀之。雄诞善抚士卒,得其死力,又约束严整,每破城邑,
秋毫无犯,死之日,江南军中及民间皆为之流涕。公祐又诈称伏威不得还
江南,贻书令其起兵,大修铠仗,运粮储。寻称帝于丹杨,国号宋,修陈故
宫室而居之,署置百官,以左游仙为兵部尚书、东南道大使、越州总管,与
张善安连兵,以善安为西南道大行台。

37　己未,突厥寇原州。

38　乙丑,诏襄州道行台仆射赵郡王孝恭以舟师趣江州,岭南道大使
李靖以交、广、泉、桂之众趣宣州,怀州总管黄君汉出谯、亳,齐州总管李世
勣出淮、泗以讨辅公祐。孝恭将发,与诸将宴集,命取水,忽变为血,在坐
者皆失色,孝恭举止自若,曰:“此乃公祐授首之征也!”饮而尽之,众皆
悦服。

39　丙寅,吐谷浑内附。

40　辛未,突厥陷原州之善和镇;癸酉,又寇渭州。

41　高开道以奚侵幽州,州兵击却之。

42　九月,太子班师。

43　戊子,辅公祐遣其将徐绍宗寇海州,陈政通寇寿阳。

44　邛州獠反,遣沛公郑元璹讨之。

45　庚寅,突厥寇幽州。

46　壬辰,诏以秦王世民为江州道行军元帅。

47　乙未,窦伏明以沙州降。

48　高昌王麹伯雅卒,子文泰立。

49　丙申,渝州人张大智反,刺史薛敬仁弃城走。

50　壬寅,高开道引突厥二万骑寇幽州。

51　突厥恶弘农公刘世让为己患,遣其臣曹般陁来,言世让与可汗通

谋,欲为乱,上信之。冬,十月丙午,杀世让,籍其家。

52　秦王世民犹在并州,己未,诏世民引兵还。

53　上幸华阴。

54　张大智侵涪州,刺史田世康等讨之,大智以众降。

55　初,上遣右武候大将军李高迁助朔州总管高满政守马邑,苑君璋引突厥万馀骑至城下,满政击破之。颉利可汗怒,大发兵攻马邑。高迁惧,帅所部二千人斩关宵遁,虏邀之,失亡者半。颉利自帅众攻城,满政出兵御之,或一日战十馀合。上命行军总管刘世让救之,至松子岭,不敢进,还保崞城。会颉利遣使求婚,上曰:"释马邑之围,乃可议婚。"颉利欲解兵,义成公主固请攻之。颉利以高开道善为攻具,召开道,与之攻马邑甚急。颉利诱满政使降,满政骂之。粮且尽,救兵未至,满政欲溃围走朔州,右虞候杜士远以虏兵盛,恐不免,壬戌,杀满政降于突厥,苑君璋复杀城中豪杰与满政同谋者三十馀人。上以满政子玄积为上柱国,袭爵。丁卯,突厥复请和亲,以马邑归唐;上以将军秦武通为朔州总管。

56　突厥数为边患,并州大总管府长史窦静表请于太原置屯田以省馈运;议者以为烦扰,不许。静切论不已,敕征静入朝,使与裴寂、萧瑀、封德彝相论难于上前,寂等不能屈,乃从静议,岁收谷数千斛,上善之,命检校并州大总管。静,抗之子也。十一月辛巳,秦王世民复请增置屯田于并州之境,从之。

57　黄州总管周法明将兵击辅公祏,张善安据夏口,拒之。法明屯荆口镇,壬午,法明登战舰饮酒,善安遣刺客数人诈乘鱼艓而至,见者不以为虞,遂杀法明而去。

58　甲申,舒州总管张镇周等击辅公祏将陈当世于猷州之黄沙,大破之。

59　丁亥,上校猎于华阴。己丑,迎劳秦王世民于忠武顿。

60　十二月癸卯,安抚使李大亮诱张善安,执之。大亮击善安于洪州,与善安隔水而陈,遥相与语。大亮谕以祸福,善安曰:"善安初无反心,正为将士所误,欲降又恐不免。"大亮曰:"张总管有降心,则与我一家耳。"因单骑渡水入其陈,与善安执手共语,示无猜间。善安大悦,遂许之降。既而善安将数十骑诣大亮营,大亮止其骑于门外,引善安入,与语久之,善安辞去,大亮命武士执之,从骑皆走。善安营中闻之,大怒,悉众而来,将攻大亮。大亮使人谕之曰:"吾不留总管。总管赤心归国,谓我曰:'若还营,恐将士或有异同,为其所制。'故自留不去耳,卿辈何怒于我!"其党复大骂曰:"张总管卖我以自媚于人。"遂皆溃去。大亮追击,多所虏获。送善安于长安,善安自称不与辅公祏交通,上赦其罪,善遇之;及公祏败,得所与往还书,乃杀之。

61　甲寅,车驾至长安。

62　己巳,突厥寇定州,州兵击走之。

63　庚申,白简、白狗羌并遣使入贡。


七年(甲申,624)

1　春,正月,依周、齐旧制,每州置大中正一人,掌知州内人物,品量望第,以本州门望高者领之,无品秩。

2　壬午,赵郡王孝恭击辅公祏别将于枞阳,破之。

3　庚寅,邹州人邓同颖杀刺史李士衡反。

4　丙申,以白狗等羌地置维、恭二州。

5　二月,辅公祏遣兵围猷州,刺史左难当婴城自守。安抚使李大亮引兵击公祏,破之。赵郡王孝恭攻公祏鹊头镇,拔之。

6　丁未,高丽王建武遣使来请班历。遣使册建武为辽东郡王、高丽王。以百济王扶馀璋为带方郡王,新罗王金真平为乐浪郡王。

7　始州獠反,遣行台仆射窦轨讨之。

8　己酉,诏:"诸州有明一经以上未仕者,咸以名闻。州县及乡皆置学。"

9　壬子,行军副总管权文诞破辅公祏之党于猷州,拔其枚洄等四镇。

10　丁巳,上幸国子监,释奠。诏诸王公子弟各就学。

11　戊午,改大总管为大都督府。

12　己未,高开道将张金树杀开道来降。开道见天下皆定,欲降,自以数反覆不敢;且恃突厥之众,遂无降意。其将卒皆山东人,思乡里,咸有离心。开道选勇敢士数百,谓之假子,常直阁内,使金树领之。故刘黑闼将张君立亡在开道所,与金树密谋取开道。金树遣其党数人入阁内,与假子游戏,向夕,潜断其弓弦,藏刀槊于床下,合瞑,抱之趋出,金树帅其党大噪,攻开道阁,假子将御之,弓弦皆绝,刀槊已失,争出降。君立亦举火于外与相应,内外惶扰。开道知不免,乃擐甲持兵坐堂上,与妻妾奏乐酣饮,众惮其勇,不敢逼。天且明,开道缢妻妾及诸子,乃自杀。金树陈兵,悉收假子斩之,并杀君立,死者五百馀人。遣使来降,诏以其地置妫州。壬戌,以金树为北燕州都督。

13　戊辰,洋、集二州獠反,陷隆州晋城。

14　是月,太保吴王杜伏威薨。辅公祏之反也,诈称伏威之命以绐其众。及公祏平,赵郡王孝恭不知其诈,以状闻;诏追除伏威名,籍没其妻子。及太宗即位,知其冤,赦之,复其官爵。

15　三月,初定令,以太尉、司徒、司空为三公,次尚书、门下、中书、秘书、殿中、内侍为六省,次御史台,次太常至太府为九寺,次将作监,次国子学,次天策上将府,次左、右卫至左、右领卫为十四卫。东宫置三师、三少、詹事及两坊、三寺、十率府。王、公置府佐、国官,公主置邑司,并为京职事官。州、县、镇、戍为外职事官。自开府仪同三司至将仕郎,二十八阶,为文散官;骠骑大将军至陪戎副尉三十一阶,为武散官。上柱国至武骑尉十二等,为勋官。

16　丙戌,赵郡王孝恭破辅公祏于芜湖,拔梁山等三镇。辛卯,安抚使任瑰拔扬子城,广陵城主龙龛降。

17　丁酉,突厥寇原州。

18　戊戌,赵郡王孝恭克丹杨。

先是,辅公祏遣其将冯慧亮、陈当世将舟师三万屯博望山,陈正通、徐绍宗将步骑三万屯青林山,仍于梁山连铁锁以断江路,筑却月城,延袤十馀里,又结垒江西以拒官军。孝恭与李靖帅舟师次舒州,李世勣帅步卒一万渡淮,拔寿阳,次硖石。慧亮等坚壁不战,孝恭遣奇兵绝其粮道,慧亮等军乏食,夜,遣兵薄孝恭营,孝恭坚卧不动。孝恭集诸将议军事,皆曰:"慧亮等拥强兵,据水陆之险,攻之不可猝拔,不如直指丹杨,掩其巢穴,丹杨既溃,慧亮等自降矣!"孝恭将从其议,李靖曰:"公祏精兵虽在此水陆二军,然所自将亦不为少,今博望诸栅尚不能拔,公祏保据石头,岂易取哉! 进攻丹杨,旬月不下,慧亮蹑吾后,腹背受敌,此危道也。慧亮、正通皆百战馀贼,其心非不欲战,正以公祏立计使之持重,欲以老我师耳。我今攻其城以挑之,一举可破也!"孝恭然之,使羸兵先攻贼营而勒精兵结陈以待之。攻垒者不胜而走,贼出兵追之,行数里,遇大军,与战,大破之。阚稜免胄谓贼众曰:"汝曹不识我邪? 何敢来与我战!"贼多稜故部曲,皆无斗志,或有拜者,由是遂败。孝恭、靖乘胜逐北,转战百馀里,博山、青林两戍皆溃,慧亮、正通等遁归,杀伤及溺死者万馀人。李靖兵先至丹杨,公祏大惧,拥兵数万,弃城东走,欲就左游仙于会稽,李世勣追之。公祏至句容,从兵能属者才五百人,夜,宿常州,其将吴骚等谋执之。公祏觉之,弃妻子,独将腹心数十人,斩关走。至武康,为野人所攻,西门君仪战死,执公祐,送丹杨枭首,分捕馀党,悉诛之,江南皆平。

己亥,以孝恭为东南道行台右仆射,李靖为兵部尚书。顷之,废行台,以孝恭为扬州大都督,靖为府长史。上深美靖功,曰:"靖,萧、辅之膏肓也。"

阚稜功多,颇自矜伐。公祐诬稜与己通谋。会赵郡王孝恭籍没贼党田宅,稜及杜伏威、王雄诞田宅在贼境者,孝恭并籍没之;稜自诉理,忤孝恭,孝恭怒,以谋反诛之。

19 夏,四月庚子朔,赦天下。是日,颁新律令,比开皇旧制增新格五十三条。

20 初定均田租、庸、调法:丁、中之民,给田一顷,笃疾减什之六,寡妻妾减七,皆以什之二为世业,八为口分。每丁岁入租,粟二石。调随土地所宜,绫、绢、绝、布。岁役二旬,不役则收其佣,日三尺。有事而加役者,旬有五日,免其调;三旬,租、调俱免。水旱虫霜为灾,什损四以上免租,损六以上免调,损七已上课役俱免。凡民赀业分九等。百户为里,五里为乡,四家为邻,四邻为保。在城邑者为坊,田野者为村。食禄之家,无得与民争利;工商杂类,无预士伍。男女始生为黄,四岁为小,十六为中,二十为丁,六十为老。岁造计帐,三年造户籍。

21 丁未,党项寇松州。

22 庚申,通事舍人李凤起击万州反獠,平之。

23 五月辛未,突厥寇朔州。

24 甲戌,羌与吐谷浑同寇松州,遣益州行台左仆射窦轨自翼州道,扶州刺史蒋善合自芳州道击之。

25 丙戌,作仁智宫于宜君。

26 丁亥,窦轨破反獠于方山,俘二万馀口。

# 资治通鉴卷第一百九十一

## 唐纪七

**高祖神尧大圣光孝皇帝下之上**

武德七年（甲申，624）

1　六月辛丑，上幸仁智宫避暑。

2　辛亥，泷州、扶州獠作乱，遣南尹州都督李光度等击平之。

3　丙辰，吐谷浑寇扶州，刺史蒋善合击走之。

4　壬戌，庆州都督杨文幹反。

初，齐王元吉劝太子建成除秦王世民，曰："当为兄手刃之！"世民从上幸元吉第，元吉伏护军宇文宝于寝内，欲刺世民；建成性颇仁厚，遽止之。元吉愠曰："为兄计耳，于我何有！"

建成擅募长安及四方骁勇二千馀人为东宫卫士，分屯左、右长林，号长林兵。又密使右虞候率可达志从燕王李艺发幽州突骑三百，置宫东诸坊，欲以补东宫长上。为人所告，上召建成责之，流可达志于巂州。

杨文幹尝宿卫东宫，建成与之亲厚，私使募壮士送长安。上将幸仁智宫，命建成居守，世民、元吉皆从。建成使元吉就图世民，曰："安危之计，决在今岁。"又使郎将尔朱焕、校尉桥公山以甲遗文幹。二人至豳州，上变，告太子使文幹举兵，欲表里相应。又有宁州人杜凤举亦诣宫言状。上怒，托他事，手诏召建成，令诣行在。建成惧，不敢赴。太子舍人徐师謩劝之据城举兵；詹事主簿赵弘智劝之贬损车服，屏从者，诣上谢罪，建成乃诣仁智宫。未至六十里，悉留其官属于毛鸿宾堡，以十馀骑往见上，叩头谢罪，奋身自掷，几至于绝。上怒不解，是夜，置之幕下，饲以麦饭，使殿中监陈福防守，遣司农卿宇文颖驰召文幹。颖至庆州，以情告之，文幹遂举兵反。上遣左武卫将军钱九陇与灵州都督杨师道击之。

甲子，上召秦王世民谋之，世民曰："文幹竖子，敢为狂逆，计府僚已应擒戮；若不尔，正应遣一将讨之耳。"上曰："不然。文幹事连建成，恐应之者众。汝宜自行，还，立汝为太子。吾不能效隋文帝自诛其子，当封建成为蜀王。蜀兵脆弱,他日苟能事汝,汝宜全之;不能事汝,汝取之易耳!"

上以仁智宫在山中,恐盗兵猝发,夜,帅宿卫南出山外,行数十里,东宫官属继至,皆令三十人为队,分兵围守之。明日,复还仁智宫。

世民既行,元吉与妃嫔更迭为建成请,封德彝复为之营解于外,上意遂变,复遣建成还京师居守。惟责以兄弟不睦,归罪于太子中允王珪、左卫率韦挺、天策兵曹参军杜淹,并流于巂州。挺,冲之子也。初,洛阳既平,杜淹久不得调,欲求事建成。房玄龄以淹多狡数,恐其教导建成,益为世民不利,乃言于世民,引入天策府。

5　突厥寇代州之武周城,州兵击破之。

6　秋,七月己巳,苑君璋以突厥寇朔州,总管秦武通击却之。

7　杨文幹袭陷宁州,驱掠吏民出据百家堡。秦王世民军至宁州,其党皆溃。癸酉,文幹为其麾下所杀,传首京师。获宇文颖,诛之。

8　丁丑,梁师都行台白伏愿来降。

9　戊寅,突厥寇原州,遣宁州刺史鹿大师救之,又遣杨师道趋大木根山。庚辰,突厥寇陇州;遣护军尉迟敬德击之。

10　吐谷浑寇岷州。辛巳,吐谷浑、党项寇松州。

11　癸未,突厥寇阴盘。

12　甲申,扶州刺史蒋善合击吐谷浑于松州赤磨镇,破之。

13　己丑,突厥吐利设与苑君璋寇并州。

14　甲午,车驾还京师。

15　或说上曰:"突厥所以屡寇关中者,以子女玉帛皆在长安故也。若焚长安而不都,则胡寇自息矣。"上以为然,遣中书侍郎宇文士及逾南山至樊、邓,行可居之地,将徙都之。太子建成、齐王元吉、裴寂皆赞成其策,萧瑀等虽知其不可而不敢谏。秦王世民谏曰:"戎狄为患,自古有之。陛下以圣武龙兴,光宅中夏,精兵百万,所征无敌,奈何以胡寇扰边,遽迁都以避之,贻四海之羞,为百世之笑乎!彼霍去病汉廷一将,犹志灭匈奴;况臣忝备藩维,愿假数年之期,请系颉利之颈,致之阙下。若其不效,迁都未晚。"上曰:"善。"建成曰:"昔樊哙欲以十万众横行匈奴中,秦王之言得无似之!"世民曰:"形势各异,用兵不同,樊哙小竖,何足道乎! 不出十年,必定漠北,非虚言也!"上乃止。建成与妃嫔因共谮世民曰:"突厥虽屡为边患,得赂即退。秦王外托御寇之名,内欲总兵权,成其篡夺之谋耳!"

上校猎城南，太子、秦、齐王皆从，上命三子驰射角胜。建成有胡马，肥壮而喜蹶，以授世民曰："此马甚骏，能超数丈涧，弟善骑，试乘之。"世民乘以逐鹿，马蹶，世民跃立于数步之外，马起，复乘之，如是者三，顾谓宇文士及曰："彼欲以此见杀，死生有命，庸何伤乎！"建成闻之，因令妃嫔潜之于上曰："秦王自言，我有天命，方为天下主，岂有浪死！"上大怒，先召建成、元吉，然后召世民入，责之曰："天子自有天命，非智力可求。汝求之一何急邪！"世民免冠顿首，请下法司案验。上怒不解，会有司奏突厥入寇，上乃改容劳勉世民，命之冠带，与谋突厥。闰月己未，诏世民、元吉将兵出豳州以御突厥，上饯之于兰池。上每有寇盗，辄命世民讨之，事平之后，猜嫌益甚。

16　初，隋末京兆韦仁寿为蜀郡司法书佐，所论囚至市，犹西向为仁寿礼佛然后死。唐兴，爨弘达帅西南夷内附。朝廷遣使抚之，类皆贪纵，远民患之，有叛者。仁寿时为嶲州都督长史，上闻其名，命检校南宁州都督，寄治越嶲，使之岁一至其地慰抚之。仁寿性宽厚，有识度，既受命，将兵五百人至西洱河，周历数千里，蛮、夷豪帅皆望风归附，来见仁寿。仁寿承制置七州、十五县，各以其豪帅为刺史、县令，法令清肃，蛮、夷悦服。将还，豪帅皆曰："天子遣公都督南宁，何为遽去？"仁寿以城池未立为辞。蛮、夷即相帅为仁寿筑城，立廨舍，旬日而就。仁寿乃曰："吾受诏但令巡抚，不敢擅留。"蛮、夷号泣送之，因各遣子弟入贡。壬戌，仁寿还朝，上大悦，命仁寿徙镇南宁，以兵戍之。

17　苑君璋引突厥寇朔州。

18　八月戊辰，突厥寇原州。

19　己巳，吐谷浑寇鄯州。

20　壬申，突厥寇忻州，丙子，寇并州；京师戒严。戊寅，寇绥州，刺史刘大俱击却之。

是时，颉利、突利二可汗举国入寇，连营南上，秦王世民引兵拒之。会关中久雨，粮运阻绝，士卒疲于征役，器械顿弊，朝廷及军中咸以为忧。世民与虏遇于豳州，勒兵将战。己卯，可汗帅万馀骑奄至城西，陈于五陇阪，将士震恐。世民谓元吉曰："今虏骑凭陵，不可示之以怯，当与之一战，汝能与我俱乎？"元吉惧曰："虏形势如此，奈何轻出，万一失利，悔可及乎！"世民曰："汝不敢出，吾当独往，汝留此观之。"世民乃帅骑驰诣虏陈，告之曰："国家与可汗和亲，何为负约深入我地！我秦王也，可汗能斗，独出与我斗；若以众来，我直以此百骑相当耳。"颉利不之测，笑而不应。世民又前,遣骑告突利曰:"尔往与我盟,有急相救。今乃引兵相攻,何无香火之情也!"突利亦不应。世民又前,将渡沟水,颉利见世民轻出,又闻香火之言,疑突利与世民有谋,乃遣止世民曰:"王不须渡,我无他意,更欲与王申固盟约耳。"乃引兵稍却。是后霖雨益甚,世民谓诸将曰:"虏所恃者弓矢耳,今积雨弥时,筋胶俱解,弓不可用,彼如飞鸟之折翼。吾屋居火食,刀槊犀利,以逸制劳,此而不乘,将复何待!"乃潜师夜出,冒雨而进,突厥大惊。世民又遣说突利以利害,突利悦,听命。颉利欲战,突利不可,乃遣突利与其夹毕特勒阿史那思摩来见世民,请和亲,世民许之。思摩,颉利之从叔也。突利因自托于世民,请结为兄弟;世民亦以恩意抚之,与盟而去。

庚寅,岐州刺史柴绍破突厥于杜阳谷。

壬申,突厥阿史那思摩入见,上引升御榻,慰劳之。思摩貌类胡,不类突厥,故处罗疑其非阿史那种,历处罗、颉利世,常为夹毕特勒,终不得典兵为设。既入朝,赐爵和顺王。

丁酉,遣左仆射裴寂使于突厥。

21　九月癸卯,日南人姜子路反,交州都督王志远击破之。

22　癸卯,突厥寇绥州,都督刘大俱击破之,获特勒三人。

冬,十月己巳,突厥寇甘州。

23　辛未,上校猎于鄠之南山;癸酉,幸终南。

24　吐谷浑及羌人寇叠州,陷合川。

25　丙子,上幸楼观,谒老子祠。癸未,以太牢祭隋文帝陵。十一月丁卯,上幸龙跃宫。庚午,还宫。

26　太子詹事裴矩权检校侍中。


八年(乙酉,625)

1　春,正月丙辰,以寿州都督张镇周为舒州都督。镇周以舒州本其乡里,到州,就故宅多市酒肴,召亲戚故人,与之酣宴,散发箕踞,如为布衣时,凡十日。既而分赠金帛,泣,与之别,曰:"今日张镇周犹得与故人欢饮,明日之后,则舒州都督治百姓耳,君民礼隔,不得复为交游。"自是亲戚故人犯法,一无所纵,境内肃然。

2　丁巳,遣右武卫将军段德操徇夏州地。

3　吐谷浑寇叠州。

4　是月突厥、吐谷浑各请互市,诏皆许之。先是,中国丧乱,民乏耕牛,至是资于戎狄,杂畜被野。

5　夏,四月乙亥,党项寇渭州。

6　甲申,上幸鄠县,校猎于甘谷,营太和宫于终南山。丙戌,还宫。

7　西突厥统叶护可汗遣使请婚,上谓裴矩曰:"西突厥道远,缓急不能相助,今求婚,何如?"对曰:"今北狄方强,为国家今日计,且当远交而近攻。臣谓宜许其婚以威颉利;俟数年之后,中国完实,足抗北夷,然后徐思其宜。"上从之。遣高平王道立至其国,统叶护大喜。道立,上之从子也。

8　初,上以天下大定,罢十二军。既而突厥为寇不已,辛亥,复置十二军,以太常卿窦诞等为将军,简练士马,议大举击突厥。

9　甲寅,凉州胡睦伽陀引突厥袭都督府,入子城;长史刘君杰击破之。

10　六月甲子,上幸太和宫。

11　丙子,遣燕郡王李艺屯华亭县及弹筝峡,水部郎中姜行本断石岭道以备突厥。

丙戌,颉利可汗寇灵州。丁亥,以右卫大将军张瑾为行军总管以御之,以中书侍郎温彦博为长史。先是,上与突厥书用敌国礼,秋,七月甲辰,上谓侍臣曰:"突厥贪婪无厌,朕将征之,自今勿复为书,皆用诏敕。"

12　丙午,车驾还宫。

13　己酉,突厥颉利可汗寇桓州。

14　睦伽陀攻武兴。

15　丙辰,代州都督蔺謩与突厥战于新城,不利。复命行军总管张瑾屯石岭,李高迁趋太谷以御之。丁巳,命秦王出屯蒲州以备突厥。

八月壬戌,突厥逾石岭,寇并州,癸亥,寇灵州,丁卯,寇潞、沁、韩三州。

16　左武候大将军安修仁击睦伽陀于且渠川,破之。

17　诏安州大都督李靖出潞州道,行军总管任瓌屯太行,以御突厥。颉利可汗将兵十馀万大掠朔州。壬申,并州道行军总管张瑾与突厥战于太谷,全军皆没,瑾脱身奔李靖。行军长史温彦博为虏所执,虏以彦博职在机近,问以国家兵粮虚实,彦博不对,虏迁之阴山。庚辰,突厥寇灵武。甲申,灵州都督任城王道宗击破之。丙戌,突厥寇绥州。丁亥,颉利可汗遣使请和而退。

九月癸巳,突厥没贺咄设陷并州一县,丙申,代州都督蔺謩击破之。

18 癸卯,初令太府检校诸州权量。

19 丙午,右领军将军王君廓破突厥于幽州,俘斩二千馀人。

突厥寇蔺州。

20 冬,十月壬申,吐谷浑寇叠州,遣扶州刺史蒋善合救之。

21 戊寅,突厥寇鄯州,遣霍公柴绍救之。

十一月辛卯朔,上幸宜州。

22 权检校侍中裴矩罢判黄门侍郎。

23 戊戌,突厥寇彭州。

24 庚子,以天策司马宇文士及权检校侍中。

25 辛丑,徙蜀王元轨为吴王,汉王元庆为陈王。

26 癸卯,加秦王世民中书令,齐王元吉侍中。

27 丙午,吐谷浑寇岷州。

28 戊申,眉州山獠反。

29 十二月辛酉,上还至京师。

30 庚辰,上校猎于鸣犊泉。辛巳,还宫。

31 以襄邑王神符检校扬州大都督。始自丹杨徙州府及居民于
江北。


九年(丙戌,626)

1 春,正月己亥,诏太常少卿祖孝孙等更定雅乐。

2 甲寅,以左仆射裴寂为司空,日遣员外郎一人更直其第。

3 二月庚申,以齐王元吉为司徒。

4 丙子,初令州县祀社稷,又令士民里闬相从立社。各申祈报,用洽
乡党之欢。戊寅,上祀社稷。

5 丁亥,突厥寇原州,遣折威将军杨屯击之。

6 三月庚寅,上幸昆明池;壬辰,还宫。

7 癸巳,吐谷浑、党项寇岷州。

8 戊戌,益州道行台尚书郭行方击眉州叛獠,破之。

9 壬寅,梁师都寇边,陷静难镇。

10 丙午,上幸周氏陂。

11 辛亥,突厥寇灵州。

12 乙卯,车驾还宫。

13 癸丑,南海公欧阳胤奉使在突厥,帅其徒五十人谋掩袭可汗牙

帐；事泄，突厥囚之。

14　丁巳，突厥寇凉州，都督长乐王幼良击走之。

15　戊午，郭行方击叛獠于洪、雅二州，大破之，俘男女五千口。

16　夏，四月丁卯，突厥寇朔州，庚午，寇原州，癸酉，寇泾州。戊寅，安州大都督李靖与突厥颉利可汗战于灵州之硖石，自旦至申，突厥乃退。

17　太史令傅奕上疏请除佛法曰："佛在西域，言妖路远，汉译胡书，恣其假托。使不忠不孝削发而揖君亲，游手游食易服以逃租赋。伪启三涂，谬张六道，恐愒愚夫，诈欺庸品。乃追忏既往之罪，虚规将来之福。布施万钱，希万倍之报，持斋一日，冀百日之粮。遂使愚迷，妄求功德，不惮科禁，轻犯宪章；有造为恶逆，身坠刑网，方乃狱中礼佛，规免其罪。且生死寿夭，由于自然，刑德威福，关之人主，贫富贵贱，功业所招，而愚僧矫诈，皆云由佛。窃人主之权，擅造化之力，其为害政，良可悲矣！降自羲、农，至于有汉，皆无佛法，君明臣忠，祚长年久。汉明帝始立胡神，西域桑门自传其法。西晋以上，国有严科，不许中国之人辄行髡发之事。洎于苻、石、羌、胡乱华，主庸臣佞，政虐祚短，梁武、齐襄，足为明镜。今天下僧尼，数盈十万，剪刻缯彩，装束泥人，竞为厌魅，迷惑万姓。请令匹配，即成十万馀户，产育男女，十年长养，一纪教训，可以足兵。四海免蚕食之殃，百姓知威福所在，则妖惑之风自革，淳朴之化还兴。窃见齐朝章仇子佗表言：'僧尼徒众，糜损国家，寺塔奢侈，虚费金帛。'为诸僧附会宰相，对朝谗毁，诸尼依托妃、主，潜行谤讟，子佗竟被囚系，刑于都市。周武平齐，制封其墓。臣虽不敏，窃慕其踪。"

上诏百官议其事，唯太仆卿张道源称奕言合理。萧瑀曰："佛，圣人也，而奕非之；非圣人者无法，当治其罪。"奕曰："人之大伦，莫如君父。佛以世嫡而叛其父，以匹夫而抗天子。萧瑀不生于空桑，乃遵无父之教。非孝者无亲，瑀之谓矣！"瑀不能对，但合手曰："地狱之设，正为是人！"

上亦恶沙门、道士苟避征徭，不守戒律，皆如奕言。又寺观邻接廛邸，溷杂屠沽，辛巳，下诏命有司沙汰天下僧、尼、道士、女冠，其精勤练行者，迁居大寺观，给其衣食，毋令阙乏。庸猥粗秽者，悉令罢遣，勒还乡里。京师留寺三所，观二所，诸州各留一所，馀皆罢之。

傅奕性谨密，既职在占候，杜绝交游，所奏灾异，悉焚其稿，人无知者。

18　癸未，突厥寇西会州。

19　五月戊子，虔州胡成郎等杀长史，叛归梁师都。都督刘旻追斩之。

20　壬辰,<u>党项</u>寇<u>廓州</u>。

21　戊戌,<u>突厥</u>寇<u>秦州</u>。

22　壬寅,<u>越州</u>人<u>卢南</u>反,杀刺史<u>甯道明</u>。

23　丙午,<u>吐谷浑</u>、<u>党项</u>寇<u>河州</u>。

24　<u>突厥</u>寇<u>兰州</u>。

25　丙辰,遣平道将军<u>柴绍</u>将兵击<u>胡</u>。

26　六月丁巳,太白经天。

　　<u>秦王世民</u>既与太子<u>建成</u>、<u>齐王元吉</u>有隙,以<u>洛阳</u>形胜之地,恐一朝有变,欲出保之,乃以行台工部尚书<u>温大雅</u>镇<u>洛阳</u>,遣<u>秦</u>府车骑将军<u>荥阳张亮</u>将左右<u>王保</u>等千馀人之<u>洛阳</u>,阴结纳<u>山东</u>豪杰以俟变,多出金帛,恣其所用。<u>元吉</u>告<u>亮</u>谋不轨,下吏考验;<u>亮</u>终无言,乃释之,使还<u>洛阳</u>。

　　<u>建成</u>夜召<u>世民</u>,饮酒而酖之,<u>世民</u>暴心痛,吐血数升,<u>淮安王神通</u>扶之还<u>西宫</u>。上幸<u>西宫</u>,问<u>世民</u>疾,敕<u>建成</u>曰:"<u>秦王</u>素不能饮,自今无得复夜饮。"因谓<u>世民</u>曰:"首建大谋,削平海内,皆汝之功。吾欲立汝为嗣,汝固辞;且<u>建成</u>年长,为嗣日久,吾不忍夺也。观汝兄弟似不相容,同处京邑,必有纷竞,当遣汝还台,居<u>洛阳</u>,自<u>陕</u>以东皆主之。仍命汝建天子旌旗,如<u>汉梁孝王</u>故事。"<u>世民</u>涕泣,辞以不欲远离膝下,上曰:"天下一家,东、西两都,道路甚迩,吾思汝即往,毋烦悲也。"将行,<u>建成</u>、<u>元吉</u>相与谋曰:"<u>秦王</u>若至<u>洛阳</u>,有土地甲兵,不可复制;不如留之<u>长安</u>,则一匹夫耳,取之易矣。"乃密令数人上封事,言"<u>秦王</u>左右闻往<u>洛阳</u>,无不喜跃,观其志趣,恐不复来"。又遣近幸之臣以利害说上,上意遂移,事复中止。

　　<u>建成</u>、<u>元吉</u>与后宫日夜谮诉<u>世民</u>于上,上信之,将罪<u>世民</u>。<u>陈叔达</u>谏曰:"<u>秦王</u>有大功于天下,不可黜也。且性刚烈,若加挫抑,恐不胜忧愤,或有不测之疾,陛下悔之何及!"上乃止。<u>元吉</u>密请杀<u>秦王</u>,上曰:"彼有定天下之功,罪状未著,何以为辞?"<u>元吉</u>曰:"<u>秦王</u>初平东都,顾望不还,散钱帛以树私恩,又违敕命,非反何!但应速杀,何患无辞!"上不应。

　　<u>秦</u>府僚属皆忧惧不知所出。行台考功郎中<u>房玄龄</u>谓比部郎中<u>长孙无忌</u>曰:"今嫌隙已成,一旦祸机窃发,岂惟府朝涂地,乃实社稷之忧;莫若劝王行<u>周公</u>之事以安家国。存亡之机,间不容发,正在今日!"<u>无忌</u>曰:"吾怀此久矣,不敢发口。今吾子所言,正合吾心,谨当白之。"乃入言<u>世民</u>。<u>世民</u>召<u>玄龄</u>谋之,<u>玄龄</u>曰:"大王功盖天地,当承大业!今日忧危,乃天赞也,愿大王勿疑。"乃与府属<u>杜如晦</u>共劝<u>世民</u>诛<u>建成</u>、<u>元吉</u>。

　　<u>建成</u>、<u>元吉</u>以<u>秦</u>府多骁将,欲诱之使为己用,密以金银器一车赠左二

副护军尉迟敬德,并以书招之曰:"愿迂长者之眷,以敦布衣之交。"敬德辞曰:"敬德,蓬户瓮牖之人,遭隋末乱离,久沦逆地,罪不容诛。秦王赐以更生之恩,今又策名藩邸,唯当杀身以为报。于殿下无功,不敢谬当重赐。若私交殿下,乃是贰心,徇利忘忠,殿下亦何所用!"建成怒,遂与之绝。敬德以告世民,世民曰:"公心如山岳,虽积金至斗,知公不移。相遗但受,何所嫌也!且得以知其阴计,岂非良策! 不然,祸将及公。"既而元吉使壮士夜刺敬德,敬德知之,洞开重门,安卧不动,刺客屡至其庭,终不敢入。元吉乃谮敬德于上,下诏狱讯治,将杀之,世民固请,得免。又谮左一马军总管程知节,出为康州刺史。知节谓世民曰:"大王股肱羽翼尽矣,身何能久! 知节以死不去,愿早决计。"又以金帛诱右二护军段志玄,志玄不从。建成谓元吉曰:"秦府智略之士,可惮者独房玄龄、杜如晦耳。"皆谮之于上而逐之。

世民腹心唯长孙无忌尚在府中,与其舅雍州治中高士廉、右候车骑将军三水侯君集及尉迟敬德等,日夜劝世民诛建成、元吉。世民犹豫未决,问于灵州大都督李靖,靖辞;问于行军总管李世勣,世勣辞。世民由是重二人。

会突厥郁射设将数万骑屯河南,入塞,围乌城,建成荐元吉代世民督诸军北征,上从之,命元吉督右武卫大将军李艺、天纪将军张瑾等救乌城。元吉请尉迟敬德、程知节、段志玄及秦府右三统军秦叔宝等与之偕行,简阅秦王帐下精锐之士以益元吉军。率更丞王晊密告世民曰:"太子语齐王:'今汝得秦王骁将精兵,拥数万之众,吾与秦王饯汝于昆明池,使壮士拉杀之于幕下,奏云暴卒,主上宜无不信。吾当使人进说,令授吾国事。敬德等既入汝手,宜悉坑之,孰敢不服!'"世民以晊言告长孙无忌等,无忌等劝世民先事图之。世民叹曰:"骨肉相残,古今大恶。吾诚知祸在朝夕,欲俟其发,然后以义讨之,不亦可乎!"敬德曰:"人情谁不爱其死! 今众人以死奉王,乃天授也。祸机垂发,而王犹晏然不以为忧,大王纵自轻,如宗庙社稷何! 大王不用敬德之言,敬德将窜身草泽,不能留居大王左右,交手受戮也!"无忌曰:"不从敬德之言,事今败矣。敬德等必不为王有,无忌亦当相随而去,不能复事大王矣!"世民曰:"吾所言亦未可全弃,公更图之。"敬德曰:"王今处事有疑,非智也;临难不决,非勇也。且大王素所畜养勇士八百馀人,在外者今已入宫,擐甲执兵,事势已成,大王安得已乎!"

世民访之府僚,皆曰:"齐王凶戾,终不肯事其兄。比闻护军薛实尝谓齐王曰:'大王之名,合之成"唐"字,大王终主唐祀。'齐王喜曰:'但除秦王,取东宫如反掌耳。'彼与太子谋乱未成,已有取太子之心。乱心无厌,何所不为! 若使二人得志,恐天下非复唐有。以大王之贤,取二人如拾地芥耳,奈何徇匹夫之节,忘社稷之计乎!"世民犹未决,众曰:"大王以舜为何如人?"曰:"圣人也。"众曰:"使舜浚井不出,则为井中之泥,涂廪不下,则为廪上之灰,安能泽被天下,法施后世乎! 是以小杖则受,大杖则走,盖所存者大故也。"世民命卜之,幕僚张公谨自外来,取龟投地,曰:"卜以决疑,今事在不疑,尚何卜乎! 卜而不吉,庸得已乎!"于是定计。

世民令无忌密召房玄龄等,曰:"敕旨不听复事王。今若私谒,必坐死,不敢奉教!"世民怒,谓敬德曰:"玄龄、如晦岂叛我邪!"取所佩刀授敬德曰:"公往观之,若无来心,可断其首以来。"敬德往,与无忌共谕之曰:"王已决计,公宜速入共谋之。吾属四人,不可群行道中。"乃令玄龄、如晦著道士服,与无忌俱入,敬德自他道亦至。

己未,太白复经天。傅奕密奏:"太白见秦分,秦王当有天下。"上以其状授世民。于是世民密奏建成、元吉淫乱后宫,且曰:"臣于兄弟无丝毫负,今欲杀臣,似为世充、建德报仇。臣今枉死,永违君亲,魂归地下,实耻见诸贼!"上省之,愕然,报曰:"明当鞫问,汝宜早参。"

庚申,世民帅长孙无忌等入,伏兵于玄武门。张婕妤窃知世民表意,驰语建成。建成召元吉谋之,元吉曰:"宜勒宫府兵,托疾不朝,以观形势。"建成曰:"兵备已严,当与弟入参,自问消息。"乃俱入,趣玄武门。上时已召裴寂、萧瑀、陈叔达等,欲按其事。

建成、元吉至临湖殿,觉变,即跋马东归宫府。世民从而呼之,元吉张弓射世民,再三不彀,世民射建成,杀之。尉迟敬德将七十骑继至,左右射元吉坠马。世民马逸入林下,为木枝所绠,坠不能起。元吉遽至,夺弓将扼之,敬德跃马叱之。元吉步欲趣武德殿,敬德追射,杀之。翊卫车骑将军冯翊冯立闻建成死,叹曰:"岂有生受其恩而死逃其难乎!"乃与副护军薛万彻、屈咥直府左车骑万年谢叔方帅东宫、齐府精兵二千驰趣玄武门。张公谨多力,独闭关以拒之,不得入。云麾将军敬君弘掌宿卫兵,屯玄武门,挺身出战,所亲止之曰:"事未可知,且徐观变,俟兵集,成列而战,未晚也。"君弘不从,与中郎将吕世衡大呼而进,皆死之。君弘,显隽之曾孙也。守门兵与万彻等力战良久,万彻鼓噪欲攻秦府,将士大惧;尉迟敬德持建成、元吉首示之,宫府兵遂溃。万彻与数十骑亡入终南山。冯立既杀敬君弘,谓其徒曰:"亦足以少报太子矣!"遂解兵,逃于野。

上方泛舟海池,世民使尉迟敬德入宿卫,敬德擐甲持矛,直至上所。上大惊,问曰:"今日乱者谁邪? 卿来此何为?"对曰:"秦王以太子、齐王作乱,举兵诛之,恐惊动陛下,遣臣宿卫。"上谓裴寂等曰:"不图今日乃见此事,当如之何?"萧瑀、陈叔达曰:"建成、元吉本不预义谋,又无功于天下,疾秦王功高望重,共为奸谋。今秦王已讨而诛之,秦王功盖宇宙,率土归心,陛下若处以元良,委之国事,无复事矣!"上曰:"善! 此吾之夙心也。"时宿卫及秦府兵与二宫左右战犹未已,敬德请降手敕,令诸军并受秦王处分,上从之。天策府司马宇文士及自东上阁门出宣敕,众然后定。上又使黄门侍郎裴矩至东宫晓谕诸将卒,皆罢散。上乃召世民,抚之曰:"近日以来,几有投杼之惑。"世民跪而吮上乳,号恸久之。

建成子安陆王承道、河东王承德、武安王承训、汝南王承明、钜鹿王承义,元吉子梁郡王承业、渔阳王承鸾、普安王承奖、江夏王承裕、义阳王承度皆坐诛,仍绝属籍。

初,建成许元吉以正位之后,立为太弟,故元吉为之尽死。诸将欲尽诛建成、元吉左右百馀人,籍没其家,尉迟敬德固争曰:"罪在二凶,既伏其诛;若及支党,非所以求安也!"乃止。是日,下诏赦天下。凶逆之罪,止于建成、元吉,自馀党与,一无所问。其僧、尼、道士、女冠并宜依旧。国家庶事,皆取秦王处分。

辛酉,冯立、谢叔方皆自出。薛万彻亡匿,世民屡使谕之,乃出。世民曰:"此皆忠于所事,义士也。"释之。

癸亥,立世民为皇太子。又诏:"自今军国庶事,无大小悉委太子处决,然后闻奏。"

臣光曰:立嫡以长,礼之正也。然高祖所以有天下,皆太宗之功;隐太子以庸劣居其右,地嫌势逼,必不相容。向使高祖有文王之明,隐太子有泰伯之贤,太宗有子臧之节,则乱何自而生矣! 既不能然,太宗始欲俟其先发,然后应之,如此,则事非获已,犹为愈也。既而为群下所迫,遂至喋血禁门,推刃同气,贻讥千古,惜哉! 夫创业垂统之君,子孙之所仪刑也,彼中、明、肃、代之传继,得非有所指拟以为口实乎!

27　戊辰,以宇文士及为太子詹事,长孙无忌、杜如晦为左庶子,高士廉、房玄龄为右庶子,尉迟敬德为左卫率,程知节为右卫率,虞世南为中舍人,褚亮为舍人,姚思廉为洗马。悉以齐王国司金帛什器赐敬德。

初,洗马魏徵常劝太子建成早除秦王,及建成败,世民召徵谓曰:"汝何为离间我兄弟!"众为之危惧,徵举止自若,对曰:"先太子早从徵言,必无今日之祸。"世民素重其才,改容礼之,引为詹事主簿。亦召王珪、韦挺于巂州,皆以为谏议大夫。

世民命纵禁苑鹰犬,罢四方贡献,听百官各陈治道,政令简肃,中外大悦。

以屈突通为陕东道行台左仆射,镇洛阳。

益州行台仆射窦轨与行台尚书韦云起、郭行方不协。云起弟庆俭及宗族多事太子建成,建成死,轨诬云起与建成同反,收斩之。行方惧,逃奔京师,轨追之,不及。

28　吐谷浑寇岷州。

29　突厥寇陇州;辛未,寇渭州。遣右卫大将军柴绍击之。

30　废益州大行台,置大都督府。

31　壬申,上以手诏赐裴寂等曰:"朕当加尊号为太上皇。"

32　辛巳,幽州大都督庐江王瑗反,右领军将军王君廓杀之,传首。
初,上以瑗懦怯非将帅才,使君廓佐之。君廓故群盗,勇悍险诈,瑗推心倚仗之,许为婚姻。太子建成谋害秦王,密与瑗相结。建成死,诏遣通事舍人崔敦礼驰驿召瑗。瑗心不自安,谋于君廓。君廓欲取瑗以为功,乃说曰:"大王若入,必无全理。今拥兵数万,奈何受单使之召,自投罔罟乎!"因相与泣。瑗曰:"我今以命托公,举事决矣。"乃劫敦礼,问以京师机事;敦礼不屈,瑗囚之。发驿征兵,且召燕州刺史王诜赴蓟,与之计事。兵曹参军王利涉说瑗曰:"王君廓反覆,不可委以机柄,宜早除去,以王诜代之。"瑗不能决。君廓知之,往见诜,诜方沐,握发而出,君廓手斩之,持其首告众曰:"李瑗与王诜同反,囚执敕使,擅自征兵。今诜已诛,独有李瑗,无能为也。汝宁随瑗族灭乎,欲从我以取富贵乎?"众皆曰:"愿从公讨贼。"君廓乃帅其麾下千馀人,逾西城而入,瑗不之觉。君廓入狱出敦礼,瑗始知之,遽帅左右数百人被甲而出,遇君廓于门外。君廓谓瑗众曰:"李瑗为逆,汝何为随之入汤火乎!"众皆弃兵而溃。唯瑗独存,骂君廓曰:"小人卖我,行自及矣!"遂执瑗,缢之。壬午,以王君廓为左领军大将军兼幽州都督,以瑗家口赐之。敦礼,仲方之孙也。

33　乙酉,罢天策府。

34　秋,七月己丑,柴绍破突厥于秦州,斩特勒一人,士卒首千馀级。

35　以秦府护军秦叔宝为左卫大将军,又以程知节为右武卫大将军,尉迟敬德为右武候大将军。

36　壬辰，以高士廉为侍中，房玄龄为中书令，萧瑀为左仆射，长孙无忌为吏部尚书，杜如晦为兵部尚书。癸巳，以宇文士及为中书令，封德彝为右仆射；又以前天策府兵曹参军杜淹为御史大夫，中书舍人颜师古、刘林甫为中书侍郎，左卫副率侯君集为左卫将军，左虞候段志玄为骁卫将军，副护军薛万彻为右领军将军，右内副率张公谨为右武候将军，右监门率长孙安业为右监门将军，右内副率李客师为领左右军将军。安业，无忌之兄，客师，靖之弟也。

37　太子建成、齐王元吉之党散亡在民间，虽更赦令，犹不自安，徼幸者争告捕以邀赏。谏议大夫王珪以启太子。丙子，太子下令："六月四日已前事连东宫及齐王，十七日前连李瑗者，并不得相告言，违者反坐。"

丁酉，遣谏议大夫魏徵宣慰山东，听以便宜从事。徵至磁州，遇州县锢送前太子千牛李志安、齐王护军李思行诣京师，徵曰："吾受命之日，前宫、齐府左右皆赦不问。今复送思行等，则谁不自疑！虽遣使者，人谁信之！吾不可以顾身嫌，不为国虑。且既蒙国士之遇，敢不以国士报之乎！"遂皆解纵之。太子闻之，甚喜。

右卫率府铠曹参军唐临出为万泉丞，县有系囚十许人，会春雨，临纵之，使归耕种，皆如期而返。临，令则之弟子也。

38　八月丙辰，突厥遣使请和。

39　壬戌，吐谷浑遣使请和。

40　癸亥，制传位于太子；太子固辞，不许。甲子，太宗即皇帝位于东宫显德殿，赦天下。关内及蒲、芮、虞、泰、陕、鼎六州免二年租调，自馀给复一年。

41　诏以"宫女众多，幽闷可愍，宜简出之，各归亲戚，任其适人"。

42　初，稽胡酋长刘仚成帅众降梁师都，师都信谗，杀之，由是所部猜惧，多来降者。师都浸衰弱，乃朝于突厥，为之画策，劝令入寇。于是颉利、突利二可汗合兵十馀万寇泾州，进至武功，京师戒严。

43　丙子，立妃长孙氏为皇后。后少好读书，造次必循礼法，上为秦王，与太子建成、齐王元吉有隙，后奉事高祖，承顺妃嫔，弥缝其阙，甚有内助。及正位中宫，务存节俭，服御取给而已。上深重之，尝与之议赏罚，后辞曰："'牝鸡之晨，唯家之索'，妾妇人，安敢豫闻政事！"固问之，终不对。

44　己卯，突厥进寇高陵。辛巳，泾州道行军总管尉迟敬德与突厥战于泾阳，大破之。获其俟斤阿史德乌没啜，斩首千馀级。

癸未，颉利可汗进至渭水便桥之北，遣其腹心执失思力入见，以观虚实。思力盛称"颉利与突利二可汗将兵百万,今至矣"。上让之曰:"吾与汝可汗面结和亲,赠遗金帛,前后无算。汝可汗自负盟约,引兵深入,于我无愧! 汝虽戎狄,亦有人心,何得全忘大恩,自夸强盛! 我今先斩汝矣!"思力惧而请命。萧瑀、封德彝请礼遣之。上曰:"我今遣还,虏谓我畏之,愈肆凭陵。"乃囚思力于门下省。

上自出玄武门,与高士廉、房玄龄等六骑径诣渭水上,与颉利隔水而语,责以负约。突厥大惊,皆下马罗拜。俄而诸军继至,旌甲蔽野,颉利见执失思力不返,而上挺身轻出,军容甚盛,有惧色。上麾诸军使却而布陈,独留与颉利语。萧瑀以上轻敌,叩马固谏,上曰:"吾筹之已熟,非卿所知。突厥所以敢倾国而来,直抵郊甸者,以我国内有难,朕新即位,谓我不能抗御故也。我若示之以弱,闭门拒守,虏必放兵大掠,不可复制。故朕轻骑独出,示若轻之;又震曜军容,使之必战;出虏不意,使之失图。虏入我地既深,必有惧心,故与战则克,与和则固矣。制服突厥,在此一举。卿第观之!"是日,颉利来请和,诏许之。上即日还宫。乙酉,又幸城西,斩白马,与颉利盟于便桥之上。突厥引兵退。

萧瑀请于上曰:"突厥未和之时,诸将争请战,陛下不许,臣等亦以为疑,既而虏自退,其策安在?"上曰:"吾观突厥之众虽多而不整,君臣之志唯贿是求,当其请和之时,可汗独在水西,达官皆来谒我,我若醉而缚之,因袭击其众,势如拉朽。又命长孙无忌、李靖伏兵于豳州以待之,虏若奔归,伏兵邀其前,大军蹑其后,覆之如反掌耳。所以不战者,吾即位日浅,国家未安,百姓未富,且当静以抚之。一与虏战,所损甚多。虏结怨既深,惧而修备,则吾未可以得志矣。故卷甲韬戈,啖以金帛,彼既得所欲,理当自退,志意骄惰,不复设备,然后养威伺衅,一举可灭也。将欲取之,必固与之,此之谓矣。卿知之乎?"瑀再拜曰:"非所及也。"

# 资治通鉴卷第一百九十二

## 唐纪八

**高祖神尧大圣光孝皇帝下之下**

武德九年（丙戌，626）

1　九月，突厥颉利献马三千匹，羊万口。上不受，但诏归所掠中国户口，征温彦博还朝。

丁未，上引诸卫将卒习射于显德殿庭，谕之曰："戎狄侵盗，自古有之，患在边境少安，则人主逸游忘战，是以寇来莫之能御。今朕不使汝曹穿池筑苑，专习弓矢，居闲无事，则为汝师，突厥入寇，则为汝将，庶几中国之民可以少安乎！"于是日引数百人教射于殿庭，上亲临试，中多者赏以弓、刀、帛，其将帅亦加上考。群臣多谏曰："于律，以兵刃至御在所者绞。今使卑碎之人张弓挟矢于轩陛之侧，陛下亲在其间，万一有狂夫窃发，出于不意，非所以重社稷也。"韩州刺史封同人诈乘驿马入朝切谏。上皆不听，曰："王者视四海如一家，封域之内，皆朕赤子，朕一一推心置其腹中，奈何宿卫之士亦加猜忌乎！"由是人思自励，数年之间，悉为精锐。

上尝言："吾自少经略四方，颇知用兵之要，每观敌陈，则知其强弱，常以吾弱当其强，强当其弱。彼乘吾弱，逐奔不过数十百步，吾乘其弱，必出其陈后反击之，无不溃败，所以取胜，多在此也！"

2　己酉，上面定勋臣长孙无忌等爵邑，命陈叔达于殿下唱名示之，且曰："朕叙卿等勋赏或未当，宜各自言。"于是诸将争功，纷纭不已。淮安王神通曰："臣举兵关西，首应义旗，今房玄龄、杜如晦等专弄刀笔，功居臣上，臣窃不服。"上曰："义旗初起，叔父虽首唱举兵，盖亦自营脱祸。及窦建德吞噬山东，叔父全军覆没。刘黑闼再合徐烬，叔父望风奔北。玄龄等运筹帷幄，坐安社稷，论功行赏，固宜居叔父之先。叔父，国之至亲，朕诚无所爱，但不可以私恩滥与勋臣同赏耳！"诸将乃相谓曰："陛下至公，虽淮安王尚无所私，吾侪何敢不安其分。"遂皆悦服。房玄龄尝言："秦府旧人未迁官者，皆嗟怨曰：'吾属奉事左右，几何年矣，今除官，返出前宫、齐府人之后。'"上曰:"王者至公无私,故能服天下之心。朕与卿辈日所衣食,皆取诸民者也。故设官分职,以为民也,当择贤才而用之,岂以新旧为先后哉!必也新而贤,旧而不肖,安可舍新而取旧乎!今不论其贤不肖而直言嗟怨,岂为政之体乎!"

3 诏:"民间不得妄立妖祠。自非卜筮正术,其馀杂占,悉从禁绝。"

4 上于弘文殿聚四部书二十馀万卷,置弘文馆于殿侧,精选天下文学之士虞世南、褚亮、姚思廉、欧阳询、蔡允恭、萧德言等,以本官兼学士,令更日宿直,听朝之隙,引入内殿,讲论前言往行,商榷政事,或至夜分乃罢。又取三品已上子孙充弘文馆学生。

5 冬,十月丙辰朔,日有食之。

6 诏追封故太子建成为息王,谥曰隐。齐王元吉为刺王,以礼改葬。葬日,上哭之于宜秋门,甚哀。魏徵、王珪表请陪送至墓所,上许之,命宫府旧僚皆送葬。

7 癸亥,立皇子中山王承乾为太子,生八年矣。

8 庚辰,初定功臣实封有差。

9 初,萧瑀荐封德彝于上皇,上皇以为中书令。及上即位,瑀为左仆射,德彝为右仆射,议事已定,德彝数反于上前,由是有隙。时房玄龄、杜如晦新用事,皆疏瑀而亲德彝,瑀不能平,遂上封事论之,辞指寥落,由是忤旨。会瑀与陈叔达忿争于上前,庚辰,瑀、叔达皆坐不敬,免官。

10 甲申,民部尚书裴矩奏"民遭突厥暴践者,请户给绢一匹"。上曰:"朕以诚信御下,不欲虚有存恤之名而无其实,户有大小,岂得雷同给赐乎!"于是计口为率。

11 初,上皇欲强宗室以镇天下,故皇再从、三从弟及兄弟之子,虽童孺皆为王,王者数十人。上从容问群臣:"遍封宗子,于天下利乎?"封德彝对曰:"前世唯皇子及兄弟乃为王,自馀非有大功,无为王者。上皇敦睦九族,大封宗室,自两汉以来未有如今之多者。爵命既崇,多给力役,恐非示天下以至公也!"上曰:"然。朕为天子,所以养百姓也,岂可劳百姓以养己之宗族乎!"十一月庚寅,降宗室郡王皆为县公,惟有功者数人不降。

12 丙午,上与群臣论止盗。或请重法以禁之,上哂之曰:"民之所以为盗者,由赋繁役重,官吏贪求,饥寒切身,故不暇顾廉耻耳。朕当去奢省费,轻徭薄赋,选用廉吏,使民衣食有馀,则自不为盗,安用重法邪!"自是数年之后,海内升平,路不拾遗,外户不闭,商旅野宿焉。

上又尝谓侍臣曰:"君依于国,国依于民。刻民以奉君,犹割肉以充腹,腹饱而身毙,君富而国亡。故人君之患,不自外来,常由身出。夫欲盛则费广,费广则赋重,赋重则民愁,民愁则国危,国危则君丧矣。朕常以此思之,故不敢纵欲也。"

13 十二月己巳,益州大都督窦轨奏称獠反,请发兵讨之。上曰:"獠依阻山林,时出鼠窃,乃其常俗。牧守苟能抚以恩信,自然帅服,安可轻动干戈,渔猎其民,比之禽兽,岂为民父母之意邪!"竟不许。

14 上谓裴寂曰:"比多上书言事者,朕皆粘之屋壁,得出入省览,每思治道,或深夜方寝。公辈亦当恪勤职业,副朕此意。"

上厉精求治,数引魏徵入卧内,访以得失。徵知无不言,上皆欣然嘉纳。上遣使点兵,封德彝奏:"中男虽未十八,其躯干壮大者,亦可并点。"上从之。敕出,魏徵固执以为不可,不肯署敕,至于数四。上怒,召而让之曰:"中男壮大者,乃奸民诈妄以避征役,取之何害,而卿固执至此!"对曰:"夫兵在御之得其道,不在众多。陛下取其壮健,以道御之,足以无敌于天下,何必多取细弱以增虚数乎!且陛下每云:'吾以诚信御天下,欲使臣民皆无欺诈。'今即位未几,失信者数矣!"上愕然曰:"朕何为失信?"对曰:"陛下初即位,下诏云:'逋负官物,悉令蠲免。'有司以为负秦府国司者,非官物,征督如故。陛下以秦王升为天子,国司之物,非官物而何!又曰:'关中免二年租调,关外给复一年。'既而继有敕云:'已役已输者,以来年为始。'散还之后,方复更征,百姓固已不能无怪。今既征得物,复点为兵,何谓以来年为始乎!又陛下所与共治天下者在于守宰,居常简阅,咸以委之,至于点兵,独疑其诈,岂所谓以诚信为治乎!"上悦曰:"向者朕以卿固执疑卿不达政事,今卿论国家大体,诚尽其精要。夫号令不信,则民不知所从,天下何由而治乎!朕过深矣!"乃不点中男,赐徵金瓮一。

上闻景州录事参军张玄素名,召见,问以政道,对曰:"隋主好自专庶务,不任群臣。群臣恐惧,唯知禀受奉行而已,莫之敢违。以一人之智决天下之务,借使得失相半,乖谬已多,下谀上蔽,不亡何待!陛下诚能谨择群臣而分任以事,高拱穆清而考其成败以施刑赏,何忧不治!又,臣观隋末乱离,其欲争天下者不过十馀人而已,其馀皆保乡党、全妻子,以待有道而归之耳。乃知百姓好乱者亦鲜,但人主不能安之耳。"上善其言,擢为侍御史。

前幽州记室直中书省张蕴古上大宝箴,其略曰:"圣人受命,拯溺亨屯,故以一人治天下,不以天下奉一人。"又曰:"壮九重于内,所居不过容膝;彼昏不知,瑶其台而琼其室。罗八珍于前,所食不过适口;惟狂罔念,丘其糟而池其酒。"又曰:"勿没没而暗,勿察察而明,虽冕旒蔽目而视于未形,虽黈纩塞耳而听于无声。"上嘉之,赐以束帛,除大理丞。

15　上召傅奕,赐之食,谓曰:"汝前所奏,几为吾祸。然凡有天变,卿宜尽言皆如此,勿以前事为惩也。"上尝谓奕曰:"佛之为教,玄妙可师,卿何独不悟其理?"对曰:"佛乃胡中桀黠,诳耀彼土。中国邪僻之人,取庄、老玄谈,饰以妖幻之语,用欺愚俗,无益于民,有害于国,臣非不悟,鄙不学也。"上颇然之。

16　上患吏多受赇,密使左右试赂之。有司门令史受绢一匹,上欲杀之,民部尚书裴矩谏曰:"为吏受赂,罪诚当死,但陛下使人遗之而受,乃陷人于法也,恐非所谓'道之以德,齐之以礼。'"上悦,召文武五品已上告之曰:"裴矩能当官力争,不为面从,傥每事皆然,何忧不治!"

　　臣光曰:古人有言:君明臣直。裴矩佞于隋而忠于唐,非其性之有变也。君恶闻其过,则忠化为佞,君乐闻直言,则佞化为忠。是知君者表也,臣者景也,表动则景随矣。

17　是岁,进皇子长沙郡王恪为汉王、宜阳郡王祐为楚王。

18　新罗、百济、高丽三国有宿仇,迭相攻击。上遣国子助教朱子奢往谕指,三国皆上表谢罪。

## 太宗文武大圣大广孝皇帝上之上

贞观元年(丁亥,627)

1　春,正月乙酉,改元。

2　丁亥,上宴群臣,奏秦王破陈乐,上曰:"朕昔受委专征,民间遂有此曲,虽非文德之雍容,然功业由兹而成,不敢忘本。"封德彝曰:"陛下以神武平海内,岂文德之足比。"上曰:"戡乱以武,守成以文,文武之用,各随其时。卿谓文不及武,斯言过矣!"德彝顿首谢。

3　己亥,制:"自今中书、门下及三品以上入阁议事,皆命谏官随之,有失辄谏。"

4　上命吏部尚书长孙无忌等与学士、法官更议定律令,宽绞刑五十条为断右趾,上犹嫌其惨,曰:"肉刑废已久,宜有以易之。"蜀王法曹参军裴弘献请改为加役流,徙三千里,居作三年;诏从之。

5　上以兵部郎中戴胄忠清公直,擢为大理少卿。上以选人多诈冒资荫,敕令自首,不首者死。未几,有诈冒事觉者,上欲杀之。胄奏:"据法应流。"上怒曰:"卿欲守法而使朕失信乎?"对曰:"敕者出于一时之喜怒,法者国家所以布大信于天下也。陛下忿选人之多诈,故欲杀之,而既知其不可,复断之以法,此乃忍小忿而存大信也。"上曰:"卿能执法,朕复何忧!"胄前后犯颜执法,言如涌泉,上皆从之,天下无冤狱。

6　上令封德彝举贤,久无所举。上诘之,对曰:"非不尽心,但于今未有奇才耳!"上曰:"君子用人如器,各取所长,古之致治者,岂借才于异代乎? 正患己不能知,安可诬一世之人!"德彝惭而退。

御史大夫杜淹奏"诸司文案恐有稽失,请令御史就司检校"。上以问封德彝,对曰:"设官分职,各有所司。果有愆违,御史自应纠举;若遍历诸司,搜摘疵颣,太为烦碎。"淹默然。上问淹:"何故不复论执?"对曰:"天下之务,当尽至公,善则从之,德彝所言,真得大体,臣诚心服,不敢遂非。"上悦曰:"公等各能如是,朕复何忧!"

7　右骁卫大将军长孙顺德受人馈绢,事觉,上曰:"顺德果能有益国家,朕与之共有府库耳,何至贪冒如是乎!"犹惜其有功,不之罪,但于殿庭赐绢数十匹。大理少卿胡演曰:"顺德枉法受财,罪不可赦,奈何复赐之绢?"上曰:"彼有人性,得绢之辱,甚于受刑;如不知愧,一禽兽耳,杀之何益!"

8　辛丑,天节将军燕郡王李艺据泾州反。

艺之初入朝也,恃功骄倨,秦王左右至其营,艺无故殴之。上皇怒,收艺系狱,既而释之。上即位,艺内不自安。曹州妖巫李五戒谓艺曰:"王贵色已发!"劝之反。艺乃诈称奉密敕,勒兵入朝,遂引兵至豳州。豳州治中赵慈皓驰出谒之,艺入据豳州。诏吏部尚书长孙无忌等为行军总管以讨之。赵慈皓闻官军将至,密与统军杨岌图之,事泄,艺囚慈皓。岌在城外觉变,勒兵攻之,艺众溃,弃妻子,将奔突厥。至乌氏,左右斩之,传首长安。弟寿,为利州都督,亦坐诛。

9　初,隋末丧乱,豪桀并起,拥众据地,自相雄长。唐兴,相帅来归,上皇为之割置州县以宠禄之,由是州县之数,倍于开皇、大业之间。上以民少吏多,思革其弊。二月,命大加并省,因山川形便,分为十道:一曰关内,二曰河南,三曰河东,四曰河北,五曰山南,六曰陇右,七曰淮南,八曰江南,九曰剑南,十曰岭南。

10　三月癸巳,皇后帅内外命妇亲蚕。

11　闰月癸丑朔,日有食之。

12　壬申，上谓太子少师萧瑀曰："朕少好弓矢，得良弓十数，自谓无以加，近以示弓工，乃曰'皆非良材'。朕问其故，工曰：'木心不直，则脉理皆邪，弓虽劲而发矢不直。'朕始寤向者辨之未精也。朕以弓矢定四方，识之犹未能尽，况天下之务，其能遍知乎！"乃令京官五品以上更宿中书内省，数延见，问以民间疾苦，政事得失。

13　凉州都督长乐王幼良，性粗暴，左右百馀人，皆无赖子弟，侵暴百姓，又与羌、胡互市。或告幼良有异志，上遣中书令宇文士及驰驿代之，并按其事。左右惧，谋劫幼良入北虏，又欲杀士及据有河西。复有告其谋者，夏，四月癸巳，赐幼良死。

14　五月，苑君璋帅众来降。初，君璋引突厥陷马邑，杀高满政，退保恒安。其众皆中国人，多弃君璋来降。君璋惧，亦降，请捍北边以赎罪，上皇许之。君璋请约契，上皇使雁门人元普赐之金券。颉利可汗复遣人招之，君璋犹豫未决，恒安人郭子威说君璋以"恒安地险城坚，突厥方强，且当倚之以观变，未可束手于人"。君璋乃执元普送突厥，复与之合，数与突厥入寇。至是，见颉利政乱，知其不足恃，遂帅众来降。上以君璋为隰州都督、芮国公。

15　有上书请去佞臣者，上问："佞臣为谁？"对曰："臣居草泽，不能的知其人，愿陛下与群臣言，或阳怒以试之。彼执理不屈者，直臣也；畏威顺旨者，佞臣也。"上曰："君，源也；臣，流也。浊其源而求其流之清，不可得矣。君自为诈，何以责臣下之直乎！朕方以至诚治天下，见前世帝王好以权谲小数接其臣下者，常窃耻之。卿策虽善，朕不取也。"

16　六月辛巳，右仆射密明公封德彝薨。

17　壬辰，复以太子少师萧瑀为左仆射。

18　戊申，上与侍臣论周、秦修短，萧瑀对曰："纣为不道，武王征之。周及六国无罪，始皇灭之。得天下虽同，人心则异。"上曰："公知其一，未知其二。周得天下，增修仁义；秦得天下，益尚诈力：此修短之所以殊也。盖取之或可以逆得，守之不可以不顺故也。"瑀谢不及。

19　山东大旱，诏所在赈恤，无出今年租赋。

20　秋，七月壬子，以吏部尚书长孙无忌为右仆射。无忌与上为布衣交，加以外戚，有佐命功，上委以腹心，其礼遇群臣莫及，欲用为宰相者数矣。文德皇后固请曰："妾备位椒房，家之贵宠极矣，诚不愿兄弟复执国政。吕、霍、上官，可为切骨之戒，幸陛下矜察！"上不听，卒用之。

21　初，突厥性淳厚，政令质略。颉利可汗得华人赵德言，委用之，德言专其威福,多变更旧俗,政令烦苛,国人始不悦。颉利又好信任诸胡而疏突厥,胡人贪冒,多反覆,兵革岁动。会大雪,深数尺,杂畜多死,连年饥馑,民皆冻馁。颉利用度不给,重敛诸部,由是内外离怨,诸部多叛,兵浸弱。言事者多请击之,上以问萧瑀、长孙无忌曰:"颉利君臣昏虐,危亡可必。今击之,则新与之盟;不击,恐失机会。如何而可?"瑀请击之。无忌对曰:"虏不犯塞而弃信劳民,非王者之师也。"上乃止。

22　上问公卿以享国久长之策,萧瑀言:"三代封建而久长,秦孤立而速亡。"上以为然,于是始有封建之议。

23　黄门侍郎王珪有密奏,附侍中高士廉,寝而不言。上闻之,八月戊戌,出士廉为安州大都督。

24　九月庚戌朔,日有食之。

25　辛酉,中书令宇文士及罢为殿中监,御史大夫杜淹参豫朝政。他官参豫政事自此始。

淹荐刑部员外郎郅怀道,上问其行能,对曰:"炀帝将幸江都,召百官问行留之计,怀道为吏部主事,独言不可。臣亲见之。"上曰:"卿称怀道为是,何为自不正谏?"对曰:"臣尔时不居重任,又知谏不从,徒死无益。"上曰:"卿知炀帝不可谏,何为立其朝? 既立其朝,何得不谏? 卿仕隋,容可云位卑;后仕王世充,尊显矣,何得亦不谏?"对曰:"臣于世充非不谏,但不从耳。"上曰:"世充若贤而纳谏,不应亡国;若暴而拒谏,卿何得免祸?"淹不能对。上曰:"今日可谓尊任矣,可以谏未?"对曰:"愿尽死。"上笑。

26　辛未,幽州都督王君廓谋叛,道死。

君廓在州,骄纵多不法,征入朝。长史李玄道,房玄龄从甥也,凭君廓附书。君廓私发之,不识草书,疑其告己罪;行至渭南,杀驿吏而逃,将奔突厥,为野人所杀。

27　岭南酋长冯盎、谈殿等迭相攻击,久未入朝,诸州奏称盎反,前后以十数。上命将军蔺謩等发江、岭数十州兵讨之。魏徵谏曰:"中国初定,岭南瘴疠险远,不可以宿大兵。且盎反状未成,未宜动众。"上曰:"告者道路不绝,何云反状未成?"对曰:"盎若反,必分兵据险,攻掠州县。今告者已数年,而兵不出境,此不反明矣。诸州既疑其反,陛下又不遣使镇抚,彼畏死,故不敢入朝。若遣信臣示以至诚,彼喜于免祸,可不烦兵而服。"上乃罢兵。冬,十月乙酉,遣员外散骑侍郎李公掩持节慰谕之,盎遣其子智戴随使者入朝。上曰:"魏徵令我发一介之使,而岭表遂安,胜十万之师,不可不赏。"赐徵绢五百匹。

28　十二月壬午,左仆射萧瑀坐事免。

29　戊申,利州都督李孝常等谋反,伏诛。

孝常因入朝,留京师,与右武卫将军刘德裕及其甥统军元弘善、监门将军长孙安业互说符命,谋以宿卫兵作乱。安业,皇后之异母兄也,嗜酒无赖。父晟卒,弟无忌及后并幼,安业斥还舅氏。及上即位,后不以旧怨为意,恩礼甚厚。及反事觉,后涕泣为之固请曰:"安业罪诚当万死,然不慈于妾,天下知之。今置以极刑,人必谓妾所为,恐亦为圣朝之累。"由是得减死,流巂州。

30　或告右丞魏徵私其亲戚,上使御史大夫温彦博按之,无状。彦博言于上曰:"徵不存形迹,远避嫌疑,心虽无私,亦有可责。"上令彦博让徵,且曰:"自今宜存形迹。"他日,徵入见,言于上曰:"臣闻君臣同体,宜相与尽诚;若上下俱存形迹,则国之兴丧尚未可知。臣不敢奉诏。"上瞿然曰:"吾已悔之。"徵再拜曰:"臣幸得奉事陛下,愿使臣为良臣,勿为忠臣。"上曰:"忠、良有以异乎?"对曰:"稷、契、皋陶,君臣协心,俱享尊荣,所谓良臣。龙逢、比干,面折廷争,身诛国亡,所谓忠臣。"上悦,赐绢五百匹。

上神采英毅,群臣进见者,皆失举措。上知之,每见人奏事,必假以辞色,冀闻规谏。尝谓公卿曰:"人欲自见其形,必资明镜;君欲自知其过,必待忠臣。苟其君愎谏自贤,其臣阿谀顺旨,君既失国,臣岂能独全! 如虞世基等谄事炀帝以保富贵,炀帝既弑,世基等亦诛。公辈宜用此为戒,事有得失,毋惜尽言!"

31　或上言秦府旧兵,宜尽除武职,追入宿卫。上谓之曰:"朕以天下为家,惟贤是与,岂旧兵之外皆无可信者乎! 汝之此意,非所以广朕德于天下也。"

32　上谓公卿曰:"昔禹凿山治水而民无谤讟者,与人同利故也。秦始皇营宫室而人怨叛者,病人以利己故也。夫靡丽珍奇,固人之所欲,若纵之不已,则危亡立至。朕欲营一殿,材用已具,鉴秦而止。王公已下,宜体朕此意。"由是二十年间,风俗素朴,衣无锦绣,公私富给。

33　上谓黄门侍郎王珪曰:"国家本置中书、门下以相检察,中书诏敕或有差失,则门下当行驳正。人心所见,互有不同,苟论难往来,务求至当,舍己从人,亦复何伤! 比来或护己之短,遂成怨隙,或苟避私怨,知非不正,顺一人之颜情,为兆民之深患,此乃亡国之政也。炀帝之世,内外庶官,务相顺从。当是之时,皆自谓有智,祸不及身。及天下大乱,家国两亡,虽其间万一有得免者,亦为时论所贬,终古不磨。卿曹各当徇公忘私,勿雷同也!"

34　上谓侍臣曰:"吾闻西域贾胡得美珠,剖身以藏之,有诸?"侍臣曰:"有之。"上曰:"人皆知彼之爱珠而不爱其身也。吏受赇抵法,与帝王徇奢欲而亡国者,何以异于彼胡之可笑邪!"魏徵曰:"昔鲁哀公谓孔子曰:'人有好忘者,徙宅而忘其妻。'孔子曰:'又有甚者,桀、纣乃忘其身。'亦犹是也。"上曰:"然。朕与公辈宜戮力相辅,庶免为人所笑也!"

35　青州有谋反者,州县逮捕支党,收系满狱,诏殿中侍御史安喜崔仁师覆按之。仁师至,悉脱去杻械,与饮食汤沐,宽慰之,止坐其魁首十馀人,馀皆释之。还报,敕使将往决之。大理少卿孙伏伽谓仁师曰:"足下平反者多,人情谁不贪生,恐见徒侣得免,未肯甘心,深为足下忧之。"仁师曰:"凡治狱当以平恕为本,岂可自规免罪,知其冤而不为伸邪!万一暗短,误有所纵,以一身易十囚之死,亦所愿也。"伏伽惭而退。及敕使至,更讯诸囚,皆曰:"崔公平恕,事无枉滥,请速就死。"无一人异辞者。

36　上好骑射,孙伏伽谏,以为:"天子居则九门,行则警跸,非欲苟自尊严,乃为社稷生民之计也。陛下好自走马射的以娱悦近臣,此乃少年为诸王时所为,非今日天子事业也。既非所以安养圣躬,又非所以仪刑后世,臣窃为陛下不取。"上悦。未几,以伏伽为谏议大夫。

37　隋世选人,十一月集,至春而罢,人患其期促。至是,吏部侍郎观城刘林甫奏四时听选,随阙注拟,人以为便。

唐初,士大夫以乱离之后,不乐仕进,官员不充。省符下诸州差人赴选,州府及诏使多以赤牒补官。至是尽省之,勒赴省选,集者七千馀人,林甫随才铨叙,各得其所,时人称之。诏以关中米贵,始分人于洛州选。

上谓房玄龄曰:"官在得人,不在员多。"命玄龄并省,留文武总六百四十三员。

38　隋秘书监晋陵刘子翼,有学行,性刚直,朋友有过,常面责之。李百药常称:"刘四虽复骂人,人终不恨。"是岁,有诏征之,辞以母老,不至。

39　郿令裴仁轨私役门夫,上怒,欲斩之。殿中侍御史长安李乾祐谏曰:"法者,陛下所与天下共也,非陛下所独有也。今仁轨坐轻罪而抵极刑,臣恐人无所措手足。"上悦,免仁轨死,以乾祐为侍御史。

40　上尝语及关中、山东人,意有同异。殿中侍御史义丰张行成跪奏曰:"天子以四海为家,不当有东西之异,恐示人以隘。"上善其言,厚赐之。自是每有大政,常使预议。

41 初,突厥既强,敕勒诸部分散,有薛延陀、回纥、都播、骨利幹、多滥葛、同罗、仆固、拔野古、思结、浑、斛薛、结、阿跌、契苾、白霫等十五部,皆居碛北,风俗大抵与突厥同。薛延陀于诸部为最强。

西突厥曷萨那可汗方强,敕勒诸部皆臣之。曷萨那征税无度,诸部皆怨。曷萨那诛其渠帅百馀人,敕勒相帅叛之,共推契苾哥楞为易勿真莫贺可汗,居贪于山北。又以薛延陀乙失钵为也咥小可汗,居燕末山北。及射匮可汗兵复振,薛延陀、契苾二部并去可汗之号以臣之。

回纥等六部在郁督军山者,东属始毕可汗。统叶护可汗势衰,乙失钵之孙夷男帅部落七万馀家,附于颉利可汗。颉利政乱,薛延陀与回纥、拔野古等相帅叛之。颉利遣其兄子欲谷设将十万骑讨之,回纥酋长菩萨将五千骑,与战于马鬣山,大破之。欲谷设走,菩萨追至天山,部众多为所虏,回纥由是大振。薛延陀又破其四设,颉利不能制。

颉利益衰,国人离散。会大雪,平地数尺,羊马多死,民大饥,颉利恐唐乘其弊,引兵入朔州境上,扬言会猎,实设备焉。鸿胪卿郑元璹使突厥还,言于上曰:"戎狄兴衰,专以羊马为候。今突厥民饥畜瘦,此将亡之兆也,不过三年。"上然之。群臣多劝上乘间击突厥,上曰:"新与人盟而背之,不信;利人之灾,不仁;乘人之危以取胜,不武。纵使其种落尽叛,六畜无馀,朕终不击,必待有罪,然后讨之。"

西突厥统叶护可汗遣真珠统俟斤与高平王道立来,献万钉宝钿金带,马五千匹,以迎公主。颉利不欲中国与之和亲,数遣兵入寇,又遣人谓统叶护曰:"汝迎唐公主,要须经我国中过。"统叶护患之,未成婚。


二年(戊子,628)

1 春,正月辛亥,右仆射长孙无忌罢。时有密表称无忌权宠过盛者,上以表示之,曰:"朕于卿洞然无疑,若各怀所闻而不言,则君臣之意有不通。"又召百官谓之曰:"朕诸子皆幼,视无忌如子,非他人所能间也。"无忌自惧满盈,固求逊位,皇后又力为之请,上乃许之,以为开府仪同三司。

2 置六司侍郎,副六尚书,并置左右司郎中各一人。

3 癸丑,吐谷浑寇岷州,都督李道彦击走之。

4 丁巳,徙汉王恪为蜀王,卫王泰为越王,楚王祐为燕王。

5 上问魏徵曰:"人主何为而明,何为而暗?"对曰:"兼听则明,偏信则暗。昔尧清问下民,故有苗之恶得以上闻;舜明四目,达四聪,故共、鲧、骧兜不能蔽也。秦二世偏信赵高，以成望夷之祸；梁武帝偏信朱异，以取台城之辱；隋炀帝偏信虞世基，以致彭城阁之变。是故人君兼听广纳，则贵臣不得拥蔽，而下情得以上通也。”上曰：“善！”

上谓黄门侍郎王珪曰：“开皇十四年大旱，隋文帝不许赈给，而令百姓就食山东，比至末年，天下储积可供五十年。炀帝恃其富饶，侈心无厌，卒亡天下。但使仓廪之积足以备凶年，其馀何用哉！”

6　二月，上谓侍臣曰：“人言天子至尊，无所畏惮。朕则不然，上畏皇天之监临，下惮群臣之瞻仰，兢兢业业，犹恐不合天意，未副人望。”魏徵曰：“此诚致治之要，愿陛下慎终如始，则善矣。”

7　上谓房玄龄等曰：“为政莫若至公。昔诸葛亮窜廖立、李严于南夷，亮卒而立、严皆悲泣，有死者，非至公能如是乎！又高颎为隋相，公平识治体，隋之兴亡，系颎之存没。朕既慕前世之明君，卿等不可不法前世之贤相也！”

8　三月戊寅朔，日有食之。

9　壬子，大理少卿胡演进每月囚帐；上命自今大辟皆令中书、门下四品已上及尚书议之，庶无冤滥。既而引囚，至岐州刺史郑善果，上谓胡演曰：“善果虽复有罪，官品不卑，岂可使与诸囚为伍。自今三品已上犯罪，不须引过，听于朝堂俟进止。”

10　关内旱饥，民多卖子以接衣食。己巳，诏出御府金帛为赎之，归其父母。庚午，诏以去岁霖雨，今兹旱、蝗，赦天下。诏书略曰：“若使年谷丰稔，天下乂安，移灾朕身，以存万国，是所愿也，甘心无吝。”会所在有雨，民大悦。

11　夏，四月己卯，诏以“隋末乱离，因之饥馑，暴骸满野，伤人心目，宜令所在官司收瘗”。

12　初，突厥突利可汗建牙直幽州之北，主东偏，奚、霫等数十部多叛突厥来降，颉利可汗以其失众责之。及薛延陀、回纥等败欲谷设，颉利遣突利讨之，突利兵又败，轻骑奔还。颉利怒，拘之十馀日而挞之，突利由是怨，阴欲叛颉利。颉利数征兵于突利，突利不与，表请入朝。上谓侍臣曰：“向者突厥之强，控弦百万，凭陵中夏，用是骄恣以失其民。今自请入朝，非困穷，肯如是乎！朕闻之，且喜且惧。何则？突厥衰则边境安矣，故喜。然朕或失道，他日亦将如突厥，能无惧乎！卿曹宜不惜苦谏，以辅朕之不逮也。”

颉利发兵攻突利，丁亥，突利遣使来求救，上谋于大臣曰：“朕与突利为兄弟，有急不可不救。然颉利亦与之有盟，奈何？"兵部尚书杜如晦曰：
"戎狄无信，终当负约，今不因其乱而取之，后悔无及。夫取乱侮亡，古之
道也。"

丙申，契丹酋长帅其部落来降。颉利遣使请以梁师都易契丹，上谓使
者曰："契丹与突厥异类，今来归附，何故索之！师都中国之人，盗我土
地，暴我百姓，突厥受而庇之，我兴兵致讨，辄来救之，彼如鱼游釜中，何患
不为我有！借使不得，亦终不以降附之民易之也。"

先是，上知突厥政乱，不能庇梁师都，以书谕之，师都不从。上遣夏州
都督长史刘旻、司马刘兰成图之，旻等数遣轻骑践其禾稼，多纵反间，离其
君臣，其国渐虚，降者相属。其名将李正宝等谋执师都，事泄，来奔，由是
上下益相疑。旻等知可取，上表请兵。上遣右卫大将军柴绍、殿中少监薛
万均击之，又遣旻等据朔方东城以逼之。师都引突厥兵至城下，刘兰成偃
旗卧鼓不出。师都宵遁，兰成追击，破之。突厥大发兵救师都，柴绍等未
至朔方数十里，与突厥遇，奋击，大破之，遂围朔方。突厥不敢救，城中食
尽。壬寅，师都从父弟洛仁杀师都，以城降，以其地为夏州。

13　太常少卿祖孝孙，以梁、陈之音多吴、楚，周、齐之音多胡、夷，于
是斟酌南北，考以古声，作唐雅乐，凡八十四调、三十一曲、十二和。诏协
律郎张文收与孝孙同修定。六月乙酉，孝孙等奏新乐。上曰："礼乐者，
盖圣人缘情以设教耳，治之隆替，岂由于此？"御史大夫杜淹曰："齐之将
亡，作伴侣曲，陈之将亡，作玉树后庭花，其声哀思，行路闻之皆悲泣，何得
言治之隆替不在乐也！"上曰："不然。夫乐能感人，故乐者闻之则喜，忧
者闻之则悲，悲喜在人心，非由乐也。将亡之政，民必愁苦，故闻乐而悲
耳。今二曲具存，朕为公奏之，公岂悲乎？"右丞魏徵曰："古人称'礼云礼
云，玉帛云乎哉！乐云乐云，钟鼓云乎哉！'乐诚在人和，不在声音也。"

臣光曰：臣闻垂能目制方圆，心度曲直，然不能以教人，其所以教
人者，必规矩而已矣。圣人不勉而中，不思而得，然不能以授人，其所
以授人者，必礼乐而已矣。礼者，圣人之所履也；乐者，圣人之所乐
也。圣人履中正而乐和平，又思与四海共之，百世传之，于是乎作礼
乐焉。故工人执垂之规矩而施之器，是亦垂之功已；王者执五帝、三
王之礼乐而施之世，是亦五帝、三王之治已。五帝、三王，其违世已
久，后之人见其礼知其所履，闻其乐知其所乐，炳然若犹存于世焉，此
非礼乐之功邪！

夫礼乐有本、有文：中和者，本也；容声者，末也。二者不可偏废。

先王守礼乐之本，未尝须臾去于心；行礼乐之文，未尝须臾远于身。兴于闺门，著于朝廷，被于乡遂比邻，达于诸侯，流于四海，自祭祀军旅至于饮食起居，未尝不在礼乐之中。如此数十百年，然后治化周浃，凤凰来仪也。苟无其本而徒有其末，一日行之而百日舍之，求以移风易俗，诚亦难矣。是以汉武帝置协律，歌天瑞，非不美也，不能免哀痛之诏；王莽建羲和，考律吕，非不精也，不能救渐台之祸；晋武制笛尺，调金石，非不详也，不能弭平阳之灾；梁武帝立四器，调八音，非不察也，不能免台城之辱。然则韶、夏、濩、武之音，具存于世，苟其德不足以称之，曾不能化一夫，况四海乎！是犹执垂之规矩而无工与材，坐而待器之成，终不可得也。况齐、陈淫昏之主，亡国之音，暂奏于庭，乌能变一世之哀乐乎！而太宗遽云治之隆替不由于乐，何发言之易而果于非圣人也如此！

　　夫礼非威仪之谓也，然无威仪则礼不可得而行矣，乐非声音之谓也，然无声音则乐不可得而见矣。譬诸山，取其一土一石而谓之山则不可，然土石皆去，山于何在哉！故曰："无本不立，无文不行。"奈何以齐、陈之音不验于今世而谓乐无益于治乱，何异睹石而轻泰山乎！必若所言，则是五帝、三王之作乐皆妄也。"君子于其所不知，盖阙如也"，惜哉！

14　戊子，上谓侍臣曰："朕观隋炀帝集，文辞奥博，亦知是尧、舜而非桀、纣，然行事何其反也！"魏徵对曰："人君虽圣哲，犹当虚己以受人，故智者献其谋，勇者竭其力。炀帝恃其俊才，骄矜自用，故口诵尧、舜之言而身为桀、纣之行，曾不自知以至覆亡也。"上曰："前事不远，吾属之师也！"

15　畿内有蝗。辛卯，上入苑中，见蝗，掇数枚，祝之曰："民以谷为命，而汝食之，宁食吾之肺肠。"举手欲吞之，左右谏曰："恶物或成疾。"上曰："朕为民受灾，何疾之避！"遂吞之。是岁，蝗不为灾。

16　上曰："朕每临朝，欲发一言，未尝不三思，恐为民害，是以不多言。"给事中知起居事杜正伦曰："臣职在记言，陛下之失，臣必书之，岂徒有害于今，亦恐贻讥于后。"上悦，赐帛二百段。

17　上曰："梁武帝君臣惟谈苦空，侯景之乱，百官不能乘马。元帝为周师所围，犹讲老子，百官戎服以听。此深足为戒。朕所好者，唯尧、舜、周、孔之道，以为如鸟有翼，如鱼有水，失之则死，不可暂无耳。"

18　上以辰州刺史裴虔通，隋炀帝故人，特蒙宠任，而身为弑逆，虽时移事变,屡更赦令,幸免族夷,不可犹使牧民,乃下诏除名,流巂州。虔通常言"身除隋室以启大唐",自以为功,颇有觖望之色。及得罪,怨愤而死。

19　秋,七月,诏宇文化及之党莱州刺史牛方裕、绛州刺史薛世良、广州都督长史唐奉义、隋武牙郎将元礼并除名徙边。

20　上谓侍臣曰:"古语有之:'赦者小人之幸,君子之不幸。''一岁再赦,善人喑哑。'夫养稂莠者害嘉谷,赦有罪者贼良民,故朕即位以来,不欲数赦,恐小人恃之轻犯宪章故也!"

# 资治通鉴卷第一百九十三

## 唐纪九

**太宗文武大圣大广孝皇帝上之中**

贞观二年（戊子，628）

1　九月丙午，初令致仕官在本品之上。

2　上曰："比见群臣屡上表贺祥瑞，夫家给人足而无瑞，不害为尧、舜；百姓愁怨而多瑞，不害为桀、纣。后魏之世，吏焚连理木，煮白雉而食之，岂足为至治乎！"丁未，诏："自今大瑞听表闻，自外诸瑞，申所司而已。"尝有白鹊构巢于寝殿槐上，合欢如腰鼓，左右称贺。上曰："我常笑隋炀帝好祥瑞。瑞在得贤，此何足贺！"命毁其巢，纵鹊于野外。

3　天少雨，中书舍人李百药上言："往年虽出宫人，窃闻太上皇宫及掖庭宫人，无用者尚多，岂惟虚费衣食，且阴气郁积，亦足致旱。"上曰："妇人幽闭深宫，诚为可愍。洒扫之馀，亦何所用，宜皆出之，任求伉俪。"于是遣尚书左丞戴胄、给事中洹水杜正伦于掖庭西门简出之，前后所出三千馀人。

4　己未，突厥寇边。朝臣或请修古长城，发民乘堡障，上曰："突厥灾异相仍，颉利不惧而修德，暴虐滋甚。骨肉相攻，亡在朝夕。朕方为公扫清沙漠，安用劳民远修障塞乎！"

5　壬申，以前司农卿窦静为夏州都督。静在司农，少卿赵元楷善聚敛，静鄙之，对官属大言曰："隋炀帝奢侈重敛，司农非公不可；今天子节俭爱民，公何所用哉！"元楷大惭。

6　上问王珪曰："近世为国者益不及前古，何也？"对曰："汉世尚儒术，宰相多用经术士，故风俗淳厚；近世重文轻儒，参以法律，此治化之所以益衰也。"上然之。

7　冬，十月，御史大夫参预朝政安吉襄公杜淹薨。

8　交州都督遂安公寿以贪得罪，上以瀛州刺史卢祖尚才兼文武，廉平公直，征入朝，谕以"交趾久不得人，须卿镇抚"。祖尚拜谢而出，既而悔之，辞以旧疾。上遣杜如晦等谕旨曰："匹夫犹敦然诺，奈何既许朕而复悔之！"祖尚固辞。戊子，上复引见，谕之，祖尚固执不可。上大怒曰："我使人不行，何以为政！"命斩于朝堂，寻悔之。他日，与侍臣论"齐文宣帝何如人？"魏徵对曰："文宣狂暴，然人与之争，事理屈则从之。有前青州长史魏恺使于梁还，除光州长史，不肯行，杨遵彦奏之。文宣怒，召而责之。恺曰：'臣先任大州，使还，有劳无过，更得小州，此臣所以不行也。'文宣顾谓遵彦曰：'其言有理，卿赦之。'此其所长也。"上曰："然。向者卢祖尚虽失人臣之义，朕杀之亦为太暴，由此言之，不如文宣矣！"命复其官荫。

徵状貌不逾中人，而有胆略，善回人主意，每犯颜苦谏；或逢上怒甚，徵神色不移，上亦为霁威。尝谒告上冢，还，言于上曰："人言陛下欲幸南山，外皆严装已毕，而竟不行，何也？"上笑曰："初实有此心，畏卿嗔，故中辍耳。"上尝得佳鹞，自臂之，望见徵来，匿怀中。徵奏事固久不已，鹞竟死怀中。

9　十一月辛酉，上祀圜丘。

10　十二月壬午，以黄门侍郎王珪为守侍中。上尝闲居，与珪语，有美人侍侧，上指示珪曰："此庐江王瑗之姬也，瑗杀其夫而纳之。"珪避席曰："陛下以庐江纳之为是邪，非邪？"上曰："杀人而取其妻，卿何问是非！"对曰："昔齐桓公知郭公之所以亡，由善善而不能用，然弃其所言之人，管仲以为无异于郭公。今此美人尚在左右，臣以为圣心是之也。"上悦，即出之，还其亲族。

上使太常少卿祖孝孙教宫人音乐，不称旨，上责之。温彦博、王珪谏曰："孝孙雅士，今乃使之教宫人，又从而谴之，臣窃以为不可。"上怒曰："朕置卿等于腹心，当竭忠直以事我，乃附下罔上，为孝孙游说邪！"彦博拜谢。珪不拜，曰："陛下责臣以忠直，今臣所言岂私曲邪！此乃陛下负臣，非臣负陛下！"上默然而罢。明日，上谓房玄龄曰："自古帝王纳谏诚难，朕昨责温彦博、王珪，至今悔之。公等勿以此不尽言也。"

11　上曰："为朕养民者，唯都督、刺史，朕常疏其名于屏风，坐卧观之，得其在官善恶之迹，皆注于名下，以备黜陟。县令尤为亲民，不可不择。"乃命内外五品已上，各举堪为县令者，以名闻。

12　上曰："比有奴告其主反者，此弊事。夫谋反不能独为，必与人共之，何患不发，何必使奴告邪！自今有奴告主者，皆勿受，仍斩之。"

13　西突厥统叶护可汗为其伯父所杀；伯父自立，是为莫贺咄侯屈利俟毗可汗。国人不服，弩矢毕部推泥孰莫贺设为可汗，泥孰不可。统叶护之子咥力特勒避莫贺咄之祸，亡在康居，泥孰迎而立之，是为乙毗钵罗肆叶护可汗，与莫贺咄相攻，连兵不息，俱遣使来请婚。上不许，曰："汝国方乱，君臣未定，何得言婚！"且谕以各守部分，勿复相攻。于是西域诸国及敕勒先役属西突厥者皆叛之。

14　突厥北边诸姓多叛颉利可汗归薛延陀，共推其俟斤夷男为可汗，夷男不敢当。上方图颉利，遣游击将军乔师望间道赍册书拜夷男为真珠毗伽可汗，赐以鼓纛。夷男大喜，遣使入贡，建牙于大漠之郁督军山下，东至靺鞨，西至西突厥，南接沙碛；北至俱伦水，回纥、拔野古、阿跌、同罗、仆骨、霫诸部皆属焉。


三年（己丑，629）

1　春，正月戊午，上祀太庙。癸亥，耕藉于东郊。

2　沙门法雅坐妖言诛。司空裴寂尝闻其言，辛未，寂坐免官，遣还乡里。寂请留京师，上数之曰："计公勋庸，安得至此！直以恩泽为群臣第一。武德之际，货赂公行，纪纲紊乱，皆公之由也，但以故旧不忍尽法。得归守坟墓，幸已多矣！"寂遂归蒲州。未几，又坐狂人信行言寂有天命，寂不以闻，当死，流静州。会山羌作乱，或言劫寂为主。上曰："寂当死，我生之，必不然也。"俄闻寂率家僮破贼。上思其佐命之功，征入朝，会卒。

3　二月戊寅，以房玄龄为左仆射，杜如晦为右仆射，以尚书右丞魏徵守秘书监，参预朝政。

4　三月己酉，上录系囚。有刘恭者，颈有"胜"文，自云"当胜天下"，坐是系狱。上曰："若天将兴之，非朕所能除；若无天命，'胜'文何为！"乃释之。

5　丁巳，上谓房玄龄、杜如晦曰："公为仆射，当广求贤人，随才授任，此宰相之职也。比闻听受辞讼，日不暇给，安能助朕求贤乎！"因敕"尚书细务属左右丞，唯大事应奏者，乃关仆射"。

玄龄明达政事，辅以文学，夙夜尽心，惟恐一物失所。用法宽平，闻人有善，若己有之，不以求备取人，不以己长格物。与杜如晦引拔士类，常如不及。至于台阁规模，皆二人所定。上每与玄龄谋事，必曰："非如晦不能决。"及如晦至，卒用玄龄之策。盖玄龄善谋，如晦能断故也。二人深相得，同心徇国，故唐世称贤相，推房、杜焉。玄龄虽蒙宠待，或以事被谴，辄累日诣朝堂，稽颡请罪，恐惧若无所容。

玄龄监修国史,上语之曰:"比见汉书载子虚、上林赋,浮华无用。其上书论事,词理切直者,朕从与不从,皆当载之。"

6　夏,四月乙亥,上皇徙居弘义宫,更名大安宫。上始御太极殿,谓群臣曰:"中书、门下,机要之司,诏敕有不便者,皆应论执。比来唯睹顺从,不闻违异。若但行文书,则谁不可为,何必择才也!"房玄龄等皆顿首谢。

故事:凡军国大事,则中书舍人各执所见,杂署其名,谓之五花判事。中书侍郎、中书令省审之,给事中、黄门侍郎驳正之。上始申明旧制,由是鲜有败事。

7　茌平人马周,客游长安,舍于中郎将常何之家。六月壬午,以旱,诏文武官极言得失。何武人不学,不知所言,周代之陈便宜二十馀条。上怪其能,以问何,对曰:"此非臣所能,家客马周为臣具草耳。"上即召之;未至,遣使督促者数辈。及谒见,与语,甚悦,令直门下省,寻除监察御史,奉使称旨。上以常何为知人,赐绢三百匹。

8　秋,八月己巳朔,日有食之。

9　丙子,薛延陀毗伽可汗遣其弟统特勒入贡,上赐以宝刀及宝鞭,谓曰:"卿所部有大罪者斩之,小罪者鞭之。"夷男甚喜。突厥颉利可汗大惧,始遣使称臣,请尚公主,修婿礼。

代州都督张公谨上言突厥可取之状,以为"颉利纵欲逞暴,诛忠良,昵奸佞,一也;薛延陀等诸部皆叛,二也;突利、拓设、欲谷设皆得罪,无所自容,三也;塞北霜旱,糇粮乏绝,四也;颉利疏其族类,亲委诸胡,胡人反覆,大军一临,必生内变,五也;华人入北,其众甚多,比闻所在啸聚,保据山险,大军出塞,自然响应,六也。"上以颉利可汗既请和亲,复援梁师都,丁亥,命兵部尚书李靖为行军总管讨之,以张公谨为副。

九月丙午,突厥俟斤九人帅三千骑来降。戊午,拔野古、仆骨、同罗、奚酋长并帅众来降。

10　冬,十一月辛丑,突厥寇河西,肃州刺史公孙武达、甘州刺史成仁重与战,破之,捕虏千馀口。

11　上遣使至凉州,都督李大亮有佳鹰,使者讽大亮使献之,大亮密表曰:"陛下久绝畋游而使者求鹰。若陛下之意,深乖昔旨;如其自擅,乃是使非其人。"癸卯,上谓侍臣曰:"李大亮可谓忠直。"手诏褒美,赐以胡瓶及荀悦汉纪。

12　庚申,以行并州都督李世勣为通汉道行军总管,兵部尚书李靖为定襄道行军总管,华州刺史柴绍为金河道行军总管,灵州大都督薛万彻为畅武道行军总管,众合十馀万,皆受李靖节度,分道出击突厥。

乙丑,任城王道宗击突厥于灵州,破之。

十二月戊辰,突利可汗入朝,上谓侍臣曰:"往者太上皇以百姓之故,称臣于突厥,朕常痛心。今单于稽颡,庶几可雪前耻。"

壬午,靺鞨遣使入贡,上曰:"靺鞨远来,盖突厥已服之故也。昔人谓御戎无上策,朕今治安中国,而四夷自服,岂非上策乎!"

13 癸未,右仆射杜如晦以疾逊位,上许之。

14 乙酉,上问给事中孔颖达曰:"论语:'以能问于不能,以多问于寡,有若无,实若虚。'何谓也?"颖达具释其义以对,且曰:"非独匹夫如是,帝王亦然。帝王内蕴神明,外当玄默,故易称'以蒙养正,以明夷莅众'。若位居尊极,炫耀聪明,以才陵人,饰非拒谏,则下情不通,取亡之道也。"上深善其言。

15 庚寅,突厥郁射设帅所部来降。

16 闰月丁未,东谢酋长谢元深、南谢酋长谢强来朝。诸谢皆南蛮别种,在黔州之西。诏以东谢为应州,南谢为庄州,隶黔州都督。

是时远方诸国来朝贡者甚众,服装诡异,中书侍郎颜师古请图写以示后,作王会图,从之。

乙丑,牂柯酋长谢龙羽及充州蛮入贡,诏以牂柯为牂州;党项酋长细封步赖来降,以其地为轨州。各以其酋长为刺史。党项地亘三千里,姓别为部,不相统壹,细封氏、费听氏、往利氏、颇超氏、野辞氏、房当氏、米擒氏、拓跋氏,皆大姓也。步赖既为唐所礼,馀部相继来降,以其地为崌、奉、岩、远四州。

17 是岁,户部奏:中国人自塞外归及四夷前后降附者,男女一百二十馀万口。

18 房玄龄、王珪掌内外官考,治书侍御史万年权万纪奏其不平,上命侯君集推之。魏徵谏曰:"玄龄、珪皆朝廷旧臣,素以忠直为陛下所委,所考既多,其间能无一二人不当!察其情,终非阿私。若推得其事,则皆不可信,岂得复当重任!且万纪比来恒在考堂,曾无驳正;及身不得考,乃始陈论。此正欲激陛下之怒,非竭诚徇国也。使推之得实,未足裨益朝廷;若其本虚,徒失陛下委任大臣之意。臣所爱者治体,非敢苟私二臣。"上乃释不问。

19 濮州刺史庞相寿坐贪污解任,自陈尝在秦王幕府。上怜之,欲听还旧任。魏徵谏曰：“秦王左右，中外甚多，恐人人皆恃恩私，足使为善者惧。”上欣然纳之，谓相寿曰：“我昔为秦王，乃一府之主；今居大位，乃四海之主，不得独私故人。大臣所执如是，朕何敢违！”赐帛遣之。相寿流涕而去。

四年（庚寅，630）

1　春，正月，李靖帅骁骑三千自马邑进屯恶阳岭，夜袭定襄，破之。突厥颉利可汗不意靖猝至，大惊曰：“唐不倾国而来，靖何敢孤军至此！”其众一日数惊，乃徙牙于碛口。靖复遣谍离其心腹，颉利所亲康苏密以隋萧后及炀帝之孙政道来降。乙亥，至京师。先是，有降胡言“中国人或潜通书启于萧后者”。至是，中书舍人杨文瓘请鞫之，上曰：“天下未定，突厥方强，愚民无知，或有斯事。今天下已安，既往之罪，何须问也！”

李世勣出云中，与突厥战于白道，大破之。

2　二月己亥，上幸骊山温汤。

3　甲辰，李靖破突厥颉利可汗于阴山。

先是，颉利既败，窜于铁山，馀众尚数万；遣执失思力入见，谢罪，请举国内附，身自入朝。上遣鸿胪卿唐俭等慰抚之，又诏李靖将兵迎颉利。颉利外为卑辞，内实犹豫，欲俟草青马肥，亡入漠北。靖引兵与李世勣会白道，相与谋曰：“颉利虽败，其众犹盛，若走度碛北，保依九姓，道阻且远，追之难及。今诏使至彼，虏必自宽，若选精骑一万，赍二十日粮往袭之，不战可擒矣。”以其谋告张公谨，公谨曰：“诏书已许其降，使者在彼，奈何击之！”靖曰：“此韩信所以破齐也。唐俭辈何足惜！”遂勒兵夜发，世勣继之，军至阴山，遇突厥千馀帐，俘以随军。颉利见使者大喜，意自安。靖使武邑苏定方帅二百骑为前锋，乘雾而行，去牙帐七里，虏乃觉之。颉利乘千里马先走，靖军至，虏众遂溃。唐俭脱身得归。靖斩首万馀级，俘男女十馀万，获杂畜数十万，杀隋义成公主，擒其子叠罗施。颉利帅万馀人欲度碛，李世勣军于碛口，颉利至，不得度，其大酋长皆帅众降，世勣虏五万馀口而还。斥地自阴山北至大漠，露布以闻。

4　丙午，上还宫。

5　甲寅，以克突厥赦天下。

6　以御史大夫温彦博为中书令，守侍中王珪为侍中；守户部尚书戴胄为户部尚书，参预朝政；太常少卿萧瑀为御史大夫，与宰臣参议朝政。

7　三月戊辰，以突厥夹毕特勒阿史那思摩为右武候大将军。

四夷君长诣阙请上为天可汗,上曰:"我为大唐天子,又下行可汗事乎!"群臣及四夷皆称万岁。是后以玺书赐西北君长,皆称天可汗。

庚午,突厥思结俟斤帅众四万来降。

丙子,以突利可汗为右卫大将军、北平郡王。

初,始毕可汗以启民母弟苏尼失为沙钵罗设,督部落五万家,牙直灵州西北。及颉利政乱,苏尼失所部独不携贰。突利之来奔也,颉利立之为小可汗。及颉利败走,往依之,将奔吐谷浑。大同道行军总管任城王道宗引兵逼之,使苏尼失执送颉利。颉利以数骑夜走,匿于荒谷。苏尼失惧,驰追获之。庚辰,行军副总管张宝相帅众奄至沙钵罗营,俘颉利送京师,苏尼失举众来降,漠南之地遂空。

8　蔡成公杜如晦疾笃,上遣太子问疾,又自临视之。甲申,薨。上每得佳物,辄思如晦,遣使赐其家。久之,语及如晦,必流涕,谓房玄龄曰:"公与如晦同佐朕,今独见公,不见如晦矣!"

9　突厥颉利可汗至长安。夏,四月戊戌,上御顺天楼,盛陈文物,引见颉利,数之曰:"汝藉父兄之业,纵淫虐以取亡,罪一也;数与我盟而背之,二也;恃强好战,暴骨如莽,三也;蹂我稼穑,掠我子女,四也;我宥汝罪,存汝社稷,而迁延不来,五也。然自便桥以来,不复大入为寇,以是得不死耳。"颉利哭谢而退。诏馆于太仆,厚廪食之。

上皇闻擒颉利,叹曰:"汉高祖困白登,不能报。今我子能灭突厥,吾托付得人,复何忧哉!"上皇召上与贵臣十馀人及诸王、妃、主置酒凌烟阁,酒酣,上皇自弹琵琶,上起舞,公卿迭起为寿,逮夜而罢。

突厥既亡,其部落或北附薛延陀,或西奔西域,其降唐者尚十万口,诏群臣议区处之宜。朝士多言:"北狄自古为中国患,今幸而破亡,宜悉徙之河南兖、豫之间,分其种落,散居州县,教之耕织,可以化胡虏为农民,永空塞北之地。"中书侍郎颜师古以为:"突厥、铁勒皆上古所不能臣,陛下既得而臣之,请皆置之河北。分立酋长,领其部落,则永永无患矣。"礼部侍郎李百药以为:"突厥虽云一国,然其种类区分,各有酋帅。今宜因其离散,各即本部署为君长,不相臣属;纵欲存立阿史那氏,唯可使存其本族而已。国分则弱而易制,势敌则难相吞灭,各自保全,必不能抗衡中国。仍请于定襄置都护府,为其节度,此安边之长策也。"夏州都督窦静以为:"戎狄之性,有如禽兽,不可以刑法威,不可以仁义教,况彼首丘之情,未易忘也。置之中国,有损无益,恐一旦变生,犯我王略。莫若因其破亡之馀,施以望外之恩,假之王侯之号,妻以宗室之女,分其土地,析其部落,使其权弱势分,易为羁制,可使常为藩臣,永保边塞。"温彦博以为:"徙于兖、豫之间,则乖违物性,非所以存养之也。请准汉建武故事,置降匈奴于塞下,全其部落,顺其土俗,以实空虚之地,使为中国扞蔽,策之善者也。"魏徵以为:"突厥世为寇盗,百姓之仇也。今幸而破亡,陛下以其降附,不忍尽杀,宜纵之使还故土,不可留之中国。夫戎狄人面兽心,弱则请服,强则叛乱,固其常性。今降者众近十万,数年之后,蕃息倍多,必为腹心之疾,不可悔也。晋初诸胡与民杂居中国,郭钦、江统,皆劝武帝驱出塞外以绝乱阶,武帝不从。后二十馀年,伊、洛之间,遂为毡裘之域,此前事之明鉴也!"彦博曰:"王者之于万物,天覆地载,靡有所遗。今突厥穷来归我,奈何弃之而不受乎!孔子曰:'有教无类。'若救其死亡,授以生业,教之礼义,数年之后,悉为吾民。选其酋长,使入宿卫,畏威怀德,何后患之有!"上卒用彦博策,处突厥降众,东自幽州,西至灵州;分突利故所统之地,置顺、祐、化、长四州都督府;又分颉利之地为六州,左置定襄都督府,右置云中都督府,以统其众。

五月辛未,以突利为顺州都督,使帅部落之官。上戒之曰:"尔祖启民挺身奔隋,隋立以为大可汗,奄有北荒,尔父始毕反为隋患。天道不容,故使尔今日乱亡如此。我所以不立尔为可汗者,惩启民前事故也。今命尔为都督,尔宜善守中国法,勿相侵掠,非徒欲中国久安,亦使尔宗族永全也!"

壬申,以阿史那苏尼失为怀德郡王,阿史那思摩为怀化郡王。颉利之亡也,诸部落酋长皆弃颉利来降,独思摩随之,竟与颉利俱擒,上嘉其忠,拜右武候大将军,寻以为北开州都督,使统颉利旧众。

丁丑,以右武卫大将军史大奈为丰州都督,其馀酋长至者,皆拜将军中郎将,布列朝廷,五品已上百馀人,殆与朝士相半,因而入居长安者近万家。

10 辛巳,诏:"自今讼者,有经尚书省判不服,听于东宫上启,委太子裁决。若仍不伏,然后闻奏。"

11 丁亥,御史大夫萧瑀劾奏李靖破颉利牙帐,御军无法,突厥珍物,虏掠俱尽,请付法司推科。上特敕勿劾。及靖入见,上大加责让,靖顿首谢。久之,上乃曰:"隋史万岁破达头可汗,有功不赏,以罪致戮。朕则不然,录公之功,赦公之罪。"加靖左光禄大夫,赐绢千匹,加真食邑通前五百户。未几,上谓靖曰:"前有人谗公,今朕意已寤,公勿以为怀。"复赐绢二千匹。

12　林邑献火珠，有司以其表辞不顺，请讨之，上曰："好战者亡，隋炀帝、颉利可汗，皆耳目所亲见也。小国胜之不武，况未可必乎！语言之间，何足介意！"

13　六月丁酉，以阿史那苏尼失为北宁州都督，以中郎将史善应为北抚州都督。壬寅，以右骁卫将军康苏密为北安州都督。

14　乙卯，发卒修洛阳宫以备巡幸，给事中张玄素上书谏，以为："洛阳未有巡幸之期而预修宫室，非今日之急务。昔汉高祖纳娄敬之说，自洛阳迁长安，岂非洛阳之地不及关中之形胜邪！景帝用晁错之言而七国构祸，陛下今处突厥于中国，突厥之亲，何如七国？岂得不先为忧，而宫室可遽兴，乘舆可轻动哉！臣见隋氏初营宫室，近山无大木，皆致之远方，二千人曳一柱，以木为轮，则夏摩火出，乃铸铁为毂，行一二里，铁毂辄破，别使数百人赍铁毂随而易之，尽日不过行二三十里，计一柱之费，已用数十万功，则其馀可知矣。陛下初平洛阳，凡隋氏宫室之宏侈者皆令毁之，曾未十年，复加营缮，何前日恶之而今日效之也！且以今日财力，何如隋世？陛下役疮痍之人，袭亡隋之弊，恐又甚于炀帝矣！"上谓玄素曰："卿谓我不如炀帝，何如桀、纣？"对曰："若此役不息，亦同归于乱耳！"上叹曰："吾思之不熟，乃至于是！"顾谓房玄龄曰："朕以洛阳土中，朝贡道均，意欲便民，故使营之。今玄素所言诚有理，宜即为之罢役。后日或以事至洛阳，虽露居亦无伤也。"仍赐玄素彩二百匹。

15　秋，七月甲子朔，日有食之。

16　乙丑，上问房玄龄、萧瑀曰："隋文帝何如主也？"对曰："文帝勤于为治，每临朝，或至日昃，五品已上，引坐论事，卫士传餐而食；虽性非仁厚，亦励精之主也。"上曰："公得其一，未知其二。文帝不明而喜察。不明则照有不通，喜察则多疑于物，事皆自决，不任群臣。天下至广，一日万机，虽复劳神苦形，岂能一一中理！群臣既知主意，唯取决受成，虽有愆违，莫敢谏争，此所以二世而亡也。朕则不然。择天下贤才，置之百官，使思天下之事，关由宰相，审熟便安，然后奏闻。有功则赏，有罪则刑，谁敢不竭心力以修职业，何忧天下之不治乎！"因敕百司："自今诏敕行下有未便者，皆应执奏，毋得阿从，不尽己意。"

17　癸酉，以前太子少保李纲为太子少师，以兼御史大夫萧瑀为太子少傅。

李纲有足疾，上赐以步舆，使之乘至阁下，数引入禁中，问以政事。每至东宫，太子亲拜之。太子每视事，上令纲与房玄龄侍坐。

先是,萧瑀与宰相参议朝政,瑀气刚而辞辩,房玄龄等皆不能抗,上多不用其言。玄龄、魏徵、温彦博尝有微过,瑀劾奏之,上竟不问。瑀由此怏怏自失,遂罢御史大夫,为太子少傅,不复预闻朝政。

18　西突厥种落散在伊吾,诏以凉州都督李大亮为西北道安抚大使,于碛口贮粮,来者赈给,使者招慰,相望于道。大亮上言:"欲怀远者必先安近,中国如本根,四夷如枝叶,疲中国以奉四夷,犹拔本根以益枝叶也。臣远考秦、汉,近观隋室,外事戎狄,皆致疲弊。今招致西突厥,但见劳费,未见其益。况河西州县萧条,突厥微弱以来,始得耕获;今又供亿此役,民将不堪,不若且罢招慰为便。伊吾之地,率皆沙碛,其人或自立君长,求称臣内属者,羁縻受之,使居塞外,为中国藩蔽,此乃施虚惠而收实利也。"上从之。

19　八月丙午,诏以"常服未有差等,自今三品以上服紫,四品、五品服绯,六品、七品服绿,八品服青。妇人从其夫色。"

20　甲寅,诏以兵部尚书李靖为右仆射。靖性沉厚,每与时宰参议,恂恂如不能言。

21　突厥既亡,营州都督薛万淑遣契丹酋长贪没折说谕东北诸夷,奚、霫、室韦等十馀部皆内附。万淑,万均之兄也。

22　戊午,突厥欲谷设来降。欲谷设,突利之弟也。颉利败,欲谷设奔高昌,闻突利为唐所礼,遂来降。

23　九月戊辰,伊吾城主入朝。隋末,伊吾内属,置伊吾郡;隋乱,臣于突厥。颉利既灭,举其属七城来降,因以其地置西伊州。

24　思结部落饥贫,朔州刺史新丰张俭招集之,其不来者,仍居碛北,亲属私相往还,俭亦不禁。及俭徙胜州都督,州司奏思结将叛,诏俭往察之。俭单骑入其部落说谕,徙之代州,即以俭检校代州都督,思结卒无叛者。俭因劝之营田,岁大稔。俭恐虏蓄积多,有异志,奏请和籴以充边储。部落喜,营田转力,而边备实焉。

25　丙子,开南蛮地置费州、夷州。

26　己卯,上幸陇州。

27　冬,十一月壬辰,以右卫大将军侯君集为兵部尚书,参议朝政。

28　甲子,车驾还京师。

29　上读明堂针灸书,云"人五藏之系,咸附于背。"戊寅,诏自今毋得笞囚背。

30　十二月甲辰,上猎于鹿苑。乙巳,还宫。

31　甲寅,高昌王麹文泰入朝。西域诸国咸欲因文泰遣使入贡,上遣文泰之臣厌怛纥干往迎之。魏徵谏曰:"昔光武不听西域送侍子,置都护,以为不以蛮夷劳中国。今天下初定,前者文泰之来,劳费已甚,今借使十国入贡,其徒旅不减千人。边民荒耗,将不胜其弊。若听其商贾往来,与边民交市,则可矣,傥以宾客遇之,非中国之利也。"时厌怛纥干已行,上遽令止之。

32　诸宰相侍宴,上谓王珪曰:"卿识鉴精通,复善谈论,玄龄以下,卿宜悉加品藻,且自谓与数子何如?"对曰:"孜孜奉国,知无不为,臣不如玄龄。才兼文武,出将入相,臣不如李靖。敷奏详明,出纳惟允,臣不如温彦博。处繁治剧,众务毕举,臣不如戴胄。耻君不及尧、舜,以谏争为己任,臣不如魏徵。至于激浊扬清,嫉恶好善,臣于数子,亦有微长。"上深以为然,众亦服其确论。

33　上之初即位也,尝与群臣语及教化,上曰:"今承大乱之后,恐斯民未易化也。"魏徵对曰:"不然。久安之民骄佚,骄佚则难教;经乱之民愁苦,愁苦则易化。譬犹饥者易为食,渴者易为饮也。"上深然之。封德彝非之曰:"三代以还,人渐浇讹,故秦任法律,汉杂霸道,盖欲化而不能,岂能之而不欲邪!魏徵书生,未识时务,若信其虚论,必败国家。"徵曰:"五帝、三王不易民而化,昔黄帝征蚩尤,颛顼诛九黎,汤放桀,武王伐纣,皆能身致太平,岂非承大乱之后邪!若谓古人淳朴,渐至浇讹,则至于今日,当悉化为鬼魅矣,人主安得而治之!"上卒从徵言。

元年,关中饥,米斗直绢一匹。二年,天下蝗。三年,大水。上勤而抚之,民虽东西就食,未尝嗟怨。是岁,天下大稔,流散者咸归乡里,米斗不过三、四钱,终岁断死刑才二十九人。东至于海,南极五岭,皆外户不闭,行旅不赍粮,取给于道路焉。上谓长孙无忌曰:"贞观之初,上书者皆云:'人主当独运威权,不可委之臣下。'又云:'宜震耀威武,征讨四夷。'唯魏徵劝朕'偃武修文,中国既安,四夷自服'。朕用其言。今颉利成擒,其酋长并带刀宿卫,部落皆袭衣冠,徵之力也,但恨不使封德彝见之耳!"徵再拜谢曰:"突厥破灭,海内康宁,皆陛下威德,臣何力焉!"上曰:"朕能任公,公能称所任,则其功岂独在朕乎!"

34　房玄龄奏,"阅府库甲兵,远胜隋世"。上曰:"甲兵武备,诚不可阙;然炀帝甲兵岂不足邪!卒亡天下。若公等尽力,使百姓乂安,此乃朕之甲兵也。"

35　上谓秘书监萧瑀曰:"卿在隋世数见皇后乎?"对曰:"彼儿女且

不得见,臣何人,得见之!"**魏徵**曰:"臣闻**炀帝**不信**齐王**,恒有中使察之,闻其宴饮,则曰'彼营何事得遂而喜!'闻其忧悴,则曰'彼有他念故尔'。父子之间且犹如是,况他人乎!"上笑曰:"朕今视**杨政道**,胜**炀帝**之于**齐王**远矣。"**璟**,**瑀**之兄也。

36　**西突厥肆叶护可汗**既先可汗之子,为众所附,**莫贺咄可汗**所部酋长多归之。**肆叶护**引兵击**莫贺咄**,**莫贺咄**兵败,逃于**金山**,为**泥熟设**所杀,诸部共推**肆叶护**为大可汗。


**五年**(辛卯,631)

　1　春,正月,诏僧、尼、道士致拜父母。

　2　癸酉,上大猎于**昆明池**,四夷君长咸从。甲戌,宴**高昌王文泰**及群臣。丙子,还宫,亲献禽于**大安宫**。

　3　癸未,朝集使**赵郡王孝恭**等上表,以四夷咸服,请封禅;上手诏不许。

　4　有司上言皇太子当冠,用二月吉,请追兵备仪仗。上曰:"东作方兴,宜改用十月。"少傅**萧瑀**奏:"据阴阳不若二月。"上曰:"吉凶在人。若动依阴阳,不顾礼义,吉可得乎! 循正而行,自与吉会。农时最急,不可失也。"

　5　二月甲辰,诏:"诸州有京观处,无问新旧,宜悉划削,加土为坟,掩蔽枯朽,勿令暴露。"

　6　己酉,封皇弟**元裕**为**郐王**,**元名**为**谯王**,**灵夔**为**魏王**,**元祥**为**许王**,**元晓**为**密王**。庚戌,封皇子**愔**为**梁王**,**恽**为**郯王**,**贞**为**汉王**,**治**为**晋王**,**慎**为**申王**,**嚣**为**江王**,**简**为**代王**。

　7　夏,四月壬辰,**代王简**薨。

　8　壬寅,**灵州斛薛**叛,**任城王道宗**追击,破之。

　9　隋末,中国人多没于**突厥**,及**突厥**降,上遣使以金帛赎之。五月乙丑,有司奏,凡得男女八万口。

　10　六月甲寅,太子少师**新昌贞公李纲**薨。初,**周齐王宪**女,孀居无子,**纲**赡恤甚厚。**纲**薨,其女以父礼丧之。

　11　秋,八月甲辰,遣使诣**高丽**,收隋氏战亡骸骨,葬而祭之。

　12　**河内**人**李好德**得心疾,妄为妖言,诏按其事。大理丞**张蕴古**奏:"**好德**被疾有征,法不当坐。"治书侍御史**权万纪**劾奏:"**蕴古**贯在**相州**,**好德**之兄**厚德**为其刺史,情在阿纵,按事不实。"上怒,命斩之于市,既而悔之,因诏:"自今有死罪,虽令即决,仍三覆奏乃行刑。"

权万纪与侍御史李仁发,俱以告讦有宠于上,由是诸大臣数被谴怒。魏徵谏曰:"万纪等小人,不识大体,以讦为直,以谗为忠。陛下非不知其无堪,盖取其无所避忌,欲以警策群臣耳。而万纪等挟恩依势,逞其奸谋,凡所弹射,皆非有罪。陛下纵未能举善以厉俗,奈何昵奸以自损乎!"上默然,赐绢五百匹。久之,万纪等奸状自露,皆得罪。

13　九月,上修仁寿宫,更命曰九成宫,又将修洛阳宫。民部尚书戴胄表谏,以"乱离甫尔,百姓凋弊,帑藏空虚,若营造不已,公私劳费,殆不能堪!"上嘉之曰:"戴胄于我非亲,但以忠直体国,知无不言,故以官爵酬之耳。"久之,竟命将作大匠窦璡修洛阳宫,璡凿池筑山,雕饰华靡。上遽命毁之,免璡官。

14　冬,十月丙午,上逐兔于后苑,左领军将军执失思力谏曰:"天命陛下为华、夷父母,奈何自轻!"上又将逐鹿,思力脱巾解带,跪而固谏,上为之止。

15　初,上令群臣议封建,魏徵议以为:"若封建诸侯,则卿大夫咸资俸禄,必致厚敛。又,京畿赋税不多,所资畿外,若尽以封国邑,经费顿阙。又,燕、秦、赵、代俱带外夷,若有警急,追兵内地,难以奔赴。"礼部侍郎李百药以为:"运祚修短,定命自天。尧、舜大圣,守之而不能固;汉、魏微贱,拒之而不能却。今使勋戚子孙皆有民有社,易世之后,将骄淫自恣,攻战相残,害民尤深,不若守令之迭居也。"中书侍郎颜师古以为:"不若分王诸子,勿令过大,间以州县,杂错而居,互相维持,使各守其境,协力同心,足扶京室。为置官寮,皆省司选用,法令之外,不得擅作威刑,朝贡礼仪,具为条式。一定此制,万世无虞。"十一月,诏:"皇家宗室及勋贤之臣,宜令作镇藩部,贻厥子孙,非有大故,毋或黜免,所司明为条例,定等级以闻。"

16　丁巳,林邑献五色鹦鹉,丁卯,新罗献美女二人;魏徵以为不宜受。上喜曰:"林邑鹦鹉犹能自言苦寒,思归其国,况二女远别亲戚乎!"并鹦鹉,各付使者而归之。

17　倭国遣使入贡,上遣新州刺史高表仁持节往抚之。表仁与其王争礼,不宣命而还。

18　丙子,上祀圜丘。

19　十二月,太仆寺丞李世南开党项之地十六州、四十七县。

20　上谓侍臣曰:"朕以死刑至重,故令三覆奏,盖欲思之详熟故也。

而有司须臾之间,三覆已讫。又,古刑人,君为之彻乐减膳。朕庭无常设之乐,然常为之不啖酒肉,但未有著令。又,百司断狱,唯据律文,虽情在可矜,而不敢违法,其间岂能尽无冤乎!"丁亥,制:"决死囚者,二日中五覆奏,下诸州者三覆奏。行刑之日,尚食勿进酒肉,内教坊及太常不举乐。皆令门下覆视。有据法当死而情可矜者,录状以闻。"由是全活甚众。其五覆奏者,以决前一二日,至决日又三覆奏。唯犯恶逆者一覆奏而已。

21　己亥,朝集使利州都督武士彟等复上表请封禅,不许。

22　壬寅,上幸骊山温汤。戊申,还宫。

23　上谓执政曰:"朕常恐因喜怒妄行赏罚,故欲公等极谏。公等亦宜受人谏,不可以己之所欲,恶人违之。苟自不能受谏,安能谏人。"

24　康国求内附。上曰:"前代帝王,好招来绝域,以求服远之名,无益于用而糜弊百姓。今康国内附,傥有急难,于义不得不救。师行万里,岂不疲劳!劳百姓以取虚名,朕不为也。"遂不受。

谓侍臣曰:"治国如治病,病虽愈,犹宜将护,傥遽自放纵,病复作,则不可救矣。今中国幸安,四夷俱服,诚自古所希,然朕日慎一日,唯惧不终,故欲数闻卿辈谏争也。"魏徵曰:"内外治安,臣不以为喜,唯喜陛下居安思危耳。"

25　上尝与侍臣论狱,魏徵曰:"炀帝时尝有盗发,帝令于士澄捕之,少涉疑似,皆拷讯取服,凡二千馀人,帝悉令斩之。大理丞张元济怪其多,试寻其状,内五人尝为盗,馀皆平民。竟不敢执奏,尽杀之。"上曰:"此岂唯炀帝无道,其臣亦不尽忠。君臣如此,何得不亡!公等宜戒之!"

26　是岁,高州总管冯盎入朝。未几,罗窦诸洞獠反,敕盎帅部落二万,为诸军前锋。獠数万人,屯据险要,诸军不得进。盎持弩谓左右曰:"尽吾此矢,足知胜负矣。"连发七矢,中七人。獠皆走,因纵兵乘之,斩首千馀级。上美其功,前后赏赐,不可胜数。盎所居地方二千里,奴婢万馀人,珍货充积;然为治勤明,所部爱之。

27　新罗王真平卒,无嗣,国人立其女善德为王。

# 资治通鉴卷第一百九十四

## 唐纪十

**太宗文武大圣大广孝皇帝上之下**

贞观六年（壬辰，632）

1　春，正月乙卯朔，日有食之。

2　癸酉，静州獠反，将军李子和讨平之。

3　文武官复请封禅，上曰："卿辈皆以封禅为帝王盛事，朕意不然。若天下乂安，家给人足，虽不封禅，庸何伤乎！昔秦始皇封禅，而汉文帝不封禅，后世岂以文帝之贤不及始皇邪！且事天扫地而祭，何必登泰山之巅，封数尺之土，然后可以展其诚敬乎！"群臣犹请之不已，上亦欲从之，魏徵独以为不可。上曰："公不欲朕封禅者，以功未高邪？"曰："高矣！""德未厚邪？"曰："厚矣！""中国未安邪？"曰："安矣！""四夷未服邪？"曰："服矣！""年谷未丰邪？"曰："丰矣！""符瑞未至邪？"曰："至矣！""然则何为不可封禅？"对曰："陛下虽有此六者，然承隋末大乱之后，户口未复，仓廪尚虚，而车驾东巡，千乘万骑，其供顿劳费，未易任也。且陛下封禅，则万国咸集，远夷君长，皆当扈从。今自伊、洛以东至于海、岱，烟火尚希，灌莽极目，此乃引戎狄入腹中，示之以虚弱也。况赏赉不赀，未厌远人之望；给复连年，不偿百姓之劳。崇虚名而受实害，陛下将焉用之！"会河南、北数州大水，事遂寝。

4　上将幸九成宫，通直散骑常侍姚思廉谏。上曰："朕有气疾，暑辄顿剧，往避之耳。"赐思廉绢五十匹。

　　监察御史马周上疏，以为："东宫在宫城之中，而大安宫乃在宫城之西，制度比于宸居，尚为卑小，于四方观听，有所不足。宜增修高大，以称中外之望。又，太上皇春秋已高，陛下宜朝夕视膳。今九成宫去京师三百馀里，太上皇或时念陛下，陛下何以赴之？又，车驾此行，欲以避暑；太上皇尚留暑中，而陛下独居凉处，温清之礼，窃所未安。今行计已成，不可复止，愿速示返期，以解众惑。又，王长通、白明达皆乐工，韦槃提、斛斯正止能调马,纵使技能出众,正可赉之金帛,岂得超授官爵,鸣玉曳履,与士君子比肩而立,同坐而食,臣窃耻之!"上深纳之。

5　上以新令无三师官,二月丙戌,诏特置之。

6　三月戊辰,上幸九成宫。

7　庚午,吐谷浑寇兰州,州兵击走之。

8　长乐公主将出降,上以公主,皇后所生,特爱之,敕有司资送倍于永嘉长公主。魏徵谏曰:"昔汉明帝欲封皇子,曰:'我子岂得与先帝子比!'皆令半楚、淮阳。今资送公主,倍于长主,得无异于明帝之意乎!"上然其言,入告皇后。后叹曰:"妾亟闻陛下称重魏徵,不知其故,今观其引礼义以抑人主之情,乃知真社稷之臣也!妾与陛下结发为夫妇,曲承恩礼,每言必先候颜色,不敢轻犯威严。况以人臣之疏远,乃能抗言如是,陛下不可不从。"因请遣中使赍钱四百缗、绢四百匹以赐徵,且语之曰:"闻公正直,乃今见之,故以相赏。公宜常秉此心,勿转移也。"上尝罢朝,怒曰:"会须杀此田舍翁。"后问为谁,上曰:"魏徵每廷辱我。"后退,具朝服立于庭,上惊问其故。后曰:"妾闻主明臣直。今魏徵直,由陛下之明故也,妾敢不贺!"上乃悦。

9　夏,四月辛卯,襄州都督邹襄公张公谨卒。明日,上出次发哀。有司奏,辰日忌哭。上曰:"君之于臣,犹父子也,情发于衷,安避辰日!"遂哭之。

10　六月己亥,金州刺史郧悼王元亨薨。辛亥,江王嚣薨。

11　秋,七月丙辰,焉耆王突骑支遣使入贡。初,焉耆入中国由碛路,隋末闭塞,道由高昌。突骑支请复开碛路以便往来,上许之。由是高昌恨之,遣兵袭焉耆,大掠而去。

12　辛未,宴三品已上于丹霄殿。上从容言曰:"中外乂安,皆公卿之力。然隋炀帝威加夷、夏,颉利跨有北荒,统叶护雄据西域,今皆覆亡,此乃朕与公等所亲见,勿矜强盛以自满也!"

13　西突厥肆叶护可汗发兵击薛延陀,为薛延陀所败。

肆叶护性猜狠信谗,有乙利可汗,功最多,肆叶护以非其族类,诛灭之,由是诸部皆不自保。肆叶护又忌莫贺设之子泥孰,阴欲图之,泥孰奔焉耆。设卑达官与弩失毕二部攻之,肆叶护轻骑奔康居,寻卒。国人迎泥孰于焉耆而立之,是为咄陆可汗,遣使内附。丁酉,遣鸿胪少卿刘善因立咄陆为奚利邲咄陆可汗。

14　闰月乙卯,上宴近臣于丹霄殿,长孙无忌曰:"王珪、魏徵,昔为仇雠，不谓今日得此同宴。"上曰："徵、珪尽心所事，故我用之。然徵每谏，我不从，我与之言辄不应，何也？"魏徵对曰："臣以事为不可，故谏；陛下不从而臣应之，则事遂施行，故不敢应。"上曰："且应而复谏，庸何伤！"对曰："昔舜戒群臣：'尔无面从，退有后言。'臣心知其非而口应陛下，乃面从也，岂稷、契事舜之意邪！"上大笑曰："人言魏徵举止疏慢，我视之更觉妩媚，正为此耳！"徵起，拜谢曰："陛下开臣使言，故臣得尽其愚；若陛下拒而不受，臣何敢数犯颜色乎！"

15　戊辰，秘书少监虞世南上圣德论，上赐手诏，称："卿论太高。朕何敢拟上古，但比近世差胜耳。然卿适睹其始，未知其终。若朕能慎终如始，则此论可传；如或不然，恐徒使后世笑卿也！"

16　九月己酉，幸庆善宫，上生时故宅也，因与贵人宴，赋诗。起居郎清平吕才被之管弦，命曰功成庆善乐，使童子八佾为九功之舞，大宴会，与破陈舞偕奏于庭。同州刺史尉迟敬德预宴，有班在其上者，敬德怒曰："汝何功，坐我上！"任城王道宗次其下，谕解之。敬德拳殴道宗，目几眇。上不怿而罢，谓敬德曰："朕见汉高祖诛灭功臣，意常尤之，故欲与卿等共保富贵，令子孙不绝。然卿居官数犯法，乃知韩、彭菹醢，非高祖之罪也。国家纲纪，唯赏与罚，非分之恩，不可数得，勉自修饬，无贻后悔！"敬德由是始惧而自戢。

17　冬，十月乙卯，车驾还京师。帝侍上皇宴于大安宫，帝与皇后更献饮膳及服御之物，夜久乃罢。帝亲为上皇捧舆至殿门，上皇不许，命太子代之。

18　突厥颉利可汗郁郁不得意，数与家人相对悲泣，容貌羸惫。上见而怜之，以虢州地多麋鹿，可以游猎，乃以颉利为虢州刺史；颉利辞，不愿往。癸未，复以为右卫大将军。

19　十一月辛巳，契苾酋长何力帅部落六千馀家诣沙州降，诏处之于甘、凉之间，以何力为左领军将军。

20　庚寅，以左光禄大夫陈叔达为礼部尚书。帝谓叔达曰："卿武德中有谠言，故以此官相报。"对曰："臣见隋室父子相残，以取乱亡，当日之言，非为陛下，乃社稷之计耳！"

21　十二月癸丑，帝与侍臣论安危之本。中书令温彦博曰："伏愿陛下常如贞观初，则善矣。"帝曰："朕比来怠于为政乎？"魏徵曰："贞观之初，陛下志在节俭，求谏不倦。比来营缮微多，谏者颇有忤旨，此其所以异耳！"帝拊掌大笑曰："诚有是事。"

22　辛未,帝亲录系囚,见应死者,闵之,纵使归家,期以来秋来就死。仍敕天下死囚,皆纵遣,使至期来诣京师。

23　是岁,党项羌前后内属者三十万口。

24　公卿以下请封禅者前后相属,上谕以"旧有气疾,恐登高增剧,公等勿复言"。

25　上谓侍臣曰:"朕比来决事或不能皆如律令,公辈以为事小,不复执奏。夫事无不由小而致大,此乃危亡之端也。昔关龙逢忠谏而死,朕每痛之。炀帝骄暴而亡,公辈所亲见也。公辈常宜为朕思炀帝之亡,朕常为公辈念关龙逢之死,何患君臣不相保乎!"

26　上谓魏徵曰:"为官择人,不可造次。用一君子,则君子皆至;用一小人,则小人竞进矣。"对曰:"然。天下未定,则专取其才,不考其行;丧乱既平,则非才行兼备不可用也。"

七年(癸巳,633)

1　春,正月,更名破陈乐曰七德舞。癸巳,宴三品已上及州牧、蛮夷酋长于玄武门,奏七德、九功之舞。太常卿萧瑀上言:"七德舞形容圣功,有所未尽,请写刘武周、薛仁杲、窦建德、王世充等擒获之状。"上曰:"彼皆一时英雄,今朝廷之臣往往尝北面事之,若睹其故主屈辱之状,能不伤其心乎!"瑀谢曰:"此非臣愚虑所及。"魏徵欲上偃武修文,每侍宴,见七德舞辄俯首不视,见九功舞则谛观之。

2　三月戊子,侍中王珪坐漏泄禁中语,左迁同州刺史。庚寅,以秘书监魏徵为侍中。

3　直太史雍人李淳风奏灵台候仪制度疏略,但有赤道,请更造浑天黄道仪,许之。癸巳,成而奏之。

4　夏,五月癸未,上幸九成宫。

5　雅州道行军总管张士贵击反獠,破之。

6　秋,八月乙丑,左卫卫大将军谯敬公周范卒。上行幸,常令范与房玄龄居守。范为人忠笃严正,疾甚,不肯出外,竟终于内省,与玄龄相抱而诀曰:"所恨不获再奉圣颜!"

7　辛未,以张士贵为龚州道行军总管,使击反獠。

8　九月,山东、河南四十馀州水,遣使赈之。

9　去岁所纵天下死囚凡三百九十人,无人督帅,皆如期自诣朝堂,无一人亡匿者,上皆赦之。

10 冬,十月庚申,上还京师。

11 十一月壬辰,以开府仪同三司长孙无忌为司空,无忌固辞,曰:"臣忝预外戚,恐天下谓陛下为私。"上不许,曰:"吾为官择人,惟才是与。苟或不才,虽亲不用,襄邑王神符是也;如其有才,虽仇不弃,魏徵等是也。今日所举,非私亲也。"

12 十二月甲寅,上幸芙蓉园;丙辰,校猎少陵原。戊午,还宫,从上皇置酒故汉未央宫。上皇命突厥颉利可汗起舞,又命南蛮酋长冯智戴咏诗,既而笑曰:"胡、越一家,自古未有也!"帝奉觞上寿,曰:"今四夷入臣,皆陛下教诲,非臣智力所及。昔汉高祖亦从太上皇置酒此宫,妄自矜大,臣所不取也。"上皇大悦。殿上皆呼万岁。

13 帝谓左庶子于志宁、右庶子杜正伦曰:"朕年十八,犹在民间,民之疾苦情伪,无不知之。及居大位,区处世务,犹有差失。况太子生长深宫,百姓艰难,耳目所未涉,能无骄逸乎!卿等不可不极谏!"太子好嬉戏,颇亏礼法,志宁与右庶子孔颖达数直谏,上闻而嘉之,各赐金一斤,帛五百匹。

14 工部尚书段纶奏征巧工杨思齐,上令试之。纶使先造傀儡。上曰:"得巧工庶供国事,卿令先造戏具,岂百工相戒无作淫巧之意邪!"乃削纶阶。

15 嘉、陵州獠反,命邗江府统军牛进达击破之。

16 上问魏徵曰:"群臣上书可采,及召对多失次,何也?"对曰:"臣观百司奏事,常数日思之,及至上前,三分不能道一。况谏者拂意触忌,非陛下借之辞色,岂敢尽其情哉!"上由是接群臣辞色愈温,尝曰:"炀帝多猜忌,临朝对群臣多不语。朕则不然,与群臣相亲如一体耳。"

八年(甲午,634)

1 春,正月癸未,突厥颉利可汗卒,命国人从其俗,焚尸葬之。

2 辛丑,行军总管张士贵讨东、西王洞反獠,平之。

3 上欲分遣大臣为诸道黜陟大使,未得其人;李靖荐魏徵。上曰:"徵箴规朕失,不可一日离左右。"乃命靖与太常卿萧瑀等凡十三人分行天下,"察长吏贤不肖,问民间疾苦,礼高年,赈穷乏,起久淹,俾使者所至,如朕亲睹"。

4 三月庚辰,上幸九成宫。

5 夏,五月辛未朔,日有食之。

6 初,<u>吐谷浑</u>可汗<u>伏允</u>遣使入贡,未返,大掠<u>鄯州</u>而去。上遣使让之,征<u>伏允</u>入朝,称疾不至,仍为其子<u>尊王</u>求婚。上许之,令其亲迎,<u>尊王</u>又不至,乃绝婚,<u>伏允</u>又遣兵寇<u>兰</u>、<u>廓</u>二州。<u>伏允</u>年老,信其臣<u>天柱王</u>之谋,数犯边,又执<u>唐</u>使者<u>赵德楷</u>。上遣使谕之,十返;又引其使者,临轩亲谕以祸福,<u>伏允</u>终无悛心。六月,遣左骁卫大将军<u>段志玄</u>为<u>西海道</u>行军总管,左骁卫将军<u>樊兴</u>为<u>赤水道</u>行军总管,将边兵及<u>契苾</u>、<u>党项</u>之众以击之。

7 秋,七月,<u>山东</u>、<u>河南</u>、<u>淮</u>、<u>海</u>之间大水。

8 上屡请上皇避暑<u>九成宫</u>,上皇以<u>隋文帝</u>终于彼,恶之。冬,十月,营<u>大明宫</u>,以为上皇清暑之所。未成而上皇寝疾,不果居。

9 辛丑,<u>段志玄</u>击<u>吐谷浑</u>,破之,追奔八百馀里,去<u>青海</u>三十馀里,<u>吐谷浑</u>驱牧马而遁。

10 甲子,上还京师。

11 右仆射<u>李靖</u>以疾逊位,许之。十一月辛未,以<u>靖</u>为特进,封爵如故,禄赐、吏卒并依旧给,俟疾小瘳,每三两日至门下、中书平章政事。

12 甲申,<u>吐蕃</u>赞普<u>弃宗弄赞</u>遣使入贡,仍请婚。<u>吐蕃</u>在<u>吐谷浑</u>西南,近世浸强,蚕食他国,土宇广大,胜兵数十万,然未尝通<u>中国</u>。其王称赞普,俗不言姓,王族皆曰论,宦族皆曰尚。<u>弃宗弄赞</u>有勇略,四邻畏之。上遣使者<u>冯德遐</u>往慰抚之。

13 丁亥,<u>吐谷浑</u>寇<u>凉州</u>。己丑,下诏大举讨<u>吐谷浑</u>。上欲得<u>李靖</u>为将,为其老,重劳之。<u>靖</u>闻之,请行,上大悦。十二月辛丑,以<u>靖</u>为<u>西海道</u>行军大总管,节度诸军。兵部尚书<u>侯君集</u>为<u>积石道</u>、刑部尚书<u>任城王道宗</u>为<u>鄯善道</u>、<u>凉州</u>都督<u>李大亮</u>为<u>且末道</u>、<u>岷州</u>都督<u>李道彦</u>为<u>赤水道</u>、<u>利州</u>刺史<u>高甑生</u>为<u>盐泽道</u>行军总管,并<u>突厥</u>、<u>契苾</u>之众击<u>吐谷浑</u>。

14 帝聘<u>隋</u>通事舍人<u>郑仁基</u>女为充华,诏已行,册使将发,<u>魏徵</u>闻其尝许嫁士人<u>陆爽</u>,遽上表谏。帝闻之,大惊,手诏深自克责,命停册使。<u>房玄龄</u>等奏称:"许嫁<u>陆</u>氏,无显状,大礼既行,不可中止。"<u>爽</u>亦表言初无婚姻之议。帝谓<u>徵</u>曰:"群臣或容希合,<u>爽</u>亦自陈,何也?"对曰:"彼以为陛下外虽舍之,或阴加罪谴,故不得不然。"帝笑曰:"外人意或当如是。朕之言未能使人必信如此邪!"

15 <u>中牟</u>丞<u>皇甫德参</u>上言:"修<u>洛阳宫</u>,劳人;收地租,厚敛;俗好高髻,盖宫中所化。"上怒,谓<u>房玄龄</u>等曰:"<u>德参</u>欲国家不役一人,不收斗租,宫人皆无发,乃可其意邪!"欲治其谤讪之罪。<u>魏徵</u>谏曰:"<u>贾谊</u>当<u>汉文帝</u>时上书,云'可为痛哭者一,可为流涕者二'。自古上书不激切,不能动人主之心,所谓狂夫之言,圣人择焉,唯陛下裁察!"上曰:"朕罪斯人,则谁敢复言!"乃赐绢二十四。他日,徵奏言:"陛下近日不好直言,虽勉强含容,非曩时之豁如。"上乃更加优赐,拜监察御史。

16　中书舍人高季辅上言:"外官卑品,犹未得禄,饥寒切身,难保清白。今仓廪浸实,宜量加优给,然后可责以不贪,严设科禁。又,密王元晓等皆陛下之弟,比见帝子拜诸叔,叔皆答拜,紊乱昭穆,宜训之以礼。"书奏,上善之。

17　西突厥咄陆可汗卒,其弟同娥设立,是为沙钵罗咥利失可汗。

九年(乙未,635)

1　春,正月,党项先内属者皆叛归吐谷浑。三月庚辰,洮州羌叛入吐谷浑,杀刺史孔长秀。

2　壬辰,赦天下。

3　乙酉,盐泽道行军总管高甑生击叛羌,破之。

4　庚寅,诏民赀分三等,未尽其详,宜分九等。

5　上谓魏徵曰:"齐后主、周天元皆重敛百姓,厚自奉养,力竭而亡。譬如馋人自啖其肉,肉尽而毙,何其愚也!然二主孰为优劣?"对曰:"齐后主懦弱,政出多门,周天元骄暴,威福在己;虽同为亡国,齐主尤劣也。"

6　夏,闰四月癸酉,任城王道宗败吐谷浑于库山。吐谷浑可汗伏允悉烧野草,轻兵走入碛。诸将以为"马无草,疲瘦,未可深入"。侯君集曰:"不然。向者段志玄军还,才及鄯州,虏已至其城下。盖虏犹完实,众为之用故也。今一败之后,鼠逃鸟散,斥候亦绝,君臣携离,父子相失,取之易于拾芥,此而不乘,后必悔之。"李靖从之。中分其军为两道:靖与薛万均、李大亮由北道,君集与任城王道宗由南道。戊子,靖前将薛孤儿败吐谷浑于曼头山,斩其名王,大获杂畜,以充军食。癸巳,靖等败吐谷浑于牛心堆,又败诸赤水源。侯君集、任城王道宗引兵行无人之境二千余里,盛夏降霜,经破逻真谷,其地无水,人龁冰,马啖雪。五月,追及伏允于乌海,与战,大破之,获其名王。薛万均、薛万彻又败天柱王于赤海。

7　太上皇自去秋得风疾,庚子,崩于垂拱殿。甲辰,群臣请上准遗诰视军国大事,上不许。乙巳,诏太子承乾于东宫平决庶政。

8　赤水之战,薛万均、薛万彻轻骑先进,为吐谷浑所围,兄弟皆中枪,失马步斗,从骑死者什六七,左领军将军契苾何力将数百骑救之,竭力奋击,所向披靡,万均、万彻由是得免。李大亮败吐谷浑于蜀浑山,获其名王二十人。将军执失思力败吐谷浑于居茹川。李靖督诸军经积石山河源，至且末，穷其西境。闻伏允在突伦川，将奔于阗，契苾何力欲追袭之，薛万均惩其前败，固言不可。何力曰："虏非有城郭，随水草迁徙，若不因其聚居袭取之，一朝云散，岂得复倾其巢穴邪！"自选骁骑千馀，直趣突伦川，万均乃引兵从之。碛中乏水，将士刺马血饮之。袭破伏允牙帐，斩首数千级，获杂畜二十馀万，伏允脱身走，俘其妻子。侯君集等进逾星宿川，至柏海，还与李靖军合。

大宁王顺，隋氏之甥、伏允之嫡子也，为侍中于隋，久不得归，伏允立侍子为太子，及归，意常怏怏。会李靖破其国，国人穷蹙，怨天柱王。顺因众心，斩天柱王，举国请降。伏允帅千馀骑逃碛中，十馀日，众散稍尽，为左右所杀。国人立顺为可汗。壬子，李靖奏平吐谷浑。乙卯，诏复其国，以慕容顺为西平郡王、趉胡吕乌甘豆可汗。上虑顺未能服众，仍命李大亮将精兵数千为其声援。

9　六月己丑，群臣复请听政，上许之，其细务仍委太子，太子颇能听断。是后上每出行幸，常令居守监国。

10　秋，七月庚子，盐泽道行军副总管刘德敏击叛羌，破之。

11　丁巳，诏："山陵依汉长陵故事，务存隆厚。"期限既促，功不能及。秘书监虞世南上疏，以为："圣人薄葬其亲，非不孝也，深思远虑，以厚葬适足为亲之累，故不为耳。昔张释之有言：'使其中有可欲，虽锢南山犹有隙。'刘向言：'死者无终极而国家有废兴，释之之言，为无穷计也。'其言深切，诚合至理。伏惟陛下圣德度越唐、虞，而厚葬其亲乃以秦、汉为法，臣窃为陛下不取。虽复不藏金玉，后世但见丘垄如此其大，安知无金玉邪！且今释服已依霸陵，而丘垄之制独依长陵，恐非所宜。伏愿依白虎通为三仞之坟，器物制度，率皆节损，仍刻石立之陵旁，别书一通，藏之宗庙，用为子孙永久之法。"疏奏，不报。世南复上疏，以为："汉天子即位即营山陵，远者五十馀年。今以数月之间为数十年之功，恐于人力有所不逮。"上乃以世南疏授有司，令详处其宜。房玄龄等议，以为："汉长陵高九丈，原陵高六丈，今九丈则太崇，三仞则太卑，请依原陵之制。"从之。

12　辛亥，诏："国初草创，宗庙之制未备，今将迁祔，宜令礼官详议。"谏议大夫朱子奢请立三昭三穆而虚太祖之位。于是增修太庙，祔弘农府君及高祖并旧神主四为六室。房玄龄等议以凉武昭王为始祖。左庶子于志宁议以为武昭王非王业所因，不可为始祖，上从之。

13　党项寇叠州。

14　李靖之击吐谷浑也，厚赂党项，使为乡导。党项酋长拓跋赤辞来，谓诸将曰："隋人无信，喜暴掠我。今诸军苟无异心，我请供其资粮；如或不然，我将据险以塞诸军之道。"诸将与之盟而遣之。赤水道行军总管李道彦行至阔水，见赤辞无备，袭之，获牛羊数千头。于是群羌怨怒，屯野狐峡，道彦不得进，赤辞击之，道彦大败，死者数万，退保松州。左骁卫将军樊兴逗遛失军期，士卒失亡多。乙卯，道彦、兴皆坐减死徙边。

上遣使劳诸将于大斗拔谷，薛万均排毁契苾何力，自称己功。何力不胜忿，拔刀起，欲杀万均，诸将救止之。上闻之，以让何力，何力具言其状，上怒，欲解万均官以授何力，何力固辞，曰："陛下以臣之故解万均官，群胡无知，以陛下为重胡轻汉，转相诬告，驰竞必多。且使胡人谓诸将皆如万均，将有轻汉之心。"上善之而止。寻令宿卫北门，检校屯营事，尚宗女临洮县主。

15　岷州都督、盐泽道行军总管高甑生后军期，李靖按之。甑生恨靖，诬告靖谋反，按验无状。八月庚辰，甑生坐减死徙边。或言："甑生，秦府功臣，宽其罪。"上曰："甑生违李靖节度，又诬其反，此而可宽，法将安施！且国家自起晋阳，功臣多矣，若甑生获免，则人人犯法，安可复禁乎！我于旧勋，未尝忘也，为此不敢赦耳。"李靖自是阖门杜绝宾客，虽亲戚不得妄见也。

16　上欲自诣园陵，群臣以上哀毁羸瘠，固谏而止。

17　冬，十月乙亥，处月初遣使入贡。处月、处密，皆西突厥之别部也。

18　庚寅，葬太武皇帝于献陵，庙号高祖。以穆皇后祔葬，加号太穆皇后。

19　十一月庚戌，诏议于太原立高祖庙。秘书监颜师古议，以为："寝庙应在京师，汉世郡国立庙，非礼。"乃止。

20　戊午，以光禄大夫萧瑀为特进，复令参预政事。上曰："武德六年以后，高祖有废立之心而未定，我不为兄弟所容，实有功高不赏之惧。斯人也，不可以利诱，不可以死胁，真社稷臣也！"因赐瑀诗曰："疾风知劲草，板荡识诚臣。"又谓瑀曰："卿之忠直，古人不过；然善恶太明，亦有时而失。"瑀再拜谢。魏徵曰："瑀违众孤立，唯陛下知其忠劲，向不遇圣明，求免难矣！"

21　特进李靖上书，请依遗诰，御常服，临正殿。弗许。

22　吐谷浑甘豆可汗久质中国，国人不附，竟为其下所杀。子燕王诺
曷钵立。诺曷钵幼，大臣争权，国中大乱。十二月，诏兵部尚书侯君集等
将兵援之。先遣使者谕解，有不奉诏者，随宜讨之。

十年（丙申，636）

1　春，正月甲午，上始亲听政。

2　辛丑，以突厥拓设阿史那社尔为左骁卫大将军。社尔，处罗可汗
之子也，年十一，以智略闻。可汗以为拓设，建牙于碛北，与欲谷设分统敕
勒诸部，居官十年，未尝有所赋敛。诸设或鄙其不能为富贵，社尔曰：“部
落苟丰，于我足矣。”诸设惭服。及薛延陀叛，攻破欲谷设，社尔兵亦败，
将其馀众走保西陲。颉利可汗既亡，西突厥亦乱，咄陆可汗兄弟争国。社
尔诈往降之，引兵袭破西突厥，取其地几半，有众十馀万，自称都布可汗。
社尔乃谓诸部曰：“首为乱破我国者，薛延陀也，我当为先可汗报仇击灭
之。”诸部皆谏曰：“新得西方，宜且留镇抚。今遽舍之远去，西突厥必来
取其故地。”社尔不从，击薛延陀于碛北，连兵百馀日。会咥利失可汗立，
社尔之众苦于久役，多弃社尔逃归。薛延陀纵兵击之，社尔大败，走保高
昌，其旧兵在者才万馀家，又畏西突厥之逼，遂帅众来降。敕处其部落于
灵州之北，留社尔于长安，尚皇妹南阳长公主，典屯兵于苑内。

3　癸丑，徙赵王元景为荆王，鲁王元昌为汉王，郑王元礼为徐王，徐
王元嘉为韩王，荆王元则为彭王，滕王元懿为郑王，吴王元轨为霍王，幽王
元凤为虢王，陈王元庆为道王，魏王灵夔为燕王，蜀王恪为吴王，越王泰为
魏王，燕王祐为齐王，梁王愔为蜀王，郯王恽为蒋王，汉王贞为越王，申王
慎为纪王。

二月乙丑，以元景为荆州都督，元昌为梁州都督，元礼为徐州都督，元
嘉为潞州都督，元则为遂州都督，灵夔为幽州都督，恪为潭州都督，泰为相
州都督，祐为齐州都督，愔为益州都督，恽为安州都督，贞为扬州都督。泰
不之官，以金紫光禄大夫张亮行都督事。上以泰好文学，礼接士大夫，特
命于其府别置文学馆，听自引召学士。

4　三月丁酉，吐谷浑王诺曷钵遣使请颁历，行年号，遣子弟入侍，并
从之。丁未，以诺曷钵为河源郡王、乌地也拔勤豆可汗。

5　癸丑，诸王之藩，上与之别曰：“兄弟之情，岂不欲常共处邪！但
以天下之重，不得不尔。诸子尚可复有，兄弟不可复得。”因流涕呜咽不
能止。

6　夏,六月壬申,以温彦博为右仆射,太常卿杨师道为侍中。

7　侍中魏徵屡以目疾求为散官,上不得已,以徵为特进,仍知门下事,朝章国典,参议得失,徒流以上罪,详事闻奏。其禄赐、吏卒并同职事。

8　长孙皇后性仁孝俭素,好读书,常与上从容商略古事,因而献替,裨益弘多。上或以非罪谴怒宫人,后亦阳怒,请自推鞫,因命囚系,俟上怒息,徐为申理,由是宫壸之中,刑无枉滥。豫章公主早丧其母,后收养之,慈爱逾于所生。妃嫔以下有疾,后亲抚视,辍己之药膳以资之,宫中无不爱戴。训诸子,常以谦俭为先,太子乳母遂安夫人尝白后,以东宫器用少,请奏益之。后不许,曰:“为太子,患在德不立,名不扬,何患无器用邪!”

上得疾,累年不愈,后侍奉,昼夜不离侧。常系毒药于衣带,曰:“若有不讳,义不独生。”后素有气疾,前年从上幸九成宫,柴绍等中夕告变,上擐甲出阁问状,后扶疾以从,左右止之,后曰:“上既震惊,吾何心自安!”由是疾遂甚。太子言于后曰:“医药备尽而疾不瘳,请奏赦罪人及度人入道,庶获冥福。”后曰:“死生有命,非智力所移。若为善有福,则吾不为恶;如其不然,妄求何益! 赦者国之大事,不可数下。道、释异端之教,蠹国病民,皆上素所不为,奈何以吾一妇人使上为所不为乎! 必行汝言,吾不如速死!”太子不敢奏,私以语房玄龄,玄龄白上,上哀之,欲为之赦,后固止之。

及疾笃,与上诀。时房玄龄以谴归第,后言于帝曰:“玄龄事陛下久,小心慎密,奇谋秘计,未尝宣泄,苟无大故,愿勿弃之。妾之本宗,因缘葭莩以致禄位,既非德举,易致颠危,欲使其子孙保全,慎勿处之权要,但以外戚奉朝请足矣。妾生无益于人,不可以死害人,愿勿以丘垄劳费天下,但因山为坟,器用瓦木而已。仍愿陛下亲君子,远小人,纳忠谏,屏谗慝,省作役,止游畋,妾虽没于九泉,诚无所恨。儿女辈不必令来,见其悲哀,徒乱人意。”因取衣中毒药以示上曰:“妾于陛下不豫之日,誓以死从乘舆,不能当吕后之地耳。”己卯,崩于立政殿。

后尝采自古妇人得失事为女则三十卷,又尝著论驳汉明德马后以不能抑退外亲,使当朝贵盛,徒戒其车如流水马如龙,是开其祸败之源而防其末流也。及崩,宫司并女则奏之,上览之悲恸,以示近臣曰:“皇后此书,足以垂范百世。朕非不知天命而为无益之悲,但入宫不复闻规谏之言,失一良佐,故不能忘怀耳!”乃召房玄龄,使复其位。

9　秋,八月丙子,上谓群臣曰:“朕开直言之路,以利国也,而比来上封事者多讦人细事,自今复有为是者,朕当以谗人罪之。”

10　冬,十一月庚午,葬<u>文德皇后</u>于<u>昭陵</u>。将军<u>段志玄</u>、<u>宇文士及</u>分统士众出<u>肃章门</u>。帝夜使宫官至二人所,<u>士及</u>开营内之,<u>志玄</u>闭门不纳,曰:"军门不可夜开。"使者曰:"此有手敕。"<u>志玄</u>曰:"夜中不辩真伪。"竟留使者至明。帝闻而叹曰:"真将军也!"

帝复为文刻之石,称"皇后节俭,遗言薄葬,以为'盗贼之心,<u>止求珍</u>货,既无珍货,复何所求'。朕之本志,亦复如此。王者以天下为家,何必物在陵中,乃为己有。今因<u>九嵕山</u>为陵,凿石之工才百馀人,数十日而毕。不藏金玉,人马、器皿,皆用土木,形具而已,庶几奸盗息心,存没无累,当使百世子孙奉以为法"。

上念后不已,于苑中作层观以望<u>昭陵</u>,尝引<u>魏徵</u>同登,使视之。<u>徵</u>熟视之曰:"臣昏眊,不能见。"上指示之,<u>徵</u>曰:"臣以为陛下望<u>献陵</u>,若<u>昭陵</u>,则臣固见之矣。"上泣,为之毁观。

11　十二月戊寅,<u>朱俱波</u>、<u>甘棠</u>遣使入贡。<u>朱俱波</u>在<u>葱岭</u>之北,去<u>瓜州</u>二千八百里。<u>甘棠</u>在大海南。上曰:"中国既安,四夷自服。然朕不能无惧,昔<u>秦始皇</u>威振<u>胡</u>、<u>越</u>,二世而亡,唯诸公匡其不逮耳。"

12　<u>魏王泰</u>有宠于上,或言三品以上多轻<u>魏王</u>。上怒,引三品以上,作色让之曰:"<u>隋文帝</u>时,一品以下皆为诸王所颠踬,彼岂非天子儿邪!朕但不听诸子纵横耳,闻三品以上皆轻之,我若纵之,岂不能折辱公辈乎!"<u>房玄龄</u>等皆惶惧流汗拜谢。<u>魏徵</u>独正色曰:"臣窃计当今群臣,必无敢轻<u>魏王</u>者。在礼,臣、子一也。<u>春秋</u>,王人虽微,序于诸侯之上。三品以上皆公卿,陛下所尊礼。若纪纲大坏,固所不论;圣明在上,<u>魏王</u>必无顿辱群臣之理。<u>隋文帝</u>骄其诸子,使多行无礼,卒皆夷灭,又足法乎!"上悦曰:"理到之语,不得不服。朕以私爱忘公义,向者之忿,自谓不疑,及闻<u>徵</u>言,方知理屈。人主发言何得容易乎!"

13　上曰:"法令不可数变,数变则烦,官长不能尽记,又前后差违,吏得以为奸。自今变法,皆宜详慎而行之。"

14　治书侍御史<u>权万纪</u>上言:"<u>宣</u>、<u>饶</u>二州银大发采之,岁可得数百万缗。"上曰:"朕贵为天子,所乏者非财也,但恨无嘉言可以利民耳。与其多得数百万缗,何如得一贤才!卿未尝进一贤、退一不肖,而专言税银之利。昔<u>尧</u>、<u>舜</u>抵璧于山,投珠于谷,<u>汉</u>之<u>桓</u>、<u>灵</u>乃聚钱为私藏,卿欲以<u>桓</u>、<u>灵</u>俟我邪!"是日,黜<u>万纪</u>,使还家。

15　是岁,更命统军为折冲都尉,别将为果毅都尉。凡十道,置府六百三十四,而<u>关</u>内二百六十一,皆隶诸卫及东宫六率。凡上府兵千二百人,中府千人,下府八百人。三百人为团,团有校尉;五十人为队,队有正;十人为火,火有长。每人兵甲粮装各有数,皆自备,输之库,有征行则给之。年二十为兵,六十而免。其能骑射者为越骑,其馀为步兵。每岁季冬,折冲都尉帅其属教战,当给马者官予其直市之。凡当宿卫者番上,兵部以远近给番,远疏、近数,皆一月而更。

十一年(丁酉,637)

1　春,正月,徙郐王元裕为邓王,谯王元名为舒王。

2　辛卯,以吴王恪为安州都督,晋王治为并州都督,纪王慎为秦州都督。将之官,上赐书戒敕曰:"吾欲遗汝珍玩,恐益骄奢,不如得此一言耳。"

3　上作飞山宫。庚子,特进魏徵上疏,以为:"炀帝恃其富强,不虞后患,穷奢极欲,使百姓困穷,以至身死人手,社稷为墟。陛下拨乱返正,宜思隋之所以失,我之所以得,撤其峻宇,安于卑宫。若因基而增广,袭旧而加饰,此则以乱易乱,殃咎必至,难得易失,可不念哉!"

4　房玄龄等先受诏定律令,以为:"旧法,兄弟异居,荫不相及,而谋反连坐皆死;祖孙有荫,而止应配流。据礼论情,深为未惬。今定律,祖孙与兄弟缘坐者俱配役。"从之。自是比古死刑,除其太半,天下称赖焉。玄龄等定律五百条,立刑名二十等,比隋律减大辟九十二条,减流入徒者七十一条,凡削烦去蠹,变重为轻者,不可胜纪。又定令一千五百九十馀条,武德旧制,释奠于太学,以周公为先圣,孔子配飨。玄龄等建议停祭周公,以孔子为先圣,颜回配飨。又删武德以来敕格,定留七百条,至是颁行之。又定枷、杻、钳、锁、杖、笞,皆有长短广狭之制。

自张蕴古之死,法官以出罪为戒;时有失人者,又不加罪。上尝问大理卿刘德威曰:"近日刑网稍密,何也?"对曰:"此在主上,不在群臣。人主好宽则宽,好急则急。律文:失入减三等,失出减五等。今失入无辜,失出更获大罪,是以吏各自免,竞就深文,非有教使之然,畏罪故耳。陛下傥一断以律,则此风立变矣。"上悦,从之。由是断狱平允。

5　上以汉世豫作山陵,免子孙苍猝劳费,又志在俭葬,恐子孙从俗奢靡。二月丁巳,自为终制,因山为陵,容棺而已。

6　甲子,上行幸洛阳宫。

7　上至显仁宫,官吏以缺储偫,有被谴者。魏徵谏曰:"陛下以储偫谴官吏,臣恐承风相扇,异日民不聊生,殆非行幸之本意也。昔炀帝讽郡县献食,视其丰俭以为赏罚,故海内叛之。此陛下所亲见,奈何欲效之乎!"上惊曰:"非公不闻此言。"因谓长孙无忌等曰:"朕昔过此,买饭而食,僦舍而宿;今供顿如此,岂得嫌不足乎!"

8　三月丙戌朔,日有食之。

9　庚子,上宴洛阳宫西苑,泛积翠池,顾谓侍臣曰:"炀帝作此宫苑,结怨于民,今悉为我有,正由宇文述、虞世基、裴蕴之徒内为诌谀,外蔽聪明故也,可不戒哉!"

10　房玄龄、魏徵上所定新礼一百三十八篇。丙午,诏行之。

11　以礼部尚书王珪为魏王泰师,上谓泰曰:"汝事珪当如事我。"泰见珪,辄先拜,珪亦以师道自居。珪子敬直尚南平公主。先是,公主下嫁,皆不以妇礼事舅姑,珪曰:"今主上钦明,动循礼法,吾受公主谒见,岂为身荣,所以成国家之美耳。"乃与其妻就席坐,令公主执笲行盥馈之礼。是后公主始行妇礼,自珪始。

12　群臣复请封禅,上使秘书监颜师古等议其礼,房玄龄裁定之。

13　夏,四月己卯,魏徵上疏,以为:"人主善始者多,克终者寡,岂取之易而守之难乎?盖以殷忧则竭诚以尽下,安逸则骄恣而轻物;尽下则胡、越同心,轻物则六亲离德,虽震之以威怒,亦皆貌从而心不服故也。人主诚能见可欲则思知足,将兴缮则思知止,处高危则思谦降,临满盈则思挹损,遇逸乐则思撙节,在宴安则思后患,防壅蔽则思延纳,疾谗邪则思正己,行爵赏则思因喜而僭,施刑罚则思因怒而滥,兼是十思,而选贤任能,固可以无为而治,又何必劳神苦体以代百司之任哉!"

# 资治通鉴卷第一百九十五

## 唐纪十一

**太宗文武大圣大广孝皇帝中之上**

贞观十一年（丁酉,637）

1　五月壬申,魏徵上疏,以为:"陛下欲善之志不及于昔时,闻过必改少亏于曩日,谴罚积多,威怒微厉。乃知贵不期骄,富不期侈,非虚言也。且以隋之府库、仓廪、户口、甲兵之盛,考之今日,安得拟伦! 然隋以富强动之而危,我以寡弱静之而安;安危之理,皎然在目。昔隋之未乱也,自谓必无乱;其未亡也,自谓必无亡。故赋役无穷,征伐不息,以至祸将及身而尚未之寤也。夫鉴形莫如止水,鉴败莫如亡国。伏愿取鉴于隋,去奢从约,亲忠远佞,以当今之无事,行畴昔之恭俭,则尽善尽美,固无得而称焉。夫取之实难,守之甚易,陛下能得其所难,岂不能保其所易乎!"

2　六月,右仆射虞恭公温彦博薨。彦博久掌机务,知无不为。上谓侍臣曰:"彦博以忧国之故,精神耗竭,我见其不逮,已二年矣,恨不纵其安逸,竟夭天年!"

3　丁巳,上幸明德宫。

4　己未,诏荆州都督荆王元景等二十一王所任刺史,咸令子孙世袭。戊辰,又以功臣长孙无忌等十四人为刺史,亦令世袭;非有大故,无得黜免。

5　己巳,徙许王元祥为江王。

6　秋,七月癸未,大雨,谷、洛溢入洛阳宫,坏官寺、民居,溺死者六千馀人。

7　魏徵上疏,以为:"文子曰:'同言而信,信在言前;同令而行,诚在令外。'自王道休明,十有馀年,然而德化未洽者,由待下之情未尽诚信故也。今立政致治,必委之君子;事有得失,或访之小人。其待君子也敬而疏,遇小人也轻而狎;狎则言无不尽,疏则情不上通。夫中智之人,岂无小慧! 然才非经国,虑不及远,虽竭力尽诚,犹未免有败,况内怀奸宄,其祸岂不深乎！夫虽君子不能无小过，苟不害于正道，斯可略矣。既谓之君子而复疑其不信，何异立直木而疑其影之曲乎！陛下诚能慎选君子，以礼信用之，何忧不治！不然，危亡之期，未可保也。"上赐手诏褒美曰："昔晋武帝平吴之后，志意骄怠，何曾位极台司，不能直谏，乃私语子孙，自矜明智，此不忠之大者也。得公之谏，朕知过矣。当置之几案以比弦、韦。"

8　乙未，车驾还洛阳，诏："洛阳宫为水所毁者，少加修缮，才令可居。自外众材，给城中坏庐舍者。令百官各上封事，极言朕过。"壬寅，废明德宫及飞山宫之玄圃院，给遭水者。

9　八月甲子，上谓侍臣曰："上封事者皆言朕游猎太频。今天下无事，武备不可忘，朕时与左右猎于后苑，无一事烦民，夫亦何伤！"魏徵曰："先王惟恐不闻其过。陛下既使之上封事，止得恣其陈述。苟其言可取，固有益于国；若其无取，亦无所损。"上曰："公言是也。"皆劳而遣之。

10　侍御史马周上疏，以为："三代及汉，历年多者八百，少者不减四百，良以恩结人心，人不能忘故也。自是以降，多者六十年，少者才二十馀年，皆无恩于人，本根不固故也。陛下当隆禹、汤、文、武之业，为子孙立万代之基，岂得但持当年而已！今之户口不及隋之什一，而给役者兄去弟还，道路相继。陛下虽加恩诏，使之裁损，然营缮不休，民安得息！故有司徒行文书，曾无事实。昔汉之文、景，恭俭养民，武帝承其丰富之资，故能穷奢极欲而不至于乱。向使高祖之后即传武帝，汉室安得久存乎！又，京师及四方所造乘舆器用及诸王、妃、主服饰，议者皆不以为俭。夫昧爽丕显，后世犹怠，陛下少居民间，知民疾苦，尚复如此，况皇太子生长深宫，不更外事，万岁之后，固圣虑所当忧也。臣观自古以来，百姓愁怨，聚为盗贼，其国未有不亡者，人主虽欲追改，不能复全。故当修于可修之时，不可悔之于已失之后也。盖幽、厉尝笑桀、纣矣，炀帝亦笑周、齐矣，不可使后之笑今如今之笑炀帝也！贞观之初，天下饥歉，斗米直匹绢，而百姓不怨者，知陛下忧念不忘故也。今比年丰穰，匹绢得粟十馀斛，而百姓怨咨者，知陛下不复念之，多营不急之务故也。自古以来，国之兴亡，不以畜积多少，在于百姓苦乐。且以近事验之，隋贮洛口仓而李密因之，东都积布帛而世充资之，西京府库亦为国家之用，至今未尽。夫畜积固不可无，要当人有馀力，然后收之，不可强敛以资寇敌也。夫俭以息人，陛下已于贞观之初亲所履行，在于今日为之，固不难也。陛下必欲为久长之谋，不必远求上古，但如贞观之初，则天下幸甚。陛下宠遇诸王，颇有过厚者，万代之后，不可不深思也。昔魏武帝爱陈思王，及文帝即世，囚禁诸王，但无缧绁耳。然则武帝爱之,适所以苦之也。又,百姓所以治安,唯在刺史、县令,苟选用得人,则陛下可以端拱无为。今朝廷唯重内官而轻州县之选,刺史多用武人,或京官不称职始补外任,边远之处,用人更轻。所以百姓未安,殆由于此。"疏奏,上称善久之,谓侍臣曰:"刺史,朕当自选;县令,宜诏京官已上各举一人。"

11　冬,十月癸丑,诏勋戚亡者皆陪葬山陵。

12　上猎于洛阳苑,有群豕突出林中,上引弓四发,殪四豕。有豕突前,及马镫;民部尚书唐俭投马搏之,上拔剑斩豕,顾笑曰:"天策长史不见上将击贼邪,何惧之甚!"对曰:"汉高祖以马上得之,不以马上治之。陛下以神武定四方,岂复逞雄心于一兽!"上悦,为之罢猎,寻加光禄大夫。

13　安州都督吴王恪数出畋猎,颇损居人;侍御史柳范奏弹之。丁丑,恪坐免官,削户三百。上曰:"长史权万纪事吾儿,不能匡正,罪当死。"柳范曰:"房玄龄事陛下,犹不能止畋猎,岂得独罪万纪!"上大怒,拂衣而入。久之,独引范谓曰:"何面折我!"对曰:"陛下仁明,臣不敢不尽愚直。"上悦。

14　十一月辛卯,上幸怀州。丙午,还洛阳宫。

15　故荆州都督武士彠女,年十四,上闻其美,召入后宫,为才人。

十二年(戊戌,638)

1　春,正月乙未,礼部尚书王珪奏:"三品已上遇亲王于路皆降乘,非礼。"上曰:"卿辈苟自崇贵,轻我诸子。"特进魏徵曰:"诸王位次三公,今三品皆九卿、八座,为王降乘,诚非所宜当。"上曰:"人生寿夭难期,万一太子不幸,安知诸王他日不为公辈之主!何得轻之!"对曰:"自周以来,皆子孙相继,不立兄弟,所以绝庶孽之窥觎,塞祸乱之源本,此为国者所深戒也。"上乃从珪奏。

2　吏部尚书高士廉、黄门侍郎韦挺、礼部侍郎令狐德棻、中书侍郎岑文本撰氏族志成,上之。先是,山东人士崔、卢、李、郑诸族,好自矜地望,虽累叶陵夷,苟他族欲与为昏姻,必多责财币,或舍其乡里而妄称名族,或兄弟齐列而更以妻族相陵。上恶之,命士廉等遍责天下谱谍,质诸史籍,考其真伪,辩其昭穆,第其甲乙,褒进忠贤,贬退奸逆,分为九等。士廉等以黄门侍郎崔民幹为第一。上曰:"汉高祖与萧、曹、樊、灌皆起闾阎布衣,卿辈至今推仰,以为英贤,岂在世禄乎!高氏偏据山东,梁、陈僻在江南,虽有人物,盖何足言!况其子孙才行衰薄,官爵陵替,而犹印然以门地自负,贩鬻松槚,依托富贵,弃廉忘耻,不知世人何为贵之!今三品以上,或以德行,或以勋劳,或以文学,致位贵显。彼衰世旧门,诚何足慕!而求与为昏,虽多输金帛,犹为彼所偃蹇,我不知其解何也!今欲厘正讹谬,舍名取实,而卿曹犹以<u>崔民幹</u>为第一,是轻我官爵而徇流俗之情也。"乃更命刊定,专以今朝品秩为高下,于是以皇族为首,外戚次之,降<u>崔民干</u>为第三。凡二百九十三姓,千六百五十一家,颁于天下。

3　二月乙卯,车驾西还;癸亥,幸<u>河北</u>,观砥柱。

4　甲子,<u>巫州</u>獠反,<u>夔州</u>都督<u>齐善行</u>败之,俘男女三千馀口。

5　乙丑,上祀<u>禹庙</u>。丁卯,<u>至柳谷</u>,观盐池。庚午,至蒲州,刺史赵元楷课父老服黄纱单衣迎车驾,盛饰廨舍楼观,又饲羊百馀头、鱼数百头以馈贵戚。上数之曰:"朕巡省<u>河</u>、<u>洛</u>,凡有所须,皆资库物。卿所为乃亡<u>隋</u>之弊俗也。"甲戌,幸<u>长春宫</u>。

6　戊寅,诏曰:"<u>隋</u>故鹰击郎将<u>尧君素</u>,虽桀犬吠尧,有乖倒戈之志,而疾风劲草,实表岁寒之心。可赠<u>蒲州</u>刺史,仍访其子孙以闻。"

7　闰月庚辰朔,日有食之。

8　丁未,车驾至京师。

9　三月辛亥,著作佐郎<u>邓世隆</u>表请集上文章。上曰:"朕之辞令,有益于民者,史皆书之,足为不朽。若其无益,集之何用!<u>梁武帝</u>父子、<u>陈后主</u>、<u>隋炀帝</u>皆有文集行于世,何救于亡!为人主患无德政,文章何为!"遂不许。

10　丙子,以皇孙生,宴五品以上于东宫。上曰:"<u>贞观</u>之前,从朕经营天下,<u>玄龄</u>之功也。<u>贞观</u>以来,绳愆纠缪,<u>魏徵</u>之功也。"皆赐之佩刀。上谓<u>徵</u>曰:"朕政事何如往年?"对曰:"威德所加,比<u>贞观</u>之初则远矣;人悦服则不逮也。"上曰:"远方畏威慕德,故来服。若其不逮,何以致之?"对曰:"陛下往以未治为忧,故德义日新;今以既治为安,故不逮。"上曰:"今所为,犹往年也,何以异?"对曰:"陛下<u>贞观</u>之初,恐人不谏,常导之使言,中间悦而从之。今则不然,虽勉从之,犹有难色。所以异也。"上曰:"其事可闻欤?"对曰:"陛下昔欲杀<u>元律师</u>,孙伏伽以为法不当死,陛下赐以<u>兰陵公主</u>园,直百万。或云'赏太厚',陛下云:'朕即位以来,未有谏者,故赏之。'此导之使言也。司户柳雄妄诉<u>隋</u>资,陛下欲诛之,纳<u>戴胄</u>之谏而止。是悦而从之也。近<u>皇甫德</u>参上书谏修洛阳宫,陛下恚之,虽以臣言而罢,勉从之也。"上曰:"非公不能及此。人苦不自知耳!"

11 夏,五月壬申,弘文馆学士永兴文懿公虞世南卒,上哭之恸。世南外和柔而内忠直,上尝称世南有五绝:一德行,二忠直,三博学,四文辞,五书翰。

12 秋,七月癸酉,以吏部尚书高士廉为右仆射。

13 乙亥,吐蕃寇弘州。

14 八月,霸州山獠反。烧杀刺史向邵陵及吏民百馀家。

15 初,上遣使者冯德遐抚慰吐蕃,吐蕃闻突厥、吐谷浑皆尚公主,遣使随德遐入朝,多赍金宝,奉表求婚,上未之许。使者还,言于赞普弃宗弄赞曰:"臣初至唐,唐待我甚厚,许尚公主。会吐谷浑王入朝,相离间,唐礼遂衰,亦不许婚。"弄赞遂发兵击吐谷浑。吐谷浑不能支,遁于青海之北,民畜多为吐蕃所掠。

吐蕃进破党项、白兰诸羌,帅众二十馀万屯松州西境,遣使贡金帛,云来迎公主。寻进攻松州,败都督韩威,羌酋阎州刺史别丛卧施、诺州刺史把利步利并以州叛归之。连兵不息,其大臣谏不听而自缢者凡八辈。壬寅,以吏部尚书侯君集为当弥道行军大总管,甲辰,以右领军大将军执失思力为白兰道、左武卫将军牛进达为阔水道、左领军将军刘兰为洮河道行军总管,督步骑五万击之。

吐蕃攻城十馀日,进达为先锋,九月辛亥,掩其不备,败吐蕃于松州城下,斩首千馀级。弄赞惧,引兵退,遣使谢罪,因复请婚。上许之。

16 甲寅,上问侍臣:"创业与守成孰难?"房玄龄曰:"草昧之初,与群雄并起角力而后臣之,创业难矣!"魏徵曰:"自古帝王,莫不得之于艰难,失之于安逸,守成难矣!"上曰:"玄龄与吾共取天下,出百死,得一生,故知创业之难。徵与吾共安天下,常恐骄奢生于富贵,祸乱生于所忽,故知守成之难。然创业之难,既已往矣;守成之难,方当与诸公慎之。"玄龄等拜曰:"陛下及此言,四海之福也。"

17 初,突厥颉利既亡,北方空虚,薛延陀真珠可汗帅其部落建庭于都尉犍山北、独逻水南,胜兵二十万,立其二子拔酌、颉利苾主南、北部。上以其强盛,恐后难制,癸亥,拜其二子皆为小可汗,各赐鼓纛,外示优崇,实分其势。

18 冬,十月乙亥,巴州獠反。

19 己卯,畋于始平。乙未,还京师。

20 钧州獠反。遣桂州都督张宝德讨平之。

21 十一月丁未,初置左、右屯营飞骑于玄武门,以诸将军领之。又简飞骑才力骁健、善骑射者,号百骑,衣五色袍,乘骏马,以虎皮为鞯,凡游幸则从焉。

22　己巳,明州獠反。遣交州都督李道彦讨平之。

23　十二月辛巳,左武候将军上官怀仁击反獠于壁州,大破之,房男女万馀口。

24　是岁,以给事中马周为中书舍人。周有机辩,中书侍郎岑文本常称:"马君论事,援引事类,扬榷古今,举要删烦,会文切理,一字不可增,亦不可减,听之靡靡,令人忘倦。"

25　霍王元轨好读书,恭谨自守,举措不妄。为徐州刺史,与处士刘玄平为布衣交。人问玄平王所长,玄平曰:"无长。"问者怪之。玄平曰:"夫人有所短乃见所长,至于霍王,无所短,吾何以称其长哉!"

26　初,西突厥咥利失可汗分其国为十部,每部有酋长一人,仍各赐一箭,谓之十箭。又分左、右厢,左厢号五咄陆,置五大啜,居碎叶以东;右厢号五弩失毕,置五大俟斤,居碎叶以西,通谓之十姓。咥利失失众心,为其臣统吐屯所袭。咥利失兵败,与其弟步利设走保焉耆。统吐屯等将立欲谷设为大可汗,会统吐屯为人所杀,欲谷设兵亦败,咥利失复得故地。至是,西部竟立欲谷设为乙毗咄陆可汗。乙毗咄陆既立,与咥利失大战,杀伤甚众。因中分其地,自伊列水以西属乙毗咄陆,以东属咥利失。

27　处月、处密与高昌共攻拔焉耆五城,掠男女一千五百人,焚其庐舍而去。

十三年(己亥,639)

1　春,正月乙巳,车驾谒献陵;丁未,还宫。

2　戊午,加左仆射房玄龄太子少师。玄龄自以居端揆十五年,男遗爱尚上女高阳公主,女为韩王妃,深畏满盈,上表请解机务,上不许。玄龄固请不已,诏断表,乃就职。太子欲拜玄龄,设仪卫待之,玄龄不敢谒见而归,时人美其有让。玄龄以度支系天下利害,尝有阙,求其人未得,乃自领之。

3　礼部尚书永宁懿公王珪薨。珪性宽裕,自奉养甚薄。于令,三品已上皆立家庙,珪通贵已久,独祭于寝。为法司所劾,上不问,命有司为之立庙以愧之。

4　二月庚辰,以光禄大夫尉迟敬德为鄜州都督。

上尝谓敬德曰:"人或言卿反,何也?"对曰:"臣反是实!臣从陛下征伐四方,身经百战,今之存者,皆锋镝之馀也。天下已定,乃更疑臣反乎!"因解衣投地,出其瘢痍。上为之流涕,曰:"卿复服,朕不疑卿,故语卿,何更恨邪!"

上又尝谓敬德曰:"朕欲以女妻卿,何如?"敬德叩头谢曰:"臣妻虽鄙陋,相与共贫贱久矣。臣虽不学,闻古人富不易妻,此非臣所愿也。"上乃止。

5　戊戌,尚书奏:"近世掖庭之选,或微贱之族,礼训蔑闻;或刑戮之家,忧怨所积。请自今,后宫及东宫内职有阙,皆选良家有才行者充,以礼聘纳;其没官口及素微贱之人,皆不得补用。"上从之。

6　上既诏宗室群臣袭封刺史,左庶子于志宁以为古今事殊,恐非久安之道,上疏争之。侍御史马周亦上疏,以为:"尧、舜之父,犹有朱、均之子。傥有孩童嗣职,万一骄愚,兆庶被其殃而国家受其败。正欲绝之也,则子文之治犹在;正欲留之也,而栾黡之恶已彰。与其毒害于见存之百姓,则宁使割恩于已亡之一臣,明矣。然则向所谓爱之者,乃适所以伤之也。臣谓宜赋以茅土,畴其户邑,必有材行,随器授官,使其人得奉大恩而子孙终其福禄。"

会司空、赵州刺史长孙无忌等皆不愿之国,上表固让,称:"承恩以来,形影相吊,若履春冰;宗族忧虞,如置汤火。缅惟三代封建,盖由力不能制,因而利之,礼乐节文,多非己出。两汉罢侯置守,蠲除曩弊,深协事宜。今因臣等,复有变更,恐紊圣朝纲纪;且后世愚幼不肖之嗣,或抵冒邦宪,自取诛夷,更因延世之赏,致成剿绝之祸,良可哀愍。愿停涣汗之旨,赐其性命之恩。"无忌又因子妇长乐公主固请于上,且言"臣披荆棘事陛下,今海内宁一,奈何弃之外州,与迁徙何异!"上曰:"割地以封功臣,古今通义,意欲公之后嗣,辅朕子孙,共传永久。而公等乃复发言怨望,朕岂强公等以茅土邪!"庚子,诏停世封刺史。

7　高昌王麹文泰多遏绝西域朝贡,伊吾先臣西突厥,既而内属,文泰与西突厥共击之。上下书切责,征其大臣阿史那矩,欲与议事,文泰不遣,遣其长史麹雍来谢罪。颉利之亡也,中国人在突厥者或奔高昌,诏文泰归之,文泰蔽匿不遣。又与西突厥共击破焉耆,焉耆诉之。上遣虞部郎中李道裕往问状,且谓其使者曰:"高昌数年以来,朝贡脱略,无藩臣礼,所置官号,皆准天朝,筑城掘沟,预备攻讨。我使者至彼,文泰语之云:'鹰飞于天,雉伏于蒿,猫游于堂,鼠啮于穴,各得其所,岂不能自生邪!'又遣使谓薛延陀曰:'既为可汗,则与天子匹敌,何为拜其使者!'事人无礼,又间邻国,为恶不诛,善何以劝! 明年当发兵击汝。"三月,薛延陀可汗遣使上言:"奴受恩思报,请发所部为军导以击高昌。"上遣民部尚书唐俭、右领军大将军执失思力赍缯帛赐薛延陀,与谋进取。

8 夏,四月戊寅,上幸九成宫。

初,突厥突利可汗之弟结社率从突利入朝,历位中郎将。居家无赖,怨突利斥之,乃诬告其谋反,上由是薄之,久不进秩。结社率阴结故部落,得四十余人,谋因晋王治四鼓出宫,开门辟仗,驰入宫门,直指御帐,可有大功。甲申,拥突利之子贺逻鹘夜伏于宫外,会大风,晋王未出,结社率恐晓,遂犯行宫,逾四重幕,弓矢乱发,卫士死者数十人。折冲孙武开等帅众奋击,久之,乃退,驰入御厩,盗马二十余匹,北走,渡渭,欲奔其部落,追获,斩之。原贺逻鹘,投于岭表。

9 庚寅,遣武候将军上官怀仁击巴、璧、洋、集四州反獠,平之,虏男女六千余口。

10 五月,旱。甲寅,诏五品以上上封事。魏徵上疏,以为:"陛下志业,比贞观之初,渐不克终者凡十条。"其间一条,以为:"顷年以来,轻用民力。乃云:'百姓无事则骄逸,劳役则易使。'自古未有因百姓逸而败、劳而安者也。此恐非兴邦之至言。"上深加奖叹,云:'已列诸屏障,朝夕瞻仰,并录付史官。"仍赐徵黄金十斤,厩马二匹。

11 六月,渝州人侯弘仁自牂柯开道,经西赵,出邕州,以通交、桂、蛮、俚降者二万八千余户。

12 丙申,立皇弟元婴为滕王。

13 自结社率之反,言事者多云突厥留河南不便。秋,七月庚戌,诏右武候大将军、化州都督、怀化郡王李思摩为乙弥泥孰俟利苾可汗,赐之鼓纛;突厥及胡在诸州安置者,并令渡河,还其旧部,俾世作藩屏,长保边塞。突厥咸惮薛延陀,不肯出塞。上遣司农卿郭嗣本赐薛延陀玺书,言"颉利既败,其部落咸来归化,我略其旧过,嘉其后善,待其达官皆如吾百寮、部落皆如吾百姓。中国贵尚礼义,不灭人国,前破突厥,止为颉利一人为百姓害,实不贪其土地,利其人畜,恒欲更立可汗,故置所降部落于河南,任其畜牧。今户口蕃滋,吾心甚喜。既许立之,不可失信。秋中将遣突厥渡河,复其故国。尔薛延陀受册在前,突厥受册在后,后者为小,前者为大。尔在碛北,突厥在碛南,各守土疆,镇抚部落。其逾分故相抄掠,我则发兵,各问其罪"。薛延陀奉诏。于是遣思摩帅所部建牙于河北,上御齐政殿饯之,思摩涕泣,奉觞上寿曰:"奴等破亡之余,分为灰壤,陛下存其骸骨,复立为可汗,愿万世子孙恒事陛下。"又遣礼部尚书赵郡王孝恭等赍册书,就其种落,筑坛于河上而立之。上谓侍臣曰:"中国,根干也;四夷,枝叶也。割根干以奉枝叶,木安得滋荣! 朕不用魏徵言,几致狼狈。"又以左屯卫将军阿史那忠为左贤王,左武卫将军阿史那泥熟为右贤王。忠,苏尼失之子也,上遇之甚厚,妻以宗女;及出塞,怀慕中国,见使者必泣涕请入侍。诏许之。

14　八月辛未朔,日有食之。

15　诏以"身体发肤,不敢毁伤。比来诉讼者或自毁耳目,自今有犯,先笞四十,然后依法"。

16　冬,十月甲申,车驾还京师。

17　十一月辛亥,以侍中杨师道为中书令。

18　戊辰,尚书左丞刘洎为黄门侍郎、参知政事。

19　上犹冀高昌王文泰悔过,复下玺书,示以祸福,征之入朝;文泰竟称疾不至。十二月壬申,遣交河行军大总管、吏部尚书侯君集,副总管兼左屯卫大将军薛万均等将兵击之。

20　乙亥,立皇子福为赵王。

21　己丑,吐谷浑王诺曷钵来朝,以宗女为弘化公主,妻之。

22　壬辰,上畋于咸阳,癸巳,还宫。

23　太子承乾颇以游畋废学,右庶子张玄素谏,不听。

24　是岁,天下州府凡三百五十八,县一千五百一〔五〕十一。

25　太史令傅奕精究术数之书,而终不之信,遇病,不呼医饵药。有僧自西域来,善咒术,能令人立死,复咒之使苏。上择飞骑中壮者试之,皆如其言;以告奕,奕曰:"此邪术也。臣闻邪不干正,请使咒臣,必不能行。"上命僧咒奕,奕初无所觉,须臾,僧忽僵仆,若为物所击,遂不复苏。又有婆罗门僧,言得佛齿,所击前无坚物。长安士女辐凑如市。奕时卧疾,谓其子曰:"吾闻有金刚石,性至坚,物莫能伤,唯羚羊角能破之,汝往试焉。"其子往见佛齿,出角叩之,应手而碎,观者乃止。奕临终,戒其子无得学佛书,时年八十五。又集魏、晋以来驳佛教者为高识传十卷,行于世。

26　西突厥咄利失可汗之臣俟利发与乙毗咄陆可汗通谋作乱,咄利失穷蹙,逃奔钹汗而死。弩失毕部落迎其弟子薄布特勒立之,是为乙毗沙钹罗叶护可汗。沙钹罗叶护既立,建庭于虽合水北,谓之南庭,自龟兹、鄯善、且末、吐火罗、焉耆、石、史、何、穆、康等国皆附之。咄陆建牙于镞曷山西,谓之北庭,自厥越失、拔悉弥、驳马、结骨、火焊、触水〔木〕昆等国皆附之,以伊列水为境。

十四年(庚子,640)

1　春,正月甲寅,上幸魏王泰第,赦雍州长安系囚大辟以下,免延康里今年租赋,赐泰府僚属及同里老人有差。

2　二月丁丑,上幸国子监,观释奠,命祭酒孔颖达讲孝经,赐祭酒以下至诸生高第帛有差。是时上大征天下名儒为学官,数幸国子监,使之讲论,学生能明一大经已上皆得补官。增筑学舍千二百间,增学生满二千二百六十员,自屯营飞骑,亦给博士,使授以经,有能通经者,听得贡举。于是四方学者云集京师,乃至高丽、百济、新罗、高昌、吐蕃诸酋长亦遣子弟请入国学,升讲筵者至八千馀人。上以师说多门,章句繁杂,命孔颖达与诸儒撰定五经疏,谓之正义,令学者习之。

3　壬午,上行幸骊山温汤;辛卯,还宫。

4　乙未,诏求近世名儒梁皇甫侃、褚仲都、周熊安生、沈重、陈沈文阿、周弘正、张讥、隋何妥、刘炫等子孙以闻,当加引擢。

5　三月,窦州道行军总管党仁弘击罗窦反獠,破之,俘七千馀口。

6　辛丑,流鬼国遣使入贡。去京师万五千里,滨于北海,南邻靺鞨,未尝通中国,重三译而来。上以其使者佘志为骑都尉。

7　丙辰,置宁朔大使以护突厥。

8　夏,五月壬寅,徙燕王灵夔为鲁王。

9　上将幸洛阳,命将作大匠阎立德行清暑之地。秋,八月庚午,作襄城宫于汝州西山。立德,立本之兄也。

10　高昌王文泰闻唐兵起,谓其国人曰:“唐去我七千里,沙碛居其二千里,地无水草,寒风如刀,热风如烧,安能致大军乎!往吾入朝,见秦、陇之北,城邑萧条,非复有隋之比。今来伐我,发兵多则粮运不给;三万已下,吾力能制之。当以逸待劳,坐收其弊。若顿兵城下,不过二十日,食尽必走,然后从而虏之。何足忧也!”及闻唐兵临碛口,忧惧不知所为,发疾卒,子智盛立。

军至柳谷,谍者言文泰刻日将葬,国人咸集于彼,诸将请袭之,侯君集曰:“不可。天子以高昌无礼,故使吾讨之,今袭人于墟墓之间,非问罪之师也。”于是鼓行而进,至田城,谕之,不下,诘朝攻之,及午而克,虏男女七千馀口。以中郎将辛獠儿为前锋,夜,趋其都城,高昌逆战而败。大军继至,抵其城下。

智盛致书于君集曰:"得罪于天子者,先王也,天罚所加,身已物故。智盛袭位未几,惟尚书怜察!"君集报曰:"苟能悔过,当束手军门。"智盛犹不出。君集命填堑攻之,飞石雨下,城中人皆室处。又为巢车,高十丈,俯瞰城中。有行人及飞石所中,皆唱言之。先是,文泰与西突厥可汗相结,约有急相助。可汗遣其叶护屯可汗浮图城,为文泰声援。及君集至,可汗惧而西走千馀里,叶护以城降。智盛穷蹙,癸酉,开门出降。君集分兵略地,下其二十二城,户八千四十六,口一万七千七百,地东西八百里,南北五百里。

上欲以高昌为州县,魏徵谏曰:"陛下初即位,文泰夫妇首来朝,其后稍骄倨,故王诛加之。罪止文泰可矣,宜抚其百姓,存其社稷,复立其子,则威德被于遐荒,四夷皆悦服矣。今若利其土地以为州县,则常须千馀人镇守,数年一易,往来死者什有三四,供办衣资,违离亲戚,十年之后,陇右虚耗矣。陛下终不得高昌撮粟尺帛以佐中国,所谓散有用以事无用,臣未见其可。"上不从,九月,以其地为西州,以可汗浮图城为庭州,各置属县。乙卯,置安西都护府于交河城,留兵镇之。

君集虏高昌王智盛及其群臣豪杰而还。于是唐地东极于海,西至焉耆,南尽林邑,北抵大漠,皆为州县,凡东西九千五百一十里,南北一万九百一十八里。

侯君集之讨高昌也,遣使约焉耆与之合势,焉耆喜,听命。及高昌破,焉耆王诣军门谒见君集,且言焉耆三城先为高昌所夺,君集奏并高昌所掠焉耆民悉归之。

11　冬,十月甲戌,荆王元景等复表请封禅,上不许。

12　初,陈仓折冲都尉鲁宁坐事系狱,自恃高班,慢骂陈仓尉尉氏刘仁轨,仁轨杖杀之。州司以闻。上怒,命斩之,犹不解,曰:"何物县尉,敢杀吾折冲!"命追至长安面诘之。仁轨曰:"鲁宁对臣百姓辱臣如此,臣实忿而杀之。"辞色自若。魏徵侍侧,曰:"陛下知隋之所以亡乎?"上曰:"何也?"徵曰:"隋末,百姓强而陵官吏,如鲁宁之比是也。"上悦,擢仁轨为栎阳丞。

上将幸同州校猎,仁轨上言:"今秋大稔,民收获者什才一二,使之供承猎事,治道葺桥,动费一二万功,实妨农事。愿少留銮舆旬日,俟其毕务,则公私俱济。"上赐玺书嘉纳之,寻迁新安令。闰月乙未,行幸同州。庚戌,还宫。

13 丙辰,吐蕃赞普遣其相禄东赞献金五千两及珍玩数百,以请婚。上许以文成公主妻之。

14 十一月甲子朔,冬至,上祀南郊。时戊寅历以癸亥为朔,宣义郎李淳风表称:"古历分日起于子半,今岁甲子朔旦冬至,而故太史令傅仁均减馀稍多,子初为朔,遂差三刻,用乖天正,请更加考定。"众议以仁均定朔微差,淳风推校精密,请如淳风议,从之。

15 丁卯,礼官奏请加高祖父母服齐衰五月,嫡子妇服期,嫂、叔、弟妻、夫兄、舅皆服小功。从之。

16 丙子,百官复表请封禅,诏许之。更命诸儒详定仪注。以太常卿韦挺等为封禅使。

17 司门员外郎韦元方给给使过所稽缓,给使奏之。上怒,出元方为华阴令。魏徵谏曰:"帝王震怒,不可妄发。前为给使,遂夜出敕书,事如军机,谁不惊骇!况宦者之徒,古来难养,轻为言语,易生患害,独行远使,深非事宜,渐不可长,所宜深慎。"上纳其言。

18 尚书左丞韦悰句司农木橦价贵于民间,奏其隐没。上召大理卿孙伏伽书司农罪。伏伽曰:"司农无罪。"上怪,问其故,对曰:"只为官橦贵,所以私橦贱。向使官橦贱,私橦无由贱矣。但见司农识大体,不知其过也。"上悟,屡称其善;顾谓韦悰曰:"卿识用不逮伏伽远矣。"

19 十二月丁酉,侯君集献俘于观德殿。行饮至礼,大酺三日。寻以智盛为左武卫将军、金城郡公。上得高昌乐工,以付太常,增九部乐为十部。

君集之破高昌也,私取其珍宝。将士知之,竞为盗窃,君集不能禁,为有司所劾,诏下君集等狱。中书侍郎岑文本上疏,以为:"高昌昏迷,陛下命君集等讨而克之,不逾旬日,并付大理。虽君集等自挂网罗,恐海内之人疑陛下唯录其过而遗其功也。臣闻命将出师,主于克敌,苟能克敌,虽贪可赏;若其败绩,虽廉可诛。是以汉之李广利、陈汤,晋之王濬,隋之韩擒虎,皆负罪谴,人主以其有功,咸受封赏。由是观之,将帅之臣,廉慎者寡,贪求者众。是以黄石公军势曰:'使智,使勇,使贪,使愚。故智者乐立其功,勇者好行其志,贪者急趋其利,愚者不计其死。'伏愿录其微劳,忘其大过,使君集重升朝列,复备驱驰,虽非清贞之臣,犹得贪愚之将,斯则陛下虽屈法而德弥显,君集等虽蒙宥而过更彰矣。"上乃释之。

又有告薛万均私通高昌妇女者,万均不服,内出高昌妇女付大理,与万均对辩。魏徵谏曰:"臣闻'君使臣以礼,臣事君以忠。'今遣大将军与亡国妇女对辩帷箔之私，实则所得者轻，虚则所失者重。昔秦穆饮盗马之士，楚庄赦绝缨之罪，况陛下道高尧、舜，而曾二君之不逮乎！”上遽释之。

侯君集马病蚛颡，行军总管赵元楷亲以指沾其脓而嗅之，御史劾奏其谄，左迁栝州刺史。

高昌之平也，诸将皆即受赏，行军总管阿史那社尔以无敕旨，独不受，及别敕既下，乃受之，所取唯老弱故弊而已。上嘉其廉慎，以高昌所得宝刀及杂彩千段赐之。

20　癸卯，上猎于樊川。乙巳，还宫。

21　魏徵上疏，以为："在朝群臣，当枢机之寄者，任之虽重，信之未笃，是以人或自疑，心怀苟且。陛下宽于大事，急于小罪，临时责怒，未免爱憎。夫委大臣以大体，责小臣以小事，为治之道也。今委之以职，则重大臣而轻小臣；至于有事，则信小臣而疑大臣。信其所轻，疑其所重，将求致治，其可得乎！若任以大官，求其细过，刀笔之吏，顺旨成风，舞文弄法，曲成其罪。自陈也，则以为心不伏辜；不言也，则以为所犯皆实。进退惟谷，莫能自明，则苟求免祸，矫伪成俗矣！”上纳之。

22　上谓侍臣曰："朕虽平定天下，其守之甚难。"魏徵对曰："臣闻战胜易，守胜难，陛下之及此言，宗庙社稷之福也！"

23　上闻右庶子张玄素在东宫数谏争，擢为银青光禄大夫，行左庶子。太子尝于宫中击鼓，玄素叩阁切谏。太子出其鼓，对玄素毁之。太子久不出见官属，玄素谏曰："朝廷选俊贤以辅至德，今动经时月，不见宫臣，将何以裨益万一！且宫中唯有妇人，不知有能如樊姬者乎。"太子不听。

玄素少为刑部令史，上尝对朝臣问之曰："卿在隋何官？"对曰："县尉。"又问："未为尉时何官？"对曰："流外。"又问："何曹？"玄素耻之，出阁殆不能步，色如死灰。谏议大夫褚遂良上疏，以为："君能礼其臣，乃能尽其力。玄素虽出寒微，陛下重其才，擢至三品，翼赞皇储，岂可复对群臣穷其门户！弃宿昔之恩，成一朝之耻，使之郁结于怀，何以责其伏节死义乎！”上曰："朕亦悔此问，卿疏深会我心。"遂良，亮之子也。孙伏伽与玄素在隋皆为令史，伏伽或于广坐自陈往事，一无所隐。

24　戴州刺史贾崇以所部有犯十恶者，御史劾之。上曰："昔唐、虞大圣，贵为天子，不能化其子，况崇为刺史，独能使其民比屋为善乎！若坐是贬黜，则州县互相掩蔽，纵舍罪人。自今诸州有犯十恶者，勿劾刺史，但令明加纠察，如法施罪，庶以肃清奸恶耳。"

25　上自临治兵,以部陈不整,命大将军<u>张土贵</u>杖中郎将等;怒其杖轻,下<u>土贵</u>吏。<u>魏徵</u>谏曰:"将军之职,为国爪牙;使之执杖,已非后法,况以杖轻下吏乎!"上亟释之。

26　言事者多请上亲览表奏,以防壅蔽。上以问<u>魏徵</u>,对曰:"斯人不知大体,必使陛下一一亲之,岂惟朝堂,州县之事亦当亲之矣。"

# 资治通鉴卷第一百九十六

## 唐纪十二

**太宗文武大圣大广孝皇帝中之中**

贞观十五年（辛丑，641）

1　春,正月甲戌,以吐蕃禄东赞为右卫大将军。上嘉禄东赞善应对,以琅邪公主外孙段氏妻之。辞曰:"臣国中自有妇,父母所聘,不可弃也。且赞普未得谒公主,陪臣何敢先娶!"上益贤之,然欲抚以厚恩,竟不从其志。

丁丑,命礼部尚书江夏王道宗持节送文成公主于吐蕃。赞普大喜,见道宗,尽子婿礼,慕中国衣服、仪卫之美,为公主别筑城郭宫室而处之,自服纨绮以见公主。其国人皆以赭涂面,公主恶之,赞普下令禁之;亦渐革其猜暴之性,遣子弟入国学,受诗、书。

2　乙亥,突厥俟利苾可汗始帅部落济河,建牙于故定襄城,有户三万,胜兵四万,马九万匹,仍奏言:"臣非分蒙恩,为部落之长,愿子子孙孙为国家一犬,守吠北门。若薛延陀侵逼,请徙家属入长城。"诏许之。

3　上将幸洛阳,命皇太子监国,留右仆射高士廉辅之。辛巳,行及温汤。卫士崔卿、刁文懿惮于行役,冀上惊而止,乃夜射行宫,矢及寝庭者五。皆以大逆论。

三月戊辰,幸襄城宫,地既烦热,复多毒蛇。庚午,罢襄城宫,分赐百姓,免阎立德官。

4　夏,四月辛卯朔,诏以来年二月有事于泰山。

5　上以近世阴阳杂书,讹伪尤多,命太常博士吕才与诸术士刊定可行者,凡四十七卷。己酉,书成,上之。才皆为之叙,质以经史。其叙宅经,以为:"近世巫觋妄分五姓,如张、王为商,武、庾为羽,似取谐韵。至于以柳为宫,以赵为角,又复不类。或同出一姓,分属宫商;或复姓数字,莫辨徵羽。此则事不稽古,义理乖僻者也。"叙禄命,以为:"禄命之书,多言或中,人乃信之。然长平坑卒,未闻共犯三刑;南阳贵士,何必俱当六

合！今亦有同年同禄而贵贱悬殊，共命共胎而寿夭更异。按鲁庄公法应
贫贱，又尪弱短陋，惟得长寿；秦始皇法无官爵，纵得禄，少奴婢，为人无始
有终；汉武帝、后魏孝文帝皆法无官爵；宋武帝禄与命并当空亡，唯宜长
子，虽有次子，法当早夭。此皆禄命不验之著明者也。”其叙葬，以为：“孝
经云‘卜其宅兆而安厝之’，盖以窀穸既终，永安体魄，而朝市迁变，泉石
交侵，不可前知，故谋之龟筮。近岁或选年月，或相墓田，以为一事失所，
祸及死生。按礼：天子、诸侯、大夫葬皆有月数，是古人不择年月也。春
秋：‘九月，丁巳，葬定公，雨，不克葬，戊午，日下昃，乃克葬。’是不择日也。
郑葬简公，司墓之室当路，毁之则朝而窆，不毁则日中而窆，子产不毁，是
不择时也。古之葬者皆于国都之北，兆域有常处，是不择地也。今葬书以
为子孙富贵、贫贱、寿夭，皆因卜葬所致。夫子文为令尹而三已，柳下惠为
士师而三黜，计其丘陇，未尝改移。而野俗无识，妖巫妄言。遂于擗踊之
际，择葬地以希官爵；荼毒之秋，选葬时以规财利。或云辰日不可哭泣，遂
莞尔而对吊客；或云同属忌于临圹，遂吉服不送其亲。伤教败礼，莫斯为
甚！”术士皆恶其言，而识者皆以为确论。

　　6　丁巳，果毅都尉席君买帅精骑百二十袭击吐谷浑丞相宣王，破之，
斩其兄弟三人。初，丞相宣王专国政，阴谋袭弘化公主，劫其王诺曷钵奔
吐蕃。诺曷钵闻之，轻骑奔鄯善城，其臣威信王以兵迎之，故君买为之讨
诛宣王。国人犹惊扰，遣户部尚书唐俭等慰抚之。

　　7　五月壬申，并州父老诣阙请上封泰山毕，还幸晋阳，上许之。

　　8　丙子，百济来告其王扶馀璋之丧，遣使册命其嗣子义慈。

　　9　己酉，有星孛于太微，太史令薛颐上言，未可东封。辛亥，起居郎
褚遂良亦言之。丙辰，诏罢封禅。

　　10　太子詹事于志宁遭母丧，寻起复就职。太子治宫室，妨农功；又
好郑、卫之乐，志宁谏，不听。又宠昵宦官，常在左右，志宁上书，以为：
“自易牙以来，宦官覆亡国家者非一。今殿下亲宠此属，使陵易衣冠，不
可长也。”太子役使司驭等，半岁不许分番，又私引突厥达哥友入宫，志宁
上书切谏，太子大怒，遣刺客张思政、纥干承基杀之。二人入其第，见志宁
寝处苫块，竟不忍杀而止。

　　11　西突厥沙钵罗叶护可汗数遣使入贡。秋，七月甲戌，命左领军将
军张大师持节即其所号立为可汗，赐以鼓纛。上又命使者多赍金帛，历诸
国市良马，魏徵谏曰：“可汗位未定而先市马，彼必以为陛下志在市马，以
立可汗为名耳。使可汗得立，荷德必浅；若不得立，为怨实深。诸国闻之，

亦轻中国，市或不得，得亦非美。苟能使彼安宁，则诸国之马，不求自至矣。”上欣然止之。

乙毗咄陆可汗与沙钵罗叶护互相攻，乙毗咄陆浸强大，西域诸国多附之。未几，乙毗咄陆使石国吐屯击沙钵罗叶护，擒之以归，杀之。

12　丙子，上指殿屋谓侍臣曰：“治天下如建此屋，营构既成，勿数改移。苟易一榱，正一瓦，践履动摇，必有所损。若慕奇功，变法度，不恒其德，劳扰实多。”

13　上遣职方郎中陈大德使高丽，八月己亥，自高丽还。大德初入其境，欲知山川风俗，所至城邑，以绫绮遗其守者，曰：“吾雅好山水，此有胜处，吾欲观之。”守者喜，导之游历，无所不至，往往见中国人，自云：“家在某郡，隋末从军，没于高丽，高丽妻以游女，与高丽错居，殆将半矣。”因问亲戚存没，大德绐之曰：“皆无恙。”咸涕泣相告。数日后，隋人望之而哭者，遍于郊野。大德言于上曰：“其国闻高昌亡，大惧，馆候之勤，加于常数。”上曰：“高丽本四郡地耳，吾发卒数万攻辽东，彼必倾国救之，别遣舟师出东莱，自海道趋平壤，水陆合势，取之不难。但山东州县凋瘵未复，吾不欲劳之耳！”

14　乙巳，上谓侍臣曰：“朕有二喜一惧。比年丰稔，长安斗粟直三四钱，一喜也；北虏久服，边鄙无虞，二喜也。治安则骄侈易生，骄侈则危亡立至，此一惧也。”

15　冬，十月辛卯，上校猎伊阙。壬辰，幸嵩阳。辛丑，还宫。

16　并州大都督长史李世勣在州十六年，令行禁止，民夷怀服。上曰：“隋炀帝劳百姓，筑长城以备突厥，卒无所益。朕唯置李世勣于晋阳而边尘不惊，其为长城，岂不壮哉！”十一月庚申，以世勣为兵部尚书。

17　壬申，车驾西归长安。

18　薛延陀真珠可汗闻上将东封，谓其下曰：“天子封泰山，士马皆从，边境必虚，我以此时取思摩，如拉朽耳。”乃命其子大度设发同罗、仆骨、回纥、靺鞨、霫等兵合二十万，度漠南，屯白道川，据善阳岭以击突厥。俟利苾可汗不能御，帅部落入长城，保朔州，遣使告急。

癸酉，上命营州都督张俭帅所部骑兵及奚、霫、契丹压其东境，以兵部尚书李世勣为朔州道行军总管，将兵六万，骑千二百，屯羽方；右卫大将军李大亮为灵州道行军总管，将兵四万，骑五千，屯灵武；右屯卫大将军张士贵将兵一万七千，为庆州道行军总管，出云中；凉州都督李袭誉为凉州道行军总管，出其西。

诸将辞行,上戒之曰:"薛延陀负其强盛,逾漠而南,行数千里,马已疲瘦。凡用兵之道,见利速进,不利速退。薛延陀不能掩思摩不备,急击之,思摩入长城,又不速退。吾已敕思摩烧薙秋草,彼粮糗日尽,野无所获。顷侦者来,云其马啮林木枝皮略尽。卿等当与思摩共为掎角,不须速战,俟其将退,一时奋击,破之必矣。"

19　十二月戊子,车驾至京师。

20　己亥,薛延陀遣使入见,请与突厥和亲。甲辰,李世勣败薛延陀于诺真水。初,薛延陀击西突厥沙钵罗及阿史那社尔,皆以步战取胜;及将入寇,乃大教步战,使五人为伍,一人执马,四人前战,战胜则授以马追奔。于是大度设将三万骑逼长城,欲击突厥,而思摩已走,知不可得,遣人登城骂之。会李世勣引唐兵至,尘埃涨天,大度设惧,将其众自赤柯泺北走,世勣选麾下及突厥精骑六千自直道邀之,逾白道川,追及于青山。大度设走累日,至诺真水,勒兵还战,陈亘十里。突厥先与之战,不胜,还走,大度设乘胜追之,遇唐兵,薛延陀万矢俱发,唐马多死。世勣命士卒皆下马,执长稍,直前冲之。薛延陀众溃,副总管薛万徹以数千骑收其执马者。薛延陀失马,不知所为,唐兵纵击,斩首三千馀级,捕虏五万馀人。大度设脱身走,万徹追之不及。其众至漠北,值大雪,人畜冻死者什八九。

李世勣还军定襄,突厥思结部居五台者叛走,州兵追之,会世勣军还,夹击,悉诛之。

丙子,薛延陀使者辞还,上谓之曰:"吾约汝与突厥以大漠为界,有相侵者,我则讨之。汝自恃其强,逾漠攻突厥。李世勣所将才数千骑耳,汝已狼狈如此!归语可汗:凡举措利害,可善择其宜。"

21　上问魏徵:"比来朝臣何殊不论事?"对曰:"陛下虚心采纳,必有言者。凡臣徇国者寡,爱身者多,彼畏罪,故不言耳。"上曰:"然。人臣关说忤旨,动及刑诛,与夫蹈汤火冒白刃者亦何异哉!是以禹拜昌言,良为此也。"

房玄龄、高士廉遇少府少监窦德素于路,问:"北门近何营缮?"德素奏之。上怒,让玄龄等曰:"君但知南牙政事,北门小营缮,何预君事!"玄龄等拜谢。魏徵进曰:"臣不知陛下何以责玄龄等,而玄龄等亦何所谢!玄龄等为陛下股肱耳目,于中外事岂有不应知者!使所营为是,当助陛下成之;为非,当请陛下罢之。问于有司,理则宜然。不知何罪而责,亦何罪而谢也!"上甚愧之。

22　上尝临朝谓侍臣曰:"朕为人主,常兼将相之事。"给事中张行成退而上书,以为:"禹不矜伐而天下莫与之争。陛下拨乱反正,群臣诚不足望清光,然不必临朝言之。以万乘之尊,乃与群臣校功争能,臣窃为陛下不取。"上甚善之。

十六年(壬寅,642)

1　春,正月乙丑,魏王泰上括地志。泰好学,司马苏勖说泰,以古之贤王皆招士著书,故泰奏请修之。于是大开馆舍,广延时俊,人物辐凑,门庭如市。泰月给逾于太子,谏议大夫褚遂良上疏,以为:"圣人制礼,尊嫡卑庶,世子用物不会,与王者共。庶子虽爱,不得逾嫡,所以塞嫌疑之渐,除祸乱之源也。若当亲者疏,当尊者卑,则佞巧之奸,乘机而动矣。昔汉窦太后宠梁孝王,卒以忧死;宣帝宠淮阳宪王,亦几至于败。今魏王新出阁,宜示以礼则,训以谦俭,乃为良器,此所谓'圣人之教不肃而成'者也。"上从之。

上又令泰徙居武德殿。魏徵上书,以为:"陛下爱魏王,常欲使之安全,宜每抑其骄奢,不处嫌疑之地。今移居此殿,乃在东宫之西,海陵昔尝居之,时人不以为可。虽时异事异,然亦恐魏王之心不敢安息也。"上曰:"几致此误。"遽遣泰归第。

2　辛未,徙死罪者实西州,其犯流徒则充戍,各以罪轻重为年限。

3　敕天下括浮游无籍者,限来年末附毕。

4　以兼中书侍郎岑文本为中书侍郎,专知机密。

5　夏,四月壬子,上谓谏议大夫褚遂良曰:"卿犹知起居注,所书可得观乎?"对曰:"史官书人君言动,备记善恶,庶几人君不敢为非,未闻自取而观之也!"上曰:"朕有不善,卿亦记之邪?"对曰:"臣职当载笔,不敢不记。"黄门侍郎刘洎曰:"借使遂良不记,天下亦皆记之。"上曰:"诚然。"

6　六月庚寅,诏息隐王可追复皇太子,海陵剌王元吉追封巢王,谥并依旧。

7　甲辰,诏自今皇太子出用库物,所司勿为限制。于是太子发取无度,左庶子张玄素上书,以为:"周武帝平定山东,隋文帝混一江南,勤俭爱民,皆为令主;有子不肖,卒亡宗祀。圣上以殿下亲则父子,事兼家国,所应用物不为节限,恩旨未逾六旬,用物已过七万,骄奢之极,孰云过此!况宫臣正士,未尝在侧;群邪淫巧,昵近深宫。在外瞻仰,已有此失;居中隐密,宁可胜计!苦药利病,苦言利行,伏惟居安思危,日慎一日。"太子恶其书,令户奴伺玄素早朝,密以大马箠击之,几毙。

8　秋,七月戊子,以长孙无忌为司徒,房玄龄为司空。

9　庚申,制:"自今有自伤残者,据法加罪,仍从赋役。"隋末赋役重数,人往往自折支体,谓之"福手""福足",至是遗风犹存,故禁之。

10　特进魏徵有疾,上手诏问之,且言:"不见数日,朕过多矣。今欲自往,恐益为劳。若有闻见,可封状进来。"徵上言:"比者弟子陵师,奴婢忽主,下多轻上,皆有为而然,渐不可长。"又言:"陛下临朝,常以至公为言,退而行之,未免私僻。或畏人知,横加威怒,欲盖弥彰,竟有何益!"徵宅无堂,上命辍小殿之材以构之,五日而成,仍赐以素屏风、素褥、几、杖等以遂其所尚。徵上表谢,上手诏称:"处卿至此,盖为黎元与国家,岂为一人,何事过谢!"

11　八月丁酉,上曰:"当今国家何事最急?"谏议大夫褚遂良曰:"今四方无虞,唯太子、诸王宜有定分最急。"上曰:"此言是也。"时太子承乾失德,魏王泰有宠,群臣日有疑议,上闻而恶之,谓侍臣曰:"方今群臣,忠直无逾魏徵,我遣傅太子,用绝天下之疑。"九月丁巳,以魏徵为太子太师。徵疾少愈,诣朝堂表辞,上手诏谕以:"周幽、晋献,废嫡立庶,危国亡家。汉高祖几废太子,赖四皓然后安。我今赖公,即其义也。知公疾病,可卧护之。"徵乃受诏。

12　癸亥,薛延陀真珠可汗遣其叔父沙钵罗泥熟俟斤来请婚,献马三千,貂皮三万八千,马脑镜一。

13　癸酉,以凉州都督郭孝恪行安西都护、西州刺史。高昌旧民与镇兵及谪徙者杂居西州,孝恪推诚抚御,咸得其欢心。

14　西突厥乙毗咄陆可汗既杀沙钵罗叶护,并其众,又击吐火罗,灭之。自恃强大,遂骄倨,拘留唐使者,侵暴西域,遣兵寇伊州,郭孝恪将轻骑二千自乌骨邀击,败之。乙毗咄陆又遣处月、处密二部围天山,孝恪击走之,乘胜进拔处月俟斤所居城,追奔至遏索山,降处密之众而归。

初,高昌既平,岁发兵千馀人戍守其地,褚遂良上疏,以为:"圣王为治,先华夏而后夷狄。陛下兴兵取高昌,数郡萧然,累年不复;岁调千馀人屯戍,远去乡里,破产办装。又谪徙罪人,皆无赖子弟,适足骚扰边鄙,岂能有益行陈!所遣多复逃亡,徒烦追捕。加以道涂所经,沙碛千里,冬风如割,夏风如焚,行人往来,遇之多死。设使张掖、酒泉有烽燧之警,陛下岂得高昌一夫斗粟之用,终当发陇右诸州兵食以赴之耳。然则河西者,中国之心腹;高昌者,他人之手足;奈何糜弊本根以事无用之土乎!且陛下得突厥、吐谷浑,皆不有其地,为之立君长以抚之,高昌独不得与为比乎!

叛而执之,服而封之,刑莫威焉,德莫厚焉。愿更择高昌子弟可立者,使君其国,子子孙孙,负荷大恩,永为唐室藩辅,内安外宁,不亦善乎!"上弗听。及西突厥入寇,上悔之,曰:"魏徵、褚遂良劝我复立高昌,吾不用其言,今方自咎耳。"

乙毗咄陆西击康居,道过米国,破之。虏获甚多,不分与其下,其将泥熟啜辄夺取之,乙毗咄陆怒,斩泥熟啜以徇,众皆愤怨。泥熟啜部将胡禄屋袭击之,乙毗咄陆众散,走保白水胡城。于是弩失毕诸部及乙毗咄陆所部屋利啜等遣使诣阙,请废乙毗咄陆,更立可汗。上遣使赍玺书,立莫贺咄之子为乙毗射匮可汗。乙毗射匮既立,悉礼遣乙毗咄陆所留唐使者,帅所部击乙毗咄陆于白水胡城。乙毗咄陆出兵击之,乙毗射匮大败。乙毗咄陆遣使招其故部落,故部落皆曰:"使我千人战死,一人独存,亦不汝从!"乙毗咄陆自知不为众所附,乃西奔吐火罗。

15　冬,十月丙申,殿中监郢纵公宇文士及卒。上尝止树下,爱之,士及从而誉之不已,上正色曰:"魏徵常劝我远佞人,我不知佞人为谁,意疑是汝,今果不谬!"士及叩头谢。

16　上谓侍臣曰:"薛延陀屈强漠北,今御之止有二策,苟非发兵殄灭之,则与之婚姻以抚之耳,二者何从?"房玄龄对曰:"中国新定,兵凶战危,臣以为和亲便。"上曰:"然。朕为民父母,苟可利之,何爱一女!"

先是,左领军将军契苾何力母姑臧夫人及弟贺兰州都督沙门皆在凉州,上遣何力归觐,且抚其部落。时薛延陀方强,契苾部落皆欲归之,何力大惊曰:"主上厚恩如是,奈何遽为叛逆!"其徒曰:"夫人、都督先已诣彼,若之何不往!"何力曰:"沙门孝于亲,我忠于君,必不汝从。"其徒执之诣薛延陀,置真珠牙帐前。何力箕倨,拔佩刀东向大呼曰:"岂有唐烈士而受屈虏庭,天地日月,愿知我心!"因割左耳以誓。真珠欲杀之,其妻谏而止。

上闻契苾叛,曰:"必非何力之意。"左右曰:"戎狄气类相亲,何力入薛延陀,如鱼趋水耳。"上曰:"不然。何力心如铁石,必不叛我。"会有使者自薛延陀来,具言其状,上为之下泣,谓左右曰:"何力果如何?"即命兵部侍郎崔敦礼持节谕薛延陀,以新兴公主妻之,以求何力,何力由是得还,拜右骁卫大将军。

17　十一月丙辰,上校猎于武功。

18　丁巳,营州都督张俭奏高丽东部大人泉盖苏文弑其王武。盖苏文凶暴多不法,其王及大臣议诛之。盖苏文密知之,悉集部兵若校阅者,并盛陈酒馔于城南,召诸大臣共临视,勒兵尽杀之,死者百馀人。因驰入宫,手弑其王,断为数段,弃沟中,立王弟子藏为王;自为莫离支,其官如中国吏部兼兵部尚书也。于是号令远近,专制国事。盖苏文状貌雄伟,意气豪逸,身佩五刀,左右莫敢仰视。每上下马,常令贵人、武将伏地而履之。出行必整队伍,前导者长呼,则人皆奔迸,不避坑谷,路绝行者,国人甚苦之。

19　壬戌,上校猎于岐阳,因幸庆善宫,召武功故老宴赐,极欢而罢。庚午,还京师。

20　壬申,上曰:"朕为兆民之主,皆欲使之富贵。若教以礼义,使之少敬长、妇敬夫,则皆贵矣。轻徭薄敛,使之各治生业,则皆富矣。若家给人足,朕虽不听管弦,乐在其中矣。"

21　亳州刺史裴行庄奏请伐高丽,上曰:"高丽王武职贡不绝,为贼臣所弑,朕哀之甚深,固不忘也。但因丧乘乱而取之,虽得之不贵。且山东凋弊,吾未忍言用兵也。"

22　高祖之入关也,隋武勇郎将冯翊党仁弘将兵二千馀人归高祖于蒲阪,从平京城,寻除陕州总管,大军东讨,仁弘转饷不绝,历南宁、戎、广州都督。仁弘有材略,所至著声迹,上甚器之。然性贪,罢广州,为人所讼,赃百馀万,罪当死。上谓侍臣曰:"吾昨见大理五奏诛仁弘,哀其白首就戮,方晡食,遂命撤案;然为之求生理,终不可得。今欲曲法就公等乞之。"十二月壬午朔,上复召五品已上集太极殿前,谓曰:"法者,人君所受于天,不可以私而失信。今朕私党仁弘而欲赦之,是乱其法,上负于天。欲席藁于南郊,日一进蔬食,以谢罪于天三日。"房玄龄等皆曰:"生杀之柄,人主所得专也,何至自贬责如此!"上不许,群臣顿首固请于庭,自旦至日昃,上乃降手诏,自称:"朕有三罪:知人不明,一也;以私乱法,二也;善善未赏,恶恶未诛,三也。以公等固谏,且依来请。"于是黜仁弘为庶人,徙钦州。

23　癸卯,上幸骊山温汤,甲辰,猎于骊山。上登山,见围有断处,顾谓左右曰:"吾见其不整而不刑,则堕军法;刑之,则是吾登高临下以求人之过也。"乃托以道险,引辔入谷以避之。乙巳,还宫。

24　刑部以"反逆缘坐律兄弟没官为轻,请改从死"。敕八座议之,议者皆以为"秦、汉、魏、晋之法,反者皆夷三族,今宜如刑部请为是"。给事中崔仁师驳曰:"古者父子兄弟罪不相及,奈何以亡秦酷法变隆周中典!且诛其父子,足累其心,此而不顾,何爱兄弟!"上从之。

25　上问侍臣曰:"自古或君乱而臣治,或君治而臣乱,二者孰愈?"魏徵对曰:"君治则善恶赏罚当,臣安得而乱之! 苟为不治,纵暴愎谏,虽有良臣,将安所施!"上曰:"齐文宣得杨遵彦,非君乱而臣治乎?"对曰:"彼才能救亡耳,乌足为治哉!"

十七年(癸卯,643)

1　春,正月丙寅,上谓群臣曰:"闻外间士人以太子有足疾,魏王颖悟,多从游幸,遽生异议,微幸之徒已有附会者。太子虽病足,不废步履。且礼,嫡子死,立嫡孙。太子男已五岁,朕终不以孽代宗,启窥窬之源也!"

2　郑文贞公魏徵寝疾,上遣使者问讯,赐以药饵,相望于道。又遣中郎将李安俨宿其第,动静以闻。上复与太子同至其第,指衡山公主欲以妻其子叔玉。戊辰,徵薨,命百官九品以上皆赴丧,给羽葆鼓吹,陪葬昭陵。其妻裴氏曰:"徵平生俭素,今葬以一品羽仪,非亡者之志。"悉辞不受,以布车载柩而葬。上登苑西楼,望哭尽哀。上自制碑文,并为书石。上思徵不已,谓侍臣曰:"人以铜为镜,可以正衣冠;以古为镜,可以见兴替;以人为镜,可以知得失。魏徵没,朕亡一镜矣!"

3　鄂尉游文芝告代州都督刘兰成谋反,戊申,兰成坐腰斩。右武候将军丘行恭探兰成心肝食之,上闻而让之曰:"兰成谋反,国有常刑,何至如此! 若以为忠孝,则太子诸王先食之矣,岂至卿邪!"行恭惭而拜谢。

4　二月壬午,上问谏议大夫褚遂良曰:"舜造漆器,谏者十馀人。此何足谏?"对曰:"奢侈者,危亡之本;漆器不已,将以金玉为之。忠臣爱君,必防其渐,若祸乱已成,无所复谏矣。"上曰:"然。朕有过,卿亦当谏其渐。朕见前世帝王拒谏者,多云'业已为之',或云'业已许之',终不为改。如此,欲无危亡,得乎!"

时皇子为都督、刺史者多幼稚,遂良上疏,以为:"汉宣帝云:'与我共治天下者,其惟良二千石乎!'今皇子幼稚,未知从政,不若且留京师,教以经术,俟其长而遣之。"上以为然。

5　壬辰,以太子詹事张亮为洛州都督。侯君集自以有功而下吏,怨望有异志。亮出为洛州,君集激之曰:"何人相排?"亮曰:"非公而谁!"君集曰:"我平一国来,逢嗔如屋大,安能仰排!"因攘袂曰:"郁郁殊不聊生! 公能反乎? 与公反!"亮密以闻。上曰:"卿与君集皆功臣,语时旁无他人,若下吏,君集必不服。如此,事未可知,卿且勿言。"待君集如故。

6　鄜州都督尉迟敬德表乞骸骨；乙巳，以敬德为开府仪同三司，五日一参。

7　丁未，上曰："人主惟有一心，而攻之者甚众。或以勇力，或以辩口，或以谄谀，或以奸诈，或以嗜欲，辐凑攻之，各求自售，以取宠禄。人主少懈，而受其一，则危亡随之，此其所以难也。"

8　戊申，上命图画功臣赵公长孙无忌、赵郡元王孝恭、莱成公杜如晦、郑文贞公魏徵、梁公房玄龄、申公高士廉、鄂公尉迟敬德、卫公李靖、宋公萧瑀、褒忠壮公段志玄、夔公刘弘基、蒋忠公屈突通、郧节公殷开山、谯襄公柴绍、邳襄公长孙顺德、郧公张亮、陈公侯君集、郯襄公张公谨、卢公程知节、永兴文懿公虞世南、郇襄公刘政会、莒公唐俭、英公李世勣、胡壮公秦叔宝等于凌烟阁。

9　齐州都督齐王祐，性轻躁，其舅尚乘直长阴弘智说之曰："王兄弟既多，陛下千秋万岁后，宜得壮士以自卫。"祐以为然。弘智因荐妻兄燕弘信，祐悦之，厚赐金玉，使阴募死士。

上选刚直之士以辅诸王，为长史、司马，诸王有过必闻。祐昵近群小，好畋猎，长史权万纪骤谏，不听。壮士昝君謩、梁猛彪得幸于祐，万纪皆劾逐之，祐潜召还，宠之逾厚。上数以书切责祐，万纪恐并获罪，谓祐曰："王审能自新，万纪请入朝言之。"乃条祐过失，迫令表首，祐惧而从之。万纪至京师，言祐必能悛改。上甚喜，勉万纪，而数祐前过，以敕书戒之。祐闻之，大怒曰："长史卖我！劝我而自以为功，必杀之。"上以校尉京兆韦文振谨直，用为祐府典军，文振数谏，祐亦恶之。

万纪性褊，专以刻急拘持祐，城门外不听出，悉解纵鹰犬，斥君謩、猛彪不得见祐。会万纪宅中有块夜落，万纪以为君謩、猛彪谋杀己，悉收系，发驿以闻，并劾与祐同为非者数十人。上遣刑部尚书刘德威往按之，事颇有验，诏祐与万纪俱入朝。祐既积忿，遂与燕弘信兄弘亮等谋杀万纪。万纪奉诏先行，祐遣弘亮等二十馀骑追射杀之。祐党共逼韦文振欲与同谋，文振不从，驰走数里，追及，杀之。寮属股栗，稽首伏地，莫敢仰视。祐因私署上柱国、开府等官，开库物行赏，驱民入城，缮甲兵楼堞，置拓东王、拓西王等官。吏民弃妻子夜缒出亡者相继，祐不能禁。三月丙辰，诏兵部尚书李世勣等发怀、洛、汴、宋、潞、滑、济、郓、海九州兵讨之。上赐祐手敕曰："吾常戒汝勿近小人，正为此耳。"

祐召燕弘亮等五人宿于卧内，馀党分统士众，巡城自守。祐每夜与弘亮等对妃宴饮，以为得志；戏笑之际，语及官军，弘亮等曰："王不须忧！

弘亮等右手持酒卮,左手为王挥刀拂之!"祐喜,以为信然。传檄诸县,皆莫肯从。时李世勣兵未至,而青、淄等数州兵已集其境。齐府兵曹杜行敏等阴谋执祐,祐左右及吏民非同谋者无不响应。庚申,夜,四面鼓噪,声闻数十里。祐党有居外者,众皆攒刃杀之。祐问何声,左右给云:"英公统飞骑已登城矣。"行敏分兵凿垣而入,祐与弘亮等被甲执兵入室,闭扉拒战,行敏等千馀人围之,自旦至日中,不克。行敏谓祐曰:"王昔为帝子,今乃国贼,不速降,立为煨烬矣。"因命积薪欲焚之,祐自牖间谓行敏曰:"即启扉,独虑燕弘亮兄弟死耳。"行敏曰:"必相全。"祐等乃出。或抉弘亮目,投睛于地,馀皆栏折其股而杀之。执祐出牙前示吏民,还,锁之于东厢。齐州悉平。乙丑,敕李世勣等罢兵。祐至京师,赐死于内侍省,同党诛者四十四人,馀皆不问。

祐之初反也,齐州人罗石头面数其罪,援枪前,欲刺之,为燕弘亮所杀。祐引骑击高村,村人高君状遥责祐曰:"主上提三尺剑取天下,亿兆蒙德,仰之如天。王忽驱城中数百人欲为逆乱以犯君父,无异一手摇泰山,何不自量之甚也!"祐纵击,虏之,惭不能杀。敕赠石头亳州刺史。以君状为榆社令,以杜行敏为巴州刺史,封南阳郡公。其同谋执祐者官赏有差。

上检祐家文疏,得记室郏城孙处约谏书,嗟赏之,累迁中书舍人。庚午,赠权万纪齐州都督,赐爵武都郡公,谥曰敬;韦文振左武卫将军,赐爵襄阳县公。

10 初,太子承乾喜声色及畋猎,所为奢靡,畏上知之,对宫臣常论忠孝,或至于涕泣,退归宫中,则与群小相亵狎。宫臣有欲谏者,太子先揣知其意,辄迎拜,敛容危坐,引咎自责,言辞辩给,宫臣拜答不暇。宫省秘密,外人莫知,故时论初皆称贤。

太子作八尺铜炉,六隔大鼎,募亡奴盗民间马牛,亲临烹煮,与所幸厮役共食。又好效突厥语及其服饰,选左右貌类突厥者五人为一落,辫发羊裘而牧羊,作五狼头纛及幡旗,设穹庐,太子自处其中,敛羊而烹之,抽佩刀割肉相啖。又尝谓左右曰:"我试作可汗死,汝曹效其丧仪。"因僵卧于地,众悉号哭,跨马环走,临其身,剺面。良久,太子欻起,曰:"一朝有天下,当帅数万骑猎于金城西,然后解发为突厥,委身思摩,若当一设,不居人后矣。"

左庶子于志宁、右庶子孔颖达数谏太子,上嘉之,赐二人金帛以风励太子,仍迁志宁为詹事。志宁与左庶子张玄素数上书切谏,太子阴使人杀之,不果。

汉王元昌所为多不法,上数谴责之,由是怨望。太子与之亲善,朝夕同游戏,分左右为二队,太子与元昌各统其一,被毡甲,操竹稍,布陈大呼交战,击刺流血,以为娱乐。有不用命者,披树楇之,至有死者。且曰:"使我今日作天子,明日于苑中置万人营,与汉王分将,观其战斗,岂不乐哉!"又曰:"我为天子,极情纵欲,有谏者辄杀之,不过杀数百人,众自定矣。"

魏王泰多艺能,有宠于上,见太子有足疾,潜有夺嫡之志,折节下士以求声誉。上命黄门侍郎韦挺摄泰府事,后命工部尚书杜楚客代之,二人俱为泰要结朝士。楚客或怀金以赂权贵,因说以魏王聪明,宜为上嗣。文武之臣,各有附托,潜为朋党。太子畏其逼,遣人诈为泰府典签上封事,其中皆言泰罪恶,敕捕之,不获。

太子私幸太常乐童称心,与同卧起。道士秦英、韦灵符挟左道,得幸太子。上闻之,大怒,悉收称心等杀之,连坐死者数人,诮让太子甚至。太子意泰告之,怨怒愈甚,思念称心不已,于宫中构室,立其像,朝夕奠祭,徘徊流涕。又于苑中作冢,私赠官树碑。

上意浸不怿,太子亦知之,称疾不朝谒者动涉数月;阴养刺客纥干承基等及壮士百馀人,谋杀魏王泰。

吏部尚书侯君集之婿贺兰楚石为东宫千牛,太子知君集怨望,数令楚石引君集入东宫,问以自安之术,君集以太子暗劣,欲乘衅图之,因劝之反,举手谓太子曰:"此好手,当为殿下用之。"又曰:"魏王为上所爱,恐殿下有庶人勇之祸,若有敕召,宜密为之备。"太子大然之。太子厚赂君集及左屯卫中郎将顿丘李安俨,使伺上意,动静相语。安俨先事隐太子,隐太子败,安俨为之力战,上以为忠,故亲任之,使典宿卫。安俨深自托于太子。

汉王元昌亦劝太子反,且曰:"比见上侧有美人,善弹琵琶,事成,愿以垂赐。"太子许之。洋州刺史开化公赵节,慈景之子也,母曰长广公主,驸马都尉杜荷,如晦之子也,尚城阳公主,皆为太子所亲昵,预其反谋。凡同谋者皆割臂,以帛拭血,烧灰和酒饮之,誓同生死,潜谋引兵入西宫。杜荷谓太子曰:"天文有变,当速发以应之,殿下但称暴疾危笃,主上必亲临视,因兹可以得志。"太子闻齐王祐反于齐州,谓纥干承基等曰:"我宫西墙,去大内正可二十步耳,与卿为大事,岂比齐王乎!"会治祐反事,连承基,承基坐系大理狱,当死。

# 资治通鉴卷第一百九十七

## 唐纪十三

### 太宗文武大圣大广孝皇帝中之下

贞观十七年（癸卯，643）

1　夏，四月庚辰朔，承基上变，告太子谋反。敕长孙无忌、房玄龄、萧瑀、李世勣与大理、中书、门下参鞫之，反形已具。上谓侍臣："将何以处承乾？"群臣莫敢对，通事舍人来济进曰："陛下不失为慈父，太子得尽天年，则善矣！"上从之。济，护儿之子也。

乙酉，诏废太子承乾为庶人，幽于右领军府。上欲免汉王元昌死，群臣固争，乃赐自尽于家，而宥其母、妻、子。侯君集、李安俨、赵节、杜荷等皆伏诛。左庶子张玄素、右庶子赵弘智、令狐德棻等以不能谏争，皆坐免为庶人。馀当连坐者，悉赦之。詹事于志宁以数谏，独蒙劳勉。以纥干承基为祐川府折冲都尉，爵平棘县公。

侯君集被收，贺兰楚石复诣阙告其事，上引君集谓曰："朕不欲令刀笔吏辱公，故自鞫公耳。"君集初不承。引楚石具陈始末，又以所与承乾往来启示之，君集辞穷，乃服。上谓侍臣曰："君集有功，欲乞其生，可乎？"群臣以为不可。上乃谓君集曰："与公长诀矣！"因泣下。君集亦自投于地，遂斩之于市。君集临刑，谓监刑将军曰："君集蹉跌至此！然事陛下于藩邸，击取二国，乞全一子以奉祭祀。"上乃原其妻及子，徙岭南。籍没其家，得二美人，自幼饮人乳而不食。

初，上使李靖教君集兵法，君集言于上曰："李靖将反矣。"上问其故，对曰："靖独教臣以其粗而匿其精，以是知之。"上以问靖，靖对曰："此乃君集欲反耳。今诸夏已定，臣之所教，足以制四夷，而君集固求尽臣之术，非反而何！"江夏王道宗尝从容言于上曰："君集志大而智小，自负微功，耻在房玄龄、李靖之下，虽为吏部尚书，未满其志。以臣观之，必将为乱。"上曰："君集材器，亦何施不可！朕岂惜重位，但次第未至耳，岂可亿度，妄生猜贰邪！"及君集反诛，上乃谢道宗曰："果如卿言。"

李安俨父,年九十餘,上愍之,赐奴婢以养之。

太子承乾既获罪,魏王泰日入侍奉,上面许立为太子,岑文本、刘洎亦劝之;长孙无忌固请立晋王治。上谓侍臣曰:"昨青雀投我怀云:'臣今日始得为陛下子,乃更生之日也。臣有一子,臣死之日,当为陛下杀之,传位晋王。'人谁不爱其子,朕见其如此,甚怜之。"谏议大夫褚遂良曰:"陛下言大失。愿审思,勿误也!安有陛下万岁后,魏王据天下,肯杀其爱子,传位晋王者乎!陛下日者既立承乾为太子,复宠魏王,礼秩过于承乾,以成今日之祸。前事不远,足以为鉴。陛下今立魏王,愿先措置晋王,始得安全耳。"上流涕曰:"我不能尔。"因起,入宫。魏王泰恐上立晋王治,谓之曰:"汝与元昌善,元昌今败,得无忧乎?"治由是忧形于色。上怪,屡问其故,治乃以状告;上怃然,始悔立泰之言矣。上面责承乾,承乾曰:"臣为太子,复何所求!但为泰所图,时与朝臣谋自安之术,不逞之人遂教臣为不轨耳。今若泰为太子,所谓落其度内。"

承乾既废,上御两仪殿,群臣俱出,独留长孙无忌、房玄龄、李世勣、褚遂良,谓曰:"我三子一弟,所为如是,我心诚无聊赖!"因自投于床,无忌等争前扶抱;上又抽佩刀欲自刺,遂良夺刀以授晋王治。无忌等请上所欲,上曰:"我欲立晋王。"无忌曰:"谨奉诏。有异议者,臣请斩之!"上谓治曰:"汝舅许汝矣,宜拜谢。"治因拜之。上谓无忌等曰:"公等已同我意,未知外议何如?"对曰:"晋王仁孝,天下属心久矣,乞陛下试召问百官,有不同者,臣负陛下万死。"上乃御太极殿,召文武六品以上,谓曰:"承乾悖逆,泰亦凶险,皆不可立。朕欲选诸子为嗣,谁可者?卿辈明言之。"众皆欢呼曰:"晋王仁孝,当为嗣。"上悦。是日,泰从百餘骑至永安门;敕门司尽辟其骑,引泰入肃章门,幽于北苑。

丙戌,诏立晋王治为皇太子,御承天门楼,赦天下,酺三日。上谓侍臣曰:"我若立泰,则是太子之位可经营而得。自今太子失道,藩王窥伺者,皆两弃之,传诸子孙,永为后法。且泰立,承乾与治皆不全;治立,则承乾与泰皆无恙矣。"

臣光曰:唐太宗不以天下大器私其所爱,以杜祸乱之原,可谓能远谋矣!

2 丁亥,以中书令杨师道为吏部尚书。初,长广公主适赵慈景,生节,慈景死,更适师道。师道与长孙无忌等共鞫承乾狱,阴为赵节道地,由是获谴。上至公主所,公主以首击地,泣谢子罪,上亦拜泣曰:"赏不避仇雠,罚不阿亲戚,此天下至公之道,不敢违也,以是负姊。"

己丑,诏以长孙无忌为太子太师,房玄龄为太傅,萧瑀为太保,李世勣为詹事;瑀、世勣并同中书门下三品。同中书门下三品自此始。又以左卫大将军李大亮领右卫率,前詹事于志宁、中书侍郎马周为左庶子,吏部侍郎苏勖、中书舍人高季辅为右庶子,刑部侍郎张行成为少詹事,谏议大夫褚遂良为宾客。

李世勣尝得暴疾,方云"须灰可疗",上自剪须,为之和药。世勣顿首出血泣谢。上曰:"为社稷,非为卿也,何谢之有!"世勣尝侍宴,上从容谓曰:"朕求群臣可托幼孤者,无以逾公,公往不负李密,岂负朕哉!"世勣流涕辞谢,啮指出血,因饮沉醉,上解御服以覆之。

癸巳,诏解魏王泰雍州牧、相州都督、左武候大将军,降爵为东莱郡王。泰府僚属为泰所亲狎者,皆迁岭表。以杜楚客兄如晦有功,免死,废为庶人。给事中崔仁师尝密请立魏王泰为太子,左迁鸿胪少卿。

庚子,定太子见三师仪:迎于殿门外,先拜,三师答拜;每门让于三师。三师坐,太子乃坐。其与三师书,前后称名,"惶恐"。

五月癸酉,太子上表,以"承乾、泰衣服不过随身,饮食不能适口,幽忧可愍,乞敕有司,优加供给"。上从之。

黄门侍郎刘洎上言,以"太子宜勤学问,亲师友。今入侍宫闱,动逾旬朔,师保以下,接对甚希,伏愿少抑下流之爱,弘远大之规,则海内幸甚"!上乃命洎与岑文本、褚遂良、马周更日诣东宫,与太子游处谈论。

3 六月己卯朔,日有食之。

4 丁亥,太常丞邓素使高丽还,请于怀远镇增戍兵以逼高丽,上曰:"'远人不服,则修文德以来之',未闻一二百戍兵能威绝域者也!"

5 丁酉,右仆射高士廉逊位,许之,其开府仪同三司、勋封如故,仍同门下中书三品,知政事。

6 闰月辛亥,上谓侍臣曰:"朕自立太子,遇物则诲之,见其饭,则曰:'汝知稼穑之艰难,则常有斯饭矣。'见其乘马,则曰:'汝知其劳逸,不竭其力,则常得乘之矣。'见其乘舟,则曰:'水所以载舟,亦所以覆舟,民犹水也,君犹舟也。'见其息于木下,则曰:'木从绳则正,后从谏则圣。'"

7 丁巳,诏太子知左、右屯营兵马事,其大将军以下并受处分。

8 薛延陀真珠可汗使其侄突利设来纳币,献马五万匹,牛、橐驼万头,羊十万口。庚申,突利设献馔,上御相思殿,大飨群臣,设十部乐,突利设再拜上寿,赐赉甚厚。

契苾何力上言:"薛延陀不可与婚。"上曰:"吾已许之矣,岂可为天子而食言乎！"何力对曰："臣非欲陛下遽绝之也，愿且迁延其事。臣闻古有亲迎之礼，若敕夷男使亲迎，虽不至京师，亦应至灵州。彼必不敢来，则绝之有名矣。夷男性刚戾，既不成婚，其下复携贰，不过一二年必病死，二子争立，则可以坐制之矣！"上从之，乃征真珠可汗使亲迎，仍发诏将幸灵州与之会。真珠大喜，欲诣灵州，其臣谏曰："脱为所留，悔之无及！"真珠曰："吾闻唐天子有圣德，我得身往见之，死无所恨，且漠北必当有主。我行决矣，勿复多言！"上发使三道，受其所献杂畜。薛延陀先无库厩，真珠调敛诸部，往返万里，道涉沙碛，无水草，耗死将半，失期不至。议者或以为聘财未备而与为婚，将使戎狄轻中国，上乃下诏绝其婚，停幸灵州，追还三使。

褚遂良上疏，以为"薛延陀本一俟斤，陛下荡平沙塞，万里萧条，馀寇奔波，须有酋长，玺书鼓纛，立为可汗。比者复降鸿私，许其姻媾，西告吐蕃，北谕思摩，中国童幼，靡不知之。御幸北门，受其献食，群臣四夷，宴乐终日。咸言陛下欲安百姓，不爱一女，凡在含生，孰不怀德。今一朝生进退之意，有改悔之心，臣为国家惜兹声听；所顾甚少，所失殊多，嫌隙既生，必构边患。彼国蓄见欺之怒，此民怀负约之惭，恐非所以服远人，训戎士也。陛下君临天下十有七载，以仁恩结庶类，以信义抚戎夷，莫不欣然，负之无力，何惜不使有始有卒乎！夫龙沙以北，部落无算，中国诛之，终不能尽，当怀之以德，使为恶者在夷不在华，失信者在彼不在此，则尧、舜、禹、汤不及陛下之远矣！"上不听。

是时，群臣多言："国家既许其婚，受其聘币，不可失信戎狄，更生边患。"上曰："卿曹皆知古而不知今。昔汉初匈奴强，中国弱，故饰子女，捐金絮以饵之，得事之宜。今中国强，戎狄弱，以我徒兵一千，可击胡骑数万，薛延陀所以匍匐稽颡，惟我所欲，不敢骄慢者，以新为君长，杂姓非其种族，欲假中国之势以威服之耳。彼同罗、仆骨、回纥等十馀部，兵各数万，并力攻之，立可破灭，所以不敢发者，畏中国所立故也。今以女妻之，彼自恃大国之婿，杂姓谁敢不服！戎狄人面兽心，一旦微不得意，必反噬为害。今吾绝其婚，杀其礼，杂姓知我弃之，不日将瓜剖之矣，卿曹第志之！"

臣光曰：孔子称去食、去兵，不可去信。唐太宗审知薛延陀不可妻，则初勿许其婚可也；既许之矣，乃复恃强弃信而绝之，虽灭薛延陀，犹可羞也。王者发言出令，可不慎哉！

9　上曰："盖苏文弑其君而专国政，诚不可忍，以今日兵力，取之不难,但不欲劳百姓,吾欲且使契丹、靺鞨扰之,何如?"长孙无忌曰:"盖苏文自知罪大,畏大国之讨,必严设守备,陛下少为之隐忍,彼得以自安,必更骄惰,愈肆其恶,然后讨之,未晚也。"上曰:"善!"戊辰,诏以高丽王藏为上柱国、辽东郡王、高丽王,遣使持节册命。

10　丙子,徙东莱王泰为顺阳王。

11　初,太子承乾失德,上密谓中书侍郎兼左庶子杜正伦曰:"吾儿足疾乃可耳,但疏远贤良,狎昵群小,卿可察之。果不可教示,当来告我。"正伦屡谏,不听,乃以上语告之。太子抗表以闻,上责正伦漏泄,对曰:"臣以此恐之,冀其迁善耳。"上怒,出正伦为谷州刺史。及承乾败,秋,七月辛卯,复左迁正伦为交州都督。初,魏徵尝荐正伦及侯君集有宰相材,请以君集为仆射,且曰:"国家安不忘危,不可无大将,诸卫兵马宜委君集专知。"上以君集好夸诞,不用。及正伦以罪黜,君集谋反诛,上始疑徵阿党。又有言徵自录前后谏辞以示起居郎褚遂良者,上愈不悦,乃罢叔玉尚主,而踣所撰碑。

12　初,上谓监修国史房玄龄曰:"前世史官所记,皆不令人主见之,何也?"对曰:"史官不虚美,不隐恶,若人主见之必怒,故不敢献也。"上曰:"朕之为心,异于前世。帝王欲自观国史,知前日之恶,为后来之戒,公可撰次以闻。"谏议大夫朱子奢上言:"陛下圣德在躬,举无过事,史官所述,义归尽善。陛下独览起居,于事无失,若以此法传示子孙,窃恐曾、玄之后或非上智,饰非护短,史官必不免刑诛。如此,则莫不希风顺旨,全身远害,悠悠千载,何所信乎!所以前代不观,盖以此也。"上不从。玄龄乃与给事中许敬宗等删为高祖、今上实录;癸巳,书成,上之。上见书六月四日事,语多微隐,谓玄龄曰:"周公诛管、蔡以安周,季友鸩叔牙以存鲁,朕之所为,亦类是耳,史官何讳焉!"即命削去浮词,直书其事。

13　八月庚戌,以洛州都督张亮为刑部尚书,参预朝政;以左卫大将军、太子右卫率李大亮为工部尚书。大亮身居三职,宿卫两宫,恭俭忠谨,每宿直,必坐寐达旦。房玄龄甚重之,每称大亮有王陵、周勃之节,可当大位。

初,大亮为庞玉兵曹,为李密所获,同辈皆死,贼帅张弼见而释之,遂与定交。及大亮贵,求弼,欲报其德,弼时为将作丞,自匿不言。大亮遇诸途而识之,持弼而泣,多推家赀以遗弼,弼拒不受。大亮言于上,乞悉以其官爵授弼,上为之擢弼为中郎将。时人皆贤大亮不负恩,而多弼之不伐也。

14　九月庚辰，新罗遣使言百济攻取其国四十馀城，复与高丽连兵，谋绝新罗入朝之路，乞兵救援。上命司农丞相里玄奖赍玺书赐高丽曰："新罗委质国家，朝贡不乏，尔与百济各宜戢兵；若更攻之，明年发兵击尔国矣！"

15　癸未，徙承乾于黔州。甲午，徙顺阳王泰于均州。上曰："父子之情，出于自然。朕今与泰生离，亦何心自处！然朕为天下主，但使百姓安宁，私情亦可割耳。"又以泰所上表示近臣曰："泰诚为俊才，朕心念之，卿曹所知。但以社稷之故，不得不断之以义，使之居外者，亦所以两全之耳。"

16　先是，诸州长官或上佐岁首亲奉贡物入京师，谓之朝集使，亦谓之考使；京师无邸，率僦屋与商贾杂居。上始命有司为之作邸。

17　冬，十一月己卯，上祀圜丘。

18　初，上与隐太子、巢刺王有隙，密明公赠司空封德彝阴持两端。杨文幹之乱，上皇欲废隐太子而立上，德彝固谏而止。其事甚秘，上不之知，薨后乃知之。壬辰，治书侍御史唐临始追劾其事，请黜官夺爵。上命百官议之，尚书唐俭等议："德彝罪暴身后，恩结生前，所历众官，不可追夺，请降赠改谥。"诏黜其赠官，改谥曰缪，削所食实封。

19　敕选良家女以实东宫，癸巳，太子遣左庶子于志宁辞之。上曰："吾不欲使子孙生于微贱耳。今既致辞，当从其意。"上疑太子仁弱，密谓长孙无忌曰："公劝我立雉奴，雉奴懦，恐不能守社稷，奈何！吴王恪英果类我，我欲立之，何如？"无忌固争，以为不可。上曰："公以恪非己之甥邪？"无忌曰："太子仁厚，真守文良主。储副至重，岂可数易！愿陛下熟思之。"上乃止。十二月壬子，上谓吴王恪曰："父子虽至亲，及其有罪，则天下之法不可私也。汉已立昭帝，燕王旦不服，阴图不轨，霍光折简诛之。为人臣子，不可不戒！"

20　庚申，车驾幸骊山温汤。庚午，还宫。

十八年（甲辰，644）

1　春，正月乙未，车驾幸钟官城。庚子，幸鄠县。壬寅，幸骊山温汤。

2　相里玄奖至平壤，莫离支已将兵击新罗，破其两城，高丽王使召之，乃还。玄奖谕使勿攻新罗，莫离支曰："昔隋人入寇，新罗乘衅侵我地五百里，自非归我侵地，恐兵未能已。"玄奖曰："既往之事，焉可追论！至于辽东诸城，本皆中国郡县，中国尚且不言，高丽岂得必求故地。"莫离支竟不从。

二月乙巳朔,玄奘还,具言其状。上曰:"盖苏文弑其君,贼其大臣,残虐其民,今又违我诏命,侵暴邻国,不可以不讨。"谏议大夫褚遂良曰:"陛下指麾则中原清晏,顾眄则四夷詟服,威望大矣。今乃渡海远征小夷,若指期克捷,犹可也。万一蹉跌,伤威损望,更兴忿兵,则安危难测矣。"李世勣曰:"间者薛延陀入寇,陛下欲发兵穷讨,魏徵谏而止,使至今为患。向用陛下之策,北鄙安矣。"上曰:"然。此诚徵之失;朕寻悔之而不欲言,恐塞良谋故也。"

上欲自征高丽,褚遂良上疏,以为:"天下譬犹一身:两京,心腹也;州县,四支也;四夷,身外之物也。高丽罪大,诚当致讨,但命二、三猛将将四五万众,仗陛下威灵,取之如反掌耳。今太子新立,年尚幼稚,自馀藩屏,陛下所知,一旦弃金汤之全,逾辽海之险,以天下之君,轻行远举,皆愚臣之所甚忧也。"上不听。时群臣多谏征高丽者,上曰:"八尧、九舜,不能冬种,野夫、童子,春种而生,得时故也。夫天有其时,人有其功。盖苏文陵上虐下,民延颈待救,此正高丽可亡之时也。议者纷纭,但不见此耳。"

3 己酉,上幸灵口。乙卯,还宫。

4 三月辛卯,以左卫将军薛万彻守右卫大将军。上尝谓侍臣曰:"于今名将,惟世勣、道宗、万彻三人而已。世勣、道宗不能大胜,亦不大败,万彻非大胜则大败。"

5 夏,四月,上御两仪殿,皇太子侍。上谓群臣曰:"太子性行,外人亦闻之乎?"司徒无忌曰:"太子虽不出宫门,天下无不钦仰圣德。"上曰:"吾如治年时,颇不能循常度。治自幼宽厚,谚曰'生狼,犹恐如羊',冀其稍壮,自不同耳。"无忌对曰:"陛下神武,乃拨乱之才;太子仁恕,实守文之德。趣尚虽异,各当其分。此乃皇天所以祚大唐而福苍生者也。"

6 辛亥,上幸九成宫。壬子,至太平宫,谓侍臣曰:"人臣顺旨者多,犯颜则少,今朕欲自闻其失,诸公其直言无隐。"长孙无忌等皆曰:"陛下无失。"刘洎曰:"顷有上书不称旨者,陛下皆面加穷诘,无不惭惧而退,恐非所以广言路。"马周曰:"陛下比来赏罚,微以喜怒有所高下,此外不见其失。"上皆纳之。

上好文学而辩敏,群臣言事者,上引古今以折之,多不能对。刘洎上书谏曰:"帝王之与凡庶,圣哲之与庸愚,上下相悬,拟伦斯绝。是知以至愚而对至圣,以极卑而对至尊,徒思自强,不可得也。陛下降恩旨,假慈颜,凝旒以听其言,虚襟以纳其说,犹恐群下未敢对扬;况动神机,纵天辩,饰辞以折其理,引古以排其议,欲令凡庶何阶应答!且多记则损心,多语则损气,心气内损,形神外劳,初虽不觉,后必为累,须为社稷自爱,岂为性好自伤乎!至如秦政强辩,失人心于自矜;魏文宏才,亏众望于虚说。此材辩之累,较然可知矣。"上飞白答之曰:"非虑无以临下,非言无以述虑,比有谈论,遂致烦多,轻物骄人,恐由兹道,形神心气,非此为劳。今闻谠言,虚怀以改。"己未,至显仁宫。

7　上将征高丽,秋,七月辛卯,敕将作大监阎立德等诣洪、饶、江三州,造船四百艘以载军粮。甲午,下诏遣营州都督张俭等帅幽、营二都督兵及契丹、奚、靺鞨先击辽东以观其势。以太常卿韦挺为馈运使,以民部侍郎崔仁师副之,自河北诸州皆受挺节度,听以便宜从事。又命太仆少卿萧锐运河南诸州粮入海。锐,瑀之子也。

8　八月壬子,上谓司徒无忌等曰:"人苦不自知其过,卿可为朕明言之。"对曰:"陛下武功文德,臣等将顺之不暇,又何过之可言!"上曰:"朕问公以己过,公乃曲相谀悦,朕欲面举公等得失以相戒而改之,何如?"皆拜谢。上曰:"长孙无忌善避嫌疑,应物敏速,决断事理,古人不过;而总兵攻战,非其所长。高士廉涉猎古今,心术明达,临难不改节,当官无朋党;所乏者骨鲠规谏耳。唐俭言辞辩捷,善和解人;事朕三十年,遂无言及于献替。杨师道性行纯和,自无愆违;而情实怯懦,缓急不可得力。岑文本性质敦厚,文章华赡;而持论恒据经远,自当不负于物。刘洎性最坚贞,有利益;然其意尚然诺,私于朋友。马周见事敏速,性甚贞正,论量人物,直道而言,朕比任使,多能称意。褚遂良学问稍长,性亦坚正,每写忠诚,亲附于朕,譬如飞鸟依人,人自怜之。"

9　甲子,上还京师。

10　丁卯,以散骑常侍刘洎为侍中,行中书侍郎岑文本为中书令,太子左庶子中书侍郎马周守中书令。

文本既拜,还家,有忧色。母问其故,文本曰:"非勋非旧,滥荷宠荣,位高责重,所以忧惧。"亲宾有来贺者,文本曰:"今受吊,不受贺也。"

文本弟文昭为校书郎,喜宾客,上闻之不悦。尝从容谓文本曰:"卿弟过尔交结,恐为卿累;朕欲出为外官,何如?"文本泣曰:"臣弟少孤,老母特所钟爱,未尝信宿离左右。今若出外,母必愁悴,傥无此弟,亦无老母矣。"因歔欷鸣咽,上愍其意而止。惟召文昭严戒之,亦卒无过。

11　九月,以谏议大夫褚遂良为黄门侍郎,参预朝政。

12　焉耆贰于西突厥,西突厥大臣屈利啜为其弟娶焉耆王女,由是朝贡多阙;安西都护郭孝恪请讨之。诏以孝恪为西州道行军总管,帅步骑三千出银山道以击之。会焉耆王弟颉鼻兄弟三人至西州,孝恪以颉鼻弟栗婆准为乡导。焉耆城四面皆水,恃险而不设备,孝恪倍道兼行,夜,至城下,命将士浮水而渡,比晓登城,执其王突骑支,获首虏七千级,留栗婆准摄国事而还。孝恪去三日,屈利啜引兵救焉耆,不及,执栗婆准,以劲骑五千,追孝恪至银山,孝恪还击,破之,追奔数十里。

辛卯,上谓侍臣曰:"孝恪近奏称八月十一日往击焉耆,二十日应至,必以二十二日破之,朕计其道里,使者今日至矣!"言未毕,驿骑至。

西突厥处那啜使其吐屯摄焉耆,遣使入贡。上数之曰:"我发兵击得焉耆,汝何人而据之!"吐屯惧,返其国,焉耆立栗婆准从父兄薛婆阿那支为王,仍附于处那啜。

13　乙未,鸿胪奏"高丽莫离支贡白金"。褚遂良曰:"莫离支弑其君,九夷所不容,今将讨之而纳其金,此郜鼎之类也,臣谓不可受。"上从之。上谓高丽使者曰:"汝曹皆事高武,有官爵。莫离支弑逆,汝曹不能复仇,今更为之游说以欺大国,罪孰大焉!"悉以属大理。

14　冬十月辛丑朔,日有食之。

15　甲寅,车驾行幸洛阳,以房玄龄留守京师,右卫大将军、工部尚书李大亮副之。

16　郭孝恪锁焉耆王突骑支及其妻子诣行在,敕宥之。丁巳,上谓太子曰:"焉耆王不求贤辅,不用忠谋,自取灭亡,系颈束手,漂摇万里。人以此思惧,则惧可知矣。"

己巳,畋于渑池之天池。十一月壬申,至洛阳。

前宜州刺史郑元璹,已致仕,上以其尝从隋炀帝伐高丽,召诣行在,问之,对曰:"辽东道远,粮运艰阻,东夷善守城,攻之不可猝下。"上曰:"今日非隋之比,公但听之。"

张俭等值辽水涨,久不得济,上以为畏懦,召俭诣洛阳。至,具陈山川险易,水草美恶;上悦。

上闻洺州刺史程名振善用兵,召问方略,嘉其才敏,劳勉之,曰:"卿有将相之器,朕方将任使。"名振失不拜谢,上试责怒,以观其所为,曰:"山东鄙夫,得一刺史,以为富贵极邪!敢于天子之侧,言语粗疏,又复不拜!"名振谢曰:"疏野之臣,未尝亲奉圣问,适方心思所对,故忘拜耳。"举止自若,应对愈明辩。上乃叹曰:"房玄龄处朕左右二十馀年,每见朕谴责馀人,颜色无主。名振平生未尝见朕,朕一旦责之,曾无震慑,辞理不失,真奇士也!"即日拜右骁卫将军。

甲午,以刑部尚书张亮为平壤道行军大总管,帅江、淮、岭、峡兵四万,长安、洛阳募士三千,战舰五百艘,自莱州泛海趋平壤。又以太子詹事、左卫率李世勣为辽东道行军大总管,帅步骑六万及兰、河二州降胡趣辽东,两军合势并进。庚子,诸军大集于幽州,遣行军总管姜行本、少府少监丘行淹先督众工造梯冲于安萝山。时远近勇士应募及献攻城器械者不可胜数,上皆亲加损益,取其便易。又手诏谕天下,以"高丽盖苏文弑主虐民,情何可忍! 今欲巡幸幽、蓟,问罪辽、碣,所过营顿,无为劳费"。且言:"昔隋炀帝残暴其下,高丽王仁爱其民,以思乱之军击安和之众,故不能成功。今略言必胜之道有五:一曰以大击小,二曰以顺讨逆,三曰以治乘乱,四曰以逸待劳,五曰以悦当怨,何忧不克! 布告元元,勿为疑惧!"于是凡顿舍供费之具,减者太半。

17　十二月辛丑,武阳懿公李大亮卒于长安,遗表请罢高丽之师。家馀米五斛,布三十匹。亲戚早孤为大亮所养,丧之如父者十有五人。

18　壬寅,故太子承乾卒于黔州,上为之废朝,葬以国公礼。

19　甲寅,诏诸军及新罗、百济、奚、契丹分道击高丽。

20　初,上遣突厥俟利苾可汗北渡河,薛延陀真珠可汗恐其部落翻动,意甚恶之,豫蓄轻骑于漠北,欲击之。上遣使戒敕,无得相攻。真珠可汗对曰:"至尊有命,安敢不从! 然突厥翻覆难期,当其未破之时,岁犯中国,杀人以千万计。臣以为至尊克之,当剪为奴婢,以赐中国之人;乃反养之如子,其恩德至矣,而结社率竟反。此属兽心,安可以人理待也! 臣荷恩深厚,请为至尊诛之。"自是数相攻。

俟利苾之北渡也,有众十万,胜兵四万人,俟利苾不能抚御,众不慑服。戊午,悉弃俟利苾南渡河,请处于胜、夏之间,上许之。群臣皆以为:"陛下方远征辽左,而置突厥于河南,距京师不远,岂得不为后虑! 愿留镇洛阳,遣诸将东征。"上曰:"夷狄亦人耳,其情与中夏不殊。人主患德泽不加,不必猜忌异类。盖德泽洽,则四夷可使如一家;猜忌多,则骨肉不免为仇敌。炀帝无道,失人已久,辽东之役,人皆断手足以避征役,玄感以运卒反于黎阳,非戎狄为患也。朕今征高丽,皆取愿行者,募十得百,募百得千,其不得从军者,皆愤叹郁邑,岂比隋之行怨民哉! 突厥贫弱,吾收而养之,计其感恩,入于骨髓,岂肯为患! 且彼与薛延陀嗜欲略同,彼不北走薛延陀而南归我,其情可见矣。"顾谓褚遂良曰:"尔知起居,为我志之,自今十五年,保无突厥之患。"俟利苾既失众,轻骑入朝,上以为右武卫将军。

十九年（乙巳，645）

1　春，正月，韦挺坐不先行视漕渠，运米六百馀艘至卢思台侧，浅塞不能进，械送洛阳。丁酉，除名，以将作少监李道裕代之。崔仁师亦坐免官。

2　沧州刺史席辩坐赃污，二月庚子，诏朝集使临观而戮之。

3　庚戌，上自将诸军发洛阳，以特进萧瑀为洛阳宫留守。乙卯，诏："朕发定州后，宜令皇太子监国。"开府仪同三司致仕尉迟敬德上言："陛下亲征辽东，太子在定州，长安、洛阳心腹空虚，恐有玄感之变。且边隅小夷，不足以勤万乘，愿遣偏师征之，指期可殄。"上不从。以敬德为左一马军总管，使从行。

4　丁巳，诏谥殷太师比干曰忠烈，所司封其墓，春秋祠以少牢，给随近五户供洒扫。

上之发京师也，命房玄龄得以便宜从事，不复奏请。或诣留台称有密，玄龄问密谋所在，对曰："公则是也。"玄龄驿送行在。上闻留守有表送告密人，上怒，使人持长刀于前而后见之，问告者为谁，曰："房玄龄。"上曰："果然。"叱令腰斩。玺书让玄龄以不能自信，"更有如是者，可专决之"。

癸亥，上至邺，自为文祭魏太祖，曰："临危制变，料敌设奇，一将之智有馀，万乘之才不足。"

是月，李世勣军至幽州。

三月丁丑，车驾至定州。丁亥，上谓侍臣曰："辽东本中国之地，隋氏四出师而不能得；朕今东征，欲为中国报子弟之雠，高丽雪君父之耻耳。且方隅大定，惟此未平，故及朕之未老，用士大夫馀力以取之。朕自发洛阳，唯啖肉饭，虽春蔬亦不之进，惧其烦扰故也。"上见病卒，召至御榻前存慰，付州县疗之，士卒莫不感悦。有不预征名，自愿以私装从军，动以千计，皆曰："不求县官勋赏，惟愿效死辽东。"上不许。

上将发，太子悲泣数日，上曰："今留汝镇守，辅以俊贤，欲使天下识汝风采。夫为国之要，在于进贤退不肖，赏善罚恶，至公无私，汝当努力行此，悲泣何为！"命开府仪同三司高士廉摄太子太傅，与刘洎、马周、少詹事张行成、右庶子高季辅同掌机务，辅太子。长孙无忌、岑文本与吏部尚书杨师道从行。壬辰，车驾发定州，亲佩弓矢，手结雨衣于鞍后。命长孙无忌摄侍中，杨师道摄中书令。

李世勣军发柳城，多张形势，若出怀远镇者，而潜师北趣甬道，出高丽不意。夏，四月戊戌朔，世勣自通定济辽水，至玄菟。高丽大骇，城邑皆闭门自守。壬寅，辽东道副大总管江夏王道宗将兵数千至新城，折冲都尉曹三良引十馀骑直压城门，城中惊扰，无敢出者。营州都督张俭将胡兵为前锋，进渡辽水，趋建安城，破高丽兵，斩首数千级。

5　太子引高士廉同榻视事，又令更为士廉设案，士廉固辞。

6　丁未，车驾发幽州。上悉以军中资粮、器械、簿书委岑文本，文本夙夜勤力，躬自料配，筹、笔不去手，精神耗竭，言辞举措，颇异平日。上见而忧之，谓左右曰："文本与我同行，恐不与我同返。"是日，遇暴疾而薨。其夕，上闻严鼓声，曰："文本殒没，所不忍闻，命撤之。"时右庶子许敬宗在定州，与高士廉等同知机要，文本薨，上召敬宗，以本官检校中书侍郎。

7　壬子，李世勣、江夏王道宗攻高丽盖牟城。丁巳，车驾至北平。癸亥，李世勣等拔盖牟城，获二万馀口，粮十馀万石。

张亮帅舟师自东莱渡海，袭卑沙城，其城四面悬绝，惟西门可上。程名振引兵夜至，副总管王文度先登，五月己巳，拔之，获男女八千口。分遣总管丘孝忠等曜兵于鸭绿水。

李世勣进至辽东城下。庚午，车驾至辽泽，泥淖二百馀里，人马不可通，将作大匠阎立德布土作桥，军不留行。壬申，渡泽东。乙亥，高丽步骑四万救辽东，江夏王道宗将四千骑逆击之，军中皆以为众寡悬绝，不若深沟高垒以俟车驾之至。道宗曰："贼恃众，有轻我心，远来疲顿，击之必败。且吾属为前军，当清道以待乘舆，乃更以贼遗君父乎！"李世勣以为然。果毅都尉马文举曰："不遇劲敌，何以显壮士！"策马趋敌，所向皆靡，众心稍安。既合战，行军总管张君乂退走，唐兵不利，道宗收散卒，登高而望，见高丽陈乱，与骁骑数十冲之，左右出入；李世勣引兵助之，高丽大败，斩首千馀级。丁丑，车驾渡辽水，撤桥，以坚士卒之心，军于马首山，劳赐江夏王道宗，超拜马文举中郎将，斩张君乂。上自将数百骑至辽东城下，见士卒负土填堑，上分其尤重者，于马上持之，从官争负土致城下。李世勣攻辽东城，昼夜不息，旬有二日，上引精兵会之，围其城数百重，鼓噪声震天地。甲申，南风急，上遣锐卒登冲竿之末，爇其西南楼，火延烧城中，因麾将士登城，高丽力战不能敌，遂克之，所杀万馀人，得胜兵万馀人，男女四万口，以其城为辽州。

乙未，进军白岩城。丙申，右卫大将军李思摩中弩矢，上亲为之吮血；

将士闻之,莫不感动。乌骨城遣兵万馀为白岩声援,将军契苾何力以劲骑八百击之,何力挺身陷陈,槊中其腰,尚辇奉御薛万备单骑往救之,拔何力于万众之中而还。何力气益愤,束疮而战,从骑奋击,遂破高丽兵,追奔数十里,斩首千馀级,会暝而罢。万备,万彻之弟也。

# 资治通鉴卷第一百九十八

## 唐纪十四

### 太宗文武大圣大广孝皇帝下之上

贞观十九年（乙巳，645）

1　六月丁酉，李世勣攻白岩城西南，上临其西北。城主孙代音潜遣腹心请降，临城，投刀钺为信，且曰：“奴愿降，城中有不从者。”上以唐帜与其使，曰：“必降者，宜建之城上。”代音建帜，城中人以为唐兵已登城，皆从之。

上之克辽东也，白岩城请降，既而中悔。上怒其反覆，令军中曰：“得城当悉以人物赏战士。”李世勣见上将受其降，帅甲士数十人请曰：“士卒所以争冒矢石，不顾其死者，贪虏获耳。今城垂拔，奈何更受其降，孤战士之心！”上下马谢曰：“将军言是也。然纵兵杀人而虏其妻孥，朕所不忍。将军麾下有功者，朕以库物赏之，庶因将军赎此一城。”世勣乃退。得城中男女万馀口，上临水设幄受其降，仍赐之食，八十以上赐帛有差。他城之兵在白岩者悉慰谕，给粮仗，任其所之。

先是，辽东城长史为部下所杀，其省事奉其妻子奔白岩。上怜其有义，赐帛五匹，为长史造灵舆，归之平壤。以白岩城为岩州，以孙代音为刺史。

契苾何力疮重，上自为傅药，推求得刺何力者高突勃，付何力使自杀之。何力奏称：“彼为其主冒白刃刺臣，乃忠勇之士也，与之初不相识，非有怨仇。”遂舍之。

初，莫离支遣加尸城七百人戍盖牟城，李世勣尽虏之，其人请从军自效，上曰：“汝家皆在加尸，汝为我战，莫离支必杀汝妻子，得一人之力而灭一家，吾不忍也。”戊戌，皆禀赐遣之。

己亥，以盖牟城为盖州。

丁未，车驾发辽东，丙辰，至安市城，进兵攻之。丁巳，高丽北部耨萨延寿、惠真帅高丽、靺鞨兵十五万救安市。上谓侍臣曰：“今为延寿策有三:引兵直前,连安市城为垒,据高山之险,食城中之粟,纵靺鞨掠吾牛马,攻之不可猝下,欲归则泥潦为阻,坐困吾军,上策也;拔城中之众,与之宵遁,中策也;不度智能,来与吾战,下策也。卿曹观之,必出下策,成擒在吾目中矣!"

高丽有对卢,年老习事,谓延寿曰:"秦王内芟群雄,外服戎狄,独立为帝,此命世之材,今举海内之众而来,不可敌也。为吾计者,莫若顿兵不战,旷日持久,分遣奇兵断其运道,粮食既尽,求战不得,欲归无路,乃可胜也。"延寿不从,引军直进,去安市城四十里。上犹恐其低徊不至,命左卫大将军阿史那社尔将突厥千骑以诱之,兵始交而伪走。高丽相谓曰:"易与耳!"竞进乘之,至安市城东南八里,依山而陈。

上悉召诸将问计,长孙无忌对曰:"臣闻临敌将战,必先观士卒之情。臣适行经诸营,见士卒闻高丽至,皆拔刀结旆,喜形于色,此必胜之兵也。陛下未冠,身亲行阵,凡出奇制胜,皆上禀圣谋,诸将奉成算而已。今日之事,乞陛下指踪!"上笑曰:"诸公以此见让,朕当为诸公商度。"乃与无忌等从数百骑乘高望之,观山川形势,可以伏兵及出入之所。高丽、靺鞨合兵为陈,长四十里。江夏王道宗曰:"高丽倾国以拒王师,平壤之守必弱,愿假臣精卒五千,覆其本根,则数十万之众可不战而降。"上不应。遣使绐延寿曰:"我以尔国强臣弑其主,故来问罪;至于交战,非吾本心。入尔境,刍粟不给,故取尔数城,俟尔国修臣礼,则所失必复矣。"延寿信之,不复设备。

上夜召文武计事,命李世勣将步骑万五千陈于西岭;长孙无忌将精兵万一千为奇兵,自山北出于狭谷以冲其后。上自将步骑四千,挟鼓角,偃旗帜,登北山上,敕诸军闻鼓角齐出奋击。因命有司张受降幕于朝堂之侧。戊午,延寿等独见李世勣布陈,勒兵欲战。上望见无忌军尘起,命作鼓角,举旗帜,诸军鼓噪并进,延寿等大惧,欲分兵御之,而其陈已乱。会有雷电,龙门人薛仁贵著奇服,大呼陷陈,所向无敌。高丽兵披靡,大军乘之,高丽兵大溃,斩首二万馀级。上望见仁贵,召拜游击将军。仁贵,安都之六世孙,名礼,以字行。

延寿等将馀众依山自固,上命诸军围之,长孙无忌悉撤桥梁,断其归路。己未,延寿、惠真帅其众三万六千八百人请降,入军门,膝行而前,拜伏请命。上语之曰:"东夷少年,跳梁海曲,至于摧坚决胜,故当不及老人,自今复敢与天子战乎?"皆伏地不能对。上简耨萨以下酋长三千五百人,授以戎秩,迁之内地,馀皆纵之,使还平壤。皆双举手以额顿地,欢呼闻数十里外。收靺鞨三千三百人,悉坑之,获马五万匹,牛五万头,铁甲万领,他器械称是。高丽举国大骇,后黄城、银城皆自拔遁去,数百里无复人烟。

上驿书报太子,仍与高士廉等书曰:"朕为将如此,何如?"更名所幸山曰驻跸山。

秋,七月辛未,上徙营安市城东岭。己卯,诏标识战死者尸,俟军还与之俱归。戊子,以高延寿为鸿胪卿,高惠真为司农卿。

张亮军过建安城下,壁垒未固,士卒多出樵牧,高丽兵奄至,军中骇扰。亮素怯,踞胡床,直视不言,将士见之,更以为勇。总管张金树等鸣鼓勒兵击高丽,破之。

八月甲辰,候骑获莫离支谍者高竹离,反接诣军门,上召见,解缚问曰:"何瘦之甚?"对曰:"窃道间行,不食数日矣。"命赐之食,谓曰:"尔为谍,宜速反命。为我寄语莫离支:欲知军中消息,可遣人径诣吾所,何必间行辛苦也!"竹离徒跣,上赐屦而遣之。

丙午,徙营于安市城南。上在辽外,凡置营,但明斥候,不为堑垒,虽逼其城,高丽终不敢出为寇抄,军士单行野宿如中国焉。

上之伐高丽也,薛延陀遣使入贡,上谓之曰:"语尔可汗:今我父子东征高丽,汝能为寇,宜亟来!"真珠可汗惶恐,遣使致谢,且请发兵助军,上不许。及高丽败于驻跸山,莫离支使靺鞨说真珠,啖以厚利,真珠慑服不敢动。九月壬申,真珠卒,上为之发哀。

初,真珠请以其庶长子曳莽为突利失可汗,居东方,统杂种;嫡子拔灼为肆叶护可汗,居西方,统薛延陀。诏许之,皆以礼册命。曳莽性躁扰,轻用兵,与拔灼不协。真珠卒,来会丧。既葬,曳莽恐拔灼图己,先还所部,拔灼追袭杀之,自立为颉利俱利薛沙多弥可汗。

2 上之克白岩也,谓李世勣曰:"吾闻安市城险而兵精,其城主材勇,莫离支之乱,城守不服,莫离支击之不能下,因而与之。建安兵弱而粮少,若出其不意,攻之必克。公可先攻建安,建安下,则安市在吾腹中,此兵法所谓'城有所不攻'者也。"对曰:"建安在南,安市在北。吾军粮皆在辽东,今逾安市而攻建安,若贼断吾运道,将若之何? 不如先攻安市,安市下,则鼓行而取建安耳。"上曰:"以公为将,安得不用公策。勿误吾事!"世勣遂攻安市。

安市人望见上旗盖,辄乘城鼓噪,上怒,世勣请克城之日,男女皆坑之,安市人闻之,益坚守,攻久不下。高延寿、高惠真请于上曰:"奴既委

身大国,不敢不献其诚,欲天子早成大功,奴得与妻子相见。安市人顾惜
其家,人自为战,未易猝拔。今奴以高丽十馀万众,望旗沮溃,国人胆破,
乌骨城耨萨老耄,不能坚守,移兵临之,朝至夕克。其馀当道小城,必望风
奔溃。然后收其资粮,鼓行而前,平壤必不守矣。"群臣亦言:"张亮兵在
沙城,召之信宿可至,乘高丽凶惧,并力拔乌骨城,渡鸭绿水,直取平壤,在
此举矣。"上将从之,独长孙无忌以为:"天子亲征,异于诸将,不可乘危徼
幸。今建安、新城之虏,众犹十万,若向乌骨,皆蹑吾后,不如先破安市,取
建安,然后长驱而进,此万全之策也。"上乃止。

诸军急攻安市,上闻城中鸡彘声,谓李世勣曰:"围城积久,城中烟火
日微,今鸡彘甚喧,此必飨士,欲夜出袭我,宜严兵备之。"是夜,高丽数百
人缒城而下。上闻之,自至城下,召兵急击,斩首数十级,高丽退走。

江夏王道宗督众筑土山于城东南隅,浸逼其城,城中亦增高其城以拒
之。士卒分番交战,日六、七合,冲车炮石,坏其楼堞,城中随立木栅以塞
其缺。道宗伤足,上亲为之针。筑山昼夜不息,凡六旬,用功五十万,山顶
去城数丈,下临城中,道宗使果毅傅伏爱将兵屯山顶以备敌。山颓,压城,
城崩。会伏爱私离所部,高丽数百人从城缺出战,遂夺据土山,堑而守之。
上怒,斩伏爱以徇,命诸将攻之,三日不能克。道宗徒跣诣旗下请罪,上
曰:"汝罪当死,但朕以汉武杀王恢,不如秦穆用孟明,且有破盖牟、辽东
之功,故特赦汝耳。"

上以辽左早寒,草枯水冻,士马难久留,且粮食将尽,癸未,敕班师。
先拔辽、盖二州户口渡辽,乃耀兵于安市城下而旋,城中皆屏迹不出。城
主登城拜辞,上嘉其固守,赐缣百匹,以励事君。命李世勣、江夏王道宗将
步骑四万为殿。

乙酉,至辽东。丙戌,渡辽水。辽泽泥潦,车马不通,命长孙无忌将万
人,剪草填道,水深处以车为梁,上自系薪于马鞯以助役。冬,十月丙申
朔,上至蒲沟驻马,督填道诸军渡渤错水,暴风雪,士卒沾湿多死者,敕然
火于道以待之。

凡征高丽,拔玄菟、横山、盖牟、磨米、辽东、白岩、卑沙、麦谷、银山、后
黄十城,徙辽、盖、岩三州户口入中国者七万人。新城、建安、驻跸三大战,
斩首四万馀级,战士死者几二千人,战马死者什七、八。上以不能成功,深
悔之,叹曰:"魏徵若在,不使我有是行也!"命驰驿祀徵以少牢,复立所制
碑,召其妻子诣行在,劳赐之。

丙午,至营州。诏辽东战亡士卒骸骨并集柳城东南,命有司设太牢,

上自作文以祭之,临哭尽哀。其父母闻之,曰:"吾儿死而天子哭之,死何所恨!"上谓薛仁贵曰:"朕诸将皆老,思得新进骁勇者将之,无如卿者,朕不喜得辽东,喜得卿也。"

丙辰,上闻太子奉迎将至,从飞骑三千人驰入临渝关,道逢太子。上之发定州也,指所御褐袍谓太子曰:"俟见汝,乃易此袍耳。"在辽左,虽盛暑流汗,弗之易。及秋,穿败,左右请易之,上曰:"军士衣多弊,吾独御新衣,可乎?"至是,太子进新衣,乃易之。

诸军所虏高丽民万四千口,先集幽州,将以赏军士,上愍其父子夫妇离散,命有司平其直,悉以钱布赎为民,欢呼之声,三日不息。十一月辛未,车驾至幽州,高丽民迎于城东,拜舞呼号,宛转于地,尘埃弥望。

庚辰,过易州境,司马陈元璹使民于地室蓄火种蔬而进之。上恶其谄,免元璹官。

丙戌,车驾至定州。

丁亥,吏部尚书杨师道坐所署用多非其才,左迁工部尚书。

壬辰,车驾发定州。十二月辛丑,上病痈,御步辇而行。戊申,至并州,太子为上吮痈,扶辇步从者数日。辛亥,上疾瘳,百官皆贺。

上之征高丽也,使右领军大将军执失思力将突厥屯夏州之北以备薛延陀。薛延陀多弥可汗既立,以上出征未还,引兵寇河南,上遣左武候中郎将长安田仁会与思力合兵击之。思力赢形伪退,诱之深入,及夏州之境,整陈以待之。薛延陀大败,追奔六百馀里,耀威碛北而还。多弥复发兵寇夏州,己未,敕礼部尚书江夏王道宗,发朔、并、汾、箕、岚、代、忻、蔚、云九州兵镇朔州;右卫大将军代州都督薛万彻,左骁卫大将军阿史那社尔,发胜、夏、银、绥、丹、延、鄜、坊、石、隰十州兵镇胜州;胜州都督宋君明,左武候将军薛孤吴,发灵、原、宁、盐、庆五州兵镇灵州;又令执失思力发灵、胜二州突厥兵,与道宗等相应。薛延陀至塞下,知有备,不敢进。

3　初,上留侍中刘洎辅皇太子于定州,仍兼左庶子、检校民部尚书,总吏、礼、户三尚书事。上将行,谓洎曰:"我今远征,尔辅太子,安危所寄,宜深识我意。"对曰:"愿陛下无忧,大臣有罪者,臣谨即行诛。"上以其言妄发,颇怪之,戒曰:"卿性疏而太健,必以此败,深宜慎之!"及上不豫,洎从内出,色甚悲惧,谓同列曰:"疾势如此,圣躬可忧!"或谮于上曰:"洎言国家事不足忧,但当辅幼主行伊、霍故事,大臣有异志者诛之,自定矣。"上以为然,庚申,下诏称:"洎与人窃议,窥窬万一,谋执朝衡,自处伊、霍,猜忌大臣,皆欲夷戮。宜赐自尽,免其妻孥。"

中书令马周摄吏部尚书,以四时选为劳,请复以十一月选,至三月毕,从之。

4　是岁,右亲卫中郎将裴行方讨茂州叛羌黄郎弄,大破之,穷其馀党,西至乞习山,临弱水而归。

二十年(丙午,646)

1　春,正月辛未,夏州都督乔师望、右领军大将军执失思力等击薛延陀,大破之,虏获二千馀人。多弥可汗轻骑遁去,部内骚然矣。

2　丁丑,遣大理卿孙伏伽等二十二人以六条巡察四方,刺史、县令以下多所贬黜,其人诣阙称冤者,前后相属。上令褚遂良类状以闻,上亲临决,以能进擢者二十人,以罪死者七人,流以下除免者数百千人。

3　二月乙未,上发并州。三月己巳,车驾还京师。上谓李靖曰:“吾以天下之众困于小夷,何也?”靖曰:“此道宗所解。”上顾问江夏王道宗,具陈在驻跸时乘虚取平壤之言。上怅然曰:“当时匆匆,吾不忆也。”

4　上疾未全平,欲专保养,庚午,诏军国机务并委皇太子处决。于是太子间日听政于东宫,既罢,则入侍药膳,不离左右。上命太子暂出游观,太子辞不愿出;上乃置别院于寝殿侧,使太子居之。褚遂良请遣太子旬日一还东宫,与师傅讲道义,从之。

上尝幸未央宫,辟仗已过,忽于草中见一人带横刀,诘之,曰:“闻辟仗至,惧不敢出,辟仗者不见,遂伏不敢动。”上遽引还,顾谓太子:“兹事行之,则数人当死,汝于后速纵遣之。”又尝乘腰舆,有三卫误拂御衣,其人惧,色变。上曰:“此间无御史,吾不汝罪也。”

5　陕人常德玄告刑部尚书张亮养假子五百人,与术士公孙常语,云“名应图谶”,又问术士程公颖曰:“吾臂有龙鳞起,欲举大事,可乎?”上命马周等按其事,亮辞不服。上曰:“亮有假子五百人,养此辈何为? 正欲反耳!”命百官议其狱,皆言亮反,当诛。独将作少匠李道裕言:“亮反形未具,罪不当死。”上遣长孙无忌、房玄龄就狱与亮诀曰:“法者天下之平,与公共之。公自不谨,与凶人往还,陷入于法,今将奈何! 公好去。”己丑,亮与公颖俱斩西市,籍没其家。

岁馀,刑部侍郎缺,上命执政妙择其人,拟数人,皆不称旨,既而曰:“朕得其人矣。往者李道裕议张亮狱云‘反形未具’,此言当矣,朕虽不从,至今悔之。”遂以道裕为刑部侍郎。

6　闰月癸巳朔,日有食之。

7　戊戌,罢<u>辽州</u>都督府及<u>岩州</u>。

8　夏,四月甲子,太子太保<u>萧瑀</u>解太保,仍同中书门下三品。

9　五月甲寅,<u>高丽王藏</u>及莫离支<u>盖金</u>遣使谢罪;并献二美女,上还之。<u>金</u>,即<u>苏文</u>也。

10　六月丁卯,<u>西突厥乙毗射匮可汗</u>遣使入贡,且请婚。上许之,且使割<u>龟兹、于阗、疏勒、朱俱波、葱岭</u>五国以为聘礼。

11　<u>薛延陀多弥可汗</u>,性褊急,猜忌无恩,废弃父时贵臣,专用己所亲昵,国人不附。<u>多弥</u>多所诛杀,人不自安。<u>回纥</u>酋长<u>吐迷度</u>与<u>仆骨</u>、<u>同罗</u>共击之,<u>多弥</u>大败。乙亥,诏以<u>江夏王道宗</u>、左卫大将军<u>阿史那社尔</u>为瀚海安抚大使,又遣右领卫大将军<u>执失思力</u>将突厥兵,右骁卫大将军<u>契苾何力</u>将凉州及胡兵,<u>代州</u>都督<u>薛万彻</u>、<u>营州</u>都督<u>张俭</u>各将所部兵,分道并进,以击<u>薛延陀</u>。

上遣校尉<u>宇文法</u>诣<u>乌罗护</u>、<u>靺鞨</u>,遇<u>薛延陀阿波设</u>之兵于东境。<u>法</u>帅<u>靺鞨</u>击破之。<u>薛延陀</u>国中惊扰,曰:“唐兵至矣!”诸部大乱。<u>多弥</u>引数千骑奔<u>阿史德时健</u>部落,<u>回纥</u>攻而杀之,并其宗族殆尽,遂据其地。诸俟斤互相攻击,争遣使来归命。

<u>薛延陀</u>馀众西走,犹七万馀口,共立<u>真珠可汗</u>兄子<u>咄摩支</u>为<u>伊特勿失可汗</u>,归其故地。寻去可汗之号,遣使奉表,请居<u>郁督军山</u>之北。使兵部尚书<u>崔敦礼</u>就安集之。

<u>敕勒</u>九姓酋长,以其部落素服<u>薛延陀</u>种,闻<u>咄摩支</u>来,皆恐惧,朝议恐其为碛北之患,乃更遣<u>李世勣</u>与九姓<u>敕勒</u>共图之。上戒<u>世勣</u>曰:“降则抚之,叛则讨之。”己丑,上手诏,以“<u>薛延陀</u>破灭,其<u>敕勒</u>诸部,或来降附,或未归服,今不乘机,恐贻后悔,朕当自诣<u>灵州</u>招抚。其去岁征<u>辽东</u>兵,皆不调发”。

时太子当从行,少詹事<u>张行成</u>上疏,以为:“皇太子从幸<u>灵州</u>,不若使之监国,接对百寮,明习庶政,既为京师重镇,且示四方盛德。宜割私爱,俯从公道。”上以为忠,进位银青光禄大夫。

12　<u>李世勣</u>至<u>郁督军山</u>,其酋长<u>梯真达官</u>帅众来降。<u>薛延陀咄摩支</u>南奔荒谷,<u>世勣</u>遣通事舍人<u>萧嗣业</u>往招慰,<u>咄摩支</u>诣<u>嗣业</u>降。其部落犹持两端,<u>世勣</u>纵兵追击,前后斩五千馀级,虏男女三万馀人。秋,七月,<u>咄摩支</u>至京师,拜右武卫大将军。

13　八月甲子,立皇孙<u>忠</u>为<u>陈王</u>。

14　己巳,上行幸<u>灵州</u>。

15　江夏王道宗兵既渡碛,遇薛延陀阿波达官众数万拒战,道宗击破之,斩首千馀级,追奔二百里。道宗与薛万彻各遣使招谕敕勒诸部,其酋长皆喜,顿首请入朝。庚午,车驾至浮阳。回纥、拔野古、同罗、仆骨、多滥葛、思结、阿跌、契苾、跌结、浑、斛薛等十一姓各遣使入贡,称:"薛延陀不事大国,暴虐无道,不能与奴等为主,自取败死,部落鸟散,不知所之。奴等各有分地,不从薛延陀去,归命天子。愿赐哀怜,乞置官司,养育奴等。"上大喜。辛未,诏回纥等使者宴乐,颁赉拜官,赐其酋长玺书,遣右领军中郎将安永寿报使。

壬申,上幸汉故甘泉宫,诏以"戎、狄与天地俱生,上皇并列,流殃构祸,乃自运初。朕聊命偏师,遂擒颉利;始弘庙略,已灭延陀。铁勒百馀万户,散处北溟,远遣使人,委身内属,请同编列,并为州郡。混元以降,殊未前闻,宜备礼告庙,仍颁示普天"。

庚辰,至泾州。丙戌,逾陇山,至西瓦亭,观马牧。九月,上至灵州,敕勒诸部俟斤遣使相继诣灵州者数千人,咸云:"愿得天至尊为奴等天可汗,子子孙孙常为天至尊奴,死无所恨。"甲辰,上为诗序其事曰:"雪耻酬百王,除凶报千古。"公卿请勒石于灵州,从之。

16　特进同中书门下三品宋公萧瑀,性狷介,与同寮多不合,尝言于上曰:"房玄龄与中书门下众臣,朋党不忠,执权胶固,陛下不详知,但未反耳。"上曰:"卿言得无太甚!人君选贤才以为股肱心膂,当推诚任之。人不可以求备,必舍其所短,取其所长。朕虽不能聪明,何至顿迷臧否,乃至于是!"瑀内不自得,既数忤旨,上亦衔之,但以其忠直居多,未忍废也。

上尝谓张亮曰:"卿既事佛,何不出家?"瑀因自请出家。上曰:"亦知公雅好桑门,今不违公意。"瑀须臾复进曰:"臣适思之,不能出家。"上以瑀对群臣发言反覆,尤不能平;会称足疾不朝,或至朝堂而不入见。上知瑀意终怏怏,冬,十月,手诏数其罪曰:"朕于佛教,非意所遵。求其道者未验福于将来,修其教者翻受辜于既往。至若梁武穷心于释氏,简文锐意于法门,倾帑藏以给僧祇,殚人力以供塔庙。及乎三淮沸浪,五岭腾烟,假馀息于熊蹯,引残魂于雀鷇,子孙覆亡而不暇,社稷俄顷而为墟,报施之征,何其谬也!瑀践覆车之馀轨,袭亡国之遗风。弃公就私,未明隐显之际;身俗口道,莫辨邪正之心。修累叶之殃源,祈一躬之福本,上以违忤君主,下则扇习浮华。自请出家,寻复违异。一回一惑,在乎瞬息之间;自可自否,变于帷扆之所。乖栋梁之体,岂具瞻之量乎!朕隐忍至今,瑀全无悛改。可商州刺史,仍除其封。"

17　上自高丽还,盖苏文益骄恣,虽遣使奉表,其言率皆诡诞;又待唐使者倨慢,常窥伺边隙。屡敕令勿攻新罗,而侵陵不止。壬申,诏勿受其朝贡,更议讨之。

18　丙戌,车驾还京师。

冬,十月己丑,上以幸灵州往还,冒寒疲顿,欲于岁前专事保摄。十一月己丑,诏祭祀、表疏、胡客、兵马、宿卫,行鱼契给驿、授五品以上官及除解、决死罪皆以闻,馀并取皇太子处分。

19　十二月己丑,群臣累请封禅,从之。诏造羽卫送洛阳宫。

20　戊寅,回纥俟利发吐迷度、仆骨俟利发歌滥拔延、多滥葛俟斤末、拔野古俟利发屈利失、同罗俟利发时健啜、思结酋长乌碎及浑、斛薛、奚结、阿跌、契苾、白霫酋长,皆来朝。庚辰,上赐宴于芳兰殿,命有司厚加给待,每五日一会。

21　癸未,上谓长孙无忌等曰:"今日吾生日,世俗皆为乐,在朕翻成伤感。今君临天下,富有四海,而承欢膝下,永不可得,此子路所以有负米之恨也。诗云:'哀哀父母,生我劬劳。'奈何以劬劳之日更为宴乐乎!"因泣数行下,左右皆悲。

22　房玄龄尝以微谴归第,褚遂良上疏,以为:"玄龄自义旗之始翼赞圣功,武德之季冒死决策,贞观之初选贤立政,人臣之勤,玄龄为最。自非有罪不在不赦,缙绅同尤,不可遽弃。陛下若以其衰老,亦当讽谕使之致仕,退之以礼;不可以浅鲜之过,弃数十年之勋旧。"上遽召出之。顷之,玄龄复避位还家。久之,上幸芙蓉园,玄龄敕子弟汛扫门庭,曰:"乘舆且至!"有顷,上果幸其第,因载玄龄还宫。


二十一年(丁未,647)

1　春,正月,开府仪同三司申文献公高士廉疾笃。辛卯,上幸其第,流涕与诀。壬辰,薨。上将往哭之,房玄龄以上疾新愈,固谏,上曰:"高公非徒君臣,兼以故旧姻戚,岂得闻其丧不往哭乎!公勿复言!"帅左右自兴安门出,长孙无忌在士廉丧所,闻上将至,辍哭,迎谏于马首曰:"陛下饵金石,于方不得临丧,奈何不为宗庙苍生自重!且臣舅临终遗言,深不欲以北首、夷衾,辄屈銮驾。"上不听。无忌中道伏卧,流涕固谏,上乃还入东苑,南望而哭,涕下如雨。及柩出横桥,上登长安故城西北楼,望之恸哭。

2　丙申,诏以回纥部为瀚海府,仆骨为金微府,多滥葛为燕然府,拔野古为幽陵府,同罗为龟林府,思结为卢山府,浑为皋兰州,斛薛为高阙州,奚结为鸡鹿州,阿跌为鸡田州,契苾为榆溪州,思结别部为蹛林州,白霫为寘颜州。各以其酋长为都督、刺史,各赐金银缯帛及锦袍。敕勒大喜,捧戴欢呼拜舞,宛转尘中。及还,上御天成殿宴,设十部乐而遣之。诸酋长奏称:"臣等既为唐民,往来天至尊所,如诣父母,请于回纥以南、突厥以北开一道,谓之参天可汗道,置六十八驿,各有马及酒肉以供过使,岁贡貂皮以充租赋,仍请能属文人,使为表疏。"上皆许之。于是北荒悉平,然回纥吐迷度已私自称可汗,官号皆如突厥故事。

3　丁酉,诏以明年仲春有事泰山,禅社首;馀并依十五年议。

4　二月丁丑,太子释奠于国学。

5　上将复伐高丽,朝议以为:"高丽依山为城,攻之不可猝拔。前大驾亲征,国人不得耕种,所克之城,悉收其谷,继以旱灾,民太半乏食。今若数遣偏师,更迭扰其疆场,使彼疲于奔命,释耒入堡,数年之间,千里萧条,则人心自离,鸭绿之北,可不战而取矣。"上从之。三月,以左武卫大将军牛进达为青丘道行军大总管,右武候将军李海岸副之,发兵万馀人,乘楼船自莱州泛海而入。又以太子詹事李世勣为辽东道行军大总管,右武卫将军孙贰朗等副之,将兵三千人,因营州都督府兵自新城道入。两军皆选习水善战者配之。

6　辛卯,上曰:"朕于戎、狄,所以能取古人所不能取,臣古人所不能臣者,皆顺众人之所欲故也。昔禹帅九州之民,凿山樵木,疏百川注之海,其劳甚矣,而民不怨者,因人之心,顺地之势,与民同利故也。"

7　是月,上得风疾,苦京师盛暑,夏,四月乙丑,命修终南山太和废宫为翠微宫。

8　丙寅,置燕然都护府,统瀚海等六都督、皋兰等七州,以扬州都督府司马李素立为之。素立抚以恩信,夷落怀之,共率马牛为献。素立唯受其酒一杯,馀悉还之。

9　五月戊子,上幸翠微宫。冀州进士张昌龄献翠微宫颂,上爱其文,命于通事舍人里供奉。

初,昌龄与进士王公瑾皆善属文,名振京师,考功员外郎王师旦知贡举,黜之,举朝莫晓其故。及奏第,上怪无二人名,诘之。师旦对曰:"二人虽有辞华,然其体轻薄,终不成令器。若置之高第,恐后进效之,伤陛下雅道。"上善其言。

10　壬辰,诏百司依旧启事皇太子。

11　庚辰,上御翠微殿,问侍臣曰:"自古帝王虽平定中夏,不能服戎、狄。朕才不逮古人而成功过之,自不谕其故,诸公各率意以实言之。"群臣皆称:"陛下功德如天地,万物不得而名言。"上曰:"不然。朕所以能及此者,止由五事耳。自古帝王多疾胜己者,朕见人之善,若己有之;人之行能,不能兼备,朕常弃其所短,取其所长;人主往往进贤则欲置诸怀,退不肖则欲推诸壑,朕见贤者则敬之,不肖者则怜之,贤不肖各得其所;人主多恶正直,阴诛显戮,无代无之,朕践阼以来,正直之士,比肩于朝,未尝黜责一人;自古皆贵中华,贱夷、狄,朕独爱之如一,故其种落皆依朕如父母。此五者,朕所以成今日之功也。"顾谓褚遂良曰:"公尝为史官,如朕言,得其实乎?"对曰:"陛下盛德不可胜载,独以此五者自与,盖谦谦之志耳。"

12　李世勣军既渡辽,历南苏等数城,高丽多背城拒战,世勣击破其兵,焚其罗郭而还。

13　六月癸亥,以司徒长孙无忌领扬州都督,实不之任。

14　丁丑,诏以"隋末丧乱,边民多为戎、狄所掠,今铁勒归化,宜遣使诣燕然等州,与都督相知,访求没落之人,赎以货财,给粮递还本贯。其室韦、乌罗护、靺鞨三部人为薛延陀所掠者,亦令赎还。"

15　癸未,以司农卿李纬为民部尚书。时房玄龄留守京师,有自京师来者,上问:"玄龄何言?"对曰:"玄龄闻李纬拜尚书,但云李纬美髭鬓。"帝遽改除纬洛州刺史。

16　秋,七月,牛进达、李海岸入高丽境,凡百馀战,无不捷,攻石城,拔之。进至积利城下,高丽兵万馀人出战,海岸击破之,斩首二千级。

17　上以翠微宫险隘,不能容百官,庚子,诏更营玉华宫于宜君之凤皇谷。庚戌,车驾还宫。

18　八月壬戌,诏以薛延陀新降,土功屡兴,加以河北水灾,停明年封禅。

19　辛未,骨利干遣使入贡。丙戌,以骨利干为玄阙州,拜其俟斤为刺史。骨利干于铁勒诸部为最远,昼长夜短,日没后,天色正曛,煮羊脾适熟,日已复出矣。

20　己丑,齐州人段志冲上封事,请上致政于皇太子。太子闻之,忧形于色,发言流涕。长孙无忌等请诛志冲。上手诏曰:"五岳陵霄,四海亘地,纳污藏疾,无损高深。志冲欲以匹夫解位天子,朕若有罪,是其直也;若其无罪,是其狂也。譬如尺雾障天,不亏于大;寸云点日,何损于明!"

21 丁酉,立皇子明为曹王。明母杨氏,巢剌王之妃也,有宠于上;文德皇后之崩也,欲立为皇后。魏徵谏曰:"陛下方比德唐、虞,奈何以辰嬴自累!"乃止。寻以明继元吉后。

22 戊戌,敕宋州刺史王波利等发江南十二州工人造大船数百艘,欲以征高丽。

23 冬,十月庚辰,奴剌啜匐俟友帅其所部万馀人内附。

24 十一月,突厥车鼻可汗遣使入贡。车鼻名斛勃,本突厥同族,世为小可汗。颉利之败,突厥馀众欲奉以为大可汗,时薛延陀方强,车鼻不敢当,帅其众归之。或说薛延陀:"车鼻贵种,有勇略,为众所附,恐为后患,不如杀之。"车鼻知之,逃去。薛延陀遣数千骑追之,车鼻勒兵与战,大破之,乃建牙于金山之北,自称乙注车鼻可汗,突厥馀众稍稍归之,数年间胜兵三万人,时出抄掠薛延陀。及薛延陀败,车鼻势益张,遣其子沙钵罗特勒入见,又请身自入朝。诏遣将军郭广敬征之。车鼻特为好言,初无来意,竟不至。

25 癸卯,徙顺阳王泰为濮王。

26 壬子,上疾愈,三日一视朝。

27 十二月壬申,西赵酋长赵磨帅万馀户内附,以其地为明州。

28 龟兹王伐叠卒,弟诃黎布失毕立,浸失臣礼,侵渔邻国。上怒,戊寅,诏使持节昆丘道行军大总管左骁卫大将军阿史那社尔、副大总管右骁卫大将军契苾何力、安西都护郭孝恪等将兵击之,仍命铁勒十三州、突厥、吐蕃、吐谷浑连兵进讨。

29 高丽王使其子莫离支任武入谢罪,上许之。


二十二年(戊申,648)

1 春,正月己丑,上作帝范十二篇以赐太子,曰君体、建亲、求贤、审官、纳谏、去谗、戒盈、崇俭、赏罚、务农、阅武、崇文;且曰:"修身治国,备在其中。一旦不讳,更无所言矣。"又曰:"汝当更求古之哲王以为师,如吾,不足法也。夫取法于上,仅得其中;取法于中,不免为下。吾居位已来,不善多矣,锦绣珠玉不绝于前,宫室台榭屡有兴作,犬马鹰隼无远不致,行游四方,供顿烦劳,此皆吾之深过,勿以为是而法之。顾我弘济苍生,其益多;肇造区夏,其功大。益多损少,故人不怨;功大过微,故业不堕。然比之尽美尽善,固多愧矣。汝无我之功勤而承我之富贵,竭力为善,则国家仅安;骄惰奢纵,则一身不保。且成迟败速者,国也;失易得难者,位也。可不惜哉! 可不慎哉!"

2　中书令兼右庶子马周病,上亲为调药,使太子临问。庚寅,薨。

3　戊戌,上幸骊山温汤。

4　己亥,以中书舍人崔仁师为中书侍郎,参知机务。

5　新罗王金善德卒,以善德妹真德为柱国,封乐浪郡王,遣使册命。

6　丙午,诏以右武卫大将军薛万彻为青丘道行军大总管,右卫将军裴行方副之,将兵三万馀人及楼船战舰自莱州泛海以击高丽。

7　长孙无忌检校中书令、知尚书·门下省事。

8　戊申,上还宫。

9　结骨自古未通中国,闻铁勒诸部皆服,二月,其俟利发失钵屈阿栈入朝。其国人皆长大,赤发绿睛,有黑发者以为不祥。上宴之于大成殿,谓侍臣曰:"昔渭桥斩三突厥首,自谓功多,今斯人在席,更不以为怪邪!"失钵屈阿栈请除一官,"执笏而归,诚百世之幸"。戊午,以结骨为坚昆都督府,以失钵屈阿栈为右屯卫大将军、坚昆都督,隶燕然都护。又以阿史德时健俟斤部落置祁连州,隶灵州都督。

是时四夷大小君长争遣使入献见,道路不绝,每元正朝贺,常数百千人。辛酉,上引见诸胡使者。谓侍臣曰:"汉武帝穷兵三十馀年,疲弊中国,所获无几。岂如今日绥之以德,使穷发之地尽为编户乎!"

10　上营玉华宫,务令俭约,惟所居殿覆以瓦,馀皆茅茨;然备设太子宫、百司,苞山络野,所费已巨亿计。乙亥,上行幸玉华宫;己卯,畋于华原。

11　中书侍郎崔仁师坐有伏阁自诉者,仁师不奏,除名,流连州。

12　三月己丑,分瀚海都督俱罗勃部置烛龙州。

13　甲午,上谓侍臣曰:"朕少长兵间,颇能料敌;今昆丘行师,处月、处密二部及龟兹用事者羯猎颠、那利每怀首鼠,必先授首,弩失毕其次也。"

14　庚子,隋萧后卒,诏复其位号,谥曰愍;使三品护葬,备卤簿仪卫,送至江都,与炀帝合葬。

15　充容长城徐惠以上东征高丽,西讨龟兹,翠微、玉华,营缮相继,又服玩颇华靡,上疏谏,其略曰:"以有尽之农功,填无穷之巨浪;图未获之他众,丧已成之我军。昔秦皇并吞六国,反速危亡之基;晋武奄有三方,翻成覆败之业;岂非矜功恃大,弃德轻邦,图利忘危,肆情纵欲之所致乎! 是知地广非常安之术,人劳乃易乱之源也。"又曰:"虽复茅茨示约,犹兴木石之疲,和雇取人,不无烦扰之弊。"又曰:"珍玩伎巧,乃丧国之斧斤;珠玉锦绣,寔迷心之鸩毒。"又曰:"作法于俭,犹恐其奢;作法于奢,何以制后!"上善其言,甚礼重之。

# 资治通鉴卷第一百九十九

## 唐纪十五

**太宗文武大圣大广孝皇帝下之下**

贞观二十二年（戊申，648）

1 夏，四月丁巳，右武候将军梁建方击松外蛮，破之。

初，巂州都督刘伯英上言："松外诸蛮暂降复叛，请出师讨之，以通西洱、天竺之道。"敕建方发巴蜀十三州兵讨之。蛮酋双舍帅众拒战，建方击败之，杀获千馀人。群蛮震慑，亡窜山谷。建方分遣使者谕以利害，皆来归附，前后至者七十部，户十万九千三百，建方署其酋长蒙和等为县令，各统所部，莫不感悦。因遣使诣西洱河，其帅杨盛大骇，具船将遁，使者晓谕以威信，盛遂请降。其地有杨、李、赵、董等数十姓，各据一州，大者六百，小者二三百户，无大君长，不相统壹，语虽小讹，其生业、风俗，大略与中国同，自云本皆华人，其所异者以十二月为岁首。

2 己未，契丹辱纥主曲据帅众内附，以其地置玄州，以曲据为刺史，隶营州都督府。

3 甲子，乌胡镇将古神感将兵浮海击高丽，遇高丽步骑五千，战于易山，破之。其夜，高丽万馀人袭神感船，神感设伏，又破之而还。

4 初，西突厥乙毗咄陆可汗以阿史那贺鲁为叶护，居多逻斯水，在西州北千五百里，统处月、处密、始苏、歌逻禄、失毕五姓之众。乙毗咄陆奔吐火罗，乙毗射匮可汗遣兵迫逐之，部落亡散。乙亥，贺鲁帅其馀众数千帐内属，诏处之于庭州莫贺城，拜左骁卫将军。贺鲁闻唐兵讨龟兹，请为乡导，仍从数十骑入朝。上以为昆丘道行军总管，厚宴赐而遣之。

5 五月庚子，右卫率长史王玄策击帝那伏帝王阿罗那顺，大破之。

初，中天竺王尸罗逸多兵最强，四天竺皆臣之，玄策奉使至天竺，诸国皆遣使入贡。会尸罗逸多卒，国中大乱，其臣阿罗那顺自立，发胡兵攻玄策，玄策帅从者三十人与战，力不敌，悉为所擒，阿罗那顺尽掠诸国贡物。玄策脱身宵遁，抵吐蕃西境，以书征邻国兵，吐蕃遣精锐千二百人，泥婆国遣七千馀骑赴之。玄策与其副蒋师仁帅二国之兵进至中天竺所居茶镈和罗城,连战三日,大破之,斩首三千馀级,赴水溺死者且万人。阿罗那顺弃城走,更收馀众,还与师仁战。又破之,擒阿罗那顺。馀众奉其妃及王子,阻乾陀卫江,师仁进击之,众溃,获其妃及王子,虏男女万二千人。于是天竺响震,城邑聚落降者五百八十馀所,俘阿罗那顺以归。以玄策为朝散大夫。

6　六月乙丑,以白霫〔别〕部为居延州。

7　癸酉,特进宋公萧瑀卒,太常议谥曰“德”,尚书议谥曰“肃”。上曰:“谥者,行之迹,当得其实,可谥曰贞褊公。”子锐嗣,尚上女襄城公主。上欲为之营第,公主固辞,曰:“妇事舅姑,当朝夕侍侧,若居别第,所阙多矣。”上乃命即瑀第而营之。

8　上以高丽困弊,议以明年发三十万众,一举灭之,或以为大军东征,须备经岁之粮,非畜乘所能载,宜具舟舰为水运。隋末剑南独无寇盗,属者辽东之役,剑南复不预及,其百姓富庶,宜使之造舟舰。上从之。秋,七月,遣右领左右府长史强伟于剑南道伐木造舟舰,大者或长百尺,其广半之。别遣使行水道,自巫峡抵江、扬,趣莱州。

9　庚寅,西突厥相屈利啜请帅所部从讨龟兹。

10　初,左武卫将军武连县公武安李君羡直玄武门,时太白屡昼见,太史占云:“女主昌。”民间又传秘记云:“唐三世之后,女主武王代有天下。”上恶之。会与诸武臣宴宫中,行酒令,使各言小名。君羡自言名五娘,上愕然,因笑曰:“何物女子,乃尔勇健!”又以君羡官称封邑皆有“武”字,深恶之,后出为华州刺史。有布衣员道信,自言能绝粒,晓佛法,君羡深敬信之,数相从,屏人语。御史奏君羡与妖人交通,谋不轨。壬辰,君羡坐诛,籍没其家。

上密问太史令李淳风:“秘记所云,信有之乎?”对曰:“臣仰稽天象,俯察历数,其人已在陛下宫中,为亲属,自今不过三十年,当王天下,杀唐子孙殆尽,其兆既成矣。”上曰:“疑似者尽杀之,何如?”对曰:“天之所命,人不能违也。王者不死,徒多杀无辜。且自今以往三十年,其人已老,庶几颇有慈心,为祸或浅。今借使得而杀之,天或生壮者肆其怨毒,恐陛下子孙,无遗类矣!”上乃止。

11　司空梁文昭公房玄龄留守京师,疾笃,上征赴玉华宫,肩舆入殿,至御座侧乃下,相对流涕,因留宫下,闻其小愈则喜形于色;加剧则忧悴。玄龄谓诸子曰:“吾受主上厚恩,今天下无事,唯东征未已,群臣莫敢谏,吾知而不言,死有馀责。"乃上表谏,以为:"老子曰:'知足不辱,知止不殆。'陛下功名威德亦可足矣,拓地开疆亦可止矣,且陛下每决一重囚,必令三覆五奏,进素膳,止音乐者,重人命也。今驱无罪之士卒,委之锋刃之下,使肝脑涂地,独不足愍乎!向使高丽违失臣节,诛之可也;侵扰百姓,灭之可也;他日能为中国患,除之可也。今无此三条而坐烦中国,内为前代雪耻,外为新罗报仇,岂非所存者小,所损者大乎!愿陛下许高丽自新,焚陵波之船,罢应募之众,自然华、夷庆赖,远肃迩安。臣旦夕入地,傥蒙录此哀鸣,死且不朽!"玄龄子遗爱尚上女高阳公主,上谓公主曰:"彼病笃如此,尚能忧我国家。"上自临视,握手与诀,悲不自胜。癸卯,薨。

柳芳曰:玄龄佐太宗定天下,及终相位,凡三十二年,天下号为贤相;然无迹可寻,德亦至矣。故太宗定祸乱而房、杜不言功,王、魏善谏诤而房、杜让其贤,英、卫善将兵而房、杜行其道,理致太平,善归人主。为唐宗臣,宜哉!

12　八月己酉朔,日有食之。

13　丁丑,敕越州都督府及婺、洪等州造海船及双舫千一百艘。

14　辛未,遣左领军大将军执失思力出金山道击薛延陀馀寇。

15　九月庚辰,昆丘道行军大总管阿史那社尔击处月、处密,破之,馀众悉降。

16　癸未,薛万彻等伐高丽还。万彻在军中,使气陵物,裴行方奏其怨望,坐除名,流象州。

17　己丑,新罗奏为百济所攻,破其十三城。

18　己亥,以黄门侍郎褚遂良为中书令。

19　强伟等发民造船,役及山獠,雅、邛、眉三州獠反。壬寅,遣茂州都督张士贵、右卫将军梁建方发陇右、峡中兵二万馀人以击之。蜀人苦造船之役,或乞输直雇潭州人造船,上许之。州县督迫严急,民至卖田宅、鬻子女不能供,谷价踊贵,剑外骚然。上闻之,遣司农少卿长孙知人驰驿往视之。知人奏称:"蜀人脆弱,不耐劳剧。大船一艘,庸绢二千二百三十六匹。山谷已伐之木,挽曳未毕,复征船庸,二事并集,民不能堪,宜加存养。"上乃敕潭州船庸皆从官给。

20　冬,十月癸丑,车驾还京师。

21　回纥吐迷度兄子乌纥蒸其叔母。乌纥与俱陆莫贺达官俱罗勃,皆突厥车鼻可汗之婿也,相与谋杀吐迷度以归车鼻。乌纥夜引十馀骑袭吐迷度,杀之。燕然副都护元礼臣使人诱乌纥,许奏以为瀚海都督,乌纥轻骑诣礼臣谢,礼臣执而斩之,以闻。上恐回纥部落离散,遣兵部尚书崔敦礼往安抚之。久之,俱罗勃入见,上留之不遣。

22　阿史那社尔既破处月、处密,引兵自焉耆之西趋龟兹北境,分兵为五道,出其不意,焉耆王薛婆阿那支弃城奔龟兹,保其东境。社尔遣兵追击,擒而斩之,立其从父弟先那准为焉耆王,使修职贡。龟兹大震,守将多弃城走。社尔进屯碛口,去其都城三百里,遣伊州刺史韩威帅千馀骑为前锋,右〔骁〕卫将军曹继叔次之。至多褐城,龟兹王诃利布失毕、其相那利、羯猎颠帅众五万拒战。锋刃甫接,威引兵伪遁,龟兹悉众追之,行三十里,与继叔军合。龟兹惧,将却,继叔乘之,龟兹大败,逐北八十里。

23　甲戌,以回纥吐迷度子前左屯卫大将军〔翊左郎将〕婆闰为左骁卫大将军、大俟利发、瀚海都督。

24　十一月庚子,契丹帅窟哥、奚帅可度者并帅所部内属。以契丹部为松漠府,以窟哥为都督;又以其别帅达稽等部为峭落等九州,各以其辱纥主为刺史。以奚部为饶乐府,以可度者为都督;又以其别帅阿会等部为弱水等五州,亦各以其辱纥主为刺史。辛丑,置东夷校尉官于营州。

25　十二月庚午,太子为文德皇后作大慈恩寺成。

26　龟兹王布失毕既败,走保都城,阿史那社尔进军逼之,布失毕轻骑西走。社尔拔其城,使安西都护郭孝恪守之。沙州刺史苏海政、尚辇奉御薛万备帅精骑追布失毕,行六百里,布失毕窘急,保拨换城,社尔进军攻之四旬,闰月丁丑,拔之,擒布失毕及羯猎颠。那利脱身走,潜引西突厥之众并其国兵万馀人,袭击孝恪。孝恪营于城外,龟兹人或告之,孝恪不以为意。那利奄至,孝恪帅所部千馀人将入城,那利之众已登城矣,城中降胡与之相应,共击孝恪,矢刃如雨,孝恪不能敌,将复出,死于西门。城中大扰,仓部郎中崔义超召募得二百人,卫军资财物,与龟兹战于城中,曹继叔、韩威亦营于城外,自城西北隅击之。那利经宿乃退,斩首三千馀级,城中始定。后旬馀日,那利复引山北龟兹万馀人趣都城,继叔逆击,大破之,斩首八千级。那利单骑走,龟兹人执之,以诣军门。

阿史那社尔前后破其大城五,遣左卫郎将权祗甫诣诸城,开示祸福,皆相帅请降,凡得七百馀城,虏男女数万口。社尔乃召其父老,宣国威灵,谕以伐罪之意,立其王之弟叶护为王;龟兹人大喜。西域震骇,西突厥、于阗、安国争馈驼马军粮,社尔勒石纪功而还。

27　戊寅,以昆丘道行军总管、左骁卫将军阿史那贺鲁为泥伏沙钵罗叶护,赐以鼓纛,使招讨西突厥之未服者。

28　癸未,新罗相金春秋及其子文王入见。春秋,真德之弟也。上以春秋为特进,文王为左武卫将军。春秋请改章服从中国,内出冬服赐之。

二十三年(己酉,649)

1　春,正月辛亥,龟兹王布失毕及其相那利等至京师,上责让而释之,以布失毕为左武卫中郎将。

2　西南徒莫祗等蛮内附,以其地为傍、望、览、丘四州,隶朗州都督府。

3　上以突厥车鼻可汗不入朝,遣右骁卫郎将高侃发回纥、仆骨等兵袭击之。兵入其境,诸部落相继来降。拔悉密吐屯肥罗察降,以其地置新黎州。

4　二月丙戌,置瑶池都督府,隶安西都护。戊子,以左卫将军阿史那贺鲁为瑶池都督。

5　三月丙辰,置丰州都督府,使燕然都护李素立兼都督。

6　去冬旱,至是始雨。辛酉,上力疾至显道门外,赦天下。丁卯,敕太子于金液门听政。

7　夏,四月乙亥,上行幸翠微宫。

8　上谓太子曰:“李世勣才智有馀,然汝与之无恩,恐不能怀服。我今黜之,若其即行,俟我死,汝于后用为仆射,亲任之;若徘徊顾望,当杀之耳。”五月戊午,以同中书门下三品李世勣为叠州都督。世勣受诏,不至家而去。

9　辛酉,开府仪同三司卫景武公李靖薨。

10　上苦利增剧,太子昼夜不离侧,或累日不食,发有变白者。上泣曰:“汝能孝爱如此,吾死何恨!”丁卯,疾笃,召长孙无忌入含风殿。上卧,引手扪无忌颐,无忌哭,悲不自胜。上竟不得有所言,因令无忌出。己巳,复召无忌及褚遂良入卧内,谓之曰:“朕今悉以后事付公辈。太子仁孝,公辈所知,善辅导之!”谓太子曰:“无忌、遂良在,汝勿忧天下!”又谓遂良曰:“无忌尽忠于我,我有天下,多其力也,我死,勿令谗人间之。”仍令遂良草遗诏。有顷,上崩。

太子拥无忌颈,号恸将绝,无忌揽涕,请处分众事以安内外,太子哀号不已,无忌曰:“主上以宗庙社稷付殿下,岂得效匹夫唯哭泣乎!”乃秘不发丧。庚午,无忌等请太子先还,飞骑、劲兵及旧将皆从。辛未,太子入京城。大行御马舆,侍卫如平日,继太子而至,顿于两仪殿。以太子左庶子于志宁为侍中,少詹事张行成兼侍中,以检校刑部尚书、右庶子、兼吏部侍郎高季辅兼中书令。壬申,发丧太极殿,宣遗诏,太子即位。军国大事,不可停阙;平常细务,委之有司。诸王为都督、刺史者,并听奔丧,濮王泰不在来限。罢辽东之役及诸土木之功。四夷之人入仕于朝及来朝贡者数百人,闻丧皆恸哭,剪发、劙面、割耳、流血洒地。

六月甲戌朔,高宗即位,赦天下。

11 丁丑,以叠州都督李勣为特进、检校洛州刺史、洛阳宫留守。

12 先是,太宗二名,令天下不连言者勿避。至是,始改官名犯先帝讳者。

13 癸未,以长孙无忌为太尉,兼检校中书令,知尚书、门下二省事。无忌固辞知尚书省事,帝许之,仍令以太尉同中书门下三品。癸巳,以李勣为开府仪同三司、同中书门下三品。

14 阿史那社尔之破龟兹也,行军长史薛万备请因兵威说于阗王伏阇信入朝,社尔从之。秋,七月己酉,伏阇信随万备入朝,诏入谒梓宫。

15 八月癸酉,夜,地震,晋州尤甚,压杀五千馀人。

16 庚寅,葬文皇帝于昭陵,庙号太宗。阿史那社尔、契苾何力请杀身殉葬,上遣人谕以先旨不许。蛮夷君长为先帝所擒服者颉利等十四人,皆琢石为其像,刻名列于北司马门内。

17 丁酉,礼部尚书许敬宗奏弘农府君庙应毁,请藏主于西夹室,从之。

18 九月乙卯,以李勣为左仆射。

19 冬,十月,以突厥诸部置舍利等五州隶云中都督府,苏农等六州隶定襄都督府。

20 乙亥,上问大理卿唐临系囚之数,对曰:"见囚五十馀人,唯二人应死。"上悦。上尝录系囚,前卿所处者多号呼称冤,临所处者独无言。上怪问其故。囚曰:"唐卿所处,本自无冤。"上叹息良久,曰:"治狱者不当如是邪!"

21 上以吐蕃赞普弄赞为驸马都尉,封西海郡王。赞普致书于长孙无忌等云:"天子初即位,臣下有不忠者,当勒兵赴国讨除之。"

22 十二月,诏濮王泰开府置僚属,车服珍膳,特加优异。

## 高宗天皇大圣大弘孝皇帝上之上

永徽元年(庚戌,650)

1　春,正月辛丑朔,改元。

2　丙午,立妃王氏为皇后。后,思政之孙也。以后父仁祐为特进、魏国公。

3　己未,以张行成为侍中。

4　辛酉,上召朝集使,谓曰:"朕初即位,事有不便于百姓者悉宜陈,不尽者更封奏。"自是日引刺史十人入阁,问以百姓疾苦,及其政治。

有洛阳人李弘泰诬告长孙无忌谋反,上命立斩之。无忌与褚遂良同心辅政,上亦尊礼二人,恭己以听之,故永徽之政,百姓阜安,有贞观之遗风。

5　太宗女衡山公主应适长孙氏,有司以为服既公除,欲以今秋成婚。于志宁上言:"汉文立制,本为天下百姓。公主服本斩衰,纵使服随例除,岂可情随例改,请俟三年丧毕成婚。"上从之。

6　二月辛卯,立皇子孝为许王,上金为杞王,素节为雍王。

7　夏,五月壬戌,吐蕃赞普弄赞卒,其嫡子早死,立其孙为赞普。赞普幼弱,政事皆决于国相禄东赞。禄东赞性明达严重,行兵有法,吐蕃所以强大,威服氐、羌,皆其谋也。

8　六月,高侃击突厥,至阿息山。车鼻可汗召诸部兵皆不赴,与数百骑遁去。侃帅精骑追至金山,擒之以归,其众皆降。

9　初,阿史那社尔房龟兹王布失毕,立其弟为王。唐兵既还,其酋长争立,更相攻击。秋,八月壬午,诏复以布失毕为龟兹王,遣归国,抚其众。

10　九月庚子,高侃执车鼻可汗至京师,释之,拜左武卫将军,处其馀众于郁督军山,置狼山都督府以统之。以高侃为卫将军。于是突厥尽为封内之臣,分置单于、瀚海二都护府。单于领狼山、云中、桑乾三都督,苏农等一十四州;瀚海领瀚海、金徽、新黎等七都督,仙萼等八州。各以其酋长为刺史、都督。

11　癸亥,上出畋,遇雨,问谏议大夫昌乐谷那律曰:"油衣若为则不漏?"对曰:"以瓦为之,必不漏。"上悦,为之罢猎。

12　李勣固求解职,冬,十月戊辰,解勣左仆射,以开府仪同三司、同中书门下三品。

13　己未,监察御史阳武韦思谦劾奏中书令褚遂良抑买中书译语人地。大理少卿张睿册以为准估无罪。思谦奏曰:"估价之设,备国家所须,臣下交易,岂得准估为定!睿册舞文,附下罔上,罪当诛。"是日,左迁遂良为同州刺史,睿册循州刺史。思谦名仁约,以字行。

14　十二月庚午,梓州都督谢万岁、兖州都督谢法兴与黔州都督李孟尝讨琰州叛獠。万岁、法兴入洞招慰,为獠所杀。

二年(辛亥,651)

1　春,正月乙巳,以黄门侍郎宇文节、中书侍郎柳奭并同中书门下三品。奭,亨之兄子,王皇后之舅也。

2　左骁卫将军、瑶池都督阿史那贺鲁招集离散,庐帐渐盛,闻太宗崩,谋袭取西、庭二州。庭州刺史骆弘义知其谋,表言之,上遣通事舍人桥宝明驰往慰抚。宝明说贺鲁,令长子咥运入宿卫,授右骁卫中郎将,寻复遣归。咥运乃说其父拥众西走,击破乙毗射匮可汗,并其众,建牙于双河及千泉,自号沙钵罗可汗,咄陆五啜、努失毕五俟斤皆归之,胜兵数十万,与乙毗咄陆可汗连兵,处月、处密及西域诸国多附之。以咥运为莫贺咄叶护。

3　焉耆王婆伽利卒,国人表请复立故王突骑支。夏,四月,诏加突骑支右武卫将军,遣还国。

4　金州刺史滕王元婴骄奢纵逸,居亮阴中,畋游无节,数夜开城门,劳扰百姓,或引弹弹人,或埋人雪中以戏笑。上赐书切让之,且曰:"取适之方,亦应多绪,晋灵荒君,何足为则!朕以王至亲,不忍致王于法,今书王下上考以愧王心。"

元婴与蒋王恽皆好聚敛,上尝赐诸王帛各五百段,独不及二王,敕曰:"滕叔、蒋兄自能经纪,不须赐物,给麻两车以为钱贯。"二王大惭。

5　秋,七月,西突厥沙钵罗可汗寇庭州,攻陷金岭城及蒲类县,杀略数千人。诏左武卫大将军梁建方、右骁卫大将军契苾何力为弓月道行军总管,右骁卫将军高德逸、右武候将军萨孤吴仁为副,发秦、成、岐、雍府兵三万人及回纥五万骑以讨之。

6　癸巳,诏诸礼官学士议明堂制度,以高祖配五天帝。太宗配五人帝。

7　八月己巳,以于志宁为左仆射,张行成为右仆射,高季辅为侍中。志宁、行成仍同中书门下三品。

8　己卯,郎州白水蛮反,寇麻州,遣左领军将军赵孝祖等发兵讨之。

9　九月癸巳,废玉华宫为佛寺。戊戌,更命九成宫为万年宫。

10　庚戌,左武候引驾卢文操逾墙盗左藏物,上以引驾职在纠绳,乃自为盗,命诛之。谏议大夫萧钧谏曰:"文操情实难原,然法不至死。"上乃免<u>文操</u>死，顾侍臣曰："此真谏议也！"

11　闰月，<u>长孙无忌</u>等上所删定律令式。甲戌，诏颁之四方。

12　上谓宰相曰："闻所在官司，行事犹互观颜面，多不尽公。"<u>长孙无忌</u>对曰："此岂敢言无，然肆情曲法，实亦不敢。至于小小收取人情，恐陛下尚不能免。"无忌以元舅辅政，凡有所言，上无不嘉纳。

13　冬，十有一月辛酉，上祀南郊。

14　癸酉，诏："自今京官及外州有献鹰隼及犬马者，罪之。"

15　戊寅，<u>特浪羌酋董悉奉求</u>、<u>辟惠羌酋卜檐莫</u>各帅种落万馀户诣<u>茂州</u>内附。

16　<u>窦州</u>、<u>义州</u>蛮酋<u>李宝诚</u>等反，<u>桂州</u>都督<u>刘伯英</u>讨平之。

17　<u>郎州道</u>总管<u>赵孝祖</u>讨<u>白水蛮</u>，蛮酋<u>秃磨蒲</u>及<u>俭弥于</u>帅众据险拒战，<u>孝祖</u>皆击斩之。会大雪，蛮饥冻，死亡略尽。<u>孝祖</u>奏言："贞观中讨<u>昆州</u><u>乌蛮</u>，始开<u>青蛉</u>、<u>弄栋</u>为州县。<u>弄栋</u>之西有<u>小勃弄</u>、<u>大勃弄</u>二川，恒扇诱<u>弄栋</u>，欲使之反。其<u>勃弄</u>以西与<u>黄瓜</u>、<u>叶榆</u>、<u>西洱河</u>相接，人众殷实，多于<u>蜀川</u>，无大酋长，好结仇怨，今因破<u>白水</u>之兵，请随便西讨，抚而安之。"敕许之。

18　十二月壬子，<u>处月</u><u>朱邪孤注</u>杀招慰使<u>单道惠</u>，与<u>突厥贺鲁</u>相结。

19　是岁，<u>百济</u>遣使入贡，上戒之，使"勿与<u>新罗</u>、<u>高丽</u>相攻，不然，吾将发兵讨汝矣"。

三年（壬子，652）

1　春，正月己未朔，<u>吐谷浑</u>、<u>新罗</u>、<u>高丽</u>、<u>百济</u>并遣使入贡。

2　癸亥，<u>梁建方</u>、<u>契苾何力</u>等大破<u>处月</u><u>朱邪孤注</u>于<u>牢山</u>。<u>孤注</u>夜遁，<u>建方</u>使副总管<u>高德逸</u>轻骑追之，行五百馀里，生擒<u>孤注</u>，斩首九千级。军还，御史劾奏<u>梁建方</u>兵力足以追讨，而逗留不进；<u>高德逸</u>敕令市马，自取骏者。上以<u>建方</u>等有功，释不问。大理卿<u>李道裕</u>奏言："<u>德逸</u>所取之马，筋力异常，请实中厩。"上谓侍臣曰："<u>道裕</u>法官，进马非其本职，妄希我意。岂朕行事不为臣下所信邪！朕方自咎，故不复黜<u>道裕</u>耳。"

3　己巳，以<u>同州</u>刺史<u>褚遂良</u>为吏部尚书、同中书门下三品。

4　丙子，上飨太庙。丁亥，飨先农，躬耕藉田。

5　二月甲寅，上御<u>安福门</u>楼，观百戏。乙卯，上谓侍臣曰："昨登楼，欲以观人情及风俗奢俭，非为声乐。朕闻胡人善为击鞠之戏，尝一观之。昨初升楼，即有群<u>胡</u>击鞠，意谓朕笃好之也。帝王所为，岂宜容易。朕已焚此鞫,冀杜胡人窥望之情,亦因以为诚。"

6　三月辛巳,以宇文节为侍中,柳奭为中书令,以兵部侍郎三原韩瑗守黄门侍郎、同中书门下三品。

7　夏,四月,赵孝祖大破西南蛮,斩小勃弄酋长殁盛,擒大勃弄酋长杨承颠。自馀皆屯聚保险,大者有众数万,小者数千人,孝祖皆破降之,西南蛮遂定。

8　甲午,澧州刺史彭思王元则薨。

9　六月戊申,遣兵部尚书崔敦礼等将并、汾步骑万人往茂州。发薛延陀馀众渡河,置祁连州以处之。

10　秋,七月丁巳,立陈王忠为皇太子,赦天下。王皇后无子,柳奭为后谋,以忠母刘氏微贱,劝后立忠为太子,冀其亲己;外则讽长孙无忌等使请于上。上从之。乙丑,以于志宁兼太子少师,张行成兼少傅,高季辅兼少保。

11　丁丑,上问户部尚书高履行:"去年进户多少?"履行奏:"去年进户总一十五万。"因问隋代及今日见户,履行奏:"隋开皇中,户八百七十万,即今户三百八十万。"履行,士廉之子也。

12　九月,守中书侍郎来济同中书门下三品。

13　冬,十一月庚寅,弘化长公主自吐谷浑来朝。

14　癸巳,濮王泰薨于均州。

15　散骑常侍房遗爱尚太宗女高阳公主,公主骄恣甚,房玄龄薨,公主教遗爱与兄遗直异财,既而反谮遗直。遗直自言,太宗深责让主,由是宠衰,主怏怏不悦。会御史劾盗,得浮屠辩机宝枕,云主所赐。主与辩机私通,饷遗亿计,更以二女子侍遗爱。太宗怒,腰斩辩机,杀奴婢十馀人;主益怨望,太宗崩,无戚容。上即位,主又令遗爱与遗直更相讼,遗爱坐出为房州刺史,遗直为隰州刺史。又,浮屠智勖等数人私侍主,主使掖庭令陈玄运伺宫省祅祥。

先是,驸马都尉薛万彻坐事除名,徙宁州刺史,入朝,与遗爱款昵,对遗爱有怨望语,且曰:"今虽病足,坐置京师,鼠辈犹不敢动。"因与遗爱谋:"若国家有变,当奉司徒荆王元景为主"。元景女适遗爱弟遗则,由是与遗爱往来。元景尝自言,梦手把日月。驸马都尉柴令武,绍之子也,尚巴陵公主,除卫州刺史,托以主疾留京师求医,因与遗爱谋议相结。高阳公主谋黜遗直,夺其封爵,使人诬告遗直无礼于己。遗直亦言遗爱及主罪,云:"罪盈恶稔,恐累臣私门。"上令长孙无忌鞫之,更获遗爱及主反状。

司空、安州都督吴王恪母,隋炀帝女也。恪有文武才,太宗常以为类己,欲立为太子,无忌固争而止,由是与无忌相恶,恪名望素高,为物情所向,无忌深忌之,欲因事诛恪以绝众望。遗爱知之,因言与恪同谋,冀如纥干承基得免死。

四年(癸丑,653)

1　春,二月甲申,诏遗爱、万彻、令武皆斩,元景、恪、高阳、巴陵公主并赐自尽。上泣谓侍臣曰:"荆王,朕之叔父,吴王,朕兄,欲丐其死,可乎?"兵部尚书崔敦礼以为不可,乃杀之。万彻临刑大言曰:"薛万彻大健儿,留为国家效死力,岂不佳,乃坐房遗爱杀之乎!"吴王恪且死,骂曰:"长孙无忌窃弄威权,构害良善,宗社有灵,当族灭不久!"

乙酉,侍中兼太子詹事宇文节,特进、太常卿江夏王道宗,左骁卫大将军驸马都尉执失思力并坐与房遗爱交通,流岭表。节与遗爱亲善,及遗爱下狱,节颇左右之。江夏王道宗素与长孙无忌、褚遂良不协,故皆得罪。戊子,废恪母弟蜀王愔为庶人,置巴州;房遗直贬春州铜陵尉,万彻弟万备流交州。罢房玄龄配飨。

2　开府仪同三司李勣为司空。

3　初,林邑王范头利卒,子真龙立,大臣伽独弑之,尽灭范氏。伽独自立,国人弗从,乃立头利之婿婆罗门为王。国人咸思范氏,复罢婆罗门,立头利之女为王。女不能治国,有诸葛地者,头利之姑子也,父为头利所杀,南奔真腊,大臣可伦翁定遣使迎而立之,妻以女王,众然后定。夏,四月戊子,遣使入贡。

4　秋,九月壬戌,右仆射北平定公张行成薨。甲戌,以褚遂良为右仆射,同中书门下三品如故,仍知选事。

5　冬,十月庚子,上幸骊山温汤;乙巳,还宫。

6　初,睦州女子陈硕真以妖言惑众,与妹夫章叔胤举兵反,自称文佳皇帝,以叔胤为仆射。甲子夜,叔胤帅众攻桐庐,陷之。硕真撞钟焚香,引兵二千攻陷睦州及于潜,进攻歙州,不克,敕扬州刺史房仁裕发兵讨之。硕真遣其党童文宝将四千人寇婺州,刺史崔义玄发兵拒之。民间讹言硕真有神,犯其兵者必灭族,士众凶惧。司功参军崔玄籍曰:"起兵仗顺,犹且无成,况凭妖妄,其能久乎!"义玄以玄籍为前锋,自将州兵继之,至下淮戍,遇贼,与战。左右以楯蔽义玄,义玄曰:"刺史避箭,人谁致死!"命撤之。于是士卒齐奋,贼众大溃,斩首数千级。听其馀众归首,进至睦州境,降者万计。十一月庚戌,房仁裕军合,获硕真、叔胤,斩之,馀党悉平。义玄以功拜御史大夫。

7　癸丑,以兵部尚书崔敦礼为侍中。

8　十二月庚子,侍中蒋宪公高季辅薨。

9　是岁,西突厥乙毗咄陆可汗卒,其子颉苾达度设号真珠叶护,始与沙钵罗可汗有隙,与五弩失毕共击沙钵罗,破之,斩首千馀级。

五年(甲寅,654)

1　春,正月壬戌,羌酋冻就内附,以其地置剑州。

2　三月戊午,上行幸万年宫。

3　庚申,加赠武德功臣屈突通等十三人官。

初,王皇后无子,萧淑妃有宠,王后疾之。上之为太子也,入侍太宗,见才人武氏而悦之。太宗崩,武氏随众感业寺为尼。忌日,上诣寺行香,见之,武氏泣,上亦泣。王后闻之,阴令武氏长发,劝上内之后宫,欲以间淑妃之宠。武氏巧慧,多权数,初入宫,卑辞屈体以事后。后爱之,数称其美于上。未几大幸,拜为昭仪,后及淑妃宠皆衰,更相与共潛之,上皆不纳。昭仪欲追赠其父而无名,故托以褒赏功臣,而武士彟预焉。

4　乙丑,上幸凤泉汤。乙巳,还万年宫。

5　夏,四月,大食发兵击波斯,杀波斯王伊嗣侯,伊嗣侯之子卑路斯奔吐火罗。大食兵去,吐火罗发兵立卑路斯为波斯王而还。

6　闰月丙子,以处月部置金满州。

7　丁丑,夜,大雨,山水涨溢,冲玄武门,宿卫士皆散走。右领军郎将薛仁贵曰:"安有宿卫之士,天子有急而敢畏死乎!"乃登门桄大呼以警宫内。上遽出乘高,俄而水入寝殿,水溺卫士及麟游居人,死者三千馀人。

8　壬辰,新罗女王金真德卒,诏立其弟春秋为新罗王。

9　六月丙午,恒州大水,呼沱溢,漂溺五千三百家。

10　中书令柳奭以王皇后宠衰,内不自安,请解政事。癸亥,罢为吏部尚书。

11　秋,七月丁酉,车驾至京师。

12　戊戌,上谓五品以上曰:"顷在先帝左右,见五品以上论事,或仗下面陈,或退上封事,终日不绝。岂今日独无事邪,何公等皆不言也?"

13　冬,十月,雇雍州四万一千人筑长安外郭,三旬而毕。癸丑,雍州参军薛景宣上封事,言:"汉惠帝城长安,寻晏驾。今复城之,必有大咎。"于志宁等以景宣言涉不顺,请诛之。上曰:"景宣虽狂妄,若因上封事得罪,恐绝言路。"遂赦之。

14　高丽遣其将安固将高丽、靺鞨兵击契丹;松漠都督李窟哥御之,大败高丽于新城。

15　是岁大稔,洛州粟米斗两钱半,粳米斗十一钱。

16　王皇后、萧淑妃与武昭仪更相潛诉,上不信后、淑妃之语,独信昭仪。后不能曲事上左右,母魏国夫人柳氏及舅中书令柳奭入见六宫,又不为礼。武昭仪伺后所不敬者,必倾心与相结,所得赏赐分与之。由是后及淑妃动静,昭仪必知之,皆以闻于上。

后宠虽衰,然上未有意废也。会昭仪生女,后怜而弄之,后出,昭仪潜扼杀之,覆之以被。上至,昭仪阳欢笑,发被观之,女已死矣,即惊啼。问左右,左右皆曰:"皇后适来此。"上大怒曰:"后杀吾女!"昭仪因泣数其罪。后无以自明,上由是有废立之志。又畏大臣不从,乃与昭仪幸太尉长孙无忌第,酣饮极欢,席上拜无忌宠姬子三人皆为朝散大夫,仍载金宝缯锦十车以赐无忌。上因从容言皇后无子以讽无忌,无忌对以他语,竟不顺旨,上及昭仪皆不悦而罢。昭仪又令母杨氏诣无忌第,屡有祈请,无忌终不许。礼部尚书许敬宗亦数劝无忌,无忌厉色折之。

六年(乙卯,655)

1　春,正月壬申朔,上谒昭陵;甲戌,还宫。

2　己丑,雟州道行军总管曹继叔破胡丛、显养、车鲁等蛮于斜山,拔十馀城。

3　庚寅,立皇子弘为代王,贤为潞王。

4　高丽与百济、靺鞨连兵,侵新罗北境,取三十三城,新罗王春秋遣使求援。二月乙丑,遣营州都督程名振、左卫中郎将苏定方发兵击高丽。

5　夏,五月壬午,名振等渡辽水,高丽见其兵少,开门渡贵端水逆战,名振等奋击,大破之,杀获千馀人,焚其外郭及村落而还。

6　癸未,以右屯卫大将军程知节为葱山道行军大总管,以讨西突厥沙钵罗可汗。

7　壬辰,以韩瑗为侍中,来济为中书令。

8　六月,武昭仪诬王后与其母魏国夫人柳氏为厌胜,敕禁后母柳氏不得入宫。秋,七月戊寅,贬吏部尚书柳奭为遂州刺史。奭行至扶风,岐州长史于承素希旨奏奭漏泄禁中语,复贬荣州刺史。

唐因隋制,后宫有贵妃、淑妃、德妃、贤妃皆视一品。上欲特置宸妃,以武昭仪为之,韩瑗、来济谏,以为故事无之,乃止。

中书舍人饶阳李义府为长孙无忌所恶,左迁壁州司马。敕未至门下,义府密知之,问计于中书舍人幽州王德俭,德俭曰:“上欲立武昭仪为后,犹豫未决者,直恐宰臣异议耳。君能建策立之,则转祸为福矣。”义府然之,是日,代德俭直宿,叩阁上表,请废皇后王氏,立武昭仪,以厌兆庶之心。上悦,召见,与语,赐珠一斗,留居旧职。昭仪又密遣使劳勉之,寻超拜中书侍郎。于是卫尉卿许敬宗、御史大夫崔义玄、中丞袁公瑜皆潜布腹心于武昭仪矣。

9　乙酉,以侍中崔敦礼为中书令。

10　八月,尚药奉御蒋孝璋员外特置,仍同正员。员外同正自孝璋始。

11　长安令裴行俭闻将立武昭仪为后,以国家之祸必自此始,与长孙无忌、褚遂良私议其事。袁公瑜闻之,以告昭仪母杨氏,行俭坐左迁西州都督府长史。行俭,仁基之子也。

12　九月戊辰,以许敬宗为礼部尚书。

上一日退朝,召长孙无忌、李勣、于志宁、褚遂良入内殿。遂良曰:“今日之召,多为中宫,上意既决,逆之必死。太尉元舅,司空功臣,不可使上有杀元舅及功臣之名。遂良起于草茅,无汗马之劳,致位至此,且受顾托,不以死争之,何以下见先帝!”勣称疾不入。无忌等至内殿,上顾谓无忌曰:“皇后无子,武昭仪有子,今欲立昭仪为后,何如?”遂良对曰:“皇后名家,先帝为陛下所娶。先帝临崩,执陛下手谓臣曰:‘朕佳儿佳妇,今以付卿。’此陛下所闻,言犹在耳。皇后未闻有过,岂可轻废!臣不敢曲从陛下,上违先帝之命!”上不悦而罢。明日又言之,遂良曰:“陛下必欲易皇后,伏请妙择天下令族,何必武氏。武氏经事先帝,众所具知,天下耳目,安可蔽也。万代之后,谓陛下为如何!愿留三思!臣今忤陛下,罪当死。”因置笏于殿阶,解巾叩头流血曰:“还陛下笏,乞放归田里。”上大怒,命引出。昭仪在帘中大言曰:“何不扑杀此獠!”无忌曰:“遂良受先朝顾命,有罪不可加刑。”于志宁不敢言。

韩瑗因间奏事,涕泣极谏,上不纳。明日又谏,悲不自胜,上命引出。瑗又上疏谏曰:“匹夫匹妇,犹相选择,况天子乎!皇后母仪万国,善恶由之,故嫫母辅佐黄帝,妲己倾覆殷王,诗云:‘赫赫宗周,褒姒灭之。’每览前古,常兴叹息,不谓今日尘黩圣代。作而不法,后嗣何观!顾陛下详之,无为后人所笑!使臣有以益国,菹醢之戮,臣之分也!昔吴王不用子胥之言而麋鹿游于姑苏。臣恐海内失望,棘荆生于阙庭,宗庙不血食,期有日矣!"来济上表谏曰:"王者立后,上法乾坤,必择礼教名家,幽闲令淑,副四海之望,称神祇之意。是故周文造舟以迎太姒,而兴关雎之化,百姓蒙祚;孝成纵欲,以婢为后,使皇统亡绝,社稷倾沦。有周之隆既如彼,大汉之祸又如此,惟陛下详察!"上皆不纳。

他日,李勣入见,上问之曰:"朕欲立武昭仪为后,遂良固执以为不可。遂良既顾命大臣,事当且已乎?"对曰:"此陛下家事,何必更问外人!"上意遂决。许敬宗宣言于朝曰:"田舍翁多收十斛麦,尚欲易妇;况天子欲立后,何豫诸人事而妄生异议乎!"昭仪令左右以闻。庚午,贬遂良为潭州都督。

# 资治通鉴卷第二百

## 唐纪十六

### 高宗天皇大圣大弘孝皇帝上之下

永徽六年（乙卯，655）

1　冬，十月己酉，下诏称："王皇后、萧淑妃谋行鸩毒，废为庶人，母及兄弟，并除名，流岭南。"许敬宗奏："故特进赠司空王仁祐告身尚存，使逆乱馀孽犹得为荫，并请除削。"从之。

乙卯，百官上表请立中宫，乃下诏曰："武氏门著勋庸，地华缨黻，往以才行选入后庭，誉重椒闱，德光兰掖。朕昔在储贰，特荷先慈，常得侍从，弗离朝夕，宫壶之内，恒自饬躬，嫔嫱之间，未尝近目，圣情鉴悉，每垂赏叹，遂以武氏赐朕，事同政君，可立为皇后。"

丁巳，赦天下。是日，皇后上表称："陛下前以妾为宸妃，韩瑗、来济面折庭争，此既事之极难，岂非深情为国，乞加褒赏。"上以表示瑗等，瑗等弥忧惧，屡请去位，上不许。

十一月丁卯朔，临轩命司空李勣赍玺绶册皇后武氏。是日，百官朝皇后于肃义门。

故后王氏，故淑妃萧氏，并囚于别院，上尝念之，间行至其所，见其室封闭极密，惟窍壁以通食器，恻然伤之，呼曰："皇后、淑妃安在？"王氏泣对曰："妾等得罪为宫婢，何得更有尊称！"又曰："至尊若念畴昔，使妾等再见日月，乞名此院为回心院。"上曰："朕即有处置。"武后闻之，大怒，遣人杖王氏及萧氏各一百，断去手足，投酒瓮中，曰："令二妪骨醉！"数日而死，又斩之。王氏初闻宣敕，再拜曰："愿大家万岁！昭仪承恩，死自吾分。"淑妃骂曰："阿武妖猾，乃至于此！愿他生我为猫，阿武为鼠，生生扼其喉。"由是宫中不畜猫。寻又改王氏姓为蟒氏，萧氏为枭氏。武后数见王、萧为祟，被发沥血如死时状。后徙居蓬莱宫，复见之，故多在洛阳，终身不归长安。

己巳，许敬宗奏曰："永徽爱始，国本未生，权引彗星，越升明两。近者元妃载诞,正胤降神,重光日融,爝晖宜息。安可反植枝干,久易位于天庭;倒袭裳衣,使违方于震位! 又,父子之际,人所难言,事或犯鳞,必婴严宪,煎膏染鼎,臣亦甘心。"上召见,问之,对曰:"皇太子,国之本也,本犹未正,万国无所系心。且在东宫者,所出本微,今知国家已有正嫡,必不自安。窃位而怀自疑,恐非宗庙之福,愿陛下熟计之。"上曰:"忠已自让。"对曰:"能为太伯,愿速从之。"

2　西突厥颉苾达度设数遣使请兵讨沙钵罗可汗。甲戌,遣丰州都督元礼臣册拜颉苾达度设为可汗。礼臣至碎叶城,沙钵罗发兵拒之,不得前。颉苾达度设部落多为沙钵罗所并,馀众寡弱,不为诸姓所附,礼臣竟不册拜而归。

3　中书侍郎李义府参知政事。义府容貌温恭,与人语,必嬉怡微笑,而狡险忌克,故时人谓义府笑中有刀;又以其柔而害物,谓之李猫。

显庆元年(丙辰,656)

1　春,正月辛未,以皇太子忠为梁王、梁州刺史;立皇后子代王弘为皇太子,生四年矣。忠既废,官属皆惧罪亡匿,无敢见者;右庶子李安仁独候忠,泣涕拜辞而去。安仁,纲之孙也。

2　壬申,赦天下,改元。

3　二月辛亥,赠武士彠司徒,赐爵周国公。

4　三月,以度支侍郎杜正伦为黄门侍郎、同三品。

5　夏,四月壬子,矩州人谢无灵举兵反,黔州都督李子和讨平之。

6　己未,上谓侍臣曰:"朕思养人之道,未得其要,公等为朕陈之!"来济对曰:"昔齐桓公出游,见老而饥寒者,命赐之食,老人曰:'愿赐一国之饥者。'赐之衣,曰:'愿赐一国之寒者。'公曰:'寡人之廪府安足以周一国之饥寒!'老人曰:'君不夺农时,则国人皆有馀食矣;不夺蚕要,则国人皆有馀衣矣!'故人君之养人,在省其征役而已。今山东役丁,岁别数万,役之则人大劳,取庸则人大费。臣愿陛下量公家所须外,馀悉免之。"上从之。

7　六月辛亥,礼官奏停太祖、世祖配祀,以高祖配昊天于圜丘,太宗配五帝于明堂。从之。

8　秋,七月乙丑,西洱蛮酋长杨栋附、显和蛮酋长王郎罗祁、郎昆梨盘四州酋长王伽冲等帅众内附。

9　癸未,以中书令崔敦礼为太子少师、同中书门下三品。

八月丙申,固安昭公崔敦礼薨。

10　辛丑,葱山道行军总管程知节击西突厥,与歌逻禄、处月二部战于榆慕谷,大破之,斩首千馀级。副总管周智度攻突骑施、处木昆等部于咽城,拔之,斩首三万级。

11　乙巳,龟兹王布失毕入朝。

12　李义府恃宠用事。洛州妇人淳于氏,美色,系大理狱,义府属大理寺丞毕正义枉法出之,将纳为妾,大理卿段宝玄疑而奏之。上命给事中刘仁轨等鞫之,义府恐事泄,逼正义自缢于狱中。上知之,原义府罪不问。

侍御史涟水王义方欲奏弹之,先白其母曰:"义方为御史,视奸臣不纠则不忠,纠之则身危而忧及于亲为不孝,二者不能自决,奈何?"母曰:"昔王陵之母,杀身以成子之名。汝能尽忠以事君,吾死不恨!"义方乃奏:"义府于辇毂之下,擅杀六品寺丞。就云正义自杀,亦由畏义府威,杀身以灭口。如此,则生杀之威,不由上出,渐不可长,请更加勘当!"于是对仗,叱义府令下,义府顾望不退。义方三叱,上既无言,义府始趋出,义方乃读弹文。上释义府不问,而谓义方毁辱大臣,言辞不逊,贬莱州司户。

13　九月,括州暴风,海溢,溺四千馀家。

14　冬,十一月丙寅,生羌酋长浪我利波等帅众内附,以其地置柘、枳二州。

15　十二月,程知节引军至鹰娑川,遇西突厥二万骑,别部鼠尼施等二万馀骑继至,前军总管苏定方帅五百骑驰往击之,西突厥大败,追奔二十里,杀获千五百馀人,获马及器械,绵亘山野,不可胜计。副大总管王文度害其功,言于知节曰:"今兹虽云破贼,官军亦有死伤,乘危轻脱,乃成败之法耳,何急而为此! 自今常结方陈,置辎重在内,遇贼则战,此万全策也。"又矫称别得旨,以知节恃勇轻敌,委文度为之节制,遂收军不许深入。士卒终日跨马,被甲结陈,不胜疲顿,马多瘦死。定方言于知节曰:"出师欲以讨贼,今乃自守,坐自困敝,若遇贼必败。懦怯如此,何以立功! 且主上以公为大将,岂可更遣军副专其号令,事必不然。请囚文度,飞表以闻。"知节不从。

至恒笃城,有群胡归附,文度曰:"此属伺我旋师,还复为贼,不如尽杀之,取其资财。"定方曰:"如此乃自为贼耳,何名伐叛!"文度竟杀之,分其财,独定方不受。师旋,文度坐矫诏当死,特除名;知节亦坐逗遛追贼不及,减死免官。

16　是岁,以太常卿驸马都尉高履行为益州长史。

17　韩瑗上疏，为褚遂良讼冤曰：“遂良体国忘家，捐身徇物，风霜其操，铁石其心，社稷之旧臣，陛下之贤佐。无闻罪状，斥去朝廷，内外氓黎，咸嗟举措。臣闻晋武弘裕，不贻刘毅之诛；汉祖深仁，无恚周昌之直。而遂良被迁，已经寒暑，违忤陛下，其罚塞焉。伏愿缅鉴无辜，稍宽非罪，俯矜微款，以顺人情。”上谓瑗曰：“遂良之情，朕亦知之。然其悖戾好犯上，故以此责之，卿何言之深也！”对曰：“遂良社稷忠臣，为谗谀所毁。昔微子去而殷国以亡，张华存而纲纪不乱。陛下无故弃逐旧臣，恐非国家之福！”上不纳。瑗以言不用，乞归田里。上不许。

18　刘洎之子讼其父冤，称贞观之末，为褚遂良所潜而死，李义府复助之。上以问近臣，众希义府之旨，皆言其枉。给事中长安乐彦玮独曰：“刘洎大臣，人主暂有不豫，岂得遽自比伊、霍！今雪洎之罪，谓先帝用刑不当乎？”上然其言，遂寝其事。


二年（丁巳，657）

1　春，正月癸巳，分哥逻禄部置阴山、大漠二都督府。

2　闰月壬寅，上行幸洛阳。

3　庚戌，以左屯卫将军苏定方为伊丽道行军总管，帅燕然都护渭南任雅相、副都护萧嗣业发回纥等兵，自北道讨西突厥沙钵罗可汗。嗣业，钜之子也。

初，右卫大将军阿史那弥射及族兄左屯卫大将军步真，皆西突厥酋长，太宗之世，帅众来降，至是，诏以弥射、步真为流沙安抚大使，自南道招集旧众。

4　二月辛酉，车驾至洛阳宫。

5　庚午，立皇子显为周王。壬申，徙雍王素节为郇王。

6　三月甲辰，以潭州都督褚遂良为桂州都督。

7　癸丑，以李义府兼中书令。

8　夏，五月丙申，上幸明德宫避暑。上自即位，每日视事。庚子，宰相奏天下无虞，请隔日视事。许之。

9　秋，七月丁亥朔，上还洛阳宫。

10　王玄策之破天竺也，得方士那罗迩娑婆寐以归，自言有长生之术，太宗颇信之，深加礼敬，使合长生药。发使四方求奇药异石，又发使诣婆罗门诸国采药。其言率皆迂诞无实，苟欲以延岁月，药竟不就，乃放还。上即位，复诣长安，又遣归。玄策时为道王友，辛亥，奏言：“此婆罗门实能合长年药，自诡必成，今遣归，可惜失之。”玄策退，上谓侍臣曰：“自古安有神仙！秦始皇、汉武帝求之，疲弊生民，卒无所成，果有不死之人，今皆安在！”李勣对曰：“诚如圣言。此婆罗门今兹再来，容发衰白，已改于前，何能长生！陛下遣之，内外皆喜。”婆婆寐竟死于长安。

11　许敬宗、李义府希皇后旨，诬奏侍中韩瑗、中书令来济与褚遂良潜谋不轨，以桂州用武之地，授遂良桂州都督，欲以为外援。八月丁卯，瑗坐贬振州刺史，济贬台州刺史，终身不听朝觐。又贬褚遂良为爱州刺史，荣州刺史柳奭为象州刺史。

遂良至爱州，上表自陈：“往者濮王、承乾交争之际，臣不顾死亡，归心陛下。时岑文本、刘洎奏称：‘承乾恶状已彰，身在别所，其于东宫，不可少时虚旷，请且遣濮王往居东宫。’臣又抗言固争，皆陛下所见。卒与无忌等四人共定大策。及先朝大渐，独臣与无忌同受遗诏。陛下在草土之辰，不胜哀恸，臣以社稷宽譬，陛下手抱臣颈。臣与无忌区处众事，咸无废阙，数日之间，内外宁谧。力小任重，动罹愆过，蝼蚁馀齿，乞陛下哀怜。”表奏，不省。

12　己巳，礼官奏：“四郊迎气，存太微五帝之祀；南郊明堂，废纬书六天之义。其方丘祭地之外，别有神州，亦请合为一祀。”从之。

13　辛未，以礼部尚书许敬宗为侍中，兼度支尚书杜正伦为兼中书令。

14　冬，十月戊戌，上行幸许州。乙巳，畋于滍水之南。壬子，至氾水曲。十二月乙卯朔，车驾还洛阳宫。

15　苏定方击西突厥沙钵罗可汗，至金山北，先击处木昆部，大破之，其俟斤懒独禄等帅万馀帐来降，定方抚之，发其千骑与俱。

右领军郎将薛仁贵上言：“泥孰部素不伏贺鲁，为贺鲁所破，虏其妻子。今唐兵有破贺鲁诸部得泥孰妻子者，宜归之，仍加赐赉，使彼明知贺鲁为贼而大唐为之父母，则人致其死，不遗力矣。”上从之。泥孰喜，请从军共击贺鲁。

定方至曳咥河西，沙钵罗帅十姓兵且十万，来拒战。定方将唐兵及回纥万馀人击之。沙钵罗轻定方兵少，直进围之。定方令步兵据南原，攒槊外向，自将骑兵陈于北原。沙钵罗先攻步军，三冲不动，定方引骑兵击之，沙钵罗大败，追奔三十里，斩获数万人。明日，勒兵复进。于是胡禄屋等五弩失毕悉众来降，沙钵罗独与处木昆屈律啜数百骑西走。时阿史那步真出南道，五咄陆部落闻沙钵罗败，皆诣步真降。定方乃命萧嗣业、回纥婆闰将胡兵趋邪罗斯川,追沙钵罗,定方与任雅相将新附之众继之。会大雪,平地二尺,军中咸请俟晴而行,定方曰:"虏恃雪深,谓我不能进,必休息士马,亟追之可及,若缓之,彼遁逃浸远,不可复追,省日兼功,在此时矣!"乃蹋雪昼夜兼行。所过收其部众,至双河,与弥射、步真合,去沙钵罗所居二百里,布陈长驱,径至其牙帐。沙钵罗与其徒将猎,定方掩其不备,纵兵击之,斩获数万人。得其鼓纛,沙钵罗与其子咥运、婿阎啜等脱走,趣石国。定方于是息兵,诸部各归所居,通道路,置邮驿,掩骸骨,问疾苦,画疆场,复生业,凡为沙钵罗所掠者,悉括还之,十姓安堵如故。乃命萧嗣业将兵追沙钵罗,定方引军还。

沙钵罗至石国西北苏咄城,人马饥乏,遣人赍珍宝入城市马,城主伊沮达官诈以酒食出迎,诱之入,闭门执之,送于石国。萧嗣业至石国,石国人以沙钵罗授之。

乙丑,分西突厥地置濛池、昆陵二都护府,以阿史那弥射为左卫大将军、昆陵都护、兴昔亡可汗,押五咄陆部落;阿史那步真为右卫大将军、濛池都护、继往绝可汗,押五弩失毕部落。遣光禄卿卢承庆持节册命,仍命弥射、步真与承庆据诸姓降者,准其部落大小,位望高下,授刺史以下官。

16　丁卯,以洛阳宫为东都,洛州官吏员品并如雍州。

17　是岁,诏:"自今僧尼不得受父母及尊者礼拜,所司明有法制禁断。"

18　以吏部侍郎刘祥道为黄门侍郎,仍知吏部选事。祥道以为:"今选司取士伤滥,每年入流之数,过一千四百,杂色入流,曾不铨简。即日内外文武官一品至九品,凡万三千四百六十五员,约准三十年,则万三千馀人略尽矣。若年别入流者五百人,足充所须之数。望有厘革。"既而杜正伦亦言入流人太多。上命正伦与祥道详议,而大臣惮于改作,事遂寝。祥道,林甫之子也。


三年(戊午,658)

1　春,正月戊子,长孙无忌等上所修新礼,诏中外行之。先是,议者谓贞观礼节文未备,故命无忌等修之。时许敬宗、李义府用事,所损益多希旨,学者非之。太常博士萧楚材等以为豫备凶事,非臣子所宜言。敬宗、义府深然之,遂焚国恤一篇,由是凶礼遂阙。

2　初,龟兹王布失毕妻阿史那氏与其相那利私通,布失毕不能禁,由是君臣猜阻,各有党与,互来告难。上两召之,既至,囚那利,遣左领军郎将雷文成送布失毕归国。至龟兹东境泥师城,龟兹大将羯猎颠发众拒之,仍遣使降于西突厥沙钵罗可汗。布失毕据城自守,不敢进。诏左屯卫大将军杨胄发兵讨之。会布失毕病卒,胄与羯猎颠战,大破之,擒羯猎颠及其党,尽诛之,乃以其地为龟兹都督府。戊申,立布失毕之子素稽为龟兹王兼都督。

3　二月丁巳,上发东都。甲戌,至京师。

4　夏,五月癸未,徙安西都护府于龟兹,以旧安西复为西州都督府,镇高昌故地。

5　六月,营州都督兼东夷都护程名振、右领军中郎将薛仁贵将兵攻高丽之赤烽镇,拔之,斩首四百馀级,捕虏百馀人。高丽遣其大将豆方娄帅众三万拒之,名振以契丹逆击,大破之,斩首二千五百级。

6　秋,八月甲寅,播罗哀獠酋长多胡桑等帅众内附。

7　冬,十月庚申,吐蕃赞普来请婚。

8　中书令李义府有宠于上,诸子孩抱者并列清贵。而义府贪冒无厌,母、妻及诸子、女婿,卖官鬻狱,其门如市,多树朋党,倾动朝野。中书令杜正伦每以先进自处,义府恃恩,不为之下,由是有隙,与义府讼于上前。上以大臣不和,两责之。十一月乙酉,贬正伦横州刺史,义府普州刺史。正伦寻卒于横州。

9　阿史那贺鲁既被擒,谓萧嗣业曰:"我本亡虏,为先帝所存,先帝遇我厚而我负之,今日之败,天所怒也。吾闻中国刑人必于市,愿刑我于昭陵之前以谢先帝。"上闻而怜之。贺鲁至京师,甲午,献于昭陵。敕免其死,分其种落为六都督府,其所役属诸国皆置州府,西尽波斯,并隶安西都护府。贺鲁寻死,葬于颉利墓侧。

10　戊戌,以许敬宗为中书令,大理卿辛茂将为兼侍中。

11　开府仪同三司鄂忠武公尉迟敬德薨。敬德晚年闲居,学延年术,修饰池台,奏清商乐以自奉养,不交通宾客,凡十六年,年七十四,以病终,朝廷恩礼甚厚。

12　是岁,爱州刺史褚遂良卒。

13　雍州司士许祎与来济善,侍御史张伦与李义府有怨,吏部尚书唐临奏以祎为江南道巡察使,伦为剑南道巡察使。是时义府虽在外,皇后常保护之,以临为挟私选授。

四年(己未,659)

1　春，二月乙丑，免临官。

2　三月壬午，西突厥兴昔亡可汗与真珠叶护战于双河，斩真珠叶护。

3　夏，四月丙辰，以于志宁为太子太师、同中书门下三品。乙丑，以黄门侍郎许圉师参知政事。

4　武后以太尉赵公长孙无忌受重赐而不助己，深怨之。及议废王后，燕公于志宁中立不言，武后亦不悦。许敬宗屡以利害说无忌，无忌每面折之，敬宗亦怨。武后既立，无忌内不自安，后令敬宗伺其隙而陷之。

会洛阳人李奉节告太子洗马韦季方、监察御史李巢朋党事，敕敬宗与辛茂将鞫之。敬宗按之急，季方自刺，不死，敬宗因诬奏季方欲与无忌构陷忠臣近戚，使权归无忌，伺隙谋反，今事觉，故自杀。上惊曰："岂有此邪！舅为小人所间，小生疑阻则有之，何至于反！"敬宗曰："臣始末推究，反状已露，陛下犹以为疑，恐非社稷之福。"上泣曰："我家不幸，亲戚间屡有异志，往年高阳公主与房遗爱谋反，今元舅复然，使朕惭见天下之人。兹事若实，如之何？"对曰："遗爱乳臭儿，与一女子谋反，势何所成！无忌与先帝谋取天下，天下服其智，为宰相三十年，天下畏其威，若一旦窃发，陛下遣谁当之！今赖宗庙之灵，皇天疾恶，因按小事，乃得大奸，实天下之庆也。臣窃恐无忌知季方自刺，窘急发谋，攘袂一呼，同恶云集，必为宗庙之忧。臣昔见宇文化及父述为炀帝所亲任，结以婚姻，委以朝政。述卒，化及复典禁兵，一夕于江都作乱，先杀不附己者，臣家亦豫其祸，于是大臣苏威、裴矩之徒，皆舞蹈马首，唯恐不及，黎明遂倾隋室。前事不远，愿陛下速决之！"上命敬宗更加审察。明日，敬宗复奏曰："昨夜季方已承与无忌同反，臣又问季方：'无忌与国至亲，累朝宠任，何恨而反？'季方答云：'韩瑗尝语无忌云："柳奭、褚遂良劝公立梁王为太子，今梁王既废，上亦疑公，故出高履行于外。"自此无忌忧恐，渐为自安之计。后见长孙祥又出，韩瑗得罪，日夜与季方等谋反。'臣参验辞状，咸相符合，请收捕准法。"上又泣曰："舅若果尔，朕决不忍杀之，天下将谓朕何，后世将谓朕何！"敬宗对曰："薄昭，汉文帝之舅也，文帝从代来，昭亦有功，所坐止于杀人，文帝使百官素服哭而杀之，至今天下以文帝为明主。今无忌忘两朝之大恩，谋移社稷，其罪与薄昭不可同年而语也。幸而奸状自发，逆徒引服，陛下何疑，犹不早决！古人有言：'当断不断，反受其乱。'安危之机，间不容发。无忌今之奸雄，王莽、司马懿之流也。陛下少更迁延，臣恐变生肘腋，悔无及矣！"上以为然，竟不引问无忌。戊辰，下诏削无忌太尉及封邑，以为扬州都督，于黔州安置，准一品供给。祥，无忌之从父兄子也，前此自工部尚书出为荆州长史，故敬宗以此诬之。

敬宗又奏："无忌谋逆，由褚遂良、柳奭、韩瑗构扇而成。奭仍潜通宫掖，谋行鸩毒，于志宁亦党附无忌。"于是诏追削遂良官爵，除奭、瑗名，免志宁官。遣使发道次兵援送无忌诣黔州。无忌子秘书监驸马都尉冲等皆除名，流岭表。遂良子彦甫、彦冲流爱州，于道杀之。益州长史高履行累贬洪州都督。

5　五月丙申，兵部尚书任雅相、度支尚书卢承庆并参知政事。承庆，思道之孙也。

6　凉州刺史赵持满，多力善射，喜任侠，其从母为韩瑗妻，其舅驸马都尉长孙铨，无忌之族弟也，铨坐无忌，流巂州。许敬宗恐持满作难，诬云无忌同反，驿召至京师，下狱，讯掠备至，终无异辞，曰："身可杀也，辞不可更！"吏无如之何，乃代为狱辞结奏。戊戌，诛之，尸于城西，亲戚莫敢视。友人王方翼叹曰："栾布哭彭越，义也；文王葬枯骨，仁也。下不失义，上不失仁，不亦可乎！"乃收而葬之。上闻之，不罪也。方翼，废后之从祖兄也。长孙铨至流所，县令希旨杖杀之。

7　六月丁卯，诏改氏族志为姓氏录。

初，太宗命高士廉等修氏族志，升降去取，时称允当。至是，许敬宗等以其书不叙武氏本望，奏请改之，乃命礼部郎中孔志约等比类升降，以后族为第一等，其馀悉以仕唐官品高下为准，凡九等。于是士卒以军功致位五品，豫士流，时人谓之"勋格"。

8　许敬宗议封禅仪，己巳，奏："请以高祖、太宗俱配昊天上帝，太穆、文德二皇后俱配皇地祇。"从之。

9　秋，七月，命御史往高州追长孙恩，象州追柳奭，振州追韩瑗，并枷锁诣京师，仍命州县簿录其家。恩，无忌之族弟也。

壬寅，命李勣、许敬宗、辛茂将与任雅相、卢承庆更共覆按无忌事。许敬宗又遣中书舍人袁公瑜等诣黔州，再鞫无忌反状，至则逼无忌令自缢。诏柳奭、韩瑗所在斩决。使者杀柳奭于象州。韩瑗已死，发验而还。籍没三家，近亲皆流岭南为奴婢。常州刺史长孙祥坐与无忌通书，处绞。长孙恩流檀州。

10　八月壬子，以普州刺史李义府兼吏部尚书、同中书门下三品。义府既贵，自言本出赵郡，与诸李叙昭穆。无赖之徒藉其权势，拜伏为兄叔者甚众。给事中李崇德初与同谱，及义府出为普州，即除之。义府闻而衔之，及复为相，使人诬构其罪，下狱，自杀。

11　乙卯,长孙氏、柳氏缘无忌、奭贬降者十三人。高履行贬永州刺史。于志宁贬荣州刺史,于氏贬者九人。自是政归中宫矣。

12　九月,诏以石、米、史、大安、小安、曹、拔汗那、悒怛、疏勒、朱驹半等国置州县府百二十七。

13　冬,十月丙午,太子加元服,赦天下。

14　初,太宗疾山东士人自矜门地,婚姻多责资财,命修氏族志例降一等。王妃、主婿皆取勋臣家,不议山东之族。而魏徵、房玄龄、李勣家皆盛与为婚,常左右之,由是旧望不减。或一姓之中,更分某房某眷,高下悬隔。李义府为其子求婚不获,恨之,故以先帝之旨,劝上矫其弊。壬戌,诏后魏陇西李宝、太原王琼、荥阳郑温、范阳卢子迁、卢浑、卢辅、清河崔宗伯、崔元孙、前燕博陵崔懿、晋赵郡李楷等子孙,不得自为婚姻。仍定天下嫁女受财之数,毋得受陪门财。然族望为时所尚,终不能禁,或载女窃送夫家,或女老不嫁,终不与异姓为婚。其衰宗落谱,昭穆所不齿者,往往反自称禁婚家,益增厚价。

15　闰月戊寅,上发京师,令太子监国。太子思慕不已,上闻之,遽召赴行在。戊戌,车驾至东都。

16　十一月丙午,以许圉师为散骑常侍、检校侍中。

17　戊午,侍中兼左庶子辛茂将薨。

18　思结俟斤都曼帅疏勒、朱俱波、谒般陀三国反,击破于阗。癸亥,以左骁卫大将军苏定方为安抚大使以讨之。

19　以卢承庆同中书门下三品。

20　右领军中郎将薛仁贵等与高丽将温沙门战于横山,破之。

21　苏定方军至业叶水,思结保马头川。定方选精兵万人、骑三千匹驰往袭之,一日一夜行三百里,诘旦,至城下,都曼大惊。战于城外,都曼败,退保其城。及暮,诸军继至,遂围之,都曼惧而出降。


五年(庚申,660)

1　春,正月,定方献俘于乾阳殿。法司请诛都曼。定方请曰:“臣许以不死,故都曼出降,愿丐其馀生。”上曰:“朕屈法以全卿之信。”乃免之。

2　甲子,上发东都。二月辛巳,至并州。三月丙午,皇后宴亲戚故旧邻里于朝堂,妇人于内殿,班赐有差。诏:“并州妇人年八十以上,皆版授郡君。”

3　百济恃高丽之援,数侵新罗,新罗王春秋上表求救。辛亥,以左武

卫大将军苏定方为神丘道行军大总管,帅左骁卫将军刘伯英等水陆十万
以伐百济。以春秋为嵎夷道行军总管,将新罗之众,与之合势。

4　夏,四月丙寅,上发并州。癸巳,至东都。五月,作合璧宫。壬戌,
上幸合璧宫。

5　戊辰,以定襄都督阿史德枢宾、左武候将军延陀梯真、居延州都督
李合珠并为冷岍道行军总管,各将所部兵以讨叛奚,仍命尚书右丞崔馀庆
充使总护三部兵,奚寻遣使降。更以枢宾等为沙砖道行军总管,以讨契
丹,擒契丹松漠都督阿卜固送东都。

6　六月庚午朔,日有食之。

7　甲午,车驾还洛阳宫。

8　房州刺史梁王忠,年浸长,颇不自安,或私衣妇人服以备刺客,又
数自占吉凶。或告其事,秋,七月乙巳,废忠为庶人,徙黔州,囚于承乾
故宅。

9　丁卯,度支尚书、同中书门下三品卢承庆坐科调失所免官。

10　八月,吐蕃禄东赞遣其子起政将兵击吐谷浑,以吐谷浑内附
故也。

11　苏定方引兵自成山济海,百济据熊津江口以拒之。定方进击破
之,百济死者数千人,馀皆溃走。定方水陆齐进,直趣其都城。未至二十
馀里,百济倾国来战,大破之,杀万馀人,追奔,入其郭。百济王义慈及太
子隆逃于北境,定方进围其城。义慈次子泰自立为王,帅众固守。隆子文
思曰:“王与太子皆在,而叔遽拥兵自王,借使能却唐兵,我父子必不全
矣。”遂帅左右逾城来降,百姓皆从之,泰不能止。定方命军士登城立帜,
泰窘迫,开门请命。于是义慈、隆及诸城主皆降。百济故有五部,分统三
十七郡、二百城、七十六万户,诏以其地置熊津等五都督府,以其酋长为都
督、刺史。

12　壬午,左武卫大将军郑仁泰将兵讨思结、拔也固、仆骨、同罗四
部,三战皆捷,追奔百馀里,斩其酋长而还。

13　冬,十月,上初苦风眩头重,目不能视,百司奏事,上或使皇后决
之。后性明敏,涉猎文史,处事皆称旨。由是始委以政事,权与人主侔矣。

14　十一月戊戌朔,上御则天门楼,受百济俘,自其王义慈以下皆释
之。苏定方前后灭三国,皆生擒其主。赦天下。

15　甲寅,上幸许州。十二月辛未,畋于长社。己卯,还东都。

16　壬午,以左骁卫大将军契苾何力为浿江道行军大总管,左武卫大

将军苏定方为辽东道行军大总管,左骁卫将军刘伯英为平壤道行军大总管,蒲州刺史程名振为镂方道总管,将兵分道击高丽。青州刺史刘仁轨坐督海运覆船,以白衣从军自效。

龙朔元年(辛酉,661)

1 春,正月乙卯,募河南北、淮南六十七州兵,得四万四千馀人,诣平壤、镂方行营。戊午,以鸿胪卿萧嗣业为扶馀道行军总管,帅回纥等诸部兵诣平壤。

2 二月乙未晦,改元。

3 三月丙申朔,上与群臣及外夷宴于洛城门,观屯营新教之舞,谓之一戎大定乐。时上欲亲征高丽,以象用武之势也。

4 初,苏定方既平百济,留郎将刘仁愿镇守百济府城,又以左卫中郎将王文度为熊津都督,抚其馀众。文度济海而卒,百济僧道琛、故将福信聚众据周留城,迎故王子丰于倭国而立之,引兵围仁愿于府城。诏起刘仁轨检校带方州刺史,将王文度之众,便道发新罗兵以救仁愿。仁轨喜曰:"天将富贵此翁矣!"于州司请唐历及庙讳以行,曰:"吾欲扫平东夷,颁大唐正朔于海表!"仁轨御军严整,转斗而前,所向皆下。百济立两栅于熊津江口,仁轨与新罗兵合击,破之,杀溺死者万馀人。道琛乃释府城之围,退保任存城。新罗粮尽,引还。道琛自称领军将军,福信自称霜岑将军,招集徒众,其势益张。仁轨众少,与仁愿合军,休息士卒。上诏新罗出兵,新罗王春秋奉诏,遣其将金钦将兵救仁轨等,至古泗,福信邀击,败之。钦自葛岭道遁还新罗,不敢复出。福信寻杀道琛,专总国兵。

5 夏,四月丁卯,上幸合璧宫。

6 庚辰,以任雅相为浿江道行军总管,契苾何力为辽东道行军总管,苏定方为平壤道行军总管,与萧嗣业及诸胡兵凡三十五军,水陆分道并进。上欲自将大军继之。癸巳,皇后抗表谏亲征高丽;诏从之。

7 六月癸未,以吐火罗、哒哒、罽宾、波斯等十六国置都督府八,州七十六,县一百一十,军府一百二十六,并隶安西都护府。

8 秋,七月甲戌,苏定方破高丽于浿江,屡战皆捷,遂围平壤城。

9 九月癸巳朔,特进新罗王春秋卒,以其子法敏为乐浪郡王、新罗王。

10 壬子,徙潞王贤为沛王。贤闻王勃善属文,召为修撰。勃,通之孙也。时诸王斗鸡,勃戏为檄周王鸡文。上见之,怒曰:"此乃交构之渐。"斥勃出沛府。

11　高丽盖苏文遣其子男生以精兵数万守鸭绿水,诸军不得渡。契
苾何力至,值冰大合,何力引众乘冰渡水,鼓噪而进,高丽大溃,追奔数十
里,斩首三万级,馀众悉降,男生仅以身免。会有诏班师,乃还。

12　冬,十月丁卯,上畋于陆浑。戊申,又畋于非山。癸酉,还宫。

13　回纥酋长婆闰卒,侄比粟毒代领其众,与同罗、仆固犯边,诏左武
卫大将军郑仁泰为铁勒道行军大总管,燕然山护刘审礼、左武卫将军薛仁
贵为副,鸿胪卿萧嗣业为仙萼道行军总管,右屯卫将军孙仁师为副,将兵
讨之。审礼,德威之子也。

二年(壬戌,662)

1　春,正月辛亥,立波斯都督卑路斯为波斯王。

2　二月甲子,改百官名:以门下省为东台,中书省为西台,尚书省为
中台;侍中为左相,中书令为右相,仆射为匡政,左、右丞为肃机,尚书为太
常伯,侍郎为少常伯;其馀二十四司、御史台、九寺、七监、十六卫,并以义
训更其名,而职任如故。

3　甲戌,浿江道大总管任雅相薨于军。雅相为将,未尝奏亲戚故吏
从军,皆移所司补授,谓人曰:"官无大小,皆国家公器,岂可苟便其私!"
由是军中赏罚皆平,人服其公。

4　戊寅,左骁卫将军白州刺史沃沮道总管庞孝泰与高丽战于蛇水
之上,军败,与其子十三人皆战死。苏定方围平壤久不下,会大雪,解围
而还。

5　三月,郑仁泰等败铁勒于天山。

铁勒九姓闻唐兵将至,合众十馀万以拒之,选骁健者数十人挑战,薛
仁贵发三矢,杀三人,馀皆下马请降。仁贵悉坑之,度碛北,击其馀众,获
叶护兄弟三人而还。军中歌之曰:"将军三箭定天山,壮士长歌入汉关。"

思结、多滥葛等部落先保天山,闻仁泰等将至,皆迎降。仁泰等纵兵
击之,掠其家以赏军。虏相帅远遁,将军杨志追之,为虏所败。候骑告仁
泰:"虏辎重在近,往可取也。"仁泰将轻骑万四千,倍道赴之,遂逾大碛,
至仙萼河,不见虏,粮尽而还。值大雪,士卒饥冻,弃捐甲兵,杀马食之,马
尽,人自相食,比入塞,馀兵才八百人。

军还,司宪大夫杨德裔劾奏:"仁泰等诛杀已降,使虏逃散,不抚士
卒,不计资粮,遂使骸骨蔽野,弃甲资寇。自圣朝开创以来,未有如今日之

丧败者。仁贵于所监临,贪淫自恣,虽矜所得,不补所丧。并请付法司推科。"诏以功赎罪,皆释之。

以右骁卫大将军契苾何力为铁勒道安抚使,左卫将军姜恪副之,以安辑其馀众。何力简精骑五百,驰入九姓中,虏大惊,何力乃谓曰:"国家知汝皆胁从,赦汝之罪,罪在酋长,得之则已。"其部落大喜,共执其叶护及设、特勒等二百馀人以授何力,何力数其罪而斩之,九姓遂定。

6　甲午,车驾发东都。辛亥,幸蒲州。夏,四月庚申朔,至京师。

7　辛巳,作蓬莱宫。

8　五月丙申,以许圉师为左相。

9　六月乙丑,初令僧、尼、道士、女官致敬父母。

10　秋,七月戊子朔,赦天下。

11　丁巳,熊津都督刘仁愿、带方州刺史刘仁轨大破百济于熊津之东,拔真岘城。

初,仁愿、仁轨等屯熊津城,上与之敕书,以"平壤军回,一城不可独固,宜拔就新罗。若金法敏藉卿留镇,宜且停彼。若其不须,即宜泛海还也"。将士咸欲西归。仁轨曰:"人臣徇公家之利,有死无贰,岂得先念其私!主上欲灭高丽,故先诛百济,留兵守之,制其心腹,虽馀寇充斥而守备甚严,宜砺兵秣马,击其不意,理无不克。既捷之后,士卒心安,然后分兵据险,开张形势,飞表以闻,更求益兵。朝廷知其有成,必命将出师,声援才接,凶丑自歼。非直不弃成功,实亦永清海表。今平壤之军既还,熊津又拔,则百济馀尽,不日更兴,高丽逋寇,何时可灭!且今以一城之地居敌中央,苟或动足,即为擒虏,纵入新罗,亦为羁客,脱不如意,悔不可追。况福信凶悖残虐,君臣猜离,行相屠戮;正宜坚守观变,乘便取之,不可动也。"众从之。时百济王丰与福信等以仁愿等孤城无援,遣使谓之曰:"大使等何时西还,当遣相送。"仁愿、仁轨知其无备,忽出击之,拔其支罗城及尹城、大山、沙井等栅,杀获甚众,分兵守之。福信等以真岘城险要,加兵守之。仁轨伺其稍懈,引新罗兵夜傅城下,攀草而上,比明,入据其城,遂通新罗运粮之路。仁愿乃奏请益兵。诏发淄、青、莱、海之兵七千人以赴熊津。

福信专权,与百济王丰浸相猜忌。福信称疾,卧于窟室,欲俟丰问疾而杀之。丰知之,帅亲信袭杀福信;遣使诣高丽、倭国乞师以拒唐兵。

# 资治通鉴卷第二百一

## 唐纪十七

### 高宗天皇大圣大弘孝皇帝中之上

龙朔二年（壬戌，662）

1　八月壬寅，以许敬宗为太子少师、同东西台三品、知西台事。

2　九月戊寅，初令八品、九品衣碧。

3　冬，十月丁酉，上幸骊山温汤，太子监国。丁未，还宫。

4　庚戌，西台侍郎陕人上官仪同东西台三品。

5　癸丑，诏以四年正月有事于泰山，仍以来年二月幸东都。

6　左相许圉师之子奉辇直长自然，游猎犯人田，田主怒，自然以鸣镝射之。圉师杖自然一百而不以闻。田主诣司宪讼之，司宪大夫杨德裔不为治。西台舍人袁公瑜遣人易姓名上封事告之，上曰："圉师为宰相，侵陵百姓，匿而不言，岂非作威作福！"圉师谢曰："臣备位枢轴，以直道事陛下，不能悉允众心，故为人所攻讦。至于作威福者，或手握强兵，或身居重镇。臣以文吏，奉事圣明，惟知闭门自守，何敢作威福！"上怒曰："汝恨无兵邪！"许敬宗曰："人臣如此，罪不容诛。"遽令引出。诏特免官。

7　癸酉，立皇子旭轮为殷王。

8　十二月戊申，诏以方讨高丽、百济，河北之民，劳于征役，其封泰山、幸东都并停。

9　昫海道总管苏海政受诏讨龟兹，敕兴昔亡、继往绝二可汗发兵与之俱。至兴昔亡之境，继往绝素与兴昔亡有怨，密谓海政曰："弥射谋反，请诛之。"时海政兵才数千，集军吏谋曰："弥射若反，我辈无噍类，不如先事诛之。"乃矫称敕，令大总管赍帛数万段赐可汗及诸酋长，兴昔亡帅其徒受赐，海政悉收斩之。其鼠尼施、拔塞幹两部亡走，海政与继往绝追讨，平之。军还，至疏勒南，弓月部复引吐蕃之众来，欲与唐兵战。海政以师老不敢战，以军资赂吐蕃，约和而还。由是诸部落皆以兴昔亡为冤，各有离心。继往绝寻卒，十姓无主，有阿史那都支及李遮匐收其馀众附于吐蕃。

10　是岁,西突厥寇庭州,刺史来济将兵拒之,谓其众曰:"吾久当死,幸蒙存全以至今日,当以身报国。"遂不释甲胄,赴敌而死。

三年（癸亥,663）

1　春,正月,左武卫大将军郑仁泰讨铁勒叛者馀种,悉平之。

2　乙酉,以李义府为右相,仍知选事。

3　二月,徙燕然都护府于回纥,更名瀚海都护;徙故瀚海都护于云中古城,更名云中都护。以碛为境,碛北州府皆隶瀚海,碛南隶云中。

4　三月,许圉师再贬虔州刺史,杨德裔以阿党流庭州,圉师子文思、自然并免官。

5　右相河间郡公李义府典选,恃中宫之势,专以卖官为事,铨综无次,怨讟盈路,上颇闻之,从容谓义府曰:"卿子及婿颇不谨,多为非法,我尚为卿掩覆,卿宜戒之!"义府勃然变色,颈、颊俱张,曰:"谁告陛下?"上曰:"但我言如是,何必就我索其所从得邪!"义府殊不引咎,缓步而去。上由是不悦。

望气者杜元纪谓义府所居第有狱气,宜积钱二十万缗以厌之,义府信之,聚敛尤急。义府居母丧,朔望给哭假,辄微服与元纪出城东,登古冢,候望气色,或告义府窥觇灾眚,阴有异图。又遣其子右司议郎津召长孙无忌之孙延,受其钱七百缗,除延司津监,右金吾仓曹参军杨行颖告之。夏,四月乙丑,下义府狱,遣司刑太常伯刘祥道与御史、详刑共鞫之,仍命司空李𪟝监焉。事皆有实。戊子,诏义府除名,流巂州;津除名,流振州;诸子及婿并除名,流庭州。朝野莫不称庆。

或作河间道行军元帅刘祥道破铜山大贼李义府露布,榜之通衢。义府多取人奴婢,及败,各散归其家,故其露布云:"混奴婢而乱放,各识家而竞入。"

6　乙未,置鸡林大都督府于新罗国,以金法敏为之。

7　丙午,蓬莱宫含元殿成,上始移仗居之,更命故宫曰西内。戊申,始御紫宸殿听政。

8　五月壬午,柳州蛮酋吴君解反。遣冀州长史刘伯英、右武卫将军冯士翙发岭南兵讨之。

9　吐蕃与吐谷浑互相攻,各遣使上表论曲直,更来求援。上皆不许。吐谷浑之臣素和贵有罪,逃奔吐蕃,具言吐谷浑虚实。吐蕃发兵击吐谷浑,大破之,吐谷浑可汗曷钵与弘化公主帅数千帐弃国走依凉州,请徙居内地。上以凉州都督郑仁泰为青海道行军大总管,帅右武卫将军独孤卿云、辛文陵等分屯凉、鄯二州,以备吐蕃。六月戊申,又以左武卫大将军苏定方为安集大使,节度诸军,为吐谷浑之援。

吐蕃禄东赞屯青海,遣使者论仲琮入见,表陈吐谷浑之罪,且请和亲。上不许。遣左卫郎将刘文祥使于吐蕃,降玺书责让之。

10　秋,八月戊申,上以海东累岁用兵,百姓困于征调,士卒战溺死者甚众,诏罢三十六州所造船,遣司元太常伯窦德玄等分诣十道,问人疾苦,黜陟官吏。德玄,毅之曾孙也。

11　九月戊午,熊津道行军总管、右威卫将军孙仁师等破百济馀众及倭兵于白江,拔其周留城。

初,刘仁愿、刘仁轨既克真岘城,诏孙仁师将兵,浮海助之。百济王丰南引倭人以拒唐兵,仁师与仁愿、仁轨合兵,势大振。诸将以加林城水陆之冲,欲先攻之,仁轨曰:"加林险固,急攻则伤士卒,缓之则旷日持久。周留城,虏之巢穴,群凶所聚,除恶务本,宜先攻之,若克周留,诸城自下。"于是仁师、仁愿与新罗王法敏将陆军以进,仁轨与别将杜爽、扶馀隆将水军及粮船自熊津入白江,以会陆军,同趣周留城。遇倭兵于白江口,四战皆捷,焚其舟四百艘,烟炎灼天,海水皆赤。百济王丰脱身奔高丽,王子忠胜、忠志等帅众降,百济尽平,唯别帅迟受信据任存城,不下。

初,百济西部人黑齿常之,长七尺馀,骁勇有谋略,仕百济为达率兼郡将,犹中国刺史也。苏定方克百济,常之帅所部随众降。定方絷其王及太子,纵兵劫掠,壮者多死。常之惧,与左右十馀人遁归本部,收集亡散,保任存山,结栅以自固,旬月间归附者三万馀人。定方遣兵攻之,常之拒战,唐兵不利。常之复取二百馀城,定方不能克而还。常之与别部将沙吒相如各据险以应福信,百济既败,皆帅其众降。刘仁轨使常之、相如自将其众,取任存城,仍以粮仗助之。孙仁师曰:"此属兽心,何可信也!"仁轨曰:"吾观二人皆忠勇有谋,敦信重义;但向者所托,未得其人,今正是其感激立效之时,不用疑也。"遂给其粮仗,分兵随之,攻拔任存城,迟受信弃妻子,奔高丽。

诏刘仁轨将兵镇百济,召孙仁师、刘仁愿还。百济兵火之馀,比屋凋残,僵尸满野,仁轨始命瘗骸骨,籍户口,理村聚,署官长,通道涂,立桥梁,补堤堰,复陂塘,课耕桑,赈贫乏,养孤老,立唐社稷,颁正朔及庙讳,百济大悦,阖境各安其业。然后修屯田,储糗粮,训士卒,以图高丽。

　　刘仁愿至京师,上问之曰:"卿在海东,前后奏事,皆合机宜,复有文理。卿本武人,何能如是?"仁愿曰:"此皆刘仁轨所为,非臣所及也。"上悦,加仁轨六阶,正除带方州刺史,为筑第长安,厚赐其妻子,遣使赍玺书劳勉之。上官仪曰:"仁轨遭黜削而能尽忠,仁愿秉节制而能推贤,皆可谓君子矣!"

　　12　冬,十月辛巳朔,诏太子每五日于光顺门内视诸司奏事,其事之小者,皆委太子决之。

　　13　十二月庚子,诏改来年元。

　　14　壬寅,以安西都护高贤为行军总管,将兵击弓月以救于阗。

　　15　是岁,大食击波斯、拂菻,破之。南侵婆罗门,吞灭诸胡,胜兵四十馀万。

麟德元年(甲子,664)

　　1　春,正月甲子,改云中都护府为单于大都护府,以殷王旭轮为单于大都护。

　　初,李靖破突厥,迁三百帐于云中城,阿史德氏为之长。至是,部落渐众,阿史德氏诣阙,请如胡法立亲王为可汗以统之。上召见,谓曰:"今之可汗,古之单于也。"故更为单于都护府,而使殷王遥领之。

　　2　二月戊子,上行幸万年宫。

　　3　夏,四月壬子,卫州刺史道孝王元庆薨。

　　4　丙午,魏州刺史郇公孝协坐赃,赐死。司宗卿陇西王博乂奏孝协父叔良死王事,孝协无兄弟,恐绝嗣。上曰:"画一之法,不以亲疏异制,苟害百姓,虽皇太子亦所不赦。孝协有一子,何忧乏祀乎!"孝协竟自尽于第。

　　5　五月戊申朔,遂州刺史许悼王孝薨。

　　6　乙卯,于昆明之弄栋川置姚州都督府。

　　7　秋,七月丁未朔,诏以三年正月有事于岱宗。

　　8　八月丙子,车驾还京师,幸旧宅,留七日。壬午,还蓬莱宫。

　　9　丁亥,以司列太常伯刘祥道兼右相,大司宪窦德玄为司元太常伯、检校左相。

　　10　冬,十月庚辰,检校熊津都督刘仁轨上言:"臣伏睹所存戍兵,疲羸者多,勇健者少,衣服贫敝,唯思西归,无心展效。臣问以'往在海西,见百姓人人应募,争欲从军,或请自办衣粮,谓之"义征",何为今日士卒如此'？咸言：'今日官府与曩时不同，人心亦殊。曩时东西征役，身没王事，并蒙敕使吊祭，追赠官爵，或以死者官爵回授子弟，凡渡辽海者，皆赐勋一转。自显庆五年以来，征人屡经渡海，官不记录，其死者亦无人谁何。州县每发百姓为兵，其壮而富者，行钱参逐，皆亡匿得免；贫者身虽老弱，被发即行。顷者破百济及平壤苦战，当时将帅号令，许以勋赏，无所不至。及达西岸，惟闻枷锁推禁，夺赐破勋，州县追呼，无以自存，公私困弊，不可悉言。以是昨发海西之日已有逃亡自残者，非独至海外而然也。又，本因征役勋级以为荣宠；而比年出征，皆使勋官挽引，劳苦与白丁无殊，百姓不愿从军，率皆由此。'臣又问：'曩日士卒留镇五年，尚得支济，今尔等始经一年，何为如此单露？'咸言：'初发家日，惟令备一年资装；今已二年，未有还期。'臣检校军士所留衣，今冬仅可充事，来秋以往，全无准拟。陛下留兵海外，欲殄灭高丽。百济、高丽，旧相党援，倭人虽远，亦共为影响，若无镇兵，还成一国。今既资戍守，又置屯田，所借士卒同心同德，而众有此议，何望成功！自非有所更张，厚加慰劳，明赏重罚以起士心，若止如今日以前处置，恐师众疲老，立效无日。逆耳之事，或无人为陛下尽言，故臣披露肝胆，昧死奏陈。"

上深纳其言，遣右威卫将军刘仁愿将兵渡海以代旧镇之兵，仍敕仁轨俱还。仁轨谓仁愿曰："国家悬军海外，欲以经略高丽，其事非易。今收获未毕，而军吏与士卒一时代去，军将又归。夷人新服，众心未安，必将生变。不如且留旧兵，渐令收获，办具资粮，节级遣还。军将且留镇抚，未可还也。"仁愿曰："吾前还海西，大遭谗谤，云吾多留兵众，谋据海东，几不免祸。今日唯知准敕，岂敢擅有所为！"仁轨曰："人臣苟利于国，知无不为，岂恤其私！"乃上表陈便宜，自请留镇海东，上从之。仍以扶馀隆为熊津都尉，使招辑其馀众。

11 初，武后能屈身忍辱，奉顺上意，故上排群议而立之。及得志，专作威福，上欲有所为，动为后所制，上不胜其忿。有道士郭行真，出入禁中，尝为厌胜之术，宦者王伏胜发之。上大怒，密召西台侍郎、同东西台三品上官仪议之。仪因言："皇后专恣，海内所不与，请废之。"上意亦以为然，即命仪草诏。

左右奔告于后，后遽诣上自诉。诏草犹在上所，上羞缩不忍，复待之如初；犹恐后怨怒，因绐之曰："我初无此心，皆上官仪教我。"仪先为陈王谘议，与王伏胜俱事故太子忠，后于是使许敬宗诬奏仪、伏胜与忠谋大逆。十二月丙戌，仪下狱，与其子庭芝、王伏胜皆死，籍没其家。戊子，赐忠死于流所。右相刘祥道坐与仪善,罢政事,为司礼太常伯,左肃机郑钦泰等朝士流贬者甚众,皆坐与仪交通故也。

　　自是上每视事,则后垂帘于后,政无大小,皆与闻之。天下大权,悉归中宫,黜陟、杀生,决于其口,天子拱手而已,中外谓之二圣。

　　12　太子右中护、检校西台侍郎乐彦玮,西台侍郎孙处约并同东西台三品。


二年(乙丑,665)

　　1　春,正月丁卯,吐蕃遣使入见,请复与吐谷浑和亲,仍求赤水地畜牧,上不许。

　　2　二月壬午,车驾发京师。丁酉,至合璧宫。

　　3　上语及隋炀帝,谓侍臣曰:"炀帝拒谏而亡,朕常以为戒,虚心求谏,而竟无谏者,何也?"李勣对曰:"陛下所为尽善,群臣无得而谏。"

　　4　三月甲寅,以兼司戎太常伯姜恪同东西台三品。恪,宝谊之子也。

　　5　辛未,东都乾元殿成。闰月壬申朔,车驾至东都。

　　6　疏勒弓月引吐蕃侵于阗,敕西州都督崔知辩、左武卫将军曹继叔将兵救之。

　　7　夏,四月戊辰,左侍极陆敦信检校右相,西台侍郎孙处约,太子右中护、检校西台侍郎乐彦玮并罢政事。

　　8　秘阁郎中李淳风以傅仁均戊寅历推步浸疏,乃增损刘焯皇极历,更撰麟德历,五月辛卯,行之。

　　9　秋,七月己丑,兖州都督邓康王元裕薨。

　　10　上命熊津都尉扶馀隆与新罗王法敏释去旧怨,八月壬子,同盟于熊津城。刘仁轨以新罗、百济、耽罗、倭国使者浮海西还,会祠泰山,高丽亦遣太子福男来侍祠。

　　11　冬,十月癸丑,皇后表称:"封禅旧仪,祭皇地祇,太后昭配,而令公卿行事,礼有未安,至日,妾请帅内外命妇奠献。"诏:"禅社首以皇后为亚献,越国太妃燕氏为终献。"壬戌,诏:"封禅坛所设上帝、后土位,先用藁秸、陶匏等,并宜改用茵褥、罍爵,其诸郊祀亦宜准此。"又诏:"自今郊庙享宴,文舞用功成庆善之乐,武舞用神功破陈之乐。"

　　丙寅,上发东都,从驾文武仪仗,数百里不绝。列营置幕,弥亘原野。东自高丽,西至波斯、乌长诸国朝会者,各帅其属扈从,穹庐毳幕,牛羊驼马,填咽道路。时比岁丰稔,米斗至五钱,麦、豆不列于市。

十一月戊子,上至濮阳,窦德玄骑从。上问:"濮阳谓之帝丘,何也?"德玄不能对。许敬宗自后跃马而前曰:"昔颛顼居此,故谓之帝丘。"上称善。敬宗退,谓人曰:"大臣不可以无学。吾见德玄不能对,心实羞之。"德玄闻之曰:"人各有能有不能,吾不强对以所不知,此吾所能也。"李勣曰:"敬宗多闻,信美矣。德玄之言亦善也。"

寿张人张公艺九世同居,齐、隋、唐皆旌表其门。上过寿张,幸其宅,问所以能共居之故,公艺书"忍"字百馀以进。上善之,赐以缣帛。

十二月丙午,车驾至齐州,留十日。丙辰,发灵岩顿,至泰山下,有司于山南为圆坛,山上为登封坛,社首山上为降禅方坛。

乾封元年（丙寅,666）

1　春,正月戊辰朔,上祀昊天上帝于泰山南。己巳,登泰山,封玉牒,上帝册藏以玉匮,配帝册藏以金匮,皆缠以金绳,封以金泥,印以玉玺,藏以石礴。庚午,降禅于社首,祭皇地祇。上初献毕,执事者皆趋下。宦者执帷,皇后升坛亚献,帷帟皆以锦绣为之。酌酒,实俎豆,登歌,皆用宫人。壬申,上御朝觐坛,受朝贺,赦天下,改元。文武官三品已上赐爵一等,四品已下加一阶。先是阶无泛加,皆以劳考叙进,至五品三品,仍奏取进止,至是始有泛阶;比及末年,服绯者满朝矣。

时大赦,惟长流人不听还,李义府忧愤发病卒。自义府流窜,朝士日忧其复入,及闻其卒,众心乃安。

丙戌,车驾发泰山。辛卯,至曲阜,赠孔子太师,以少牢致祭。癸未,至亳州,谒老君庙,上尊号曰太上玄元皇帝。丁丑,至东都,留六日。甲申,幸合璧宫。夏,四月甲辰,至京师,谒太庙。

2　庚戌,左侍极兼检校右相陆敦信以老疾辞职,拜大司成,兼左侍极,罢政事。

3　五月庚寅,铸乾封泉宝钱,一当十,俟期年尽废旧钱。

4　高丽泉盖苏文卒,长子男生代为莫离支,初知国政,出巡诸城,使其弟男建、男产知留后事。或谓二弟曰:"男生恶二弟之逼,意欲除之,不如先为计。"二弟初未之信。又有告男生者曰:"二弟恐兄还夺其权,欲拒兄不纳。"男生潜遣所亲往平壤伺之,二弟收掩,得之,乃以王命召男生。男生惧,不敢归。男建自为莫离支,发兵讨之。男生走保别城,使其子献诚诣阙求救。六月壬寅,以右骁卫大将军契苾何力为辽东道安抚大使,将兵救之。以献诚为右武卫将军,使为乡导。又以右金吾卫将军庞同善、营州都督高侃为行军总管,同讨高丽。

5 秋,七月乙丑朔,徙殷王旭轮为豫王。

以大司宪兼检校太子左中护刘仁轨为右相。

初,仁轨为给事中,按毕正义事,李义府怨之,出为青州刺史。会讨百济,仁轨当浮海运粮,时未可行,义府督之,遭风失船,丁夫溺死甚众,命监察御史袁异式往鞫之。义府谓异式曰:"君能办事,不忧无官。"异式至,谓仁轨曰:"君与朝廷何人为仇,宜早自为计。"仁轨曰:"仁轨当官不职,国有常刑,公以法毙之,无所逃命。若使遽自引决以快仇人,窃所未甘!"乃具狱以闻。异式将行,仍自掣其锁。狱上,义府言于上曰:"不斩仁轨,无以谢百姓。"舍人源直心曰:"海风暴起,非人力所及。"上乃命除名,以白衣从军自效。义府又讽刘仁愿使害之,仁愿不忍杀。及为大司宪,异式惧,不自安,仁轨沥觞告之曰:"仁轨若念畴昔之事,有如此觞!"仁轨既知政事,异式寻迁詹事丞,时论纷然。仁轨闻之,遽荐为司元大夫。监察御史杜易简谓人曰:"斯所谓矫枉过正矣!"

6 八月辛丑,司元太常伯兼检校左相窦德玄薨。

7 初,武士彟娶相里氏,生男元庆、元爽;又娶杨氏,生三女,长适越王府法曹贺兰越石,次皇后,次适郭孝慎。士彟卒,元庆、元爽及士彟兄子惟良、怀运皆不礼于杨氏,杨氏深衔之。越石、孝慎及孝慎妻并早卒,越石妻生敏之及一女而寡。后既立,杨氏号荣国夫人,越石妻号韩国夫人,惟良自始州长史超迁司卫少卿,怀运自瀛州长史迁淄州刺史,元庆自右卫郎将为宗正少卿,元爽自安州户曹累迁少府少监。荣国夫人尝置酒,谓惟良等曰:"颇忆畴昔之事乎?今日之荣贵复何如?"对曰:"惟良等幸以功臣子弟,早登宦籍,揣分量才,不求贵达,岂意以皇后之故,曲荷朝恩,夙夜忧惧,不为荣也。"荣国不悦。皇后乃上疏,请出惟良等为远州刺史,外示谦抑,实恶之也。于是以惟良检校始州刺史,元庆为龙州刺史,元爽为濠州刺史。元庆至州,以忧卒。元爽坐事流振州而死。

韩国夫人及其女以后故出入禁中,皆得幸于上。韩国寻卒,其女赐号魏国夫人。上欲以魏国为内职,心难后未决,后恶之。会惟良、怀运与诸州刺史诣泰山朝觐,从至京师,惟良等献食。后密置毒醢中,使魏国食之,暴卒,因归罪于惟良、怀运,丁未,诛之,改其姓为蝮氏。怀运兄怀亮早卒,其妻善氏尤不礼于荣国,坐惟良等没入掖庭,荣国令后以他事束棘鞭之,肉尽见骨而死。

8 九月,庞同善大破高丽兵,泉男生帅众与同善合。诏以男生为特进、辽东大都督,兼平壤道安抚大使,封玄菟郡公。

9 戊子,金紫光禄大夫致仕广平宣公刘祥道薨,子齐贤嗣。齐贤为人方正,上甚重之,为晋州司马。将军史兴宗尝从上猎苑中,因言晋州产佳鹞,刘齐贤今为司马,请使捕之。上曰:"刘齐贤岂捕鹞者邪!卿何以此待之!"

10 冬,十二月己酉,以李勣为辽东道行军大总管,以司列少常伯安陆郝处俊副之,以击高丽。庞同善、契苾何力并为辽东道行军副大总管兼安抚大使如故。其水陆诸军总管并运粮使窦义积、独孤卿云、郭待封等,并受勣处分。河北诸州租赋悉诣辽东给军用。待封,孝恪之子也。

勣欲与其婿京兆杜怀恭偕行,以求勣效。怀恭辞以贫,勣赡之。复辞以无奴马,又赡之。怀恭辞穷,乃亡匿岐阳山中,谓人曰:"公欲以我立法耳。"勣闻之,流涕曰:"杜郎疏放,此或有之。"乃止。

二年(丁卯,667)

1 春,正月,上耕藉田,有司进耒耜,加以雕饰。上曰:"耒耜农夫所执,岂宜如此之丽!"命易之。既而耕之,九推乃止。

2 自行乾封泉宝钱,谷帛踊贵,商贾不行。癸未,诏罢之。

3 二月丁酉,涪陵悼王愔薨。

4 辛丑,复以万年宫为九成宫。

5 生羌十二州为吐蕃所破,三月戊寅,悉罢之。

6 上屡责侍臣不进贤,众莫敢对。司列少常伯李安期对曰:"天下未尝无贤,亦非群臣敢蔽贤也。比来公卿有所荐引,为谗者已指为朋党,滞淹者未获伸而在位者先获罪,是以各务杜口耳!陛下果推至诚以待之,其谁不愿举所知!此在陛下,非在群臣也。"上深以为然。安期,百药之子也。

7 夏,四月乙卯,西台侍郎杨弘武、戴至德、正谏大夫兼东台侍郎李安期、东台舍人昌乐张文瓘、司列少常伯兼正谏大夫河北赵仁本并同东西台三品。弘武,素之弟子。至德,胄之兄子也。时造蓬莱、上阳、合璧等宫,频征伐四夷,厩马万匹,仓库渐虚,张文瓘谏曰:"隋鉴不远,愿勿使百姓生怨。"上纳其言,减厩马数千匹。

8 秋,八月己丑朔,日有食之。

9 辛亥,东台侍郎同东西台三品李安期出为荆州长史。

10 九月庚申,上以久疾,命太子弘监国。

　　11　辛未，李勣拔高丽之新城，使契苾何力守之。勣初度辽，谓诸将曰：“新城，高丽西边要害，不先得之，馀城未易取也。”遂攻之，城人师夫仇等缚城主开门降。勣引兵进击，一十六城皆下之。

　　庞同善、高侃尚在新城，泉男建遣兵袭其营，左武卫将军薛仁贵击破之。侃进至金山，与高丽战，不利，高丽乘胜逐北，仁贵引兵横击，大破之，斩首五万馀级，拔南苏、木底、苍岩三城，与泉男生军合。

　　郭待封以水军自别道趣平壤，勣遣别将冯师本载粮仗以资之。师本船破，失期，待封军中饥窘，欲作书与勣，恐为虏所得，知其虚实，乃作离合诗以与勣。勣怒曰：“军事方急，何以诗为？必斩之！”行军管记通事舍人元万顷为释其义，勣乃更遣粮仗赴之。

　　万顷作檄高丽文曰：“不知守鸭绿之险。”泉男建报曰：“谨闻命矣！”即移兵据鸭绿津，唐兵不得渡。上闻之，流万顷于岭南。

　　郝处俊在高丽城下，未及成列，高丽奄至，军中大骇，处俊据胡床，方食干糒，潜简精锐，击败之，将士服其胆略。

　　12　冬，十二月甲午，诏：“自今祀昊天上帝、五帝、皇地祇、神州地祇，并以高祖、太宗配，仍合祀昊天上帝、五帝于明堂。”

　　13　是岁，海南獠陷琼州。

总章元年（戊辰，668）

　　1　春，正月壬子，以右相刘仁轨为辽东道副大总管。

　　2　二月壬午，李勣等拔高丽扶馀城。薛仁贵既破高丽于金山，乘胜将三千人将攻扶馀城，诸将以其兵少，止之。仁贵曰：“兵不在多，顾用之何如耳。”遂为前锋以进，与高丽战，大破之，杀获万馀人，遂拔扶馀城。扶馀川中四十馀城皆望风请服。

　　侍御史洛阳贾言忠奉使自辽东还，上问以军事，言忠对曰：“高丽必平。”上曰：“卿何以知之？”对曰：“隋炀帝东征而不克者，人心离怨故也。先帝东征而不克者，高丽未有衅也。今高藏微弱，权臣擅命，盖苏文死，男建兄弟内相攻夺，男生倾心内附，为我乡导，彼之情伪，靡不知之。以陛下明圣，国家富强，将士尽力，以乘高丽之乱，其势必克，不俟再举矣。且高丽连年饥馑，妖异屡降，人心危骇，其亡可翘足待也。”上又问：“辽东诸将孰贤？”对曰：“薛仁贵勇冠三军。庞同善虽不善斗，而持军严整。高侃勤俭自处，忠果有谋。契苾何力沉毅能断，虽颇忌前，而有统御之才；然夙夜小心，忘身忧国，皆莫及李勣也。”上深然其言。

泉男建复遣兵五万人救扶馀城,与李勣等遇于薛贺水,合战,大破之,斩获三万馀人,进攻大行城,拔之。

3　朝廷议明堂制度略定,三月庚寅,赦天下,改元。

4　戊寅,上幸九成宫。

5　夏,四月丙辰,彗星见于五车。上避正殿,减常膳,撤乐。许敬宗等奏请复常,曰:"彗见东北,高丽将灭之兆也。"上曰:"朕之不德,谪见于天,岂可归咎小夷! 且高丽百姓,亦朕之百姓也。"不许。戊辰,彗星灭。

6　辛巳,西台侍郎、同东西台三品杨弘武薨。

7　八月辛酉,卑列道行军总管、右威卫将军刘仁愿坐征高丽逗留,流姚州。

8　癸酉,车驾还京师。

9　九月癸巳,李勣拔平壤。勣既克大行城,诸军出他道者皆与勣会,进至鸭绿栅,高丽发兵拒战,勣等奋击,大破之,追奔二百馀里,拔辱夷城,诸城遁逃及降者相继。契苾何力先引兵至平壤城下,勣军继之,围平壤月馀,高丽王藏遣泉男产帅首领九十八人,持白幡诣勣降,勣以礼接之。泉男建犹闭门拒守,频遣兵出战,皆败。男建以军事委僧信诚,信诚密遣人诣勣,请为内应。后五日,信诚开门,勣纵兵登城鼓噪,焚城四角,男建自刺,不死,遂擒之。高丽悉平。

10　冬,十月戊午,以乌荼国婆罗门卢迦逸多为怀化大将军。逸多自言能合不死药,上将饵之。东台侍郎郝处俊谏曰:"修短有命,非药可延。贞观之末,先帝服那罗迩娑婆寐药,竟无效。大渐之际,名医不知所为,议者归罪娑婆寐,将加显戮,恐取笑戎狄而止。前鉴不远,愿陛下深察。"上乃止。

11　李勣将至,上命先以高藏等献于昭陵,具军容,奏凯歌,入京师,献于太庙。十二月丁巳,上受俘于含元殿。以高藏政非己出,赦以为司平太常伯、员外同正。以泉男产为司宰少卿,僧信诚为银青光禄大夫,泉男生为右卫大将军。李勣以下,封赏有差。泉男建流黔中,扶馀丰流岭南。分高丽五部、百七十六城、六十九万馀户,为九都督府、四十二州、百县,置安东都护府于平壤以统之,擢其酋帅有功者为都督、刺史、县令,与华人参理。以右威卫大将军薛仁贵检校安东都护,总兵二万人以镇抚之。

丁卯,上祀南郊,告平高丽,以李勣为亚献。己巳,谒太庙。

12　渭南尉刘延祐,弱冠登进士第,政事为畿县最。李勣谓之曰:"足下春秋甫尔,遽擅大名,宜稍自贬抑,无为独出人右也。"

13　时有敕，征辽军士逃亡，限内不首及首而更逃者，身斩，妻子籍没。太子上表，以为："如此之比，其数至多：或遇病不及队伍，怖惧而逃；或因樵采为贼所掠；或渡海漂没；或深入贼庭，为所伤杀。军法严重，同队恐并获罪，即举以为逃，军旅之中，不暇勘当，直据队司通状关移所属，妻子没官，情实可哀。书曰：'与其杀不辜，宁失不经。'伏愿逃亡之家，免其配没。"从之。

14　甲戌，司戎太常伯姜恪兼检校左相，司平太常伯阎立本守右相。

15　是岁，京师及山东、江、淮旱，饥。


二年（己巳，669）

1　春，二月辛酉，以张文瓘为东台侍郎，以右肃机、检校太子中护遽人李敬玄为西台侍郎，并同东西台三品。先是同三品不入衔，至是始入衔。

2　癸亥，以雍州长史卢承庆为司刑太常伯。承庆常考内外官，有一官督运，遭风失米，承庆考之曰："监运损粮，考中下。"其人容色自若，无言而退。承庆重其雅量，改注曰："非力所及，考中中。"既无喜容，亦无愧词。又改曰："宠辱不惊，考中上。"

3　三月丙戌，东台侍郎郝处俊同东、西台三品。

4　丁亥，诏定明堂制度：其基八觚，其宇上圆，覆以清阳玉叶，其门墙阶级，窗棂楣柱，柳窠枅栱，皆法天地阴阳律历之数。诏下之后，众议犹未决，又会饥馑，竟不果立。

5　夏，四月己酉朔，上幸九成宫。

6　高丽之民多离叛者，敕徙高丽户三万八千二百于江、淮之南，及山南、京西诸州空旷之地，留其贫弱者，使守安东。

7　六月戊申朔，日有食之。

8　秋，八月丁未朔，诏以十月幸凉州。时陇右虚耗，议者多以为未宜游幸。上闻之，辛亥，御延福殿，召五品已上谓曰："自古帝王，莫不巡守，故朕欲巡视远俗。若果为不可，何不面陈，而退有后言，何也？"自宰相以下莫敢对。详刑大夫来公敏独进曰："巡守虽帝王常事，然高丽新平，馀寇尚多，西边经略，亦未息兵。陇右户口雕弊，銮舆所至，供亿百端，诚为未易。外间实有窃议，但明制已行，故群臣不敢陈论耳。"上善其言，为之罢西巡。未几，擢公敏为黄门侍郎。

9　甲戌，改瀚海都护府为安北都护府。

10　九月丁丑朔，诏徙吐谷浑部落就凉州南山。议者恐吐蕃侵暴，使不能自存，欲先发兵击吐蕃。右相阎立本以为去岁饥歉，未可兴师。议久不决，竟不果徙。

11　庚寅，大风，海溢，漂永嘉、安固六千馀家。

12　冬，十月丁巳，车驾还京师。

13　十一月丁亥，徙豫王旭轮为冀王，更名轮。

14　司空、太子太师、英贞武公李勣寝疾，上悉召其子弟在外者，使归侍疾。上及太子所赐药，勣则饵之。子弟为之迎医，皆不听进，曰："吾本山东田夫，遭值圣明，致位三公，年将八十，岂非命邪！修短有期，岂能复就医工求活！"一旦，忽谓其弟司卫少卿弼曰："吾今日少愈，可共置酒为乐。"于是子孙悉集，酒阑，谓弼曰："吾自度必不起，故欲与汝曹为别耳。汝曹勿悲泣，听我约束。我见房、杜平生勤苦，仅能立门户，遭不肖子荡覆无馀。吾有此子孙，今悉付汝。葬毕，汝即迁入我堂，抚养孤幼，谨察视之。其有志气不伦，交游非类者，皆先挝杀，然后以闻。"自是不复更言。十二月戊申，薨。上闻之悲泣，葬日，幸未央宫，登楼望辒车恸哭。起冢象阴山、铁山、乌德鞬山，以旌其破突厥、薛延陀之功。

勣为将，有谋善断；与人议事，从善如流。战胜则归功于下，所得金帛，悉散之将士，故人思致死，所向克捷。临事选将，必訾相其状貌丰厚者遣之。或问其故，勣曰："薄命之人，不足与成功名。"

闺门雍睦而严。其姊尝病，勣已为仆射，亲为之煮粥，风回，爇其须鬓。姊曰："仆妾幸多，何自苦如是！"勣曰："非为无人使令也，顾姊老，勣亦老，虽欲久为姊煮粥，其可得乎！"

勣常谓人："我年十二三时为亡赖贼，逢人则杀。十四五为难当贼，有所不惬则杀人。十七八为佳贼，临陈乃杀之。二十为大将，用兵以救人死。"

勣长子震早卒，震子敬业袭爵。

15　时承平既久，选人益多，是岁，司列少常伯裴行俭始与员外郎张仁祎设长名姓历榜，引铨注之法。又定州县升降、官资高下。其后遂为永制，无能革之者。

大略唐之选法，取人以身、言、书、判，计资量劳而拟官。始集而试，观其书、判；已试而铨，察其身、言；已铨而注，询其便利；已注而唱，集众告之。然后类以为甲，先简仆射，乃上门下，给事中读，侍郎省，侍中审之，不当者驳下。既审，然后上闻，主者受旨奉行，各给以符，谓之告身。兵部武选亦然。课试之法,以骑射及翘关、负米。人有格限未至,而能试文三篇,谓之宏词,试判三条,谓之拔萃,入等者得不限而授。其黔中、岭南、闽中州县官,不由吏部,委都督选择土人补授。凡居官以年为考,六品以下,四考为满。

咸亨元年(庚午,670)

1 春,正月丁丑,右相刘仁轨请致仕。许之。

2 三月甲戌朔,以旱,赦天下,改元。

3 丁丑,改蓬莱宫为含元宫。

4 壬辰,太子少师许敬宗请致仕。许之。

5 敕突厥酋长子弟事东宫。西台舍人徐齐聘上疏,以为:"皇太子当引文学端良之士置左右,岂可使戎狄丑类入侍轩闼。"又奏:"齐献公即陛下外祖,虽子孙有犯,岂应上延祖祢!今周忠孝公庙甚修,而齐献公庙毁废,不审陛下何以垂示海内,彰孝理之风!"上皆从之。齐聘,充容之弟也。

6 夏,四月,吐蕃陷西域十八州,又与于阗袭龟兹拨换城,陷之。罢龟兹、于阗、焉耆、疏勒四镇。辛亥,以右威卫大将军薛仁贵为逻娑道行军大总管,左卫员外大将军阿史那道真、左卫将军郭待封副之,以讨吐蕃,且援送吐谷浑还故地。

7 庚午,上幸九成宫。

8 高丽酋长剑牟岑反,立高藏外孙安舜为主。以左监门大将军高侃为东州道行军总管,发兵讨之。安舜杀剑牟岑,奔新罗。

9 六月壬寅朔,日有食之。

10 秋,八月丁巳,车驾还京师。

11 郭待封先与薛仁贵并列,及征吐蕃,耻居其下,仁贵所言,待封多违之。军至大非川,将趣乌海,仁贵曰:"乌海险远,军行甚难,辎重自随,难以趋利,宜留二万人,为两栅于大非岭上,辎重悉置栅内,吾属帅轻锐,倍道兼行,掩其未备,破之必矣。"仁贵帅所部前行,击吐蕃于河口,大破之,斩获甚众,进屯乌海以俟待封。待封不用仁贵策,将辎重徐进。未至乌海,遇吐蕃二十馀万,待封军大败,还走,悉弃辎重。仁贵退屯大非川,吐蕃相论钦陵将兵四十馀万就击之,唐兵大败,死伤略尽。仁贵、待封与阿史那道真并脱身免,与钦陵约和而还。敕大司宪乐彦玮即军按其败状,械送京师,三人皆免死除名。

钦陵,禄东赞之子也,与弟赞婆、悉多幹勃论皆有才略。禄东赞卒,钦陵代之,三弟将兵居外,邻国畏之。

12　关中旱,饥,九月丁丑,诏以明年正月幸东都。

13　甲申,皇后母鲁国忠烈夫人杨氏卒,敕文武九品以上及外命妇并诣宅吊哭。

14　闰月癸卯,皇后以久旱,请避位,不许。

15　壬子,加赠司徒周忠孝公武士彟为太尉、太原王,夫人为王妃。

16　甲寅,以左相姜恪为凉州道行军大总管,以御吐蕃。

17　冬,十月乙未,太子右中护、同东西台三品赵仁本为左肃机,罢政事。

18　庚寅,诏官名皆复旧。

# 资治通鉴卷第二百二

## 唐纪十八

**高宗天皇大圣大弘孝皇帝中之下**

咸亨二年（辛未，671）

1 春，正月甲子，上幸东都。

2 夏，四月甲申，以西突厥阿史那都支为左骁卫大将军兼匐延都督，以安集五咄陆之众。

3 初，武元庆等既死，皇后奏以其姊子贺兰敏之为士蒦之嗣，袭爵周公，改姓武氏，累迁弘文馆学士、左散骑常侍。魏国夫人之死也，上见敏之，悲泣曰："向吾出视朝犹无恙，退朝已不救，何苍猝如此！"敏之号哭不对。后闻之，曰："此儿疑我。"由是恶之。敏之貌美，蒸于太原王妃。及居妃丧，释衰绖，奏妓。司卫少卿杨思俭女，有殊色，上及后自选以为太子妃，婚有日矣，敏之逼而淫之。后于是表言敏之前后罪恶，请加窜逐。六月丙子，敕流雷州，复其本姓。至韶州，以马缰绞死。朝士坐与敏之交游，流岭南者甚众。

4 秋，七月乙未朔，高侃破高丽馀众于安市城。

5 九月丙申，潞州刺史徐王元礼薨。

6 冬，十一月甲午朔，日有食之。

7 车驾自东都幸许、汝。十二月癸酉，校猎于叶县。丙戌，还东都。

三年（壬申，672）

1 春，正月辛丑，以太子左卫副率梁积寿为姚州道行军总管，将兵讨叛蛮。

2 庚戌，昆明蛮十四姓二万三千户内附，置殷、敦、总三州。

3 二月庚午，徙吐谷浑于鄯州浩亹水南。吐谷浑畏吐蕃之强，不安其居，又鄯州地狭，寻徙灵州，以其部落置安乐州，以可汗诺曷钵为刺史。吐谷浑故地皆入于吐蕃。

4　己卯,侍中永安郡公姜恪薨。

5　夏,四月庚午,上幸合璧宫。

6　吐蕃遣其大臣仲琮入贡,上问以吐蕃风俗,对曰:"吐蕃地薄气寒,风俗朴鲁;然法令严整,上下一心,议事常自下而起,因人所利而行之,斯所以能持久也。"上诘以吞灭吐谷浑、败薛仁贵、寇逼凉州事。对曰:"臣受命贡献而已,军旅之事,非所闻也。"上厚赐而遣之。癸未,遣都水使者黄仁素使于吐蕃。

7　秋,八月壬午,特进高阳郡公许敬宗卒。太常博士袁思古议:"敬宗弃长子于荒徼,嫁少女于夷貊。按谥法,'名与实爽曰缪',请谥为缪。"敬宗孙太子舍人彦伯讼思古与许氏有怨,请改谥。太常博士王福畤议,以为:"得失一朝,荣辱千载。若嫌隙有实,当据法推绳;如其不然,义不可夺。"户部尚书戴至德谓福畤曰:"高阳公任遇如是,何以谥之为缪?"对曰:"昔晋司空何曾既忠且孝,徒以日食万钱,秦秀谥之为'缪'。许敬宗忠孝不逮于曾,而饮食男女之累过之,谥之曰'缪',无负许氏矣。"诏集五品已上更议,礼部尚书阳思敬议:"按谥法,既过能改曰恭,请谥曰恭。"诏从之。敬宗尝奏流其子昂于岭南,又以女嫁蛮酋冯盎之子,多纳其货,故思古议及之。福畤,勃之父也。

8　九月癸卯,徙沛王贤为雍王。

9　冬,十月己未,诏太子监国。

10　壬戌,车驾发东都。

11　十一月戊子朔,日有食之。

12　甲辰,车驾至京师。

13　十二月,高侃与高丽馀众战于白水山,破之。新罗遣兵救高丽,侃击破之。

14　癸卯,以左庶子刘仁轨同中书门下三品。

15　太子冢接宫臣,典膳丞全椒邢文伟辄减所供膳,并上书谏太子。太子复书,谢以多疾及入侍少暇,嘉纳其意。顷之,右史缺,上曰:"邢文伟事吾子,能撤膳进谏,此直士也。"擢为右史。

太子因宴集,命宫臣掷倒,次至左奉裕率王及善,及善曰:"掷倒自有伶官,臣若奉令,恐非所以羽翼殿下也。"太子谢之。上闻之,赐及善缣百匹,寻迁左千牛卫将军。

四年(癸酉,673)

1　春,正月丙辰,绛州刺史郑惠王元懿薨。

2　三月丙申,诏刘仁轨等改修国史,以许敬宗等所记多不实故也。

3　夏,四月丙子,车驾幸九成宫。

4　闰五月,燕山道总管、右领军大将军李谨行大破高丽叛者于瓠芦河之西,俘获数千人,馀众皆奔新罗。时谨行妻刘氏留伐奴城,高丽引靺鞨攻之,刘氏擐甲帅众守城,久之,虏退。上嘉其功,封燕国夫人。谨行,靺鞨人突地稽之子也,武力绝人,为众夷所惮。

5　秋,七月,婺州大水,溺死者五千人。

6　八月辛丑,上以疟疾,令太子于延福殿受诸司启事。

7　冬,十月壬午,中书令阎立本薨。

8　乙巳,车驾还京师。

9　十二月丙午,弓月、疏勒二王来降。西突厥兴昔亡可汗之世,诸部离散,弓月及阿悉吉皆叛。苏定方之西讨也,擒阿悉吉以归。弓月南结吐蕃,北招咽面,共攻疏勒,降之。上遣鸿胪卿萧嗣业发兵讨之。嗣业兵未至,弓月惧,与疏勒皆入朝。上赦其罪,遣归国。

## 上元元年(甲戌,674)

1　春,正月壬午,以左庶子、同中书门下三品刘仁轨为鸡林道大总管,卫尉卿李弼、右领军大将军李谨行副之,发兵讨新罗。时新罗王法敏既纳高丽叛众,又据百济故地,使人守之。上大怒,诏削法敏官爵。其弟右骁卫员外大将军、临海郡公仁问在京师,立以为新罗王,使归国。

2　三月辛亥朔,日有食之。

3　贺兰敏之既得罪,皇后奏召武元爽之子承嗣于岭南,袭爵周公,拜尚衣奉御,夏,四月辛卯,迁宗正卿。

4　秋,八月壬辰,追尊宣简公为宣皇帝,妣张氏为宣庄皇后;懿王为光皇帝,妣贾氏为光懿皇后;太武皇帝为神尧皇帝,太穆皇后为太穆神皇后;文皇帝为太宗文武圣皇帝,文德皇后为文德圣皇后。皇帝称天皇,皇后称天后,以避先帝、先后之称。改元,赦天下。

5　戊戌,敕:"文武官三品以上服紫,金玉带;四品服深绯,金带;五品服浅绯,金带;六品服深绿,七品服浅绿,并银带;八品服深青,九品服浅青,并鍮石带;庶人服黄,铜铁带。自非庶人,不听服黄。"

6　九月癸丑,诏追复长孙晟、长孙无忌官爵,以无忌曾孙翼袭爵赵公,听无忌丧归,陪葬昭陵。

7 甲寅,上御翔鸾阁,观大酺。分音乐为东西朋,使雍王贤主东朋,周王显主西朋,角胜为乐,郝处俊谏曰:"二王春秋尚少,志趣未定,当推梨让枣,相亲如一。今分二朋,递相夸竞,俳优小人,言辞无度,恐其交争胜负,讥诮失礼,非所以崇礼义,劝敦睦也。"上瞿然曰:"卿远识,非众人所及也。"遽止之。

是日,卫尉卿李弼暴卒于宴所,为之废酺一日。

8 冬,十一月丙午朔,车驾发京师。己酉,校猎华山之曲武原。戊辰,至东都。

9 箕州录事参军张君澈等诬告刺史蒋王恽及其子汝南郡王炜谋反,敕通事舍人薛思贞驰传往按之。十二月癸未,恽惶惧,自缢死,上知其非罪,深痛惜之,斩君澈等四人。

10 戊子,于阗王伏阇雄来朝。

11 辛卯,波斯王卑路斯来朝。

12 壬寅,天后上表,以为:"国家圣绪,出自玄元皇帝,请令王公以下皆习老子,每岁明经,准孝经、论语策试。"又请:"自今父在,为母服齐衰三年。又,京官八品以上,宜量加俸禄。"及其馀便宜,合十二条。诏书褒美,皆行之。

13 是岁,有刘晓者,上疏论选,以为:"今选曹以检勘为公道,书判为得人,殊不知考其德行才能。况书判借人者众矣。又,礼部取士,专用文章为甲乙,故天下之士,皆舍德行而趋文艺,有朝登甲科而夕陷刑辟者,虽日诵万言,何关理体! 文成七步,未足化人。况尽心卉木之间,极笔烟霞之际,以斯成俗,岂非大谬! 夫人之慕名,如水趋下,上有所好,下必甚焉。陛下若取士以德行为先,文艺为末,则多士雷奔,四方风动矣!"


二年(乙亥,675)

1 春,正月丙寅,以于阗国为毗沙都督府,分其境内为十州,以于阗王尉迟伏阇雄为毗沙都督。

2 辛未,吐蕃遣其大臣论吐浑弥来请和,且请与吐谷浑复修邻好。上不许。

3 二月,刘仁轨大破新罗之众于七重城。又使靺鞨浮海,略新罗之南境,斩获甚众。仁轨引兵还。诏以李谨行为安东镇抚大使,屯新罗之买肖城以经略之,三战皆捷,新罗乃遣使入贡,且谢罪。上赦之,复新罗王法敏官爵。金仁问中道而还,改封临海郡公。

4　三月丁巳,天后祀先蚕于邙山之阳,百官及朝集使皆陪位。

5　上苦风眩甚,议使天后摄知国政。中书侍郎同三品郝处俊曰:"天子理外,后理内,天之道也。昔魏文著令,虽有幼主,不许皇后临朝,所以杜祸乱之萌也。陛下奈何以高祖、太宗之天下,不传之子孙而委之天后乎!"中书侍郎昌乐李义琰曰:"处俊之言至忠,陛下宜听之!"上乃止。

6　天后多引文学之士著作郎元万顷、左史刘祎之等,使之撰列女传、臣轨、百僚新戒、乐书,凡千馀卷。朝廷奏议及百司表疏,时密令参决,以分宰相之权,时人谓之北门学士。祎之,子翼之子也。

7　夏,四月庚辰,以司农少卿韦弘机为司农卿。弘机兼知东都营田,受诏完葺宫苑。有宦者于苑中犯法,弘机杖之,然后奏闻。上以为能,赐绢数十匹,曰:"更有犯者,卿即杖之,不必奏也。"

8　初,左千牛将军长安赵瓌尚高祖女常乐公主,生女为周王显妃。公主颇为上所厚,天后恶之。辛巳,妃坐废,幽闭于内侍省,食料给生者,防人候其突烟,已而数日烟不出,开视,死腐矣。瓌自定州刺史贬栝州刺史,令公主随之官,仍绝其朝谒。

9　太子弘仁孝谦谨,上甚爱之;礼接士大夫,中外属心。天后方逞其志,太子奏请,数迕旨,由是失爱于天后。义阳、宣城二公主,萧淑妃之女也,坐母得罪,幽于掖庭,年逾三十不嫁。太子见之惊恻,遽奏请出降,上许之。天后怒,即日以公主配当上翊卫权毅、王遂古。己亥,太子薨于合璧宫,时人以为天后鸩之也。

壬寅,车驾还洛阳宫。五月戊申,下诏:"朕方欲禅位皇太子,而疾遽不起,宜申往命,加以尊名,可谥为孝敬皇帝。"

六月戊寅,立雍王贤为皇太子,赦天下。

10　天后恶慈州刺史杞王上金,有司希旨奏其罪。秋,七月,上金坐解官,澧州安置。

11　八月庚寅,葬孝敬皇帝于恭陵。

12　戊戌,以戴至德为右仆射,庚子,以刘仁轨为左仆射,并同中书门下三品如故。张文瓘为侍中,郝处俊为中书令;李敬玄为吏部尚书兼左庶子,同中书门下三品如故。

刘仁轨、戴至德更日受牒诉,仁轨常以美言许之,至德必据理难诘,未尝与夺,实有冤结者,密为奏辩。由是时誉皆归仁轨。或问其故,至德曰:"威福者人主之柄,人臣安得盗取之!"上闻,深重之。有老妪欲诣仁轨陈牒,误诣至德,至德览之未终,妪曰:"本谓是解事仆射,乃不解事仆射邪!

归我牒！"至德笑而授之。时人称其长者。文瓘时兼大理卿，囚闻改官，皆恸哭。文瓘性严正，诸司奏议，多所纠驳，上甚委之。

仪凤元年（丙子，676）

1　春，正月壬戌，徙冀王轮为相王。

2　纳州獠反，敕黔州都督发兵讨之。

3　二月甲戌，徙安东都护府于辽东故城。先是有华人任东官者，悉罢之。徙熊津都督府于建安故城。其百济户口先徙于徐、兖等州者，皆置于建安。

4　天后劝上封中岳。癸未，诏以今冬有事于嵩山。

5　丁亥，上幸汝州之温汤。

6　三月癸卯，黄门侍郎来恒、中书侍郎薛元超并同中书门下三品。恒，济之兄；元超，收之子也。

7　甲辰，上还东都。

8　闰月，吐蕃寇鄯、廓、河、芳等州，敕左监门卫中郎将令狐智通发兴、凤等州兵以御之。己卯，诏以吐蕃犯塞，停封中岳。乙酉，以洛州牧周王显为洮州道行军元帅，将工部尚书刘审礼等十二总管，并州大都督相王轮为凉州道行军元帅，将左卫大将军契苾何力等，以讨吐蕃。二王皆不行。

9　庚寅，车驾西还。

10　甲寅，中书侍郎李义琰同中书门下三品。

11　戊午，车驾至九成宫。

12　六月癸亥，黄门侍郎晋陵高智周同中书门下三品。

13　秋，八月乙未，吐蕃寇叠州。

14　壬寅，敕："桂、广、交、黔等都督府，比来注拟土人，简择未精，自今每四年遣五品已上清正官充使，仍令御史同往注拟。"时人谓之南选。

15　九月壬申，大理奏左威卫大将军权善才、左监门中郎将范怀义误斫昭陵柏，罪当除名。上特命杀之。大理丞太原狄仁杰奏："二人罪不当死。"上曰："善才等斫陵柏，我不杀则为不孝。"仁杰固执不已，上作色，令出，仁杰曰："犯颜直谏，自古以为难。臣以为遇桀、纣则难，遇尧、舜则易。今法不至死而陛下特杀之，是法不信于人也，人何所措其手足！且张释之有言：'设有盗长陵一抔土，陛下何以处之？'今以一株柏杀二将军，后代谓陛下为何如矣！臣不敢奉诏者，恐陷陛下于不道，且羞见释之于地下故也。"上怒稍解,二人除名,流岭南。后数日,擢仁杰为侍御史。

初,仁杰为并州法曹,同僚郑崇质当使绝域。崇质母老且病,仁杰曰:"彼母如此,岂可使之有万里之忧!"诣长史蔺仁基,请代之行。仁基素与司马李孝廉不叶,因相谓曰:"吾辈岂可不自愧乎!"遂相与辑睦。

16　冬,十月,车驾还京师。

17　丁酉,祫享太庙,用太学博士史璨议,禘后三年而祫,祫后二年而禘。

18　郇王素节,萧淑妃之子也,警敏好学。天后恶之,自岐州刺史左迁申州刺史。乾封初,敕曰:"素节既有旧疾,不须入朝。"而素节实无疾,自以久不得入觐,乃著忠孝论。王府仓曹参军张柬之因使潜封其论以进。后见之,诬以赃贿,丙午,降封鄱阳王,袁州安置。

19　十一月壬申,改元,赦天下。

20　庚寅,以李敬玄为中书令。

21　十二月戊午,以来恒为河南道大使,薛元超为河北道大使,尚书左丞鄢陵崔知悌、国子司业郑祖玄为江南道大使,分道巡抚。

二年(丁丑,677)

1　春,正月乙亥,上耕藉田。

2　初,刘仁轨引兵自熊津还,扶馀隆畏新罗之逼,不敢留,寻亦还朝。二月丁巳,以工部尚书高藏为辽东州都督,封朝鲜王,遣归辽东,安辑高丽馀众。高丽先在诸州者,皆遣与藏俱归。又以司农卿扶馀隆为熊津都督,封带方王,亦遣归安辑百济馀众,仍移安东都护府于新城以统之。时百济荒残,命隆寓居高丽之境。藏至辽东,谋叛,潜与靺鞨通。召还,徙邛州而死,散徙其人于河南、陇右诸州,贫者留安东城傍。高丽旧城没于新罗,馀众散入靺鞨及突厥,隆亦竟不敢还故地,高氏、扶馀氏遂亡。

3　三月癸亥朔,以郝处俊、高智周并为左庶子,李义琰为右庶子。

夏,四月,左庶子张大安同中书门下三品。大安,公谨之子也。

4　诏以河南、北旱,遣御史中丞崔谧等分道存问赈给。侍御史宁陵刘思立上疏,以为:"今麦秀蚕老,农事方殷,敕使抚巡,人皆竦抃,忘其家业,冀此天恩,聚集参迎,妨废不少。既缘赈给,须立簿书,本欲安存,更成烦扰。望且委州县赈给,待秋务闲,出使褒贬。"疏奏,谧等遂不行。

5　五月,吐蕃寇扶州之临河镇,擒镇将杜孝昇,令赍书说松州都督武居寂使降,孝昇固执不从。吐蕃军还,舍孝昇而去,孝昇复帅馀众拒守。

诏以孝昇为游击将军。

6 秋,八月,徙周王显为英王,更名哲。

7 命刘仁轨镇洮河军。冬,十二月乙卯,诏大发兵讨吐蕃。

8 诏以显庆新礼,多不师古,其五礼并依周礼行事。自是礼官益无凭守,每有大礼,临时撰定。

三年(戊寅,678)

1 春,正月辛酉,百官及蛮夷酋长朝天后于光顺门。

2 刘仁轨镇洮河,每有奏请,多为李敬玄所抑,由是怨之。仁轨知敬玄非将帅才,欲中伤之,奏言:“西边镇守,非敬玄不可。”敬玄固辞。上曰:“仁轨须朕,朕亦自往,卿安得辞!”丙子,以敬玄代仁轨为洮河道大总管兼安抚大使,仍检校鄯州都督。又命益州大都督府长史李孝逸等发剑南、山南兵以赴之。孝逸,神通之子也。

癸未,遣金吾将军曹怀舜等分往河南、北募猛士,不问布衣及仕宦。

3 夏,四月戊申,赦天下,改来年元为通乾。

4 五月壬戌,上幸九成宫。丙寅,山中雨,大寒,从兵有冻死者。

5 秋,七月,李敬玄奏破吐蕃于龙支。

6 上初即位,不忍观破陈乐,命撤之。辛酉,太常少卿韦万石奏:“久寝不作,惧成废缺。请自今大宴会复奏之。”上从之。

7 九月辛酉,车驾还京师。

8 上将发兵讨新罗,侍中张文瓘卧疾在家,自舆入见,谏曰:“今吐蕃为寇,方发兵西讨。新罗虽云不顺,未尝犯边,若又东征,臣恐公私不胜其弊。”上乃止。癸亥,文瓘薨。

9 丙寅,李敬玄将兵十八万与吐蕃将论钦陵战于青海之上,兵败,工部尚书、右卫大将军彭城僖公刘审礼为吐蕃所虏。时审礼将前军深入,顿于濠所,为虏所攻,敬玄懦怯,按兵不救。闻审礼战没,狼狈还走,顿于承风岭,阻泥沟以自固,虏屯兵高冈以压之。左领军员外将军黑齿常之,夜帅敢死之士五百人袭击虏营,虏众溃乱,其将跋地设引兵遁去,敬玄乃收馀众还鄯州。

审礼诸子自缚诣阙,请入吐蕃赎其父,敕听次子易从诣吐蕃省之。比至,审礼已病卒,易从昼夜号哭不绝声。吐蕃哀之,还其尸,易从徒跣负之以归。

上嘉黑齿常之之功,擢拜左武卫将军,充河源军副使。

李敬玄之西征也，监察御史原武娄师德应猛士诏从军，及败，敕师德收集散亡，军乃复振。因命使于吐蕃，吐蕃将论赞婆迎之赤岭。师德宣导上意，谕以祸福，赞婆甚悦，为之数年不犯边。师德迁殿中侍御史，充河源军司马，兼知营田事。

上以吐蕃为忧，悉召侍臣谋之，或欲和亲以息民；或欲严设守备，俟公私富实而讨之；或欲亟发兵击之。议竟不决，赐食而遣之。

太学生宋城魏元忠上封事，言御吐蕃之策，以为："理国之要，在文与武。今言文者则以辞华为首而不及经纶，言武者则以骑射为先而不及方略，是皆何益于理乱哉！故陆机著辨亡之论，无救河桥之败，养由基射穿七札，不济鄢陵之师，此已然之明效也。古语有之：'人无常俗，政有理乱；兵无强弱，将有巧拙。'故选将当以智略为本，勇力为末。今朝廷用人，类取将门子弟及死事之家，彼皆庸人，岂足当阃外之任！李左车、陈汤、吕蒙、孟观，皆出贫贱而立殊功，未闻其家代为将也。

"夫赏罚者，军国之切务，苟有功不赏，有罪不诛，虽尧、舜不能以致理。议者皆云：'近日征伐，虚有赏格而无事实。'盖由小才之吏，不知大体，徒惜勋庸，恐虚仓库。不知士不用命，所损几何！黔首虽微，不可欺罔。岂得悬不信之令，设虚赏之科，而望其立功乎！自苏定方征辽东，李勣破平壤，赏绝不行，勋仍淹滞，不闻斩一台郎，戮一令史，以谢勋人。大非川之败，薛仁贵、郭待封等不即重诛，向使早诛仁贵等，则自馀诸将岂敢失利于后哉！臣恐吐蕃之平，非旦夕可冀也。

"又，出师之要，全资马力。臣请开畜马之禁，使百姓皆得畜马。若官军大举，委州县长吏以官钱增价市之，则皆为官有。彼胡虏恃马力以为强，若听人间市而畜，乃是损彼之强为中国之利也。"先是禁百姓畜马，故元忠言之。上善其言，召见，令直中书省，仗内供奉。

10　冬，十月丙午，徐州刺史密贞王元晓薨。

11　十一月壬子，黄门侍郎、同中书门下三品来恒薨。

12　十二月，诏停来年通乾之号，以反语不善故也。

调露元年（己卯，679）

1　春，正月己酉，上幸东都。

司农卿韦弘机作宿羽、高山、上阳等宫，制度壮丽。上阳宫临洛水，为长廊亘一里。宫成，上徙御之。侍御史狄仁杰劾奏弘机导上为奢泰，弘机坐免官。左司郎中王本立恃恩用事，朝廷畏之。仁杰奏其奸，请付法司，上特原之,仁杰曰:"国家虽乏英才,岂少本立辈! 陛下何惜罪人,以亏王法。必欲曲赦本立,请弃臣于无人之境,为忠贞将来之戒!"本立竟得罪。由是朝廷肃然。

2　庚戌,右仆射、太子宾客道恭公戴至德薨。

3　二月壬戌,吐蕃赞普卒,子器弩悉弄立,生八年矣。时器弩悉弄与其舅麹萨若诣羊同发兵,有弟生六年,在论钦陵军中。国人畏钦陵之强,欲立之,钦陵不可,与萨若共立器弩悉弄。

上闻赞普卒,命裴行俭乘间图之,行俭曰:"钦陵为政,大臣辑睦,未可图也。"乃止。

4　夏,四月辛酉,郝处俊为侍中。

5　偃师人明崇俨,以符咒幻术为上及天后所重,官至正谏大夫。五月壬午,崇俨为盗所杀,求贼,竟不得。赠崇俨侍中。

6　丙戌,命太子监国。太子处事明审,时人称之。

7　戊戌,作紫桂宫于渑池之西。

8　六月辛亥,赦天下,改元。

9　初,西突厥十姓可汗阿史那都支及其别帅李遮匐与吐蕃连和,侵逼安西,朝议欲发兵讨之。吏部侍郎裴行俭曰:"吐蕃为寇,审礼覆没,干戈未息,岂可复出师西方! 今波斯王卒,其子泥洹师为质在京师,宜遣使者送归国,道过二虏,以便宜取之,可不血刃而擒也。"上从之,命行俭册立波斯王,仍为安抚大食使。行俭奏肃州刺史王方翼以为己副,仍令检校安西都护。

10　秋,七月己卯朔,诏以今年冬至有事于嵩山。

11　初,裴行俭尝为西州长史,及奉使过西州,吏人郊迎,行俭悉召其豪杰子弟千馀人自随,且扬言天时方热,未可涉远,须稍凉乃西上。阿史那都支觇知之,遂不设备。行俭徐召四镇诸胡酋长谓曰:"昔在西州,纵猎甚乐,今欲寻旧赏,谁能从吾猎者?"诸胡子弟争请从行,近得万人。行俭阳为畋猎,校勒部伍,数日,遂倍道西进。去都支部落十馀里,先遣都支所亲问其安否,外示闲暇,似非讨袭,续使促召相见。都支先与李遮匐约,秋中拒汉使,猝闻军至,计无所出,帅其子弟迎谒,遂擒之。因传其契箭,悉召诸部酋长,执送碎叶城。简其精骑,轻赍,昼夜进掩遮匐,途中,获都支还使与遮匐使者同来。行俭释遮匐使者,使先往谕遮匐以都支已就擒,遮匐亦降。于是囚都支、遮匐以归,遣波斯王自还其国,留王方翼于安西,使筑碎叶城。

12　冬,十月,单于大都护府突厥阿史德温傅、奉职二部俱反,立阿史那泥熟匐为可汗,二十四州酋长皆叛应之,众数十万,遣鸿胪卿单于大都护府长史萧嗣业、右领军卫将军花大智、右千牛卫将军李景嘉等将兵讨之。嗣业等先战屡捷,因不设备;会大雪,突厥夜袭其营,嗣业狼狈拔营走,众遂大乱,为虏所败,死者不可胜数。大智、景嘉引步兵且行且战,得入单于都护府。嗣业减死,流桂州,大智、景嘉并免官。

突厥寇定州,刺史霍王元轨命开门偃旗,虏疑有伏,惧而宵遁。州人李嘉运与虏通谋,事泄,上令元轨穷其党与,元轨曰:“强寇在境,人心不安,若多所逮系,是驱之使叛也。”乃独杀嘉运,馀无所问,因自劾违制。上览表大喜,谓使者曰:“朕亦悔之,向无王,失定州矣。”自是朝廷有大事,上多密敕问之。

13　壬子,遣左金吾卫将军曹怀舜屯井陉,右武卫将军崔献屯龙门,以备突厥。突厥扇诱奚、契丹侵掠营州,都督周道务遣户曹始平唐休璟将兵击破之。

14　庚申,诏以突厥背诞,罢封嵩山。

15　癸亥,吐蕃文成公主遣其大臣论塞调傍来告丧,并请和亲,上遣郎将宋令文诣吐蕃会赞普之葬。

16　十一月戊寅朔,以太子左庶子、同中书门下三品高智周为御史大夫,罢知政事。

17　癸未,上宴裴行俭,谓之曰:“卿有文武兼资,今授卿二职。”乃除礼部尚书兼检校右卫大将军。甲辰,以行俭为定襄道行军大总管,将兵十八万,并西军检校丰州都督程务挺、东军幽州都督李文暕总三十馀万以讨突厥,并受行俭节度。务挺,名振之子也。

永隆元年(庚辰,680)

1　春,二月癸丑,上幸汝州之温汤。戊午,幸嵩山处士三原田游岩所居。己未,幸道士宗城潘师正所居,上及天后、太子皆拜之。乙丑,还东都。

2　三月,裴行俭大破突厥于黑山,擒其酋长奉职。可汗泥熟匐为其下所杀,以其首来降。

初,行俭行至朔川,谓其下曰:“用兵之道,抚士贵诚,制敌贵诈。前日萧嗣业粮运为突厥所掠,士卒冻馁,故败。今突厥必复为此谋,宜有以诈之。”乃诈为粮车三百乘,每车伏壮士五人,各持陌刀、劲弩,以羸兵数百为之援,且伏精兵于险要以待之。虏果至,赢兵弃车散走。虏驱车就水草,解鞍牧马,欲取粮,壮士自车中跃出,击之,虏惊走,复为伏兵所邀,杀获殆尽,自是粮运行者,虏莫敢近。

军至单于府北,抵暮,下营,掘堑已周,行俭遽命移就高冈。诸将皆言士卒已安堵,不可复动。行俭不从,趣使移。是夜,风雨暴至,前所营地,水深丈馀,诸将惊服,问其故,行俭笑曰:"自今但从我命,不必问其所由知也。"

奉职既就擒,馀党走保狼山。诏户部尚书崔知悌驰传诣定襄宣慰将士,且区处馀寇,行俭引军还。

3 夏,四月乙丑,上幸紫桂宫。

4 戊辰,黄门侍郎闻喜裴炎、崔知温、中书侍郎京兆王德真并同中书门下三品。知温,知悌之弟也。

5 秋,七月,吐蕃寇河源,左武卫将军黑齿常之击却之。擢常之为河源军经略大使。常之以河源冲要,欲加兵戍之,而转输险远,乃广置烽戍七十馀所,开屯田五千馀顷,岁收五百馀万石,由是战守有备焉。

先是,剑南募兵,于茂州西南筑安戎城,以断吐蕃通蛮之路。吐蕃以生羌为乡导,攻陷其城,以兵据之,由是西洱诸蛮皆降于吐蕃。吐蕃尽据羊同、党项及诸羌之地,东接凉、松、茂、巂等州,南邻天竺,西陷龟兹、疏勒等四镇,北抵突厥,地方万馀里,诸胡之盛,莫与为比。

6 丙申,郑州刺史江王元祥薨。

7 突厥馀众围云州,代州都督窦怀悊、右领军中郎将程务挺将兵击破之。

8 八月丁未,上还东都。

9 中书令、检校鄯州都督李敬玄,军既败,屡称疾请还。上许之。既至,无疾,诣中书视事。上怒,丁巳,贬衡州刺史。

10 太子贤闻宫中窃议,以贤为天后姊韩国夫人所生,内自疑惧。明崇俨以厌胜之术为天后所信,常密称"太子不堪承继,英王貌类太宗",又言"相王相最贵"。天后尝命北门学士撰少阳正范及孝子传以赐太子,又数作书消让之,太子愈不自安。

及崇俨死,贼不得,天后疑太子所为。太子颇好声色,与户奴赵道生等狎昵,多赐之金帛,司议郎韦承庆上书谏,不听。天后使人告其事。诏薛元超、裴炎与御史大夫高智周等杂鞫之,于东宫马坊搜得皂甲数百领,以为反具。道生又款称太子使道生杀崇俨。上素爱太子,迟回欲宥之,天后曰："为人子怀逆谋,天地所不容。大义灭亲,何可赦也!"甲子,废太子贤为庶人,遣右监门中郎将令狐智通等送贤诣京师,幽于别所,党与皆伏诛,仍焚其甲于天津桥南以示士民。承庆,思谦之子也。

乙丑,立左卫大将军、雍州牧英王哲为皇太子,改元,赦天下。

太子洗马刘讷言常撰俳谐集以献贤,贤败,搜得之,上怒曰:"以六经教人,犹恐不化,乃进俳谐鄙说,岂辅导之义邪!"流讷言于振州。

左卫将军高真行之子政为太子典膳丞,事与贤连,上以付其父,使自训责。政入门,真行以佩刀刺其喉,真行兄户部侍郎审行又刺其腹,真行兄子琁断其首,弃之道中。上闻之,不悦,贬真行为睦州刺史,审行为渝州刺史。真行,士廉之子也。

左庶子、中书门下三品张大安坐阿附太子,左迁普州刺史。其馀宫僚,上皆释其罪,使复位,左庶子薛元超等皆舞蹈拜恩。右庶子李义琰独引咎涕泣,时论美之。

11　九月甲申,以中书侍郎、同中书门下三品王德真为相王府长史,罢政事。

12　冬,十月壬寅,苏州刺史曹王明、沂州刺史嗣蒋王炜,皆坐故太子贤之党,明降封零陵郡王,黔州安置;炜除名,道州安置。

13　丙午,文成公主薨于吐蕃。

14　己酉,车驾西还。

15　十一月壬申朔,日有食之。


开耀元年(辛巳,681)

1　春,正月,突厥寇原、庆等州。乙亥,遣右卫将军李知十等屯泾、庆二州以备突厥。

2　庚辰,以初立太子,敕宴百官及命妇于宣政殿,引九部伎及散乐自宣政门入。太常博士袁利贞上疏,以为:"正寝非命妇宴会之地,路门非倡优进御之所,请命妇会于别殿,九部伎自东西门入,其散乐伏望停省。"上乃更置宴于麟德殿。宴日,赐利贞帛百段。利贞,昂之曾孙也。

利贞族孙谊为苏州刺史,自以其先自宋太尉淑以来,尽忠帝室,谓琅邪王氏虽奕世台鼎,而为历代佐命,耻与为比,尝曰:"所贵于名家者,为其世笃忠贞,才行相继故也。彼鬻婚姻求禄利者,又乌足贵乎!"时人是其言。

3　裴行俭军既还,突厥阿史那伏念复自立为可汗,与阿史德温傅连兵为寇。癸巳，以行俭为定襄道大总管，以右武卫将军曹怀舜、幽州都督李文暕为副，将兵讨之。

4　二月，天后表请赦杞王上金、鄱阳王素节之罪。以上金为沔州刺史，素节为岳州刺史，仍不听朝集。

5　三月辛卯，以刘仁轨兼太子少傅，馀如故。以侍中郝处俊为太子少保，罢政事。

少府监裴匪舒，善营利，奏卖苑中马粪，岁得钱二十万缗。上以问刘仁轨，对曰："利则厚矣，恐后代称唐家卖马粪，非嘉名也。"乃止。匪舒又为上造镜殿，成，上与仁轨观之，仁轨惊趋下殿。上问其故，对曰："天无二日，土无二王，适视四壁有数天子，不祥孰甚焉！"上遽令剔去。

6　曹怀舜与裨将窦义昭将前军击突厥。或告："阿史那伏念与阿史德温傅在黑沙，左右才二十骑以下，可径往取也。"怀舜等信之，留老弱于瓠芦泊，帅轻锐倍道进，至黑沙，无所见，人马疲顿，乃引兵还。

会薛延陀部落欲西诣伏念，遇怀舜军，因请降。怀舜等引兵徐还，至长城北，遇温傅，小战，各引去。至横水，遇伏念，怀舜、义昭与李文暕及裨将刘敬同四军合为方陈，且战且行。经一日，伏念乘便风击之，军中扰乱，怀舜等弃军走，军遂大败，死者不可胜数。怀舜等收散卒，敛金帛以赂伏念，与之约和，杀牛为盟。伏念北去，怀舜等乃得还。

夏，五月丙戌，怀舜免死，流岭南。

7　己丑，河源道经略大使黑齿常之将兵击吐蕃论赞婆于良非川，破之，收其粮畜而还。常之在军七年，吐蕃深畏之，不敢犯边。

8　初，太原王妃之薨也，天后请以太平公主为女官以追福。及吐蕃求和亲，请尚太平公主，上乃为立太平观，以公主为观主以拒之。至是，始选光禄卿汾阴薛曜之子绍尚焉。绍母，太宗女城阳公主也。

秋，七月，公主适薛氏，自兴安门南至宣阳坊西，燎炬相属，夹路槐木多死。绍兄顗以公主宠盛，深忧之，以问族祖户部郎中克构，克构曰："帝甥尚主，国家故事，苟以恭慎行之，亦何伤！然谚曰：'娶妇得公主，无事取官府。'不得不为之惧也。"

天后以顗妻萧氏及顗弟绪妻成氏非贵族，欲出之，曰："我女岂可使与田舍女为妯娌邪！"或曰："萧氏，瑀之侄孙，国家旧姻。"乃止。

9　夏州群牧使安元寿奏："自调露元年九月以来，丧马一十八万馀匹，监牧吏卒为虏所杀掠者八百馀人。"

10　薛延陀达浑等五州四万馀帐来降。

11 甲午,左仆射兼太子少傅、同中书门下三品刘仁轨固请解仆射,许之。

12 闰七月丁未,裴炎为侍中,崔知温、薛元超并守中书令。

13 上征田游岩为太子洗马,在东宫无所规益。右卫副率蒋俨以书责之曰:"足下负巢、由之俊节,傲唐、虞之圣主,声出区宇,名流海内。主上屈万乘之重,申三顾之荣,遇子以商山之客,待子以不臣之礼,将以辅导储贰,渐染芝兰耳。皇太子春秋鼎盛,圣道未周,仆以不才,犹参庭诤,足下受调护之寄,是可言之秋,唯唯而无一谈,悠悠以卒年岁。向使不餐周粟,仆何敢言! 禄及亲矣,以何酬塞? 想为不达,谨书起予。"游岩竟不能答。

14 庚申,上以服饵,令太子监国。

15 裴行俭军于代州之陉口,多纵反间,由是阿史那伏念与阿史德温傅浸相猜贰。伏念留妻子辎重于金牙山,以轻骑袭曹怀舜。行俭遣裨将何迦密自通漠道,程务挺自石地道掩取之。伏念与曹怀舜约和而还,比至金牙山,失其妻子辎重,士卒多疾疫,乃引兵北走细沙,行俭又使副总管刘敬同、程务挺等将单于府兵追蹑。伏念请执温傅以自效,然尚犹豫,又自恃道远,唐兵必不能至,不复设备。敬同等军到,伏念狼狈,不能整其众,遂执温傅,从间道诣行俭降。候骑告以尘埃涨天而至,将士皆震恐,行俭曰:"此乃伏念执温傅来降,非他盗也。然受降如受敌,不可无备。"乃命严备,遣单使迎前劳之。少选,伏念果帅酋长缚温傅诣军门请罪。行俭尽平突厥馀党,以伏念、温傅归京师。

16 冬,十月丙寅朔,日有食之。

17 壬戌,裴行俭等献定襄之俘。乙丑,改元。丙寅,斩阿史那伏念、阿史德温傅等五十四人于都市。

初,行俭许伏念以不死,故降。裴炎疾行俭之功,奏言:"伏念为副将张虔勖、程务挺所逼,又回纥等自碛北南向逼之,穷窘而降耳。"遂诛之。行俭叹曰:"浑、濬争功,古今所耻。但恐杀降,无复来者。"因称疾不出。

18 丁亥,新罗王法敏卒,遣使立其子政明。

19 十一月癸卯,徙故太子贤于巴州。

# 资治通鉴卷第二百三

## 唐纪十九

**高宗天皇大圣大弘孝皇帝下**

永淳元年（壬午，682）

1　春，二月，作万泉宫于蓝田。

2　癸未，改元，赦天下。

3　戊午，立皇孙重照为皇太孙。上欲令开府置官属，问吏部郎中王方庆，对曰："晋及齐皆尝立太孙，其太子官属即为太孙官属，未闻太子在东宫而更立太孙者也。"上曰："自我作古，可乎？"对曰："三王不相袭礼，何为不可！"乃奏置师傅等官。既而上疑其非法，竟不补授。方庆，褒之曾孙也。名綝，以字行。

4　西突厥阿史那车薄帅十姓反。

5　夏，四月甲子朔，日有食之。

6　上以关中饥馑，米斗三百，将幸东都。丙寅，发京师，留太子监国，使刘仁轨、裴炎、薛元超辅之。时出幸仓猝，扈从之士有饿死于中道者。上虑道路多草窃，命监察御史魏元忠检校车驾前后。元忠受诏，即阅视赤县狱，得盗一人，神采语言异于众。命释桎梏，袭冠带，乘驿以从，与之共食宿，托以诘盗，其人笑许诺。比及东都，士马万数，不亡一钱。

7　辛未，以礼部尚书闻喜宪公裴行俭为金牙道行军大总管，帅右金吾将军阎怀旦等三总管分道讨西突厥。师未行，行俭薨。

行俭有知人之鉴，初为吏部侍郎，前进士王勮、咸阳尉栾城苏味道皆未知名，行俭一见谓之曰："二君后当相次掌铨衡，仆有弱息，愿以为托。"是时勮弟勃与华阴杨炯、范阳卢照邻、义乌骆宾王皆以文章有盛名，司列少常伯李敬玄尤重之，以为必显达。行俭曰："士之致远，当先器识而后才艺。勃等虽有文华，而浮躁浅露，岂享爵禄之器邪！杨子稍沉静，应至令长，徐得令终幸矣。"既而勃度海堕水，炯终于盈川令，照邻恶疾不愈，赴水死，宾王反诛，勮、味道皆典选，如行俭言。行俭为将帅，所引偏裨如程务挺、张虔勖、王方翼、刘敬同、李多祚、黑齿常之，后多为名将。

行俭常命左右取犀角、麝香而失之。又敕赐马及鞍，令史辄驰骤，马倒，鞍破。二人皆逃去，行俭使人召还，谓曰："尔曹皆误耳，何相轻之甚邪！"待之如故。破阿史那都支，得马脑盘，广二尺馀，以示将士，军吏王休烈捧盘升阶，跌而碎之，惶恐，叩头流血。行俭笑曰："尔非故为，何至于是！"不复有追惜之色。诏赐都支等资产金器三千馀物，杂畜称是，并分给亲故及偏裨，数日而尽。

8　阿史那车薄围弓月城，安西都护王方翼引军救之，破虏众于伊丽水，斩首千馀级。俄而三姓咽面与车薄合兵拒方翼，方翼与战于热海，流矢贯方翼臂，方翼以佩刀截之，左右不知。所将胡兵谋执方翼以应车薄，方翼知之，悉召会议，阳出军资赐之，以次引出斩之，会大风，方翼振金鼓以乱其声，诛七十馀人，其徒莫之觉。既而分遣裨将袭车薄、咽面，大破之，擒其酋长三百人，西突厥遂平。阎怀旦竟不行。方翼寻迁夏州都督，征入，议边事。上见方翼衣有血渍，问之，方翼具对热海苦战之状，上视疮叹息。竟以废后近属，不得用而归。

9　乙酉，车驾至东都。

10　丁亥，以黄门侍郎颍川郭待举、兵部侍郎岑长倩、秘书员外少监、检校中书侍郎鼓城郭正一、吏部侍郎鼓城魏玄同并与中书门下同承受进止平章事。上欲用待举等，谓崔知温曰："待举等资任尚浅，且令预闻政事，未可与卿等同名。"自是外司四品已下知政事者，始以平章事为名。长倩，文本之兄子也。

先是，玄同为吏部侍郎，上言铨选之弊，以为："人君之体，当委任而责成功，所委者当，则所用者自精矣。故周穆王命伯冏为太仆正，曰：'慎简乃僚。'是使群司各求其小者，而天子命其大者也。乃至汉氏，得人皆自州县补授，五府辟召，然后升于天朝，自魏、晋以来，始专委选部。夫以天下之大，士人之众，而委之数人之手，用刀笔以量才，按簿书而察行，借使平如权衡，明如水镜，犹力有所极，照有所穷，况所委非人而有愚暗阿私之弊乎！愿略依周、汉之规以救魏、晋之失。"疏奏，不纳。

11　五月，东都霖雨。乙卯，洛水溢，溺民居千馀家。关中先水后旱、蝗，继以疾疫，米斗四百，两京间死者相枕于路，人相食。

12　上既封泰山，欲遍封五岳，秋，七月，作奉天宫于嵩山南。监察御史里行李善感谏曰："陛下封泰山，告太平，致群瑞，与三皇、五帝比隆矣。数年以来，菽粟不稔，饿莩相望，四夷交侵，兵车岁驾，陛下宜恭默思道以禳灾谴,乃更广营宫室,劳役不休,天下莫不失望。臣忝备国家耳目,窃以此为忧!"上虽不纳,亦优容之。自褚遂良、韩瑷之死,中外以言为讳,无敢逆意直谏,几二十年。及善感始谏,天下皆喜,谓之"凤鸣朝阳"。

13　上遣宦者缘江徙异竹,欲植苑中。宦者科舟载竹,所在纵暴。过荆州,荆州长史苏良嗣囚之,上疏切谏,以为:"致远方异物,烦扰道路,恐非圣人爱人之意。又,小人窃弄威福,亏损皇明。"上谓天后曰:"吾约束不严,果为良嗣所怪。"手诏慰谕良嗣,令弃竹江中。良嗣,世长之子也。

14　黔州都督谢祐希天后意,逼零陵王明令自杀,上深惜之,黔府官属皆坐免官。祐后寝于平阁,与婢妾十馀人共处,夜,失其首。垂拱中,明子零陵王俊、黎国公杰为天后所杀,有司籍其家,得祐首,漆为秽器,题云谢祐,乃知明子使刺客取之也。

15　太子留守京师,颇事游畋,薛元超上疏规谏。上闻之,遣使者慰劳元超,仍召赴东都。

16　吐蕃将论钦陵寇柘、松、翼等州。诏左骁卫郎将李孝逸、右卫郎将卫蒲山发秦、渭等州兵分道御之。

17　冬,十月丙寅,黄门侍郎刘景先同中书门下平章事。

18　是岁,突厥馀党阿史那骨笃禄、阿史德元珍等招集亡散,据黑沙城反,入寇并州及单于府之北境,杀岚州刺史王德茂。右领军卫将军、检校代州都督薛仁贵将兵击元珍于云州,虏问唐大将为谁,应之曰:"薛仁贵。"虏曰:"吾闻仁贵流象州,死久矣,何以绐我!"仁贵免胄示之面,虏相顾失色,下马列拜,稍稍引去。仁贵因奋击,大破之,斩首万馀级,捕虏二万馀人。

19　吐蕃入寇河源军,军使娄师德将兵击之于白水涧,八战八捷。上以师德为比部员外郎、左骁卫郎将、河源军经略副使,曰:"卿有文武材,勿辞也!"


弘道元年(癸未,683)

1　春,正月甲午朔,上行幸奉天宫。

2　二月庚午,突厥寇定州,刺史霍王元轨击却之。乙亥,复寇妫州。三月庚寅,阿史那骨笃禄、阿史德元珍围单于都护府,执司马张行师,杀之。遣胜州都督王本立、夏州都督李崇义将兵分道救之。

3　太子右庶子、同中书门下三品李义琰改葬父母,使其舅氏迁旧墓。上闻之,怒曰:"义琰倚势,乃陵其舅家,不可复知政事!"义琰闻之,不自安,以足疾乞骸骨。庚子,以义琰为银青光禄大夫,致仕。

4　癸丑,守中书令崔知温薨。

5　夏,四月己未,车驾还东都。

6　绥州步落稽白铁余,埋铜佛于地中,久之,草生其上,绐其乡人曰:"吾于此数见佛光。"择日集众掘地,果得之,因曰:"得见圣佛者,百疾皆愈。"远近赴之。铁余以杂色囊盛之数十重,得厚施,乃去一囊。数年间,归信者众,遂谋作乱。据城平县,自称光明圣皇帝,置百官,进攻绥德、大斌二县,杀官吏,焚民居。遣右武卫将军程务挺与夏州都督王方翼讨之。甲申,攻拔其城,擒铁余,馀党悉平。

7　五月庚寅,上幸芳桂宫,至合璧宫,遇大雨而还。

8　乙巳,突厥阿史那骨笃禄等寇蔚州,杀刺史李思俭,丰州都督崔智辩将兵邀之于朝那山北,兵败,为虏所擒。朝议欲废丰州,迁其百姓于灵、夏。丰州司马唐休璟上言,以为:"丰州阻河为固,居贼冲要,自秦、汉已来,列为郡县,土宜耕牧。隋季丧乱,迁百姓于宁、庆二州,致胡虏深侵,以灵、夏为边境。贞观之末,募人实之,西北始安。今废之则河滨之地复为贼有,灵、夏等州人不安业,非国家之利也!"乃止。

9　六月,突厥别部寇掠岚州,偏将杨玄基击走之。

10　秋,七月己丑,立皇孙重福为唐昌王。

11　庚辰,诏以今年十月有事于嵩山,寻以上不豫,改用来年正月。

12　甲辰,徙相王轮为豫王,更名旦。

13　中书令兼太子左庶子薛元超病喑,乞骸骨,许之。

14　八月己丑,以将封嵩山,召太子赴东都,留唐昌王重福守京师,以刘仁轨为之副。冬,十月己卯,太子至东都。

15　癸亥,车驾幸奉天宫。

16　十一月丙戌,诏罢来年封嵩山,上疾甚故也。上苦头重,不能视,召侍医秦鸣鹤诊之,鸣鹤请刺头出血,可愈。天后在帘中,不欲上疾愈,怒曰:"此可斩也,乃欲于天子头刺血!"鸣鹤叩头请命。上曰:"但刺之,未必不佳。"乃刺百会、脑户二穴。上曰:"吾目似明矣。"后举手加额曰:"天赐也!"自负彩百匹以赐鸣鹤。

17　戊戌,以右武卫将军程务挺为单于道安抚大使,招讨阿史那骨笃禄等。

18　诏太子监国,以裴炎、刘景先、郭正一同东宫平章事。

19　上自奉天宫疾甚,宰相皆不得见。丁未,还东都,百官见于天津桥南。

20　十二月丁巳，改元，赦天下。上欲御则天门楼宣赦，气逆不能乘马，乃召百姓入殿前宣之。是夜，召裴炎入，受遗诏辅政，上崩于贞观殿。遗诏太子枢前即位，军国大事有不决者，兼取天后进止。废万泉、芳桂、奉天等宫。

庚申，裴炎奏太子未即位，未应宣敕，有要速处分，望宣天后令于中书、门下施行。甲子，中宗即位，尊天后为皇太后，政事咸取决焉。太后以泽州刺史韩王元嘉等，地尊望重，恐其为变，并加三公等官以慰其心。

21　甲戌，以刘仁轨为左仆射，裴炎为中书令。戊寅，以刘景先为侍中。

故事，宰相于门下省议事，谓之政事堂，故长孙无忌为司空，房玄龄为仆射，魏徵为太子太师，皆知门下省事。及裴炎迁中书令，始迁政事堂于中书省。

22　壬午，遣左威卫将军王果、左监门将军令狐智通、右金吾将军杨玄俭、右千牛将军郭齐宗分往并益荆扬四大都督府，与府司相知镇守。

23　中书侍郎同平章事郭正一为国子祭酒，罢政。

### 则天顺圣皇后上之上

光宅元年（甲申，684）

1　春，正月甲申朔，改元嗣圣，赦天下。

2　立太子妃韦氏为皇后，擢后父玄贞自普州参军为豫州刺史。

3　癸巳，以左散骑常侍杜陵韦弘敏为太府卿、同中书门下三品。

4　中宗欲以韦玄贞为侍中，又欲授乳母之子五品官，裴炎固争，中宗怒曰：“我以天下与韦玄贞何不可！而惜侍中邪！”炎惧，白太后，密谋废立。二月戊午，太后集百官于乾元殿，裴炎与中书侍郎刘祎之、羽林将军程务挺、张虔勖勒兵入宫，宣太后令，废中宗为庐陵王，扶下殿。中宗曰：“我何罪？”太后曰：“汝欲以天下与韦玄贞，何得无罪！”乃幽于别所。

己未，立雍州牧豫王旦为皇帝。政事决于太后，居睿宗于别殿，不得有所预。立豫王妃刘氏为皇后。后，德威之孙也。

有飞骑十馀人饮于坊曲，一人言：“向知别无勋赏，不若奉庐陵。”一人起，出诣北门告之。座未散，皆捕得，系羽林狱。言者斩，馀以知反不告皆绞，告者除五品官。告密之端自此兴矣。

5　壬子，以永平郡王成器为皇太子，睿宗之长子也。赦天下，改元文明。

庚申，废皇太孙重照为庶人，命刘仁轨专知西京留守事。流韦玄贞于钦州。

太后与刘仁轨书曰："昔汉以关中事委萧何，今托公亦犹是矣。"仁轨上疏，辞以衰老不堪居守，因陈吕后祸败事以申规戒。太后使秘书监武承嗣赍玺书慰谕之曰："今以皇帝谅暗不言，眇身且代亲政，远劳劝戒，复辞衰疾。又云'吕氏见嗤于后代，禄、产贻祸于汉朝'，引喻良深，愧慰交集。公忠贞之操，终始不渝，劲直之风，古今罕比。初闻此语，能不罔然；静而思之，是为龟镜。况公先朝旧德，遐迩具瞻，愿以匡救为怀，无以暮年致请。"

6　辛酉，太后命左金吾将军丘神勣诣巴州，检校故太子贤宅以备外虞，其实风使杀之。神勣，行恭之子也。

7　甲子，太后御武成殿，皇帝帅王公以下上尊号。丁卯，太后临轩，遣礼部尚书武承嗣册嗣皇帝。自是太后常御紫宸殿，施惨紫帐以视朝。

8　丁丑，以太常卿、检校豫王府长史王德真为侍中；中书侍郎、检校豫王府司马刘祎之同中书门下三品。

9　三月丁亥，徙杞王上金为毕王，鄱阳王素节为葛王。

10　丘神勣至巴州，幽故太子贤于别室，逼令自杀。太后乃归罪于神勣，戊戌，举哀于显福门，贬神勣为叠州刺史。己亥，追封贤为雍王。神勣寻复入为左金吾将军。

11　夏，四月，开府仪同三司、梁州都督滕王元婴薨。

12　辛酉，徙毕王上金为泽王，拜苏州刺史；葛王素节为许王，拜绛州刺史。

13　癸酉，迁庐陵王于房州。丁丑，又迁于均州故濮王宅。

14　五月丙申，高宗灵驾西还。

15　闰月，以礼部尚书武承嗣为太常卿、同中书门下三品。

16　秋，七月戊午，广州都督路元睿为昆仑所杀。元睿暗懦，僚属恣横。有商舶至，僚属侵渔不已，商胡诉于元睿。元睿索枷，欲系治之。群胡怒，有昆仑袖剑直登听事，杀元睿及左右十馀人而去，无敢近者，登舟入海，追之不及。

17　温州大水，流四千馀家。

18　突厥阿史那骨笃禄等寇朔州。

19　八月庚寅，葬天皇大帝于乾陵，庙号高宗。

20　初,尚书左丞冯元常为高宗所委,高宗晚年多疾,每曰:"朕体中不佳,可与元常平章以闻。"元常尝密言"中宫威权太重,宜稍抑损"。高宗虽不能用,深以其言为然。及太后称制,四方争言符瑞。嵩阳令樊文献瑞石,太后命于朝堂示百官,元常奏:"状涉谄诈,不可诬罔天下。"太后不悦,出为陇州刺史。元常,子琮之曾孙也。

21　丙午,太常卿、同中书门下三品武承嗣罢为礼部尚书。

22　梧州大水,流二千馀家。

23　九月甲寅,赦天下,改元。旗帜皆从金色。八品以下,旧服青者更服碧。改东都为神都,宫名太初。又改尚书省为文昌台,左、右仆射为左、右相,六曹为天、地、四时六官;门下省为鸾台,中书省为凤阁,侍中为纳言,中书令为内史;御史台为左肃政台,增置右肃政台;其馀省、寺、监、率之名,悉以义类改之。

24　以左武卫大将军程务挺为单于道安抚大使,以备突厥。

25　武承嗣请太后追王其祖,立武氏七庙,太后从之。裴炎谏曰:"太后母临天下,当示至公,不可私于所亲。独不见吕氏之败乎!"太后曰:"吕后以权委生者,故及于败。今吾追尊亡者,何伤乎!"对曰:"事当防微杜渐,不可长耳!"太后不从。己巳,追尊太后五代祖克己为鲁靖公,妣为夫人;高祖居常为太尉、北平恭肃王,曾祖俭为太尉、金城义康王,祖华为太尉、太原安成王,考士護为太师、魏定王;祖妣皆为妃。裴炎由是得罪。又作五代祠堂于文水。

时诸武用事,唐宗室人人自危,众心愤惋。会眉州刺史英公李敬业及弟盩厔令敬猷、给事中唐之奇、长安主簿骆宾王、詹事司直杜求仁皆坐事,敬业贬柳州司马,敬猷免官,之奇贬栝苍令,宾王贬临海丞,求仁贬黟令。求仁,正伦之侄也。盩厔尉魏思温尝为御史,复被黜。皆会于扬州,各自以失职怨望,乃谋作乱,以匡复庐陵王为辞。

思温为之谋主,使其党监察御史薛仲璋求奉使江都,令雍州人韦超诣仲璋告变,云"扬州长史陈敬之谋反"。仲璋收敬之系狱。居数日,敬业乘传而至,矫称扬州司马来之官,云:"奉密旨,以高州酋长冯子猷谋反,发兵讨之。"于是开府库,令士曹参军李宗臣就钱坊,驱囚徒、工匠授以甲。斩敬之于系所。录事参军孙处行拒之,亦斩以徇,僚吏无敢动者。遂起一州之兵,复称嗣圣元年。开三府:一曰匡复府,二曰英公府,三曰扬州大都督府。敬业自称匡复府上将,领扬州大都督。以之奇、求仁为左、右长史,宗臣、仲璋为左、右司马,思温为军师,宾王为记室,旬日间得胜兵十馀万。

移檄州县，略曰："伪临朝武氏者，人非温顺，地实寒微。昔充太宗下陈，尝以更衣入侍，洎乎晚节，秽乱春宫。密隐先帝之私，阴图后庭之嬖，践元后于翚翟，陷吾君于聚麀。"又曰："杀姊屠兄，弑君鸩母，人神之所同嫉，天地之所不容。"又曰："包藏祸心，窥窃神器。君之爱子，幽之于别宫；贼之宗盟，委之以重任。"又曰："一抔之土未干，六尺之孤安在！"又曰："试观今日之域中，竟是谁家之天下！"太后见檄，问曰："谁所为？"或对曰："骆宾王。"太后曰："宰相之过也。人有如此才，而使之流落不偶乎！"

敬业求得人貌类故太子贤者，绐众云："贤不死，亡在此城中，令吾属举兵。"因奉以号令。

楚州司马李崇福帅所部三县应敬业。盱眙人刘行举独据县不从，敬业遣其将尉迟昭攻盱眙。诏以行举为游击将军，以其弟行实为楚州刺史。

甲申，以左玉钤卫大将军李孝逸为扬州道大总管，将兵三十万，以将军李知十、马敬臣为之副，以讨李敬业。

26　武承嗣与其从父弟右卫将军三思以韩王元嘉、鲁王灵夔属尊位重，屡劝太后因事诛之。太后谋于执政，刘祎之、韦思谦皆无言。内史裴炎独固争，太后愈不悦。三思，元庆之子也。

及李敬业举兵，薛仲璋，炎之甥也，炎欲示闲暇，不汲汲议诛讨。太后问计于炎，对曰："皇帝年长，不亲政事，故竖子得以为辞。若太后返政，则不讨自平矣。"监察御史蓝田崔詧闻之，上言："炎受顾托，大权在己，若无异图，何故请太后归政？"太后命左肃政大夫金城骞味道、侍御史栎阳鱼承晔鞫之，收炎下狱。炎被收，辞气不屈。或劝炎逊辞以免，炎曰："宰相下狱，安有全理！"

凤阁舍人李景谌证炎必反。刘景先及凤阁侍郎义阳胡元范皆曰："炎社稷元臣，有功于国，悉心奉上，天下所知，臣敢明其不反。"太后曰："炎反有端，顾卿不知耳。"对曰："若裴炎为反，则臣等亦反也。"太后曰："朕知裴炎反，知卿等不反。"文武间证炎不反者甚众，太后皆不听。俄并景先、元范下狱。丁亥，以骞味道检校内史同凤阁鸾台三品，李景谌同凤阁鸾台平章事。

27　魏思温说李敬业曰："明公以匡复为辞，宜帅大众鼓行而进，直指洛阳，则天下知公志在勤王，四面响应矣。"薛仲璋曰："金陵有王气，且大江天险，足以为固，不如先取常、润，为定霸之基，然后北向以图中原，进无不利,退有所归,此良策也!"思温曰:"山东豪杰以武氏专制,愤惋不平,闻公举事,皆自蒸麦饭为粮,伸锄为兵,以俟南军之至。不乘此势以立大功,乃更蓄缩自谋巢穴,远近闻之,其谁不解体!"敬业不从,使唐之奇守江都,将兵渡江攻润州。思温谓杜求仁曰:"兵势合则强,分则弱,敬业不并力渡淮,收山东之众以取洛阳,败在眼中矣!"

壬辰,敬业陷润州,执刺史李思文,以李宗臣代之。思文,敬业之叔父也,知敬业之谋,先遣使间道上变,为敬业所攻,拒守久之,力屈而陷。思温请斩以徇,敬业不许,谓思文曰:"叔党于武氏,宜改姓武。"润州司马刘延嗣不降,敬业将斩之,思温救之,得免,与思文皆囚于狱。刘延嗣,审礼从父弟也。曲阿令河间尹元贞引兵救润州,战败,为敬业所擒,临以白刃,不屈而死。

28　丙申,斩裴炎于都亭。炎将死,顾兄弟曰:"兄弟官皆自致,炎无分毫之力,今坐炎流窜,不亦悲乎!"籍没其家,无儋石之储。刘景先贬普州刺史,胡元范流琼州而死。裴炎弟子太仆寺丞伷先,年十七,上封事请见言事。太后召见,诘之曰:"汝伯父谋反,尚何言?"伷先曰:"臣为陛下画计耳,安敢诉冤!陛下为李氏妇,先帝弃天下,遂揽朝政,变易嗣子,疏斥李氏,封崇诸武。臣伯父忠于社稷,反诬以罪,戮及子孙。陛下所为如是,臣实惜之!陛下早宜复子明辟,高枕深居,则宗族可全;不然,天下一变,不可复救矣!"太后怒曰:"胡白,小子敢发此言!"命引出,伷先反顾曰:"今用臣言,犹未晚。"如是者三。太后命于朝堂杖之一百,长流瀼州。

炎之下狱也,郎将姜嗣宗使至长安,刘仁轨问以东都事,嗣宗曰:"嗣宗觉裴炎有异于常久矣。"仁轨曰:"使人觉之邪?"嗣宗曰:"然。"仁轨曰:"仁轨有奏事,愿附使人以闻。"嗣宗曰:"诺。"明日,受仁轨表而还,表言"嗣宗知裴炎反不言"。太后览之,命拉嗣宗于殿庭,绞于都亭。

29　丁酉,追削李敬业祖考官爵,发冢斫棺,复姓徐氏。

30　李景谌罢为司宾少卿,以右史武康沈君谅、著作郎崔詧为正谏大夫、同平章事。

31　徐敬业闻李孝逸将至,自润州回军拒之,屯高邮之下阿溪。使徐敬猷逼淮阴,别将韦超、尉迟昭屯都梁山。

李孝逸军至临淮,偏将雷仁智与敬业战不利,孝逸惧,按兵不进。殿中侍御史魏元忠谓孝逸曰:"天下安危,在兹一举。四方承平日久,忽闻狂狡,注心倾耳以俟其诛。今大军久留不进,远近失望,万一朝廷更命他将以代将军,将军何辞以逃逗挠之罪乎!"孝逸乃引军而前。壬寅,马敬臣击斩尉迟昭于都梁山。

十一月辛亥,以左鹰扬大将军黑齿常之为江南道大总管,讨敬业。

韦超拥众据都梁山,诸将皆曰:"超凭险自固,士无所施其勇,骑无所展其足,且穷寇死战,攻之多杀士卒,不如分兵守之,大军直趣江都,覆其巢穴。"支度使薛克构曰:"超虽据险,其众非多。今多留兵则前军势分,少留兵则终为后患,不如先击之,其势必举,举都梁,则淮阴、高邮望风瓦解矣!"魏元忠请先击徐敬猷,诸将曰:"不如先攻敬业,敬业败,则敬猷不战自擒矣。若击敬猷,则敬业引兵救之,是腹背受敌也。"元忠曰:"不然。贼之精兵,尽在下阿,乌合而来,利在一决,万一失利,大事去矣!敬猷出于博徒,不习军事,其众单弱,人情易摇,大军临之,驻马可克。敬业虽欲救之,计程必不能及。我克敬猷,乘胜而进,虽有韩、白不能当其锋矣!今不先取弱者而遽攻其强,非计也。"孝逸从之,引兵击超,超夜遁,进击敬猷,敬猷脱身走。

庚申,敬业勒兵阻溪拒守,后军总管苏孝祥夜将五千人,以小舟渡溪先击之,兵败,孝祥死,士卒赴溪溺死者过半。左豹韬卫果毅渔阳成三朗为敬业所擒,唐之奇绐其众曰:"此李孝逸也!"将斩之,三朗大呼曰:"我果毅成三朗,非李将军也。官军今大至矣,尔曹破在朝夕。我死,妻子受荣,尔死,妻子籍没,尔终不及我也!"遂斩之。

孝逸等诸军继至,战数不利。孝逸惧,欲引退,魏元忠与行军管记刘知柔言于孝逸曰:"风顺荻干,此火攻之利。"固请决战。敬业置陈既久,士卒多疲倦顾望,陈不能整。孝逸进击之,因风纵火,敬业大败,斩首七千级,溺死者不可胜纪。敬业等轻骑走入江都,挈妻子奔润州,将入海奔高丽。孝逸进屯江都,分遣诸将追之。乙丑,敬业至海陵界,阻风,其将王那相斩敬业、敬猷及骆宾王首来降。馀党唐之奇、魏思温皆捕得,传首神都,扬、润、楚三州平。

陈岳论曰:敬业苟能用魏思温之策,直指河、洛,专以匡复为事,纵军败身戮,亦忠义在焉。而妄希金陵王气,是真为叛逆,不败何待!

敬业之起也,使敬猷将兵五千,循江西上,略地和州。前弘文馆学士历阳高子贡帅乡里数百人拒之,敬猷不能西。以功拜朝散大夫、成均助教。

32 丁卯,郭待举罢为左庶子。以鸾台侍郎韦方质为凤阁侍郎、同平章事。方质,云起之孙也。

33 十二月,刘景先又贬吉州员外长史,郭待举贬岳州刺史。

初,裴炎下狱,单于道安抚大使、左武卫大将军程务挺密表申理,由是忤旨。务挺素与唐之奇、杜求仁善,或谮之曰:"务挺与裴炎、徐敬业通谋。"癸卯,遣左鹰扬将军裴绍业即军中斩之,籍没其家。突厥闻务挺死,所在宴饮相庆。又为务挺立祠,每出师,必祷之。

太后以夏州都督王方翼与务挺连职,素相亲善,且废后近属,征下狱,流崖州而死。

垂拱元年(乙酉,685)

1 春,正月丁未朔,赦天下,改元。

2 太后以徐思文为忠,特免缘坐,拜司仆少卿。谓曰:"敬业改卿姓武,朕今不复夺也。"

3 庚戌,以骞味道守内史。

4 戊辰,文昌左相、同凤阁鸾台三品乐城文献公刘仁轨薨。

5 二月癸未,制:"朝堂所置登闻鼓及肺石,不须防守,有挝鼓立石者,令御史受状以闻。"

6 乙巳,以春官尚书武承嗣、秋官尚书裴居道、右肃政大夫韦思谦并同凤阁鸾台三品。

7 突厥阿史那骨笃禄等数寇边,以左玉钤卫中郎将淳于处平为阳曲道行军总管,击之。

8 正谏大夫、同平章事沈君谅罢。

9 三月,正谏大夫、同平章事崔詧罢。

10 丙辰,迁庐陵王于房州。

11 辛酉,武承嗣罢。

12 辛未,颁垂拱格。

13 朝士有左迁诣宰相自诉者,内史骞味道曰:"此太后处分。"同中书门下三品刘祎之曰:"缘坐改官,由臣下奏请。"太后闻之,夏,四月丙子,贬味道为青州刺史,加祎之太中大夫。谓侍臣曰:"君臣同体,岂得归恶于君,引善自取乎!"

14 癸未,突厥寇代州。淳于处平引兵救之,至忻州,为突厥所败,死者五千馀人。

15 丙午,以裴居道为内史。纳言王德真流象州。

16 己酉,以冬官尚书苏良嗣为纳言。

17　壬戌，制内外九品以上及百姓，咸令自举。

18　壬申，韦方质同凤阁鸾台三品。

19　六月，天官尚书韦待价同凤阁鸾台三品。待价，万石之兄也。

20　同罗、仆固等诸部叛，遣左豹韬卫将军刘敬同发河西骑士出居延海以讨之，同罗、仆固等皆败散。敕侨置安北都护府于同城以纳降者。

21　秋，七月己酉，以文昌左丞魏玄同为鸾台侍郎、同凤阁鸾台三品。

22　诏自今祀天地，高祖、太宗、高宗皆配坐。用凤阁舍人元万顷等之议也。

23　九月丁卯，广州都督王果讨反獠，平之。

24　冬，十一月癸卯，命天官尚书韦待价为燕然道行军大总管以讨吐蕃。初，西突厥兴昔亡、继往绝可汗既死，十姓无主，部落多散亡，太后乃擢兴昔亡之子左豹韬卫翊府中郎将元庆为左玉钤卫将军，兼昆陵都护，袭兴昔亡可汗押五咄陆部落。

25　麟台正字射洪陈子昂上疏，以为："朝廷遣使巡察四方，不可任非其人，及刺史、县令，不可不择。比年百姓疲于军旅，不可不安。"其略曰："夫使不择人，则黜陟不明，刑罚不中，朋党者进，贞直者退。徒使百姓修饰道路，送往迎来，无所益也。谚曰：'欲知其人，观其所使。'不可不慎也。"又曰："宰相，陛下之腹心。刺史、县令，陛下之手足；未有无腹心手足而能独理者也！"又曰："天下有危机，祸福因之而生，机静则有福，机动则有祸，百姓是也。百姓安则乐其生，不安则轻其死，轻其死则无所不至，袄逆乘衅，天下乱矣！"又曰："隋炀帝不知天下有危机，而信贪佞之臣，冀收夷狄之利，卒以灭亡，其为殷鉴，岂不大哉！"

26　太后修故白马寺，以僧怀义为寺主。怀义，鄠人，本姓冯，名小宝，卖药洛阳市，因千金公主以进，得幸于太后。太后欲令出入禁中，乃度为僧，名怀义。又以其家寒微，令与驸马都尉薛绍合族，命绍以季父事之。出入乘御马，宦者十馀人侍从。士民遇之者皆奔避，有近之者，辄捶其首流血，委之而去，任其生死。见道士则极意殴之，仍髡其发而去。朝贵皆匍匐礼谒，武承嗣、武三思皆执僮仆之礼以事之，为之执辔，怀义视之若无人。多聚无赖少年，度为僧，纵横犯法，人莫敢言。右台御史冯思勖屡以法绳之，怀义遇思勖于途，令从者殴之，几死。

二年（丙戌，686）

1　春，正月，太后下诏复政于皇帝。睿宗知太后非诚心，奉表固让。

太后复临朝称制。辛酉,赦天下。

2　二月辛未朔,日有食之。

3　右卫大将军李孝逸既克徐敬业,声望甚重。武承嗣等恶之,数谮于太后,左迁施州刺史。

4　三月戊申,太后命铸铜为匦:其东曰"延恩",献赋颂、求仕进者投之;南曰"招谏",言朝政得失者投之;西曰"伸冤",有冤抑者投之;北曰"通玄",言天象灾变及军机秘计者投之。命正谏、补阙、拾遗一人掌之,先责识官,乃听投表疏。

徐敬业之反也,侍御史鱼承晔之子保家教敬业作刀车及弩,敬业败,仅得免。太后欲周知人间事,保家上书,请铸铜为匦以受天下密奏。其器共为一室,中有四隔,上各有窍,以受表疏,可入不可出。太后善之。未几,其怨家投匦,告保家为敬业作兵器,杀伤官军甚众,遂伏诛。

太后自徐敬业之反,疑天下人多图己,又自以久专国事,且内行不正,知宗室大臣怨望,心不服,欲大诛杀以威之。乃盛开告密之门,有告密者,臣下不得问,皆给驿马,供五品食,使诣行在。虽农夫樵人,皆得召见,廪于客馆,所言或称旨,则不次除官,无实者不问。于是四方告密者蜂起,人皆重足屏息。

有胡人索元礼,知太后意,因告密召见,擢为游击将军,令案制狱。元礼性残忍,推一人必令引数十百人,太后数召见赏赐以张其权。于是尚书都事长安周兴、万年人来俊臣之徒效之,纷纷继起。兴累迁至秋官侍郎,俊臣累迁至御史中丞,相与私畜无赖数百人,专以告密为事,欲陷一人,辄令数处俱告,事状如一。俊臣与司刑评事洛阳万国俊共撰罗织经数千言,教其徒网罗无辜,织成反状,构造布置,皆有支节。太后得告密者,辄令元礼等推之,竞为讯囚酷法,有"定百脉"、"突地吼"、"死猪愁"、"求破家"、"反是实"等名号。或以椽关手足而转之,谓之"凤皇晒翅";或以物绊其腰,引枷向前,谓之"驴驹拔撅";或使跪捧枷,累甓其上,谓之"仙人献果";或使立高木,引枷尾向后,谓之"玉女登梯";或倒悬石缒其首,或以醋灌鼻,或以铁圈毂其首而加楔,至有脑裂髓出者。每得囚,辄先陈其械具以示之,皆战栗流汗,望风自诬。每有赦令,俊臣辄令狱卒先杀重囚,然后宣示。太后以为忠,益宠任之。中外畏此数人,甚于虎狼。

麟台正字陈子昂上疏:以为:"执事者疾徐敬业首乱唱祸,将息奸源,穷其党与,遂使陛下大开诏狱,重设严刑,有迹涉嫌疑,辞相逮引,莫不穷捕考按。至有奸人荧惑,乘险相诬,纠告疑似,冀图爵赏,恐非伐罪吊人之

意也。臣窃观当今天下，百姓思安久矣，故扬州构逆，殆有五旬，而海内晏
然，纤尘不动。陛下不务玄默以救疲人，而反任威刑以失其望，臣愚暗昧，
窃有大惑。伏见诸方告密，囚累百千辈，及其穷竟，百无一实。陛下仁恕，
又屈法容之，遂使奸恶之党快意相仇，睚眦之嫌即称有密，一人被讼，百人
满狱，使者推捕，冠盖如市。或谓陛下爱一人而害百人，天下喁喁，莫知宁
所。臣闻隋之末代，天下犹平，杨玄感作乱，不逾月而败。天下之弊，未至
土崩，蒸人之心，犹望乐业。炀帝不悟，遂使兵部尚书樊子盖专行屠戮，大
穷党与，海内豪士，无不罹殃，遂至杀人如麻，流血成泽，天下靡然，始思为
乱，于是雄杰并起而隋族亡矣。夫大狱一起，不能无滥，冤人吁嗟，感伤和
气，群生疠疫，水旱随之，人既失业，则祸乱之心怵然而生矣。古者明王重
慎刑法，盖惧此也。昔汉武帝时巫蛊狱起，使太子奔走，兵交宫阙，无辜被
害者以千万数，宗庙几覆；赖武帝得壶关三老书，廓然感悟，夷江充三族，
馀狱不论，天下以安尔。古人云：‘前事之不忘，后事之师。’伏愿陛下念
之！"太后不听。

5　夏，四月，太后铸大仪，置北阙。

6　以岑长倩为内史。六月辛未，以苏良嗣为左相，同凤阁鸾台三品
韦待价为右相。己卯，以韦思谦为纳言。

苏良嗣遇僧怀义于朝堂，怀义偃蹇不为礼。良嗣大怒，命左右捽曳，
批其颊数十。怀义诉于太后，太后曰："阿师当于北门出入，南牙宰相所往
来，勿犯也。"

太后托言怀义有巧思，故使入禁中营造。补阙长社王求礼上表，以
为："太宗时，有罗黑黑善弹琵琶，太宗阉为给使，使教宫人。陛下若以怀
义有巧性，欲宫中驱使者，臣请阉之，庶不乱宫闱。"表寝不出。

7　秋，九月丁未，以西突厥继往绝可汗之子斛瑟罗为右玉钤卫将军，
袭继往绝可汗押五弩失毕部落。

8　己巳，雍州言新丰县东南有山踊出，改新丰为庆山县。四方毕贺。
江陵人俞文俊上书："天气不和而寒暑并，人气不和而疣赘生，地气不和
而堆阜出。今陛下以女主处阳位，反易刚柔，故地气塞隔而山变为灾。陛
下谓之‘庆山’，臣以为非庆也。臣愚以为宜侧身修德以答天谴，不然，殃
祸至矣！"太后怒，流于岭外，后为六道使所杀。

9　突厥入寇，左鹰扬卫大将军黑齿常之拒之。至两井，遇突厥三千
馀人，见唐兵，皆下马擐甲，常之以二百馀骑冲之，皆弃甲走。日暮，突厥
大至，常之令营中然火，东南又有火起，虏疑有兵相应，遂夜遁。

10　狄仁杰为宁州刺史。右台监察御史晋陵郭翰巡察陇右,所至多所按劾。入宁州境,耆老歌刺史德美者盈路。翰荐之于朝,征为冬官侍郎。

# 资治通鉴卷第二百四

## 唐纪二十

**则天顺圣皇后上之下**

垂拱三年（丁亥，687）

1　春，闰正月丁卯，封皇子成美为恒王，隆基为楚王，隆范为卫王，隆业为赵王。

2　二月丙辰，突厥骨笃禄等寇昌平，命左鹰扬大将军黑齿常之帅诸军讨之。

3　三月乙丑，纳言韦思谦以太中大夫致仕。

4　夏，四月，命苏良嗣留守西京。时尚方监裴匪躬检校京苑，将鬻苑中蔬果以收其利。良嗣曰："昔公仪休相鲁，犹能拔葵、去织妇，未闻万乘之主鬻蔬果也。"乃止。

5　壬戌，裴居道为纳言。五月丙寅，夏官侍郎京兆张光辅为凤阁侍郎、同平章事。

6　凤阁侍郎、同凤阁鸾台三品刘祎之窃谓凤阁舍人永年贾大隐曰："太后既废昏立明，安用临朝称制！不如返正以安天下之心。"大隐密奏之，太后不悦，谓左右曰："祎之我所引，乃复叛我！"或诬祎之受归诚州都督孙万荣金，又与许敬宗妾有私，太后命肃州刺史王本立推之。本立宣敕示之，祎之曰："不经凤阁鸾台，何名为敕！"太后大怒，以为拒捍制使。庚午，赐死于家。

祎之初下狱，睿宗为之上疏申理，亲友皆贺之，祎之曰："此乃所以速吾死也。"临刑，沐浴，神色自若，自草谢表，立成数纸。麟台郎郭翰、太子文学周思钧称叹其文。太后闻之，左迁翰巫州司法，思钧播州司仓。

7　秋，七月壬辰，魏玄同检校纳言。

8　岭南俚户旧输半课，交趾都护刘延祐使之全输，俚户不从，延祐诛其魁首。其党李思慎等作乱，攻破安南府城，杀延祐。桂州司马曹玄静将兵讨思慎等，斩之。

9　突厥骨笃禄、元珍寇朔州,遣燕然道大总管黑齿常之击之,以左鹰扬大将军李多祚为之副,大破突厥于黄花堆,追奔四十馀里,突厥皆散走碛北。多祚世为靺鞨酋长,以军功得入宿卫。黑齿常之每得赏赐,皆分将士。有善马为军士所损,官属请笞之,常之曰:"奈何以私马笞官兵乎!"卒不问。

10　九月己卯,赣州人杨初成诈称郎将,矫制于都市募人迎庐陵王于房州。事觉,伏诛。

11　冬,十月庚子,右监门卫中郎将爨宝璧与突厥骨笃禄、元珍战,全军皆没,宝璧轻骑遁归。

宝璧见黑齿常之有功,表请穷追馀寇。诏与常之计议,遥为声援。宝璧欲专其功,不待常之,引精卒万三千人先行,出塞二千馀里,掩击其部落。既至,又先遣人告之,使得严备,与战,遂败。太后诛宝璧。改骨笃禄曰不卒禄。

12　命魏玄同留守西京。

13　武承嗣又使人诬李孝逸自云"名中有兔,兔,月中物,当有天分"。太后以孝逸有功,十一月戊寅,减死除名,流儋州而卒。

14　太后欲遣韦待价将兵击吐蕃,凤阁侍郎韦方质奏,请如旧制遣御史监军。太后曰:"古者明君遣将,阃外之事悉以委之。比闻御史监军,军中事无大小皆须承禀。以下制上,非令典也,且何以责其有功!"遂罢之。

15　是岁,天下大饥,山东、关内尤甚。

四年(戊子,688)

1　春,正月甲子,于神都立高祖、太宗、高宗三庙,四时享祀如西庙之仪。又立崇先庙以享武氏祖考。太后命有司议崇先庙室数,司礼博士周悰请为七室,又减唐太庙为五室。春官侍郎贾大隐奏:"礼,天子七庙,诸侯五庙,百王不易之义。今周悰别引浮议,广述异闻,直崇临朝权仪,不依国家常度。皇太后亲承顾托,光显大猷,其崇先庙室应如诸侯之数,国家宗庙不应辄有变移。"太后乃止。

2　太宗、高宗之世,屡欲立明堂,诸儒议其制度,不决而止。及太后称制,独与北门学士议其制,不问诸儒。诸儒以为明堂当在国阳丙己之地,三里之外,七里之内。太后以为去宫太远。二月庚午,毁乾元殿,于其地作明堂,以僧怀义为之使,凡役数万人。

3　夏，四月戊戌，杀太子通事舍人郝象贤。象贤，处俊之孙也。

初，太后有憾于处俊，会奴诬告象贤反，太后命周兴鞫之，致象贤族罪。象贤家人诣朝堂，讼冤于监察御史乐安任玄殖。玄殖奏象贤无反状，玄殖坐免官。象贤临刑，极口骂太后，发扬宫中隐慝，夺市人柴以击刑者。金吾兵共格杀之。太后命支解其尸，发其父祖坟，毁棺焚尸。自是终太后之世，法官每刑人，先以木丸塞其口。

4　武承嗣使凿白石为文曰：“圣母临人，永昌帝业。”末紫石杂药物填之。庚午，使雍州人唐同泰奉表献之，称获之于洛水。太后喜，命其石曰“宝图”。擢同泰为游击将军。五月戊辰，诏当亲拜洛，受“宝图”。有事南郊，告谢昊天。礼毕，御明堂，朝群臣。命诸州都督、刺史及宗室、外戚以拜洛前十日集神都。乙亥，太后加尊号为圣母神皇。

5　六月丁亥朔，日有食之。

6　壬寅，作神皇三玺。

7　东阳大长公主削封邑，并二子徙巫州。公主适高履行，太后以高氏长孙无忌之舅族，故恶之。

8　江南道巡抚大使、冬官侍郎狄仁杰以吴、楚多淫祠，奏焚其一千七百馀所，独留夏禹、吴太伯、季札、伍员四祠。

9　秋，七月丁巳，赦天下。更命“宝图”为“天授圣图”，洛水为永昌洛水，封其神为显圣侯，加特进，禁渔钓，祭祀比四渎。名图所出曰“圣图泉”，泉侧置永昌县。又改嵩山为神岳，封其神为天中王，拜太师、使持节、神岳大都督，禁刍牧。又以先于汜水得瑞石，改汜水为广武。

太后潜谋革命，稍除宗室。绛州刺史韩王元嘉、青州刺史霍王元轨、邢州刺史鲁王灵夔、豫州刺史越王贞及元嘉子通州刺史黄公撰、元轨子金州刺史江都王绪、虢王凤子申州刺史东莞公融、灵夔子范阳王蔼、贞子博州刺史琅邪王冲，在宗室中皆以才行有美名，太后尤忌之。元嘉等内不自安，密有匡复之志。

撰谬为书与贞云：“内人病浸重，当速疗之，若至今冬，恐成痼疾。”及太后召宗室朝明堂，诸王因递相惊曰：“神皇欲于大飨之际，使人告密，尽收宗室，诛之无遗。”撰诈为皇帝玺书与冲云：“朕遭幽絷，诸王宜各发兵救我。”冲又诈为皇帝玺书云：“神皇欲移李氏社稷以授武氏。”八月壬寅，冲召长史萧德琮等令募兵，分告韩、霍、鲁、越及贝州刺史纪王慎，令各起兵共趣神都。太后闻之，以左金吾将军丘神勣为清平道行军大总管以讨之。

冲募兵得五千馀人,欲渡河取济州。先击武水,武水令郭务悌诣魏州求救。莘令马玄素将兵千七百人中道邀冲,恐力不敌,入武水,闭门拒守。冲推草车塞其南门,因风纵火焚之,欲乘火突入。火作而风回,冲军不得进,由是气沮。堂邑董玄寂为冲将兵击武水,谓人曰:“琅邪王与国家交战,此乃反也。”冲闻之,斩玄寂以徇,众惧而散入草泽,不可禁止,惟家僮左右数十人在。冲还走博州,戊申,至城门,为守门者所杀,凡起兵七日而败。丘神勣至博州,官吏素服出迎,神勣尽杀之,凡破千馀家。

越王贞闻冲起,亦举兵于豫州,遣兵陷上蔡。九月丙辰,命左豹韬大将军麴崇裕为中军大总管,岑长倩为后军大总管,将兵十万以讨之,又命张光辅为诸军节度。削冲属籍,更姓虺氏。贞闻冲败,欲自锁诣阙谢罪,会所署新蔡令傅延庆募得勇士二千馀人,贞乃宣言于众曰:“琅邪已破魏、相数州,有兵二十万,朝夕至矣。”发属县兵共得五千,分为五营,使汝南县丞裴守德等将之,署九品以上官五百馀人。所署官皆受迫协,莫有斗志,惟守德与之同谋,贞以其女妻之,署大将军,委以腹心。贞使道士及僧诵经以求事成,左右及战士皆带辟兵符。麴崇裕等军至豫州城东四十里,贞遣少子规及裴守德拒战,兵溃而归。贞大惧,闭阁自守。崇裕等至城下,左右谓贞曰:“王岂可坐待戮辱!”贞、规、守德及其妻皆自杀。与冲皆枭首东都阙下。

初,范阳王蔼遣使语贞及冲曰:“若四方诸王一时并起,事无不济。”诸王往来相约结,未定而冲先发,惟贞狼狈应之,诸王皆不敢发,故败。

贞之将起兵也,遣使告寿州刺史赵瓌,瓌妻常乐长公主谓使者曰:“为我语越王:昔隋文帝将篡周室,尉迟迥,周之甥也,犹能举兵匡救社稷,功虽不成,威震海内,足为忠烈。况汝诸王,先帝之子,岂得不以社稷为心!今李氏危若朝露,汝诸王不舍生取义,尚犹豫不发,欲何须邪!祸且至矣,大丈夫当为忠义鬼,无为徒死也。”

及贞败,太后欲悉诛韩、鲁等诸王,命监察御史蓝田苏珦按其密状。珦讯问,皆无明验,或告珦与韩、鲁通谋,太后召珦诘之,珦抗论不回。太后曰:“卿大雅之士,朕当别有任使,此狱不必卿也。”乃命珦于河西监军,更使周兴等按之,于是收韩王元嘉、鲁王灵夔、黄公撰、常乐公主于东都,迫胁皆自杀,更其姓曰“虺”,亲党皆诛。

以文昌左丞狄仁杰为豫州刺史。时治越王贞党与,当坐者六七百家,籍没者五千口,司刑趣使行刑。仁杰密奏:“彼皆诖误,臣欲显奏,似为逆人申理;知而不言,恐乖陛下仁恤之旨。”太后特原之,皆流丰州。道过宁州,宁州父老迎劳之曰:"我狄使君活汝邪?"相携哭于德政碑下,设斋三日而后行。

时张光辅尚在豫州,将士恃功,多所求取,仁杰不之应。光辅怒曰:"州将轻元帅邪?"仁杰曰:"乱河南者一越王贞耳,今一贞死,万贞生!"光辅诘其语,仁杰曰:"明公总兵三十万,所诛者止于越王贞。城中闻官军至,逾城出降者四面成蹊,明公纵将士暴掠,杀已降以为功,流血丹野,非万贞而何! 恨不得尚方斩马剑,加于明公之颈,虽死如归耳!"光辅不能诘,归,奏仁杰不逊,左迁复州刺史。

10　丁卯,左肃政大夫骞味道、夏官侍郎王本立并同平章事。

11　太后之召宗室朝明堂也,东莞公融密遣使问成均助教高子贡,子贡曰:"来必死。"融乃称疾不赴。越王贞起兵,遣使约融,融苍猝不能应,为官属所逼,执使者以闻,擢拜右赞善大夫。未几,为支党所引,冬,十月己亥,戮于市,籍没其家。高子贡亦坐诛。

济州刺史薛顗、顗弟绪、绪弟驸马都尉绍,皆与琅邪王冲通谋。顗闻冲起兵,作兵器,募人。冲败,杀录事参军高纂以灭口。十一月辛酉,顗、绪伏诛,绍以太平公主故,杖一百,饿死于狱。

十二月乙酉,司徒、青州刺史霍王元轨坐与越王连谋,废徙黔州,载以槛车,行至陈仓而死。江都王绪、殿中监郦公裴承先皆戮于市。承先,寂之孙也。

12　命裴居道留守西京。

13　左肃政大夫、同平章事骞味道素不礼于殿中侍御史周矩,屡言其不能了事。会有罗告味道者,敕矩按之。矩谓味道曰:"公常责矩不了事,今日为公了之。"乙亥,味道及其子辞玉皆伏诛。

14　己酉,太后拜洛受图,皇帝、皇太子皆从,内外文武百官、蛮夷各依方叙立,珍禽、奇兽、杂宝列于坛前,文物卤簿之盛,唐兴以来未之有也。

15　辛亥,明堂成,高二百九十四尺,方三百尺。凡三层:下层法四时,各随方色;中层法十二辰;上为圆盖,九龙捧之。上施铁凤,高一丈,饰以黄金。中有巨木十围,上下通贯,栌栌樽橣藉以为本。下施铁渠,为辟雍之象。号曰万象神宫。宴赐群臣,赦天下,纵民入观。改河南为合宫县。又于明堂北起天堂五级以贮大像,至三级,则俯视明堂矣。僧怀义以功拜左威卫大将军、梁国公。

侍御史王求礼上书曰:"古之明堂,茅茨不翦,采椽不斫。今者饰以珠玉,涂以丹青,铁鹫入云,金龙隐雾,昔殷辛琼台,夏癸瑶室,无以加也。"太后不报。

16　太后欲发梁、凤、巴蜑,自雅州开山通道,出击生羌,因袭吐蕃。正字陈子昂上书,以为:"雅州边羌,自国初以来未尝为盗。今一旦无罪戮之,其怨必甚;且惧诛灭,必蜂起为盗。西山盗起,则蜀之边邑不得不连兵备守,兵久不解,臣愚以为西蜀之祸,自此结矣。臣闻吐蕃爱蜀富饶,欲盗之久矣,徒以山川阻绝,障隘不通,势不能动。今国家乃乱边羌,开隘道,使其收奔亡之种,为向导以攻边,是借寇兵为贼除道,举全蜀以遗之也。蜀者国家之宝库,可以兼济中国。今执事者乃图侥幸之利以事西羌,得其地不足以稼穑,财不足以富国,徒为糜费,无益圣德,况其成败未可知哉! 夫蜀之所恃者险也,人之所以安者无役也。今国家乃开其险,役其人,险开则便寇,人役则伤财,臣恐未见羌戎,已有奸盗在其中矣。且蜀人脆劣,不习兵战,山川阻旷,去中夏远,今无故生西羌、吐蕃之患,臣见其不及百年,蜀为戎矣。国家近废安北,拔单于,弃龟兹,放疏勒,天下翕然谓之盛德者,盖以陛下务在养人,不在广地也。今山东饥,关、陇弊,而徇贪夫之议,谋动甲兵,兴大役,自古国亡家败,未尝不由黩兵,愿陛下熟计之。"既而役不果兴。

### 永昌元年(己丑,689)

1　春,正月乙卯朔,大飨万象神宫,太后服衮冕,搢大圭,执镇圭为初献,皇帝为亚献,太子为终献。先诣昊天上帝座,次高祖、太宗、高宗,次魏国先王,次五方帝座。太后御则天门,赦天下,改元。丁巳,太后御明堂,受朝贺。戊午,布政于明堂,颁九条以训百官。己未,御明堂,飨群臣。

2　二月丁酉,尊魏忠孝王曰周忠孝太皇,妣曰忠孝太后,文水陵曰章德陵,咸阳陵曰明义陵。置崇先府官。戊戌,尊鲁公曰太原靖王,北平王曰赵肃恭王,金城王曰魏义康王,太原王曰周安成王。

3　三月甲子,张光辅守纳言。

4　壬申,太后问正字陈子昂,当今为政之要。子昂退,上疏,以为"宜缓刑崇德,息兵革,省赋役,抚慰宗室,各使自安"。辞婉意切,其论甚美,凡三千言。

5　癸酉,以天官尚书武承嗣为纳言,张光辅守内史。

6　夏,四月甲辰,杀辰州别驾汝南王炜、连州别驾鄱阳公諲等宗室十二人,徙其家于巂州。炜,恽之子;諲,元庆之子也。

己酉,杀天官侍郎蓝田邓玄挺。玄挺女为諲妻,又与炜善。諲谋迎中宗于庐陵,以问玄挺。炜又尝谓玄挺曰:"欲为急计,何如?"玄挺皆不应。故坐知反不告,同诛。

7　五月丙辰,命文昌右相韦待价为安息道行军大总管,击吐蕃。

8　浪穹州蛮酋傍时昔等二十五部,先附吐蕃,至是来降。以傍时昔为浪穹州刺史,令统其众。

9　己巳,以僧怀义为新平军大总管,北讨突厥。行至紫河,不见虏,于单于台刻石纪功而还。

10　诸王之起兵也,贝州刺史纪王慎独不预谋,亦坐系狱。秋七月丁巳,槛车徙巴州,更姓虺氏,行及蒲州而卒。八男徐州刺史东平王续等,相继被诛,家徙岭南。

女东光县主楚媛,幼以孝谨称,适司议郎裴仲将,相敬如宾。姑有疾,亲尝药膳,接遇娣姒,皆得欢心。时宗室诸女皆以骄奢相尚,诮楚媛独俭素,曰:"所贵于富贵者,得适志也。今独守勤苦,将以何求?"楚媛曰:"幼而好礼,今而行之,非适志欤!观自古女子,皆以恭俭为美,纵侈为恶。辱亲是惧,何所求乎! 富贵傥来之物,何足骄人!"众皆惭服。及慎凶问至,楚媛号恸,呕血数升。免丧,不御膏沐者垂二十年。

11　韦待价军至寅识迦河,与吐蕃战,大败。待价既无将领之才,狼狈失据,士卒冻馁,死亡甚众,乃引军还。太后大怒,丙子,待价除名,流绣州,斩副大总管安西大都护阎温古。安西副都护唐休璟收其馀众,抚安西土,太后以休璟为西州都督。

12　戊寅,以王本立同凤阁鸾台三品。

13　徐敬业之败也,弟敬真流绣州,逃归,将奔突厥。过洛阳,洛州司马弓嗣业、洛阳令张嗣明资遣之。至定州,为吏所获,嗣业缢死。嗣明、敬真多引海内知识,云有异图,冀以免死。于是朝野之士为所连引坐死者甚众。嗣明诬内史张光辅,云"征豫州日,私论图谶、天文,阴怀两端"。八月甲申,光辅与敬真、嗣明等同诛,籍没其家。

乙未,秋官尚书太原张楚金、陕州刺史郭正一、凤阁侍郎元万顷、洛阳令魏元忠,并免死流岭南。楚金等皆为敬真所引,云与敬业通谋。临刑,太后使凤阁舍人王隐客驰骑传声赦之。声达于市,当刑者皆喜跃欢呼,宛转不已。元忠独安坐自如,或使之起,元忠曰:"虚实未知。"隐客至,又使起,元忠曰:"俟宣敕已。"既宣敕,乃徐起,舞蹈再拜,竟无忧喜之色。是日,阴云四塞,既释楚金等,天气晴霁。

14　九月壬子,以僧怀义为新平道行军大总管,将兵二十万讨突厥骨笃禄。

15　初,高宗之世,周兴以河阳令召见,上欲加擢用,或奏以为非清流,罢之。兴不知,数于朝堂俟命,诸相皆无言,地官尚书、检校纳言魏玄同,时同平章事,谓之曰:"周明府可去矣。"兴以为玄同沮己,衔之。玄同素与裴炎善,时人以其终始不渝,谓之耐久朋。周兴奏诬玄同言:"太后老矣,不若奉嗣君为耐久。"太后怒,闰月甲午,赐死于家。监刑御史房济谓玄同曰:"丈人何不告密,冀得召见,可以自直!"玄同叹曰:"人杀鬼杀,亦复何殊,岂能作告密人邪!"乃就死。又杀夏官侍郎崔詧于隐处。自馀内外大臣坐死及流贬者甚众。

彭州长史刘易从亦为徐敬真所引,戊申,就州诛之。易从为人,仁孝忠谨,将刑于市,吏民怜其无辜,远近奔赴,竞解衣投地曰:"为长史求冥福。"有司平准,直十馀万。

周兴等诬右武卫大将军燕公黑齿常之谋反,征下狱。冬,十月戊午,常之缢死。

己未,杀宗室鄂州刺史嗣郑王璥等六人。庚申,嗣滕王脩琦等六人免死,流岭南。

16　丁卯,春官尚书范履冰、凤阁侍郎邢文伟并同平章事。

17　己卯,诏太穆神皇后、文德圣皇后宜配皇地祇,忠孝太后从配。

18　右卫胄曹参军陈子昂上疏,以为:"周颂成、康,汉称文、景,皆以能措刑故也。今陛下之政,虽尽善矣,然太平之朝,上下乐化,不宜有乱臣贼子,日犯天诛。比者大狱增多,逆徒滋广,愚臣顽昧,初谓皆实,乃去月十五日,陛下特察系囚李珍等无罪,百僚庆悦,皆贺圣明,臣乃知亦有无罪之人挂于疏网者。陛下务在宽典,狱官务在急刑,以伤陛下之仁,以诬太平之政,臣窃恨之。又,九月二十一日敕免楚金等死,初有风雨,变为景云。臣闻阴惨者刑也,阳舒者德也;圣人法天,天亦助圣,天意如此,陛下岂可不承顺之哉!今又阴雨,臣恐过在狱官。凡系狱之囚,多在极法,道路之议,或是或非,陛下何不悉召见之,自诘其罪!罪有实者显示明刑,滥者严惩狱吏,使天下咸服,人知政刑,岂非至德克明哉!"

天授元年(庚寅,690)

1　十一月庚辰朔,日南至。太后享万象神宫,赦天下。始用周正,改永昌元年十一月为载初元年正月,以十二月为腊月,夏正月为一月。以周、汉之后为二王后,舜、禹、成汤之后为三恪,周、隋之嗣同列国。

2　凤阁侍郎河东宗秦客,改造"天""地"等十二字以献,丁亥,行之。太后自名"曌",改诏曰制。秦客,太后从父姊之子也。

3　乙未,司刑少卿周兴奏除唐亲属籍。

4　腊月辛未,以僧怀义为右卫大将军,赐爵鄂国公。

5　春,一月戊子,武承嗣迁文昌左相,岑长倩迁文昌右相、同凤阁鸾台三品,凤阁侍郎武攸宁为纳言,邢文伟守内史,左肃政大夫、同凤阁鸾台三品王本立罢为地官尚书。攸宁,士彟之兄孙也。

时武承嗣、三思用事,宰相皆下之。地官尚书、同凤阁鸾台三品韦方质有疾,承嗣、三思往问之,方质据床不为礼。或谏之,方质曰:"死生有命,大丈夫安能曲事近戚以求苟免乎!"寻为周兴等所构,甲午,流儋州,籍没其家。

6　二月辛酉,太后策贡士于洛城殿。贡士殿试自此始。

7　丁卯,地官尚书王本立薨。

8　三月丁亥,特进、同凤阁鸾台三品苏良嗣薨。

9　夏,四月丁巳,春官尚书、同平章事范履冰坐尝举犯逆者下狱死。

10　醴泉人侯思止,始以卖饼为业,后事游击将军高元礼为仆,素诡谲无赖。恒州刺史裴贞杖一判司,判司使思止告贞与舒王元名谋反,秋,七月辛巳,元名坐废,徙和州,壬午,杀其子豫章王亶,贞亦族灭。擢思止为游击将军。时,告密者往往得五品,思止求为御史,太后曰:"卿不识字,岂堪御史!"对曰:"獬豸何尝识字,但能触邪耳。"太后悦,即以为朝散大夫、侍御史。他日,太后以先所籍没宅赐之,思止不受,曰:"臣恶反逆之人,不愿居其宅。"太后益赏之。

衡水人王弘义,素无行,尝从邻舍乞瓜,不与,乃告县官,瓜田中有白兔。县官使人搜捕,蹂践瓜田立尽。又游赵、贝,见闾里耆老作邑斋,遂告以谋反,杀二百馀人。擢授游击将军,俄迁殿中侍御史。或告胜州都督王安仁谋反,敕弘义按之。安仁不服,弘义即于枷上刭其首。又捕其子,适至,亦刭其首,函之以归。道过汾州,司马毛公与之对食,须臾,叱毛公下阶,斩之,枪揭其首入洛,见者无不震栗。

时置制狱于丽景门内,入是狱者,非死不出,弘义戏呼曰"例竟门"。朝士人人自危,相见莫敢交言,道路以目。或因入朝密遭掩捕,每朝,辄与家人诀曰:"未知复相见否?"

时法官竞为深酷,唯司刑丞徐有功、杜景俭独存平恕,被告者皆曰:"遇来、侯必死,遇徐、杜必生。"

　　有功,文远之孙也,名弘敏,以字行。初为蒲州司法,以宽为治,不施敲朴。吏相约有犯徐司法杖者,众共斥之。迨官满,不杖一人,职事亦修。累迁司刑丞,酷吏所诬构者,有功皆为直之,前后所活数十百家。尝廷争狱事,太后厉色诘之,左右为战栗,有功神色不挠,争之弥切。太后虽好杀,知有功正直,甚敬惮之。景俭,武邑人也。

　　司刑丞荥阳李日知亦尚平恕。少卿胡元礼欲杀一囚,日知以为不可,往复数四,元礼怒曰:“元礼不离刑曹,此囚终无生理!”日知曰:“日知不离刑曹,此囚终无死法!”竟以两状列上,日知果直。

　　11　东魏国寺僧法明等撰大云经四卷,表上之,言太后乃弥勒佛下生,当代唐为阎浮提主,制颁于天下。

　　12　武承嗣使周兴罗告隋州刺史泽王上金、舒州刺史许王素节谋反,征诣行在。素节发舒州,闻遭丧哭者,叹曰:“病死何可得,乃更哭邪!”丁亥,至龙门,缢杀之。上金自杀。悉诛其诸子及支党。

　　13　太后欲以太平公主妻其伯父士让之孙攸暨,攸暨时为右卫中郎将,太后潜使人杀其妻而妻之。公主方额广颐,多权略,太后以为类己,宠爱特厚,常与密议天下事。旧制,食邑,诸王不过千户,公主不过三百五十户,太平食邑独累加至三千户。

　　14　八月甲寅,杀太子少保、纳言裴居道。癸亥,杀尚书左丞张行廉。辛未,杀南安王颍等宗室十二人,又鞭杀故太子贤二子,唐之宗室于是殆尽矣,其幼弱存者亦流岭南,又诛其亲党数百家。惟千金长公主以巧媚得全,自请为太后女,仍改姓武氏。太后爱之,更号延安大长公主。

　　15　九月丙子,侍御史汲人傅游艺帅关中百姓九百馀人诣阙上表,请改国号曰周,赐皇帝姓武氏。太后不许,擢游艺为给事中。于是百官及帝室宗戚、远近百姓、四夷酋长、沙门、道士合六万馀人,俱上表如游艺所请,皇帝亦上表自请赐姓武氏。戊寅,群臣上言:有凤皇自明堂飞入上阳宫,还集左台梧桐之上,久之,飞东南去,及赤雀数万集朝堂。

　　庚辰,太后可皇帝及群臣之请。壬午,御则天楼,赦天下,以唐为周,改元。乙酉,上尊号曰圣神皇帝,以皇帝为皇嗣,赐姓武氏,以皇太子为皇孙。

　　丙戌,立武氏七庙于神都,追尊周文王曰始祖文皇帝,姒似氏曰文定皇后;平王少子武曰睿祖康皇帝,姒姜氏曰康惠皇后;太原靖王曰严祖成皇帝,姒曰成庄皇后;赵肃恭王曰肃祖章敬皇帝,魏义康王曰烈祖昭安皇帝,周安成王曰显祖文穆皇帝,忠孝太皇曰太祖孝明高皇帝,姒皆如考谥,称皇后。立武承嗣为魏王，三思为梁王，攸宁为建昌王，士蒦兄孙攸归、重规、载德、攸暨、懿宗、嗣宗、攸宜、攸望、攸绪、攸止皆为郡王，诸姑姊皆为长公主。

又以司宾卿溧阳史务滋为纳言，凤阁侍郎宗秦客检校内史，给事中傅游艺为鸾台侍郎、平章事。游艺与岑长倩、右玉钤卫大将军张虔勖、左金吾大将军丘神勣、侍御史来子珣等并赐姓武。秦客潜劝太后革命，故首为内史。游艺期年之中历衣青、绿、朱、紫，时人谓之四时仕宦。

敕改州为郡。或谓太后曰："陛下始革命而废州，不祥。"太后遽追止之。

命史务滋等十人巡抚诸道。太后立兄孙延基等六人为郡王。

16　冬，十月甲子，检校内史宗秦客坐赃贬遵化尉，弟楚客亦以奸赃流岭外。

17　丁卯，杀流人韦方质。

18　辛未，内史邢文伟坐附会宗秦客贬珍州刺史。顷之，有制使至州，文伟以为诛己，遽自缢死。

19　壬申，敕两京诸州各置大云寺一区，藏大云经，使僧升高座讲解，其撰疏僧云宣等九人皆赐爵县公，仍赐紫袈裟、银龟袋。

20　制天下武氏咸蠲课役。

21　西突厥十姓，自垂拱以来为东突厥所侵掠，散亡略尽。濛池都护继往绝可汗斛瑟罗收其馀众六七万人入居内地，拜右卫大将军，改号竭忠事主可汗。

22　道州刺史李行褒兄弟为酷吏所陷，当族，秋官郎中徐有功固争不能得。秋官侍郎周兴奏有功出反囚，当斩，太后虽不许，亦免有功官。然太后雅重有功，久之，复起为侍御史。有功伏地流涕固辞曰："臣闻鹿走山林而命悬庖厨，势使之然也。陛下以臣为法官，臣不敢枉陛下法，必死是官矣。"太后固授之，远近闻者相贺。

23　是岁，以右卫大将军泉献诚为左卫大将军。太后出金宝，命选南北牙善射者五人赌之，献诚第一，以让右玉钤卫大将军薛咄摩，咄摩复让献诚。献诚乃奏言："陛下令选善射者，今多非汉官，窃恐四夷轻汉，请停此射。"太后善而从之。

二年（辛卯，691）

1　正月癸酉朔，太后始受尊号于万象神宫，旗帜尚赤。甲戌，改置社稷于神都。辛巳，纳武氏神主于太庙；唐太庙之在长安者，更命曰享德庙。四时唯享高祖已下，馀四室皆闭不享。又改长安崇先庙为崇尊庙。乙酉，日南至，大享明堂，祀昊天上帝，百神从祀，武氏祖宗配飨，唐三帝亦同配。

2　御史中丞知大夫事李嗣真以酷吏纵横，上疏，以为："今告事纷纭，虚多实少，恐有凶慝阴谋离间陛下君臣。古者狱成，公卿参听，王必三宥，然后行刑。比日狱官单车奉使，推鞫既定，法家依断，不令重推，或临时专决，不复闻奏。如此，则权由臣下，非审慎之法，傥有冤滥，何由可知！况以九品之官专命推覆，操杀生之柄，窃人主之威，按覆既不在秋官，省审复不由门下，国之利器，轻以假人，恐为社稷之祸。"太后不听。

3　饶阳尉姚贞亮等数百人表请上尊号曰上圣大神皇帝，不许。

4　侍御史来子珣诬尚衣奉御刘行感兄弟谋反，皆坐诛。

5　春，一月，地官尚书武思文及朝集使二千八百人，表请封中岳。

6　己亥，废唐兴宁、永康、隐陵署官，唯量置守户。

7　左金吾大将军丘神勣以罪诛。

8　纳言史务滋与来俊臣同鞫刘行感狱，俊臣奏务滋与行感亲密，意欲寝其反状。太后命俊臣并推之。务滋恐惧自杀。

9　或告文昌右丞周兴与丘神勣通谋，太后命来俊臣鞫之，俊臣与兴方推事对食，谓兴曰："囚多不承，当为何法？"兴曰："此甚易耳！取大瓮，以炭四周炙之，令囚入中，何事不承！"俊臣乃索大瓮，火围如兴法，因起谓兴曰："有内状推兄，请兄入此瓮！"兴惶恐叩头伏罪。法当死，太后原之，二月，流兴岭南，在道，为仇家所杀。

兴与索元礼、来俊臣竞为暴刻，兴、元礼所杀各数千人，俊臣所破千馀家。元礼残酷尤甚，太后亦杀之以慰人望。

10　徙左卫大将军千乘王武攸暨为定王。

11　立故太子贤之子光顺为义丰王。

12　甲子，太后命始祖墓曰德陵，睿祖墓曰乔陵，严祖墓曰节陵，肃祖墓曰简陵，烈祖墓曰靖陵，显祖墓曰永陵，改章德陵为昊陵，显义陵为顺陵。

13　追复李君羡官爵。

14　夏，四月壬寅朔，日有食之。

15　癸卯，制以释教开革命之阶，升于道教之上。

16　命建安王攸宜留守长安。

17　丙辰，铸大钟，置北阙。

18　五月,以岑长倩为武威道行军大总管,击吐蕃,中道召还,军竟不出。

19　六月,以左肃政大夫格辅元为地官尚书,与鸾台侍郎乐思晦、凤阁侍郎任知古并同平章事。思晦,彦玮之子也。

20　秋,七月,徙关内户数十万以实洛阳。

21　八月戊申,纳言武攸宁罢为左羽林大将军;夏官尚书欧阳通为司礼卿兼判纳言事。

22　庚申,杀玉钤卫大将军张虔勖。来俊臣鞫虔勖狱,虔勖自讼于徐有功。俊臣怒,命卫士以刀乱斫杀之,枭首于市。

23　义丰王光顺、嗣雍王守礼、永安王守义、长信县主等皆赐姓武氏,与睿宗诸子皆幽闭宫中,不出门庭者十馀年。守礼、守义,光顺之弟也。

24　或告地官尚书武思文初与徐敬业通谋。甲子,流思文于岭南,复姓徐氏。

25　九月乙亥,杀岐州刺史云弘嗣。来俊臣鞫之,不问一款,先断其首,乃伪立案奏之,其杀张虔勖亦然。敕旨皆依,海内钳口。

26　鸾台侍郎、同平章事傅游艺梦登湛露殿,以语所亲,所亲告之。壬辰,下狱,自杀。

27　癸巳,以左羽林卫大将军建昌王武攸宁为纳言,洛州司马狄仁杰为地官侍郎,与冬官侍郎裴行本并同平章事。太后谓仁杰曰:"卿在汝南,甚有善政,卿欲知谮卿者名乎?"仁杰谢曰:"陛下以臣为过,臣请改之;知臣无过,臣之幸也,不愿知谮者名。"太后深叹美之。

28　先是,凤阁舍人修武张嘉福使洛阳人王庆之等数百人上表,请立武承嗣为皇太子。文昌右相、同凤阁鸾台三品岑长倩以皇嗣在东宫,不宜有此议,奏请切责上书者,告示令散。太后又问地官尚书、同平章事格辅元,辅元固称不可。由是大忤诸武意,故斥长倩令西征吐蕃,未至,征还,下制狱。承嗣又谮辅元。来俊臣又胁长倩子灵原,令引司礼卿兼判纳言事欧阳通等数十人,皆云同反。通为俊臣所讯,五毒备至,终无异词,俊臣乃诈为通款。冬,十月己酉,长倩、辅元、通等皆坐诛。

王庆之见太后,太后曰:"皇嗣我子,奈何废之?"庆之对曰:"'神不歆非类,民不祀非族。'今谁有天下,而以李氏为嗣乎!"太后谕遣之。庆之伏地,以死泣请,不去,太后乃以印纸遗之曰:"欲见我,以此示门者。"自是庆之屡求见,太后颇怒之,命凤阁侍郎李昭德赐庆之杖。昭德引出光政门外,以示朝士曰:"此贼欲废我皇嗣,立武承嗣。"命扑之,耳目皆血出,然后杖杀之,其党乃散。

昭德因言于太后曰:"天皇,陛下之夫;皇嗣,陛下之子。陛下身有天下,当传之子孙为万代业,岂得以侄为嗣乎!自古未闻侄为天子而为姑立庙者也!且陛下受天皇顾托,若以天下与承嗣,则天皇不血食矣。"太后亦以为然。昭德,乾祐之子也。

29 壬辰,杀鸾台侍郎、同平章事乐思晦,右卫将军李安静。安静,纲之孙也。太后将革命,王公百官皆上表劝进,安静独正色拒之。及下制狱,来俊臣诘其反状,安静曰:"以我唐家老臣,须杀即杀!若问谋反,实无可对。"俊臣竟杀之。

30 太学生王循之上表,乞假还乡。太后许之。狄仁杰曰:"臣闻君人者唯杀生之柄不假人,自馀皆归之有司。故左、右丞,徒以下不句;左、右相,流以上乃判,为其渐贵故也。彼学生求假,丞、簿事耳,若天子为之发敕,则天下之事几敕可尽乎!必欲不违其愿,请普为立制而已。"太后善之。

# 资治通鉴卷第二百五

## 唐纪二十一

**则天顺圣皇后中之上**

长寿元年（壬辰，692）

1　正月戊辰朔，太后享万象神宫。

2　腊月，立故于阗王尉迟伏阇雄之子瑕为于阗王。

3　春，一月丁卯，太后引见存抚使所举人，无问贤愚，悉加擢用，高者试凤阁舍人、给事中，次试员外郎、侍御史、补阙、拾遗、校书郎。试官自此始。时人为之语曰："补阙连车载，拾遗平斗量；欋推侍御史，碗脱校书郎。"有举人沈全交续之曰："糊心存抚使，眯目圣神皇。"为御史纪先知所擒，劾其诽谤朝政，请杖之朝堂，然后付法，太后笑曰："但使卿辈不滥，何恤人言！宜释其罪。"先知大惭。太后虽滥以禄位收天下人心，然不称职者，寻亦黜之，或加刑诛。挟刑赏之柄以驾御天下，政由己出，明察善断，故当时英贤亦竞为之用。

4　宁陵丞庐江郭霸以谄谀干太后，拜监察御史。中丞魏元忠病，霸往问之，因尝其粪，喜曰："大夫粪甘则可忧。今苦，无伤也。"元忠大恶之，遇人辄告之。

5　戊辰，以夏官尚书杨执柔同平章事。执柔，恭仁弟之孙也，太后以外族用之。

6　初，隋炀帝作东都，无外城，仅有短垣而已，至是，凤阁侍郎李昭德始筑之。

7　左台中丞来俊臣罗告同平章事任知古、狄仁杰、裴行本、司农卿崔宣礼、前文昌左丞卢献、御史中丞魏元忠、潞州刺史李嗣真谋反。先是，来俊臣奏请降敕，一问即承反者得减死。及知古等下狱，俊臣以此诱之，仁杰对曰："大周革命，万物惟新，唐室旧臣，甘从诛戮。反是实！"俊臣乃少宽之。判官王德寿谓仁杰曰："尚书定减死矣。德寿业受驱策，欲求少阶级，烦尚书引杨执柔，可乎？"仁杰曰："皇天后土遣狄仁杰为如此事！"以头触柱,血流被面。德寿惧而谢之。

侯思止鞫魏元忠,元忠辞气不屈。思止怒,命倒曳之。元忠曰:"我薄命,譬如坠驴,足绻于镫,为所曳耳。"思止愈怒,更曳之,元忠曰:"侯思止,汝若须魏元忠头则截取,何必使承反也!"

狄仁杰既承反,有司待报行刑,不复严备。仁杰裂衾帛书冤状,置绵衣中,谓王德寿曰:"天时方热,请授家人去其绵。"德寿许之。仁杰子光远得书,持之告变,得召见。则天览之,以问俊臣,对曰:"仁杰等下狱,臣未尝褫其巾带,寝处甚安,苟无事实,安肯承反!"太后使通事舍人周綝往视之,俊臣暂假仁杰等巾带,罗立于西,使綝视之。綝不敢视,惟东顾唯诺而已。俊臣又诈为仁杰等谢死表,使綝奏之。

乐思晦男未十岁,没入司农,上变,得召见,太后问状,对曰:"臣父已死,臣家已破,但惜陛下法为俊臣等所弄,陛下不信臣言,乞择朝臣之忠清、陛下素所信任者,为反状以付俊臣,无不承反矣。"太后意稍寤,召见仁杰等,问曰:"卿承反何也?"对曰:"不承,则已死于拷掠矣。"太后曰:"何为作谢死表?"对曰:"无之。"出表示之,乃知其诈,于是出此七族。庚午,贬知古江夏令,仁杰彭泽令,宣礼夷陵令,元忠涪陵令,献西乡令;流行本、嗣真于岭南。

俊臣与武承嗣等固请诛之,太后不许。俊臣乃独称行本罪尤重,请诛之。秋官郎中徐有功驳之,以为:"明主有更生之恩,俊臣不能将顺,亏损恩信。"

殿中侍御史贵乡霍献可,宣礼之甥也,言于太后曰:"陛下不杀崔宣礼,臣请陨命于前。"以头触殿阶,血流沾地,以示为人臣者不私其亲。太后皆不听。献可常以绿帛裹其伤,微露之于幞头下,冀太后见之以为忠。

8 甲戌,补阙薛谦光上疏,以为:"选举之法,宜得实才,取舍之间,风化所系。今之选人,咸称觅举,奔竞相尚,喧诉无惭。至于才应经邦,惟令试策;武能制敌,止验弯弧。昔汉武帝见司马相如赋,恨不同时,及置之朝廷,终文园令,知其不堪公卿之任故也。吴起将战,左右进剑,起曰:'将者提鼓挥枹,临敌决疑,一剑之任,非将事也。'然则虚文岂足以佐时,善射岂足以克敌!要在文吏察其行能,武吏观其勇略,考居官之臧否,行举者赏罚而已。"

9 来俊臣求金于左卫大将军泉献诚,不得,诬以谋反,下狱,乙亥,缢杀之。

10 庚辰,司刑卿、检校陕州刺史李游道为冬官尚书、同平章事。

11 二月己亥,吐蕃党项部落万馀人内附,分置十州。

12 戊午,以秋官尚书袁智弘同平章事。

13 夏,四月丙申,赦天下,改元如意。

14 五月丙寅,禁天下屠杀及捕鱼虾。江淮旱,饥,民不得采鱼虾,饿死者甚众。

右拾遗张德,生男三日,私杀羊会同僚,补阙杜肃怀一餤,上表告之。明日,太后对仗,谓德曰:"闻卿生男,甚喜。"德拜谢。太后曰:"何从得肉?"德叩头服罪。太后曰:"朕禁屠宰,吉凶不预。然卿自今召客,亦须择人。"出肃表示之。肃大惭,举朝欲唾其面。

15 吐蕃酋长曷苏帅部落请内附,以右玉钤卫将军张玄遇为安抚使,将精卒二万迎之。六月,军至大渡水西,曷苏事泄,为国人所擒。别部酋长昝捶帅羌蛮八千馀人内附,玄遇以其部落置莱川州而还。

16 辛亥,万年主簿徐坚上疏,以为:"书有五听之道,令著三覆之奏。窃见比有敕推按反者,令使者得实,即行斩决。人命至重,死不再生,万一怀枉,吞声赤族,岂不痛哉!此不足肃奸逆而明典刑,适所以长威福而生疑惧。臣望绝此处分,依法覆奏。又,法官之任,宜加简择,有用法宽平,为百姓所称者,愿亲而任之。有处事深酷,不允人望者,愿疏而退之。"坚,齐聃之子也。

17 夏官侍郎李昭德密言于太后曰:"魏王承嗣权太重。"太后曰:"吾侄也,故委以腹心。"昭德曰:"侄之于姑,其亲何如子之于父?子犹有篡弑其父者,况侄乎!今承嗣既陛下之侄,为亲王,又为宰相,权侔人主,臣恐陛下不得久安天位也!"太后瞿然曰:"朕未之思。"秋,八月戊寅,以文昌左相、同凤阁鸾台三品武承嗣为特进,纳言武攸宁为冬官尚书,夏官尚书、同平章事杨执柔为地官尚书,并罢政事。以秋官侍郎新郑崔元综为鸾台侍郎,夏官侍郎李昭德为凤阁侍郎,检校天官侍郎姚璹为文昌左丞,检校地官侍郎李元素为文昌右丞,与司宾卿崔神基并同平章事。璹,思廉之孙;元素,敬玄之弟也。辛巳,以营缮大匠王璿为夏官尚书、同平章事。承嗣亦毁昭德于太后,太后曰:"吾任昭德,始得安眠,此代吾劳,汝勿言也。"

是时,酷吏恣横,百官畏之侧足,昭德独廷奏其奸。太后好祥瑞,有献白石赤文者,执政诘其异,对曰:"以其赤心。"昭德怒曰:"此石赤心,他石尽反邪?"左右皆笑。襄州人胡庆以丹漆书龟腹曰:"天子万万年。"诣阙献之。昭德以刀刮尽,奏请付法。太后曰:"此心亦无恶。"命释之。

　　太后习猫,使与鹦鹉共处。出示百官,传观未遍,猫饥,搏鹦鹉食之,太后甚惭。

　　太后自垂拱以来,任用酷吏,先诛唐宗室贵戚数百人,次及大臣数百家,其刺史、郎将以下,不可胜数。每除一官,户婢窃相谓曰:"鬼朴又来矣。"不旬月,辄遭掩捕、族诛。监察御史朝邑严善思,公直敢言。时告密者不可胜数,太后亦厌其烦,命善思按问,引虚伏罪者八百五十馀人。罗织之党为之不振,乃相与构陷善思,坐流驩州。太后知其枉,寻复召为浑仪监丞。善思名譔,以字行。

　　右补阙新郑朱敬则以太后本任威刑以禁异议,今既革命,众心已定,宜省刑尚宽,乃上疏,以为:"李斯相秦,用刻薄变诈以屠诸侯,不知易之以宽和,卒至土崩,此不知变之祸也。汉高祖定天下,陆贾、叔孙通说之以礼义,传世十二,此知变之善也。自文明草昧,天地屯蒙,三叔流言,四凶构难,不设钩距,无以应天顺人,不切刑名,不可摧奸息暴。故置神器,开告端,曲直之影必呈,包藏之心尽露,神道助直,无罪不除,苍生晏然,紫宸易主。然而急趋无善迹,促柱少和声,向时之妙策,乃当今之刍狗也。伏愿览秦、汉之得失,考时事之合宜,审糟粕之可遗,觉蘧庐之须毁,去姜菲之牙角,顿奸险之锋芒,窒罗织之源,扫朋党之迹,使天下苍生坦然大悦,岂不乐哉!"太后善之,赐帛三百段。

　　侍御史周矩上疏曰:"推劾之吏皆相矜以虐,泥耳笼头,枷研楔毂,折胁签爪,悬发薰耳,号曰'狱持'。或累日节食,连宵缓问,昼夜摇撼,使不得眠,号曰'宿囚'。此等既非木石,且救目前,苟求赊死。臣窃听舆议,皆称天下太平,何苦须反!岂被告者尽是英雄,欲求帝王邪?但不胜楚毒自诬耳。愿陛下察之。今满朝侧息不安,皆以为陛下朝与之密,夕与之仇,不可保也。周用仁而昌,秦用刑而亡。愿陛下缓刑用仁,天下幸甚!"太后颇采其言,制狱稍衰。

　　18　太后春秋虽高,善自涂泽,虽左右不觉其衰。丙戌,敕以齿落更生,九月庚子,御则天门,赦天下,改元。更以九月为社。

　　19　制于并州置北都。

　　20　癸丑,同平章事李游道、王璿、袁智弘、崔神基、李元素、春官侍郎孔思元、益州长史任令辉,皆为王弘义所陷,流岭南。

　　21　左羽林中郎将来子珣坐事流爱州,寻卒。

　　22　初,新丰王孝杰从刘审礼击吐蕃为副总管,与审礼皆没于吐蕃。赞普见孝杰泣曰:"貌类吾父。"厚礼之,后竟得归,累迁右鹰扬卫将军。

孝杰久在吐蕃,知其虚实。会西州都督唐休璟请复取龟兹、于阗、疏勒、碎叶四镇,敕以孝杰为武威军总管,与武卫大将军阿史那忠节将兵击吐蕃。冬,十月丙戌,大破吐蕃,复取四镇。置安西都护府于龟兹,发兵戍之。

二年(癸巳,693)

1　正月壬辰朔,太后享万象神宫,以魏王承嗣为亚献,梁王三思为终献。太后自制神宫乐,用舞者九百人。

2　户婢团儿为太后所宠信,有憾于皇嗣,乃谮皇嗣妃刘氏、德妃窦氏为厌咒。癸巳,妃与德妃朝太后于嘉豫殿,既退,同时杀之,瘗于宫中,莫知所在。德妃,抗之曾孙也。皇嗣畏忤旨,不敢言,居太后前,容止自如。团儿复欲害皇嗣,有言其情于太后者,太后乃杀团儿。

是时,告密者皆诱人奴婢告其主,以求功赏。德妃父孝谌为润州刺史,有奴妄为妖异以恐德妃母庞氏,庞氏惧,奴请夜祠祷解,因发其事。下监察御史龙门薛季昶按之,季昶诬奏,以为与德妃同祝诅,先涕泣不自胜,乃言曰:“庞氏所为,臣子所不忍道。”太后擢季昶为给事中。庞氏当斩,其子希瑊诣侍御史徐有功讼冤,有功牒所司停刑,上奏论之,以为无罪。季昶奏有功阿党恶逆,请付法,法司处有功罪当绞。令史以白有功,有功叹曰:“岂我独死,诸人永不死邪!”既食,掩扇而寝。人以为有功苟自强,必内忧惧,密伺之,方熟寝。太后召有功,迎谓曰:“卿比按狱,失出何多?”对曰:“失出,人臣之小过;好生,圣人之大德。”太后默然。由是庞氏得减死,与其三子皆流岭南,孝谌贬罗州司马,有功亦除名。

3　戊申,姚璹奏请令宰相撰时政记,月送史馆。从之。时政记自此始。

4　腊月丁卯,降皇孙成器为寿春王,恒王成义为衡阳王,楚王隆基为临淄王,卫王隆范为巴陵王,赵王隆业为彭城王,皆睿宗之子也。

5　春,一月庚子,以夏官侍郎娄师德同平章事。师德宽厚清慎,犯而不校。与李昭德俱入朝,师德体肥行缓,昭德屡待之不至,怒骂曰:“田舍夫!”师德徐笑曰:“师德不为田舍夫,谁当为之!”其弟除代州刺史,将行,师德谓曰:“吾备位宰相,汝复为州牧,荣宠过盛,人所疾也,将何以自免?”弟长跪曰:“自今虽有人唾某面,某拭之而已,庶不为兄忧。”师德愀然曰:“此所以为吾忧也!人唾汝面,怒汝也。汝拭之,乃逆其意,所以重其怒。夫唾,不拭自干,当笑而受之。”

6　甲寅,前尚方监裴匪躬、内常侍范云仙坐私谒皇嗣腰斩于市。自是公卿以下皆不得见。又有告皇嗣潜有异谋者,太后命来俊臣鞫其左右,左右不胜楚毒,皆欲自诬。太常工人京兆安金藏大呼谓俊臣曰:"公既不信金藏之言,请剖心以明皇嗣不反。"即引佩刀自剖其胸,五藏皆出,流血被地。太后闻之,令舆入宫中,使医内五藏,以桑皮线缝之,傅以药,经宿始苏。太后亲临视之,叹曰:"吾有子不能自明,使汝至此。"即命俊臣停推。睿宗由是得免。

7　罢举人习老子,更习太后所造臣轨。

8　二月丙子,新罗王政明卒,遣使立其子理洪为王。

9　乙亥,禁人间锦。侍御史侯思止私畜锦,李昭德按之,杖杀于朝堂。

10　或告岭南流人谋反,太后遣司刑评事万国俊摄监察御史就按之。国俊至广州,悉召流人,矫制赐自尽。流人号呼不服,国俊驱就水曲,尽斩之,一朝杀三百馀人。然后诈为反状,还奏,因言诸道流人,亦必有怨望谋反者,不可不早诛。太后喜,擢国俊为朝散大夫、行侍御史。更遣右翊卫兵曹参军刘光业、司刑评事王德寿、苑南面监丞鲍思恭、尚辇直长王大贞、右武威卫兵曹参军屈贞筠皆摄监察御史,诣诸道按流人。光业等以国俊多杀蒙赏,争效之,光业杀七百人,德寿杀五百人,自馀少者不减百人,其远年杂犯流人亦与之俱毙。太后颇知其滥,制:"六道流人未死者并家属皆听还乡里。"国俊等亦相继死,或得罪流窜。

11　来俊臣诬冬官尚书苏幹,云在魏州与琅邪王冲通谋,夏,四月乙未,杀之。

12　五月癸丑,棣州河溢。

13　秋,九月丁亥朔,日有食之。

14　魏王承嗣等五千人表请加尊号曰金轮圣神皇帝。乙未,太后御万象神宫,受尊号,赦天下。作金轮等七宝,每朝会,陈之殿庭。

庚子,追尊昭安皇帝曰浑元昭安皇帝,文穆皇帝曰立极文穆皇帝,孝明高皇帝曰无上孝明高皇帝。皇后从帝号。

15　辛丑,以文昌左丞、同平章事姚璹为司宾卿,罢政事。以司宾卿万年豆卢钦望为内史,文昌左丞韦巨源同平章事,秋官侍郎吴人陆元方为鸾台侍郎、同平章事。巨源,孝宽之玄孙也。

延载元年(甲午,694)

1　正月丙戌,太后享万象神宫。

2　突厥可汗骨笃禄卒，其子幼，弟默啜自立为可汗。腊月甲戌，默啜寇灵州。

3　室韦反，遣右鹰扬卫大将军李多祚击破之。

4　春，一月，以娄师德为河源等军检校营田大使。

5　二月，武威道总管王孝杰破吐蕃勃论赞与、突厥可汗俀子等于冷泉及大岭，各三万馀人，碎叶镇守使韩思忠破泥熟俟斤等万馀人。

6　庚午，以僧怀义为代北道行军大总管，以讨默啜。

7　三月甲申，以凤阁舍人苏味道为凤阁侍郎、同平章事，李昭德检校内史。更以僧怀义为朔方道行军大总管，以李昭德为长史，苏味道为司马，帅契苾明、曹仁师、沙吒忠义等十八将军以讨默啜，未行，虏退而止。昭德尝与怀义议事，失其旨，怀义挞之，昭德惶惧请罪。

8　夏，四月壬戌，以夏官尚书、武威道大总管王孝杰同凤阁鸾台三品。

9　五月，魏王承嗣等二万六千馀人上尊号曰越古金轮圣神皇帝。甲午，御则天门楼受尊号，赦天下，改元。

10　天授中，遣监察御史寿春裴怀古安集西南蛮。六月癸丑，永昌蛮酋薰期帅部落二十馀万户内附。

11　河内有老尼居神都麟趾寺，与嵩山人韦什方等以妖妄惑众。尼自号净光如来，云能知未然；什方自云吴赤乌年生。又有老胡亦自言五百岁，云见薛师已二百年矣，容貌愈少。太后甚信重之，赐什方姓武氏。秋，七月癸未，以什方为正谏大夫、同平章事，制云："迈轩代之广成，逾汉朝之河上。"八月，什方乞还山，制罢遣之。

12　戊辰，以王孝杰为瀚海道行军总管，仍受朔方道行军大总管薛怀义节度。

13　己巳，以司宾少卿姚璹为纳言，左肃政中丞原武杨再思为鸾台侍郎，洛州司马杜景俭为凤阁侍郎，并同平章事。

豆卢钦望请京官九品已上输两月俸以赡军，转帖百官，令拜表。百官但赴拜，不知何事。拾遗王求礼谓钦望曰："明公禄厚，输之无伤。卑官贫迫，奈何不使其知而欺夺之乎？"钦望正色拒之。既上表，求礼进言曰："陛下富有四海，军国有储，何藉贫官九品之俸而欺夺之！"姚璹曰："求礼不识大体。"求礼曰："如姚璹，为识大体者邪！"事遂寝。

14　戊寅，鸾台侍郎、同平章事崔元综坐事流振州。

15　武三思帅四夷酋长请铸铜铁为天枢，立于端门之外，铭纪功德，黜唐颂周；以姚璹为督作使。诸胡聚钱百万亿，买铜铁不能足，赋民间农器以足之。

16 九月壬午朔，日有食之。

17 殿中丞来俊臣坐赃贬同州参军。王弘义流琼州，诈称敕追还，至汉北，侍御史胡元礼遇之，按验，得其奸状，杖杀之。

内史李昭德恃太后委遇，颇专权使气，人多疾之，前鲁王府功曹参军丘愔上疏攻之，其略曰："陛下天授以前，万机独断。自长寿以来，委任昭德，参奉机密，献可替否；事有便利，不预谘谋，要待画日将行，方乃别生驳异。扬露专擅，显示于人，归美引愆，义不如此。"又曰："臣观其胆，乃大于身，鼻息所冲，上拂云汉。"又曰："蚁穴坏堤，针芒写气，权重一去，收之极难。"长上果毅邓注，又著石论数千言，述昭德专权之状。凤阁舍人逢弘敏取奏之，太后由是恶昭德。壬寅，贬昭德为南宾尉，寻又免死流窜。

18 太后出黎花一枝以示宰相，宰相皆以为瑞。杜景俭独曰："今草木黄落，而此更发荣，阴阳不时，咎在臣等。"因拜谢。太后曰："卿真宰相也！"

19 冬，十月壬申，以文昌右丞李元素为凤阁侍郎，左肃政中丞周允元检校凤阁侍郎，并同平章事。允元，豫州人也。

20 岭南獠反，以容州都督张玄遇为桂、永等州经略大使以讨之。

天册万岁元年（乙未，695）

1 正月辛巳朔，太后加号慈氏越古金轮圣神皇帝，赦天下，改元证圣。

2 周允元与司刑少卿皇甫文备奏内史豆卢钦望、同平章事韦巨源、杜景俭、苏味道、陆元方附会李昭德，不能匡正，钦望贬赵州，巨源贬麟州，景俭贬溱州，味道贬集州，元方贬绥州刺史。

3 初，明堂既成，太后命僧怀义作夹纻大像，其小指中犹容数十人，于明堂北构天堂以贮之。堂始构，为风所摧，更构之，日役万人，采木江岭，数年之间，所费以万亿计，府藏为之耗竭。怀义用财如粪土，太后一听之，无所问。每作无遮会，用钱万缗，士女云集，又散钱十车，使之争拾，相蹋践有死者。所在公私田宅，多为僧有。怀义颇厌入宫，多居白马寺，所度力士为僧者满千人。侍御史周矩疑有奸谋，固请按之。太后曰："卿姑退，朕即令往。"矩至台，怀义亦至，乘马就阶而下，坦腹于床。矩召吏将按之，遽跃马而去。矩具奏其状，太后曰："此道人病风，不足诘，所度僧，惟卿所处。"悉流远州。迁矩天官员外郎。

乙未,作无遮会于明堂,凿地为坑,深五丈,结彩为宫殿,佛像皆于坑中引出之,云自地涌出。又杀牛取血,画大像,首高二百尺,云怀义刺膝血为之。丙申,张像于天津桥南,设斋。时御医沈南璆亦得幸于太后,怀义心愠,是夕,密烧天堂,延及明堂,火照城中如昼,比明皆尽,暴风裂血像为数百段。太后耻而讳之,但云内作工徒误烧麻主,遂涉明堂。时方酺宴,左拾遗刘承庆请辍朝停酺以答天谴,太后将从之。姚璹曰:"昔成周宣榭,卜代愈隆;汉武建章,盛德弥永。今明堂布政之所,非宗庙也,不应自贬损。"太后乃御端门,观酺如平日。命更造明堂、天堂,仍以怀义充使。又铸铜为九州鼎及十二神,皆高一丈,各置其方。

先是,河内老尼昼食一麻一米,夜则烹宰宴乐,畜弟子百馀人,淫秽靡所不为。武什方自言能合长年药,太后遣乘驿于岭南采药。及明堂火,尼入唁太后,太后怒叱之,曰:"汝常言能前知,何以不言明堂火?"因斥还河内,弟子及老胡等皆逃散。又有发其奸者,太后乃复召尼还麟趾寺,弟子毕集,敕给使掩捕,尽获之,皆没为官婢。什方还,至偃师,闻事露,自绞死。

庚子,以明堂火告庙,下制求直言。刘承庆上疏,以为:"火发既从麻主,后及总章,所营佛舍,恐劳无益,请罢之。又,明堂所以统和天人,一旦焚毁,臣下何心犹为酺宴!忧喜相争,伤于情性。又,陛下垂制博访,许陈至理,而左史张鼎以为今既火流王屋,弥显大周之祥,通事舍人逄敏奏称,弥勒成道时有天魔烧宫,七宝台须臾散坏,斯实谄妄之邪言,非君臣之正论。伏愿陛下乾乾翼翼,无忝天人之心而兴不急之役,则兆人蒙赖,福禄无穷。"

获嘉主簿彭城刘知几表陈四事:其一,以为:"皇业权舆,天地开辟,嗣君即位,黎元更始,时则藉非常之庆以申再造之恩。今六合清晏而赦令不息,近则一年再降,远则每岁无遗,至于违法悖礼之徒,无赖不仁之辈,编户则寇攘为业,当官则赃贿是求。而元日之朝,指期天泽,重阳之节,伫降皇恩,如其忖度,咸果释免。或有名垂结正,罪将断决,窃行货贿,方便规求,故致稽延,毕沾宽宥。用使俗多顽悖,时罕廉隅,为善者不预恩光,作恶者独承徼幸。古语曰:'小人之幸,君子之不幸。'斯之谓也。望陛下而今而后,颇节于赦,使黎氓知禁,奸宄肃清。"其二,以为:"海内具僚九品以上,每岁逢赦,必赐阶勋,至于朝野宴集,公私聚会,绯服众于青衣,象板多于木笏;皆荣非德举,位罕才升,不知何者为奸蛊,何者为美恶。臣望自今以后,稍息私恩,使有善者逾效忠勤,无才者咸知勉励。"其三,以为:"陛下临朝践极,取士太广,六品以下职事清官,遂乃方之土芥,比之沙砾,若遂不加沙汰,臣恐有秽皇风。"其四,以为:"今之牧伯迁代太速,倏来忽往,蓬转萍流,既怀苟且之谋,何暇循良之政!望自今刺史非三岁以上不可迁官,仍明察功过,尤甄赏罚。"疏奏,太后颇嘉之。是时官爵易得而法网严峻,故人竞为趋进而多陷刑戮,知几乃著思慎赋以刺时见志焉。

4　丙午,以王孝杰为朔方道行军总管,击突厥。

5　春,二月己酉朔,日有食之。

6　僧怀义益骄恣,太后恶之。既焚明堂,心不自安,言多不顺。太后密选宫人有力者百馀人以防之。壬子,执之于瑶光殿前树下,使建昌王武攸宁帅壮士殴杀之,送尸白马寺,焚之以造塔。

7　甲子,太后去"慈氏越古"之号。

8　三月丙辰,凤阁侍郎、同平章事周允元薨。

9　夏,四月,天枢成,高一百五尺,径十二尺,八面,各径五尺。下为铁山,周百七十尺,以铜为蟠龙麒麟萦绕之;上为腾云承露盘,径三丈,四龙人立捧火珠,高一丈。工人毛婆罗造模,武三思为文,刻百官及四夷酋长名,太后自书其榜曰"大周万国颂德天枢"。

10　秋,七月辛酉,吐蕃寇临洮,以王孝杰为肃边道行军大总管以讨之。

11　九月甲寅,太后合祭天地于南郊,加号天册金轮大圣皇帝,赦天下,改元。

12　冬,十月,突厥默啜遣使请降,太后喜,册授左卫大将军、归国公。


万岁通天元年(丙申,696)

1　腊月甲戌,太后发神都。甲申,封神岳,赦天下,改元万岁登封,天下百姓无出今年租税,大酺九日。丁亥,禅于少室。己丑,御朝觐坛受贺。癸巳,还宫。甲午,谒太庙。

2　右千牛卫将军安平王武攸绪,少有志行,恬澹寡欲,扈从封中岳还,即求弃官,隐于嵩山之阳。太后疑其诈,许之,以观其所为。攸绪遂优游岩壑,冬居茅椒,夏居石室,一如山林之士。太后所赐及王公所遗野服器玩,攸绪一皆置之不用,尘埃凝积。买田使奴耕种,与民无异。

3　春,一月甲寅,以娄师德为肃边道行军副总管,击吐蕃。己巳,以师德为左肃政大夫,知政事如故。

4 改长安崇尊庙为太庙。

5 二月辛巳,尊神岳天中王为神岳天中黄帝,灵妃为天中黄后;启为齐圣皇帝;封启母神为玉京太后。

6 三月壬寅,王孝杰、娄师德与吐蕃将论钦陵赞婆战于素罗汗山,唐兵大败。孝杰坐免为庶人,师德贬原州员外司马。师德因署移牒,惊曰:"官爵尽邪!"既而曰:"亦善,亦善。"不复介意。

7 丁巳,新明堂成,高二百九十四尺,方三百尺,规模率小于旧。上施金涂铁凤,高二丈,后为大风所损。更为铜火珠,群龙捧之,号曰通天宫。赦天下,改元万岁通天。

8 大食请献师子。姚璹上疏,以为:"师子专食肉,远道传致,肉既难得,极为劳费。陛下鹰犬不蓄,渔猎悉停,岂容菲薄于身而厚给于兽!"乃却之。

9 以检校夏官侍郎孙元亨同平章事。

10 夏,五月壬子,营州契丹松漠都督李尽忠、归诚州刺史孙万荣举兵反,攻陷营州,杀都督赵文翙。尽忠,万荣之妹夫也,皆居于营州城侧。文翙刚愎,契丹饥不加赈给,视酋长如奴仆,故二人怨而反。乙丑,遣左鹰扬卫将军曹仁师、右金吾卫大将军张玄遇、左威卫大将军李多祚、司农少卿麻仁节等二十八将讨之。秋,七月辛亥,以春官尚书梁王武三思为榆关道安抚大使,姚璹副之,以备契丹。改李尽忠为李尽灭,孙万荣为孙万斩。

尽忠寻自称无上可汗,据营州,以万荣为前锋,略地,所向皆下,旬日,兵至数万,进围檀州,清边前军副总管张九节击却之。

八月丁酉,曹仁师、张玄遇、麻仁节与契丹战于硖石谷,唐兵大败。先是,契丹破营州,获唐俘数百,囚之地牢,闻唐兵将至,使守牢霤绐之曰:"吾辈家属,饥寒不能自存,唯俟官军至即降耳。"既而契丹引出其俘,饲以糠粥,慰劳之曰:"吾养汝则无食,杀汝又不忍,今纵汝去。"遂释之。俘至幽州,具言其状,诸军闻之,争欲先入。至黄獐谷,虏又遣老弱迎降,故遗老牛瘦马于道侧。仁师等三军弃步卒,将骑兵先进。契丹设伏横击之,飞索以缚玄遇、仁节,生获之,将卒死者填山谷,鲜有脱者。契丹得军印,诈为牒,令玄遇等署之,牒总管燕匪石、宗怀昌等云:"官军已破贼,若至营州,军将皆斩,兵不叙勋。"匪石等得牒,昼夜兼行,不遑寝食以赴之,士马疲弊。契丹伏兵于中道邀之,全军皆没。

九月,制:"天下系囚及庶士家奴骁勇者,官偿其直,发以击契丹。"初令山东近边诸州置武骑团兵,以同州刺史建安王武攸宜为右武威卫大将军,充清边道行军大总管,以讨契丹。

右拾遗陈子昂为攸宜府参谋,上疏曰:"恩制免天下罪人及募诸色奴充兵讨击契丹,此乃捷急之计,非天子之兵。且比来刑狱久清,罪人全少,奴多怯弱,不惯征行,纵其募集,未足可用。况今天下忠臣义士,万分未用其一,契丹小孽,假命待诛,何劳免罪赎奴,损国大体!臣恐此策不可威示天下。"

11 丁巳,突厥寇凉州,执都督许钦明。钦明,绍之曾孙也。时出按部,突厥数万奄至城下,钦明拒战,为所虏。

钦明兄钦寂,时为龙山军讨击副使,与契丹战于崇州,军败,被擒。虏将围安东,令钦寂说其属城未下者。安东都护裴玄珪在城中,钦寂谓曰:"狂贼天殃,灭在朝夕,公但励兵谨守以全忠节。"虏杀之。

12 吐蕃复遣使请和亲,太后遣右武卫胄曹参军贵乡郭元振往察其宜。吐蕃将论钦陵请罢安西四镇戍兵,并求分十姓突厥之地。元振曰:"四镇、十姓与吐蕃种类本殊,今请罢唐兵,岂非有兼并之志乎?"钦陵曰:"吐蕃苟贪土地,欲为边患,则东侵甘、凉,岂肯规利于万里之外邪!"乃遣使者随元振入请之。

朝廷疑未决,元振上疏,以为:"钦陵求罢兵割地,此乃利害之机,诚不可轻举措也。今若直拒其善意,则为边患必深。四镇之利远,甘、凉之害近,不可不深图也。宜以计缓之,使其和望未绝则善矣。彼四镇、十姓,吐蕃之所甚欲也,而青海、吐谷浑,亦国家之要地也,今报之宜曰:'四镇、十姓之地,本无用于中国,所以遣兵戍之,欲以镇抚西域,分吐蕃之势,使不得并力东侵也。今若果无东侵之志,当归我吐谷浑诸部及青海故地,则五俟斤部亦当以归吐蕃。'如此则足以塞钦陵之口,而亦未与之绝也。若钦陵小有乖违,则曲在彼矣。且四镇、十姓款附日久,今未察其情之向背,事之利害,遥割而弃之,恐伤诸国之心,非所以御四夷也。"太后从之。

元振又上言:"吐蕃百姓疲于徭戍,早愿和亲。钦陵利于统兵专制,独不欲归款。若国家岁发和亲使,而钦陵常不从命,则彼国之人怨钦陵日深,望国恩日甚,设欲大举其徒,固亦难矣。斯亦离间之渐,可使其上下猜阻,祸乱内兴矣。"太后深然之。元振名震,以字行。

13 庚申,以并州长史王方庆为鸾台侍郎,与殿中监万年李道广并同平章事。

14 突厥默啜请为太后子,并为其女求昏,悉归河西降户,帅其部众为国讨契丹。太后遣豹韬卫大将军阎知微、左卫郎将摄司宾卿田归道册授默啜左卫大将军、迁善可汗。知微，立德之孙；归道，仁会之子也。

冬，十月辛卯，契丹李尽忠卒，孙万荣代领其众。突厥默啜乘间袭松漠，虏尽忠、万荣妻子而去。太后进拜默啜为颉跌利施大单于、立功报国可汗。

孙万荣收合馀众，军势复振，遣别帅骆务整、何阿小为前锋，攻陷冀州，杀刺史陆宝积，屠吏民数千人。又攻瀛州，河北震动。制起彭泽令狄仁杰为魏州刺史。前刺史独孤思庄畏契丹猝至，悉驱百姓入城，缮修守备。仁杰至，悉遣还农，曰：“贼犹在远，何烦如是！万一贼来，吾自当之。”百姓大悦。

时契丹入寇，军书填委，夏官郎中硖石姚元崇剖析如流，皆有条理，太后奇之，擢为夏官侍郎。

15　太后思徐有功用法平，擢拜左台殿中侍御史，闻者无不相贺。鹿城主簿宗城潘好礼著论，称有功蹈道依仁，固守诚节，不以贵贱死生易其操履。设客问曰：“徐公于今谁与为比？”主人曰：“四海至广，人物至多，或匿迹韬光，仆不敢诬，若所闻见，则一人而已，当于古人中求之。”客曰：“何如张释之？”主人曰：“释之所行者甚易，徐公所行者甚难，难易之间，优劣见矣。张公逢汉文之时，天下无事，至如盗高庙玉环及渭桥惊马，守法而已，岂不易哉！徐公逢革命之秋，属惟新之运，唐朝遗老，或包藏祸心，使人主有疑。如周兴、来俊臣，乃尧年之四凶也，崇饰恶言以诬盛德；而徐公守死善道，深相明白，几陷囹圄，数挂纲维，此吾子所闻，岂不难哉！”客曰：“使为司刑卿，乃得展其才矣。”主人曰：“吾子徒见徐公用法平允，谓可置司刑。仆睹其人，方寸之地，何所不容，若其用之，何事不可，岂直司刑而已哉！”

# 资治通鉴卷第二百六

## 唐纪二十二

**则天顺圣皇后中之下**

神功元年（丁酉,697）

1　正月己亥朔,太后享通天宫。

2　突厥默啜寇灵州,以许钦明自随。钦明至城下大呼,求美酱、粱米及墨,意欲城中选良将、引精兵、夜袭虏营,而城中无谕其意者。

3　箕州刺史刘思礼学相人于术士张憬藏,憬藏谓思礼当历箕州,位至太师。思礼念太师人臣极贵,非佐命无以致之,乃与洛州录事参军綦连耀谋反,阴结朝士,托相术,许人富贵,俟其意悦,因说以"綦连耀有天命,公必因之以得富贵"。凤阁舍人王勮兼天官侍郎事,用思礼为箕州刺史。

明堂尉吉顼闻其谋,以告合宫尉来俊臣,使上变告之。太后使河内王武懿宗推之。懿宗令思礼广引朝士,许免其死,凡小忤意皆引之。于是思礼引凤阁侍郎同平章事李元素、夏官侍郎同平章事孙元亨、知天官侍郎事石抱忠、刘奇、给事中周谝及王勮兄泾州刺史勔、弟监察御史助等,凡三十六家,皆海内名士,穷楚毒以成其狱。壬戌,皆族诛之,亲党连坐流窜者千馀人。

初,懿宗宽思礼于外,使诬引诸人。诸人既诛,然后收思礼,思礼悔之。懿宗自天授以来,太后数使之鞫狱,喜诬陷人,时人以为周、来之亚。

来俊臣欲擅其功,复罗告吉顼。顼上变,得召见,仅免。俊臣由是复用,而顼亦以此得进。

俊臣党人罗告司刑府史樊惎谋反,诛之。惎子讼冤于朝堂,无敢理者,乃援刀自刳其腹。秋官侍郎上邽刘如璿见之,窃叹而泣。俊臣奏如璿党恶逆,下狱,处以绞刑。制流瀼州。

4　尚乘奉御张易之,行成之族孙也,年少,美姿容,善音律。太平公主荐易之弟昌宗入侍禁中,昌宗复荐易之,兄弟皆得幸于太后,常傅朱粉,衣锦绣。昌宗累迁散骑常侍,易之为司卫少卿。拜其母臧氏、韦氏为太夫人,赏赐不可胜纪,仍敕凤阁侍郎<u>李迥秀</u>为<u>臧</u>氏私夫。<u>迥秀</u>,<u>大亮</u>之族孙也。<u>武承嗣</u>、<u>三思</u>、<u>懿宗</u>、<u>宗楚客</u>、<u>晋卿</u>皆候<u>易之</u>门庭,争执鞭辔,谓<u>易之</u>为<u>五郎</u>,<u>昌宗</u>为<u>六郎</u>。

5　癸亥,<u>突厥默啜</u>寇<u>胜州</u>,<u>平狄军</u>副使<u>安道买</u>击破之。

6　甲子,以<u>原州</u>司马<u>娄师德</u>守凤阁侍郎、同平章事。

7　春,三月戊申,<u>清边道</u>总管<u>王孝杰</u>、<u>苏宏晖</u>等将兵十七万与<u>孙万荣</u>战于<u>东硖石谷</u>,唐兵大败,<u>孝杰</u>死之。

<u>孝杰</u>遇<u>契丹</u>,帅精兵为前锋,力战。<u>契丹</u>引退,<u>孝杰</u>追之,行背悬崖。<u>契丹</u>回兵薄之,<u>宏晖</u>先遁,<u>孝杰</u>坠崖死,将士死亡殆尽。管记<u>洛阳</u><u>张说</u>驰奏其事。太后赠<u>孝杰</u>官爵,遣使斩<u>宏晖</u>以徇。使者未至,<u>宏晖</u>以立功得免。

<u>武攸宜</u>军<u>渔阳</u>,闻<u>孝杰</u>等败没,军中震恐,不敢进。<u>契丹</u>乘胜寇<u>幽州</u>,攻陷城邑,剽掠吏民,<u>攸宜</u>遣将击之,不克。

8　<u>阎知微</u>、<u>田归道</u>同使<u>突厥</u>,册<u>默啜</u>为可汗。<u>知微</u>中道遇<u>突厥</u>使者,辄与之绯袍、银带,且上言:“虏使至都,宜大为供张。”<u>归道</u>上言:“<u>突厥</u>背诞积年,方今悔过,宜待圣恩宽宥。今<u>知微</u>擅与之袍带,使朝廷无以复加,宜令反初服以俟朝恩。又,小虏使臣,不足大为供张。”太后然之。<u>知微</u>见<u>默啜</u>,舞蹈,吮其靴鼻。<u>归道</u>长揖不拜。<u>默啜</u>囚<u>归道</u>,将杀之,<u>归道</u>辞色不挠,责其无厌,为陈祸福。<u>阿波达干</u><u>元珍</u>曰:“大国使者,不可杀也。”<u>默啜</u>怒稍解,但拘留不遣。

初,<u>咸亨</u>中,<u>突厥</u>有降者,皆处之<u>丰</u>、<u>胜</u>、<u>灵</u>、<u>夏</u>、<u>朔</u>、<u>代</u>六州,至是,<u>默啜</u>求六州降户及单于都护府之地,并谷种、缯帛、农器、铁,太后不许。<u>默啜</u>怒,言辞悖慢。<u>姚璹</u>、<u>杨再思</u>以<u>契丹</u>未平,请依<u>默啜</u>所求给之。麟台少监、知凤阁侍郎赞皇<u>李峤</u>曰:“戎狄贪而无信,此所谓‘借寇兵资盗粮’也,不如治兵以备之。”<u>璹</u>、<u>再思</u>固请与之,乃悉驱六州降户数千帐以与<u>默啜</u>,并给谷种四万斛,杂彩五万段,农器三千事,铁四万斤,并许其昏。<u>默啜</u>由是益强。

<u>田归道</u>始得还,与<u>阎知微</u>争论于太后前。<u>归道</u>以为<u>默啜</u>必负约,不可恃和亲,宜为之备。<u>知微</u>以为和亲必可保。

9　夏,四月,铸九鼎成,徙置<u>通天宫</u>。<u>豫州</u>鼎高丈八尺,受千八百石。<u>徐州</u>高丈四尺,受千二百石。各图山川物产于其上,共用铜五十六万七千馀斤。太后欲以黄金千两涂之,<u>姚璹</u>曰:“九鼎神器,贵于天质自然。且臣观其五采焕炳相杂,不待金色以为炫耀。”太后从之。自<u>玄武门</u>曳入,

令宰相、诸王帅南北牙宿卫兵十馀万人并仗内大牛、白象共曳之。

10 前益州长史王及善已致仕,会契丹作乱,山东不安,起为滑州刺史。太后召见,问以朝廷得失,及善陈治乱之要十馀条。太后曰:"外州末事,此为根本,卿不可出。"癸酉,留为内史。

11 癸未,以右金吾卫大将军武懿宗为神兵道行军大总管,与右豹韬卫将军何迦密将兵击契丹。五月癸卯,又以娄师德为清边道副大总管,右武威卫将军沙吒忠义为前军总管,将兵二十万击契丹。

先是,有朱前疑者上书云:"臣梦陛下寿满八百。"即拜拾遗。又自言"梦陛下发白再玄,齿落更生"。迁驾部郎中。出使还,上书曰:"闻嵩山呼万岁。"赐以绯算袋,时未五品,于绿衫上佩之。会发兵讨契丹,敕京官出马一匹供军,酬以五品。前疑买马输之,屡抗表求进阶。太后恶其贪鄙,六月乙丑,敕还其马,斥归田里。

12 右司郎中冯翊乔知之有美妾曰碧玉,知之为之不昏。武承嗣借以教诸姬,遂留不还。知之作绿珠怨以寄之,碧玉赴井死。承嗣得诗于裙带,大怒,讽酷吏罗告,族之。

13 司仆少卿来俊臣倚势贪淫,士民妻妾有美者,百方取之。或使人罗告其罪,矫称敕以取其妻,前后罗织诛人,不可胜计。自宰相以下,籍其姓名而取之。自言才比石勒。监察御史李昭德素恶俊臣,又尝庭辱秋官侍郎皇甫文备,二人共诬昭德谋反,下狱。

俊臣欲罗告武氏诸王及太平公主,又欲诬皇嗣及庐陵王与南北牙同反,冀因此盗国权,河东人卫遂忠告之。诸武及太平公主恐惧,共发其罪,系狱,有司处以极刑。太后欲赦之,奏上三日,不出。王及善曰:"俊臣凶狡贪暴,国之元恶,不去之,必动摇朝廷。"太后游苑中,吉顼执辔,太后问以外事,对曰:"外人唯怪来俊臣奏不下。"太后曰:"俊臣有功于国,朕方思之。"顼曰:"于安远告虺贞反,既而果反,今止为成州司马。俊臣聚结不逞,诬构良善,赃贿如山,冤魂塞路,国之贼也,何足惜哉!"太后乃下其奏。

丁卯,昭德、俊臣同弃市,时人无不痛昭德而快俊臣。仇家争啖俊臣之肉,斯须而尽,抉眼剥面,披腹出心,腾蹋成泥。太后知天下恶之,乃下制数其罪恶,且曰:"宜加赤族之诛,以雪苍生之愤,可准法籍没其家。"士民皆相贺于路曰:"自今眠者背始帖席矣。"

俊臣以告綦连耀功,赏奴婢十人。俊臣阅司农婢,无可者,以西突厥可汗斛瑟罗家有细婢,善歌舞,欲得以为赏口,乃使人诬告斛瑟罗反。诸酋长诣阙割耳劓面讼冤者数十人。会俊臣诛,乃得免。

俊臣方用事,选司受其属请不次除官者,每铨数百人。俊臣败,侍郎皆自首。太后责之,对曰:"臣负陛下,死罪! 臣乱国家法,罪止一身。违俊臣语,立见灭族。"太后乃赦之。

上林令侯敏素谄事俊臣,其妻董氏谏之曰:"俊臣国贼,指日将败,君宜远之。"敏从之。俊臣怒,出为武龙令。敏欲不往,妻曰:"速去勿留!"俊臣败,其党皆流岭南,敏独得免。

太后征于安远为尚食奉御,擢吉顼为右肃政中丞。

14　以检校夏官侍郎宗楚客同平章事。

15　武懿宗军至赵州,闻契丹将骆务整数千骑将至冀州,懿宗惧,欲南遁。或曰:"虏无辎重,以抄掠为资,若按兵拒守,势必离散,从而击之,可有大功。"懿宗不从,退据相州,委弃军资器仗甚众。契丹遂屠赵州。

甲午,孙万荣为奴所杀。

万荣之破王孝杰也,于柳城西北四百里依险筑城,留其老弱妇女,所获器仗资财,使妹夫乙冤羽守之,引精兵寇幽州。恐突厥默啜袭其后,遣五人至黑沙,语默啜曰:"我已破王孝杰百万之众,唐人破胆,请与可汗乘胜共取幽州。"三人先至,默啜喜,赐以绯袍。二人后至,默啜怒其稽缓,将杀之,二人曰:"请一言而死。"默啜问其故,二人以契丹之情告。默啜乃杀前三人而赐二人绯,使为乡导,发兵取契丹新城,杀所获凉州都督许钦明以祭天。围新城三日,克之,尽俘以归。使乙冤羽驰报万荣。

时万荣方与唐兵相持,军中闻之,恟惧。奚人叛万荣,神兵道总管杨玄基击其前,奚兵击其后,获其将何阿小。万荣军大溃,帅轻骑数千东走。前军总管张九节遣兵邀之于道,万荣穷蹙,与其奴逃至潞水东,息于林下,叹曰:"今欲归唐,罪已大。归突厥亦死,归新罗亦死。将安之乎!"奴斩其首以降,枭之四方馆门。其馀众及奚、霫皆降于突厥。

16　戊子,特进武承嗣、春官尚书武三思并同凤阁鸾台三品。

17　辛卯,制以契丹初平,命河内王武懿宗、娄师德及魏州刺史狄仁杰分道安抚河北。懿宗所至残酷,民有为契丹所胁从复来归者,懿宗皆以为反,生剔取其胆。先是,何阿小嗜杀人,河北人为之语曰:"唯此两何,杀人最多。"

18　秋,七月丁酉,昆明内附,置窦州。

19　武承嗣、武三思并罢政事。

20　庚午,武攸宜自幽州凯旋。武懿宗奏河北百姓从贼者请尽族之,左拾遗王求礼庭折之曰："此属素无武备,力不胜贼,苟从之以求生,岂有叛国之心! 懿宗拥强兵数十万,望风退走,贼徒滋蔓,又欲委罪于草野诖误之人,为臣不忠,请先斩懿宗以谢河北!"懿宗不能对。司刑卿杜景俭亦奏:"此皆胁从之人,请悉原之。"太后从之。

21　八月丙戌,纳言姚璹坐事左迁益州长史,以太子宫尹豆卢钦望为文昌右相、凤阁鸾台三品。

22　九月壬辰,大享通天宫,大赦,改元。

23　庚戌,娄师德守纳言。

24　甲寅,太后谓侍臣曰:"顷者周兴、来俊臣按狱,多连引朝臣,云其谋反。国有常法,朕安敢违! 中间疑其不实,使近臣就狱引问,得其手状,皆自承服,朕不以为疑。自兴、俊臣死,不复闻有反者。然则前死者不有冤邪?"夏官侍郎姚元崇对曰:"自垂拱以来坐谋反死者,率皆兴等罗织,自以为功。陛下使近臣问之,近臣亦不自保,何敢动摇! 所问者若有翻覆,惧遭惨毒,不若速死。赖天启圣心,兴等伏诛,臣以百口为陛下保,自今内外之臣无复反者。若微有实状,臣请受知而不告之罪。"太后悦曰:"向时宰相皆顺成其事,陷朕为淫刑之主。闻卿所言,深合朕心。"赐元崇钱千缗。

时人多为魏元忠讼冤者,太后复召为肃政中丞。元忠前后坐弃市流窜者四。尝侍宴,太后问曰:"卿往者数负谤,何也?"对曰:"臣犹鹿耳,罗织之徒欲得臣肉为羹,臣安所避之!"

25　冬,闰十月甲寅,以幽州都督狄仁杰为鸾台侍郎,司刑卿杜景俭为凤阁侍郎,并同平章事。

仁杰上疏以为:"天生四夷,皆在先王封略之外,故东拒沧海,西阻流沙,北横大漠,南阻五岭,此天所以限夷狄而隔中外也。自典籍所纪,声教所及,三代不能至者,国家尽兼之矣。诗人矜薄伐于太原,美化行于江、汉,则三代之远裔,皆国家之域中也。若乃用武方外,邀功绝域,竭府库之实以争不毛之地,得其人不足增赋,获其土不可耕织,苟求冠带远夷之称,不务固本安人之术,此秦皇、汉武之所行,非五帝、三王之事业也。始皇穷兵极武,务求广地,死者如麻,致天下溃叛。汉武征伐四夷,百姓困穷,盗贼蜂起。末年悔悟,息兵罢役,故能为天所祐。近者国家频岁出师,所费滋广,西戍四镇,东戍安东,调发日加,百姓虚弊。今关东饥馑,蜀、汉逃亡,江、淮已南,征求不息,人不复业,相率为盗,本根一摇,忧患不浅。其所以然者,皆以争蛮貃不毛之地,乖子养苍生之道也。昔汉元纳贾捐之之

谋而罢朱崖郡,宣帝用魏相之策而弃车师之田,岂不欲慕尚虚名,盖惮劳
人力也。近贞观中克平九姓,立李思摩为可汗,使统诸部者,盖以夷狄叛
则伐之,降则抚之,得推亡固存之义,无远戍劳人之役,此近日之令典,经
边之故事也。窃谓宜立阿史那斛瑟罗为可汗,委之四镇,继高氏绝国,使
守安东。省军费于远方,并甲兵于塞上,使夷狄无侵侮之患则可矣,何必
穷其窟穴,与蝼蚁校长短哉!但当敕边兵,谨守备,远斥候,聚资粮,待其
自致,然后击之。以逸待劳则战士力倍,以主御客则我得其便,坚壁清野
则寇无所得;自然二贼深入则有颠踬之虑,浅入必无寇获之益。如此数
年,可使二虏不击而服矣。"事虽不行,识者是之。

　　26　凤阁舍人李峤知天官选事,始置员外官数千人。

　　27　先是历官以是月为正月,以腊月为闰。太后欲正月甲子朔冬至,
乃下制以为:"去晦仍见月,有爽天经。可以今月为闰月,来月为正月。"


圣历元年(戊戌,698)

　　1　正月甲子朔,冬至,太后享通天宫,赦天下,改元。

　　2　夏官侍郎宗楚客罢政事。

　　3　春,二月乙未,文昌右相、同凤阁鸾台三品豆卢钦望罢为太子
宾客。

　　4　武承嗣、三思营求为太子,数使人说太后曰:"自古天子未有以异
姓为嗣者。"太后意未决。狄仁杰每从容言于太后曰:"文皇帝栉风沐雨,
亲冒锋镝,以定天下,传之子孙。大帝以二子托陛下。陛下今乃欲移之他
族,无乃非天意乎!且姑侄之与母子孰亲?陛下立子,则千秋万岁后,配
食太庙,承继无穷。立侄,则未闻侄为天子而祔姑于庙者也。"太后曰:
"此朕家事,卿勿预知。"仁杰曰:"王者以四海为家,四海之内,孰非臣妾,
何者不为陛下家事!君为元首,臣为股肱,义同一体,况臣备位宰相,岂得
不预知乎!"又劝太后召还庐陵王。王方庆、王及善亦劝之。太后意稍
寤。他日,又谓仁杰曰:"朕梦大鹦鹉两翼皆折,何也?"对曰:"武者,陛下
之姓,两翼,二子也。陛下起二子,则两翼振矣。"太后由是无立承嗣、三
思之意。

　　孙万荣之围幽州也,移檄朝廷曰:"何不归我庐陵王?"吉顼与张易
之、昌宗皆为控鹤监供奉,易之兄弟亲狎之。顼从容说二人曰:"公兄弟
贵宠如此,非以德业取之也,天下侧目切齿多矣。不有大功于天下,何以
自全?窃为公忧之!"二人惧,流涕问计。顼曰:"天下士庶未忘唐德,咸

复思庐陵王。主上春秋高,大业须有所付;武氏诸王非所属意。公何不从容劝上立庐陵王以系苍生之望! 如此,非徒免祸,亦可以长保富贵矣。"二人以为然,承间屡为太后言之。太后知谋出于顼,乃召问之,顼复为太后具陈利害,太后意乃定。

三月己巳,托言庐陵王有疾,遣职方员外郎瑕丘徐彦伯召庐陵王及其妃、诸子诣行在疗疾。戊子,庐陵王至神都。

5　夏,四月庚寅朔,太后祀太庙。

6　辛丑,以娄师德充陇右诸军大使,仍检校营田事。

7　六月甲午,命淮阳王武延秀入突厥,纳默啜女为妃;豹韬卫大将军阎知微摄春官尚书,右武卫郎将杨齐庄摄司宾卿,赍金帛巨亿以送之。延秀,承嗣之子也。

凤阁舍人襄阳张柬之谏曰:"自古未有中国亲王娶夷狄女者。"由是忤旨,出为合州刺史。

8　秋,七月,凤阁侍郎、同平章事杜景俭罢为秋官尚书。

9　八月戊子,武延秀至黑沙南庭。突厥默啜谓阎知微等曰:"我欲以女嫁李氏,安用武氏儿邪! 此岂天子之子乎! 我突厥世受李氏恩,闻李氏尽灭,唯两儿在,我今将兵辅立之。"乃拘延秀于别所,以知微为南面可汗,言欲使之主唐民也。遂发兵袭静难、平狄、清夷等军,静难军使慕容玄崱以兵五千降之。虏势大振,进寇妫、檀等州。前从阎知微入突厥者,默啜皆赐之五品、三品之服,太后悉夺之。

默啜移书数朝廷曰:"与我蒸谷种,种之不生,一也。金银器皆行滥,非真物,二也。我与使者绯紫皆夺之,三也。缯帛皆疏恶,四也。我可汗女当嫁天子儿,武氏小姓,门户不敌,罔冒为昏,五也。我为此起兵,欲取河北耳。"

监察御史裴怀古从阎知微入突厥,默啜欲官之,不受。因,将杀之,逃归;抵晋阳,形容赢悴。突骑噪聚,以为间谍,欲取其首以求功。有果毅尝为人所枉,怀古按直之,大呼曰:"裴御史也。"救之,得全。至都,引见,迁祠部员外郎。

时诸州闻突厥入寇,方秋,争发民修城。卫州刺史太平敬晖谓僚属曰:"吾闻金汤非粟不守,奈何舍收获而事城郭乎?"悉罢之,使归田,百姓大悦。

10　甲午,鸾台侍郎、同平章事王方庆罢为麟台监。

11　太子太保魏宣王武承嗣,恨不得为太子,意怏怏,戊戌,病薨。

12　庚子,以春官尚书<u>武三思</u>检校内史,<u>狄仁杰</u>兼纳言。

太后命宰相各举尚书郎一人,<u>仁杰</u>举其子司府丞<u>光嗣</u>,拜地官员外郎,已而称职。太后喜曰:"卿足继<u>祁奚</u>矣。"

通事舍人河南<u>元行冲</u>,博学多通,<u>仁杰</u>重之。<u>行冲</u>数规谏<u>仁杰</u>,且曰:"凡为家者必有储蓄脯醢以适口,参术以攻疾。仆窃计明公之门,珍味多矣,<u>行冲</u>请备药物之末。"<u>仁杰</u>笑曰:"吾药笼中物,何可一日无也!"<u>行冲</u>名<u>澹</u>,以字行。

13　以司属卿<u>武重规</u>为<u>天兵中道</u>大总管,右武卫将军<u>沙吒忠义</u>为<u>天兵西道</u>总管,<u>幽州</u>都督<u>下邽张仁愿</u>为<u>天兵东道</u>总管,将兵三十万以讨<u>突厥默啜</u>。又以左羽林卫大将军<u>阎敬容</u>为<u>天兵西道</u>后军总管,将兵十五万为后援。

癸丑,<u>默啜</u>寇<u>飞狐</u>,乙卯,陷<u>定州</u>,杀刺史<u>孙彦高</u>及吏民数千人。

14　九月甲子,以夏官尚书<u>武攸宁</u>同凤阁鸾台三品。

15　改<u>默啜</u>为<u>斩啜</u>。

<u>默啜</u>使<u>阎知微</u>招谕<u>赵州</u>,<u>知微</u>与虏连手蹋歌万岁乐于城下。将军<u>陈令英</u>在城上谓曰:"尚书位任非轻,乃为虏蹋歌,独无惭乎!"<u>知微</u>微吟曰:"不得已,<u>万岁乐</u>。"

戊辰,<u>默啜</u>围<u>赵州</u>,长史<u>唐般若</u>翻城应之。刺史<u>高睿</u>与妻<u>秦氏</u>仰药诈死,虏舆之诣<u>默啜</u>,<u>默啜</u>以金狮子带、紫袍示之曰:"降则拜官,不降则死!"<u>睿</u>顾其妻,妻曰:"酬报国恩,正在今日!"遂俱闭目不言。经再宿,虏知不可屈,乃杀之。虏退,<u>唐般若</u>族诛,赠<u>睿</u>冬官尚书,谥曰节。<u>睿</u>,<u>颎</u>之孙也。

16　皇嗣固请逊位于<u>庐陵王</u>,太后许之。壬申,立<u>庐陵王哲</u>为皇太子,复名<u>显</u>。赦天下。

甲戌,命太子为<u>河北道</u>元帅以讨<u>突厥</u>。先是,募人月馀不满千人,及闻太子为元帅,应募者云集,未几,数盈五万。

戊寅,以<u>狄仁杰</u>为<u>河北道</u>行军副元帅,右丞<u>宋元爽</u>为长史,右台中丞<u>崔献</u>为司马,左台中丞<u>吉顼</u>为监军使。时太子不行,命<u>仁杰</u>知元帅事,太后亲送之。

<u>蓝田</u>令<u>薛讷</u>,<u>仁贵</u>之子也,太后擢为左威卫将军、<u>安东道</u>经略。将行,言于太后曰:"太子虽立,外议犹疑未定。苟此命不易,丑虏不足平也。"太后深然之。<u>王及善</u>请太子赴外朝以慰人心,从之。

17　以天官侍郎<u>苏味道</u>为凤阁侍郎、同平章事。<u>味道</u>前后在相位数

岁,依阿取容,尝谓人曰:"处事不宜明白,但摸棱持两端可矣。"时人谓之"苏摸棱"。

18　癸未,突厥默啜尽杀所掠赵、定等州男女万馀人,自五回道去,所过,杀掠不可胜纪。沙吒忠义等但引兵蹑之,不敢逼。狄仁杰将兵十万追之,无所及。默啜还漠北,拥兵四十万,据地万里,西北诸夷皆附之,甚有轻中国之心。

19　冬,十月,制:都下屯兵,命河内王武懿宗、九江王武攸归领之。

20　癸卯,以狄仁杰为河北道安抚大使。时北人为突厥所驱逼者,虏退,惧诛,往往亡匿。仁杰上疏,以为:"朝廷议者皆罪契丹、突厥所胁从之人,言其迹虽不同,心则无别。诚以山东近缘军机调发伤重,家道悉破,或至逃亡。重以官典侵渔,因事而起,柳杖之下,痛切肌肤,事迫情危,不循礼义。愁苦之地,不乐其生,有利则归,且图赊死,此乃君子之愧辱,小人之常行也。又,诸城入伪,或待天兵,将士求功,皆云攻得,臣忧滥赏,亦恐非辜。以经与贼同,是为恶地,至于污辱妻子,劫掠货财,兵士信知不仁,簪笏未能以免,乃是贼平之后,为恶更深。且贼务招携,秋毫不犯,今之归正,即是平人,翻被破伤,岂不悲痛!夫人犹水也,壅之则为泉,疏之则为川,通塞随流,岂有常性!今负罪之伍,必不在家,露宿草行,潜窜山泽,赦之则出,不赦则狂,山东群盗,缘兹聚结。臣以边尘暂起,不足为忧,中土不安,此为大事。罪之则众情恐惧,恕之则反侧自安,伏愿曲赦河北诸州,一无所问。"制从之。仁杰于是抚慰百姓,得突厥所驱掠者,悉递还本贯。散粮运以赈贫乏,修邮驿以济旋师。恐诸将及使者妄求供顿,乃自食疏粝,禁其下无得侵扰百姓,犯者必斩。河北遂安。

21　以夏官侍郎姚元崇、秘书少监李峤并同平章事。

22　突厥默啜离赵州,乃纵阎知微使还。太后命磔于天津桥南,使百官共射之,既乃剐其肉,锉其骨,夷其三族,疏亲有先未相识而同死者。

褒公段瓒,志玄之子也,先没于突厥。突厥在赵州,瓒邀杨齐庄与之俱逃,齐庄畏懦,不敢发。瓒先归,太后赏之。齐庄寻至,敕河内王武懿宗鞫之。懿宗以为齐庄意怀犹豫,遂与阎知微同诛。既射之如猬,气殊殊未死,乃决其腹,割心,投于地,犹趑趄然跃不止。

擢田归道为夏官侍郎,甚见亲委。

23　蜀州每岁遣兵五百人戍姚州,路险远,死亡者多。蜀州刺史张柬之上言,以为:"姚州本哀牢之国,荒外绝域,山高水深。国家开以为州,未尝得其盐布之税,甲兵之用,而空竭府库,驱率平人,受役蛮夷,肝脑涂地,臣窃为国家惜之。请废姚州以隶巂州,岁时朝觐,同之蕃国。泸南诸镇亦皆废省,于泸北置关,百姓非奉使,无得交通往来。"疏奏,不纳。

二年(己亥,699)

1　正月丁卯朔,告朔于通天宫。

2　壬戌,以皇嗣为相王,领太子右卫率。

3　甲子,置控鹤监丞、主簿等官,率皆嬖宠之人,颇用才能文学之士以参之。以司卫卿张易之为控鹤监,银青光禄大夫张昌宗、左台中丞吉顼、殿中监田归道、夏官侍郎李迥秀、凤阁舍人薛稷、正谏大夫临汾员半千皆为控鹤监内供奉。稷,元超之从子也。半千以古无此官,且所聚多轻薄之士,上疏请罢之,由是忤旨,左迁水部郎中。

4　腊月戊子,以左台中丞吉顼为天官侍郎,右台中丞魏元忠为凤阁侍郎,并同平章事。

5　文昌左丞宗楚客与弟司农卿晋卿,坐赃贿满万馀缗及第舍过度,楚客贬播州司马,晋卿流峰州。太平公主观其第,叹曰:"见其居处,吾辈乃虚生耳。"

6　辛亥,赐太子姓武氏,赦天下。

7　太后生重眉,成八字,百官皆贺。

8　河南、北置武骑团以备突厥。

9　春,一月庚申,夏官尚书、同凤阁鸾台三品武攸宁罢为冬官尚书。

10　二月己丑,太后幸嵩山,过缑氏,谒升仙太子庙。壬辰,太后不豫,遣给事中栾城阎朝隐祷少室山。朝隐自为牺牲,沐浴伏俎上,请代太后命。太后疾小愈,厚赏之。丁酉,自缑氏还。

11　初,吐蕃赞普器弩悉弄尚幼,论钦陵兄弟用事,皆有勇略,诸胡畏之。钦陵居中秉政,诸弟握兵分据方面,赞婆常居东边,为中国患者三十馀年。器弩悉弄浸长,阴与大臣论岩谋诛之。会钦陵出外,赞普诈云出畋,集兵执钦陵亲党二千馀人,杀之,遣使召钦陵兄弟,钦陵等举兵不受命。赞普将兵讨之,钦陵兵溃,自杀。夏四月,赞婆帅所部千人来降,太后命左武卫铠曹参军郭元振与河源军大使夫蒙令卿将骑迎之,以赞婆为特进、归德王。钦陵子弓仁,以所统吐谷浑七千帐来降,拜左玉钤卫将军、酒泉郡公。

12　壬辰,以魏元忠检校并州长史,充天兵军大总管,以备突厥。娄师德为天兵军副大总管,仍充陇右诸军大使,专掌怀抚吐蕃降者。

13　太后春秋高，虑身后太子与诸武不相容。壬寅，命太子、相王、太平公主与武攸暨等为誓文，告天地于明堂，铭之铁券，藏于史馆。

14　秋，七月，命建安王武攸宜留守西京，代会稽王武攸望。

15　丙辰，吐谷浑部落一千四百帐内附。

16　八月癸巳，突骑施乌质勒遣其子遮弩入见。遣侍御史元城解琬安抚乌质勒及十姓部落。

17　制："州县长吏，非奉有敕旨，毋得擅立碑。"

18　内史王及善虽无学术，然清正难夺，有大臣之节。张易之兄弟每侍内宴，无复人臣礼，及善屡奏以为不可。太后不悦，谓及善曰："卿既年高，不宜更侍游宴，但检校阁中可也。"及善因称病，谒假月馀，太后不问。及善叹曰："岂有中书令而天子可一日不见乎！事可知矣！"乃上疏乞骸骨，太后不许。庚子，以及善为文昌左相，太子宫尹豆卢钦望为文昌右相，仍并同凤阁鸾台三品。鸾台侍郎、同平章事杨再思罢为左台大夫。丁未，相王兼检校安北大都护。以天官侍郎陆元方为鸾台侍郎、同平章事。

19　纳言、陇右诸军大使娄师德薨。

师德在河陇，前后四十馀年，恭勤不怠，民夷安之。性沉厚宽恕，狄仁杰之入相也，师德实荐之，而仁杰不知，意颇轻师德，数挤之于外。太后觉之，尝问仁杰曰："师德贤乎？"对曰："为将能谨守边陲，贤则臣不知。"又曰："师德知人乎？"对曰："臣尝同僚，未闻其知人也。"太后曰："朕之知卿，乃师德所荐也，亦可谓知人矣。"仁杰既出，叹曰："娄公盛德，我为其所包容久矣，吾不得窥其际也。"是时罗织纷纭，师德久为将相，独能以功名终，人以是重之。

20　戊申，以武三思为内史。

21　九月乙亥，太后幸福昌。戊寅，还神都。

22　庚子，邢贞公王及善薨。

23　河溢，漂济源百姓庐舍千馀家。

24　冬，十月丁亥，论赞婆至都，太后宠待赏赐甚厚，以为右卫大将军，使将其众守洪源谷。

25　太子、相王诸子复出阁。

26　太后自称制以来，多以武氏诸王及驸马都尉为成均祭酒，博士、助教亦多非儒士。又因郊丘，明堂，拜洛，封嵩，取弘文国子生为斋郎，因得选补。由是学生不复习业，二十年间，学校殆废。而向时酷吏所诬陷者，其亲友流离，未获原宥。凤阁舍人韦嗣立上疏，以为："时俗浸轻儒学,先王之道,弛废不讲。宜令王公以下子弟,皆入国学,不听以他岐仕进。又,自<u>扬</u>、<u>豫</u>以来,制狱渐繁,酷吏乘间,专欲杀人以求进。赖陛下圣明,<u>周</u>、<u>丘</u>、<u>王</u>、<u>来</u>相继诛殛,朝野庆泰,若再睹阳和。至如<u>仁杰</u>、<u>元忠</u>,往遭按鞫,亦皆自诬,非陛下明察,则以为葅醢矣。今陛下升而用之,皆为良辅。何乃前非而后是哉? 诚由枉陷与甄明耳。臣恐向之负冤得罪者甚众,亦皆如是。伏望陛下弘天地之仁,广雷雨之施,自<u>垂拱</u>以来,罪无轻重,一皆昭洗,死者追复官爵,生者听还乡里。如此,则天下知昔之枉滥,非陛下之意,皆狱吏之辜,幽明欢欣,感通和气。”太后不能从。

　　<u>嗣立</u>,<u>承庆</u>之异母弟也。母<u>王氏</u>,遇<u>承庆</u>甚酷,每杖<u>承庆</u>,<u>嗣立</u>必解衣请代。母不许,辄私自杖,母乃为之渐宽。<u>承庆</u>为凤阁舍人,以疾去职。<u>嗣立</u>时为<u>莱芜</u>令,太后召谓曰:“卿父尝言,‘臣有两儿,堪事陛下。’卿兄弟在官,诚如父言。朕今以卿代兄,更不用他人。”即日拜凤阁舍人。

　　27　是岁,<u>突厥默啜</u>立其弟<u>咄悉匐</u>为左厢察,<u>骨笃禄</u>子<u>默矩</u>为右厢察,各主兵二万馀人;其子<u>匐俱</u>为小可汗,位在两察上,主<u>处木昆</u>等十姓,兵四万馀人,又号为<u>拓西可汗</u>。


久视元年(庚子,700)

　　1　正月戊寅,内史<u>武三思</u>罢为特进、太子少保。天官侍郎、同平章事<u>吉顼</u>贬安固尉。

　　太后以<u>顼</u>有干略,故委以腹心。<u>顼</u>与<u>武懿宗</u>争<u>赵州</u>之功于太后前。<u>顼</u>魁岸辩口,<u>懿宗</u>短小伛偻,<u>顼</u>视<u>懿宗</u>,声气陵厉。太后由是不悦,曰:“<u>顼</u>在朕前,犹卑我诸<u>武</u>,况异时讵可倚邪!”他日,<u>顼</u>奏事,方援古引今,太后怒曰:“卿所言,朕饫闻之,无多言! <u>太宗</u>有马名师子骢,肥逸无能调驭者。朕为宫女侍侧,言于<u>太宗</u>曰:‘妾能制之,然须三物,一铁鞭,二铁楇,三匕首。铁鞭击之不服,则以楇楇其首,又不服,则以匕首断其喉。’<u>太宗</u>壮朕之志。今日卿岂足污朕匕邪!”<u>顼</u>惶惧流汗,拜伏求生,乃止。诸<u>武</u>怨其附太子,共发其弟冒官事,由是坐贬。

　　辞日,得召见,涕泣言曰:“臣今远离阙庭,永无再见之期,愿陈一言。”太后命之坐,问之,<u>顼</u>曰:“合水土为泥,有争乎?”太后曰:“无之。”又曰:“分半为佛,半为天尊,有争乎?”曰:“有争矣。”<u>顼</u>顿首曰:“宗室、外戚各当其分,则天下安。今太子已立而外戚犹为王,此陛下驱之使他日必争,两不得安也。”太后曰:“朕亦知之。然业已如是,不可如何。”

　　2　腊月辛巳,立故太孙<u>重润</u>为邵王,其弟<u>重茂</u>为<u>北海</u>王。

3　太后问鸾台侍郎陆元方以外事,对曰:"臣备位宰相,有大事不敢不以闻,人间细事,不足烦圣听。"由是忤旨。庚寅,罢为司礼卿。

元方为人清谨,再为宰相,太后每有迁除,多访之,元方密封以进,未尝漏露。临终,悉取奏藁焚之,曰:"吾于人多阴德,子孙其未衰乎!"

4　以西突厥竭忠事主可汗斛瑟罗为平西军大总管,镇碎叶。

5　丁酉,以狄仁杰为内史。

6　庚子,以文昌左丞韦巨源为纳言。

乙巳,太后幸嵩山。春,一月丁卯,幸汝州之温汤。戊寅,还神都。作三阳宫于告成之石淙。

7　二月乙未,同凤阁鸾台三品豆卢钦望罢为太子宾客。

8　三月,以吐谷浑青海王宣超为乌地也拔勤忠可汗。

9　夏,四月戊申,太后幸三阳宫避暑,有胡僧邀车驾观葬舍利,太后许之。狄仁杰跪于马前曰:"佛者夷狄之神,不足以屈天下之主。彼胡僧诡谲,直欲邀致万乘以惑远近之人耳。山路险狭,不容侍卫,非万乘所宜临也。"太后中道而还曰:"以成吾直臣之气。"

10　五月己酉朔,日有食之。

11　太后使洪州僧胡超合长生药,三年而成,所费巨万。太后服之,疾小瘳。癸丑,赦天下,改元久视,去天册金轮大圣之号。

12　六月,改控鹤为奉宸府,以张易之为奉宸令。太后每内殿曲宴,辄引诸武、易之及弟秘书监昌宗饮博嘲谑。太后欲掩其迹,乃命易之、昌宗与文学之士李峤等修三教珠英于内殿。武三思奏昌宗乃王子晋后身。太后命昌宗衣羽衣,吹笙,乘木鹤于庭中,文士皆赋诗以美之。

太后又多选美少年为奉宸内供奉,右补阙朱敬则谏曰:"陛下内宠有易之、昌宗,足矣。近闻右监门卫长史侯祥等,明自媒衒,丑慢不耻,求为奉宸内供奉,无礼无仪,溢于朝听。臣职在谏净,不敢不奏。"太后劳之曰:"非卿直言,朕不知此。"赐彩百段。

易之、昌宗竞以豪侈相胜。弟昌仪为洛阳令,请属无不从。尝早朝,有选人姓薛,以金五十两并状邀其马而赂之。昌仪受金,至朝堂,以状授天官侍郎张锡。数日,锡失其状,以问昌仪,昌仪骂曰:"不了事人!我亦不记,但姓薛者即与之。"锡惧,退,索在铨姓薛者六十馀人,悉留注官。锡,文瓘之兄也。

13　初,契丹将李楷固,善用缇索及骑射、舞槊,每陷陈,如鹘入乌群,所向披靡。黄獐之战,张玄遇、麻仁节皆为所缉。又有骆务整者,亦为契丹将,屡败唐兵。及孙万荣死,二人皆来降。有司责其后至,奏请族之。狄仁杰曰:"楷固等并骁勇绝伦,能尽力于所事,必能尽力于我,若抚之以德,皆为我用矣。"奏请赦之。所亲皆止之,仁杰曰:"苟利于国,岂为身谋!"太后用其言,赦之。又请与之官,太后以楷固为左玉钤卫将军,务整为右武威卫将军,使将兵击契丹馀党,悉平之。

# 资治通鉴卷第二百七

## 唐纪二十三

**则天顺圣皇后下**

久视元年（庚子，700）

1　秋，七月，献俘于含枢殿。太后以楷固为左玉钤卫大将军、燕国公，赐姓武氏。召公卿合宴，举觞属仁杰曰："公之功也。"将赏之，对曰："此乃陛下威灵，将帅尽力，臣何功之有！"固辞不受。

2　闰月戊寅，车驾还宫。

3　己丑，以天官侍郎张锡为凤阁侍郎、同平章事。鸾台侍朗、同平章事李峤罢为成均祭酒。锡，峤之舅也，故罢峤政事。

4　丁酉，吐蕃将麹莽布支寇凉州，围昌松，陇右诸军大使唐休璟与战于洪源谷。麹莽布支兵甲鲜华，休璟谓诸将曰："诸论既死，麹莽布支新为将，不习军事，望之虽如精锐，实易与耳，请为诸君破之。"乃被甲先陷陈，六战皆捷，吐蕃大奔，斩首二千五百级，获二裨将而还。

5　司府少卿杨元亨，尚食奉御杨元禧，皆弘武之子也。元禧尝忤张易之，易之言于太后："元禧，杨素之族；素父子，隋之逆臣，子孙不应供奉。"太后从之，壬寅，制："杨素及其兄弟子孙皆不得任京官。"左迁元亨睦州刺史，元禧资州刺史。

6　庚戌，以魏元忠为陇右诸军大使，击吐蕃。

7　庚申，太后欲造大像，使天下僧尼日出一钱以助其功。狄仁杰上疏谏，其略曰："今之伽蓝，制过宫阙。功不使鬼，止在役人，物不天来，终须地出，不损百姓，将何以求！"又曰："游僧皆托佛法，诖误生人。里陌动有经坊，阛阓亦立精舍。化诱所急，切于官征；法事所须，严于制敕。"又曰："梁武、简文舍施无限，及三淮沸浪，五岭腾烟，列刹盈衢，无救危亡之祸，缁衣蔽路，岂有勤王之师！"又曰："虽敛僧钱，百未支一。尊容既广，不可露居，覆以百层，尚忧未遍，自馀廊宇，不得全无。如来设教，以慈悲为主，岂欲劳人，以存虚饰！"又曰："比来水旱不节，当今边境未宁，若费官财,又尽人力,一隅有难,将何以救之!"太后曰:"公教朕为善,何得相违!"遂罢其役。

8　阿悉吉薄露叛,遣左金吾将军田扬名、殿中侍御史封思业讨之。军至碎叶,薄露夜于城傍剽掠而去,思业将骑追之,反为所败。扬名引西突厥斛瑟罗之众攻其城,旬馀,不克。九月,薄露诈降,思业诱而斩之,遂俘其众。

9　太后信重内史梁文惠公狄仁杰,群臣莫及,常谓之国老而不名。仁杰好面引廷争,太后每屈意从之。尝从太后游幸,遇风吹仁杰巾坠,而马惊不能止,太后命太子追执其辔而系之。仁杰屡以老疾乞骸骨,太后不许。入见,常止其拜,曰:"每见公拜,朕亦身痛。"仍免其宿直,戒其同僚曰:"自非军国大事,勿以烦公。"辛丑,薨,太后泣曰:"朝堂空矣!"自是朝廷有大事,众或不能决,太后辄叹曰:"天夺吾国老何太早邪!"

太后尝问仁杰:"朕欲得一佳士用之,谁可者?"仁杰曰:"未审陛下欲何所用之?"太后曰:"欲用为将相。"仁杰对曰:"文学缊藉,则苏味道、李峤固其选矣。必欲取卓荦奇才,则有荆州长史张柬之,其人虽老,宰相才也。"太后擢柬之为洛州司马。数日,又问仁杰,对曰:"前荐柬之,尚未用也。"太后曰:"已迁矣。"对曰:"臣所荐者可为宰相,非司马也。"乃迁秋官侍郎。久之,卒用为相。仁杰又尝荐夏官侍郎姚元崇、监察御史曲阿桓彦范、太州刺史敬晖等数十人,率为名臣。或谓仁杰曰:"天下桃李,悉在公门矣。"仁杰曰:"荐贤为国,非为私也。"

初,仁杰为魏州刺史,有惠政,百姓为之立生祠。后其子景晖为魏州司功参军,贪暴为人患,人遂毁其像焉。

10　冬,十月辛亥,以魏元忠为萧关道大总管,以备突厥。

11　甲寅,制复以正月为十一月,一月为正月。赦天下。

12　丁巳,纳言韦巨源罢,以文昌右丞韦安石为鸾台侍郎、同平章事。安石,津之孙也。

时武三思、张易之兄弟用事,安石数面折之。尝侍宴禁中,易之引蜀商宋霸子等数人在座同博。安石跪奏曰:"商贾贱类,不应得预此会。"顾左右逐出之,座中皆失色。太后以其言直,劳勉之,同列皆叹服。

13　丁卯,太后幸新安。壬申,还宫。

14　十二月甲寅,突厥掠陇右诸监马万馀匹而去。

15　时屠禁尚未解,凤阁舍人全节崔融上言,以为:"割烹牺牲,弋猎禽兽,圣人著之典礼,不可废阙。又,江南食鱼,河西食肉,一日不可无;富者未革,贫者难堪。况贫贱之人,仰屠为生,日戮一人,终不能绝,但资恐喝,徒长奸欺。为政者苟顺月令,合礼经,自然物遂其生,人得其性矣。"戊午,复开屠禁,祠祭用牲牢如故。

长安元年(辛丑,701)

1　春,正月丁丑,以成州言佛迹见,改元大足。

2　二月己酉,以鸾台侍郎柏人李怀远同平章事。

3　三月,凤阁侍郎、同平章事张锡坐知选漏泄禁中语、赃满数万,当斩,临刑释之,流循州。时苏味道亦坐事与锡俱下司刑狱,锡乘马,意气自若,舍于三品院,帏屏食饮,无异平居。味道步至系所,席地而卧,蔬食而已。太后闻之,赦味道,复其位。

4　是月,大雪,苏味道以为瑞,帅百官入贺。殿中侍御史王求礼止之曰:"三月雪为瑞雪,腊月雷为瑞雷乎?"味道不从。既入,求礼独不贺,进言曰:"今阳和布气,草木发荣,而寒雪为灾,岂得诬以为瑞! 贺者皆谄谀之士也。"太后为之罢朝。

时又有献三足牛者,宰相复贺。求礼扬言曰:"凡物反常皆为妖。此鼎足非其人,政教不行之象也。"太后为之愀然。

5　夏,五月乙亥,太后幸三阳宫。

6　以魏元忠为灵武道行军大总管,以备突厥。

7　天官侍郎盐官顾琮同平章事。

8　六月庚申,以夏官尚书李迥秀同平章事。

迥秀性至孝,其母本微贱,妻崔氏常叱媵婢,母闻之不悦,迥秀即时出之。或曰:"贤室虽不避嫌疑,然过非七出,何遽如是?"迥秀曰:"娶妻本以养亲,今乃违忤颜色,安敢留也!"竟出之。

9　秋,七月甲戌,太后还宫。

10　甲申,李怀远罢为秋官尚书。

11　八月,突厥默啜寇边,命安北大都护相王为天兵道元帅,统诸军击之,未行而虏退。

12　丙寅,武邑人苏安恒上疏曰:"陛下钦先圣之顾托,受嗣子之推让,敬天顺人,二十年矣。岂不闻帝舜褰裳,周公复辟! 舜之于禹,事祗族亲;旦与成王,不离叔父。族亲何如子之爱,叔父何如母之恩? 今太子孝敬是崇,春秋既壮,若使统临宸极,何异陛下之身! 陛下年德既尊,宝位将倦,机务烦重,浩荡心神,何不禅位东宫,自怡圣体! 自昔理天下者,不见二姓而俱王也。当今梁、定、河内、建昌诸王，承陛下之荫覆，并得封王。臣谓千秋万岁之后，于事非便，臣请黜为公侯，任以闲简。臣又闻陛下有二十馀孙，今无尺寸之封，此非长久之计也。臣请分土而王之，择立师傅，教其孝敬之道，以夹辅周室，屏藩皇家，斯为美矣。"疏奏，太后召见，赐食，慰谕而遣之。

13　太后春秋高，政事多委张易之兄弟。邵王重润与其妹永泰郡主、主婿魏王武延基窃议其事。易之诉于太后，九月壬申，太后皆逼令自杀。延基，承嗣之子也。

14　丙申，以相王知左、右羽林卫大将军事。

15　冬，十月壬寅，太后西入关，辛酉，至京师；赦天下，改元。

16　十一月戊寅，改含元宫为大明宫。

17　天官侍郎安平崔玄暐，性介直，未尝请谒。执政恶之，改文昌左丞。月馀，太后谓玄暐曰："自卿改官以来，闻令史设斋自庆。此欲盛为奸贪耳，今还卿旧任。"乃复拜天官侍郎，仍赐彩七十段。

18　以主客郎中郭元振为凉州都督、陇右诸军大使。

先是，凉州南北境不过四百馀里，突厥、吐蕃频岁奄至城下，百姓苦之。元振始于南境硖口置和戎城，北境碛中置白亭军，控其冲要，拓州境千五百里，自是寇不复至城下。元振又令甘州刺史李汉通开置屯田，尽水陆之利。旧凉州粟麦斛至数千，及汉通收率之后，一缣籴数十斛，积军粮支数十年。元振善于抚御，在凉州五年，夷、夏畏慕，令行禁止，牛羊被野，路不拾遗。

二年（壬寅，702）

1　春，正月乙酉，初设武举。

2　突厥寇盐、夏二州。三月庚寅，突厥破石岭，寇并州。以雍州长史薛季昶摄右台大夫，充山东防御军大使，沧、瀛、幽、易、恒、定等州诸军皆受季昶节度。夏，四月，以幽州刺史张仁愿专知幽、平、妫、檀防御，仍与季昶相知，以拒突厥。

3　五月壬申，苏安恒复上疏曰："臣闻天下者，神尧、文武之天下也，陛下虽居正统，实因唐氏旧基。当今太子追回，年德俱盛，陛下贪其宝位而忘母子深恩，将何圣颜以见唐家宗庙，将何诰命以谒大帝坟陵？陛下何故日夜积忧，不知钟鸣漏尽！臣愚以为天意人事，还归李家。陛下虽安天位，殊不知物极则反，器满则倾。臣何惜一朝之命而不安万乘之国哉！"

太后亦不之罪。

4　乙未，以相王为并州牧，充安北道行军元帅，以魏元忠为之副。

5　六月壬戌，召神都留守韦巨源诣京师，以副留守李峤代之。

6　秋，七月甲午，突厥寇代州。

7　司仆卿张昌宗兄弟贵盛，势倾朝野。八月戊午，太子、相王、太平公主上表请封昌宗为王，制不许。壬戌，又请，乃赐爵邺国公。

8　敕："自今有告言扬州及豫、博余党，一无所问，内外官司无得为理。"

9　九月乙丑朔，日有食之，不尽如钩，神都见其既。

10　壬申，突厥寇忻州。

11　己卯，吐蕃遣其臣论弥萨来求和。

12　庚辰，以太子宾客武三思为大谷道大总管，洛州长史敬晖为副。辛巳，又以相王旦为并州道元帅，三思与武攸宜、魏元忠为之副；姚元崇为长史，司礼少卿郑杲为司马。然竟不行。

13　癸未，宴论弥萨于麟德殿。时凉州都督唐休璟入朝，亦预宴。弥萨屡窥之。太后问其故，对曰："洪源之战，此将军猛厉无敌，故欲识之。"太后擢休璟为右武威、金吾二卫大将军。休璟练习边事，自碣石以西逾四镇，绵亘万里，山川要害，皆能记之。

14　冬，十月甲辰，天官侍郎、同平章事顾琮薨。

15　戊申，吐蕃赞普将万余人寇茂州，都督陈大慈与之四战，皆破之，斩首千余级。

16　十一月辛未，监察御史魏靖上疏，以为："陛下既知来俊臣之奸，处以极法，乞详覆俊臣等所推大狱，伸其枉滥。"太后乃命监察御史苏颋按覆俊臣等旧狱，由是雪免者甚众。颋，夔之曾孙也。

17　戊子，太后祀南郊，赦天下。

18　十二月甲午，以魏元忠为安东道安抚大使，羽林卫大将军李多祚检校幽州都督，右羽林卫将军薛讷、左武卫将军骆务整为之副。

19　戊申，置北庭都护府于庭州。

20　侍御史张循宪为河东采访使，有疑事不能决，病之，问侍吏曰："此有佳客，可与议事者乎？"吏言前平乡尉猗氏张嘉贞有异才，循宪召见，询以事。嘉贞为条析理分，莫不洗然。循宪因请为奏，皆意所未及。循宪还，见太后，太后善其奏，循宪具言嘉贞所为，且请以己之官授之。太后曰："朕宁无一官自进贤邪！"因召嘉贞，入见内殿，与语，大悦，即拜监察御史。擢循宪司勋郎中,赏其得人也。

三年(癸卯,703)

1 春,三月壬戌朔,日有食之。

2 夏,四月,吐蕃遣使献马千匹、金二千两以求婚。

3 闰月丁丑,命韦安石留守神都。

4 己卯,改文昌台为中台。以中台左丞李峤知纳言事。

5 新罗王金理洪卒,遣使立其弟崇基为王。

6 六月辛酉,突厥默啜遣其臣莫贺干来,请以女妻皇太子之子。

7 宁州大水,溺杀二千馀人。

8 秋,七月癸卯,以正谏大夫朱敬则同平章事。

9 戊申,以相王旦为雍州牧。

10 庚戌,以夏官尚书、检校凉州都督唐休璟同凤阁鸾台三品。时突骑施酋长乌质勒与西突厥诸部相攻,安西道绝。太后命休璟与诸宰相议其事,顷之,奏上,太后即依其议施行。后十馀日,安西诸州请兵应接,程期一如休璟所画,太后谓休璟曰:“恨用卿晚。”谓诸宰相曰:“休璟练习边事,卿曹十不当一。”

时西突厥可汗斛瑟罗用刑残酷,诸部不服。乌质勒本隶斛瑟罗,号莫贺达干,能抚其众,诸部归之,斛瑟罗不能制。乌质勒置都督二十员,各将兵七千人,屯碎叶西北。后攻陷碎叶,徙其牙帐居之。斛瑟罗部众离散,因入朝,不敢复还,乌质勒悉并其地。

11 九月庚寅朔,日有食之,既。

12 初,左台大夫、同凤阁鸾台三品魏元忠为洛州长史,洛阳令张昌仪恃诸兄之势,每牙,直上长史听事。元忠到官,叱下之。张易之奴暴乱都市,元忠杖杀之。及为相,太后召易之弟岐州刺史昌期,欲以为雍州长史,对仗,问宰相曰:“谁堪雍州者?”元忠对曰:“今之朝臣无以易薛季昶。”太后曰:“季昶久任京府,朕欲别除一官。昌期何如?”诸相皆曰:“陛下得人矣。”元忠独曰:“昌期不堪!”太后问其故,元忠曰:“昌期少年,不闲吏事,向在岐州,户口逃亡且尽。雍州帝京,事任繁剧,不若季昶强干习事。”太后默然而止。元忠又尝面奏:“臣自先帝以来,蒙被恩渥,今承乏宰相,不能尽忠死节,使小人在侧,臣之罪也!”太后不悦。由是诸张深怨之。

司礼丞高戬,太平公主之所爱也。会太后不豫,张昌宗恐太后一日晏驾,为元忠所诛,乃谮元忠与戬私议云:"太后老矣,不若挟太子为久长。"太后怒,下元忠、戬狱,将使与昌宗廷辨之。昌宗密引凤阁舍人张说,赂以美官,使证元忠。说许之。明日,太后召太子、相王及诸宰相,使元忠与昌宗参对,往复不决。昌宗曰:"张说闻元忠言,请召问之。"

太后召说。说将入,凤阁舍人南和宋璟谓说曰:"名义至重,鬼神难欺,不可党邪陷正以求苟免!若获罪流窜,其荣多矣。若事有不测,璟当叩阁力争,与子同死。努力为之,万代瞻仰,在此举也!"殿中侍御史济源张廷珪曰:"朝闻道,夕死可矣!"左史刘知几曰:"无污青史,为子孙累!"

及入,太后问之,说未对。元忠惧,谓说曰:"张说欲与昌宗共罗织魏元忠邪!"说叱之曰:"元忠为宰相,何乃效委巷小人之言!"昌宗从旁迫趣说,使速言。说曰:"陛下视之,在陛下前,犹逼臣如是,况在外乎!臣今对广朝,不敢不以实对。臣实不闻元忠有是言,但昌宗逼臣使诬证之耳!"易之、昌宗遽呼曰:"张说与魏元忠同反!"太后问其状。对曰:"说尝谓元忠为伊、周。伊尹放太甲,周公摄王位,非欲反而何?"说曰:"易之兄弟小人,徒闻伊、周之语,安知伊、周之道!日者元忠初衣紫,臣以郎官往贺,元忠语客曰:'无功受宠,不胜惭惧。'臣实言曰:'明公居伊、周之任,何愧三品!'彼伊尹、周公皆为臣至忠,古今慕仰。陛下用宰相,不使学伊、周,当使学谁邪?且臣岂不知今日附昌宗立取台衡,附元忠立致族灭!但臣畏元忠冤魂,不敢诬之耳。"太后曰:"张说反覆小人,宜并系治之。"他日,更引问,说对如前。太后怒,命宰相与河内王武懿宗共鞫之,说所执如初。

朱敬则抗疏理之曰:"元忠素称忠正,张说所坐无名,若令抵罪,失天下望。"苏安恒亦上疏,以为:"陛下革命之初,人以为纳谏之主;暮年以来,人以为受佞之主。自元忠下狱,里巷恟恟。皆以为陛下委信奸宄,斥逐贤良,忠臣烈士,皆抚髀于私室而钳口于公朝,畏迕易之等意,徒取死而无益。方今赋役烦重,百姓凋弊,重以谗慝专恣,刑赏失中,窃恐人心不安,别生他变,争锋于朱雀门内,问鼎于大明殿前,陛下将何以谢之,何以御之?"易之等见其疏,大怒,欲杀之,赖朱敬则及凤阁舍人桓彦范、著作郎陆泽魏知古保救得免。

丁酉,贬魏元忠为高要尉;戬、说皆流岭表。元忠辞日,言于太后曰:"臣老矣,今向岭南,十死一生。陛下他日必有思臣之时。"太后问其故,时易之、昌宗皆侍侧,元忠指之曰:"此二小儿,终为乱阶。"易之等下殿,叩膺自掷称冤。太后曰:"元忠去矣!"

殿中侍御史景城王晙复奏申理元忠,宋璟谓之曰:"魏公幸已得全,今子复冒威怒,得无狼狈乎!"晙曰:"魏公以忠获罪,晙为义所激,颠沛无恨。"璟叹曰:"璟不能申魏公之枉,深负朝廷矣。"

太子仆崔贞慎等八人饯元忠于郊外,易之诈为告密人柴明状,称贞慎等与元忠谋反。太后使监察御史丹徒马怀素鞫之,谓怀素曰:"兹事皆实,略问,速以闻。"顷之,中使督趣者数四,曰:"反状昭然,何稽留如此?"怀素请柴明对质,太后曰:"我自不知柴明处,但据状鞫之,安用告者?"怀素据实以闻,太后怒曰:"卿欲纵反者邪?"对曰:"臣不敢纵反者!元忠以宰相谪官,贞慎等以亲故追送,若诬以为反,臣实不敢。昔栾布奏事彭越头下,汉祖不以为罪,况元忠之刑未如彭越,而陛下欲诛其送者乎!且陛下操生杀之柄,欲加之罪,取决圣衷可矣。若命臣推鞫,臣不敢不以实闻。"太后曰:"汝欲全不罪邪?"对曰:"臣智识愚浅,实不见其罪。"太后意解。贞慎等由是获免。

太后尝命朝贵宴集,易之兄弟皆位在宋璟上。易之素惮璟,欲悦其意,虚位揖之曰:"公方今第一人,何乃下坐?"璟曰:"才劣位卑,张卿以为第一,何也?"天官侍郎郑杲谓璟曰:"中丞奈何卿五郎?"璟曰:"以官言之,正当为卿。足下非张卿家奴,何郎之有!"举坐悚惕。时自武三思以下,皆谨事易之兄弟,璟独不为之礼。诸张积怒,常欲中伤之。太后知之,故得免。

13　丁未,以左武卫大将军武攸宜充西京留守。

14　冬,十月丙寅,车驾发西京。乙酉,至神都。

15　十一月,突厥遣使谢许婚。丙寅,宴于宿羽台,太子预焉。宫尹崔神庆上疏:以为:"今五品以上所以佩龟者,为别敕征召,恐有诈妄,内出龟合,然后应命。况太子国本,古来征召皆用玉契。此诚重慎之极也。昨缘突厥使见,太子应预朝参,直有文符下宫,曾不降敕处分,臣愚谓太子非朔望朝参、应别召者,望降墨敕及玉契。"太后甚然之。

16　始安獠欧阳倩拥众数万,攻陷州县,朝廷思得良吏以镇之。朱敬则称司封郎中裴怀古有文武才,制以怀古为桂州都督,仍充招慰讨击使。怀古才及岭上,飞书示以祸福,倩等迎降,且言:"为吏所侵逼,故举兵自救耳。"怀古轻骑赴之。左右曰:"夷獠无信,不可忽也。"怀古曰:"吾仗忠信,可通神明,而况人乎!"遂诣其营,贼众大喜,悉归所掠货财。诸洞酋长素持两端者,皆来款附,岭外悉定。

17　是岁,分命使者以六条察州县。

18　吐蕃南境诸部皆叛,赞普器弩悉弄自将击之,卒于军中。诸子争立,久之,国人立其子弃隶蹜赞为赞普,生七年矣。

四年(甲辰,704)

1　春,正月丙申,册拜右武卫将军阿史那怀道为西突厥十姓可汗。怀道,斛瑟罗之子也。

2　丁未,毁三阳宫,以其材作兴泰宫于万安山。二宫皆武三思建议为之,请太后每岁临幸,功费甚广,百姓苦之。左拾遗卢藏用上疏,以为:"左右近臣多以顺意为忠,朝廷具僚皆以犯忤为戒,致陛下不知百姓失业,伤陛下之仁。陛下诚能以劳人为辞,发制罢之,则天下皆知陛下苦己而爱人也。"不从。藏用,承庆之弟孙也。

3　壬子,以天官侍郎韦嗣立为凤阁侍郎、同平章事。

4　夏官侍郎、同凤阁鸾台三品李迥秀颇受贿赂,监察御史马怀素劾奏之。二月癸亥,迥秀贬庐州刺史。

5　壬申,正谏大夫、同平章事朱敬则以老疾致仕。敬则为相,以用人为先,自馀细务不之视。

6　太后尝与宰相议及刺史、县令。三月己丑,李峤、唐休璟等奏:"窃见朝廷物议,远近人情,莫不重内官,轻外职,每除授牧伯,皆再三披诉。比来所遣外任,多是贬累之人,风俗不澄,寔由于此。望于台、阁、寺、监妙简贤良,分典大州,共康庶绩。臣等请辍近侍,率先具僚。"太后命书名探之,得韦嗣立及御史大夫杨再思等二十人。癸巳,制各以本官检校刺史。嗣立为汴州刺史。其后政绩可称者,唯常州刺史薛谦光、徐州刺史司马锽而已。

7　丁丑,徙平恩王重福为谯王。

8　以夏官侍郎宗楚客同平章事。

9　凤阁侍郎、同凤阁鸾台三品苏味道谒归葬其父,制州县供葬事。味道因之侵毁乡人墓田,役使过度,监察御史萧至忠劾奏之,左迁坊州刺史。至忠,引之玄孙也。

10　夏,四月壬戌,同凤阁鸾台三品韦安石知纳言,李峤知内史事。

11　太后幸兴泰宫。

12　太后复税天下僧尼,作大像于白司马阪,令春官尚书武攸宁检校,糜费巨亿。李峤上疏,以为:"天下编户,贫弱者众。造像钱见有一十七万馀缗,若将散施,人与一千,济得一十七万馀户。拯饥寒之弊,省劳役之勤,顺诸佛慈悲之心,沾圣君亭育之意,人神胥悦,功德无穷。方作过后因缘,岂如见在果报!"监察御史张廷珪上疏谏曰:"臣以时政论之,则宜先边境,蓄府库,养人力。以释教论之,则宜救苦厄,灭诸相,崇无为。伏愿陛下察臣之愚,行佛之意,务以理为上,不以人废言。"太后为之罢役,仍召见廷珪,深赏慰之。

13　凤阁侍郎、同凤阁鸾台三品姚元崇以母老固请归侍,六月辛酉,以元崇行相王府长史,秩位并同三品。

14　乙丑,以天官侍郎崔玄晖同平章事。

15　召凤阁侍郎、同平章事、检校汴州刺史韦嗣立赴兴泰宫。

16　丁丑,以李峤同凤阁鸾台三品。峤自请解内史。

17　壬午,以相王府长史姚元崇兼知夏官尚书、同凤阁鸾台三品。

18　秋,七月丙戌,以神都副留守杨再思为内史。

再思为相,专以谄媚取容。司礼少卿张同休,易之之兄也,尝召公卿宴集,酒酣,戏再思曰:"杨内史面似高丽。"再思欣然,即翦纸帖巾,反披紫袍,为高丽舞,举坐大笑。时人或誉张昌宗之美曰:"六郎面似莲花。"再思独曰:"不然。"昌宗问其故,再思曰:"乃莲花似六郎耳。"

19　甲午,太后还宫。

20　乙未,司礼少卿张同休、汴州刺史张昌期、尚方少监张昌仪皆坐赃下狱,命左右台共鞫之。丙申,敕,张易之、张昌宗作威作福,亦命同鞫。辛丑,司刑正贾敬言奏:"张昌宗强市人田,应征铜二十斤。"制"可"。乙巳,御史大夫李承嘉、中丞桓彦范奏:"张同休兄弟赃共四千馀缗,张昌宗法应免官。"昌宗奏:"臣有功于国,所犯不至免官。"太后问诸宰相:"昌宗有功乎?"杨再思曰:"昌宗合神丹,圣躬服之有验,此莫大之功。"太后悦,赦昌宗罪,复其官。左补阙戴令言作两脚狐赋以讥再思,再思出令言为长社令。

21　丙午,夏官侍郎、同平章事宗楚客有罪,左迁原州都督,充灵武道行军大总管。

22　癸丑,张同休贬岐山丞,张昌仪贬博望丞。

鸾台侍郎、知纳言事、同凤阁鸾台三品韦安石举奏张易之等罪,敕付安石及右庶子、同凤阁鸾台三品唐休璟鞫之,未竟而事变。八月甲寅,以安石兼检校扬州刺史,庚申,以休璟兼幽营都督、安东都护。休璟将行,密言于太子曰:"二张恃宠不臣,必将为乱。殿下宜备之。"

23　相王府长史兼知夏官尚书事、同凤阁鸾台三品姚元崇上言:"臣事相王,不宜典兵马。臣不敢爱死,恐不益于王。"辛酉,改春官尚书,馀如故。元崇字元之,时突厥叱列元崇反,太后命元崇以字行。

24　突厥默啜既和亲,戊寅,始遣淮阳王武延秀还。

25　九月壬子,以姚元之充灵武道行军大总管。辛酉,以元之为灵武道安抚大使。

元之将行,太后令举外司堪为宰相者。对曰:"张柬之沉厚有谋,能断大事,且其人已老,惟陛下急用之。"冬,十月甲戌,以秋官侍郎张柬之同平章事,时年且八十矣。

26　乙亥,以韦嗣立检校魏州刺史,馀如故。

27　壬午,以怀州长史河南房融同平章事。

28　太后命宰相各举堪为员外郎者,韦嗣立荐广武令岑羲曰:"但恨其伯父长倩为累。"太后曰:"苟或有才,此何所累!"遂拜天官员外郎。由是诸缘坐者始得进用。

29　十一月丁亥,以天官侍郎韦承庆为凤阁侍郎、同平章事。

30　癸卯,成均祭酒、同凤阁鸾台三品李峤罢为地官尚书。

31　十二月甲寅,敕大足已来新置官并停。

32　丙辰,凤阁侍郎、同平章事韦嗣立罢为成均祭酒,检校魏州刺史如故,以兄承庆入相故也。

33　太后寝疾,居长生院,宰相不得见者累月,惟张易之、昌宗侍侧。疾少间,崔玄暐奏言:"皇太子、相王,仁明孝友,足侍汤药。宫禁事重,伏愿不令异姓出入。"太后曰:"德卿厚意。"易之、昌宗见太后疾笃,恐祸及己,引用党援,阴为之备。屡有人为飞书及牓其书于通衢,云"易之兄弟谋反",太后皆不问。

辛未,许州人杨元嗣,告"昌宗尝召术士李弘泰占相,弘泰言昌宗有天子相,劝于定州造佛寺,则天下归心"。太后命韦承庆及司刑卿崔神庆、御史中丞宋璟鞫之。神庆,神基之弟也。承庆、神庆奏言:"昌宗款称'弘泰之语,寻已奏闻',准法首原。弘泰妖言,请收行法。"璟与大理丞封全祯奏:"昌宗宠荣如是,复召术士占相,志欲何求!弘泰称筮得纯乾,天子之卦。昌宗傥以弘泰为妖妄,何不执送有司!虽云奏闻,终是包藏祸心,法当处斩破家。请收付狱,穷理其罪!"太后久之不应,璟又曰:"傥不即收系,恐其摇动众心。"太后曰:"卿且停推,俟更检详文状。"璟退,左拾遗江都李邕进曰:"向观宋璟所奏,志安社稷,非为身谋,愿陛下可其奏!"太后不听。寻敕璟扬州推按,又敕璟按幽州都督屈突仲翔赃污,又敕璟副李峤安抚陇、蜀。璟皆不肯行,奏曰:"故事,州县官有罪,品高则侍御史、卑则监察御史按之,中丞非军国大事,不当出使。今陇、蜀无变,不识陛下遣臣出外何也?臣皆不敢奉制。"

司刑少卿桓彦范上疏,以为:"昌宗无功荷宠,而包藏祸心,自招其咎,此乃皇天降怒。陛下不忍加诛,则违天不祥。且昌宗既云奏讫,则不当更与弘泰往还,使之求福禳灾,是则初无悔心。所以奏者,拟事发则云先已奏陈,不发则俟时为逆。此乃奸臣诡计,若云可舍,谁为可刑!况事已再发,陛下皆释不问,使昌宗益自负得计,天下亦以为天命不死,此乃陛下养成其乱也。苟逆臣不诛,社稷亡矣。请付鸾台凤阁三司,考竟其罪!"疏奏,不报。

崔玄暐亦屡以为言,太后令法司议其罪。玄暐弟司刑少卿昪,处以大辟。宋璟复奏收昌宗下狱。太后曰:"昌宗已自奏闻。"对曰:"昌宗为飞书所逼,穷而自陈,势非得已。且谋反大逆,无容首免。若昌宗不伏大刑,安用国法!"太后温言解之。璟声色逾厉曰:"昌宗分外承恩,臣知言出祸从,然义激于心,虽死不恨!"杨再思恐其忤旨,遽宣敕令出,璟曰:"圣主在此,不烦宰相擅宣敕命!"太后乃可其奏,遣昌宗诣台。璟庭立而按之。事未毕,太后遣中使召昌宗特敕赦之。璟叹曰:"不先击小子脑裂,负此恨矣。"太后乃使昌宗诣璟谢,璟拒不见。

左台中丞桓彦范、右台中丞东光袁恕己共荐詹事司直阳峤为御史。杨再思曰:"峤不乐搏击之任如何?"彦范曰:"为官择人,岂必待其所欲!所不欲者,尤须与之,所以长难进之风,抑躁求之路。"乃擢为右台侍御史。峤,休之之玄孙也。

先是李峤、崔玄暐奏:"往属革命之时,人多逆节,遂致刻薄之吏,恣行酷法,其周兴等所劾破家者,并请雪免。"司刑少卿桓彦范又奏陈之,表疏前后十上。太后乃从之。

## 中宗大和大圣大昭孝皇帝上

神龙元年(乙巳,705)

1　春,正月壬午朔,赦天下,改元。自文明以来得罪者,非扬、豫、博三州及诸反逆魁首,咸赦除之。

2　太后疾甚,麟台监张易之、春官侍郎张昌宗居中用事,张柬之、崔玄暐与中台右丞敬晖、司刑少卿桓彦范、相王府司马袁恕己谋诛之。柬之谓右羽林卫大将军李多祚曰:"将军今日富贵,谁所致也?"多祚泣曰:"大帝也。"柬之曰:"今大帝之子为二竖所危,将军不思报大帝之德乎!"多祚曰:"苟利国家,惟相公处分,不敢顾身及妻子。"因指天地以自誓。遂与定谋。

初,柬之与荆府长史阆乡杨元琰相代,同泛江,至中流,语及太后革命事,元琰慨然有匡复之志。及柬之为相,引元琰为右羽林将军,谓曰:"君颇记江中之言乎? 今日非轻授也。"柬之又用彦范、晖及右散骑侍郎李湛皆为左、右羽林将军,委以禁兵。易之等疑惧,乃更以其党武攸宜为右羽林大将军,易之等乃安。

俄而姚元之自灵武至,柬之、彦范相谓曰:"事济矣!"遂以其谋告之。彦范以事白其母,母曰:"忠孝不两全,先国后家可也。"时太子于北门起居,彦范、晖谒见,密陈其策,太子许之。

癸卯,柬之、玄晖、彦范与左威卫将军薛思行等帅左右羽林兵五百馀人至玄武门,遣多祚、湛及内直郎、驸马都尉安阳王同皎诣东宫迎太子。太子疑,不出,同皎曰:"先帝以神器付殿下,横遭幽废,人神同愤,二十三年矣。今天诱其衷,北门、南牙,同心协力,以诛凶竖,复李氏社稷,愿殿下暂至玄武门以副众望。"太子曰:"凶竖诚当夷灭,然上体不安,得无惊怛! 诸公更为后图。"李湛曰:"诸将相不顾家族以徇社稷,殿下奈何欲纳之鼎镬乎! 请殿下自出止之。"太子乃出。

同皎扶抱太子上马,从至玄武门,斩关而入。太后在迎仙宫,柬之等斩易之、昌宗于庑下,进至太后所寝长生殿,环绕侍卫。太后惊起,问曰:"乱者谁邪?"对曰:"张易之、昌宗谋反,臣等奉太子令诛之,恐有漏泄,故不敢以闻。称兵宫禁,罪当万死!"太后见太子曰:"乃汝邪? 小子既诛,可还东宫。"彦范进曰:"太子安得更归! 昔天皇以爱子托陛下,今年齿已长,久居东宫,天意人心,久思李氏。群臣不忘太宗、天皇之德,故奉太子诛贼臣。愿陛下传位太子,以顺天人之望!"李湛,义府之子也。太后见之,谓曰:"汝亦为诛易之将军邪? 我于汝父子不薄,乃有今日!"湛惭不能对。又谓崔玄晖曰:"他人皆因人以进,惟卿朕所自擢,亦在此邪?"对曰:"此乃所以报陛下之大德。"

于是收张昌期、同休、昌仪,皆斩之,与易之、昌宗枭首天津南。是日,袁恕己从相王统南牙兵以备非常,收韦承庆、房融及司礼卿崔神庆系狱,皆易之之党也。初,昌仪新作第,甚美,逾于王主,或夜书其门曰:"一日丝能作几日络?"灭去,复书之,如是六七,昌仪取笔注其下曰:"一日亦足。"乃止。

甲辰，制太子监国，赦天下。以袁恕己为凤阁侍郎、同平章事，分遣十使赍玺书宣慰诸州。乙巳，太后传位于太子。

丙午，中宗即位。赦天下，惟张易之党不原。其为周兴等所枉者，咸令清雪，子女配没者皆免之。相王加号安国相王，拜太尉、同凤阁鸾台三品，太平公主加号镇国太平公主。皇族先配没者，子孙皆复属籍，仍量叙官爵。

丁未，太后徙居上阳宫，李湛留宿卫。戊申，帝帅百官诣上阳宫，上太后尊号曰则天大圣皇帝。

庚戌，以张柬之为夏官尚书、同凤阁鸾台三品，崔玄暐为内史，袁恕己同凤阁鸾台三品，敬晖、桓彦范皆为纳言，并赐爵郡公。李多祚赐爵辽阳郡王，王同皎为右千牛将军、琅邪郡公，李湛为右羽林大将军、赵国公，自馀官赏有差。

张柬之等之讨张易之也，殿中监田归道将千骑宿玄武门，敬晖遣使就索千骑，归道先不预谋，拒而不与。事宁，晖欲诛之，归道以理自陈，乃免归私第。帝嘉其忠壮，召拜太仆少卿。

# 资治通鉴卷第二百八

## 唐纪二十四

### 中宗大和大圣大昭孝皇帝中

神龙元年（乙巳，705）

1　二月辛亥，帝帅百官诣上阳宫问太后起居，自是每十日一往。

2　甲寅，复国号曰唐。郊庙、社稷、陵寝、百官、旗帜、服色、文字皆如永淳以前故事。复以神都为东都，北都为并州，老君为玄元皇帝。

3　乙卯，凤阁侍郎、同平章事韦承庆贬高要尉；正谏大夫、同平章事房融除名，流高州；司礼卿崔神庆流钦州。杨再思为户部尚书、同中书门下三品、西京留守。

太后之迁上阳宫也，太仆卿、同中书门下三品姚元之独呜咽流涕。桓彦范、张柬之谓曰：“今日岂公涕泣时邪！恐公祸由此始。”元之曰：“元之事则天皇帝久，乍此辞违，悲不能忍。且元之前日从公诛奸逆，人臣之义也；今日别旧君，亦人臣之义也，虽获罪，实所甘心。”是日，出为亳州刺史。

4　甲子，立妃韦氏为皇后，赦天下。追赠后父玄贞为上洛王、母崔氏为妃。

左拾遗贾虚己上疏，以为：“异姓不王，古今通制。今中兴之始，万姓喁喁以观陛下之政，而先王后族，非所以广德美于天下也。且先朝赠后父太原王，殷鉴不远，须防其渐。若以恩制已行，宜令皇后固让，则益增谦冲之德矣。”不听。

初，韦后生邵王重润、长宁安乐二公主，上之迁房陵也，安乐公主生于道中，上特爱之。上在房陵与后同幽闭，备尝艰危，情爱甚笃。上每闻敕使至，辄惶恐欲自杀，后止之曰：“祸福无常，宁失一死，何遽如是！”上尝与后私誓曰：“异时幸复见天日，当惟卿所欲，不相禁制。”及再为皇后，遂干预朝政，如武后在高宗之世。桓彦范上表，以为：“易称‘无攸遂，在中馈，贞吉’，书称‘牝鸡之辰，惟家之索’。伏见陛下每临朝，皇后必施帷幔坐殿上,预闻政事。臣窃观自古帝王,未有与妇人共政而不破国亡身者也。且以阴乘阳,违天也;以妇陵夫,违人也。伏愿陛下览古今之戒,以社稷苍生为念,令皇后专居中宫,治阴教,勿出外朝干国政。"

先是,胡僧慧范以妖妄游权贵之门,与张易之兄弟善,韦后亦重之。及易之诛,复称慧范预其谋,以功加银青光禄大夫,赐爵上庸县公,出入宫掖,上数微行幸其舍。彦范复表言慧范执左道以乱政,请诛之。上皆不听。

5 初,武后诛唐宗室,有才德者先死,惟吴王恪之子郁林侯千里,褊躁无才,又数献符瑞,故独得免。上即位,立为成王,拜左金吾大将军。武后所诛唐诸王、妃、主、驸马等皆无人葬埋,子孙或流窜岭表,或拘囚历年,或逃匿民间,为人佣保。至是,制州县求访其枢,以礼改葬,追复官爵,召其子孙,使之承袭,无子孙者为择后置之。既而宗室子孙相继而至,皆召见,涕泣舞蹈,各以亲疏袭爵拜官有差。

6 二张之诛也,洛州长史薛季昶谓张柬之、敬晖曰:"二凶虽除,产、禄犹在,去草不去根,终当复生。"二人曰:"大事已定,彼犹机上肉耳,夫何能为!所诛已多,不可复益也。"季昶叹曰:"吾不知死所矣。"朝邑尉武强刘幽求亦谓桓彦范、敬晖曰:"武三思尚存,公辈终无葬地;若不早图,噬脐无及。"不从。

上女安乐公主适三思子崇训。上官婉儿,仪之女孙也,仪死,没入掖庭,辩慧善属文,明习吏事。则天爱之,自圣历以后,百司表奏多令参决。及上即位,又使专掌制命,益委任之,拜为婕妤,用事于中。三思通焉,故党于武氏,又荐三思于韦后,引入禁中,上遂与三思图议政事,张柬之等皆受制于三思矣。上使韦后与三思双陆,而自居旁为之点筹,三思遂与后通,由是武氏之势复振。

张柬之等数劝上诛诸武,上不听。柬之等曰:"革命之际,宗室诸李,诛夷略尽。今赖天地之灵,陛下返正,而武氏滥官僭爵,按堵如故,岂远近所望邪!愿颇抑损其禄位以慰天下!"又不听。柬之等或抚床叹愤,或弹指出血,曰:"主上昔为英王,时称勇烈,吾所以不诛诸武者,欲使上自诛之以张天子之威耳。今反如此,事势已去,知复奈何!"

上数微服幸武三思第,监察御史清河崔皎密疏谏曰:"国命初复,则天皇帝在西宫,人心犹有附会。周之旧臣,列居朝廷,陛下奈何轻有外游,不察豫且之祸!"上泄之,三思之党切齿。

丙寅,以太子宾客武三思为司空、同中书门下三品。

7　左散骑常侍谯王重福，上之庶子也，其妃，张易之之甥。韦后恶之，谮于上曰："重润之死，重福为之也。"由是贬濮州员外刺史，又改均州刺史，常令州司防守之。

8　丁卯，以右散骑常侍安定王武攸暨为司徒、定王。

9　辛未，相王固让太尉及知政事，许之。又立为皇太弟，相王固辞而止。

10　甲戌，以国子祭酒始平祝钦明同中书门下三品，黄门侍郎、知侍中事韦安石为刑部尚书，罢知政事。

11　丁丑，武三思、武攸暨固辞新官爵及政事，许之，并加开府仪同三司。

12　立皇子义兴王重俊为卫王，北海王重茂为温王，仍以重俊为洛州牧。

13　三月甲申，制："文明已来破家子孙皆复旧资荫，唯徐敬业、裴炎不在免限。"

14　丁亥，制："酷吏周兴、来俊臣等，已死者追夺官爵，存者皆流岭南恶地。"

15　己丑，以袁恕己为中书令。

16　以安车征安平王武攸绪于嵩山，既至，除太子宾客。固请还山，许之。

17　制："枭氏、蟒氏皆复旧姓。"

18　术士郑普思、尚衣奉御叶静能皆以妖妄为上所信重，夏，四月，墨敕以普思为秘书监，静能为国子祭酒。桓彦范、崔玄暐固执不可，上曰："已用之，无容遽改。"彦范曰："陛下初即位，下制云：'政令皆依贞观故事。'贞观中，魏徵、虞世南、颜师古为秘书监，孔颖达为国子祭酒，岂普思、静能之比乎！"庚戌，左拾遗李邕上疏，以为："诗三百，一言以蔽之，曰'思无邪'。若有神仙能令人不死，则秦始皇、汉武帝得之矣。佛能为人福利，则梁武帝得之矣。尧、舜所以为帝王首者，亦修人事而已。尊宠此属，何补于国！"上皆不听。

19　上即位之日，驿召魏元忠于高要。丁卯，至都，拜卫尉卿、同平章事。

20　甲戌，以魏元忠为兵部尚书，韦安石为吏部尚书，李怀远为右散骑常侍，唐休璟为辅国大将军，崔玄暐检校益府长史，杨再思检校杨府长史，祝钦明为刑部尚书，并同中书门下三品。元忠等皆以东宫旧僚褒之也。

21　乙亥,以张柬之为中书令。

22　戊寅,追赠故邵王重润为懿德太子。

23　五月壬午,迁周庙七主于西京崇尊庙。制:"武氏三代讳,奏事者皆不得犯。"

24　乙酉,立太庙、社稷于东都。

25　以张柬之等及武攸暨、武三思、郑普思等十六人皆为立功之人,赐以铁券,自非反逆,各恕十死。

26　癸巳,敬晖等帅百官上表,以为:"五运迭兴,事不两大。天授革命之际,宗室诛窜殆尽,岂得与诸武并封! 今天命惟新,而诸武封建如旧,并居京师,开辟以来未有斯理。愿陛下为社稷计,顺遏迩心,降其王爵以安内外。"上不许。

敬晖等畏武三思之谗,以考功员外郎崔湜为耳目,伺其动静。湜见上亲三思而忌晖等,乃悉以晖等谋告三思,反为三思用,三思引为中书舍人。湜,仁师之孙也。

先是,殿中侍御史南皮郑愔诌事二张,二张败,贬宣州司士参军,坐赃,亡入东都,私谒武三思。初见三思,哭甚哀,既而大笑。三思素贵重,甚怪之,愔曰:"始见大王而哭,哀大王将戮死而灭族也。后乃大笑,喜大王之得愔也。大王虽得天子之意,彼五人皆据将相之权,胆略过人,废太后如反掌。大王自视势位与太后孰重? 彼五人日夜切齿欲噬大王之肉,非尽大王之族不足以快其志。大王不去此五人,危如朝露,而晏然尚自以为泰山之安,此愔所以为大王寒心也。"三思大悦,与之登楼,问自安之策,引为中书舍人,与崔湜皆为三思谋主。

三思与韦后日夜谮晖等,云:"恃功专权,将不利于社稷。"上信之。三思等因为上画策:"不若封晖等为王,罢其政事,外不失尊宠功臣,内实夺之权。"上以为然,甲午,以侍中齐公敬晖为平阳王,桓彦范为扶阳王,中书令汉阳公张柬之为汉阳王,南阳公袁恕己为南阳王,特进、同中书门下三品博陵公崔玄暐为博陵王,罢知政事,赐金帛鞍马,令朝朔望。仍赐彦范姓韦氏,与皇后同籍。寻又以玄暐检校益州长史、知都督事,又改梁州刺史。三思令百官复修则天之政,不附武氏者斥之,为五王所逐者复之,大权尽归三思矣。

五王之请削武氏诸王也,求人为表,众莫肯为。中书舍人岑羲为之,语甚激切。中书舍人偃师毕构次当读表,辞色明厉。三思既得志,羲改秘书少监,出构为润州刺史。

易州刺史赵履温,桓彦范之妻兄也。彦范之诛二张,称履温预其谋,召为司农少卿,履温以二婢遗彦范。及彦范罢政事,履温复夺其婢。

上嘉宋璟忠直,屡迁黄门侍郎。武三思尝以事属璟,璟正色拒之曰:"今太后既复子明辟,王当以侯就第,何得尚干朝政! 独不见产、禄之事乎!"

27　以韦安石兼检校中书令,魏元忠兼检校侍中,又以李湛为右散骑常侍,赵承恩为光禄卿,杨元琰为卫尉卿。

先是,元琰知三思浸用事,请弃官为僧,上不许。敬晖闻之,笑曰:"使我早知,劝上许之,髡去胡头,岂不妙哉!"元琰多须类胡,故晖戏之。元琰曰:"功成名遂,不退将危。此乃由衷之请,非徒然也。"晖知其意,瞿然不悦。及晖等得罪,元琰独免。

28　上官婕妤劝韦后袭则天故事,上表请天下士庶为出母服丧三年,又请百姓年二十三为丁,五十九免役,改易制度以收时望。制皆许之。

29　癸卯,制,降诸武,梁王三思为德静王,定王攸暨为乐寿王,河内王懿宗等十二人皆降为公,以厌人心。

30　甲辰,以唐休璟为左仆射,同中书门下三品如故;豆卢钦望为右仆射。

31　六月壬子,以左骁卫大将军裴思说充灵武军大总管,以备突厥。

32　癸亥,命右仆射豆卢钦望,有军国重事,中书门下可共平章。

先是,仆射为正宰相,其后多兼中书门下之职,午前决朝政,午后决省事。至是,钦望专为仆射,不敢预政事,故有是命。是后专拜仆射者,不复为宰相矣。

又以韦安石为中书令,魏元忠为侍中,杨再思检校中书令。

33　丁卯,祔孝敬皇帝于太庙,号义宗。

34　戊辰,洛水溢,流二千馀家。

35　秋,七月辛巳,以太子宾客韦巨源同中书门下三品,西京留守如故。

36　特进汉阳王张柬之表请归襄州养疾。乙未,以柬之为襄州刺史,不知州事,给全俸。

37　河南、北十七州大水。八月戊申,以水灾求直言。右卫骑曹参军西河宋务光上疏,以为:"水阴类,臣妾之象,恐后庭有干外朝之政者,宜杜绝其萌。今霖雨不止,乃闭坊门以禳之,至使里巷谓坊门为宰相,言朝廷使之燮理阴阳也。又,太子国本,宜早择贤能而立之。又,外戚太盛,如武三思等,宜解其机要,厚以禄赐。又,郑普思、叶静能以小技窃大位,亦朝政之蠹也。"疏奏,不省。

38　壬戌,追立妃赵氏为恭皇后,孝敬皇帝妃裴氏为哀皇后。

39　九月壬午,上祀昊天上帝、皇地祇于明堂,以高宗配。

40　初,上在房陵,州司制约甚急,刺史河东张知謇、灵昌崔敬嗣独待遇以礼,供给丰赡。上德之,擢知謇自贝州刺史为左卫将军,赐爵范阳公。敬嗣已卒,求得其子汪,嗜酒,不堪厘职,除五品散官。

41　改葬上洛王韦玄贞,其仪皆如太原王故事。

42　癸巳,太子宾客、同中书门下三品韦巨源罢为礼部尚书,以其从父安石为中书令故也。

43　以左卫将军上邽纪处讷兼检校太府卿,处讷娶武三思之妻姊故也。

44　冬,十月,命唐休璟留守京师。

45　癸亥,上幸龙门。乙丑,猎于新安而还。

46　辛未,以魏元忠为中书令,杨再思为侍中。

47　十一月戊寅,群臣上皇帝尊号曰应天皇帝,皇后曰顺天皇后。壬午,上与后谒谢太庙,赦天下。相王、太平公主加实封,皆满万户。

48　己丑,上御洛城南楼,观泼寒胡戏。清源尉吕元泰上疏,以为:"谋时寒若,何必裸身挥水,鼓舞衢路以索之!"疏奏,不纳。

49　壬寅,则天崩于上阳宫,年八十二。遗制:"去帝号,称则天大圣皇后。王、萧二族及褚遂良、韩瑗、柳奭亲属皆赦之。"

上居谅阴,以魏元忠摄冢宰三日。元忠素负忠直之望,中外赖之。武三思惮之,矫太后遗制,慰谕元忠,赐实封百户。元忠捧制,感咽涕泗,见者曰:"事去矣!"

十二月丁卯,上始御同明殿见群臣。

50　太后将合葬乾陵,给事中严善思上疏,以为:"乾陵玄宫以石为门,铁锢其缝,今启其门,必须镌凿。神明之道,体尚幽玄,动众加功,恐多惊黩。况合葬非古,汉时诸陵,皇后多不合葬,魏、晋已降,始有合者。望于乾陵之傍更择吉地为陵,若神道有知,幽涂自当通会;若其无知,合之何益!"不从。

51　是岁,户部奏天下户六百一十五万,口三千七百一十四万有畸。

二年（丙午，706）

1　春，正月戊戌，以吏部尚书李峤同中书门下三品，中书侍郎于惟谦同平章事。

2　闰月丙午，制：“太平、长宁、安乐、宜城、新都、定安、金城公主并开府，置官属。”

3　武三思以敬晖、桓彦范、袁恕己尚在京师，忌之，乙卯，出为滑、洺、豫三州刺史。

4　赐阌乡僧万回号法云公。

5　甲戌，以突骑施酋长乌质勒为怀德郡王。

6　二月乙未，以刑部尚书韦巨源同中书门下三品，仍与皇后叙宗族。

7　丙申，僧慧范等九人并加五品阶，赐爵郡、县公；道士史崇恩等加五品阶，除国子祭酒，同正；叶静能加金紫光禄大夫。

8　选左、右台及内外五品以上官二十人为十道巡察使，委之察吏抚人，荐贤直狱，二年一代，考其功罪而进退之。易州刺史魏人姜师度、礼部员外郎马怀素、殿中侍御史临漳源乾曜、监察御史灵昌卢怀慎、卫尉少卿滏阳李杰皆预焉。

9　三月甲辰，中书令韦安石罢为户部尚书；户部尚书苏瓌为侍中、西京留守。瓌，颋之父也。唐休璟致仕。

10　初，少府监丞弘农宋之问及弟兖州司仓之逊皆坐附会张易之贬岭南，逃归东都，匿于友人光禄卿、驸马都尉王同皎家。同皎疾武三思及韦后所为，每与所亲言之，辄切齿。之逊于帘下闻之，密遣其子昙及甥校书郎李悛告三思，欲以自赎。三思使昙、悛及抚州司仓冉祖雍上书告同皎与洛阳人张仲之、祖延庆、武当丞寿春周憬等潜结壮士，谋杀三思，因勒兵诣阙，废皇后。上命御史大夫李承嘉、监察御史姚绍之按其事，又命杨再思、李峤、韦巨源参验。仲之言三思罪状，事连宫壶。再思、巨源阳寐不听。峤与绍之命反接送狱。仲之还顾，言不已，绍之命杙之，折其臂。仲之大呼曰：“吾已负汝，死当讼汝于天！”庚戌，同皎等皆坐斩，籍没其家。周憬亡入比干庙中，大言曰：“比干古之忠臣，知吾此心。三思与皇后淫乱，倾危国家，行当枭首都市，恨不及见耳！”遂自刭。之问、之逊、昙、悛、祖雍并除京官，加朝散大夫。

11　武三思与韦后日夜谮敬晖等不已，复左迁晖为朗州刺史，崔玄暐为均州刺史，桓彦范为亳州刺史，袁恕己为郢州刺史。与晖等同立功者皆以为党与坐贬。

12　大置员外官,自京司及诸州凡二千馀人,宦官超迁七品以上员外官者又将千人。

魏元忠自端州还,为相,不复强谏,惟与时俯仰,中外失望。酸枣尉袁楚客致书元忠,以为:"主上新服厥命,惟新厥德,当进君子,退小人,以兴大化,岂可安其荣宠,循默而已!今不早建太子,择师傅而辅之,一失也。公主开府置僚属,二失也。崇长缁衣,使游走权门,借势纳赂,三失也。俳优小人,盗窃品秩,四失也。有司选进贤才,皆以货取势求,五失也。宠进宦者,殆满千人,为长乱之阶,六失也。王公贵戚,赏赐无度,竞为侈靡,七失也。广置员外官,伤财害民,八失也。先朝宫女,得自便居外,出入无禁,交通请谒,九失也。左道之人,荧惑主听,盗窃禄位,十失也。凡此十失,君侯不正,谁与正之哉!"元忠得书,愧谢而已。

13　夏,四月,改赠后父韦玄贞为酆王,后四弟皆赠郡王。

14　己丑,左散骑常侍、同中书门下三品李怀远致仕。

15　处士韦月将上书告武三思潜通宫掖,必为逆乱。上大怒,命斩之。黄门侍郎宋璟奏请推按,上益怒,不及整巾,屣履出侧门,谓璟曰:"朕谓已斩,乃犹未邪!"命趋斩之。璟曰:"人言宫中私于三思,陛下不问而诛之,臣恐天下必有窃议。"固请按之,上不许,璟曰:"必欲斩月将,请先斩臣!不然,臣终不敢奉诏。"上怒少解。左御史大夫苏珦、给事中徐坚、大理卿长安尹思贞皆以为方夏行戮,有违时令。上乃命与杖,流岭南。过秋分一日,平晓,广州都督周仁轨斩之。

16　御史大夫李承嘉附武三思,诋尹思贞于朝,思贞曰:"公附会奸臣,将图不轨,先除忠臣邪!"承嘉怒,劾奏思贞,出为青州刺史。或谓思贞曰:"公平日讷于言,及廷折承嘉,何其敏邪?"思贞曰:"物不能鸣者,激之则鸣。承嘉恃威权相陵,仆义不受屈,亦不知言之从何而至也。"

17　武三思恶宋璟,出之检校贝州刺史。

18　五月庚申,葬则天大圣皇后于乾陵。

19　武三思使郑愔告朗州刺史敬晖、亳州刺史韦彦范、襄州刺史张柬之、郢州刺史袁恕己、均州刺史崔玄晖与王同皎通谋,六月戊寅,贬晖崖州司马,彦范泷州司马,柬之新州司马,恕己窦州司马,玄暐白州司马,并员外置,仍长任,削其勋封,复彦范姓桓氏。

20　初,韦玄贞流钦州而卒,蛮酋甯承基兄弟逼取其女,妻崔氏不与,承基等杀之,及其四男洵、浩、洞、泚,上命广州都督周仁轨使将兵二万讨之。承基等亡入海,仁轨追斩之,以其首祭崔氏墓,杀掠其部众殆尽。上喜,加仁轨镇国大将军,充五府大使,赐爵汝南郡公。韦后隔帘拜仁轨,以父事之。及韦后败,仁轨以党与诛。

21　秋,七月戊申,立卫王重俊为太子。太子性明果,而官属率贵游子弟,所为多不法。左庶子姚珽屡谏,不听。珽,璹之弟也。

22　丙寅,以李峤为中书令。

23　上将还西京,辛未,左散骑常侍李怀远同中书门下三品,充东都留守。

24　武三思阴令人疏皇后秽行,榜于天津桥,请加废黜。上大怒,命御史大夫李承嘉穷核其事。承嘉奏言:"敬晖、桓彦范、张柬之、袁恕己、崔玄暐使人为之,虽云废后,实谋大逆,请族诛之。"三思又使安乐公主谮之于内,侍御史郑愔言之于外,上命法司结竟。大理丞三原李朝隐奏称:"晖等未经推鞫,不可遽就诛夷。"大理丞裴谈奏称:"晖等宜据制书处斩籍没,不应更加推鞫。"上以晖等尝赐铁券,许以不死,乃长流晖于琼州,彦范于瀼州,柬之于泷州,恕己于环州,玄暐于古州,子弟年十六以上,皆流岭外。擢承嘉为金紫光禄大夫,进爵襄武郡公,谈为刑部尚书。出李朝隐为闻喜令。

三思又讽太子上表,请夷晖等三族。上不许。

中书舍人崔湜说三思曰:"晖等异日北归,终为后患,不如遣使矫制杀之。"三思问谁可使者,湜荐大理正周利用。利用先为五王所恶,贬嘉州司马,乃以利用摄右台侍御史,奉使岭外。比至,柬之、玄暐已死,遇彦范于贵州,令左右缚之,曳于竹槎之上,肉尽至骨,然后杖杀之。得晖,剐而杀之。恕己素服黄金,利用逼之使饮野葛汁,尽数升不死,不胜毒愤,掊地,爪甲殆尽,仍捶杀之。利用还,擢拜御史中丞。薛季昶累贬儋州司马,饮药死。

三思既杀五王,权倾人主,常言:"我不知代间何者谓之善人,何者谓之恶人。但于我善者则为善人,于我恶者则为恶人耳。"

时兵部尚书宗楚客、将作大匠宗晋卿、太府卿纪处讷、鸿胪卿甘元柬皆为三思羽翼。御史中丞周利用、侍御史冉祖雍、太仆丞李俊、光禄丞宋之逊、监察御史姚绍之皆为三思耳目,时人谓之五狗。

25　九月戊午,左散骑常侍、同中书门下三品李怀远薨。

26　初,李峤为吏部侍郎,欲树私恩,再求入相,奏大置员外官,广引贵势亲识。既而为相,铨衡失序,府库减耗,乃更表言滥官之弊,且请逊位。上慰谕不许。

　　冬,十月己卯,车驾发东都,以前检校并州长史张仁愿检校左屯卫大将军兼洛州长史。戊戌,车驾至西京。十一月乙巳,赦天下。

　　27　丙辰,以蒲州刺史窦从一为雍州刺史。从一,德玄之子也,初名怀贞,避皇后父讳,更名从一,多谄附权贵。太平公主与僧寺争碾硙,雍州司户李元纮判归僧寺。从一大惧,亟命元纮改判。元纮大署判后曰:"南山可移,此判无动!"从一不能夺。元纮,道广之子也。

　　28　初,秘书监郑普思纳其女于后宫,监察御史灵昌崔日用劾奏之,上不听。普思聚党于雍、岐二州,谋作乱。事觉,西京留守苏瓌收系,穷治之。普思妻第五氏以鬼道得幸于皇后,上敕瓌勿治。及车驾还西京,瓌廷争之,上抑瓌而佑普思。侍御史范献忠进曰:"请斩苏瓌!"上曰:"何故?"对曰:"瓌为留守大臣,不能先斩普思,然后奏闻,使之荧惑圣听,其罪大矣。且普思反状明白,而陛下曲为申理。臣闻王者不死,殆谓是乎!臣愿先赐死,不能北面事普思。"魏元忠曰:"苏瓌长者,用刑不枉。普思法当死。"上不得已,戊午,流普思于儋州,馀党皆伏诛。

　　29　十二月己卯,突厥默啜寇鸣沙,灵武军大总管沙吒忠义与战,军败,死者六千馀人。丁巳,突厥进寇原、会等州,掠陇右牧马万馀匹而去。免忠义官。

　　30　安西大都护郭元振诣突骑施乌质勒牙帐议军事,天大风雪,元振立于帐前,与乌质勒语。久之,雪深,元振不移足。乌质勒老,不胜寒,会罢而卒。其子娑葛勒兵将攻元振,副使御史中丞解琬知之,劝元振夜逃去,元振曰:"吾以诚心待人,何所疑惧!且深在寇庭,逃将安适!"安卧不动。明旦,入哭,甚哀,娑葛感其义,待元振如初。戊戌,以娑葛袭嗢鹿州都督、怀德王。

　　31　安乐公主恃宠骄恣,卖官鬻狱,势倾朝野。或自为制敕,掩其文,令上署之。上笑而从之,竟不视也。自请为皇太女,上虽不从,亦不谴责。

景龙元年(丁未,707)

　　1　春,正月庚戌,制以突厥默啜寇边,命内外官各进平突厥之策。右补阙卢俌上疏,以为:"郤縠悦礼乐,敦诗书,为晋元帅;杜预射不穿札,建平吴之勋。是知中权制谋,不取一夫之勇。如沙吒忠义,骁将之材,本不足以当大任。又,鸣沙之役,主将先逃,宜正邦宪。赏罚既明,敌无不服。又,边州刺史,宜精择其人,使之蒐卒乘,积资粮,来则御之,去则备之。去岁四方旱灾,未易兴师。当理内以及外,绥近以来远,俟仓廪实,士卒练,然后大举以讨之。"上善之。

2　二月丙戌,上遣武攸暨、武三思诣乾陵祈雨。既而雨降,上喜,制复武氏崇恩庙及昊陵、顺陵,因名艳王庙曰褒德,陵曰荣先。又诏崇恩庙斋郎取五品子充。太常博士杨孚曰:"太庙皆取七品已下子为斋郎,今崇恩庙取五品子,未知太庙当如何?"上命太庙亦准崇恩庙。孚曰:"以臣准君,犹为僭逆,况以君准臣乎!"上乃止。

3　庚寅,敕改诸州中兴寺、观为龙兴,自今奏事不得言中兴。右补阙权若讷上疏,以为:"天、地、日、月等字皆则天能事,贼臣敬晖等轻紊规规。今削之无益于淳化,存之有光于孝理。又,神龙元年制书,一事以上,并依贞观故事,岂可近舍母仪,远尊祖德!"疏奏,手制褒美。

4　三月庚子,吐蕃遣其大臣悉薰热入贡。

5　夏,四月辛巳,以上所养雍王守礼女金城公主妻吐蕃赞普。

6　五月戊戌,以左屯卫大将军张仁愿为朔方道大总管,以备突厥。

7　上以岁旱谷贵,召太府卿纪处讷谋之。明日,武三思使知太史事迦叶志忠奏:"是夜,摄提入太微宫,至帝座,主大臣宴见纳忠于天子。"上以为然。敕称处讷忠诚,彻于玄象,赐衣一袭,帛六十段。

8　六月丁卯朔,日有食之。

9　姚嶲道讨击使、监察御史晋昌唐九徵击姚州叛蛮,破之,斩获三千馀人。

10　皇后以太子重俊非其所生,恶之。特进德静王武三思尤忌太子。上官婕妤以三思故,每下制敕,推尊武氏。安乐公主与驸马左卫将军武崇训常陵侮太子,或呼为奴。崇训又教公主言于上,请废太子,立己为皇太女。太子积不能平。

秋,七月辛丑,太子与左羽林大将军李多祚、将军李思冲、李承况、独孤祎之、沙吒忠义等,矫制发羽林千骑兵三百馀人,杀三思、崇训于其第,并亲党十馀人。又使左金吾大将军成王千里及其子天水王禧分兵守宫城诸门,太子与多祚引兵自肃章门斩关而入,叩阁索上官婕妤。婕妤大言曰:"观其意欲先索婉儿,次索皇后,次及大家。"上乃与韦后、安乐公主、上官婕妤登玄武门楼以避兵锋,使右羽林大将军刘景仁帅飞骑百馀人屯于楼下以自卫。杨再思、苏瑰、李峤与兵部尚书宗楚客、左卫将军纪处讷拥兵二千馀人屯太极殿前,闭门自守。多祚先至玄武楼下,欲升楼,宿卫拒之。多祚与太子狐疑,按兵不战,冀上问之。宫闱令石城杨思勖在上侧,请击之。多祚婿羽林中郎将野呼利为前锋总管,思勖挺刃斩之,多祚军夺气。上据槛俯谓多祚所将千骑曰："汝辈皆朕宿卫之士,何为从多祚反!苟能斩反者,勿患不富贵。"于是千骑斩多祚、承况、祎之、忠义,馀众皆溃。成王千里、天水王禧攻右延明门,将杀宗楚客、纪处讷,不克而死。太子以百骑走终南山,至鄠西,能属者才数人,憩于林下,为左右所杀。上以其首献太庙及祭三思、崇训之枢,然后枭之朝堂。更成王千里姓曰蝮氏,同党皆伏诛。

东宫僚属无敢近太子尸者,唯永和县丞甯嘉勖解衣裹太子首号哭,贬兴平丞。

太子兵所经诸门守者皆坐流。韦氏之党奏请悉诛之,上更命法司推断。大理卿宋城郑惟忠曰："大狱始决,人心未安,若复有改推,则反仄者众矣。"上乃止。

以杨思勖为银青光禄大夫,行内常侍。癸卯,赦天下。

赠武三思太尉、梁宣王,武崇训开府仪同三司、鲁忠王。安乐公主请用永泰公主故事,以崇训墓为陵,给事中卢粲驳之,以为:"永泰事出特恩,今鲁王主婿,不可为比。"上手敕曰:"安乐与永泰无异,同穴之义,今古不殊。"粲又奏:"陛下以膝下之爱施及其夫,岂可使上下无辨,君臣一贯哉!"上乃从之。公主怒,出粲为陈州刺史。

襄邑尉襄阳席豫闻安乐公主求为太女,叹曰:"梅福讥切王氏,独何人哉!"乃上书请立太子,言甚深切。太平公主欲表为谏官,豫耻之,逃去。

11　八月戊寅,皇后及王公已下表上尊号曰应天神龙皇帝,改玄武门为神武门,楼为制胜楼。宗楚客又帅百官表请加皇后尊号曰顺天翊圣皇后。上并许之。

12　初,右台大夫苏珦治太子重俊之党,因有引相王者,珦密为之申理,上乃不问。自是安乐公主及兵部尚书宗楚客日夜谋潜相王,使侍御史冉祖雍诬奏相王及太平公主,云:"与重俊通谋,请收付制狱。"上召吏部侍郎兼御史中丞萧至忠,使鞫之,至忠泣曰:"陛下富有四海,不能容一弟一妹,而使人罗织害之乎!相王昔为皇嗣,固请于则天,以天下让陛下,累日不食,此海内所知。奈何以祖雍一言而疑之!"上素友爱,遂寝其事。

右补阙浚仪吴兢闻祖雍之谋,上疏,以为:"自文明以来,国之祚胤,不绝如线,陛下龙兴,恩及九族,求之瘴海,升之阙庭。况相王同气至亲,六合无贰,而贼臣日夜连谋,乃欲陷之极法;祸乱之根,将由此始。夫任以权则虽疏必重,夺其势则虽亲必轻。自古委信异姓,猜忌骨肉,以覆国亡家者,几何人矣。况国家枝叶无几,陛下登极未久,而一子以弄兵受诛,一子以愆违远窜,惟馀一弟朝夕左右,尺布斗粟之讥,不可不慎,青蝇之诗,良可畏也。"

相王宽厚恭谨,安恬好让,故经武、韦之世,竟免于难。

13 初,右仆射、中书令魏元忠以武三思擅权,意常愤郁。及太子重俊起兵,遇元忠子太仆少卿昇于永安门,胁以自随;太子死,昇为乱兵所杀。元忠扬言曰:"元恶已死,虽鼎镬何伤!但惜太子陨没耳。"上以其有功,且为高宗、武后所重,故释不问。兵部尚书宗楚客、太府卿纪处讷等共证元忠,云:"与太子通谋,请夷其三族。"制不许。元忠惧,表请解官爵,以散秩还第。丙戌,上手敕听解仆射,以特进、齐公致仕,仍朝朔望。

14 九月丁卯,以吏部侍郎萧至忠为黄门侍郎,兵部尚书宗楚客为左卫将军,兼太府卿纪处讷为太府卿,并同中书门下三品;中书侍郎、同中书门下三品于惟谦罢为国子祭酒。

15 庚子,赦天下,改元。

16 宗楚客等引右卫郎将姚廷筠为御史中丞,使劾奏魏元忠,以为:"侯君集社稷元勋,及其谋反,太宗就群臣乞其命而不得,竟流涕斩之。其后房遗爱、薛万彻、齐王祐等为逆,虽复懿亲,皆从国法。元忠功不逮君集,身又非国戚,与李多祚等谋反,男入逆徒,是宜赤族污宫。但有朋党饰辞营救,以惑圣听,陛下仁恩,欲掩其过。臣所以犯龙鳞,忤圣意者,正以事关宗社耳。"上颇然之。元忠坐系大理,贬渠州司马。

宗楚客令给事中冉祖雍奏言:"元忠既犯大逆,不应出佐渠州。"杨再思、李峤亦赞之。上谓再思等曰:"元忠驱使日久,朕特矜容,制命已行,岂容数改!轻重之权,应自朕出。卿等频奏,殊非朕意!"再思等惶惧拜谢。

监察御史袁守一复表弹元忠曰:"重俊乃陛下之子,犹加昭宪;元忠非勋非戚,焉得独漏严刑!"甲辰,又贬元忠务川尉。

顷之,楚客又令袁守一奏言:"则天昔在三阳宫不豫,狄仁杰奏请陛下监国,元忠密奏以为不可,此则元忠怀逆日久,请加严诛!"上谓杨再思等曰:"以朕思之,人臣事主,必在一心;岂有主上小疾,遽请太子知事!此乃仁杰欲树私恩,未见元忠有失。守一欲借前事以陷元忠,其可乎!"楚客乃止。

元忠行至涪陵而卒。

17 银青光禄大夫、上庸公、圣善中天西明三寺主慧范于东都作圣善寺,长乐坡作大像,府库为之虚耗。上及韦后皆重之,势倾内外,无敢指目者。戊申,侍御史魏传弓发其奸赃四十馀万,请置极法。上欲宥之,传弓曰:"刑赏国之大事,陛下赏已妄加,岂宜刑所不及!"上乃削黜慧范,放于家。

宦官左监门大将军薛思简等有宠于安乐公主,纵暴不法,传弓奏请诛之,御史大夫窦从一惧,固止之。时宦官用事,从一为雍州刺史及御史大夫,误见讼者无须,必曲加承接。

18　以杨再思为中书令,韦巨源、纪处讷并为侍中。

19　壬戌,改左、右羽林千骑为万骑。

20　冬,十月丁丑,命左屯卫将军张仁愿充朔方道大总管,以击突厥比至,虏已退,追击,大破之。

21　习艺馆内教苏安恒,矜高好奇,太子重俊之诛武三思也,安恒自言"此我之谋"。太子败,或告之。戊寅,伏诛。

22　十二月乙丑朔,日有食之。

23　是岁,上遣使者分道诣江、淮赎生。中书舍人房子李乂上疏谏曰:"江南乡人采捕为业,鱼鳖之利,黎元所资。虽云雨之私有沾于末利,而生成之惠未洽于平人。何则? 江湖之饶,生育无限;府库之用,支供易殚。费之若少,则所济何成! 用之倘多,则常支有阙。在其拯物,岂若忧人! 且鬻生之徒,惟利是视,钱刀日至,网罟年滋,施之一朝,营之百倍。未若回救赎之钱物,减贫无之徭赋,活国爱人,其福胜彼。"

# 资治通鉴卷第二百九

## 唐纪二十五

### 中宗大和大圣大昭孝皇帝下

景龙二年（戊申，708）

1　春，二月庚寅，宫中言皇后衣笥裙上有五色云起，上令图以示百官。韦巨源请布之天下，从之，仍赦天下。

2　迦叶志忠奏："昔神尧皇帝未受命，天下歌桃李子；文武皇帝未受命，天下歌秦王破阵乐；天皇大帝未受命，天下歌堂堂；则天皇后未受命，天下歌妩媚娘；应天皇帝未受命，天下歌英王石州；顺天皇后未受命，天下歌桑条韦，盖天意以为顺天皇后宜为国母，主蚕桑之事，谨上桑韦歌十二篇，请编之乐府，皇后祀先蚕则奏之。"太常卿郑愔又引而申之。上悦，皆受厚赏。

3　右补阙赵延禧上言："周、唐一统，符命同归，故高宗封陛下为周王。则天时，唐同泰献洛水图。孔子曰：'其或继周者，虽百代可知也。'陛下继则天，子孙当百代王天下。"上悦，擢延禧为谏议大夫。

4　丁亥，萧至忠上疏，以为："恩幸者止可富之金帛，食以粱肉，不可以公器为私用。今列位已广，冗员倍之，干求未厌，日月增数，陛下降不赀之泽，近戚有无涯之请，卖官利己，鬻法徇私。台寺之内，朱紫盈满，忽事则不存职务，恃势则公违宪章，徒忝官曹，无益时政。"上虽嘉其意，竟不能用。

5　三月丙辰，朔方道大总管张仁愿筑三受降城于河上。

初，朔方军与突厥以河为境，河北有拂云祠，突厥将入寇，必先诣祠祈祷，牧马料兵而后渡河。时默啜悉众西击突骑施，仁愿请乘虚夺取漠南地，于河北筑三受降城，首尾相应，以绝其南寇之路。太子少师唐休璟以为："两汉以来皆北阻大河，今筑城寇境，恐劳人费功，终为虏有。"仁愿固请不已，上竟从之。

仁愿表留岁满镇兵以助其功，咸阳兵二百馀人逃归，仁愿悉擒之，斩于城下，军中股栗，六旬而成。以拂云祠为中城，距东西两城各四百馀里，皆据津要，拓地三百馀里。于牛头朝那山北，置烽候千八百所，以左玉钤卫将军论弓仁为朔方军前锋游弈使，戍诺真水为逻卫。自是突厥不敢渡山畋牧，朔方无复寇掠，减镇兵数万人。

仁愿建三城，不置壅门及备守之具。或问之，仁愿曰："兵贵进取，不利退守。寇至，当并力出战，回首望城者，犹应斩之，安用守备，生其退恶之心也！"其后常元楷为朔方军总管，始筑壅门。人是以重仁愿而轻元楷。

6　夏，四月癸未，置修文馆大学士四员，直学士八员，学士十二员，选公卿以下善为文者李峤等为之。每游幸禁苑，或宗戚宴集，学士无不毕从，赋诗属和，使上官昭容第其甲乙，优者赐金帛。同预宴者，惟中书、门下及长参王公、亲贵数人而已，至大宴，方召八座、九列、诸司五品以上预焉。于是天下靡然争以文华相尚，儒学忠谠之士莫得进矣。

7　秋，七月癸巳，以左屯卫大将军、朔方道大总管张仁愿同中书门下三品。

8　甲午，清源尉吕元泰上疏，以为："边境未宁，镇戍不息，士卒困苦，转输疲弊，而营建佛寺，日广月滋，劳人费财，无有穷极。昔黄帝、尧、舜、禹、汤、文、武惟以俭约仁义立德垂名，晋、宋以降，塔庙竞起，而丧乱相继，由其好尚失所，奢靡相高，人不堪命故也。伏愿回营造之资，充疆埸之费，使烽燧永息，群生富庶，则如来慈悲之施，平等之心，孰过于此！"疏奏，不省。

9　安乐、长宁公主及皇后妹郕国夫人、上官婕妤、婕妤母沛国夫人郑氏、尚宫柴氏、贺娄氏，女巫第五英儿、陇西夫人赵氏，皆依势用事，请谒受赇，虽屠沽臧获，用钱三十万，则别降墨敕除官，斜封付中书，时人谓之"斜封官"。钱三万则度为僧尼。其员外、同正、试、摄、检校、判、知官凡数千人。西京、东都各置两吏部侍郎，为四铨，选者岁数万人。

上官婕妤及后宫多立外第，出入无节，朝士往往从之游处，以求进达。安乐公主尤骄横，宰相以下多出其门。与长宁公主竞起第舍，以侈丽相高，拟于宫掖，而精巧过之。安乐公主请昆明池，上以百姓蒲鱼所资，不许。公主不悦，乃更夺民田作定昆池，延袤数里，累石象华山，引水象天津，欲以胜昆明，故名定昆。安乐有织成裙，直钱一亿，花卉鸟兽，皆如粟粒，正视旁视，日中影中，各为一色。

上好击球，由是风俗相尚，驸马武崇训、杨慎交洒油以筑球场。慎交，恭仁曾孙也。

上及皇后、公主多营佛寺。左拾遗京兆辛替否上疏谏,略曰:"臣闻古之建官,员不必备,士有完行,家有廉节,朝廷有馀俸,百姓有馀食。伏惟陛下百倍行赏,十倍增官,金银不供其印,束帛不充于锡,遂使富商豪贾,尽居缨冕之流;鬻伎行巫,或涉膏腴之地。"又曰:"公主,陛下之爱女,然而用不合于古义,行不根于人心,将恐变爱成憎,翻福为祸。何者?竭人之力,费人之财,夺人之家;爱数子而取三怨,使边疆之士不尽力,朝廷之士不尽忠,人之散矣,独持所爱,何所恃乎!君以人为本,本固则邦宁,邦宁则陛下之夫妇母子长相保也。"又曰:"若以造寺必为理体,养人不足经邦,则殷、周已往皆暗乱,汉、魏已降皆圣明,殷、周已往为不长,汉、魏已降为不短矣。陛下缓其所急,急其所缓,亲未来而疏见在,失真实而冀虚无,重俗人之为,轻天子之业,虽以阴阳为炭,万物为铜,役不食之人,使不衣之士,犹尚不给,况资于天生地养,风动雨润,而后得之乎!一旦风尘再扰,霜雹荐臻,沙弥不可操干戈,寺塔不足攘饥馑,臣窃惜之。"疏奏,不省。

时斜封官皆不由两省而授,两省莫敢执奏,即宣示所司。吏部员外郎李朝隐前后执破一千四百馀人,怨谤纷然,朝隐一无所顾。

10　冬,十月己酉,修文馆直学士、起居舍人武平一上表请抑损外戚权宠,不敢斥言韦氏,但请抑损己家。上优制不许。平一名甄,以字行,载德之子也。

11　十一月庚申,突骑施酋长娑葛自立为可汗,杀唐使者御史中丞冯嘉宾,遣其弟遮努等帅众犯塞。

初,娑葛既代乌质勒统众,父时故将阙啜忠节不服,数相攻击。忠节众弱不能支,金山道行军总管郭元振奏追忠节入朝宿卫。

忠节行至播仙城,经略使、右威卫将军周以悌说之曰:"国家不爱高官显爵以待君者,以君有部落之众故也。今脱身入朝,一老胡耳,岂惟不保宠禄,死生亦制于人手。方今宰相宗楚客、纪处讷用事,不若厚赂二公,请留不行,发安西兵及引吐蕃以击娑葛,求阿史那献为可汗以招十姓,使郭虔瓘发拔汗那兵以自助;既不失部落,又得报仇,比于入朝,岂可同日语哉!"郭虔瓘者,历城人,时为西边将。忠节然其言,遣间使赂楚客、处讷,请如以悌之策。

元振闻其谋,上疏,以为:"往岁吐蕃所以犯边,正为求十姓、四镇之地不获故耳。比者息兵请和,非能慕悦中国之礼义也,直以国多内难,人畜疫疠,恐中国乘其弊,故且屈志求自昵。使其国小安,岂能忘取十姓、四镇之地哉! 今忠节不论国家大计,直欲为吐蕃乡导,恐四镇危机,将从此始。顷缘默啜凭陵,所应者多,兼四镇兵疲弊,势未能为忠节经略,非怜突骑施也。忠节不体国家中外之意而更求吐蕃,吐蕃得志,则忠节在其掌握,岂得复事唐也! 往年吐蕃无恩于中国,犹欲求十姓、四镇之地。今若破娑葛有功,请分于阗、疏勒,不知以何理抑之! 又,其所部诸蛮及婆罗门等方不服,若借唐兵助讨之,亦不知以何词拒之! 是以古之智者皆不愿受夷狄之惠,盖豫忧其求请无厌,终为后患故也。又,彼请阿史那献者,岂非以献为可汗子孙,欲依之以招怀十姓乎! 按献父元庆,叔父仆罗,兄俀子及斛瑟罗、怀道等,皆可汗子孙也。往者唐及吐蕃遍曾立之以为可汗,欲以招抚十姓,皆不能致,寻自破灭。何则? 此属非有过人之才,恩威不足以动众,虽复可汗旧种,众心终不亲附,况献又疏远于其父兄乎? 若使忠节兵力自能诱胁十姓,则不必求立可汗子孙也。又,欲令郭虔瓘入拔汗那,发其兵。虔瓘前此已尝与忠节擅入拔汗那发兵,不能得其片甲匹马,而拔汗那不胜侵扰,南引吐蕃,奉俀子,还侵四镇。时拔汗那四旁无强寇为援,虔瓘等恣为侵掠,如独行无人之境,犹引俀子为患。今北有娑葛,急则与之并力,内则诸胡坚壁拒守,外则突厥伺隙邀遮。臣料虔瓘等此行,必不能如往年之得志。内外受敌,自陷危亡,徒与虏结隙,令四镇不安。以臣愚揣之,实为非计。”

楚客等不从,建议:“遣冯嘉宾持节安抚忠节,侍御史吕守素处置四镇,以将军牛师奖为安西副都护,发甘、凉以西兵,兼征吐蕃,以讨娑葛。”娑葛遣使娑腊献马在京师,闻其谋,驰还报娑葛。于是娑葛发五千骑出安西,五千骑出拨换,五千骑出焉耆,五千骑出疏勒,入寇。元振在疏勒,栅于河口,不敢出。忠节逆嘉宾于计舒河口,娑葛遣兵袭之,生擒忠节,杀嘉宾,擒吕守素于僻城,缚于驿柱,剐而杀之。

12　上以安乐公主将适左卫中郎将武延秀,遣使召太子宾客武攸绪于嵩山。攸绪将至,上敕礼官于两仪殿设别位,欲行问道之礼,听以山服葛巾入见,不名不拜。仗入,通事舍人引攸绪就位。攸绪趋立辞见班中,再拜如常仪。上愕然,竟不成所拟之礼。上屡延之内殿,频烦宠锡,皆谢不受。亲贵谒候,寒温之外,不交一言。

初,武崇训之尚公主也,延秀数得侍宴。延秀美姿仪,善歌舞,公主悦之。及崇训死,遂以延秀尚焉。

己卯,成礼,假皇后仗,分禁兵以盛其仪卫,命安国相王障车。庚辰,赦天下。以延秀为太常卿,兼右卫将军。辛巳,宴群臣于两仪殿,命公主出拜公卿,公卿皆伏地稽首。

13　癸未,牛师奖与突骑施娑葛战于火烧城,师奖兵败没。娑葛遂陷安西,断四镇路,遣使上表,求宗楚客头。楚客又奏以周以悌代郭元振统众,征元振入朝。以阿史那献为十姓可汗,置军焉耆以讨娑葛。

娑葛遗元振书,称:"我与唐初无恶,但仇阙啜。宗尚书受阙啜金,欲枉破奴部落,冯中丞、牛都护相继而来,奴岂得坐而待死! 又闻史献欲来,徒扰军州,恐未有宁日。乞大使商量处置。"元振奏娑葛书。楚客怒,奏言元振有异图,召,将罪之。元振使其子鸿间道具奏其状,乞留定西土,不敢归。周以悌竟坐流白州,复以元振代以悌,赦娑葛罪,册为十四姓可汗。

14　以婕好上官氏为昭容。

15　十二月,御史中丞姚廷筠奏称:"比见诸司不遵律令格式,事无大小皆悉闻奏。臣闻为君者任臣,为臣者奉法。万机丛委,不可遍览,岂有修一水窦,伐一枯木,皆取断宸衷! 自今若军国大事及条式无文者,听奏取进止,自馀各准法处分。其有故生疑滞,致有稽失,望令御史纠弹。"从之。

16　丁巳晦,敕中书、门下与学士、诸王、驸马入阁守岁,设庭燎,置酒,奏乐。酒酣,上谓御史大夫窦从一曰:"闻卿久无伉俪,朕甚忧之。今夕岁除,为卿成礼。"从一但唯唯拜谢。俄而内侍引烛笼、步障、金缕罗扇自西廊而上,扇后有人衣礼衣,花钗,令与从一对坐。上命从一诵却扇诗数首。扇却,去花易服而出,徐视之,乃皇后老乳母王氏,本蛮婢也。上与侍臣大笑。诏封莒国夫人,嫁为从一妻。俗谓乳母之婿曰"阿㲲",从一每谒见及进表状,自称"翊圣皇后阿㲲",时人谓之"国㲲",从一欣然有自负之色。


三年(己酉,709)

1　春,正月丁卯,制广东都圣善寺,居民失业者数十家。

2　长宁、安乐诸公主多纵僮奴掠百姓子女为奴婢,侍御史袁从之收系狱,治之。公主诉于上,上手制释之。从之奏称:"陛下纵奴掠良人,何以理天下!"上竟释之。

3　二月己丑,上幸玄武门,与近臣观宫女拔河。又命宫女为市肆,公卿为商旅,与之交易,因为忿争,言辞亵慢,上与后临观为乐。

4　丙申,监察御史崔琬对仗弹宗楚客、纪处讷潜通戎狄,受其货赂,致生边患。故事,大臣被弹,俯偻趋出,立于朝堂待罪。至是,楚客更愤怒作色,自陈忠鲠,为琬所诬。上竟不穷问,命琬与楚客结为兄弟以和解之,时人谓之"和事天子"。

5 壬寅,韦巨源为左仆射,杨再思为右仆射,并同中书门下三品。

6 上数与近臣学士宴集,令各效伎艺以为乐。工部尚书张锡舞谈容娘,将作大匠宗晋卿舞浑脱,左卫将军张洽舞黄獐,左金吾将军杜元谈诵婆罗门咒,中书舍人卢藏用效道士上章。国子司业河东郭山恽独曰:"臣无所解,请歌古诗。"上许之。山恽乃歌鹿鸣、蟋蟀。明日,上赐山恽敕,嘉美其意,赐时服一袭。

上又尝宴侍臣,使各为回波辞,众皆为诌语,或自求荣禄,谏议大夫李景伯曰:"回波尔时酒卮。微臣职在箴规。侍宴既过三爵,喧哗窃恐非仪!"上不悦。萧至忠曰:"此真谏官也。"

7 三月戊午,以宗楚客为中书令,萧至忠为侍中,太府卿韦嗣立为中书侍郎、同中书门下三品。中书侍郎崔湜、赵彦昭并同平章事。崔湜通于上官昭容,故昭容引以为相。彦昭,张掖人也。

时政出多门,滥官充溢,人以为三无坐处,谓宰相、御史及员外官也。韦嗣立上疏,以为:"比者造寺极多,务取崇丽,大则用钱百数十万,小则三五万,无虑所费千万以上,人力劳弊,怨嗟盈路。佛之为教,要在降伏身心,岂雕画土木,相夸壮丽!万一水旱为灾,戎狄构患,虽龙象如云,将何救哉!又,食封之家,其数甚众,昨问户部,云用六十馀万丁,一丁绢两匹,凡百二十馀万匹。臣顷在太府,每岁庸绢,多不过百万,少则六七十万匹,比之封家,所入殊少。夫有佐命之勋,始可分茅胙土。国初,功臣食封者不过三二十家,今以恩泽食封者乃逾百数。国家租赋,太半私门,私门有馀,徒益奢侈,公家不足,坐致忧危,制国之方,岂谓为得!封户之物,诸家自征,僮仆依势,陵轹州县,多索裹头,转行贸易,烦扰驱迫,不胜其苦。不若悉计丁输之太府,使封家于左藏受之,于事为愈。又,员外置官,数倍正阙,曹署典吏,困于祗承,府库仓储,竭于资奉。又,刺史、县令,近年以来,不存简择,京官有犯及声望下者方遣刺州,吏部选人,衰耄无手笔者方补县令,以此理人,何望率化!望自今应除三省、两台及五品以上清望官,皆先于刺史、县令中选用,则天下理矣。"上弗听。

8 戊寅,以礼部尚书韦温为太子少保、同中书门下三品,太常卿郑愔为吏部尚书、同平章事。温,皇后之兄也。

9 太常博士唐绍以武氏昊陵、顺陵置守户五百,与昭陵数同,梁宣王、鲁忠王墓守户多于亲王五倍,韦氏褒德庙卫兵多于太庙,上疏请量裁减,不听。绍,临之孙也。

10　中书侍郎兼知吏部侍郎、同平章事崔湜、吏部侍郎同平章事郑愔俱掌铨衡,倾附势要,赃贿狼籍,数外留人,授拟不足,逆用三年阙,选法大坏。湜父挹为司业,受选人钱,湜不之知,长名放之。其人诉曰:“公所亲受某赂,奈何不与官?”湜怒曰:“所亲为谁,当擒取杖杀之!”其人曰:“公勿杖杀,将使公遭忧。”湜大惭。侍御史靳恒与监察御史李尚隐对仗弹之,上下湜等狱,命监察御史裴漼按之。安乐公主讽漼宽其狱,漼复对仗弹之。夏,五月丙寅,愔免死,流吉州,湜贬江州司马。上官昭容密与安乐公主、武延秀曲为申理,明日,以湜为襄州刺史。愔为江州司马。

11　六月,右仆射、同中书门下三品杨再思薨。

12　秋,七月,突骑施娑葛遣使请降。庚辰,拜归化可汗,赐名守忠。

13　八月己酉,以李峤同中书门下三品,韦安石为侍中,萧至忠为中书令。

至忠女适皇后舅子崔无诐,成昏日,上主萧氏,后主崔氏,时人谓之“天子嫁女,皇后娶妇”。

14　上将祀南郊,丁酉,国子祭酒祝钦明、国子司业郭山恽建言:“古者大祭祀,后裸献以瑶爵。皇后当助祭天地。”太常博士唐绍、蒋钦绪驳之,以为:“郑玄注周礼内司服,惟有助祭先王先公,无助祭天地之文。皇后不当助祭南郊。”国子司业盐官褚无量议,以为:“祭天惟以始祖为主,不配以祖妣,故皇后不应预祭。”韦巨源定仪注,请依钦明议。上从之,以皇后为亚献,仍以宰相女为斋娘,助执豆笾。钦明又欲以安乐公主为终献,绍、钦绪固争,乃止。以巨源摄太尉为终献。钦绪,胶水人也。

15　己巳,上幸定昆池,命从官赋诗。黄门侍郎李日知诗曰:“所愿暂思居者逸,勿使时称作者劳。”及睿宗即位,谓日知曰:“当是时,朕亦不敢言之。”

16　九月戊辰,以苏瑰为右仆射、同中书门下三品。

17　太平、安乐公主各树朋党,更相潜毁,上患之。冬,十一月癸亥,上谓修文馆直学士武平一曰:“比闻内外亲贵多不辑睦,以何法和之?”平一以为:“此由谗谄之人阴为离间,宜深加诲谕,斥逐奸险。若犹未已,伏愿舍近图远,抑慈存严,示以知禁,无令积恶。”上赐平一帛而不能用其言。

18　上召前修文馆学士崔湜、郑愔入陪大礼。乙丑,上祀南郊,赦天下,并十恶咸赦除之,流人并放还,斋娘有婿者,皆改官。

19 甲戌,开府仪同三司、平章军国重事豆卢钦望薨。

20 乙亥,吐蕃赞普遣其大臣尚赞咄等千馀人逆金城公主。

21 河南道巡察使、监察御史宋务光,以"于时食实封者凡一百四十馀家,应出封户者凡五十四州,皆割上腴之田,或一封分食数州,而太平、安乐公主又取高资多丁者,刻剥过苦,应充封户者甚于征役。滑州地出绫缣,人多趋射,尤受其弊,人多流亡。请稍分封户散配馀州。又,征封使者烦扰公私,请附租庸,每年送纳"。上弗听。

22 时流人皆放还,均州刺史谯王重福独不得归,乃上表自陈曰:"陛下焚柴展礼,郊祀上玄,苍生并得赦除,赤子偏加摈弃,皇天平分之道,固若此乎!天下之人闻者为臣流涕。况陛下慈念,岂不愍臣栖遑!"表奏,不报。

23 前右仆射致仕唐休璟,年八十馀,进取弥锐,娶贺娄尚宫养女为其子妇。十二月壬辰,以休璟为太子少师、同中书门下三品。

24 甲午,上幸骊山温汤。庚子,幸韦嗣立庄舍。以嗣立与周高士韦复同族,赐爵逍遥公。嗣立,皇后之疏属也。由是顾赏尤重。乙巳,还宫。

25 是岁,关中饥,米斗百钱。运山东、江、淮谷输京师,牛死什八九。群臣多请车驾复幸东都,韦后家本杜陵,不乐东迁,乃使巫觋彭君卿等说上云:"今岁不利东行。"后复有言者,上怒曰:"岂有逐粮天子邪!"乃止。

## 睿宗玄真大圣大兴孝皇帝上

景云元年(庚戌,710)

1 春,正月丙寅夜,中宗与韦后微行观灯于市里,又纵宫女数千人出游,多不归者。

2 上命纪处讷送金城公主适吐蕃,处讷辞。又命赵彦昭,彦昭亦辞。丁丑,命左骁卫大将军杨矩送之。己卯,上自送公主至始平。二月癸未,还宫。公主至吐蕃,赞普为之别筑城以居之。

3 庚戌,上御梨园球场,命文武三品以上抛球及分朋拔河,韦巨源、唐休璟衰老,随纲踣地,久之不能兴。上及皇后、妃、主临观,大笑。

4 夏,四月丙戌,上游芳林园,命公卿马上摘樱桃。

5 初,则天之世,长安城东隅民王纯家井溢,浸成大池数十顷,号隆庆池。相王子五王列第于其北,望气者言:"常郁郁有帝王气,比日尤盛。"乙未,上幸隆庆池,结彩为楼,宴侍臣,泛舟戏象以厌之。

6　定州人郎岌上言，"韦后、宗楚客将为逆乱"，韦后白上杖杀之。

五月丁卯，许州司兵参军偃师燕钦融复上言，"皇后淫乱，干预国政，宗族强盛；安乐公主、武延秀、宗楚客图危宗社。"上召钦融面诘之。钦融顿首抗言，神色不挠，上默然。宗楚客矫制令飞骑扑杀之，投于殿庭石上，折颈而死，楚客大呼称快。上虽不穷问，意颇怏怏不悦，由是韦后及其党始忧惧。

7　己卯，上宴近臣，国子祭酒祝钦明自请作八风舞，摇头转目，备诸丑态，上笑。钦明素以儒学著名，吏部侍郎卢藏用私谓诸学士曰："祝公五经扫地尽矣！"

8　散骑常侍马秦客以医术，光禄少卿杨均以善烹调，皆出入宫掖，得幸于韦后，恐事泄被诛。安乐公主欲韦后临朝，自为皇太女，乃相与合谋，于饼馅中进毒。六月壬午，中宗崩于神龙殿。

韦后秘不发丧，自总庶政。癸未，召诸宰相入禁中，征诸府兵五万人屯京城，使驸马都尉韦捷、韦灌、卫尉卿韦璿、左千牛中郎将韦锜、长安令韦播、郎将高嵩分领之。璿，温之族弟；播，从子；嵩，其甥也。中书舍人韦元徼巡六街。又命左监门大将军兼内侍薛思简等将兵五百人驰驿戍均州，以备谯王重福。以刑部尚书裴谈、工部尚书张锡并同中书门下三品，仍充东都留守。吏部尚书张嘉福、中书侍郎岑羲、吏部侍郎崔湜并同平章事。羲，长倩之从子也。

太平公主与上官昭容谋草遗制，立温王重茂为皇太子，皇后知政事，相王旦参谋政事。宗楚客密谓韦温曰："相王辅政，于理非宜。且于皇后，嫂叔不通问，听朝之际，何以为礼！"遂帅诸宰相表请皇后临朝，罢相王政事。苏瑰曰："遗诏岂可改邪！"温、楚客怒，瑰惧而从之，乃以相王为太子太师。

甲申，梓宫迁御太极殿，集百官发丧，皇后临朝摄政，赦天下，改元唐隆。进相王旦太尉，雍王守礼为邠王，寿春王成器为宋王，以从人望。命韦温总知内外守捉兵马事。

丁亥，殇帝即位，时年十六。尊皇后为皇太后；立妃陆氏为皇后。

壬辰，命纪处讷持节巡抚关内道，岑羲河南道，张嘉福河北道。

宗楚客与太常卿武延秀、司农卿赵履温、国子祭酒叶静能及诸韦共劝韦后遵武后故事，南北卫军、台阁要司皆以韦氏子弟领之，广聚党众，中外连结。楚客又密上书称引图谶，谓韦氏宜革唐命。谋害殇帝，深忌相王及太平公主，密与韦温、安乐公主谋去之。

相王子临淄王隆基,先罢潞州别驾,在京师,阴聚才勇之士,谋匡复社稷。初,太宗选官户及蕃口骁勇者,著虎文衣,跨豹文鞯,从游猎,于马前射禽兽,谓之百骑。则天时稍增为千骑,隶左右羽林。中宗谓之万骑,置使以领之。隆基皆厚结其豪杰。

兵部侍郎崔日用素附韦、武,与宗楚客善,知楚客谋,恐祸及己,遣宝昌寺僧普润密诣隆基告之,劝其速发。隆基乃与太平公主及公主子卫尉卿薛崇简,苑总监赣人锺绍京,尚衣奉御王崇晔、前朝邑尉刘幽求、利仁府折冲麻嗣宗谋先事诛之。韦播、高嵩数榜捶万骑,欲以立威,万骑皆怨。果毅葛福顺、陈玄礼见隆基诉之,隆基讽以诛诸韦,皆踊跃请以死自效。万骑果毅李仙凫亦预其谋。或谓隆基当启相王,隆基曰:“我曹为此以徇社稷,事成福归于王,不成以身死之,不以累王也。今启而见从,则王预危事;不从,将败大计。”遂不启。

庚子,晡时,隆基微服与幽求等入苑中,会锺绍京廨舍。绍京悔,欲拒之,其妻许氏曰:“忘身徇国,神必助之。且同谋素定,今虽不行,庸得免乎!”绍京乃趋出拜谒,隆基执其手与坐。时羽林将士皆屯玄武门,逮夜,葛福顺、李仙凫皆至隆基所,请号而行。向二鼓,天星散落如雪,刘幽求曰:“天意如此,时不可失!”福顺拔剑直入羽林营,斩韦璿、韦播、高嵩以徇,曰:“韦后鸩杀先帝,谋危社稷,今夕当共诛诸韦,马鞭以上皆斩之。立相王以安天下。敢有怀两端助逆党者,罪及三族。”羽林之士皆欣然听命。乃送璿等首于隆基,隆基取火视之,遂与幽求等出苑南门,绍京帅丁匠二百余人,执斧锯以从,使福顺将左万骑攻玄德门,仙凫将右万骑攻白兽门,约会于凌烟阁前,即大噪,福顺等共杀守门将,斩关而入。隆基勒兵玄武门外,三鼓,闻噪声,帅总监及羽林兵而入,诸卫兵在太极殿宿卫梓宫者,闻噪声,皆被甲应之。韦后惶惑走入飞骑营,有飞骑斩其首献于隆基。安乐公主方照镜画眉,军士斩之。斩武延秀于肃章门外,斩内将军贺娄氏于太极殿西。

初,上官昭容引其从母之子王昱为左拾遗,昱说昭容母郑氏曰:“武氏,天之所废,不可兴也。今婕妤附于三思,此灭族之道也,愿姨思之!”郑氏以戒昭容,昭容弗听。及太子重俊起兵讨三思,索昭容,昭容始惧,思昱言,自是心附帝室,与安乐公主各树朋党。及中宗崩,昭容草遗制立温王,以相王辅政;宗、韦改之。及隆基入宫,昭容执烛帅宫人迎之,以制草示刘幽求。幽求为之言,隆基不许,斩于旗下。

时少帝在太极殿,刘幽求曰:“众约今夕共立相王,何不早定!”隆基遽止之,捕索诸韦在宫中及守诸门,并素为韦后所亲信者皆斩之。比晓,内外皆定。辛巳,隆基出见相王,叩头谢不先启之罪。相王抱之泣曰:"社稷宗庙不坠于地,汝之力也。"遂迎相王入辅少帝。

　　闭宫门及京城门,分遣万骑收捕诸韦亲党。斩太子少保、同中书门下三品韦温于东市之北。中书令宗楚客衣斩衰、乘青驴逃出,至通化门,门者曰:"公,宗尚书也。"去布帽,执而斩之,并斩其弟晋卿。相王奉少帝御安福门,慰谕百姓。初,赵履温倾国资以奉安乐公主,为之起第舍,筑台穿池无休已,抚紫衫,以项挽公主辇车。公主死,履温驰诣安福楼下舞蹈称万岁;声未绝,相王令万骑斩之。百姓怨其劳役,争割其肉立尽。秘书监汴王邕娶韦后妹崇国夫人,与御史大夫窦从一各手斩其妻首以献。邕,凤之孙也。左仆射、同中书门下三品韦巨源闻乱,家人劝之逃匿,巨源曰:"吾位大臣,岂可闻难不赴!"出至都街,为乱兵所杀,时年八十。于是枭马秦客、杨均、叶静能等首,尸韦后于市。崔日用将兵诛诸韦于杜曲,襁褓儿无免者,诸杜滥死非一。

　　是日,赦天下,云:"逆贼魁首已诛,自馀支党一无所问。"以临淄王隆基为平王,兼知内外闲厩,押左右厢万骑。薛崇简赐爵立节王。以锺绍京守中书侍郎,刘幽求守中书舍人,并参知机务。麻嗣宗行右金吾卫中郎将。武氏宗属,诛死流窜殆尽。侍中纪处讷行至华州,吏部尚书同平章事张嘉福行至怀州,皆收斩之。

　　壬寅,刘幽求在太极殿,有宫人与宦官令幽求作制书立太后,幽求曰:"国有大难,人情不安,山陵未毕,遽立太后,不可!"平王隆基曰:"此勿轻言。"

　　遣十道使赍玺书宣抚,及诣均州宣尉谯王重福。贬窦从一为濠州司马。罢诸公主府官。

　　癸卯,太平公主传少帝命,请让位于相王,相王固辞。以平王隆基为殿中监、同中书门下三品,以宋王成器为左卫大将军,衡阳王成义为右卫大将军,巴陵王隆范为左羽林大将军,彭城王隆业为右羽林大将军,光禄少卿嗣道王微检校右金吾卫大将军。微,元庆之孙也。以黄门侍郎李日知、中书侍郎锺绍京并同中书门下三品。太平公主之子薛崇训为右千牛卫将军。隆基有二奴,王毛仲、李守德,皆趫勇善骑射,常侍卫左右。隆基之入苑中也,毛仲避匿不从,事定数日方归,隆基不之责,仍超拜将军。毛仲,本高丽也。汴王邕贬沁州刺史,左散骑常侍、驸马都尉杨慎交贬巴州刺史,中书令萧至忠贬许州刺史,兵部尚书、同中书门下三品韦嗣立贬宋州刺史,中书侍郎、同平章事赵彦昭贬绛州刺史,吏部侍郎、同平章事崔湜贬华州刺史。

　　刘幽求言于宋王成器、平王隆基曰:"相王畴昔已居宸极,群望所属。今人心未安,家国事重,相王岂得尚守小节,不早即位以镇天下乎!"隆基曰:"王性恬淡,不以代事婴怀。虽有天下,犹让于人,况亲兄之子,安肯代之乎!"幽求曰:"众心不可违,王虽欲高居独善,其如社稷何!"成器、隆基入见相王,极言其事,相王乃许之。甲辰,少帝在太极殿东隅西向,相王立于梓宫旁,太平公主曰:"皇帝欲以此位让叔父,可乎?"幽求跪曰:"国家多难,皇帝仁孝,追踪尧、舜,诚合至公。相王代之任重,慈爱尤厚矣。"乃以少帝制传位相王。时少帝犹在御座,太平公主进曰:"天下之心已归相王,此非儿座!"遂提下之。睿宗即位,御承天门,赦天下。复以少帝为温王。

　　以锺绍京为中书令。锺绍京少为司农录事,既典朝政,纵情赏罚,众皆恶之。太常少卿薛稷劝其上表礼让,绍京从之。稷入言于上曰:"绍京虽有勋劳,素无才德,出自胥徒,一旦超居元宰,恐失圣朝具瞻之美。"上以为然。丙午,改除户部尚书,寻出为蜀州刺史。

　　9　上将立太子,以宋王成器嫡长,而平王隆基有大功,疑不能决。成器辞曰:"国家安则先嫡长,国家危则先有功;苟违其宜,四海失望。臣死不敢居平王之上。"涕泣固请者累日。大臣亦多言平王功大宜立。刘幽求曰:"臣闻除天下之祸者,当享天下之福。平王拯社稷之危,救君亲之难,论功莫大,语德最贤,无可疑者。"上从之。丁未,立平王隆基为太子。隆基复表让成器,不许。

　　10　则天大圣皇后复旧号为天后。追谥雍王贤曰章怀太子。

　　11　戊申,以宋王成器为雍州牧、扬州大都督、太子太师。

　　12　置温王重茂于内宅。

　　13　以太常少卿薛稷为黄门侍郎,参知机务。稷以工书,事上于藩邸,其子伯阳尚仙源公主,故为相。

　　14　追削武三思、武崇训爵谥,斫棺暴尸,平其坟墓。

　　15　以许州刺史姚元之为兵部尚书、同中书门下三品,宋州刺史韦嗣立、许州刺史萧至忠为中书令,绛州刺史赵彦昭为中书侍郎,华州刺史崔湜为吏部侍郎,并同平章事。

　　16　越州长史宋之问,饶州刺史冉祖雍,坐谄附韦、武,皆流岭表。

　　17　己酉,立衡阳王成义为申王,巴陵王隆范为岐王,鼓城王隆业为薛王;加太平公主实封满万户。

太平公主沉敏多权略,武后以为类己,故于诸子中独爱幸,颇得预密谋,然尚畏武后之严,未敢招权势。及诛张易之,公主有力焉。中宗之世,韦后、安乐公主皆畏之,又与太子共诛韦氏。既屡立大功,益尊重,上常与之图议大政,每入奏事,坐语移时。或时不朝谒,则宰相就第咨之。每宰相奏事,上辄问:"尝与太平议否?"又问:"与三郎议否?"然后可之。三郎,谓太子也。公主所欲,上无不听,自宰相以下,进退系其一言,其馀荐士骤历清显者不可胜数,权倾人主,趋附其门者如市。子薛崇行、崇敏、崇简皆封王,田园遍于近甸,收市营造诸器玩,远至岭、蜀,输送者相属于路,居处奉养,拟于宫掖。

18 追赠郎岌、燕钦融谏议大夫。

19 秋,七月庚戌朔,赠韦月将宣州刺史。

20 癸丑,以兵部侍郎崔日用为黄门侍郎,参知机务。

21 追复故太子重俊位号,雪敬晖、桓彦范、崔玄暐、张柬之、袁恕己、成王千里、李多祚等罪,复其官爵。

22 丁巳,以洛州长史宋璟检校吏部尚书、同中书门下三品;岑羲罢为右散骑常侍,兼刑部尚书。璟与姚元之协心革中宗弊政,进忠良,退不肖,赏罚尽公,请托不行,纲纪修举,当时翕然以为复有贞观、永徽之风。

23 壬戌,崔湜罢为尚书左丞,张锡为绛州刺史,萧至忠为晋州刺史,韦嗣立为许州刺史,赵彦昭为宋州刺史。丙寅,姚元之兼中书令,兵部尚书、同中书门下三品李峤贬怀州刺史。

丁卯,太子少师、同中书门下三品唐休璟致仕,右武卫大将军、同中书门下三品张仁愿罢为左卫大将军。

24 黄门侍郎、参知机务崔日用与中书侍郎、参知机务薛稷争于上前,稷曰:"日用倾侧,向附武三思,非忠臣;卖友邀功,非义士。"日用曰:"臣往虽有过,今立大功。稷外托国姻,内附张易之、宗楚客,非倾侧而何!"上由是两罢之。戊辰,以日用为雍州长史,稷为左散骑常侍。

25 己巳,赦天下,改元。凡韦氏馀党未施行者,咸赦之。

26 乙亥,废武氏崇恩庙及昊陵、顺陵,追废韦后为庶人,安乐公主为悖逆庶人。

27 韦后之临朝也,吏部侍郎郑愔贬江州司马,潜过均州,与刺史谯王重福及洛阳人张灵均谋举兵诛韦氏,未发而韦氏败。重福迁集州刺史,未行,灵均说重福曰:"大王地居嫡长,当为天子。相王虽有功,不当继统。东都士庶,皆愿王来。若潜入洛阳,发左右屯营兵,袭杀留守,据东都,如从天而下也。然后西取陕州,东取河南北,天下指麾可定。"重福从之。

　　灵均乃密与憎结谋,聚徒数十人。时憎自秘书少监左迁沅州刺史,迟留洛阳以俟重福,草制,立重福为帝,改元为中元克复。尊上为皇季叔,以温王为皇太弟,憎为左丞相知内外文事,灵均为右丞相、天柱大将军知武事,右散骑常侍严善思为礼部尚书知吏部事。重福与灵均诈乘驿诣东都,憎先供张驸马都尉裴巽第以待重福。洛阳县官微闻其谋。

# 资治通鉴卷第二百一十

## 唐纪二十六

### 睿宗玄真大圣大兴孝皇帝下

景云元年（庚戌，710）

1 八月庚寅，往巽第按问。重福奄至，县官驰出，白留守。群官皆逃匿，洛州长史崔日知独帅众讨之。

留台侍御史李邕遇重福于天津桥，从者已数百人。驰至屯营，告之曰："谯王得罪先帝，今无故入都，此必为乱，君等宜立功取富贵。"又告皇城使闭诸门。重福先趣左、右屯营，营中射之，矢如雨下。乃还趣左掖门，欲取留守兵，见门闭，大怒，命焚之。火未及然，左屯营兵出逼之，重福窘迫，策马出上东，逃匿山谷。明日，留守大出兵搜捕，重福赴漕渠溺死。日知，日用之从父兄也。以功拜东都留守。

郑愔貌丑多须，既败，梳髻，著妇人服，匿车中。擒获，被鞫，股栗不能对。张灵均神气自若，顾愔曰："吾与此人举事，宜其败也！"与愔皆斩于东都市。初，愔附来俊臣得进；俊臣诛，附张易之；易之诛，附韦氏；韦氏败，又附谯王重福，竟坐族诛。严善思免死，流静州。

2 万骑恃讨诸韦之功，多暴横，长安中苦之，诏并除外官。又停以户奴为万骑，更置飞骑，隶左、右羽林。

3 姚元之、宋璟及御史大夫毕构上言："先朝斜封官悉宜停废。"上从之。癸巳，罢斜封官凡数千人。

4 刑部尚书、同中书门下三品裴谈贬蒲州刺史。

5 赠苏安恒谏议大夫。

6 九月辛未，以太子少师致仕唐休璟为朔方道大总管。

7 冬，十月甲申，礼仪使姚元之、宋璟奏："大行皇帝神主，应祔太庙，请迁义宗神主于东都，别立庙。"从之。

8 乙未，追复天后尊号为大圣天后。

9 丁酉，以幽州镇守经略节度大使薛讷为左武卫大将军兼幽州都督。节度使之名自讷始。

10　太平公主以太子年少,意颇易之;既而惮其英武,欲更择暗弱者立之以久其权,数为流言,云:"太子非长,不当立。"己亥,制戒谕中外,以息浮议。公主每覘伺太子所为,纤介必闻于上,太子左右,亦往往为公主耳目,太子深不自安。

11　谥故太子重俊曰节愍。太府少卿万年韦凑上书,以为:"赏罚所不加者,则考行立谥以褒贬之。故太子重俊,与李多祚等称兵入宫,中宗登玄武门以避之,太子据鞍督兵自若,及其徒倒戈,多祚等死,太子方逃窜。向使宿卫不守,其为祸也胡可忍言!明日,中宗雨泣,谓供奉官曰:'几不与卿等相见。'其危如此。今圣朝礼葬,谥为节愍,臣窃惑之。夫臣子之礼,过庙必下,过位必趋。汉成帝之为太子,不敢绝驰道。而重俊称兵宫内,跨马御前,无礼甚矣。若以其诛武三思父子而嘉之,则兴兵以诛奸臣而尊君父可也。今欲自取之,是与三思竞为逆也,又足嘉乎!若以其欲废韦氏而嘉之,则韦氏于时逆状未彰,大义未绝,苟无中宗之命而废之,是胁父废母也,庸可乎!汉戾太子困于江充之谗,发忿杀充,虽兴兵交战,非围逼君父也,兵败而死,及其孙为天子,始得改葬,犹谥曰戾。况重俊可谥之曰节愍乎!臣恐后之乱臣贼子,得引以为比,开悖逆之原,非所以彰善瘅恶也,请改其谥。多祚等从重俊兴兵,不为无罪。陛下今宥之可也,名之为雪,亦所未安。"上甚然其言,而执政以为制命已行,不为追改,但停多祚等赠官而已。

12　十一月戊申朔,以姚元之为中书令。

13　己酉,葬孝和皇帝于定陵,庙号中宗。朝议以韦后有罪,不应祔葬。追谥故英王妃赵氏曰和思顺圣皇后,求其瘗,莫有知者,乃以祎衣招魂,覆以夷衾,祔葬定陵。

14　壬子,侍中韦安石罢为太子少保,左仆射、同中书门下三品苏瓌罢为少傅。

15　甲寅,追复裴炎官爵。

初,裴伷先自岭南逃归,复杖一百,徙北庭。至徙所,殖货任侠,常遣客诇都下事。武后之诛流人也,伷先先知之,逃奔胡中。北庭都护追获,囚之以闻。使者至,流人尽死,伷先以待报未杀。既而武后下制安抚流人,有未死者悉放还,伷先由是得归。至是求炎后,独伷先在,拜詹事丞。

16　壬戌,追复王同皎官爵。

17　庚午,许文贞公苏瓌薨。制起复其子颋为工部侍郎,颋固辞。上使李日知谕旨,日知终坐不言而还,奏曰:"臣见其哀毁,不忍发言,恐其陨绝。"上乃听其终制。

18　十二月癸未,上以二女西城、隆昌公主为女官,以资天皇太后之福,仍欲于城西造观。谏议大夫甯原悌上言,以为:"先朝悖逆庶人以爱女骄盈而及祸,新城、宜都以庶孽抑损而获全。又释、道二家皆以清净为本,不当广营寺观,劳人费财。梁武帝致败于前,先帝取灾于后,殷鉴不远。今二公主入道,将为之置观,不宜过为崇丽,取谤四方。又,先朝所亲狎诸僧,尚在左右,宜加屏斥。"上览而善之。

19　宦者闾兴贵以事属长安令李朝隐,朝隐系于狱。上闻之,召见朝隐,劳之曰:"卿为赤县令,能如此,朕复何忧!"因御承天门,集百官及诸州朝集使,宣示以朝隐所为。且下制称:"宦官遇宽柔之代,必弄威权。朕览前载,每所叹息。能副朕意,实在斯人,可加一阶为太中大夫,赐中上考及绢百匹。"

20　壬辰,奚、霫犯塞,掠渔阳、雍奴,出卢龙塞而去。幽州都督薛讷追击之,弗克。

21　旧制,三品以上官册授,五品以上制授,六品以下敕授,皆委尚书省奏拟,文属吏部,武属兵部,尚书曰中铨,侍郎曰东西铨。中宗之末,嬖幸用事,选举混淆,无复纲纪。至是,以宋璟为吏部尚书,李乂、卢从愿为侍郎,皆不畏强御,请谒路绝。集者万馀人,留者三铨不过二千,人服其公。以姚元之为兵部尚书,陆象先、卢怀慎为侍郎,武选亦治。从愿,承庆之族子;象先,元方之子也。

22　侍御史藁城倪若水,奏弹国子祭酒祝钦明、司业郭山恽乱常改作,希旨病君,于是左授钦明饶州刺史,山恽括州长史。

23　侍御史杨孚,弹纠不避权贵,权贵毁之,上曰:"鹰搏狡兔,须急救之,不尔必反为所噬。御史绳奸慝亦然。苟非人主保卫之,则亦为奸慝所噬矣。"孚,隋文帝之侄孙也。

24　置河西节度、支度、营田等使,领凉、甘、肃、伊、瓜、沙、西七州,治凉州。

25　姚州群蛮,先附吐蕃,摄监察御史李知古请发兵击之。既降,又请筑城,列置州县,重税之。黄门侍郎徐坚以为不可,不从。知古发剑南兵筑城,因欲诛其豪杰,掠子女为奴婢。群蛮怨怒,蛮酋傍名引吐蕃攻知古,杀之,以其尸祭天,由是姚、巂路绝,连年不通。

安西都护张玄表侵掠吐蕃北境,吐蕃虽怨而未绝和亲,乃赂鄯州都督杨矩,请河西九曲之地以为公主汤沐邑,矩奏与之。

二年(辛亥,711)

1　春,正月癸丑,突厥可汗默啜遣使请和,许之。

2　己未,以太仆卿郭元振、中书侍郎张说并同平章事。

3　以温王重茂为襄王,充集州刺史,遣中郎将将兵五百就防之。

4　乙丑,追立妃刘氏曰肃明皇后,陵曰惠陵;德妃窦氏曰昭成皇后,陵曰靖陵。皆招魂葬于东都城南,立庙京师,号仪坤庙。窦氏,太子之母也。

5　太平公主与益州长史窦怀贞等结为朋党,欲以危太子,使其婿唐晙邀韦安石至其第,安石固辞不往。上尝密召安石,谓曰:“闻朝廷皆倾心东宫,卿宜察之。”对曰:“陛下安得亡国之言! 此必太平之谋耳。太子有功于社稷,仁明孝友,天下所知,愿陛下无惑谗言。”上瞿然曰:“朕知之矣,卿勿言。”时公主在帘下窃听之,以飞语陷安石,欲收按之,赖郭元振救之,得免。

公主又尝乘辇邀宰相于光范门内,讽以易置东宫,众皆失色,宋璟抗言曰:“东宫有大功于天下,真宗庙社稷之主,公主奈何忽有此议!”

璟与姚元之密言于上曰:“宋王陛下之元子,豳王高宗之长孙,太平公主交构其间,将使东宫不安。请出宋王及豳王皆为刺史,罢岐、薛二王左、右羽林,使为左、右率以事太子。太平公主请与武攸暨皆于东都安置。”上曰:“朕更无兄弟,惟太平一妹,岂可远置东都! 诸王惟卿所处。”乃先下制云:“诸王、驸马自今毋得典禁兵,见任者皆改他官。”

顷之,上谓侍臣曰:“术者言五日中当有急兵入宫,卿等为朕备之。”张说曰:“此必谗人欲离间东宫。愿陛下使太子监国,则流言自息矣。”姚元之曰:“张说所言,社稷之至计也。”上说。

二月丙子朔,以宋王成器为同州刺史,豳王守礼为豳州刺史,左羽林大将军岐王隆范为左卫率,右羽林大将军薛王隆业为右卫率,太平公主蒲州安置。

丁丑,命太子监国,六品以下除官及徒罪以下,并取太子处分。

6　殿中侍御史崔莅、太子中允薛昭素言于上曰:“斜封官皆先帝所除,恩命已布,姚元之等建议,一朝尽夺之,彰先帝之过,为陛下招怨。今众口沸腾,遍于海内,恐生非常之变。”太平公主亦言之,上以为然。戊寅,制:“诸缘斜封别敕授官,先停任者,并量材叙用。”

7　太平公主闻姚元之、宋璟之谋，大怒，以让太子。太子惧，奏元之、璟离间姑、兄，请从极法。甲申，贬元之为申州刺史，璟为楚州刺史。丙戌，宋王、幽王亦寝刺史之命。

8　中书舍人、参知机务刘幽求罢为户部尚书。以太子少保韦安石为侍中。安石与李日知代姚、宋为政，自是纲纪紊乱，复如景龙之世矣。前右率府铠曹参军柳泽上疏，以为："斜封官皆因仆妾汲引，岂出孝和之意！陛下一切黜之，天下莫不称明。一旦忽尽收叙，善恶不定，反覆相攻，何陛下政令之不一也！议者咸称太平公主令胡僧慧范曲引此曹，诳误陛下。臣恐积小成大，为祸不细。"上弗听。泽，亨之孙也。

9　左、右万骑与左、右羽林为北门四军，使葛福顺等将之。

10　三月，以宋王成器女为金山公主，许嫁突厥默啜。

11　夏，四月甲申，宋王成器让司徒。许之，以为太子宾客。以韦安石为中书令。

12　上召群臣三品以上，谓曰："朕素怀澹泊，不以万乘为贵，曩为皇嗣，又为皇太弟，皆辞不处。今欲传位太子，何如？"群臣莫对。太子使右庶子李景伯固辞，不许。殿中侍御史和逢尧附太平公主，言于上曰："陛下春秋未高，方为四海所依仰，岂得遽尔！"上乃止。

戊子，制："凡政事皆取太子处分。其军旅死刑及五品已上除授，皆先与太子议之，然后以闻。"

13　辛卯，以李日知守侍中。

14　壬寅，赦天下。

15　五月，太子请让位于宋王成器。不许。请召太平公主还京师；许之。

16　庚戌，制："则天皇后父母坟仍旧为昊陵、顺陵，量置官属。"太平公主为武攸暨请之也。

17　辛酉，更以西城为金仙公主，隆昌为玉真公主，各为之造观，逼夺民居甚多，用功数百万。右散骑常侍魏知古、黄门侍郎李乂谏，不听。

18　壬戌，殿中监窦怀贞为御史大夫、同平章事。

19　僧慧范恃太平公主势，逼夺民产，御史大夫薛谦光与殿中侍御史慕容珣奏弹之。公主诉于上，出谦光为岐州刺史。

20　时遣使按察十道，议者以山南所部阔远，乃分为东西道，又分陇右为河西道。六月壬午，又分天下置汴、齐、兖、魏、冀、并、蒲、郿、泾、秦、益、绵、遂、荆、岐、通、梁、襄、扬、安、闽、越、洪、潭二十四都督，各纠察所部刺史以下善恶,惟洛及近畿州不隶都督府。太子右庶子李景伯、舍人卢俌等上言:"都督专杀生之柄,权任太重,或用非其人,为害不细。今御史秩卑望重,以时巡察,奸宄自禁。"其后竟罢都督,但置十道按察使而已。

21 秋,七月癸巳,追复上官昭容,谥曰惠文。

22 乙卯,以高祖故宅枯柿复生,赦天下。

23 己巳,以右御史大夫解琬为朔方大总管。琬考按三城戍兵,奏减十万人。

24 庚午,以中书令韦安石为左仆射兼太子宾客、同中书门下三品。太平公主以安石不附己,故崇以虚名,实去其权也。

25 九月庚辰,以窦怀贞为侍中。怀贞每退朝,必诣太平公主第。时修金仙、玉真二观,群臣多谏,怀贞独劝成之,身自督役。时人谓怀贞前为皇后阿奢,今为公主邑司。

26 冬,十月甲辰,上御承天门,引韦安石、郭元振、窦怀贞、李日知、张说宣制,责以"政教多阙,水旱为灾,府库益竭,僚吏日滋;虽朕之薄德,亦辅佐非才。安石可左仆射、东都留守,元振可吏部尚书,怀贞可左御史大夫,日知可户部尚书,说可左丞,并罢政事"。以吏部尚书刘幽求为侍中,右散骑常侍魏知古为左散骑常侍,太子詹事崔湜为中书侍郎,并同中书门下三品,中书侍郎陆象先同平章事。皆太平公主之志也。

象先清净寡欲,言论高远,为时人所重。湜私侍太平公主,公主欲引以为相,湜请与象先同升,公主不可,湜曰:"然则湜亦不敢当。"公主乃为之并言于上,上不欲用湜,公主涕泣以请,乃从之。

27 右补阙辛替否上疏,以为:"自古失道破国亡家者,口说不如身逢,耳闻不如目睹。臣请以陛下所目睹者言之。太宗皇帝,陛下之祖也,拨乱返正,开基立极;官不虚授,财无枉费,不多造寺观而有福,不多度僧尼而无灾,天地垂祐,风雨时若,粟帛充溢,蛮夷率服,享国久长,名高万古。陛下何不取而法之! 中宗皇帝,陛下之兄,弃祖宗之业,徇女子之意,无能而禄者数千人,无功而封者百馀家;造寺不止,费财货者数百亿,度人无穷,免租庸者数十万,所出日滋,所入日寡;夺百姓口中之食以养贪残,剥万人体上之衣以涂土木,于是人怨神怒,众叛亲离,水旱并臻,公私俱罄,享国不永,祸及其身。陛下何不惩而改之! 自顷以来,水旱相继,兼以霜蝗,人无所食,未闻赈恤,而为二女造观,用钱百馀万缗。陛下岂可不计当今府库之蓄积有几,中外之经费有几,而轻用百馀万缗,以供无用之役乎! 陛下族韦氏之家而不去韦氏之恶,忍弃太宗之法,不忍弃中宗之政乎！且陛下与太子当韦氏用事之时，日夕忧危，切齿于群凶；今幸而除之，乃不改其所为，臣恐复有切齿于陛下者也。然则陛下又何恶于群凶而诛之！昔先帝之怜悖逆也，宗晋卿为之造第，赵履温为之葺园，殚国财，竭人力，第成不暇居，园成不暇游，而身为戮没。今之造观崇侈者，必非陛下、公主之本意，殆有宗、赵之徒从而劝之，不可不察也。陛下不停斯役，臣恐人之愁怨，不减前朝之时。人人知其祸败而口不敢言，言则刑戮随之矣。韦月将、燕钦融之徒，先朝诛之，陛下赏之，岂非陛下知直言之有益于国乎！臣今所言，亦先朝之直也，惟陛下察之。”上虽不能从，而嘉其切直。

28　御史中丞和逢尧摄鸿胪卿，使于突厥，说默啜曰：“处密、坚昆闻可汗结婚于唐，皆当归附。可汗何不袭唐冠带，使诸胡知之，岂不美哉！”默啜许诺，明日，幞头、衣紫衫，南向再拜，称臣，遣其子杨我支及国相随逢尧入朝，十一月戊寅，至京师。逢尧以奉使功，迁户部侍郎。

29　壬辰，令天下百姓二十五入军，五十五免。

30　十二月癸卯，以兴昔亡可汗阿史那献为招慰十姓使。

31　上召天台山道士司马承祯，问以阴阳数术，对曰：“道者，损之又损，以至于无为，安肯劳心以学术数乎！”上曰：“理身无为则高矣，如理国何？”对曰：“国犹身也，顺物自然而心无所私，则天下理矣。”上叹曰：“广成之言，无以过也。”承祯固请还山，上许之。

尚书左丞卢藏用指终南山谓承祯曰：“此中大有佳处，何必天台！”承祯曰：“以愚观之，此乃仕宦之捷径耳！”藏用尝隐终南，则天时征为左拾遗，故承祯言之。

## 玄宗至道大圣大明孝皇帝上之上

先天元年（壬子，712）

1　春，正月辛巳，睿宗祀南郊，初用谏议大夫贾曾议合祭天地。曾，言忠之子也。

2　戊子，幸浐东，耕藉田。

3　己丑，赦天下，改元太极。

4　乙未，上御安福门，宴突厥杨我支，以金山公主示之，既而会上传位，婚竟不成。

5　以左御史大夫窦怀贞、户部尚书岑羲并同中书门下三品。

6　二月辛酉，废右御史台。

7　蒲州刺史萧至忠自托于太平公主，公主引为刑部尚书。华州刺史蒋钦绪,其妹夫也,谓之曰:"如子之才,何忧不达!勿为非分妄求。"至忠不应。钦绪退,叹曰:"九代卿族,一举灭之,可哀也哉!"至忠素有雅望,尝自公主第门出,遇宋璟,璟曰:"非所望于萧君也。"至忠笑曰:"善乎宋生之言!"遽策马而去。

8　幽州大都督薛讷镇幽州二十馀年,吏民安之,未尝举兵出塞,虏亦不敢犯。与燕州刺史李琎有隙,琎毁之于刘幽求,幽求荐左羽林将军孙佺代之。三月丁丑,以佺为幽州大都督,徙讷为并州长史。

9　夏,五月,益州獠反。

10　戊寅,上祭北郊。

11　辛巳,赦天下,改元延和。

12　六月丁未,右散骑常侍武攸暨卒,追封定王。

13　上以节愍太子之乱,岑羲有保护之功,癸丑,以羲为侍中。

14　庚申,幽州大都督孙佺与奚酋李大酺战于冷陉,全军覆没。

是时,佺帅左骁卫将军李楷洛、左威卫将军周以悌发兵二万、骑八千,分为三军,以袭奚、契丹。将军乌可利谏曰:"道险而天热,悬军远袭,往必败。"佺曰:"薛讷在边积年,竟不能为国家复营州。今乘其无备,往必有功。"使楷洛将骑四千前驱,遇奚骑八千,楷洛战不利。佺怯懦,不敢救,引兵欲还,虏乘之,唐兵大败。佺阻山为方陈以自固,大酺使谓佺曰:"朝廷既与我和亲,今大军何为而来?"佺曰:"吾奉敕来招慰耳。楷洛不禀节度,辄与汝战,请斩以谢。"大酺曰:"若然,国信安在?"佺悉敛军中帛,得万馀段,并紫袍、金带、鱼袋以赠。大酺曰:"请将军南还,勿相惊扰。"将士惧,无复部伍,虏追击之,士卒皆溃。佺、以悌为虏所擒,献于突厥,默啜皆杀之。楷洛、可利脱归。

15　秋,七月,彗星出西方,经轩辕入大微,至于大角。

16　有相者谓同中书门下三品窦怀贞曰:"公有刑厄。"怀贞惧,请解官为安国寺奴。敕听解官。乙亥,复以怀贞为左仆射兼御史大夫、平章军国重事。

17　太平公主使术者言于上曰:"彗所以除旧布新,又帝座及心前星皆有变,皇太子当为天子。"上曰:"传德避灾,吾志决矣。"太平公主及其党皆力谏,以为不可,上曰:"中宗之时,群奸用事,天变屡臻。朕时请中宗择贤子立之以应灾异,中宗不悦,朕忧恐数日不食。岂可在彼则能劝之,在己则不能邪!"太子闻之,驰入见,自投于地,叩头请曰:"臣以微功,不次为嗣,惧不克堪,未审陛下遽以大位传之,何也?"上曰:"社稷所以再安,吾之所以得天下,皆汝力也。今帝座有灾,故以授汝,转祸为福,汝何疑邪!”太子固辞。上曰:“汝为孝子,何必待柩前然后即位邪!”太子流涕而出。

壬辰,制传位于太子,太子上表固辞。太平公主劝上虽传位,犹宜自总大政。上乃谓太子曰:“汝以天下事重,欲朕兼理之邪?昔舜禅禹,犹亲巡狩,朕虽传位,岂忘家国!其军国大事,当兼省之。”

八月庚子,玄宗即位,尊睿宗为太上皇。上皇自称曰朕,命曰诰,五日一受朝于太极殿。皇帝自称曰予,命曰制、敕,日受朝于武德殿。三品以上除授及大刑政决于上皇,馀皆决于皇帝。

18　壬寅,上大圣天后尊号曰圣帝天后。

19　甲辰,赦天下,改元。

20　乙巳,于郑州北置渤海军,恒、定州境置恒阳军,妫、蔚州境置怀柔军,屯兵五万。

21　丙午,立妃王氏为皇后。以后父仁皎为太仆卿。仁皎,下邽人也。戊申,立皇子许昌王嗣直为郯王,真定王嗣谦为郢王。

22　以刘幽求为右仆射、同中书门下三品,魏知古为侍中,崔湜为检校中书令。

23　初,河内人王琚预于王同皎之谋,亡命,佣书于江都。上之为太子也,琚还长安,选补诸暨主簿,过谢太子。琚至廷中,故徐行高视,宦者曰:“殿下在帘内。”琚曰:“何谓殿下?当今独有太平公主耳!”太子遽召见,与语,琚曰:“韦庶人弑逆,人心不服,诛之易耳。太平公主,武后之子,凶猾无比,大臣多为之用,琚窃忧之。”太子引与同榻坐,泣曰:“主上同气,唯有太平,言之恐伤主上之意,不言为患日深,为之奈何?”琚曰:“天子之孝,异于匹夫,当以安宗庙社稷为事。盖主,汉昭帝之姊,自幼供养,有罪犹诛之。为天下者,岂顾小节!”太子悦曰:“君有何艺,可以与寡人游?”琚曰:“能飞炼、诙嘲。”太子乃奏为詹事府司直,日与游处,累迁太子中舍人。及即位,以为中书侍郎。

是时,宰相多太平公主之党,刘幽求与右羽林将军张暐谋以羽林兵诛之,使暐密言于上曰:“窦怀贞、崔湜、岑羲皆因公主得进,日夜为谋不轨。若不早图,一旦事起,太上皇何以得安!请速诛之。臣已与幽求定计,惟俟陛下之命。”上深以为然。暐泄其谋于侍御史邓光宾,上大惧,遽列上其状。丙辰,幽求下狱。有司奏:“幽求等离间骨肉,罪当死。”上为言幽求有大功,不可杀。癸亥,流幽求于封州,张暐于峰州,光宾于绣州。

初，崔湜为襄州刺史，密与谯王重福通书，重福遗之金带。重福败，湜
当死，张说、刘幽求营护得免。既而湜附太平公主，与公主谋罢说政事，以
左丞分司东都。及幽求流封州，湜讽广州都督周利贞，使杀之。桂州都督
王晙知其谋，留幽求不遣。利贞屡移牒索之，晙不应，利贞以闻。湜屡逼
晙，使遣幽求，幽求谓晙曰："公拒执政而保流人，势不能全，徒仰累耳。"
固请诣广州，晙曰："公所坐非可绝于朋友者也。晙因公获罪，无所恨。"
竟逗遛不遣。幽求由是得免。

24　九月丁卯朔，日有食之。

25　辛卯，立皇子嗣昇为陕王。嗣昇母杨氏，士达之曾孙也。王后无
子，母养之。

26　冬，十月庚子，上谒太庙，赦天下。

27　癸卯，上幸新丰，猎于骊山之下。

28　辛酉，沙陀金山遣使入贡。沙陀者，处月之别种也，姓朱邪氏。

29　十一月乙酉，奚、契丹二万骑寇渔阳，幽州都督宋璟闭城不出，虏
大掠而去。

30　上皇诰遣皇帝巡边，西自河、陇，东及燕、蓟，选将练卒。甲午，以
幽州都督宋璟为左军大总管，并州长史薛讷为中军大总管，朔方大总管、
兵部尚书郭元振为右军大总管。

31　十二月，刑部尚书李日知请致仕。

日知在官，不行捶挞而事集。刑部有令史，受敕三日，忘不行。日知
怒，索杖，集群吏欲捶之，既而谓曰："我欲捶汝，天下人必谓汝能撩李日
知嗔，受李日知仗，不得比于人，妻子亦将弃汝矣。"遂释之。吏皆感悦，
无敢犯者，脱有稽失，众共谪之。


开元元年（癸丑，713）

1　春，正月乙亥，诰："卫士自今二十五入军，五十免；羽林飞骑并以
卫士简补。"

2　以吏部尚书萧至忠为中书令。

3　皇帝巡边改期，所募兵各散遣，约八月复集，竟不成行。

4　二月庚子夜，开门然灯，又追作去年大酺，大合伎乐。上皇与上御
门楼临观，或以夜继昼，凡月馀。左拾遗华阴严挺之上疏谏，以为："酺者
因人所利，合酿为欢。今乃损万人之力，营百戏之资，非所以光圣德美风
化也。"乃止。

5 初，高丽既亡，其别种大祚荣徙居营州。及李尽忠反，祚荣与靺鞨乞四北羽聚众东走，阻险自固，尽忠死，武后使将军李楷固讨其馀党。楷固击乞四北羽，斩之，引兵逾天门岭，逼祚荣。祚荣逆战，楷固大败，仅以身免。祚荣遂帅其众东据东牟山，筑城居之。祚荣骁勇善战，高丽、靺鞨之人稍稍归之，地方二千里，户十馀万，胜兵数万人，自称振国王，附于突厥。时奚、契丹皆叛，道路阻绝，武后不能讨。中宗即位，遣侍御史张行岌招慰之，祚荣遣子入侍。至是，以祚荣为左骁卫大将军、勃海郡王，以其所部为忽汗州，令祚荣兼都督。

6 庚申，敕以严挺之忠直宣示百官，厚赏之。

7 三月辛巳，皇后亲蚕。

8 晋陵尉杨相如上疏言时政，其略曰："炀帝自恃其强，不忧时政，虽制敕交行，而声实舛谬，言同尧、舜，迹如桀、纣，举天下之大，一掷而弃之。"又曰："隋氏纵欲而亡，太宗抑欲而昌，愿陛下详择之！"又曰："人主莫不好忠正而恶佞邪，然忠正者常疏，佞邪者常亲，以至于覆国危身而不寤者，何哉？诚由忠正者多忤意，佞邪者多顺指，积忤生憎，积顺生爱，此亲疏之所以分也。明主则不然。受其忤以收忠贤，恶其顺以去佞邪，则太宗太平之业，将何远哉！"又曰："夫法贵简而能禁，罚贵轻而必行。陛下方兴崇至德，大布新政，请一切除去碎密，不察小过。小过不察则无烦苛，大罪不漏则止奸慝，使简而难犯，宽而能制，则善矣。"上览而善之。

9 先是，修大明宫未毕，夏，五月庚寅，敕以农务方勤，罢之以待闲月。

10 六月丙辰，以兵部尚书郭元振同中书门下三品。

11 太平公主依上皇之势，擅权用事，与上有隙，宰相七人，五出其门。文武之臣，太半附之，与窦怀贞、岑羲、萧至忠、崔湜及太子少保薛稷、雍州长史新兴王晋、左羽林大将军常元楷、知右羽林将军事李慈、左金吾将军李钦、中书舍人李猷、右散骑常侍贾膺福、鸿胪卿唐晙、及僧慧范等谋废立，又与宫人元氏谋于赤箭粉中置毒进于上。晋，德良之孙也。元楷、慈数往来主第，相与结谋。

王琚言于上曰："事迫矣，不可不速发。"左丞张说自东都遣人遗上佩刀，意欲上断割。荆州长史崔日用入奏事，言于上曰："太平谋逆有日，陛下往在东宫，犹为臣子，若欲讨之，须用谋力。今既光临大宝，但下一制书，谁敢不从？万一奸宄得志，悔之何及！"上曰："诚如卿言；直恐惊动上皇。"日用曰："天子之孝在于安四海。若奸人得志，则社稷为墟，安在其为孝乎！请先定北军，后收逆党，则不惊动上皇矣。"上以为然。以日用为吏部侍郎。

秋，七月，魏知古告公主欲以是月四日作乱，令元楷、慈以羽林兵突入武德殿，怀贞、至忠、羲等于南牙举兵应之。上乃与岐王范、薛王业、郭元振及龙武将军王毛仲、殿中少监姜皎、太仆少卿李令问、尚乘奉御王守一、内给事高力士、果毅李守德等定计诛之。皎，谟之曾孙；令问，靖弟客师之孙；守一，仁皎之子；力士，潘州人也。

甲子，上因王毛仲取闲厩马及兵三百余人，自武德殿入虔化门，召元楷、慈，先斩之，擒膺福、猷于内客省以出，执至忠、羲于朝堂，皆斩之。怀贞逃入沟中，自缢死，戮其尸，改姓曰毒。上皇闻变，登承天门楼。郭元振奏，皇帝前奉诰诛窦怀贞等，无他也。上寻至楼上，上皇乃下诰罪状怀贞等，因赦天下，惟逆人亲党不赦。薛稷赐死于万年狱。

乙丑，上皇诰："自今军国政刑，一皆取皇帝处分。朕方无为养志，以遂素心。"是日，徙居百福殿。

太平公主逃入山寺，三日乃出，赐死于家，公主诸子及党与死者数十人。薛崇简以数谏其母被挞，特免死，赐姓李，官爵如故。籍公主家，财货山积，珍物侔于御府，厩牧羊马、田园息钱，收之数年不尽。慧范家亦数十万缗。改新兴王晋之姓曰厉。

初，上谋诛窦怀贞等，召崔湜，将托以心腹，湜弟涤谓湜曰："主上有问，勿有所隐。"湜不从。怀贞等既诛，湜与右丞卢藏用俱坐私侍太平公主，湜流窦州，藏用流泷州。新兴王晋临刑叹曰："本为此谋者崔湜，今吾死湜生，不亦冤乎！"会有司鞫宫人元氏，元氏引湜同谋进毒，乃追赐死于荆州。薛稷之子伯阳以尚主免死，流岭南，于道自杀。

初，太平公主与其党谋废立，窦怀贞、萧至忠、岑羲、崔湜皆以为然，陆象先独以为不可。公主曰："废长立少，已为不顺；且又失德，若之何不去！"象先曰："既以功立，当以罪废。今实无罪，象先终不敢从。"公主怒而去。上既诛怀贞等，召象先谓曰："岁寒知松柏，信哉！"时穷治公主枝党，当坐者众，象先密为申理，所全甚多；然未尝自言，当时无知者。百官素为公主所善及恶之者，或黜或陟，终岁不尽。

丁卯，上御承天门楼，赦天下。

己巳，赏功臣郭元振等官爵、第舍、金帛有差。以高力士为右监门将军，知内侍省事。

初，太宗定制，内侍省不置三品官，黄衣廪食，守门传令而已。天后虽女主,宦官亦不用事。中宗时,嬖幸猥多,宦官七品以上至千馀人,然衣绯者尚寡。上在藩邸,力士倾心奉之,及为太子,奏为内给事,至是以诛萧、岑功赏之。是后宦官稍增至三千馀人,除三品将军者浸多,衣绯、紫至千馀人,宦官之盛自此始。

12　壬申,遣益州长史毕构等六人宣抚十道。

13　乙亥,以左丞张说为中书令。

14　庚辰,中书侍郎、同平章事陆象先罢为益州长史、剑南按察使。八月癸巳,以封州流人刘幽求为左仆射、平章军国大事。

15　丙辰,突厥可汗默啜遣其子杨我支来求婚,丁巳,许以蜀王女南和县主妻之。

16　中宗之崩也,同中书门下三品李峤密表韦后,请出相王诸子于外。上即位,于禁中得其表,以示侍臣。峤时以特进致仕,或请诛之,张说曰:“峤虽不识逆顺,然为当时之谋则忠矣。”上然之。九月壬戌,以峤子率更令畅为虔州刺史,令峤随畅之官。

17　庚午,以刘幽求同中书门下三品。

18　丙戌,复置右御史台,督察诸州,罢诸道按察使。

19　冬,十月辛卯,引见京畿县令,戒以岁饥惠养黎元之意。

20　己亥,上幸新丰。癸卯,讲武于骊山之下,征兵二十万,旌旗连亘五十馀里。以军容不整,坐兵部尚书郭元振于纛下,将斩之。刘幽求、张说跪于马前谏曰:“元振有大功于社稷,不可杀。”乃流新州。斩给事中、知礼仪事唐绍,以其制军礼不肃故也。上始欲立威,亦无杀绍之意,金吾卫将军李邈遽宣敕斩之。上寻罢邈官,废弃终身。时二大臣得罪,诸军多震慑失次。惟左军节度薛讷、朔方道大总管解琬二军不动,上遣轻骑召之,皆不得入其陈。上深叹美,慰勉之。

甲辰,猎于渭川。上欲以同州刺史姚元之为相,张说疾之,使御史大夫赵彦昭弹之,上不纳。又使殿中监姜皎言于上曰:“陛下常欲择河东总管而难其人,臣今得之矣。”上问为谁,皎曰:“姚元之文武全才,真其人也。”上曰:“此张说之意也,汝何得面欺,罪当死!”皎叩头首服,上即遣中使召元之诣行在。既至,上方猎,引见,即拜兵部尚书、同中书门下三品。

元之吏事明敏,三为宰相,皆兼兵部尚书,缘边屯戍斥候,士马储械,无不默记。上初即位,励精为治,每事访于元之,元之应答如响,同僚唯诺而已,故上专委任之。元之请抑权幸,爱爵赏,纳谏诤,却贡献,不与群臣亵狎,上皆纳之。

乙巳，车驾还京师。

21 姚元之尝奏请序进郎吏，上仰视殿屋，元之再三言之，终不应。元之惧，趋出。罢朝，高力士谏曰："陛下新总万机，宰臣奏事，当面加可否，奈何一不省察！"上曰："朕任元之以庶政，大事当奏闻共议之。郎吏卑秩，乃一一以烦朕邪！"会力士宣事至省中，为元之道上语，元之乃喜。闻者皆服上识君人之体。

左拾遗曲江张九龄，以元之有重望，为上所信任，奏记劝其远谄躁，进纯厚，其略曰："任人当才，为政大体，与之共理，无出此途。而向之用才，非无知人之鉴，其所以失溺，在缘情之举。"又曰："自君侯职相国之重，持用人之权，而浅中弱植之徒，已延颈企踵而至，谄亲戚以求誉，媚宾客以取容，其间岂不有才，所失在于无耻。"元之嘉纳其言。

新兴王晋之诛也，僚吏皆奔散，惟司功李㧑步从，不失在官之礼，仍哭其尸。姚元之闻之，曰："栾布之俦也。"及为相，擢为尚书郎。

22 己酉，以刑部尚书赵彦昭为朔方道大总管。

23 十一月乙丑，刘幽求兼侍中。

24 辛巳，群臣上表请加尊号为开元神武皇帝。从之。戊子，受册。

25 中书侍郎王琚为上所亲厚，群臣莫及。每进见，侍笑语，逮夜方出。或时休沐，往往遣中使召之。或言于上曰："王琚权谲纵横之才，可与之定祸乱，难与之守承平。"上由是浸疏之。是月，命琚兼御史大夫，按行北边诸军。

26 十二月庚寅，赦天下，改元。尚书左、右仆射为左、右丞相。中书省为紫微省。门下省为黄门省，侍中为监。雍州为京兆府，洛州为河南府，长史为尹，司马为少尹。

27 甲午，吐蕃遣其大臣来求和。

28 壬寅，以姚元之兼紫微令。元之避开元尊号，复名崇。

29 敕："都督、刺史、都护将之官，皆引面辞毕，侧门取进止。"

30 姚崇既为相，紫微令张说惧，乃潜诣岐王申款。他日，崇对于便殿，行微蹇。上问："有足疾乎？"对曰："臣有腹心之疾，非足疾也。"上问其故。对曰："岐王陛下爱弟，张说为辅臣，而密乘车入王家，恐为所误，故忧之。"癸丑，说左迁相州刺史。右仆射、同中书门下三品刘幽求亦罢为太子少保。甲寅，以黄门侍郎卢怀慎同紫微黄门平章事。

# 资治通鉴卷第二百一十一

## 唐纪二十七

### 玄宗至道大圣大明孝皇帝上之中

开元二年（甲寅，714）

1 春，正月壬申，制："选京官有才识者除都督、刺史，都督、刺史有政迹者除京官，使出入常均，永为恒式。"

2 己卯，以卢怀慎检校黄门监。

3 旧制，雅俗之乐，皆隶太常。上精晓音律，以太常礼乐之司，不应典倡优杂伎；乃更置左右教坊以教俗乐，命右骁卫将军范及为之使。又选乐工数百人，自教法曲于梨园，谓之"皇帝梨园弟子"。又教宫中使习之。又选伎女，置宜春院，给赐其家。礼部侍郎张廷珪、酸枣尉袁楚客皆上疏，以为："上春秋鼎盛，宜崇经术，迩端士，尚朴素，深以悦郑声、好游猎为戒。"上虽不能用，咸嘉赏之。

4 中宗以来，贵戚争营佛寺，奏度人为僧，兼以伪妄，富户强丁多削发以避徭役，所在充满。姚崇上言："佛图澄不能存赵，鸠摩罗什不能存秦，齐襄、梁武，未免祸殃。但使苍生安乐，即是福身，何用妄度奸人，使坏正法！"上从之。丙寅，命有司沙汰天下僧尼，以伪妄还俗者万二千馀人。

5 初，营州都督治柳城以镇抚奚、契丹，则天之世，都督赵文翙失政，奚、契丹攻陷之，是后寄治幽州东渔阳城。或言："靺鞨、奚、霫大欲降唐，正以唐不建营州，无所依投，为默啜所侵扰，故且附之。若唐复建营州，则相帅归化矣。"并州长史、和戎大武等军州节度大使薛讷信之，奏请击契丹，复置营州。上亦以冷陉之役，欲讨契丹。群臣姚崇等多谏。甲申，以讷同紫微黄门三品，将兵击契丹，群臣乃不敢言。

6 薛王业之舅王仙童，侵暴百姓，御史弹奏。业为之请，敕紫微、黄门覆按。姚崇、卢怀慎等奏："仙童罪状明白，御史所言无所枉，不可纵舍。"上从之。由是贵戚束手。

7 二月庚寅朔，太史奏太阳应亏不亏。姚崇表贺，请书之史册。

从之。

8　乙未,突厥可汗默啜遣其子同俄特勒及妹夫火拔颉利发、石阿失毕将兵围北庭都护府,都护郭虔瓘击破之。同俄单骑逼城下,虔瓘伏壮士于道侧,突起斩之。突厥请悉军中资粮以赎同俄,闻其已死,恸哭而去。

9　丁未,敕:"自今所在毋得创建佛寺。旧寺颓坏应葺者,诣有司陈牒检视,然后听之。"

10　闰月,以鸿胪少卿、朔方军副大总管王晙兼安北大都护、朔方道行军大总管,令丰安、定远、三受降城及旁侧诸军皆受晙节度。徙大都护府于中受降城,置兵屯田。

11　丁卯,复置十道按察使,以益州长史陆象先等为之。

12　上思徐有功用法平直,乙亥,以其子大理司直愉为恭陵令。窦孝谌之子光禄卿豳公希瑊等请以己官爵让愉以报其德,由是愉累迁申王府司马。

13　丙子,申王成义请以其府录事阎楚珪为其府参军,上许之。姚崇、卢怀慎上言:"先尝得旨,云王公、驸马有所奏请,非墨敕皆勿行。臣窃以量材授官,当归有司。若缘亲故之恩,得以官爵为惠,踵习近事,实紊纪纲。"事遂寝。由是请谒不行。

14　突厥石阿失毕既失同俄,不敢归。癸未,与其妻来奔,以为右卫大将军,封燕北郡王。命其妻曰金山公主。

15　或告太子少保刘幽求、太子詹事钟绍京有怨望语,下紫微省按问,幽求等不服。姚崇、卢怀慎、薛讷言于上曰:"幽求等皆功臣,乍就闲职,微有沮丧,人情或然。功业既大,荣宠亦深,一朝下狱,恐惊远听。"戊子,贬幽求为睦州刺史,绍京为果州刺史。紫微侍郎王琚行边军未还,亦坐幽求党贬泽州刺史。

16　敕:"涪州刺史周利贞等十三人,皆天后时酷吏,比周兴等情状差轻,宜放归草泽,终身勿齿。"

17　西突厥十姓酋长都担叛。三月己亥,碛西节度使阿史那献克碎叶等镇,擒斩都担,降其部落二万馀帐。

18　御史中丞姜晦以宗楚客等改中宗遗诏,青州刺史韦安石、太子宾客韦嗣立、刑部尚书赵彦昭、特进致仕李峤,于时同为宰相,不能匡正,令监察御史郭震弹之;且言彦昭拜巫赵氏为姑,蒙妇人服,与妻乘车诣其家。甲辰,贬安石为沔州别驾,嗣立为岳州别驾,彦昭为袁州别驾,峤为滁州别驾。安石至沔州,晦又奏安石尝检校定陵,盗隐官物,下州征赃。安石叹曰："此祇应须我死耳。"愤恚而卒。晦,皎之弟也。

19　毁天枢,发匠熔其铁钱,历月不尽。先是,韦后亦于天街作石台,高数丈,以颂功德,至是并毁之。

20　夏,四月辛巳,突厥可汗默啜复遣使求婚,自称"乾和永清太驸马、天上得果报天男、突厥圣天骨咄禄可汗"。

21　五月己丑,以岁饥,悉罢员外、试、检校官,自今非有战功及别敕,毋得注拟。

22　己酉,吐蕃相坌达延遗宰相书,请先遣解琬至河源正二国封疆,然后结盟。琬尝为朔方大总管,故吐蕃请之。前此琬以金紫光禄大夫致仕,复召拜左散骑常侍而遣之。又命宰相复坌达延书,招怀之。琬上言,吐蕃必阴怀叛计,请预屯兵十万于秦、渭等州以备之。

23　黄门监魏知古,本起小吏,因姚崇引荐,以至同为相。崇意轻之,请知古摄吏部尚书、知东都选事,遣吏部尚书宋璟于门下过官。知古衔之。

崇二子分司东都,恃其父有德于知古,颇招权请托。知古归,悉以闻。他日,上从容问崇:"卿子才性何如?今何官也?"崇揣知上意,对曰:"臣有三子,两在东都,为人多欲而不谨;是必以事干魏知古,臣未及问之耳。"上始以崇必为其子隐,及闻崇奏,喜问:"卿安从知之?"对曰:"知古微时,臣卵而翼之。臣子愚,以为知古必德臣,容其为非,故敢干之耳。"上于是以崇为无私,而薄知古负崇,欲斥之。崇固请曰:"臣子无状,挠陛下法,陛下赦其罪,已幸矣。苟因臣逐知古,天下必以陛下为私于臣,累圣政矣。"上久乃许之。辛亥,知古罢为工部尚书。

24　宋王成器,申王成义,于上兄也;岐王范,薛王业,上之弟也;豳王守礼,上之从兄也。上素友爱,近世帝王莫能及。初即位,为长枕大被,与兄弟同寝。诸王每旦朝于侧门,退则相从宴饮,斗鸡,击球,或猎于近郊,游赏别墅,中使存问相望于道。上听朝罢,多从诸王游,在禁中,拜跪如家人礼,饮食起居,相与同之。于殿中设五幄,与诸王更处其中。或讲论赋诗,间以饮酒、博弈、游猎,或自执丝竹。成器善笛,范善琵琶,与上更奏之。诸王或有疾,上为之终日不食,终夜不寝。业尝疾,上方临朝,须臾之间,使者十返。上亲为业煮药,回飙吹火,误爇上须,左右惊救之。上曰:"但使王饮此药而愈,须何足惜?"成器尤恭慎,未尝议及时政,与人交结。上愈信重之,故谗间之言无自而入。然专以声色畜养娱乐之,不任以职事。群臣以成器等地逼,请循故事出刺外州。六月丁巳,以宋王成器兼岐州刺史,申王成义兼豳州刺史,豳王守礼兼虢州刺史,令到官但领大纲,自馀州务,皆委上佐主之。是后诸王为都护、都督、刺史者并准此。

25　丙寅,吐蕃使其宰相尚钦藏来献盟书。

26　上以风俗奢靡,秋,七月乙未,制:"乘舆服御、金银器玩,宜令有司销毁,以供军国之用。其珠玉、锦绣,焚于殿前。后妃以下,皆毋得服珠玉锦绣。"戊戌,敕:"百官所服带及酒器、马衔、镫,三品以上,听饰以玉,四品以金,五品以银,自馀皆禁之。妇人服饰从其夫、子。其旧成锦绣,听染为皂。自今天下更毋得采珠玉,织锦绣等物,违者杖一百,工人减一等。"罢两京织锦坊。

　　　臣光曰:明皇之始欲为治,能自刻厉节俭如此,晚节犹以奢败。甚哉!奢靡之易以溺人也!诗云:"靡不有初,鲜克有终。"可不慎哉!

27　薛讷与左监门卫将军杜宾客、定州刺史崔宣道等将兵六万出檀州击契丹。宾客以为:"士卒盛夏负戈甲,赍资粮,深入寇境,难以成功。"讷曰:"盛夏草肥,羔犊孳息,因粮于敌,正得天时,一举灭虏,不可失也。"行至滦水山峡中,契丹伏兵遮其前后,从山上击之,唐兵大败,死者什八九。讷与数十骑突围,得免,虏中嗤之,谓之"薛婆"。崔宣道将后军,闻讷败,亦走。讷归罪于宣道及胡将李思敬等八人,制悉斩之于幽州。庚子,敕免讷死,削除其官爵,独赦杜宾客之罪。

28　壬寅,以北庭都护郭虔瓘为凉州刺史、河西诸军州节度使。

29　果州刺史钟绍京心怨望,数上疏妄陈休咎。乙巳,贬溱州刺史。

30　丁未,房州刺史襄王重茂薨,辍朝三日,追谥曰殇皇帝。

31　戊申,禁百官家毋得与僧、尼、道士往还。壬子,禁人间铸佛、写经。

32　宋王成器等请献兴庆坊宅为离宫。甲寅,制许之,始作兴庆宫,仍各赐成器等宅,环于宫侧。又于宫西南置楼,题其西曰"花萼相辉之楼",南曰"勤政务本之楼"。上或登楼,闻王奏乐,则召升楼同宴,或幸其所居尽欢,赏赉优渥。

33　乙卯,以岐王范兼绛州刺史,薛王业兼同州刺史。仍敕宋王以下每季二人入朝,周而复始。

34　民间讹言,上采择女子以充掖庭,上闻之,八月乙丑,令有司具车牛于崇明门,自选后宫无用者载还其家,敕曰:"燕寝之内,尚令罢遣,闾阎之间,足可知悉。"

35　乙亥,吐蕃将坌达延、乞力徐帅众十万寇临洮,军兰州,至于渭源,掠取牧马。命薛讷白衣摄左羽林将军,为陇右防御使,以右骁卫将军常乐郭知运为副使,与太仆少卿王晙帅兵击之。辛巳,大募勇士,诣河、陇就讷教习。

初,鄯州都督杨矩以九曲之地与吐蕃,其地肥饶,吐蕃就之畜牧,因以入寇。矩悔惧自杀。

36　乙酉,太子宾客薛谦光献武后所制豫州鼎铭,其末云:“上玄降鉴,方建隆基。”以为上受命之符。姚崇表贺,且请宣示史官,颁告中外。

　　臣光曰:日食不验,太史之过也;而君臣相贺,是诬天也。采偶然之文以为符命,小臣之谄也;而宰相因而实之,是侮其君也。上诬于天,下侮其君,以明皇之明,姚崇之贤,犹不免于是,岂不惜哉!

37　九月戊申,上幸骊山温汤。

38　敕以岁稔伤农,令诸州修常平仓法。江、岭、淮、浙、剑南地下湿,不堪贮积,不在此例。

39　突厥可汗默啜衰老,昏虐愈甚。壬子,葛逻禄等部落诣凉州降。

40　冬,十月,吐蕃复寇渭源。丙辰,上下诏欲亲征,发兵十馀万人,马四万匹。

41　戊午,上还宫。

42　甲子,薛讷与吐蕃战于武街,大破之。时太仆少卿陇右群牧使王晙帅所部二千人与讷会击吐蕃。坌达延将吐蕃兵十万屯大来谷,晙选勇士七百,衣胡服,夜袭之,多置鼓角于其后五里,前军遇敌大呼,后人鸣鼓角以应之。虏以为大军至,惊惧,自相杀伤,死者万计。讷时在武街,去大来谷二十里,虏军塞其中间。晙复夜出袭之,虏大溃,始得与讷军合。追奔至洮水,复战于长城堡,又败之,前后杀获数万人。丰安军使王海宾战死。

戊辰,姚崇、卢怀慎等奏:“顷者吐蕃以河为境,神龙中尚公主,遂逾河筑城,置独山、九曲两军,去积石三百里,又于河上造桥。今吐蕃既叛,宜毁桥拔城。”从之。

以王海宾之子忠嗣为朝散大夫、尚辇奉御,养之宫中。

43　己巳,突厥可汗默啜又遣使求婚,上许以来岁迎公主。

44　突厥十姓胡禄屋等诸部诣北庭请降,命都护郭虔瓘抚存之。

45　乙酉,命左骁卫郎将尉迟瓌使于吐蕃,宣慰金城公主。吐蕃遣其大臣宗俄因子至洮水请和,用敌国礼。上不许。自是连岁犯边。

46　十一月辛卯,葬殇皇帝。

47　丙申,遣左散骑常侍解琬诣北庭宣慰突厥降者,随便宜区处。

48　十二月壬戌,沙陀金山入朝。

49　甲子,置陇右节度大使,须嗣鄯、奉、河、渭、兰、临、武、洮、岷、郭、叠、宕十二州,以陇右防御副使郭知运为之。

50　乙丑,立皇子嗣真为郧王,嗣初为鄂王,嗣玄为鄢王。辛巳,立郢王嗣谦为皇太子。嗣真,上之长子,母曰刘华妃。嗣谦,次子也,母曰赵丽妃,丽妃以倡进,有宠于上,故立之。

51　是岁,置幽州节度、经略、镇守大使,领幽、易、平、檀、妫、燕六州。

52　突骑施可汗守忠之弟遮弩恨所分部落少于其兄,遂叛入突厥,请为向导,以伐守忠。默啜遣兵二万击守忠,虏之而还。谓遮弩曰:"汝叛其兄,何有于我!"遂并杀之。

三年(乙卯,715)

1　春,正月癸卯,以卢怀慎检校吏部尚书兼黄门监。怀慎清谨俭素,不营资产,虽贵为卿相,所得俸赐,随散亲旧,妻子不免饥寒,所居不蔽风雨。

姚崇尝有子丧,谒告十馀日,政事委积,怀慎不能决,惶恐,入谢于上。上曰:"朕以天下事委姚崇,以卿坐镇雅俗耳。"崇既出,须臾,裁决俱尽,颇有得色,顾谓紫微舍人齐澣曰:"余为相,可比何人?"澣未对。崇曰:"何如管、晏?"澣曰:"管、晏之法虽不能施于后,犹能没身。公所为法,随复更之,似不及也。"崇曰:"然则竟如何?"澣曰:"公可谓救时之相耳。"崇喜,投笔曰:"救时之相,岂易得乎!"

怀慎与崇同为相,自以才不及崇,每事推之,时人谓之"伴食宰相"。

臣光曰昔鲍叔之于管仲,子皮之于子产,皆位居其上,能知其贤而下之,授以国政,孔子美之。曹参自谓不及萧何,一遵其法,无所变更,汉业以成。夫不肖用事,为其傮者,爱身保禄而从之,不顾国家之安危,是诚罪人也。贤智用事,为其傮者,愚惑以乱其治,专固以分其权,媢嫉以毁其功,愎戾以窃其名,是亦罪人也。崇,唐之贤相,怀慎与之同心戮力,以济明皇太平之政,夫何罪哉!秦誓曰:"如有一介臣,断断猗,无他技;其心休休焉,其如有容;人之有技,若己有之,人之彦圣,其心好之,不啻如自其口出,是能容之,以保我子孙黎民,亦职有利哉。"怀慎之谓矣。

2　御史大夫宋璟坐监朝堂杖人杖轻,贬睦州刺史。

3　突厥十姓降者前后万馀帐。高丽莫离支文简,十姓之婿也,二月,与跌跌都督思泰等亦自突厥帅众来降,制皆以河南地处之。

4　三月,胡禄屋酋长支匐忌等入朝。上以十姓降者浸多,夏,四月庚申,以右羽林大将军薛讷为凉州镇大总管,赤水等军并受节度,居凉州;左卫大将军郭虔瓘为朔州镇〔军〕大总管,和戎等军并受节度,居并州,勒兵以备默啜。

默啜发兵击葛逻禄、胡禄屋、鼠尼施等,屡破之。敕北庭都护汤嘉惠、左散骑常侍解琬等发兵救之。五月壬辰,敕嘉惠等与葛逻禄、胡禄屋、鼠尼施及定边道大总管阿史那献互相应援。

5　山东大蝗,民或于田旁焚香膜拜设祭而不敢杀,姚崇奏遣御史督州县捕而瘗之。议者以为蝗众多,除不可尽。上亦疑之。崇曰:"今蝗满山东、河南、北之人,流亡殆尽,岂可坐视食苗,曾不救乎!借使除之不尽,犹胜养以成灾。"上乃从之。卢怀慎以为杀蝗太多,恐伤和气。崇曰:"昔楚庄吞蛭而愈疾,孙叔杀蛇而致福,奈何不忍于蝗而忍人之饥死乎!若使杀蝗有祸,崇请当之。"

6　秋,七月庚辰朔,日有食之。

7　上谓宰相曰:"朕每读书有所疑滞,无从质问;可选儒学之士,日使入内侍读。"卢怀慎荐太常卿马怀素,九月戊寅,以怀素为左散骑常侍,使与右散骑常侍褚无量更日侍读。每至阁门,令乘肩舆以进。或在别馆道远,听于宫中乘马。亲送迎之,待以师傅之礼。以无量羸老,特为之造腰舆,在内殿令内侍舁之。

8　九姓思结都督磨散等来降。己未,悉除官遣还。

9　西南蛮寇边,遣右骁卫将军李玄道发戎、泸、夔、巴、梁、凤等州兵三万人并旧屯兵讨之。

10　壬戌,以凉州大总管薛讷为朔方道行军大总管,太仆卿吕延祚、灵州刺史杜宾客副之,以讨突厥。

11　甲子,上幸凤泉汤。十一月乙卯,还京师。

12　刘幽求自杭州刺史徙郴州刺史,愤恚,甲申,卒于道。

13　丁酉,以左羽林大将军郭虔瓘兼安西大都护、四镇经略大使。虔瓘请自募关中兵万人诣安西讨击,皆给递驮及熟食。敕许之。将作大匠韦凑上疏,以为:"今西域服从,虽或时有小盗窃,旧镇兵足以制之。关中常宜充实,以强干弱枝。自顷西北二虏寇边,凡在丁壮,征行略尽,岂宜更募骁勇,远资荒服! 又,一万征人行六千馀里,咸给递驮熟食,道次州县,将何以供! 秦、陇之西,户口渐少,凉州已往,沙碛悠然,遣彼居人,如何取济? 纵令必克,其获几何? 倘稽天诛,无乃甚损! 请计所用、所得,校其多少,则知利害。昔唐尧之代,兼爱夷、夏,中外乂安。汉武穷兵远征,虽多克获,而中国疲耗。今论帝王之盛德者,皆归唐尧,不归汉武。况邀功不成者,复何足比议乎!”时姚崇亦以虔瓘之策为不然。既而虔瓘卒无功。

14　初,监察御史张孝嵩奉使廓州,还,陈碛西利害,请往察其形势。上许之,听以便宜从事。

拔汗那者,古乌孙也,内附岁久。吐蕃与大食共立阿了达为王,发兵攻之,拔汗那王兵败,奔安西求救。孝嵩谓都护吕休璟曰:“不救则无以号令西域。”遂帅旁侧戎落兵万馀人,出龟兹西数千里,下数百城,长驱而进。是月,攻阿了达于连城。孝嵩自擐甲督士卒急攻,自巳至酉,屠其三城,俘斩千馀级,阿了达与数骑逃入山谷。孝嵩传檄诸国,威振西域,大食、康居、大宛、罽宾等八国皆遣使请降。会有言其赃污者,坐系凉州狱,贬灵州兵曹参军。

15　京兆尹崔日知贪暴不法,御史大夫李杰将纠之,日知反构杰罪。十二月,侍御史杨玚廷奏曰:“若纠弹之司,使奸人得而恐愒,则御史台可废矣。”上遽命杰视事如故,贬日知为歙县丞。

16　或上言:“按察使徒烦扰公私,请精简刺史、县令,停按察使。”上命召尚书省官议之。姚崇以为:“今止择十使,犹患未尽得人,况天下三百馀州,县多数倍,安得刺史县令皆称其职乎!”乃止。

17　尚书左丞韦玢奏:“郎官多不举职,请沙汰,改授他官。”玢寻出为刺史,宰相奏拟冀州,敕改小州。姚崇奏言:“台郎宽愒及不称职,玢请沙汰,乃是奉公。台郎甫尔改官,玢即贬黜于外,议者皆谓郎官谤伤。臣恐后来左右丞指以为戒,则省事何从而举矣! 伏望圣慈详察,使当官者无所疑惧。”乃除冀州刺史。

18　突骑施守忠既死,默啜兵还,守忠部将苏禄鸠集馀众,为之酋长。苏禄颇善绥抚,十姓部落稍稍归之,有众二十万,遂据有西方,寻遣使入见。是岁,以苏禄为左羽林大将军、金方道经略大使。

19　皇后妹夫尚衣奉御长孙昕以细故与御史大夫李杰不协。

四年(丙辰,716)

1　春，正月，昕与其妹夫杨仙玉于里巷伺杰而殴之。杰上表自诉曰：
"发肤见毁，虽则痛身，冠冕被陵，诚为辱国。"上大怒，命于朝堂杖杀，以
谢百僚。仍以敕书慰杰曰："昕等朕之密戚，不能训导，使陵犯衣冠，虽寘
以极刑，未足谢罪。卿宜以刚肠疾恶，勿以凶人介意。"

2　丁亥，宋王成器更名宪，申王成义更名㧑。

3　乙酉，陇右节度使郭虔瓘奏，奴石良才等八人皆有战功，请除游击
将军。敕下，卢怀慎等奏曰："郭虔瓘恃其微效，辄侮彝章，为奴请五品，
实乱纲纪，不可许。"上从之。

4　丙午，以郯王嗣真为安北大都护、安抚河东关内陇右诸蕃大使，以
安北大都护张知运为之副。陕王嗣昇为安西大都护、安抚河西四镇诸蕃
大使，以安西都护郭虔瓘为之副。二王皆不出阁。诸王遥领节度自此始。

5　二月丙辰，上幸骊山温汤。

6　吐蕃围松州。

7　丁卯，上还宫。

8　辛未，以尚书右丞倪若水为汴州刺史兼河南采访使。
上虽欲重都督、刺史，选京官才望者为之，然当时士大夫犹轻外任。
扬州采访使班景倩入为大理少卿，过大梁，若水饯之行，立望其行尘，久之
乃返，谓官属曰："班生此行，何异登仙！"

9　癸酉，松州都督孙仁献袭击吐蕃于城下，大破之。

10　上尝遣宦官诣江南取鵁鶄、鸂鶒等，欲置苑中，使者所至烦扰。
道过汴州，倪若水上言："今农桑方急，而罗捕禽鸟以供园池之玩，远自
江、岭，水陆传送，食以粱肉。道路观者，岂不以陛下贱人而贵鸟乎！陛下
方当以凤凰为凡鸟，麒麟为凡兽，况鵁鶄、鸂鶒，曷足贵也！"上手敕谢若
水，赐帛四十段，纵散其鸟。

11　山东蝗复大起，姚崇又命捕之。倪若水谓："蝗乃天灾，非人力
所及，宜修德以禳之。刘聪时，常捕埋之，为害益甚。"拒御史，不从其命。
崇牒若水曰："刘聪伪主，德不胜妖。今日圣朝，妖不胜德。古之良守，蝗
不入境。若其修德可免，彼岂无德致然！"若水乃不敢违。夏，五月甲辰，
敕委使者详察州县捕蝗勤惰者，各以名闻。由是连岁蝗灾，不至大饥。

12　或言于上曰："今岁选叙大滥，县令非才。"及入谢，上悉召县令
于宣政殿庭，试以理人策。惟鄄城令韦济词理第一，擢为醴泉令。徐二百
馀人不入第，且令之官。四十五人放归学问。吏部侍郎卢从愿左迁豫州
刺史，李朝隐左迁滑州刺史。从愿典选六年，与朝隐皆名称职。初，高宗

之世,马载、裴行俭在吏部最有名,时人称吏部前有马、裴,后有卢、李。济,嗣立之子也。

13　有胡人上言海南多珠翠奇宝,可往营致,因言市舶之利。又欲往师子国求灵药及善医之妪,置之宫掖。上命监察御史杨范臣与胡人偕往求之,范臣从容奏曰:“陛下前年焚珠玉、锦绣,示不复用。今所求者何以异于所焚者乎! 彼市舶与商贾争利,殆非王者之体。胡药之性,中国多不能知,况于胡妪,岂宜置之宫掖! 夫御史,天子耳目之官,必有军国大事,臣虽触冒炎瘴,死不敢辞。此特胡人眩惑求媚,无益圣德,窃恐非陛下之意,愿熟思之。”上遽自引咎,慰谕而罢之。

14　六月癸亥,上皇崩于百福殿。己巳,以上女万安公主为女官,欲以追福。

15　癸酉,拔曳固斩突厥可汗默啜首来献。时默啜北击拔曳固,大破之于独乐水,恃胜轻归,不复设备,遇拔曳固迸卒颉质略,自柳林突出,斩之。时大武军子将郝灵荃奉使在突厥,颉质略以其首归之,与偕诣阙,悬其首于广街。拔曳固、回纥、同罗、霫、仆固五部皆来降,置于大武军北。

默啜之子小可汗立,骨咄禄之子阙特勒击杀之,及默啜诸子、亲信略尽。立其兄左贤王默棘连,是为毗伽可汗,国人谓之小杀。毗伽以国固让阙特勒,阙特勒不受,乃以为左贤王,专典兵马。

16　秋,七月壬辰,太常博士陈贞节、苏献以太庙七室已满,请迁中宗神主于别庙,奉睿宗神主祔太庙。从之。又奏迁昭成皇后祔睿宗室,肃明皇后留祀于仪坤庙。八月乙巳,立中宗庙于太庙之西。

17　辛未,契丹李失活、奚李大酺帅所部来降。制以失活为松漠郡王、行左金吾大将军兼松漠都督,因其八部落酋长,拜为刺史,又以将军薛泰督军镇抚之。大酺为饶乐郡王、行右金吾大将军兼饶乐都督。失活,尽忠之从父弟也。

18　吐蕃复请和,上许之。

19　突厥默啜既死,奚、契丹、拔曳固等诸部皆内附,突骑施苏禄复自立为可汗。突厥部落多离散,毗伽可汗患之,乃召默啜时牙官暾欲谷,以为谋主。暾欲谷年七十馀,多智略,国人信服之。突厥降户处河曲者,闻毗伽立,多复叛归之。

并州长史王晙上言:“此属徒以其国丧乱,故相帅来降,若彼安宁,必复叛去。今置之河曲,此属桀黠,实难制御,往往不受军州约束,兴兵剽掠,闻其逃者已多与虏声问往来,通传委曲。乃是畜养此属使为间谍,日月滋久,奸诈逾深,窥伺边隙,将成大患。虏骑南牧,必为内应,来逼军州,表里受敌,虽有韩、彭,不能取胜矣。愿以秋、冬之交,大集兵众,谕以利害,给其资粮,徙之内地。二十年外,渐变旧俗,皆成劲兵,虽一时暂劳,然永久安靖。比者守边将吏及出境使人,多为谀辞,皆非事实,或云北虏破灭,或云降户妥帖,皆欲自炫其功,非能尽忠徇国。愿察斯利口,勿忘远虑。议者必曰:'国家向时已尝置降户于河曲,皆获安宁,今何所疑!'此则事同时异,不可不察。向者,颉利既亡,降者无复异心,故得久安无变。今北虏尚存,此属或畏其威,或怀其惠,或其亲属,岂乐南来! 较之彼时,固不侔矣。以臣愚虑,徙之内地,上也;多屯士马,大为之备,华、夷相参,人劳费广,次也;正如今日,下也。愿审兹三策,择利而行,纵使因徙逃亡,得者皆为唐有。若留至河冰,恐必有变。"

疏奏,未报。降户跌跌思泰、阿悉烂等果叛。冬,十月甲辰,命朔方大总管薛讷发兵追讨之。王晙引并州兵西济河,昼夜兼行,追击叛者,破之,斩获三千级。

先是,单于副都护张知运悉收降户兵仗,令渡河而南,降户怨怒。御史中丞姜晦为巡边使,降户诉无弓矢,不得射猎,晦悉还之。降户得之,遂叛。张知运不设备,与之战于青刚岭,为虏所擒,欲送突厥。至绥州境,将军郭知运以朔方兵邀击之,大破其众于黑山呼延谷,虏释张知运而去。上以张知运丧师,斩之以徇。

毗伽可汗既得思泰等,欲南入为寇。暾欲谷曰:"唐主英武,民和年丰,未有间隙,不可动也。我众新集,力尚疲羸,且当息养数年,始可观变而举。"毗伽又欲筑城,并立寺观,暾欲谷曰:"不可。突厥人徒稀少,不及唐家百分之一,所以能与为敌者,正以逐水草,居处无常,射猎为业,人皆习武,强则进兵抄掠,弱则窜伏山林,唐兵虽多,无所施用。若筑城而居,变更旧俗,一朝失利,必为所灭。释、老之法,教人仁弱,非用武争胜之术,不可崇也。"毗伽乃止。

20　庚午,葬大圣皇帝于桥陵,庙号睿宗。御史大夫李杰护桥陵作,判官王旭犯赃,杰按之,反为所构,左迁衢州刺史。

21　十一月己卯,黄门监卢怀慎疾亟,上表荐宋璟、李杰、李朝隐、卢从愿并明时重器,所坐者小,所弃者大,望垂矜录。上深纳之。乙未,薨。家无馀蓄,惟一老苍头,请自鬻以办丧事。

22　丙申,以尚书左丞源乾曜为黄门侍郎、同平章事。

姚崇无居第,寓居罔极寺,以病痁谒告,上遣使问饮食起居状,日数十辈。源乾曜奏事或称旨,上辄曰:"此必姚崇之谋也。"或不称旨,辄曰:"何不与姚崇议之!"乾曜常谢实然。每有大事,上常令乾曜就寺问崇。癸卯,乾曜请迁崇于四方馆,仍听家人入侍疾。上许之。崇以四方馆有簿书,非病者所宜处,固辞。上曰:"设四方馆,为官吏也。使卿居之,为社稷也。恨不可使卿居禁中耳,此何足辞!"

崇子光禄少卿彝、宗正少卿异,广通宾客,颇受馈遗,为时所讥。主书赵诲为崇所亲信,受胡人赂,事觉,上亲鞫问,下狱当死,崇复营救,上由是不悦。会曲赦京城,敕特标诲名,杖之一百,流岭南。崇由是忧惧,数请避相位,荐广州都督宋璟自代。

十二月,上将幸东都,以璟为刑部尚书、西京留守,令驰驿诣阙,遣内侍、将军杨思勖迎之。璟风度凝远,人莫测其际,在涂竟不与思勖交言。思勖素贵幸,归,诉于上,上嗟叹良久,益重璟。

23 丙辰,上幸骊山温汤。乙丑,还宫。

24 闰月己亥,姚崇罢为开府仪同三司,源乾曜罢为京兆尹、西京留守,以刑部尚书宋璟守吏部尚书兼黄门监,紫微侍郎苏颋同平章事。

璟为相,务在择人,随材授任,使百官各称其职。刑赏无私,敢犯颜直谏。上甚敬惮之,虽不合意,亦曲从之。

突厥默啜自则天世为中国患,朝廷旰食,倾天下之力不能克。郝灵荃得其首,自谓不世之功。璟以天子好武功,恐好事者竞生心徼幸,痛抑其赏,逾年始授郎将。灵荃恸哭而死。

璟与苏颋相得甚厚,颋遇事多让于璟,璟每论事则颋为之助。璟尝谓人曰:"吾与苏氏父子皆同居相府,仆射宽厚,诚为国器,然献可替否,吏事精敏,则黄门过其父矣。"

姚、宋相继为相,崇善应变成务,璟善守法持正,二人志操不同,然协心辅佐,使赋役宽平,刑罚清省,百姓富庶。唐世贤相,前称房、杜,后称姚、宋,他人莫得比焉。二人每进见,上辄为之起,去则临轩送之。及李林甫为相,虽宠任过于姚、宋,然礼遇殊卑薄矣。紫微舍人高仲舒博通典籍,齐澣练习时务,姚、宋每坐二人以质所疑,既而叹曰:"欲知古,问高君,欲知今,问齐君,可以无阙政矣。"

25 辛丑,罢十道按察使。

26 旧制,六品以下官皆委尚书省奏拟,是岁,始制员外郎、御史、起居、遗、补不拟。

五年（丁巳，717）

1　春，正月癸卯，太庙四室坏，上素服避正殿。时上将幸东都，以问宋璟、苏颋，对曰："陛下三年之制未终，遽尔行幸，恐未契天心，灾异为戒，愿且停车驾。"又问姚崇，对曰："太庙屋材，皆苻坚时物，岁久朽腐而坏，适与行期相会，何足异也！且王者以四海为家，陛下以关中不稔幸东都，百司供拟已备，不可失信，但应迁神主于太极殿，更修太庙，如期自行耳。"上大喜，从之。赐崇绢二百匹。己酉，上行享礼于太极殿，命姚崇五日一朝，仍入阁供奉，恩礼更厚，有大政辄访焉。右散骑常侍褚无量上言："隋文帝富有天下，迁都之日，岂取苻氏旧材以立太庙乎！此特谀臣之言耳。愿陛下克谨天戒，访忠谏，远谄谀。"上弗听。

辛亥，行幸东都。过崤谷，道隘不治。上欲免河南尹及知顿使官，宋璟谏曰："陛下方事巡幸，今以此罪二臣，臣恐将来民受其弊。"上遽命释之。璟曰："陛下罪之，以臣言而免之，是臣代陛下受德也，请令待罪朝堂而后赦之。"上从之。

二月甲戌，至东都，赦天下。

2　奚、契丹既内附，贝州刺史宋庆礼建议，请复营州。三月庚戌，制复置营州都督于柳城，兼平卢军使，管内州县镇戍皆如其旧。以太子詹事姜师度为营田、支度使，与庆礼等筑之，三旬而毕。庆礼清勤严肃，开屯田八十余所，招安流散，数年之间，仓廪充实，市里浸繁。

3　夏，四月甲戌，赐奚王李大酺妃辛氏号固安公主。

4　己丑，皇子嗣一卒，追立为夏王，谥曰悼。嗣一母武惠妃，攸止之女也。

5　突骑施酋长左羽林大将军苏禄部众浸强，虽职贡不乏，阴有窥边之志。五月，十姓可汗阿史那献欲发葛逻禄兵击之，上不许。

6　初，上微时，与太常卿姜皎亲善，及诛窦怀贞等，皎预有功，由是宠遇群臣莫及，常出入卧内，与后妃连榻宴饮，赏赐不可胜纪。弟晦，亦以皎故累迁吏部侍郎。宋璟言皎兄弟权宠太盛，非所以安之，上亦以为然。秋，七月庚子，以晦为宗正卿，因下制曰："西汉诸将，以权贵不全；南阳故人，以优闲自保。皎宜放归田园，散官、勋、封皆如故。"

7　壬寅，陇右节度使郭知运大破吐蕃于九曲。

8　安西副大都护汤嘉惠奏突骑施引大食、吐蕃，谋取四镇，围钵换及大石城，已发三姓葛逻禄兵与阿史那献击之。

9　并州长史张嘉贞上言："突厥九姓新降者，散居太原以北，请宿重兵以镇之。"辛酉,置天兵军于并州,集兵八万,以嘉贞为天兵军大使。

10　太常少卿王仁惠奏则天立明堂不合古制。又,明堂尚质,而穷极奢侈,密迩宫掖,人神杂扰。甲子,制复以明堂为乾元殿,冬至、元日受朝贺,季秋大享,复就圜丘。

11　九月,中书、门下省及侍中皆复旧名。

12　贞观之制,中书、门下及三品官入奏事,必使谏官、史官随之,有失则匡正,美恶必记之。诸司皆于正牙奏事,御史弹百官,服豸冠,对仗读弹文,故大臣不得专君而小臣不得为谗慝。及许敬宗、李义府用事,政多私僻,奏事官多俟仗下,于御坐前屏左右密奏,监奏御史及待制官远立以俟其退,谏官、御史皆随仗出,仗下后事,不复预闻。武后以法制群下,谏官、御史得以风闻言事,自御史大夫至监察得互相弹奏,率以险诐相倾覆。及宋璟为相,欲复贞观之政,戊申,制:"自今事非的须秘密者,皆令对仗奏闻,史官自依故事。"

13　冬,十月癸酉,伊阙人孙平子上言:"春秋讥鲁跻僖公。今迁中宗于别庙而祀睿宗,正与鲁同。兄臣于弟,犹不可跻,况弟臣于兄,可跻之于兄上乎! 若以兄弟同昭,则不应出兄置于别庙。愿下群臣博议,迁中宗入庙。"事下礼官,太常博士陈贞节、冯宗、苏献议,以为:"七代之庙,不数兄弟。殷代或兄弟四人相继为君,若数以为代,则无祖祢之祭矣。今睿宗之室当亚高宗,故为中宗特立别庙。中宗既升新庙,睿宗乃祔高宗,何尝跻居中宗之上? 而平子引跻僖公为证,诬罔圣朝,渐不可长。"时论多是平子,上亦以为然,故议久不决。苏献,颋之从祖兄也,故颋右之,卒从礼官议。平子论之不已,谪为康州都城尉。

14　新庙成。戊寅,神主祔庙。

15　上命宋璟、苏颋为诸皇子制名及国邑之号,又令别制一佳名及佳号进之。璟等上言:"七子均养,著于国风。今臣等所制名号各三十馀,辄混同以进,以彰陛下覆焘无偏之德。"上甚善之。

16　十一月丙申,契丹王李失活入朝。十二月壬午,以东平王外孙杨氏为永乐公主,妻之。

17　秘书监马怀素奏:"省中书散乱讹缺,请选学术之士二十人整比校补。"从之。于是搜访逸书,选吏缮写,命国子博士尹知章、桑泉尉韦述等二十人同刊正,以左散骑常侍褚无量为之使,于乾元殿前编校群书。

# 资治通鉴卷第二百一十二

## 唐纪二十八

### 玄宗至道大圣大明孝皇帝上之下

开元六年（戊午，718）

1　春，正月辛丑，突厥毗伽可汗来请和，许之。

2　广州吏民为宋璟立遗爱碑。璟上言："臣在州无他异迹，今以臣光宠，成彼谄谀。欲革此风，望自臣始，请敕下禁止。"上从之。于是他州皆不敢立。

3　辛酉，敕禁恶钱，重二铢四分以上乃得行。敛人间恶钱熔之，更铸如式钱。于是京城纷然，卖买殆绝。宋璟、苏颋请出太府钱二万缗置南北市，以平价买百姓不售之物可充官用者，及听两京百官豫假俸钱，庶使良钱流布人间，从之。

4　二月戊子，移蔚州横野军于山北，屯兵三万，为九姓之援。以拔曳固都督颉质略、同罗都督毗伽末啜、霫都督比言、回纥都督夷健颉利发、仆固都督曳勒歌等各出骑兵为前、后、左、右军讨击大使，皆受天兵军节度。有所讨捕，量宜追集，无事各归部落营生，仍常加存抚。

5　三月乙巳，征嵩山处士卢鸿入见，拜谏议大夫。鸿固辞。

6　天兵军使张嘉贞入朝，有告其在军奢僭及赃贿者，按验无状。上欲反坐告者，嘉贞奏曰："今若罪之，恐塞言路，使天下之事无由上达，愿特赦之。"其人遂得减死。上由是以嘉贞为忠，有大用之意。

7　有荐山人范知璿文学者，并献其所为文，宋璟判之曰："观其良宰论，颇涉佞谀。山人当极言谠议，岂宜偷合苟容！文章若高，自宜从选举求试，不可别奏。"

8　夏，四月戊子，河南参军郑铣、朱阳丞郭仙舟投匦献诗，敕曰："观其文理，乃崇道法，至于时用，不切事情。宜各从所好。"并罢官，度为道士。

9　五月辛亥，以突骑施都督苏禄为左羽林大将军、顺国公，充金方道经略大使。

10 契丹王李失活卒,癸巳,以其弟娑固代之。

11 秋,八月,颁乡饮酒礼于州县,令每岁十二月行之。

12 唐初,州县官俸,皆令富户掌钱,出息以给之,息至倍称,多破产者。秘书少监崔沔上言,请计州县官所得俸,于百姓常赋之外,微有所加以给之。从之。

13 冬,十一月辛卯,车驾至西京。

14 戊辰,吐蕃奉表请和,乞舅甥亲署誓文,又令彼此宰相皆著名于其上。

15 宋璟奏:"括州员外司马李邕、仪州司马郑勉,并有才略文词,但性多异端,好是非改变,若全引进,则咎悔必至,若长弃捐,则才用可惜,请除渝、硖二州刺史。"又奏:"大理卿元行冲素称才行,初用之时,实允佥议,当事之后,颇非称职,请复以为左散骑常侍,以李朝隐代之。陆象先闲于政体,宽不容非,请以为河南尹。"从之。

七年(己未,719)

1 春,二月,俱密王那罗延、康王乌勒伽、安王笃萨波提皆上表言为大食所侵掠,乞兵救援。

2 敕太府及府县出粟十万石粜之,以敛人间恶钱,送少府销毁。

3 三月乙卯,以左武卫大将军、检校内外闲厩使、苑内营田使王毛仲行太仆卿。毛仲严察有干力,万骑功臣、闲厩官吏皆惮之,苑内所收常丰溢。上以为能,故有宠。虽有外第,常居闲厩侧内宅,上或时不见,则悄然若有所失。宦官杨思勖、高力士皆畏避之。

4 勃海王大祚荣卒。丙辰,命其子武艺袭位。

5 夏,四月壬午,开府仪同三司祁公王仁皎薨。其子驸马都尉守一请用窦孝谌例,筑坟高五丈二尺。上许之。宋璟、苏颋固争,以为:"准令,一品坟高一丈九尺,其陪陵者高出三丈而已。窦太尉坟,议者颇讥其高大,当时无人极言其失,岂可今日复蹈而为之!昔太宗嫁女,资送过于长公主,魏徵进谏,太宗既用其言,文德皇后亦赏之,岂若韦庶人崇其父坟,号曰酆陵,以自速其祸乎!夫以后父之尊,欲高大其坟,何足为难!而臣等再三进言者,盖欲成中宫之美耳。况今日所为,当传无穷,永以为法,可不慎乎!"上悦曰:"朕每欲正身率下,况于妻子,何敢私之!然此乃人所难言,卿能固守典礼,以成朕美,垂法将来,诚所望也。"赐璟、颋帛四百匹。

6　五月己丑朔,日有食之。上素服以俟变,彻乐减膳,命中书、门下察系囚,赈饥乏,劝农功。辛卯,宋璟等奏曰:"陛下勤恤人隐,此诚苍生之福。然臣闻日食修德,月食修刑。亲君子,远小人,绝女谒,除谗慝,所谓修德也。君子耻言浮于行,苟推至诚而行之,不必数下制书也。"

7　六月戊辰,吐蕃复遣使请上亲署誓文。上不许,曰:"昔岁誓约已定,苟信不由衷,亟誓何益!"

8　秋,闰七月,右补阙卢履冰上言:"礼,父在为母服周年,则天皇后改服齐衰三年,请复其旧。"上下其议。左散骑常侍褚无量以履冰议为是。诸人争论,连年不决。八月辛卯,敕自今五服并依丧服传文,然士大夫议论犹不息,行之各从其意。无量叹曰:"圣人岂不知母恩之厚乎? 厌降之礼,所以明尊卑、异戎狄也。俗情肤浅,不知圣人之心,一紊其制,谁能正之!"

9　九月甲寅,徙宋王宪为宁王。上尝从复道中见卫士食毕,弃馀食于窦中,怒,欲杖杀之,左右莫敢言。宪从容谏曰:"陛下从复道中窥人过失而杀之,臣恐人人不自安。且陛下恶弃食于地者,为食可以养人也。今以馀食杀人,无乃失其本乎!"上大悟,蹶然起曰:"微兄,几至滥刑。"遽释卫士。是日,上宴饮极欢,自解红玉带,并所乘马以赐宪。

10　冬,十月辛卯,上幸骊山温汤。癸卯,还宫。

11　壬子,册拜突骑施苏禄为忠顺可汗。

12　十一月壬申。上以岐山令王仁琛,藩邸故吏,墨敕令与五品官。宋璟奏:"故旧恩私,则有大例,除官资历,非无公道。仁琛向缘旧恩,已获优改,今若再蒙超奖,遂于诸人不类,又是后族,须杜舆言。乞下吏部检勘,苟无负犯,于格应留,请依资稍优注拟。"从之。

选人宋元超于吏部自言侍中璟之叔父,冀得优假。璟闻之,牒吏部云:"元超,璟之三从叔,常在洛城,不多参见。既不敢缘尊辄隐,又不愿以私害公。向者无言,自依大例,既有声听,事须矫枉,请放。"

宁王宪奏选人薛嗣先请授微官,事下中书、门下。璟奏:"嗣先两选斋郎,虽非灼然应留,以懿亲之故,固应微假官资。在景龙中,常有墨敕处分,谓之斜封。自大明临御,兹事杜绝,行一赏,命一官,必是缘功与才,皆历中书、门下。至公之道,唯圣能行。嗣先幸预姻戚,不为屈法,许臣等商量,望付吏部知,不出正敕。"从之。

先是,朝集使往往赍货入京师,及春将还,多迁官。宋璟奏一切勒还以革其弊。

　　13　是岁，置剑南节度使，领益、彭等二十五州。

八年（庚申，720）

　　1　春，正月丙辰，左散骑常侍褚无量卒。辛酉，命右散骑常侍元行冲整比群书。

　　2　侍中宋璟疾负罪而妄诉不已者，悉付御史台治之。谓中丞李谨度曰："服不更诉者出之，尚诉未已者且系。"由是人多怨者。会天旱有魃，优人作魃状戏于上前，问魃："何为出？"对曰："奉相公处分。"又问："何故？"魃曰："负冤者三百馀人，相公悉以系狱抑之，故魃不得不出。"上心以为然。

　　时璟与中书侍郎、同平章事苏颋建议严禁恶钱，江、淮间恶钱尤甚，璟以监察御史萧隐之充使括恶钱。隐之严急烦扰，怨嗟盈路，上于是贬隐之官。辛巳，罢璟为开府仪同三司，颋为礼部尚书。以京兆尹源乾曜为黄门侍郎，并州长史张嘉贞为中书侍郎，并同平章事。于是弛钱禁，恶钱复行矣。

　　3　二月戊戌，皇子敏卒，追立为怀王，谥曰哀。

　　4　壬子，敕以役莫重于军府，一为卫士，六十乃免，宜促其岁限，使百姓更迭为之。

　　5　夏，四月丙午，遣使赐乌长王、骨咄王、俱位王册命。三国皆在大食之西。大食欲诱之叛唐，三国不从，故褒之。

　　6　五月辛酉，复置十道按察使。

　　7　丁卯，以源乾曜为侍中，张嘉贞为中书令。

　　乾曜上言："形要之家多任京官，使俊乂之士沉废于外。臣三子皆在京，请出其二人。"上从之。因下制称乾曜之公，命文武官效之，于是出者百馀人。

　　张嘉贞吏事强敏，而刚躁自用。中书舍人苗延嗣、吕太一、考功员外郎员嘉静、殿中侍御史崔训皆嘉贞所引进，常与之议政事。四人颇招权，时人语曰："令公四俊，苗、吕、崔、员。"

　　8　六月，瀍、谷涨溢，漂溺几二千人。

　　9　突厥降户仆固都督勺磨及跌跌部落散居受降城侧，朔方大使王晙言其阴引突厥，谋陷军城，密奏请诛之。诱勺磨等宴于受降城，伏兵悉杀之，河曲降户殆尽。拔曳固、同罗诸部在大同、横野军之侧者，闻之皆惧惧。秋，并州长史、天兵节度大使张说引二十骑，持节即其部落慰抚之，因宿其帐下。副使李宪以虏情难信，驰书止之。说复书曰："吾肉非黄羊，必不畏食；血非野马，必不畏刺。士见危致命，此吾效死之秋也。"拔曳固、同罗由是遂安。

10　冬，十月辛巳，上行幸长春宫。壬午，畋于下邽。

11　上禁约诸王，不使与群臣交结。光禄少卿驸马都尉裴虚己与岐王范游宴，仍私挟谶纬。戊子，流虚己于新州，离其公主。万年尉刘庭琦、太祝张谔数与范饮酒赋诗，贬庭琦雅州司户，谔山茌丞。然待范如故，谓左右曰："吾兄弟自无间，但趋竞之徒强相托附耳。吾终不以此责兄弟也。"上尝不豫，薛王业妃弟内直郎韦宾与殿中监皇甫恂私议休咎。事觉，宾杖死，恂贬锦州刺史。业与妃惶惧待罪，上降阶执业手曰："吾若有心猜兄弟者，天地实殛之。"即与之宴饮，仍慰谕妃，令复位。

12　十一月乙卯，上还京师。

13　辛未，突厥寇甘、凉等州，败河西节度使杨敬述，掠契苾部落而去。

先是，朔方大总管王晙奏请西发拔悉密，东发奚、契丹，期以今秋掩毗伽牙帐于稽落水上。毗伽闻之，大惧。暾欲谷曰："不足畏也。拔悉密在北庭，与奚、契丹相去绝远，势不相及，朔方兵计亦不能来此。若必能来，俟其垂至，徙牙帐北行三日，唐兵食尽自去矣。且拔悉密轻而好利，得王晙之约，必喜而先至。晙与张嘉贞不相悦，奏请多不相应，必不敢出兵。晙兵不出，拔悉密独至，击而取之，势甚易耳。"

既而拔悉密果发兵逼突厥牙帐，而朔方及奚、契丹兵不至，拔悉密惧，引退。毗伽欲击之，暾欲谷曰："此属去家千里，将死战，未可击也。不如以兵蹑之。"去北庭二百里，暾欲谷分兵间道先围北庭，因纵兵击拔悉密，大破之。拔悉密众溃走，趋北庭，不得入，尽为突厥所虏。

暾欲谷引兵还，出赤亭，掠凉州羊马，杨敬述遣裨将卢公利、判官元澄将兵邀击之。暾欲谷谓其众曰："吾乘胜而来，敬述出兵，破之必矣。"公利等至删丹，与暾欲谷遇，唐兵大败，公利、澄脱身走。毗伽由是大振，尽有默啜之众。

14　契丹牙官可突干骁勇得众心，李娑固猜畏，欲去之。是岁，可突干举兵击娑固，娑固败奔营州。营州都督许钦澹遣安东都护薛泰帅骁勇五百与奚王李大酺奉娑固以讨之，战败，娑固、李大酺皆为可突干所杀，生擒薛泰，营州震恐。许钦澹移军入渝关，可突干立娑固从父弟郁干为主，遣使请罪。上赦可突干之罪，以郁干为松漠都督，以李大酺之弟鲁苏为饶乐都督。

九年（辛酉，721）

1　春，正月，制削杨敬述官爵，以白衣检校凉州都督，仍充诸使。

2　丙辰，改蒲州为河中府，置中都官僚，一准京兆、河南。

3　丙寅，上幸骊山温汤。乙亥，还宫。

4　监察御史宇文融上言，天下户口逃移，巧伪甚众，请加检括。融，敬之玄孙也，源乾曜素爱其才，赞成之。二月乙酉，敕有司议招集流移、按诘巧伪之法以闻。

5　丙戌，突厥毗伽复使来求和。上赐书，谕以"曩昔国家与突厥和亲，华、夷安逸，甲兵休息。国家买突厥羊马，突厥受国家缯帛，彼此丰给。自数十年来，不复如旧，正由默啜无信，口和心叛，数出盗兵，寇抄边鄙，人怨神怒，陨身丧元，吉凶之验，皆可汗所见。今复蹈前迹，掩袭甘、凉，随遣使人，更来求好。国家如天之覆，如海之容，但取来情，不追往咎。可汗果有诚心，则共保遐福，不然，无烦使者徒尔往来。若其侵边，亦有以待。可汗其审图之"！

6　丁亥，制："州县逃亡户口听百日自首，或于所在附籍，或牒归故乡，各从所欲。过期不首，即加检括，谪徙边州，公私敢容庇者抵罪。"以宇文融充使，括逃移户口及籍外田，所获巧伪甚众。迁兵部员外郎兼侍御史。融奏置劝农判官十人，并摄御史，分行天下。其新附客户，免六年赋调。使者竞为刻急，州县承风劳扰，百姓苦之。阳翟尉皇甫憬上疏言其状。上方任融，贬憬盈川尉。州县希旨，务于获多，虚张其数，或以实户为客，凡得户八十馀万，田亦称是。

7　兰池州胡康待宾诱诸降户同反，夏，四月，攻陷六胡州，有众七万，进逼夏州。命朔方大总管王晙、陇右节度使郭知运共讨之。

8　戊戌，敕："京官五品以上，外官刺史、四府上佐，各举县令一人，视其政善恶，为举者赏罚。"

9　以太仆卿王毛仲为朔方道防御讨击大使，与王晙及天兵军节度大使张说相知讨康待宾。

10　六月己卯，罢中都，复为蒲州。

蒲州刺史陆象先政尚宽简，吏民有罪，多晓谕遣之。州录事言于象先曰："明公不施棰挞，何以示威！"象先曰："人情不远，此属岂不解吾言邪！

必欲棰挞以示威,当从汝始!"录事惭而退。象先尝谓人曰:"天下本无事,但庸人扰之耳。苟清其源,何忧不治!"

11　秋,七月己酉,王晙大破康待宾,生擒之,杀叛胡万五千人。辛酉,集四夷酋长,腰斩康待宾于西市。

先是,叛胡潜与党项通谋,攻银城、连谷,据其仓庾,张说将步骑万人出合河关掩击,大破之。追至骆驼堰,党项乃更与胡战,胡众溃,西走入铁建山。说安集党项,使复其居业。讨击使阿史那献以党项翻覆,请并诛之,说曰:"王者之师,当伐叛柔服,岂可杀已降邪!"因奏置麟州,以镇抚党项馀众。

12　九月乙巳朔,日有食之。

13　康待宾之反也,诏郭知运与王晙相知讨之。晙上言,朔方兵自有馀力,请敕知运还本军。未报,知运已至,由是与晙不协。晙所招降者,知运复纵兵击之。虏以晙为卖己,由是复叛。上以晙不能遂定群胡,丙午,贬晙为梓州刺史。

14　丁未,梁文献公姚崇薨,遗令:"佛以清净慈悲为本,而愚者写经造像,冀以求福。昔周、齐分据天下,周则毁经像而修甲兵,齐则崇塔庙而弛刑政,一朝合战,齐灭周兴。近者诸武、诸韦,造寺度人,不可胜纪,无救族诛。汝曹勿效儿女子终身不寤,追荐冥福!道士见僧获利,效其所为,尤不可延之于家。当永为后法!"

15　癸亥,以张说为兵部尚书、同中书门下三品。

16　冬,十月,河西、陇右节度大使郭知运卒。知运与同县右卫副率王君㚟,皆以骁勇善骑射著名西陲,为虏所惮。时人谓之王、郭。㚟遂自知运麾下代为河西、陇右节度使,判凉州都督。

17　十一月丙辰,国子祭酒元行冲上群书四录,凡书四万八千一百六十九卷。

18　庚午,赦天下。

19　十二月乙酉,上幸骊山温汤。壬辰,还宫。

20　是岁,诸王为都督、刺史者,悉召还京师。

21　新作蒲津桥,熔铁为牛以系緪。

22　安州别驾刘子玄卒。子玄即知几也,避上嫌名,以字行。著作郎吴兢撰则天实录,言宋璟激张说使证魏元忠事。说修史见之,知兢所为,谬曰:"刘五殊不相借!"兢起对曰:"此乃兢所为,史草具在,不可使明公枉怨死者。"同僚皆失色。其后说阴祈兢改数字,兢终不许,曰:

"若徇公请,则此史不为直笔,何以取信于后!"

23 太史上言,麟德历浸疏,日食屡不效。上命僧一行更造新历,率府兵曹梁令瓒造黄道游仪以测候七政。

24 置朔方节度使,领单于都护府,夏、盐等六州,定远、丰安二军,三受降城。

十年(壬戌,722)

1 春,正月丁巳,上行幸东都,以刑部尚书王志愔为西京留守。

2 癸亥,命有司收公廨钱,以税钱充百官俸。

3 乙丑,收职田。亩率给仓粟二斗。

4 二月戊寅,上至东都。

5 夏,四月己亥,以张说兼知朔方军节度使。

6 五月,伊、汝水溢,漂溺数千家。

7 闰月壬申,张说如朔方巡边。

8 己丑,以徐姚县主女慕容氏为燕郡公主,妻契丹王郁干。

9 六月丁巳,博州河决,命按察使萧嵩等治之。嵩,梁明帝之孙也。

10 己巳,制增太庙为九室,迁中宗主还太庙。

11 秋,八月癸卯,武强令裴景仙,坐赃五千匹,事觉,亡命。上怒,命集众斩之。大理卿李朝隐奏景仙赃皆乞取,罪不至死,又,其曾祖寂有建义大功,载初中以非罪破家,惟景仙独存,今为承嫡,宜宥其死,投之荒远。其辞略曰:"十代宥贤,功实宜录;一门绝祀,情或可哀。"制令杖杀。朝隐又奏曰:"生杀之柄,人主得专;轻重有条,臣下当守。今若乞取得罪,便处斩刑,后有枉法当科,欲加何辟?所以为国惜法,期守律文,非敢以法随人,曲矜仙命。"又曰:"若寂勋都弃,仙罪特加,则叔向之贤,何足称者;若敖之鬼,不其馁而!"上乃许之。杖景仙一百,流岭南恶处。

12 安南贼帅梅叔焉等攻围州县,遣骠骑将军兼内侍杨思勖讨之。思勖募群蛮子弟,得兵十馀万,袭击,大破之,斩叔焉,积尸为京观而还。

13 初,上之诛韦氏也,王皇后颇预密谋,及即位数年,色衰爱弛。武惠妃有宠,阴怀倾夺之志,后心不平,时对上有不逊语。上愈不悦,密与秘书监姜皎谋以后无子废之,皎泄其言。嗣滕王峤,后之妹夫也,奏之。上怒,张嘉贞希旨构成其罪,云:"皎妄谈休咎。"甲戌,杖皎六十,流钦州,弟吏部侍郎晦贬春州司马。亲党坐流,死者数人,皎卒于道。

己亥,敕:"宗室、外戚、驸马,非至亲毋得往还。其卜相占候之人,皆不得出入百官之家。"

14 己卯夜，左领军兵曹权楚璧与其党李齐损等作乱，立楚璧兄子梁山为光帝，诈称襄王之子，拥左屯营兵数百人入宫城，求留守王志愔，不获。比晓，屯营兵自溃，斩楚璧等，传首东都。志愔惊怖而薨。楚璧，怀恩之侄；齐损，迥秀之子也。壬午，遣河南尹王怡如京师，按问宣慰。

15 癸未，吐蕃围小勃律王没谨忙，谨忙求救于北庭节度使张嵩曰："勃律，唐之西门，勃律亡则西域皆为吐蕃矣。"嵩乃遣疏勒副使张思礼将蕃、汉步骑四千救之，昼夜倍道，与谨忙合击吐蕃，大破之，斩获数万。自是累岁，吐蕃不敢犯边。

16 王怡治权楚璧狱，连逮甚众，久之不决。上乃以开府仪同三司宋璟为西京留守。璟至，止诛同谋数人，馀皆奏原之。

17 康待宾馀党康愿子反，自称可汗。张说发兵追讨擒之，其党悉平。徙河曲六州残胡五万馀口于许、汝、唐、邓、仙、豫等州，空河南、朔方千里之地。

先是，缘边戍兵常六十馀万，说以时无强寇，奏罢二十馀万使还农。上以为疑，说曰："臣久在疆场，具知其情，将帅苟以自卫及役使营私而已。若御敌制胜，不必多拥冗卒以妨农务。陛下若以为疑，臣请以阖门百口保之。"上乃从之。

初，诸卫府兵，自成丁从军，六十而免，其家又不免杂徭，浸以贫弱，逃亡略尽，百姓苦之。张说建议，请召募壮士充宿卫，不问色役，优为之制，逋逃者必争出应募。上从之。旬日，得精兵十三万，分隶诸卫，更番上下。兵农之分，从此始矣。

18 冬，十月癸丑，复以乾元殿为明堂。

19 甲寅，上幸寿安兴泰宫，猎于上宜川。庚申，还宫。

20 上欲耀兵北边，丁卯，以秦州都督张守洁等为诸卫将军。

21 十一月乙未，初令宰相共食实封三百户。

22 前广州都督裴伷先下狱，上与宰相议其罪。张嘉贞请杖之，张说曰："臣闻刑不上大夫，为其近于君，且所以养廉耻也。故士可杀不可辱。臣向巡北边，闻杖姜皎于朝堂。皎官登三品，亦有微功，有罪应死则死，应流则流，奈何轻加笞辱，以皂隶待之！姜皎事往，不可复追，伷先据状当流，岂可复蹈前失！"上深然之。嘉贞不悦，退谓说曰："何论事之深也！"说曰："宰相，时来则为之。若国之大臣皆可笞辱，但恐行及吾辈。吾此言非为伷先，乃为天下士君子也。"嘉贞无以应。

23　十二月庚子,以十姓可汗阿史那怀道女为交河公主,嫁突骑施可汗苏禄。

24　上将幸晋阳,因还长安。张说言于上曰:"汾阴脽上有汉家后土祠,其礼久废,陛下宜因巡幸修之,为农祈谷。"上从之。

25　上女永穆公主将下嫁,敕资送如太平公主故事。僧一行谏曰:"武后惟太平一女,故资送特厚,卒以骄败,奈何为法!"上遽止之。

十一年(癸亥,723)

1　春,正月己巳,车驾自东都北巡。庚辰,至潞州,给复五年。辛卯,至并州,置北都,以并州为太原府,刺史为尹。二月戊申,还至晋州。

2　张说与张嘉贞不平,会嘉贞弟金吾将军嘉祐赃发,说劝嘉贞素服待罪于外。己酉,左迁嘉贞幽州刺史。

3　壬子,祭后土于汾阴。乙卯,贬平遥令王同庆为赣尉,坐广为储偫,烦扰百姓也。

4　癸亥,以张说兼中书令。

5　己巳,罢天兵、大武等军,以大同军为太原以北节度使,领太原、辽、石、岚、汾、代、忻、朔、蔚、云十州。

6　三月庚午,车驾至京师。

7　夏,四月甲子,以吏部尚书王晙为兵部尚书、同中书门下三品。

8　五月己丑,以王晙兼朔方军节度大使,巡河西、陇右、河东、河北诸军。

9　上置丽正书院,聚文学之士秘书监徐坚、太常博士会稽贺知章、监察御史鼓城赵冬曦等,或修书,或侍讲。以张说为修书使以总之。有司供给优厚。中书舍人洛阳陆坚以为此属无益于国,徒为糜费,欲悉奏罢之。张说曰:"自古帝王于国家无事之时,莫不崇宫室,广声色,今天子独延礼文儒,发挥典籍,所益者大,所损者微。陆子之言,何不达也!"上闻之,重说而薄坚。

10　秋,八月癸卯,敕:"前令检括逃人,虑成烦扰,天下大同,宜各从所乐,令所在州县安集,遂其生业。"

11　戊申,追尊宣皇帝庙号献祖,光皇帝庙号懿祖,祔于太庙九室。

12　先是,吐谷浑畏吐蕃之强,附之者数年。九月壬申,帅众诣沙州降,河西节度使张敬忠抚纳之。

13　冬,十月丁酉,上幸骊山,作温泉宫。甲寅,还宫。

14　十一月，礼仪使张说等奏，以高祖配昊天上帝，罢三祖并配之礼。戊寅，上祀南郊，赦天下。

15　戊子，命尚书左丞萧嵩与京兆、蒲、同、岐、华州长官选府兵及白丁一十二万，谓之"长从宿卫"，一年两番，州县毋得杂役使。

16　十二月甲午，上幸凤泉汤。戊申，还宫。

17　庚申，兵部尚书、同中书门下三品王晙坐党引疏族，贬蕲州刺史。

18　是岁，张说奏改政事堂曰中书门下，列五房于其后，分掌庶政。

19　初，监察御史濮阳杜暹因按事至突骑施，突骑施馈之金，暹固辞。左右曰："君寄身异域，不宜逆其情。"乃受之，埋于幕下，出境，移牒令取之。虏大惊，度碛追之，不及。及安西都护阙，或荐暹往使安西，人服其清慎。时暹自给事中居母忧。

十二年（甲子，724）

1　春，三月甲子，起暹为安西副大都护、碛西节度等使。

2　神龙初，追复泽王上金官爵，求得庶子义珣于岭南，绍其故封。许王素节之子璀，利其爵邑，与弟璆谋，使人告义珣非上金子，妄冒袭封，复流岭南，以璆继上金后为嗣泽王。至是，玉真公主表义珣实上金子，为璀兄弟所摈。夏，四月庚子，复立义珣为嗣泽王，削璆爵，贬璀鄂州别驾。壬寅，敕宗室旁继为嗣王者并令归宗。

3　壬子，命太史监南宫说等于河南、北平地测日晷及极星，夏至日中立八尺之表，同时候之。阳城晷长一尺四寸八分弱，夜视北极出地高三十四度十分度之四；浚仪岳台晷长一尺五寸微强，极高三十四度八分；南至朗州晷长七寸二分，极高二十九度半；北至蔚州，晷长二尺二寸九分，极高四十度。南北相距三千六百八十八里九十步，晷差一尺五寸二分，极差十度半。又南至交州，晷出表南三寸三分。八月，海中南望老人星下，众星粲然，皆古所未名，大率去南极二十度以上星皆见。

4　五月丁亥，停诸道按察使。

5　六月壬辰，制听逃户自首，辟所在闲田，随宜收税，毋得差科征役，租庸一皆蠲免。仍以兵部员外郎兼侍御史宇文融为劝农使，巡行州县，与吏民议定赋役。

6　上以山东旱，命台阁名臣以补刺史。壬午，以黄门侍郎王丘，中书侍郎长安崔沔，礼部侍郎、知制诰韩休等五人出为刺史。丘，同皎之从父兄子；休，大敏之孙也。

初,张说引崔沔为中书侍郎,故事,承宣制皆出宰相,侍郎署位而已。沔曰:“设官分职,上下相维,各申所见,事乃无失。侍郎,令之贰也,岂得拱默而已!”由是遇事多所异同,说不悦,故因是出之。

7 秋,七月,突厥可汗遣其臣哥解颉利发来求婚。

8 溪州蛮覃行璋反。以监门卫大将军杨思勖为黔中道招讨使,将兵击之。癸亥,思勖生擒行璋,斩首三万级而归。加思勖辅国大将军,俸禄、防阁皆依品给。赦行璋以为洵水府别驾。

9 姜皎既得罪,王皇后愈忧畏不安,然待下有恩,故无随而谮之者,上犹豫不决者累岁。后兄太子少保守一,以后无子,使僧明悟为后祭南北斗,剖霹雳木,书天地字及上名,合而佩之,祝曰:“佩此有子,当如则天皇后。”事觉,己卯,废为庶人,移别室安置。贬守一潭州别驾,中路赐死。户部尚书张嘉贞坐与守一交通,贬台州刺史。

10 八月丙申,突厥哥解颉利发还其国,以其使者轻,礼数不备,未许婚。

11 己亥,以宇文融为御史中丞。

融乘驿周流天下,事无大小,诸州先牒上劝农使,后申中书。省司亦待融指抙,然后处决。时上将大攘四夷,急于用度,州县畏融,多张虚数,凡得客户八十馀万,田亦称是。岁终,增缗钱数百万,悉进入宫,由是有宠。议者多言烦扰,不利百姓,上亦令集百寮于尚书省议之。公卿已下,畏融恩势,不敢立异。惟户部侍郎杨玚独抗议,以为:“括客免税,不利居人。征籍外田税,使百姓困弊,所得不补所失。”未几,玚出为华州刺史。

12 壬寅,以开府仪同三司宋璟为西京留守。

13 冬,十月丁酉,谢飐王特勒遣使入奏,称:“去年五月,金城公主遣使诣个失密国,云欲走归汝。个失密王从臣国王借兵,共拒吐蕃。王遣臣入取进止。”上以为然,赐帛遣之。

14 废后王氏卒,后宫思慕后不已,上亦悔之。

15 十一月庚午,上幸东都。戊寅,至东都。

16 辛巳,司徒申王抙薨,赠谥惠庄太子。

17 群臣屡上表请封禅,闰月丁卯,制以明年十一月十日有事于泰山。时张说首建封禅之议,而源乾曜不欲为之,由是与说不平。

18 是岁,契丹王李郁干卒,弟吐干袭位。

十三年(乙丑,725)

1　春,二月庚申,以御史中丞宇文融兼户部侍郎。制以所得客户税钱均充所在常平仓本,又委使司与州县议作劝农社,使贫富相恤,耕耘以时。

2　乙亥,更命长从宿卫之士曰"旷骑",分隶十二卫,总十二万人为六番。

3　上自选诸司长官有声望者大理卿源光裕、尚书左丞杨承令、兵部侍郎寇泚等十一人为刺史,命宰相、诸王及诸司长官、台郎、御史饯于洛滨,供张甚盛。赐以御膳,太常具乐,内坊歌妓,上自书十韵诗赐之。光裕,乾曜之从孙也。

4　三月甲午,太子嗣谦更名鸿;徙郯王嗣真为庆王,更名潭;陕王嗣昇为忠王,更名浚;鄫王嗣真为棣王,更为洽;鄂王嗣初更名涓;鄄王嗣玄为荣王,更名滉。又立子涺为光王,潍为仪王,沄为颍王,泽为永王,清为寿王,泂为延王,沭为盛王,溢为济王。

5　丙申,御史大夫程行湛奏:"周朝酷吏来俊臣等二十三人,情状尤重,子孙请皆禁锢。傅游艺等四人差轻,子孙不听近任。"从之。

6　汾州刺史杨承令不欲外补,意快快,自言:"吾出守有由。"上闻之,怒,壬寅,贬睦州别驾。

7　张说草封禅仪献之。夏,四月丙辰,上与中书门下及礼官、学士宴于集仙殿。上曰:"仙者凭虚之论,朕所不取。贤者济理之具,朕今与卿曹合宴,宜更名曰集贤殿。"其书院官五品以上为学士,六品以下为直学士。以张说知院事,右散骑常侍徐坚副之。上欲以说为大学士,说固辞而止。

8　说以大驾东巡,恐突厥乘间入寇,议加兵守边,召兵部郎中裴光庭谋之。光庭曰:"封禅者,告成功也。今将升中于天,而戎狄是惧,非所以昭盛德也。"说曰:"然则若之何?"光庭曰:"四夷之中,突厥为大,比屡求和亲,而朝廷羁縻,未决许也。今遣一使,征其大臣从封泰山,彼必欣然承命。突厥来,则戎狄君长无不皆来。可以偃旗卧鼓,高枕有馀矣。"说曰:"善,说所不及。"即奏行之。光庭,行俭之子也。

上遣中书直省袁振摄鸿胪卿,谕旨于突厥,小杀与阙特勒、暾欲谷环坐帐中,置酒,谓振曰:"吐蕃,狗种,奚、契丹,本突厥奴也,皆得尚主。突厥前后求婚独不许,何也?且吾亦知入蕃公主皆非天子女,今岂问真伪!但屡请不获,愧见诸蕃耳。"振许为之奏请。小杀乃使其大臣阿史德颉利发入贡,因扈从东巡。

9　五月庚寅,妖贼刘定高帅众夜犯通洛门。悉捕斩之。

10　秋,八月,张说议封禅仪,请以睿宗配皇地祇;从之。

11　九月丙戌,上谓宰臣曰:"春秋不书祥瑞,惟记有年。"敕自今州县毋得更奏祥瑞。

12　冬,十月癸丑,作水运浑天成,上具列宿,注水激轮,令其自转,昼夜一周。别置二轮,络在天外,缀以日月,逆天而行,淹速合度。置木匮为地平,令仪半在地下,又立二木人,每刻击鼓,每辰击钟,机械皆藏匮中。

13　辛酉,车驾发东都,百官、贵戚、四夷酋长从行。每置顿,数十里中人畜被野,有司辇载供具之物,数百里不绝。

十一月丙戌,至泰山下,御马登山。留从官于谷口,独与宰相及祠官俱登,仪卫环列于山下百馀里。上问礼部侍郎贺知章曰:"前代玉牒之文,何故秘之?"对曰:"或密求神仙,故不欲人见。"上曰:"吾为苍生祈福耳。"乃出玉牒,宣示群臣。庚寅,上祀昊天上帝于山上,群臣祀五帝百神于山下之坛,其馀仿乾封故事。辛卯,祭皇地祇于社首。壬辰,上御帐殿,受朝觐,赦天下,封泰山神为天齐王,礼秩加三公一等。

张说多引两省吏及以所亲摄官登山。礼毕推恩,往往加阶超入五品而不及百官。中书舍人张九龄谏,不听。又,扈从士卒,但加勋而无赐物,由是中外怨之。

14　初,隋末国马皆为盗贼及戎狄所掠,唐初才得牝牡三千匹于赤岸泽,徙之陇右,命太仆张万岁掌之。万岁善于其职,自贞观至麟德,马蕃息及七十万匹,分为八坊、四十八监,各置使以领之。是时天下以一缣易一马。垂拱以后,马潜耗太半。上初即位,牧马有二十四万匹,以太仆卿王毛仲为内外闲厩使,少卿张景顺副之。至是有马四十三万匹,牛羊称是。上之东封,以牧马数万匹从,色别为群,望之如云锦。上嘉毛仲之功,癸巳,加毛仲开府仪同三司。

甲午,车驾发泰山。庚申,幸孔子宅致祭。

上还,至宋州,宴从官于楼上,刺史寇泚预焉。酒酣,上谓张说曰:"向者屡遣使臣分巡诸道,察吏善恶,今因封禅历诸州,乃知使臣负我多矣。怀州刺史王丘,饩牵之外,一无他献。魏州刺史崔沔,供张无锦绣,示我以俭。济州刺史裴耀卿,表数百言,莫非规谏。且曰:'人或重扰,则不足以告成。'朕置之坐隅,且以戒左右。如三人者,不劳人以市恩,真良吏矣。"顾谓寇泚曰:"比亦屡有以酒馔不丰诉于朕者,知卿不借誉于左右也。"自举酒赐之。宰臣帅群臣起贺,楼上皆称万岁。由是以丘为尚书左丞,沔为散骑侍郎,耀卿为宣州刺史。耀卿,叔业之七世孙也。

十二月乙巳,还东都。

15　突厥颉利发辞归,上厚赐而遣之,竟不许婚。

16　王毛仲有宠于上,百官附之者辐凑。毛仲嫁女,上问何须。毛仲顿首对曰:"臣万事已备,但未得客。"上曰:"张说、源乾曜辈岂不可呼邪?"对曰:"此则得之。"上曰:"知汝所不能致者一人耳,必宋璟也。"对曰:"然。"上笑曰:"朕明日为汝召客。"明日,上谓宰相:"朕奴毛仲有婚事,卿等宜与诸达官悉诣其第。"既而日中,众客未敢举箸,待璟,久之,方至,先执酒西向拜谢,饮不尽卮,遽称腹痛而归。璟之刚直,老而弥笃。

17　先是,契丹王李吐干与可突干复相猜忌,携公主来奔,不敢复还,更封辽阳王,留宿卫。可突干立李尽忠之弟邵固为主。车驾东巡,邵固诣行在,因从至泰山,拜左羽林大将军、静折军经略大使。

18　上疑吏部选试不公,时选期已迫,御史中丞宇文融密奏,请分吏部为十铨。甲戌,以礼部尚书苏颋等十人掌吏部选,试判将毕,遽召入禁中决定,吏部尚书、侍郎皆不得预。左庶子吴兢上表,以为:"陛下曲受谗言,不信有司,非居上临人推诚感物之道。昔陈平、邴吉,汉之宰相,尚不对钱谷之数,不问斗死之人;况大唐万乘之君,岂得下行铨选之事乎!凡选人书判,并请委之有司,停此十铨。"上虽不即从,明年复故。

19　是岁,东都斗米十五钱,青、齐五钱,粟三钱。

20　于阗王尉迟眺阴结突厥及诸胡谋叛,安西副大都护杜暹发兵捕斩之,更为立王。

# 资治通鉴卷第二百一十三

## 唐纪二十九

### 玄宗至道大圣大明孝皇帝中之上

开元十四年（丙寅，726）

1　春，正月癸未，更立契丹松漠王李邵固为广化王，奚饶乐王李鲁苏为奉诚王。以上从甥陈氏为东华公主，妻邵固；以成安公主之女韦氏为东光公主，妻鲁苏。

2　张说奏："今之五礼，贞观、显庆两曾修纂，前后颇有不同，其中或未折衷。望与学士等讨论古今，删改施行。"制从之。

3　邕州封陵獠梁大海等据宾、横州反。二月己酉，遣内侍杨思勖发兵讨之。

4　上召河南尹崔隐甫，欲用之，中书令张说薄其无文，奏拟金吾大将军；前殿中监崔日知素与说善，说荐为御史大夫；上不从。丙辰，以日知为左羽林大将军，丁巳，以隐甫为御史大夫。隐甫由是与说有隙。

说有才智而好贿，百官白事有不合者，好面折之，至于叱骂。恶御史中丞宇文融之为人，且患其权重，融所建白，多抑之。中书舍人张九龄言于说曰："宇文融承恩用事，辩给多权数，不可不备。"说曰："鼠辈何能为！"夏，四月壬子，隐甫、融及御史中丞李林甫共奏弹说："引术士占星，徇私僭侈，受纳贿赂。"敕源乾曜及刑部尚书韦抗、大理少卿胡珪与隐甫等同于御史台鞫之。林甫，叔良之曾孙；抗，安石之从父兄子也。

丁巳，以户部侍郎李元纮为中书侍郎、同平章事。元纮以清俭著，故上用为相。

5　源乾曜等鞫张说，事颇有状，上使高力士视说，力士还奏："说蓬首垢面，席藁，食以瓦器，惶惧待罪。"上意怜之。力士因言说有功于国，上以为然。庚申，但罢说中书令，馀如故。

6　丁卯，太子太傅岐王范薨，赠谥惠文太子。上为之撤膳累旬，百官上表固请，然后复常。

7 丁亥,太原尹张孝嵩奏:"有李子峤者,自称皇子,云生于潞州,母曰赵妃。"上命杖杀之。

8 辛丑,于定、恒、莫、易、沧五州置军以备突厥。

9 上欲以武惠妃为皇后,或上言:"武氏乃不戴天之仇,岂可以为国母!人间盛言张说欲取立后之功,更图入相之计。且太子非惠妃所生,惠妃复自有子,若登宸极,太子必危。"上乃止。然宫中礼秩,一如皇后。

10 五月癸卯,户部奏今岁户七百六万九千五百六十五,口四千一百四十一万九千七百一十二。

11 秋,七月,河南、北大水,溺死者以千计。

12 八月丙午朔,魏州言河溢。

13 九月己丑,以安西副大都护、碛西节度使杜暹同平章事。

自王孝杰克复四镇,复于龟兹置安西都护府,以唐兵三万戍之,百姓苦其役。为都护者,惟田杨名、郭元振、张嵩及暹皆有善政,为人所称。

14 冬,十月庚申,上幸汝州广成汤。己酉,还宫。

15 十二月丁巳,上幸寿安,猎于方秀川。壬戌,还宫。

16 杨思勖讨反獠,生擒梁大海等三千馀人,斩首二万级而还。

17 是岁,黑水靺鞨遣使入见。上以其国为黑水州,仍为置长史以镇之。

勃海靺鞨王武艺曰:"黑水入唐,道由我境。往者请吐屯于突厥,先告我与我偕行。今不告我而请吏于唐,是必与唐合谋,欲腹背攻我也。"遣其母弟门艺及其舅任雅将兵击黑水。门艺尝为质子于唐,谏曰:"黑水请吏于唐,而我以其故击之,是叛唐也。唐,大国也。昔高丽全盛之时,强兵三十馀万,不遵唐命,扫地无遗。况我兵不及高丽什一二,一旦与唐为怨,此亡国之势也。"武艺不从,强遣之。门艺至境上,复以书力谏。武艺怒,遣其从兄大壹夏代之将兵,召,欲杀之。门艺弃众,间道来奔,制以为左骁卫将军。武艺遣使上表罪状门艺,请杀之。上密遣门艺诣安西,留其使者,别遣报云,已流门艺于岭南。武艺知之,上表称:"大国当示人以信,岂得为此欺诳?"固请杀门艺。上以鸿胪少卿李道邃、源复不能督察官属,致有漏泄,皆坐左迁。暂遣门艺诣岭南以报之。

臣光曰:王者所以服四夷,威信而已。门艺以忠获罪,自归天子;天子当察其枉直,赏门艺而罚武艺,为政之体也。纵不能讨,犹当正以门艺之无罪告之。今明皇威不能服武艺,恩不能庇门艺,顾效小人为欺诳之语以取困于小国,乃罪鸿胪之漏泄,不亦可羞哉！

18　杜暹为安西都护，突骑施交河公主遣牙官以马千匹诣安西互市。使者宣公主教，暹怒曰："阿史那女何得宣教于我！"杖其使者，留不遣。马经雪死尽。突骑施可汗苏禄大怒，发兵寇四镇。会暹入朝，赵颐贞代为安西都护，婴城自守。四镇人畜储积，皆为苏禄所掠，安西仅存。既而苏禄闻暹入相，稍引退，寻遣使入贡。

## 十五年（丁卯，727）

1　春，正月辛丑，凉州都督王君㚟破吐蕃于青海之西。

初，吐蕃自恃其强，致书用敌国礼，辞指悖慢，上意常怒之。返自东封，张说言于上曰："吐蕃无礼，诚宜诛夷，但连兵十馀年，甘、凉、河、鄯，不胜其弊，虽师屡捷，所得不偿所亡。闻其悔过求和，愿听其款服，以纾边人。"上曰："俟吾与王君㚟议之。"说退，谓源乾曜曰："君㚟勇而无谋，常思侥幸，若二国和亲，何以为功！吾言必不用矣。"及君㚟入朝，果请深入讨之。

去冬，吐蕃大将悉诺逻寇大斗谷，进攻甘州，焚掠而去。君㚟度其兵疲，勒兵蹑其后，会大雪，虏冻死者甚众，自积石军西归。君㚟先遣人间道入虏境，烧道旁草。悉诺逻至大非川，欲休士马，而野草皆尽，马死过半。君㚟与秦州都督张景顺追之，及于青海之西，乘冰而度。悉诺逻已去，破其后军，获其辎重羊马万计而还。君㚟以功迁左羽林大将军，拜其父寿为少府监致仕。上由是益事边功。

2　初，洛阳人刘宗器上言，请塞汜水旧汴口，更于荥泽引河入汴。擢宗器为左卫率府胄曹。至是，新渠填塞不通，贬宗器为循州安怀戍主。命将作大匠范安及发河南、怀、郑、汴、滑、卫三万人疏旧渠，旬日而毕。

3　御史大夫崔隐甫、中丞宇文融，恐右丞相张说复用，数奏毁之，各为朋党。上恶之，二月乙巳，制说致仕，隐甫免官侍母，融出为魏州刺史。

4　乙卯，制："诸州逃户，先经劝农使括定按比后复有逃来者，随到准白丁例输当年租庸，有征役者先差。"

5　夏，五月癸酉，上悉以诸子庆王潭等领州牧、刺史、都督、节度大使、大都护、经略使，实不出外。

初，太宗爱晋王，不使出阁，豫王亦以武后少子不出阁，及自皇嗣为相王，始出阁。中宗之世，谯王失爱，谪居外州；温王年十七，犹居禁中。上即位，附苑城为十王宅，以居皇子，宦官押之，就夹城参起居，自是不复出阁,虽开府置官属及领藩镇,惟侍读时入授书,自馀王府官属,但岁时通名起居,其藩镇官属,亦不通名。及诸孙浸多,又置百孙院。太子亦不居东宫,常在乘舆所幸之别院。

6　上命妃嫔以下宫中育蚕,欲使之知女功。丁酉,夏至,赐贵近丝,人一缗。

7　秋,七月戊寅,冀州河溢。

8　己卯,礼部尚书许文宪公苏颋薨。

9　九月丙子,吐蕃大将悉诺逻恭禄及烛龙莽布支攻陷瓜州,执刺史田元献及河西节度使王君㚟之父,进攻玉门军;纵所虏俘使归凉州,谓君㚟曰:"将军常以忠勇许国,何不一战!"君㚟登城西望而泣,竟不敢出兵。

莽布支别攻常乐县,县令贾师顺帅众拒守。及瓜州陷,悉诺逻悉兵会攻之。旬馀日,吐蕃力尽,不能克,使人说降之;不从。吐蕃曰:"明府既不降,宜敛城中财相赠,吾当退。"师顺请脱士卒衣。悉诺逻知无财,乃引去,毁瓜州城。师顺遽开门,收器械,修守备。虏果复遣精骑还,视城中,知有备,乃去。师顺,岐州人也。

10　初,突厥默啜之强也,迫夺铁勒之地,故回纥、契苾、思结、浑四部度碛徙居甘、凉之间以避之。王君㚟微时,往来四部,为其所轻。及为河西节度使,以法绳之。四部耻怨,密遣使诣东都自诉。君㚟遽发驿奏:"四部难制,潜有叛计。"上遣中使往察之,诸部竟不得直。于是瀚海大都督回纥承宗流瀼州,浑大德流吉州,贺兰都督契苾承明流藤州,卢山都督思结归国流琼州,以回纥伏帝难为瀚海大都督。己卯,贬右散骑常侍李令问为抚州别驾,坐其子与承宗交游故也。

11　丙戌,突厥毗伽可汗遣其大臣梅录啜入贡。吐蕃之寇瓜州也,遗毗伽书,欲与之俱入寇,毗伽并献其书。上嘉之,听于西受降城为互市,每岁赍缣帛数十万匹就市戎马,以助军旅,且为监牧之种,由是国马益壮焉。

12　闰月庚子,吐蕃赞普与突骑施苏禄围安西城,安西副大都护赵颐贞击破之。

13　回纥承宗族子瀚海司马护输,纠合党众为承宗报仇。会吐蕃遣使间道诣突厥,王君㚟帅精骑邀之于肃州。还,至甘州南巩笔驿,护输伏兵突起,夺君㚟旌节,先杀其判官宋贞,剖其心曰:"始谋者汝也。"君㚟帅左右数十人力战,自朝至晡,左右尽死。护输杀君㚟,载其尸奔吐蕃。凉州兵追及之,护输弃尸而走。

14　庚申,车驾发东都。冬,己卯,至西京。

15　辛巳,以左金吾卫大将军信安王祎为朔方节度等副大使。祎,恪之孙也。以朔方节度使萧嵩为河西节度等副大使。时王君㚟新败,河、陇震骇。嵩引刑部员外郎裴宽为判官,与君㚟判官牛仙客俱掌军政,人心浸安。宽,漼之从弟也。仙客本鹑觚小吏,以才干军功累迁至河西节度判官,为君㚟腹心。

嵩又奏以建康军使河北张守珪为瓜州刺史,帅馀众筑故城。板干裁立,吐蕃猝至,城中相顾失色,莫有斗志。守珪曰:“彼众我寡,又疮痍之馀,不可以矢刃相持,当以奇计取胜。”乃于城上置酒作乐。虏疑其有备,不敢攻而退。守珪纵兵击之,虏败走。守珪乃修复城市,收合流散,皆复旧业。朝廷嘉其功,以瓜州为都督府,以守珪为都督。

悉诺逻威名甚盛,萧嵩纵反间于吐蕃,云与中国通谋,赞普召而诛之。吐蕃由是少衰。

16　十二月戊寅,制以吐蕃为边患,令陇右道及诸军团兵五万六千人,河西道及诸军团兵四万人,又征关中兵万人集临洮,朔方兵万人集会州防秋,至冬初,无寇而罢。伺虏入寇,互出兵腹背击之。

17　乙亥,上幸骊山温泉。丙戌,还宫。


十六年(戊辰,728)

1　春,正月壬寅,安西副大都护赵颐贞败吐蕃于曲子城。

2　甲寅,以魏州刺史宇文融为户部侍郎兼魏州刺史,充河北道宣抚使。

3　乙卯,春、泷等州獠陈行范、广州獠冯璘、何游鲁反,陷四十馀城。行范称帝,游鲁称定国大将军,璘称南越王,欲据岭表;命内侍杨思勖发桂州及岭北近道兵讨之。

4　丙寅,以魏州刺史宇文融检校汴州刺史,充河南、北沟渠堤堰决九河使。融请用禹贡九河故道开稻田,并回易陆运钱,官收其利。兴役不息,事多不就。

5　二月壬申,以尚书右丞相致仕张说兼集贤殿学士。说虽罢政事,专文史之任,朝廷每有大事,上常遣中使访之。

6　壬辰,改圹骑为左右羽林军飞骑。

7　秋,七月,吐蕃大将悉末朗寇瓜州,都督张守珪击走之。乙巳,河西节度使萧嵩、陇右节度使张忠亮大破吐蕃于渴波谷。忠亮追之,拔其大莫门城,擒获甚众,焚其骆驼桥而还。

8　八月乙巳，特进张说上开元大衍历，行之。

9　辛卯，左金吾将军杜宾客破吐蕃于祁连城下。时吐蕃复入寇，萧嵩遣宾客将强弩四千击之。战自辰至暮，吐蕃大溃，获其大将一人，虏散走投山，哭声四合。

10　冬，十月己卯，上幸骊山温泉。己丑，还宫。

11　十一月癸巳，以河西节度副大使萧嵩为兵部尚书、同平章事。

12　十二月丙寅，敕："长征兵无有还期，人情难堪。宜分五番，岁遣一番还家洗沐，五年酬勋五转。"

13　是岁，制户籍三岁一定，分为九等。

14　杨思勖讨陈行范，至泷州，破之，擒何游鲁、冯璘。行范逃于云际、盘辽二洞，思勖追捕，竟生擒，斩之，凡斩首六万。思勖为人严，偏裨白事者不敢仰视，故用兵所向有功。然性忍酷，所得俘虏，或生剥面皮，或以刀剺发际，掣去头皮，蛮夷惮之。

十七年（己巳，729）

1　春，二月丁卯，嶲州都督张守素破西南蛮，拔昆明及盐城，杀获万人。

2　三月，瓜州都督张守珪、沙州刺史贾师顺击吐蕃大同军，大破之。

3　甲寅，朔方节度使信安王祎攻吐蕃石堡城，拔之。初，吐蕃陷石堡城，留兵据之，侵扰河右，上命祎与河西、陇右同议攻取。诸将咸以为石堡据险而道远，攻之不克，将无以自还，且宜按兵观衅。祎不听，引兵深入，急攻拔之，仍分兵据守要害，令虏不得前。自是河陇诸军游弈，拓境千馀里。上闻，大悦，更命石堡城曰振武军。

4　丙辰，国子祭酒杨玚上言，以为："省司奏限天下明经、进士及第，每年不过百人。窃见流外出身，每岁二千馀人，而明经、进士不能居其什一，则是服勤道业之士不如胥史之得仕也。臣恐儒风浸坠，廉耻日衰。若以出身人太多，则应诸色裁损，不应独抑明经、进士也。"又奏："主司帖试明经，不务求述作大指，专取难知，问以孤经绝句或年月日，请自今并帖平文。"上甚然之。

5　夏，四月庚午，禘于太庙。唐初，祫则序昭穆，禘则各祀于其室。至是，太常少卿韦绍等奏："如此，禘与常飨不异。请禘祫皆序昭穆。"从之。绍，安石之兄子也。

6　五月壬辰，复置十道及京、都两畿按察使。

7　初，<u>张说</u>、<u>张嘉贞</u>、<u>李元纮</u>、<u>杜暹</u>相继为相用事，<u>源乾曜</u>以清谨自守，常让事于<u>说</u>等，唯诺署名而已。<u>元纮</u>、<u>暹</u>议事多异同，遂有隙，更相奏列。上不悦。六月甲戌，贬黄门侍郎、同平章事<u>杜暹</u><u>荆州</u>长史，中书侍郎、同平章事<u>李元纮</u><u>曹州</u>刺史，罢<u>乾曜</u>兼侍中，止为左丞相；以户部侍郎<u>宇文融</u>为黄门侍郎，兵部侍郎<u>裴光庭</u>为中书侍郎，并同平章事，<u>萧嵩</u>兼中书令，遥领<u>河西</u>。

8　开府<u>王毛仲</u>与龙武将军<u>葛福顺</u>为婚。<u>毛仲</u>为上所信任，言无不从，故北门诸将多附之，进退唯其指使。吏部侍郎<u>齐澣</u>乘间言于上曰："<u>福顺</u>典禁兵，不宜与<u>毛仲</u>为婚。<u>毛仲</u>小人，宠过则生奸，不早为之所，恐成后患。"上悦曰："知卿忠诚，朕徐思其宜。"<u>澣</u>曰："君不密则失臣，愿陛下密之。"会大理丞<u>麻察</u>坐事左迁<u>兴州</u>别驾，<u>澣</u>素与<u>察</u>善，出城饯之，因道禁中谏语。<u>察</u>性轻险，遽奏之。上怒，召<u>澣</u>责之曰："卿疑朕不密，而以语<u>麻察</u>，讵为密邪？且<u>察</u>素无行，卿岂不知邪？"<u>澣</u>顿首谢。秋，七月丁巳，下制："<u>澣</u>、<u>察</u>交构将相，离间君臣，<u>澣</u>可<u>高州</u><u>良德</u>丞，<u>察</u>可<u>浔州</u><u>皇化</u>尉。"

9　八月癸亥，上以生日宴百官于<u>花萼楼</u>下。左丞相<u>乾曜</u>、右丞相<u>说</u>帅百官上表，请以每岁八月五日为千秋节，布于天下，咸令宴乐。寻又移社就千秋节。

10　庚辰，工部尚书<u>张嘉贞</u>薨。<u>嘉贞</u>不营家产，有劝其市田宅者，<u>嘉贞</u>曰："吾贵为将相，何忧寒馁！若其获罪，虽有田宅，亦无所用。比见朝士广占良田，身没之日，适足为无赖子弟酒色之资，吾不取也。"闻者是之。

11　辛巳，敕以人间多盗铸钱，始禁私卖铜铅锡及以铜为器皿，其采铜铅锡者，官为市取。

12　<u>宇文融</u>性精敏，应对辩给，以治财赋得幸于上，始广置诸使，竞为聚敛，由是百官浸失其职而上心益侈，百姓皆怨苦之。为人疏躁多言，好自矜伐，在相位，谓人曰："使吾居此数月，则海内无事矣。"

<u>信安王祎</u>，以军功有宠于上，<u>融</u>疾之。<u>祎</u>入朝，<u>融</u>使御史<u>李寅</u>弹之，泄于所亲。<u>祎</u>闻之，先以白上。明日，<u>寅</u>奏果入，上怒。九月壬子，<u>融</u>坐贬<u>汝州</u>刺史，凡为相百日而罢。是后言财利以取贵仕者，皆祖于<u>融</u>。

13　冬，十月戊午朔，日有食之，不尽如钩。

14　<u>宇文融</u>既得罪，国用不足，上复思之，谓<u>裴光庭</u>曰："卿等皆言<u>融</u>之恶，朕既黜之矣，今国用不足，将若之何！卿等何以佐朕？"<u>光庭</u>等惧不能对。会有飞状告<u>融</u>赃贿事，又贬<u>平乐</u>尉。至岭外岁馀，司农少卿<u>蒋岑</u>奏融在汴州隐没官钱巨万计,制穷治其事,融坐流岩州,道卒。

15 十一月辛卯,上行谒桥、定、献、昭、乾五陵。戊申,还宫,赦天下,百姓今年地税悉蠲其半。

16 十二月辛酉,上幸新丰温泉。壬申,还宫。


十八年(庚午,730)

1 春,正月辛卯,以裴光庭为侍中。

2 二月癸酉,初令百官于春月旬休,选胜行乐,自宰相至员外郎,凡十二筵,各赐钱五千缗。上或御花萼楼邀其归骑留饮,迭使起舞,尽欢而去。

3 三月丁酉,复给京官职田。

4 夏,四月丁卯,筑西京外郭,九旬而毕。

5 乙丑,以裴光庭兼吏部尚书。先是,选司注官,惟视其人之能否,或不次超迁,或老于下位,有出身二十馀年不得禄者。又,州县亦无等级,或自大入小,或初久后远,皆无定制。光庭始奏用循资格,各以罢官若干选而集,官高者选少,卑者选多,无问能否,选满即注,限年蹑级,毋得逾越,非负谴者,皆有升无降;其庸愚沉滞者皆喜,谓之"圣书",而才俊之士无不怨叹。宋璟争之不能得。光庭又令流外行署亦过门下省审。

6 五月,吐蕃遣使致书于境上求和。

7 初,契丹王李邵固遣可突干入贡,同平章事李元纮不礼焉。左丞相张说谓人曰:"奚、契丹必叛。可突干狡而很,专其国政久矣,人心附之。今失其心,必不来矣。"己酉,可突干弑邵固,帅其国人并胁奚众叛降突厥,奚王李鲁苏及其妻韦氏、邵固妻陈氏皆来奔。制幽州长史赵含章讨之,又命中书舍人裴宽、给事中薛侃等于关内、河东、河南、北分道募勇士,六月丙子,以单于大都护忠王浚领河北道行军元帅,以御史大夫李朝隐、京兆尹裴伷先副之,帅十八总管以讨奚、契丹。命浚与百官相见于光顺门。张说退,谓学士孙逖、韦述曰:"吾尝观太宗画像,雅类忠王,此社稷之福也。"

可突干寇平卢,先锋使张掖乌承玭破之于捺禄山。

8 壬午,洛水溢,溺东都千馀家。

9 秋,九月丁巳,以忠王浚兼河东道元帅,然竟不行。

10 吐蕃兵数败而惧,乃求和亲。忠王友皇甫惟明因奏事从容言和亲之利。上曰:"赞普尝遗吾书悖慢,此何可舍!"对曰:"赞普当开元之初,年尚幼稚,安能为此书! 殆边将诈为之,欲以激怒陛下耳。夫边境有事,则将吏得以因缘盗匿官物,妄述功状以取勋爵,此皆奸臣之利,非国家之福也。兵连不解,日费千金,河西、陇右由兹困敝。陛下诚命一使往视公主,因与赞普面相约结,使之稽颡称臣,永息边患,岂非御夷狄之长策乎!"上悦,命惟明与内侍张元方使于吐蕃。

赞普大喜,悉出贞观以来所得敕书以示惟明。冬,十月,遣其大臣论名悉猎随惟明入贡,表称:"甥世尚公主,义同一家。中间张玄表等先兴兵寇钞,遂使二境交恶。甥深识尊卑,安敢失礼! 正为边将交构,致获罪于舅。屡遣使者入朝,皆为边将所遏。今蒙远降使臣,来视公主,甥不胜喜荷。倘使复修旧好,死无所恨!"自是吐蕃复款附。

11　庚寅,上幸凤泉汤。癸卯,还京师。

12　甲寅,护密王罗真檀入朝,留宿卫。

13　十一月丁卯,上幸骊山温泉。丁丑,还宫。

14　是岁,天下奏死罪止二十四人。

15　突骑施遣使入贡,上宴之于丹凤楼,突厥使者预焉。二使争长,突厥曰:"突骑施小国,本突厥之臣,不可居我上。"突骑施曰:"今日之宴,为我设也,我不可以居其下。"上乃命设东、西幕,突厥在东,突骑施在西。

16　开府仪同三司、内外闲厩监牧都使霍国公王毛仲恃宠,骄恣日甚,上每优容之。毛仲与左领军大将军葛福顺、左监门将军唐地文、左武卫将军李守德、右威卫将军王景耀、高广济亲善,福顺等倚其势,多为不法。毛仲求兵部尚书不得,怏怏形于辞色,上由是不悦。

是时,上颇宠任宦官,往往为三品将军,门施棨戟。奉使过诸州,官吏奉之惟恐不及,所得赂遗,少者不减千缗,由是京城郊畿田园,参半皆在官矣。杨思勖、高力士尤贵幸,思勖屡将兵征讨,力士常居中侍卫。而毛仲视宦官贵近者若无人,甚卑品者,小忤意,辄詈辱如僮仆。力士等皆害其宠而未敢言。

会毛仲妻产子,三日,上命力士赐之酒馔、金帛甚厚,且授其儿五品官。力士还,上问:"毛仲喜乎?"对曰:"毛仲抱其襁中儿示臣曰:'此儿岂不堪作三品邪!'"上大怒曰:"昔诛韦氏,此贼心持两端,朕不欲言之。今日乃敢以赤子怨我!"力士因言:"北门奴,官太盛,相与一心,不早除之,必生大患。"上恐其党惊惧为变。

十九年(辛未,731)

1　春,正月壬戌,下制,但述毛仲不忠怨望,贬瀼州别驾,福顺、地文、守德、景耀、广济皆贬远州别驾,毛仲四子皆贬远州参军,连坐者数十人。毛仲行至永州,追赐死。

自是宦官势益盛。高力士尤为上所宠信,尝曰:"力士上直,吾寝则安。"故力士多留禁中,稀至外第。四方表奏,皆先呈力士,然后奏御。小者力士即决之,势倾内外。金吾大将军程伯献、少府监冯绍正与力士约为兄弟。力士母麦氏卒,伯献等被发受吊,擗踊哭泣,过于己亲。力士娶瀼州吕玄晤女为妻,擢玄晤为少卿,子弟皆王傅。吕氏卒,朝野争致祭,自第至墓,车马不绝。然力士小心恭恪,故上终亲任之。

2　辛未,遣鸿胪卿崔琳使于吐蕃。琳,神庆之子也。吐蕃使者称公主求毛诗、春秋、礼记。正字于休烈上疏,以为:"东平王汉之懿亲,求史记、诸子,汉犹不与。况吐蕃,国之寇仇,今资之以书,使知用兵权略,愈生变诈,非中国之利也。"事下中书门下议之。裴光庭等奏:"吐蕃聋昧顽嚚,久叛新服,因其有请,赐以诗书,庶使之渐陶声教,化流无外。休烈徒知书有权略变诈之语,不知忠、信、礼、义皆从书出也。"上曰:"善!"遂与之。休烈,志宁之玄孙也。

3　丙子,上躬耕于兴庆宫侧,尽三百步。

4　三月,突厥左贤王阙特勒卒,赐书吊之。

5　丙申,初令两京诸州各置太公庙,以张良配享,选古名将,以备十哲,以二、八月上戊致祭,如孔子礼。

臣光曰:经纬天地之谓文,戡定祸乱之谓武,自古不兼斯二者而称圣人,未之有也。故黄帝、尧、舜、禹、汤、文、武、伊尹、周公莫不有征伐之功,孔子虽不试,犹能兵莱夷,却费人,曰"我战则克",岂孔子专文而太公专武乎?孔子所以祀于学者,礼有先圣先师故也。自生民以来,未有如孔子者,岂太公得与之抗衡哉!古者有发,则命大司徒教士以车甲,裸股肱,决射御,受成献馘,莫不在学。所以然者,欲其先礼义而后勇力也。君子有勇而无义为乱,小人有勇而无义为盗;若专训之以勇力而不使之知礼义,奚所不为矣!自孙、吴以降,皆以勇力相胜,狙诈相高,岂足以数于圣贤之门而谓之武哉!乃复诬引以偶十哲之目,为后世学者之师;使太公有神,必羞与之同食矣。

6　五月壬戌,初立五岳真君祠。

7　秋,九月辛未,吐蕃遣其相论尚它硉入见,请于赤岭为互市。许之。

8　冬,十月丙申,上幸东都。

9　或告嶲州都督解人张审素赃污,制遣监察御史杨汪按之。总管董元礼将兵七百围汪,杀告者,谓汪曰:"善奏审素则生,不然则死。"会救兵至,击斩之。汪奏审素谋反,十二月审素坐斩,籍没其家。

10　浚苑中洛水,六旬而罢。


二十年(壬申,732)

1　春,正月乙卯,以朔方节度副大使信安王祎为河东、河北行军副大总管,将兵击奚、契丹。壬申,以户部侍郎裴耀卿为副总管。

2　二月癸酉朔,日有食之。

3　上思右骁卫将军安金藏忠烈,三月,赐爵代国公,仍于东、西岳立碑,以铭其功。金藏竟以寿终。

4　信安王祎帅裴耀卿及幽州节度使赵含章分道击契丹,含章与虏遇,虏望风遁去。平卢先锋将乌承玼言于含章曰:"二虏,剧贼也。前日遁去,非畏我,乃诱我也,宜按兵以观其变。"含章不从,与虏战于白山,果大败。承玼别引兵出其右,击虏,破之。己巳,祎等大破奚、契丹,俘斩甚众,可突干帅麾下远遁,馀党潜窜山谷。奚酋李诗琐高帅五千馀帐来降。祎引兵还。赐李诗爵归义王,充归义州都督,徙其部落置幽州境内。

5　夏,四月乙亥,宴百官于上阳东洲,醉者赐以衾褥,肩舆以归,相属于路。

6　六月丁丑,加信安王祎开府仪同三司。上命裴耀卿赍绢二十万匹分赐立功奚官,耀卿谓其徒曰:"戎狄贪婪,今赍重货深入其境,不可不备。"乃命先期而往,分道并进,一日,给之俱毕。突厥、室韦果发兵邀隘道,欲掠之,比至,耀卿已还。

赵含章坐赃巨万,杖于朝堂,流瀼州,道死。

7　秋,七月,萧嵩奏:"自祠后土以来,屡获丰年,宜因还京赛祠。"上从之。

8　敕裴光庭、萧嵩分押左、右厢兵。

9　八月辛未朔,日有食之。

10　初,上命张说与诸学士刊定五礼。说薨,萧嵩继之。起居舍人王仲丘请依明庆礼,祈谷、大雩、明堂,皆祀昊天上帝。嵩又请依上元敕,父在为母齐衰三年,皆从之。以高祖配圜丘、方丘,太宗配雩祀及神州地祇,睿宗配明堂。九月乙巳,新礼成,上之。号曰开元礼。

11　勃海靺鞨王武艺遣其将张文休帅海贼寇登州,杀刺史韦俊,上命右领军将军葛福顺发兵讨之。

12　壬子,河西节度使牛仙客加六阶。初,萧嵩在河西,委军政于仙客,仙客廉勤,善于其职。嵩屡荐之,竟代嵩为节度使。

13　冬,十月壬午,上发东都。辛卯,幸潞州。辛丑,至北都。十一月庚申,祀后土于汾阴,赦天下。十二月辛未,还西京。

14　是岁,以幽州节度使兼河北采访处置使增领卫、相、洺、贝、冀、魏、深、赵、恒、定、邢、德、博、棣、营、郑十六州及安东都护府。

15　天下户七百八十六万一千二百三十六,口四千五百四十三万一千二百六十五。

二十一年(癸酉,733)

1　春,正月乙巳,祔肃明皇后于太庙,毁仪坤庙。

2　丁巳,上幸骊山温泉。

3　上遣大门艺诣幽州发兵,以讨勃海王武艺。庚申,命太仆员外卿金思兰使于新罗,发兵击其南鄙。会大雪丈馀,山路阻隘,士卒死者过半,无功而还。武艺怨门艺不已,密遣客刺门艺于天津桥南,不死。上命河南搜捕贼党,尽杀之。

4　二月丁酉,金城公主请立碑于赤岭以分唐与吐蕃之境,许之。

5　三月乙巳,侍中裴光庭薨。太常博士孙琬议:“光庭用循资格,失劝奖之道,请谥曰克。”其子稹讼之,上赐谥忠献。

上问萧嵩可以代光庭者,嵩与右散骑常侍王丘善,将荐之;固让于右丞韩休。嵩言休于上。甲寅,以休为黄门侍郎、同平章事。

休为人峭直,不干荣利。及为相,甚允时望。始,嵩以休恬和,谓其易制,故引之。及与共事,休守正不阿,嵩渐恶之。宋璟叹曰:“不意韩休乃能如是!”上或宫中宴乐及后苑游猎,小有过差,辄谓左右曰:“韩休知否?”言终,谏疏已至。上尝临镜默然不乐,左右曰:“韩休为相,陛下殊瘦于旧,何不逐之!”上叹曰:“吾貌虽瘦,天下必肥。萧嵩奏事常顺指,既退,吾寝不安。韩休常力争,既退,吾寝乃安。吾用韩休,为社稷耳,非为身也。”

有供奉侏儒名黄𬌗,性警黠,上常冯之以行,谓之“肉几”,宠赐甚厚。

一日晚入，上怪之。对曰："臣向入宫，道逢捕盗官与臣争道，臣掀之坠马，故晚。"因下阶叩头。上曰："但使外无章奏，汝亦无忧。"有顷，京兆奏其状。上即叱出，付有司杖杀之。

6　闰月癸酉，幽州道副总管郭英杰与契丹战于都山，败死。时节度使薛楚玉遣英杰将精骑一万及降奚击契丹，屯于榆关之外。可突干引突厥之众来合战，奚持两端，散走保险。唐兵不利，英杰战死。馀众六千馀人犹力战不已，虏以英杰首示之，竟不降，尽为虏所杀。楚玉，讷之弟也。

7　夏，六月癸亥，制："自今选人有才业操行，委吏部临时擢用。流外奏用不复引过门下。"虽有此制，而有司以循资格便于己，犹踵行之。是时，官自三师以下一万七千六百八十六员，吏自佐史以上五万七千四百一十六员，而入仕之涂甚多，不可胜纪。

8　秋，七月乙丑朔，日有食之。

9　九月壬午，立皇子沔为信王，泚为义王，潍为陈王，澄为丰王，潓为恒王，滋为凉王，滔为汴王。

10　关中久雨谷贵，上将幸东都，召京兆尹裴耀卿谋之，对曰："关中帝业所兴，当百代不易，但以地狭谷少，故乘舆时幸东都以宽之。臣闻贞观、永徽之际，禄廪不多，岁漕关东一二十万石，足以周赡，乘舆得以安居。今用度浸广，运数倍于前，犹不能给，故使陛下数冒寒暑以恤西人。今若使司农租米悉输东都，自都转漕，稍实关中，苟关中有数年之储，则不忧水旱矣。且吴人不习河漕，所在停留，日月既久，遂生隐盗。臣请于河口置仓，使吴船至彼即输米而去，官自雇载分入河、洛。又于三门东西各置一仓，至者贮纳，水险则止，水通则下，或开山路，车运而过，则无复留滞，省费巨万矣。河、渭之滨，皆有汉、隋旧仓，葺之非难也。"上深然其言。

11　冬，十月庚戌，上幸骊山温泉。己未，还宫。

12　戊子，左丞相宋璟致仕，归东都。

13　韩休数与萧嵩争论于上前，面折嵩短，上颇不悦。嵩因乞骸骨，上曰："朕未厌卿，卿何为遽去？"对曰："臣蒙厚恩，待罪宰相，富贵已极，及陛下未厌臣，故臣得从容引去；若已厌臣，臣首领且不保，安能自遂！"因泣下。上为之动容，曰："卿且归，朕徐思之。"丁巳，嵩罢为左丞相，休罢为工部尚书。以京兆尹裴耀卿为黄门侍郎，前中书侍郎张九龄时居母丧，起复中书侍郎，并同平章事。

14　是岁，分天下为京畿、都畿、关内、河南、河东、河北、陇右、山南东道、山南西道、剑南、淮南、江南东道、江南西道、黔中、岭南，凡十五道，各置采访使,以六条检察非法;两畿以中丞领之,馀皆择贤刺史领之。非官有迁免,则使无废更。惟变革旧章,乃须报可,自馀听便宜从事,先行后闻。

15　太府卿杨崇礼,政道之子也,在太府二十馀年,前后为太府者莫能及。时承平日久,财货山积,尝经杨卿者,无不精美。每岁句驳省便,出钱数百万缗。是岁,以户部尚书致仕,年九十馀矣。上问宰相:"崇礼诸子,谁能继其父者?"对曰:"崇礼三子,慎馀、慎矜、慎名,皆廉勤有才,而慎矜为优。"上乃擢慎矜自汝阳令为监察御史,知太府出纳,慎名摄监察御史,知含嘉仓出给,亦皆称职;上甚悦之。慎矜奏诸州所输布帛有渍污穿破者,皆下本州征折估钱,转市轻货,征调始繁矣。

# 资治通鉴卷第二百一十四

## 唐纪三十

**玄宗至道大圣大明孝皇帝中之中**

开元二十二年（甲戌，734）

1　春，正月己巳，上发西京；己丑，至东都。张九龄自韶州入见，求终丧，不许。

2　二月壬寅，秦州地连震，坏公私屋殆尽，吏民压死者四千馀人；命左丞相萧嵩赈恤。

3　方士张果自言有神仙术，诳人云尧时为侍中，于今数千岁；多往来恒山中，则天以来，屡征不至。恒州刺史韦济荐之，上遣中书舍人徐峤赍玺书迎之。庚寅，至东都，肩舆入宫，恩礼甚厚。

4　张九龄请不禁铸钱，三月庚辰，敕百官议之。裴耀卿等皆曰："一启此门，恐小人弃农逐利，而滥恶更甚。"秘书监崔沔曰："若税铜折役，则官冶可成，计估度庸，则私铸无利，易而可久，简而难诬。且夫钱之为物，贵以通货，利不在多，何待私铸然后足用也！"右监门录事参军刘秩曰："夫人富则不可以赏劝，贫则不可以威禁。若许其私铸，贫者必不能为之；臣恐贫者益贫而役于富，富者益富而逞其欲。汉文帝时，吴王濞富埒天子，铸钱所致也。"上乃止。秩，子玄之子也。

5　夏，四月壬辰，以朔方节度使信安王祎兼关内道采访处置使，增领泾、原等十二州。

6　吏部侍郎李林甫，柔佞多狡数，深结宦官及妃嫔家，伺候上动静，无不知之，由是每奏对，常称旨，上悦之。时武惠妃宠幸倾后宫，生寿王清，诸子莫得为比，太子浸疏薄。林甫乃因宦官言于惠妃，愿尽力保护寿王；惠妃德之，阴为内助，由是擢黄门侍郎。五月戊子，以裴耀卿为侍中，张九龄为中书令，林甫为礼部尚书、同中书门下三品。

7　上种麦于苑中，帅太子以下亲往芟之，谓曰："此所以荐宗庙，故不敢不亲，且欲使汝曹知稼穑艰难耳。"又遍以赐侍臣曰："比遣人视田中稼,多不得实,故自种以观之。"

8　六月壬辰,幽州节度使张守珪大破契丹,遣使献捷。

9　薛王业疾病,上忧之,容发为变。七月己巳,薨,赠谥惠宣太子。

10　上以裴耀卿为江、淮、河南转运使,于河口置输场。八月壬寅,于输场东置河阴仓,西置柏崖仓,三门东置集津仓,西置盐仓;凿漕渠十八里以避三门之险。先是,舟运江、淮之米至东都含嘉仓,僦车陆运,三百里至陕,率两斛用千钱。耀卿令江、淮舟运悉输河阴仓,更用河舟运至含嘉仓及太原仓,自太原仓入渭输关中,凡三岁,运米七百万斛,省僦车钱三十万缗。或说耀卿献所省钱,耀卿曰:"此公家赢缩之利耳,奈何以之市宠乎!"悉奏以为市籴钱。

11　张果固请归恒山,制以为银青光禄大夫,号通玄先生,厚赐而遣之。后卒,好异者奏以为尸解,上由是颇信神仙。

12　冬,十二月戊子朔,日有食之。

13　乙巳,幽州节度使张守珪斩契丹王屈烈及可突干,传首。

时可突干连年为边患,赵含章、薛楚玉皆不能讨,守珪到官,屡击破之。可突干困迫,遣使诈降,守珪使管记王悔就抚之。悔至其牙帐,察契丹上下殊无降意,但稍徙营帐近西北,密遣人引突厥,谋杀悔以叛;悔知之。牙官李过折与可突干分典兵马,争权不叶,悔说过折使图之。过折夜勒兵斩屈烈及可突干,尽诛其党,帅馀众来降。守珪出师紫蒙州,大阅以镇抚之。枭屈烈、可突干首于天津〔桥〕之南。

14　突厥毗伽可汗为其大臣梅录啜所毒,未死,讨诛梅录啜及其族党。既卒,子伊然可汗立,寻卒,弟登利可汗立,庚戌,来告丧。

15　禁京城丐者,置病坊以禀之。

二十三年(乙亥,735)

1　春,正月,契丹知兵马中郎李过折来献捷;制以过折为北平王,检校松漠州都督。

乙亥,上耕藉田,九推乃止;公卿以下皆终亩。赦天下,都城酺三日。

上御五凤楼酺宴,观者喧隘,乐不得奏,金吾白梃如雨,不能遏,上患之。高力士奏河南丞严安之为理严,为人所畏,请使止之;上从之。安之至,以手板绕场画地曰:"犯此者死!"于是尽三日,人指其画以相戒,无敢犯者。

时命三百里内刺史、县令各帅所部音乐集于楼下,各较胜负。怀州刺史以车载乐工数百,皆衣文绣,服箱之牛皆为虎豹犀象之状。鲁山令元德秀惟遣乐工数人,连袂歌于芳。上曰:"怀州之人,其涂炭乎!"立以刺史为散官。德秀性介洁质朴,士大夫皆服其高。

2　上美张守珪之功,欲以为相,张九龄谏曰:"宰相者,代天理物,非赏功之官也。"上曰:"假以其名而不使任其职,可乎?"对曰:"不可。惟名与器不可以假人,君之所司也。且守珪才破契丹,陛下即以为宰相;若尽灭奚、厥,将以何官赏之?"上乃止。二月,守珪诣东都献捷,拜右羽林大将军,兼御史大夫,赐二子官,赏赉甚厚。

3　初,殿中侍御史杨汪既杀张审素,更名万顷。审素二子瑝、琇皆幼,坐流岭表;寻逃归,谋伺便复仇。三月丁卯,手杀万顷于都城,系表于斧,言父冤状;欲之江外杀与万顷同谋陷其父者,至汜水,为有司所得。议者多言二子父死非罪,稚年孝烈能复父仇,宜加矜宥;张九龄亦欲活之。裴耀卿、李林甫以为如此,坏国法,上亦以为然,谓九龄曰:"孝子之情,义不顾死;然杀人而赦之,此涂不可启也。"乃下敕曰:"国家设法,期于止杀。各伸为子之志,谁非徇孝之人!展转相仇,何有限极!咎繇作士,法在必行。曾参杀人,亦不可恕。宜付河南府杖杀。"士民皆怜之,为作哀诔,榜于衢路。市人敛钱葬之于北邙,恐万顷家发之,仍为疑冢数处。

4　唐初,公主实封止三百户,中宗时,太平公主至五千户,率以七丁为限。开元以来,皇妹止千户,皇女又半之,皆以三丁为限;驸马皆除三品员外官,而不任以职事。公主邑入至少,至不能具车服,左右或言其太薄,上曰:"百姓租赋,非我所有。战士出死力,赏不过束帛;女子何功,而享多户邪?且欲使之知俭啬耳。"秋,七月,咸宜公主将下嫁,始加实封至千户。公主,武惠妃之女也。于是诸公主皆加至千户。

5　冬,十月戊申,突骑施寇北庭及安西拨换城。

6　闰月壬午朔,日有食之。

7　十二月乙亥,册故蜀州司户杨玄琰女为寿王妃。玄琰,汪之曾孙也。

8　是岁,契丹王过折为其臣涅礼所杀,并其诸子,一子剌乾奔安东得免。涅礼上言,过折用刑残虐,众情不安,故杀之。上赦其罪,因以涅礼为松漠都督,且赐书责之曰:"卿之蕃法多无义于君长,自昔如此,朕亦知之。然过折是卿之王,有恶辄杀之,为此王者,不亦难乎!但恐卿为王,后人亦尔。常不自保,谁愿作王!亦应防虑后事,岂得取快目前!"突厥寻引兵东侵奚、契丹,涅礼与奚王李归国击破之。

二十四年（丙子，736）

1　春，正月庚寅，敕："天下逃户，听尽今年内自首，有旧产者令还本贯，无者别俟进止，逾限不首，当命专使搜求，散配诸军。"

2　北庭都护盖嘉运击突骑施，大破之。

3　二月甲寅，宴新除县令于朝堂，上作令长新戒一篇，赐天下县令。

4　庚午，更皇子名：鸿曰瑛，潭曰琮，浚曰玙，洽曰琰，涓曰瑶，滉曰琬，涺曰琚，潍曰璲，沄曰璬，泽曰璘，清曰瑁，泂曰玢，沭曰琦，溢曰环，沔曰瑝，泚曰玼，灌曰珪，澄曰珙，潓曰瑱，漎曰璿，滔曰璬。

5　旧制，考功员外郎掌试贡举人。有进士李权，陵侮员外李昂，议者以员外郎位卑，不能服众。三月壬辰，敕自今委礼部侍郎试贡举人。

6　张守珪使平卢讨击使、左骁卫将军安禄山讨奚、契丹叛者，禄山恃勇轻进，为虏所败。夏，四月辛亥，守珪奏请斩之。禄山临刑呼曰："大夫不欲灭奚、契丹邪，奈何杀禄山！"守珪亦惜其骁勇，乃更执送京师。张九龄批曰："昔穰苴诛庄贾，孙武斩宫嫔，守珪军令若行，禄山不宜免死。"上惜其才，敕令免官，以白衣将领。九龄固争曰："禄山失律丧师，于法不可不诛。且臣观其貌有反相，不杀必为后患。"上曰："卿勿以王夷甫识石勒，枉害忠良。"竟赦之。

安禄山者，本营州杂胡，初名阿荦山。其母，巫也；父死，母携之再适突厥安延偃。会其部落破散，与延偃兄子思顺俱逃来，故冒姓安氏，名禄山。又有史窣干者，与禄山同里闬，先后一日生。及长，相亲爱，皆为互市牙郎，以骁勇闻。张守珪以禄山为捉生将，禄山每与数骑出，辄擒契丹数十人而返。狡猾，善揣人情，守珪爱之，养以为子。

窣干尝负官债亡入奚中，为奚游弈所得，欲杀之；窣干绐曰："我，唐之和亲使也，汝杀我，祸且及汝国。"游弈信之，送诣牙帐。窣干见奚王，长揖不拜，奚王虽怒，而畏唐，不敢杀，以客礼馆之，使百人随窣干入朝。窣干谓奚王曰："王遣人虽多，观其才皆不足以见天子。闻王有良将琐高者，何不使之入朝！"奚王即命琐高与牙下三百人随窣干入朝。窣干将至平卢，先使人谓军使裴休子曰："奚使琐高与精锐俱来，声云入朝，实欲袭军城，宜谨为之备，先事图之。"休子乃具军容出迎，至馆，悉坑杀其从兵，执琐高送幽州。张守珪以窣干为有功，奏为果毅，累迁将军。后入奏事，上与语，悦之，赐名思明。

7　故连州司马武攸望之子温眘，坐交通权贵，杖死。乙丑，朔方、河东节度使信安王祎贬衢州刺史,广武王承宏贬房州别驾,泾州刺史薛自劝贬澧州别驾,皆坐与温眘交游故也。承宏,守礼之子也。辛未,蒲州刺史王琚贬通州刺史,坐与祎交书也。

8 五月,醴泉妖人刘志诚作乱,驱掠路人,将趣咸阳。村民走告县官,焚桥断路以拒之,其众遂溃,数日,悉擒斩之。

9 六月,初分月给百官俸钱。

10 初,上因藉田赦,命有司议增宗庙笾豆之荐及服纪未通者。太常卿韦绦奏请宗庙每坐笾豆十二。

兵部侍郎张均、职方郎中韦述议曰:"圣人知孝子之情深而物类之无限,故为之节制。人之嗜好本无凭准,宴私之馔与时迁移,故圣人一切同归于古。屈到嗜芰,屈建不以荐,以为不以私欲干国之典。今欲取甘旨肥浓,皆充祭用,苟逾旧制,其何限焉! 书曰:'黍稷非馨,明德惟馨。'若以今之珍馔,平生所习,求神无方,何必泥古,则簠簋可去而盘盂杯案当在御矣,韶濩可息而筌篌筝笛当在奏矣。既非正物,后嗣何观! 夫神,以精明临人者也,不求丰大。苟失于礼,虽多何为! 岂可废弃礼经以从流俗! 且君子爱人以礼,不求苟合,况在宗庙,敢忘旧章!"

太子宾客崔沔议曰:"祭祀之兴,肇于太古,茹毛饮血,则有毛血之荐;未有曲糵,则有玄酒之奠。施及后王,礼物渐备;然以神道致敬,不敢废也。笾豆簠簋樽罍之实,皆周人之时馔也,其用通于宴飨宾客,而周公制礼,与毛血玄酒同荐鬼神。国家由礼立训,因时制范,清庙时飨,礼馔毕陈,用周制也。园陵上食,时膳具设,遵汉法也。职贡来祭,致远物也。有新必荐,顺时令也。苑囿之内,躬稼所收,搜狩之时,亲发所中,莫不荐而后食,尽诚敬也。若此至矣,复何加焉! 但当申敕有司,无或简怠,则鲜美肥浓,尽在是矣,不必加笾豆之数也。"

上固欲量加品味。绦又奏每室加笾豆各六,四时各实以新果珍羞;从之。

绦又奏:"丧服'舅,缌麻三月,从母、外祖父母皆小功五月。'外祖至尊,同于从母之服;姨、舅一等,服则轻重有殊。堂姨、舅亲即未疏,恩绝不相为服;舅母来承外族,不如同爨之礼。窃以古意犹有所未畅者也,请加外祖父母为大功九月,姨、舅皆小功五月,堂舅、堂姨、舅母并加至袒免。"

崔沔议曰:"正家之道,不可以贰;总一定义,理归本宗。是以内有齐、斩,外皆缌麻,尊名所加,不过一等,此先王不易之道。愿守八年明旨,一依古礼,以为万代成法。"

韦述议曰:"丧服传曰:'禽兽知母而不知父。野人曰,父母何算焉!都邑之士则知尊祢矣,大夫及学士则知尊祖矣。'圣人究天道而厚于祖祢,系族姓而亲其子孙,母党比于本族,不可同贯,明矣。今若外祖与舅加服一等,堂舅及姨列于服纪,则中外之制,相去几何!废礼徇情,所务者末。古之制作者,知人情之易摇,恐失礼之将渐,别其同异,轻重相悬,欲使后来之人永不相杂。微旨斯在,岂徒然哉!苟可加也,亦可减也。往圣可得而非,则礼经可得而隳矣。先王之制,谓之彝伦,奉以周旋,犹恐失坠;一紊其叙,庸可止乎!请依仪礼丧服为定。"

礼部员外郎杨仲昌议曰:"郑文贞公魏徵始加舅服至小功五月。虽文贞贤也,而周、孔圣也,以贤改圣,后学何从!窃恐内外乖序,亲疏夺伦,情之所沿,何所不至!昔子路有姊之丧而不除,孔子曰:'先王制礼,行道之人,皆不忍也。'子路除之。此则圣人援事抑情之明例也。记曰:'毋轻议礼。'明其蟠于天地,并彼日月,贤者由之,安敢损益也!"

敕:"姨、舅既服小功,舅母不得全降,宜服缌麻,堂姨、舅宜服袒免。"均,说之子也。

11　秋,八月壬子,千秋节,群臣皆献宝镜。张九龄以为以镜自照见形容,以人自照见吉凶。乃述前世兴废之源,为书五卷,谓之千秋金镜录,上之,上赐书褒美。

12　甲寅,突骑施遣其大臣胡禄达干来请降,许之。

13　御史大夫李适之,承乾之孙也,以才干得幸于上,数为承乾论辩。甲戌,追赠承乾恒山愍王。

14　乙亥,汴哀王璥薨。

15　冬,十月戊申,车驾发东都。先是,敕以来年二月二日行幸西京,会宫中有怪,明日,上召宰相,即议西还。裴耀卿、张九龄曰:"今农收未毕,请俟仲冬。"李林甫潜知上指,二相退,林甫独留,言于上曰:"长安、洛阳,陛下东西宫耳,往来行幸,何更择时!借使妨于农收,但应蠲所过租税而已。臣请宣示百司,即日西行。"上悦,从之。过陕州,以刺史卢奂有善政,题赞于其听事而去。奂,怀慎之子也。丁卯,至西京。

16　朔方节度使牛仙客,前在河西,能节用度,勤职业,仓库充实,器械精利;上闻而嘉之,欲加尚书。张九龄曰:"不可。尚书,古之纳言,唐兴以来,惟旧相及扬历中外有德望者乃为之。仙客本河湟使典,今骤居清要,恐羞朝廷。"上曰:"然则但加实封可乎?"对曰:"不可。封爵所以劝有功。边将实仓库,修器械,乃常务耳,不足为功。陛下赏其勤,赐之金帛

可也;裂土封之,恐非其宜。"上默然。李林甫言于上曰:"仙客,宰相才
也,何有于尚书!九龄书生,不达大体。"上悦,明日,复以仙客实封为言,
九龄固执如初。上怒,变色曰:"事皆由卿邪?"九龄顿首谢曰:"陛下不知
臣愚,使待罪宰相,事有未允,臣不敢不尽言。"上曰:"卿嫌仙客寒微,如
卿有何阀阅?"九龄曰:"臣岭海孤贱,不如仙客生于中华;然臣出入台阁,
典司诰命有年矣。仙客边隅小吏,目不知书,若大任之,恐不惬众望。"林
甫退而言曰:"苟有才识,何必辞学!天子用人,有何不可!"十一月戊戌,
赐仙客爵陇西县公,食实封三百户。

初,上欲以李林甫为相,问于中书令张九龄,九龄对曰:"宰相系国安
危,陛下相林甫,臣恐异日为庙社之忧。"上不从。时九龄方以文学为上
所重,林甫虽恨,犹曲意事之。侍中裴耀卿与九龄善,林甫并疾之。是时,
上在位岁久,渐肆奢欲,怠于政事。而九龄遇事无细大皆力争;林甫巧伺
上意,日思所以中伤之。

上之为临淄王也,赵丽妃、皇甫德仪、刘才人皆有宠,丽妃生太子瑛,
德仪生鄂王瑶,才人生光王琚。及即位,幸武惠妃,丽妃等爱皆弛;惠妃生
寿王瑁,宠冠诸子。太子与瑶、琚会于内第,各以母失职有怨望语。驸马
都尉杨洄尚咸宜公主,常伺三子过失以告惠妃。惠妃泣诉于上曰:"太子
阴结党与,将害妾母子,亦指斥至尊。"上大怒,以语宰相,欲皆废之。九
龄曰:"陛下践阼垂三十年,太子诸王不离深宫,日受圣训,天下之人皆庆
陛下享国久长,子孙蕃昌。今三子皆已成人,不闻大过,陛下奈何一旦以
无根之语,喜怒之际,尽废之乎!且太子天下本,不可轻摇。昔晋献公听
骊姬之谗杀申生,三世大乱。汉武帝信江充之诬罪戾太子,京城流血。晋
惠帝用贾后之谮废愍怀太子,中原涂炭。隋文帝纳独孤后之言黜太子勇,
立炀帝,遂失天下。由此观之,不可不慎。陛下必欲为此,臣不敢奉诏。"
上不悦。林甫初无所言,退而私谓宦官之贵幸者曰:"此主上家事,何必
问外人!"上犹豫未决。惠妃密使官奴牛贵儿谓九龄曰:"有废必有兴,公
为之援,宰相可长处。"九龄叱之,以其语白上;上为之动色,故讫九龄罢
相,太子得无动。林甫日夜短九龄于上,上浸疏之。

林甫引萧炅为户部侍郎。炅素不学,尝对中书侍郎严挺之读"伏腊"
为"伏猎"。挺之言于九龄曰:"省中岂容有'伏猎侍郎'!"由是出炅为岐
州刺史,故林甫怨挺之。九龄与挺之善,欲引以为相,尝谓之曰:"李尚书
方承恩,足下宜一造门,与之款昵。"挺之素负气,薄林甫为人,竟不之诣。
林甫恨之益深。挺之先娶妻,出之,更嫁蔚州刺史王元琰,元琰坐赃罪下

三司按鞫,挺之为之营解。林甫因左右使于禁中白上。上谓宰相曰:"挺之为罪人请属所由。"九龄曰:"此乃挺之出妻,不宜有情。"上曰:"虽离乃复有私。"

于是上积前事,以耀卿、九龄为阿党;壬寅,以耀卿为左丞相,九龄为右丞相,并罢政事。以林甫兼中书令,仙客为工部尚书、同中书门下三品,领朔方节度如故。严挺之贬洺州刺史,王元琰流岭南。

上即位以来,所用之相,姚崇尚通,宋璟尚法,张嘉贞尚吏,张说尚文,李元纮、杜暹尚俭,韩休、张九龄尚直,各其所长也。九龄既得罪,自是朝廷之士,皆容身保位,无复直言。

李林甫欲蔽塞人主视听,自专大权,明召诸谏官谓曰:"今明主在上,群臣将顺之不暇,乌用多言! 诸君不见立仗马乎? 食三品料,一鸣辄斥去。悔之何及!"补阙杜琎尝上书言事,明日,黜为下邽令。自是谏争路绝矣。

牛仙客既为林甫所引,专给唯诺而已。然二人皆谨守格式,百官迁除,各有常度,虽奇才异行,不免终老常调;其以巧谄邪险自进者,则超腾不次,自有他蹊矣。林甫城府深密,人莫窥其际。好以甘言啖人,而阴中伤之,不露辞色。凡为上所厚者,始则亲结之,及位势稍逼,辄以计去之。虽老奸巨猾,无能逃于其术者。

二十五年(丁丑,737)

1　春,正月,初置玄学博士,每岁依明经举。

2　二月,敕曰:"进士以声韵为学,多昧古今;明经以帖诵为功,罕穷旨趣。自今明经问大义十条,对时务策三首;进士试大经十帖。"

3　戊辰,新罗王兴光卒,子承庆袭位。

4　乙酉,幽州节度使张守珪破契丹于捺禄山。

5　己亥,河西节度使崔希逸袭吐蕃,破之于青海西。

初,希逸遣使谓吐蕃乞力徐曰:"两国通好,今为一家,何必更置兵守捉,妨人耕牧! 请皆罢之。"乞力徐曰:"常侍忠厚,言必不欺。然朝廷未必专以边事相委,万一有奸人交斗其间,掩吾不备,悔之何及!"希逸固请,乃刑白狗为盟,各去守备;于是吐蕃畜牧被野。时吐蕃西击勃律,勃律来告急,上命吐蕃罢兵,吐蕃不奉诏,遂破勃律;上甚怒。会希逸傔人孙诲入奏事,自欲求功,奏称吐蕃无备,请掩击,必大获。上命内给事赵惠琮与诲偕往,审察事宜。惠琮等至,则矫诏令希逸袭之。希逸不得已,发兵自凉州南入吐蕃二千馀里,至青海西,与吐蕃战,大破之,斩首二千馀级,乞力徐脱身走。惠琮、诲皆受厚赏,自是吐蕃复绝朝贡。

6　夏,四月辛酉,监察御史周子谅弹牛仙客非才,引谶书为证。上怒,命左右捶于殿庭,绝而复苏;仍杖之朝堂,流瀼州,至蓝田而死。李林甫言,"子谅,张九龄所荐也"。甲子,贬九龄荆州长史。

7　杨洄又奏太子瑛、鄂王瑶、光王琚,云与太子妃兄驸马薛锈潜构异谋,上召宰相谋之。李林甫对曰:"此陛下家事,非臣等所宜豫。"上意乃决。乙丑,使宦者宣制于宫中,废瑛、瑶、琚为庶人;流锈于瀼州;瑛、瑶、琚寻赐死城东驿,锈赐死于蓝田。瑶、琚皆好学有才识,死不以罪,人皆惜之。丙寅,瑛舅家赵氏、妃家薛氏,瑶舅家皇甫氏,坐流贬者数十人,惟瑶妃家韦氏以妃贤得免。

8　五月,夷州刺史杨濬坐赃当死,上命杖之六十,流古州。左丞相裴耀卿上疏,以为"决杖赎死,恩则甚优,解体受笞,事颇为辱,止可施之徒隶,不当及于士人"。上从之。

9　癸未,敕以方隅底定,令中书门下与诸道节度使量军镇闲剧利害,审计兵防定额,于诸色征人及客户中召募丁壮,长充边军,增给田宅,务加优恤。

10　辛丑,上命有司选宗子有才者,授以台省及法官、京县官,敕曰:"违道慢常,义无私于王法;修身效节,恩岂薄于他人! 期于帅先,励我风俗。"

11　秋,七月己卯,大理少卿徐峤奏:"今岁天下断死刑五十八,大理狱院,由来相传杀气太盛,鸟雀不栖,今有鹊巢其树。"于是百官以几致刑措,上表称贺。上归功宰辅,庚辰,赐李林甫爵晋国公,牛仙客豳国公。

上命李林甫、牛仙客与法官删修律令格式成,九月壬申,颁行之。

12　先是,西北边数十州多宿重兵,地租营田皆不能赡,始用和籴之法。有彭果者,因牛仙客献策,请行籴法于关中。戊子,敕以岁稔谷贱伤农,命增时价什二三,和籴东、西畿粟各数百万斛,停今年江、淮所运租。自是关中蓄积羡溢,车驾不复幸东都矣。癸巳,敕河南、北租应输含嘉、太原仓者,皆留输本州。

13　太常博士王玙上疏请立青帝坛以迎春,从之。冬,十月辛丑,制自今立春亲迎春于东郊。

时上颇好祀神鬼,故玙专习祠祭之礼以干时。上悦之,以为侍御史,领祠祭使。玙祈祷或焚纸钱,类巫觋。习礼者羞之。

14　壬申,上幸骊山温泉。乙酉,还宫。

15　己丑,开府仪同三司广平文贞公宋璟薨。

16　十二月丙午,惠妃武氏薨,赠谥贞顺皇后。

17　是岁,命将作大匠康𫗲素之东都毁明堂。𫗲素上言:"毁之劳人,请去上层,卑于旧九十五尺,仍旧为乾元殿。"从之。

18　初令租庸调、租资课,皆以土物输京都。

二十六年(戊寅,738)

1　春,正月,乙亥,以牛仙客为侍中。

2　丁丑,上迎气于浐水之东。

3　制边地长征兵,召募向足,自今镇兵勿复遣,在彼者纵还。

4　令天下州、县、里别置学。

5　壬辰,以李林甫领陇右节度副大使,以鄯州都督杜希望知留后。

二月乙卯,以牛仙客兼河东节度副大使。

6　己未,葬贞顺皇后于敬陵。

7　壬戌,敕河曲六州胡坐康待宾散隶诸州者,听还故土,于盐、夏之间,置宥州以处之。

8　三月,吐蕃寇河西,节度使崔希逸击破之。鄯州都督、知陇右留后杜希望攻吐蕃新城,拔之,以其地为威戎军,置兵一千戍之。

9　夏,五月乙酉,李林甫兼河西节度使。

丙申,以崔希逸为河南尹。希逸自念失信于吐蕃,内怀愧恨,未几而卒。

10　太子瑛既死,李林甫数劝上立寿王瑁。上以忠王玙年长,且仁孝恭谨,又好学,意欲立之,犹豫岁馀不决。自念春秋浸高,三子同日诛死,继嗣未定,常忽忽不乐,寝膳为之减。高力士乘间请其故。上曰:"汝,我家老奴,岂不能揣我意!"力士曰:"得非以郎君未定邪?"上曰:"然。"对曰:"大家何必如此虚劳圣心,但推长而立,谁敢复争!"上曰:"汝言是也!汝言是也!"由是遂定。六月,庚子,立玙为太子。

11　辛丑,以岐州刺史萧炅为河西节度使总留后事,鄯州都督杜希望为陇右节度使,太仆卿王昱为剑南节度使,分道经略吐蕃,仍毁所立赤岭碑。

12　突骑施可汗苏禄,素廉俭,每攻战所得,辄与诸部分之,不留私蓄,由是众乐为用。既尚唐公主,又潜通突厥及吐蕃,突厥、吐蕃各以女妻之。苏禄以三国女为可敦,又立数子为叶护,用度浸广,由是攻战所得,不复更分。晚年病风,一手挛缩,诸部离心。酋长莫贺达干、都摩度两部最强,其部落又分为黄姓、黑姓,互相乖阻,于是莫贺达干勒兵夜袭苏禄,杀之。都摩度初与莫贺达干连谋,既而复与之异,立苏禄之子骨啜为吐火仙可汗以收其馀众,与莫贺达干相攻。莫贺达干遣使告碛西节度使盖嘉运,上命嘉运招集突骑施、拔汗那以西诸国。吐火仙与都摩度据碎叶城,黑姓可汗尔微特勒据怛逻斯城,相与连兵以拒唐。

13　太子将受册命,仪注有中严、外办及绛纱袍,太子嫌与至尊同称,表请易之。左丞相裴耀卿奏停中严,改外办曰外备,改绛纱袍为朱明服。秋,七月己巳,上御宣政殿,册太子。故事,太子乘辂至殿门。至是,太子不就辂,自其宫步入。是日,赦天下。己卯,册忠王妃韦氏为太子妃。

14　杜希望将鄯州之众夺吐蕃河桥,筑盐泉城于河左,吐蕃发兵三万逆战。希望众少不敌,将卒皆惧。左威卫郎将王忠嗣帅所部先犯其陈,所向辟易,杀数百人,虏陈乱。希望纵兵乘之,虏遂大败。置镇西军于盐泉。忠嗣以功迁左金吾将军。

15　八月辛巳,勃海王武艺卒,子钦茂立。

16　九月丙申朔,日有食之。

17　初,仪凤中,吐蕃陷安戎城而据之,其地险要,唐屡攻之不克。剑南节度使王昱筑两城于其侧,顿军蒲婆岭下,运资粮以逼之。吐蕃大发兵救安戎城,昱众大败,死者数千人。昱脱身走,粮仗军资皆弃之。贬昱栝州刺史,再贬高要尉而死。

18　戊午,册南诏蒙归义为云南王。

归义之先本哀牢夷,地居姚州之西,东南接交趾,西北接吐蕃。蛮语谓王曰诏,先有六诏:曰蒙舍,曰蒙越,曰越析,曰浪穹,曰样备,曰越澹。兵力相埒,莫能相壹,历代因之以分其势。蒙舍最在南,故谓之南诏。高宗时,蒙舍细奴逻初入朝。细奴逻生逻盛,逻盛生盛逻皮,盛逻皮生皮逻阁。皮逻阁浸强大,而五诏微弱;会有破洱河蛮之功,乃赂王昱,求合六诏为一。昱为之奏请,朝廷许之,仍赐名归义。于是以兵威胁服群蛮,不从者灭之,遂击破吐蕃,徙居大和城;其后卒为边患。

19　冬,十月戊寅,上幸骊山温泉。壬辰,上还宫。

20　是岁,于西京、东都往来之路,作行宫千馀间。

21　分左右羽林置龙武军,以万骑营隶焉。

22　润州刺史齐澣奏:"自瓜步济江迂六十里。请自京口埭下直济江,穿伊娄河二十五里即达扬子县,立伊娄埭。"从之。

二十七年(己卯,739)

1　春,正月壬寅,命陇右节度大使荣王琬自至本道巡按处置诸军,选募关内、河东壮士三五万人,诣陇右防遏,至秋末无寇,听还。

2　群臣请加尊号曰圣文;二月己巳,许之,因赦天下,免百姓今年田租。

3　夏,四月癸酉,敕:"诸阴阳术数,自非婚丧卜择,皆禁之。"

4　己丑,以牛仙客为兵部尚书兼侍中,李林甫为吏部尚书兼中书令,总文武选事。

5　六月癸酉,以御史大夫李适之兼幽州节度使。

幽州将赵堪、白真陁罗矫节度使张守珪之命,使平卢军使乌知义击叛奚馀党于横水之北;知义不从,白真陁罗矫称制指以迫之。知义不得已出师,与虏遇,先胜后败;守珪隐其败状,以克获闻。

事颇泄,上令内谒者监牛仙童往察之。守珪重赂仙童,归罪于白真陁罗,逼令自缢死。仙童有宠于上,众宦官疾之,共发其事。上怒,甲戌,命杨思勖杖杀之。思勖缚格,杖之数百,刳取其心,割其肉啖之。守珪坐贬括州刺史。太子太师萧嵩尝赂仙童以城南良田数顷,李林甫发之,嵩坐贬青州刺史。

6　秋,八月乙亥,碛西节度使盖嘉运擒突骑施可汗吐火仙。嘉运攻碎叶城,吐火仙出战,败走,擒之于贺逻岭。分遣疏勒镇守使夫蒙灵詧与拔汗那王阿悉烂达干潜引兵突入怛逻斯城,擒黑姓可汗尔微,遂入曳建城,取交河公主,悉收散发之民数万以与拔汗那王,威震西陲。

7　壬午,吐蕃寇白草、安人等军,陇右节度使萧炅击破之。

8　甲申,追谥孔子为文宣王。先是,祀先圣先师,周公南向,孔子东向坐。制:"自今孔子南向坐,被王者之服,释奠用宫悬。"追赠弟子皆为公、侯、伯。

9　九月戊午,处木昆、鼠尼施、弓月等诸部先隶突骑施者,皆帅众内附,仍请徙居安西管内。

10　太子更名绍。

11　冬,十月辛巳,改修东都明堂。

12　丙戌,上幸骊山温泉。十一月辛丑,还宫。

13　甲辰,明堂成。

14　剑南节度使张宥文吏不习军旅,悉以军政委团练副使章仇兼琼。兼琼入奏事,盛言安戎城可取,上悦之。丁巳,以宥为光禄卿。十二月,以兼琼为剑南节度使。

15　初,睿宗丧既除,祫于太庙,自是三年一祫,五年一禘。是岁,夏既禘,冬又当祫。太常议以为祭数则渎,请停今年祫祭,自是通计五年一祫、一禘;从之。


二十八年(庚寅,740)

1　春,正月癸巳,上幸骊山温泉;庚子,还宫。

2　二月,荆州长史张九龄卒。上虽以九龄忤旨,逐之,然终爱重其人,每宰相荐士,辄问曰:"风度得如九龄不?"

3　三月丁亥朔,日有食之。

4　章仇兼琼潜与安戎城中吐蕃翟都局及维州别驾董承晏结谋,使局开门引内唐兵,尽杀吐蕃将卒,使监察御史许远将兵守之。远,敬宗之曾孙也。

5　甲寅,盖嘉运入献捷。上赦吐火仙罪,以为左金吾大将军。嘉运请立阿史那怀道之子昕为十姓可汗,从之。夏,四月辛未,以昕妻李氏为交河公主。

6　六月,吐蕃围安戎城。

7　上嘉盖嘉运之功,以为河西、陇右节度使,使之经略吐蕃。嘉运恃恩流连,不时发。左丞相裴耀卿上疏,以为:"臣近与嘉运同班,观其举措,诚勇烈有馀,然言气矜夸,恐难成事。昔莫敖忸于蒲骚之役,卒丧楚师;今嘉运有骄敌之色,臣窃忧之。况防秋非远,未言发日,若临事始去,则士卒尚未相识,何以制敌!且将军受命,凿凶门而出;今乃酣饮朝夕,殆非忧国爱人之心。若不可改易,宜速遣进途,仍乞圣恩严加训励。"上乃趣嘉运行。已而嘉运竟无功。

8　秋,八月甲戌,幽州奏破奚、契丹。

9　冬,十月甲子,上幸骊山温泉;辛巳,还宫。

10　吐蕃寇安戎城及维州,发关中彍骑救之,吐蕃引去。更命安戎城曰平戎。

11　十一月,罢牛仙客朔方、河东节度使。

12　突骑施莫贺达干闻阿史那昕为可汗,怒曰:"首诛苏禄,我之谋也,今立史昕,何以赏我!"遂帅诸部叛。上乃立莫贺达干为可汗,使统突骑施之众；命盖嘉运招谕之。十二月乙卯，莫贺达干降。

13　金城公主薨，吐蕃告丧，且请和，上不许。

14　是岁，天下县千五百七十三，户八百四十一万二千八百七十一，口四千八百一十四万三千六百九。西京、东都米斛直钱不满二百，绢匹亦如之。海内富安，行者虽万里不持寸兵。

二十九年（辛巳，741）

1　春，正月癸巳，上幸骊山温泉。

2　丁酉，制：“承前诸州饥馑，皆待奏报，然始开仓赈给。道路悠远，何救悬绝！自今委州县长官与采访使量事给讫奏闻。”

3　庚子，上还宫。

4　上梦玄元皇帝告云：“吾有像在京城西南百馀里，汝遣人求之，吾当与汝兴庆宫相见。”上遣使求得之于盩厔楼观山间。夏，闰四月，迎置兴庆宫。五月，命画玄元真容，分置诸州开元观。

5　六月，吐蕃四十万众入寇，至安仁军，浑崖峰骑将臧希液帅众五千击破之。

6　秋，七月丙寅，突厥遣使来告登利可汗之丧。初，登利从叔二人，分典兵马，号左、右杀。登利患两杀之专，与其母谋，诱右杀，斩之，自将其众。左杀判阙特勒勒兵攻登利，杀之，立毗伽可汗之子为可汗，俄为骨咄叶护所杀，更立其弟；寻又杀之，骨咄叶护自立为可汗。上以突厥内乱，癸酉，命左羽林将军孙老奴招谕回纥、葛逻禄、拔悉密等部落。

7　乙亥，东都洛水溢，溺死者千馀人。

8　平卢兵马使安禄山，倾巧，善事人，人多誉之。上左右至平卢者，禄山皆厚赂之，由是上益以为贤。御史中丞张利贞为河北采访使，至平卢，禄山曲事利贞，乃至左右皆有赂。利贞入奏，盛称禄山之美。八月乙未，以禄山为营州都督，充平卢军使，两蕃、勃海、黑水四府经略使。

9　冬，十月丙申，上幸骊山温泉。

10　壬寅，分北庭、安西为二节度。

11　十一月庚戌，司空邠王守礼薨。守礼庸鄙无才识，每天将雨及霁，守礼必先言之，已而皆验。岐、薛诸王言于上曰：“邠兄有术。”上问其故，对曰：“臣无术。则天时以章怀之故，幽闭宫中十馀年，岁赐敕杖者数四，背瘢甚厚，将雨则沉闷，将霁则轻爽，臣以此知之耳。”因流涕沾襟。上亦为之惨然。

12　辛酉，上还宫。

13　辛未，太尉宁王宪薨。上哀恸特甚，曰："天下，兄之天下也；兄固让于我，为唐太伯，常名不足以处之。"乃谥曰让皇帝。其子汝阳王琎，上表追述先志，谦冲不敢当帝号，上不许。敛日，内出服，以手书致于灵座，书称"隆基白"；又名其墓曰惠陵，追谥其妃元氏曰恭皇后，袝葬焉。

14　十二月乙巳，吐蕃屠达化县，陷石堡城；盖嘉运不能御。

# 资治通鉴卷第二百一十五

## 唐纪三十一

### 玄宗至道大圣大明孝皇帝中之下

天宝元年（壬午，742）

1　春，正月丁未朔，上御勤政楼受朝贺，赦天下，改元。

2　壬子，分平卢别为节度，以安禄山为节度使。

是时，天下声教所被之州三百三十一，羁縻之州八百，置十节度、经略使以备边。安西节度抚宁西域，统龟兹、焉耆、于阗、疏勒四镇，治龟兹城，兵二万四千。北庭节度防制突骑施、坚昆，统瀚海、天山、伊吾三军，屯伊、西二州之境，治北庭都护府，兵二万人。河西节度断隔吐蕃、突厥，统赤水、大斗、建康、宁寇、玉门、墨离、豆卢、新泉八军，张掖、交城、白亭三守捉，屯凉、肃、瓜、沙、会五州之境，治凉州，兵七万三千人。朔方节度捍御突厥，统经略、丰安、定远三军，三受降城，安北、单于二都护府，屯灵、夏、丰三州之境，治灵州，兵六万四千七百人。河东节度与朔方掎角以御突厥，统天兵、大同、横野、岢岚四军，云中守捉，屯太原府忻、代、岚三州之境，治太原府，兵五万五千人。范阳节度临制奚、契丹，统经略、威武、清夷、静塞、恒阳、北平、高阳、唐兴、横海九军，屯幽、蓟、妫、檀、易、恒、定、漠、沧九州之境，治幽州，兵九万一千四百人。平卢节度镇抚室韦、靺鞨，统平卢、卢龙二军，榆关守捉，安东都护府，屯营、平二州之境，治营州，兵三万七千五百人。陇右节度备御吐蕃，统临洮、河源、白水、安人、振威、威戎、漠门、宁塞、积石、镇西十军，绥和、合川、平夷三守捉，屯鄯、廓、洮、河之境，治鄯州，兵七万五千人。剑南节度西抗吐蕃，南抚蛮獠，统天宝、平戎、昆明、宁远、澄川、南江六军，屯益、翼、茂、当、嶲、柘、松、维、恭、雅、黎、姚、悉十三州之境，治益州，兵三万九百人。岭南五府经略绥静夷、獠，统经略、清海二军，桂、容、邕、交四管，治广州，兵万五千四百人。此外又有长乐经略，福州领之，兵千五百人。东莱守捉，莱州领之；东牟守捉，登州领之；兵各千人。凡镇兵四十九万人，马八万馀匹。开元之前，每岁供边兵衣粮,费不过二百万;天宝之后,边将奏益兵浸多,每岁用衣千二十万匹,粮百九十万斛,公私劳费,民始困苦矣。

3　甲寅,陈王府参军田同秀上言:"见玄元皇帝于丹凤门之空中,告以'我藏灵符,在尹喜故宅'。"上遣使于故函谷关尹喜台旁求得之。

4　陕州刺史李齐物穿三门运渠,辛未,渠成。齐物,神通之曾孙也。

5　壬辰,群臣上表,以"函谷灵符,潜应年号;先天不违,请于尊号加'天宝'字"。从之。

二月辛卯,上享玄元皇帝于新庙。甲午,享太庙。丙申,合祀天地于南郊,赦天下。改侍中为左相,中书令为右相,尚书左、右丞相复为仆射;东都、北都皆为京,州为郡,刺史为太守;改桃林县曰灵宝。田同秀除朝散大夫。

时人皆疑宝符同秀所为。间一岁,清河人崔以清复言:"见玄元皇帝于天津桥北,云藏符在武城紫微山。"敕使往求,亦得之。东都留守王倕知其诈,按问,果首服。奏之。上亦不深罪,流之而已。

6　三月,以长安令韦坚为陕郡太守,领江、淮租庸转运使。

初,宇文融既败,言利者稍息。及杨慎矜得幸,于是韦坚、王鉷之徒竞以利进,百司有利权者,稍稍别置使以领之,旧官充位而已。坚,太子之妃兄也,为吏以干敏称。上使之督江、淮租运,岁增巨万;上以为能,故擢任之。王鉷,方翼之曾孙也,亦以善治租赋为户部员外郎兼侍御史。

7　李林甫为相,凡才望功业出己右及为上所厚、势位将逼己者,必百计去之;尤忌文学之士,或阳与之善,啖以甘言而阴陷之。世谓李林甫"口有蜜,腹有剑"。

上尝陈乐于勤政楼,垂帘观之。兵部侍郎卢绚谓上已起,垂鞭按辔,横过楼下。绚风标清粹,上目送之,深叹其蕴藉。林甫常厚以金帛赂上左右,上举动必知之,乃召绚子弟谓曰:"尊君素望清崇,今交、广藉才,圣上欲以尊君为之,可乎? 若惮远行,则当左迁;不然,则以宾、詹分务东洛,亦优贤之命也,何如?"绚惧,以宾、詹为请。林甫恐乖众望,乃除华州刺史。到官未几,诬其有疾,州事不理,除詹事、员外同正。

上又尝问林甫以"严挺之今安在? 是人亦可用"。挺之时为绛州刺史。林甫退,召挺之弟损之,谕以"上待尊兄意甚厚,盍为见上之策,奏称风疾,求还京师就医"。挺之从之。林甫以其奏白上云:"挺之衰老得风疾,宜且授以散秩,使便医药。"上叹吒久之;夏,四月壬寅,以为詹事,又以汴州刺史、河南采访使齐澣为少詹事,皆员外同正,于东京养疾。澣亦朝廷宿望，故并忌之。

8　上发兵纳十姓可汗阿史那昕于突骑施，至俱兰城，为莫贺达干所杀。突骑施大纛官都摩度来降，六月乙未，册都摩度为三姓叶护。

9　秋，七月癸卯朔，日有食之。

10　辛未，左相牛仙客薨。八月丁丑，以刑部尚书李适之为左相。

11　突厥拔悉密、回纥、葛逻禄三部共攻骨咄叶护，杀之，推拔悉密酋长为颉跌伊施可汗，回纥、葛逻禄自为左、右叶护。突厥馀众共立判阙特勒之子为乌苏米施可汗，以其子葛腊哆为西杀。

上遣使谕乌苏令内附，乌苏不从。朔方节度使王忠嗣盛兵碛口以威之，乌苏惧，请降，而迁延不至。忠嗣知其诈，乃遣使说拔悉密、回纥、葛逻禄使攻之，乌苏遁去。忠嗣因出兵击之，取其右厢以归。

丁亥，突厥西叶护阿布思及西杀葛腊哆、默啜之孙勃德支、伊然小妻、毗伽登利之女帅部众千馀帐，相次来降，突厥遂微。九月辛亥，上御花萼楼宴突厥降者，赏赐甚厚。

12　护密先附吐蕃，戊午，其王颉吉里匐遣使请降。

13　冬，十月丁酉，上幸骊山温泉；己巳，还宫。

14　十二月，陇右节度使皇甫惟明奏破吐蕃大岭等军；戊戌，又奏破青海道莽布支营三万馀众，斩获五千馀级。庚子，河西节度使王倕奏破吐蕃渔海及游弈等军。

15　是岁，天下县一千五百二十八，乡一万六千八百二十九，户八百五十二万五千七百六十三，口四千八百九十万九千八百。

16　回纥叶护骨力裴罗遣使入贡，赐爵奉义王。


二年（癸未，743）

1　春，正月，安禄山入朝，上宠待甚厚，谒见无时。禄山奏言：“去年营州虫食苗，臣焚香祝天云‘臣若操心不正，事君不忠，愿使虫食臣心；若不负神祇，愿使虫散’。即有群鸟从北来，食虫立尽。请宣付史官。”从之。

2　李林甫领吏部尚书，日在政府，选事悉委侍郎宋遥、苗晋卿。御史中丞张倚新得幸于上，遥、晋卿欲附之。时选人集者以万计，入等者六十四人，倚子奭为之首，群议沸腾。前蓟令苏孝韫以告安禄山，禄山入言于上，上悉召入等人面试之，奭手持试纸，终日不成一字，时人谓之“曳白”。癸亥，遥贬武当太守，晋卿贬安康太守，倚贬淮阳太守，同考判官礼部郎中裴朏等皆贬岭南官。晋卿，壶关人也。

3　三月壬子，追尊玄元皇帝父周上御大夫为先天太皇；又尊皋繇为德明皇帝，凉武昭王为兴圣皇帝。

4　江、淮南租庸等使韦坚引浐水抵苑东望春楼下为潭，以聚江、淮运船，役夫匠通漕渠，发人丘垄，自江、淮至京城，民间萧然愁怨。二年而成。丙寅，上幸望春楼观新潭。坚以新船数百艘，扁榜郡名，各陈郡中珍货于船背；陕尉崔成甫著锦半臂，鈌胯绿衫以裼之，红袙首，居前船唱得宝歌，使美妇百人盛饰而和之，连樯数里；坚跪进诸郡轻货，仍上百牙盘食。上置宴，竟日而罢，观者山积。夏，四月，加坚左散骑常侍，其僚属吏卒褒赏有差；名其潭曰广运。时京兆尹韩朝宗亦引渭水置潭于西街，以贮材木。

5　丁亥，皇甫惟明引军出西平，击吐蕃，行千馀里，攻洪济城，破之。

6　上以右赞善大夫杨慎矜知御史中丞事。时李林甫专权，公卿之进，有不出其门者，必以罪去之；慎矜由是固辞，不敢受。五月辛丑，以慎矜为谏议大夫。

7　冬，十月戊寅，上幸骊山温泉；乙卯，还宫。


三载（甲申，744）

1　春，正月丙申朔，改年曰载。

2　辛丑，上幸骊山温泉；二月庚午，还宫。

3　辛卯，太子更名亨。

4　海贼吴令光等抄掠台、明，命河南尹裴敦复将兵讨之。

5　三月己巳，以平卢节度使安禄山兼范阳节度使，以范阳节度使裴宽为户部尚书。礼部尚书席建侯为河北黜陟使，称禄山公直；李林甫、裴宽皆顺旨称其美。三人皆上所信任，由是禄山之宠益固不摇矣。

6　夏，四月，裴敦复破吴令光，擒之。

7　五月，河西节度使夫蒙灵詧讨突骑施莫贺达干，斩之，更请立黑姓伊里底蜜施骨咄禄毗伽；六月甲辰，册拜骨咄禄毗伽为十姓可汗。

8　秋，八月，拔悉蜜攻斩突厥乌苏可汗，传首京师。国人立其弟鹘陇匐白眉特勒，是为白眉可汗。于是突厥大乱，敕朔方节度使王忠嗣出兵乘之。至萨河内山，破其左厢阿波达干等十一部，右厢未下。会回纥、葛逻禄共攻拔悉蜜颉跌伊施可汗，杀之。回纥骨力裴罗自立为骨咄禄毗伽阙可汗，遣使言状，上册拜裴罗为怀仁可汗。于是怀仁南据突厥故地，立牙帐于乌德犍山，旧统药逻葛等九姓，其后又并拔悉蜜、葛逻禄，凡十一部，各置都督,每战则以二客部为先。

9　李林甫以杨慎矜屈附于己,九月甲戌,复以慎矜为御史中丞,充诸道铸钱使。

10　冬,十月癸巳,上幸骊山温泉;十一月丁卯,还宫。

11　术士苏嘉庆上言:遁甲术有九宫贵神,典司水旱,请立坛于东郊,祀以四孟月,从之。礼在昊天上帝下,太清宫、太庙上,所用牲玉,皆侔天地。

12　十二月癸巳,置会昌县于温泉宫下。

13　户部尚书裴宽素为上所重,李林甫恐其入相,忌之。刑部尚书裴敦复击海贼还,受请托,广序军功,宽微奏其事。林甫以告敦复,敦复言宽亦尝以亲故属敦复。林甫曰:"君速奏之,勿后于人。"敦复乃以五百金赂女官杨太真之姊,使言于上。甲午,宽坐贬睢阳太守。

初,武惠妃薨,上悼念不已,后宫数千,无当意者。或言寿王妃杨氏之美,绝世无双。上见而悦之,乃令妃自以其意乞为女官,号太真;更为寿王娶左卫郎将韦昭训女。潜内太真宫中。太真肌态丰艳,晓音律,性警颖,善承迎上意,不期岁,宠遇如惠妃,宫中号曰"娘子",凡仪体皆如皇后。

14　癸卯,以宗女为和义公主,嫁宁远奉化王阿悉烂达干。

15　癸丑,上祀九宫贵神,赦天下。

16　初令百姓十八为中,二十三成丁。

17　初,上自东都还,李林甫知上厌巡幸,乃与牛仙客谋增近道粟赋及和籴以实关中;数年,蓄积稍丰。上从容谓高力士曰:"朕不出长安近十年,天下无事,朕欲高居无为,悉以政事委林甫,何如?"对曰:"天子巡狩,古之制也。且天下大柄,不可假人;彼威势既成,谁敢复议之者!"上不悦。力士顿首自陈:"臣狂疾,发妄言,罪当死。"上乃为力士置酒,左右皆呼万岁。力士自是不敢深言天下事矣。

四载(乙酉,745)

1　春,正月庚午,上谓宰相曰:"朕比以甲子日,于宫中为坛,为百姓祈福,朕自草黄素置案上,俄飞升天,闻空中语云'圣寿延长'。又朕于嵩山炼药成,亦置坛上,及夜,左右欲收之,又闻空中语云'药未须收,此自守护'。达曙乃收之。"太子、诸王、宰相,皆上表贺。

2　回纥怀仁可汗击突厥白眉可汗,杀之,传首京师。突厥毗伽可敦帅众来降。于是北边晏然,烽燧无警矣。

回纥斥地愈广,东际室韦,西抵金山,南跨大漠,尽有突厥故地。怀仁卒,子磨延啜立,号葛勒可汗。

3　二月己酉,以朔方节度使王忠嗣兼河东节度使。忠嗣少以勇敢自负,及镇方面,专以持重安边为务,常曰:"太平之将,但当抚循训练士卒而已,不可疲中国之力以邀功名。"有漆弓百五十斤,常贮之橐中,以示不用。军中日夜思战,忠嗣多遣谍人伺其间隙,见可胜,然后兴师,故出必有功。既兼两道节制,自朔方至云中,边陲数千里,要害之地,悉列置城堡,斥地各数百里。边人以为自张仁亶之后,将帅皆不及。

4　三月壬申,上以外孙独孤氏为静乐公主,嫁契丹王李怀节;甥杨氏为宜芳公主,嫁奚王李延宠。

5　乙巳,以刑部尚书裴敦复充岭南五府经略等使。五月壬申,敦复坐逗留不之官,贬淄川太守,以光禄少卿彭杲代之。上嘉敦复平海贼之功,故李林甫陷之。

6　李适之与李林甫争权有隙。适之领兵部尚书,驸马张垍为侍郎,林甫亦恶之,使人发兵部铨曹奸利事,收吏六十馀人付京兆与御史对鞫之,数日,竟不得其情。京兆尹萧炅使法曹吉温鞫之。温入院,置兵部吏于外,先于后厅取二重囚讯之,或杖或压,号呼之声,所不忍闻,皆曰:"苟存馀生,乞纸尽答。"兵部吏素闻温之惨酷,引入,皆自诬服,无敢违温意者。顷刻而狱成,验囚无榜掠之迹。六月辛亥,敕诮责前后知铨侍郎及判南曹郎官而宥之。垍,均之兄;温,顼之弟子也。

温始为新丰丞,太子文学薛嶷荐温才,上召见,顾嶷曰:"是一不良人,朕不用也。"

萧炅为河南尹,尝坐事,西台遣温往按之,温治炅甚急。及温为万年丞,未几,炅为京兆尹。温素与高力士相结,力士自禁中归,温度炅必往谢官,乃先诣力士,与之谈谑,握手甚欢,炅后至,温阳为惊避。力士呼曰:"吉七不须避。"谓炅曰:"此亦吾故人也。"召还,与炅坐。炅接之甚恭,不敢以前事为怨。他日,温谒炅曰:"曩者温不敢挠国家法,自今请洗心事公。"炅遂与尽欢,引为法曹。

及林甫欲除不附己者,求治狱吏,炅荐温于林甫;林甫得之,大喜。温常曰:"若遇知己,南山白额虎不足缚也。"时又有杭州人罗希奭,为吏深刻,林甫引之,自御史台主簿再迁殿中侍御史。二人皆随林甫所欲深浅,锻炼成狱,无能自脱者,时人谓之"罗钳吉网"。

7　秋,七月壬午,册韦昭训女为寿王妃。

八月壬寅，册杨太真为贵妃；赠其父玄琰兵部尚书，以其叔父玄珪为光禄卿，从兄铦为殿中少监，锜为驸马都尉。癸卯，册武惠妃女为太华公主，命锜尚之。及贵妃三姊，皆赐第京师，宠贵赫然。

杨钊，贵妃之从祖兄也，不学无行，为宗党所鄙。从军于蜀，得新都尉，考满，家贫不能自归，新政富民鲜于仲通常资给之。杨玄琰卒于蜀，钊往来其家，遂与其中女通。

鲜于仲通名向，以字行，颇读书，有材智，剑南节度使章仇兼琼引为采访支使，委以心腹。尝从容谓仲通曰："今吾独为上所厚，苟无内援，必为李林甫所危。闻杨妃新得幸，人未敢附之。子能为我至长安与其家相结，吾无患矣。"仲通曰："仲通蜀人，未尝游上国，恐败公事。今为公更求得一人。"因言钊本末。兼琼引见钊，仪观丰伟，言辞敏给，兼琼大喜，即辟为推官，往来浸亲密。乃使之献春缔于京师，将别，谓曰："有少物在郫，以具一日之粮，子过，可取之。"钊至郫，兼琼使亲信大赍蜀货精美者遗之，可直万缗。钊大喜过望，昼夜兼行，至长安，历抵诸妹，以蜀货遗之，曰："此章仇公所赠也。"时中女新寡，钊遂馆于其室，中分蜀货以与之。于是诸杨日夜誉兼琼，且言钊善樗蒲，引之见上，得随供奉官出入禁中，改金吾兵曹参军。

8　九月癸未，以陕郡太守、江淮租庸转运使韦坚为刑部尚书，罢其诸使，以御史中丞杨慎矜代之。坚妻姜氏，皎之女，林甫之舅子也，故林甫昵之。及坚以通漕有宠于上，遂有入相之志，又与李适之善。林甫由是恶之，故迁以美官，实夺之权也。

9　安禄山欲以边功市宠，数侵掠奚、契丹；奚、契丹各杀公主以叛，禄山讨破之。

10　陇右节度使皇甫惟明与吐蕃战于石堡城，为虏所败，副将褚诩战死。

11　冬，十月甲午，安禄山奏："臣讨契丹至北平郡，梦先朝名将李靖、李勣从臣求食。"遂命立庙。又奏荐奠之日，庙梁产芝。

12　丁酉，上幸骊山温泉。

13　上以户部郎中王鉷为户口色役使，敕赐百姓复除。鉷奏征其辇运之费，广张钱数，又使市本郡轻货，百姓所输乃甚于不复除。旧制，戍边者免其租庸，六岁而更。时边将耻败，士卒死者皆不申牒，贯籍不除。王鉷志在聚敛，以有籍无人者皆为避课，按籍戍边六岁之外，悉征其租庸，有并征三十年者，民无所诉。上在位久，用度日侈，后宫赏赐无节，不欲数于左、右藏取之。铦探知上指，岁贡额外钱百亿万，贮于内库，以供宫中宴赐，曰："此皆不出于租庸调，无预经费。"上以铦为能富国，益厚遇之。铦务为割剥以求媚，中外嗟怨。丙子，以铦为御史中丞、京畿采访使。

杨钊侍宴禁中，专掌樗蒲文簿，钩校精密。上赏其强明，曰："好度支郎。"诸杨数征此言于上，又以属王铦，铦因奏充判官。

14　十二月戊戌，上还宫。

五载（丙戌，746）

1　春，正月乙丑，以陇右节度使皇甫惟明兼河西节度使。

李适之性疏率，李林甫尝谓适之曰："华山有金矿，采之可以富国，主上未之知也。"他日，适之因奏事言之。上以问林甫，对曰："臣久知之，但华山陛下本命，王气所在，凿之非宜，故不敢言。"上以林甫为爱己，薄适之虑事不熟，谓曰："自今奏事，宜先与林甫议之，无得轻脱。"适之由是束手矣。适之既失恩，韦坚失权，益相亲密，林甫愈恶之。

初，太子之立，非林甫意。林甫恐异日为己祸，常有动摇东宫之志；而坚，又太子之妃兄也。皇甫惟明尝为忠王友，时破吐蕃，入献捷，见林甫专权，意颇不平。时因见上，乘间微劝上去林甫，林甫知之，使杨慎矜密伺其所为。会正月望夜，太子出游，与坚相见，坚又与惟明会于景龙观道士之室。慎矜发其事，以为坚戚里，不应与边将狎昵。林甫因奏坚与惟明结谋，欲共立太子。坚、惟明下狱，林甫使慎矜与御史中丞王铦、京兆府法曹吉温共鞫之。上亦疑坚与惟明有谋而不显其罪，癸酉，下制，责坚以干进不已，贬缙云太守，惟明以离间君臣，贬播川太守；仍别下制戒百官。

2　以王忠嗣为河西、陇右节度使，兼知朔方、河东节度事。忠嗣始在朔方、河东，每互市，高估马价，诸胡闻之，争卖马于唐，忠嗣皆买之。由是胡马少，唐兵益壮。及徙陇右、河西，复请分朔方、河东马九千匹以实之，其军亦壮。忠嗣杖四节，控制万里，天下劲兵重镇，皆在掌握，与吐蕃战于青海、积石，皆大捷。又讨吐谷浑于墨离军，虏其全部而归。

3　夏，四月癸未，立奚酋婆固为昭信王，契丹酋楷洛为恭仁王。

4　己亥，制："自今四孟月，皆择吉日祀天地、九宫。"

5　韦坚等既贬，左相李适之惧，自求散地。庚寅，以适之为太子少保，罢政事。其子卫尉少卿霅尝盛馔召客，客畏李林甫，竟日无一人敢往者。

6　以门下侍郎、崇玄馆大学士陈希烈同平章事。希烈，宋州人，以讲老、庄得进,专用神仙符瑞取媚于上。李林甫以希烈为上所爱,且柔佞易制,故引以为相,凡政事一决于林甫,希烈但给唯诺。故事,宰相午后六刻乃出,林甫奏,今太平无事,巳时即还第,军国机务皆决于私家,主书抱成案诣希烈书名而已。

7　五月壬子朔,日有食之。

8　乙亥,以剑南节度使章仇兼琼为户部尚书,诸杨引之也。

9　秋,七月丙辰,敕:"流贬人多在道逗留。自今左降官日驰十驿以上。"是后流贬者多不全矣。

10　杨贵妃方有宠,每乘马则高力士执辔授鞭,织绣之工专供贵妃院者七百人,中外争献器服珍玩。岭南经略使张九章,广陵长史王翼,以所献精美,九章加三品,翼入为户部侍郎,天下从风而靡。民间歌之曰:"生男勿喜女勿悲,君今看女作门楣。"妃欲得生荔支,岁命岭南驰驿致之,比至长安,色味不变。

至是,妃以妒悍不逊,上怒,命送归兄铦之第。是日,上不怿,比日中,犹未食,左右动不称旨,横被棰挞。高力士欲尝上意,请悉载院中储偫送贵妃,凡百馀车,上自分御膳以赐之。及夜,力士伏奏请迎贵妃归院,遂开禁门而入。自是恩遇愈隆,后宫莫得进矣。

11　将作少匠韦兰、兵部员外郎韦芝为其兄坚讼冤,且引太子为言,上益怒。太子惧,表请与妃离婚,乞不以亲废法。丙子,再贬坚江夏别驾,兰、芝皆贬岭南。然上素知太子孝谨,故谴怒不及。李林甫因言坚与李适之等为朋党,后数日,坚长流临封,适之贬宜春太守,太常少卿韦斌贬巴陵太守,嗣薛王琄贬夷陵别驾,睢阳太守裴宽贬安陆别驾,河南尹李齐物贬竟陵太守,凡坚亲党坐流贬者数十人。斌,安石之子;琄,业之子;坚之甥也。琄母亦令随琄之官。

12　冬,十月戊戌,上幸骊山温泉;十一月乙巳,还宫。

13　赞善大夫杜有邻,女为太子良娣,良娣之姊为左骁卫兵曹柳勣妻。勣性狂疏,好功名,喜交结豪俊。淄川太守裴敦复荐于北海太守李邕,邕与之定交。勣至京师,与著作郎王曾等为友,皆当时名士也。

勣与妻族不协,欲陷之,为飞语,告有邻妄称图谶,交构东宫,指斥乘舆。林甫令京兆士曹吉温与御史鞠之,乃勣首谋也。温令勣连引曾等入台。十二月甲戌,有邻、勣及曾等皆杖死,积尸大理,妻子流远方,中外震栗。嗣虢王巨贬义阳司马,巨,邕之子也。别遣监察御史罗希奭往按李邕,太子亦出良娣为庶人。

乙亥，邺郡太守王琚坐赃贬江华司马。琚性豪侈，与李邕皆自谓耆旧，久在外，意怏怏，李林甫恶其负材使气，故因事除之。

## 六载（丁亥，747）

1　春，正月辛巳，李邕、裴敦复皆杖死。邕才艺出众，卢藏用常语之曰："君如干将、莫邪，难与争锋，然终虞缺折耳。"邕不能用。

林甫又奏分遣御史即贬所赐皇甫惟明、韦坚兄弟等死。罗希奭自青州如岭南，所过杀迁谪者，郡县惶骇。排马牒至宜春，李适之忧惧，仰药自杀。至江华，王琚仰药不死，闻希奭已至，即自缢。希奭又迁路过安陆，欲怖杀裴宽，宽向希奭叩头祈生，希奭不宿而过，乃得免。李适之子霅迎父丧至东京，李林甫令人诬告霅，杖死于河南府。给事中房琯坐与适之善，贬宜春太守。琯，融之子也。

林甫恨韦坚不已，遣使于循河及江、淮州县求坚罪，收系纲典船夫，溢于牢狱，征剥逋负，延及邻伍，皆裸露死于公府，至林甫薨乃止。

2　丁亥，上享太庙；戊子，合祭天地于南郊，赦天下。制免百姓今载田租。又令削绞、斩条。上慕好生之名，故令应绞斩者皆重杖流岭南，其实有司率杖杀之。又令天下为嫁母服三载。

上欲广求天下之士，命通一艺以上皆诣京师。李林甫恐草野之士对策斥言其奸恶，建言："举人多卑贱愚聩，恐有俚言污浊圣听。"乃令郡县长官精加试练，灼然超绝者，具名送省，委尚书覆试，御史中丞监之，取名实相副者闻奏。既而至者皆试以诗、赋、论，遂无一人及第者。林甫乃上表贺野无遗贤。

3　戊寅，以范阳、平卢节度使安禄山兼御史大夫。

禄山体充肥，腹垂过膝，尝自称腹重三百斤。外若痴直，内实狡黠。常令其将刘骆谷留京师伺朝廷指趣，动静皆报之；或应有笺表者，骆谷即为代作通之。岁献俘虏、杂畜、奇禽、异兽、珍玩之物，不绝于路，郡县疲于递运。

禄山在上前，应对敏给，杂以诙谐，上尝戏指其腹曰："此胡腹中何所有？其大乃尔！"对曰："更无馀物，正有赤心耳！"上悦。又尝命见太子，禄山不拜。左右趣之拜，禄山拱立曰："臣胡人，不习朝仪，不知太子者何官？"上曰："此储君也，朕千秋万岁后，代朕君汝者也。"禄山曰："臣愚，向者惟知有陛下一人，不知乃更有储君。"不得已，然后拜。上以为信然，益爱之。上尝宴勤政楼，百官列坐楼下，独为禄山于御座东间设金鸡障，置榻使坐其前,仍命卷帘以示荣宠。命杨铦、杨锜、贵妃三姊皆与禄山叙兄弟。禄山得出入禁中,因请为贵妃儿。上与贵妃共坐,禄山先拜贵妃。上问何故,对曰:"胡人先母而后父。"上悦。

4　李林甫以王忠嗣功名日盛,恐其入相,忌之。安禄山潜蓄异志,托以御寇,筑雄武城,大贮兵器,请忠嗣助役,因欲留其兵。忠嗣先期而往,不见禄山而还,数上言禄山必反,林甫益恶之。夏,四月,忠嗣固辞兼河东、朔方节度,许之。

5　冬,十月己酉,上幸骊山温泉,改温泉宫曰华清宫。

6　河西、陇右节度使王忠嗣以部将哥舒翰为大斗军副使,李光弼为河西兵马使、充赤水军使。翰父祖本突骑施别部酋长,光弼,契丹王楷洛之子也,皆以勇略为忠嗣所重。忠嗣使翰击吐蕃,有同列为之副,倨慢不为用,翰榎杀之,军中股栗,累功至陇右节度副使。每岁积石军麦熟,吐蕃辄来获之,无能御者,边人谓之"吐蕃麦庄"。翰先伏兵于其侧,虏至,断其后,夹击之,无一人得返者,自是不敢复来。

上欲使王忠嗣攻吐蕃石堡城,忠嗣上言:"石堡险固,吐蕃举国守之,今顿兵其下,非杀数万人不能克;臣恐所得不如所亡,不如且厉兵秣马,俟其有衅,然后取之。"上意不快。将军董延光自请将兵取石堡城,上命忠嗣分兵助之。忠嗣不得已奉诏,而不尽副延光所欲,延光怨之。

李光弼言于忠嗣曰:"大夫以爱士卒之故,不欲成延光之功,虽迫于制书,实夺其谋也。何以知之? 今以数万众授之而不立重赏,士卒安肯为之尽力乎! 然此天子意也,彼无功,必归罪于大夫。大夫军府充轫,何爱数万段帛不以杜其谗口乎!"忠嗣曰:"今以数万之众争一城,得之未足以制敌,不得亦无害于国,故忠嗣不欲为之。忠嗣今受责天子,不过以金吾、羽林一将军归宿卫,其次不过黔中上佐;忠嗣岂以数万人之命易一官乎!李将军,子诚爱我矣,然吾志决矣,子勿复言。"光弼曰:"向者恐为大夫之累,故不敢不言。今大夫能行古人之事,非光弼所及也。"遂趋出。

延光过期不克,言忠嗣沮挠军计,上怒。李林甫因使济阳别驾魏林告"忠嗣尝自言我幼养宫中,与忠王相爱狎",欲拥兵以尊奉太子。敕征忠嗣入朝,委三司鞫之。

上闻哥舒翰名,召见华清宫,与语,悦之。十一月辛卯,以翰判西平太守,充陇右节度使;以朔方节度使安思顺判武威郡事,充河西节度使。

7　户部侍郎兼御史中丞杨慎矜为上所厚,李林甫浸忌之。慎矜与王铁父晋,中表兄弟也,少与铁狎,铁之入台,颇因慎矜推引。及铁迁中丞,慎矜与语,犹名之;铦自恃与林甫善,意稍不平。慎矜夺铦职田,铦母本贱,慎矜尝以语人;铦深衔之。慎矜犹以故意待之,尝与之私语谶书。

慎矜与术士史敬忠善,敬忠言天下将乱,劝慎矜于临汝山中买庄为避乱之所。会慎矜父墓田中草木皆流血,慎矜恶之,以问敬忠。敬忠请禳之,设道场于后园,慎矜退朝,辄裸贯桎梏坐其中。旬日血止,慎矜德之。慎矜有侍婢明珠,色美,敬忠屡目之,慎矜即以遗敬忠,车载过贵妃姊柳氏楼下,姊邀敬忠上楼,求车中美人,敬忠不敢拒。明日,姊入宫,以明珠自随。上见而异之,问所从来,明珠具以实对。上以慎矜与术士为妖法,恶之,含怒未发。

杨钊以告铦,铦心喜,因侮慢慎矜;慎矜怒。林甫知铦与慎矜有隙,密诱使图之。铦乃遣人以飞语告"慎矜隋炀帝孙,与凶人往来,家有谶书,谋复祖业"。上大怒,收慎矜系狱,命刑部、大理与侍御史杨钊、殿中侍御史卢铉同鞫之。太府少卿张瑄,慎矜所荐也,卢铉诬瑄尝与慎矜论谶,拷掠百端,瑄不肯答辩。乃以木缀其足,使人引其枷柄,向前挽之,身加长数尺,腰细欲绝,眼鼻出血,瑄竟不答。

又使吉温捕史敬忠于汝州。敬忠与温父素善,温之幼也,敬忠常抱抚之。及捕获,温不与交言,锁其颈,以布蒙首,驱之马前。至戏水,温使吏诱之曰:"杨慎矜已款服,惟须子一辩,若解人意则生,不然必死,前至温汤,则求首不获矣。"敬忠顾谓温曰:"七郎,求一纸。"温阳不应。去温汤十馀里,敬忠祈请哀切,乃于桑下令答三纸,辩皆如温意。温徐谓曰:"丈人且勿怪!"因起拜之。

至会昌,始鞫慎矜,以敬忠为证。慎矜皆引服,惟搜谶书不获。林甫危之,使卢铉入长安搜慎矜家,铉袖谶书入暗中,诟而出曰:"逆贼深藏秘记。"至会昌,以示慎矜。慎矜叹曰:"吾不蓄谶书,此何从在吾家哉!吾应死而已。"丁酉,赐慎矜及兄少府少监慎馀、洛阳令慎名自尽;敬忠杖百,妻子皆流岭南,瑄杖六十,流临封,死于会昌。嗣虢王巨虽不预谋,坐与敬忠相识,解官,南宾安置。自馀连坐者数十人。慎名闻敕,神色不变,为书别姊;慎馀合掌指天而缢。

8 三司按王忠嗣,上曰:"吾儿居深宫,安得与外人通谋,此必妄也。但劾忠嗣沮挠军功。"哥舒翰之入朝也,或劝多赍金帛以救忠嗣。翰曰:"若直道尚存,王公必不冤死;如其将丧,多赂何为!"遂单囊而行。三司奏忠嗣罪当死。翰始遇知于上,力陈忠嗣之冤,且请以己官爵赎忠嗣罪。上起,入禁中,翰叩头随之,言与泪俱。上感寤,己亥,贬忠嗣汉阳太守。

9　李林甫屡起大狱,别置推事院于长安。以杨钊有掖庭之亲,出入禁闼,所言多听,乃引以为援,擢为御史。事有微涉东宫者,皆指擿使之奏劾,付罗希奭、吉温鞫之。钊因得逞其私志,所挤陷诛夷者数百家,皆钊发之。幸太子仁孝谨静,张垍、高力士常保护于上前,故林甫终不能间也。

10　十二月壬戌,发冯翊、华阴民夫筑会昌城,置百司。王公各置第舍,土亩直千金。癸亥,上还宫。

11　丙寅,命百官阅天下岁贡物于尚书省,既而悉以车载赐李林甫家。上或时不视朝,百司悉集林甫第门,台省为空。陈希烈虽坐府,无一人入谒者。

林甫子岫为将作监,颇以满盈为惧,尝从林甫游后园,指役夫言于林甫曰:"大人久处钧轴,怨仇满天下,一朝祸至,欲为此得乎!"林甫不乐曰:"势已如此,将若之何!"

先是,宰相皆以德度自处,不事威势,骑从不过数人,士民或不之避。林甫自以多结怨,常虞刺客,出则步骑百馀人为左右翼,金吾静街,前驱在数百步外,公卿走避;居则重关复壁,以石甃地,墙中置板,如防大敌,一夕屡徙床,虽家人莫知其处。宰相骑从之盛,自林甫始。

12　初,将军高仙芝,本高丽人,从军安西。仙芝骁勇,善骑射,节度使夫蒙灵詧屡荐至安西副都护、都知兵马使,充四镇节度副使。

吐蕃以女妻小勃律王,及其旁二十馀国,皆附吐蕃,贡献不入,前后节度使讨之,皆不能克。制以仙芝为行营节度使,将万骑讨之。自安西行百馀日,乃至特勒满川,分军为三道,期以七月十三日会吐蕃连云堡下。有兵近万人,不意唐兵猝至,大惊,依山拒战,炮檑如雨。仙芝以郎将高陵李嗣业为陌刀将,令之曰:"不及日中,决须破虏。"嗣业执一旗,引陌刀缘险先登力战,自辰至巳,大破之,斩首五千级,捕虏千馀人,馀皆逃溃。中使边令诚以入虏境已深,惧不敢进;仙芝乃使令诚以羸弱三千守其城,复进。

三日,至坦驹岭,下峻坂四十馀里,前有阿弩越城。仙芝恐士卒惮险,不肯下,先令人胡服诈为阿弩越城守者迎降,云:"阿弩越赤心归唐,娑夷水藤桥已斫断矣。"娑夷水,即弱水也,其水不能胜草芥。藤桥者,通吐蕃之路也。仙芝阳喜,士卒乃下。又三日,阿弩越城迎者果至。

明日,仙芝入阿弩越城,遣将军席元庆将千骑前行,谓曰:"小勃律闻大军至,其君臣百姓必走山谷,第呼出,取缯帛称敕赐之,大臣至,尽缚之以待我。"元庆如其言,悉缚诸大臣。王及吐蕃公主逃入石窟,取不可得。仙芝至,斩其附吐蕃者大臣数人。

　　藤桥去城犹六十里,仙芝急遣元庆往斫之,甫毕,呈蕃兵大至,已无及矣。藤桥阔尽一矢,力修之,期年乃成。

　　八月,仙芝虏小勃律王及吐蕃公主而还。九月,至连云堡,与边令诚俱。月末,至播密川,遣使奏状。

　　至河西,夫蒙灵詧怒仙芝不先言己而遽发奏,一不迎劳,骂仙芝曰:"啖狗粪高丽奴! 汝官皆因谁得,而不待我处分,擅奏捷书! 高丽奴! 汝罪当斩,但以汝新有功不忍耳!"仙芝但谢罪。边令诚奏仙芝深入万里,立奇功,今旦夕忧死。

# 资治通鉴卷第二百一十六

## 唐纪三十二

### 玄宗至道大圣大明孝皇帝下之上

天宝六载（丁亥，747）

1　十二月己巳，上以仙芝为安西四镇节度使，征灵䀝入朝，灵䀝大惧。仙芝见灵䀝，趋走如故，灵䀝益惧。副都护京兆程千里、押牙毕思琛及行官王滔等，皆平日构仙芝于灵䀝者也，仙芝面责千里、思琛曰："公面如男子，心如妇人，何也？"又捽滔等，欲笞之，既而皆释之，谓曰："吾素所恨于汝者，欲不言，恐汝怀忧；今既言之，则无事矣。"军中乃安。

初，仙芝为都知兵马使，猗氏人封常清，少孤贫，细瘦䀼目，一足偏短，求为仙芝傔，不纳。常清日候仙芝出入，不离其门，凡数十日，仙芝不得已留之。会达奚部叛，夫蒙灵䀝使仙芝追之，斩获略尽。常清私作捷书以示仙芝，皆仙芝心所欲言者，由是一府奇之。仙芝为节度使，即署常清判官；仙芝出征，常为留后。仙芝乳母子郑德诠为郎将，仙芝遇之如兄弟，使典家事，威行军中。常清尝出，德诠自后走马突之而过。常清至使院，使召德诠，每过一门，辄阖之，既至，常清离席谓曰："常清本出寒微，郎将所知。今日中丞命为留后，郎将何得于众中相陵突！"因叱之曰："郎将须暂死以肃军政。"遂杖之六十，面仆地，曳出。仙芝妻及乳母于门外号哭救之，不及，因以状白仙芝，仙芝览之，惊曰："已死邪？"及见常清，遂不复言，常清亦不之谢。军中畏之惕息。

自唐兴以来，边帅皆用忠厚名臣，不久任，不遥领，不兼统，功名著者往往入为宰相。其四夷之将，虽才略如阿史那社尔、契苾何力犹不专大将之任，皆以大臣为使以制之。及开元中，天子有吞四夷之志，为边将者十馀年不易，始久任矣；皇子则庆、忠诸王，宰相则萧嵩、牛仙客，始遥领矣；盖嘉运、王忠嗣专制数道，始兼统矣。李林甫欲杜边帅入相之路，以胡人不知书，乃奏言："文臣为将，怯当矢石，不若用寒畯胡人，胡人则勇决习战，寒族则孤立无党，陛下诚以恩洽其心，彼必能为朝廷尽死。"上悦其言,始用安禄山。至是,诸道节度尽用胡人,精兵咸戍北边,天下之势偏重,卒使禄山倾覆天下,皆出于林甫专宠固位之谋也。

七载（戊子,748）

1 夏,四月辛丑,左监门大将军、知内侍省事高力士加骠骑大将军。力士承恩岁久,中外畏之,太子亦呼之为兄,诸王公呼之为翁,驸马辈直谓之爷。自李林甫、安禄山辈皆因之以取将相。其家富厚不资。于西京作宝寿寺,寺钟成,力士作斋以庆之,举朝毕集。击钟一杵,施钱百缗,有求媚者至二十杵,少者不减十杵。然性和谨少过,善观时俯仰,不敢骄横,故天子终亲任之,士大夫亦不疾恶也。

2 五月壬午,群臣上尊号曰开元天宝圣文神武应道皇帝。赦天下,免百姓来载租庸,择后魏子孙一人为三恪。

3 六月庚子,赐安禄山铁券。

4 度支郎中兼侍御史杨钊善窥上意所爱恶而迎之,以聚敛骤迁,岁中领十五馀使。甲辰,迁给事中,兼御史中丞,专判度支事,恩幸日隆。

> 苏冕论曰:设官分职,各有司存。政有恒而易守,事归本而难失,经远之理,舍此奚据!泊奸臣广言利以邀恩,多立使以示宠,刻下民以厚敛,张虚数以献状;上心荡而益奢,人望怨而成祸;使天子有司守其位而无其事,受厚禄而虚其用。宇文融首唱其端,杨慎矜、王鉷继遵其轨,杨国忠终成其乱。仲尼云:宁有盗臣而无聚敛之臣。诚哉是言!前车既覆,后辙未改,求达化本,不亦难乎!

5 冬,十月庚戌,上幸华清宫。

6 十一月癸未,以贵妃姊适崔氏者为韩国夫人,适裴氏者为虢国夫人,适柳氏者为秦国夫人。三人皆有才色,上呼之为姨,出入宫掖,并承恩泽,势倾天下。每命妇入见,玉真公主等皆让不敢就位。三姊与铦、锜五家,凡有请托,府县承迎,峻于制敕;四方赂遗,辐凑其门,惟恐居后,朝夕如市。十宅诸王及百孙院婚嫁,皆以钱千缗赂韩、虢使请,无不如志。上所赐与及四方献遗,五家如一。竞开第舍,极其壮丽,一堂之费,动逾千万;既成,见他人有胜己者,辄毁而改为。虢国尤为豪荡,一旦,帅工徒突入韦嗣立宅,即撤去旧屋,自为新第,但授韦氏以隙地十亩而已。中堂既成,召工坊墁,约钱二百万,复求赏技,虢国以绛罗五百段赏之,嗤而不顾,曰:"请取蝼蚁、蜥蜴,记其数置堂中,苟失一物,不敢受直。"

7　十二月戊戌，或言玄元皇帝降于朝元阁，制改会昌县曰昭应，废新丰入昭应。辛酉，上还宫。

8　哥舒翰筑神威军于青海上，吐蕃至，翰击破之。又筑城于青海中龙驹岛，谓之应龙城，吐蕃屏迹不敢近青海。

9　是岁，云南王归义卒，子阁罗凤嗣，以其子凤迦异为阳瓜州刺史。

八载（己丑，749）

1　春，二月戊申，引百官观左藏，赐帛有差。是时州县殷富，仓库积粟帛，动以万计。杨钊奏请所在粜变为轻货，及征丁租地税皆变布帛输京师；屡奏帑藏充牣，古今罕俦，故上帅群臣观之，赐钊紫衣金鱼以赏之。上以国用丰衍，故视金帛如粪壤，赏赐贵宠之家，无有限极。

2　三月，朔方节度等使张齐丘于中受降城西北五百馀里木剌山筑横塞军，以振远军使郑人郭子仪为横塞军使。

3　夏，四月，咸宁太守赵奉璋告李林甫罪二十馀条；状未达，林甫知之，讽御史逮捕，以为妖言，杖杀之。

4　先是，折冲府皆有木契、铜鱼，朝廷征发，下敕书、契、鱼，都督、郡府参验皆合，然后遣之。自募置彍骑，府兵日益堕坏，死及逃亡者，有司不复点补；其六驮马牛、器械、糗粮，耗散略尽。府兵入宿卫者，谓之侍官，言其为天子侍卫也。其后本卫多以假人，役使如奴隶，长安人羞之，至以相诟病。其戍边者，又多为边将苦使，利其死而没其财。由是应为府兵者皆逃匿，至是无兵可交。五月癸酉，李林甫奏停折冲府上下鱼书，是后府兵徒有官吏而已。其折冲、果毅，又历年不迁，士大夫亦耻为之。其彍骑之法，天宝以后，稍亦变废，应募者皆市井负贩、无赖子弟，未尝习兵。时承平日久，议者多谓中国兵可销，于是民间挟兵器者有禁；子弟为武官，父兄摈不齿。猛将精兵，皆聚于西北，中国无武备矣。

5　太白山人李浑等上言见神人，言金星洞有玉板石记圣主福寿之符，命御史中丞王鉷入仙游谷求而获之。上以符瑞相继，皆祖宗休烈，六月，戊申，上圣祖号曰大道玄元皇帝，上高祖谥曰神尧大圣皇帝，太宗谥曰文武大圣皇帝，高宗谥曰天皇大圣皇帝，中宗谥曰孝和大圣皇帝，睿宗谥曰玄真大圣皇帝，窦太后以下皆加谥曰顺圣皇后。

6　辛亥，刑部尚书、京兆尹萧炅坐赃左迁汝阴太守。

7　上命陇右节度使哥舒翰帅陇右、河西及突厥阿布思兵，益以朔方、河东兵，凡六万三千，攻吐蕃石堡城。其城三面险绝，惟一径可上，吐蕃但以数百人守之,多贮粮食,积櫑木及石,唐兵前后屡攻之,不能克。翰进攻数日不拔,召裨将高秀岩、张守瑜,欲斩之,二人请三日期可克;如期拔之,获吐蕃铁刃悉诺罗等四百人,唐士卒死者数万,果如王忠嗣之言。顷之,翰又遣兵于赤岭西开屯田,以谪卒二千戍龙驹岛,冬冰合,吐蕃大集,戍者尽没。

8　闰月乙丑,以石堡城为神武军,又于剑南西山索磨川置保宁都护府。

9　丙寅,上谒太清宫。丁卯,群臣上尊号曰开元天地大宝圣文神武应道皇帝,赦天下。禘、祫自今于太清宫圣祖前设位序正。

10　秋,七月,册突骑施移拨为十姓可汗。

11　八月乙亥,护密王罗真檀入朝,请留宿卫;许之,拜左武卫将军。

12　冬,十月乙丑,上幸华清宫。

13　十一月乙未,吐火罗叶护失里怛伽罗遣使表称:"朅师王亲附吐蕃,困苦小勃律镇军,阻其粮道。臣思破凶徒,望发安西兵,以来岁正月至小勃律,六月至大勃律。"上许之。

九载(庚寅,750)

1　春,正月己亥,上还宫。

2　群臣屡表请封西岳,许之。

3　二月,杨贵妃复忤旨,送归私第。户部郎中吉温因宦官言于上曰:"妇人识虑不远,违忤圣心,陛下何爱宫中一席之地,不使之就死,岂忍辱之于外舍邪?"上亦悔之,遣中使赐以御膳。妃对使者涕泣曰:"妾罪当死,陛下幸不杀而归之。今当永离掖庭,金玉珍玩,皆陛下所赐,不足为献,惟发者父母所与,敢以荐诚。"乃翦发一缭而献之。上遽使高力士召还,宠待益深。

时诸贵戚竞以进食相尚,上命宦官姚思艺为检校进食使,水陆珍羞数千盘,一盘费中人十家之产。中书舍人窦华尝退朝,值公主进食,列于中衢,传呼按辔出其间宫苑小儿数百奋梃于前,华仅以身免。

4　安西节度使高仙芝破朅师,虏其王勃特没。三月庚子,立勃特没之兄素迦为朅师王。

5　上命御史大夫王铁凿华山路,设坛场于其上。是春,关中旱;辛亥,岳祠灾;制罢封西岳。

6　夏,四月己巳,御史大夫宋浑坐赃巨万,流潮阳。初,吉温因李林甫得进；及兵部侍郎兼御史中丞杨钊恩遇浸深，温遂去林甫而附之，为钊画代林甫执政之策。萧炅及浑，皆林甫所厚也，求得其罪，使钊奏而逐之，以翦其心腹，林甫不能救也。

7　五月乙卯，赐安禄山爵东平郡王。唐将帅封王自此始。

8　秋，七月乙亥，置广文馆于国子监，以教诸生习进士者。

9　八月丁巳，以安禄山兼河北道采访处置使。

10　朔方节度使张齐丘给粮失宜，军士怒，殴其判官，兵马使郭子仪以身捍齐丘，乃得免。癸亥，齐丘左迁济阴太守，以河西节度使安思顺权知朔方节度事。

11　辛卯，处士崔昌上言："国家宜承周、汉，以土代火；周、隋皆闰位，不当以其子孙为二王后。"事下公卿集议。集贤殿学士卫包上言："集议之夜，四星聚于尾，天意昭然。"上乃命求殷、周、汉后为三恪，废韩、介、酅公；以昌为左赞善大夫，包为虞部员外郎。

12　冬，十月庚申，上幸华清宫。

13　太白山人王玄翼上言见玄元皇帝，言宝仙洞有妙宝真符。命刑部尚书张均等往求，得之。时上尊道教，慕长生，故所在争言符瑞，群臣表贺无虚月。李林甫等皆请舍宅为观以祝圣寿，上悦。

14　安禄山屡诱奚、契丹，为设会，饮以莨菪酒，醉而坑之，动数千人，函其酋长之首以献，前后数四。至是请入朝，上命有司先为起第于昭应。禄山至戏水，杨钊兄弟姊妹皆往迎之，冠盖蔽野；上自幸望春宫以待之。辛未，禄山献奚俘八千人，上命考课之日书上上考。前此听禄山于上谷铸钱五炉，禄山乃献钱样千缗。

15　杨钊，张易之之甥也，奏乞昭雪易之兄弟。庚辰，制引易之兄弟迎中宗于房陵之功，复其官爵，仍赐一子官。

钊以图谶有"金刀"，请更名，上赐名国忠。

16　十二月乙亥，上还宫。

17　关西游弈使王难得击吐蕃，克五桥，拔树敦城；以难得为白水军使。

18　安西四镇节度使高仙芝伪与石国约和，引兵袭之，虏其王及部众以归，悉杀其老弱。仙芝性贪，掠得瑟瑟十馀斛，黄金五六橐驼，其馀口马杂货称是，皆入其家。

19　杨国忠德鲜于仲通，荐为剑南节度使。仲通性褊急，失蛮夷心。故事，南诏常与妻子俱谒都督，过云南，云南太守张虔陀皆私之。又

多所征求,<u>南诏王</u>阁罗凤不应,<u>虔陀</u>遣人詈辱之,仍密奏其罪。阁罗凤忿
怨,是岁,发兵反,攻陷<u>云南</u>,杀<u>虔陀</u>,取夷州三十二。

十载(辛卯,751)

1　春,正月壬辰,上朝献<u>太清宫</u>;癸巳,朝享太庙;甲子,合祭天地于
南郊,赦天下,免天下今载地税。

2　丁酉,命<u>李林甫</u>遥领<u>朔方</u>节度使,以户部侍郎<u>李昕</u>知留后事。

3　庚子,<u>杨氏</u>五宅夜游,<u>与广平公主</u>从者争<u>四市门</u>,杨氏奴挥鞭及公
主衣,公主<u>坠</u>马,驸马程昌裔下扶之,亦被数鞭。公主泣诉于上,上为之杖
杀杨氏奴。明日,免昌裔官,不听朝谒。

4　上命有司为<u>安禄山</u>治第于<u>亲仁坊</u>,敕令但穷壮丽,不限财力。既
成,具幄帟器皿,充牣其中,有帖白檀床二,皆长丈,阔六尺;银平脱屏风,
帐方丈六尺;于厨厩之物皆饰以金银,金饭罂二,银淘盆二,皆受五斗,织
银丝筐及笊篱各一。他物称是。虽禁中服御之物,殆不及也。上每令中
使为禄山护役,筑第及造储偫赐物,常戒之曰:"胡眼大,勿令笑我。"

禄山入新第,置酒,乞降墨敕请宰相至第。是日,上欲于楼下击球,遽
为罢戏,命宰相赴之。日遣诸<u>杨</u>与之选胜游宴,侑以<u>梨园</u>教坊乐。上每食
一物稍美,或后苑校猎获鲜禽,辄遣中使走马赐之,络绎于路。

甲辰,<u>禄山</u>生日,上及贵妃赐衣服、宝器、酒馔甚厚。后三日,召禄山
入禁中,贵妃以锦绣为大襁褓,裹<u>禄山</u>,使宫人以彩舆昇之。上闻后宫欢
笑,问其故,左右以贵妃三日洗禄儿对。上自往观之,喜,赐贵妃洗儿金银
钱,复厚赐<u>禄山</u>,尽欢而罢。自是<u>禄山</u>出入宫掖不禁,或与贵妃对食,或通
宵不出,颇有丑声闻于外,上亦不疑也。

5　<u>安西</u>节度使<u>高仙芝</u>入朝,献所擒<u>突骑施</u>可汗、<u>吐蕃</u>酋长、<u>石国王</u>、
<u>羯师王</u>。加仙芝开府仪同三司。寻以<u>仙芝</u>为<u>河西</u>节度使,代安思顺;思顺
讽群胡割耳剺面请留己,制复留思顺于<u>河西</u>。

6　<u>安禄山</u>求兼<u>河东</u>节度。二月丙辰,以河东节度使韩休珉为左羽林
将军,以<u>禄山</u>代之。户部郎中吉温见<u>禄山</u>有宠,又附之,约为兄弟。说<u>禄</u>
山曰:"<u>李右丞</u>相虽以时事亲三兄,不必肯以兄为相;<u>温</u>虽蒙驱使,终不得
超擢。兄若荐<u>温</u>于上,<u>温</u>即奏兄堪大任,共排<u>林甫</u>出之,为相必矣。"禄山
悦其言,数称温才于上,上亦忘曩日之言。会<u>禄山</u>领<u>河东</u>,因奏温为节度
副使、知留后,以大理司<u>直张通儒</u>为留后判官,<u>河东</u>事悉以委之。

是时,<u>杨国忠</u>为御史中丞,方承恩用事。禄山登降殿阶,<u>国忠</u>常扶掖

之。禄山与王𫓧俱为大夫，𫓧权任亚于李林甫。禄山见林甫，礼貌颇倨。林甫阳以他事召王大夫，𫓧至，趋拜甚谨；禄山不觉自失，容貌益恭。林甫与禄山语，每揣知其情，先言之，禄山惊服。禄山于公卿皆慢侮之，独惮林甫，每见，虽盛冬，常汗沾衣。林甫乃引与坐于中书厅，抚以温言，自解披袍以覆之。禄山忻荷，言无不尽，谓林甫为十郎。既归范阳，刘骆谷每自长安来，必问："十郎何言？"得美言则喜；或但云"语安大夫，须好检校！"辄反手据床曰："噫嘻，我死矣！"

禄山既兼领三镇，赏刑己出，日益骄恣。自以曩时不拜太子，见上春秋高，颇内惧，又见武备堕弛，有轻中国之心。孔目官严庄、掌书记高尚因为之解图谶，劝之作乱。

禄山养同罗、奚、契丹降者八千馀人，谓之"曳落河"。曳落河者，胡言壮士也。及家僮百馀人，皆骁勇善战，一可当百。又畜战马数万匹，多聚兵仗，分遣商胡诣诸道贩鬻，岁输珍货数百万。私作绯紫袍、鱼袋，以百万计。以高尚、严庄、张通儒及将军孙孝哲为腹心，史思明、安守忠、李归仁、蔡希德、牛廷玠、向润容、李庭望、崔乾祐、尹子奇、何千年、武令珣、能元皓、田承嗣、田乾真、阿史那承庆为爪牙。尚，雍奴人，本名不危，颇有辞学，薄游河朔，贫困不得志，常叹曰："高不危当举大事而死，岂能啮草根求活邪！"禄山引置幕府，出入卧内。尚典笺奏，庄治簿书。通儒，万岁之子；孝哲，契丹也。承嗣世为卢龙小校，禄山以为前锋兵马使。尝大雪，禄山按行诸营，至承嗣营，寂若无人，入阅士卒，无一人不在者，禄山以是重之。

7　夏，四月壬午，剑南节度使鲜于仲通讨南诏蛮，大败于泸南。时仲通将兵八万分二道出戎、嶲州，至曲州、靖州。南诏王阁罗凤谢罪，请还所俘掠，城云南而去，且曰："今吐蕃大兵压境，若不许我，我将归命吐蕃，云南非唐有也。"仲通不许，囚其使。进军至西洱河，与阁罗凤战，军大败，士卒死者六万人，仲通仅以身免。杨国忠掩其败状，仍叙其战功。阁罗凤敛战尸，筑为京观，遂北臣于吐蕃。蛮语谓弟为"钟"，吐蕃命阁罗凤为"赞普钟"，号曰东帝，给以金印。阁罗凤刻碑于国门，言己不得已而叛唐，且曰："我世世事唐，受其封爵，后世容复归唐，当指碑以示唐使者，知吾之叛非本心也。"

制大募两京及河南、北兵以击南诏；人闻云南多瘴疠，未战士卒死者什八九，莫肯应募。杨国忠遣御史分道捕人，连枷送诣军所。旧制，百姓有勋者免征役，时调兵既多，国忠奏先取高勋。于是行者愁怨，父母妻子送之,所在哭声振野。

8　高仙芝之虏石国王也,石国王子逃诣诸胡,具告仙芝欺诱贪暴之状。诸胡皆怒,潜引大食欲共攻四镇。仙芝闻之,将蕃、汉三万众击大食,深入七百馀里,至怛逻斯城,与大食遇。相持五日,葛罗禄部众叛,与大食夹攻唐军,仙芝大败,士卒死亡略尽,所馀才数千人。右威卫将军李嗣业劝仙芝宵遁。道路阻隘,拔汗那部众在前,人畜塞路,嗣业前驱,奋大梃击之,人马俱毙,仙芝乃得过。

将士相失,别将汧阳段秀实闻嗣业之声,诟曰:"避敌先奔,无勇也,全己弃众,不仁也。幸而得达,独无愧乎!"嗣业执其手谢之,留拒追兵,收散卒,得俱免。还至安西,言于仙芝,以秀实兼都知兵马使,为己判官。

9　八月丙辰,武库火,烧兵器三十七万。

10　安禄山将三道兵六万以讨契丹,以奚骑二千为乡导。过平卢千馀里,至土护真水,遇雨。禄山引兵昼夜兼行三百馀里,至契丹牙帐,契丹大骇。时久雨,弓弩筋胶皆弛,大将何思德言于禄山曰:"吾兵虽多,远来疲弊,实不可用,不如按甲息兵以临之,不过三日,虏必降。"禄山怒,欲斩之,思德请前驱效死。思德貌类禄山,虏争击,杀之,以为己得禄山,勇气增倍。奚复叛,与契丹合,夹击唐兵,杀伤殆尽。射禄山,中鞍,折冠簪,失履,独与麾下二十骑走;会夜,追骑解,得入师州。归罪于左贤王哥解、河东兵马使鱼承仙而斩之。

平卢兵马使史思明惧,逃入山谷近二旬,收散卒,得七百人。平卢守将史定方将精兵二千救禄山,契丹引去,禄山乃得免。至平卢,麾下皆亡,不知所出。史思明出见禄山,禄山喜,起,执其手曰:"吾得汝,复何忧!"思明退,谓人曰:"向使早出,已与哥解并斩矣。"契丹围师州,禄山使思明击却之。

11　冬,十月壬子,上幸华清宫。

12　杨国忠使鲜于仲通表请己遥领剑南;十一月丙午,以国忠领剑南节度使。

十一载(壬辰,752)

1　春,正月丁亥,上还宫。

2　二月庚午,命有司出粟帛及库钱数十万缗于两市易恶钱。先是,江、淮多恶钱,贵戚大商往往以良钱一易恶钱五,载入长安,市井不胜其弊,故李林甫奏请禁之,官为易取,期一月,不输官者罪之。于是商贾器然,不以为便。众共遮杨国忠马自言,国忠为之言于上,乃更命非铅锡所铸及穿穴者,皆听用之如故。

3　三月,安禄山发蕃、汉步骑二十万击契丹,欲以雪去秋之耻。初,突厥阿布思来降,上厚礼之,赐姓名李献忠,累迁朔方节度副使,赐爵奉信王。献忠有才略,不为安禄山下,禄山恨之。至是,奏请献忠帅同罗数万骑,与俱击契丹。献忠恐为禄山所害,白留后张晰,请奏留不行,晰不许。献忠乃帅所部大掠仓库,叛归漠北,禄山遂顿兵不进。

4　乙巳,改吏部为文部,兵部为武部,刑部为宪部。

5　户部侍郎、御史大夫、京兆尹王𬭚,权宠日盛,领二十馀使。宅旁为使院,文案盈积,吏求署一字,累日不得前;中使赐赉不绝于门,虽李林甫亦畏避之。林甫子岫为将作监,𬭚子准为卫尉少卿,俱供奉禁中。准陵侮岫,岫常下之。然𬭚事林甫谨,林甫虽忌其宠,不忍害也。

准尝帅其徒过驸马都尉王繇,繇望尘拜伏。准挟弹命中于繇冠,折其玉簪,以为戏笑。既而繇延准置酒,繇所尚永穆公主,上之爱女也,为准亲执刀匕。准去,或谓繇曰:"鼠虽挟其父势,君乃使公主为之具食,有如上闻,无乃非宜?"繇曰:"上虽怒无害,至于七郎,死生所系,不敢不尔。"

𬭚弟户部郎中锃,凶险不法,召术士任海川问:"我有王者之相否?"海川惧,亡匿。锃恐事泄,捕得,托以他事杖杀之。王府司马韦会,定安公主之子,王繇之同产也,话之私庭。锃使长安尉贾季邻收会系狱,缢杀之。繇不敢言。

锃所善邢缙,与龙武万骑谋杀龙武将军,以其兵作乱,杀李林甫、陈希烈、杨国忠;前期二日,有告者。夏,四月乙酉,上临朝,以告状面授𬭚,使捕之。𬭚意锃在缙所,先使人召之,日晏,乃命贾季邻等捕缙。缙居金城坊,季邻等至门,缙帅其党数十人持弓刀格斗突出。𬭚与杨国忠引兵继至,缙党曰:"勿伤大夫人。"国忠之傔密谓国忠曰:"贼有号,不可战也。"缙斗且走,至皇城西南隅。会高力士引飞龙禁军四百至,击斩缙,捕其党,皆擒之。

国忠以状白上,曰:"𬭚必预谋。"上以𬭚任遇深,不应同逆;李林甫亦为之辩解。上乃特命原锃不问,然意欲𬭚表请罪之;使国忠讽之,𬭚不忍,上怒。会陈希烈极言𬭚大逆当诛,戊子,敕希烈与国忠鞫之,仍以国忠兼京兆尹。于是任海川、韦会等事皆发,狱具,𬭚赐自尽,锃杖死于朝堂,𬭚子准、偁流岭南,寻杀之。有司籍其第舍,数日不能遍。𬭚宾佐莫敢窥其门,独采访判官裴冕收其尸葬之。

6　初,李林甫以陈希烈易制,引为相,政事常随林甫左右,晚节遂与林甫为敌,林甫惧。会李献忠叛,林甫乃请解朔方节制,且荐河西节度使安思顺自代;庚子,以思顺为朔方节度使。

7　五月戊申,庆王琮薨,赠靖德太子。

8　丙辰,京兆尹杨国忠加御史大夫、京畿关内采访等使,凡王鉷所绾使务,悉归国忠。

初,李林甫以国忠微才,且贵妃之族,故善遇之。国忠与王鉷俱为中丞,鉷用林甫荐为大夫,故国忠不悦,遂深探邢縡狱,令引林甫交私鉷兄弟及阿布思事状,陈希烈、哥舒翰从而证之,上由是疏林甫。国忠贵震天下,始与林甫为仇敌矣。

9　六月甲子,杨国忠奏吐蕃兵六十万救南诏,剑南兵击破之于云南,克故隰州等三城,捕虏六千三百,以道远,简壮者千馀人及酋长降者献之。

10　秋,八月乙丑,上复幸左藏,赐群臣帛。癸巳,杨国忠奏有凤皇见左藏库屋,出纳判官魏仲犀言凤集库西通训门。

11　九月,阿布思入寇,围永清栅,栅使张元轨拒却之。

12　冬,十月戊寅,上幸华清宫。

13　己亥,改通训门曰凤集门。魏仲犀迁殿中侍御史,杨国忠属吏率以凤皇优得调。

14　南诏数寇边,蜀人请杨国忠赴镇,左仆射兼右相李林甫奏遣之。国忠将行,泣辞,上言必为林甫所害,贵妃亦为之请。上谓国忠曰:"卿暂到蜀区处军事,朕屈指待卿,还当入相。"林甫时已有疾,忧懑不知所为,巫言一见上可小愈,上欲就视之,左右固谏。上乃令林甫出庭中,上登降圣阁遥望,以红巾招之。林甫不能拜,使人代拜。国忠比至蜀,上遣中使召还,至昭应,谒林甫,拜于床下。林甫流涕谓曰:"林甫死矣,公必为相,以后事累公!"国忠谢不敢当,汗出覆面。十一月丁卯,林甫薨。

上晚年自恃承平,以为天下无复可忧,遂深居禁中,专以声色自娱,悉委政事于林甫。林甫媚事左右,迎合上意,以固其宠;杜绝言路,掩蔽聪明,以成其奸;妒贤疾能,排抑胜己,以保其位;屡起大狱,诛逐贵臣,以张其势。自皇太子以下,畏之侧足。凡在相位十九年,养成天下之乱,而上不之寤也。

15　庚申,以杨国忠为右相,兼文部尚书,其判使并如故。

国忠为人强辩而轻躁,无威仪。既为相,以天下为己任,裁决机务,果敢不疑,居朝廷,攘袂扼腕,公卿以下,颐指气使,莫不震慑。自侍御史至为相,凡领四十馀使。台省官有才行时名,不为己用者,皆出之。

或劝陕郡进士张彖谒国忠,曰:"见之,富贵立可图。"彖曰:"君辈倚杨右相如泰山,吾以为冰山耳! 若皎日既出,君辈得无失所恃乎!"遂隐居嵩山。

国忠以司勋员外郎崔圆为剑南留后,征魏郡太守吉温为御史中丞,充京畿、关内采访等使。温诣范阳辞安禄山,禄山令其子庆绪送至境,为温控马出驿数十步。温至长安,凡朝廷动静,辄报禄山,信宿而达。

16　十二月,杨国忠欲收人望,建议:"文部选人,无问贤不肖,选深者留之,依资据阙注官。"滞淹者翕然称之。国忠凡所施置,皆曲徇人所欲,故颇得众誉。

17　甲申,以平卢兵马使史思明兼北平太守,充卢龙军使。

18　丁亥,上还宫。

19　丁酉,以安西行军司马封常清为安西四镇节度使。

20　哥舒翰素与安禄山、安思顺不协,上常和解之,使为兄弟。是冬,三人俱入朝,上使高力士宴之于城东。禄山谓翰曰:"我父胡,母突厥,公父突厥,母胡,族类颇同,何得不相亲?"翰曰:"古人云,狐向窟嗥不祥,为其忘本故也。兄苟见亲,翰敢不尽心!"禄山以为讥其胡也,大怒,骂翰曰:"突厥敢尔!"翰欲应之,力士目翰,翰乃止,阳醉而散,自是为怨愈深。

21　棣王琰有二孺人,争宠,其一使巫书符置琰履中以求媚。琰与监院宦者有隙,宦者知之,密奏琰祝诅上;上使人掩其履而获之,大怒。琰顿首谢:"臣实不知有符。"上使鞫之,果孺人所为。上犹疑琰知之,囚于鹰狗坊,绝朝请,忧愤而薨。

22　故事,兵、吏部尚书知政事者,选事悉委侍郎以下,三注三唱,仍过门下省审,自春及夏,其事乃毕。及杨国忠以宰相领文部尚书,欲自示精敏,乃遣令史先于私第密定名阙。

## 十二载（癸巳,753）

1　春,正月壬戌,国忠召左相陈希烈及给事中、诸司长官皆集尚书都堂,唱注选人,一日而毕,曰:"今左相、给事中俱在座,已过门下矣。"其间资格差缪甚众,无敢言者。于是门下不复过官,侍郎但掌试判而已。侍郎韦见素、张倚趋走门庭,与主事无异。见素,凑之子也。

京兆尹鲜于仲通讽选人请为国忠刻颂,立于省门,制仲通撰其辞,上为改定数字,仲通以金填之。

2　杨国忠使人说安禄山诬李林甫与阿布思谋反,禄山使阿布思部落降者诣阙,诬告林甫与阿布思约为父子。上信之,下吏按问;林甫婿谏议大夫杨齐宣惧为所累,附国忠意证成之。时林甫尚未葬,二月癸未,制削林甫官爵,子孙有官者除名,流岭南及黔中,给随身衣及粮食,自馀赀产并没官;近亲及党与坐贬者五十馀人。剖林甫棺,抉取含珠,褫金紫,更以小棺如庶人礼葬之。己亥,赐陈希烈爵许国公,杨国忠爵魏国公,赏其成林甫之狱也。

3　夏,五月己酉,复以魏、周、隋后为三恪,杨国忠欲攻李林甫之短也。卫包以助邪贬夜郎尉,崔昌贬乌雷尉。

4　阿布思为回纥所破,安禄山诱其部落而降之,由是禄山精兵,天下莫及。

5　壬辰,以左武卫大将军何复光将岭南五府兵击南诏。

6　安禄山以李林甫狡猾逾己,故畏服之。及杨国忠为相,禄山视之蔑如也,由是有隙。国忠屡言禄山有反状,上不听。

陇右节度使哥舒翰击吐蕃,拔洪济、大漠门等城,悉收九曲部落。

初,高丽人王思礼与翰俱为押牙,事王忠嗣。翰为节度使,思礼为兵马使兼河源军使。翰击九曲,思礼后期;翰将斩之,既而复召释之。思礼徐曰:"斩则遂斩,复召何为!"

杨国忠欲厚结翰共排安禄山,奏以翰兼河西节度使。秋,八月戊戌,赐翰爵西平郡王。翰表侍御史裴冕为河西行军司马。

是时中国盛强,自安远门西尽唐境万二千里,闾阎相望,桑麻翳野,天下称富庶者无如陇右。翰每遣使入奏,常乘白橐驼,日驰五百里。

7　九月甲辰,以突骑施黑姓可汗登里伊罗蜜施为突骑施可汗。

8　北庭都护程千里追阿布思至碛西,以书谕葛逻禄,使相应。阿布思穷迫,归葛逻禄,葛逻禄叶护执之,并其妻子、麾下数千人送之。甲寅,加葛逻禄叶护顿毗伽开府仪同三司,赐爵金山王。

9　冬,十月戊寅,上幸华清宫。

杨国忠与虢国夫人居第相邻,昼夜往来,无复期度,或并辔走马入朝,不施障幕,道路为之掩目。

三夫人将从车驾幸华清宫,会于国忠第。车马仆从,充溢数坊,锦绣珠玉,鲜华夺目。国忠谓客曰:"吾本寒家,一旦缘椒房至此,未知税驾之所,然念终不能致令名,不若且极乐耳。"杨氏五家,队各为一色衣以相别,五家合队,粲若云锦,国忠仍以剑南旌节引于其前。

国忠子暄举明经,学业荒陋,不及格。礼部侍郎达奚珣畏国忠权势,遣其子昭应尉抚先白之。抚伺国忠入朝上马,趋至马下,国忠意其子必中选,有喜色。抚曰:"大人白相公,郎君所试,不中程式,然亦未敢落也。"国忠怒曰:"我子何患不富贵,乃令鼠辈相卖!"策马不顾而去。抚惶遽,书白其父曰:"彼恃挟贵势,令人惨嗟,安可复与论曲直!"遂置暄上第。及暄为户部侍郎,珣始自礼部迁吏部,暄与所亲言,犹叹己之淹回,珣之迅疾。

国忠既居要地,中外饷遗辐凑,积缣至三千万匹。

10　上在华清宫,欲夜出游,龙武大将军陈玄礼谏曰:"宫外即旷野,安可不备不虞! 陛下必欲夜游,请归城阙。"上为之引还。

11　是岁,安西节度使封常清击大勃律,至菩萨劳城,前锋屡捷,常清乘胜逐之。斥候府果毅段秀实谏曰:"虏兵羸而屡北,诱我也,请搜左右山林。"常清从之。果获伏兵,遂大破之,受降而还。

12　中书舍人宋昱知选事,前进士广平刘迺以选法未善,上书于昱,以为:"禹、稷、皋陶同居舜朝,犹曰载采有九德,考绩以九载。近代主司,察言于一幅之判,观行于一揖之间,何古今迟速不侔之甚哉! 借使周公、孔子今处铨廷,考其辞华,则不及徐、庾,观其利口,则不若啬夫,何暇论圣贤之事业乎!"

# 资治通鉴卷第二百一十七

## 唐纪三十三

### 玄宗至道大圣大明孝皇帝下之下

十三载（甲午，754）

1　春，正月己亥，安禄山入朝。是时杨国忠言禄山必反，且曰："陛下试召之，必不来。"上使召之，禄山闻命即至。庚子，见上于华清宫，泣曰："臣本胡人，陛下宠擢至此，为国忠所疾，臣死无日矣！"上怜之，赏赐巨万，由是益亲信禄山，国忠之言不能入矣。太子亦知禄山必反，言于上，上不听。

2　甲辰，太清宫奏："学士李琪见玄元皇帝乘紫云，告以国祚延昌。"

3　唐初，诏敕皆中书、门下官有文者为之。乾封以后，始召文士元万顷、范履冰等草诸文辞，常于北门候进止，时人谓之"北门学士"。中宗之世，上官昭容专其事。上即位，始置翰林院，密迩禁廷，延文章之士，下至僧、道、书、画、琴、棋、数术之工皆处之，谓之"待诏"。刑部尚书张均及弟太常卿垍皆翰林院供奉。上欲加安禄山同平章事，已令张垍草制。杨国忠谏曰："禄山虽有军功，目不知书，岂可为宰相！制书若下，恐四夷轻唐。"上乃止。乙巳，加禄山左仆射，赐一子三品、一子四品官。

4　丙午，上还宫。

5　安禄山求兼领闲厩、群牧。庚申，以禄山为闲厩、陇右群牧等使。禄山又求兼总监。壬戌，兼知总监事。禄山奏以御史中丞吉温为武部侍郎，充闲厩副使，杨国忠由是恶温。禄山密遣亲信选健马堪战者数千匹，别饲之。

6　二月壬申，上朝献太清宫，上圣祖尊号曰大圣祖高上大道金阙玄元大皇太帝。癸酉，享太庙，上高祖谥曰神尧大圣光孝皇帝，太宗谥曰文武大圣大广孝皇帝，高宗谥曰天皇大圣大弘孝皇帝，中宗谥曰孝和大圣大昭孝皇帝，睿宗谥曰玄真大圣大兴孝皇帝，以汉家诸帝皆谥孝故也。甲戌，群臣上尊号曰开元天地大宝圣文神武证道孝德皇帝。赦天下。

7　丁丑，杨国忠进位司空；甲申，临轩册命。

8　己丑，安禄山奏："臣所部将士讨奚、契丹、九姓、同罗等，勋效甚多，乞不拘常格，超资加赏，仍好写告身付臣军授之。"于是除将军者五百余人，中郎将者二千余人。禄山欲反，故先以此收众心也。

三月丁酉朔，禄山辞归范阳。上解御衣以赐之，禄山受之惊喜。恐杨国忠奏留之，疾驱出关。乘船沿河而下，令船夫执绳板立于岸侧，十五里一更，昼夜兼行，日数百里，过郡县不下船。自是有言禄山反者，上皆缚送，由是人皆知其将反，无敢言者。

禄山之发长安也，上令高力士饯之长乐坡，及还，上问："禄山慰意乎？"对曰："观其意快快，必知欲命为相而中止故也。"上以告国忠，曰："此议他人不知，必张垍兄弟告之也。"上怒，贬张均为建安太守，垍为卢溪司马，垍弟给事中㙇为宜春司马。

哥舒翰亦为其部将论功，敕以陇右十将、特进、火拔州都督、燕山郡王火拔归仁为骠骑大将军，河源军使王思礼加特进，临洮太守成如璆、讨击副使范阳鲁炅、皋兰府都督浑惟明并加云麾将军，陇右讨击副使郭英义为左羽林将军。英义，知运之子也。翰又奏严挺之之子武为节度判官，河东吕諲为支度判官，前封丘尉高适为掌书记，安邑曲环为别将。

9　程千里执阿布思，献于阙下，斩之。甲子，以千里为金吾大将军，以封常清权北庭都护、伊西节度使。

10　夏，四月癸巳，安禄山奏击奚破之，虏其王李日越。

11　六月乙丑朔，日有食之，不尽如钩。

12　侍御史、剑南留后李宓将兵七万击南诏。阁罗凤诱之深入，至大和城，闭壁不战。宓粮尽，士卒罹瘴疫及饥死什七八，乃引还，蛮追击之，宓被擒，全军皆没。杨国忠隐其败，更以捷闻，益发中国兵讨之，前后死者几二十万人；无敢言者。上尝谓高力士曰："朕今老矣，朝事付之宰相，边事付之诸将，夫复何忧！"力士对曰："臣闻云南数丧师，又边将拥兵太盛，陛下将何以制之！臣恐一旦祸发，不可复救，何得谓无忧也！"上曰："卿勿言，朕徐思之。"

13　秋，七月癸丑，哥舒翰奏：于所开九曲之地置洮阳、浇河二郡及神策军，以临洮太守成如璆兼洮阳太守，充神策军使。

14　杨国忠忌陈希烈，希烈累表辞位；上欲以武部侍郎吉温代之，国忠以温附安禄山，奏言不可；以文部侍郎韦见素和雅易制，荐之。八月丙戌，以希烈为太子太师，罢政事，以见素为武部尚书、同平章事。

15　自去岁水旱相继,关中大饥。杨国忠恶京兆尹李岘不附己,以灾沴归咎于岘,九月,贬长沙太守。岘,祎之子也。上忧雨伤稼,国忠取禾之善者献之,曰:"雨虽多,不害稼也。"上以为然。扶风太守房琯言所部水灾,国忠使御史推之。是岁,天下无敢言灾者。高力士侍侧,上曰:"淫雨不已,卿可尽言。"对曰:"自陛下以权假宰相,赏罚无章,阴阳失度,臣何敢言!"上默然。

16　冬,十月乙酉,上幸华清宫。

17　十一月己未,置内侍监二员,正三品。

18　河东太守兼本道采访使韦陟,斌之兄也,文雅有盛名,杨国忠恐其入相,使人告陟赃污事,下御史按问。陟赂中丞吉温,使求救于安禄山,复为国忠所发。闰月壬寅,贬陟桂岭尉,温澧阳长史。安禄山为温讼冤,且言国忠谗疾。上两无所问。

19　戊午,上还宫。

20　是岁,户部奏天下郡三百二十一,县千五百三十八,乡万六千八百二十九,户九百六万九千一百五十四,口五千二百八十八万四百八十八。

十四载(乙未,755)

1　春,正月,苏毗王子悉诺逻去吐蕃来降。

2　二月辛亥,安禄山使副将何千年入奏,请以蕃将三十二人代汉将,上命立进画,给告身。韦见素谓杨国忠曰:"禄山久有异志,今又有此请,其反明矣。明日见素当极言,上未允,公其继之。"国忠许诺。壬子,国忠、见素入见,上迎谓曰:"卿等有疑禄山之意邪?"见素因极言禄山反已有迹,所请不可许,上不悦;国忠逡巡不敢言,上竟从禄山之请。他日,国忠、见素言于上曰:"臣有策可坐消禄山之谋。今若除禄山平章事,召诣阙,以贾循为范阳节度使,吕知诲为平卢节度使,杨光翙为河东节度使,则势自分矣。"上从之。已草制,上留不发,更遣中使辅璆琳以珍果赐禄山,潜察其变。璆琳受禄山厚赂,还,盛言禄山竭忠奉国,无有二心。上谓国忠等曰:"禄山,朕推心待之,必无异志。东北二虏,藉其镇遏。朕自保之,卿等勿忧也!"事遂寝。循,华原人也,时为节度副使。

3　陇右、河西节度使哥舒翰入朝,道得风疾,遂留京师,家居不出。

4　三月辛巳,命给事中裴士淹宣慰河北。

5　夏,四月,安禄山奏破奚、契丹。

6　癸巳，以苏毗王子悉诺逻为怀义王，赐姓名李忠信。

7　安禄山归至范阳，朝廷每遣使者至，皆称疾不出迎，盛陈武备，然后见之。裴士淹至范阳，二十馀日乃得见，无复人臣礼。杨国忠日夜求禄山反状，使京兆尹围其第，捕禄山客李超等，送御史台狱，潜杀之。禄山子庆宗尚宗女荣义郡主，供奉在京师，密报禄山，禄山愈惧。六月，上以其子成婚，手诏禄山观礼，禄山辞疾不至。秋，七月，禄山表献马三千匹，每匹执控夫二人，遣蕃将二十二人部送。河南尹达奚珣疑有变，奏请"谕禄山以进车马宜俟至冬，官自给夫，无烦本军"。于是上稍寤，始有疑禄山之意。会辅璆琳受赂事亦泄，上托以他事扑杀之。上遣中使冯神威赍手诏谕禄山，如珣策，且曰："朕新为卿作一汤，十月于华清宫待卿。"神威至范阳宣旨，禄山踞床微起，亦不拜，曰："圣人安隐。"又曰："马不献亦可，十月灼然诣京师。"即令左右引神威置馆舍，不复见；数日，遣还，亦无表。神威还，见上泣曰："臣几不得见大家！"

8　八月辛卯，免今载百姓租庸。

9　冬，十月庚寅，上幸华清宫。

10　安禄山专制三道，阴蓄异志，殆将十年，以上待之厚，欲俟上晏驾然后作乱。会杨国忠与禄山不相悦，屡言禄山且反，上不听；国忠数以事激之，欲其速反以取信于上。禄山由是决意遽反，独与孔目官太仆丞严庄、掌书记、屯田员外郎高尚、将军阿史那承庆密谋，自馀将佐皆莫之知，但怪其自八月以来，屡飨士卒，秣马厉兵而已。会有奏事官自京师还，禄山诈为敕书，悉召诸将示之曰："有密旨，令禄山将兵入朝讨杨国忠，诸君宜即从军。"众愕然相顾，莫敢异言。十一月甲子，禄山发所部兵及同罗、奚、契丹、室韦凡十五万众，号二十万，反于范阳。命范阳节度副使贾循守范阳，平卢节度副使吕知诲守平卢，别将高秀岩守大同。诸将皆引兵夜发。

诘朝，禄山出蓟城南，大阅誓众，以讨杨国忠为名，榜军中曰："有异议扇动军人者，斩及三族！"于是引兵而南。禄山乘铁舆，步骑精锐，烟尘千里，鼓噪震地。时海内久承平，百姓累世不识兵革，猝闻范阳兵起，远近震骇。河北皆禄山统内，所过州县，望风瓦解，守令或开门出迎，或弃城窜匿，或为所擒戮，无敢拒之者。禄山先遣将军何千年、高邈将奚骑二十，声言献射生手，乘驿诣太原。乙丑，北京副留守杨光翙出迎，因劫之以去。太原具言其状。东受降城亦奏禄山反。上犹以为恶禄山者诈为之，未之信也。

庚午,上闻禄山定反,乃召宰相谋之。杨国忠扬扬有德色,曰:"今反者独禄山耳,将士皆不欲也。不过旬日,必传首诣行在。"上以为然,大臣相顾失色。上遣特进毕思琛诣东京,金吾将军程千里诣河东,各简募数万人,随便团结以拒之。辛未,安西节度使封常清入朝,上问以讨贼方略,常清大言曰:"今太平积久,故人望风惮贼。然事有逆顺,势有奇变,臣请走马诣东京,开府库,募骁勇,挑马棰渡河,计日取逆胡之首献阙下!"上悦。壬申,以常清为范阳、平卢节度使。常清即日乘驿诣东京募兵,旬日,得六万人;乃断河阳桥,为守御之备。

甲戌,禄山至博陵南,何千年等执杨光翙见禄山,责光翙以附杨国忠,斩之以徇。禄山使其将安忠志将精兵军土门,忠志,奚人,禄山养为假子;又以张献诚摄博陵太守,献诚,守珪之子也。

禄山至藁城,常山太守颜杲卿力不能拒,与长史袁履谦往迎之。禄山辄赐杲卿金紫,质其子弟,使仍守常山;又使其将李钦凑将兵数千人守井陉口,以备西来诸军。杲卿归,途中指其衣谓履谦曰:"何为著此?"履谦悟其意,乃阴与杲卿谋起兵讨禄山。杲卿,思鲁之玄孙也。

丙子,上还宫。斩太仆卿安庆宗,赐荣义郡主自尽。以朔方节度使安思顺为户部尚书,思顺弟元贞为太仆卿。以朔方右厢兵马使、九原太守郭子仪为朔方节度使,右羽林大将军王承业为太原尹。置河南节度使,领陈留等十三郡,以卫尉卿猗氏张介然为之。以程千里为潞州长史。诸郡当贼冲者,始置防御使。

丁丑,以荣王琬为元帅,右金吾大将军高仙芝副之,统诸军东征。出内府钱帛,于京师募兵十一万,号曰天武军,旬日而集,皆市井子弟也。

十二月丙戌,高仙芝将飞骑、彍骑及新募兵、边兵在京师者合五万人,发长安。上遣宦者监门将军边令诚监其军,屯陕。

11 丁亥,安禄山自灵昌渡河,以緪约败船及草木横绝河流,一夕,冰合如浮梁,遂陷灵昌郡。禄山步骑散漫,人莫知其数,所过残灭。张介然至陈留才数日,禄山至,授兵登城,众悯惧,不能守。庚寅,太守郭纳以城降。禄山入北郭,闻安庆宗死,恸哭曰:"我何罪,而杀我子!"时陈留将士降者夹道近万人,禄山皆杀之以快其忿,斩张介然于军门。以其将李庭望为节度使,守陈留。

12 壬辰,上下制欲亲征,其朔方、河西、陇右兵留守城堡之外,皆赴行营,令节度使自将之,期二十日毕集。

13 初,平原太守颜真卿知禄山且反,因霖雨,完城浚壕,料丁壮,实仓廪,禄山以其书生,易之。及禄山反,牒真卿以平原、博平兵七千人防河津,真卿遣平原司兵李平间道奏之。上始闻禄山反,河北郡县皆风靡,叹曰:"二十四郡,曾无一人义士邪!"及平至,大喜曰:"朕不识颜真卿作何状,乃能如是!"真卿遣亲客密怀购贼牒诣诸郡,由是诸郡多应者。真卿,杲卿之从弟也。

安禄山引兵向荥阳,太守崔无诐拒之;士卒乘城者,闻鼓角声,自坠如雨。癸巳,禄山陷荥阳,杀无诐,以其将武令珣守之。禄山声势益张,以其将田承嗣、安忠志、张孝忠为前锋。封常清所募兵皆白徒,未更训练,屯武牢以拒贼,贼以铁骑蹂之,官军大败。常清收馀众,战于葵园,又败;战上东门内,又败。丁酉,禄山陷东京,贼鼓噪自四门入,纵兵杀掠。常清战于都亭驿,又败;退守宣仁门,又败;乃自苑西坏墙西走。

河南尹达奚珣降于禄山。留守李憕谓御史中丞卢奕曰:"吾曹荷国重任,虽知力不敌,必死之!"奕许诺。憕收残兵数百,欲战,皆弃憕溃去,憕独坐府中。奕先遣妻子怀印间道走长安,朝服坐台中,左右皆散。禄山屯于闲厩,使人执憕、奕及采访判官蒋清,皆杀之。奕骂禄山,数其罪,顾贼党曰:"凡为人当知逆顺。我死不失节,夫复何恨!"憕,文水人;奕,怀慎之子;清,钦绪之子也。禄山以其党张万顷为河南尹。

封常清帅馀众至陕,陕郡太守窦廷芝已奔河东,吏民皆散。常清谓高仙芝曰:"常清连日血战,贼锋不可当。且潼关无兵,若贼豕突入关,则长安危矣。陕不可守,不如引兵先据潼关以拒之。"仙芝乃帅见兵西趣潼关。贼寻至,官军狼狈走,无复部伍,士马相腾践,死者甚众。至潼关,修完守备,贼至,不得入而去。禄山使其将崔乾祐屯陕,临汝、弘农、济阴、濮阳、云中郡皆降于禄山。是时,朝廷征兵诸道,皆未至,关中恼惧。会禄山方谋称帝,留东京不进,故朝廷得为之备,兵亦稍集。

禄山以张通儒之弟通晤为睢阳太守,与陈留长史杨朝宗将胡骑千馀东略地,郡县官多望风降走,惟东平太守嗣吴王祗、济南太守李随起兵拒之。祗,祎之弟也。郡县之不从贼者,皆倚吴王为名。单父尉贾贲帅吏民南击睢阳,斩张通晤。李庭望引兵欲东徇地,闻之,不敢进而还。

14　庚子,以永王璘为山南节度使,江陵长史源洧为之副;颖王璬为剑南节度使,蜀郡长史崔圆为之副。二王皆不出阁。洧,光裕之子也。

15　上议亲征,辛丑,制太子监国,谓宰相曰:"朕在位垂五十载,倦于忧勤,去秋已欲传位太子;值水旱相仍,不欲以馀灾遗子孙,淹留俟稍丰。不意逆胡横发,朕当亲征,且使之监国。事平之日,朕将高枕无为矣。"杨国忠大惧,退谓韩、虢、秦三夫人曰:"太子素恶吾家专横久矣,若一旦得天下,吾与姊妹并命在旦暮矣!"相与聚哭。使三夫人说贵妃,衔土请命于上,事遂寝。

16 颜真卿召募勇士,旬日至万馀人,谕以举兵讨安禄山,继以涕泣,士皆感愤。禄山使其党段子光赍李憕、卢奕、蒋清首徇河北诸郡,至平原,壬寅,真卿执子光,腰斩以徇;取三人首,续以蒲身,棺敛葬之,祭哭受吊。禄山以海运使刘道玄摄景城太守,清池尉贾载、盐山尉河内穆宁共斩道玄,得其甲仗五十馀船;携道玄首谒长史李暐,暐收严庄宗族,悉诛之。是日,送道玄首至平原。真卿召载、宁及清河尉张澹诣平原计事。饶阳太守卢全诚据城不受代;河间司法李奂杀禄山所署长史王怀忠;李随遣游弈将訾嗣贤济河,杀禄山所署博平太守马冀;各有众数千或万人,共推真卿为盟主,军事皆禀焉。禄山使张献诚将上谷、博陵、常山、赵郡、文安五郡团结兵万人围饶阳。

17 高仙芝之东征也,监军边令诚数以事干之,仙芝多不从。令诚入奏事,具言仙芝、常清桡败之状,且云:"常清以贼摇众,而仙芝弃陕地数百里,又盗减军士粮赐。"上大怒,癸卯,遣令诚赍敕即军中斩仙芝及常清。初,常清既败,三遣使奉表陈贼形势,上皆不之见。常清乃自驰诣阙,至渭南,敕削其官爵,令还仙芝军,白衣自效。常清草遗表曰:"臣死之后,望陛下不轻此贼,无忘臣言!"时朝议皆以为禄山狂悖,不日授首,故常清云然。令诚至潼关,先引常清,宣敕示之;常清以表附令诚上之。常清既死,陈尸蘧蒢。仙芝还,至听事,令诚索陌刀手百馀人自随,乃谓仙芝曰:"大夫亦有恩命。"仙芝遽下,令诚宣敕。仙芝曰:"我遇敌而退,死则宜矣。今上戴天,下履地,谓我盗减粮赐则诬也。"时士卒在前,皆大呼称枉,其声振地,遂斩之。以将军李承光摄领其众。

河西、陇右节度使哥舒翰病废在家,上藉其威名,且素与禄山不协,召见,拜兵马副元帅,将兵八万以讨禄山;仍敕天下四面进兵,会攻洛阳。翰以病固辞,上不许,以田良丘为御史中丞,充行军司马,起居郎萧昕为判官,蕃将火拔归仁等各将部落以从,并仙芝旧卒,号二十万,军于潼关。翰病,不能治事,悉以军政委田良丘;良丘复不敢专决,使王思礼主骑,李承光主步,二人争长,无所统壹。翰用法严而不恤,士卒皆懈弛,无斗志。

18 安禄山大同军使高秀岩寇振武军,朔方节度使郭子仪击败之,子仪乘胜拔静边军。大同兵马使薛忠义寇静边军,子仪使左兵马使李光弼、右兵马使高濬、左武锋使仆固怀恩、右武锋使浑释之等逆击,大破之,坑其骑七千。进围云中，使别将公孙琼岩将二千骑击马邑，拔之，开东陉关。甲辰，加子仪御史大夫。怀恩，哥滥拔延之曾孙也，世为金微都督。释之，浑部酋长，世为皋兰都督。

19　颜杲卿将起兵，参军冯虔、前真定令贾深、藁城尉崔安石、郡人翟万德、内丘丞张通幽皆预其谋；又遣人语太原尹王承业，密与相应。会颜真卿自平原遣杲卿甥卢逖潜告杲卿，欲连兵断禄山归路，以缓其西入之谋。时禄山遣其金吾将军高邈诣幽州征兵，未还，杲卿以禄山命召李钦凑，使帅众诣郡受犒赉。丙午，薄暮，钦凑至，杲卿使袁履谦、冯虔等携酒食妓乐往劳之，并其党皆大醉，乃断钦凑首，收其甲兵，尽缚其党，明日，斩之，悉散井陉之众。有顷，高邈自幽州还，且至藁城，杲卿使冯虔往擒之。南境又白何千年自东京来，崔安石与翟万德驰诣醴泉驿迎千年，又擒之，同日致于郡下。千年谓杲卿曰："今太守欲输力王室，既善其始，当慎其终。此郡应募乌合，难以临敌，宜深沟高垒，勿与争锋。俟朔方军至，并力齐进，传檄赵、魏，断燕、蓟要膂。今且宜声云'李光弼引步骑一万出井陉'；因使人说张献诚云'足下所将多团练之人，无坚甲利兵，难以当山西劲兵'，献诚必解围遁去。此亦一奇也。"杲卿悦，用其策，献诚果遁去，其团练兵皆溃。杲卿乃使人入饶阳城，慰劳将士。命崔安石等徇诸郡云："大军已下井陉，朝夕当至，先平河北诸郡。先下者赏，后至者诛！"于是河北诸郡响应，凡十七郡皆归朝廷，兵合二十馀万；其附禄山者，唯范阳、卢龙、密云、渔阳、汲、邺六郡而已。

杲卿又密使人入渔阳招贾循，郑城人马燧说循曰："禄山负恩悖逆，虽得洛阳，终归夷灭。公若诛诸将之不从命者，以渔阳归国，倾其根柢，此不世之功也。"循然之，犹豫不时发。别将牛润容知之，以告禄山，禄山使其党韩朝阳召循。朝阳至渔阳，引循屏语，使壮士缢杀之，灭其族，以别将牛廷玠知渔阳军事。史思明、李立节将蕃、汉步骑万人击博陵、常山。马燧亡入西山，隐者徐遇匿之，得免。

20　初，禄山欲自将攻潼关，至新安，闻河北有变而还。蔡希德将兵万人自河内北击常山。

21　戊申，荣王琬薨，赠谥靖恭太子。

22　是岁，吐蕃赞普乞梨苏笼猎赞卒，子娑悉笼猎赞立。

## 肃宗文明武德大圣大宣孝皇帝上之上

至德元载（丙申，756）

1　春,正月乙卯朔,禄山自称大燕皇帝,改元圣武,以达奚珣为侍中,张通儒为中书令。高尚、严庄为中书侍郎。

2　李随至睢阳,有众数万。丙辰,以随为河南节度使,以前高要尉许远为睢阳太守兼防御使。濮阳客尚衡起兵讨禄山,以郡人王栖曜为衙前总管,攻拔济阴,杀禄山将邢超然。

3　颜杲卿使其子泉明、贾深、翟万德献李钦凑首及何千年、高邈于京师。张通幽泣请曰:"通幽兄陷贼,乞与泉明偕行,以救宗族。"杲卿哀而许之。至太原,通幽欲自托于王承业,乃教之留泉明等,更其表,多自为功,毁短杲卿,别遣使献之。杲卿起兵才八日,守备未完,史思明、蔡希德引兵皆至城下。杲卿告急于承业,承业既窃其功,利于城陷,遂拥兵不救。杲卿昼夜拒战,粮尽矢竭;壬戌,城陷。贼纵兵杀万馀人,执杲卿及袁履谦等送洛阳。王承业使者至京师,玄宗大喜,拜承业羽林大将军,麾下受官爵者以百数。征颜杲卿为卫尉卿。朝命未至,常山已陷。

杲卿至洛阳,禄山数之曰:"汝自范阳户曹,我奏汝为判官,不数年超至太守,何负于汝而反邪?"杲卿瞋目骂曰:"汝本营州牧羊羯奴,天子擢汝为三道节度使,恩幸无比,何负于汝而反? 我世为唐臣,禄位皆唐有,虽为汝所奏,岂从汝反邪! 我为国讨贼,恨不斩汝,何谓反也? 臊羯狗,何不速杀我!"禄山大怒,并袁履谦等缚于中桥之柱而剐之。杲卿、履谦比死,骂不虚口。颜氏一门死于刀锯者三十馀人。

史思明、李立节、蔡希德既克常山,引兵击诸郡之不从者,所过残灭,于是邺、广平、钜鹿、赵、上谷、博陵、文安、魏、信都等郡复为贼守。饶阳太守卢全诚独不从,思明等围之。河间司法李奂将七千人、景城长史李暐遣其子祀将八千人救之,皆为思明所败。

4　上命郭子仪罢围云中,还朔方,益发兵进取东京;选良将一人分兵先出井陉,定河北。子仪荐李光弼,癸亥,以光弼为河东节度使,分朔方兵万人与之。

5　甲子,加哥舒翰左仆射、同平章事,馀如故。

6　置南阳节度使,以南阳太守鲁炅为之,将岭南、黔中、襄阳子弟五万人屯叶北,以备安禄山。炅表薛愿为颍川太守兼防御使,庞坚为副使。愿,故太子瑛之舅兄;坚,玉之曾孙也。

7　乙丑,安禄山遣其子庆绪寇潼关,哥舒翰击却之。

8　己巳,加颜真卿户部侍郎兼本郡防御使;真卿以李暐为副。

9　二月丙戌,加李光弼魏郡太守、河北道采访使。

10　史思明等围饶阳二十九日，不下，李光弼将蕃、汉步骑万馀人，太原弩手三千人出井陉。己亥，至常山，常山团练兵三千人杀胡兵，执安思义出降。光弼谓思义曰："汝自知当死否？"思义不应。光弼曰："汝久更陈行，视吾此众，可敌思明否？今为我计当如何？汝策可取，当不杀汝。"思义曰："大夫士马远来疲弊，猝遇大敌，恐未易当；不如移军入城，早为备御，先料胜负，然后出兵。胡骑虽锐，不能持重，苟不获利，气沮心离，于时乃可图矣。思明今在饶阳，去此不二百里。昨暮羽书已去，计其先锋来晨必至，而大军继之，不可不留意也。"光弼悦，释其缚，即移军入城。史思明闻常山不守，立解饶阳之围；明日未旦，先锋已至，思明等继之，合二万馀骑，直抵城下。光弼遣步卒五千自东门出战，贼守门不退。光弼命五百弩于城上齐发射之，贼稍却；乃出弩手千人分为四队，使其矢发发相继，贼不能当，敛军道北。光弼出兵五千为枪城于道南，夹呼沱水而陈；贼数以骑兵搏战，光弼之兵射之，人马中矢者太半，乃退，小憩以俟步兵。有村民告贼步兵五千自饶阳来，昼夜行百七十里，至九门南逢壁，度憩息。光弼遣步骑各二千，匿旗鼓，并水潜行，至逢壁，贼方饭，纵兵掩击，杀之无遗。思明闻之，失势，退入九门。时常山九县，七附官军，惟九门、藁城为贼所据。光弼遣裨将张奉璋以兵五百戍石邑，馀皆三百人戍之。

11　上以吴王祗为灵昌太守、河南都知兵马使。贾贲前至雍丘，有众二千。先是谯郡太守杨万石以郡降安禄山，逼真源令河东张巡使为长史，西迎贼。巡至真源，帅吏民哭于玄元皇帝庙，起兵讨贼，吏民乐从者数千人。巡选精兵千人西至雍丘，与贾贲合。

初，雍丘令令狐潮以县降贼，贼以为将，使东击淮阳救兵于襄邑，破之，俘百馀人，拘于雍丘，将杀之，往见李庭望。淮阳兵遂杀守者，潮弃妻子走，故贾贲得以其间入雍丘。庚子，潮引贼精兵攻雍丘，贲出战，败死。张巡力战却贼，因兼领贲众，自称吴王先锋使。

三月乙卯，潮复与贼将李怀仙、杨朝宗、谢元同等四万馀众奄至城下，众惧，莫有固志。巡曰："贼兵精锐，有轻我心。今出其不意击之，彼必惊溃。贼势小折，然后城可守也。"乃使千人乘城，自帅千人，分数队，开门突出。巡身先士卒，直冲贼陈，人马辟易，贼遂退。明日，复进攻城，设百炮环城，楼堞皆尽。巡于城上立木栅以拒之。贼蚁附而登，巡束蒿灌脂，焚而投之，贼不得上。时伺贼隙，出兵击之，或夜缒斫营，积六十馀日，大小三百馀战，带甲而食，裹疮复战，贼遂败走。巡乘胜追之，获胡兵二千人而还，军声大振。

12　初，户部尚书安思顺知禄山反谋，因入朝奏之。及禄山反，上以思顺先奏，不之罪也。哥舒翰素与之有隙，使人诈为禄山遗思顺书，于关门擒之以献，且数思顺七罪，请诛之。丙辰，思顺及弟太仆卿元贞皆坐死，家属徙岭外。杨国忠不能救，由是始畏翰。

13　郭子仪至朔方，益选精兵，戊午，进军于代。

14　戊辰，吴王祗击谢元同，走之，拜陈留太守、河南节度使。

15　壬午，以河东节度使李光弼为范阳长史、河北节度使。加颜真卿河北采访使。真卿以张澹为支使。

先是清河客李萼，年二十馀，为郡人乞师于真卿曰："公首唱大义，河北诸郡恃公以为长城。今清河，公之西邻，国家平日聚江、淮、河南钱帛于彼以赡北军，谓之'天下北库'；今有布三百馀万匹，帛八十馀万匹，钱三十馀万缗，粮三十馀万斛。昔讨默啜，甲兵皆贮清河库，今有五十馀万事。户七万，口十馀万。窃计财足以三平原之富，兵足以倍平原之强。公诚资以士卒，抚而有之，以二郡为腹心，则馀郡如四支，无不随所使矣。"真卿曰："平原兵新集，尚未训练，自保恐不足，何暇及邻！虽然，借若诸子之请，则将何为乎？"萼曰："清河遣仆衔命于公者，非力不足而借公之师以尝寇也，亦欲观大贤之明义耳。今仰瞻高意，未有决辞定色，仆何敢遽言所为哉！"真卿奇之，欲与之兵。众以为萼年少轻虏，徒分兵力，必无所成，真卿不得已辞之。萼就馆，复为书说真卿，以为："清河去逆效顺，奉粟帛器械以资军，公乃不纳而疑之。仆回辕之后，清河不能孤立，必有所系托，将为公西面之强敌，公能无悔乎？"真卿大惊，遽诣其馆，以兵六千借之，送至境，执手别。真卿问曰："兵已行矣，可以言子之所为乎？"萼曰："闻朝廷遣程千里将精兵十万出崞口讨贼，贼据险拒之，不得前。今当引兵先击魏郡，执禄山所署太守袁知泰，纳旧太守司马垂，使为西南主人；分兵开崞口，出千里之师，因讨汲、邺以北至于幽陵郡县之未下者；平原、清河帅诸同盟，合兵十万，南临孟津，分兵循河，据守要害，制其北走之路。计官军东讨者不下二十万，河南义兵西向者亦不减十万。公但当表朝廷坚壁勿战，不过月馀，贼必有内溃相图之变矣。"真卿曰："善！"命录事参军李择交及平原令范冬馥将其兵，会清河兵四千及博平兵千人军于堂邑西南。袁知泰遣其将白嗣恭等将二万馀人来逆战，三郡兵力战尽日，魏兵大败，斩首万馀级，捕虏千馀人，得马千匹，军资甚众。知泰奔汲郡，遂克魏郡，军声大振。

时北海太守贺兰进明亦起兵，真卿以书召之并力，进明将步骑五千渡河,真卿陈兵逆之,相揖,哭于马上,哀动行伍。进明屯平原城南,休养士马,真卿每事咨之,由是军权稍移于进明矣,真卿不以为嫌。真卿以堂邑之功让进明,进明奏其状,取舍任意。敕加进明河北招讨使,择交、冬馥微进资级,清河、博平有功者皆不录。进明攻信都郡,久之,不克,录事参军长安第五琦劝进明厚以金帛募勇士,遂克之。

16　李光弼与史思明相守四十馀日,思明绝常山粮道。城中乏草,马食荐藉。光弼以车五百乘之石邑取草,将车者皆衣甲,弩手千人卫之,为方陈而行,贼不能夺。蔡希德引兵攻石邑,张奉璋拒却之。光弼遣使告急于郭子仪,子仪引兵自井陉出,夏,四月壬辰,至常山,与光弼合,蕃、汉步骑共十馀万。甲午,子仪、光弼与史思明等战于九门城南,思明大败。中郎将浑瑊射李立节,杀之。瑊,释之之子也。思明收馀众奔赵郡,蔡希德奔钜鹿。思明自赵郡如博陵,时博陵已降官军,思明尽杀郡官。河朔之民苦贼残暴,所至屯结,多至二万人,少者万人,各为营以拒贼;及郭、李军至,争出自效。庚子,攻赵郡,一日,城降。士卒多虏掠,光弼坐城门,收所获,悉归之,民大悦。子仪生擒四千人,皆舍之,斩禄山太守郭献璆。光弼进围博陵,十日,不拔,引兵还恒阳就食。

17　杨国忠问士之可为将者于左拾遗博平张镐及萧昕,镐、昕荐左赞善大夫永寿来瑱,丙午,以瑱为颍川太守。贼屡攻之,瑱前后破贼甚众,加本郡防御使,人谓之"来嚼铁"。

18　安禄山使平卢节度使吕知诲诱安东副大都护马灵詧,杀之。平卢游弈使武陟刘客奴、先锋使董秦及安东将王玄志同谋讨诛知诲,遣使逾海与颜真卿相闻,请取范阳以自效。真卿遣判官贾载赍粮及战士衣助之。真卿时惟一子颇,才十馀岁,使诣客奴为质。朝廷闻之,以客奴为平卢节度使,赐名正臣;玄志为安东副大都护,董秦为平卢兵马使。

19　南阳节度使鲁炅立栅于滍水之南,安禄山将武令珣、毕思琛攻之。

# 资治通鉴卷第二百一十八

## 唐纪三十四

### 肃宗文明武德大圣大宣孝皇帝上之下

至德元载（丙申，756）

1　五月丁巳，炅众溃，走保南阳，贼就围之。太常卿张垍荐夷陵太守虢王巨有勇略，上征吴王袛为太仆卿，以巨为陈留谯郡太守、河南节度使，兼统岭南节度使何履光、黔中节度使赵国珍、南阳节度使鲁炅。国珍，本牂柯夷也。戊辰，巨引兵自蓝田出，趣南阳。贼闻之，解围走。

2　令狐潮复引兵攻雍丘。潮与张巡有旧，于城下相劳苦如平生，潮因说巡曰："天下事去矣，足下坚守危城，欲谁为乎？"巡曰："足下平生以忠义自许，今日之举，忠义何在！"潮惭而退。

3　郭子仪、李光弼还常山，史思明收散卒数万踵其后。子仪选骁骑更挑战，三日，至行唐，贼疲，乃退。子仪乘之，又败之于沙河。蔡希德至洛阳，安禄山复使将步骑二万人北就思明，又使牛廷玠发范阳等郡兵万馀人助思明，合五万馀人，而同罗、曳落河居五分之一。子仪至恒阳，思明随至，子仪深沟高垒以待之，贼来则守，去则追之，昼则耀兵，夜斫其营，贼不得休息。数日，子仪、光弼议曰："贼倦矣，可以出战。"壬午，战于嘉山，大破之，斩首四万级，捕虏千馀人。思明坠马，露髻跣足步走，至暮，杖折枪归营，奔于博陵，光弼就围之，军声大振。于是河北十馀郡皆杀贼守将而降。渔阳路再绝，贼往来者皆轻骑窃过，多为官军所获，将士家在渔阳者无不摇心。

禄山大惧，召高尚、严庄诟之曰："汝数年教我反，以为万全。今守潼关，数月不能进，北路已绝，诸军四合，吾所有者止汴、郑数州而已，万全何在？汝自今勿来见我！"尚、庄惧，数日不敢见。田乾真自关下来，为尚、庄说禄山曰："自古帝王经营大业，皆有胜败，岂能一举而成！今四方军垒虽多，皆新募乌合之众，未更行陈，岂能敌我蓟北劲锐之兵，何足深忧！尚、庄皆佐命元勋，陛下一旦绝之，使诸将闻之，谁不内惧！若上下离心，臣窃为陛下危之！”禄山喜曰：“阿浩，汝能豁我心事。”即召尚、庄，置酒酣宴，自为之歌以侑酒，待之如初。阿浩，乾真小字也。禄山议弃洛阳，走归范阳，计未决。

是时，天下以杨国忠骄纵召乱，莫不切齿。又，禄山起兵以诛国忠为名，王思礼密说哥舒翰，使抗表请诛国忠，翰不应。思礼又请以三十骑劫取以来，至潼关杀之，翰曰：“如此，乃翰反，非禄山也。”或说国忠：“今朝廷重兵尽在翰手，翰若援旗西指，于公岂不危哉！”国忠大惧，乃奏：“潼关大军虽盛，而后无继，万一失利，京师可忧，请选监牧小儿三千于苑中训练。”上许之，使剑南军将李福德等领之。又募万人屯灞上，令所亲杜乾运将之，名为御贼，实备翰也。翰闻之，亦恐为国忠所图，乃表请灞上军隶潼关。六月癸未，召杜乾运诣关，因事斩之。国忠益惧。

会有告崔乾祐在陕，兵不满四千，皆羸弱无备，上遣使趣哥舒翰进兵复陕、洛。翰奏曰：“禄山久习用兵，今始为逆，岂肯无备！是必羸师以诱我，若往，正堕其计中。且贼远来，利在速战，官军据险以扼之，利在坚守。况贼残虐失众，兵势日蹙，将有内变，因而乘之，可不战擒也。要在成功，何必务速！今诸道征兵尚多未集，请且待之。”郭子仪、李光弼亦上言：“请引兵北取范阳，覆其巢穴，质贼党妻子以招之，贼必内溃。潼关大军，唯应固守以弊之，不可轻出。”国忠疑翰谋己，言于上，以贼方无备，而翰逗留，将失机会。上以为然，续遣中使趣之，项背相望。翰不得已，抚膺恸哭。丙戌，引兵出关。

己丑，遇崔乾祐之军于灵宝西原。乾祐据险以待之，南薄山，北阻河，隘道七十里。庚寅，官军与乾祐会战。乾祐伏兵于险，翰与田良丘浮舟中流以观军势，见乾祐兵少，趣诸军使进。王思礼等将精兵五万居前，庞忠等将馀兵十万继之，翰以兵三万登河北阜望之，鸣鼓以助其势。乾祐所出兵不过万人，什什伍伍，散如列星，或疏或密，或前或却，官军望而笑之。乾祐严精兵，陈于其后。兵既交，贼偃旗如欲遁者，官军懈，不为备。须臾，伏兵发，贼乘高下木石，击杀士卒甚众。道隘，士卒如束，枪槊不得用。翰以毡车驾马为前驱，欲以冲贼。日过中，东风暴急，乾祐以草车数十乘塞毡车之前，纵火焚之。烟焰所被，官军不能开目，妄自相杀，谓贼在烟中，聚弓弩而射之。日暮，矢尽，乃知无贼。乾祐遣同罗精骑自南山过，出官军之后击之，官军首尾骇乱，不知所备，于是大败。或弃甲窜匿山谷，或相挤排入河溺死，嚣声振天地，贼乘胜蹑之。后军见前军败，皆自溃，河北军望之亦溃。翰独与麾下数百骑走，自首阳山西渡河入关。关外先为三

堑,皆广二丈,深丈,人马坠其中,须臾而满;馀众践之以度,士卒得入关者
才八千馀人。辛卯,乾祐进攻潼关,克之。

翰至关西驿,揭榜收散卒,欲复守潼关。蕃将火拔归仁等以百馀骑围
驿,入谓翰曰:"贼至矣,请公上马。"翰上马出驿,归仁帅众叩头曰:"公以
二十万众一战弃之,何面目复见天子!且公不见高仙芝、封常清乎?请公
东行。"翰不可,欲下马。归仁以毛絷其足于马腹,及诸将不从者,皆执之
以东。会贼将田乾真已至,遂降之,俱送洛阳。安禄山问翰曰:"汝常轻
我,今定何如?"翰伏地对曰:"臣肉眼不识圣人。今天下未平,李光弼在
常山,李祗在东平,鲁炅在南阳,陛下留臣,使以尺书招之,不日皆下矣。"
禄山大喜,以翰为司空、同平章事。谓火拔归仁曰:"汝叛主,不忠不义。"
执而斩之。翰以书招诸将,皆复书责之。禄山知不效,乃囚诸苑中。潼关
既败,于是河东、华阴、冯翊、上洛防御使皆弃郡走,所在守兵皆散。

是日,翰麾下来告急,上不时召见,但遣李福德等将监牧兵赴潼关。
及暮,平安火不至,上始惧。壬辰,召宰相谋之。杨国忠自以身领剑南,闻
安禄山反,即令副使崔圆阴具储偫,以备有急投之,至是首唱幸蜀之策。
上然之。癸巳,国忠集百官于朝堂,惶懅流涕;问以策略,皆唯唯不对。国
忠曰:"人告禄山反状已十年,上不之信;今日之事,非宰相之过。"仗下,
士民惊扰奔走,不知所之,市里萧条。国忠使韩、虢入宫,劝上入蜀。

甲午,百官朝者什无一二。上御勤政楼,下制,云欲亲征,闻者皆莫之
信。以京兆尹魏方进为御史大夫兼置顿使;京兆少尹灵昌崔光远为京兆
尹,充西京留守;将军边令诚掌宫闱管钥。托以剑南节度大使颍王璬将赴
镇,令本道设储偫。是日,上移仗北内。既夕,命龙武大将军陈玄礼整比
六军,厚赐钱帛,选闲厩马九百馀匹,外人皆莫之知。乙未,黎明,上独与
贵妃姊妹、皇子、妃、主、皇孙、杨国忠、韦见素、魏方进、陈玄礼及亲近宦
官、宫人出延秋门,妃、主、皇孙之在外者,皆委之而去。上过左藏,杨国忠
请焚之,曰:"无为贼守。"上愀然曰:"贼来不得,必更敛于百姓,不如与
之,无重困吾赤子。"是日,百官犹有入朝者,至宫门,犹闻漏声,三卫立仗
俨然。门既启,则宫人乱出,中外扰攘,不知上所之。于是王公、士民四出
逃窜,山谷细民争入宫禁及王公第舍,盗取金宝,或乘驴上殿。又焚左藏
大盈库。崔光远、边令诚帅人救火,又募人摄府、县官分守之,杀十馀人,
乃稍定。光远遣其子东见禄山,令诚亦以管钥献之。

上过便桥,杨国忠使人焚桥。上曰:"士庶各避贼求生,奈何绝其
路!"留内侍监高力士,使扑灭乃来。上遣宦者王洛卿前行,告谕郡县置

顿。食时,至咸阳望贤宫,洛卿与县令俱逃,中使征召,吏民莫有应者。日向中,上犹未食,杨国忠自市胡饼以献。于是民争献粝饭,杂以麦豆。皇孙辈争以手掬食之,须臾而尽,犹未能饱。上皆酬其直,慰劳之。众皆哭,上亦掩泣。有老父郭从谨进言曰:"禄山包藏祸心,固非一日;亦有诣阙告其谋者,陛下往往诛之,使得逞其奸逆,致陛下播越。是以先王务延访忠良以广聪明,盖为此也。臣犹记宋璟为相,数进直言,天下赖以安平。自顷以来,在廷之臣以言为讳,惟阿谀取容,是以阙门之外,陛下皆不得而知。草野之臣,必知有今日久矣,但九重严邃,区区之心无路上达。事不至此,臣何由得睹陛下之面而诉之乎!"上曰:"此朕之不明,悔无所及。"慰谕而遣之。俄而尚食举御膳而至,上命先赐从官,然后食之。令军士散诣村落求食,期未时皆集而行。夜将半,乃至金城。县令亦逃,县民皆脱身走,饮食器皿具在,士卒得以自给。时从者多逃,内侍监袁思艺亦亡去。驿中无灯,人相枕藉而寝,贵贱无以复辨。王思礼自潼关至,始知哥舒翰被擒;以思礼为河西、陇右节度使,即令赴镇,收合散卒,以俟东讨。

　　丙申,至马嵬驿,将士饥疲,皆愤怒。陈玄礼以祸由杨国忠,欲诛之,因东宫宦者李辅国以告太子,太子未决。会吐蕃使者二十馀人遮国忠马,诉以无食,国忠未及对,军士呼曰:"国忠与胡虏谋反!"或射之,中鞍。国忠走至西门内,军士追杀之,屠割支体,以枪揭其首于驿门外,并杀其子户部侍郎暄及韩国、秦国夫人。御史大夫魏方进曰:"汝曹何敢害宰相!"众又杀之。韦见素闻乱而出,为乱兵所捶,脑血流地。众曰:"勿伤韦相公。"救之,得免。军士围驿,上闻喧哗,问外何事,左右以国忠反对。上杖屦出驿门,慰劳军士,令收队,军士不应。上使高力士问之,玄礼对曰:"国忠谋反,贵妃不宜供奉,愿陛下割恩正法。"上曰:"朕当自处之。"入门,倚杖倾首而立。久之,京兆司录韦谔前言曰:"今众怒难犯,安危在晷刻,愿陛下速决!"因叩头流血。上曰:"贵妃常居深宫,安知国忠反谋?"高力士曰:"贵妃诚无罪,然将士已杀国忠,而贵妃在陛下左右,岂敢自安!愿陛下审思之,将士安则陛下安矣。"上乃命力士引贵妃于佛堂,缢杀之。舆尸置驿庭,召玄礼等入视之。玄礼等乃免胄释甲,顿首请罪,上慰劳之,令晓谕军士。玄礼等皆呼万岁,再拜而出,于是始整部伍为行计。谔,见素之子也。国忠妻裴柔与其幼子晞及虢国夫人,夫人子裴徽皆走,至陈仓,县令薛景仙帅吏士追捕,诛之。

　　丁酉,上将发马嵬,朝臣惟韦见素一人,乃以韦谔为御史中丞,充置顿使。将士皆曰:"国忠谋反,其将吏皆在蜀,不可往。"或请之河、陇,或请之<u>灵武</u>，或请之<u>太原</u>，或言还京师。上意在入<u>蜀</u>，虑违众心，竟不言所向。<u>韦谔</u>曰："还京，当有御贼之备。今兵少，未易东向，不如且至<u>扶风</u>，徐图去就。"上询于众，众以为然，乃从之。及行，父老皆遮道请留，曰："宫阙，陛下家居，陵寝，陛下坟墓，今舍此，欲何之？"上为之按辔久之，乃令太子于后宣慰父老。父老因曰："至尊既不肯留，某等愿帅子弟从殿下东破贼，取<u>长安</u>。若殿下与至尊皆入<u>蜀</u>，使中原百姓谁为之主？"须臾，众至数千人。太子不可，曰："至尊远冒险阻，吾岂忍朝夕离左右。且吾尚未面辞，当还白至尊，更禀进止。"涕泣，跋马欲西。<u>建宁王倓</u>与<u>李辅国</u>执鞚谏曰："逆<u>胡</u>犯阙，四海分崩，不因人情，何以兴复！今殿下从至尊入<u>蜀</u>，若贼兵烧绝栈道，则中原之地拱手授贼矣。人情既离，不可复合，虽欲复至此，其可得乎！不如收西北守边之兵，召<u>郭</u>、<u>李</u>于<u>河北</u>，与之并力东讨逆贼，克复两京，削平四海，使社稷危而复安，宗庙毁而更存，扫除宫禁以迎至尊，岂非孝之大者乎！何必区区温清，为儿女之恋乎！"<u>广平王俶</u>亦劝太子留。父老共拥太子马，不得行。太子乃使<u>俶</u>驰白上。上总辔待太子，久不至，使人侦之，还白状，上曰："天也！"乃分后军二千人及飞龙厩马从太子，且谕将士曰："太子仁孝，可奉宗庙，汝曹善辅佐之。"又谕太子曰："汝勉之，勿以吾为念。西北诸<u>胡</u>，吾抚之素厚，汝必得其用。"太子南向号泣而已。又使送东宫内人于太子，且宣旨欲传位，太子不受。<u>俶</u>、<u>倓</u>、皆太子之子也。

4 己亥，上至<u>岐山</u>。或言贼前锋且至，上遽过，宿<u>扶风郡</u>。士卒潜怀去就，往往流言不逊，<u>陈玄礼</u>不能制，上患之。会<u>成都</u>贡春彩十馀万匹，至<u>扶风</u>，上命悉陈之于庭，召将士入，临轩谕之曰："朕比来衰耄，托任失人，致逆<u>胡</u>乱常，须远避其锋。知卿等皆苍猝从朕，不得别父母妻子，茇涉至此，劳苦至矣，朕甚愧之。<u>蜀</u>路阻长，郡县褊小，人马众多，或不能供，今听卿等各还家；朕独与子、孙、中官前行入<u>蜀</u>，亦足自达。今日与卿等诀别，可共分此彩以备资粮。若归，见父母及<u>长安</u>父老，为朕致意，各好自爱也！"因泣下沾襟。众皆哭，曰："臣等死生从陛下，不敢有贰！"上良久曰："去留听卿。"自是流言始息。

5 太子既留，莫知所适。<u>广平王俶</u>曰："日渐晏，此不可驻，众欲何之？"皆莫对。<u>建宁王倓</u>曰："殿下昔尝为<u>朔方</u>节度大使，将吏岁时致启，<u>倓</u>略识其姓名。今<u>河西</u>、<u>陇右</u>之众皆败降贼，父兄子弟多在贼中，或生异图。<u>朔方</u>道近，士马全盛，裴冕衣冠名族，必无贰心。贼入<u>长安</u>方虏掠，未暇徇地，乘此速往就之，徐图大举，此上策也。"众皆曰："善！"至<u>渭滨</u>，遇潼关败卒,误与之战,死伤甚众。已,乃收馀卒,择渭水浅处,乘马涉渡,无马者涕泣而返。太子自奉天北上,比至新平,通夜驰三百里,士卒、器械失亡过半,所存之众不过数百。新平太守薛羽弃郡走,太子斩之。是日,至安定,太守徐毂亦走,又斩之。

6　庚子,以剑南节度留后崔圆为剑南节度等副大使。辛丑,上发扶风,宿陈仓。

7　太子至乌氏,彭原太守李遵出迎,献衣及糗粮。至彭原,募士,得数百人。是日至平凉,阅监牧马,得数万匹,又募士,得五百馀人,军势稍振。

8　壬寅,上至散关,分麾从将士为六军。使颍王璬先行诣剑南,寿王瑁等分将六军以次之。丙午,上至河池郡。崔圆奉表迎车驾,具陈蜀土丰稔,甲兵全盛。上大悦,即日,以圆为中书侍郎、同平章事,蜀郡长史如故。以陇西公瑀为汉中王、梁州都督、山南西道采访、防御使。瑀,珙之弟也。

9　王思礼至平凉,闻河西诸胡乱,还,诣行在。初,河西诸胡部落闻其都护皆从哥舒翰没于潼关,故争自立,相攻击;而都护实从翰在北岸,不死,又不与火拔归仁俱降贼。上乃以河西兵马使周泌为河西节度使,陇右兵马使彭元耀为陇右节度使,与都护思结进明等俱之镇,招其部落。以思礼为行在都知兵马使。

10　戊申,扶风民康景龙等自相帅击贼所署宣慰使薛总,斩首二百馀级。庚戌,陈仓令薛景仙杀贼守将,克扶风而守之。

11　安禄山不意上遽西幸,遣使止崔乾祐兵留潼关,凡十日,乃遣孙孝哲将兵入长安,以张通儒为西京留守,崔光远为京兆尹;使安守忠将兵屯苑中,以镇关中。孝哲为禄山所宠任,尤用事,常与严庄争权;禄山使监关中诸将,通儒等皆受制于孝哲。孝哲豪侈,果于杀戮,贼党畏之。禄山命搜捕百官、宦者、宫女等,每获数百人,辄以兵卫送洛阳。王、侯、将、相扈从车驾、家留长安者,诛及婴孩。陈希烈以晚节失恩,怨上,与张均、张垍等皆降于贼。禄山以希烈、垍为相,自馀朝士皆授以官。于是贼势大炽,西胁汧、陇,南侵江、汉,北割河东之半。然贼将皆粗猛无远略,既克长安,以为得志,日夜纵酒,专以声色宝贿为事,无复西出之意,故上得安行入蜀,太子北行亦无追迫之患。

12　李光弼围博陵未下,闻潼关不守,解围而南。史思明蹑其后,光弼击却之,与郭子仪皆引兵入井陉,留常山太守王俌将景城、河间团练兵守常山。平卢节度使刘正臣将袭范阳,未至,史思明引兵逆击之,正臣大败,弃妻子走,士卒死者七千馀人。初,<u>颜真卿</u>闻河北节度使<u>李光弼</u>出<u>井陉</u>,即敛军还<u>平原</u>,以待<u>光弼</u>之命。闻<u>郭</u>、<u>李</u>西入<u>井陉</u>,<u>真卿</u>始复区处河北军事。

13　太子至<u>平凉</u>数日,<u>朔方</u>留后<u>杜鸿渐</u>、六城水陆运使<u>魏少游</u>、节度判官<u>崔漪</u>、支度判官<u>卢简金</u>、盐池判官<u>李涵</u>相与谋曰:"<u>平凉</u>散地,非屯兵之所,<u>灵武</u>兵食完富,若迎太子至此,北收诸城兵,西发<u>河</u>、<u>陇</u>劲骑,南向以定中原,此万世一时也。"乃使<u>涵</u>奉笺于太子,且籍<u>朔方</u>士马、甲兵、谷帛、军须之数以献之。<u>涵</u>至<u>平凉</u>,太子大悦。会河西司马<u>裴冕</u>入为御史中丞,至<u>平凉</u>见太子,亦劝太子之<u>朔方</u>,太子从之。<u>鸿渐</u>,<u>暹</u>之族子;<u>涵</u>,<u>道</u>之曾孙也。<u>鸿渐</u>、<u>漪</u>使<u>少游</u>居后,葺次舍,庀资储,自迎太子于<u>平凉</u>北境,说太子曰:"<u>朔方</u>,天下劲兵处也。今<u>吐蕃</u>请和,<u>回纥</u>内附,四方郡县大抵坚守拒贼以俟兴复。殿下今理兵<u>灵武</u>,按辔长驱,移檄四方,收揽忠义,则逆贼不足屠也。"<u>少游</u>盛治宫室,帷帐皆仿禁中,饮膳备水陆。秋,七月辛酉,太子至<u>灵武</u>,悉命撤之。

14　甲子,上至<u>普安</u>,宪部侍郎<u>房琯</u>来谒见。上之发<u>长安</u>也,群臣多不知,至<u>咸阳</u>,谓<u>高力士</u>曰:"朝臣谁当来,谁不来?"对曰:"<u>张均</u>、<u>张垍</u>父子受陛下恩最深,且连戚里,是必先来。时论皆谓<u>房琯</u>宜为相,而陛下不用,又<u>禄山</u>尝荐之,恐或不来。"上曰:"事未可知。"及<u>琯</u>至,上问<u>均</u>兄弟,对曰:"臣帅与偕来,逗遛不进,观其意,似有所蓄而不能言也。"上顾<u>力士</u>曰:"朕固知之矣。"即日,以<u>琯</u>为文部侍郎、同平章事。

初,<u>张垍</u>尚<u>宁亲公主</u>,听于禁中置宅,宠渥无比。<u>陈希烈</u>求解政务,上幸<u>垍</u>宅,问可为相者。<u>垍</u>未对。上曰:"无若爱婿。"<u>垍</u>降阶拜舞。既而不用,故<u>垍</u>怏怏,上亦觉之。是时<u>均</u>、<u>垍</u>兄弟及<u>姚崇</u>之子尚书右丞<u>奕</u>、<u>萧嵩</u>之子兵部侍郎<u>华</u>、<u>韦安石</u>之子礼部侍郎<u>陟</u>、太常少卿<u>斌</u>,皆以才望至大官,上尝曰:"吾命相,当遍举故相子弟耳。"既而皆不用。

15　<u>裴冕</u>、<u>杜鸿渐</u>等上太子笺,请遵<u>马嵬</u>之命,即皇帝位,太子不许。<u>冕</u>等言曰:"将士皆<u>关中</u>人,日夜思归,所以崎岖从殿下远涉沙塞者,冀尺寸之功。若一朝离散,不可复集。愿殿下勉徇众心,为社稷计!"笺五上,太子乃许之。是日,<u>肃宗</u>即位于<u>灵武</u>城南楼,群臣舞蹈,上流涕歔欷。尊<u>玄宗</u>为<u>上皇天帝</u>,赦天下,改元。以<u>杜鸿渐</u>、<u>崔漪</u>并知中书舍人事,<u>裴冕</u>为中书侍郎、同平章事。改关内采访使为节度使,徙治<u>安化</u>,以前蒲关防御使<u>吕崇贲</u>为之。以陈仓令<u>薛景仙</u>为扶风太守,兼防御使;<u>陇右</u>节度使<u>郭英义</u>为天水太守,兼防御使。时塞上精兵皆选入讨贼,惟馀老弱守边,文武官不满三十人,披草莱,立朝廷,制度草创,武人骄慢。大将管崇嗣在朝堂,背阙而坐,言笑自若,监察御史李勉奏弹之,系于有司。上特原之,叹曰:"吾有李勉,朝廷始尊!"勉,元懿之曾孙也。旬日间,归附者渐众。

张良娣性巧慧,能得上意,从上来朔方。时从兵单寡,良娣每寝,常居上前。上曰:"御寇非妇人所能。"良娣曰:"苍猝之际,妾以身当之,殿下可从后逸去。"至灵武,产子,三日起,缝战士衣。上止之,对曰:"此非妾自养之时。"上以是益怜之。

16　丁卯,上皇制:"以太子亨充天下兵马元帅,领朔方、河东、河北、平卢节度都使,南取长安、洛阳。以御史中丞裴冕兼左庶子,陇西郡司马刘秩试守右庶子;永王璘充山南东道、岭南黔中江南西道节度都使,以少府监窦绍为之傅,长沙太守李岘为都副大使;盛王琦充广陵大都督,领江南东路及淮南、河南等路节度都使,以前江陵都督府长史刘汇为之傅,广陵郡长史李成式为都副大使;丰王珙充武威都督,仍领河西、陇右、安西、北庭等路节度都使,以陇西太守济阴邓景山为之傅,充都副大使。应须士马、甲仗、粮赐等,并于当路自供。其诸路本节度使虢王巨等并依前充使。其署置官属及本路郡县官,并任自简择,署讫闻奏。"时琦、珙皆不出阁,惟璘赴镇。置山南东道节度使,领襄阳等九郡。升五府经略使为岭南节度,领南海等二十二郡。升五溪经略使为黔中节度,领黔中等诸郡。分江南为东、西二道,东道领馀杭,西道领豫章等诸郡。先是四方闻潼关失守,莫知上所之,及是制下,始知乘舆所在。汇,秩之弟也。

17　安禄山使孙孝哲杀霍国长公主及王妃、驸马等于崇仁坊,刳其心,以祭安庆宗。凡杨国忠、高力士之党及禄山素所恶者皆杀之,凡八十三人,或以铁榾揭其脑盖,流血满街。己巳,又杀皇孙及郡、县主二十馀人。

18　庚午,上皇至巴西,太守崔涣迎谒。上皇与语,悦之,房琯复荐之,即日,拜门下侍郎、同平章事,以韦见素为左相。涣,玄暐之孙也。

19　初,京兆李泌,幼以才敏著闻,玄宗使与忠王游。忠王为太子,泌已长,上书言事。玄宗欲官之,不可;使与太子为布衣交,太子常谓之先生。杨国忠恶之,奏徙蕲春,后得归隐,居颍阳。上自马嵬北行,遣使召之,谒见于灵武。上大喜,出则联辔,寝则对榻,如为太子时,事无大小皆咨之,言无不从,至于进退将相亦与之议。上欲以泌为右相,泌固辞,曰:"陛下待以宾友,则贵于宰相矣,何必屈其志!"上乃止。

20　同罗、突厥从安禄山反者屯长安苑中,甲戌,其酋长阿史那从礼帅五千骑,窃厩马二千匹逃归朔方,谋邀结诸胡,盗据边地。上遣使宣慰之,降者甚众。

21 贼遣兵寇扶风,薛景仙击却之。

22 安禄山遣其将高嵩以敕书、缯彩诱河、陇将士,大震关使郭英乂擒斩之。

23 同罗、突厥之逃归也,长安大扰,官吏窜匿,狱囚自出。京兆尹崔光远以为贼且遁矣,遣吏卒守孙孝哲宅。孝哲以状白禄山,光远乃与长安令苏震帅府、县官十馀人来奔。己卯,至灵武,上以光远为御史大夫兼京兆尹,使之渭北招集吏民;以震为中丞。震,瓌之孙也。禄山以田乾真为京兆尹。侍御史吕諲、右拾遗杨绾、奉天令安平崔器相继诣灵武;以諲、器为御史中丞,绾为起居舍人、知制诰。

上命河西节度副使李嗣业将兵五千赴行在,嗣业与节度使梁宰谋,且缓师以观变。绥德府折冲段秀实让嗣业曰:“岂有君父告急而臣子晏然不赴者乎!特进常自谓大丈夫,今日视之,乃儿女子耳!”嗣业大惭,即白宰如数发兵,以秀实自副,将之诣行在。上又征兵于安西,行军司马李栖筠发精兵七千人,励以忠义而遣之。

24 敕改扶风为凤翔郡。

25 庚辰,上皇至成都,从官及六军至者千三百人而已。

26 令狐潮围张巡于雍丘,相守四十馀日,朝廷声问不通。潮闻玄宗已幸蜀,复以书招巡。有大将六人,官皆开府、特进,白巡以兵势不敌,且上存亡不可知,不如降贼。巡阳许诺。明日,堂上设天子画像,帅将士朝之,人人皆泣。巡引六将于前,责以大义,斩之。士心益劝。

中城矢尽,巡缚藁为人千馀,被以黑衣,夜缒城下,潮兵争射之,久乃知其藁人,得矢数十万。其后复夜缒人,贼笑不设备,乃以死士五百斫潮营;潮军大乱,焚垒而遁,追奔十馀里。潮惭,益兵围之。

巡使郎将雷万春于城上与潮相闻,贼弩射之,面中六矢而不动。潮疑其木人,使谍问之,乃大惊,遥谓巡曰:“向见雷将军,方知足下军令矣,然其如天道何!”巡谓之曰:“君未识人伦,焉知天道!”未几,出战,擒贼将十四人,斩首百馀级。贼乃夜遁,收兵入陈留,不敢复出。

顷之,贼步骑七千馀众屯白沙涡,巡夜袭击,大破之。还,至桃陵,遇贼救兵四百馀人,悉擒之。分别其众,妫、檀及胡兵,悉斩之;荥阳、陈留胁从兵,皆散令归业。旬日间,民去贼来归者万馀户。

27 河北诸郡犹为唐守,常山太守王俌欲降贼,诸将怒,因击球,纵马践杀之。时信都太守乌承恩麾下有朔方兵三千人，诸将遣使者宗仙运帅父老诣信都，迎承恩镇常山。承恩辞以无诏命，仙运说承恩曰："常山地控燕、蓟，路通河、洛，有井陉之险，足以扼其咽喉。顷属车驾南迁，李大夫收军退守晋阳，王太守权统后军，欲举城降贼，众心不从，身首异处。大将军兵精气肃，远近莫敌，若以家国为念，移据常山，与大夫首尾相应，则洪勋盛烈，孰与为比。若疑而不行，又不设备，常山既陷，信都岂能独全！"承恩不从。仙运又曰："将军不纳鄙夫之言，必惧兵少故也。今人不聊生，咸思报国，竞相结聚，屯据乡村，若悬赏招之，不旬日十万可致；与朔方甲士三千馀人相参用之，足成王事。若舍要害以授人，居四通而自安，譬如倒持剑戟，取败之道也。"承恩竟疑不决。承恩，承玼之族兄也。

　　是月，史思明、蔡希德将兵万人南攻九门。旬日，九门伪降，伏甲于城上。思明登城，伏兵攻之，思明坠城，鹿角伤其左胁，夜，奔博陵。

　　28　颜真卿以蜡丸达表于灵武。以真卿为工部尚书兼御史大夫，依前河北招讨、采访、处置使，并致敕书，亦以蜡丸达之。真卿颁下河北诸郡，又遣人颁于河南、江、淮。由是诸道始知上即位于灵武，徇国之心益坚矣。

　　29　郭子仪等将兵五万自河北至灵武，灵武军威始盛，人有兴复之望矣。八月壬午朔，以子仪为武部尚书、灵武长史，以李光弼为户部尚书、北都留守，并同平章事，馀如故。光弼以景城、河间兵五千赴太原。

　　先是，河东节度使王承业军政不修，朝廷遣侍御史崔众交其兵，寻遣中使诛之，众侮易承业，光弼素不平。至是，敕交兵于光弼，众见光弼，不为礼，又不时交兵，光弼怒，收斩之，军中股栗。

　　30　回纥可汗、吐蕃赞普相继遣使请助国讨贼，宴赐而遣之。

　　31　癸未，上皇下制，赦天下。

　　北海太守贺兰进明遣录事参军第五琦入蜀奏事，琦言于上皇，以为："今方用兵，财赋为急，财赋所产，江、淮居多，乞假臣一职，可使军无乏用。"上皇悦，即以琦为监察御史、江淮租庸使。

　　32　史思明再攻九门，辛卯，克之，所杀数千人，引兵东围藁城。

　　33　李庭望将蕃、汉二万馀人东袭宁陵、襄邑，夜，去雍丘城三十里置营，张巡帅短兵三千掩击，大破之，杀获太半。庭望收军夜遁。

　　34　癸巳，灵武使者至蜀，上皇喜曰："吾儿应天顺人，吾复何忧！"丁酉，制："自今改制敕为诰，表疏称太上皇。四海军国事，皆先取皇帝进止，仍奏朕知，俟克复上京，朕不复预事。"己亥，上皇临轩，命韦见素、房瑄、崔涣奉传国宝玉册诣灵武传位。

35　辛丑,史思明陷藁城。

36　初,上皇每酺宴,先设太常雅乐坐部、立部,继以鼓吹、胡乐、教坊、府县散乐、杂戏,又以山车、陆船载乐往来,又出宫人舞霓裳羽衣;又教舞马百匹,衔杯上寿,又引犀、象入场,或拜,或舞。安禄山见而悦之,既克长安,命搜捕乐工,运载乐器、舞衣,驱舞马、犀、象,皆诣洛阳。

　　　臣光曰:圣人以道德为丽,仁义为乐;故虽茅茨土阶,恶衣菲食,不耻其陋,惟恐奉养之过以劳民费财。明皇恃其承平,不思后患,殚耳目之玩,穷声技之巧,自谓帝王富贵皆不我如,欲使前莫能及,后无以逾,非徒娱己,亦以夸人。岂知大盗在旁,已有窥窬之心,卒致銮舆播越,生民涂炭。乃知人君崇华靡以示人,适足为大盗之招也。

37　禄山宴其群臣于凝碧池,盛奏众乐。梨园弟子往往歔欷泣下,贼皆露刃睨之。乐工雷海清不胜悲愤,掷乐器于地,西向恸哭。禄山怒,缚于试马殿前,支解之。

禄山闻向日百姓乘乱多盗库物,既得长安,命大索三日,并其私财尽掠之。又令府县推按,铢两之物无不穷治,连引搜捕,支蔓无穷,民间骚然,益思唐室。

自上离马嵬北行,民间相传太子北收兵来取长安,长安民日夜望之,或时相惊曰:“太子大军至矣!”则皆走,市里为空。贼望见北方尘起,辄惊欲走。京畿豪杰往往杀贼官吏,遥应官军,诛而复起,相继不绝,贼不能制。其始自京畿、鄜、坊至于岐、陇皆附之,至是西门之外率为敌垒,贼兵力所及者,南不出武关,北不过云阳,西不过武功。江、淮奏请贡献之蜀、之灵武者,皆自襄阳取上津路抵扶风,道路无壅,皆薛景仙之功也。

38　九月壬子,史思明围赵郡,丙辰,拔之;又围常山,旬日,城陷,杀数千人。

39　建宁王倓,性英果,有才略,从上自马嵬北行,兵众寡弱,屡逢寇盗,倓自选骁勇,居上前后,血战以卫上。上或过时未食,倓悲泣不自胜,军中皆属目向之。上欲以倓为天下兵马元帅,使统诸将东征,李泌曰:“建宁诚元帅才;然广平,兄也。若建宁功成,岂可使广平为吴太伯乎!”上曰:“广平,冢嗣也,何必以元帅为重!”泌曰:“广平未正位东宫。今天下艰难,众心所属,在于元帅。若建宁大功既成,陛下虽欲不以为储副,同立功者其肯已乎! 太宗、上皇,即其事也。”上乃以广平王俶为天下兵马元帅,诸将皆以属焉。俶闻之,谢泌曰:"此固俶之心也!"

上与泌出行军,军士指之,窃言曰:"衣黄者,圣人也。衣白者,山人也。"上闻之,以告泌,曰:"艰难之际,不敢相屈以官,且衣紫袍以绝群疑。"泌不得已,受之,服之,入谢,上笑曰:"既服此,岂可无名称!"出怀中敕,以泌为侍谋军国、元帅府行军长史。泌固辞,上曰:"朕非敢相臣,以济艰难耳。俟贼平,任行高志。"泌乃受之。置元帅府于禁中,俶入则泌在府,泌入俶亦如之。泌又言于上曰:"诸将畏惮天威,在陛下前敷陈军事,或不能尽所怀,万一小差,为害甚大。乞先令与臣及广平熟议,臣与广平从容奏闻,可者行之,不可者已之。"上许之。时军旅务繁,四方奏报,自昏至晓无虚刻,上悉使送府,泌先开视,有急切者及烽火,重封,隔门通进,馀则待明。禁门钥契,悉委俶与泌掌之。

40　阿史那从礼说诱九姓府、六胡州诸胡数万众,聚于经略军北,将寇朔方,上命郭子仪诣天德军发兵讨之。左武锋使仆固怀恩之子玢别将兵与房战,兵败,降之;既而复逃归,怀恩叱而斩之。将士股栗,无不一当百,遂破同罗。

上虽用朔方之众,欲借兵于外夷以张军势,以幽王守礼之子承寀为敦煌王,与仆固怀恩使于回纥以请兵。又发拔汗那兵,且使转谕城郭诸国,许以厚赏,使从安西兵入援。李泌劝上:"且幸彭原,俟西北兵将至,进幸扶风以应之,于时庸调亦集,可以赡军。"上从之。戊辰,发灵武。

41　内侍边令诚复自贼中逃归,上斩之。

42　丙子,上至顺化。韦见素等至自成都,奉上宝册,上不肯受,曰:"比以中原未靖,权总百官,岂敢乘危,遽为传袭!"群臣固请,上不许,置宝册于别殿,朝夕事之,如定省之礼。上以韦见素本附杨国忠,意薄之;素闻房琯名,虚心待之。琯见上言时事,辞情慷慨,上为之改容,由是军国事多谋于琯。琯亦以天下为己任,知无不为,诸相拱手避之。

43　上皇赐张良娣七宝鞍,李泌言于上曰:"今四海分崩,当以俭约示人,良娣不宜乘此。请撤其珠玉付库吏,以俟有战功者赏之。"良娣自阁中言曰:"乡里之旧,何至于是!"上曰:"先生为社稷计也。"遽命撤之。建宁王俶泣于廊下,声闻于上。上惊,召问之,对曰:"臣比忧祸乱未已,今陛下从谏如流,不日当见陛下迎上皇还长安,是以喜极而悲耳。"良娣由是恶李泌及俶。

上尝从容与泌语及李林甫,欲敕诸将克长安,发其冢,焚骨扬灰,泌曰:"陛下方定天下,奈何仇死者!彼枯骨何知,徒示圣德之不弘耳。且方今从贼者皆陛下之仇也,若闻此举,恐阻其自新之心。"上不悦,曰:"此贼昔日百方危朕,当是时,朕弗保朝夕。朕之全,特天幸耳! 林甫亦恶卿,但未及害卿而死耳,奈何矜之!"对曰:"臣岂不知! 上皇有天下向五十年,太平娱乐,一朝失意,远处巴蜀。南方地恶,上皇春秋高,闻陛下此敕,意必以为用韦妃之故,内惭不怿。万一感愤成疾,是陛下以天下之大不能安君亲。"言未毕,上流涕被面,降阶,仰天拜曰:"朕不及此,是天使先生言之也!"遂抱泌颈泣不已。

他夕,上又谓泌曰:"良娣祖母,昭成太后之妹也,上皇所念。朕欲使正位中宫以慰上皇心,何如?"对曰:"陛下在灵武,以群臣望尺寸之功,故践大位,非私己也。至于家事,宜待上皇之命,不过晚岁月之间耳。"上从之。

44　南诏乘乱陷越巂,会同军,据清溪关,寻传、骠国皆降之。

# 资治通鉴卷第二百一十九

## 唐纪三十五

### 肃宗文明武德大圣大宣孝皇帝中之上

至德元载（丙申，756）

1　冬，十月辛巳朔，日有食之，既。

2　上发顺化，癸未，至彭原。

3　初，李林甫为相，谏官言事皆先白宰相，退则又以所言白之，御史言事须大夫同署。至是，敕尽革其弊，开谏诤之涂。又令宰相分直政事笔、承旨，旬日而更，惩林甫及杨国忠之专权故也。

4　第五琦见上于彭原，请以江、淮租庸市轻货，溯江、汉而上至洋川，令汉中王瑀陆运至扶风以助军，上从之。寻加琦山南等五道度支使。琦作榷盐法，用以饶。

5　房琯喜宾客，好谈论，多引拔知名之士，而轻鄙庸俗，人多怨之。北海太守贺兰进明诣行在，上命琯以为南海太守，兼御史大夫，充岭南节度使，琯以为摄御史大夫。进明入谢，上怪之，进明因言与琯有隙，且曰："晋用王衍为三公，祖尚浮虚，致中原板荡。今房琯专为迂阔大言以立虚名，所引用皆浮华之党，真王衍之比也！陛下用为宰相，恐非社稷之福。且琯在南朝佐上皇，使陛下与诸王分领诸道节制，仍置陛下于沙塞空虚之地，又布私党于诸道，使统大权。其意以为上皇一子得天下，则己不失富贵，此岂忠臣所为乎！"上由是疏之。

房琯上疏，请自将兵复两京，上许之，加持节、招讨西京兼防御蒲潼两关兵马节度等使。琯请自选参佐，以御史中丞邓景山为副，户部侍郎李揖为行军司马，给事中刘秩为参谋。既行，又令兵部尚书王思礼副之。琯悉以戎务委李揖、刘秩，二人皆书生，不闲军旅。琯谓人曰："贼曳落河虽多，安能敌我刘秩！"琯分为三军：使裨将杨希文将南军，自宜寿入；刘贵哲将中军，自武功入；李光进将北军，自奉天入。光进，光弼之弟也。

以贺兰进明为河南节度使。

6　颍王璬之至成都也，崔圆迎谒，拜于马首，璬不之止，圆恨之。璬视事两月，吏民安之。圆奏罢璬，使归内宅；以武部侍郎李峘为剑南节度使，代之。峘，岘之兄也。上皇寻命璬与陈王珪诣上宣慰，至是，见上于彭原。延王玢从上皇入蜀，追车驾不及，上皇怒，欲诛之。汉中王瑀救之，乃命玢亦诣上所。

7　甲申，令狐潮、王福德复将步骑万馀攻雍丘。张巡出击，大破之，斩首数千级，贼遁去。

8　房琯以中军、北军为前锋，庚子，至便桥。辛丑，二军遇贼将安守忠于咸阳之陈涛斜。琯效古法，用车战，以牛车二千乘，马步夹之；贼顺风鼓噪，牛皆震骇。贼纵火焚之，人畜大乱，官军死伤者四万馀人，存者数千而已。癸卯，琯自以南军战，又败，杨希文、刘贵哲皆降于贼。上闻琯败，大怒。李泌为之营救，上乃宥之，待琯如初。

以薛景仙为关内节度副使。

9　敦煌王承寀至回纥牙帐，回纥可汗以女妻之，遣其贵臣与承寀及仆固怀恩偕来，见上于彭原。上厚礼其使者而归之，赐回纥女号毗伽公主。

10　尹子奇围河间，四十馀日不下，史思明引兵会之。颜真卿遣其将和琳将万二千人救河间，思明逆击，擒之，遂陷河间；执李奂送洛阳，杀之。又陷景城，太守李暐赴湛水死。思明使两骑赍尺书以招乐安，乐安即时举郡降。又使其将康没野波将先锋攻平原，兵未至，颜真卿知力不敌，壬寅，弃郡渡河南走。思明即以平原兵攻清河、博平，皆陷之。思明引兵围乌承恩于信都，承恩降，亲导思明入城，交兵马、仓库，马三千匹、兵万人。思明送承恩诣洛阳，禄山复其官爵。

饶阳裨将束鹿张兴，力举千钧，性复明辨，贼攻饶阳，弥年不能下。及诸郡皆陷，思明并力围之，外救俱绝，太守李系窘迫，赴火死，城遂陷。思明擒兴，立于马前，谓曰：“将军真壮士，能与我共富贵乎？”兴曰：“兴，唐之忠臣，固无降理。今数刻之人耳，愿一言而死。”思明曰：“试言之。”兴曰：“主上待禄山，恩如父子，群臣莫及，不知报德，乃兴兵指阙，涂炭生人。大丈夫不能薙除凶逆，乃北面为之臣乎！仆有短策，足下能听之乎？足下所以从贼，求富贵耳，譬如燕巢于幕，岂能久安！何如乘间取贼，转祸为福，长享富贵，不亦美乎！”思明怒，命张于木上，锯杀之，詈不绝口，以至于死。

贼每破一城，城中衣服、财贿、妇人皆为所掠。男子，壮者使之负担，赢、病、老、幼皆以刀槊戏杀之。禄山初以卒三千人授思明，使定河北，至是，河北皆下之，郡置防兵三千，杂以胡兵镇之。思明还博陵。

尹子奇将五千骑渡河，略北海，欲南取江、淮。会回纥可汗遣其臣葛逻支将兵入援，先以二千骑奄至范阳城下，子奇闻之，遽引兵归。

11　十二月戊午，回纥至带汗谷，与郭子仪军合；辛酉，与同罗及叛胡战于榆林河北，大破之，斩首三万，捕虏一万，河曲皆平。子仪还军洛交。

12　上命崔涣宣慰江南，兼知选举。

13　令狐潮帅众万馀营雍丘城北，张巡邀击，大破之，贼遂走。

14　永王璘，幼失母，为上所鞠养，常抱之以眠；从上皇入蜀。上皇命诸子分总天下节制，谏议大夫高适谏，以为不可，上皇不听。璘领四道节度都使，镇江陵。时江、淮租赋山积于江陵，璘召募勇士数万人，日费巨万。璘生长深宫，不更人事，子襄城王玚，有勇力，好兵，有薛镠等为之谋主，以为今天下大乱，惟南方完富，璘握四道兵，封疆数千里，宜据金陵，保有江表，如东晋故事。上闻之，敕璘归觐于蜀，璘不从。江陵长史李岘辞疾赴行在，上召高适与之谋。适陈江东利害，且言璘必败之状。十二月，置淮南节度使，领广陵等十二郡，以适为之，置淮南西道节度使，领汝南等五郡，以来瑱为之；使与江东节度使韦陟共图璘。

15　安禄山遣兵攻颍川。城中兵少，无蓄积，太守薛愿、长史庞坚悉力拒守，绕城百里庐舍、林木皆尽。期年，救兵不至，禄山使阿史那承庆益兵攻之，昼夜死斗十五日，城陷，执愿、坚送洛阳，禄山缚于洛滨冰上，冻杀之。

16　上问李泌曰："今敌强如此，何时可定？"对曰："臣观贼所获子女金帛，皆输之范阳，此岂有雄据四海之志邪！今独虏将或为之用，中国之人惟高尚等数人，自馀皆胁从耳。以臣料之，不过二年，天下无寇矣。"上曰："何故？"对曰："贼之骁将，不过史思明、安守忠、田乾真、张忠志、阿史那承庆等数人而已。今若令李光弼自太原出井陉，郭子仪自冯翊入河东，则思明、忠志不敢离范阳、常山，守忠、乾真不敢离长安，是以两军絷其四将也，从禄山者，独承庆耳。愿敕子仪勿取华阴，使两京之道常通，陛下以所征之兵军于扶风，与子仪、光弼互出击之，彼救首则击其尾，救尾则击其首，使贼往来数千里，疲于奔命，我常以逸待劳，贼至则避其锋，去则乘其弊，不攻城，不遏路。来春复命建宁为范阳节度大使，并塞北出，与光弼南北掎角以取范阳，覆其巢穴。贼退则无所归，留则不获安，然后大军四合而攻之，必成擒矣。"上悦。

时张良娣与李辅国相表里，皆恶泌。建宁王倓谓泌曰："先生举倓于上,得展臣子之效,无以报德,请为先生除害。"泌曰:"何也?"俶以良娣为言。泌曰:"此非人子所言,愿王姑置之,勿以为先。"俶不从。

17　甲辰,永王璘擅引兵东巡,沿江而下,军容甚盛,然犹未露割据之谋。吴郡太守兼江南东路采访使李希言平牒璘,诘其擅引兵东下之意。璘怒,分兵遣其将浑惟明袭希言于吴郡,季广琛袭广陵长史、淮南采访使李成式于广陵。璘进至当涂,希言遣其将元景曜及丹徒太守阎敬之将兵拒之,李成式亦遣其将李承庆拒之。璘击斩敬之以徇,景曜、承庆皆降于璘,江、淮大震。高适与来瑱、韦陟会于安陆,结盟誓众以讨之。

18　于阗王胜闻安禄山反,命其弟曜摄国事,自将兵五千入援。上嘉之,拜特进,兼殿中监。

19　令狐潮、李庭望攻雍丘,数月不下,乃置杞州,筑城于雍丘之北,以绝其粮援。贼常数万人,而张巡众才千馀,每战辄克。河南节度使虢王巨屯彭城,假巡先锋使。是月,鲁、东平、济阴陷于贼。贼将杨朝宗帅马步二万,将袭宁陵,断巡后。巡遂拔雍丘,东守宁陵以待之,始与睢阳太守许远相见。是日,杨朝宗至宁陵城西北,巡、远与战,昼夜数十合,大破之,斩首万馀级,流尸塞汴而下,贼收兵夜遁。敕以巡为河南节度副使。巡以将士有功,遣使诣虢王巨请空名告身及赐物,巨唯与折冲、果毅告身三十通,不与赐物。巡移书责巨,巨竟不应。

20　是岁,置北海节度使,领北海等四郡;上党节度使,领上党等三郡,兴平节度使,领上洛等四郡。

21　吐蕃陷威戎、神威、定戎、宣威、制胜、金天、天成等军,石堡城、百谷城、雕窠城。

22　初,林邑王范真龙为其臣摩诃漫多伽独所杀,尽灭范氏。国人立其王头黎之女为王,女不能治国,更立头黎之姑子诸葛地,谓之环王,妻以女王。

二载(丁酉,757)

1　春,正月,上皇下诰,以宪部尚书李麟同平章事,总行百司,命崔圆奉诰赴彭原。麟,懿祖之后也。

2　安禄山自起兵以来,目渐昏,至是不复睹物,又病疽,性益躁暴,左右使令,小不如意,动加棰挞,或时杀之。既称帝,深居禁中,大将希得见其面,皆因严庄白事。庄虽贵用事,亦不免棰挞,阉宦李豬儿被挞尤多,左右人不自保。禄山嬖妾段氏,生子庆恩,欲以代庆绪为后。庆绪常惧死,不知所出。庄谓庆绪曰："事有不得已者,时不可失。"庆绪曰："兄有所为,敢不敬从。"又谓豬儿曰："汝前后受挞,宁有数乎!不行大事,死无日矣!"豬儿亦许诺。庄与庆绪夜持兵立帐外,豬儿执刀直入帐中,斫禄山腹。左右惧,不敢动。禄山扪枕旁刀,不获,撼帐竿,曰："必家贼也。"肠已流出数斗,遂死。掘床下深数尺,以毡裹其尸埋之,诫宫中不得泄。乙卯旦,庄宣言于外,云禄山疾亟。立晋王庆绪为太子,寻即帝位,尊禄山为太上皇,然后发丧。庆绪性昏懦,言辞无序,庄恐众不服,不令见人。庆绪日纵酒为乐,兄事庄,以为御史大夫、冯翊王,事无大小,皆取决焉;厚加诸将官爵以悦其心。

3　上从容谓李泌曰："广平为元帅逾年,今欲命建宁专征,又恐势分。立广平为太子,何如?"对曰："臣固尝言之矣,戎事交切,须即区处,至于家事,当俟上皇。不然,后代何以辨陛下灵武即位之意邪?此必有人欲令臣与广平有隙耳,臣请以语广平,广平亦必未敢当。"泌出,以告广平王俶,俶曰："此先生深知其心,欲曲成其美也。"乃入,固辞,曰："陛下犹未奉晨昏,臣何心敢当储副!愿俟上皇还宫,臣之幸也。"上赏慰之。

李辅国本飞龙小儿,粗闲书计,给事太子宫,上委信之。辅国外恭谨寡言而内狡险,见张良娣有宠,阴附会之,与相表里。建宁王俶数于上前诋讦二人罪恶,二人谮之于上曰："俶恨不得为元帅,谋害广平王。"上怒,赐俶死。于是广平王俶及李泌皆内惧。俶谋去辅国及良娣,泌曰："不可,王不见建宁之祸乎?"俶曰："窃为先生忧之。"泌曰："泌与主上有约矣。俟平京师,则去还山,庶免于患。"俶曰："先生去,则俶愈危矣。"泌曰："王但尽人子之孝。良娣妇人,王委曲顺之,亦何能为!"

4　上谓泌曰："今郭子仪、李光弼已为宰相,若克两京,平四海,则无官以赏之,奈何?"对曰："古者官以任能,爵以酬功。汉、魏以来,虽以郡县治民,然有功则锡以茅土,传之子孙,至于周、隋皆然。唐初,未得关东,故封爵皆设虚名,其食实封者,给缯布而已。贞观中,太宗欲复古制,大臣议论不同而止。由是赏功者多以官。夫以官赏功有二害,非才则废事,权重则难制。是以功臣居大官者,皆不为子孙之远图,务乘一时之权以邀利,无所不为。向使禄山有百里之国,则亦惜之以传子孙,不反矣。为今之计,俟天下既平,莫若疏爵土以赏功臣,则虽大国,不过二三百里,可比今之小郡,岂难制哉!于人臣乃万世之利也。"上曰："善!"

5　上闻安西、北庭及拔汗那、大食诸国兵至凉、鄯,甲子,幸保定。

6　丙寅,剑南兵贾秀等五千人谋反,将军席元庆、临邛太守柳奕讨诛之。

7　河西兵马使盖庭伦与武威九姓商胡安门物等杀节度使周泌,聚众六万。武威大城之中,小城有七,胡据其五,二城坚守。支度判官崔称与中使刘日新以二城兵攻之,旬有七日,平之。

8　史思明自博陵,蔡希德自太行,高秀岩自大同,牛廷介自范阳,引兵共十万,寇太原。李光弼麾下精兵皆赴朔方,馀团练乌合之众不满万人。思明以为太原指掌可取,既得之,当遂长驱取朔方、河、陇。太原诸将皆惧,议修城以待之,光弼曰:“太原城周四十里,贼垂至而兴役,是未见敌先自困也。”乃帅士卒及民于城外凿壕以自固。作擊数十万,众莫知所用;及贼攻城于外,光弼用之增垒于内,坏辄补之。思明使人取攻具于山东,以胡兵三千卫送之,至广阳,别将慕容溢、张奉璋邀击,尽杀之。

思明围太原,月馀不下,乃选骁锐为游兵,戒之曰:“我攻其北则汝潜趣其南,攻东则趣西,有隙则乘之。”而光弼军令严整,虽寇所不至,警逻未尝少懈,贼不得入。光弼购募军中,苟有小技,皆取之,随能使之,人尽其用,得安边军钱工三,善穿地道。贼于城下仰而侮晋,光弼遣人从地道中曳其足而入,临城斩之。自是贼行皆视地。贼为梯冲、土山以攻城,光弼为地道以迎之,近城辄陷。贼初逼城急,光弼作大炮,飞巨石,一发辄毙二十馀人。贼死者什二三,乃退营于数十步外,围守益固。光弼遣人诈与贼约,刻日出降,贼喜,不为备。光弼使穿地道周贼营中,撑之以木。至期,光弼勒兵在城上,遣裨将将数千人出,如降状,贼皆属目。俄而营中地陷,死者千馀人,贼众惊乱,官军鼓噪乘之,俘斩万计。会安禄山死,庆绪使思明归守范阳,留蔡希德等围太原。

9　庆绪以尹子奇为汴州刺史、河南节度使,甲戌,子奇以归、檀及同罗、奚兵十三万趣睢阳。许远告急于张巡,巡自宁陵引兵入睢阳。巡有兵三千人,与远兵合六千八百人。贼悉众逼城,巡督励将士,昼夜苦战,或一日至二十合;凡十六日,擒贼将六十馀人,杀士卒二万馀,众气自倍。远谓巡曰:“远懦,不习兵,公智勇兼济;远请为公守,公请为远战。”自是之后,远但调军粮,修战具,居中应接而已,战斗筹画一出于巡。贼遂夜遁。

10　郭子仪以河东居两京之间,得河东则两京可图。时贼将崔乾祐守河东,丁丑,子仪潜遣人入河东,与唐官陷贼者谋,俟官军至,为内应。

11　初,平卢节度使刘正臣自范阳败归,安东都护王玄志鸩杀之。禄山以其党徐归道为平卢节度使,玄志复与平卢将侯希逸袭杀之;又遣兵马使董秦将兵以苇筏渡海,与大将田神功击平原、乐安,下之。防河招讨使李铣承制以秦为平原太守。

12　二月戊子，上至凤翔。

13　郭子仪自洛交引兵趣河东，分兵取冯翊。己丑夜，河东司户韩旻等翻河东城迎官军，杀贼近千人。崔乾祐逾城得免，发城北兵攻城，且拒官军，子仪击破之。乾祐走，子仪追击之，斩首四千级，捕虏五千人。乾祐至安邑，安邑人开门纳之，半入，闭门击之，尽殪。乾祐未入，自白径岭亡去。遂平河东。

14　上至凤翔旬日，陇右、河西、安西、西域之兵皆会，江、淮庸调亦至洋川、汉中。上自散关通表成都，信使骆驿。长安人闻车驾至，从贼中自拔而来者日夜不绝。西师憩息既定，李泌请遣安西及西域之众，如前策并塞东北，自归、檀南取范阳。上曰：“今大众已集，庸调亦至，当乘兵锋捣其腹心，而更引兵东北数千里，先取范阳，不亦迂乎？”对曰：“今以此众直取两京，必得之。然贼必再强，我必又困，非久安之策。”上曰：“何也？”对曰：“今所恃者，皆西北守塞及诸胡之兵，性耐寒而畏暑，若乘其新至之锐，攻禄山已老之师，其势必克。两京春气已深，贼收其馀众，遁归巢穴，关东地热，官军必困而思归，不可留也。贼休兵秣马，伺官军之去，必复南来，然则征战之势未有涯也。不若先用之于寒乡，除其巢穴，则贼无所归，根本永绝矣。”上曰：“朕切于晨昏之恋，不能待此决矣。”

15　关内节度使王思礼军武功，兵马使郭英乂军东原，王难得军西原。丁酉，安守忠等寇武功，郭英乂战不利，矢贯其颐而走；王难得望之不救，亦走。思礼退军扶风。贼游兵至大和关，去凤翔五十里，凤翔大骇，戒严。

16　李光弼将敢死士出击蔡希德，大破之，斩首七万馀级；希德遁去。

17　安庆绪以史思明为范阳节度使，兼领恒阳军事，封妫川王；以牛廷玠领安阳军事；张忠志为常山太守兼团练使，镇井陉口，馀各令归旧任，募兵以御官军。先是安禄山得两京，珍货悉输范阳。思明拥强兵，据富资，益骄横，浸不用庆绪之命；庆绪不能制。

18　戊戌，永王璘败死，其党薛镠皆伏诛。

时李成式与河北招讨判官李铣合兵讨璘，铣兵数千，军于扬子；成式使判官裴茂将兵三千，军于瓜步，广张旗帜，列于江津。璘与其子场登城望之，始有惧色。季广琛召诸将谓曰：“吾属从王至此，天命未集，人谋已隳，不如及兵锋未交，早图去就。死于锋镝，永为逆臣矣。”诸将皆然之。于是广琛以麾下奔广陵，浑惟明奔江宁，冯季康奔白沙。璘忧惧，不知所出。其夕，江北之军多列炬火，光照水中，一皆为两，璘军又以火应之。璘以为官军已济江,遽挈家属与麾下潜遁。及明,不见济者,乃复入城收兵,具舟楫而去。成式将赵侃等济江至新丰,璘使场及其将高仙琦将兵击之;侃等逆战,射场中肩,璘兵遂溃。璘与仙琦收馀众,南奔鄱阳,收库物甲兵,欲南奔岭表,江西采访使皇甫侁遣兵追讨,擒之,潜杀之于传舍;场亦死于乱兵。

侁使人送璘家属还蜀,上曰:"侁既生得吾弟,何不送之于蜀而擅杀之邪!"遂废侁不用。

19　庚子,郭子仪遣其子旰及兵马使李韶光、大将王祚济河击潼关,破之,斩首五百级。安庆绪遣兵救潼关,郭旰等大败,死者万馀人。李韶光、王祚战死,仆固怀恩抱马首浮渡渭水,退保河东。

20　三月辛酉,以左相韦见素为左仆射,中书侍郎、同平章事裴冕为右仆射,并罢政事。

初,杨国忠恶宪部尚书苗晋卿。安禄山之反也,请出晋卿为陕郡太守,兼陕、弘农防御使。晋卿固辞老病,上皇不悦,使之致仕。及长安失守,晋卿潜窜山谷。上至凤翔,手敕征之为左相,军国大务悉咨之。

21　上皇思张九龄之先见,为之流涕,遣中使至曲江祭之,厚恤其家。

22　尹子奇复引大兵攻睢阳。张巡谓将士曰:"吾受国恩,所守,正死耳。但念诸君捐躯命,膏草野,而赏不酬勋,以此痛心耳。"将士皆激励请奋。巡遂椎牛,大飨士卒,尽军出战。贼望见兵少,笑之。巡执旗,帅诸将直冲贼陈,贼乃大溃,斩将三十馀人,杀士卒三千馀人,逐之数十里。明日,贼又合军至城下,巡出战,昼夜数十合,屡摧其锋,而贼攻围不辍。

23　辛未,安守忠将骑二万寇河东,郭子仪击走之,斩首八千级,捕虏五千人。

24　夏,四月,颜真卿自荆、襄北诣凤翔,上以为宪部尚书。

25　上以郭子仪为司空、天下兵马副元帅,使将兵赴凤翔。庚寅,李归仁以铁骑五千邀之于三原北,子仪使其将仆固怀恩、王仲昇、浑释之、李若幽伏兵击之于白渠留运桥,杀伤略尽,归仁游水而逸。若幽,神通之玄孙也。

子仪与王思礼军合于西渭桥,进屯潏西。安守忠、李归仁军于京城西清渠。相守七日,官军不进。五月癸丑,守忠伪退,子仪悉师逐之。贼以骁骑九千为长蛇陈,官军击之,首尾为两翼,夹击官军,官军大溃。判官韩液、监军孙知古皆为贼所擒,军资器械尽弃之。子仪退保武功,中外戒严。

是时府库无蓄积,朝廷专以官爵赏功,诸将出征,皆给空名告身,自开府、特进、列卿、大将军，下至中郎、郎将，听临事注名。其后又听以信牒授人官爵，有至异姓王者。诸军但以职任相统摄，不复计官爵高下。及清渠之败，复以官爵收散卒。由是官爵轻而货重，大将军告身一通，才易一醉。凡应募入军者，一切衣金紫，至有朝士僮仆衣金紫，称大官，而执贱役者。名器之滥，至是而极焉。

26　房琯性高简，时国家多难，而琯多称病不朝谒，不以职事为意，日与庶子刘秩、谏议大夫李揖，高谈释、老，或听门客董庭兰鼓琴，庭兰以是大招权利。御史奏庭兰赃贿，丁巳，罢琯为太子少师。以谏议大夫张镐为中书侍郎、同平章事。上常使僧数百人为道场于内，晨夜诵佛。镐谏曰："帝王当修德以弭乱安人，未闻饭僧可致太平也！"上然之。

27　庚申，上皇追册上母杨妃为元献皇后。

28　山南东道节度使鲁炅守南阳，贼将武令珣、田承嗣相继攻之。城中食尽，一鼠直钱数百，饿死者相枕藉。上遣宦官将军曹日昇往宣慰，围急，不得入。日昇请单骑入致命，襄阳太守魏仲犀不许。会颜真卿自河北至，曰："曹将军不顾万死以致帝命，何为沮之！借使不达，不过亡一使者；达，则一城之心固矣。"日昇与十骑偕往，贼畏其锐，不敢逼。城中自谓望绝，及见日昇，大喜。日昇复为之至襄阳取粮，以千人运粮而入，贼不能遏。炅在围中凡周岁，昼夜苦战，力竭不能支，壬戌夜，开城帅馀兵数千突围而出，奔襄阳。承嗣追之，转战二日，不能克而还。时贼欲南侵江、汉，赖炅扼其冲要，南夏得全。

29　司空郭子仪诣阙请自贬。甲子，以子仪为左仆射。

30　尹子奇益兵围睢阳益急，张巡于城中夜鸣鼓严队，若将出击者；贼闻之，达旦儆备。既明，巡乃寝兵绝鼓。贼以飞楼瞰城中，无所见，遂解甲休息。巡与将军南霁云、郎将雷万春等十馀将各将五十骑开门突出，直冲贼营，至子奇麾下，营中大乱，斩贼将五十馀人，杀士卒五千馀人。巡欲射子奇而不识，乃剡蒿为矢，中者喜，谓巡矢尽，走白子奇，乃得其状。使霁云射之，丧其左目，几获之。子奇乃收军退还。

31　六月，田乾真围安邑。会陕郡贼将杨务钦密谋归国，河东太守马承光以兵应之，务钦杀城中诸将不同己者，翻城来降。乾真解安邑，遁去。

32　将军王去荣以私怨杀本县令，当死。上以其善用炮，壬辰，敕免死，以白衣于陕郡效力。中书舍人贾至不即行下，上表，以为："去荣无状，杀本县之君。易曰：'臣弑其君，子弑其父，非一朝一夕之故，其所由来者渐矣。'若纵去荣，可谓生渐矣。议者谓陕郡初复，非其人不可守。

然则他无去荣者,何以亦能坚守乎!陛下若以炮石一能即免殊死,今诸军技艺绝伦者,其徒实繁。必恃其能,所在犯上,复何以止之!若止舍去荣而诛其馀者,则是法令不一而诱人触罪也。今惜一去荣之材而不杀,必杀十如去荣之材者,不亦其伤益多乎!夫去荣,逆乱之人也,焉有逆于此而顺于彼,乱于富平而治于陕郡,悖于县君而不悖于大君欤!伏惟明主全其远者、大者,则祸乱不日而定矣。"上下其事,令百官议之。

太子太师韦见素等议,以为:"法者天地大典,帝王犹不敢擅杀,是臣下之权过于人主也。去荣既杀人不死,则军中凡有技能者,亦自谓无忧,所在暴横。为郡县者,不亦难乎!陛下为天下主,爱无亲疏,得一去荣而失万姓,何利之有!于律,杀本县令,列于十恶。而陛下宽之,王法不行,人伦道屈,臣等奉诏,不知所从。夫国以法理,军以法胜;有恩无威,慈母不能使其子。陛下厚养战士而每战少利,岂非无法邪!今陕郡虽要,不急于法也。有法则海内无忧不克,况陕郡乎!无法则陕郡亦不可守,得之何益!而去荣末技,陕郡不以之存亡;王法有无,国家乃为之轻重。此臣等所以区区愿陛下守贞观之法。"上竟舍之。至,曾之子也。

33　南充土豪何滔作乱,执本郡防御使杨齐鲁,剑南节度使卢元裕发兵讨平之。

34　秋,七月,河南节度使贺兰进明克高密、琅邪,杀贼二万馀人。

35　戊申夜,蜀郡兵郭千仞等反,六军兵马使陈玄礼、剑南节度使李峘讨诛之。

36　壬子,尹子奇复征兵数万,攻睢阳。先是,许远于城中积粮至六万石,虢王巨以其半给濮阳、济阴二郡,远固争之,不能得。既而济阴得粮,遂以城叛,而睢阳城至是食尽。将士人廪米日一合,杂以茶纸、树皮为食,而贼粮运通,兵败复征。睢阳将士死不加益,诸军馈救不至,士卒消耗至一千六百人,皆饥病不堪斗,遂为贼所围,张巡乃修守具以拒之。贼为云梯,势如半虹,置精卒二百于其上,推之临城,欲令腾入。巡豫于城凿三穴,候梯将至,于一穴中出大木,末置铁钩,钩之使不得退;一穴中出一木,拄之使不得进;一穴中出一木,木末置铁笼,盛火焚之,其梯中折,梯上卒尽烧死。贼又以钩车钩城上棚阁,钩之所及,莫不崩陷。巡以大木,末置连锁,锁末置大镮,拓其钩头,以革车拔之入城,截其钩头而纵车令去。贼又造木驴攻城,巡镕金汁灌之,应投销铄。贼又于城西北隅以土囊积柴为磴道,欲登城。巡不与争利,每夜,潜以松明、干蒿投之于中,积十馀日,贼不之觉,因出军大战,使人顺风持火焚之,贼不能救,经二十馀日,火方灭。

巡之所为,皆应机立办,贼服其智,不敢复攻。遂于城外穿三重壕,立木栅以守巡,巡亦于内作壕以拒之。

37　丁巳,贼将安武臣攻陕郡,杨务钦战死,贼遂屠陕。

38　崔涣在江南选补,冒滥者众,八月,罢涣为馀杭太守、江东采访、防御使。

39　以张镐兼河南节度、采访等使,代贺兰进明。

40　灵昌太守许叔冀为贼所围,救兵不至,拔众奔彭城。

41　睢阳士卒死伤之馀,才六百人,张巡、许远分城而守之,巡守东北,远守西南,与士卒同食茶纸,不复下城。贼士攻城者,巡以逆顺说之,往往弃贼来降,为巡死战,前后二百馀人。

是时,许叔冀在谯郡,尚衡在彭城,贺兰进明在临淮,皆拥兵不救。城中日蹙,巡乃令南霁云将三十骑犯围而出,告急于临淮。霁云出城,贼众数万遮之,霁云直冲其众,左右驰射,贼众披靡,止亡两骑。既至临淮,见进明,进明曰:"今日睢阳不知存亡,兵去何益!"霁云曰:"睢阳若陷,霁云请以死谢大夫。且睢阳既拔,即及临淮,譬如皮毛相依,安得不救!"进明爱霁云勇壮,不听其语,强留之,具食与乐,延霁云坐。霁云慷慨,泣且语曰:"霁云来,睢阳之人不食月馀矣!霁云虽欲独食,且不下咽。大夫坐拥强兵,观睢阳陷没,曾无分灾救患之意,岂忠臣义士之所为乎!"因啮落一指以示进明,曰:"霁云既不能达主将之意,请留一指以示信归报。"座中往往为泣下。

霁云察进明终无出师意,遂去。至宁陵,与城使廉坦同将步骑三千人,闰月戊申夜,冒围,且战且行,至城下,大战,坏贼营,死伤之外,仅得千人入城。城中将吏知无救,皆恸哭。贼知援绝,围之益急。

初,房琯为相,恶贺兰进明,以为河南节度使,以许叔冀为进明都知兵马使,俱兼御史大夫。叔冀自恃麾下精锐,且官与进明等,不受其节制。故进明不敢分兵,非惟疾巡、远功名,亦惧为叔冀所袭也。

42　戊辰,上劳飨诸将,遣攻长安,谓郭子仪曰:"事之济否,在此行也!"对曰:"此行不捷,臣必死之。"

43　辛未,御史大夫崔光远破贼于骆谷。光远行军司马王伯伦、判官李椿将二千人攻中渭桥,杀贼守桥者千人,乘胜至苑门。贼有先屯武功者闻之,奔归,遇于苑北,合战,杀伯伦,擒椿送洛阳。然自是贼不复屯武功矣。

44　贼屡攻上党,常为节度使程千里所败。蔡希德复引兵围上党。

# 资治通鉴卷第二百二十

## 唐纪三十六

### 肃宗文明武德大圣大宣孝皇帝中之下

至德二载（丁酉，757）

1　九月丁丑，希德以轻骑至城下挑战，千里帅百骑开门突出，欲擒之，会救至，收骑退还，桥坏，坠堑中，反为希德所擒。仰谓从骑曰："吾不幸至此，天也！归语诸将，善为守备，宁失帅，不可失城。"希德攻城，竟不克，送千里于洛阳，安庆绪以为特进，囚之客省。

2　郭子仪以回纥兵精，劝上益征其兵以击贼。怀仁可汗遣其子叶护及将军帝德等将精兵四千馀人来至凤翔。上引见叶护，宴劳赐赍，惟其所欲。丁亥，元帅广平王俶将朔方等军及回纥、西域之众十五万，号二十万，发凤翔。俶见叶护，约为兄弟，叶护大喜，谓俶为兄。回纥至扶风，郭子仪留宴三日。叶护曰："国家有急，远来相助，何以食为！"宴毕，即行。日给其军羊二百口，牛二十头，米四十斛。

庚子，诸军俱发；壬寅，至长安西，陈于香积寺北沣水之东。李嗣业为前军，郭子仪为中军，王思礼为后军。贼众十万陈于其北，李归仁出挑战，官军逐之，逼于其阵，贼军齐进，官军却，为贼所乘，军中惊乱，贼争趣辎重。李嗣业曰："今日不以身饵贼，军无孑遗矣。"乃肉袒、执长刀，立于阵前，大呼奋击，当其刀者，人马俱碎，杀数十人，阵乃稍定。于是嗣业帅前军各执长刀，如墙而进，身先士卒，所向摧靡。都知兵马使王难得救其裨将，贼射之中眉，皮垂蔀目。难得自拔箭，掣去其皮，血流被面，前战不已。贼伏精骑于阵东，欲袭官军之后，侦者知之，朔方左厢兵马使仆固怀恩引回纥就击之，翦灭殆尽，贼由是气索。李嗣业又与回纥出贼阵后，与大军夹击，自午及酉，斩首六万级，填沟堑死者甚众，贼遂大溃。馀众走入城，迨夜，嚣声不止。

仆固怀恩言于广平王俶曰："贼弃城走矣，请以二百骑追之，缚取安守忠、李归仁等。"俶曰："将军战亦疲矣，且休息，俟明旦图之。"怀恩曰：

"归仁、守忠,贼之骁将,骤胜而败,此天赐我也,奈何纵之!使复得众,还为我患,悔之无及!战尚神速,何明旦也!"俶固止之,使还营。怀恩固请,往而复反,一夕四五起。迟明,谍至,守忠、归仁与张通儒、田乾真皆已遁矣。癸卯,大军入西京。

初,上欲速得京师,与回纥约曰:"克城之日,土地、士庶归唐,金帛、子女皆归回纥。"至是,叶护欲如约。广平王俶拜于叶护马前曰:"今始得西京,若遽俘掠,则东京之人皆为贼固守,不可复取矣,愿至东京乃如约。"叶护惊跃下马答拜,跪捧王足,曰:"当为殿下径往东京。"即与仆固怀恩引回纥、西域之兵自城南过,营于浐水之东。百姓、军士、胡虏见俶拜,皆泣曰:"广平王真华、夷之主!"上闻之喜曰:"朕不及也!"俶整众入城,百姓老幼夹道欢呼悲泣。俶留长安,镇抚三日,引大军东出。以太子少傅虢王巨为西京留守。

甲辰,捷书至凤翔,百寮入贺。上涕泗交颐,即日,遣中使啖庭瑶入蜀奏上皇,命左仆射裴冕入京师,告郊庙及宣慰百姓。

上以骏马召李泌于长安。既至,上曰:"朕已表请上皇东归,朕当还东宫复修臣子之职。"泌曰:"表可追乎?"上曰:"已远矣。"泌曰:"上皇不来矣。"上惊,问故。泌曰:"理势自然。"上曰:"为之奈何?"泌曰:"今请更为群臣贺表,言自马嵬请留,灵武劝进,及今成功,圣上思恋晨昏,请速还京以就孝养之意,则可矣。"上即使泌草表。上读之,泣曰:"朕始以至诚愿归万机。今闻先生之言,乃寤其失。"立命中使奉表入蜀,因就泌饮酒,同榻而寝。而李辅国请取契钥付泌,泌请使辅国掌之,上许之。

泌曰:"臣今报德足矣,复为闲人,何乐如之!"上曰:"朕与先生累年同忧患,今方相同娱乐,奈何遽欲去乎!"泌曰:"臣有五不可留,愿陛下听臣去,免臣于死。"上曰:"何谓也?"对曰:"臣遇陛下太早,陛下任臣太重,宠臣太深,臣功太高,迹太奇,此其所以不可留也。"上曰:"且眠矣,异日议之。"对曰:"陛下今就臣榻卧,犹不得请,况异日香案之前乎!陛下不听臣去,是杀臣也。"上曰:"不意卿疑朕如此,岂有如朕而办杀卿邪!是直以朕为句践也!"对曰:"陛下不办杀臣,故臣求归;若其既办,臣安敢复言!且杀臣者,非陛下也,乃'五不可'也。陛下向日待臣如此,臣于事犹有不敢言者,况天下既安,臣敢言乎!"

上良久曰:"卿以朕不从卿北伐之谋乎!"对曰:"非也,所不敢言者,乃建宁耳。"上曰:"建宁,朕之爱子,性英果,艰难时有功,朕岂不知之!但因此为小人所教,欲害其兄,图继嗣,朕以社稷大计,不得已而除之,卿不细知其故邪?"对曰:"若有此心,广平当怨之。广平每与臣言其冤,辄流涕呜咽。臣今必辞陛下去,始敢言之耳。"上曰:"渠尝夜扣广平,意欲加害。"对曰:"此皆出谗人之口,岂有建宁之孝友聪明,肯为此乎!且陛下昔欲用建宁为元帅,臣请用广平。建宁若有此心,当深憾于臣;而以臣为忠,益相亲善,陛下以此可察其心矣。"上乃泣下曰:"先生言是也。既往不咎,朕不欲闻之。"

泌曰:"臣所以言之者,非咎既往,乃欲使陛下慎将来耳。昔天后有四子,长曰太子弘,天后方图称制,恶其聪明,鸩杀之,立次子雍王贤。贤内忧惧,作黄台瓜辞,冀以感悟天后。天后不听,贤卒死于黔中。其辞曰:'种瓜黄台下,瓜熟子离离:一摘使瓜好,再摘使瓜稀,三摘犹为可,四摘抱蔓归!'今陛下已一摘矣,慎无再摘!"上愕然曰:"安有是哉!卿录是辞,朕当书绅。"对曰:"陛下但识之于心,何必形于外也!"是时广平王有大功,良娣忌之,潜构流言,故泌言及之。

3 郭子仪引蕃、汉兵追贼至潼关,斩首五千级,克华阴、弘农二郡。关东献俘百馀人,敕皆斩之。监察御史李勉言于上曰:"今元恶未除,为贼所污者半天下,闻陛下龙兴,咸思洗心以承圣化,今悉诛之,是驱之使从贼也。"上遽使赦之。

4 冬,十月丁未,啖庭瑶至蜀。

5 壬子,兴平军奏:破贼于武关,克上洛郡。

6 吐蕃陷西平。

7 尹子奇久围睢阳,城中食尽,议弃城东走,张巡、许远谋,以为:"睢阳,江、淮之保障,若弃之去,贼必乘胜长驱,是无江、淮也。且我众饥羸,走必不达。古者战国诸侯,尚相救恤,况密迩群帅乎!不如坚守以待之。"茶纸既尽,遂食马;马尽,罗雀掘鼠,雀鼠又尽,巡出爱妾,杀以食士,远亦杀其奴;然后括城中妇人食之,继以男子老弱。人知必死,莫有叛者,所馀才四百人。

癸丑,贼登城,将士病,不能战。巡西向再拜曰:"臣力竭矣,不能全城,生既无以报陛下,死当为厉鬼以杀贼!"城遂陷,巡、远俱被执。尹子奇问巡曰:"闻君每战眦裂齿碎,何也?"巡曰:"吾志吞逆贼,但力不能耳。"子奇以刀抉其口视之,所馀才三四。子奇义其所为,欲活之。其徒曰:"彼守节者也,终不为用。且得士心,存之,将为后患。"乃并南霁云、雷万春等三十六人皆斩之。巡且死,颜色不乱,扬扬如常。生致许远于洛阳。

巡初守睢阳时,卒仅万人,城中居人亦且数万,巡一见问姓名,其后无不识者。前后大小战凡四百馀,杀贼卒十二万人。巡行兵不依古法教战陈,令本将各以其意教之。人或问其故,巡曰:"今与胡虏战,云合鸟散,变态不恒,数步之间,势有同异。临机应猝,在于呼吸之间,而动询大将,事不相及,非知兵之变者也。故吾使兵识将意,将识士情,投之而往,如手之使指。兵将相习,人自为战,不亦可乎!"自兴兵,器械、甲仗皆取之于敌,未尝自修。每战,将士或退散,巡立于战所,谓将士曰:"我不离此,汝为我还决之。"将士莫敢不还,死战,卒破敌。又推诚待人,无所疑隐;临敌应变,出奇无穷;号令明,赏罚信,与众共甘苦寒暑,故下争致死力。

张镐闻睢阳围急,倍道亟进,檄浙东、浙西、淮南、北海诸节度及谯郡太守闾丘晓,使共救之。晓素傲很,不受镐命。比镐至,睢阳城已陷三日。镐召晓,杖杀之。

8　张通儒等收馀众走保陕,安庆绪悉发洛阳兵,使其御史大夫严庄将之,就通儒以拒官军,并旧兵步骑犹十五万。己未,广平王至曲沃。回纥叶护使其将军鼻施吐拨裴罗等引军旁南山搜伏,因驻军岭北。郭子仪等与贼遇于新店,贼依山而陈,子仪等初与之战,不利,贼逐之下山。回纥自南山袭其背,于黄埃中发十馀矢。贼惊顾曰:"回纥至矣!"遂溃。官军与回纥夹击之,贼大败,僵尸蔽野。严庄、张通儒等弃陕东走,广平王俶、郭子仪入陕城,仆固怀恩等分道追之。

严庄先入洛阳告安庆绪。庚申夜,庆绪帅其党自苑门出,走河北,杀所获唐将哥舒翰、程千里等三十馀人而去。许远死于偃师。

壬戌,广平王俶入东京。回纥意犹未厌,俶患之。父老请率罗锦万匹以赂回纥,回纥乃止。

9　成都使还,上皇诰曰:"当与我剑南一道自奉,不复来矣。"上忧惧,不知所为。后使者至,言:"上皇初得上请归东宫表,彷徨不能食,欲不归;及群臣表至,乃大喜,命食作乐,下诰定行日。"上召李泌告之曰:"皆卿力也!"

泌求归山不已,上固留之,不能得,乃听归衡山。敕郡县为之筑室于山中,给三品料。

10　癸亥,上发凤翔,遣太子太师韦见素入蜀,奉迎上皇。

11　乙丑,郭子仪遣左兵马使张用济、右武锋使浑释之将兵取河阳及河内;严庄来降。陈留人杀尹子奇,举郡降。田承嗣围来瑱于颍川,亦遣使来降;郭子仪应之缓,承嗣复叛,与武令珣皆走河北。制以瑱为河南节度使。

12　丙寅,上至望贤宫,得东京捷奏。丁卯,上入西京。百姓出国门奉迎,二十里不绝,舞跃呼万岁,有泣者。上入居大明宫。御史中丞崔器令百官受贼官爵者皆脱巾徒跣立于含元殿前,搏膺顿首请罪,环之以兵,使百官临视之。太庙为贼所焚,上素服向庙哭三日。是日,上皇发蜀郡。

13　安庆绪走保邺郡,改邺郡为成安府,改元天成。从骑不过三百,步卒不过千人,诸将阿史那承庆等散投常山、赵郡、范阳。旬日间,蔡希德自上党,田承嗣自颍川,武令珣自南阳,各帅所部兵归之。又召募河北诸郡人,众至六万,军声复振。

14　广平王俶之入东京也,百官受安禄山父子官者陈希烈等三百馀人,皆素服悲泣请罪。俶以上旨释之,寻勒赴西京。己巳,崔器令诣朝堂请罪,如西京百官之仪,然后收系大理、京兆狱。其府县所由、祗承人等受贼驱使追捕者,皆收系之。

初,汲郡甄济,有操行,隐居青岩山,安禄山为采访使,奏掌书记。济察禄山有异志,诈得风疾,舁归家。禄山反,使蔡希德引行刑者二人,封刀召之,济引首待刀。希德以实病白禄山。后安庆绪亦使人强舁至东京,月馀,会广平王俶平东京,济起,诣军门上谒。俶遣诣京师,上命馆之于三司,令受贼官爵者列拜以愧其心,以济为秘书郎。国子司业苏源明称病不受禄山官,上擢为考功郎中、知制诰。壬申,上御丹凤门,下制:“士庶受贼官禄,为贼用者,令三司条件闻奏;其因战被虏,或所居密近,因与贼往来者,皆听自首除罪;其子女为贼所污者,勿问。”

15　癸酉,回纥叶护自东京还,上命百官迎之于长乐驿,上与宴于宣政殿。叶护奏以“军中马少,请留其兵于沙苑,自归取马,还与陛下扫除范阳馀孽。”上赐而遣之。

16　十一月,广平王俶、郭子仪来自东京,上劳子仪曰:“吾之家国,由卿再造。”

17　张镐帅鲁炅、来瑱、吴王祗、李嗣业、李奂五节度徇河南、河东郡县,皆下之;惟能元皓据北海,高秀岩据大同未下。

18　己丑,以回纥叶护为司空、忠义王;岁遗回纥绢二万匹,使就朔方军受之。

19　以严庄为司农卿。

20　上之在彭原也,更以栗为九庙主。庚寅,朝享于长乐殿。

21　丙申,上皇至凤翔,从兵六百馀人,上皇命悉以甲兵输郡库。上发精骑三千奉迎。十二月丙午,上皇至咸阳,上备法驾迎于望贤宫。上皇在宫南楼,上释黄袍,著紫袍,望楼下马,趋进,拜舞于楼下。上皇降楼,抚上而泣,上捧上皇足,呜咽不自胜。上皇索黄袍,自为上著之,上伏地顿首固辞。上皇曰:"天数、人心皆归于汝,使朕得保养馀齿,汝之孝也!"上不得已,受之。父老在仗外,欢呼且拜。上令开仗,纵千馀人入谒上皇,曰:"臣等今日复睹二圣相见,死无恨矣!"上皇不肯居正殿,曰:"此天子之位也。"上固请,自扶上皇登殿。尚食进食,上品尝而荐之。丁未,将发行宫,上亲为上皇习马而进之上皇。上皇上马,上亲执鞚。行数步,上皇止之。上乘马前引,不敢当驰道。上皇谓左右曰:"吾为天子五十年,未为贵,今为天子父,乃贵耳!"左右皆呼万岁。上皇自开远门入大明宫,御含元殿,慰抚百官,乃诣长乐殿谢九庙主,恸哭久之。即日,幸兴庆宫,遂居之。上累表请避位还东宫,上皇不许。

22　辛亥,以礼部尚书李岘、兵部侍郎吕諲为详理使,与御史大夫崔器共按陈希烈等狱。岘以殿中侍御史李栖筠为详理判官,栖筠多务平恕,故人皆怨諲、器之刻深,而岘独得美誉。

23　戊午,上御丹凤楼,赦天下,惟与安禄山同反及李林甫、王铁、杨国忠子孙不在免例。立广平王俶为楚王,加郭子仪司徒,李光弼司空,自馀蜀郡、灵武扈从立功之臣,皆进阶,赐爵,加食邑有差。李憕、卢奕、颜杲卿、袁履谦、许远、张巡、张介然、蒋清、庞坚等皆加赠官其子孙。战亡之家,给复二载。郡县来载租、庸三分蠲一。近所改郡名、官名,一依故事。以蜀郡为南京,凤翔为西京,西京为中京。以张良娣为淑妃,立皇子南阳王系为赵王,新城王仅为彭王,颍川王僴为兖王,东阳王侹为泾王,僙为襄王,倕为杞王,偲为召王,佋为兴王,侗为定王。

议者或罪张巡以守睢阳不去,与其食人,曷若全人。其友人李翰为之作传,表上之,以为:"巡以寡击众,以弱制强,保江、淮以待陛下之师,师至而巡死。巡之功大矣。而议者或罪巡以食人,愚巡以守死,善遏恶扬,录瑕弃用,臣窃痛之。巡所以固守者,以待诸军之救,救不至而食尽,食既尽而及人,乖其素志。设使巡守城之初已有食人之心,损数百之众以全天下,臣犹曰功过相掩,况非其素志乎!今巡死大难,不睹休明,唯有令名是其荣禄。若不时纪录,恐远而不传,使巡生死不遇,诚可悲焉。臣敢撰传一卷献上,乞编列史官。"众议由是始息。是后赦令无不及李憕等,而程千里独以生执贼庭,不沾褒赠。

24　甲子,上皇御宣政殿,以传国宝授上,上始涕泣而受之。

25　安庆绪之北走也,其大将北平王李归仁及精兵曳落河、同罗、六州胡数万人皆溃归范阳,所过俘掠,人物无遗。史思明厚为之备,且遣使逆招之范阳境,曳落河、六州胡皆降。同罗不从,思明纵兵击之,同罗大败,悉夺其所掠,馀众走归其国。

庆绪忌思明之强,遣阿史那承庆、安守忠往征兵,因密图之。判官耿仁智说思明曰:"大夫崇重,人莫敢言,仁智愿一言而死。"思明曰:"何也?"仁智曰:"大夫所以尽力于安氏者,迫于凶威耳。今唐室中兴,天子仁圣,大夫诚帅所部归之,此转祸为福之计也。"裨将乌承玼亦说思明曰:"今唐室再造,庆绪叶上露耳。大夫奈何与之俱亡! 若归款朝廷,以自湔洗,易于反掌耳。"思明以为然。

承庆、守忠以五千劲骑自随,至范阳,思明悉众数万逆之,相距一里所,使人谓承庆等曰:"相公及王远至,将士不胜其喜,然边兵怯懦,惧相公之众,不敢进,愿弛弓以安之。"承庆等从之。思明引承庆入内厅乐饮,别遣人收其甲兵,诸郡兵皆给粮纵遣之,愿留者厚赐,分隶诸营。明日,囚承庆等,遣其将窦子昂奉表以所部十三郡及兵八万来降,并帅其河东节度使高秀岩亦以所部来降。乙丑,子昂至京师。上大喜,以思明为归义王、范阳节度使,子七人皆除显官。遣内侍李思敬与乌承恩往宣慰,使将所部兵讨庆绪。

先是,庆绪以张忠志为常山太守,思明召忠志还范阳,以其将薛萼摄恒州刺史,开井陉路,招赵郡太守陆济,降之。命其子朝义将兵五千人摄冀州刺史,以其将令狐彰为博州刺史。乌承恩所至宣布诏旨,沧、瀛、安、深、德、棣等州皆降,虽相州未下,河北率为唐有矣。

26　上皇加上尊号曰光天文武大圣孝感皇帝。

27　郭子仪还东都,经营河北。

28　崔器、吕諲上言:"诸陷贼官,背国从伪,准律皆应处死。"上欲从之。李岘以为:"贼陷两京,天子南巡,人自逃生。此属皆陛下亲戚或勋旧子孙,今一概以叛法处死,恐乖仁恕之道。且河北未平,群臣陷贼者尚多,若宽之,足开自新之路;若尽诛,是坚其附贼之心也。书曰:'歼厥渠魁,胁从罔理。'諲、器守文,不达大体。惟陛下图之。"争之累日,上从岘议,以六等定罪,重者刑之于市,次赐自尽,次重杖一百,次三等流、贬。壬申,斩达奚珣等十八人于城西南独柳树下,陈希烈等七人赐自尽于大理寺;应受杖者于京兆府门。

上欲免张均、张垍死,上皇曰:"均、垍事贼,皆任权要。均仍为贼毁吾家事,罪不可赦。"上叩头再拜曰:"臣非张说父子,无有今日。臣不能活均、垍,使死者有知,何面目见说于九泉!"因俯伏流涕。上皇命左右扶上起,曰:"张垍为汝长流岭表,张均必不可活,汝更勿救。"上泣而从命。

安禄山所署河南尹张万顷独以在贼中能保庇百姓不坐。顷之,有自贼中来者,言"唐群臣从安庆绪在邺者,闻广平王赦陈希烈等,皆自悼,恨失身贼庭,及闻希烈等诛,乃止。"上甚悔之。

臣光曰:为人臣者,策名委质,有死无贰。希烈等或贵为卿相,或亲连肺腑,于承平之日,无一言以规人主之失,救社稷之危,迎合苟容以窃富贵。及四海横溃,乘舆播越,偷生苟免,顾恋妻子,媚贼称臣,为之陈力,此乃屠酤之所羞,犬马之不如。傥各全其首领,复其官爵,是谄谀之臣无往而不得计也。彼颜杲卿、张巡之徒,世治则摈斥外方,沉抑下僚;世乱则委弃孤城,齑粉寇手。何为善者之不幸而为恶者之幸,朝廷待忠义之薄而保奸邪之厚邪!至于微贱之臣,巡徼之隶,谋议不预,号令不及,朝闻亲征之诏,夕失警跸之所,乃复责其不能扈从,不亦难哉!六等议刑,斯亦可矣,又何悔焉!

29　故妃韦氏既废为尼,居禁中,是岁卒。

30　置左、右神武军,取元从子弟充,其制皆如四军,总谓之北牙六军。又择善骑射者千人为殿前射生手,分左、右厢,号曰英武军。

31　升河中防御使为节度,领蒲、绛等七州;分剑南为东、西川节度,东川领梓、遂等十二州;又置荆澧节度,领荆、澧等五州;夔峡节度,领夔、峡等五州;更安西曰镇西。


乾元元年(戊戌,758)

1　春,正月戊寅,上皇御宣政殿,授册,加上尊号。上固辞"大圣"之号,上皇不许。上尊上皇曰太上至道圣皇天帝。

先是,官军既克京城,宗庙之器及府库资财多散在民间,遣使检括,颇有烦扰;乙酉,敕尽停之,乃命京兆尹李岘安抚坊市。

2　二月癸卯朔,以殿中监李辅国兼太仆卿。辅国依附张淑妃,判元帅府行军司马,势倾朝野。

3　安庆绪所署北海节度使能元皓举所部来降,以为鸿胪卿,充河北招讨使。

4　丁未,上御明凤门,赦天下,改元。尽免百姓今载租、庸,复以载为年。

5 庚午，以安东副大都护王玄志为营州刺史，充平卢节度使。

6 三月甲戌，徙楚王俶为成王。

7 戊寅，立张淑妃为皇后。

8 镇西、北庭行营节度使李嗣业屯河内。癸巳，北庭兵马使王惟良谋作乱，嗣业与裨将荔非元礼讨诛之。

9 安庆绪之北走也，其平原太守王暕、清河太守宇文宽皆杀其使者来降，庆绪使其将蔡希德、安太清攻拔之，生擒以归，剐于邺市。凡有谋归者，诛及种、族，乃至部曲、州县、官属，连坐死者甚众。又与其群臣歃血盟于邺南，而人心益离。庆绪闻李嗣业在河内，夏，四月，与蔡希德、崔乾祐将步骑二万，涉沁水攻之，不胜而还。

10 癸卯，以太子少师虢王巨为河南尹，充东京留守。

11 辛亥，新主入太庙。甲寅，上享太庙，遂祀昊天上帝。乙卯，御明凤门，赦天下。

12 五月壬午，制停采访使，改黜陟使为观察使。

13 张镐性简澹，不事中要，闻史思明请降，上言：“思明凶险，因乱窃位，力强则众附，势夺则人离，彼虽人面，心如野兽，难以德怀，愿勿假以威权。”又言：“滑州防御使许叔冀，狡猾多诈，临难必变，请征入宿卫。”时上已宠纳思明，会中使自范阳及白马来，皆言思明、叔冀忠恳可信，上以镐为不切事机，戊子，罢为荆州防御使；以礼部尚书崔光远为河南节度使。

14 张后生兴王佋，才数岁，欲以为嗣，上疑未决，从容谓考功郎中、知制诰李揆曰：“成王长，且有功，朕欲立为太子，卿意何如？”揆再拜贺曰：“此社稷之福，臣不胜大庆。”上喜曰：“朕意决矣。”庚寅，立成王俶为皇太子。揆，玄道之玄孙也。

15 乙未，以崔圆为太子少师，李麟为少傅，皆罢政事。上颇好鬼神，太常少卿王玙专依鬼神以求媚，每议礼仪，多杂以巫祝俚俗。上悦之，以玙为中书侍郎、同平章事。

16 赠故常山太守颜杲卿太子太保，谥曰忠节，以其子威明为太仆丞。杲卿之死也，杨国忠用张通幽之谮，竟无褒赠。上在凤翔，颜真卿为御史大夫，泣诉于上，上乃出通幽为普安太守，具奏其状于上皇，上皇杖杀通幽。杲卿子泉明为王承业所留，因寓居寿阳，为史思明所房，裹以牛革，送于范阳，会安庆绪初立，有赦，得免。思明降，乃得归，求其父尸于东京，得之，遂并袁履谦尸棺敛以归。杲卿姊妹女及泉明之子皆流落河北；真卿时为蒲州刺史,使泉明往求之,泉明号泣求访,哀感路人,久乃得之。泉明诣亲故乞索,随所得多少赎之,先姑姊妹而后其子。姑女为贼所掠,泉明有钱二百缗,欲赎己女,闵其姑愁悴,先赎姑女,比更得钱,求其女,已失所在。遇群从姊妹及父时将吏袁履谦等妻子流落者,皆与之归,凡五十馀家,三百馀口,均减资粮,一如亲戚。至蒲州,真卿悉加赡给,久之,随其所适而资送之。袁履谦妻疑履谦衣衾俭薄,发棺视之,与杲卿无异,乃始惭服。

17　六月己酉,立太一坛于南郊之东,从王玙之请也。上尝不豫,卜云山川为祟,玙请遣中使与女巫乘驿分祷天下名山、大川。巫恃势,所过烦扰州县,干求受赃。黄州有巫,盛年美色,从无赖少年数十,为蠹尤甚,至黄州,宿于驿舍。刺史左震晨至驿,门扃锁,不可启,震怒,破锁而入,曳巫于阶下斩之,所从少年悉毙之。籍其赃,数十万,具以状闻,且请以其赃代贫民租,遣中使还京师,上无以罪也。

18　以开府仪同三司李嗣业为怀州刺史,充镇西、北庭行营节度使。

19　山人韩颖改造新历,丁巳,初行颖历。

20　戊午,敕两京陷贼官,三司推究未毕者皆释之,贬、降者续处分。

21　太子少师房琯既失职,颇怏怏,多称疾不朝,而宾客朝夕盈门,其党为之扬言于朝云:“琯有文武才,宜大用。”上闻而恶之,下制数琯罪,贬豳州刺史。前祭酒刘秩贬阆州刺史,京兆尹严武贬巴州刺史,皆琯党也。

22　初,史思明以列将事平卢军使乌知义,知义善待之。知义子承恩为信都太守,以郡降思明,思明思旧恩而全之。及安庆绪败,承恩劝思明降唐。李光弼以思明终当叛乱,而承恩为思明所亲信,阴使图之;又劝上以承恩为范阳节度副使,赐阿史那承庆铁券,令共图思明,上从之。

承恩多以私财募部曲,又数衣妇人服诣诸将营说诱之,诸将以白思明,思明疑未察。会承恩入京师,上使内侍李思敬与之俱至范阳宣慰。承恩既宣旨,思明留承恩馆于府中,帷其床,伏二人于床下。承恩少子在范阳,思明使省其父。夜中,承恩密谓其子曰:“吾受命除此逆胡,当以吾为节度使。”二人于床下大呼而出。思明乃执承恩,索其装囊,得铁券及光弼牒,牒云:“承庆事成则付铁券;不然,不可付也。”又得簿书数百纸,皆先从思明反者将士名。思明责之曰:“我何负于汝而为此!”承恩谢曰:“死罪,此皆李光弼之谋也。”思明乃集将佐吏民,西向大哭曰:“臣以十三万众降朝廷,何负陛下,而欲杀臣!”遂榜杀承恩父子,连坐死者二百馀人。承恩弟承珃走免。思明囚思敬,表上其状。上遣中使慰谕思明曰:

"此非朝廷与光弼之意,皆承恩所为,杀之甚善。"

　　会三司议陷贼官罪状至范阳,思明谓诸将曰:"陈希烈辈皆朝廷大臣,上皇自弃之幸蜀,今犹不免于死,况吾属本从安禄山反乎!"诸将请思明表求诛光弼,思明从之,命判官耿仁智与其僚张不矜为表云:"陛下不为臣诛光弼,臣当自引兵就太原诛之。"不矜草表以示思明,及将入函,仁智悉削去之。写表者以白思明,思明命执二人斩之。仁智事思明久,思明怜,欲活之,复召入,谓曰:"我任使汝垂三十年,今日非我负汝。"仁智大呼曰:"人生会有一死,得尽忠义,死之善者也。今从大夫反,不过延岁月,岂若速死之愈乎!"思明怒,乱捶之,脑流于地。

　　乌承玼奔太原,李光弼表为昌化郡王,充石岭军使。

　　23　秋,七月丙戌,初铸当十大钱,文曰"乾元重宝",从御史中丞第五琦之谋也。

　　24　丁亥,册命回纥可汗曰英武威远毗伽阙可汗,以上幼女宁国公主妻之。以殿中监汉中王瑀为册礼使,右司郎中李巽副之,命左仆射裴冕送公主至境上。戊子,又以司勋员外郎鲜于叔明为瑀副。叔明,仲通之弟也。甲子,上送宁国公主至咸阳,公主辞诀曰:"国家事重,死且无恨。"上流涕而还。

　　瑀等至回纥牙帐,可汗衣赭袍胡帽,坐帐中榻上,仪卫甚严,引瑀等立于帐外。瑀不拜而立,可汗曰:"我与天可汗两国之君,君臣有礼,何得不拜?"瑀与叔明对曰:"向者唐与诸国为婚,皆以宗室女为公主。今天子以可汗有功,自以所生女妻可汗。恩礼至重,可汗奈何以子婿傲妇翁,坐榻上受册命邪!"可汗改容,起受册命。明日,立公主为可敦,举国皆喜。

　　25　乙未,郭子仪入朝。

　　26　八月壬寅,以青、登等五州节度使许叔冀为滑、濮等六州节度使。

　　27　庚戌,李光弼入朝。丙辰,以郭子仪为中书令,光弼为侍中。丁巳,子仪诣行营。

　　28　回纥遣其臣骨啜特勒及帝德将骁骑三千助讨安庆绪,上命朔方左武锋使仆固怀恩领之。

　　29　九月庚午朔,以右羽林大将军赵泚为蒲、同、虢三州节度使。

　　30　丙子,招讨党项使王仲昇斩党项酋长拓跋戎德,传首。

　　31　安庆绪之初至邺也,虽枝党离析,犹据七郡六十馀城,甲兵资粮丰备。庆绪不亲政事,专以缮台沼楼船,酣饮为事。其大臣高尚、张通儒等争权不叶,无复纲纪。蔡希德有才略,部兵精锐,而性刚,好直言,通儒潜而杀之,麾下数千人皆逃散,诸将怨怒不为用。以崔乾祐为天下兵马使,总中外兵。乾祐愎戾好杀,士卒不附。

庚寅,命朔方郭子仪、淮西鲁炅、兴平李奂、滑濮许叔冀、镇西北庭李嗣业、郑蔡季广琛、河南崔光远七节度使及平卢兵马使董秦将步骑二十万讨庆绪;又命河东李光弼、关内泽潞王思礼二节度使将所部兵助之。上以子仪、光弼皆元勋,难相统属,故不置元帅,但以宦官开府仪同三司鱼朝恩为观军容宣慰处置使。观军容之名自此始。

32　癸巳,广州奏:大食、波斯围州城,刺史韦利见逾城走,二国兵掠仓库,焚庐舍,浮海而去。

33　冬,十月甲辰,册太子,更名曰豫。自中兴以来,群下无复赐物,至是,始有新铸大钱,百官、六军沾赉有差。

34　郭子仪引兵自杏园济河,东至获嘉,破安太清,斩首四千级,捕虏五百人。太清走保卫州,子仪进围之;丙午,遣使告捷。鲁炅自阳武济,季广琛、崔光远自酸枣济,与李嗣业兵皆会子仪于卫州。庆绪悉举邺中之众七万救卫州,分三军,以崔乾祐将上军,田承嗣将下军,庆绪自将中军。子仪使善射者三千人伏于垒垣之内,令曰:“我退,贼必逐我,汝乃登垒,鼓噪而射之。”既而与庆绪战,伪退,贼逐之,至垒下,伏兵起射之,矢如雨注,贼还走,子仪复引兵逐之,庆绪大败。获其弟庆和,杀之。遂拔卫州。庆绪走,子仪等追之至邺,许叔冀、董秦、王思礼及河东兵马使薛兼训皆引兵继至。庆绪收馀兵拒战于愁思冈,又败。前后斩首三万级,捕虏千人。庆绪乃入城固守,子仪等围之。庆绪窘急,遣薛嵩求救于史思明,且请以位让之。思明发范阳兵十三万欲救邺,观望未敢进,先遣李归仁将步骑一万军于滏阳,遥为庆绪声势。

35　甲寅,上皇幸华清宫;十一月丁丑,还京师。

36　崔光远拔魏州。丙戌,以前兵部侍郎萧华为魏州防御使。会史思明分军为三,一出邢、洺,一出冀、贝,一自洹水趣魏州。郭子仪奏以崔光远代华,十二月癸卯,敕以光远领魏州刺史。

37　甲辰,置浙江西道节度使,领苏、润等十州,以升州刺史韦黄裳为之。庚戌,置浙江东道节度使,领越、睦等八州,以户部尚书李峘为之,兼淮南节度使。

38　己未,群臣请上尊号曰乾元大圣光天文武孝感皇帝,许之。

39　史思明乘崔光远初至,引兵大下,光远使将军李处崟拒之。贼势盛,处崟连战不利,还趣城。贼追至城下,扬言曰:“处崟召我来,何为不出！"光远信之,腰斩处崟。处崟,骁将,众所恃,既死,众无斗志,光远脱身走还汴州。丁卯,思明陷魏州,所杀三万人。

40　平卢节度使王玄志薨,上遣中使往抚将士,且就察军中所欲立者,授以旌节。高丽人李怀玉为裨将,杀玄志之子,推侯希逸为平卢军使。希逸之母,怀玉姑也。故怀玉立之。朝廷因以希逸为节度副使。节度使由军士废立自此始。

　　臣光曰:夫民生有欲,无主则乱。是故圣人制礼以治之。自天子、诸侯至于卿、大夫、士、庶人,尊卑有分,大小有伦,若纲条之相维,臂指之相使,是以民服事其上,而下无觊觎。其在周易,"上天、下泽,履"。象曰:"君子以辨上下,定民志。"此之谓也。凡人君所以能有其臣民者,以八柄存乎己也。苟或舍之,则彼此之势均,何以使其下哉!

　　肃宗遭唐中衰,幸而复国,是宜正上下之礼以纲纪四方;而偷取一时之安,不思永久之患。彼命将帅,统藩维,国之大事也,乃委一介之使,徇行伍之情,无问贤不肖,惟其所欲与者则授之。自是之后,积习为常,君臣循守,以为得策,谓之姑息。乃至偏裨士卒,杀逐主帅,亦不治其罪,因以其位任授之。然则爵禄、废置、杀生、予夺,皆不出于上而出于下,乱之生也,庸有极乎!

　　且夫有国家者,赏善而诛恶,故为善者劝,为恶者惩。彼为人下而杀逐其上,恶孰大焉! 乃使之拥旄秉钺,师长一方,是赏之也。赏以劝恶,恶其何所不至乎! 书云:"远乃猷。"诗云:"猷之未远,是用大谏。"孔子曰:"人无远虑,必有近忧。"为天下之政而专事姑息,其忧患可胜校乎! 由是为下者常眈眈焉伺其上,苟得间则攻而族之;为上者常惴惴焉畏其下,苟得间则掩而屠之;争务先发以逞其志,非有相保养为俱利久存之计也。如是而求天下之安,其可得乎! 迹其厉阶,肇于此矣。

　　盖古者治军必本于礼,故晋文公城濮之战,见其师少长有礼,知其可用。今唐治军而不顾礼,使士卒得以陵偏裨,偏裨得以陵将帅,则将帅之陵天子,自然之势也。

　　由是祸乱继起,兵革不息,民坠涂炭,无所控诉,凡二百余年,然后大宋受命。太祖始制军法,使以阶级相承,小有违犯,咸伏斧质。是以上下有叙,令行禁止,四征不庭,无思不服,宇内乂安,兆民允殖,以迄于今,皆由治军以礼故也。岂非谋之远哉!

41　是岁,置振武节度使,领镇北大都护府、麟胜二州;又置陕虢华及豫许汝二节度使;安南经略使为节度使,领交、陆等十一州。

42　吐蕃陷河源军。

# 资治通鉴卷第二百二十一

## 唐纪三十七

**肃宗文明武德大圣大宣孝皇帝下之上**

乾元二年（己亥，759）

1　春，正月己巳朔，史思明筑坛于魏州城北，自称大圣燕王，以周挚为行军司马。李光弼曰："思明得魏州而按兵不进，此欲使我懈惰，而以精锐掩吾不备也。请与朔方军同逼魏城，求与之战，彼惩嘉山之败，必不敢轻出。得旷日引久，则邺城必拔矣。庆绪已死，彼则无辞以用其众也。"鱼朝恩以为不可，乃止。

2　戊寅，上祀九宫贵神，用王玙之言也。乙卯，耕藉田。

3　镇西节度使李嗣业攻邺城，为流矢所中，丙申，薨；兵马使荔非元礼代将其众。初，嗣业表段秀实为怀州长史，知留后事。时诸军屯戍日久，财竭粮尽，秀实独运刍粟，募兵市马以奉镇西行营，相继于道。

4　二月壬子，月食，既。先是百官请加皇后尊号曰"辅圣"，上以问中书舍人李揆，对曰："自古皇后无尊号，惟韦后有之，岂足为法！"上惊曰："庸人几误我！"会月食，事遂寝。后与李辅国相表里，横于禁中，干豫政事，请托无穷，上颇不悦，而无如之何。

5　郭子仪等九节度使围邺城，筑垒再重，穿堑三重，壅漳水灌之。城中井泉皆溢，构栈而居，自冬涉春，安庆绪坚守以待史思明，食尽，一鼠直钱四千，淘墙麸及马矢以食马。人皆以为克在朝夕，而诸军既无统帅，进退无所禀。城中人欲降者，碍水深，不得出。城久不下，上下解体。

思明乃自魏州引兵趣邺，使诸将去城各五十里为营，每营击鼓三百面，遥胁之。又每营选精骑五百，日于城下抄掠，官军出，辄散归其营；诸军人马牛车日有所失，樵采甚艰，昼备之则夜至，夜备之则昼至。时天下饥馑，转饷者南自江、淮，西自并、汾，舟车相继。思明多遣壮士窃官军装号，督趣运者，责其稽缓，妄杀戮人，运者骇惧；舟车所聚，则密纵火焚之；往复聚散，自相辨识，而官军逻捕不能察也。由是诸军乏食，人思自溃。

思明乃引大军直抵城下，官军与之刻日决战。

　　三月壬申，官军步骑六十万陈于安阳河北，思明自将精兵五万敌之，诸军望之，以为游军，未介意。思明直前奋击，李光弼、王思礼、许叔冀、鲁炅先与之战，杀伤相半，鲁炅中流矢。郭子仪承其后，未及布陈，大风忽起，吹沙拔木，天地昼晦，咫尺不相辨，两军大惊，官军溃而南，贼溃而北，弃甲仗辎重委积于路。子仪以朔方军断河阳桥保东京。战马万匹，惟存三千；甲仗十万，遗弃殆尽。东京士民惊骇，散奔山谷；留守崔圆、河南尹苏震等官吏南奔襄、邓；诸节度各溃归本镇。士卒所过剽掠，吏不能止，旬日方定。惟李光弼、王思礼整勒部伍，全军以归。

　　子仪至河阳，将谋城守，师人相惊，又奔缺门。诸将继至，众及数万，议捐东京，退保蒲、陕。都虞候张用济曰："蒲、陕荐饥，不如守河阳，贼至，并力拒之。"子仪从之。使都游弈使灵武韩游瓌将五百骑前趣河阳，用济以步卒五千继之。周挚引兵争河阳，后至，不得入而去。用济役所部兵筑南、北两城而守之。段秀实帅将士妻子及公私辎重自野戍渡河，待命于河清之南岸，荔非元礼至而军焉。诸将各上表谢罪，上皆不问，惟削崔圆阶封，贬苏震为济王府长史，削银青阶。

　　史思明审知官军溃去，自沙河收整士众，还屯邺城南。安庆绪收子仪营中粮，得六七万石，与孙孝哲、崔乾祐谋闭门更拒思明。诸将曰："今日岂可复背史王乎！"思明不与庆绪相闻，又不南追官军，但日于军中飨士。张通儒、高尚等言于庆绪曰："史王远来，臣等皆应迎谢。"庆绪曰："任公蹔往。"思明见之涕泣，厚礼而归之。经三日，庆绪不至。思明密召安太清令诱之，庆绪窘蹙，不知所为，乃遣太清上表称臣于思明，请待解甲入城，奉上玺绶。思明省表，曰："何至如此！"因出表遍示将士，咸称万岁。乃手疏唁庆绪而不称臣，且曰："愿为兄弟之国，更作藩篱之援。鼎足而立，犹或庶几；北面之礼，固不敢受。"并封表还之。庆绪大悦，因请歃血同盟，思明许之。庆绪以三百骑诣思明营，思明令军士擐甲执兵以待之，引庆绪及诸弟入至庭下。庆绪再拜稽首曰："臣不克荷负，弃失两都，久陷重围，不意大王以太上皇之故，远垂救援，使臣应死复生，摩顶至踵，无以报德。"思明忽震怒曰："弃失两都，亦何足言。尔为人子，杀父夺其位，天地所不容。吾为太上皇讨贼，岂受尔佞媚乎！"即命左右牵出，并其四弟及高尚、孙孝哲、崔乾祐皆杀之，张通儒、李庭望等悉授以官。思明勒兵入邺城，收其士马，以府库赏将士，庆绪先所有州、县及兵皆归于思明。遣安太清将兵五千取怀州，因留镇之。思明欲遂西略，虑根本未固，乃留其子朝义守相州,引兵还范阳。

6　甲申,回纥骨啜特勒、帝德等十五人自相州奔还西京,上宴之于紫宸殿,赏赐有差。庚寅,骨啜特勒等辞还行营。

7　辛卯,以荔非元礼为怀州刺史,权知镇西、北庭行营节度使。元礼复以段秀实为节度判官。

8　甲午,以兵部侍郎吕𬤇同平章事。乙未,以中书侍郎、同平章事苗晋卿为太子太傅,王玙为刑部尚书,皆罢政事。以京兆尹李岘行吏部尚书,中书舍人兼礼部侍郎李揆为中书侍郎,及户部侍郎第五琦并同平章事。上于岘恩意尤厚,岘亦以经济为己任,军国大事多独决于岘。于是京师多盗,李辅国请选羽林骑士五百以备巡逻。李揆上疏曰:"昔西汉以南、北军相制,故周勃因南军入北军,遂安刘氏。皇朝置南、北牙,文武区分,以相伺察。今以羽林代金吾警夜,忽有非常之变,将何以制之!"乃止。

9　丙申,以郭子仪为东畿、山东、河东诸道元帅,权知东京留守。以河西节度使来瑱行陕州刺史,充陕、虢、华州节度使。

10　夏,四月庚子,泽潞节度使王思礼破史思明将杨旻于潞城东。

11　太子詹事李辅国,自上在灵武,判元帅行军司马事,侍直帷幄,宣传诏命,四方文奏,宝印符契,晨夕军号,一以委之。及还京师,专掌禁兵,常居内宅,制敕必经辅国押署,然后施行,宰相百司非时奏事,皆因辅国关白、承旨。常于银台门决天下事,事无大小,辅国口为制敕,写付外施行,事毕闻奏。又置察事数十人,潜令于人间听察细事,即行推按;有所追索,诸司无敢拒者。御史台、大理寺重囚,或推断未毕,辅国追诣银台,一时纵之。三司、府、县鞫狱,皆先诣辅国咨禀,轻重随意,称制敕行之,莫敢违者。宦官不敢斥其官,皆谓之五郎。李揆山东甲族,见辅国执子弟礼,谓之五父。

及李岘为相,于上前叩头,论制敕皆应由中书出,具陈辅国专权乱政之状,上感寤,赏其正直;辅国行事,多所变更,罢其察事。辅国由是让行军司马,请归本官,上不许。制:"比缘军国务殷,或宣口敕处分。诸色取索及杖配囚徒,自今一切并停。如非正宣,并不得行。中外诸务,各归有司。英武军虞候及六军诸使、诸司等,比来或因论竞,悬自追摄,自今须一切经台、府。如所由处断不平,听具状奏闻。诸律令除十恶、杀人、奸、盗、造伪外,馀烦冗一切删除,仍委中书、门下与法官详定闻奏。"辅国由是忌岘。

12　甲辰,置陈、郑、亳节度使,以邓州刺史鲁炅为之;以徐州刺史尚衡为青、密七州节度使；以兴平军节度使李奂兼豫、许、汝三州节度使；仍各于境上守捉防御。

九节度之溃于相州也，鲁炅所部兵剽掠尤甚，闻郭子仪退屯河上，李光弼还太原，炅惭惧，饮药而死。

13 史思明自称大燕皇帝，改元顺天，立其妻辛氏为皇后，子朝义为怀王，以周挚为相，李归仁为将，改范阳为燕京，诸州为郡。

14 戊申，以鸿胪卿李抱玉为郑、陈、颍、亳节度使。抱玉，安兴贵之后也，为李光弼裨将，屡有战功，自陈耻与安禄山同姓，故赐姓李氏。

15 回纥毗伽阙可汗卒，长子叶护先遇杀，国人立其少子，是为登里可汗。回纥欲以宁国公主为殉。公主曰："回纥慕中国之俗，故娶中国女为妇。若欲从其本俗，何必结婚万里之外邪！"然亦为之劐面而哭。

16 凤翔马坊押官为劫，天兴尉谢夷甫捕杀之。其妻讼冤。李辅国素出飞龙厩，救监察御史孙蓥鞫之，无冤。又使御史中丞崔伯阳、刑部侍郎李晔、大理卿权献鞫之，与蓥同。犹不服。又使侍御史太平毛若虚鞫之，若虚倾巧士，希辅国意，归罪夷甫。伯阳怒，召若虚诘责，欲劾奏之。若虚先自归于上，上匿若虚于帘下。伯阳寻至，言若虚附会中人，鞫狱不直。上怒，叱出之。伯阳贬高要尉，献贬桂阳尉，晔与凤翔尹严向皆贬岭下尉，蓥除名，长流播州。吏部尚书、同平章事李岘奏伯阳无罪，责之太重，上以为朋党，五月辛巳，贬岘蜀州刺史。右散骑常侍韩择木入对，上谓之曰："李岘欲专权，今贬蜀州，朕自觉用法太宽。"对曰："李岘言直，非专权。陛下宽之，祇益圣德耳。"若虚寻除御史中丞，威振朝廷。

17 壬午，以滑、濮节度使许叔冀为汴州刺史，充滑、汴等七州节度使；以试汝州刺史刘展为滑州刺史，充副使。

18 六月丁巳，分朔方置邠、宁等九州节度使。

19 观军容使鱼朝恩恶郭子仪，因其败，短之于上。秋，七月，上召子仪还京师，以李光弼代为朔方节度使、兵马元帅。士卒涕泣，遮中使请留子仪。子仪绐之曰："我饯中使耳，未行也。"因跃马而去。

光弼愿得亲王为之副，辛巳，以赵王系为天下兵马元帅，光弼副之，仍以光弼知诸度行营。光弼以河东骑五百驰赴东都，夜，入其军。光弼治军严整，始至，号令一施，士卒、壁垒、旌旗、精采皆变。是时朔方将士乐子仪之宽，惮光弼之严。

左厢兵马使张用济屯河阳，光弼以檄召之。用济曰："朔方，非叛军也，乘夜而入，何见疑之甚邪！"与诸将谋以精锐突入东京，逐光弼，请子仪;命其士皆被甲上马,衔枚以待。都知兵马使仆固怀恩曰:"邺城之溃,郭公先去,朝廷责帅,故罢其兵柄。今逐李公而强请之,是反也,其可乎!"右武锋使康元宝曰:"君以兵请郭公,朝廷必疑郭公讽君为之,是破其家也。郭公百口何负于君乎!"用济乃止。光弼以数千骑东出氾水,用济单骑来谒。光弼责用济召不时至,斩之,命部将辛京杲代领其众。

20　仆固怀恩继至,光弼引坐,与语。须臾,阍者曰:"蕃、浑五百骑至矣。"光弼变色。怀恩走出,召麾下将,阳责之曰:"语汝勿来,何得固违!"光弼曰:"士卒随将,亦复何罪!"命给牛酒。

21　以潞沁节度使王思礼兼太原尹,充北京留守、河东节度使。

初,潼关之败,思礼马中矢而毙,有骑卒螫屋张光晟下马授之,问其姓名,不告而去。思礼阴识其状貌,求之不获。及至河东,或谮代州刺史河西辛云京,思礼怒之,云京惧,不知所出。光晟时在云京麾下,曰:"光晟尝有德于王公,从来不敢言者,耻以此取赏耳。今使君有急,光晟请往见王公,必为使君解之。"云京喜而遣之。光晟谒思礼,未及言,思礼识之曰:"嘻!子非吾故人乎?何相见之晚邪!"光晟以实告,思礼大喜,执其手,流涕曰:"吾之有今日,皆子力也。吾求子久矣。"引与同榻坐,约为兄弟。光晟因从容言云京之冤。思礼曰:"云京过亦不细,今日特为故人舍之。"即日擢光晟为兵马使,赠金帛田宅甚厚。

22　辛卯,以朔方节度副使、殿中监仆固怀恩兼太常卿,进爵大宁郡王。怀恩从郭子仪为前锋,勇冠三军,前后战功居多,故赏之。

23　八月乙巳,襄州将康楚元、张嘉延据州作乱,刺史王政奔荆州。楚元自称南楚霸王。

24　回纥以宁国公主无子,听归,丙辰,至京师。

25　戊午,上使将军曹日昇往襄州慰谕康楚元,贬王政为饶州长史,以司农少卿张光奇为襄州刺史,楚元不从。

26　壬戌,以李光弼为幽州长史、河北节度等使。

27　九月甲午,张嘉延袭破荆州,荆南节度使杜鸿渐弃城走,澧、朗、郢、峡、归等州官吏闻之,争潜窜山谷。

28　戊辰,更令绛州铸乾元重宝大钱,加以重轮,一当五十。在京百官,先以军旅皆无俸禄,宜以新钱给其冬料。

29　丁亥,以太子少保崔光远为荆、襄招讨使,充山南东道处置兵马都使;以陈、颍、亳、申节度使王仲昇为申、沔等五州节度使,知淮南西道行营兵马。

30　史思明使其子朝清守范阳,命诸郡太守各将兵三千从己向河南,分为四道,使其将令狐彰将兵五千自黎阳济河取滑州,思明自濮阳,史朝义自白皋,周挚自胡良济河,会于汴州。

李光弼方巡河上诸营,闻之,还入汴州,谓汴滑节度使许叔冀曰:“大夫能守汴州十五日,我则将兵来救。”叔冀许诺。光弼还东京。思明至汴州,叔冀与战,不胜,遂与濮州刺史董秦及其将梁浦、刘从谏、田神功等降之。思明以叔冀为中书令,与其将李详守汴州;厚待董秦,收其妻子,置长芦为质;使其将南德信与梁浦、刘从谏、田神功等数十人徇江、淮。神功,南宫人也,思明以为平卢兵马使。顷之,神功袭德信,斩之。从谏脱身走。神功将其众来降。

思明乘胜西攻郑州,光弼整众徐行,至洛阳,谓留守韦陟曰:“贼乘胜而来,利在按兵,不利速战。洛城不可守,于公计何如?”陟请留兵于陕,退守潼关,据险以挫其锐。光弼曰:“两敌相当,贵进忌退,今无故弃五百里地,则贼势益张矣。不若移军河阳,北连泽潞,利则进取,不利则退守,表里相应,使贼不敢西侵,此猿臂之势也。夫辨朝廷之礼,光弼不如公;论军旅之事,公不如光弼。”陟无以应。判官韦损曰:“东京帝宅,侍中奈何不守?”光弼曰:“守之,则汜水、崿岭、龙门皆应置兵,子为兵马判官,能守之乎?”遂移牒留守韦陟使帅东京官属西入关,牒河南尹李若幽使帅吏民出城避贼,空其城。光弼帅军士油、铁诸物诣河阳为守备,光弼以五百骑殿。时思明游兵已至石桥,诸将请曰:“今自洛城而北乎,当石桥而进乎?”光弼曰:“当石桥而进。”及日暮,光弼秉炬徐行,部曲坚重,贼引兵蹑之,不敢逼。光弼夜至河阳,有兵二万,粮才支十日。光弼按阅守备,部分士卒,无不严办。庚寅,思明入洛阳,城空,无所得,畏光弼掎其后,不敢入宫,退屯白马寺南,筑月城于河阳南以拒光弼。于是郑、滑等州相继陷没,韦陟、李若幽皆寓治于陕。

31　冬,十月丁酉,下制亲征史思明,群臣上表谏,乃止。

32　史思明引兵攻河阳,使骁将刘龙仙诣城下挑战。龙仙恃勇,举右足加马鬣上,慢骂光弼。光弼顾诸将曰:“谁能取彼者?”仆固怀恩请行。光弼曰:“此非大将所为。”左右言:“裨将白孝德可往。”光弼召问之。孝德请行。光弼问:“须几何兵?”对曰:“请挺身取之。”光弼壮其志,然固问所须。对曰:“愿选五十骑出垒门为后继,兼请大军助鼓噪以增气。”光弼抚其背而遣之。孝德挟二矛,策马乱流而进。半涉,怀恩贺曰:“克矣。”光弼曰:“锋未交,何以知之?”怀恩曰:“观其揽辔安闲,知其万全。”龙仙见其独来,甚易之,稍近,将动,孝德摇手示之,若非来为敌者,龙仙不测而止。去之十步,乃与之言,龙仙慢骂如初。孝德息马良久,因瞋目谓曰:"贼识我乎?"龙仙曰:"谁也?"曰:"我,白孝德也。"龙仙曰:"是何狗彘!"孝德大呼,运矛跃马搏之。城上鼓噪,五十骑继进。龙仙矢不及发,环走堤上。孝德追及,斩首,携之以归。贼众大骇。孝德,本安西胡人也。

思明有良马千馀匹,每日出于河南渚浴之,循环不休以示多。光弼命索军中牝马,得五百匹,絷其驹于城内。俟思明马至水际,尽出之,马嘶不已,思明马悉浮渡河,一时驱之入城。思明怒,列战船数百艘,泛火船于前而随之,欲乘流烧浮桥。光弼先贮百尺长竿数百枚,以巨木承其根,毡裹铁叉置其首,以迎火船而叉之。船不得进,须臾自焚尽。又以叉拒战船,于桥上发炮石击之,中者皆沉没,贼不胜而去。

思明见兵于河清,欲绝光弼粮道,光弼军于野水渡以备之。既夕,还河阳,留兵千人,使部将雍希颢守其栅,曰:"贼将高庭晖、李日越、喻文景,皆万人敌也,思明必使一人来劫我。我且去之,汝待于此。若贼至,勿与之战。降,则与之俱来。"诸将莫谕其意,皆窃笑之。既而思明果谓李日越曰:"李光弼长于凭城,今出在野,此成擒矣。汝以铁骑宵济,为我取之,不得,则勿返。"日越将五百骑晨至栅下,希颢阻壕休卒,吟啸相视。日越怪之,问曰:"司空在乎?"曰:"夜去矣。""兵几何?"曰:"千人。""将谁?"曰:"雍希颢。"日越默计久之,谓其下曰:"今失李光弼,得希颢而归,吾死必矣,不如降也。"遂请降。希颢与之俱见光弼,光弼厚待之,任以心腹。高庭晖闻之,亦降。或问光弼:"降二将何易也?"光弼曰:"此人情耳。思明常恨不得野战,闻我在外,以为必可取。日越不获我,势不敢归。庭晖才勇过于日越,闻日越被宠任,必思夺之矣。"庭晖时为五台府果毅,己亥,以庭晖为右武卫大将军。

思明复攻河阳,光弼谓郑陈节度使李抱玉曰:"将军能为我守南城二日乎?"抱玉曰:"过期何如?"光弼曰:"过期救不至,任弃之。"抱玉许诺,勒兵拒守。城且陷,抱玉绐之曰:"吾粮尽,明旦当降。"贼喜,敛军以待之。抱玉缮完城备,明日,复请战。贼怒,急攻之。抱玉出奇兵,表里夹击,杀伤甚众。

董秦从思明寇河阳,夜,帅其众五百,拔栅突围,降于光弼。时光弼自将屯中潬,城外置栅,栅外穿堑,深广二丈。乙巳,贼将周挚舍南城,并力攻中潬。光弼命荔非元礼出劲卒于羊马城以拒贼。光弼自于城东北隅建小朱旗以望贼。贼恃其众,直进逼城,以车载攻具自随,督众填堑,三面各八道以过兵,又开栅为门。光弼望贼逼城,使问元礼曰:"中丞视贼填堑开栅过兵,晏然不动,何也?"元礼曰:"司空欲守乎,战乎?"光弼曰:"欲战。"元礼曰:"欲战,则贼为吾填堑,何为禁之?"光弼曰:"善,吾所不及,勉之!"元礼俟栅开,帅敢死士突出击贼,却走数百步。元礼度贼陈坚,未易摧陷,乃复引退。须其怠而击之。光弼望元礼退,怒,遣左右召,欲斩之。元礼曰:"战正急,召何为?"乃退入栅中,贼亦不敢逼。良久,鼓噪出栅门,奋击,破之。

　　周挚复收兵趣北城。光弼遽帅众入北城,登城望贼曰:"贼兵虽多,嚣而不整,不足畏也。不过日中,保为诸君破之。"乃命诸将出战。及期,不决,召诸将问曰:"向来贼陈,何方最坚?"曰:"西北隅。"光弼命其将郝廷玉当之。廷玉请骑兵五百,与之三百。又问其次坚者。曰:"东南隅。"光弼命其将论惟贞当之。惟贞请铁骑三百,与之二百。光弼令诸将曰:"尔曹望吾旗而战,吾飐旗缓,任尔择利而战;吾急飐旗三至地,则万众齐入,死生以之,少退者斩!"又以短刀置靴中,曰:"战,危事,吾国之三公,不可死贼手,万一战不利,诸君前死于敌,我自刭于此,不令诸君独死也。"诸将出战,顷之,廷玉奔还。光弼望之,惊曰:"廷玉退,吾事危矣。"命左右取廷玉首。廷玉曰:"马中箭,非敢退也。"使者驰报。光弼令易马,遣之。仆固怀恩及其子开府仪同三司玚战小却,光弼又命取其首。怀恩父子顾见使者提刀驰来,更前决战。光弼连飐其旗,诸将齐进致死,呼声动天地,贼众大溃,斩首千馀级,捕虏五百人,溺死者千馀人,周挚以数骑遁去,擒其大将徐璜玉、李秦授。其河南节度使安太清走保怀州。思明不知挚败,尚攻南城,光弼驱俘囚临河示之,乃遁。

　　丁巳,以李日越为右金吾大将军。

33　邛、简、嘉、眉、泸、戎等州蛮反。

34　十一月甲子,以殿中监董秦为陕西、神策两军兵马使,赐姓李,名忠臣。

35　康楚元等众至万馀人,商州刺史充荆、襄等道租庸使韦伦发兵讨之,驻于邓之境,招谕降者,厚抚之;伺其稍息,进军击之,生擒楚元,其众遂溃;得其所掠租庸二百万缗、荆、襄皆平。伦,见素之从弟也。

36　发安西、北庭兵屯陕,以备史思明。

37　第五琦作乾元钱、重轮钱,与开元钱三品并行,民争盗铸,货轻物重,谷价腾踊,饿殍相望。上言者皆归咎于琦,庚午,贬琦忠州长史。御史大夫贺兰进明贬溱州员外司马,坐琦党也。

38　十二月甲午,吕諲领度支使。

39　乙巳,韦伦送康楚元诣阙,斩之。

40　史思明遣其将李归仁将铁骑五千寇陕州,神策兵马使卫伯玉以数百骑击破之于礓子阪,得马六百匹,归仁走。以伯玉为镇西、四镇行营节度使。李忠臣与归仁等战于永宁、莎栅之间,屡破之。

上元元年(庚子,760)

1　春,正月辛巳,以李光弼为太尉兼中书令,馀如故。

2　丙戌,以于阗王胜之弟曜同四镇节度副使,权知本国事。

3　党项等羌吞噬边鄙,将逼京畿,乃分邠宁等州节度为鄜坊丹延节度,亦谓之渭北节度。以邠州刺史桑如珪领邠宁,鄜州刺史杜冕领鄜坊节度副使,分道招讨。戊子,以郭子仪领两道节度使,留京师,假其威名以镇之。

4　上祀九宫贵神。

5　二月,李光弼攻怀州,史思明救之。癸卯,光弼逆战于沁水之上,破之,斩首三千馀级。

6　忠州长史第五琦既行,或告琦受人金二百两,遣御史刘期光追按之。琦曰:“琦备位宰相,二百两金不可手掣,若付受有凭,请准律科罪。”期光即奏琦已服罪。庚戌,琦坐除名,长流夷州。

7　三月甲申,改蒲州为河中府。

8　庚寅,李光弼破安太清于怀州城下;夏,四月壬辰,破史思明于河阳西渚,斩首千五百馀级。

9　襄州将张维瑾、曹玠杀节度使史翙,据州反。制以陇州刺史韦伦为山南东道节度使。时李辅国用事,节度使皆出其门。伦既朝廷所除,又不谒辅国,寻改秦州防御使。己未,以陕西节度使来瑱为山南东道节度使。瑱至襄州,张维瑾等皆降。

10　闰月丁卯,加河东节度使王思礼为司空。自武德以来,思礼始不为宰相而拜三公。

11　甲戌,徙赵王系为越王。

12　己卯,赦天下,改元。

13　追谥太公望为武成王,选历代名将为亚圣、十哲。其中祀、下祀并杂祀一切并停。

14　是日,史思明入东京。

15　五月丙午，以太子太傅苗晋卿行侍中。晋卿练达吏事，而谨身固位，时人比之胡广。

16　宦者马上言受赂，为人求官于兵部侍郎、同中书门下三品吕諲，諲为之补官。事觉，上言杖死。壬子，諲罢为太子宾客。

17　癸丑，以京兆尹南华刘晏为户部侍郎，充度支、铸钱、盐铁等使。晏善治财利，故用之。

18　六月甲子，桂州经略使邢济奏：破西原蛮二十万众，斩其帅黄乾曜等。

19　乙丑，凤翔节度使崔光远奏破泾、陇羌、浑十馀万众。

20　三品钱行浸久，属岁荒，米斗至七千钱，人相食。京兆尹郑叔清捕私铸钱者，数月间，榜死者八百馀人，不能禁。乃敕京畿，开元钱与乾元小钱皆当十，其重轮钱当三十，诸州更俟进止。是时史思明亦铸顺天、得一钱，一当开元钱百。贼中物价尤贵。

21　甲申，兴王佋薨。佋，张后长子也，幼曰定王侗。张后以故数欲危太子，太子常以恭逊取容。会佋薨，侗尚幼，太子位遂定。

22　乙酉，凤翔节度使崔光远破党项于普润。

23　平卢兵马使田神功奏破史思明之兵于郑州。

24　上皇爱兴庆宫，自蜀归，即居之。上时自夹城往起居，上皇亦间至大明宫。左龙武大将军陈玄礼、内侍监高力士久侍卫上皇。上又命玉真公主、如仙媛、内侍王承恩、魏悦及梨园弟子常娱侍左右。上皇多御长庆楼，父老过者往往瞻拜，呼万岁，上皇常于楼下置酒食赐之，又尝召将军郭英乂等上楼赐宴。有剑南奏事官过楼下拜舞，上皇命玉真公主、如仙媛为之作主人。

李辅国素微贱，虽暴贵用事，上皇左右皆轻之。辅国意恨，且欲立奇功以固其宠，乃言于上曰："上皇居兴庆宫，日与外人交通，陈玄礼、高力士谋不利于陛下。今六军将士尽灵武勋臣，皆反仄不安，臣晓谕不能解，不敢不以闻。"上泣曰："圣皇慈仁，岂容有此！"对曰："上皇固无此意，其如群小何！陛下为天下主，当为社稷大计，消乱于未萌，岂得徇匹夫之孝！且兴庆宫与闾阎相参，垣墉浅露，非至尊所宜居。大内深严，奉迎居之，与彼何殊，又得杜绝小人荧惑圣听。如此，上皇享万岁之安，陛下有三朝之乐，庸何伤乎！"上不听。兴庆宫先有马三百匹，辅国矫敕取之。才留十匹。上皇谓高力士曰："吾儿为辅国所惑，不得终孝矣。"

辅国又令六军将士，号哭叩头，请迎上皇居西内。上泣不应。辅国

惧。会上不豫,秋,七月丁未,辅国矫称上语,迎上皇游西内,至睿武门,辅
国将射生五百骑,露刃遮道奏曰:"皇帝以兴庆宫湫隘,迎上皇迁居大
内。"上皇惊,几坠。高力士曰:"李辅国何得无礼!"叱令下马。辅国不得
已而下。力士因宣上皇诰曰:"诸将士各好在!"将士皆纳刃,再拜,呼万
岁。力士又叱辅国与己共执上皇马鞚,侍卫如西内,居甘露殿。辅国帅众
而退。所留侍卫兵,才尪老数十人。陈玄礼、高力士及旧宫人皆不得留左
右。上皇曰:"兴庆宫,吾之王地,吾数以让皇帝,皇帝不受。今日之徙,
亦吾志也。"是日,辅国与六军大将素服见上,请罪。上又迫于诸将,乃劳
之曰:"南宫、西内,亦复何殊! 卿等恐小人荧惑,防微杜渐,以安社稷,何
所惧也!"刑部尚书颜真卿首率百寮上表,请问上皇起居。辅国恶之,奏
贬蓬州长史。

25　癸丑,敕天下重棱钱皆当三十,如畿内。

26　丙辰,高力士流巫州,王承恩流播州、魏悦流溱州,陈玄礼勒致
仕,置如仙媛于归州,玉真公主出居玉真观。上更选后宫百馀人,置西内,
备洒扫。令万安、咸宜二公主视服膳。四方所献珍异,先荐上皇。然上皇
日以不怿,因不茹荤,辟谷,浸以成疾。上初犹往问安,既而上亦有疾,但
遣人起居。其后上稍悔寤,恶辅国,欲诛之,畏其握兵,竟犹豫不能决。

27　初,哥舒翰破吐蕃于临洮西关磨环川,于其地置神策军。及安禄
山反,军使成如璆遣其将卫伯玉将千人赴难。既而军地沦入吐蕃,伯玉留
屯于陕,累官至右羽林大将军。八月庚午,以伯玉为神策军节度使。

28　丁亥,赠谥兴王佋曰恭懿太子。

29　九月甲午,置南都于荆州,以荆州为江陵府,仍置永平军团练兵
三千人,以扼吴、蜀之冲,从节度使吕諲之请也。

30　或上言:"天下未平,不宜置郭子仪于散地。"乙未,命子仪出镇
邠州,党项遁去。戊申,制:"子仪统诸道兵自朔方直取范阳,还定河北,
发射生英武等禁军及朔方、鄜坊、邠宁、泾原诸道蕃、汉兵共七万人,皆受
子仪节度。"制下旬日,复为鱼朝恩所沮,事竟不行。

31　冬,十月丙子,置青、沂等五州节度使。

32　十一月壬辰,泾州破党项。

33　御史中丞李铣、宋州刺史刘展皆领淮西节度副使。铣贪暴不法,
展刚强自用,故为其上者多恶之;节度使王仲昇先奏铣罪而诛之。时有谣
言曰:"手执金刀起东方。"仲昇使监军使、内左常侍邢延恩入奏:"展倔强
不受命,姓名应谣谶,请除之。"

延恩因说上曰："展与李铣一体之人,今铣诛,展不自安,苟不去之,恐其为乱。然展方握强兵,宜以计去之。请除展江淮都统,代李峘,俟其释兵赴镇,中道执之,此一夫力耳。"上从之,以展为都统淮南东、江南西、浙西三道节度使,密敕旧都统李峘及淮南东道节度使邓景山图之。

延恩以制书授展,展疑之,曰："展自陈留参军,数年至刺史,可谓暴贵矣。江、淮租赋所出,今之重任,展无勋劳,又非亲贤,一旦恩命宠擢如此,得非有谗人间之乎?"因泣下。延恩惧,曰："公素有才望,主上以江、淮为忧,故不次用公。公反以为疑,何哉?"展曰："事苟不欺,印节可先得乎?"延恩曰:"可。"乃驰诣广陵,与峘谋,解峘印节以授展。展得印节,乃上表谢恩,牒追江、淮亲旧,置之心膂,三道官属遣使迎贺,申图籍,相望于道,展悉举宋州兵七千趣广陵。

延恩知展已得其情,还奔广陵,与李峘、邓景山发兵拒之,移檄州县,言展反。展亦移檄言峘反,州县莫知所从。峘引兵渡江,与副使润州刺史韦儇、浙西节度使侯令仪屯京口,邓景山将万人屯徐城。展素有威名,御军严整,江、淮人望风畏之。展倍道先期至,使人问景山曰:"吾奉诏书赴镇,此何兵也?"景山不应。展使人呼于陈前曰:"汝曹皆吾民也,勿干吾旗鼓。"使其将孙待封、张法雷击之,景山众溃,与延恩奔寿州。展引兵入广陵,遣其将屈突孝标将兵三千徇濠、楚,王暅将兵四千略淮西。

李峘辟北固为兵场,插木以塞江口。展军于白沙,设疑兵于瓜洲,多张火、鼓,若将趣北固者,如是累日。峘悉锐兵守京口以待之。展乃自上流济,袭下蜀。峘军闻之,自溃,峘奔宣城。

甲午,展陷润州。升州军士万五千人谋应展,攻金陵城,不克而遁。侯令仪惧,以后事授牙将姜昌群,弃城走。昌群遣其将宗犀诣展降。丙申,展陷升州,以宗犀为润州司马、丹杨军使,使昌群领升州,以从子伯瑛佐之。

34　李光弼攻怀州,百馀日,乃拔之,生擒安太清。

35　史思明遣其将田承嗣将兵五千徇淮西,王同芝将兵三千人徇陈,许敬江将二千人徇兖郓,薛鄂将五千人徇曹州。

36　十二月丙子,党项寇美原、同官,大掠而去。

37　贼帅郭愔等引诸羌、胡败秦陇防御使韦伦,杀监军使。

38　兖郓节度使能元皓击史思明兵,破之。

39　李峘之去润州也,副使李藏用谓峘曰:"处人尊位,食人重禄,临难而逃之,非忠也;以数十州之兵食,三江、五湖之险固,不发一矢而弃之,非勇也。失忠与勇,何以事君! 藏用请收馀兵,竭力以拒之。"峘乃悉以后事授藏用。藏用收散卒,得七百人,东至苏州募壮士,得二千人,立栅以拒刘展。

展遣其将傅子昂、宗犀攻宣州,宣歙节度使郑炅之弃城走,李峘奔洪州。

李藏用与展将张景超、孙待封战于郁墅,兵败,奔杭州。景超遂据苏州,待封进陷湖州。展以其将许峄为润州刺史,李可封为常州刺史,杨持璧苏州刺史,待封领湖州事。景超进逼杭州,藏用使其将温晁屯馀杭。展以李晃为泗州刺史,宗犀为宣州刺史。

傅子昂屯南陵,将下江州,徇江西。于是屈突孝摽陷濠、楚州,王暅陷舒、和、滁、庐等州,所向无不摧靡,聚兵万人,骑三千,横行江、淮间。寿州刺史崔昭发兵拒之,由是暅不得西,止屯庐州。

初,上命平庐兵马使田神功将所部精兵五千屯任城;邓景山既败,与邢延恩奏乞敕神功救淮南,未报。景山遣人趣之,且许以淮南金帛子女为赂,神功及所部皆喜,悉众南下,及彭城,敕神功讨展。展闻之,始有惧色,自广陵将兵八千拒之,选精兵二千渡淮,击神功于都梁山,展败,走至天长;以五百骑据桥拒战,又败,展独与一骑亡渡江。神功入广陵及楚州,大掠,杀商胡以千数,城中地穿掘略遍。

40　是岁,吐蕃陷廓州。

# 资治通鉴卷第二百二十二

## 唐纪三十八

### 肃宗文明武德大圣大宣孝皇帝下之下

上元二年（辛丑，761）

1　春，正月癸卯，史思明改元应天。

2　张景超引兵攻杭州，败李藏用将李强于石夷门。孙待封自武康南出，将会景超攻杭州，温晁据险击败之；待封脱身奔乌程，李可封以常州降。丁未，田神功使特进杨惠元等将千五百人西击王暅。辛亥夜，神功先遣特进范知新等将四千人自白沙济，西趣下蜀；邓景山将千人自海陵济，东趣常州；神功与邢延恩将三千人军于瓜洲，壬子，济江。展将步骑万馀陈于蒜山；神功以舟载兵趣金山，会大风，五舟飘抵金山下，展屠其二舟，沉其三舟，神功不得渡，还军瓜洲。而范知新等兵已至下蜀，展击之，不胜。弟殷劝展引兵逃入海，可延岁月，展曰："若事不济，何用多杀人父子乎！死，早晚等耳！"遂更率众力战。将军贾隐林射展，中目而仆，遂斩之。刘殷、许峄等皆死。隐林，滑州人也。杨惠元等击破王暅于淮南，暅引兵东走，至常熟，乃降。孙待封诣李藏用降。张景超聚兵至七千馀人，闻展死，悉以兵授张法雷，使攻杭州，景超逃入海。法雷至杭州，李藏用击破之，馀党皆平。平卢军大掠十馀日。安、史之乱，乱兵不及江、淮，至是，其民始罹荼毒矣。

3　荆南节度使吕諲奏：请以湖南之潭、岳、郴、邵、永、道、连，黔中之涪州，皆隶荆南。从之。

4　二月，奴剌、党项寇宝鸡，烧大散关，南侵凤州，杀刺史萧恱，大掠而西。凤翔节度使李鼎追击，破之。

5　戊辰，新罗王金巕入朝，因请宿卫。

6　或言："洛中将士皆燕人，久戍思归，上下离心，击之，可破也。"陕州观军容使鱼朝恩以为信然，屡言于上，上敕李光弼等进取东京。光弼奏称："贼锋尚锐，未可轻进。"朔方节度使仆固怀恩，勇而愎，麾下皆蕃、汉劲卒,恃功,多不法,<u>郭子仪</u>宽厚曲容之,每用兵临敌,倚以集事。<u>李光弼</u>性严,一裁之以法,无所假贷。<u>怀恩</u>惮<u>光弼</u>而心恶之,乃附<u>朝恩</u>,言东都可取。由是中使相继,督<u>光弼</u>使出师,<u>光弼</u>不得已,使郑陈节度使<u>李抱玉</u>守<u>河阳</u>,与<u>怀恩</u>将兵会<u>朝恩</u>及神策节度使<u>卫伯玉</u>攻<u>洛阳</u>。

　　戊寅,陈于<u>邙山</u>。<u>光弼</u>命依险而陈,<u>怀恩</u>陈于平原,<u>光弼</u>曰:“依险则可以进,可以退;若<u>平原</u>,战而不利则尽矣。<u>思明</u>不可忽也。”命移于险,<u>怀恩</u>复止之。<u>史思明</u>乘其陈未定,进兵薄之,官军大败,死者数千人,军资器械尽弃之。<u>光弼</u>、<u>怀恩</u>渡河走保<u>闻喜</u>,<u>朝恩</u>、<u>伯玉</u>奔还<u>陕</u>,<u>抱玉</u>亦弃<u>河阳</u>走,<u>河阳</u>、<u>怀州</u>皆没于贼。朝廷闻之,大惧,益兵屯<u>陕</u>。

　　7　<u>李揆</u>与<u>吕諲</u>同为相,不相悦。<u>諲</u>在<u>荆南</u>,以善政闻,<u>揆</u>恐其复入相,奏言置军<u>湖南</u>非便,又阴使人如<u>荆</u>、<u>湖</u>求<u>諲</u>过失。<u>諲</u>上疏讼<u>揆</u>罪,癸未,贬<u>揆</u><u>袁州</u>长史,以河中节度使<u>萧华</u>为中书侍郎、同平章事。

　　8　<u>史思明</u>猜忍好杀,群下小不如意,动至族诛,人不自保。<u>朝义</u>,其长子也,常从<u>思明</u>将兵,颇谦谨,爱士卒,将士多附之,无宠于<u>思明</u>。<u>思明</u>爱少子<u>朝清</u>,使守<u>范阳</u>,常欲杀<u>朝义</u>,立<u>朝清</u>为太子,左右颇泄其谋。<u>思明</u>既破<u>李光弼</u>,欲乘胜西入关,使<u>朝义</u>将兵为前锋,自北道袭<u>陕城</u>,<u>思明</u>自南道将大军继之。三月甲午,<u>朝义</u>兵至<u>礓子岭</u>,<u>卫伯玉</u>逆击,破之。<u>朝义</u>数进兵,皆为<u>陕</u>兵所败。<u>思明</u>退屯<u>永宁</u>,以<u>朝义</u>为怯,曰:“终不足成吾事!”欲按军法斩<u>朝义</u>及诸将。戊戌,命<u>朝义</u>筑三隅城,欲贮军粮,期一日毕。<u>朝义</u>筑毕,未泥,<u>思明</u>至,诟怒之,令左右立马监泥,斯须而毕。<u>思明</u>又曰:“俟克<u>陕州</u>,终斩此贼。”<u>朝义</u>忧惧,不知所为。

　　<u>思明</u>在<u>鹿桥驿</u>,令腹心<u>曹将军</u>将兵宿卫;<u>朝义</u>宿于逆旅,其部将<u>骆悦</u>、<u>蔡文景</u>说<u>朝义</u>曰:“<u>悦</u>等与王,死无日矣!自古有废立,请召<u>曹将军</u>谋之。”<u>朝义</u>俯首不应。<u>悦</u>等曰:“王苟不许,<u>悦</u>等今归<u>李</u>氏,王亦不全矣。”<u>朝义</u>泣曰:“诸君善为之,勿惊圣人!”<u>悦</u>等乃令<u>许叔冀</u>之子<u>季常</u>召<u>曹将军</u>,至,则以其谋告之。<u>曹将军</u>知诸将尽怨,恐祸及己,不敢违。是夕,<u>悦</u>等以<u>朝义</u>部兵三百被甲诣驿,宿卫兵怪之,畏<u>曹将军</u>,不敢动。<u>悦</u>等引兵入至<u>思明</u>寝所,值<u>思明</u>如厕,问左右,未及对,已杀数人,左右指示之。<u>思明</u>闻有变,逾垣至厩中,自鞴马乘之,<u>悦</u>傔人<u>周子俊</u>射之,中臂,坠马,遂擒之。<u>思明</u>问:“乱者为谁?”<u>悦</u>曰:“奉<u>怀王</u>命。”<u>思明</u>曰:“我朝来语失,宜其及此。然杀我太早,何不待我克<u>长安</u>!今事不成矣。”<u>悦</u>等送<u>思明</u>于<u>柳泉驿</u>,囚之,还,报<u>朝义</u>曰:“事成矣。”<u>朝义</u>曰:“不惊圣人乎?”<u>悦</u>曰:“无。”时<u>周挚</u>、<u>许叔冀</u>将后军在<u>福昌</u>,<u>悦</u>等使<u>许季常</u>往告之,<u>挚</u>惊倒于地;<u>朝义</u>引军

还、挚、叔冀来迎,悦等劝朝义执挚,杀之。军至柳泉,悦等恐众心未壹,遂缢杀思明,以毡裹其尸,橐驼负归洛阳。

朝义即皇帝位,改元显圣。密使人至范阳,敕散骑常侍张通儒等杀朝清及朝清母辛氏并不附己者数十人。其党自相攻击,战城中数月,死者数千人,范阳乃定。朝义以其将柳城李怀仙为范阳尹、燕京留守。时洛阳四面数百里,州、县皆为丘墟,而朝义所部节度使皆安禄山旧将,与思明等夷,朝义召之,多不至,略相羁縻而已,不能得其用。

9　李光弼上表,固求自贬,制以开府仪同三司、侍中,领河中节度使。

10　术士长塞镇将朱融与左武卫将军窦如玢等谋奉嗣岐王珍作乱,金吾将军邢济告之。夏,四月乙卯朔,废珍为庶人,溱州安置,其党皆伏诛。珍,业之子也。丙辰,左散骑常侍张镐贬辰州司户。镐尝买珍宅故也。

11　己未,以吏部侍郎裴遵庆为黄门侍郎、同平章事。

12　乙亥,青密节度使尚衡破史朝义兵,斩首五千馀级。

13　丁丑,兖郓节度使能元皓破史朝义兵。

14　壬午,梓州刺史段子璋反。子璋骁勇,从上皇在蜀有功,东川节度使李奂奏替之,子璋举兵,袭奂于绵州。道过遂州,刺史虢王巨苍黄修属郡礼迎之,子璋杀之。李奂战败,奔成都,子璋自称梁王,改元黄龙,以绵州为龙安府,置百官,又陷剑州。

15　五月己丑,李光弼自河中入朝。

16　初,李辅国与张后同谋迁上皇于西内。是日端午,山人李唐见上,上方抱幼女,谓唐曰:“朕念之,卿勿怪也。”对曰:“太上皇思见陛下,计亦如陛下之念公主也。”上泫然泣下,然畏张后,尚不敢诣西内。

17　癸巳,党项寇宝鸡。

18　初,史思明以其博州刺史令狐彰为滑郑汴节度使,将数千兵戍滑台。彰密因中使杨万定通表请降,徙屯杏园度。思明疑之,遣其将薛岌围之。彰与岌战,大破之,因随万定入朝。甲午,以彰为滑、卫等六州节度使。

19　戊戌,平卢节度使侯希逸击史朝义范阳兵,破之。

20　乙未,西川节度使崔光远与东川节度使李奂共攻绵州,庚子,拔之,斩段子璋。

21　复以李光弼为河南副元帅、太尉兼侍中,都统河南、淮南东西、山南东、荆南、江南西、浙江东西八道行营节度,出镇临淮。

22　六月甲寅,<u>青密</u>节度使<u>能元皓</u>败<u>史朝义</u>将<u>李元遇</u>。

23　<u>江淮</u>都统<u>李峘</u>畏失守之罪,归咎于<u>浙西</u>节度使<u>侯令仪</u>,丙子,<u>令仪</u>坐除名,长流<u>康州</u>;加<u>田神功</u>开府仪同三司,徙<u>徐州</u>刺史;征<u>李峘</u>、<u>邓景山</u>还京师。

24　戊寅,<u>党项</u>寇<u>好畤</u>。

25　秋,七月癸未朔,日有食之既,大星皆见。

26　以试少府监<u>李藏用</u>为<u>浙西</u>节度副使。

27　八月癸丑朔,加开府仪同三司<u>李辅国</u>兵部尚书。乙未,<u>辅国</u>赴上,宰相朝臣皆送之,御厨具馔,太常设乐。<u>辅国</u>骄纵日甚,求为宰相,上曰:"以卿之功,何官不可为,其如朝望未允何!"<u>辅国</u>乃讽仆射<u>裴冕</u>等使荐己。上密谓<u>萧华</u>曰:"<u>辅国</u>求为宰相,若公卿表来,不得不与。"<u>华</u>出,问<u>冕</u>,曰:"初无此事,吾臂可断,宰相不可得!"<u>华</u>入言之,上大悦。<u>辅国</u>衔之。

28　己巳,<u>李光弼</u>赴<u>河南</u>行营。

29　辛巳,以殿中监<u>李若幽</u>为<u>镇西</u>、<u>北庭</u>、<u>兴平</u>、<u>陈郑</u>等节度行营及<u>河中</u>节度使,镇<u>绛州</u>,赐名<u>国贞</u>。

30　九月甲申,天成地平节,上于<u>三殿</u>置道场,以宫人为佛菩萨,武士为金刚神王,召大臣膜拜围绕。

31　壬寅,制去尊号,但称皇帝,去年号,但称元年,以建子月为岁首,月皆以所建为数,因赦天下。停<u>京兆</u>、<u>河南</u>、<u>太原</u>、<u>凤翔</u>四京及<u>江陵</u>南都之号。自今每除五品以上清望官及郎官、御史、刺史,令举一人自代,观其所举,以行殿最。

32　<u>江</u>、<u>淮</u>大饥,人相食。

33　冬,十月,<u>江淮</u>都统<u>崔圆</u>署<u>李藏用</u>为<u>楚州</u>刺史。会支度租庸使以<u>刘展</u>之乱,诸州用仓库物无准,奏请征验。时仓猝募兵,物多散亡,征之不足,诸将往往卖产以偿之。<u>藏用</u>恐其及己,尝与人言,颇有悔恨。其牙将<u>高干</u>挟故怨,使人诣<u>广陵</u>告<u>藏用</u>反,先以兵袭之。<u>藏用</u>走,<u>干</u>追斩之。<u>崔圆</u>遂簿责<u>藏用</u>将吏以验之,将吏畏,皆附成其状。独<u>孙待封</u>坚言不反,<u>圆</u>命引出斩之。或曰:"子何不从众以求生!"<u>待封</u>曰:"吾始从<u>刘大夫</u>,奉诏书来赴镇,人谓吾反。<u>李公</u>起兵灭<u>刘大夫</u>,今又以<u>李公</u>为反。如此,谁则非反者,庸有极乎! 吾宁就死,不能诬人以非罪。"遂斩之。

34　建子月壬午朔,上受朝贺,如正旦仪。

35　或告鸿胪卿<u>康谦</u>与<u>史朝义</u>通,事连司农卿<u>严庄</u>,俱下狱。京兆尹刘晏遣吏防守庄家。上寻敕出庄,引见。庄怨晏,因言晏与臣言,常道禁中语,矜功怨上。丁亥,贬晏通州刺史,庄难江尉,谦伏诛。戊子,御史中丞元载为户部侍郎,充句当度支、铸钱、盐铁兼江淮转运等使。载初为度支郎中,敏悟善奏对,上爱其才,委以江淮漕运,数月,遂代刘晏,专掌财利。

36　戊戌,冬至。己亥,上朝上皇于西内。

37　神策节度使卫伯玉攻史朝义,拔永宁,破渑池、福昌、长水等县。

38　己酉,上朝献太清宫;庚戌,享太庙、元献庙。建丑月辛亥朔,祀圜丘、太一坛。

39　平卢节度使侯希逸与范阳相攻连年,救援既绝,又为奚所侵,乃悉举其军二万馀人袭李怀仙,破之,因引兵而南。

宝应元年(壬寅,762)

1　建寅月甲申,追尊靖德太子琮为奉天皇帝,妃窦氏为恭应皇后,丁酉,葬于齐陵。

2　甲辰,吐蕃遣使请和。

3　李光弼拔许州,擒史朝义所署颍川太守李春;朝义将史参救之,丙午,战于城下,又破之。

4　戊申,平卢节度使侯希逸于青州北渡河而会田神功、能元皓于兖州。

5　租庸使元载以江、淮虽经兵荒,其民比诸道犹有赀产,乃按籍举八年租调之违负及逋逃者,计其大数而征之;择豪吏为县令而督之,不问负之有无,赀之高下,察民有粟帛者发徒围之,籍其所有而中分之,甚者什取八九,谓之白著。有不服者,严刑以威之。民有蓄谷十斛者,则重足以待命,或相聚山泽为群盗,州县不能制。

6　建卯月辛亥朔,赦天下,复以京兆为上都,河南为东都,凤翔为西都,江陵为南都,太原为北都。

7　奴刺寇成固。

8　初,王思礼为河东节度使,资储丰衍,赡军之外,积米百万斛,奏请输五十万斛于京师。思礼薨,管崇嗣代之,为政宽弛,信任左右,数月间,耗散殆尽,惟陈腐米万馀斛在。上闻之,以邓景山代之。景山至,则钩校所出入,将士辈多有隐没,皆惧。有裨将抵罪当死,诸将请之,不许;其弟请代兄死,亦不许;请入一马以赎死,乃许之。诸将怒曰:"我辈曾不及一马乎!"遂作乱,癸丑,杀景山。上以景山抚御失所以致乱,不复推究乱者,遣使慰谕以安之。诸将请以都知兵马使、代州刺史辛云京为节度使。云京奏张光晟为代州刺史。

9　绛州素无储蓄,民间饥,不可赋敛,将士粮赐不充,朔方等诸道行营都统李国贞屡以状闻。朝廷未报,军中咨怨。突将王元振将作乱,矫令于众曰:"来日修都统宅,各具畚锸,待命于门。"士卒皆怒,曰:"朔方健儿岂修宅夫邪!"乙丑,元振帅其徒作乱,烧牙城门。国贞逃于狱,元振执之,置卒食于前,曰:"食此而役其力,可乎!"国贞曰:"修宅则无之,军食则屡奏而未报,诸君所知也。"众欲退。元振曰:"今日之事,何必更问!都统不死,则我辈死矣。"遂拔刃杀之。镇西、北庭行营兵屯于翼城,亦杀节度使荔非元礼,推裨将白孝德为节度使,朝廷因而授之。

10　戊辰,淮西节度使王仲昇与史朝义将谢钦让战于申州城下,为贼所虏,淮西震骇。会侯希逸、田神功、能元皓攻汴州,朝义召钦让兵救之。

11　绛州诸军剽掠不已,朝廷忧其与太原乱军合从连贼,非新进诸将所能镇服,辛未,以郭子仪为汾阳王,知朔方、河中、北庭、潞泽节度行营兼兴平、定国等军副元帅,发京师绢四万匹、布五万端、米六万石以给绛军。

建辰月庚寅,子仪将行,时上不豫,群臣莫得进见。子仪请曰:"老臣受命,将死于外,不见陛下,目不瞑矣。"上召入卧内,谓曰:"河东之事,一以委卿。"

史朝义遣兵围李抱玉于泽州,子仪发定国军救之,乃去。

12　上召山南东道节度使来瑱赴京师,瑱乐在襄阳,其将士亦爱之,乃讽所部将吏上表留之;行及邓州,复令还镇。荆南节度使吕諲、淮西节度使王仲昇及中使往来者言"瑱曲收众心,恐久难制"。上乃割商、金、均、房别置观察使,令瑱止领六州。会谢钦让围王仲昇于申州数月,瑱怨之,按兵不救,仲昇竟败没。行军司马裴茙谋夺瑱位,密表瑱倔强难制,请以兵袭取之,上以为然。癸巳,以瑱为淮西、河南十六州节度使,外示宠任,实欲图之。密敕以茙代瑱为襄、邓等州防御使。

13　甲午,奴剌寇梁州,观察使李勉弃城走。以邠州刺史河西臧希让为山南西道节度使。

14　丙申,党项寇奉天。

15　李辅国以求宰相不得怨萧华。庚午,以户部侍郎元载为京兆尹。载诣辅国固辞,辅国识其意;壬寅,以司农卿陶锐为京兆尹。辅国言萧华专权,请罢其相,上不许。辅国固请不已,乃从之,仍引元载代华。戊申,华罢为礼部尚书，以载同平章事，领度支、转运使如故。

16　建巳月庚戌朔，泽州刺史李抱玉破史朝义兵于城下。

17　壬子，楚州刺史崔侁表称，有尼真如，恍惚登天，见上帝，赐以宝玉十三枚，云："中国有灾，以此镇之。"群臣表贺。

18　甲寅，上皇崩于神龙殿，年七十八。乙卯，迁坐于太极殿。上以寝疾，发哀于内殿，群臣发哀于太极殿。蕃官刺面割耳者四百馀人。丙辰，命苗晋卿摄冢宰。上自仲春寝疾，闻上皇登遐，哀慕，疾转剧，乃命太子监国。甲子，制改元，复以建寅为正月，月数皆如其旧，赦天下。

19　初，张后与李辅国相表里，专权用事，晚年，更有隙。内射生使三原程元振党于辅国。上疾笃，后召太子谓曰："李辅国久典禁兵，制敕皆从之出，擅逼迁圣皇，其罪甚大，所忌者吾与太子。今主上弥留，辅国阴与程元振谋作乱，不可不诛。"太子泣曰："陛下疾甚危，二人皆陛下勋旧之臣，一旦不告而诛之，必致震惊，恐不能堪也。"后曰："然则太子姑归，吾更徐思之。"太子出，后召越王系谓曰："太子仁弱，不能诛贼臣，汝能之乎？"对曰："能。"系乃命内谒者监段恒俊选宦官有勇力者二百馀人，授甲于长生殿后。乙丑，后以上命召太子。元振知其谋，密告辅国，伏兵于陵霄门以俟之。太子至，以难告。太子曰："必无是事，主上疾亟召我，我岂可畏死而不赴乎！"元振曰："社稷事大，太子必不可入。"乃以兵送太子于飞龙厩，且以甲卒守之。是夜，辅国、元振勒兵三殿，收捕越王系、段恒俊及知内侍省事朱光辉等百馀人，系之。以太子之命迁后于别殿。时上在长生殿，使者逼后下殿，并左右数十人幽于后宫，宦官宫人皆惊骇逃散。丁卯，上崩。辅国等杀后并系及兖王僴。是日，辅国始引太子素服于九仙门与宰相见，叙上皇晏驾，拜哭，始行监国之令。戊辰，发大行皇帝丧于两仪殿，宣遗诏。己巳，代宗即位。

20　高力士遇赦还，至朗州，闻上皇崩，号恸，呕血而卒。

21　甲戌，以皇子奉节王适为天下兵马元帅。

22　李辅国恃功益横，明谓上曰："大家但居禁中，外事听老奴处分。"上内不能平，以其方握禁兵，外尊礼之。乙亥，号辅国为尚父而不名，事无大小皆咨之，群臣出入皆先诣辅国亦晏然处之。以内飞龙厩副使程元振为左监门卫将军。知内侍省事朱光辉及内常侍啖庭瑶、山人李唐等二十馀人皆流黔中。

23　初，李国贞治军严，朔方将士不乐，皆思郭子仪，故王元振因之作乱。子仪至军，元振自以为功，子仪曰："汝临贼境，辄害主将，若贼乘其崅，无绛州矣。吾为宰相，岂受一卒之私邪！”五月庚辰，收元振及其同谋四十人，皆杀之。辛云京闻之，亦推按杀邓景山者数十人，诛之。由是河东诸镇率皆奉法。

24　壬午，以李辅国为司空兼中书令。

25　党项寇同官、华原。

26　甲申，以平卢节度使侯希逸为平卢、青淄等六州节度使，由是青州节度有平卢之号。

27　乙酉，徙奉节王适为鲁王。

28　追尊上母吴妃为皇太后。

29　壬辰，贬礼部尚书萧华为峡州司马。元载希李辅国意，以罪诬之也。

30　敕乾元大小钱皆一当一，民始安之。

31　史朝义自围宋州数月，城中食尽，将陷，刺史李岑不知所为。遂城果毅开封刘昌曰：“仓中犹有曲数千斤，请屑食之；不过二十日，李太尉必救我。城东南隅最危，昌请守之。”李光弼至临淮，诸将以朝义兵尚强，请南保扬州。光弼曰：“朝廷倚我以为安危，我复退缩，朝廷何望！且吾出其不意，贼安知吾之众寡！”遂径趣徐州，使兖郓节度使田神功进击朝义，大破之。先是，田神功既克刘展，留连扬州未还，太子宾客尚衡与左羽林大将军殷仲卿相攻于兖、郓，闻光弼至，惮其威名，神功遽还河南，衡、仲卿相继入朝。

光弼在徐州，惟军旅之事自决之，自馀众务，悉委判官张傪。傪吏事精敏，区处如流，诸将白事，光弼多令与傪议之，诸将事傪如光弼，由是军中肃然，东夏以宁。先是，田神功起偏裨为节度使，留前使判官刘位等于幕府，神功皆平受其拜。及见光弼与傪抗礼，乃大惊，遍拜位等曰：“神功出于行伍，不知礼仪，诸君亦胡为不言，成神功之过乎！”

32　丁酉，赦天下。

33　立皇子益昌王邈为郑王，延为庆王，迥为韩王。

34　来瑱闻徙淮西，大惧，上言“淮西无粮，请俟收麦而行”，又讽将吏留己。上欲姑息无事，壬寅，复以瑱为山南东道节度使。

35　飞龙副使程元振谋夺李辅国权，密言于上，请稍加裁制。六月己未，解辅国行军司马及兵部尚书，馀如故，以元振代判元帅行军司马，仍迁辅国出居外第。于是道路相贺。辅国始惧，上表逊位。辛酉，罢辅国兼中书令，进爵博陆王。辅国入谢，愤咽而言曰：“老奴事郎君不了，请归地下事先帝!"上犹慰谕而遣之。

　　36　壬戌,以兵部侍郎严武为西川节度使。

　　37　襄邓防御使裴茙屯谷城,既得密敕,即帅麾下二千人沿汉趣襄阳;己巳,陈于谷水北。瑱以兵逆之,问其所以来,对曰:"尚书不受朝命,故来。若受代,谨当释兵。"瑱曰:"吾已蒙恩,复留镇此,何受代之有!"因取敕及告身示之,茙惊惑。瑱与副使薛南阳纵兵夹击,大破之,追擒茙于申口,送京师,赐死。

　　38　乙亥,以通州刺史刘晏为户部侍郎兼京兆尹,充度支、转运、盐铁、铸钱等使。

　　39　秋,七月壬辰,以郭子仪都知朔方、河东、北庭、潞仪泽沁陈郑等节度行营及兴平等军副元帅。

　　40　癸巳,剑南兵马使徐知道反,以兵守要害,拒严武,武不得进。

　　41　八月,桂州刺史邢济讨西原贼帅吴功曹等,平之。

　　42　己未,徐知道为其将李忠厚所杀,剑南悉平。

　　43　乙丑,山南东道节度使来瑱入朝谢罪,上优待之。

　　44　己巳,郭子仪自河东入朝。时程元振用事,忌子仪功高任重,数谮之于上。子仪不自安,表请解副元帅、节度使。上慰抚之,子仪遂留京师。

　　45　台州贼帅袁晁攻陷浙东诸州,改元宝胜,民疲于赋敛者多归之。李光弼遣兵击晁于衢州,破之。

　　46　乙亥,徙鲁王适为雍王。

　　47　九月庚辰,以来瑱为兵部尚书、同平章事、知山南东道节度使。

　　48　乙未,加程元振骠骑大将军兼内侍监。

　　49　左仆射裴冕为山陵使,议事有与程元振相违者,丙申,贬冕施州刺史。

　　50　上遣中使刘清潭使于回纥,修旧好,且征兵讨史朝义。清潭至其庭,回纥登里可汗已为朝义所诱,云"唐室继有大丧,今中原无主,可汗宜速来共收其府库"。可汗信之。清潭致敕书曰:"先帝虽弃天下,今上继统,乃昔日广平王,与叶护共收两京者也。"回纥业已起兵至三城,见州、县皆为丘墟,有轻唐之志,乃困辱清潭。清潭遣使言状,且曰:"回纥举国十万众至矣!"京师大骇。上遣殿中监药子昂往劳之于忻州南。初,毗伽阙可汗为登里求婚,肃宗以仆固怀恩女妻之,为登里可敦。可汗请与怀恩相见,怀恩时在汾州,上令往见之,怀恩为可汗言唐家恩信不可负,可汗悦，遣使上表，请助国讨朝义。可汗欲自蒲关入，由沙苑出潼关东向，药子昂说之曰："关中数遭兵荒，州县萧条，无以供拟，恐可汗失望，贼兵尽在洛阳，请自土门略邢、洺、怀、卫而南，得其资财以充军装。"可汗不从。又请"自太行南下据河阴，扼贼咽喉"，亦不从。又请"自陕州大阳津渡河，食太原仓粟，与诸道俱进"，乃从之。

51　袁晁陷信州。

52　冬，十月，袁晁陷温州、明州。

53　以雍王适为天下兵马元帅。辛酉，辞行，以兼御史中丞药子昂、魏琚为左右厢兵马使，以中书舍人韦少华为判官，给事中李进为行军司马，会诸道节度使及回纥于陕州，进讨史朝义。上欲以郭子仪为适副，程元振、鱼朝恩等沮之而止。加朔方节度使仆固怀恩同平章事兼绛州刺史，领诸军节度行营以副适。

54　上在东宫，以李辅国专横，心甚不平，及嗣位，以辅国有杀张后之功，不欲显诛之。壬戌夜，盗入其第，窃辅国之首及一臂而去。敕有司捕盗，遣中使存问其家，为刻木首葬之，仍赠太傅。

55　丙寅，上命仆固怀恩与母、妻俱诣行营。

雍王适至陕州，回纥可汗屯于河北，适与僚属从数十骑往见之。可汗责适不拜舞，药子昂对以礼不当然。回纥将军车鼻曰："唐天子与可汗约为兄弟，可汗于雍王，叔父也，何得不拜舞？"子昂曰："雍王，天子长子，今为元帅。安有中国储君向外国可汗拜舞乎！且两宫在殡，不应舞蹈。"力争久之，车鼻遂引子昂、魏琚、韦少华、李进各鞭一百，以适年少未谙事，遣归营。琚、少华一夕而死。

戊辰，诸军发陕州，仆固怀恩与回纥左杀为前锋，陕西节度使郭英义、神策观军容使鱼朝恩为殿，自渑池入；潞泽节度使李抱玉自河阳入；河南等道副元帅李光弼自陈留入；雍王留陕州。辛未，怀恩等军于同轨。

史朝义闻官军将至，谋于诸将。阿史那承庆曰："唐若独与汉兵来，宜悉众与战；若与回纥俱来，其锋不可当，宜退守河阳以避之。"朝义不从。壬申，官军至洛阳北郊，分兵取怀州；癸酉，拔之。乙亥，官军陈于横水。贼众数万，立栅自固，怀恩陈于西原以当之。遣骁骑及回纥并南山出栅东北，表里合击，大破之。朝义悉其精兵十万救之，陈于昭觉寺，官军骤击之，杀伤甚众，而贼陈不动；鱼朝恩遣射生五百人力战，贼虽多死者，陈亦如初。镇西节度使马璘曰："事急矣！"遂单骑奋击，夺贼两牌，突入万众中。贼左右披靡，大军乘之而入，贼众大败；转战于石榴园、老君庙，贼又败；人马相蹂践，填尚书谷，斩首六万级，捕虏二万人，朝义将轻骑数百东走。怀恩进克东京及河阳城，获其中书令许叔冀、王伷等，承制释之。怀恩留回纥可汗营于河阳，使其子右厢兵马使玚及朔方兵马使高辅成帅步骑万馀乘胜逐朝义，至郑州，再战皆捷。朝义至汴州，其陈留节度使张献诚闭门拒之，朝义奔濮州，献诚开门出降。

回纥入东京，肆行杀略，死者万计，火累旬不灭。朔方、神策军亦以东京、郑、汴、汝州皆为贼境，所过虏掠，三月乃已。比屋荡尽，士民皆衣纸。回纥悉置所掠宝货于河阳，留其将安恪守之。

十一月丁丑，露布至京师。

朝义自濮州北渡河，怀恩进攻滑州，拔之，追败朝义于卫州。朝义睢阳节度使田承嗣等将兵四万馀人与朝义合，复来拒战，仆固玚击破之，长驱至昌乐东。朝义帅魏州兵来战，又败走。于是邺郡节度使薛嵩以相、卫、洺、邢四州降于陈郑、泽潞节度使李抱玉，恒阳节度使张忠志以赵、恒、深、定、易五州降于河东节度使辛云京。嵩，楚玉之子也。抱玉等已进军入其营，按其部伍，嵩等皆受代；居无何，仆固怀恩皆令复位。由是抱玉、云京疑怀恩有贰心，各表言之，朝廷密为之备；怀恩亦上疏自理，上慰勉之。辛巳，制："东京及河南、北受伪官者，一切不问。"

56　己丑，以户部侍郎刘晏兼河南道水陆转运都使。

57　丁酉，以张忠志为成德军节度使，统恒、赵、深、定、易五州，赐姓李，名宝臣。初，辛云京引兵将出井陉，常山裨将王武俊说宝臣曰："今河东兵精锐，出境远斗，不可敌也。且吾以寡当众，以曲遇直，战则必离，守则必溃，公其图之。"宝臣乃撤守备，举五州来降。及复为节度使，以武俊之策为善，擢为先锋兵马使。武俊，本契丹也，初名没诺干。

郭子仪以仆固怀恩有平河朔功，请以副元帅让之。己亥，以怀恩为河北副元帅，加左仆射兼中书令、单于、镇北大都护、朔方节度使。

史朝义走至贝州，与其大将薛忠义等两节度合，仆固玚追之至临清。朝义自衡水引兵三万还攻之，玚设伏击走之。回纥又至，官军益振，遂逐之；大战于下博东南，贼大败，积尸拥流而下，朝义奔莫州。怀恩都知兵马使薛兼训、兵马使郝庭玉与田神功、辛云京会于下博，进围朝义于莫州，青淄节度使侯希逸继至。

58　十二月庚申，初以太祖配天地。

### 代宗睿文孝武皇帝上之上

广德元年（癸卯，763）

1　春,正月己卯,追谥吴太后曰章敬皇后。

2　癸未,以国子祭酒刘晏为吏部尚书、同平章事,度支等使如故。

3　初,来瑱在襄阳,程元振有所请托,不从;及为相,元振潜瑱言涉不顺。王仲昇在贼中,以屈服得全,贼平得归,与元振善,奏瑱与贼合谋,致仲昇陷贼。壬寅,瑱坐削官爵,流播州,赐死于路,由是藩镇皆切齿于元振。

4　史朝义屡出战,皆败,田承嗣说朝义,令亲往幽州发兵,还救莫州,承嗣自请留守莫州。朝义从之,选精骑五千自北门犯围而出。朝义既去,承嗣即以城降,送朝义母、妻、子于官军。于是仆固玚、侯希逸、薛兼训等帅众三万追之,及于归义,与战,朝义败走。

时朝义范阳节度使李怀仙已因中使骆奉仙请降,遣兵马使李抱忠将兵三千镇范阳县,朝义至范阳,不得入。官军将至,朝义遣人谕抱忠以大军留莫州、轻骑来发兵救援之意,因责以君臣之义,抱忠对曰:"天不祚燕,唐室复兴,今既归唐矣,岂可更为反覆,独不愧三军邪! 大丈夫耻以诡计相图,愿早择去就以谋自全。且田承嗣必已叛矣,不然,官军何以得至此!"朝义大惧,曰:"吾朝来未食,独不能以一餐相饷乎!"抱忠乃令人设食于城东。于是范阳人在朝义麾下者,并拜辞而去,朝义涕泣而已,独与胡骑数百既食而去。东奔广阳,广阳不受;欲北入奚、契丹,至温泉栅,李怀仙遣兵追及之。朝义穷蹙,缢于林中,怀仙取其首以献。仆固怀恩与诸军皆还。

甲辰,朝义首至京师。

5　闰月己酉夜,有回纥十五人犯含光门,突入鸿胪寺,门司不敢遏。

6　癸亥,以史朝义降将薛嵩为相、卫、邢、洺、贝、磁六州节度使,田承嗣为魏、博、德、沧、瀛五州都防御使,李怀仙仍故地为幽州、卢龙节度使。时河北诸州皆已降,嵩等迎仆固怀恩,拜于马首,乞行间自效;怀恩亦恐贼平宠衰,故奏留嵩等及李宝臣分帅河北,自为党援。朝廷亦厌苦兵革,苟冀无事,因而授之。

7　回纥登里可汗归国,其部众所过抄掠,廪给小不如意,辄杀人,无所忌惮。陈郑、泽潞节度使李抱玉欲遣官属置顿,人人辞惮,赵城尉马燧独请行。比回纥将至,燧先遣人略其渠帅,约毋暴掠,帅遗之旗曰:"有犯令者,君自戮之。"燧取死囚因左右,小有违令,立斩之。回纥相顾失色,涉其境者皆拱手遵约束。抱玉奇之，燧因说抱玉曰："燧与回纥言，颇得其情。仆固怀恩恃功骄蹇，其子玚好勇而轻，今内树四帅，外交回纥，必有窥河东、泽潞之志，宜深备之。"抱玉然之。

8　初，长安人梁崇义以羽林射生从来瑱镇襄阳，累迁右兵马使。崇义有勇力，能卷铁舒钩，沉毅寡言，得众心。瑱之入朝也，命诸将分戍诸州，瑱死，戍者皆奔归襄阳。行军司马庞充将兵二千赴河南，至汝州，闻瑱死，引兵还袭襄州，左兵马使李昭拒之，充奔房州。崇义自邓州引戍兵归，与昭及副使薛南阳相让为长，久之不决，众皆曰："兵非梁卿主之不可。"遂推崇义为帅。崇义寻杀昭及南阳，以其状闻，上不能讨。三月甲辰，以崇义为襄州刺史、山南东道节度留后。崇义奏改葬瑱，为之立祠，不居瑱听事及正堂。

9　辛酉，葬至道大圣大明孝皇帝于泰陵，庙号玄宗。庚午，葬文明武德大圣大宣孝皇帝于建陵，庙号肃宗。

10　夏，四月庚辰，李光弼奏擒袁晁，浙东皆平。时晁聚众近二十万，转攻州县，光弼使部将张伯仪将兵讨平之。伯仪，魏州人也。

11　郭子仪数上言："吐蕃、党项不可忽，宜早为之备。"

12　辛丑，遣兼御史大夫李之芳等使于吐蕃，为虏所留，二年乃得归。

13　群臣三上表请立太子；五月癸卯，诏许俟秋成议之。

14　丁卯，制分河北诸州：以幽、莫、妫、檀、平、蓟为幽州管；恒、定、赵、深、易为成德军管；相、贝、邢、洺为相州管；魏、博、德为魏州管；沧、棣、冀、瀛为青淄管；怀、卫、河阳为泽潞管。

15　六月癸酉，礼部侍郎华阴杨绾上疏，以为："古之选士必取行实，近世专尚文辞。自隋炀帝始置进士科，犹试策而已。至高宗时，考功员外郎刘思立始奏进士加杂文，明经加帖，从此积弊，转而成俗。朝之公卿以此待士，家之长老以此训子，其明经则诵帖括以求侥幸。又，举人皆令投牒自应，如此，欲其返淳朴、崇廉让，何可得也！请令县令察孝廉，取行著乡闾、学知经术者，荐之于州。刺史考试，升之于省。任各占一经，朝廷择儒学之士，问经义二十条，对策三道，上第即注官，中第得出身，下第罢归。又道举亦非理国所资，望与明经、进士并停。"上命词司通议，给事中李栖筠、左丞贾至、京兆尹严武并与绾同。至议以为："今试学者以帖字为精通，考文者以声病为是非，风流浸弊，诚当厘改。然自东晋以来，人多侨寓，士居乡土，百无一二。请兼广学校，保桑梓者乡里举焉，在流寓者庠序推焉。"敕礼部具条目以闻。绾又请置五经秀才科。

16 庚寅,以魏博都防御使田承嗣为节度使。承嗣举管内户口,壮者皆籍为兵,惟使老弱者耕稼,数年间有众十万。又选其骁健者万人自卫,谓之牙兵。

17 同华节度使李怀让为程元振所谮,恐惧,自杀。